Sachsen-Anhalt
Seiten 142-157

Mecklenburg-Vorpommern
Seiten 466-481

Berlin
Seiten 62-119

Brandenburg
Seiten 128-141

Thüringen
Seiten 182-197

Sachsen
Seiten 158-181

München
Seiten 206-237

Bayern
Seiten 238-287

Vis-à-Vis

DEUTSCHLAND

Vis-à-Vis

DEUTSCHLAND

Hauptautoren:
Joanna Egert-Romanowska und
Małgorzata Omilanowska

DORLING KINDERSLEY
LONDON • NEW YORK • MÜNCHEN
MELBOURNE • DELHI
www.dk.com

Ein Dorling Kindersley Buch

www.traveldk.com

Produktion
Hachette Livre Polska, Wydanictwo Wiedza i Życie, Warschau

Texte
Małgorzata Omilanowska, Marek Stańczyk,
Tomasz Torbus, Hanna Köster, Teresa Czerniewicz-Umer

Fotografien
Adam Hajder, Dorota und Mariusz Jarymowiczowie,
Wojciech Mędrzak, Tomasz Myśluk, Paweł Wójcik

Illustrationen
Lena Maminajszwili, Paweł Marczak,
Andrzej Wielgosz, Bohdan Wróblewski, Magdalena Żmudzińska

Kartografie Kartografie Huber (München),
Magdalena Polak, Dariusz Romanowski

Redaktion und Gestaltung
Hachette Livre Polska: Ewa Szwagrzyk, Paweł Pasternak,
Paweł Kamiński, Teresa Czerniewicz-Umer, Ewa Roguska
Dorling Kindersley London: Douglas Amrine, Helen Townsend,
Kate Poole, Gerhard Bruschke, Barbara Sobeck,
Jürgen Scheunemann, Gillian Allan

Titel der englischen Originalausgabe:
Eyewitness Travel Guide *Germany*
Zuerst erschienen 2001 in Großbritannien bei
Dorling Kindersley Ltd.
A Penguin Company

Für die deutsche Ausgabe:

Aktualisierte Neuauflage 2011/2012

Programmleitung Dr. Jörg Theilacker, Dorling Kindersley Verlag
Projektleitung Stefanie Franz, Dorling Kindersley Verlag
Übersetzung Brigitte Maier, München;
Barbara Sobeck, Lindau; Harald von Wieckowski, München
Redaktion Gerhard Bruschke, München
Schlussredaktion Philip Anton, Köln
Satz und Produktion Dorling Kindersley Verlag
Lithografie Colourscan, Singapur
Druck Vivar Printing Sdn Bhd, Malaysia

ISBN 978-3-8310-1917-5
9 10 11 12 14 13 12 11

Dieser Reiseführer wird regelmäßig aktualisiert. Angaben wie Telefonnummern, Öffnungszeiten, Adressen, Preise und Fahrpläne können sich jedoch ändern. Der Verlag kann für fehlerhafte oder veraltete Angaben nicht haftbar gemacht werden. Für Hinweise, Verbesserungsvorschläge und Korrekturen ist der Verlag dankbar. Bitte richten Sie Ihr Schreiben an:

Dorling Kindersley Verlag GmbH
Redaktion Reiseführer
Arnulfstraße 124 • 80636 München
travel@dk-germany.de

Inhalt

Wappen über dem Eingang zum Nürnberger Rathaus ***(siehe S. 258)***

◁ **St. Sebastian im Ramsautal vor der Reiteralpe, Berchtesgadener Land** ***(siehe S. 276f)***
◁◁ **Umschlag: Holstentor in Lübeck** ***(siehe S. 462)***

Süddeutschland

Moriskentänzer im Stadtmuseum München *(siehe S. 214)*

Westdeutschland

Landschaft der Mecklenburgischen Seenplatte *(siehe S. 475)*

Norddeutschland

Zu Gast in Deutschland

Grundinformationen

Mainzer Dom *(siehe S. 350f)*

Benutzerhinweise

Dieses Buch erschließt Ihnen mit detaillierten Informationen und praktischen Hinweisen die spannendsten Städte und Regionen Deutschlands. Das Kapitel *Deutschland stellt sich vor* präsentiert die unterschiedlichen Aspekte des Landes sowie seine geschichtlichen Wurzeln. Die folgenden Kapitel gehen auf die Sehenswürdigkeiten der Hauptstadt und der einzelnen Bundesländer ein und bieten Wissenswertes für Besucher und Einheimische. Doppelseiten beschreiben die wichtigsten Attraktionen mit Fotos, Illustrationen und Karten. In *Zu Gast in Deutschland* finden Sie eine Restaurant- und Hotelauswahl. Die *Grundinformationen* liefern Tipps für (fast) jede Situation.

Berlin
Dieses Kapitel ist in drei Abschnitte gegliedert: Zunächst werden das östliche und das westliche Zentrum beschrieben, im Anschluss die Stadtteile außerhalb des Zentrums. Die Sehenswürdigkeiten sind auf der jeweiligen *Stadtteilkarte* mit Nummern versehen und werden in dieser Reihenfolge beschrieben.

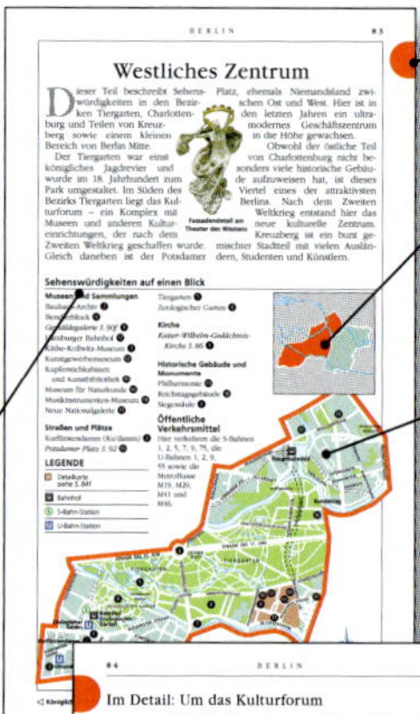

Seiten mit roten Griffmarken beziehen sich auf Berlin.

Die Orientierungskarte zeigt, wo sich der Stadtteil befindet.

1 Stadtteilkarte
Auf dieser Karte sind alle Sehenswürdigkeiten eingetragen und nummeriert.

Sehenswürdigkeiten auf einen Blick führt die Attraktionen eines Stadtteils auf: historische Straßen und Gebäude, Museen und Sammlungen, Kirchen und Parks.

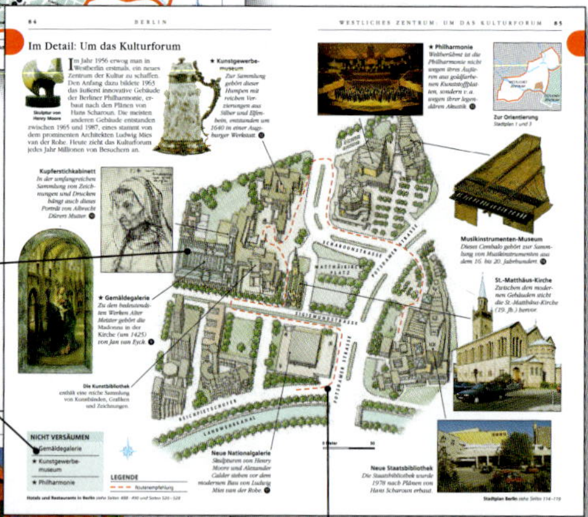

2 Detailkarte
Aus der Vogelperspektive gewinnen Sie einen räumlichen Eindruck.

Sterne markieren alles, was Sie keinesfalls versäumen sollten.

Die Routenempfehlung führt Sie durch die interessantesten Straßen und Viertel.

3 Detaillierte Informationen
Alle bedeutenden Sehenswürdigkeiten werden ausführlich beschrieben. Dabei sind auch Adresse, Telefonnummer, Öffnungszeiten, Verkehrsverbindungen sowie Zugang für Rollstuhlfahrer vermerkt.

1 Einleitung

Hier erfahren Sie etwas über Landschaft, Charakter und geschichtliche Entwicklung jeder Region sowie über ihre wichtigsten Sehenswürdigkeiten.

Die Regionen Deutschlands
In 13 Kapiteln stellt der Reiseführer jedes Bundesland vor. Die bedeutendsten Städte, Orte und Sehenswürdigkeiten sind auf der *Regionalkarte* eingetragen.

2 Regionalkarte

Diese Karte bietet einen Überblick über die Hauptverkehrsstraßen und die Lage der wichtigsten Sehenswürdigkeiten. Die Nummerierung der Attraktionen erleichtert das Auffinden im Buch.

Kästen bieten zusätzliche Informationen.

Farbige Griffmarken
für jede Region erleichtern Ihnen das Nachschlagen.

3 Detaillierte Informationen

Alle interessanten Städte und Ausflugsziele sind in der Reihenfolge ihrer Nummerierung auf der Regionalkarte *ausführlich beschrieben. Jeder Eintrag informiert Sie auch über Öffnungszeiten, Anfahrt etc.*

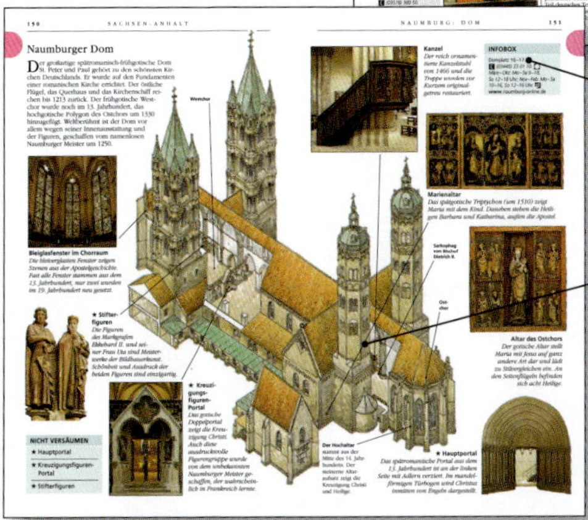

Die Infobox liefert für die Hauptsehenswürdigkeiten alle praktischen Einzelheiten und Hinweise.

4 Hauptsehenswürdigkeiten

Den Highlights Deutschlands werden Doppelseiten gewidmet. Grundrisse und Schnittzeichnungen erleichtern Ihnen die räumliche Vorstellung. Durch Museen und Schlösser führt ein farbcodierter Lageplan.

Deutschland stellt sich vor

Deutschland entdecken

Deutschland ist ein Land voller Facetten – dies zeigt sich schon an der geografischen Vielfalt und dem Nebeneinander von Metropolen und ländlichen Gebieten. Moderne Städte liegen ganz in der Nähe alter Waldgebiete, in denen sich etwa Burgruinen verstecken. Von der flachen windigen Küste Norddeutschlands bis zur grandiosen Alpenkulisse im Süden gibt es ein breites Spektrum an Landschaften. Gleiches gilt für Kunst, Kultur und Traditionen. Regionale Unterschiede zeigen sich in der Architektur, bei Trachten und beim Essen. Wer Deutschland bereist, wird Erstaunliches entdecken.

Skulptur auf einer Berliner Brücke

Stahl-Glas-Kuppel des Reichstagsgebäudes in Berlin *(siehe S. 93)*

Berlin

- **Checkpoint Charlie und Kaiser-Wilhelm-Gedächtnis-Kirche**
- **Reichstagsgebäude und Unter den Linden**
- **Shopping im KaDeWe**

Was Museen, Kultur und Architektur betrifft, kann sich Berlin mit Paris, London und New York messen. Der **Checkpoint Charlie** *(siehe S. 80)* und die **Kaiser-Wilhelm-Gedächtnis-Kirche** *(siehe S. 86)* wurden nach dem Ende des Zweiten Weltkriegs zu Berlins bekanntesten Mahnmalen. In jüngster Zeit kam das Holocaust-Denkmal hinzu. Als politisches Zentrum Deutschlands beherbergt Berlin Botschaften aus aller Herren Länder. Hier residiert der Bundestag seit dem Umzug aus Bonn im renovierten, von einer imposanten Glaskuppel gekrönten **Reichstagsgebäude** *(siehe S. 93)*. Ein Bummel auf dem Prachtboulevard **Unter den Linden** *(siehe S. 70f)* zeigt einen Teil des historischen Berlin. Die Hauptstadt ist ideal für einen Shopping-Bummel, das **KaDeWe** *(siehe S. 106f)* ist eines der größten Luxuskaufhäuser Europas.

Brandenburg

- **Spreewald-Biosphärenreservat**
- **Der Glanz von Potsdam**
- **Schloss Sanssouci**

Das Bundesland Brandenburg liegt in Ostdeutschland und umgibt die Hauptstadt Berlin. Schon lange pilgern gestresste Berliner hierher und genießen die kristallklaren Seen und die ländliche Idylle mit ihren baumbestandenen Straßen und Obstgärten. Man findet unberührte Natur und verschlafene Dörfer, aber auch historisch bedeutsame Attraktionen. Das **Spreewald-Biosphärenreservat** *(siehe S. 141)* unter der Schirmherrschaft der UNESCO ist sowohl geografisch als auch kulturell einmalig in Europa. Hier kann man mit den berühmten Spreewaldkähnen im Gebiet der Sorben durch eine einzigartige Naturlandschaft fahren. Die frühere Garnisonsstadt **Potsdam** *(siehe S. 134f)* gehört zu den schönsten königlichen Städten Europas. Hier ließen die preußischen Könige wahre Barockwunder errichten, darunter auch das berühmte **Schloss Sanssouci** *(siehe S. 136–138)*.

Sachsen-Anhalt

- **Historisches Magdeburg**
- **Lutherstadt Wittenberg**
- **Wörlitzer Park**

Seit der Wiedervereinigung liegt Sachsen-Anhalt im Zentrum Deutschlands. Nur wenige andere deutsche Regionen bieten auf so wenig Fläche so viele historische Attraktionen. In kurzer Ent-

Schloss Sanssouci in Potsdam, Brandenburg *(siehe S. 136–138)*

Brücke im Wörlitzer Park *(siehe S. 156f)*

fernung oder sogar innerhalb derselben Stadt liegen prähistorische und mittelalterliche Denkmäler und Bauten aus Reformation und Renaissance beieinander. In **Magdeburg** *(siehe S. 152)* sind das Kloster Unserer Lieben Frauen und der Dom Repräsentanten romanischer Architektur. Sachsen-Anhalt ist der Geburtsort der Reformation. In Eisleben wurde Martin Luther geboren, in **Wittenberg** *(siehe S. 154f)* schlug er seine 95 Thesen ans Kirchenportal. Das Bundesland hat auch einige schöne ländliche Ecken mit Parks und Gärten. Am bekanntesten ist der **Wörlitzer Park** *(siehe S. 156f)* im Stil eines englischen Landschaftsparks – seit 2000 ist er UNESCO-Welterbestätte.

Sachsen

- **Meissener Porzellan**
- **Romantisches Erzgebirge**
- **Kunst- und Kulturstadt Dresden**

Mitten durch Sachsen fließt die Elbe. Das Land galt schon immer als Tor zum Osten – es grenzt an Polen und Tschechien. Das Handwerk besitzt in Sachsen eine lange Tradition: Am bekanntesten ist sicherlich das **Meissener Porzellan** *(siehe S. 167)*. Die **Sächsische Silberstraße** *(siehe S. 166)*, die entlang den alten Silberminen im Erzgebirge verläuft, führt durch eine hübsche Szenerie. Das wiedererrichtete **Dresden** *(siehe S. 168–177)* entzückt mit der Semperoper und dem Zwinger im alten barocken Glanz. Die wiederaufgebaute Frauenkirche – Mahnmal gegen Krieg und Zeugnis der Versöhnung – wurde 2005 geweiht.

Angenehm schattiger Wanderweg im Thüringer Wald *(siehe S. 190f)*

Thüringen

- **Thüringer Wald**
- **Mächtige Wartburg**
- **Weimar und die Literatur**

Thüringen gehört – unberechtigterweise – zu den unbekannteren Gegenden. Es ist Heimat einer Reihe von Naturschutzgebieten, bietet weitläufige Wanderwege durch den **Thüringer Wald** *(siehe S. 190f)* und ist ein Dorado für Kletterer. **Eisenach** *(siehe S. 186f)* wird von der Wartburg dominiert, die Richard Wagner in der Oper *Tannhäuser* unsterblich machte. Martin Luther übersetzte hier das Neue Testament ins Deutsche. **Weimar** *(siehe S. 194f)* war mit seinen beiden berühmtesten Einwohnern Goethe und Schiller einst Zentrum deutscher Kultur. Heute gehört die Stätte klassischer Literatur und Architektur zum Welterbe der UNESCO.

München

- **Museen und Architektur**
- **Hofbräuhaus**
- **Weltberühmtes Oktoberfest**

»München leuchtet«, schrieb der Wahlmünchner und Nobelpreisträger Thomas Mann – denn München hat mehr zu bieten als weltbekannte Biere. Die Stadt verbindet Tradition und gutes Leben mit Modernität und Technologie zu einem speziellen »München-Gefühl«. Der **Marienplatz** *(siehe S. 210f)* im Zentrum ist ein guter Ausgangspunkt, um die Altstadt und die zahlreichen Museen kennenzulernen. Es gibt ein reges Kulturleben mit einer exzellenten Musik- und Theaterszene. In der Stadt, in der jeder zweite Bundesbürger wohnen möchte, findet man zudem jede Menge Top-Restaurants. Kein Urlauber kommt um das **Hofbräuhaus** *(siehe S. 215)* herum. Millionen besuchen das jährlich stattfindende **Oktoberfest** *(siehe S. 227)*, das größte Volksfest der Welt.

Münchner Oktoberfest – der Bierhimmel liegt zweifellos in Bayern

Bayern

- **Ludwigs Märchenschlösser**
- **Land der Alpen**
- **Mittelalterliche Städte**

Bayern steht mit seinem Mix aus Städten und landschaftlicher Schönheit auf Platz eins von Deutschland-Urlaubern. Im Allgäu erhebt sich zwischen Bergen und Seen König Ludwigs Märchenschloss **Neuschwanstein** *(siehe S. 282f)* – außen die Apotheose einer Ritterburg, innen eine Huldigung an Wagner-Opern. Das **Berchtesgadener Land** *(siehe S. 276f)* beeindruckt mit seiner alpinen Szenerie. Im Osten Bayerns gibt es ruhige Flusstäler und viel Wald. Im Voralpenland liegen hübsche Seen. **Garmisch-Partenkirchen** *(siehe S. 280)* und die Zugspitze sind ein Ski-Paradies. Neben der landschaftlichen Schönheit bietet Bayern auch gut erhaltene mittelalterliche Städte. **Rothenburg ob der Tauber** *(siehe S. 262f)* mit seinen engen Kopfsteinpflastergassen und den Fachwerkhäusern wie aus dem Bilderbuch ist malerisch.

Baden-Württemberg

- **Stuttgart und Heidelberg**
- **Kurorte im Schwarzwald**
- **Bodensee**

Die etwas streng wirkende Landeshauptstadt **Stuttgart** *(siehe S. 308–313)* besitzt viele Parks und Gärten und lockert damit die hohe Konzentration an Industrie im Stuttgarter Raum auf. Das malerische **Heidelberg** *(siehe S. 296–299)* präsentiert sich dagegen als eine Mischung aus Mittelalter und Barock. In der alten Reichsstadt **Ulm** *(siehe S. 318)* ragt das Ulmer Münster mit dem höchsten Kirchturm der Welt auf. Der **Schwarzwald** *(siehe S. 326f)* ist für seine eleganten Kurorte bekannt. Ganz oben auf der Liste steht das exklusive **Baden-Baden** *(siehe S. 301)*. Der **Bodensee** *(siehe S. 320f)*,

Blick auf den Bodensee vom Alten Schloss in Meersburg *(siehe S. 320f)*

das »Schwäbische Meer«, grenzt auch an die Schweiz und Österreich. Er ist bei Seglern eine beliebte Destination für das Wochenende.

Rheinland-Pfalz und Saarland

- **Die Weinbaugebiete von Pfalz und Mosel**
- **Saarbrückens malerische Altstadtarchitektur**
- **Porta Nigra in Trier**

Die beiden an Frankreich grenzenden Bundesländer beherbergen Deutschlands größte Weinbaugebiete. Man kann sie erkunden, wenn man die romantische **Deutsche Weinstraße** *(siehe S. 347)* entlangfährt. Im Rheintal *(siehe S. 354f)* kommt man dabei an malerischen Burgen und Burgruinen vorbei. Das Saarland besitzt durch seine wechselnde nationale Zugehörigkeit ein besonderes Flair. **Saarbrücken** *(siehe S. 344)*, einst von Kelten, Römern und Franken regiert, besitzt eine große Bandbreite an Architektur, die nun die Hauptattraktion der Stadt darstellt. Das Erbe der Römer ist in vielen Orten zu sehen, insbesondere in **Trier** *(siehe S. 340–343)* mit seiner Porta Nigra, mittlerweile Welterbe der UNESCO.

Sonnenverwöhnter Weinberg an der Mosel *(siehe S. 345)*

Hessen

- **Malerisches Waldecker Land**
- **Vibrierendes Frankfurt**
- **Historisches Wiesbaden**

Hessens **Waldecker Land** *(siehe S. 366f)* mit seinen bewaldeten Hügeln ist ein ideales Terrain für Wanderer und Radfahrer. Die Großstadt **Frankfurt am Main** *(siehe S. 374–379)* ist Deutschlands Finanzplatz Nummer eins mit einigen der höchsten Hochhäuser Europas – deshalb wird es auch scherzhaft »Mainhattan« genannt. Die Skyline der Stahl- und Glas-Architektur des Bankenviertels ist ein wahres Postkartenmotiv. Doch nur wenige Minuten entfernt befinden sich der mittelalterliche Römerberg und das Mainufer mit einer faszinierenden Museumsmeile. Im Gegensatz zu Frankfurt haben viele hessische Städte historisches Flair, vor allem **Wiesbaden** *(siehe S. 372)* mit seiner Spielbank und der glanzvollen Vergangenheit als Kurort.

Nordrhein-Westfalen

- **Gotische Pracht des Kölner Doms**
- **Modehauptstadt Düsseldorf**
- **Moderne Kunst und Kultur in Dortmund und Essen**

Nordrhein-Westfalen ist das am dichtesten besiedelte Bundesland. Die Karnevalshochburg **Köln** *(siehe S. 398–405)* ist durch den Kölner Dom, Römerruinen und die Altstadt besser bekannt als die Landeshauptstadt **Düsseldorf** *(siehe S. 392f)* – doch Letztere bietet das bessere Shopping-Erlebnis. Das Ruhrgebiet war einst das Kohlenrevier Deutschlands. Nach dem Niedergang des Bergbaus hat sich in den alten Revierstädten **Dortmund** *(siehe S. 390)* und **Essen** *(siehe S. 390f)* eine interessante Kunstszene entwickelt.

Fischmarkt vor Groß St. Martin, Köln *(siehe S. 398)*

Hamburg, Bremen und Niedersachsen

- **Messestadt Hannover**
- **Ostfriesische Inseln**
- **Die Stadtstaaten Hamburg und Bremen**

Niedersachsens Landeshauptstadt **Hannover** *(siehe S. 444f)* ist eine bedeutende Messestadt. Sie beherbergt mehrere Parks, schöne barocke Herrenhäuser, Gärten und den eklektizistischen wilhelminischen Prachtbau des Neuen Rathauses (auf über 6000 Buchenpfählen errichtet) mit einem ungewöhnlichen Schrägaufzug zur Kuppel. Im Norden reihen sich die sieben bewohnten **Ostfriesischen Inseln** *(siehe S. 428)* wie Perlen einer Kette vor der niedersächsischen Nordseeküste. Sie sind beliebte Urlaubsziele und beherbergen ein einzigartiges Ökosystem. Die Stadtstaaten **Hamburg** *(siehe S. 434–439)* und **Bremen** *(siehe S. 430–433)* liegen innerhalb bzw. am Rand Niedersachsens. Die beiden Hafenstädte strahlen ein internationales Flair aus, was u. a. bei Restaurants und Läden zum Ausdruck kommt. Das Denkmal der Bremer Stadtmusikanten ist eine beliebte Attraktion.

Schleswig-Holstein

- **Sandstrände auf Sylt**
- **Flensburgs Hafen**
- **Gotische Architektur in Lübeck**

Schleswig-Holstein ist das nördlichste Bundesland und vom Meer geprägt. Die lange Küste und die Sandstrände der zerklüfteten Nordfriesischen Inseln, insbesondere **Sylt** *(siehe S. 459)*, machen die Region zum beliebten Feriendomizil (vor allem für Familien). Im einstigen Handelszentrum **Flensburg** *(siehe S. 459)* kann man heute im Hafenareal hübsch spazieren gehen. Die Hansestadt **Lübeck** *(siehe S. 462–465)* blühte im Mittelalter auf. Viele der schönen gotischen Gebäude blieben erhalten. Teile des mittelalterlichen Stadtkerns (Altstadtinsel) sind seit 1987 eine Welterbestätte der UNESCO.

Bremens berühmte Stadtmusikanten *(siehe S. 430)*

Mecklenburg-Vorpommern

- **Hansestadt Rostock**
- **Landeshauptstadt Schwerin**
- **Kreidefelsen von Rügen**

Mecklenburg-Vorpommerns Städte wirken wegen der vielen Alleen grün. Die Hansestädte, vor allem **Rostock** *(siehe S. 476)*, die größte Stadt des Landes, prunken mit prächtigen Stadthäusern, Kathedralen, Klöstern und Rathäusern. Landeshauptstadt ist das kleinere **Schwerin** *(siehe S. 470f)*. Wahrzeichen der Stadt und Urlaubermagnet ist das neoklassizistische Schweriner Schloss. Der pommerschen Ostseeküste mit ihrer unberührten Natur ist **Rügen** *(siehe S. 478f)*, die größte deutsche Insel, vorgelagert. Ihre berühmten Kreidefelsen inspirierten u. a. Caspar David Friedrich.

Flensburgs hübscher Hafen *(siehe S. 459)*

Deutschland auf der Karte

Deutschland nimmt im Herzen Europas, zwischen Nord- und Ostsee und den Alpen, eine Fläche von knapp 360 000 Quadratkilometern ein. Angrenzende Länder sind im Osten Polen und die Tschechische Republik, im Süden Österreich und die Schweiz, im Westen die Niederlande, Belgien, Luxemburg und Frankreich, im Norden Dänemark. Hauptstadt der Bundesrepublik Deutschland ist Berlin. Die Einwohnerzahl beträgt rund 82 Millionen.

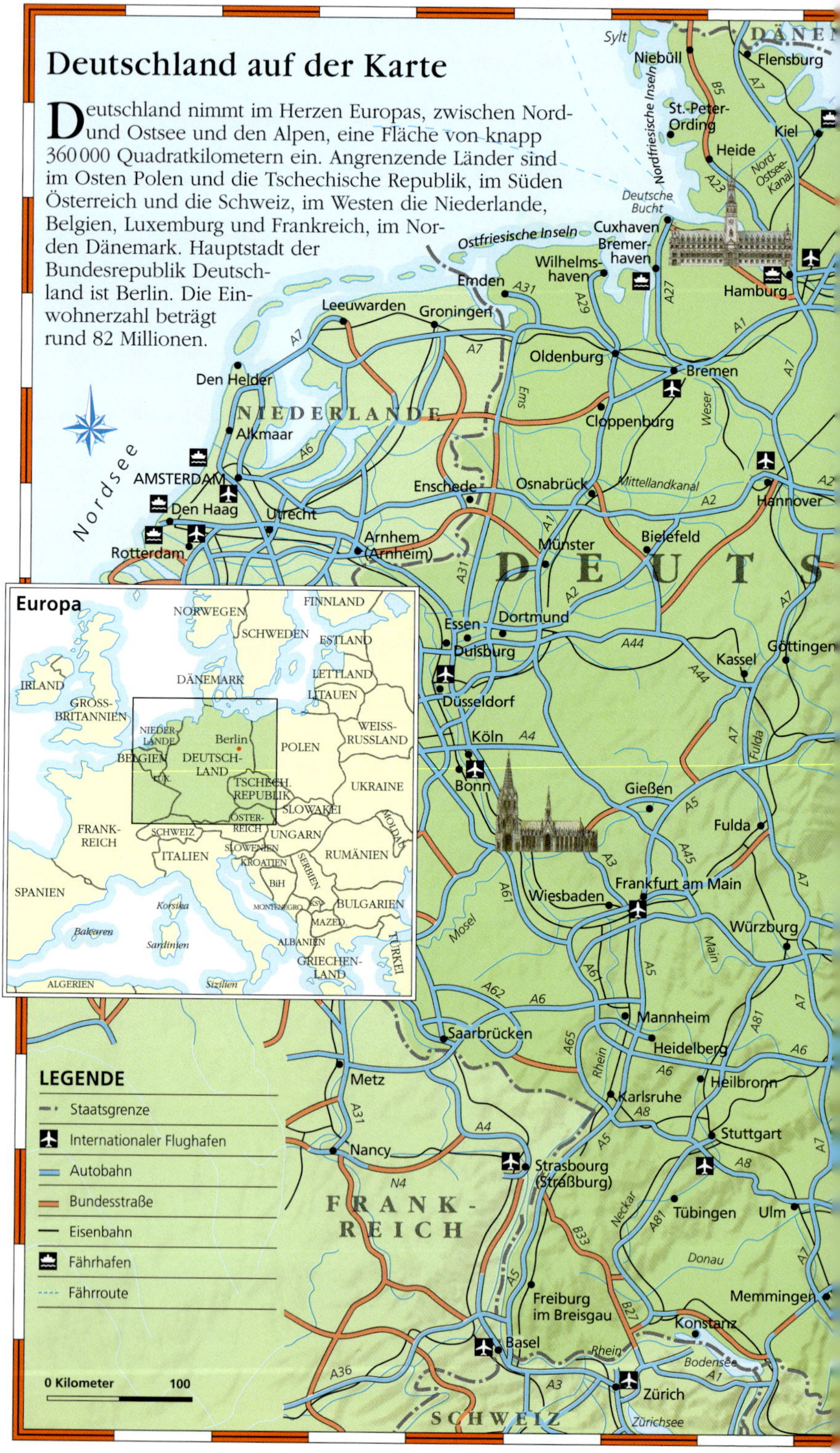

Schloss Baldern aus der Vogelperspektive

Luftbild der Altstadt von Neumarkt in der Oberpfalz

Die Regionen im Überblick

Die Bundesrepublik Deutschland umfasst 16 Bundesländer. Bremen ist das kleinste und hat mit etwa 700 000 Einwohnern auch die niedrigste Bevölkerungszahl, Nordrhein-Westfalen mit 18 Millionen Einwohnern die höchste. Bayern ist mit 70 531 Quadratkilometern das größte Bundesland. Die Städte Berlin, Bremen und Hamburg sind eigenständige Bundesländer.

Verkehrswege

Deutschland besitzt ein hoch entwickeltes Verkehrssystem. Von den internationalen Flughäfen können Ziele in aller Welt angeflogen werden. Zwischen den großen Städten gibt es regelmäßige Flugverbindungen. Das für Pkw gebührenfreie Autobahnnetz erschließt alle Regionen des Landes. Auf dem gut ausgebauten Schienennetz ist fast jeder Ort erreichbar. Moderne Hochgeschwindigkeitszüge (ICE) verbinden alle größeren Städte im Stundentakt.

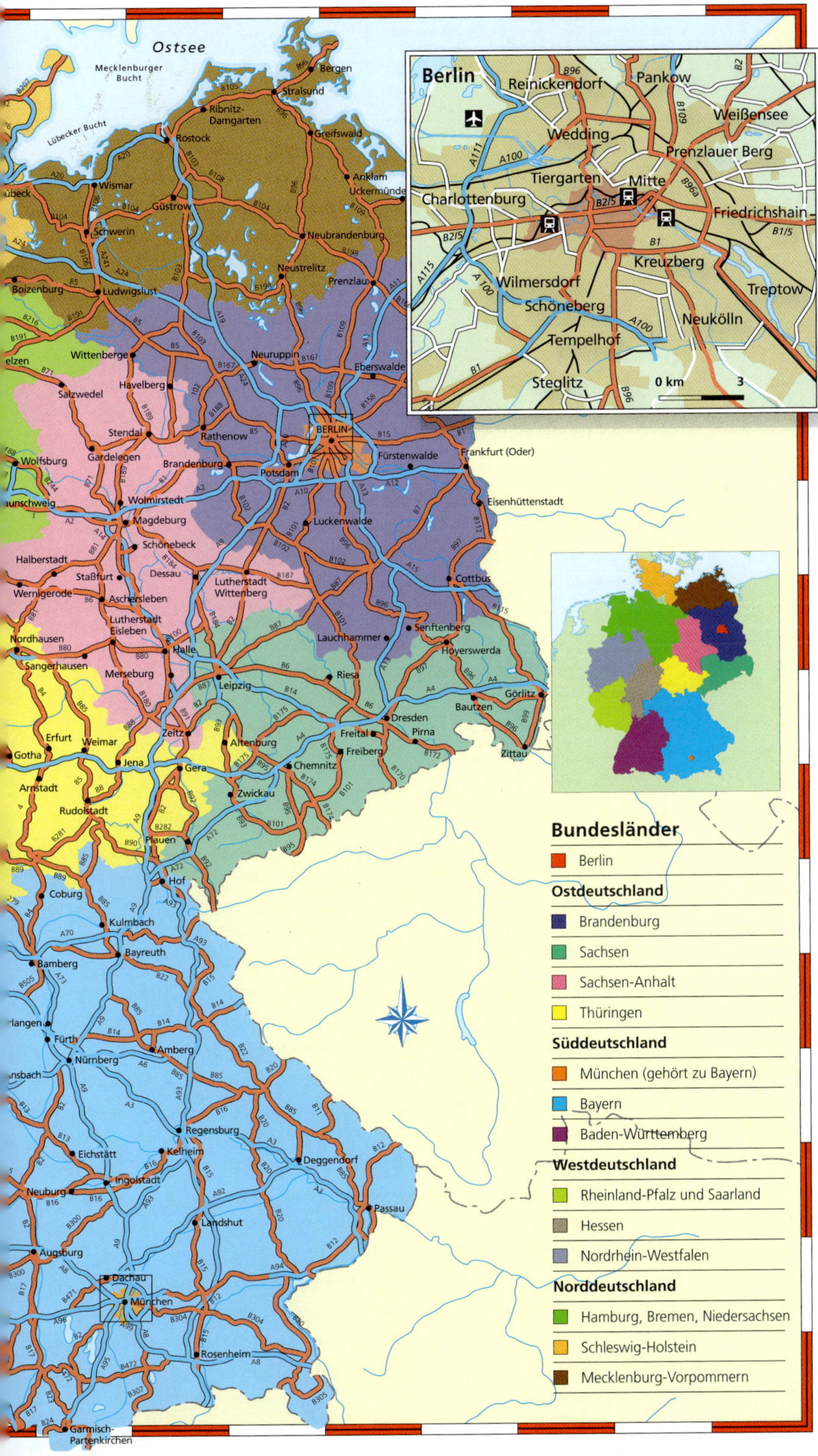

Ostsee
Berlin
Reinickendorf
Pankow
Weißensee
Wedding
Prenzlauer Berg
Tiergarten
Mitte
Charlottenburg
Friedrichshain
Kreuzberg
Wilmersdorf
Treptow
Schöneberg
Neukölln
Tempelhof
Steglitz
0 km
3
Bundesländer
Berlin
Ostdeutschland
Brandenburg
Sachsen
Sachsen-Anhalt
Thüringen
Süddeutschland
München (gehört zu Bayern)
Bayern
Baden-Württemberg
Westdeutschland
Rheinland-Pfalz und Saarland
Hessen
Nordrhein-Westfalen
Norddeutschland
Hamburg, Bremen, Niedersachsen
Schleswig-Holstein
Mecklenburg-Vorpommern

Ein Porträt Deutschlands

Deutschland ist ein wohlhabendes Land, seine Bewohner gelten als fleißig und gründlich – Eigenschaften, auf die sich der wirtschaftliche Erfolg des Landes gründet. Für die Reisenden spielen meist folgende Aspekte eine wichtige Rolle: Deutschlands reiches kulturelles Erbe, die außerordentliche Vielfalt an landschaftlicher Schönheit und die gute touristische Infrastruktur.

Das Deutschland der Gegenwart hat wenig mit den stereotypen Charakterisierungen der Vergangenheit gemeinsam. In den letzten 50 Jahren hat sich die Bundesrepublik zu einem multikulturellen Schmelztiegel entwickelt. Etwa 20 Prozent der Bevölkerung haben Migrationshintergrund – neben Türken, Italienern, Polen, Griechen und Jugoslawen zählen dazu die Spätaussiedler aus der früheren Sowjetunion und Polen. Die Einwanderer bereichern das kulturelle Leben. Überall findet man italienische, chinesische, griechische und türkische Restaurants und Cafés, die die ethnische Vielfalt des Landes widerspiegeln. Aber auch innerhalb der deutschen Bevölkerung gibt es beträchtliche regionale Unterschiede hinsichtlich der Mentalität und der Dialekte.

Die Wappen von Bayern und München sowie das Zunftzeichen der Bierbrauer

Landschaften

Der Rhein, besonders der Abschnitt zwischen Mainz und Köln, symbolisiert für viele die romantische Seele Deutschlands. Doch das Land hat einiges mehr zu bieten: die Küsten der Ostsee, die Sandstrände der Nordseeinseln, die Mecklenburgische Seenplatte, Burgen in Baden und Thüringen, die Mittelgebirge und die Alpen, den weiten Bodensee und die Märchenkulissen mittelalterlicher Städtchen. Im Zweiten Weltkrieg wurde einiges zerstört, doch viele Orte hat man originalgetreu wieder aufgebaut.

Bergwiese im Frühling mit schneebedeckten Alpengipfeln im Hintergrund

◁ **Der Alte Flecken – Freudenbergs von Fachwerkhäusern geprägtes Viertel** ***(siehe S. 410)***

Sechserzug auf dem Plärrer, Schwabens größtem Volksfest in Augsburg

Traditionen

Die deutsche Nation hat sich im vergangenen Jahrtausend aus einer Vielzahl von germanischen Stämmen, vor allem aus Franken, Sachsen, Schwaben und Bayern, gebildet. Regionale Traditionen und Dialekte sind meist auf historische Verschmelzungen zurückzuführen. Als Folge dieser Veränderungen hat sich unterschiedliches Brauchtum herausgebildet. Selbst das Vorurteil, Deutschland sei ein Land von Biertrinkern, wird durch die bekannten Weinanbaugebiete an der Mosel oder am Kaiserstuhl entkräftet. Die Weinliebhaber und Biertrinker haben dem Land einen Spitzenplatz in Sachen Alkoholkonsum gesichert. Den verschiedenen Volksgruppen werden bestimmte Charaktereigenschaften zugeschrieben. So gelten die Mecklenburger etwa als introvertiert, die Schwaben als geizig, die Sachsen als diszipliniert und recht geschäftstüchtig, die Rheinländer als offenherzig und lebensfroh und die Bayern eher als heimatverbunden und mitunter rauflustig. Zum Oktoberfest strömen jedes Jahr Hunderttausende nach München. Der Bierkonsum schlägt während dieses größten Volksfests der Welt alle Rekorde.

Heiliger Hubertus auf einem Bierglas

Bayer in Lederhose: (k)ein Klischee?

Die Rheinländer wiederum geben sich nicht nur während des Karnevals, auf den sie sich das ganze Jahr vorbereiten, als besonders lebenslustig. Alljährlich wird am 11. November der Karneval eingeläutet. Am letzten Donnerstag vor Aschermittwoch stürmen dann »Stadtsoldaten« und Bürger das Rathaus. Der Magistrat ergibt sich daraufhin den »Narren«, die für die nächsten Tage die Macht übernehmen. Am Rosenmontag ziehen die farbenprächtigen Umzüge der Karnevalsvereine durch die dicht gedrängten Massen in den Städten am Rhein. Die Sperrstunden sind in dieser Zeit aufgehoben, in den Kneipen wird durchgefeiert. Der Aschermittwoch markiert das Ende des Karnevals. Für strenge Christen beginnt nun die siebenwöchige Fastenzeit bis Ostern.

Der Karneval bzw. Fasching hat seine Wurzeln in uralten Ritualen, die das Ende des Winters beschwören. Das närrische Treiben, eine alte Tradition aus dem süddeutschen Raum, ist über die Jahrhunderte auch am Rhein, in Rheinland-Pfalz und Hessen zur beliebten Tradition geworden.

Kunst und Kultur

Deutschland ist reich an Sagen und Legenden. Kobolde, Waldgeister, schöne Prinzessinnen, Zauberer und Feengestalten wie die Loreley haben auch die Kunst beeinflusst. Das im 12. Jahrhundert verfasste *Nibelungenlied* basiert auf einer alten Legende, auch Richard Wagners Opernzyklus *Der Ring des Nibelungen* nimmt sich dieses Themas an.

Der Literatur-Nobelpreis wurde bereits zehnmal an deutsche Schriftsteller vergeben, zuletzt 2009 an Herta Müller. 1999 konnte ihn Günter Grass unter anderem für *Die Blechtrommel* entgegennehmen. Die Filmadaption des Romans brachte dem Regisseur Volker Schlöndorff eine Goldene Palme in Cannes ein. Die deutsche Filmindustrie ist seit 1995 wieder im Aufwind und verzeichnet beachtliche Erfolge. 2003 bekam Caroline Link für *Nirgendwo in Afrika* den Oscar für den besten fremdsprachigen Film, 2007 ging er an Florian Henckel von Donnersmarcks *Das Leben der Anderen*.

Die Deutschen sind trotz Fernsehen und weiter Verbreitung des Internets immer noch auch eine Nation von Lesern. Jedes Jahr gibt es ungefähr 95 000 Neuerscheinungen, insgesamt stehen rund 1,2 Millionen Titel zur Auswahl. Nach den USA werden hier die meisten Bücher veröffentlicht. Die alljährlich im Oktober veranstaltete Frankfurter Buchmesse ist die größte der Welt.

Die historische Frohnauer Schmiede bei Annaberg

Deutschland hat über 2000 nationale und regionale Museen. Daneben können unzählige kirchliche Museen, Volksmuseen und ehemalige Königsschlösser besucht werden. Diese Fülle geht auch auf die Sammelleidenschaft früherer Adelsgeschlechter zurück, die Kunstsammlungen gründeten. Vor allem bayerische Herrscher trugen im 16. Jahrhundert Gemälde, Musikinstrumente und Kunsthandwerk zusammen. Im 17. Jahrhundert war das Grüne Gewölbe in Dresden eines der größten kulturellen Schatzhäuser in Europa. Heute zählen Galerien in Berlin, Köln, Frankfurt, Stuttgart, München und Hamburg zu Top-Adressen des internationalen Kunsthandels.

Die Loreley über dem Rhein

Auch die Musikszene ist in Deutschland überaus lebendig. Viele Großstädte unterhalten eigene Orchester und Opernhäuser. Jedes Jahr können Musikfreunde deutschlandweit unter mehr als 100 Musikfestivals wählen.

Die imposante Schönburg bei Oberwesel am Rhein

Politik und Gesellschaft

Deutschland hat in Bezug auf seine Bundesländer eine wechselvolle Geschichte durchlebt. Die westlichen Bundesländer wurden nach 1945 neu gebildet, während die östlichen Gebiete der heutigen Bundesrepublik erst nach der Wiedervereinigung im Jahr 1990 in eigenständige Bundesländer unterteilt wurden. Am 3. Oktober wird mit dem *Tag der Deutschen Einheit* der Wiedervereinigung und damit des Endes des Kalten Krieges und gleichzeitig des Endes der Teilung Deutschlands gedacht. Mehr als 20 Jahre nach dem Fall der Berliner Mauer ist das Zusammenwachsen von Ost- und Westteil der Bundesrepublik aber immer noch nicht vollendet. Zwischen West und Ost herrscht ein Wohlstandsgefälle, da die neuen Bundesländer unter hoher Arbeitslosigkeit und damit verbundenen sehr hohen Abwanderungsraten vor allem junger Menschen zu kämpfen haben. In Verbindung mit der niedrigen Geburtenrate ist die Überalterung der Bevölkerung in Ostdeutschland noch wesentlich gravierender ausgeprägt als im Westen der Bundesrepublik. Von dieser Entwicklung sind vor allem ländliche Regionen betroffen. In einigen Ballungsräumen Ostdeutschlands, wie etwa in den Gebieten um Potsdam, Leipzig oder Dresden, nimmt die Bevölkerungszahl in letzter Zeit dagegen erfreulicherweise wieder zu.

Glaskuppel des Reichstagsgebäudes in Berlin

Von den 16 Bundesländern sind Nordrhein-Westfalen, Baden-Württemberg und Bayern die bevölkerungsreichsten und auch die wirtschaftlich erfolgreichsten. Das kleine Saarland dagegen kann mit nur knapp 1,1 Millionen Einwohnern ebenso wie beispielsweise der Stadtstaat Bremen mit rund 700 000 Einwohnern kein nennenswertes wirtschaftliches Gewicht vorweisen. In die Ländervertretung des föderalen Staatswesens, den Bundesrat, entsenden alle Länder ihre Vertreter. Dort werden Gesetzesvorlagen der Bundesregierung verabschiedet. Bis auf Gesetze, die die nationale Verteidigung oder die Außenpolitik betreffen, müssen alle Gesetzesvorhaben die Zustimmung des

Nicht umsonst trägt Frankfurt am Main den Spitznamen »Mainhattan«

Bundesrats erhalten. Die Regierungsmehrheit des Bundestags ist nicht gleichbedeutend mit einer Mehrheit im Bundesrat. Dort vertritt jedes Bundesland, ungeachtet von Parteiinteressen, eine eigene Position. Das parlamentarische System des deutschen Föderalismus basiert nicht zuletzt auf den Kompromissen, die im Bundesrat gefunden werden.

Badestrand an der Nordseeküste

Deutscher Alltag

Das traditionelle Verständnis der Rolle der Frau in der Gesellschaft wurde lange Zeit auf drei »K« reduziert: Küche, Kinder, Kirche. Wie in anderen europäischen Ländern hat sich dies jedoch inzwischen auch in Deutschland grundlegend geändert. Die hohen Lebenshaltungskosten, insbesondere die Mieten in den Agglomerationsräumen wie beispielsweise München, Frankfurt am Main oder Stuttgart, lassen sich oftmals nur mit einem zweiten Einkommen decken. Daneben lassen gestiegene Ansprüche an den Lebensstandard die Zahl der Doppelverdiener steigen. Die Geburtenrate sinkt infolgedessen und führt zusammen mit der zunehmenden Lebenserwartung in Deutschland zu einer massiven Überalterung der Bevölkerung.

Teilnehmer der Parade zur Feier der Wiedervereinigung

Die Kirche hat zunehmend mit Austritten zu kämpfen. Die beiden Hauptkonfessionen (Protestantismus und Katholizismus mit jeweils etwa 30 Prozent Anteil an der Gesamtbevölkerung) verzeichnen in den letzten Jahren einen Mitgliederschwund.

Die Deutschen sehen sich als Bürger einer Leistungsgesellschaft, was eine starke Hingabe an den Beruf und die Karriere bedeutet. Der berufliche Stress und das neue Freizeitverhalten haben dazu geführt, dass immer mehr Menschen als Singles leben. Vor allem in den Großstädten gibt es sehr viele Ein-Personen-Haushalte. Der Wunsch nach Familie rückt jedoch in jüngster Zeit wieder vermehrt ins Blickfeld. Die Mehrheit der Bundesbürger wünscht sich außerdem mehr Zeit für die Familie. Eine bessere Vereinbarkeit von Beruf und Erziehung wird in diesem Zusammenhang gefordert.

Deutschland hat die meisten Feiertage Europas und die längsten Urlaubs- und Ferienzeiten. Die Reiselust der Deutschen ist groß, beliebte Reiseziele sind Spanien, Italien, Frankreich, Österreich und die USA. In jüngster Zeit zeigt sich jedoch ein anhaltender Trend zu Ferien im eigenen Land – mehr als ein Drittel der Deutschen plant Urlaub in der Heimat.

Der Bodensee ist eine beliebte Ferienregion

Flora und Fauna

Lachmöwe

Die vielfältigen geografischen und klimatischen Gegebenheiten haben in Deutschland eine reiche Tier- und Pflanzenwelt hervorgebracht. Das Land ist für seine großen Waldgebiete bekannt (31 Prozent der Fläche sind bewaldet), besonders die Mischwälder mit Eichen, Buchen und Fichten sind einzigartig. In den Alpen findet man unberührte Bergwiesen, die Torfmoore des Nordens haben einen ganz eigenen landschaftlichen Reiz. In Deutschland sind Wildschweine und Rotwild zu Hause. In den großen Nationalparks trifft man sogar auf Luchse, Steinböcke und Murmeltiere.

Wildtiere

Alpendohle

Deutschlands Wildbestand ist typisch für Mitteleuropa. In den Wäldern und Mooren sowie in den Alpen kommen die verschiedensten Vogelarten vor. Spaziergänger können Rehen, Füchsen und Eichhörnchen begegnen. Die Luchse und Biber sind jedoch außerhalb der Nationalparks vom Aussterben bedroht.

Küstenregionen

Deutschlands Küstenregionen sind sehr vielfältig: Die Nordseeküste und die vorgelagerten Inseln sind flach, die Ostseeküste weist Klippen und ein hügeliges Hinterland auf. Die Unterschiede in Gezeiten und Klima haben zu einem großen Artenreichtum der Flora und Fauna in den Küstenregionen geführt.

Glockenheide, *ein Erikagewächs, kommt sehr häufig in den Heide- und Moorgebieten, auf Torfflächen und in den feuchten Wäldern Norddeutschlands vor.*

Strandflieder, *gegen Salzwasser unempfindlich, wächst an der Nordseeküste.*

Die Edeldistel *wächst auf Sanddünen. Die Blüte des harten Gewächses hat einen amethystblauen Schimmer.*

Seen

Viele Seen liegen in Norddeutschland – vor allem in Mecklenburg mit seiner weiten Seenplatte. Das ausgedehnte Seengebiet im Norden wird von den Höhenzügen der Mittelgebirge begrenzt. Der größte See des Landes, der Bodensee, liegt in Süddeutschland – hier verläuft im Dreiländereck die Grenze zu Österreich und der Schweiz.

Die Seekanne, *ein Fieberkleegewächs, gedeiht in flachen, nährstoffreichen Gewässern, z.B. in den Rheinniederungen und an der Unterelbe.*

Wasserrosen *verschönern mit ihren eleganten Blüten und breiten Blättern viele Seen und Teiche.*

Die gelbe Sumpfschwertlilie *ist eine geschützte Pflanze, die zwischen Schilfgräsern und auch in feuchten Mischwäldern wächst.*

Wildschweine *leben bevorzugt in Feuchtwäldern. Sie ernähren sich von Eicheln, Haselnüssen und Kleintieren, die auf dem Waldboden leben.*

Rotwild *trifft man relativ häufig im Dickicht der Nadel- und Laubwälder sowie am Waldrand an.*

Murmeltiere *kommen in den Hochalpen vor. Sie leben in Erdhöhlen, Nahrung finden sie auf den Bergwiesen. Die Tiere sind für ihre lauten Warnpfiffe bekannt.*

Luchse *haben typische Haarbüschel an den Ohrspitzen. Frei lebende Luchse sind allerdings äußerst selten.*

Mittelgebirge

Mittelgebirge prägen die Landschaft Süd- und Ostdeutschlands, etwa ein Drittel davon ist bewaldet. Schwarzwald und Bayerischer Wald sind wegen der reizvollen Landschaft und des umfangreichen Freizeitangebots bei Wanderern und Wintersportlern sehr beliebt.

Buchen *sind die am weitesten verbreitete Baumart in Deutschlands Mischwäldern.*

Die Stechpalme *mit ihren roten Beeren ist ein Weihnachtssymbol. Die Pflanze kommt besonders in Buchen- und Mischwäldern im Westen vor.*

Leberblümchen *sind geschützt. Sie blühen im Frühling, die Samen der blauen, sternförmigen Blumen werden von Ameisen verbreitet.*

Alpen

Deutschlands Bergregionen variieren von geologisch älteren, flachen Mittelgebirgen bis zu den erdgeschichtlich jüngeren Alpen. Die alpine Vegetation reicht von dichten Bergwäldern bis zu genügsamen Flechten und Moosen dicht an der Schneegrenze.

Enzian, *eine blau leuchtende, glockenförmige Bergblume, ist eine der schönsten Pflanzen der Alpen. Ihre Blüten werden von Hummeln bestäubt.*

Das Edelweiß *ist eine kleine, flachblütige Blume mit weißen Blüten und graugrünen Blättern. Sie wächst in den Alpen.*

Die behaarte Alpenrose, *eine Unterart des aus Asien stammenden Rhododendron, wächst bis zur Baumgrenze.*

Deutschlands Literaten

Die ersten niedergeschriebenen Dokumente in deutscher Sprache stammen aus dem frühen Mittelalter. In der Renaissance erreichte deutsche Literatur einen Höhepunkt, doch erst im 18. Jahrhundert betraten deutsche Dichter die literarische Weltbühne. Goethe und Schiller sind die prominentesten Vertreter des späten 18. Jahrhunderts. Viele deutsche Dramatiker, Lyriker und Romanautoren des 19. und 20. Jahrhunderts erlangten ebenfalls Weltruhm. Unter den deutschen Nobelpreisträgern für Literatur sind Nelly Sachs, Thomas Mann, Heinrich Böll und Günter Grass die bekanntesten. 2009 wurde Herta Müller mit dem Nobelpreis ausgezeichnet.

Gotthold Ephraim Lessing *(1729–1781) verfasste neben Dramen auch umfangreiche Essays zu literarischen und kulturphilosophischen Themen seiner Zeit. Sein* Nathan der Weise *gilt als wichtigstes Drama der Aufklärung.*

Erich Maria Remarque *(1898–1970) emigrierte 1931 nach England. Sein Antikriegsroman* Im Westen nichts Neues *brachte ihm überall auf der Welt höchste literarische Ehren ein. Das Buch wurde verfilmt.*

Die Brüder Grimm, *Jacob Ludwig Karl (1785–1863) und Wilhelm Karl (1786–1859), waren Professoren der Literatur- und Sprachwissenschaft. Ihre Märchensammlung wird bis heute auf der ganzen Welt gelesen.*

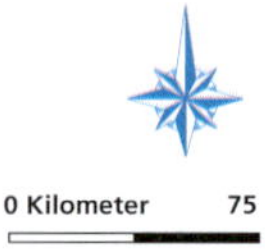

Friedrich Schiller *(1759–1805) hatte als große Themen Freiheit und Menschenwürde.* Die Räuber *und* Wallenstein *sind fast so bekannt wie sein Text zu Beethovens* Ode an die Freude.

Thomas Mann *(1875–1955) erhielt 1929 den Literatur-Nobelpreis. Sein bekanntester Roman ist die Lübecker Familiengeschichte der* Buddenbrooks.

Gerhart Hauptmann *(1862–1946) schrieb Theaterstücke und Romane. Der schlesische Autor der* Weber *wurde 1912 mit dem Nobelpreis geehrt.*

Theodor Fontane *(1819–1898) kam in Neuruppin zur Welt und arbeitete als Journalist in Berlin. Sein bekanntestes Werk ist* Effi Briest. *Darüber hinaus war er Verfasser exzellenter Theaterkritiken.*

Bertolt Brecht *(1898–1956) schrieb u. a. die* Dreigroschenoper. *Seine zeitkritischen Stücke wurden erfolgreich durch das Berliner Ensemble aufgeführt, dessen Leiter er war.*

Karl May *(1842–1912) wurde oft abfällig als Reiseschriftsteller bezeichnet. Seine Bücher über den Apachen* Winnetou *machten ihn weltberühmt. Mays Bücher sind die meistverkauften Werke in deutscher Sprache.*

Johann Wolfgang von Goethe *(1749–1832) war der Dichterfürst seiner Zeit. In Frankfurt am Main geboren, lebte und schrieb er viele Jahre in Weimar, wo er auch sein bekanntestes Werk, den* Faust, *vollendete.*

Lion Feuchtwanger *(1884–1958) lebte bis 1933 in München, bevor er in die USA emigrierte. Seine historischen Romane befassen sich mit Themen menschlicher Verhaltensweisen in Zeiten der Diktatur.*

Deutschlands Komponisten

Richard Strauss (1864–1949)

Die Komponisten im deutschsprachigen Raum, denkt man etwa an Musikgenies wie Bach und Beethoven, haben nachhaltig zum Kulturerbe der Menschheit beigetragen. Ihre Werke und die anderer deutscher Komponisten werden noch immer in den Konzertsälen und Opernhäusern der Welt erfolgreich aufgeführt. Allein in Deutschland findet jedes Jahr eine Vielzahl großer Musikfestivals statt, die das musikalische Erbe der Nation dokumentieren.

Alte Musik

Im frühen Mittelalter wurde Musik nur an Fürstenhöfen und in den Klöstern gepflegt. Die Basis der Kirchenmusik waren die Gregorianischen Gesänge, die Papst Gregor I. im 6. Jahrhundert einführte. Die höfische Musik wurde von den umherziehenden Minnesängern geprägt, die Liebeslieder zur Laute darboten. Im 14. Jahrhundert bildeten sich aus den Handwerksgilden Sängerbünde, die sogenannten Meistersinger. In den folgenden Jahrhunderten entwickelten sich, meist von der Musikkultur Frankreichs, Spaniens und Italiens beeinflusst, neue Musik- und Gesangsstile.

Im 17. Jahrhundert entstand die sakrale Orgelmusik. Eine der besten Schulen für Orgelmusiker befand sich damals in Nürnberg. Zu den Direktoren dieser Schule gehörte Johann Pachelbel (um 1653–1706), der auch in Wien, Erfurt und Stuttgart arbeitete. Sein *Canon* zu Variationen eines Liedthemas ist noch heute ein Standardwerk der Orgelmusik. Heinrich Schütz (1585–1672) komponierte im Jahr 1627 mit *Daphne* die erste Oper in deutscher Sprache. Leider ging die Partitur des Werkes verloren.

18. Jahrhundert

Parallel zu den unterschiedlichen politischen und konfessionellen Entwicklungen des 18. Jahrhunderts entstanden im deutschsprachigen Raum mehrere kulturelle und künstlerische Zentren. Der bekannteste Musiker jener Zeit war zweifellos Johann Sebastian Bach, der bis 1717 am Hof von Weimar arbeitete. Ab 1723 wurde er Musikdirektor und Kantor der Thomaskirche in Leipzig. Bachs Werk ist äußerst umfangreich und spiegelt alle musikalischen Elemente dieser Epoche wider. Seine Passionen werden noch heute an hohen kirchlichen Feiertagen aufgeführt, die *Brandenburgischen Konzerte* gehören zu den berühmtesten Werken der Musikgeschichte.

Johann Sebastian Bach (1685–1750)

Bachs Söhne Wilhelm Friedemann, Carl Philipp Emanuel, Johann Christoph Friedrich und Johann Christian wurden bedeutende Komponisten und trugen sehr viel zum musikalischen Erbe Deutschlands bei.

Georg Friedrich Händel (1685–1759)

Georg Friedrich Händel war ein weiterer großer Komponist des Spätbarock. Ehe Händel in England zum Starkomponisten und Hofkapellmeister aufstieg, begann er als Kirchenorganist in Halle und wurde später zum gefeierten Kapellmeister der Hamburger Oper. Ein enger Freund Händels, der Komponist und Musiker Georg Philipp Telemann (1681–1767), wurde als Kapellmeister an verschiedenen deutschen Fürstenhöfen engagiert. Sein Werk umfasst Opern, klassisches Liedgut, Kammermusik und Kirchenkompositionen.

Der wahrscheinlich größte deutsche Komponist aller

Festivals der klassischen Musik

Das Bachfestival in der Leipziger Thomaskirche

Besonders im Sommer und im Frühherbst finden viele Musikfestivals statt. Oft stellen sie einen Komponisten in den Mittelpunkt, so werden Werke von Wagner in Bayreuth, von Bach in Thüringen, von Händel in Halle und von Beethoven in Bonn aufgeführt. Aber auch Opernfestspiele und Ballettwochen erfreuen sich großer Beliebtheit. Zu den bekanntesten gehören die Opernfestspiele in München, das Opernfestival in Berlin und die Sommerfestspiele in Xanten.

Zeiten war Ludwig van Beethoven (1770–1827). Er wurde in Bonn als Sohn eines Hofmusikers geboren, arbeitete und lebte aber hauptsächlich in Wien. Zu seinen Werken zählen neun Symphonien, zahlreiche Klavier- und Violinkonzerte, zwei große Messen, viele Kammermusikstücke und die Oper *Fidelio*. Beethovens Leben wurde zur Legende. Seit seinem Tod versuchen Musikwissenschaftler und Musikfreunde, den Mythos Beethoven zu erfassen. Die Tatsache, dass er schon im Alter von 30 Jahren sein Gehör verlor und viele seiner großen Werke aus dem Gedächtnis niederschrieb, ist einzigartig.

Ludwig van Beethoven (1770–1827)

19. Jahrhundert

Die Romantik brachte die Oper in Deutschland zum Aufblühen. Einer der größten Opernkomponisten war Ernst Theodor Amadeus Hoffmann (1776–1822), dessen Werk *Undine* 1816 in Berlin uraufgeführt wurde. Carl Maria von Weber (1786–1826) wurde durch die romantische Oper *Der Freischütz* über Nacht berühmt. Ein anderer großer Opernkomponist war Felix Mendelssohn Bartholdy, dessen *Hochzeitsmarsch* aus dem *Sommernachtstraum* Brautpaare in aller Welt bei ihrem Gang zum Altar begleitet. Mendelssohn hinterließ außerdem fünf Symphonien, viele Klavierkonzerte, Kammermusiken und einige Oratorien. Er gründete 1843 in Leipzig das erste Konservatorium der klassischen Musik.

Felix Mendelssohn Bartholdy (1809–1847)

Ein Meister der Kammermusik war Robert Schumann (1810–1856). Der Komponist und Dichter schuf u.a. bekannte Werke für Klavier, vier Symphonien und spätromantische Lieder. Der ungarische Komponist Franz Liszt, der sich von 1848 bis 1861 in Weimar aufhielt, trug ebenfalls viel zur Entwicklung der klassischen Musik in Deutschland bei.

In der zweiten Hälfte des 19. Jahrhunderts prägten die Opern von Richard Wagner die deutsche Musiklandschaft. In seinem frühen Schaffen komponierte Wagner noch traditionelle Opern wie den *Tannhäuser*. Später fand er zu seiner eigenen Synthese von Libretto und Musik. Als Höhepunkt seines Werkes gelten die Opern der *Ring*-Trilogie, die Sagen des Mittelalters dramatisieren. Wagner etablierte das Element des musikalischen Leitmotivs, das sich auch in den Opern, Symphonien und Liedern von Richard Strauss (1864–1949) wiederfindet. Das Leitmotiv seines *Zarathustra* setzte Stanley Kubrick 1968 im Film *2001: Odyssee im Weltraum* ein.

Richard Wagner (1813–1883)

Johannes Brahms (1833–1897) komponierte in der Tradition der Wiener Klassik und widerstand dem Einsatz modischer Harmonien und Klangfarben nur um des

Der Komponist und Pianist Johannes Brahms (1833–1897)

Effekts willen. 1872 bis 1875 war Brahms Musikdirektor der renommierten Gesellschaft der Musikfreunde. Anton Bruckner (1824–1896) schrieb monumentale Symphonien und Kirchenmusik.

20. Jahrhundert

Zu Beginn des 20. Jahrhunderts setzten viele Komponisten die Traditionen der frühen Meister fort. Einer der bekanntesten Komponisten jener Zeit war Paul Hindemith (1895–1963). Er schuf Ballettmusik, Symphoniekonzerte und Opern. 1933 verboten die Nationalsozialisten seine Musik, 1939 emigrierte er in die USA. Ein anderer bedeutender deutscher Komponist war Carl Orff (1895–1982). Sein bekanntestes Werk, das Oratorium *Carmina Burana*, basiert auf lateinischen und deutschen Versen aus dem 13. Jahrhundert, die man in einem bayerischen Benediktinerkloster gefunden hatte. Die Zwölftonmusik von Arnold Schönberg (1874–1951) revolutionierte die Musik des 20. Jahrhunderts.

Erwähnenswert unter den zeitgenössischen deutschen Komponisten sind vor allem Hans Werner Henze, Dieter Schnebel, Helmut Lachenmann, Moritz Eggert und Jörg Widmann.

Deutschlands Maler

Die Vielfalt der Stile in der Malerei erklärt sich aus den Anregungen, die die Künstler von außen aufnahmen. Die Alten Meister im Norden Deutschlands wurden stark von der niederländischen Kunst beeinflusst, im Süden wandte man sich mehr dem italienischen Stil zu. Die fruchtbarsten und ausdrucksstärksten Perioden der deutschen Malkunst waren Spätgotik, Barock und Expressionismus. In den 1980er Jahren waren einige deutsche Künstler wie Beuys und Lüppertz auch international erfolgreich.

Emil Nolde *(1867–1956), einer der großen Expressionisten, malte vor allem Motive aus seiner norddeutschen Heimat, wie dieses Bild einer friesischen Landschaft.*

Meister Francke *(14./15. Jh.) aus Hamburg war einer der führenden Maler der Spätgotik. Er schuf vor allem religiöse Bildwerke, so den Altar der Hamburger St.-Thomas-Kirche, von dem hier ein Ausschnitt abgebildet ist.*

Peter von Cornelius *(1783–1867) gehörte der Gruppe der Nazarener an. Später leitete er u. a. die Kunstakademie in Düsseldorf. Das Gemälde* Die klugen und die törichten Jungfrauen *ist eines seiner bekanntesten Werke.*

Adam Elsheimer *(1578–1610) stammte aus Frankfurt, lebte aber lange Jahre in Rom. Seine dramatische Lichtführung wie in der hier abgebildeten* Flucht nach Ägypten *war richtungsweisend für die Malerei des 17. Jahrhunderts.*

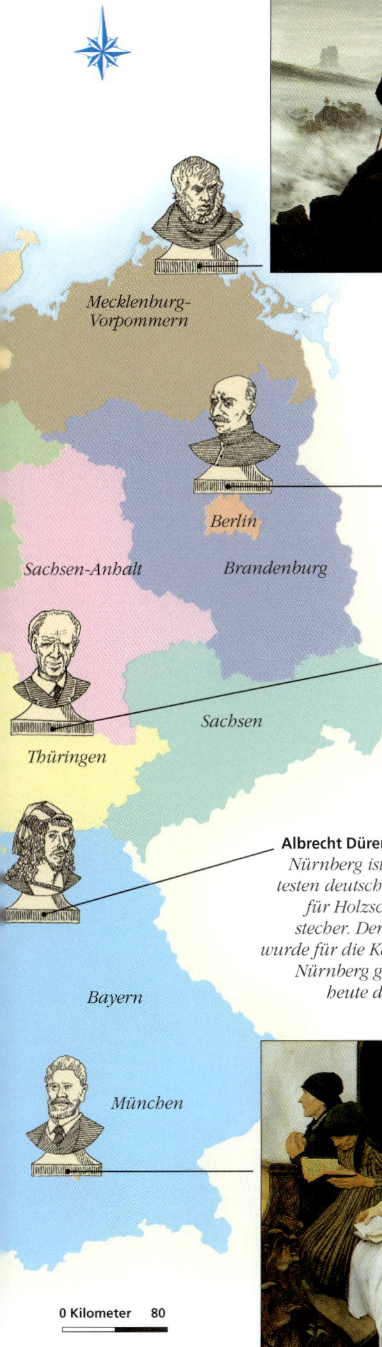

Caspar David Friedrich *(1774–1840), geboren in Greifswald, war ein bedeutender Maler der Romantik. Ausdrucksstarke Bilder wie* Der Wanderer über dem Nebelmeer *thematisieren die Stellung des Menschen im Spannungsfeld der göttlichen Schöpfung.*

Max Liebermann *(1847–1935) gilt als einer der größten Maler des Expressionismus. Sein Bild* Mann mit Papageien *war Blickfang einer großen Ausstellung der Berliner Sezession.*

Lyonel Feininger *(1871–1956) war Amerikaner, lebte aber lange in München. Von 1919 bis 1933 lehrte er auch am Bauhaus in Weimar. Sein Bild* Gelmeroda IX. *zeigt seinen dem Kubismus nahestehenden Stil.*

Albrecht Dürer *(1471–1528) aus Nürnberg ist einer der bekanntesten deutschen Maler, Zeichner für Holzschnitte und Kupferstecher. Der* Paumgartner Altar *wurde für die Katharinenkirche in Nürnberg gemalt und ist noch heute dort zu bewundern.*

Wilhelm Leibl *(1844–1900), der ab 1878 in der Umgebung Münchens lebte, schuf das Ölgemälde* Drei Frauen in der Kirche, *das als eines der Meisterwerke des deutschen Realismus gilt.*

Burgen und Schlösser

Wappen am Schloss von Gotha

Mittelalterliche Burgen sind in zahlreichen Regionen Deutschlands die größten touristischen Attraktionen. Viele sind nur noch Ruinen, andere wurden mit großem Aufwand restauriert und dienen Adelsfamilien noch heute als Wohnsitz. Die meisten Burgen stehen an der Mosel und am Rhein. Aber auch viele der für das Münsterland so typischen Wasserschlösser und -burgen wurden wieder instand gesetzt. Einige der herrschaftlichen Sitze wurden mittlerweile zu exklusiven Hotels umgebaut.

Die Michaelskapelle (15. Jh.)

Der Große Saal war für Feste geplant und wurde auch als Speisesaal für größere Gesellschaften genutzt.

Der Königssaal wurde für den Besuch gekrönter Häupter eingerichtet.

Der Burggarten wurde meist zwischen den Burgmauern und den angrenzenden Wirtschaftsgebäuden angelegt.

Das Marburger Schloss *ist eine der am besten erhaltenen Festungen in Hessen. Es wurde im 12. Jahrhundert zur Burg ausgebaut und verdankt seine jetzigen Ausmaße mehreren Umbauten bis ins 16. Jahrhundert* (siehe S. 369).

Die Wartburg *bei Eisenach ist eines der bedeutendsten Bauwerke Thüringens – wegen ihres exzellenten Zustands sowie wegen ihrer Bezüge zu Martin Luther und der Reformation* (siehe S. 186f).

Das Heidelberger Schloss *ist nur noch eine imposante Ruine. Der in der Spätgotik und in der Renaissance errichtete monumentale Bau prägt bis heute die Stadtkulisse von Heidelberg* (siehe S. 298f).

Raesfeld *ist eines der schönsten Wasserschlösser im Münsterland. Der Bau wurde Mitte des 17. Jahrhunderts für Generalfeldmarschall Graf Alexander von Velen erweitert* (siehe S. 388).

Burgen der Romantik

In einer Welle nostalgischer Begeisterung für das Mittelalter baute man viele Burgruinen im 19. Jahrhundert wieder auf. Eine Reihe von Burgen entstand sogar völlig neu im Stil des Mittelalters.

Das Schweriner Schloss *liegt auf einer Insel. Die Schlosskapelle stammt aus dem 16. Jahrhundert. Die heutige Form des Schlosses orientiert sich am Schloss Chambord* (siehe S. 470).

Die Burg Lichtenstein *verdankt ihren Ruf dem Roman gleichen Namens von Wilhelm Hauff. Der romantische Stil der Zeit von 1840 bis 1842 ist nicht zu übersehen* (siehe S. 315).

Das Schloss von Wernigerode *prägt das gesamte Stadtbild. Trotz der späteren Anbauten besitzt das Schloss noch immer einen spätgotischen Turm, eine große Freitreppe und wertvolles Mobiliar* (siehe S. 146).

Burg Hohenzollern

Der Stammsitz des einstigen Königsgeschlechts befindet sich auf einem Hügel über dem schwäbischen Ort Hechingen. Die Burg stammt aus dem 11. Jahrhundert und wurde immer wieder umgebaut. Die heutige mittelalterliche Fassade ist das Ergebnis der im Stil des Historismus zwischen 1850 und 1867 erfolgten Veränderungen *(siehe S. 314).*

Die Burg Eltz *hoch über dem Moseltal ist eine der schönsten Burgen Deutschlands. Sie wurde zwischen dem 12. und dem 16. Jahrhundert erbaut und ist weitgehend unverändert erhalten* (siehe S. 345).

Wissenschaftler und Erfinder

Viele deutsche Wissenschaftler und Erfinder haben maßgeblich zum technischen Fortschritt beigetragen. Waren Erfindungen zunächst das Werk von Handwerkern oder Bastlern, so sind sie heute überwiegend eine Leistung von Forschungsinstituten. Berühmt sind Johannes Gutenberg (um 1397–1468), Erfinder des Buchdrucks mit beweglichen Lettern, sowie Carl Benz (1844–1929) und Gottlieb Daimler (1834–1900), die den ersten Benzinmotor entwickelten. Bisher erhielten 80 deutsche Wissenschaftler den Nobelpreis für ihre bahnbrechenden Leistungen, unter ihnen der Physiker Albert Einstein (1879–1955).

1791 Alexander von Humboldt, Naturforscher und Geograf, entdeckt die Existenz des Kohlendioxids in der Luft.

um 1600 Johann Schult erfindet den Zahnspiegel.

1645 Athanasius Kircher konstruiert eine *laterna magica*, den ersten Projektor.

1675 Gottfried Wilhelm Leibniz, Philosoph und Mathematiker, entwickelt die Infinitesimalrechnung.

um 1707 Ehrenfried Walther von Tschirnhaus stellt das erste Porzellan in Europa her.

1718 Jakob Leupold entwickelt eine dezimale Maßskala.

1747 Andreas Marggraf gelingt es, Zuckerkristalle aus Zuckerrüben zu gewinnen.

1600 | 1650 | 1700 | 1750

1600 | 1650 | 1700 | 1750

1609, 1619 Johannes Kepler entdeckt die Gesetze der Planetenbewegung.

1669 Hennig Brand entdeckt Phosphor.

1654 Otto von Guericke forscht über Luftdruck und elektrostatische Phänomene und entwickelt die Vakuumpumpe.

1694 Rudolph Jacob Camerarius entdeckt, dass sich Pflanzen geschlechtlich vermehren können, und erklärt das Prinzip.

1789 Martin H. Klaproth entdeckt Uran.

1774 J. G. Gahn entdeckt Mangan.

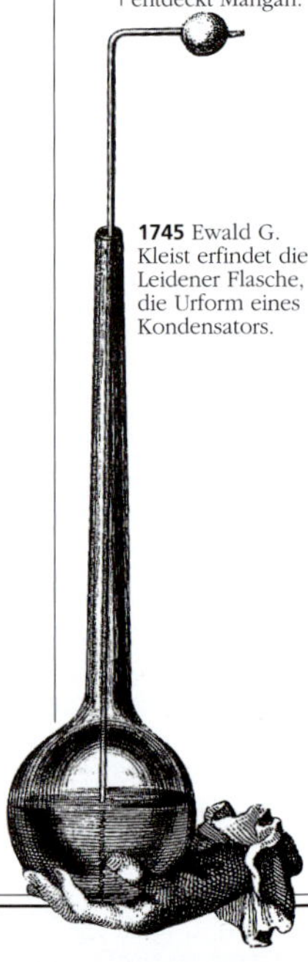

1745 Ewald G. Kleist erfindet die Leidener Flasche, die Urform eines Kondensators.

Deutsche Philosophen

Deutschlands Intellektuelle haben in allen Jahrzehnten eine wichtige Rolle in philosophischen Fragen gespielt. So war G. W. Leibniz (1646–1716) einer der wichtigsten Vorläufer der Aufklärung. Im 18. und 19. Jahrhundert brachte Deutschland eine ganze Reihe bedeutender Philosophen hervor, beispielsweise Immanuel Kant und G. W. F. Hegel. Karl Marx und Friedrich Engels entwarfen das Kommunistische Manifest, Friedrich Nietzsche entwickelte eine neue Kulturphilosophie. Martin Heidegger und Karl Jaspers waren führende Existenzialisten.

Georg Wilhelm Friedrich Hegel (1770–1831)

1817 Karl Freiherr von Drais erfindet das erste zweirädrige Fahrzeug mit einer Steuereinrichtung.

1874 Otto Lilienthal konstruiert das erste Gerät, mit dem man fliegen kann.

1989 Wolfgang Paul und Hans Dehmelt bekommen den Nobelpreis für Forschungen im Bereich der Nuklear- und Molekularphysik sowie für die Technik zur Isolierung einzelner Elektronen und Ionen, die so genannte Ionenfalle.

1991 Erwin Neher und Bert Sakmann erhalten den Nobelpreis für die Entwicklung einer Methode, mit der sich in Zellmembranen Ionenkanäle nachweisen lassen.

1831 Justus von Liebig entwickelt eine neue Methode der chemischen Analyse.

1876 Nikolaus Otto erfindet den Viertakt-Verbrennungsmotor.

1987 Johannes G. Bednorz und Karl A. Müller erhalten den Nobelpreis für die Entdeckung der Supraleitfähigkeit in keramischen Materialien.

2001 Wolfgang Ketterle wird für die Erzeugung der Bose-Einstein-Kondensation der Nobelpreis verliehen.

1841 Julius Robert Mayer formuliert das Prinzip der Energieerhaltung.

1865 Rudolf J. E. Clausius formuliert das zweite Gesetz der Thermodynamik.

1882 Robert Koch entdeckt den Tuberkulosebazillus (Nobelpreis 1905).

1922 Albert Einstein erhält rückwirkend für das Jahr 1921 den Nobelpreis für seine Verdienste um die theoretische Physik.

2007 Zwei Deutsche erhalten den Nobelpreis – Gerhard Ertl für Chemie, Peter Grünberg für Physik.

1850	1900	1950	2000

1850	1900	1950	2000

1885 Carl Benz und Gottlieb Daimler konstruieren das erste benzinbetriebene Kraftfahrzeug.

1918 Max K. Planck erhält für seine Prinzipien der Quantentheorie den Nobelpreis.

1963 Karl Ziegler bekommt Nobelpreis für seine Arbeiten zur industriellen Produktion von Polyethylen.

1944 Der Nobelpreis geht an Otto Hahn, der am Prozess der Kernspaltung arbeitete.

1887 Heinrich R. Hertz weist die Radiowellen nach.

1866 Ernst W. Siemens entwickelt den Dynamo.

1904 Arthur Korn gelingt die drahtlose Übertragung einer Fotografie.

2008 Harald zur Hausen erhält den Nobelpreis für Medizin.

1941 Konrad Zuse konstruiert mit dem Z3 die erste programmgesteuerte Rechenanlage.

1931 Ernst Ruska und Max Knoll konstruieren das erste Elektronenmikroskop mit magnetischen Linsen.

1851 Wilhelm Bauer konstruiert ein Unterseeboot.

1839 Christian Schönbein entdeckt Ozon.

1826 Georg S. Ohm weist direkte Beziehungen zwischen Spannung, Stromstärke und Widerstand nach.

1901 Wilhelm C. Röntgen wird der Nobelpreis für seine Entdeckung der Röntgenstrahlen verliehen.

Deutsches Bier

Hopfen-dolde

Obwohl in Deutschland gute Weine produziert werden, bleibt Bier doch das Nationalgetränk Nummer eins. In Bayern zählt es gar zu den Grundnahrungsmitteln. Der Bierkonsum pro Kopf liegt bei rund 130 Litern im Jahr, in Bayern sogar bei 165 Litern. Bier, das es in unzähligen Sorten gibt, passt zu fast allen Gelegenheiten. Am besten schmeckt es im Sommer unter freiem Himmel, wenn es direkt vom Fass gezapft wird.

Die »Maß« *ist in Bayern die standardisierte Mengeneinheit für Bier. Der Krug fasst einen Liter. Manche Kellnerinnen können zwölf Maßkrüge tragen.*

Historische Braukessel in Freising ***(siehe S. 265)***

Deutschlands Brauereien

Bereits im Jahr 1040 wurde die Brauerei des Klosters Freising gegründet. Heute wird deutsches Bier überall auf der Welt getrunken. Brauereien findet man in allen großen Städten und in vielen kleineren Orten. Die Biere kleiner Brauereien, die nur vor Ort ausgeschenkt werden, sind aber in keiner Weise von minderer Qualität – ganz im Gegenteil. Wenn man eine Tour durch Deutschland unternimmt, sollten die großen und kleinen Brauereien in allen Landesteilen unbedingt auf dem Reiseplan stehen. Viele Brauereien veranstalten Führungen durch ihre Anlagen.

Logo der Münchner Paulaner-Brauerei

Verschiedene Biersorten

Eine der beliebtesten Biersorten ist das herbe Pils (Kurzform von Pilsener Bier). Im Frühjahr wird in Bayern Maibock, im Herbst auf dem Münchner Oktoberfest ein eigenes Wiesnbier ausgeschenkt. Im Rheinland braut man das bittere Altbier, vor allem im Süden wird das obergärige Weizenbier mit viel Kohlensäure produziert. Berlin hat seine Berliner Weiße, die mit Fruchtsaft gemischt wird. Die stärkeren Biersorten aus Süddeutschland sind Dunkel- und Schwarzbier. Die Brauereien haben sich oft auf bestimmte Biersorten spezialisiert. In Bamberg stellt man ein Rauchbier mit Buchenholzaroma her. Eisbockbier aus dem bayerischen Kulmbach wird durch einen Gefrierprozess verdichtet und erhält dadurch seine typische Schwere. Sogenanntes alkoholfreies Bier darf bis zu 0,5 Volumenprozent Alkohol enthalten.

Berliner Weiße – ein Weißbier

Bockbier – oft im Herbst gebraut

Eines der 14 Bierzelte der Wiesn, dem größten Volksfest der Welt

Deutsches Reinheitsgebot

Das für alle in Deutschland hergestellten Biere nach wie vor geltende Reinheitsgebot geht auf den bayerischen Herzog Wilhelm IV. zurück. Es wurde 1516 verabschiedet und besagt, dass zum Brauen von Bier nur Gerste (später Gerstenmalz), Hopfen und reines Wasser verwendet werden dürfen. Hefe als vierter Rohstoff war damals noch nicht bekannt. Noch heute gilt das Reinheitsgebot für die Herstellung aller untergärigen Biere. Für obergärig gebraute Biere darf Weizenmalz verwendet werden, außerhalb Bayerns und Baden-Württembergs auch Zucker und Zuckercouleur. Biere aus dem Ausland können unvermälzte Gerste, Mais, Reis oder Hirse enthalten.

Die Kunst des Bierbrauens

Die Methoden des Bierbrauens sind seit dem 19. Jahrhundert unverändert. Tschechische Bierbrauer haben die Standards des schwach fermentierten Bierbrauens bei niedriger Temperatur festgelegt, Gabriel Sedlmayer hat sie perfektioniert. Die Brauer haben alle ihre Tricks, das Grundprinzip aber bleibt immer gleich.

Hopfen ist eine Kletterpflanze und wächst in speziellen Anlagen

Gerste und Hopfen

1 Bier wird aus Gerstenmalz, Hopfen und Wasser gebraut. Die erste Brauphase ist das Mälzen: Die Gerste wird in Wasser eingeweicht, zum Keimen gebracht und dann getrocknet. Danach wird das Gerstenmalz geschrotet. Beim Maischen wird das geschrotete Malz mit dem Brauwasser vermischt und erhitzt. Die Enzyme im Malz verwandeln Stärke in Malzzucker.

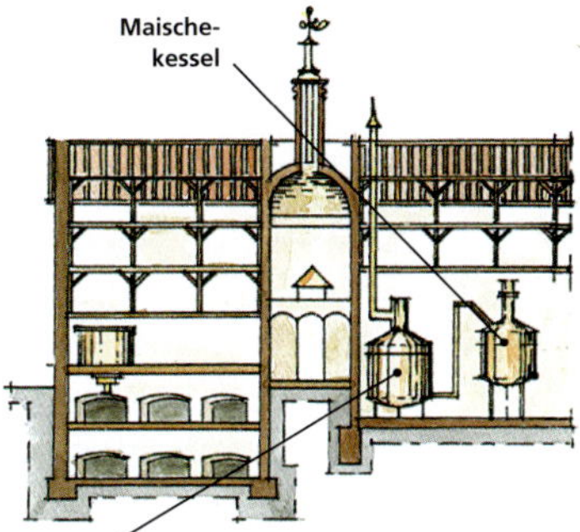

Maischekessel

2 Beim Läutern werden die gelösten und ungelösten Stoffe der Maische durch Filterung voneinander getrennt. So wird eine Flüssigkeit, Stammwürze genannt, aus der Maische extrahiert. Die Würze wird in einer Sudpfanne zum Kochen gebracht und der Hopfen zugesetzt.

3 Die Aromastoffe des Hopfens verbinden sich beim Kochvorgang mit dem Malzgeschmack der Würze. Hopfenart, Anbaugebiet sowie Zeitpunkt und Art der Hopfenbeigabe beeinflussen den Geschmack des Bieres. Der Hopfentreber wird dann mithilfe der Zentrifugalkraft von der Stammwürze getrennt.

4 Die Stammwürze wird nun gekühlt und zur Gärung mit Hefe versetzt. Die Gärung, die Zucker in Alkohol und Kohlensäure umwandelt, kann bis zu zehn Tage dauern. Bei obergärigen Bieren beträgt die Gärtemperatur 18–22 °C, bei untergärigen Bieren 5–10 °C.

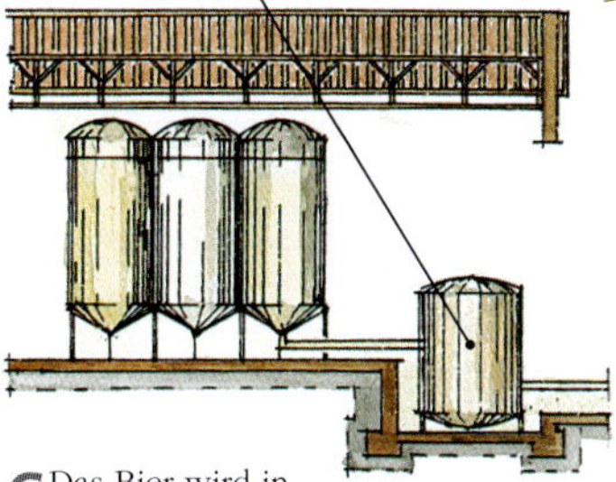

5 Nach Entfernung der Hefe wird das Jungbier unter gleichbleibendem Druck in großen Behältern bei niedrigen Temperaturen um 0 °C gelagert. Mehrere Monate oder Wochen muss das Bier nun nachgären bzw. reifen. Die sogenannte »Ruhe« des Bieres wird in Metallcontainern oder – in nur noch wenigen Brauereien – in Holzfässern vollzogen. Danach wird das Bier erneut gefiltert.

6 Das Bier wird in Fässer, Flaschen oder Dosen abgefüllt. Untergäriges Bier wird kalt gelagert, obergäriges Flaschenbier zur Flaschengärung noch etwa eine Woche gehalten.

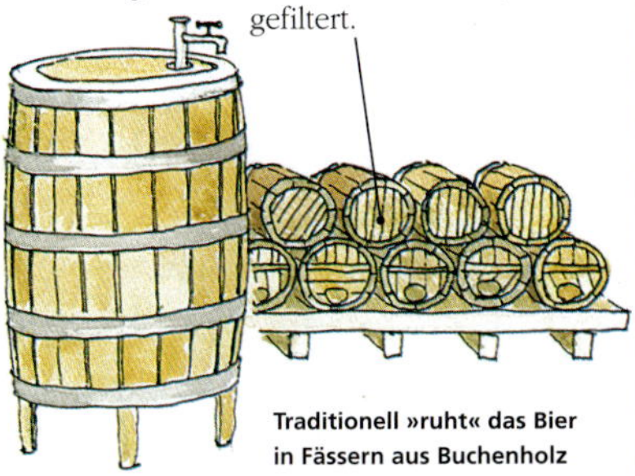

Traditionell »ruht« das Bier in Fässern aus Buchenholz

Sport

Sport spielt im öffentlichen Leben eine wichtige Rolle. Deutschland bringt regelmäßig Spitzensportler hervor, u.a. im Fußball, Handball, Tennis, Schwimmen, in verschiedenen Wintersportarten, beim Reiten und im Motorsport. Die Sportvereine stecken nicht nur viel Geld in die Nachwuchsförderung, sondern auch in den Neubau und den Erhalt von Sportstätten und Stadien. So findet man in allen Teilen des Landes geeignete Anlagen zur sportlichen Betätigung.

Tommy Haas gehört zu Deutschlands Tennisstars

Fußball

Fußball ist der Volkssport Nummer eins. 1954, 1974 und 1990 wurde Deutschland Weltmeister, 1972, 1980 und 1996 Europameister. Franz Beckenbauer ist der bekannteste Spieler. Er war Kapitän des Teams, das 1972 Europa- und 1974 Weltmeister wurde, als Teamchef gewann er 1990 die Weltmeisterschaft.

2006 wurde die Fußball-WM in Deutschland ausgetragen. Die deutsche Elf unter Bundestrainer Joachim Löw wurde Dritter – das Turnier begeisterte das ganze Land. 2010 belegte das deutsche Team bei der WM in Südafrika erneut den dritten Platz. Die Nationalmannschaft der Frauen wurde 2007 Weltmeister. Deutschland (Veranstalter der FIFA Frauen-WM 2011) ist das einzige Land, dessen Herren- und Frauennationalmannschaft Welt- und Europameistertitel holte.

Der FC Bayern München wurde bislang 22-mal Deutscher Meister. Bayern München (1974–1976, 2001), der Hamburger SV (1983) und Borussia Dortmund (1997) gewannen den Europapokal der Landesmeister bzw. die Champions League.

Beim jährlichen Deutschen Springderby in Hamburg

Reitsport

Spring- und Dressurreiten sind weitere Sportarten, bei denen Deutschland in der Weltspitze vertreten ist. Seit Springreiten olympische Disziplin ist, konnten zahlreiche Gold-, Silber- und Bronzemedaillen an deutsche Reiter vergeben werden. Jedes Jahr im Juni finden in Hamburg und Aachen große Springturniere statt.

Bundesligaspiel Hertha BSC Berlin gegen FC Bayern München

Tennis

Der Deutsche Tennisbund ist mit über zwei Millionen Mitgliedern der größte der Welt. In über 10000 Vereinen wird der Nachwuchs konsequent gefördert. Die Spitzenspieler Boris Becker, Steffi Graf und Michael Stich haben große internationale Erfolge erzielen können. Mit 17 Jahren gewann Boris Becker 1985 das erste Mal Wimbledon, 1986 und 1989 erneut. Michael Stich war dort 1991 Champion. Steffi Graf hielt von 1987 bis 1991 Platz eins der Weltrangliste der Damen. Andere Tennisprofis wie Tommy Haas eifern diesen Erfolgen nach.

Leichtathletik

Die Austragung der Leichtathletik-WM 2009 in Berlin hat der olympischen Kernsportart in Deutschland wieder enorm Rückenwind gegeben. Mit dem Gewinn von neun Medaillen und Rang sechs im internationalen Medaillenspiegel machten die deutschen Athleten auf sich aufmerksam. Die Erfolge bei der EM 2010 in Barcelona knüpfen an diese Leistung an. Hier holten die deutschen Sportler 16 Medaillien.

Zu den Höhepunkten der Leichtathletiksaison zählt das alljährlich veranstaltete Berliner Internationale Stadionfest (DKB-ISTAF).

Formel 1

Schon in den 1930er Jahren wurde die Motorsportszene von den berühmten »Silberpfeilen« von Mercedes-Benz beherrscht. Seit den 1950er Jahren spielen deutsche Fahrer in der Formel 1 eine wichtige Rolle. Auf dem Hockenheimring begeistert jedes Jahr ein Formel-1-Rennen, das als eines der wichtigsten der gesamten Grand-Prix-Saison gilt, Massen von Besuchern.

Michael Schumacher wurde 1994, 1995, 2000, 2001, 2002, 2003 und 2004 Weltmeister der Formel 1. 2006 trat er als erfolgreichster Fahrer aller Zeiten vom Formel-1-Rennsport zurück, feierte aber 2010 überraschend sein Comeback. Er ist Vorbild für Sebastian Vettel, der 2010 als bislang jüngster Pilot den Weltmeistertitel der Formel 1 gewann.

Markus Eberle beim Slalom in Ofterschwang im Allgäu

Skisport

Alpiner und nordischer Skisport haben viele Anhänger. Die Vierschanzentournee im Skispringen wird in Oberstdorf und Garmisch-Partenkirchen sowie in den österreichischen Skisportzentren Innsbruck und Bischofshofen ausgetragen. Millionen von Zuschauern verfolgen den Wettbewerb im Fernsehen, Zehntausende von Besuchern schauen sich die Springen an den Schanzen vor Ort an. Einige Wintersportorte sind Veranstalter alpiner Skirennen sowie Skilanglauf- und Biathlonwettbewerbe. Bei den Olympischen Winterspielen 2010 in Vancouver gewannen Maria Riesch (Ski alpin) und Magdalena Neuner (Biathlon) jeweils zwei Goldmedaillen.

Michael Schumacher im Ferrari am Hockenheimring (bei Heidelberg)

Handball

Zu den beliebtesten Mannschaftssportarten gehört Handball. Einen Popularitätsschub erlebte dieser Sport 2007 durch die in Deutschland ausgetragene Weltmeisterschaft, bei der das deutsche Team den Titel holte. Im selben Jahr gewannen mit dem THW Kiel, dem Hamburger SV und dem SC Magdeburg deutsche Clubs alle europäischen Wettbewerbe. 2009 gewann die Deutsche Handballnationalmannschaft den Supercup.

Segeln

Die Kieler Woche ist laut der International Sailing Federation die wichtigste Segelregatta der Welt. Am 1. September 1881 veranstalteten fünf Offiziere der Marine ein Yachtenrennen in der Kieler Bucht. Im Jahr darauf nahmen schon 20 Boote und Tausende von Zuschauern an der Regatta teil. Dieser Segelwettbewerb wurde eine internationale Institution, an der selbst der deutsche Kaiser zwischen 1894 und 1914 regelmäßig teilnahm. Heute eröffnet in der vorletzten Juniwoche der Bundespräsident die Veranstaltungen der Kieler Woche. Tausende von Profi- und Hobbyseglern aus aller Welt nehmen an den verschiedenen Wettbewerben teil, an der Förde gibt es eine Woche lang ein buntes Rahmenprogramm.

Schwimmen

Zu den herausragenden Athleten der letzten Jahrzehnte gehörten Kristin Otto, Michael Groß und Franziska van Almsick, die bei Wettbewerben oft auf dem Siegertreppchen standen. Lange konnten deutsche Schwimmer nicht an diese Erfolge anknüpfen, seit einiger Zeit feiert man jedoch wieder Siege: Bei den Olympischen Spielen 2008 in Beijing und den Weltmeisterschaften 2009 in Rom gewann Britta Steffen jeweils Gold über 50 und 100 Meter Freistil, bei dieser WM errang Paul Biedermann die Titel über 200 und 400 Meter Freistil.

Franziska van Almsick bei den Deutschen Schwimmmeisterschaften

Das Jahr in Deutschland

Volksfeste und Bräuche aller Art sorgen das ganze Jahr über für Abwechslung und Unterhaltung. Fast jede Stadt hat ein Stadtfest, ein Festival oder einen Jahrmarkt, in Westfalen auch Kirmes und in Bayern Dult genannt. Im Winter herrscht in den Fastnachts-Hochburgen ausgelassenes Treiben mit bunten Kostümen, im Herbst besuchen Millionen das Münchner Oktoberfest. In anderen Orten wird das Ende der Spargelernte oder der Weinlese gefeiert. Landauf, landab finden viele Theater-, Musik-, Film- und Opernfestspiele statt. Die Frankfurter Buchmesse ist die größte und wichtigste Literaturmesse der Welt.

Volksfest-Maskottchen

Hexentanz während der Walpurgisnacht bei Thale *(30. Apr)*

Frühling

Im Frühjahr kann man in den Bergen oft noch Ski laufen, während in den Tälern schon alles blüht. Die ersten Frühlingsfeste finden im April und Mai statt. Ostern ist einer der kirchlichen Höhepunkte des Jahres. Der 1. Mai wird seit mehr als 100 Jahren als Tag der Arbeit gefeiert. In den Städten rufen Gewerkschaften zu Kundgebungen auf. Im süddeutschen Raum wird das Maifest mit Aufrichten eines Maibaums gefeiert.

März

Sommergewinn *(drei Wochenenden vor Ostern)*, Eisenach. Das größte Volksfest in Thüringen mit Messe.
CeBIT *(Anfang März)*, Hannover. Internationale Messe für Informationstechnologie, Telekommunikation und Automation.
Karwoche/Ostern *(März/Apr)*. Überall finden Passionskonzerte statt. Die Messen an Ostern sind in vorwiegend katholischen Regionen besonders feierlich. Am Ostersonntag finden in den Städten der Lausitz (in Brandenburg und Sachsen) Reiterprozessionen statt.
Leipziger Buchmesse *(Mitte März)*, Leipzig. Internationale Buchmesse.

April

Thüringer Bach-Wochen *(Apr)*. Feierlichkeiten zu Ehren Johann Sebastian Bachs mit Konzerten u.a. in Arnstadt, Eisenach, Erfurt, Gotha, Mühlhausen und Weimar.
Hannover Messe *(Zweite Hälfte Apr)*, Hannover. Dies ist die größte Industriemesse der Welt.
Hamburger Dom *(März/Apr, Juli/Aug und Nov/Dez)*, Hamburg. Das größte Volksfest in Norddeutschland.
Kurzfilmtage *(Ende Apr/Anfang Mai)*, Oberhausen. Internationales Festival des Kurzfilms, besteht seit 1954.
Walpurgisnacht *(Nacht vom 30. Apr auf 1. Mai)*. Zu Hexentanz und satanischem Treiben versammeln sich die »Hexen« auf dem Brocken und an vielen anderen Orten im Harz.

Das Internationale Dixieland-Festival findet alljährlich im Mai in Dresden statt

Mai

Maibaum-Aufstellen *(1. Mai)*. In Süddeutschland werden geschmückte Maibäume aufgestellt und umtanzt.
Internationales Dixieland-Festival *(Anfang Mai)*, Dresden. Traditionelles Jazzfestival, das seit 1971 stattfindet.
Rhein in Flammen *(Mai–Sep)*. Feste mit Feuerwerk in Städten und Dörfern am Rhein.
Hafengeburtstag *(Anfang Mai)*, Hamburg. Hafenfest mit Regatta, Feuerwerk und Yachtenparade.
Ruhrfestspiele *(Mai–Juni)*, Recklinghausen. Kulturfestival mit vielen Theateraufführungen, Konzerten und Ausstellungen.
Blutritt *(Freitag nach Christi Himmelfahrt)*, Weingarten. Seit über 450 Jahren wird eine Prozession auf Pferden – eine der größten in Europa – abgehalten.
Leineweber Markt *(Ende Mai)*, Bielefeld. Straßentheater, Jazz- und Folk-Konzerte.

Sommer

Der Sommer ist die Jahreszeit der großen Open-Air-Festivals und anderer Aktivitäten im Freien. In fast jeder Stadt und jedem Dorf gibt es Volks- und Straßenfeste mit Konzerten, Festzügen und Jahrmärkten. An vielen Orten werden farbenprächtige Feuerwerke geboten. In Schlössern und Burgen werden Burg- und Ritterfestspiele abgehalten. Musikliebhaber können im Juni und Juli unter zahlreichen Konzerten wählen, die oft an historischen Orten stattfinden. Die traditionellen Bier- und Weinfeste feiert man meist im Spätsommer.

Segelregatta, Kieler Woche *(Juni)*

Juni

Fronleichnam *(Mai/Juni)*. Prächtige Fronleichnamsprozessionen in überwiegend katholischen Städten.
Bachfest Leipzig *(Anfang Juni)*, Leipzig. Internationaler Musikwettbewerb, Johann Sebastian Bach gewidmet.
Christopher Street Day *(Mitte Juni)*. Schwulen- und Lesbenparaden in vielen Städten (u.a. in Berlin und Köln).
Kieler Woche *(dritte Woche im Juni)*, Kiel. Segelregatta mit Konzerten und Volksfeststimmung an der Förde.
Luthers Hochzeit *(Anfang/Mitte Juni)*, Wittenberg. Großes Stadtfest rund um die Hochzeit Martin Luthers mit Katharina von Bora (1525).
Störtebeker-Festspiele *(Ende Juni–Aug)*, Ralswiek auf Rügen. Freilichtaufführung der Geschichte des im Mittelalter lebenden Freibeuters Klaus Störtebeker.

Kostümiertes Brautpaar bei der Landshuter Hochzeit *(Juni)*

Landshuter Hochzeit *(alle vier Jahre Ende Juni–Ende Juli: 2013)*, Landshut. Die Vermählung Georgs des Reichen mit der polnischen Königstochter Hedwig wird mit prachtvollem Hochzeitszug in Kostümen und mittelalterlichen Ritterturnieren nachgestellt.

Juli

Kölner Lichter *(Anfang Juli)*, Gigantisches Feuerwerk über dem Rhein.
Münchner Opernfestspiele *(Juli)*, München. Konzerte mit Live-Übertragung auf Plätzen und Straßen.
Spreewaldfest *(Anfang Juli)*, Lübben. Den Sommer über finden auch in anderen Orten Volksfeste statt.
Kaltenberger Ritterturnier *(Anfang–Mitte Juli)*, Schloss Kaltenberg. Größtes Ritterturnier der Welt.
Schwörmontag *(vorletzter Mo)*, Ulm. Volksfest mit Wasserfestzug auf der Donau.
Kinderzeche *(Mitte Juli)*, Dinkelsbühl. Zehntägiges Volksfest mit Festspiel und Festzug in Erinnerung an den Dreißigjährigen Krieg.
Richard-Wagner-Festspiele *(Ende Juli–Ende Aug)*, Bayreuth. Festspiele mit Opern Richard Wagners.

August

Zissel *(Anfang Aug)*, Kassel. Volksfest mit Umzügen, Markt und Konzerten.
Mainfest *(Anfang Aug)*, Frankfurt am Main. Fest am Main zu Ehren des Mains.
Wikingertage *(Anfang Aug)*, Schleswig. Historisches Fest in Kostümen, mit Bogenturnier, Musik und Regatten.
Gäubodenfest *(zweiter Fr)*, Straubing. Volksfest mit Markt und Bierzelten.
Maschseefest *(Ende Juli–Mitte Aug)*, Hannover. Rund drei Wochen lang wird am Ufer des Maschsees gefeiert.
Weindorf *(Ende Aug)*, Stuttgarter Weinfest in der Altstadt.

Tannhäuser* bei den Wagner-Festspielen in Bayreuth *(Juli/Aug)

Herbst

Im September und im Oktober finden in vielen Städten, z. B. in Berlin und München, bedeutende kulturelle Veranstaltungen und wichtige Feste statt, darunter auch das weltberühmte Oktoberfest. Alle großen Verkaufsmessen wurden traditionell im Herbst abgehalten. Allerdings änderte sich dieser Brauch im Zuge der wirtschaftlichen Umstrukturierung Deutschlands. Die letzten warmen Tage des Jahres werden gerne zu Wanderungen und Radtouren genutzt.

Kürbisrennen auf einem Dorffest

September

Plärrer *(zwei Wochen ab Ende Aug und ab Ostern)*, Augsburg. Das größte Volksfest Schwabens.

Berliner Festwochen *(Anfang Sep–Mitte Nov)*, Berlin. Viele verschiedene Kulturveranstaltungen, von Opernaufführungen über Ausstellungen bis zu Literaturlesungen.

Beethovenfestival *(Anfang Sep–Anfang Okt)*, Bonn. Musikfestival im Geiste Beethovens.

Heilbronner Herbst *(erster Sa)*, Heilbronn. Weinfest mit Umzug und Feuerwerk.

Berlin-Marathon *(So Mitte/Ende Sep)*, Berlin. Marathonlauf durchs Stadtzentrum mit verschiedenen Altersgruppen und Rollstuhlfahrern.

Oktoberfest *(letzte Woche Sep–erste Woche Okt)*, München. 16 Tage lang lockt das größte Volksfest der Welt Millionen von Besuchern. In den 14 Bierzelten geht es hoch her. Eröffnet wird das Fest traditionell mit dem Einzug der Wiesnwirte und dem Anstich durch den Oberbürgermeister. Fahrgeschäfte für jeden Geschmack.

Dorffest *(Ende Sep)*, Lehde. Spreewälder Volksfest.

Cannstatter Wasen *(Ende Sep–Anfang Okt)*, Stuttgart. Im Neckarpark am Ufer des Flusses findet eines der meistbesuchten Volksfeste der Welt statt.

Die Internationale Buchmesse in Frankfurt am Main *(Okt)*

Oktober

Tag der Deutschen Einheit *(3. Okt)*. Feier zur Wiedervereinigung in vielen Städten, mit Konzerten und Kundgebungen.

Frankfurter Buchmesse *(zweite Woche im Okt)*, Frankfurt am Main. Die weltgrößte Buchmesse, die Verleger und Autoren aus der ganzen Welt sowie viel Publikum anzieht.

Colomansfest *(zweiter So)*, Schwangau. Über 200 Reiter und geschmückte Wagen nehmen an dem religiösen Festzug teil.

Freimarkt *(Mitte Okt)*, Bremen. Zweiwöchiges Volksfest mit Umzug und Feuerwerk.

Weimarer Zwiebelmarkt *(Mitte Okt)*. Traditionsreiches Volksfest mit Markttreiben und Showprogramm.

Kasseler Musiktage *(Ende Okt)*, Kassel. Eines der ältesten Festivals klassischer Musik in ganz Europa.

Leonhardiritt *(Ende Okt)*. Der heilige Leonhard wird in Bayern mit Volksfesten und traditionellen Pferdeumzügen in vielen Dörfern geehrt.

Liszt-Tage *(Okt/Nov)*, Weimar. Konzerte mit Weltklasse-Musikern zu Ehren des Komponisten Franz Liszt.

November

Fest des neuen Weines *(Mitte Nov)*, Cochem. Fest zum Anstich des ersten Fasses jungen Moselweins.

Martinsfest *(11. Nov)*. Der Martinstag wird mit Laternenumzügen der Kinder und dem traditionellen Gänsebraten gefeiert. Am Rhein beginnt an diesem Tag um 11.11 Uhr offiziell die Karnevalszeit.

Internationales Filmfestival *(zweite Woche im Nov)*, Mannheim/Heidelberg. Jährlich stattfindendes Festival mit Kurz-, Dokumentar- und Spielfilmen von Newcomer-Regisseuren.

Die Berlinale gehört zu den größten Filmfestspielen der Welt *(Feb)*

Winter

Anfang Dezember beginnen die Vorbereitungen auf das nahe Weihnachtsfest. In den Städten werden Lichterdekorationen angebracht, die Christkindlmärkte werden eröffnet, und der Weihnachtsverkauf läuft auf Hochtouren. In den Alpen beginnt die Skisaison. Im Januar und Februar finden viele Faschingsbälle statt. Das Ende des Karnevals ist – zumindest theoretisch – gleichbedeutend mit dem Ende des Winters. Am Rosenmontag ziehen vor allem im Rheinland bunte Karnevalsumzüge durch die dicht bevölkerten Straßen.

Dezember

Christkindlmärkte und **Weihnachtsmärkte**. Diese Märkte werden von Ende Nov/Anfang Dez bis Weihnachten in vielen Städten abgehalten. Die schönsten Christkindlmärkte sind in Baden-Württemberg und in Bayern zu finden, der berühmteste findet in Nürnberg statt.

Der traditionelle Christkindlesmarkt in Nürnberg *(Dez)*

Heiligabend/Weihnachten *(24.–26. Dez)*. Zum Fest des Friedens und der Familie gehören Christbäume ebenso wie Geschenke.

Vierschanzentournee *(Ende Dez–Anfang Jan)*. Berühmtes Skispringen mit Start in Oberstdorf.

Silvester *(31. Dez)*. Den Start ins neue Jahr feiert man auf Bällen, Operngalas oder auf der Straße – auf jeden Fall aber mit viel Feuerwerk, Krachern, Wunderkerzen und Sekt.

Januar

Sechs-Tage-Rennen *(Anfang Jan)*, Berlin. Spektakuläres Hallenradrennen im Velodrom mit Begleitprogramm.

Grüne Woche *(Mitte Jan)*, Berlin. Auf der internationalen Messe für Ernährung, Landwirtschaft und Gartenbau kann man die unterschiedlichsten Produkte und Spezialitäten aus der ganzen Welt probieren.

Februar

Berlinale – Internationale Filmfestspiele *(zweite und dritte Woche)*, Berlin. Große Filmstars verleihen Berlin zwei Wochen lang Glamour.

Karneval, auch **Fasching**, **Fastnacht** oder **Fasnet**. Fast überall in Deutschland wird die »närrische« Zeit mit Festen auf der Straße gefeiert, die Karnevals-Hochburgen liegen jedoch am Rhein. Vom Donnerstag bis Faschingsdienstag führen die Narren das Zepter. Den Beginn macht die Weiberfastnacht, die großen Karnevalsumzüge finden am Rosenmontag u.a. in Köln, Düsseldorf und Mainz statt. Die traditionelle alemannische Fasnet zur Winteraustreibung im Südwesten des Landes wird fast »ernst« begangen.

Die Narren sind los – hier beim Karneval in Köln *(Feb/März)*

Feiertage

Neujahr *(1. Jan)*.
Heilige Drei Könige (*6. Jan*; Bayern, Baden-Württemberg, Sachsen-Anhalt).
Karfreitag *(März/Apr)*.
Ostern *(So und Mo im März/Apr)*.
Maifeiertag/Tag der Arbeit *(1. Mai)*.
Christi Himmelfahrt *(Do im Mai)*.
Pfingsten *(So und Mo im Mai/Juni)*.
Fronleichnam (*Do im Mai/Juni*; Bayern, Hessen, Baden-Württemberg, Nordrhein-Westfalen, Rheinland-Pfalz und Saarland).
Mariä Himmelfahrt (*15. Aug*; Bayern und Saarland).
Tag der Deutschen Einheit *(3. Okt)*.
Allerheiligen (*1. Nov*; Bayern, Baden-Württemberg, Nordrhein-Westfalen, Rheinland-Pfalz und Saarland).
Weihnachten *(25./26. Dez)*.

Klima

Deutschland liegt im Bereich des kühlgemäßigten Klimas. Norden und Westen zeigen ozeanisch geprägtes Klima. Die Sommer sind mäßig warm, die Winter mild, jedoch mit hoher Feuchtigkeit und Nebel. Osten und Süden stehen unter subkontinentalen Einflüssen. Die Winter sind kälter, die Sommer wärmer. Die Alpen verzeichnen die höchsten Niederschläge und die niedrigsten Temperaturen.

Kiel

Monat	Jan	Apr	Juli	Okt
Mittlere Tageshöchsttemperatur (°C)	2,4	11,0	21,5	12,6
Mittlere Tagestiefsttemperatur (°C)	-2	3,4	13,0	6,7
Tägliche Sonnenscheindauer	1,7 Std.	6,4 Std.	8,0 Std.	3,5 Std.
Mittlerer Monatsniederschlag	61 mm	44 mm	83 mm	69 mm

Hamburg

Monat	Jan	Apr	Juli	Okt
Mittlere Tageshöchsttemperatur (°C)	2,3	12,5	22,2	12,9
Mittlere Tagestiefsttemperatur (°C)	-2,6	3,1	12,3	5,5
Tägliche Sonnenscheindauer	1,7 Std.	6,2 Std.	7,3 Std.	3,3 Std.
Mittlerer Monatsniederschlag	57 mm	52 mm	82 mm	59 mm

Köln

Monat	Jan	Apr	Juli	Okt
Mittlere Tageshöchsttemperatur (°C)	4,3	14,5	23,4	14,4
Mittlere Tagestiefsttemperatur (°C)	-2,2	3,5	12,4	5,3
Tägliche Sonnenscheindauer	1,6 Std.	4,6 Std.	6,1 Std.	4,0 Std.
Mittlerer Monatsniederschlag	51 mm	52 mm	75 mm	54 mm

Frankfurt am Main

Monat	Jan	Apr	Juli	Okt
Mittlere Tageshöchsttemperatur (°C)	2,9	14,9	24,3	13,9
Mittlere Tagestiefsttemperatur (°C)	-3,0	3,8	13,0	5,2
Tägliche Sonnenscheindauer	1,5 Std.	6,3 Std.	7,3 Std.	3,4 Std.
Mittlerer Monatsniederschlag	57 mm	43 mm	68 mm	50 mm

Saarbrücken

Monat	Jan	Apr	Juli	Okt
Mittlere Tageshöchsttemperatur (°C)	2,7	13,2	22,2	13,0
Mittlere Tagestiefsttemperatur (°C)	-2,7	4,3	12,7	5,6
Tägliche Sonnenscheindauer	1,9 Std.	6,7 Std.	7,9 Std.	4,1 Std.
Mittlerer Monatsniederschlag	78 mm	56 mm	69 mm	60 mm

Stuttgart

Monat	Jan	Apr	Juli	Okt
Mittlere Tageshöchsttemperatur (°C)	2,2	13,6	23,2	13,4
Mittlere Tagestiefsttemperatur (°C)	-3,7	3,8	13	4,7
Tägliche Sonnenscheindauer	2,3 Std.	6,0 Std.	7,9 Std.	4,5 Std.
Mittlerer Monatsniederschlag	46 mm	49 mm	80 mm	47 mm

0 Kilometer 100

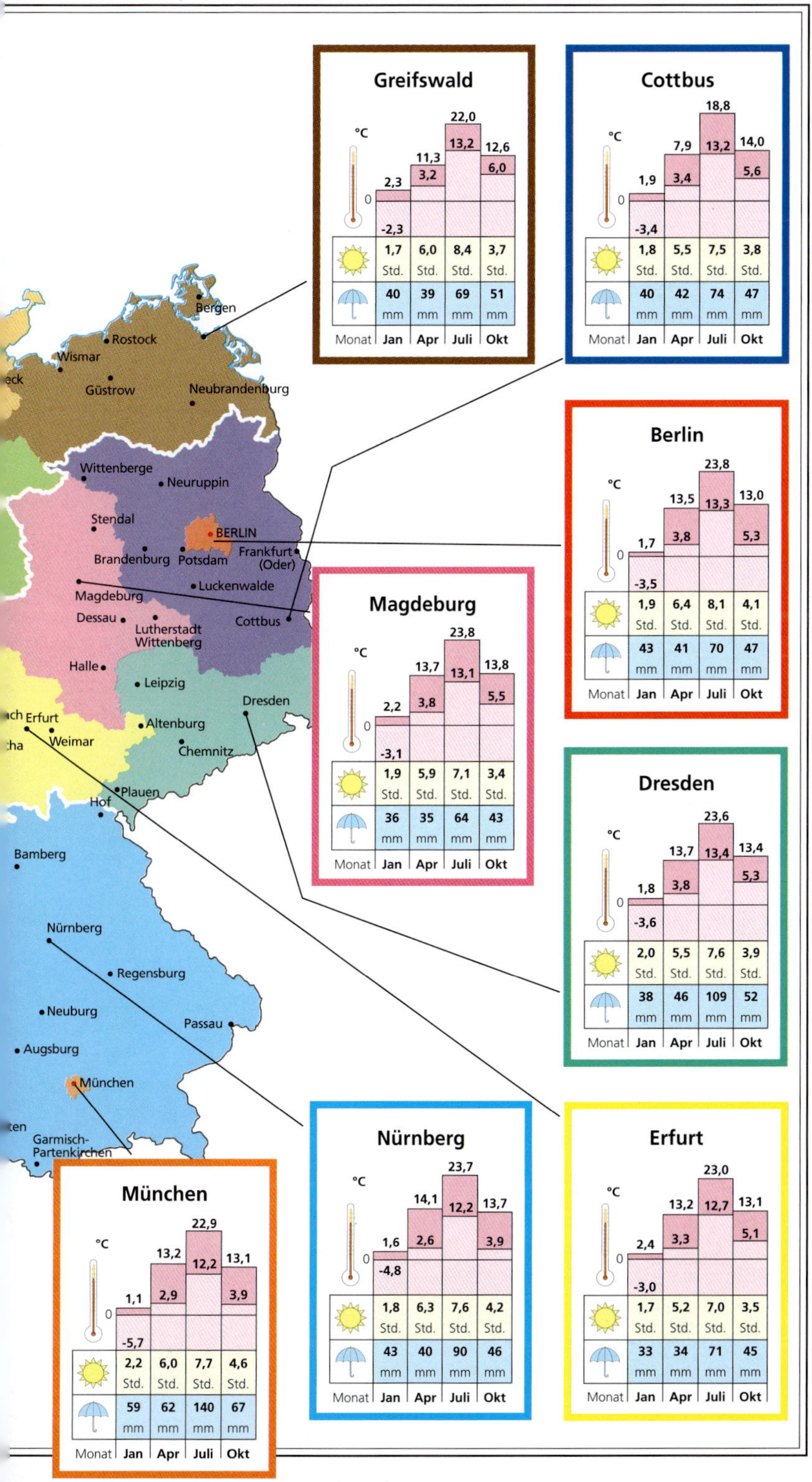
Greifswald
°C
0
22,0
11,3
12,6
2,3
13,2
3,2
6,0
-2,3
1,7 Std.
6,0 Std.
8,4 Std.
3,7 Std.
40 mm
39 mm
69 mm
51 mm
Monat
Jan
Apr
Juli
Okt
Cottbus
°C
0
18,8
7,9
14,0
1,9
13,2
3,4
5,6
-3,4
1,8 Std.
5,5 Std.
7,5 Std.
3,8 Std.
40 mm
42 mm
74 mm
47 mm
Monat
Jan
Apr
Juli
Okt
Berlin
°C
0
23,8
13,5
13,0
1,7
13,3
3,8
5,3
-3,5
1,9 Std.
6,4 Std.
8,1 Std.
4,1 Std.
43 mm
41 mm
70 mm
47 mm
Monat
Jan
Apr
Juli
Okt
Magdeburg
°C
0
23,8
13,7
13,8
2,2
13,1
3,8
5,5
-3,1
1,9 Std.
5,9 Std.
7,1 Std.
3,4 Std.
36 mm
35 mm
64 mm
43 mm
Monat
Jan
Apr
Juli
Okt
Dresden
°C
0
23,6
13,7
13,4
1,8
13,4
3,8
5,3
-3,6
2,0 Std.
5,5 Std.
7,6 Std.
3,9 Std.
38 mm
46 mm
109 mm
52 mm
Monat
Jan
Apr
Juli
Okt
München
°C
0
22,9
13,2
13,1
1,1
12,2
2,9
3,9
-5,7
2,2 Std.
6,0 Std.
7,7 Std.
4,6 Std.
59 mm
62 mm
140 mm
67 mm
Monat
Jan
Apr
Juli
Okt
Nürnberg
°C
0
23,7
14,1
13,7
1,6
12,2
2,6
3,9
-4,8
1,8 Std.
6,3 Std.
7,6 Std.
4,2 Std.
43 mm
40 mm
90 mm
46 mm
Monat
Jan
Apr
Juli
Okt
Erfurt
°C
0
23,0
13,2
13,1
2,4
12,7
3,3
5,1
-3,0
1,7 Std.
5,2 Std.
7,0 Std.
3,5 Std.
33 mm
34 mm
71 mm
45 mm
Monat
Jan
Apr
Juli
Okt
Bergen
Rostock
Wismar
Güstrow
Neubrandenburg
Wittenberge
Neuruppin
Stendal
BERLIN
Brandenburg
Potsdam
Frankfurt (Oder)
Luckenwalde
Magdeburg
Dessau
Lutherstadt Wittenberg
Cottbus
Halle
Leipzig
Dresden
Erfurt
Weimar
Altenburg
Chemnitz
Plauen
Hof
Bamberg
Nürnberg
Regensburg
Neuburg
Passau
Augsburg
München
Garmisch-Partenkirchen

Die Geschichte Deutschlands

Deutschlands Regionen unterscheiden sich hinsichtlich ihrer Kultur, Sprache und Religion. Dies weist auf die jahrhundertelange territoriale Zersplitterung einer Nation zurück, die erst im 19. Jahrhundert eine Einheit wurde. Die deutsche Teilung nach 1945 setzte einen weiteren Akzent: Bis zur Wiedervereinigung 1990 lebten Ost- und Westdeutsche in völlig verschiedenen Welten.

Frühgeschichte

Etwa seit dem 8. Jahrhundert v. Chr. war das Rhein-Main-Donau-Gebiet von keltischen Stämmen bewohnt. Um 200 v. Chr. wanderten zunehmend germanische Völker ein. Im 1. Jahrhundert v. Chr. besetzten die Römer weite Gebiete westlich des Rheins. So sind Städte wie Köln, Trier, Mainz und Xanten aus ehemaligen römischen Siedlungen hervorgegangen. Bald versuchten die fremden Legionen, auch die Region zwischen Rhein und Elbe zu erobern, das sogenannte freie Germanien. Die römische Niederlage in der Schlacht im Teutoburger Wald im Jahr 9 n. Chr. gegen die von Arminius geführten Germanen vereitelte diesen Plan. Die geschlagenen Resttruppen zogen sich in das von Rom kontrollierte Gebiet zurück, das durch den Bau des Limes, eines riesigen Grenzwallsystems, abgesichert wurde. Bald erwiesen sich die germanischen Stämme als zunehmende Bedrohung. Um 260 durchbrach der Stamm der Alemannen den Limes – die Völkerwanderung warf erste Schatten voraus.

Heinrich I. aus dem Haus der Liudolfinger

Frühes Mittelalter

Nach dem Zusammenbruch des Weströmischen Reichs (476) füllte das germanische Reich der Franken in West- und Mitteleuropa das Machtvakuum. Die Taufe des Begründers des Frankenreichs, Chlodwigs I., um 498 hatte große Bedeutung. Angelsächsische Missionare trugen das Christentum ins Land – der bekannteste Missionar im 8. Jahrhundert war Bonifatius, der »Apostel der Deutschen«. Als König Karl der Große 800 zum Kaiser gekrönt wurde, bildete das künftige Deutschland den Osten des Frankenreichs. Unter Karls Nachfolgern kam es zu mehreren Reichsteilungen. Ab 843 beherrschte Ludwig der Deutsche den Ostteil, wo Stammesherzöge nach immer mehr Macht strebten. 919 wurde einer von ihnen, der Sachse Heinrich I., erster »deutscher« König. Eigentlicher Gründer des deutschen Reichs im Mittelalter war jedoch Heinrichs Sohn Otto I., der 962, sieben Jahre nach seinem Sieg über die Ungarn, das Kaisertum erneuerte und die Herrschaft über das Abendland beanspruchte.

ZEITSKALA

754 Tod des heiligen Bonifatius

Goldene römische Maske

785 Taufe von Widukind, Herzog der Sachsen

800 Kaiserkrönung Karls des Großen

814 Tod Karls des Großen

843 Vertrag von Verdun: Dreiteilung des Reichs

919 Der Sachse Heinrich I. wird König

936 Otto I. zum König gekrönt

955 Otto I. schlägt die Ungarn auf dem Lechfeld bei Augsburg

962 Otto I. erhält die Kaiserkrone

Reliquienschrein (8. Jh.)

700 | 800 | 900 | 1000

◁ *Erwachende Germania* (Ausschnitt), Historiengemälde aus dem Jahr 1849 von Christian Köhler (1809–1861)

Bleiglasfenster im Augsburger Dom

Von den Ottonen zu den Saliern

Mit der Kaiserkrönung Ottos I. stieg das sächsische Geschlecht der Ottonen (Liudolfinger), dem auch die Kaiser Otto II., Otto III. sowie Heinrich II. entstammten, zur führenden politischen Kraft auf. Bereits 952 hatte Otto I. im Westen Lothringen annektiert. An den östlichen Grenzen erklärte er große Gebiete zu »Marken«, wehrhaften Grenzländern, deren militärische Schlagkraft gegen die slawischen Stämme östlich der Oder zielte. Nach dem Tod Heinrichs II. fiel der Thron an die Dynastie der Salier. Die Macht des Hochadels wurde drastisch beschnitten. Der Kaiser bestand auf seiner Vorherrschaft im gesamten Reich.

Investiturstreit

Im 11. Jahrhundert kam es in Europa zum Kampf zwischen Kirche und Königtum. Im sogenannten Investiturstreit ging es darum, wer im Abendland Bischöfe einsetzen durfte – Papst oder Herrscher. Für deutsche Könige war dies eine Schicksalsfrage, da man seit den Ottonen durch Vergabe von Kirchenämtern die eigene Macht absicherte. Im Verlauf des Streits exkommunizierte der als Reformpapst geltende Gregor II. den deutschen König Heinrich IV. Dessen Bittgang nach Canossa (Oberitalien) zum Jahreswechsel 1077, wo der dort weilende Gregor diesen Bann aufheben sollte, ist sprichwörtlich geworden. Thronwirren waren die Folge: Heinrich IV. verlor die Macht und erlangte sie zurück, ließ sich von einem Papst eigener Wahl zum Kaiser krönen und musste dennoch abdanken. Der Investiturstreit endete 1122: Das Wormser Konkordat billigte den Königen u.a. zu, der Wahl deutscher Äbte und Bischöfe beiwohnen zu dürfen.

Romanisches Medaillon, um 1150

Reliquienschrein (12. Jh.) aus der Welfengruft

Zeit der Staufer

Nach der salischen Dynastie, die 1125 endete, und der kurzen Herrschaft Lothars III. brach der schon länger schwelende Konflikt zwischen den mächtigen Herzogshäusern der Staufer (Hohenstaufen) und der Welfen offen aus. Der Staufer Friedrich I. Barbarossa (»Rotbart«) setzte sich durch und wurde 1155 Kaiser. In der Folgezeit konnte er sein feudales Herrschaftssystem beständig ausbauen. Bald wurden dem Reich Gebiete im Osten einverleibt (»deutsche Ostkolonisation«). Weitere kamen im 13. Jahrhundert

ZEITSKALA

1027 Kaiserkrönung Konrads II., erster Salier auf dem römisch-deutschen Thron

1138 Krönung Konrads III., erster König des Heiligen Römischen Reichs aus dem Haus der Staufer

1155 Friedrich I. (Barbarossa) wird zum Kaiser gekrönt

1000 | 1050 | 1100 | 1150

1074 Beginn des Investiturstreits

1077 Heinrich IV. macht den »Gang nach Canossa«

1122 Wormser Konkordat

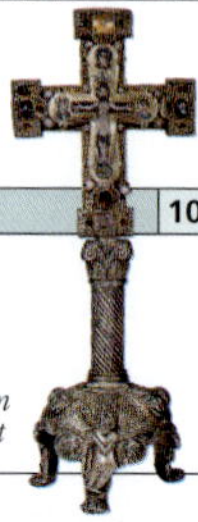

Kreuz aus dem 11. Jahrhundert

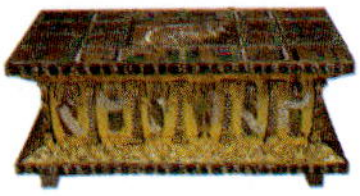

Tragbarer Altar aus der Welfengruft in Köln

hinzu. Der Deutsche Orden, von Kreuzrittern im Heiligen Land gegründet, spielte dabei eine wichtige, zugleich aber auch sehr blutige Rolle.

Friedrich II., Enkel Barbarossas und König von Sizilien, wurde 1220 Kaiser. An Deutschland zeigte der Staufer allerdings nur geringes Interesse, was den politischen Zerfall des Reichs begünstigte. Nach seinem Tod 1250 konnte niemand das fragile Gebilde zusammenhalten. Die großen Fürsten erklärten sich zu souveränen Herrschern. Es folgte das Interregnum.

Rudolf von Habsburg (1218–1291)

Interregnum

Der Fall der Hohenstaufer bedeutete das Ende des alten Kaisertums. Folge war eine Zeit der Instabilität mit mehreren Königen und Gegenkönigen, in der vor allem die Macht des sich endgültig formierenden Kurfürstenkollegiums gestärkt wurde. Die Handelsstädte schlossen sich zu Schutzbünden zusammen. Der Niedergang des Kaisertums und die Kämpfe der Adligen ließen die freien Städte an Macht gewinnen.

Da der König sich nur noch auf ein geringes Reichsgut stützen konnte und gewählt wurde, war er von den großen Reichsfürsten abhängig. Sieben Vertreter des Reichsfürstenstands wählten den König: die Erzbischöfe von Mainz, Köln und Trier, der Pfalzgraf bei Rhein, der Markgraf von Brandenburg, der Herzog von Sachsen und der König von Böhmen. Um ihre eigene Stellung nicht zu gefährden, wählten die Landesfürsten oft schwache Kandidaten. Seit der Wahl des Habsburgers Rudolf I. 1273 kamen alle Könige aus den Adelsgeschlechtern der Habsburger, Wittelsbacher und Luxemburger. Nach 1312 erhoben sie Anspruch auf die Kaiserkrone. Wichtigster deutscher Herrscher im 14. Jahrhundert war Karl IV. Der Papst hatte bis 1338 versucht, die Wahl des Luxemburgers zu hintertreiben. Karl verlegte als König von Böhmen seinen Herrschaftsschwerpunkt nach Prag. 1356 erließ er die »Goldene Bulle«, ein Gesetz, das den Kreis der Kurfürsten festlegte und ihnen gegen einen Bestandsschutz für ihre Territorien Bündnisse untersagte. Hauptziel war die Verhinderung von Thronkämpfen.

Ein Minneteppich – Teil eines mittelalterlichen Wandbehangs, auf dem menschliche Eigenschaften versinnbildlicht sind

1250 Beginn des Interregnums

1312 Heinrich VII. wird zum Kaiser gekrönt

Silbermünze von 1369

1200 | **1250** | **1300** | **1350**

1273 Ende des Interregnums mit der Krönung Rudolfs I. von Habsburg

1348 Gründung der Karls-Universität in Prag, der ersten deutschsprachigen Universität

1356 Goldene Bulle

1386 Gründung der Universität in Heidelberg

Hanse

Die Hanse war die deutsche Variante jener mächtigen Schutzbünde, die im Mittelalter den Interessen der großen Handelsstädte Europas dienten. Sie wurde im 13. Jahrhundert gegründet und befand sich im 14. Jahrhundert auf dem Höhepunkt ihrer politischen und wirtschaftlichen Macht. Über 160 Städte, von den baltischen Zentren Reval und Riga über Visby auf Gotland bis zu den Häfen der Niederlande, gehörten dem Bund an. Dessen militärische Stärke erlaubte die Kontrolle über den Seehandel vor allem im Ostseeraum, wo sich die Ausstrahlung hanseatischer Kultur bis heute in großartigen Bauten der Backsteingotik zeigt.

Madonna in der Rosenlaube
(Stephan Lochner, Köln, um 1450).

Die klugen und die törichten Jungfrauen
Die Statuen am Dom von Magdeburg belegen den Kunstsinn und den Reichtum der deutschen Hansestädte.

Hanseschiffe laufen, beladen mit Waren, in den Hafen ein.

Steuerbeamte erwarten die Ladung.

Holzkräne mit Schwenkarmen und Laufrädern dienten dem Warenumschlag. Einer ist noch heute in Lüneburg zu sehen.

Triumphkreuz im Dom von Lübeck
Die 1477 von Bernt Notke geschaffene Figurengruppe ist ein Meisterwerk der spätgotischen Bildhauerkunst.

Koggen
Die einmastigen Segler mit geringer Manövrierfähigkeit beherrschten als meistverbreiteter Schiffstyp der Hanse den Nord- und Ostseeraum. Sie wurden bis zum 15. Jahrhundert gebaut.

Panorama-Ansicht von Lübeck
Die »Königin der Hanse« (Holzschnitt, 15. Jh.) war die heimliche Hauptstadt des Städtebunds. Rechtlich wie auch architektonisch hatte Lübeck Vorbildcharakter.

Hamburger Hafen

Neben Lübeck, Bremen und Danzig galt Hamburg als eine der führenden Hansestädte. Im 14. Jahrhundert war es die Drehscheibe für den Nord- und Ostseehandel. Die abgebildete Miniatur (15. Jh.) gibt einen Einblick in hanseatisches Kaufmannsleben.

Hansestädte

In den wohlhabenden Hansestädten standen die prachtvollen Bürgerhäuser am Marktplatz und in den Straßen zum Hafen den Adelspalais in nichts nach. Mittelpunkt war das Rathaus. Halle und Festsaal, beispielsweise der Kölner *Gürzenich*, boten den festlichen Rahmen für Bankette und Empfänge. Die Kathedralen waren meist dem heiligen Nikolaus oder der Muttergottes geweiht. Die Bürgerhäuser erhoben sich oft schmal und hoch, hatten allerdings eindrucksvolle Portale. Die Hafenanlagen umfassten auch große Lagerhäuser und Kornspeicher an Kanälen. Die Hansestädte wurden von hohen Befestigungsanlagen mit Türmen und massiven Torbauten geschützt.

Das Braunschweiger Rathaus *mit seinen Arkaden und den Welfenstatuen ist ein schönes Beispiel aus der architektonischen Blütezeit der Hanse.*

Das Kröpeliner Tor *in Rostock ist einer von 22 Türmen der Befestigungsanlage aus dem Mittelalter.*

Tod des Reformators Jan Hus auf dem Scheiterhaufen

Aufstieg der Habsburger

1417 beendete das Konstanzer Konzil die Spaltung der katholischen Kirche (Abendländisches Schisma). Dass dieses Konzil zwei Jahre zuvor den böhmischen Reformator Jan Hus – trotz der Zusage freien Geleits durch König Sigismund, den letzten Luxemburger auf dem Thron – zum Tod auf dem Scheiterhaufen verurteilt hatte, löste indessen neue religiös motivierte Kämpfe aus. Tschechische Hussiten überzogen in der Folge weite Teile Mitteldeutschlands mit Krieg. Seit 1438 (bis 1806) stellten die Habsburger die Herrscher im Reich, das in Bezug auf Reformen zunehmend stagnierte. Zwar stärkte Maximilian I. 1495 die Position der Reichsstände, jedoch lag dem jungen König vor allem das Wohl Österreichs, seiner eigenen Hausmacht, am Herzen. Österreichs Stärke wuchs wesentlich durch Habsburgs geschickte Heiratspolitik.

Titelseite der ersten deutschen Bibel

Reformation

Die Veränderungen in Europa nach der Entdeckung Amerikas wirkten sich auf das Deutschland des 16. Jahrhunderts zunächst wenig aus – wohl aber die neuen naturwissenschaftlichen Erkenntnisse der Zeit und die Thesen von Humanisten wie Erasmus von Rotterdam. Hinzu kam die Dauerkrise der mehr und mehr verweltlichten Kirche. Martin Luther geißelte 1517 in seinen 95 Thesen den päpstlichen Ablasshandel. Dies war das Fanal für die Reformation, für eine radikale Veränderung in Glaubensdingen. Viele Fürsten traten zum Protestantismus über. Bauern, Bürger und niederer Adel erfasste eine vorher nicht gekannte Aufruhrstimmung, die sich auch gegen wirtschaftlich-soziale und politische Missstände richtete. Kaiser Karl V. ächtete Luther und bekämpfte die Protestanten, musste aber nach Kriegen 1555 dem Augsburger Religionsfrieden zustimmen. Er sah vor, dass künftig der Landesherr die Konfession seiner Untertanen bestimmte.

Wassergefäß in Löwenform (1540)

ZEITSKALA

1400

1414–18 Konzil von Konstanz

1419–36 Hussitenkriege

1438 Krönung von Albrecht II. zum römisch-deutschen König

um 1450 Erste Druckerpresse

1450

Maximilian I.

1495 Wormser Reichstag: Reichsreform; Verbot jeglicher Fehden

1500

1517 Luthers Thesen; Beginn der Reformation

1522/22 Aufstand des Ritteradels

1524/25 Bauernaufstände im süddeutsch Raum

1540 Erste Bankhäuser Augsburg und Nürnbe

Stadtleben im Deutschland des frühen 16. Jahrhunderts, Gemälde von Jörg Breu d. Ä. (ca. 1475–1537)

Dreißigjähriger Krieg

Trotz des nicht geklärten Religionskonflikts verlief die zweite Hälfte des 16. Jahrhunderts relativ friedlich für Deutschland. Unterschwellig jedoch drängte, forciert durch die katholische Gegenreformation und vor dem Hintergrund politischer Machtkonstellationen in Europa, die konfessionelle Frage nach einer Lösung.

1618 lösten Konflikte im Vorfeld der Wahl des Kurfürsten Friedrich V. von der Pfalz zum böhmischen König den Dreißigjährigen Krieg aus. Von Anfang an hatten die verheerenden Kämpfe weit weniger religiöse als politische Hintergründe: Ausländische Mächte (Dänemark, Schweden, Frankreich und Spanien) kämpften in wechselnden Koalitionen Seite an Seite mit deutschen Fürsten, egal ob diese nun der Protestantischen Union oder der Katholischen Liga, der Partei des habsburgischen Kaisers Ferdinand II., angehörten. Der Krieg, der von legendären Heerführern wie dem Schwedenkönig Gustav II. Adolf oder den kaiserlichen Feldherren Tilly und Wallenstein geprägt war, brachte unendliches Leid über die Bevölkerung. Bald machte es für die Menschen keinen Unterschied mehr, welcher Konfession diejenigen angehörten, die ihre Dörfer und Städte brandschatzten. Auf deutschem Boden wurde brutal die Frage geklärt, wem in Europa die Vormachtstellung zukam – den spanisch-österreichischen Habsburgern oder den französischen Königen, die sich letztlich durchsetzten. Auf der Strecke blieb das Reich: Der Westfälische Friede schrieb 1648 endgültig die Zersplitterung der deutschen Lande in Hunderte von Territorien fest. Große Gebiete im Norden fielen an Schweden und Dänemark. Das Kaisertum als übergreifende Herrschaftsidee hatte kaum noch Bedeutung. Es sollte lange dauern, bis Deutschland die Traumata dieses Kriegs überwunden hatte.

Szene im Dreißigjährigen Krieg auf einem Gemälde von Wilhelm von Diez

1555 Augsburger Religionsfrieden

1609 Bildung der Katholischen Liga

1608 Gründung der Protestantischen Union

1618 Beginn des Dreißigjährigen Kriegs

Reiterstandbild des Großen Kurfürsten Friedrich Wilhelm

1550 **1600** **1650**

46/47 Karl V. führt Krieg gen den Schmalkaldischen nd, ein Bündnis von Kur- chsen und Hessen

Wandkachel (16. Jh.) mit Falkner

1640 Friedrich Wilhelm wird Kurfürst von Brandenburg

1648 Westfälischer Friede beendet den Dreißigjährigen Krieg

Goethe in der Campagna von Johann H. W. Tischbein (1787)

Friedrich II. (der Große) entriss Kaiserin Maria Theresia 1742 die Provinz Schlesien. Durch weitere Kriege und sein entscheidendes Mitwirken an den drei »polnischen Teilungen« konnte der »Alte Fritz« Größe und Bedeutung Preußens entscheidend erhöhen. Gleichzeitig betrieb der musische Monarch, ein Bewunderer aufklärerischer Denker wie Voltaire oder Rousseau, unter dem Vorzeichen von Vernunft und religiöser Toleranz energisch die Modernisierung des Landes.

Absolutismus und Aufstieg Preußens

Der Dreißigjährige Krieg hatte das Land verwüstet und zurückgeworfen. Mit dem energischen Wiederaufbau in den betroffenen deutschen Staaten entstanden auch prächtige barocke Residenzen, mit denen die zu absolutistischen Souveränen aufgestiegenen Fürsten ihr Repräsentationsbedürfnis befriedigten. Österreich, des Kaisers Hausmacht, konnte durch Siege in den Türkenkriegen seine Position als mächtigster Staat im Reich festigen, bekam jedoch bald Konkurrenz. 1701 fand die Standeserhebung von Brandenburgs Kurfürst zu Friedrich I., König in Preußen, statt. Der Aufstieg des eher ärmlichen Preußen zur Großmacht verlief relativ schnell. Friedrich Wilhelm I. baute als »Soldatenkönig« den preußischen Militärapparat auf. Sein Sohn

Porträt Friedrichs des Großen (1712–1786) als Thronfolger

Napoleonische Kriege, Restauration und Revolution

Seit 1793 waren deutsche Staaten in mehrere Kriege mit Frankreich, dem Land der bürgerlichen Revolution, verwickelt. Nachdem Napoléon die westrheinischen Gebiete besetzt hatte, kam es von 1801 bis 1803 zur Neuordnung der deutschen Staaten (Reichsdeputationshauptschluss): Die geistlichen Reichsstände wurden aufgehoben (Säkularisation). Aus 289 Kleinstaaten entstanden 112 größere Staatsgebilde. Einige der Fürsten unterstützten den Krieg Frankreichs gegen Österreich. 1806 wurde das »Heilige Römische Reich Deutscher Nation« aufgelöst. Bayern, Württemberg und Sachsen wurden zu eigenständigen Königreichen. Die Truppen des Franzosenkaisers besiegten auch Preu-

ZEITSKALA

1701 Friedrich I., erster König in Preußen

1701–14 Spanischer Erbfolgekrieg um das Erbe Karls II.

1740–42 Erster Schlesischer Krieg, Teil des österreichischen Erbfolgekriegs (1740–1748)

Leopold Hermann von Boyen, preußischer General

1813 Völkerschlacht bei Leipzig, Entscheidung der Befreiungskriege

1700 | **1730** | **1760** | **1790**

1710 Gründung der Porzellanmanufaktur Meißen

1700 Gründung der Akademie der Wissenschaften in Berlin

1756–63 Siebenjähriger Krieg

1740 Friedrich der Große wird König in Preußen, 1772 von Preußen

1803 Neuordnung der Staaten

1806 Ende des Heiligen Römischen Reichs Deutscher Nation

1814/15 Wiener Kongres

Siegesmeldung nach der Schlacht bei Leipzig von Johann P. Krafft (1839)

ßen. Dessen Staatswesen wurde in der Folge unter dem Einfluss französischer Rechtsauffassung grundlegend reformiert. In den Befreiungskriegen gegen Napoléon entwickelte sich ein deutsches Nationalbewusstsein. 1813 schlug in der Völkerschlacht bei Leipzig eine europäische Koalition die Franzosen. Nach Napoléons endgültiger Niederlage bei Waterloo (1815) oblag dem Wiener Kongress die Neuordnung Europas. Mit dem Deutschen Bund entstand eine Föderation souveräner Staaten unter der Führung des österreichischen Kanzlers Fürst Metternich, der alle nationalliberalen Bestrebungen bekämpfte. 1834 legte die Gründung des Deutschen Zollvereins das Fundament für Industrialisierung und nationale Wirtschaftskraft. Der Versuch, Deutschland zu einem modernen Verfassungsstaat umzustrukturieren, scheiterte mit der Niederlage der bürgerlichen Kräfte in der Revolution von 1848/49. Ab 1862 bereitete Preußens Ministerpräsident Otto von Bismarck mittels Diplomatie und mehrerer Kriege der Vereinigung Deutschlands den Boden – unter preußischer Führung und unter Ausschluss Österreichs (»kleindeutsche Lösung«). Nach Frankreichs Niederlage im Deutsch-Französischen Krieg wurde im Jahr 1871 im Spiegelsaal von Versailles das Deutsche Reich proklamiert.

Vase mit dem Porträt Kaiser Wilhelms II.

Bismarcks Kaiserreich

Zwar gebot Preußenkönig Wilhelm I. als Deutscher Kaiser über eine Föderation von 25 Einzelstaaten, doch der eigentliche Lenker des vereinigten Deutschland war Reichskanzler Bismarck. Eine rasante Industrialisierung kennzeichnete die »Gründerzeit«: Rauchende Fabrikschlote, aber bald auch Massenelend prägten das Land. Sozialistische Theoretiker wie Karl Marx beeinflussten die entstehende Arbeiterbewegung. Die junge Sozialdemokratie wurde von Bismarck verfolgt. Gleichzeitig erleichterte dessen Sozialgesetzgebung das Los der Arbeiter. Die maßvolle Außenpolitik des Kanzlers sicherte dem Reich, das bald eine Großmacht mit eigenen Kolonien war, jahrzehntelang den Frieden.

***Kampf auf den Barrikaden im Mai 1848*, ein Bild der Revolution in Berlin von Julius Scholz**

1834 Gründung des Deutschen Zollvereins

1848 Veröffentlichung des Kommunistischen Manifests

1848/49 Märzrevolution

1871 Gründung des Deutschen Kaiserreichs. Der preußische König wird Kaiser Wilhelm I.

1898 Gründung des Deutschen Flottenvereins

1820 | **1850** | **1880** | **1910**

Neugotischer Kelch, entworfen von K. F. Schinkel

1844 Aufstand der schlesischen Weber

1866 Preußisch-Österreichischer Krieg

1870/71 Deutsch-Französischer Krieg

1890 Entlassung Bismarcks

Die Verlassenen, *Flachrelief von Ernst Barlach*

Die Zeit Bismarcks

Die Gründung des Deutschen Reichs am 18. Januar 1871 unterstrich den Führungsanspruch von Preußen. Otto von Bismarck, der »Eiserne Kanzler«, nutzte den – nicht zuletzt durch die Reparationszahlungen Frankreichs ermöglichten – Aufschwung, um Deutschland zur führenden Militär- und Wirtschaftsmacht in Kontinentaleuropa zu machen. Die Städte wuchsen rapide. Das nun entstehende Proletariat fristete in den Mietskasernen der neuen Industriezentren ein karges Dasein. Wissenschaft und Kultur hingegen erlebten eine Blütezeit.

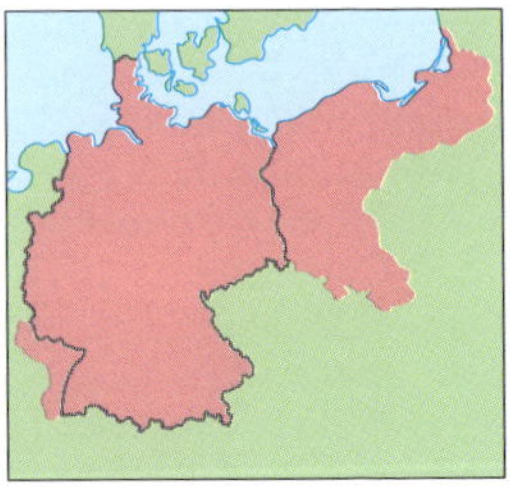

Deutschland 1871–1918

Reichsgebiet

Kaiserlicher Glanz
Das Mosaik im Vestibül der Kaiser-Wilhelm-Gedächtnis-Kirche in Berlin zeigt Kaiser Wilhelm I. im Krönungsornat; rechts sein Sohn Friedrich, der Vater Kaiser Wilhelms II.

Wilhelm II. mit Familie beim Spaziergang im Park von Sanssouci
Der Kaiser als biederes Familienoberhaupt – eine von vielen Posen, in denen sich »Wilhelm Zwo« gern zeigte.

Reichstagsgebäude
Der monumentale Bau entstand im Zentrum Berlins. Architekt Paul Wallot war ein Protegé Kaiser Wilhelms I.

Reichstags-abgeordnete

Regenten der Länder

Eisenwalzwerk
Adolph von Menzels Gemälde (1872–1875) stellt die Fabrikszene weder heroisierend noch anklagend dar. Bismarck sah in der Arbeiterbewegung eine gesellschaftliche Gefahr. 1878 erließ er das Sozialistengesetz.

Pickelhaube
Der charakteristische Helm preußisch-deutscher Offiziere wurde zum sprichwörtlichen Markenzeichen der Epoche.

Märchenkönig
Die Länder des Kaiserreichs waren nur nominell unabhängig. Vor allem die Bayern zeigten sich skeptisch gegenüber der preußischen Herrschaft. Ihr populärer, melancholischer König Ludwig II. flüchtete sich in die Welt seiner »Märchenschlösser«.

Die Damen tragen Trauer wegen der beiden 1888 verstorbenen Kaiser Wilhelm I. und Friedrich III., der nur 99 Tage lang regierte. Sein Sohn und Nachfolger Wilhelm II. entließ bereits 1890 seinen Kanzler Bismarck.

Die Eröffnung des Reichstags

Anton von Werners Bild zeigt die Parlamentseröffnung im Berliner Schloss am 25. Juni 1888. Der Reichstag war nur eine der Bühnen Bismarck'scher »Realpolitik«. Des Kanzlers Attacken, u. a. gegen Sozialdemokratie und politischen Katholizismus (»Kulturkampf«), lösten im Parlament oft kontroverse Debatten aus.

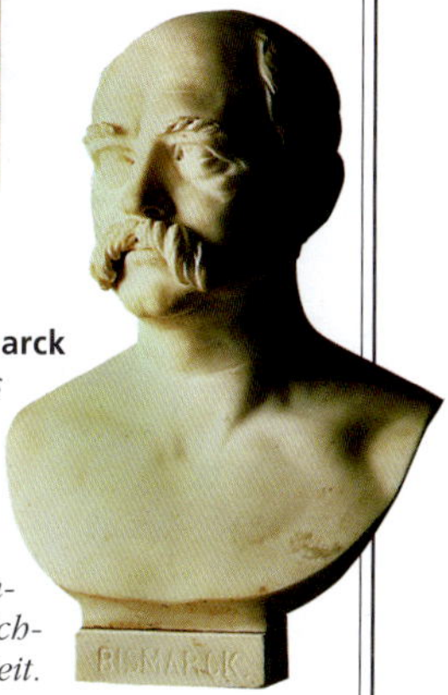

Otto von Bismarck
Der erste Kanzler des Deutschen Reichs entstammte einem Junkergeschlecht in der Altmark (Schönhausen, heute Sachsen-Anhalt). Er war der wichtigste Politiker seiner Zeit.

Erster Weltkrieg

Das Attentat auf den österreichisch-ungarischen Thronfolger Franz Ferdinand in Sarajevo am 28. Juni 1914 war Auslöser des Ersten Weltkriegs. Zwar siegte Deutschland als Bündnispartner der Mittelmächte (Österreich-Ungarn, Osmanisches Reich, Bulgarien) 1917 gegen Russland, doch gegen Frankreich, England und schließlich die USA rieb sich das Heer im Stellungskrieg auf. Unzählige starben in den Schützengräben. Der Krieg endete 1918 in Revolutionswirren: Kaiser Wilhelm II. ging ins Exil, die Republik wurde ausgerufen. Angesichts von Hunger, Epidemien und politischem Chaos empfand die Mehrheit der Deutschen den Versailler Vertrag, den Friedensvertrag der Alliierten, als ungerechtes Diktat. Sozialistische Arbeiter kämpften gegen völkische Freikorps und Reichswehrtruppen, mit denen sich die sozialdemokratische Reichsregierung verbündet hatte.

Propagandaplakat mit Adolf Hitler

Weimarer Republik

Die materiellen Folgen des Versailler Vertrags waren hart. Gebietsabtretungen an Frankreich und Polen kamen hinzu. Versorgung und Produktion litten unter hohen Reparationszahlungen. Das Heer wurde stark verkleinert. Die 1919 gegründete Weimarer Republik war eine freiheitliche Demokratie, die von Anfang an durch politische Kämpfe und schwere soziale Konflikte belastet war. Bis 1923 vernichtete eine Jahrhundertinflation die Ersparnisse von Millionen. Links- und rechtsradikale Extremisten destabilisierten die Demokratie. Die bürgerlichen Parteien waren weder bereit noch in der Lage, die junge Republik zu schützen. Soziale wie politische Verhältnisse begünstigten immer mehr den Aufstieg der Nationalsozialistischen Deutschen Arbeiterpartei (NSDAP) des österreichischen Demagogen Adolf Hitler. Die Weimarer Republik – ansonsten eine kulturelle Blütezeit – war nicht mehr zu retten.

Die *Arbeiter-Illustrierte-Zeitung* attackiert die Bücherverbrennung

Brennende Synagoge in der »Reichskristallnacht«, 1938

»Drittes Reich«

Am 30. Januar 1933 wurde Hitler zum Reichskanzler ernannt. Mit dem Ermächtigungsgesetz entledigte sich der »Führer« umgehend seiner politischen

ZEITSKALA

1914 Ausbruch des Ersten Weltkriegs

1919 Unterzeichnung des Versailler Vertrags

1921 Adolf Hitler wird Vorsitzender der NSDAP

1926 Deutschland wird in den Völkerbund aufgenommen

1915 — 1920 — 1925

Plakat mit Marlene Dietrich

9. November 1918 Scheidemann ruft die Deutsche Republik aus

1923 Hitler-Putsch in München

1926 Gründung der Hitlerjugend

1925 Hitler schreibt *Mein Kampf*

Gegner. Der Reichstagsbrand am 27. Februar diente als Vorwand, die Kommunistische Partei zu verbieten. Zeitgleich begann die Diskriminierung der Juden. Hitler-Gegner wurden in die ersten Konzentrationslager (KZ) verschleppt, viele von ihnen ermordet. Weitere Anschläge galten der Kultur: »Undeutsche« Bücher wurden verbrannt, »entartete« Kunst war verfemt. Viele Künstler und Wissenschaftler emigrierten ins Ausland. 1935 machten die »Nürnberger Gesetze« die jüdische Bevölkerung nahezu rechtlos. Die NS-Propaganda verstand es, den lange vor 1933 geplanten Autobahnbau sowie Arbeitsbeschaffungsprogramme auf das Popularitätskonto des »Führers« zu verbuchen. Entgegen dem Versailler Vertrag ließ Hitler 1936 das Rheinland besetzen. Großindustrielle – viele hatten die NSDAP schon früh unterstützt – profitierten von der massiven Aufrüstung der Wehrmacht. Im Jahr 1938 erreichte Hitler den »Anschluss« Österreichs und die Abtretung des Sudetenlands an das Reich. Am 9. November brannten in der »Reichskristallnacht« landesweit die Synagogen. Jüdischer Besitz wurde an »Arier« verschleudert. Im März 1939 marschierten deutsche Truppen in die Tschechoslowakei ein. Mit dem Überfall auf Polen am 1. September (in Absprache mit Jossif Stalin) begann der Zweite Weltkrieg.

***Pietà*, Skulptur von Käthe Kollwitz (1937/38)**

Dresden nach der Bombardierung (1945)

Zweiter Weltkrieg

Bis 1941 siegten deutsche Soldaten an allen Fronten und besetzten große Teile Europas. Nur England konnte Hitlers Kriegsmaschine standhalten. 1941 fiel die Wehrmacht in Russland ein. In den besetzten Gebieten wurde ein deutsches Terrorregime installiert, dem unzählige Zivilisten zum Opfer fielen. Im Januar 1942 organisierten hohe Amtsträger des NS-Systems in der »Wannseekonferenz« die sogenannte Endlösung der Judenfrage: In Vernichtungslagern wie Auschwitz wurde der millionenfache Mord an Juden, Sinti und Roma sowie anderen Bevölkerungsgruppen aus ganz Europa verübt. Erst die Niederlage von Stalingrad 1943 wendete Hitlers Kriegsglück. Die Invasion alliierter Truppen in der Normandie und die Erfolge der Roten Armee führten zur Niederlage des durch viele Bombenangriffe zermürbten Landes. Bis zum Ende im Mai 1945 hatte der Zweite Weltkrieg über 55 Millionen Tote gefordert.

30. Januar 1933 Hitler wird Reichskanzler

1935 Aufrüstung der Wehrmacht

1938 Anschluss Österreichs; Münchner Abkommen

9. November 1938 »Reichskristallnacht«

1. September 1939 Deutscher Überfall auf Polen; Beginn des Zweiten Weltkriegs

Enigma-Chiffriermaschine

1930 | 1935 | 1940 | 1945

Plakat für die Olympischen Spiele in Berlin, 1936

1936 Olympische Spiele in Berlin

1935 Nürnberger Gesetze

22. Juni 1941 Deutschland greift die Sowjetunion an

20. Januar 1942 Wannseekonferenz

30. April 1945 Hitler begeht beim Einmarsch der sowjetischen Truppen Selbstmord

Nürnberg 1945: Nazi-Größen vor Gericht

Nachkriegszeit

Die deutsche Kapitulation am 8. Mai 1945 beendete den Krieg. Bereits im Februar hatten die Alliierten in Jalta die Aufteilung des Deutschen Reichs beschlossen. Auf der Potsdamer Konferenz vom 17. Juli bis 2. August konkretisierten die USA, Großbritannien und die Sowjetunion diesen Plan. Die Gebiete östlich der Oder-Neiße-Linie wurden abgetrennt, ihre deutschen Bewohner vertrieben. Die Siegermächte teilten Deutschland in Zonen auf und übten in ihren jeweiligen Besatzungszonen alle staatlichen Hoheitsrechte aus.

Luftbrücke während der Berliner Blockade 1948/49

In den Nürnberger Prozessen wurden hochrangige NS-Führer vor Gericht gestellt und teilweise zum Tod verurteilt. Der Kalte Krieg machte Deutschland zum Schauplatz der Ost-West-Konfrontation. Die Blockade Berlins durch die UdSSR ab 1948 beantworteten die Westmächte mit einer Luftbrücke, über die Berlin versorgt wurde. Am 23. Mai 1949 wurden die drei Westzonen zur Bundesrepublik Deutschland (BRD). Am 7. Oktober wurde in der Ostzone die DDR (Deutsche Demokratische Republik) gegründet. Westberlin lag nun quasi als »Insel« in der DDR. England, Frankreich und die USA garantierten den Status des freien Teils der Stadt trotz aller Drohgebärden des Ostblocks. In Westdeutschland setzte wenige Jahre nach der Währungsreform 1948 das »Wirtschaftswunder« ein.

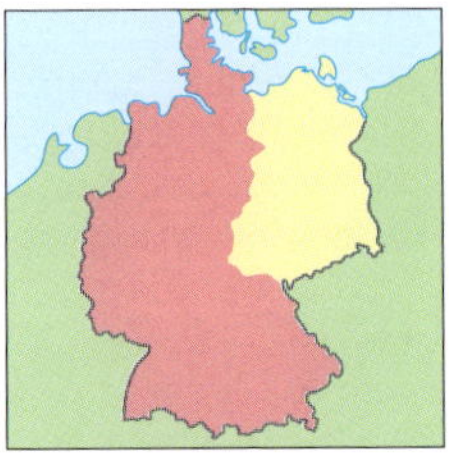

Deutschland 1949–90

Bundesrepublik

DDR

Geteiltes Deutschland

Die DDR war formal eigenständig, de facto jedoch ein Vasall Moskaus und zugleich die westlichste Bastion des kommunistisch beherrschten Warschauer Pakts. Die politische Unfreiheit führte am 17. Juni 1953 zum Volksaufstand, der blutig niedergeschlagen wurde. Viele Ostdeutsche flüchteten in die BRD. Deren erster Kanzler, der Christdemokrat Konrad Adenauer, versuch-

Graffiti auf der Berliner Mauer

ZEITSKALA

4.–11. Februar 1945 Konferenz von Jalta
8. Mai Kapitulation Deutschlands

24. Juni 1948 Beginn der Berliner Blockade

1949 Gründung der Bundesrepublik und der DDR

17. Juni 1953 Arbeiteraufstand in Ostberlin

1955 Bundesrepublik und DDR erhalten Souveränität

13. August 1961 Bau der Berliner Mauer

Konrad Adenauer

1968 Studentendemonstrationen

1972 Grundvertrag zwischen BRD und DDR; Olympische Spiele in München

1973 Bundesrepublik und DDR werden in die UNO aufgenommen

1982 Helmut Kohl wird Bundeskanzler und bleibt es 16 Jahre lang

Der Trabbi, fast schon Symbol der DDR

1945 | 1950 | 1955 | 1960 | 1965 | 1970 | 1975 | 19

Wiedervereinigungsfeier vor dem Reichstagsgebäude in Berlin, 1990

te die Bonner Republik als Teil der westeuropäischen Allianz zu installieren. Dank Hilfsmaßnahmen der USA (Marshallplan) u.a. stabilisierte sich die ökonomische Lage des Westens zügig. Das »Wirtschaftswunder« lockte bald viele DDR-Bürger in Richtung Westen. Durch die Abriegelung der Grenzen 1961 (»Mauerbau«) besiegelte die DDR gewaltsam die Teilung Deutschlands. Mit der Kanzlerschaft des Sozialdemokraten Willy Brandt begann 1969 eine Phase der Annäherung von Ost und West, die zur internationalen Anerkennung beider deutscher Staaten führte.

Wiedervereinigung

Die Reformpolitik von Michail Gorbatschow (ab 1984) leitete das Ende der sowjetischen Vorherrschaft in Osteuropa ein. In der DDR war eine Widerstandsbewegung, vor allem aus Kirchenkreisen, entstanden. Im Herbst 1989 führten Massenflucht und friedliche Demonstrationen zur Staatskrise. Am 9. November fiel die Mauer. Dem Intermezzo einer frei gewählten DDR-Regierung folgte am 3. Oktober 1990 die Wiedervereinigung, zu der auch die christdemokratisch geführte Bundesregierung beitrug. Seit 1999 ist das renovierte Reichstagsgebäude in Berlin Sitz des Deutschen Bundestags. Bei den Bundestagswahlen 1998 und 2002 erhielten die bisherigen Oppositionsparteien SPD und Bündnis 90/Grüne die Mehrheit der Stimmen. 2005 einigten sich SPD und CDU/CSU auf die Bildung einer großen Koalition. Seit 2009 ist eine Koalition aus CDU/CSU und FDP an der Macht. Trotz Fördermaßnahmen leiden die neuen Bundesländer bis heute unter hoher Arbeitslosigkeit und damit einer starken Abwanderungsbewegung in die Metropolen der alten Bundesländer.

Vom Publikum angenommen: Besuchermassen auf der Expo 2000 in Hannover

3. Oktober 1990 Wiedervereinigung

Bundeskanzler Kohl und Bundespräsident von Weizsäcker bei den Feiern zur Wiedervereinigung

2002 Jahrhundertflut

2009 Nach den Bundestagswahlen Bildung einer Regierungskoalition aus CDU/CSU und FDP; Angela Merkel bleibt Bundeskanzlerin

1985 | 1990 | 1995 | 2000 | 2005 | 2010 | 2015 | 2020

November 1989 Fall der Berliner Mauer

1994 Abzug der letzten russischen Militäreinheiten aus Berlin

1998 Gerhard Schröder wird Bundeskanzler

2000 Expo 2000 in Hannover

2005 Angela Merkel wird Bundeskanzlerin einer Großen Koalition

2006 Fußball-Weltmeisterschaft in Deutschland

Berlin

Berlin im Überblick

Seit der Wiedervereinigung im Jahr 1990 ist die neue Hauptstadt Berlin zu einem attraktiven Ziel vieler in- und ausländischer Besucher geworden. Auf den folgenden Seiten werden die wichtigsten Sehenswürdigkeiten im Zentrum und am Stadtrand beschrieben – von historischen Stätten wie der Nikolaikirche *(siehe S. 80)* über Museen und Orte des Umbruchs wie den Potsdamer Platz *(siehe S. 92)* bis hin zu idyllischen Oasen wie der Pfaueninsel *(siehe S. 105)*. Der Reiseführer gliedert Berlin in zwei Teile, die jedoch nicht der alten Teilung in Ost- und Westberlin entsprechen.

Zur Orientierung

Tiergarten
Das ehemalige kurfürstliche Jagdrevier wurde ab 1818 nach den Plänen von Peter Joseph Lenné zum Landschaftspark umgestaltet (siehe S. 87).

Die Gemäldegalerie (siehe S. 90f) *beherbergt eine außergewöhnliche Sammlung europäischer Meisterwerke, darunter Hans Holbeins* Bildnis des Kaufmanns Georg Gisze *(1532)*.

Die Kaiser-Wilhelm-Gedächtnis-Kirche *war nach den Bombenangriffen von 1943 nur noch eine Ruine. 1957–61 wurde sie nach Entwürfen von Egon Eiermann neu erbaut* (siehe S. 86).

◁ **Das Sony Center am Potsdamer Platz *(siehe S. 92)* in Berlin**

Das Reichstagsgebäude *wurde 1884–94 nach Entwürfen von Paul Wallot errichtet. Sir Norman Foster baute es bis 1999 zum Sitz des Deutschen Bundestages mit begehbarer Glaskuppel aus* (siehe S. 93).

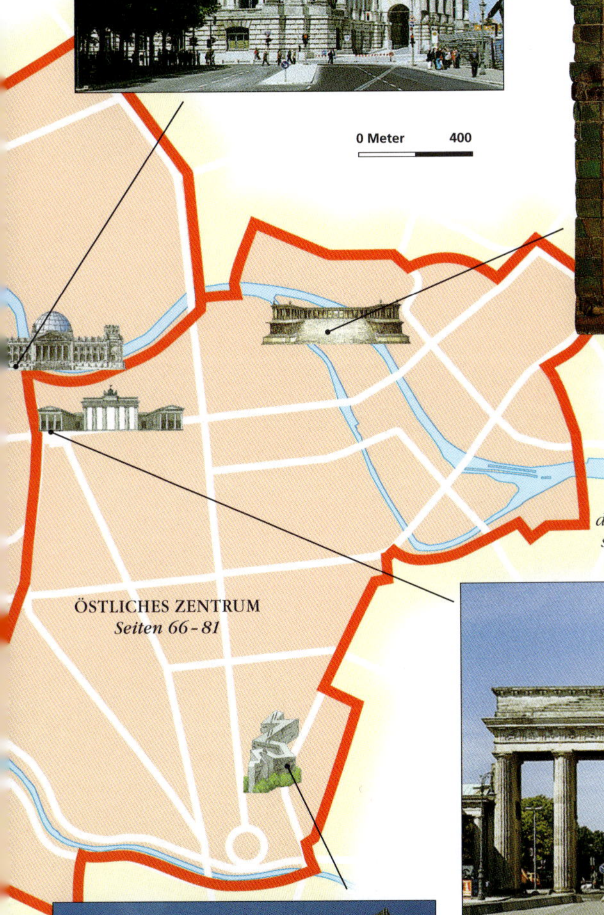

Das Pergamonmuseum *verdankt seinen Namen dem riesigen Pergamonaltar. Der 1930 eröffnete Bau enthält eine der berühmtesten Antikensammlungen Europas sowie Sammlungen vorderasiatischer und islamischer Kunst* (siehe S. 76f).

Brandenburger Tor
Das klassizistische Tor, auf dem die Siegesgöttin Viktoria die Quadriga lenkt, steht am Pariser Platz. Das Tor ist zu einem weltbekannten Wahrzeichen Berlins geworden (siehe S. 69).

Das Jüdische Museum *von Daniel Libeskind erinnert mit dem blitzförmigen Grundriss und den zackigen Fensteröffnungen an einen geborstenen Davidstern* (siehe S. 80f).

SH
MICH
ANG
BEETH

2015

Januar

Mo	Di	Mi	Do	Fr	Sa	So
			1	2	3	4
5	6	7	8	9	10	11
12	13	14	15	16	17	18
19	20	21	22	23	24	25
26	27	28	29	30	31	

Februar

Mo	Di	Mi	Do	Fr	Sa	So
						1
2	3	4	5	6	7	8
9	10	11	12	13	14	15
16	17	18	19	20	21	22
23	24	25	26	27	28	

März

Mo	Di	Mi	Do	Fr	Sa	So
						1
2	3	4	5	6	7	8
9	10	11	12	13	14	15
16	17	18	19	20	21	22
23	24	25	26	27	28	29
30	31					

April

Mo	Di	Mi	Do	Fr	Sa	So
		1	2	3	4	5
6	7	8	9	10	11	12
13	14	15	16	17	18	19
20	21	22	23	24	25	26
27	28	29	30			

Mai

Mo	Di	Mi	Do	Fr	Sa	So
				1	2	3
4	5	6	7	8	9	10
11	12	13	14	15	16	17
18	19	20	21	22	23	24
25	26	27	28	29	30	31

Juni

Mo	Di	Mi	Do	Fr	Sa	So
1	2	3	4	5	6	7
8	9	10	11	12	13	14
15	16	17	18	19	20	21
22	23	24	25	26	27	28
29	30					

Juli

Mo	Di	Mi	Do	Fr	Sa	So
		1	2	3	4	5
6	7	8	9	10	11	12
13	14	15	16	17	18	19
20	21	22	23	24	25	26
27	28	29	30	31		

August

Mo	Di	Mi	Do	Fr	Sa	So
					1	2
3	4	5	6	7	8	9
10	11	12	13	14	15	16
17	18	19	20	21	22	23
24	25	26	27	28	29	30
31						

September

Mo	Di	Mi	Do	Fr	Sa	So
	1	2	3	4	5	6
7	8	9	10	11	12	13
14	15	16	17	18	19	20
21	22	23	24	25	26	27
28	29	30				

Oktober

Mo	Di	Mi	Do	Fr	Sa	So
			1	2	3	4
5	6	7	8	9	10	11
12	13	14	15	16	17	18
19	20	21	22	23	24	25
26	27	28	29	30	31	

November

Mo	Di	Mi	Do	Fr	Sa	So
						1
2	3	4	5	6	7	8
9	10	11	12	13	14	15
16	17	18	19	20	21	22
23	24	25	26	27	28	29
30						

Dezember

Mo	Di	Mi	Do	Fr	Sa	So
	1	2	3	4	5	6
7	8	9	10	11	12	13
14	15	16	17	18	19	20
21	22	23	24	25	26	27
28	29	30	31			

Östliches Zentrum

Dieser Teil Berlins ist das historische Zentrum der Stadt und umfasst den Bezirk Berlin Mitte und Teile von Kreuzberg. Die Anfänge der Stadt liegen im 13. Jahrhundert, als das Dorf Cölln auf einer Insel in der Spree und das ebenfalls unscheinbare Berlin am gegenüberliegenden Ufer entstanden. Die älteste Kirche Berlins, die Nikolaikirche, stammt noch aus dieser Zeit. In der östlichen Mitte befinden sich die meisten historischen Bauten, hauptsächlich entlang der Prachtstraße Unter den Linden. Auf der Museumsinsel ist neben beeindruckend vielen Museen (darunter das Pergamonmuseum) auch der gewaltige Berliner Dom zu finden.

Fries am Schadow-Haus

In der ehemals geteilten Stadt lag der Bezirk Mitte in Ostberlin, Kreuzberg gehörte zu Westberlin.

Sehenswürdigkeiten auf einen Blick

Museen und Sammlungen
Alte Nationalgalerie 19
Altes Museum 17
Bode-Museum 21
Checkpoint Charlie 28
DDR Museum 15
Deutsches Technikmuseum Berlin 31
Jüdisches Museum 29
Märkisches Museum 27
Neues Museum 18
Pergamonmuseum S. 76f 20
Topographie des Terrors 30
Zeughaus 8

Straßen und Plätze
Alexanderplatz 24
Bebelplatz 3
Nikolaiviertel 26
Schlossplatz 14
Unter den Linden 5

Kirchen
Berliner Dom 16
Deutscher Dom 12
Französischer Dom 10
Friedrichswerdersche Kirche 9
Marienkirche 22
St.-Hedwigs-Kathedrale 4

Historische Gebäude und Monumente
Brandenburger Tor 1
Fernsehturm 25
Holocaust-Denkmal 2
Humboldt-Universität 6
Konzerthaus 11
Neue Wache 7
Rotes Rathaus 23
Schlossbrücke 13

Öffentliche Verkehrsmittel

Hier fahren die S-Bahnen 1, 2, 5, 7, 9, 25, 75, die U-Bahnen 2, 5, 6, 7, 8, 55, die MetroTrams M1, M2, M4, M5, M6 sowie die MetroBusse M29 und M41. Unter den Linden fahren die Busse 100, 200 und TXL.

◁ *Allegorie der Geschichte* am Schiller-Denkmal, Gendarmenmarkt *(siehe S. 72)*

Im Detail: Um den Bebelplatz

Adler am Alten Palais

Zum schönsten Viertel von Berlin gehört die Prachtstraße Unter den Linden zwischen Schlossbrücke und Pariser Platz. Sie ist von Bauten aus dem Barock und dem Klassizismus gesäumt, von denen einige die Handschrift berühmter Architekten tragen. Nach der Restaurierung dienen sie heute zum Teil als öffentliche Gebäude. Besondere Beachtung verdient das Zeughaus (ehemals Waffenarsenal), ein Barockbau, der das Deutsche Historische Museum beherbergt.

Neue Wache
Das Monument von Karl Friedrich Schinkel ist ein Mahnmal zum Gedenken an alle Opfer des Krieges und der Gewaltherrschaft. ❼

Humboldt-Universität
Der historische Hof ist das ganze Jahr voller Leben. Vor dem Eingang werden an Ständen antiquarische Bücher verkauft. ❻

0 Meter 100

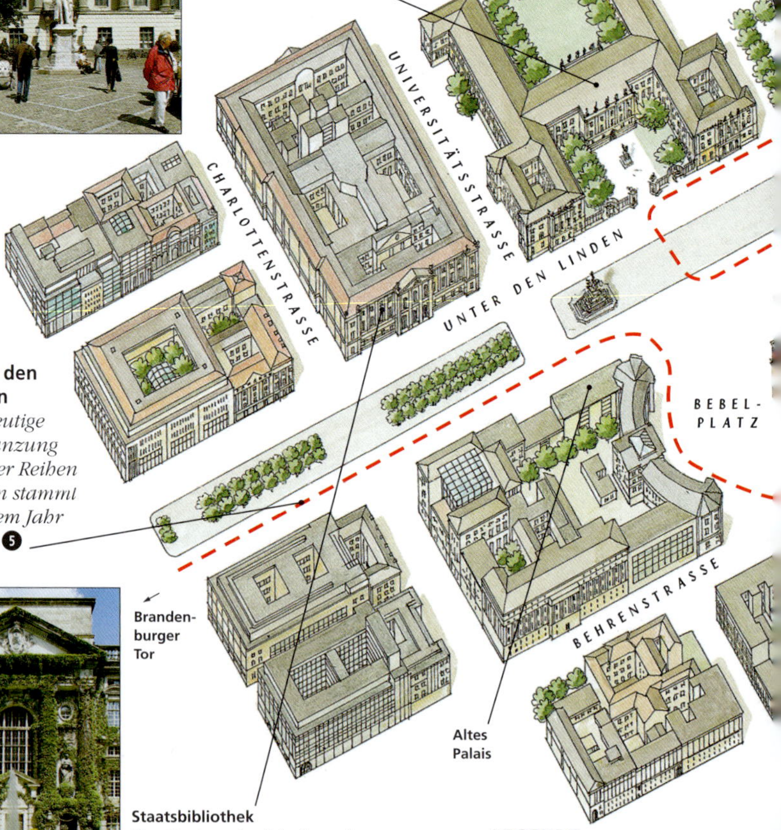

Unter den Linden
Die heutige Bepflanzung mit vier Reihen Linden stammt aus dem Jahr 1946. ❺

Brandenburger Tor

Altes Palais

Staatsbibliothek
Das Neobarockgebäude nach einem Entwurf von Ernst von Ihne entstand zwischen 1903 und 1914.

LEGENDE

- - - Routenempfehlung

★ Zeughaus (Deutsches Historisches Museum)
Minerva als Lehrerin der Kriegskunst schmückt das schöne Barockgebäude mit einem von I.M. Pei entworfenen neuen Flügel. ❽

Zur Orientierung
Stadtplan 1, 4 und 5

★ Friedrichswerdersche Kirche
In der von Karl Friedrich Schinkel im neugotischen Stil erbauten Kirche befindet sich heute das Schinkelmuseum. ❾

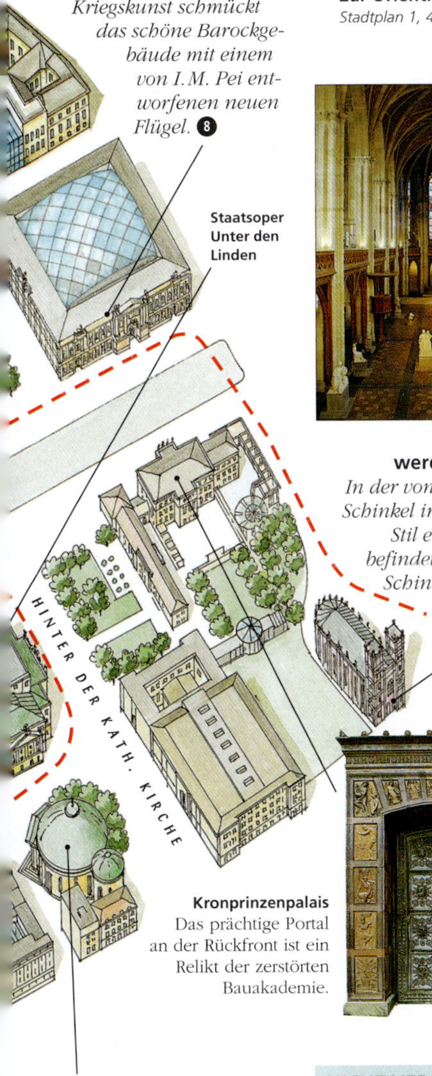

Kronprinzenpalais
Das prächtige Portal an der Rückfront ist ein Relikt der zerstörten Bauakademie.

St.-Hedwigs-Kathedrale
Sie ist der Schutzheiligen Schlesiens geweiht und wurde nach dem Vorbild des Pantheons in Rom errichtet. ❹

NICHT VERSÄUMEN

★ Friedrichswerdersche Kirche

★ Zeughaus

Brandenburger Tor ❶

Pariser Platz. **Stadtplan** 1 E4, 4 A2.
Ⓢ *und* Ⓤ *Brandenburger Tor.*
🚌 *100, TXL.*

Nichts symbolisiert Berlin mehr als das Brandenburger Tor. Mit dem klassizistischen Bau lehnte sich Carl Gotthard Langhans an die Propyläen der Athener Akropolis an. Das Tor wurde 1788–91 erbaut. Es dauerte weitere vier Jahre, bis die Skulpturen aufgestellt wurden. Eingerahmt von den einstigen Wachhäusern, wird das Tor mit seinen dorischen Säulen von einem reich verzierten Gebälk gekrönt. Die Friese zeigen Szenen aus der griechischen Mythologie, den Abschluss bildet die Quadriga von Johann Gottfried Schadow. Ursprünglich sollte sie Symbol des Friedens sein, doch während der französischen Besatzung gab Napoléon den Befehl, sie abzunehmen und nach Paris zu bringen. Seit ihrer Rückkehr 1814 gilt die Quadriga als Siegessymbol, die Göttin Viktoria wurde mit preußischem Adler, eisernem Kreuz und Lorbeerkranz ausgerüstet.

Das Tor war Schauplatz vieler Ereignisse. Militärparaden und Arbeiterdemonstrationen führten hindurch, im Mai 1945 wurde hier die sowjetische Flagge gehisst. Das Tor blieb fast 30 Jahre lang geschlossen, bis 1989 die Mauer fiel und die ersten Bürger der DDR jubelnd hindurchzogen.

Fries und Quadriga mit Viktoria auf dem Brandenburger Tor

Stadtplan Berlin *siehe Seiten 114–119*

Holocaust-Denkmal ❷

Stadtplan 4 A2. Ⓢ *und* Ⓤ *Brandenburger Tor.* *100, 157, 348.*

Das nach Entwürfen des amerikanischen Architekten Peter Eisenman 2005 errichtete Denkmal für die ermordeten Juden Europas besteht aus 2711 Betonquadern unterschiedlicher Höhe, die in parallelen Reihen aufgestellt sind. Sie erinnern an die ungefähr sechs Millionen Juden, die zwischen 1933 und 1945 dem Nazi-Terror zum Opfer fielen. Besucher können das gesamte Stelenfeld begehen. Dem Holocaust-Denkmal (Eintritt frei) ist auch ein Besucherzentrum angegliedert.

Bebelplatz ❸

Stadtplan 4 C2. Ⓢ *und* Ⓤ *Friedrichstraße.* *100, 200, TXL.*

Der ursprünglich Opernplatz genannte Bebelplatz war als Zentrum des Forum Fridericianum geplant. Das Ensemble sollte die Einheit

Basrelief mit Apollo und Mars an der Staatsoper am Bebelplatz

von Königtum, Kunst und Wissenschaft demonstrieren. Zwar wurden nicht alle Vorhaben realisiert, dennoch entstand eine Reihe wichtiger Gebäude.

1933 inszenierten die Nationalsozialisten am Opernplatz die Bücherverbrennung. Etwa 25 000 Bücher missliebiger Autoren wurden öffentlich den Flammen übergeben. An diesen Akt der Barbarei erinnert heute ein Mahnmal von Micha Ullman.

Die mit Reliefs verzierte Fassade der St.-Hedwigs-Kathedrale

St.-Hedwigs-Kathedrale ❹

Bebelplatz. **Stadtplan** 4 C2. *(030) 203 48 10.* Ⓢ *und* Ⓤ *Friedrichstraße.* *100, 200, TXL.* *Mo–Fr 10–17, Sa 10–16.30, So 13–17 Uhr.*

Die mächtige Kirche ist seit 1994 das Zentrum des neu gegründeten Erzbistums Berlin. 1747 begann man mit den Bauarbeiten, 1773 wurde sie als erste katholische Kirche Berlins geweiht.

Während des Zweiten Weltkriegs erlitt die Kathedrale schwere Schäden. 1952–63 wurde sie wieder aufgebaut. Das Gebäude erhielt eine betonbewehrte Kuppel, das Innere gestaltete man nach dem Zeitgeschmack. In der Krypta fanden viele Berliner Bischöfe ihre letzte Ruhe.

Unter den Linden ❺

Stadtplan 1 F4, 4 A2, B2, C2, 5 D2. Ⓢ *und* Ⓤ *Brandenburger Tor.* *100, 200, TXL.*

Die berühmte Prachtstraße Unter den Linden beginnt am Schlossplatz und endet am Pariser Platz vor dem Brandenburger Tor. Ursprünglich war sie ein Reitweg zum Tiergarten, dem einstigen Jagdrevier der preußischen Kurfürsten. Im 17. Jahrhundert wurde die Straße mit Linden bepflanzt, auf die der Name zurückgeht.

Im 18. Jahrhundert entwickelte sich Unter den Linden zur wichtigsten Straße der nach Westen wachsenden Stadt. Ab 1800 siedelten sich hier Hoteliers, Kaufleute und Hoflieferanten an. Nach und nach entstand ein geschlossenes Ensemble repräsentativer

Wilhelm und Alexander von Humboldt

Die Brüder Humboldt zählen zu den berühmtesten Bürgern Berlins. Wilhelm (1767–1835) war Rechtsgelehrter und Politiker mit verschiedenen Regierungsämtern. Er war auch der Gründervater der später nach ihm benannten Universität und forschte dort in vergleichender und historischer Sprachwissenschaft. Alexander (1769–1859) war Naturforscher und beschäftigte sich u.a. mit Meteorologie, Ozeanografie und Agrarwissenschaft.

Alexander von Humboldt

Bauten, die im Krieg teils zerstört und später wiederhergestellt wurden.

Nach der Wiedervereinigung zogen hier erneut Cafés und Restaurants, exklusive Läden und einige Ministerien ein. Inzwischen ist die Straße ein beliebter Ort zum Bummeln geworden. Lebhaft geht es vor der Humboldt-Universität zu, wo die Bücherstände viele Studenten und andere Interessenten anziehen.

Humboldt-Universität ❻

Unter den Linden 6. **Stadtplan** 4 C2. *(030) 209 30.* Ⓢ *und* Ⓤ *Friedrichstraße.* *100, 200, TXL.* *Mo–Sa 7–20 Uhr.*

Das Gebäude wurde 1748–66 für Prinz Heinrich, einen Bruder Friedrichs des Großen, gebaut. Die Universitätsgründung erfolgte 1810. Das Ensemble aus Hauptgebäude und zwei Seitenflügeln wurde mehrfach erweitert. Beiderseits des Eingangs stehen Marmorstatuen von Paul Otto aus dem Jahr 1883. Sie stellen Wilhelm und Alexander von Humboldt dar.

Viele berühmte Wissenschaftler wie die Philosophen Fichte und Hegel, die Ärzte Rudolf Virchow und Robert Koch sowie die Physiker Max Planck und Albert Einstein haben an der Universität gelehrt. Zu ihren Absolventen gehören Heinrich Heine, Karl Marx und Friedrich Engels.

Nach dem Zweiten Weltkrieg lag die Universität im sowjetischen Sektor. Daher wurde im Westteil der Stadt 1948 die Freie Universität gegründet.

Neue Wache ❼

Unter den Linden 4. **Stadtplan** 4 C2. Ⓢ *Hackescher Markt.* *100, 200, TXL.* *tägl. 10–18 Uhr.*

Die Gedenkstätte für Kriegsopfer wurde von 1816 bis 1818 nach Plänen von Karl Friedrich Schinkel gebaut und gilt als eines der gelungensten Beispiele klassizistischer Architektur. Die Front wird von hohen dorischen Säulen getragen. Oben ziert sie ein Fries mit Darstellungen der Siegesgöttinnen.

Das einstige königliche Wachhaus wurde 1931 zum Denkmal für die Gefallenen des Ersten Weltkriegs. Nach der Restaurierung widmete man es 1960 den Opfern des Faschismus und Militarismus, 1993 allen Opfern des Kriegs und der Gewaltherrschaft.

Im Inneren brannte früher eine Flamme, eine Granitplatte bedeckt die Asche eines unbekannten Soldaten, eines Widerstandskämpfers und eines KZ-Gefangenen. Unter der runden Deckenöffnung steht eine vergrößerte Replik der *Pietà* von Käthe Kollwitz.

Zeughaus ❽

Unter den Linden 2. **Stadtplan** 5 D2. *(030) 20 30 40.* Ⓢ *Hackescher Markt.* *100, 200, TXL.* *tägl. 10–18 Uhr.* **www**.dhm.de

Die frühere königliche Waffenkammer wurde 1695–1706 im Barockstil unter Johann Arnold Nering, Martin Grünberg, Andreas Schlüter und Jean de Bodt errichtet. Ein eindrucksvolles Geviert umschließt den Innenhof, die Fassade weist Skulpturen von Schlüter auf. Ab 1952 war hier das Museum für Geschichte der DDR, seit 1990 ist es das Deutsche Historische Museum. Im Rahmen einer Umgestaltung fügte I. M. Pei einen neuen Flügel aus Glas und Stahl an. Hier sind Wechselausstellungen zu sehen.

Die Prinzessinnen Luise und Friederike im Schinkelmuseum

Friedrichswerdersche Kirche (Schinkelmuseum) ❾

Werderscher Markt. **Stadtplan** 5 D2. *(030) 20 90 55 77.* Ⓤ *Hausvogteiplatz.* Ⓢ *Friedrichstraße.* *100, 147, 148, 200.* *tägl. 10–18 Uhr.*

Schinkel baute diese Kirche mit ihren vollendeten Proportionen 1824–30. Sie sollte Berlins erstes Gebäude im neugotischen Stil sein. Das Innere fiel im Zweiten Weltkrieg weitgehend den Bomben zum Opfer, seit dem Wiederaufbau ist die Kirche ein Museum. Die Nationalgalerie stellt hier Skulpturen aus. Ein Glanzstück ist ein Modell der berühmten Skulpturengruppe von Johann Gottfried Schadow, das die Prinzessinnen Luise (die spätere preußische Königin) und Friederike zeigt.

Ausschnitt der Zeughausfassade, Unter den Linden

Stadtplan Berlin *siehe Seiten 114–119*

Seitenansicht des Französischen Doms, für die Hugenotten erbaut

Französischer Dom ⓾

Gendarmenmarkt 5. **Stadtplan** 4 C2. *(030) 20 64 99 22.* *Stadtmitte, Hausvogteiplatz oder Französische Straße.* **Museum** *Di–Sa 12–17, So 11–17 Uhr.* **Kirche** *Di–So 12–17 Uhr.* *So 10 Uhr.* **www**.franzoesischer-dom.de

Auf den ersten Blick gleichen sich die beiden Kirchen links und rechts des Konzerthauses. Genauer besehen geht ihre Ähnlichkeit aber kaum über die Türme hinaus. Den Französischen Dom erbaute man als Kirche für die Hugenotten, die nach dem Edikt von Nantes (1598) aus ihrer Heimat vertrieben und in Preußen aufgenommen wurden. Das zwischen 1701 und 1705 von Louis Cayart und Abraham Quesnay errichtete Gotteshaus war der hugenottischen Kirche in Charenton bei Paris nachempfunden, die 1685 zerstört worden war.

Beherrscht wird das Bauwerk von dem massiven runden Turm, dessen Basis eine Reihe korinthischer Säulen ziert. Turm und Säulengang wurden erst 1780–85 nach einem Entwurf von Carl von Gontard hinzugefügt. Heute ist dort das Hugenottenmuseum untergebracht, dessen Sammlung Informatives zur Geschichte der französischen Einwanderer liefert.

Die Aussichtsplattform in 66 Metern Höhe bietet einen schönen Ausblick über die Umgebung.

Konzerthaus ⓫

Gendarmenmarkt 2. **Stadtplan** 4 C2. *(030) 203 09 21 01.* *Stadtmitte, Hausvogteiplatz oder Französische Straße.*

Der Theaterbau ist ein Glanzstück klassizistischer Architektur. Das bis vor Kurzem als Schauspielhaus bekannte Gebäude gilt als eines der Meisterwerke von Karl Friedrich Schinkel. Es wurde 1818–21 an der Stelle des Langhans'schen Nationaltheaters errichtet, das 1817 einem Brand zum Opfer gefallen war. Schinkel übernahm den Säulengang des alten Theaters. Das im Zweiten Weltkrieg zerstörte Theater wurde – innen verändert – als Konzertsaal wieder aufgebaut und ist heute Spielstätte des Berliner Sinfonie-Orchesters.

Das Haus zieren allegorische Darstellungen zu Schauspiel und Musik, z.B. Statuen mit Größen der Musik, die auf Löwen und Panthern sitzen. Die Fassade krönt ein Figurenensemble mit Apollo.

Vor dem Gebäude erinnert ein Denkmal von Reinhold Begas aus weißem Marmor an Friedrich Schiller. Die 1871 enthüllte Skulptur wurde von den Nationalsozialisten in den 1930er Jahren entfernt und erst von der DDR-Regierung 1988 wieder aufgestellt. Die Statue steht auf einem Sockel, den Allegorien der Dichtkunst, des Schauspiels, der Philosophie und der Geschichte zieren.

Das Innere des Konzerthauses, früher Schauspielhaus genannt

Deutscher Dom ⓬

Gendarmenmarkt 1. **Stadtplan** 4 C3. *(030) 22 73 04 31.* *Stadtmitte oder Französische Straße.* **Ausstellung** *Mai–Sep: Di–So 10–19 Uhr; Okt–Apr: Di–So 10–18 Uhr.*

Der Deutsche Dom an der Südflanke des Gendarmenmarkts ist das Gotteshaus der reformierten protestantischen Kirche. Er wurde von Martin Grünberg entworfen und 1701–08 von Giovanni Simonetti fertiggestellt. Erst 1780–85 erhielt er seinen Turm, als Spiegelbild des Turmes auf dem Französischen Dom. Der 1943 durch Bomben zerstörte Bau wurde bis 1996 äußerlich detailgetreu wieder aufgebaut. Das Innere ist den Erfordernissen eines modernen Ausstellungsgebäudes angepasst. Heute ist im Deutschen Dom die Ausstellung »Fragen an die deutsche Geschichte« zu sehen, die früher im Reichstagsgebäude untergebracht war.

Skulptur im Deutschen Dom

Schlossbrücke ⓭

Stadtplan 5 D2. *Hackescher Markt.* *100, 200, TXL.*

Eine der schönsten Brücken der Stadt verbindet den Schlossplatz mit der Straße Unter den Linden. Sie wurde bis 1824 nach einem Entwurf von Karl Friedrich Schinkel gebaut. Die weißen Carrara-Marmorstatuen auf den roten Granitpfeilern stammen ebenfalls von Schinkel und kamen 1857 dazu. Sie zeigen u.a. die Göttinnen Iris, Nike und Athene als Schutzpatroninnen junger Krieger. In das schmiedeeiserne Geländer sind Darstellungen von Meerestieren eingefügt.

Hotels und Restaurants in Berlin *siehe Seiten 488–490 und Seiten 526–528*

Portal des Stadtschlosses vor dem ehemaligen Staatsratsgebäude

Schlossplatz ⓮

Stadtplan 5 D2. Ⓢ *Hackescher Markt.* 🚌 *100, 200, TXL.*

Der Schlossplatz war einst Standort des Stadtschlosses. Zunächst stand hier das 1451 fertiggestellte Schloss der Kurfürsten von Brandenburg. Ende des 17. Jahrhunderts gab Kurfürst Friedrich III. (der spätere König Friedrich I. von Preußen) ein Schloss als Wohngebäude in Auftrag.

Bis zur Abschaffung der Monarchie regierten von hier aus die Hohenzollern. 1945 wurde das Schloss von Bomben getroffen und brannte in drei Tagen vollständig aus. Nach 1945 restaurierte man es zunächst provisorisch und nutzte es als Museum. Auch starke Proteste konnten seinen Abriss im Jahr 1950 nicht verhindern. Der Platz wurde von der DDR-Regierung in Marx-Engels-Platz umgetauft.

Übrig geblieben ist heute nur noch das triumphale Portal. 1964 wurde es mit den Skulpturen des Dresdner Bildhauers Balthasar Permoser in den Neubau des Staatsratsgebäudes der DDR südlich des Schlossplatzes integriert. Vor allem der propagandistische Wert war Grund für den Erhalt: Vom Balkon über dem Portal hatte Karl Liebknecht 1918 die »freie, sozialistische Republik« ausgerufen.

1989 erhielt der Platz seinen ursprünglichen Namen zurück, der Palast der Republik, das DDR-Regierungsgebäude, wurde abgerissen. Bis 2018 soll ein neues, palastartiges Gebäude, das Humboldt-Forum, errichtet werden.

DDR Museum ⓯

Karl-Liebknecht-Straße 1. **Stadtplan** 5 D2. ☎ *(030) 847 12 37 31.* Ⓢ *und* Ⓤ *Alexanderplatz.* 🚌 *100, 200, TXL.* ◯ *tägl. 10–20 Uhr (Sa bis 22 Uhr).*

Das kleine Museum bietet einen faszinierenden Einblick in den DDR-Alltag. Zu den Höhepunkten gehört eine Fahrt mit einem Trabi durch eine Plattenbausiedlung.

Berliner Dom ⓰

Am Lustgarten. **Stadtplan** 5 D1. ☎ *(030) 20 26 91 19.* Ⓢ *Hackescher Markt.* 🚌 *100, 200, 248.* ◯ *Apr–Sep: Mo–Sa 9–20, So 12–20 Uhr; Okt–März: Mo–Sa 9–19, So 12–19 Uhr.* ♿ ✝ *So 10 und 18 Uhr.* **www**.berliner-dom.de

Der ursprüngliche Berliner Dom basierte auf einem barocken Entwurf von Johann Boumann d. Ä. Er wurde 1747–50 als Hofkirche und Mausoleum für die Hohenzollern erbaut. Der heutige Bau im Stil der Hochrenaissance baute Julius Raschdorff zwischen 1894 und 1905. Der Dom mit der 75 Meter hohen Kuppel ist der Peterskirche in Rom nachempfunden. Das im Zweiten Weltkrieg schwer beschädigte Gebäude wurde restauriert und präsentiert sich heute in etwas schlichterer Form. Die Hohenzollern-Kapelle mit Mausoleum, die einst an der Nordseite des Doms lag, wurde abgerissen.

Das repräsentativ-prächtige Kirchenschiff des Berliner Doms

Berlins Brücken

Auch wenn der Krieg große Schäden hinterließ, gibt es viele Brücken, die auch heute noch einen Blick lohnen. An den Ufern der Spree und ihren Kanälen kann man eine recht typische Architektur beobachten, viele Brücken wurden von namhaften Architekten gebaut und von berühmten Bildhauern geschmückt. Am bekanntesten ist vielleicht die **Schlossbrücke** von Karl Friedrich Schinkel. Nicht weit davon, am Kupfergrabenkanal, erkennt man die **Schleusenbrücke** (1914), deren Reliefs von den ältesten Berliner Brücken und Schleusen berichten. Die nächste Brücke in südlicher Richtung ist die 1798 erbaute **Jungfernbrücke**, die letzte Zugbrücke Berlins. In gleicher Richtung folgt dann die **Gertraudenbrücke**. An der 1695–97 erbauten und 1923 umgebauten **Weidendammer Brücke** überquert die Friedrichstraße die Spree. Nahe dem Regierungsviertel überspannt die **Moltkebrücke** (1886–91) den Fluss. Die Brücke wird von einem riesigen Greif bewacht, der ein Schild mit dem preußischen Adler führt, während Engel in Rüstung die Lampen tragen. Auf den Brückenbogen sieht man die von Karl Begas entworfenen Porträts berühmter Männer.

Ein Bär als Schmuckelement an der Liebknechtbrücke

Stadtplan Berlin *siehe Seiten 114–119*

Im Detail: Museumsinsel

Die lang gezogene Insel zwischen zwei Spreearmen ist die Wiege Berlins. Man geht davon aus, dass hier die einst Cölln genannte Siedlung lag, die 1237 erstmals urkundlich erwähnt wurde. Das angrenzende Dorf Berlin fand 1244 zum ersten Mal schriftliche Erwähnung. Spuren aus dieser Zeit sind allerdings nicht erhalten geblieben. Was die Insel prägte, war vor allem der Bau des kurfürstlichen Schlosses, das ab 1470 als Residenz diente. Obwohl es 1950 dem Erdboden gleichgemacht wurde, ist doch manches interessante Stück Architektur stehen geblieben, so der Berliner Dom und die eindrucksvollen Museen, die der Insel ihren Namen gaben.

Zur Orientierung
Stadtplan, Karten 4 und 5

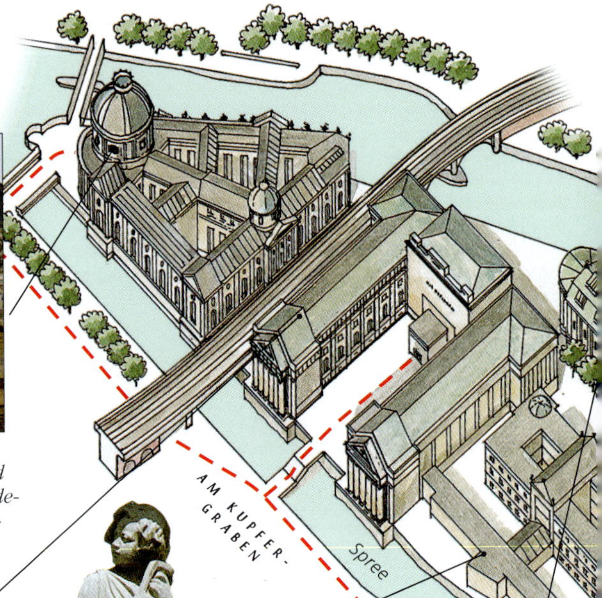

Bode-Museum
Mit seinem Rundbau und der Kuppel bildet das Bode-Museum einen formschönen Abschluss der Nordwestspitze der Insel. ㉑

Neues Museum
Seit Abschluss der Restaurierung 2009 sind hier das Ägyptische Museum und das Museum für Vor- und Frühgeschichte untergebracht. ⓲

★ Pergamonmuseum
Berühmt ist das Museum für seine rekonstruierten Baudenkmäler aus antiken Städten, insbesondere die Friese des Pergamonaltars. ⓴

Alte Nationalgalerie
Vor dem Gebäude steht das von Alexander Calandrelli entworfene Reiterstandbild von Friedrich Wilhelm IV. ⓳

LEGENDE

– – – Routenempfehlung

★ **Altes Museum**
Das Hauptgebäude wird gekrönt von Castor und Pollux, den Dioskuren der griechischen Mythologie. ⓱

Lustgarten
Eine 70 Tonnen schwere Granitschale, die weltweit größte, wurde hier 1828 aufgestellt.

NICHT VERSÄUMEN

★ Altes Museum

★ Pergamonmuseum

Altes Museum ⓱

Am Lustgarten (Bodestraße 1–3). **Stadtplan** 5 D1. *(030) 20 90 55 77. Ⓢ Hackescher Markt. 100, 147, 148, 200, TXL. Di–So 10–18 Uhr (Do 10–22 Uhr).*

Mit diesem Entwurf gelang Karl Friedrich Schinkel zweifellos einer der schönsten klassizistischen Museumsbauten der Welt. Überaus eindrucksvoll ist allein schon die 87 Meter lange Hauptfront, die von 18 ionischen Säulen getragen wird. Im Alten Museum sollte die königliche Sammlung von Gemälden und antiken Kunstschätzen Platz finden: Bei seiner Eröffnung 1830 war es eines der ersten Gebäude in Europa, die eigens als Museum konzipiert worden waren. Nach dem Zweiten Weltkrieg diente es wechselnden Ausstellungen. Heute beherbergt das Alte Museum die Antikensammlung, in der vielfältige Kunstwerke des griechischen und römischen Altertums präsentiert werden. Zu den Ausstellungsstücken der Abteilung griechischer Kunst gehören u.a. steinerne Skulpturen, Figuren aus Ton und Bronze, Vasen, sowie Goldschmuck und Silberschätze. Die Kunst der Römerzeit vertreten insbesondere Porträts von Cäsar und Kleopatra, Fresken, Friese, Sarkophage und eindrucksvolle Mumienbildnisse.

Einzelne Informationsinseln im Alten Museum widmen sich speziellen Themen wie griechischen Mythen oder der antiken Stadtkultur.

Neues Museum ⓲

Bodestraße 1–3. **Stadtplan** 5 D1. *Ⓢ Hackescher Markt oder Ⓢ und Ⓤ Friedrichstraße. 100, 147, 148, 200, TXL. Di–So 10–18 Uhr (Do bis 22 Uhr).*

Der Name führt in die Irre: Das Neue Museum ist der zweitälteste Bau der Museumsinsel. Es wurde 1841–59 von Friedrich August Stüler errichtet, als das Alte Museum die Bestände nicht mehr fassen konnte. Bis zum Zweiten Weltkrieg beherbergte der Bau antike Funde, meist aus Ägypten. Die Ausschmückung der Räume trug zu einer würdevollen Präsentation der Schätze bei, die Wandbilder von Wilhelm von Kaulbach ergänzten das Ambiente.

1945 wurde das Gebäude zerbombt, 1999 begann man mit Restaurierungsarbeiten. Seit 2009 sind hier das Ägyptische Museum sowie das Museum für Vor- und Frühgeschichte zu besichtigen.

Alte Nationalgalerie ⓳

Bodestraße 1–3. **Stadtplan** 5 D1. *(030) 20 90 55 77. Ⓢ Hackescher Markt oder Ⓢ und Ⓤ Friedrichstraße. 100, 147, 148, 200, TXL. Di–So 10–18 Uhr (Do bis 22 Uhr).*

Kopf des Perikles

Die Nationalgalerie wurde 1866–76 nach Plänen von Friedrich August Stüler errichtet. Ursprünglich war sie als Ausstellungsort für die Sammlung moderner Kunst vorgesehen, die sich bis 1861 in der Akademie der Künste befand. Nach dem Zweiten Weltkrieg teilte man die Sammlung auf. Einige Werke kamen in die neu errichtete Neue Nationalgalerie *(siehe S. 88f)* im Westen; das alte Haus nannte man Alte Nationalgalerie.

Nach der Wiedervereinigung führte man die Bestände wieder zusammen. Die jüngeren Werke sind in der Neuen Nationalgalerie ausgestellt, rund 500 Gemälde und Skulpturen von der Romantik bis zum Impressionismus am älteren Ort. Auch die Bilder der Galerie der Romantik (Schloss Charlottenburg) hängen hier.

Die Sammlung mit Marmorskulpturen der beiden preußischen Prinzessinnen von Gottfried Schadow und eine bedeutende Sammlung mit Werken Adolph Menzels, darunter sein bekanntestes Gemälde, *Das Balkonzimmer*, sind ebenfalls zu sehen.

Stadtplan Berlin *siehe Seiten 114–119*

Pergamonmuseum ⓴

Das Pergamonmuseum wurde zwischen 1912 und 1930 nach den Plänen von Alfred Messel durch Ludwig Hoffmann erbaut. Es enthält eine der berühmtesten Antikensammlungen der Welt und verdankt seinen Namen dem großartigen Pergamonaltar hinter dem Eingangsbereich. Die Bestände gehen auf die reichen Funde zurück, die von deutschen Archäologen zu Beginn des 20. Jahrhunderts aus Kleinasien mitgebracht wurden. Sie gliedern sich in die Abteilungen Antikensammlung (griechische und römische Exponate), Vorderasiatisches Museum und Museum für Islamische Kunst.

★ Pergamonaltar
(180–160 v. Chr.)
Szene des Altarfrieses mit der Göttin Athene im Kampf der Götter und der Giganten.

Römisches Mosaik
(2. oder 3. Jh. n. Chr.)
Das antike Mosaik stammt aus Gerasa im heutigen Jordanien.

Göttin Athene
Die Darstellung der Göttin Athene ist eine von vielen weltbekannten Skulpturen des Museums.

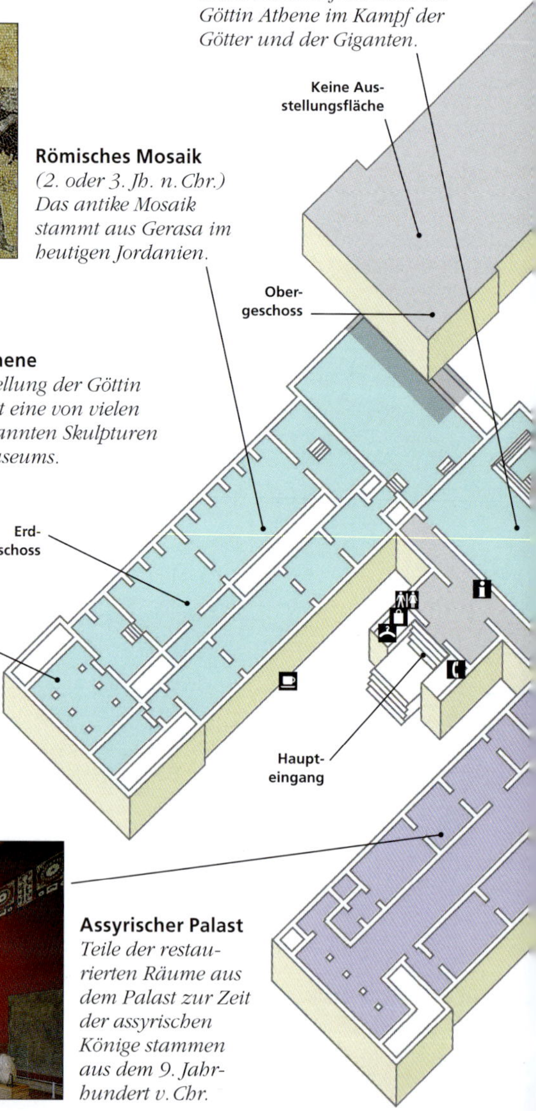

Assyrischer Palast
Teile der restaurierten Räume aus dem Palast zur Zeit der assyrischen Könige stammen aus dem 9. Jahrhundert v. Chr.

Aleppozimmer
(um 1603)
Zimmer mit prächtiger Wandverkleidung aus dem Haus einer syrischen Kaufmannsfamilie.

INFOBOX

Bodestr. 1–3 (Eingang Am Kupfergraben). **Stadtplan** 4 C1, 5 D1. *(030) 20 90 55 77.* *Ⓢ Hackescher Markt oder Ⓢ und Ⓤ Friedrichstraße.* *100, 147, 148, 200, TXL.* *tägl. 10–18 Uhr (Do bis 22 Uhr).*
ohne Blitzlicht.
www.smb.spk-berlin.de/ant

Kurzführer

Der Mitteltrakt des Erdgeschosses beherbergt monumentale Rekonstruktionen antiker Kunstschätze, der linke Flügel Stücke aus der griechischen und römischen Antike. Im rechten Flügel befinden sich Exponate aus Vorderasien, im Obergeschoss desselben ist das Museum für Islamische Kunst.

Fassade des Palasts von Mschatta
(8. Jh. n. Chr.) Das Fragment aus der Fassade des Palasts von Mschatta im heutigen Jordanien ist ein Geschenk, das der osmanische Sultan Abd al-Hamid II. im Jahr 1903 Kaiser Wilhelm II. machte.

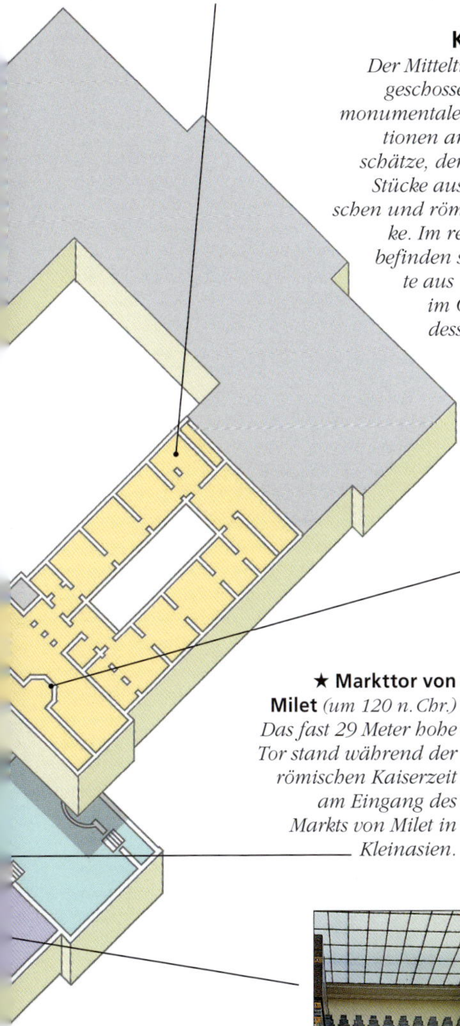

★ Markttor von Milet *(um 120 n. Chr.)*
Das fast 29 Meter hohe Tor stand während der römischen Kaiserzeit am Eingang des Markts von Milet in Kleinasien.

★ Ischtartor von Babylon
(604–562 v. Chr.)
Das Tor und die Prozessionsstraße aus dem antiken Babylon sind mit den ursprünglichen Fayencen erhalten.

NICHT VERSÄUMEN

- ★ Ischtartor von Babylon
- ★ Markttor von Milet
- ★ Pergamonaltar

LEGENDE

- Antikensammlung
- Vorderasiatisches Museum
- Museum für Islamische Kunst
- Keine Ausstellungsfläche

Stadtplan Berlin *siehe Seiten 114–119*

Das von Ernst von Ihne entworfene Bode-Museum

Bode-Museum ㉑

Monbijoubrücke (Bodestraße 1–3). **Stadtplan** 4 C1. *(030) 20 90 56 01. Hackescher Markt oder und Friedrichstraße. 100, 147, 148, 200, TXL. Mo–Mi, Fr–So 10–18, Do 10–22 Uhr.*

Zwischen 1897 und 1904 wurde auf der Insel der vierte Museumsbau errichtet. Ernst von Ihne passte den Grundriss der keilförmigen Inselspitze an. Bei der Innengestaltung des Museums für nachantike Kunst beriet ihn der Kunsthistoriker und damalige Direktor der staatlichen Museen, Wilhelm von Bode. Nach ihm wurde das Museum, das ursprünglich Kaiser-Friedrich-Museum hieß, nach dem Zweiten Weltkrieg benannt.

Im Bestreben, die Sammlungen der Stadt neu zu ordnen, fasste man alle Gemälde im Kulturforum *(siehe S. 84f)* zusammen, während die ägyptischen Kunstschätze und die Papyrussammlung vorübergehend im Ägyptischen Museum in Charlottenburg untergebracht wurden.

Nach umfangreichen Sanierungsarbeiten wurde das Bode-Museum im Herbst 2006 mit folgenden Sammlungen wiedereröffnet: Museum für Spätantike und Byzantinische Kunst, Skulpturensammlung mit Werken von Tilman Riemenschneider, Donatello, Gianlorenzo Bernini und Antonio Canova sowie die Kindergalerie.

Bereits seit Oktober 2004 ist das Münzkabinett wieder im Bode-Museum untergebracht.

Marienkirche ㉒

Karl-Liebknecht-Straße 8. **Stadtplan** 5 E1. *Hackescher Markt. 100, 200, TXL. Apr–Okt: tägl. 10–21 Uhr; Nov–März: tägl. 10–16 Uhr. Mo, Di 13 Uhr. So 10.30.*

Die Bauarbeiten für die Marienkirche begannen um 1270. Bei der Rekonstruktion, die 1380 nach einer Feuersbrunst nötig wurde, bekam das im Stil der norddeutschen Backsteingotik erbaute Gotteshaus um 1405 seine heutige Gestalt. 1490 kam der 91 Meter hohe Kirchturm dazu. 1789/90 krönte ihn Carl Gotthard Langhans mit einer Kuppel, die sowohl gotische als auch klassizistische Elemente zeigt.

Bis zum Zweiten Weltkrieg ragte die Kirche inmitten eines Häusermeers auf, heute steht sie einsam im Schatten des Fernsehturms. Der dreischiffige, reich verzierte Hallenbau ist einer der interessantesten Sakralbauten der Stadt.

Barockaltar in der Marienkirche, geschaffen von Andreas Krüger

Im Innenraum der Marienkirche findet man Meisterwerke aus vielen Jahrhunderten. 1703 vollendete Andreas Schlüter die Kanzel aus Marmor, deren Reliefs Johannes den Täufer und Allegorien der Tugenden darstellen. Um das Jahr 1762 schuf Andreas Krüger einen Barockaltar mit drei Gemälden von Christian Bernhard Rode. Den Fuß des Taufbeckens in Bronzeguss von 1437 bilden drei schwarze Drachen. Das Freskogemälde *Totentanz* (um 1484) wurde 1730 übertüncht und erst 1860 bei Renovierungsarbeiten wieder entdeckt.

Rotes Rathaus ㉓

Rathausstraße 15. **Stadtplan** 5 E2. *und Alexanderplatz. Klosterstraße. TXL, 148.*

Von dem imposanten Backsteinbau aus wird Berlin regiert. Bis ins 19. Jahrhundert stand an gleicher Stelle ein bescheideneres Gebäude, das der schnell wachsenden Metropole jedoch nicht mehr genügte.

Das jetzige Rathaus basiert auf den Plänen von Hermann Friedrich Waesemann. Die Bauarbeiten dauerten von 1861 bis 1869. Waesemann ließ sich von den Palästen der italienischen Renaissance inspirieren, doch für den Turm stand der Glockenturm der Kathedrale im französischen Laon Pate. Sein Mauerwerk aus rotem Ziegel verlieh ihm seinen Namen – entgegen anders lautenden Meinungen nicht die politische Couleur des Bürgermeisters.

1877–79 wurde die gesamte Fassade mit einem bemerkenswerten Fries eingefasst. Die steinerne Chronik enthält Szenen aus der Geschichte der Stadt sowie zu ihrem wirtschaftlichen und wissenschaftlichen Aufschwung.

Im Zweiten Weltkrieg erlitt das Rathaus schwere Beschädigungen. Nach dem Wiederaufbau in den Jahren 1951–56 wurde es Sitz des Ostberliner Magistrats. Zum Sitz des westlichen Stadtparlaments machte man das Rathaus Schöneberg *(siehe S. 103)*. Nach der Wie-

Fernsehturm ㉕

Der von den Berlinern auch »Telespargel« oder »Zahnstocher« genannte Fernsehturm ist mit seinen 365 Metern bis heute das höchste Gebäude in der Stadt. Der Turm wurde 1965–69 nach den Plänen eines Teams errichtet, zu dem unter anderem Fritz Dieter und Günter Franke gehörten. Schwedische Experten standen ihnen beratend zur Seite. Die erste Idee zu einem riesigen Turm hatte bereits Hermann Henselmann, der Architekt der realsozialistischen Karl-Marx-Allee.

INFOBOX

Panoramastraße 1a. **Stadtplan** 5 E1. *(030) 242 33 33.* S *und* U *Alexanderplatz. 100, 148, 200. März–Okt: tägl. 9–24 Uhr; Nov–Feb: tägl. 10–24 Uhr.*

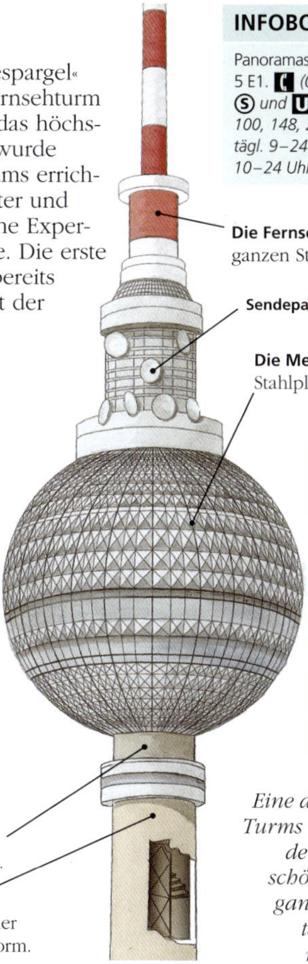

Die Fernsehantenne ist in der ganzen Stadt sichtbar.

Sendeparabolantennen

Die Metallkugel ist mit Stahlplatten verkleidet.

Der Betonschaft reicht bis in 250 Meter Höhe.

Im Inneren des Betonschafts bringen zwei Aufzüge die Besucher zum Café und zur Aussichtsplattform.

Aussicht vom Turm
An klaren Tagen sieht man von hier aus die ganze Stadt. Manchmal reicht die Sicht 40 Kilometer weit.

Tele-Café
Eine der Attraktionen des Turms ist das sich drehende Panoramacafé mit schönem Ausblick. Eine ganze Drehung dauert tagsüber eine halbe, nachts eine Stunde.

Die Ziegelmauern gaben dem Roten Rathaus seinen Namen

dervereinigung konnte der Regierende Bürgermeister mit seinen Senatoren wieder ins Rote Rathaus einziehen. Vor dem Gebäude stehen Skulpturen, die Fritz Kremer, der Vizepräsident der Akademie der Künste der DDR, im Jahr 1958 schuf. Sie stellen Berliner Bürger beim Wiederaufbau der Stadt dar.

Alexanderplatz ㉔

Stadtplan 5 E1, F1. S *und* U *Alexanderplatz. 200, 257, 348.*

Der Alexanderplatz, kurz »Alex« genannt, kann auf eine wechselvolle Geschichte zurückblicken. Als er noch Ochsenmarkt hieß, war er Vieh- und Wollmarkt. Später, als Zar Alexander I. die Stadt besuchte, wurde der Platz ihm zu Ehren umgetauft. Zu jener Zeit erhoben sich hier die großzügigen Kolonnaden, die Carl von Gontard entworfen hatte. Immer mehr Geschäftshäuser entstanden, man baute eine Markthalle und eine Stadtbahn. Der Alex wurde einer der lebhaftesten Plätze der Stadt. Diese Atmosphäre hielt Alfred Döblin (1878–1957) im Roman *Berlin Alexanderplatz* fest.

1928–31 wurden zwei Gebäude zugefügt, die bis heute stehen: das Alexanderhaus und das Berolinahaus, beide Entwürfe des Architekten Peter Behrens.

Fast die gesamte übrige Bebauung fiel dem Zweiten Weltkrieg zum Opfer. Heute ist der Platz mit der zehn Meter hohen Weltzeituhr und dem Brunnen der Völkerfreundschaft (beide 1969) umgeben von Bauten aus den 1960er Jahren, darunter dem Forum Hotel Berlin und dem Fernsehturm.

Im Rahmen einer umfassenden Neugestaltung des Alexanderplatzes siedelten sich hier u.a. mehrere Einkaufszentren und Kinos an.

Häuser am Spreeufer im Nikolaiviertel

Nikolaiviertel ㉖

Stadtplan 5 E2. S *und* U *Alexanderplatz.* U *Klosterstraße.* *100, 147, 148, 200.*

Bei Berlinern und Besuchern gleichermaßen beliebt ist ein kleines Areal am Spreeufer: das Nikolaiviertel. Vor dem Zweiten Weltkrieg standen hier noch einige der ältesten Häuser der Stadt. Der Wiederaufbau des kriegszerstörten Viertels durch die DDR-Oberen ist ein umstrittener Versuch, ein mittelalterliches Städtchen »neu« erstehen zu lassen. Außer zwei restaurierten Häusern handelt es sich durchweg um Repliken historischer Gebäude.

Die **Nikolaikirche** von 1230 war das älteste Gotteshaus im historischen Berlin. Nach der Bombardierung 1945 blieb von ihr nur noch eine Ruine. Sie wurde erst 1987 wieder aufgebaut und dient jetzt als Ausstellungsraum des Stadtmuseums. Von der Urkirche ist heute nur noch der mächtige Natursteinsockel zu sehen.

Das einzige Gebäude, das den Zweiten Weltkrieg schadlos überstanden hat, ist das 1759 für die Familie Knoblauch gebaute **Knoblauchhaus**. Seine jetzige Gestalt bekam das Haus 1835, als man die Fassade im klassizistischen Stil erneuerte.

Das **Ephraim-Palais** wurde 1766 für Nathan Veitel Heinrich Ephraim erbaut, den Hofjuwelier und Münzmeister Friedrichs des Großen. Teile der Originalfassade wurden bei dem Abriss 1935 gerettet und in den 1983 rekonstruierten Bau integriert.

Märkisches Museum ㉗

Am Köllnischen Park 5. **Stadtplan** 5 F2. *(030) 30 86 62 15.* U *Märkisches Museum.* S *und* U *Jannowitzbrücke.* *147.* *Di, Do–So 10–18, Mi 10–20 Uhr. Vorführung mechanischer Musikinstrumente So 15 Uhr.* *(Mi frei.)*

Der Komplex aus rotem Backstein wurde 1901–08 erbaut. Er sollte der Sammlung des 1874 gegründeten Museums zur Geschichte Berlins und Brandenburgs (von den ersten Siedlern bis zur Gegenwart) Platz bieten.

Die Abteilung »Berliner Kunst« umfasst Gemälde, Skulpturen, Textilien, Fayencen, Glas und Porzellan. Ein weiterer Ausstellungsteil ist den Berliner Theatern in der Zeit zwischen 1730 und 1933 gewidmet. In einer der Abteilungen stößt man auf originelle mechanische Musikinstrumente, die während Führungen auch lautstark erklingen.

Das Märkische Museum ist vom Köllnischen Park umgeben, in dem zwei Braunbären, die beliebten Berliner Wappentiere, leben.

Checkpoint Charlie ㉘

Friedrichstraße 43–45. **Stadtplan** 4 C4. *(030) 253 72 50.* U *Kochstraße.* *M29.* **Haus am Checkpoint Charlie** *tägl. 9–22 Uhr.*

Der Name des Kontrollpunkts zwischen dem amerikanischen und sowjetischen Sektor stammt vom Buchstaben C des internationalen Funkalphabets. Zwischen 1961 und 1990 war Checkpoint Charlie der einzige Übergang für Ausländer zwischen West- und Ostberlin und wurde so zum Symbol für Freiheit und Unterdrückung. Heute steht nur noch ein einziger Wachturm, der ein Museum zum Kalten Krieg beherbergt, das **Haus am Checkpoint Charlie**.

Jüdisches Museum ㉙

Lindenstraße 14. **Stadtplan** 4 C5. *(030) 25 99 33 00.* U *Hallesches Tor oder Kochstraße.* *M29, M41, 265.* *Mo 10–22, Di–So 10–20 Uhr.*

Der Entwurf für das im Jahr 2001 eröffnete Jüdische Museum stammt von einem Berliner Architektenteam unter der Leitung von Daniel Libeskind, einem amerikanischen Architekten jüdischer Abstammung. Form, Stil und Innengestaltung sind Teil eines philosophisch durchdachten Gesamtkonzepts: Der Bau stellt einen Bezug her zur Tragödie der Millionen von Juden, die Opfer des Holocaust wurden. Schroffe Zickzacklinien an Fassade und Grundriss erinnern an einen geborstenen Davidstern. Im Inneren erstrecken sich über die gesamte

Backsteinfassade des Märkischen Museums

Mitte leere Räume wie abgeschottete Schluchten.

Eine der drei Achsen mündet in den nur unterirdisch betretbaren Holocaust-Turm. Ein weiterer Gang führt in den Garten des Exils, in dem 49 hölzerne Stelen streng symmetrisch in einem Quadrat aufgestellt sind.

Die Dauerausstellung widmet sich der deutsch-jüdischen Geschichte von den frühesten Zeugnissen bis zur Gegenwart, von einem Erlass des Kaisers Konstantin aus dem Jahr 321 über Kunstwerke bis hin zu Alltagsgegenständen. Auch multimediale Techniken werden zur Vermittlung des Schicksals deutschsprachiger Juden eingesetzt.

Der Eingang in das Museum liegt im ehemaligen Kollegienhaus (1735), das nach dem Wiederaufbau 1963 als Sitz des stadtgeschichtlichen Berlin-Museums genutzt wurde.

Schroffe, stahlverkleidete Wände des Jüdischen Museums

Topographie des Terrors ㉚

Stresemannstraße 110 (Eingang Niederkirchnerstraße). **Stadtplan** 4 B4. *(030) 25 45 09 50.* S *und* U *Potsdamer Platz.* *M29, M41, 123, 148.* *tägl. 10–20 Uhr.* *nach Vereinbarung.* **www**.topographie.de

Kaum eine Adresse stand im Dritten Reich so für die Gewalt der Nationalsozialisten wie die Prinz-Albrecht-Straße (heute Niederkirchnerstraße). In diesem Bereich hatten drei der meistgefürchteten nationalsozialistischen Institutionen ihr Hauptquartier eingerichtet. Das Prinz-Albrecht-Palais an der Wilhelmstraße 102 war Hauptquartier des Reinhard Heydrich unterstehenden Sicherheitsdienstes (SD). Die Kunstgewerbeschule in der Prinz-Albrecht-Straße 8 beanspruchte die Gestapo, während das ehemalige Hotel Prinz Albrecht (Nr. 9) Hauptquartier der SS war.

Nach dem Zweiten Weltkrieg wurden alle drei Gebäude abgerissen. 1986/87 machte man die Gewölbe mit den Folterzellen zum Teil einer Ausstellung über den nationalsozialistischen Terror. Nach einer Umgestaltung wurde das Areal 2010 neu eröffnet.

Die Topographie des Terrors: Dokumentationszentrum der NS-Gewalt

Deutsches Technikmuseum Berlin ㉛

Trebbiner Straße 9. **Stadtplan** 4 A5. *(030) 90 25 40.* U *Gleisdreieck.* *140.* *Di–Fr 9–17.30 Uhr, Sa, So 10–18 Uhr.* **www**.dtmb.de

Das Technikmuseum wurde 1983 eröffnet, um über 100 technische Sammlungen zu präsentieren. Auf dem ehemaligen Anhalter Güterbahnhof und Bahnbetriebswerk mit seinen Gebäuden finden auch so große Exponate wie Lokomotiven, Dampfmaschinen, Wassertürme und Lagerräume in Originalgröße Platz.

Besonders interessant sind die Lokomotiven, Eisenbahnwaggons und Oldtimer aus verschiedenen Epochen. Andere Dauerausstellungen sind der Fliegerei, der Papierherstellung, der Druck-, Web- und Elektrotechnik und der Computertechnologie gewidmet. Außerdem kann man im großen Museumspark funktionierende Wind- und Wassermühlen und eine alte Hammerschmiede bestaunen. Über den Stand der Brautechnik um 1910 erfährt man alles in der Historischen Brauerei. Zahlreiche historische Maschinen und Modelle werden in Funktion gezeigt.

Das Wissenschaftszentrum »Spectrum« ist bei Kindern besonders beliebt, weil sie dort selbst kleine Experimente durchführen können.

Seit 2003 ist eine neue Halle für Schifffahrt eröffnet, seit 2005 eine für Luftfahrt. Damit umfasst das Technikmuseum 50 000 Quadratmeter Ausstellungsfläche und gehört zu den größten der Welt.

Eine der vielen Lokomotiven im Deutschen Technikmuseum

GOTT
MIT
UNS
1870

Westliches Zentrum

Dieser Teil beschreibt Sehenswürdigkeiten in den Bezirken Tiergarten, Charlottenburg und Teilen von Kreuzberg sowie einem kleinen Bereich von Berlin Mitte.

Der Tiergarten war einst königliches Jagdrevier und wurde im 18. Jahrhundert zum Park umgestaltet. Im Süden des Bezirks Tiergarten liegt das Kulturforum – ein Komplex mit Museen und anderen Kultureinrichtungen, der nach dem Zweiten Weltkrieg geschaffen wurde. Gleich daneben ist der Potsdamer Platz, ehemals Niemandsland zwischen Ost und West. Hier ist in den letzten Jahren ein ultramodernes Geschäftszentrum in die Höhe gewachsen.

Fassadendetail am Theater des Westens

Obwohl der östliche Teil von Charlottenburg nicht besonders viele historische Gebäude aufzuweisen hat, ist dieses Viertel eines der attraktivsten Berlins. Nach dem Zweiten Weltkrieg entstand hier das neue kulturelle Zentrum. Kreuzberg ist ein bunt gemischter Stadtteil mit vielen Ausländern, Studenten und Künstlern.

Sehenswürdigkeiten auf einen Blick

Museen und Sammlungen

Bauhaus-Archiv 7
Bendlerblock 8
Gemäldegalerie S. 90f 9
Hamburger Bahnhof 17
Käthe-Kollwitz-Museum 3
Kunstgewerbemuseum 12
Kupferstichkabinett und Kunstbibliothek 10
Museum für Naturkunde 18
Musikinstrumenten-Museum 14
Neue Nationalgalerie 11

Straßen und Plätze

Kurfürstendamm (Ku'damm) 2
Potsdamer Platz S. 92 15

Tiergarten 5
Zoologischer Garten 4

Kirche

Kaiser-Wilhelm-Gedächtnis-Kirche S. 86 1

Historische Gebäude und Monumente

Philharmonie 13
Reichstagsgebäude 16
Siegessäule 6

Öffentliche Verkehrsmittel

Hier verkehren die S-Bahnen 1, 2, 5, 7, 9, 75, die U-Bahnen 1, 2, 9, 55 sowie die MetroBusse M19, M29, M41 und M46.

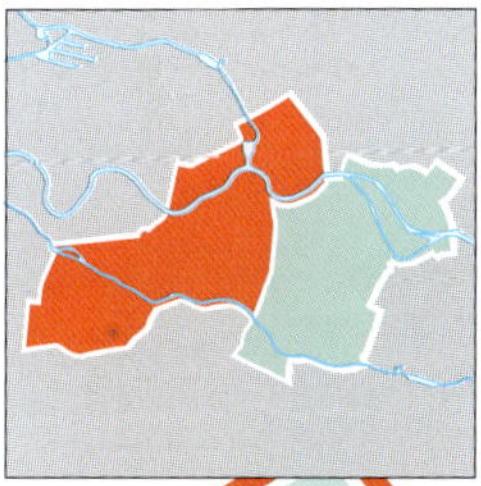

LEGENDE

Detailkarte *siehe S. 84f*
Bahnhof
S-Bahn-Station
U-Bahn-Station

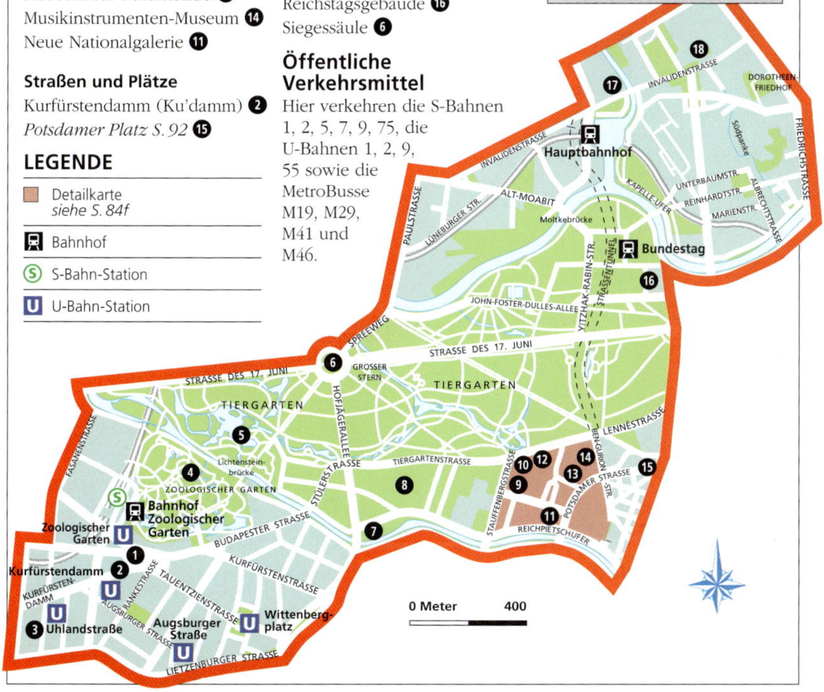

◁ Königlicher Standartenträger auf einem Mosaik in der Kaiser-Wilhelm-Gedächtnis-Kirche *(siehe S. 86)*

Im Detail: Um das Kulturforum

Skulptur von Henry Moore

Im Jahr 1956 erwog man in Westberlin erstmals, ein neues Zentrum der Kultur zu schaffen. Den Anfang dazu bildete 1963 das äußerst innovative Gebäude der Berliner Philharmonie, erbaut nach den Plänen von Hans Scharoun. Die meisten anderen Gebäude entstanden zwischen 1965 und 1987, eines stammt von dem prominenten Architekten Ludwig Mies van der Rohe. Heute zieht das Kulturforum jedes Jahr Millionen von Besuchern an.

★ Kunstgewerbemuseum
Zur Sammlung gehört dieser Humpen mit reichen Verzierungen aus Silber und Elfenbein, entstanden um 1640 in einer Augsburger Werkstatt. ⓬

Kupferstichkabinett
In der umfangreichen Sammlung von Zeichnungen und Drucken hängt auch dieses Porträt von Albrecht Dürers Mutter. ❿

★ Gemäldegalerie
Zu den bedeutendsten Werken Alter Meister gehört die Madonna in der Kirche *(um 1425) von Jan van Eyck.* ❾

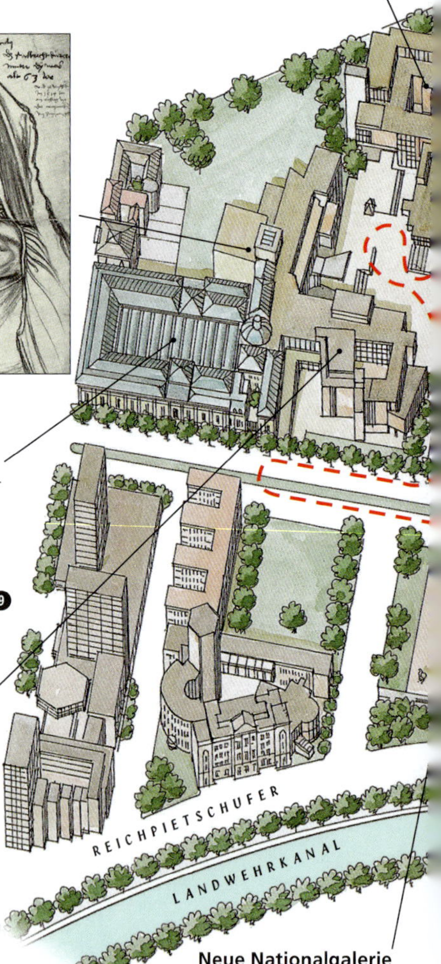

Die Kunstbibliothek enthält eine reiche Sammlung von Kunstbänden, Grafiken und Zeichnungen.

Neue Nationalgalerie
Skulpturen von Henry Moore und Alexander Caldor stehen vor dem modernen Bau von Ludwig Mies van der Rohe. ⓫

NICHT VERSÄUMEN

- ★ Gemäldegalerie
- ★ Kunstgewerbemuseum
- ★ Philharmonie

LEGENDE

– – – Routenempfehlung

★ Philharmonie
Weltberühmt ist die Philharmonie nicht wegen ihres Äußeren aus goldfarbenen Kunststoffplatten, sondern v. a. wegen ihrer legendären Akustik. ⓭

Zur Orientierung
Stadtplan 1 und 3

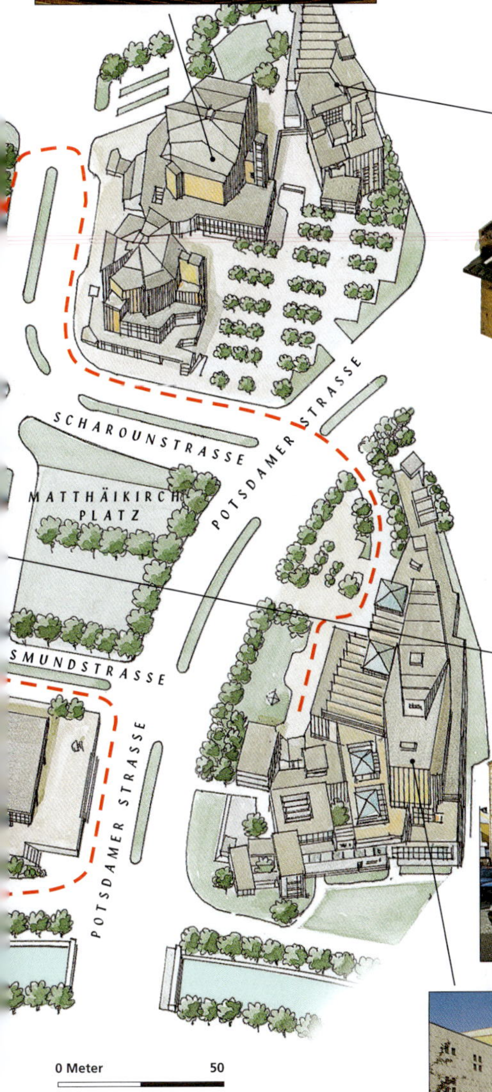

Musikinstrumenten-Museum
Dieses Cembalo gehört zur Sammlung von Musikinstrumenten aus dem 16. bis 20. Jahrhundert. ⓮

St.-Matthäus-Kirche
Zwischen den modernen Gebäuden sticht die St.-Matthäus-Kirche (19. Jh.) hervor.

Neue Staatsbibliothek
Die Staatsbibliothek wurde 1978 nach Plänen von Hans Scharoun erbaut.

Stadtplan Berlin *siehe Seiten 114–119*

Kaiser-Wilhelm-Gedächtnis-Kirche ❶

Die Gedächtnis-Kirche ist eines der großen Wahrzeichen der Stadt. Der neoromanische Bau von Franz Schwechten wurde 1895 geweiht. Nach den Bombenangriffen von 1943 blieben davon nur eine Ruine und der massive Turm übrig. Im Erdgeschoss des Turms befindet sich heute eine Gedenkhalle, die die Geschichte der Kirche dokumentiert. Originale Deckenmosaiken, Marmorreliefs und Liturgiegegenstände sind dort zu besichtigen. 1957–61 errichtete Egon Eiermann ein neues achteckiges Kirchenschiff und einen frei stehenden Glockenturm.

INFOBOX

Breitscheidplatz. **Stadtplan** 2 B4.
(030) 218 50 23. S und U Zoologischer Garten oder U Kurfürstendamm.
100, 200, X9. **Kirche** *tägl. 9–19 Uhr.* **Gedenkhalle** *Mo–Sa 10–18, So 12–17.30 Uhr.*
So 10, 18 Uhr.
www.gedaechtniskirche.com

Turmruine
Der »hohle Zahn« – so der Spitzname der Berliner für dieses Bauwerk – ist eines der bekanntesten Wahrzeichen der Stadt.

★ Kaisermosaik
Das leuchtende Mosaik stellt Kaiser Heinrich I. auf seinem Thron dar.

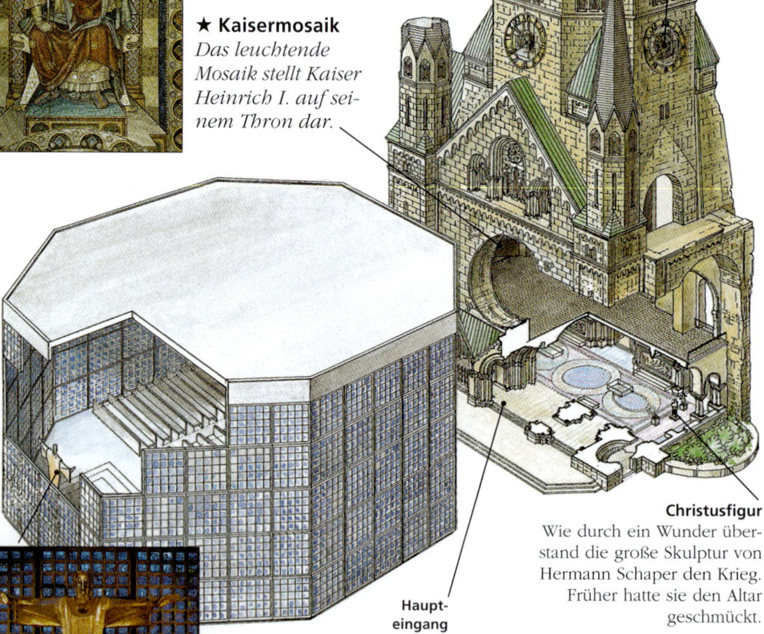

Christusfigur
Wie durch ein Wunder überstand die große Skulptur von Hermann Schaper den Krieg. Früher hatte sie den Altar geschmückt.

Hauptaltar
Der großformatige Christus ist eine Arbeit von Karl Hemmeter.

NICHT VERSÄUMEN

★ Kaisermosaik

Ku'damm ❷

Stadtplan 2 A5, 2 B4. U *Kurfürstendamm.* Bus *109, 110, X10, M19, M29, M46.*

Der östliche Teil von Charlottenburg um den Kurfürstendamm entwickelte sich im späten 19. Jahrhundert. Zwischen den 1920er Jahren und dem Zweiten Weltkrieg traf sich in den Cafés am Ku'damm alles, was in der Welt der Geschäftsleute, Literaten und Maler Rang und Namen hatte. Nach dem Zweiten Weltkrieg machte man Charlottenburg statt Berlin Mitte, das jetzt im Ostteil der Stadt lag, zum Zentrum Westberlins. Schnell entstanden moderne Gebäude. Bis heute gehört der Ku'damm mit seinen eleganten Läden und Cafés zu den beliebtesten Flaniermeilen Berlins.

***Mutter und Kind,* Kohlezeichnung von Käthe Kollwitz**

Käthe-Kollwitz-Museum ❸

Fasanenstraße 24. **Stadtplan** 2 A5. Tel. *(030) 882 52 10.* U *Uhlandstraße oder Kurfürstendamm.* Bus *109, 110, X10, M19, M29, 249.* Öffnungszeiten *tägl. 11–18 Uhr.* **www**.kaethe-kollwitz.de

Die kleine Privatsammlung bietet die Gelegenheit, sich mit dem Werk von Käthe Kollwitz (1867–1945) vertraut zu machen. Die in Königsberg geborene Künstlerin heiratete einen Arzt, der im Arbeiterbezirk Prenzlauer Berg praktizierte. Ihre Werke stellen alltägliche soziale Probleme und menschliche Tragödien dar. Das Museum stellt Druckgrafiken, Zeichnungen, Originalplakate, Skulpturen und persönliche Dokumente aus.

Tiergarten – die grüne Lunge der Stadt

Zoologischer Garten ❹

Hardenbergplatz 8 / Budapester Straße 34. **Stadtplan** 2 B3, C3, B4, C4. Tel. *(030) 25 40 10.* S *und* U *Zoologischer Garten.* Bus *M46, X9, X10, X34, 100, 109, 149, 200, 245, 249.* Öffnungszeiten *Mitte März–Mitte Sep: tägl. 9–19 Uhr; Mitte Sep–Okt: tägl. 9–18 Uhr; Nov–Mitte März: tägl. 9–17 Uhr.*

Der Zoologische Garten, offiziell »Zoo Berlin« genannt, ist Teil des Tiergartengeländes. Daher wird er leicht mit dem »Tierpark Berlin«, der sich im Osten der Stadt befindet, verwechselt. Der 1844 eröffnete Zoologische Garten zählt zu den ältesten Zoos in Deutschland.

Nicht versäumen sollte man auf dem 35 Hektar großen Gelände das Affenhaus mit der Gorillafamilie, das Nachttierhaus, das Flusspferdbecken und das Vogelhaus, eines der größten der Welt. Das Aquarium zeigt Haie, Piranhas sowie die Tierwelt der Korallenriffe und Flüsse. In einer riesigen Halle mit tropischen Pflanzen werden diverse Krokodilarten gehalten.

Westlich vom Zoologischen Garten an der Jebensstraße befindet sich das **Museum für Fotografie** mit Arbeiten des Berliners Helmut Newton.

Siegessäule am Großen Stern

Tiergarten ❺

Stadtplan 2 C3, 3 D3, E2, E3, F2, F3. S *Tiergarten oder Bellevue.* Bus *M41, 100, 123, 200.*

Das ehemalige kurfürstliche Jagdrevier mit 200 Hektar Fläche gestaltete Peter Joseph Lenné ab 1818 zum Landschaftspark um. Im Zweiten Weltkrieg erlitt der Tiergarten schwere Bombenschäden. Dank Wiederaufforstung ist er heute ein idyllisches Parkgelände mit Teichen, Wiesen und Wegen, die Statuen säumen. An den Ufern des Neuen Sees und des Landwehrkanals gemahnen Denkmäler zu Ehren von Rosa Luxemburg und Karl Liebknecht, die 1918 ermordeten Führer des Spartakusbundes. Die Straße des 17. Juni – 1695 angelegt, 1938 zur Aufmarschstraße ausgebaut – erhielt 1953 in Erinnerung an den Volksaufstand in der DDR ihren Namen.

Siegessäule ❻

Großer Stern. **Stadtplan** 3 D2. S *Bellevue.* U *Hansaplatz.* Bus *100, 187.* Öffnungszeiten *Apr–Okt: tägl. 9.30–18.30 Uhr (Sa, So bis 19 Uhr); Nov–März: tägl. 10–17 Uhr (Sa, So bis 17.30 Uhr).*

Die Siegessäule wurde nach einem Entwurf von Johann Heinrich Strack zum Gedenken an den Sieg im Preußisch-Dänischen Krieg (1864) bis 1873 errichtet. Nach den Siegen über Österreich (1866) und Frankreich (1871) krönte man die Säule mit einer vergoldeten Viktoria, im Volksmund »Goldelse« genannt. Ursprünglich stand die Säule vor dem Reichstagsgebäude, doch 1938 platzierten sie die Nationalsozialisten an ihrem jetzigen Standort. Den Granitsockel zieren Szenen aus Schlachten, weiter oben erinnert ein Glasmosaikfries von Anton von Werner an die Reichsgründung von 1871. Von der Aussichtsplattform (48 m) hat man einen guten Ausblick.

Stadtplan Berlin *siehe Seiten 114–119*

Die fesselnd schlichten Gebäude des Bauhaus-Archivs

Bauhaus-Archiv ❼

Klingelhöferstraße 14. **Stadtplan** 3 D4, E4. *(030) 254 00 20.* *Nollendorfplatz.* *100, 187, M29.* *Mi–Mo 10–17 Uhr.* **Bibliothek** *Mo–Fr 9–13 Uhr.*

Kaum eine Schule übte auf Architektur und Design des 20. Jahrhunderts größeren Einfluss aus als das Bauhaus. 1919 von Walter Gropius in Weimar gegründet, verlegte es 1925 seinen Sitz nach Dessau. Zu den Lehrern gehörten Ludwig Mies van der Rohe, Paul Klee, Wassily Kandinsky, Oskar Schlemmer und László Moholy-Nagy. 1932 zog die Schule nach Berlin, 1933 wurde sie geschlossen.

Nach dem Krieg hatte das Bauhaus-Archiv seinen Sitz in Darmstadt. 1971 zog es nach Berlin; es galt, einen von Walter Gropius 1964 konzipierten Entwurf für das Haus an den neuen Standort anzupassen. Mit der Umsetzung beauftragte man Alex Cvijanovic, der das weiße Haus mit seinen gläsernen Dachgiebeln 1976–79 realisierte. Heute beherbergt es Archiv, Bibliothek und Wechselausstellungen.

Bendlerblock (Gedenkstätte Deutscher Widerstand) ❽

Stauffenbergstraße 13–14. **Stadtplan** 3 E4, F4. *(030) 26 99 50 00.* *Mendelssohn-Bartholdy-Park.* *148, M29.* *Mo–Mi, Fr 9–18, Do 9–20, Sa, So 10–18 Uhr.* *1. Jan, 24., 25., 31. Dez.*

Im heute als Bendlerblock bekannten Komplex war ursprünglich das Reichsmarineamt (1911–14). Im Zweiten Weltkrieg dienten die Gebäude als Sitz des Oberkommandos der Wehrmacht. Dort plante auch eine Gruppe von Offizieren ihr Attentat auf Hitler. Nachdem der Anschlag am 20. Juli 1944 fehlgeschlagen war, wurden Oberst Graf von Stauffenberg als Anführer, General Olbricht, Oberst Mertz von Quirnheim und Oberleutnant von Haeften sofort verhaftet und im Hof des Bendlerblocks standrechtlich erschossen. Im Hof erinnert das 1953 von Richard Scheibe geschaffene Denkmal, ein gefesselter Jüngling, an diese Ereignisse. Im Obergeschoss dokumentiert eine Ausstellung den politischen Kampf und die vielfältigen Formen des deutschen Widerstands. 2009 wurde das Ehrenmal der Bundeswehr am Bendlerblock eingeweiht.

Gemäldegalerie ❾

Siehe S. 90f.

Kupferstichkabinett und Kunstbibliothek ❿

Matthäikirchplatz 8. **Stadtplan** 3 F3. *(030) 266 20 02.* *und* *Potsdamer Platz oder* *Mendelssohn-Bartholdy-Park.* *148, 100, 123, 200, M29, M41.* **Kupferstichkabinett: Ausstellungen** *Di–Fr 10–18, Sa, So 11–18 Uhr.* **Studiogalerie** *Di–Fr 9–16 Uhr.* **Kunstbibliothek: Ausstellungen** *Di–Fr 10–18, Sa, So 11–18 Uhr.* **Bibliothek** *Mo 14–20, Di–Fr 9–16 Uhr.*

Im Jahr 1994 wurden die Kupferstichsammlungen aus dem Ost- und dem Westteil der Stadt zusammengeführt. Gemeinsam umfassen sie über 520 000 Drucke und 80 000 Zeichnungen, u. a. von Dürer und Rembrandt.

Die **Kunstbibliothek** enthält rund 350 000 Publikationen über Kunst. Im Museumsteil findet man u. a. Sammlungen zu Buchkunst, Fotografie, Plakat- und Reklamekunst sowie anderen Formen des Gebrauchsdesigns.

Edvard Munchs *Mädchen am Meer* (1904) im Kupferstichkabinett

Neue Nationalgalerie ⓫

Potsdamer Straße 50. **Stadtplan** 3 F4. *(030) 266 26 51.* *und* *Potsdamer Platz oder* *Mendelssohn-Bartholdy-Park.* *148, 100, 123, 200, M29, M41.* *Di, Mi, Fr 10–18, Do 10–22, Sa, So 11–18 Uhr.*

Für die erlesene Sammlung moderner Kunst wurde nach dem Zweiten Weltkrieg ein neues Haus gebraucht. Aus diesem Grund erteilte man dem Großmeister der modernen Architektur, Ludwig Mies van der Rohe, den Auftrag zur Konzeption. Das Resultat ist ein beeindruckendes Gebäude mit einem Flachdach aus Stahl über einer verglasten Halle. Das Dach wird lediglich von acht schlanken Stützen getragen.

Die Sammlung umfasst europäische Malerei und Plastik des 20. Jahrhunderts von der klassischen Moderne bis zur Kunst der 1960er Jahre,

Karl Schmidt-Rottluffs *Bauernhof in Daugart* (1910), Neue Nationalgalerie

darunter Werke von Edvard Munch, Oskar Kokoschka, Otto Dix und George Grosz, v. a. aber von Malern des Kubismus, des Expressionismus, des Bauhauses und des Surrealismus.

Kunstgewerbemuseum ⓬

Tiergartenstraße 6. **Stadtplan** 3 F3. *(030) 266 29 02. S und U Potsdamer Platz. U Potsdamer Platz oder Mendelssohn-Bartholdy-Park. 100, 123, 148, 200, M29, M41. Di–Fr 10–18, Sa, So 11–18 Uhr.*

Hier ist europäisches Kunsthandwerk aller nachantiken Stilepochen ausgestellt. Stark vertreten sind Gold- und andere Schmiedearbeiten, vor allem aus dem Mittelalter. Zu den kostbarsten Schätzen gehören die Goldschmiedearbeiten aus dem Kirchenschatz von Enger bei Herford und der Welfenschatz von Braunschweig. Besonders stolz ist man auf die Sammlung von Silberschmiedearbeiten aus der Spätgotik und der Renaissance, zu der das Lüneburger Ratssilber gehört. Dazu kommen italienische Majoliken, deutsche, französische und italienische Glaskunst sowie kostbares Porzellan und Möbelstücke.

Philharmonie ⓭

Herbert-von-Karajan-Straße 1. **Stadtplan** 3 F3. *(030) 25 48 80. S und U Potsdamer Platz oder U Mendelssohn-Bartholdy-Park. 148, 129, M41.*

Die Spielstätte der Berliner Philharmoniker gehört zu den kühnsten Meisterstücken der europäischen Nachkriegsarchitektur. Die 1960–63 nach Plänen von Hans Scharoun erbaute Philharmonie sollte bahnbrechend für die Gestaltung von Konzertsälen sein. In der Mitte des fünfeckigen Saales ist das Orchesterpodium, darüber erheben sich Emporen für die Besucher. Das Dach erinnert an ein Zirkuszelt. Die Dachschäden des Brandes vom April 2008 wurden rasch behoben. Die Außenhaut aus golden schimmernden Kunststoffplatten erhielt der Bau erst in der Zeit von 1978 bis 1981.

1984–1988 fügte Edgar Wisniewski den Kammermusiksaal an. Er orientierte sich an den Entwürfen Scharouns. Der angegliederte Bau rundet das Ensemble ästhetisch ab, indem er die zeltähnliche Dachstruktur der Philharmonie aufnimmt.

Musikinstrumenten-Museum ⓮

Tiergartenstraße 1. **Stadtplan** 1 D5. *(030) 25 48 10. S und U Potsdamer Platz oder Mendelssohn-Bartholdy-Park. 200. Di, Mi, Fr 9–17, Do 9–22, Sa, So 10–17 Uhr.* **Wurlitzer-Orgel-Vorführungen** *Sa 12 Uhr.*

Hinter der Philharmonie steht dieses 1979–84 nach Plänen von Hans Scharoun und Edgar Wisniewski erbaute Museum mit einer faszinierenden Sammlung von mehr als 2500 z. T. spielbaren Instrumenten. Anschaulich wird die Entwicklung der einzelnen Instrumente vom 16. Jahrhundert bis heute vermittelt. Spektakulär ist eine Wurlitzer-Orgel aus der Stummfilmzeit, die bei Vorführungen ihr Repertoire demonstriert. Zum Museum gehören Bildarchiv und Bibliothek.

Die spektakuläre Fassade von Philharmonie und Kammermusiksaal

Gemäldegalerie ❾

Frau mit Flügelhaube von Rogier van der Weyden

Das Außergewöhnliche an dieser Gemäldegalerie ist die durchweg hohe Qualität der Bilder aus dem 13. bis 18. Jahrhundert. Schließlich wurden diese Stücke von Experten zusammengetragen, die seit dem Gründungsjahr der Galerie 1830 systematisch Beispiele aller großen europäischen Schulen aufkauften. Ursprünglich gehörten die Bilder zu den Beständen des Alten Museums *(siehe S. 75)*. 1904 wurden sie als eigenständige Sammlung ins Bode-Museum *(siehe S. 78)* verbracht. 1945, nach der Teilung Berlins, verblieb ein Teil im Bode-Museum, die meisten Bilder wurden in die Gemäldegalerie Berlin-Dahlem *(siehe S. 104)* überführt. Nach der Wiedervereinigung konnte man auch die Bestände aus dem Ost- und Westteil der Stadt zusammenführen.

★ Amor als Sieger (1602)
In Anlehnung an Omnia vincit Amor *von Vergil malte Caravaggio einen Liebesgott, der die Symbole von Kultur, Ruhm, Wissen und Macht mit Füßen tritt.*

Madonna mit dem Kind und singenden Engeln (um 1477)
Madonnenbilder zählten zu den Lieblingsmotiven von Sandro Botticelli. Hier ist die Muttergottes von Lilien tragenden Engeln umgeben.

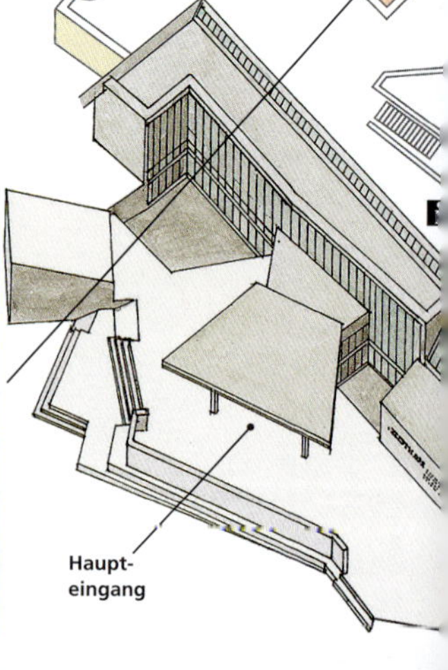

Eingangs-
rotunde

Geburt Christi (um 1480)
Das wundervolle Altarbild von Martin Schongauer ist eines der wenigen erhaltenen Beispiele seiner Kirchenbilder.

Bildnis des Hieronymus Holzschuher (1526)
Ein Porträt des Nürnberger Bürgermeisters und Freunds von Albrecht Dürer.

Das Glas Wein (um 1661/62)
Geschickt komponierte Jan Vermeer die Szene mit einer jungen Frau, die mit einem jungen Mann Wein trinkt. Damit spielt er dezent auf den Beginn einer Beziehung an.

INFOBOX

Kulturforum Potsdamer Platz, Matthäikirchplatz. **Stadtplan** 3 F3. *(030) 266 29 51. S und U Potsdamer Platz. U Mendelssohn-Bartholdy-Park. M29, M41, 200, 123. Di, Mi, Fr–So 10–18, Do 10–22 Uhr. Di nach Ostern und Pfingsten; 1. Mai, 24., 25., 31. Dez.*
www.smb.museum/gg/

Die französische Komödie
Das Gegenstück zu diesem Gemälde ist Die italienische Komödie, *beides Werke von Jean-Antoine Watteau (1684–1721).*

★ Bildnis der Hendrickje Stoffels (1656/57)
Beim Porträt seiner Geliebten Hendrickje Stoffels zeigt Rembrandt einmal mehr, wie stark er sich auf das Sujet konzentriert, ohne sich um den Hintergrund zu kümmern.

LEGENDE

- Deutsche Malerei, 13.–16. Jh.
- Niederländische und französische Malerei, 14.–16. Jh.
- Niederländische und französische Malerei, 17. Jh.
- Französische, englische und deutsche Malerei, 18. Jh.
- Italienische Malerei, 17./18. Jh., deutsche, französische und spanische Malerei, 17. Jh.
- Italienische Malerei, 13.–16. Jh.
- Miniaturen, 16.–18. Jh.
- Digitale Galerie

Kurzführer

Die mehr als 900 Meisterwerke in der Hauptgalerie sind nach Herkunftsland und Epoche geordnet. Ergänzt wird die Sammlung durch die etwa 400 Exponate der Studiengalerie im Sockelgeschoss und die digitale Galerie.

★ Niederländische Sprichwörter (1559)
Mehr als hundert Sprichwörter illustrierte Pieter Brueghel d.Ä. auf diesem Gemälde.

NICHT VERSÄUMEN

★ Amor als Sieger

★ Bildnis der Hendrickje Stoffels

★ Niederl. Sprichwörter

Stadtplan Berlin *siehe Seiten 114–119*

Potsdamer Platz ⓯

Innerhalb weniger Jahre entstand aus dem öden Niemandsland um den Potsdamer Platz ein neues Büro- und Geschäftsviertel. Die Gebäudeentwürfe stammen von so berühmten Architekten wie Renzo Piano, Arata Isozaki und Helmut Jahn. Neben vielen Bürogebäuden sind am Potsdamer Platz auch Kinos, ein Musicaltheater, ein großes Shopping-Zentrum (die Arkaden), Hotels und Restaurants sowie einige Bars und Cafés entstanden.

Der Sony Tower, *erbaut nach Plänen von Helmut Jahn, zählt zu den architektonisch spektakulärsten Gebäuden an dem spannenden Platz.*

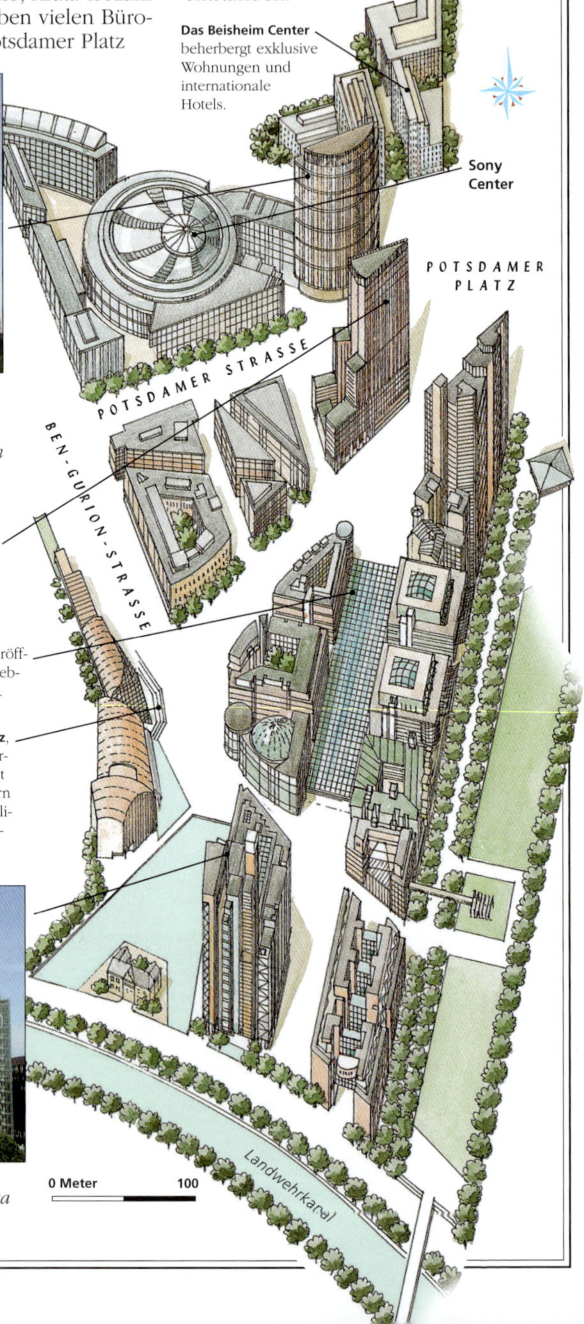

Dieses Bürogebäude von Kollhoff & Timmermann ist das höchste am Potsdamer Platz.

Die Arkaden, im Herbst 1998 eröffnet, entwickelten sich zur beliebtesten Einkaufsmeile der Stadt.

Das Theater am Potsdamer Platz, ein Werk des italienischen Star-Architekten Renzo Piano, zählt zu den größten Musicaltheatern Europas. Auch Events der Berlinale und der Berliner Filmfestspiele finden hier statt.

Das Gebäude der Berliner Volksbank *wurde von Arata Isozaki entworfen.*

Reichstagsgebäude mit der von Sir Norman Foster entworfenen Kuppel

Reichstagsgebäude ⑯

Platz der Republik. **Stadtplan** 1 E4, 4 A1, A2. *(030) 22 73 21 52.* *Bundestag.* *Brandenburger Tor.* *100, 123.* **Kuppel** *tägl. 8–24 Uhr, letzter Einlass 22 Uhr. Teilnahme an Plenarsitzungen nach schriftlicher Anmeldung: Deutscher Bundestag, Besucherdienst, 11011 Berlin.*

Das zwischen 1884 und 1894 errichtete Reichstagsgebäude sollte ein Symbol der Macht des 1871 gegründeten Deutschen Reichs werden. Der von Paul Wallot gestaltete Bau (137 m lang, 97 m breit) wurde im Stil der italienischen Renaissance errichtet.

Während des Ersten Weltkriegs fügte man die Inschrift »Dem deutschen Volke« hinzu. 1918 rief Philipp Scheidemann von hier die Deutsche Republik aus. In der Nacht vom 27. auf den 28. Februar 1933 wurde die Haupthalle durch einen Brand zerstört. Man beschuldigte die Kommunisten der Brandstiftung, um dann ihre Verfolgung zu betreiben. Auf dem durch Bomben stark beschädigten Reichstagsgebäude hissten am 30. April 1945 die sowjetischen Soldaten die Fahne der UdSSR.

Beim Wiederaufbau 1957–72 verzichtete man auf die Rekonstruktion der Kuppel. Als Hintergrund für Festivals und Rockkonzerte stand das Reichstagsgebäude im öffentlichen Blickpunkt.

Am 4. Oktober 1990 fand hier die erste Sitzung des gesamtdeutschen Bundestags statt. Im Sommer 1995 ließ der Künstler Christo das Gebäude mit Stoffbahnen verhüllen. Die jüngste Restaurierung wurde nach einem Entwurf von Sir Norman Foster durchgeführt. Die erste Sitzung des Bundestags danach fand am 19. April 1999 statt.

Hamburger Bahnhof ⑰

Invalidenstraße 50/51. **Stadtplan** 1 D1, B2. *(030) 39 78 34 12.* *Naturkundemuseum.* *Hauptbahnhof.* *MH1, TXL, 120, 123, 147, 240, 245.* *M6, M8, 12.* *Di–Fr 10–18, Sa 11–20, So 11–18 Uhr.* *24. u. 31. Dez.*

Im ehemaligen Hamburger Bahnhof, einem von Josef Paul Kleihues restaurierten klassizistischen Bau von 1847, ist seit 1996 das Museum für Gegenwart untergebracht. Die Neoninstallationen um die Fassade schuf Dan Flavin. Das Museum zeigt die Sammlung von Erich Marx, die Werke u.a. von Andy Warhol, Cy Twombly, Robert Rauschenberg, Roy Lichtenstein, Anselm Kiefer und Joseph Beuys umfasst. 2004 kam die berühmte Flick Collection mit ungefähr 2000 Werken dazu. Das Haus widmet sich darüber hinaus Medien, Musik und Design und präsentiert Wechselausstellungen.

***Jeff und Ilona* (1991), Hamburger Bahnhof**

Museum für Naturkunde ⑱

Invalidenstraße 43. **Stadtplan** 1 E2. *(030) 20 93 85 91.* *Naturkundemuseum.* *147, 200, 245.* *M6.* *Di–Fr 9.30–17, Sa, So 10–18 Uhr.*

Mit über 60 Millionen Exponaten ist dieses Naturkundemuseum eines der größten der Welt. Es ist in einem 1883–89 erbauten Neorenaissance-Gebäude untergebracht. Auf mehr als 6000 Quadratmeter Ausstellungsfläche wird ein Gesamteindruck von der Entwicklung des Lebens und der Vielfalt der Natur vermittelt.

Das Glanzstück des Hauses ist das weltweit größte Skelett eines Dinosauriers im verglasten Innenhof. Den 23 Meter langen und zwölf Meter hohen Koloss fand eine deutsche Expedition 1909 in Tansania. Ausgestellt sind auch 30 Saurierskelette aller bedeutenden Sauriergruppen sowie ein Exemplar des Urvogels Archaeopteryx lithographica.

Besonders beliebt sind die Dioramen: Schaustücke, die man vor der Nachbildung ihres natürlichen Lebensraums in Szene gesetzt hat. Hoch in der Gunst der kleinen Besucher steht der Gorilla Bobby, der 1928–35 im Berliner Zoo lebte. Ausgestellt sind auch Mineralien und Meteoriten.

Skelett eines Brachiosaurus im Museum für Naturkunde

Stadtplan Berlin *siehe Seiten 114–119*

Abstecher

Berlin ist sehr groß und infolge seiner Geschichte einmalig. Bis 1920 bestand es nur aus den Bezirken, die heute im Wesentlichen Mitte, Tiergarten, Wedding, Prenzlauer Berg, Friedrichshain und Kreuzberg bilden, und war von Satellitenstädten und Dörfern umgeben, die jahrelang eine eigene Entwicklung durchgemacht hatten.

Im Zuge von Verwaltungsreformen wurden 1920 acht der Satellitenstädte zusammen mit 59 Landgemeinden und 27 Gutsbezirken eingemeindet.

Detail am Schloss Charlottenburg

Durch diese Reform entstand auf etwa 900 Quadratkilometern eine völlig neue Stadt mit einer auf gut 3,8 Millionen angewachsenen Bevölkerung. So erhielten auch kleine, im Mittelalter gegründete Städte wie Spandau Hauptstadtcharakter. Wohnsiedlungen in Vororten mit Luxusvillen kamen dazu.

Obwohl auch diese Gebiete ihr Gesicht verändert haben, konnten viele Bezirke ihren eigenen Charakter wahren. Es ist, als lerne man bei einem Aufenthalt in Berlin gleich mehrere Städte kennen.

Sehenswürdigkeiten auf einen Blick

Museen und Sammlungen

Anne Frank Zentrum 13
Brecht-Weigel-Gedenkstätte 12
Bröhan-Museum 1
Brücke-Museum 25
Gedenkstätte Berlin-Hohenschönhausen 16
Gedenkstätte Plötzensee 9
Museum für Vor- und Frühgeschichte 4
Museumszentrum Dahlem 23
Sammlung Berggruen 2
Stasi-Museum 17

Interessante Stätten

Flughafen Tempelhof 20
Glienicke 29
Köpenick 18
Nikolskoe 28
Olympiastadion 7
Pfaueninsel 27
Prenzlauer Berg 14
Strandbad Wannsee 26

Straßen, Plätze und Parks

Karl-Marx-Allee 15
Schlosspark 3
Treptower Park 19
Viktoriapark 21

Historische Gebäude und Monumente

Jagdschloss Grunewald 24
Messegelände 6
Neue Synagoge 11
Rathaus Schöneberg 22
Schloss Charlottenburg S. 98f 5
Schloss Tegel 10
Spandau 8

LEGENDE

- Berlin Zentrum
- Großraum Berlin
- Internationaler Flughafen
- Autobahn
- Bundesstraße
- Hauptstraße
- Eisenbahn

0 Meter 400

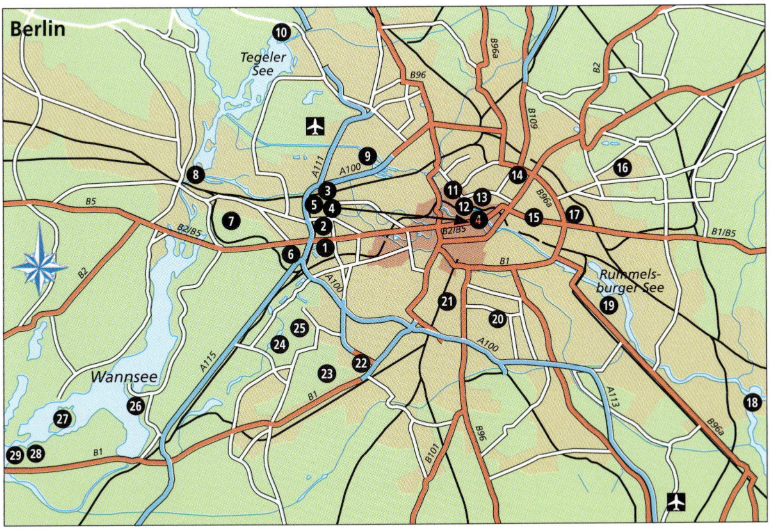

◁ **Schloss Charlottenburg** ***(siehe S. 98f)***

Picassos *Kopf einer Frau mit buntem Hut* (1939), Sammlung Berggruen

Bröhan-Museum ❶

Schlossstraße 1a. *(030) 32 69 06 00. U Richard-Wagner-Platz und Sophie-Charlotte-Platz. S Westend. 109, 145, 309. Di–So 10–18 Uhr. (1. Mi im Monat frei.)*

Eine Kaserne von 1893 im Stil des späten Klassizismus beherbergt ein kleines, aber interessantes Museum. Die Sammlung hat Karl H. Bröhan, der seit 1966 Kunsthandwerk und Bildende Kunst des Jugendstils, Art déco und Funktionalismus erwarb, zusammengetragen. Neben Gemälden und Grafiken von Künstlern der Berliner Sezession sind hier auch Möbel, Keramiken, Porzellan, Glaserzeugnisse, Silber- und Metallarbeiten sowie Textilien zu besichtigen.

Die Kunstobjekte werden als Raumensembles präsentiert. Gezeigt werden u.a. Möbel von Hector Guimard, Eugène Gaillard, Louis Majorelle und Peter Behrens, Glasarbeiten von Émile Gallé und Porzellan aus renommierten Fertigungsstätten Europas. Henri van de Velde und Joseph Hoffmann ist jeweils ein eigener Raum gewidmet.

Sammlung Berggruen ❷

Schlossstraße 1. *(030) 326 95 80. U Richard-Wagner-Platz und Sophie-Charlotte-Platz. S Westend. 145, 309. Di–So 10–18 Uhr. (Do 16–18 Uhr frei.)*

Die sehr geschmackvolle Sammlung von Gemälden, Skulpturen und Arbeiten auf Papier vom Ende des 19. und aus der ersten Hälfte des 20. Jahrhunderts trug der Kunsthändler Heinz Berggruen zusammen. Der in Berlin geborene und aufgewachsene Berggruen emigrierte 1936 in die USA und verbrachte lange Zeit in Paris, stellte jedoch schließlich seine Sammlung seiner Vaterstadt zur Verfügung. Seit 1996 ist die ständig erweiterte Sammlung im westlichen Stüler-Bau gegenüber dem Schloss Charlottenburg untergebracht.

Besonders bekannt ist die Sammlung mit dem Titel »Picasso und seine Zeit« wegen der über 70 Zeichnungen und Gouachen von Picasso. Sie zeigt sein Schaffen in all seinen Facetten. Außerdem enthält sie über 20 Arbeiten von Paul Klee aus den Jahren 1917–40, Bilder von Künstlern wie Vincent van Gogh, Georges Braque und Paul Cézanne sowie Skulpturen von Henri Laurens und Alberto Giacometti.

Schlosspark ❸

Luisenplatz (Schloss Charlottenburg). *U Richard-Wagner-Platz und Sophie-Charlotte-Platz. S Westend. 109, 145, 309.*
Neuer Pavillon *(030) 32 09 14 43. wegen Umgestaltung.*
Mausoleum *(030) 32 09 14 46. Apr–Okt: Di–So 10–18 Uhr; Nov–März: Di–So 12–16 Uhr.*
Belvedere *(030) 32 09 14 45. Apr–Okt: Di–So 10–18 Uhr; Nov–März: Di–So 12–16 Uhr.*

In diesem Park am Schloss Charlottenburg mit seinen leicht geschwungenen Kieswegen gehen die Berliner gern spazieren. Er ist weitgehend das Ergebnis von Wiederaufbauarbeiten nach dem Zweiten Weltkrieg. Gleich hinter dem Schloss liegt ein im französischen Stil

Der im französischen Stil angelegte Garten im Schlosspark

Hotels und Restaurants in Berlin *siehe Seiten 488–490 und Seiten 526–528*

gestalteter Barockgarten mit Blumenbeeten, sorgfältig beschnittenen Sträuchern und Springbrunnen mit Nachbildungen antiker Skulpturen. Im nördlichen Teil befindet sich hinter dem Karpfenteich ein Landschaftsgarten im englischen Stil, dessen ursprüngliche Gestaltung Anfang des 19. Jahrhunderts durch den Landschaftsarchitekten Peter Joseph Lenné erfolgte.

Von Karl Friedrich Schinkel wurde 1825 der klassizistische **Neue Pavillon** erbaut, ein zweigeschossiger Kubus mit zentralem Treppenhaus. In den Räumen sind Skulpturen, Gemälde, Möbel und Porzellan aus der Schinkel-Zeit zu sehen.

Im **Mausoleum** wurde Königin Luise, die Gemahlin von König Friedrich Wilhelm III., zur letzten Ruhe gebettet. Geschaffen haben es Karl Friedrich Schinkel und Heinrich Gentz im Stil eines dorischen Tempels mit Portikus. 1840, nach dem Tod von Friedrich Wilhelm III., wurde das Mausoleum für sein von Ludwig Ferdinand Hesse geschaffenes Grabdenkmal erweitert. Die zweite Gattin des Königs fand ihre letzte Ruhe ebenso im Mausoleum wie Kaiser Wilhelm I. und seine Gemahlin.

Als Sommerhaus für Friedrich Wilhelm II. wurde das dreistöckige **Belvedere** geschaffen. Heute berherbergt es eine große Sammlung Berliner Porzellane aus dem 18. und 19. Jahrhundert.

Museum für Vor- und Frühgeschichte ❹

Bodestraße 1–3. **Stadtplan** 5 D1. Ⓢ *Hackescher Markt oder* Ⓢ *und* Ⓤ *Friedrichstraße.* 🚌 *100, 147, 148, 200, TXL.* ◯ *Di–So 10–18 Uhr (Do bis 22 Uhr).*

Der klassizistische Pavillon, ein Design von Carl Gotthard Langhans, der 1787–91 an den Orangerie-Flügel von Schloss Charlottenburg *(siehe S. 98f)* angebaut wurde, diente ursprünglich als Hoftheater. Anschließend beherbergte er lange Zeit ein Museum, das Kulturen und Zivilisationen von der Steinzeit bis zum Mittelalter dokumentiert. Seit Oktober 2009 ist dieses im Neuen Museum *(siehe S. 75)* auf der Museumsinsel untergebracht.

Schloss Charlottenburg ❺

Siehe S. 98f.

Der Funkturm auf dem Berliner Messegelände

Messegelände ❻

Hammarskjöldplatz. Ⓢ *Messe Nord/ICC.* Ⓤ *Kaiserdamm.* 🚌 *104, 149, 218, 349, X34, X49.*

Mit dem nahe gelegenen, im Jahr 1979 eröffneten, futuristisch anmutenden Gebäude des Internationalen Congress Centrums umfasst das Messegelände ungefähr 390 000 Quadratmeter für Ausstellungen und Messen. Viele Veranstaltungen, darunter die Grüne Woche, gehören zu den größten in Europa.

Schon vor dem Ersten Weltkrieg standen hier Ausstellungshallen. Der Funkturm (138 m) wurde 1924–26 erbaut. Auf 125 Meter Höhe befindet sich eine Aussichtsplattform. Die 1921 erbaute Avus hinter den Hallen war Deutschlands erste Autorennstrecke und ist heute Teil des Berliner Stadtautobahnnetzes.

Olympiastadion ❼

Olympischer Platz. ☎ *(030) 30 68 81 00.* Ⓢ *und* Ⓤ *Olympiastadion.* ◯ *Ende März–Mai: tägl. 9–19 Uhr; Juni–Mitte Sep: tägl. 9–20 Uhr; Mitte Sep–Okt: tägl. 9–19 Uhr; Nov–Ende März: tägl. 9–16 Uhr.* ♿ **www**.olympiastadion-berlin.de

Das ursprünglich als Reichssportfeld bekannte Olympiastadion entstand anlässlich der XI. Olympischen Spiele von 1936 für 100 000 (heute 75 000) Zuschauer. Werner March entwarf es im Stil der Monumentalarchitektur des NS-Regimes. Nach den Olympischen Spielen war es Kulisse für Hitlers propagandistische Auftritte.

2000–04 modernisierte der führende deutsche Architekt Meinhard von Gerkan das Stadion, das sich nun mit geschwungenem, beleuchtetem Dach und modernster Hightech-Ausstattung präsentiert. Hier fand das Endspiel der Fußball-WM 2006 statt. Auf Führungen sieht man u. a. die VIP-Bereiche und Umkleideräume.

Das modernisierte Olympiastadion mit blauer Tartanbahn

Schloss Charlottenburg ❺

Verzierung am Haupttor

Das Charlottenburger Schloss war als Sommerresidenz für Sophie Charlotte, Gemahlin des Kurfürsten Friedrich III., gedacht. Der Bau begann 1695 nach einem Entwurf von Johann Arnold Nering. 1702–13 erweiterte es Eosander Göthe um Kuppelturm, Ehrenhof und Orangerie. Weitere Anbauten ließ Friedrich der Große zwischen 1740 und 1791 vornehmen, Georg Wenzeslaus von Knobelsdorff entwarf den Neuen Flügel. Nach dem Zweiten Weltkrieg wurde das Schloss in einstiger Pracht wiederhergestellt, seine reichen Interieurs sind einmalig in Berlin.

Kurzführer

Das Erdgeschoss des Hauptgebäudes kann nur im Rahmen einer Führung besucht werden. Das Obergeschoss und den Neuen Flügel kann man ohne Führung besichtigen.

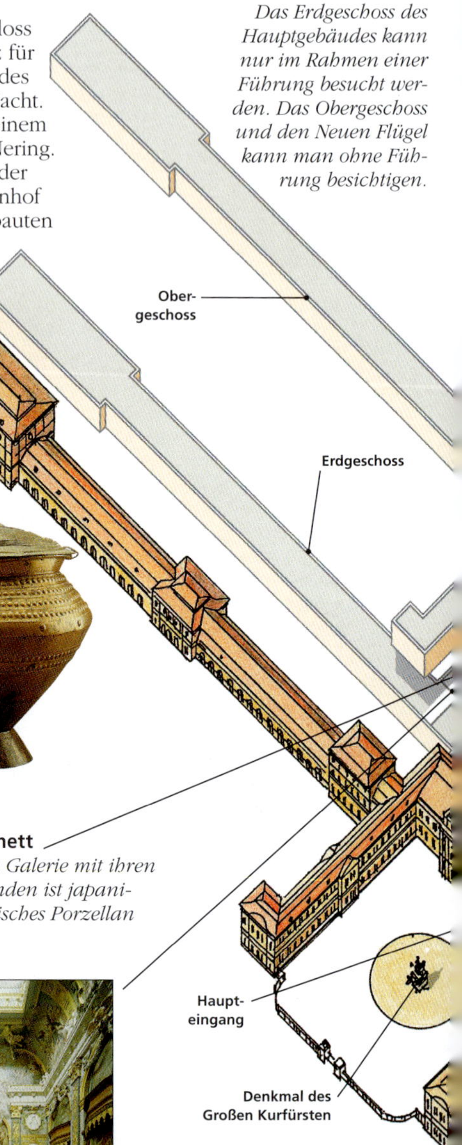

Museum für Vor- und Frühgeschichte

Bis Oktober 2009 war dieses Museum im früheren Hoftheater, entworfen von Carl Gotthard Langhans, untergebracht.

★ Porzellankabinett

In der prächtigen Galerie mit ihren verspiegelten Wänden ist japanisches und chinesisches Porzellan ausgestellt.

Schlosskapelle

Nur die Kanzel ist hier im Original erhalten. Alles Übrige – Möbel und Ausstattungen, darunter auch die prunkvolle Königsloge – sind Nachbildungen.

Fassade

Der von Johann Arnold Nering errichtete Mittelteil des Schlosses ist der älteste des Gebäudes.

Fortuna
Statt der während des Zweiten Weltkriegs zerstörten Skulptur krönt eine neue von Richard Scheibe das Schloss.

INFOBOX

Luisenplatz. **Altes Schloss (Nering-Eosander-Bau)** *(030) 32 09 11.* *Richard-Wagner-Platz und Sophie-Charlotte-Platz.* *Westend.* *109, 145, 309.* *Apr–Okt: Di–So 10–18 Uhr; Nov–März: Di–So 10–17 Uhr.* *(Erdgeschoss nur mit Führung.)* **Neuer Flügel (Knobelsdorff-Flügel)** *(030) 32 09 14 42.* *Apr–Okt: Mi–Mo 10–18 Uhr; Nov–März: Mi–Mo 10–17 Uhr.* **www**.spsg.de

Ahnengalerie
Die lange Galerie mit ihren großen Ölgemälden und ihrer Eichenverschalung wurde 1713 fertiggestellt.

LEGENDE

- Offizielle Empfangsräume
- Räume von Sophie Charlotte
- Neuer Flügel od. Knobelsdorff-Flügel (Ausstellungsfläche)
- Räume von Friedrich Wilhelm II.
- Mecklenburgische Gemächer
- Räume von Friedrich Wilhelm IV.
- Knobelsdorff-Flügel
- Räume Friedrichs des Großen
- Keine Ausstellungsfläche

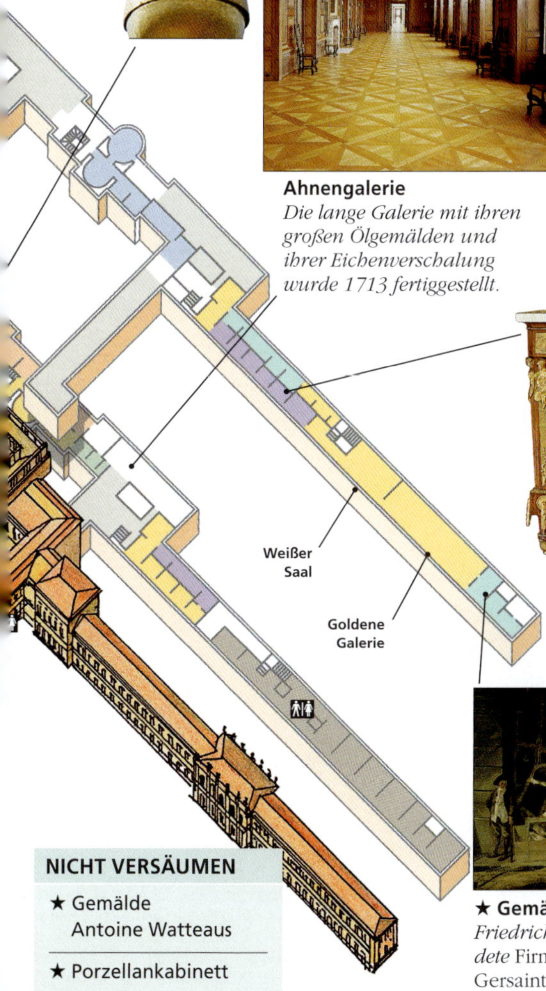

Räume Friedrichs des Großen
Im Neuen Flügel kann man die Ausstattung der eleganten Privaträume bewundern.

★ Gemälde Antoine Watteaus
Friedrich der Große kaufte das abgebildete Firmenschild für den Kunsthändler Gersaint *(1720) und sieben weitere Watteau-Gemälde für seine Sammlung.*

NICHT VERSÄUMEN

- ★ Gemälde Antoine Watteaus
- ★ Porzellankabinett

Wappen der Hohenzollern über dem Haupttor der Zitadelle Spandau

Spandau ❽

Zitadelle Spandau Am Juliusturm. *(030) 354 94 40.* *Altstadt Spandau oder Zitadelle.* *X33.* *tägl. 10–17 Uhr.* **www**.zitadelle-spandau.de

Spandau gehört zu den ältesten Stadtteilen Berlins und konnte sein charakteristisches Stadtbild über die Jahrhunderte hinweg bewahren. Urkundlich bezeugt ist eine erste Besiedlung im 9. Jahrhundert, aber erst 1232 erhielt Spandau das Stadtrecht. Trotz der starken Zerstörungen im Zweiten Weltkrieg gibt es viel Interessantes zu besichtigen.

Das Herz der Stadt bildet ein Netz von Straßen und Gassen mit einem idyllisch gelegenen Marktplatz und zahlreichen meist renovierten Fachwerkhäusern. In der Stadtmitte befindet sich am Reformationsplatz die gotische Nikolaikirche aus der ersten Hälfte des 15. Jahrhunderts, die eine der ältesten Stadtkirchen Berlins ist. Sie hat einen steinernen Renaissance-Altar aus dem späten 16. Jahrhundert, eine Barockkanzel aus einem Potsdamer Schloss, geschaffen um 1700, einen Taufstein aus dem Jahr 1398 und Grabinschriften.

Seit dem 11. Jahrhundert stand auf dem Gelände der heutigen Zitadelle eine slawische Burg. Geblieben sind davon noch der 30 Meter hohe Juliusturm mit dem von Schinkel gestalteten Zinnenkranz (1838) und der Palas. 1560 begann der Ausbau der Burg zu einem frühitalienischen Festungswerk unter Francesco Chiaramella di Gandino und Christian Römer. Vollendet wurde die Zitadelle von Rochus Guerrini Graf zu Lynar 1578–94. Bis 1876 diente sie auch als Gefängnis. Das Zeughaus beherbergt heute das Stadtgeschichtliche Museum Spandau, im Kommandantenhaus wechselt die ständige Ausstellung zur Geschichte der Burg und der Zitadelle mit anderen Ausstellungen.

Gedenkstätte Plötzensee ❾

Hüttigpfad. *(030) 344 32 26.* *Jakob-Kaiser-Platz, dann* *123.* *März–Okt: tägl. 9–17 Uhr; Nov–Feb: tägl. 9–16 Uhr.*

Eine schmale Straße führt vom Saatwinkler Damm dorthin, wo fast 3000 Menschen aus dem In- und Ausland zwischen 1933 und 1945 wegen sogenannter Verbrechen gegen das Dritte Reich zum Tod durch den Strang oder das Fallbeil verurteilt und hingerichtet wurden.

Gedenkstätte für die Opfer der Konzentrationslager, Plötzensee

Die Gedenkstätte ist eine schlichte Ziegelbaracke. Der Raum, in dem noch die eisernen Haken zu sehen sind, an denen die Opfer erhängt wurden, ist heute Gedenkraum. Auch Helmuth James Graf von Moltke, ein führender Vertreter der deutschen Widerstandsbewegung, wurde hier hingerichtet. Er hatte den Kreisauer Kreis organisiert, eine politische Bewegung, in der sich eine oppositionelle Gruppe gegen Hitler zusammengeschlossen hatte.

Im Raum daneben wird die Praxis der nationalsozialistischen Justiz dokumentiert.

Schloss Tegel ❿

Adelheidallee 19–21. *(030) 434 31 56.* *Alt-Tegel.* *124, 125, 133, 222.* *(obligatorisch) Mai–Sep: tägl. 10, 11, 15, 16 Uhr.*

Schloss Tegel gehört zu den interessantesten Schlössern Berlins. Im 16. Jahrhundert befand sich dort ein Herrenhaus, das später vom Großen Kurfürsten Friedrich Wilhelm als Jagdschloss genutzt wurde. 1766 kauften die von Humboldts das Grundstück. Wilhelm und Alexander von Humboldt wuchsen hier auf.

Zwischen 1820 und 1824 gestaltete Karl Friedrich Schinkel das Schloss durchgreifend um. Genauso sieht es heute noch aus. Geflieste Basreliefs schmücken die Fassadenaufrisse im Obergeschoss der Türme. Sie wurden von Christian Daniel Rauch entworfen und stellen antike Windgötter dar. Einige der von Schinkel gestalteten prachtvollen Interieurs sind noch erhalten, ebenso wie Originale und Repliken der einst großen Sammlung antiker Skulpturen. Das Schloss gehört heute noch Nachfahren der von Humboldts. Montags sind im Sommer Besichtigungen mit Führung möglich.

Auch der Park lohnt einen Besuch. An seiner Westgrenze liegt das von Schinkel entworfene Familiengrab der von

Klassizistische Fassade von Schloss Tegel

Humboldts mit der Kopie der 1818 von dem Bildhauer Bertel Thorvaldsen geschaffenen Statue der *Spes* (Hoffnung).

Neue Synagoge mit der prächtigen rekonstruierten Kuppel

Neue Synagoge ⓫

Oranienburger Straße 30. (030) 880 28 300. Ⓢ *Oranienburger Straße.* *M6, M12.* *tägl.*

Die Neue Synagoge erbaute Eduard Knoblauch 1859–66. Der Entwurf stellte eine geniale Lösung für ein asymmetrisches Grundstück dar. Die schmale Fassade wurde von zwei Türmen flankiert und von einer mächtigen vergoldeten Kuppel über der runden Vorhalle bekrönt.

Mit der kühnen Stahlkonstruktion der Emporen und des Daches war die Synagoge, die größte Deutschlands, eine Glanzleistung damaliger Ingenieurkunst. 1943 wurde sie durch Bomben stark beschädigt. Der Hauptraum wurde 1958 abgerissen, es blieben nur die Türme an der Straße. 1988 begann man mit dem Wiederaufbau, 1995 wurde die Synagoge schließlich neu eingeweiht. Ein Teil des Fassadentrakts beherbergt das **Centrum Judaicum**.

Brecht-Weigel-Gedenkstätte ⓬

Chausseestraße 125. (030) 200 57 18 44. *Zinnowitzer Straße oder Oranienburger Tor.* *340.* *M6, M12.* *obligatorisch (alle 30 Min., So stündl.), Di, Sa 10–15.30, Mi, Fr 10–11.30, Do 10–18.30, So 11–18 Uhr.* *Feiertage.*

Bertolt Brecht lebte von 1924 bis zur Emigration 1933 in Berlin. Seine politische Einstellung machte ihn für die Regierung des jungen sozialistischen Deutschland attraktiv. Wegen des Versprechens, ein Theater führen zu können, kam er 1948 mit seiner Frau, der Schauspielerin Helene Weigel, zurück.

1953 zog Brecht in die erste Etage dieses Hauses, in der er bis zu seinem Tod 1956 lebte und sich auf die Inszenierung eigener Stücke konzentrierte. Helene Weigel gründete nach seinem Tod im zweiten Stock ein Brecht-Archiv.

Arbeitszimmer in Bertolt Brechts ehemaliger Wohnung

Anne Frank Zentrum ⓭

Rosenthaler Straße 39. *(030) 288 86 56 00.* *Weinmeisterstraße.* Ⓢ *Hackescher Markt.* *Di–So 10–18 Uhr.* **www**.annefrank.de

Dem Leben des für sein Tagebuch bekannten jüdischen Mädchens Anne Frank widmet sich diese interaktive Ausstellung. In mehreren Hörstationen und Kurzfilmen kommen Berliner Jugendliche zu Wort, die sich zu brisanten Themen wie Diskriminierung, Antisemitismus und Fremdenfeindlichkeit äußern.

Prenzlauer Berg ⓮

Ⓢ *Senefelderplatz oder Eberswalder Straße.* *M1, M2.*

Ende des 19. Jahrhunderts war der Bezirk einer der ärmsten Berlins. Nach 1989 übernahm er die Rolle, die Kreuzberg einst gespielt hatte. Künstler und Studenten leben hier und schaffen eine überaus lebendige Atmosphäre.

Das Zentrum von Prenzlauer Berg liegt rund um den Kollwitzplatz. In der ehemaligen Schultheiss-Brauerei an der Knaackstraße befindet sich heute die **KulturBrauerei**. Zum Unterhaltungsangebot des 25 000 m² großen Areals zählen neben einer Vielzahl von Veranstaltungen, wie Konzerten, Festivals und Theateraufführungen, auch ein Kino und die Künstlermärkte. Eine schöne Palette an Bars, Clubs und Restaurants rundet das Angebot ab.

Von der Sredzkistraße aus gelangt man zur Husemannstraße. Im Haus Nr. 12 befand sich das frühere Museum Berliner Arbeiterleben, dessen Bestände jetzt im Märkischen Museum *(siehe S. 80)* sind.

An der Belforter Straße steht ein denkmalgeschützter **Wasserturm** aus dem 19. Jahrhundert. An der Schönhauser Allee 23–25 ist der zweitälteste **jüdische Friedhof** (1827) Berlins. Hier wurden u. a. der Komponist Giacomo Meyerbeer und der Maler Max Liebermann beigesetzt.

Wandfries im Stil des sozialistischen Realismus an der Karl-Marx-Allee

Karl-Marx-Allee ⓯

Stadtplan 5 F1. *Strausberger Platz oder Weberwiese.* *240.*

Der Abschnitt der Karl-Marx-Allee zwischen Strausberger Platz und Frankfurter Tor ist wie ein Freilichtmuseum der Architektur des sozialistischen Realismus. Die in den Osten führende Straße bekam 1949 den Namen Stalinallee und sollte die Paradestraße der DDR werden. Sie wurde auf 90 Meter verbreitert, zwischen 1952 und 1959 entstanden sieben- bis neunstöckige Wohnblocks mit einer Reihe Läden. Die Stadtplaner wollten drei Prinzipien architektonischer Gestaltung miteinander verbinden. Nach dem Motto »National in der Form, sozialistisch im Inhalt« benutzten sie die in der Sowjetunion auch als Zuckerbäckerstil bekannte Bauweise und knüpften zugleich an Berlins eigene Traditionen an. So findet man sowohl von Schinkel und Gontard als auch vom Meissener Porzellan entlehnte Motive.

Die Gebäude auf der 1961 in Karl-Marx-Allee umbenannten Straße gelten heute als historische Denkmäler.

Gedenkstätte Berlin-Hohenschönhausen ⓰

Genslerstraße 66. *(030) 98 60 82 30.* *Landsberger Allee, dann* *M5, M6.* *256.* *tägl. 9–16 Uhr (Gruppen), So 14 Uhr (allgemein).*

Das Museum entstand 1995 im ehemaligen Stasi-Gefängnis, das Teil eines riesigen, 1938 erbauten Komplexes war. Im Mai 1945 richtete die sowjetische Besatzungsmacht hier ein Durchgangslager für Kriegsverbrecher ein, die nach Sibirien gebracht wurden. Bald kamen auch politisch Verdächtige hierher. Über 20 000 Menschen wurden in diesem Gefängnis festgehalten. Ab 1946 richtete der russische Geheimdienst KGB eine Haftanstalt ein, die er 1951 der Stasi übergab.

Während der Führung kann man die Arrestzellen und Verhörräume sehen, von denen zwei keine Fenster haben und mit Gummi ausgekleidet sind. In den Kellern befanden sich als »U-Boot« bezeichnete Zellen ohne Tageslicht.

Forschungs- und Gedenkstätte Normannenstraße (Stasi-Museum) ⓱

Ruschestraße 103 (Haus 1). *(030) 553 68 54.* *Magdalenenstraße.* *Mo–Fr 11–18, Sa, So 14–18 Uhr.* **www**.stasimuseum.de

Zu DDR-Zeiten befand sich in dem riesigen Gebäudekomplex an der Ruschestraße das Innenministerium, in dem die berüchtigte Stasi ihre Zentrale hatte. Die »Leistungen« der Stasi bei der flächendeckenden Bespitzelung ihrer eigenen Bürger waren einmalig im Ostblock.

Büro des ehemaligen Stasi-Chefs Erich Mielke im Stasi-Museum

Seit 1990 ist in einem der Gebäude ein Museum mit Fotografien und Dokumenten über die Tätigkeit der Staatssicherheit untergebracht. Zu besichtigen sind ein Modell der Zentrale sowie Gerätschaften zum Abhören und Bespitzeln von Bürgern, die im Verdacht standen, negativ zum Regime eingestellt zu sein. Auch die Amts- und Arbeitszimmer des Stasi-Chefs Erich Mielke sind zu sehen.

Köpenick ⓲

Spindlersfeld, dann *167, oder* *Köpenick, dann* *164, 167.* *27, 60, 61, 62, 68.* **Kunstgewerbemuseum** Schloss Köpenick, Schlossinsel. *(030) 266 29 02.* *Di–Fr 10–18, Sa, So 11–18 Uhr.*

Köpenick ist viel älter als Berlin. Bereits im 9. Jahrhundert befand sich hier die Siedlung Copnic. Um 1240 wurde eine Burg gebaut, nach 1685 ließen sich viele Hugenotten hier nieder.

Im 19. Jahrhundert wurde Köpenick Industriegebiet. Trotz der Kriegszerstörungen behielt es seinen historischen Charakter. Am Marktplatz und in den angrenzenden Straßen, wie Alt-Köpenick und Grünstraße, stehen noch schlichte, an das 18. Jahrhundert erinnernde Häuser. In der Straße Alt-Köpenick findet man auch das große, 1901 bis 1904 im Stil märkischer Backsteingotik erbaute Rathaus. Hier verhaftete am 16. Oktober 1906 der Schuster Wilhelm Voigt in Hauptmannsuniform den Bürgermeister und beschlagnahmte die Stadtkasse. Dieser Vorfall regte Carl Zuckmayer zu seiner realistischen Komödie *Der Hauptmann von Köpenick* an.

Köpenicks größte Attraktion ist das Schloss, das 1677–83 für den Thronfolger, den späteren König Friedrich I., erbaut wurde. Seit 1963 befindet sich hier eine

Rekonstruierter Salon von 1548 im Köpenicker Kunstgewerbemuseum

Außenstelle des **Kunstgewerbemuseums** *(siehe S. 89)*. In renovierten Räumen wird seit Mai 2004 »RaumKunst« präsentiert, d.h. Möbel und Kunstgewerbe aus den Epochen Renaissance, Barock und Rokoko in der Repräsentationskultur des 17. und 18. Jahrhunderts.

Metallkranz zu Ehren der Roten Armee im Treptower Park

Treptower Park ⑲

Archenhold-Sternwarte, Alt-Treptow. Ⓢ *Treptower Park.* 🚌 *104, 265, 365.* **Archenhold-Sternwarte** ☎ *(030) 534 80 80.* *obligatorisch, Mi–So 14–16.30 Uhr.* **www**.sdtp.de.

Der Park in Treptow wurde ab 1876 nach einem Entwurf von Johann Gustav Meyer angelegt. 1919 brachten Karl Liebknecht und Rosa Luxemburg hier 15000 streikende Arbeiter zusammen. Bekannt ist der Park aber vor allem wegen des 1947–49 errichteten Sowjetischen Ehrenmals. Es thront auf der letzten Ruhestätte von 5000 Sowjetsoldaten, die 1945 in der Schlacht um Berlin fielen. Am Eingang stehen eine Skulptur der trauernden Mutter Heimat sowie Standbilder von Soldaten der Roten Armee.

Am Rand des Parks befindet sich die **Archenhold-Sternwarte**, 1896 für eine Kunstausstellung gebaut. 1909 wurde sie zum Standort für das Observatorium, in dem Albert Einstein 1915 einen Vortrag über die Relativitätstheorie hielt. In ihm findet man auch das mit 21 Metern längste Linsenfernrohr der Welt und ein Planetarium.

In diesem Bezirk erstreckt sich der Plänterwald, der – wie auch das Spreeufer – ideal für Spaziergänge ist. Auf der Spree kann man Ruderboot fahren. Auch die Insel der Jugend ist einen Ausflug wert.

Flughafen Tempelhof ⑳

Platz der Luftbrücke. Ⓤ *Platz der Luftbrücke.* 🚌 *104, 184.*

Der Flughafen Tempelhof war einst der größte in Deutschland. Angelegt wurde er 1922/23, die Erweiterung fand 1936–39 statt. 1951 errichtete man vor dem Hauptgebäude das Luftbrückendenkmal zur Erinnerung an die sowjetische Blockade und an die Luftbrücke, die sie überwand: Von Juni 1948 bis Mai 1949 wurde die gesamte Berliner Bevölkerung durch Flugzeuge versorgt. Im Herbst 2008 endete der Flughafenbetrieb. 2010 wurde ein Großteil des Geländes als öffentlicher Park freigegeben. Für 2017 ist auf diesem Areal die Internationale Gartenbauausstellung geplant.

Viktoriapark ㉑

Ⓤ *Platz der Luftbrücke.* 🚌 *104, 140.*

Der große Park mit dem großen künstlichen Wasserfall, vielen Spazierwegen und einem »Berg« genannten Hügel wurde 1888–94 von Hermann Mächtig angelegt. Auf dem Hügel steht Karl Friedrich Schinkels neugotisches Denkmal (1818–21), das an die Befreiungskriege und den preußischen Sieg über die napoleonischen Truppen erinnert.

Der gusseiserne Turm ist reich verziert, die Nischen am Sockel schmücken zwölf allegorische Skulpturen von Christian Daniel Rauch, Friedrich Tieck und Ludwig Wichmann. Jede dieser Figuren steht gleichnishaft für eine Schlacht und eine historische Persönlichkeit.

Rathaus Schöneberg ㉒

John-F.-Kennedy-Platz. Ⓤ *Rathaus Schöneberg.* 🚌 *M46, 104, 204.*

Imposant steht es da, das 1911–14 errichtete Schöneberger Rathaus mit dem großen Turm. Von 1949 bis 1990 diente es als Rathaus für Westberlin. Am 26. Juni 1963 hielt hier John F. Kennedy seine berühmte Rede. Mehr als 300000 Menschen hörten sein Bekenntnis zur Stadt und die unvergesslichen Worte: »Ich bin ein Berliner.« Den Berlinern galt Kennedys Ausspruch als unmissverständliche Botschaft an den Warschauer Pakt, dass die USA die Westsektoren als Teil der freien Welt betrachteten, den sie notfalls mit Waffengewalt verteidigen würden.

Japanischer Holzschnitt im Museum für Ostasiatische Kunst

Museumszentrum Dahlem 23

Lansstraße 8, Dahlem. *(030) 830 14 38.* *Dahlem-Dorf.* *X111, X83.* **Ethnologisches Museum (angeschlossen das Junior- und das Blindenmuseum), Museum für Asiatische Kunst, Museum Europäischer Kulturen** *Di–Fr 10–18, Sa, So 11–18 Uhr.* **www**.smb.spk-berlin.de

Dahlem war bis zum späten 19. Jahrhundert ein Dorf. Anfang des 20. Jahrhunderts wurde es ein wohlhabender Vorort, mit der Gründung der Freien Universität 1948 ein Zentrum für Bildung und Kultur. Dahlems erste Museen entstanden 1914–23. In den 1960er Jahren errichtete man Erweiterungsbauten, um die nach dem Krieg verstreuten Sammlungen unterzubringen. Mit der Wiedervereinigung konnte man die Bestände aus West und Ost zusammenführen und neu ordnen.

Dahlem hat jetzt drei Museen. Mit 500 000 Objekten aus Afrika, der Amerikanischen Archäologie und Ethnologie, Europa, dem Islamischen Orient, Ost- und Nordasien, Süd- und Südostasien, der Südsee und Australien sowie zur Musikethnologie gehört das **Ethnologische Museum** zu den größten und bedeutendsten seiner Art. Angeschlossen sind das Junior- und das Blindenmuseum. Das **Museum für Asiatische Kunst** ging 2006 aus der Vereinigung der Museen für Ostasiatische und für Indische Kunst hervor. Es umfasst eine der weltweit größten Sammlungen von Kunst des indo-asiatischen Kulturraums vom 4. Jahrtausend v. Chr. bis zur Gegenwart. Die Exponate stammen aus Süd-, Südost- und Ostasien. Das **Museum Europäischer Kulturen** basiert auf der Vereinigung des Museums für Volkskunde mit den europäischen Sammlungen des Museums für Völkerkunde und widmet sich europäischen Kulturphänomenen.

Jagdschloss Grunewald 24

Am Grunewaldsee 29. *(030) 813 35 97.* *Juni–Okt: Di–So 10–18 Uhr; Nov–Mai: Di–So 10–16 Uhr.* **www**.spsg.de

Das Jagdschloss Grunewald ist der älteste erhaltene Schlossbau Berlins. Es wurde 1542 für Kurfürst Joachim II. errichtet und Anfang des 18. Jahrhunderts im Barockstil umgebaut. In dem kleinen Schloss stößt man auf die große Hofstube, Berlins einzigen erhaltenen Renaissance-Saal. Heute befindet sich hier eine Gemäldesammlung, die u. a. die größte Cranach-Sammlung Berlins umfasst.

Das kleine Waldmuseum im Ostflügel stellt die »Wohngemeinschaft Wald« dar und informiert über heimische Tiere. Gegenüber dem Schloss sind in einem Jagdmuseum historische Waffen und Ausrüstungsgegenstände zu besichtigen.

Brücke-Museum 25

Bussardsteig 9, Dahlem. *(030) 831 20 29.* *115, X10.* *Mi–Mo 11–17 Uhr.* **www**.bruecke-museum.de

Das funktionalistische, 1967 fertiggestellte Gebäude zeigt Werke deutscher expressionistischer Malerei der 1905 von Ernst Ludwig Kirchner, Fritz Bleyl, Erich Heckel und Karl Schmidt-Rottluff gegründeten Künstlergruppe »Die Brücke«. Den Grundstock der Sammlung bilden die Werke von Schmidt-Rottluff. Gezeigt werden in Wechselausstellungen Bilder der Zeit der 1913 aufgelösten Gruppe (u. a. Heckel, Kirchner, Pechstein, Nolde, Müller) oder Bilder aus späteren Schaffensperioden der Maler.

Strandbad Wannsee 26

Wannseebadweg. *Wannsee.* *218.*

Der am Rand des Grunewalds gelegene 2,7 Quadratkilometer große Wannsee gehört zu den Haupterholungsgebieten der Berliner. Der südöstliche Bereich des Sees ist am besten erschlossen. In der Nähe des S-Bahnhofs Wannsee befinden sich Yachthäfen und eine Anlegestelle der Ausflugsschiffe, weiter nördlich liegt einer der größten Binnenstrände Europas – das Strandbad Wannsee. Es wurde 1929/30 mit Geschäften und Cafés auf angelegten Terrassen erbaut.

Anlegestelle für Ausflugsfahrten auf dem Wannsee

Das von Johann Brendel entworfene Schloss Pfaueninsel

Pfaueninsel 27

Pfaueninsel. (030) 80 58 68 30. Ⓢ *Wannsee, dann* 218. *Schloss Pfaueninsel.* *Apr–Okt: Di–So 10–17 Uhr.*

Die idyllische 76 Hektar große Insel, 1793 von Friedrich Wilhelm II. erworben, ist mit der Fähre über die Havel zu erreichen. Sie steht unter Naturschutz und ist Lebensraum zahlreicher Pfauen. Die landschaftliche Gestaltung der Insel übernahm Peter Joseph Lenné zwischen 1821 und 1834.

Zu den interessantesten Sehenswürdigkeiten gehört das kleine **Schloss**. Es wurde 1794–97 nach einem Entwurf von Johann Gottlieb Brendel für Friedrich Wilhelm II. und seine Geliebte Wilhelmine Encke (die spätere Gräfin Lichtenau) im Ruinenstil mit zwei Türmen errichtet. Die gusseiserne Brücke zwischen den Türmen ersetzte 1807 die aus Holz. In den Sommermonaten kann man das Schloss besuchen und das im Original erhaltene Mobiliar aus dem 18. und 19. Jahrhundert sowie die Wand- und Deckengemälde bewundern.

Ebenfalls interessant zu besichtigen ist der **Jacobsbrunnen**, der Ruine des Sonnentempels des Aurelian in Rom nachgebildet. Karl Friedrich Schinkel entwarf das Kavalierhaus (1824–26) und das Schweizerhaus (1829/30). Im nordöstlichen Teil der Insel steht der **Gedächtnistempel** für Königin Luise. Seine Sandsteinfassade wurde 1829 vom Mausoleum im Schlosspark Charlottenburg *(siehe S. 98f)* hierher gebracht.

In der Nähe sieht man einen Gedenkstein, der an Johann Kunckel von Löwenstein erinnert. Der Alchimist, der im 17. Jahrhundert hier lebte, entdeckte beim Versuch, Gold zu machen, wie man rubinrotes Glas herstellt. In der **Voliere** von 1824 haben bunte Vögel ihr Zuhause.

Nikolskoe 28

Nikolskoer Weg. Ⓢ *Wannsee, dann* *316.*

Gegenüber der Pfaueninsel liegt Nikolskoe mit dem **Blockhaus Nikolskoe**, das 1819 im Stil russischer Bauernhäuser errichtet wurde. Es war ein Geschenk von König Friedrich Wilhelm III. an seine Tochter und seinen Schwiegersohn, den späteren Zaren Nikolaus I. Nach einem Brand im Jahr 1984 wurde das Haus, heute ein Restaurant, originalgetreu wieder aufgebaut.

Sommerliche Rast auf der Terrasse am Blockhaus Nikolskoe

Ganz in der Nähe steht die kleine evangelische **Kirche St. Peter und Paul**. Die zwischen 1834 und 1837 nach einem Entwurf von Friedrich August Stüler und Albert Dietrich Schadow errichtete einschiffige Kirche hat einen Turm mit einer zwiebelförmigen, für die russisch-orthodoxe Sakralarchitektur typischen Kuppel. An Feiertagen werden in dem Ziegelbau viel besuchte Gottesdienste abgehalten.

Glienicke 29

316. *(030) 805 30 41.* *Mai–Okt: Sa, So 10–17 Uhr; Nov–März: Sa, So 11–15 Uhr.*

Das Schloss im schönen Park Glienicke wurde nach einem Entwurf von Karl Friedrich Schinkel 1825–28 für Prinz Karl von Preußen zu einer dreiflügeligen Anlage in klassizistischem Stil ausgebaut und erweitert.

In der gesamten Anlage fanden antike Plastiken und Architekturelemente, die der Prinz von seinen Reisen mitbrachte, Verwendung. Den 116 Hektar großen Park gestaltete Peter Joseph Lenné bereits ab 1816. Das Kavaliershaus mit Stallhof und Wagenremise wurde 1832 durch Schinkel um einen Turmaufbau ergänzt. Die Orangerie und die Gewächshäuser entwarf Schinkels Schüler Ludwig Persius. Der von Schinkel 1825 erbaute Teepavillon **Kleine Neugierde** enthält spätantike Fragmente aus dem 3.–5. Jahrhundert. Die **Große Neugierde** (1835–37), ein Rundbau, dessen Dach auf dorischen Säulen ruht, ist dem Athener Lysikrates-Monument nachempfunden.

Von hier hat man einen wunderschönen Blick über die Havel zur **Glienicker Brücke**, über die während des Kalten Kriegs der Austausch von Agenten zwischen Ost und West erfolgte.

Karl Friedrich Schinkels klassizistisches Schloss Glienicke

Shopping

Mit Einkaufszentren in jedem Viertel ist Berlin eine Stadt, in der man nahezu alles kaufen kann – wenn man nur weiß, wo. Die beliebtesten Shopping-Meilen sind Kurfürstendamm und Friedrichstraße, aber auch die kleineren Läden in Wedding, Friedrichshain, Schöneberg und Tiergarten lohnen einen Besuch. In Höfen versteckt findet man kleine Boutiquen mit schrillen Klamotten. Berlins Top-Modehäuser bieten angesagte europäische Eleganz. Der frühe Samstagvormittag ist die beste Zeit für einen Bummel über einen der vielen Märkte der Stadt, die bekanntesten – mit farbenfrohen Ständen voller Hüte, Taschen, Gürtel etc. – finden auf der Museumsinsel und in Tiergarten statt. Die Galeries Lafayette, das KaDeWe sowie Berlins zahlreiche Buchhandlungen laden den Besucher zu einem netten nachmittäglichen Schaufensterbummel ein.

Auslage in der Lobby des KaDeWe

Information

Die meisten Läden sind montags bis samstags von 10 bis 20 Uhr (am Samstag teils nur bis 16 Uhr) geöffnet. Kleinere Läden akzeptieren zuweilen keine Kreditkarten, man sollte also immer etwas Bargeld dabeihaben.

Kaufhäuser und Einkaufszentren

Im **ALEXA**, einem Einkaufszentrum am Alexanderplatz, findet man Shops vieler international angesagter Labels. Das Kaufhaus des Westens, besser bekannt als **KaDeWe**, am Wittenbergplatz ist das größte und beste Warenhaus in Berlin, während die **Galeries Lafayette** in der Friedrichstraße ein Stückchen Paris mitten in der deutschen Hauptstadt darstellen. Parfüm, Wohn-Accessoires und Kleidung locken unzählige Kunden hierher.

Sehr beliebt ist außerem das Kaufhaus **Karstadt** am Ku'damm. Sein Sortiment ist nicht so breit gefächert wie das der Galeries Lafayette, doch auch hier gibt es eine große Auswahl, und das Restaurant in der obersten Etage bietet eine herrliche Sicht über die Stadt.

Ein relativ neues Einkaufszentrum sind die **Potsdamer Platz Arkaden**. Etwas kleiner präsentiert sich **Das Schloss** in Steglitz. Das **Gesundbrunnen-Center** hingegen ist die größte Einkaufspassage Berlins mit Ständen voller Schnäppchen. Das **Europa-Center** ist das architektonisch auffälligste Zentrum mit einem schönen Brunnen.

Mode

Um den Ku'damm und die Friedrichstraße findet man alle bekannten Ladenketten und Kaufhäuser sowie Berlins Top-Modehäuser. **Escada** ist eines der renommiertesten deutschen Modelabels, aber in Berlin haben auch zahlreiche junge Designer ihre Boutiquen, viele davon im nördlichen Teil von Berlin Mitte. **NIX** bietet zeitlose Kleidung aus schweren dunklen Stoffen. Im **Department Store Quartier 206** bekommt man alles – vom Abendkleid bis zu Freizeitmode und Accessoires – von bekannten internationalen Designern. Zu den gefragtesten Modeschöpferinnen gehört derzeit **Antonia Goy**, die trendbewusste Mode und Accessoires für Frauen kreiert.

Auch in Sachen Herrenmode ist der Ku'damm führend. **Patrick Hellmann** z. B. bietet ein großes Sortiment bester Designerlabels.

Verkaufsräume der Buchhandlung Hugendubel

Eingangsbereich des Modehauses Escada

Antiquitäten

Der Handel mit Antiquitäten boomt in Berlin, und zahlreiche spezielle Märkte und Galerien haben sich in der Stadt etabliert. Berlins renommiertestes Auktionshaus ist die **Galerie Bassenge**. Die Antiquitätengalerie **ART 1900** bietet unzählige Schmuckstücke und anderen Schnickschnack aus verschiedenen Epochen zum Kauf an. Viele Berliner bummeln am Samstag- und Sonntagmorgen über die Flohmärkte der Stadt. Der **Antik- und Trödelmarkt am Ostbahnhof** beispielsweise gilt als einer der besten Orte, um wirkliche Schnäppchen zu machen.

Delikatessen

In Berlin kann man alle Arten von Delikatessen und Wein kaufen. Kaffee und Kuchen ist eine nette – freilich nicht nur Berliner – Tradition, und mit den leckersten Kuchen bekommt man in der Konditorei **Buchwald**. Unzählige Bäckereien in der ganzen Stadt verkaufen Berliner (Krapfen) und anderes köstliches Gebäck – und natürlich auch verschiedenste Brote und Brötchen.

Weinliebhaber sollten sich **Viniculture** nicht entgehen lassen. Hier finden sie die beste Auswahl an deutschen Weinen. Ein umfangreiches Sortiment an Wurst- und Fleischwaren offeriert die **Fleischerei Bachhuber**.

In Berlin gibt es freilich auch einige Lebensmittelmärkte. Der **Winterfeldmarkt** ist wohl der bekannteste, aber auch der **Wochenmarkt** auf dem Wittenbergplatz ist bei Einheimischen wie Besuchern sehr beliebt.

Schlussverkäufe

Zweimal im Jahr (im Januar und Juli) leeren die Geschäfte ihre Regale, um Platz für die neuen Sortimente zu machen. Zwar gibt es offiziell diese saisonalen Schlussverkäufe nicht mehr, dennoch kann man zu diesen Zeiten häufig besonders gute Schnäppchen machen.

Bestimmte Läden bieten Waren der letzten Saison zu sehr guten Preisen an. Die Ware ist neu, aber eben nicht mehr topaktuell und wird deshalb günstig verkauft.

Der »Glaskegel« im Kaufhaus Galeries Lafayette

AUF EINEN BLICK

Kaufhäuser und Einkaufszentren

ALEXA
Am Alexanderplatz, Grunerstr. 20.
Stadtplan 2 E3.
www.alexacentre.com

Das Schloss
Schlossstr. 34.
Stadtplan 2 E3.

Europa-Center
Breitscheidplatz.
Stadtplan 2 B4.
www.europa-center-berlin.de

Galeries Lafayette
Französische Str. 23.
Stadtplan 4 C2.
(030) 20 94 80.
www.galeries-lafayette.de

Gesundbrunnen-Center
S-Bahn Gesundbrunnen.

KaDeWe
Tauentzienstr. 21.
Stadtplan 2 C5.
(030) 21 21 00.
www.kadewe-berlin.de

Karstadt
Kurfürstendamm 231.
Stadtplan 2 B4.
(030) 88 00 30.
www.karstadt.de

Potsdamer Platz Arkaden
Debis-Gelände.
Stadtplan 4 A3. **www**.potsdamerplatz-arkaden.de

Mode

Antonia Goy
Brunnenstr. 142
Stadtplan 4 C2.
(030) 44 65 03 86.

Department Store Quartier 206
Friedrichstr. 71.
Stadtplan 4 C2.
(030) 20 94 62 40.

Escada
Friedrichstr. 176–179.
Stadtplan 4 C2.
(030) 238 64 04.

NIX
Oranienburger Str. 32.
Stadtplan 5 D1.
(030) 281 80 44.
www.nix-berlin.de

Patrick Hellmann
Fasanenstr. 26.
Stadtplan 2 A5.
(030) 88 48 77 26.

Antiquitäten

Antik- und Trödelmarkt am Ostbahnhof
Erich-Steinfurth-Str.
Sa 9–15, So 10–17 Uhr.

ART 1900
Kurfürstendamm 53.
Stadtplan 2 A5.
(030) 881 56 27.
Mo–Fr 10–19, Sa 10–16 Uhr.
www.art1900.de

Galerie Bassenge
Erdener Str. 5a.
(030) 89 38 02 90.
Mo–Fr 9–18 Uhr.
www.bassenge.com

Delikatessen

Buchwald
Bartningallee 29.
Stadtplan 3 D2.
(030) 391 59 31.

Fleischerei Bachhuber
Güntzelstr. 47.
(030) 873 21 15.

Viniculture
Grolmanstr. 44–45.
(030) 883 81 74.

Winterfeldmarkt
Wittenbergplatz.
Mi 8–13, Sa 8–14 Uhr.

Wochenmarkt
Wittenbergplatz.
Di 8–14, Fr 8–16 Uhr.

Unterhaltung

Wo so viel geboten ist – Theter, Kino, Cabaret, Varieté, Kleinkunst, Konzert, Oper, Ballett, Musical oder Jazz –, ist sicher für jeden Geschmack etwas dabei. In den Sommermonaten haben viele Bars und Restaurants Tische im Freien, besonders die Gebiete von Unter den Linden, Kurfürstendamm, Kreuzberg und Prenzlauer Berg verwandeln sich in Open-Air-Bühnen. Ab spätabends kann man in den Clubs, Nachtcafés und Cocktailbars die Nacht durchtanzen. Berlin hat viele Gebiete, in denen das Nachtleben tobt, und jedes hat einen etwas anderen Charakter. Prenzlauer Berg ist der Ort für klassische Bars, Cafés und Clubs, Friedrichshain ist exklusiver, und Kreuzberg hat eine lebhafte Schwulenszene. Berlin Mitte im östlichen Zentrum bietet eine wunderbare Mischung aus Opernhaus und klassischen Theatern einerseits und quirligen, günstigen Bars andererseits. Sonntags bietet sich eine geruhsame Bootsfahrt auf der Spree oder den Kanälen an.

Flötenspieler

Die Berliner Philharmoniker

Information und Tickets

Das Angebot an Unterhaltung in Berlin ist so groß, dass die Orientierung nicht leichtfällt. Die Stadtmagazine *Tip* und *Zitty* sind wertvolle Ratgeber und bieten vielerlei Veranstaltungshinweise. Informationen etwa über Festivals, Sportevents, Kino- und Theaterprogramme und Konzerte finden Sie auch im Internet unter www.berlinonline.de und www.berlin.de.

Besucher, die neu in der Stadt sind und es noch nicht zu einem Internet-Café oder einem Kiosk geschafft haben, finden in Bars und im Hotelfoyer Broschüren und Anschlagtafeln mit Veranstaltungshinweisen. In der ganzen Stadt hängen auch Plakate für die aktuellen Events. Das kostenlose Magazin *Flyer* ist ebenfalls voller Hinweise über Nachtclubs und Discos. Es liegt in den meisten Restaurants und Bars der Stadt aus.

Tickets für Veranstaltungen sollten im Voraus gekauft werden, Last-Minute-Angebote bietet **Hekticket**. Behinderte, Senioren und Studenten mit entsprechendem Ausweis erhalten häufig Preisnachlässe. Alle wichtigen Veranstaltungsorte sind zudem gut für Rollstuhlfahrer ausgerüstet.

Klassische Musik

Die Berliner Philharmoniker gehören zu den weltweit führenden Orchestern. Sie geben regelmäßig Konzerte in der **Philharmonie** mit ihrer Ehrfurcht gebietenden Architektur und der fantastischen Akustik. Kammerorchester treten im kleineren **Kammermusiksaal** neben dem großen Saal auf. Auch das **Konzerthaus Berlin**, früher als Schauspielhaus bekannt, ist eine wichtige Bühne für klassische Musik. Es wurde nach dem Zweiten Weltkrieg wunderbar restauriert.

Opernliebhaber kommen in Berlin mit seinen drei großen Opernhäusern auf ihre Kosten. Die **Staatsoper Unter den Linden** bietet ein eindrucksvolles, wenn auch konservatives Repertoire. Während der Sanierungsphase des Gebäudes bis ca. 2013 wird das Schiller Theater an der Bismarckstraße die Spielstätte sein. Die **Komische Oper**

Prokofjews *Die Liebe zu den drei Orangen*, Komische Oper Berlin

Traditioneller Jazz beim Berliner JazzFest

bringt leichtere Opern auf die Bühne. Da die Produktionen lange laufen, sind häufig Last-Minute-Tickets erhältlich. Die **Deutsche Oper** in der Bismarckstraße ist schlichter als die anderen Opernhäuser, bietet aber Produktionen von Mozart bis Wagner.

Musikfestivals

Im Rahmen der **Berliner Festspiele** geben sich im September Top-Orchester und -Musiker aus der ganzen Welt ein Stelldichein und bieten in der ganzen Stadt klassische Konzerte.

Ebenfalls im September findet in Berlin die **Popkomm** statt, die zu Europas größten Popmusikfestivals gehört. Geboten wird eine Mischung aus Diskussionen, Partys und Konzerten an verschiedenen Veranstaltungsorten.

Das **JazzFest Berlin** im Juli lockt zahlreiche Fans des traditionellen Jazz an. Das dazugehörige Total Music Meeting konzentriert sich auf experimentellere und innovativere Jazz-Genres.

Rock, Pop und Jazz

Ob Konzerte weltberühmter Bands oder kleine Jazz-Improvisationen – in Berlin müssen Sie nicht lange nach entsprechenden Veranstaltungen suchen. Die größten Konzerte finden in Sporthallen und -stadien wie der **Max-Schmeling-Halle** und dem **Olympiastadion** *(siehe S. 97)* statt. Kleinere Gigs der angesagtesten Newcomer steigen z. B. im **SO 36**. Auch in den zahlreichen Bars, Discos und Clubs der Stadt werden regelmäßig Konzerte gegeben. Wer es ganz besonders stimmungsvoll mag, besucht ein Konzert in der umgebauten **Passionskirche** in Kreuzberg.

Jazzclubs gibt es zuhauf, da Jazz bei den Berlinern nach wie vor sehr beliebt ist. Klassische Jazzbars sind etwa **A-Trane** und **b-flat**. Hier hört man fast jeden Abend kleine Jazzbands. Das **Quasimodo** ist für seine exzellenten Konzerte von deutschen und internationalen Größen aus Jazz, Soul und Weltmusik bekannt.

Außer in den klassischen Jazzclubs kann man Jazz auch in den kleineren Bars der Stadt hören, z. B. im **Schlot**. Wenn Sie auf eine Mischung aus Soul, Rap und Jazz abfahren, kommen Sie in die **Junction Bar** in Kreuzberg. Die ganze Woche über hört man im **Badenscher Hof Jazzclub** hervorragenden Jazz.

Eines der vielen Konzerte des jährlichen Popkomm-Festivals

Weltmusik

Angesichts der wachsenden multikulturellen Bevölkerung gibt es freilich auch ein großes Angebot an Weltmusik. Das Haus der Kulturen der Welt organisiert in seinem **Café Global** alle möglichen Konzerte. Künstler von Weltruf treten regelmäßig in der **Kulturbrauerei** auf.

Zu den besten lateinamerikanischen Diskotheken gehört das **Havanna** in Schöneberg.

Auch irische Musik ist in Berliner Pubs gut repräsentiert – sehr populär ist das **Wild at Heart**.

Vorführung beim Internationalen Tanzfest, organisiert vom Hebbel am Ufer (HAU)

Tanz

Berlins drei große Ballett-truppen treten in den Opernhäusern der Stadt auf. Die Komische Oper bietet ein modernes Tanz-Repertoire, die Staatsoper Unter den Linden konzentriert sich dagegen mehr auf klassischere Werke.

Das **Hebbel am Ufer (HAU)** bringt Avantgarde-Produktionen und internationale Tanzvorführungen auf die Bühne. Als besonderes Highlight organisiert es alljährlich im August das Internationale Tanzfest Berlin. Da die drei Häuser nicht sehr viele Zuschauerplätze haben, sollten Sie weit im Voraus Karten bestellen.

Die **Tanzfabrik** in der Möckernstraße in Kreuzberg ist eine exzellente Bühne für alle Arten modernen Tanzes und organisiert auch Workshops und sogar Sportkurse.

Nachtleben

Berlins Techno-Szene ist weltbekannt – schließlich fand hier bis 2006 die alljährliche Love Parade statt. Noch immer feiern unzählige Techno-Anhänger bei zahlreichen Festivals in der Stadt.

Einer der besten Techno-Clubs in Berlin ist **Tresor** in einem alten Kraftwerk. Hier legen die besten Discjockeys der Stadt auf. Der **Columbia Club** ist Veranstaltungsort für Konzerte von Rockbands, deren Tourneeplan auch Berlin einschließt.

Wenn Sie lieber in eine altmodische Diskothek gehen, mit etwas weniger Techno-Sounds, sind Sie im **Far Out** richtig. Eine neue Generation von Berliner Clubs bietet eine Mischung aus Restaurant, Lounge, Diskothek und Veranstaltungszentrum. Häufig finden hier Themenpartys und Lounge-Abende statt. Die besten solchen Clubs sind **40seconds** in einem alten Hochhaus mit schönem Blick über die Stadt und das exklusive **Spindler + Klatt**. Andere Clubs, wie **Felix**, präsentieren ihrer gehobenen Klientel zeitgenössische Popmusik. Das **White Trash** und das **Café Moskau** ziehen dagegen eine alternativ angehauchte junge Gästeschar an.

Im Sommer kann man im **Golgatha** in Kreuzbergs Viktoriapark unter freiem Himmel die Tanzbeine zu Popmusik schwingen. Wer eher Standardtänze bevorzugt, sollte in **Clärchens Ballhaus** vorbeischauen. Jeder Abend steht hier unter einem eigenen Thema – Salsa, Tango, Swing oder Disco.

Delicious Doughnuts ist einer der angesagtesten Orte der Stadt für Ambient, House und Acid-Jazz. Liebhaber von Soul und Reggae hingegen finden ihre Musik in der lebhaften **Hoppetosse Boat Bar**. Ein wenig intimer und romantischer geht es im stimmungsvollen **Sophienclub** zu.

Berlin hat auch eine lebhafte Schwulen- und Lesbenszene. Zu den besten Clubs für Homosexuelle gehören **SchwuZ**, **Berghain** und **Ackerkeller**.

Rekonstruierte mittelalterliche Hütte im Museumsdorf Düppel

Sportarenen

Berlins Sportmannschaften gehören in einigen Sportarten zu den traditionsreichsten und/oder zu den besten des Landes. Der Fußballclub Hertha BSC spielt im **Olympiastadion**, die Basketballer von Alba Berlin in der **Max-Schmeling-Halle**. Karten für internationale Spiele sollte man besser im Voraus buchen.

Freunde des Pferderennens können zwischen zwei Rennbahnen wählen. Die kommerzielle **Trabrennbahn** in Mariendorf ist ganzjährig geöffnet. Auf der **Galopprennbahn Hoppegarten** geht es jedoch viel freundlicher und gelassener zu.

Spaß für Kinder

In Berlin kommen alle Altersstufen auf ihre Kosten, so auch die Kleinsten. Die **Berlin Tourismus Marketing GmbH** informiert Sie über Preisnachlässe für Kinder bei zahlreichen Veranstaltungen und Attraktionen. Der **Zoologische Garten** mit seinem weitläufigen Gelände und vielen Tiergehegen ist sehr beliebt. Kleine Kinder lieben auch die vielen Haustiere auf dem **Kinderbauernhof im Görlitzer Park**. Auch die Berliner Museen richten sich nach den Bedürfnissen der Kleinen. Im **Deutschen Technikmuseum** *(siehe S. 81)* können sie alle möglichen Experimente durchführen. Das **Ethnologische Museum** hat Ausstellungsbereiche speziell für Kinder. Ein Besuch im **Museumsdorf Düppel** ist eine schöne Art, Kindern das Leben im Mittelalter zu veranschaulichen. Im **Puppentheatermuseum** können sie sogar an kleinen Aufführungen teilnehmen.

Flamingos im wunderbaren Zoologischen Garten

Für Kinder ideal ist freilich auch der Kinder- und Jugendzirkus **Circus Cabuwazi**. Wenn Ihr Kind eine kleine Sportskanone ist, kann es in Flüssen, Seen und öffentlichen Bädern schwimmen (Infos zu öffentlichen Schwimmbädern erhalten Sie über die Hotline der **Berliner Bäderbetriebe**). Jedes Viertel hat seine eigene Eislaufbahn, die beste ist jedoch das **Eisstadion Berlin Wilmersdorf**, während man bei **FEZ Wuhlheide** extra Programme für Kids bietet.

The Story of Berlin ist eine Multimedia-Ausstellung über Berlins Geschichte. Wunderbar schaurig ist das **Berliner Gruselkabinett**.

Das **Zeiss-Planetarium** und das **Planetarium am Insulaner** bieten Kindern die Möglichkeit, das Universum zu erkunden – ein lehrreicher Spaß!

AUF EINEN BLICK

Information und Tickets

Hekticket
Hardenbergstr. 29d.
Stadtplan 2 B4.
Karl-Liebknecht-Str. 12.
Stadtplan 5 D1.
(030) 230 99 30.
www.hekticket.de

Klassische Musik

Deutsche Oper
Bismarckstr. 34–37.
(030) 34 38 43 43.

Komische Oper
Behrenstr. 55–57.
Stadtplan 1 F4.
(030) 47 99 74 00.

Konzerthaus Berlin
Gendarmenmarkt 2.
Stadtplan 4 C2.
(030) 203 09 21 01/02.

Philharmonie und Kammermusiksaal
Herbert-von-Karajan-Str. 1.
Stadtplan 3 F3.
(030) 25 48 89 99.

Staatsoper Unter den Linden
Unter den Linden 7.
Stadtplan 4 C2.
(030) 20 35 40.

Musikfestivals

Berliner Festspiele
Schaperstr. 4.
Stadtplan 2 B5.
(030) 25 48 90.

JazzFest Berlin
Schaperstr. 24.
Stadtplan 2 B5.
(030) 25 48 90.

Popkomm
Messe Berlin.
(030) 303 830 09.

Rock, Pop und Jazz

A-Trane
Pestalozzistr. 105.
Stadtplan 2 A3.
(030) 313 25 50.

b-flat
Rosenthaler Str. 13.
Stadtplan 5 D4.
(030) 283 31 23.

Badenscher Hof Jazzclub
Badensche Str. 29.
(030) 861 00 80.

Junction Bar
Gniesenaustr. 18.
(030) 694 66 02.

Passionskirche
Marheineckeplatz.
(030) 69 40 12 41.

Schlot
Chausseestr. 18.
(030) 448 21 60.

SO 36
Oranienstr. 190.
(030) 61 40 13 06.

Weltmusik

Café Global
John-Foster-Dulles-Allee 10. **Stadtplan** 3 F2.
(030) 39 78 71 75.

Havanna
Hauptstr. 30.
(030) 784 85 68.

KulturBrauerei
Schönhauser Allee 36.
(030) 443 52 60.

Tempodrom
Möckernstr. 10.
Stadtplan 4 B4.
(030) 69 53 38 85.

Wild at Heart
Wiener Str. 20, Kreuzberg.
(030) 61 07 47 01.

Tanz

Hebbel am Ufer (HAU 1, 2, 3)
Stresemannstr. 29,
Hallesches Ufer 32,
Tempelhofer Ufer 10.
Stadtplan 4 B5.
(030) 259 00 40.

Tanzfabrik
Möckernstr. 68
(030) 786 58 61.

Nachtleben

40seconds
Potsdamer Str. 58.
(030) 89 06 42 41.

Ackerkeller
Bergstr. 68.
(030) 36 46 13 56.

Berghain
Am Wriezener Bahnhof, Friedrichshain.
(030) 36 46 13 56.

Café Moskau
Karl-Marx-Allee.
(030) 24 63 16 26.

Clärchens Ballhaus
Auguststr. 24, Mitte.
(030) 282 92 95.

Columbia Club
Columbiadamm 9–11, Kreuzberg.

Delicious Doughnuts
Rosenthaler Str. 9.
Stadtplan 5 D1.
(030) 28 09 92 74.

Far Out Club
Joachimstalerstr. 15.
Stadtplan 2 B5.
(030) 32 00 07 23.

Felix
Behrenstr. 72. **Stadtplan** 4 A2. *(030) 301 117 152.*

Golgatha
Dudenstr. 48–64.
(030) 785 24 53.

Hoppetosse Boat Bar
Eichenstr. 4.
(030) 53 32 03 40.

SchwuZ
Mehringdamm 61.
(030) 629 08 80.

Sophienclub
Sophienstr. 6.
(030) 282 45 52.

Spindler + Klatt
Köpenicker Str. 16–17.
(030) 319 881 860.

Tresor
Köpenicker Str. 59–73.
(030) 24 72 49 82.

White Trash
Schönhauser Allee 167.
(030) 50 34 86 68.

Sportarenen

Galopprennbahn Hoppegarten
Goetheallee 1.
(03342) 389 30.

Max-Schmeling-Halle
Am Falkplatz.
(030) 44 30 45.

Olympiastadion
Olympischer Platz.
(030) 30 68 81 00.

Trabrennbahn
Mariendorfer Damm 222, Tempelhof.
(030) 740 12 12.

Spaß für Kinder

Berlin Tourismus Marketing GmbH
Am Karlsbad 11.
(030) 25 00 25.
www.btm.de

Berliner Bäderbetriebe
(01803) 10 20 20.

Berliner Gruselkabinett
Schöneberger Str. 23a.
(030) 26 55 55 46.

Circus Cabuwazi
Vier Niederlassungen.
(030) 611 92 75.
www.cabuwazi.de

Deutsches Technikmuseum
Trebbiner Str. 9.
(030) 90 25 40.

Eisstadion Berlin Wilmersdorf
Fritz-Wildung-Str. 9.
(030) 824 10 12.

Ethnologisches Museum
Lansstr. 8.
(030) 830 14 38.

FEZ Wuhlheide
An der Wuhlheide 197, Köpenick.
(030) 53 07 10.

Kinderbauernhof im Görlitzer Park
Wiener Str. 59b.
(030) 611 74 24.

Museumsdorf Düppel
Clauertstr. 11.
(030) 802 66 71.

Planetarium am Insulaner
Munsterdamm 90.
(030) 790 09 30.

Puppentheater-museum
Karl-Marx-Str. 135.
(030) 687 81 32.

The Story of Berlin
Kurfürstendamm 207–208.
(030) 88 72 01 00.

Zeiss-Planetarium
Prenzlauer Allee 80.
(030) 42 18 45 12.

Zoologischer Garten
Hardenbergplatz 9, Charlottenburg.
(030) 25 40 10.

Stadtplan Berlin *siehe Seiten 114–119*

Theater und Kino

Berlin ist Deutschlands Kino-Hauptstadt, seit die Brüder Emil und Max Skladanowsky 1896 einem gebannten Publikum ihre Kurzfilme präsentierten. 1918 gab es in der Stadt bereits 251 Kinos. 1925 arbeiteten über 50 000 Menschen in der Filmindustrie.

Zur gleichen Zeit entwickelte sich Berlin – dank Max Reinhardt und Bert Brecht – auch zur europäischen Theater-Metropole. In den Jahren des Nazi-Regimes wurden zahlreiche Theaterleute getötet oder zur Emigration gezwungen, doch nach dem Krieg lebten Berlins Theaterhäuser wieder auf. Bis heute sind Theater und Kino sehr populär, wie z. B. die alljährliche Berlinale, die Internationalen Filmfestspiele Berlin, die Theatertage und andere Großveranstaltungen beweisen. Die Stadt bietet ihren Besuchern eine Fülle von Sprech- und Musiktheater, Musical und Kino.

Plakat für die Internationalen Filmfestspiele 1960

Information

Karten für Kino- und Theatervorstellungen sind im Allgemeinen recht günstig, aber es gibt darüber hinaus ein paar nützliche Tipps für Preisnachlässe.

Studenten und Senioren erhalten in Kinos nicht immer Preisnachlässe, aber Dienstag oder Mittwoch ist Kinotag, dann gibt es die Karten günstiger. Die meisten Kinokassen akzeptieren übrigens keine Kreditkarten für die Bezahlung, nehmen Sie also genügend Bargeld mit.

Für Theateraufführungen bekommt man Karten meist zwei Wochen im Voraus. Sie können sie direkt an der Theaterkasse kaufen oder telefonisch bestellen. Unabhängige Ticketagenturen erheben für gewöhnlich eine Provision zwischen 15 und 22 Prozent.

Auf Last-Minute-Karten spezialisiert ist **Hekticket**. Fragen Sie hier am Vorstellungstag nach Sonderangeboten.

Theater

Das **Deutsche Theater** und sein kleiner Saal, die **Kammerspiele**, in der Schumannstraße sind Theater der Top-Klasse und bieten ein vielfältiges Repertoire. In der **Volksbühne** können Sie interessante Produktionen klassischer Dramen in moderner Kulisse und neue Stücke junger Autoren sehen.

Das **Berliner Ensemble** (kurz BE) leiteten einst Bertolt Brecht und Heiner Müller. Noch heute werden Stücke dieser beiden Dramatiker aufgeführt.

Weitere wichtige Bühnen sind z. B. das **Maxim Gorki Theater**, das **Renaissance-Theater** und die **Schaubühne**.

Alternatives Theater

Berlin hat mehrere alternative Theaterbühnen. Die drei Bühnen des **Hebbel am Ufer (HAU)** widmen sich der Avantgarde und gelten als beste Alternativbühnen der Stadt. Die kleineren Boulevardtheater wie das **Theater am Kurfürstendamm** präsentieren leichter verdauliche Programme.

Auch das **Bat-Studiotheater** und das **Kleine Theater** sind hier zu erwähnen.

Musical und Cabaret

Berlin besitzt drei große Musicalbühnen und viele kleine Häuser, die regelmäßig auch Musicals im Programm haben. Der **Friedrichstadtpalast** und der **Admiralspalast** im Ostteil der Stadt präsentieren bekannte neue Musicals, das **Theater des Westens** in Charlottenburg eher traditionellere Produktionen. Das 1999 eröffnete **Theater am Potsdamer Platz**, ein modernes Theater am neu gestalteten Potsdamer Platz, zeigt neue Musicals.

Heute gibt es in Berlin wohl genauso viele Cabaretbühnen wie in den 1920er Jahren. Die **Distel** in der Friedrichstraße führt ihren Erfolg zu DDR-Zeiten heute weiter. Die **Stachelschweine** im Westteil der Stadt sind ebenfalls sehr beliebt.

Weitere Bühnen für Musicals und Cabaret sind z. B. die **Bar jeder Vernunft**, das **Chamäleon Varieté**, das Kabarett Dr. Seltsam, die **Scheinbar**, das **Wintergarten Varieté** und die **Wühlmäuse**.

Kinos

Nach dem Mauerfall wurden in Berlin viele neue Multiplex-Kinopaläste erbaut. Den größten bilden das **CinemaxX Potsdamer Platz** und das **Cinestar Sony Center**.

Retro-Fassade des Friedrichstadtpalasts in Ostberlin

Hier laufen z. B. die neuesten in- und ausländischen Filmproduktionen.

Ein besonderes Kinoerlebnis bietet das **IMAX** am Potsdamer Platz – es hat die größte Filmleinwand Deutschlands.

Atelierkinos

Überall in der Stadt gibt es kleine Atelierkinos, die neue Independent-Produktionen zeigen. Das **Hackesche Höfe Kino** und das **Central**, nahe dem Hackeschen Markt, bieten eine angenehme Erholungspause vom Stadtleben und haben sogar eigene Bars.

Das **Arsenal** am Potsdamer Platz präsentiert deutsche Filmklassiker. Berlin bietet auch ausländische Filme mit Originalton (teilweise mit Untertiteln). Im **Cinéma Paris** in Charlottenburg etwa laufen französische Produktionen, das **Odeon** in Schöneberg ist auf englische und amerikanische Filme spezialisiert.

Freiluftkino

Freiluftkinos beginnen ihre Saison, sobald das Wetter es erlaubt. Zu den ältesten und renommiertesten gehört das **Freiluftkino Kreuzberg** mit seinem täglich wechselnden Programm. Gezeigt werden Highlights der aktuellen Saison sowie Klassiker und Kultfilme. Weitere Open-Air-Kinos gibt es u. a. in Dahlem, Friedrichshain und Charlottenburg (vor der Schlosskulisse).

AUF EINEN BLICK

Information

Hekticket
Hardenbergstr. 29d.
Stadtplan 2 B4.
(030) 230 99 30.

Theater

Berliner Ensemble
Bertolt-Brecht-Platz 1.
Stadtplan 1 F3.
(030) 28 40 81 55.
www.berliner-ensemble.de

Deutsches Theater
Schumannstr. 13.
Stadtplan 1 F3.
(030) 28 44 12 25.
www.deutschestheater.de

Kammerspiele
Schumannstr. 13a.
Stadtplan 1 F3.
(030) 28 44 12 22.
www.deutschestheater.de

Maxim Gorki Theater
Am Festungsgraben 2.
Stadtplan 4 C2.
(030) 20 22 11 29.
www.gorki.de

Renaissance-Theater
Hardenbergstr. 6.
Stadtplan 2 A3. *(030) 312 42 02.* **www**.renaissance-theater.de

Schaubühne am Lehniner Platz
Kurfürstendamm 153.
(030) 700 96 90.
www.schaubuehne.de

Volksbühne
Rosa-Luxemburg-Platz.
(030) 24 06 55.

Alternatives Theater

Bat-Studiotheater
Belforter Str. 15.
(030) 755 417 777.
www.bat-berlin.de

Hebbel am Ufer (HAU 1, 2, 3)
siehe S. 111.

Kleines Theater
Südwestkorso 64.
(030) 821 20 21.
www.kleines-theater.de

Theater am Kurfürstendamm
Kurfürstendamm 206.
Stadtplan 2 A5.
(030) 88 59 11 88.

Musical und Cabaret

Admiralspalast
Friedrichstr. 101.
Stadtplan 4 C1.
(030) 47 99 74 99.
www.admiralspalast.de

Bar jeder Vernunft
Schaperstr. 24.
Stadtplan 2 B5.
(030) 883 15 82.

Chamäleon Varieté
Rosenthaler Str. 40–41.
Stadtplan 5 D4.
(030) 400 05 90.
www.chamaeleonberlin.de

Distel
Friedrichstr. 101.
Stadtplan 1 F3.
(030) 204 47 04.

Friedrichstadtpalast
Friedrichstr. 107.
Stadtplan 1 F3.
(030) 23 26 23 26.
www.friedrichstadtpalast.de

Scheinbar
Monumentenstr. 9.
(030) 784 55 39.

Stachelschweine
Europa-Center. **Stadtplan** 2 C4. *(030) 261 47 95.* **www**.die-stachelschweine.de

Theater am Potsdamer Platz
Marlene-Dietrich-Platz 1.
Stadtplan 4 A3.
(0180) 259 244 555.
www.stage-entertainment.de

Theater des Westens
Kantstr. 12. *(01805) 259 244 555.* **www**.stage-entertainment.de

Tipi – Das Zelt am Kanzleramt
Große Querallee, Tiergarten.
Stadtplan 1 D4.
(01803) 27 93 58.
www.tipi-das-zelt.de

Wintergarten Varieté
Potsdamer Str. 96.
Stadtplan 3 F4.
(030) 25 00 88 88.
www.wintergarten-variete.de

Wühlmäuse
Pommernallee 2–4.
(030) 30 67 30 11.
www.wuehlmaeuse.de

Kinos

CinemaxX Potsdamer Platz
Potsdamer Str. 1–19.
Stadtplan 4 A3.
(0180) 524 63 62 99.
www.cinemaxx.de

Cinestar Sony Center & IMAX
Potsdamer Str. 4.
Stadtplan 4 A3.
(01805) 11 88 11.

Atelierkinos

Arsenal
Potsdamer Str. 2.
Stadtplan 4 A3.
(030) 26 95 51 00.

Central
Rosenthaler Str. 39.
Stadtplan 5 D1.
(030) 28 59 99 73.

Cinéma Paris
Kurfürstendamm 211.
(030) 881 31 19.

Hackesche Höfe Kino
Rosenthaler Str. 40–41.
Stadtplan 5 D1.
(030) 283 46 03.

Odeon
Hauptstr. 115.
(030) 78 70 40 19.

Freiluftkino

Freiluftkino Kreuzberg
Zugang von Mariannenplatz und Bethaniendamm.
(030) 29 36 16 28.

Stadtplan

Die Kartenverweise bei den Sehenswürdigkeiten, Hotels, Restaurants, Bars, Läden und Veranstaltungsorten Berlins beziehen sich auf die folgenden Seiten des Stadtplans. Der Übersichtskarte unten können Sie entnehmen, welche Teile Berlins im Stadtplan erfasst und auf welcher Karte sie zu finden sind. In den Karten sind alle wichtigen Monumente und Museen, die historischen Bauwerke, Bahnhöfe, Busbahnhöfe, U- und S-Bahn-Stationen sowie größere Parkplätze und andere nützliche Einrichtungen eingetragen. Eine Legende zum Stadtplan finden Sie unten auf dieser Seite.

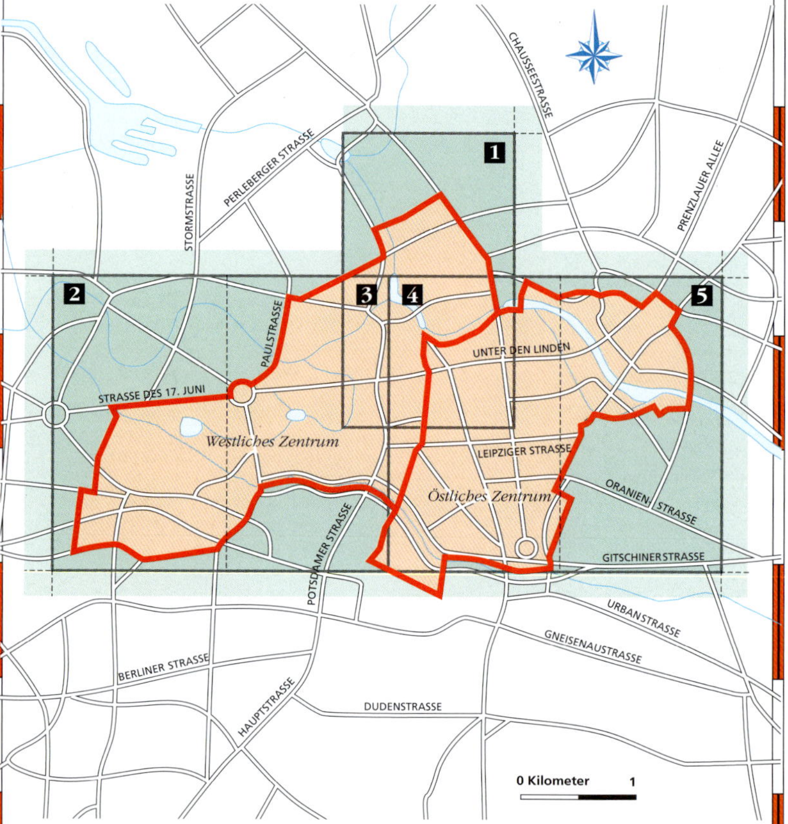

LEGENDE

- Hauptattraktion
- Sehenswürdigkeit
- Anderes Gebäude
- S-Bahn-Station
- U-Bahn-Station
- Bahnhof
- Bushaltestelle
- Busbahnhof
- Straßenbahn-Haltestelle
- Parken
- Krankenhaus mit Notaufnahme
- Polizei
- Kirche
- Synagoge
- Post
- Eisenbahn
- Fußgängerzone

Maßstab der Karten 1–5

0 Meter 250

1:15 000

D
E
F
1
Schwarzkopfstraße
Chausseestrasse
Gartenstrasse
Nordbahnhof
Naturkunde-museum
Invalidenstrasse
Museum für Naturkunde
Heidestrasse
Hamburger Bahnhof
Brecht-Weigel-Gedenkstätte
Dorotheen-friedhof
2
Hauptbahnhof
Charité Universitätsklinikum
Oranien-burger Tor
Friedrichstrasse
Deutsches Theater
Friedrichstadtpalast
3
Moabit
Berliner Ensemble
Admiralspalast
»Tränenpalast«
Bundes-kanzleramt
Bundestag
Paul-Löbe-Haus
Bahnhof Friedrichstraße
Bundestag (Reichstag)
Französische Botschaft
4
Haus Sommer
Sowjetisches Ehrenmal
Brandenburger Tor
Unter den Linden
Strasse des 17. Juni
Haus Liebermann
Hotel Adlon
Britische Botschaft
Russische Botschaft
Komische Oper
5
Botschaft der USA
DG Bank
Akademie der Künste
Holocaust-Denkmal
Mohrenstraße
Stadtmitte
Mohrenkolonnaden
Lennéstrasse
Ebertstrasse
Musikinstrum.-Museum
Philharmonie
Potsdamer Platz
4

2
A
B
C
1
2
3
4
5
STRASSE 244
HEISENBERGSTR.
MORSESTRASSE
HALLERSTRASSE
PASCALSTRASSE
HELMHOLTZSTRASSE
Gotzkowskybrücke
ZINZENDORF-STRASSE
JAGOWSTRASSE
ELBERFELDER STRASSE
ESSENER STRASSE
BOCHUMER STRASSE
BUNDESRATUFER
Lessingbrücke
LESSINGSTRASSE
LEVETZOWSTRASSE
DORTMUNDER STRASSE
FLENSBURGER STRA
FRANKLINSTRASSE
WIKINGERUFER
AGRICOLASTRASSE
SOLINGER STRASSE
ALTONAER STRASSE
Hansabrücke
JAGOWSTRASSE
TILE-WARDENBERG-STRASSE
HANSA-UFER
WULLENWEBERSTRASSE
SALZUFER
Landwehrkanal
SCHLESWIGER UFER
FLOTOWSTRASSE
HANSAPLATZ
Hansaplatz
Marchbrücke
ABBESTRASSE
GUERICKESTR.
MARCHSTRASSE
SALZUFER
EINSTEINUFER
ENGLISCHE STRASSE
SIEGMUNDS HOF
BACHSTRASSE
KLOPSTOCKSTRASSE
HÄNDELALLEE
HÄNDELALLEE
Fauler See
Technische Universität
SALZUFER
Tiergarten
STRASSE DES
STRASSE DES 17. JUNI
TIERGARTEN
ERNST-REUTER-PLATZ
Charlottenburger Brücke
GROSSER WEG
Ernst-Reuter-Platz
Technische Universität
MÜLLER-BRESLAU-STRASSE
Neuer See
SCHILLERSTRASSE
Hochschule der Künste
Landwehrkanal
HARDENBERGSTR.
HERTZALLEE
KNESEBECKSTRASSE
FASANENSTRASSE
GOETHESTR.
STEINPLATZ
Museum für Fotografie
JEBENSSTRASSE
Lichtensteinbrück
HARDENBERG-PLATZ
KATHAR
GROLMANSTRASSE
CARMERSTRASSE
Ludwig-Erhard-Haus
ZOOLOGISCHER GARTEN
UHLANDSTRASSE
Bahnhof Zoologischer Garten
Zoologischer Garten
Zoologischer Garten
SAVIGNY-PLATZ
Theater des Westens
HARDENBERGSTR.
BUDAPESTER S
KANTSTRASSE
BUDAPESTER STR.
OLOF-PALME-PLATZ
BREITSCHEIDPLATZ
BURGGR STRA
Jüdisches Gemeindehaus
Kaiser-Wilhelm-Gedächtnis-Kirche
Europa-Center
KNESEBECKSTRASSE
GROLMANSTRASSE
UHLANDSTRASSE
FASANENSTRASSE
KURFÜRSTENDAMM
Kurfürstendamm
TAUENTZIENSTRASSE
NÜRNBERGER STR.
ANSBACHER STRASSE
BAYREUTHER STRASSE
JOACHIMS-TALER PLATZ
RANKESTRASSE
Uhlandstraße
JOACHIMSTALER STRASSE
LOS-ANGELES-PLATZ
MARBURGER STRASSE
WITTENBERG-PLATZ
Wittenbergplatz
MEINEKESTRASSE
AUGSBURGER STRASSE
Ka DeWe
PASSAUER STRASSE
ANSBACHER STRASSE
BAYREUTHER STRASSE
K.-Kollwitz-Museum
RANKESTRASSE
EISLEBENER STRASSE
NÜRNBERGER STRASSE
Augsburger Straße
LIETZENBURGER STRASSE
RANKEPLATZ
LIETZENBURGER STRASSE
LIETZENBURGER STRA
SCHAPERSTRASSE
SCHAPERSTRASSE
FUGGERSTR
PFALZBURGER STR.
UHLANDSTRASSE
BUNDESALLEE
ETTALER STRASSE
WELSERSTRASSE
FASANEN-PLATZ
NÜRNBERGER PLATZ
LUDWIGKIRCH-PLATZ
LUDWIGKIRCHSTRASSE
MEIEROTTOSTRASSE
SPICHERN-STRASSE
GEISBERGSTRASSE
A
B
C

3
D
E
F
ALT-MOABIT
CARL-VON-OSSIETZKY-PARK
PAULSTRASSE
KIRCHSTRASSE
THOMASIUSSTRASSE
CALVINSTRASSE
SPENERSTRASSE
WERFTSTRASSE
LÜNEBURGER STRASSE
WASHINGTON-PLATZ
Moltkebrücke
HOLSTEINER UFER
BARTNINGALLEE
Moabiter Brücke
HELGOLÄNDER UFER
MELANCHTHONSTRASSE
FLEMINGSTRASSE
LÜNEBURGER STR.
Bellevue
Spree
Haus der Kulturen der Welt
SCHLOSSPARK BELLEVUE
GROSSE QUERALLEE
Lutherbrücke
JOHN-FOSTER-DULLES-ALLEE
ENGLISCHER GARTEN
Schloss Bellevue
SPREEWEG
STRASSE DES 17. JUNI
KLEINER STERN
GROSSER STERN
Siegessäule
STRASSENTUNNEL
TIERGARTEN
HOFJÄGERALLEE
GROSSE-STERN-ALLEE
GROSSER WEG
TIERGARTENSTRASSE
Philharmonie
Kunstgewerbemuseum
Kupferstichkabinett
Gemäldegalerie
KARAJANSTR.
SCHAROUNSTR.
MATTHÄIKIRCH-PLATZ
St.-Matthäus-Kirche
Kunstbibliothek
SIGISMUNDSTR.
Neue Nationalgalerie
Gedenkstätte Bendlerblock
HIROSHIMASTRASSE
HILDEBRANDSTRASSE
STAUFFENBERGSTRASSE
HITZIGALLEE
RAUCHSTRASSE
STÜLERSTRASSE
KLINGELHÖFERSTRASSE
KÖBISSTRASSE
CORNELIUSSTRASSE
HEYDT-STRASSE
REICHPIETSCHUFER
Villa von der Heydt
Bauhaus-Archiv
Shell-Haus
LÜTZOWUFER
Landwehrkanal
Herkulesbrücke
Bendlerbrücke
Potsdamer Brücke
SCHÖNEBERGER UFER
AM KARLSBAD
KEITHSTRASSE
WICHMANNSTRASSE
LANDGRAFENSTRASSE
LÜTZOWPLATZ
LÜTZOWSTRASSE
BISSINGZEILE
SCHILLSTRASSE
FÜRSTENSTRASSE
MAGDEBURGER PLATZ
GENTHINER STRASSE
KLUCKSTRASSE
POTSDAMER STRASSE
EINEMSTRASSE
DERFFLINGERSTRASSE
KURFÜRSTENSTRASSE
AN DER URANIA
COURBIERESTRASSE
KÖRNERSTRASSE
MAIENSTRASSE
POHLSTRASSE
Kurfürstenstraße
KLEISTSTRASSE
ELSE-LASKER-SCHÜLER-STRASSE
NOLLENDORFPLATZ
Nollendorfplatz
KURMÄRKISCHE STRASSE
FROBENSTRASSE
DENNEWITZ-STRASSE
FUGGERSTRASSE
KALCKREUTH-STRASSE
EISENACHER STRASSE
MOTZSTRASSE
MASSENSTRASSE
ZIETENSTRASSE
BÜLOWSTRASSE
STEINMETZSTRASSE
BLUMENTHALSTRASSE
NELLY-SACHS-PARK
NOLLENDORFSTRASSE
Bülowstraße
1
2
3
4
5

4
A
B
C
1
2
3
4
5
Friedrichstadtpalast
Univ.-Klinik
Univ.-Frauenkl.
Berliner Ensemble
Admiralspalast
»Tränenpalast«
Friedrichstraße
Bahnhof Friedrichstraße
Spree
Paul-Löbe-Haus
Reichstag (Bundestag)
PLATZ DER REPUBLIK
Sowjetisches Ehrenmal
Haus Sommer
Französische Botschaft
Brandenburger Tor
Hotel Adlon
Britische Botschaft
Russische Botschaft
Botschaft der USA
DG Bank
Akademie der Künste
Haus Liebermann
Holocaust-Denkmal
UNTER DEN LINDEN
Komische Oper
Deutsche Guggenheim
Alte Bibliothek
Altes Palais
Humboldt-Universität
Staatsbibliothek
Reiterdenkmal
St.-Hedwigs-Kathedr.
Französische Straße
Französischer Dom
Schauspielhaus
Deutscher Dom
Friedrichstadt-Passagen
Mohrenstraße
Mohrenkolonnaden
Stadtmitte
LEIPZIGER STRASSE
Potsdamer Platz
Sony Center
POTSDAMER STRASSE
Bundesrat
Bundesministerien und Abgeordnetenhaus
Museum für Kommunikation
Staatsbibliothek
Topographie des Terrors
Martin-Gropius-Bau
Checkpoint Charlie
KOCHSTRASSE
Kochstraße
Mendelssohn-Bartholdy-Park
MEND.-BARTHOLDY-PARK
Anhalter Bahnhof
Lapidarium
Gleisdreieck
Deutsches Technikmuseum Berlin
Möckernbrücke
Berlin-Museum
Jüdisches Museum
MEHRINGPLATZ
Hallesches Tor
FRIEDRICHSTRASSE
WILHELMSTRASSE
STRESEMANNSTRASSE
EBERTSTRASSE
LENNÉSTRASSE
HALLESCHES UFER
TEMPELHOFER UFER
LINDENSTRASSE
WATERLOO-UFER

D
E
F
5
1
2
3
4
5
HACKESCHER MARKT
DIRCKSENSTRASSE
MONBIJOU-PLATZ
NEUE PROMENADE
ONBIJOUPARK
Hackescher Markt
ROCHSTRASSE
Bahnhof Alexanderplatz
ALEXANDERPLATZ
GONTARDSTRASSE
Alexanderplatz
OTTO-BRAUN-STRASSE
KARL-MARX-ALLEE
WEYDEMEYER-STRASSE
Schillingstraße
JACOBYSTRASSE
ergamon-museum
BURGSTRASSE
ROSENSTRASSE
Alte Nationalgalerie
BURGSTR.
SPANDAUER STRASSE
Neues Museum
Friedrich-brücke
Heiliggeistkapelle
Marienkirche
Fernsehturm
BODESTRASSE
AM LUSTGARTEN
Berliner Dom
Neptunbrunnen
RATHAUSSTRASSE
DIRCKSENSTRASSE
ALEXANDERSTRASSE
Altes Museum
LUSTGARTEN
KARL-LIEBKNECHT-STRASSE
Liebknecht-brücke
Marx-Engels-Forum
Rotes Rathaus
GUSTAV-BÖSS-STRASSE
GRUNERSTRASSE
Franziskaner Klosterkirche
Stadtgericht Mitte
MAGAZINSTRASSE
Deutsches Historisches Museum
SCHLOSSPLATZ
Rathaus-brücke
RATHAUSSTRASSE
Gerichts-laube
POSTSTRASSE
PROPSTSTR.
Nikolaikirche
Klosterstraße
JÜDENSTRASSE
PAROCHIALSTR.
Palais Podewils
VOLTAIRE-STRASSE
SCHILLING-STRASSE
Kronprinzen-palais
Nikolaiviertel
MOLKEN-MARKT
Parochial-kirche
KLOSTERSTRASSE
LITTENSTRASSE
Gaststätte
SCHICKLER-STRASSE
Marstall
SPREEUFER
Knoblauch-haus
MÜHLENDAMM
Stadtmauer
Schleusenbrücke
WERDERSTRASSE
Ephraim-palais
Palais Schwerin u. Münze
STRALAUER STRASSE
Jannowitzbrücke
BREITE STRASSE
Mühlendamm-brücke
ROLANDUFER
Friedrichs-werdersche-Kirche
UNTERWASSERSTRASSE
NEUMANNSGASSE
Ribbeck-Haus
Mühlendamm-Schleuse
Jannowitzbrücke
Jannowitz-brücke
BRÜDERSTRASSE
KURSTRASSE
FRIEDRICHSGRACHT
OBERWASSERSTRASSE
Nicolai-Haus
GERTRAUDENSTRASSE
FISCHERINSEL
Insel-brücke
MÄRKISCHER PLATZ
MÄRKISCHES UFER
AM KÖLLNISCHEN PARK
Märkisches Museum
vogteiplatz
PETRIPLATZ
WALLSTRASSE
BRÜCKENSTRASSE
KURSTRASSE
MÄRKISCHES UFER
Ermeler Haus
RUNGESTRASSE
NIEDERWALLSTRASSE
Galgenhaus
INSELSTRASSE
RUNGESTR.
Roßstraßen-brücke
Märkisches Museum
OHMSTRASSE
Gertrauden-brücke
Grünstraßen-brücke
Spree
WALLSTRASSE
SPITTEL-MARKT
Spittelmarkt
NEUE ROSSSTRASSE
SCHULZE-DELITZSCH-PLATZ
RASSE
NEUE JAKOBSTR.
Spittelkolonnaden
SEYDELSTR.
NEUE JAKOBSTR.
KÖPENICKER STRASSE
Heinrich-Heine-Straße
KRAUSENSTRASSE
BEUTHSTRASSE
NEUE GRÜNSTR.
ALTE JAKOBSTRASSE
SEBASTIANSTRASSE
ANNENSTRASSE
HEINRICH-HEINE-STRASSE
MICHAELKIRCHSTRASSE
SCHÜTZENSTR.
KOMMANDANTENSTR.
SCHMIDSTRASSE
LINDENSTRASSE
ANNENSTRASSE
LEGIENDAMM
LEUSCHNERDAMM
STALLSCHREIBERSTRASSE
KOMMANDANTENSTRASSE
SEBASTIANSTRASSE
ALEXANDRINENSTRASSE
HEINRICH-HEINE-STRASSE
DRESDENER STRASSE
HEINRICH-HEINE-PLATZ
MICHAEL-KIRCH-PLATZ
WALDECKPARK
ORANIENSTRASSE
STALLSCHREIBERSTR.
Engel-becken
FEILNERSTRASSE
RITTERSTRASSE
SEBASTIANSTR.
LUCKAUER STRASSE
ALFRED-DÖBLIN-PLATZ
LEGIENDAMM
LEUSCHNERDAMM
WALDEMARSTRASSE
ALTE JAKOBSTRASSE
ALEXANDRINENSTRASSE
JAKOBIKIRCH-STRASSE
LOBECKSTRASSE
MORITZ-PLATZ
Moritzplatz
ORANIENSTRASSE
ORANIEN-PLATZ
NAUNYNSTRASSE
RITTERSTRASSE
PRINZESSINNENSTRASSE
FRANZ-KÜNSTLER-STRASSE
PRINZENSTRASSE
SEGITZDAMM
ERKELENZDAMM
DRESDENER STRASSE
ORANIENSTRASSE
RITTERSTRASSE
ADALBERTSTRASSE
BERGFRIEDSTRASSE
EUENBURGER STRASSE
ALEXANDRINENSTRASSE
LOBECKSTRASSE
WASSERTORSTRASSE
REICHENBERGER STRASSE
MORITZSTRASSE
Kottbusser Tor
WASSERTOR-PLATZ
Prinzenstraße
ADMIRALSTRASSE
GITSCHINER STRASSE
BÖCKLERSTRASSE
BÖCKLERPARK

SANS. SOUCI.

Ost-deutschland

Ostdeutschland im Überblick

Die neuen Bundesländer im Osten Deutschlands warten mit einer Vielfalt touristischer Attraktionen auf. Das majestätische Elbetal und der idyllische Spreewald in Brandenburg, stille Wanderwege durch den Harz in Sachsen-Anhalt, der Thüringer Wald, das Erzgebirge oder das Elbsandsteingebirge in Sachsen – alle Regionen Ostdeutschlands sind einen Besuch wert.

Dazu kommt eine große Auswahl an historischen Stätten: von den Potsdamer Schlössern über großartige barocke Bauwerke in Dresden und bedeutende romanische Kirchen in Sachsen-Anhalt bis hin zur thüringischen Kulturstadt Weimar. Die interessantesten Ziele finden Sie auf dieser Seite.

Der Magdeburger Reiter *auf dem Marktplatz der Stadt* (siehe S. 152) *ist eine Kopie. Die Statue stellt wahrscheinlich Otto I. dar.*

Der Naumburger Dom (siehe S. 150f) *ist eine der größten und eine der am besten erhaltenen gotischen Kathedralen. Meisterhaft gearbeitete Figuren, darunter die der Kirchenstifter Ekkehart und Uta, weisen eine lebensnahe Mimik und Gestik auf.*

Die St.-Severi-Kirche in Erfurt (siehe S. 192) *thront zusammen mit dem Dom St. Marien über dem alten Stadtkern. Sie ist das seltene Beispiel einer fünfschiffigen frühgotischen Hallenkirche.*

Weimar *mit seinem schmucken Marktplatz* (siehe S. 194f) *und den schön restaurierten Bürgerhäusern ist schon seit Jahrhunderten ein wichtiges Zentrum der Kultur. So haben u.a. Schiller, Goethe und Liszt in Weimar gelebt.*

Sanssouci, *das elegante Barockschloss in Potsdam* (siehe S. 136), *wurde von Friedrich dem Großen als Sommerresidenz erbaut. Schloss und Gärten lehnen sich an das französische Vorbild Versailles an.*

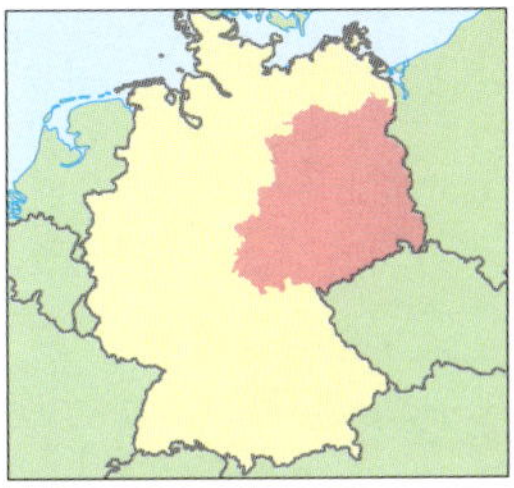

Zur Orientierung

Schloss Wörlitz *ist von einem großen Park umgeben* (siehe S. 156f). *Auf dem Wörlitzer See, einem früheren Elbarm, kann man Bootsfahrten unternehmen.*

Das Völkerschlachtdenkmal bei Leipzig (siehe S. 163), *1913 eingeweiht, erinnert an den Sieg der Armeen Preußens, Österreichs, Russlands und Schwedens über Napoléon im Jahr 1813.*

Der Dresdner Zwinger (siehe S. 174f) *ist ein wahres Juwel des sächsischen Barock. Nach der Zerstörung im Zweiten Weltkrieg wurde die Anlage originalgetreu wiederaufgebaut.*

Meissener Porzellan®

Figurine von J. J. Kändler

Bis ins frühe 18. Jahrhundert kannte man in Europa nur chinesisches Porzellan, und das Geheimnis der Porzellanherstellung wurde in China streng gehütet. Der sächsische Kurfürst August der Starke beauftragte die Berliner Alchimisten Johann Friedrich Böttger und Walther Graf von Tschirnhaus, Porzellan herzustellen. 1707 war Tschirnhaus schließlich erfolgreich. Die Porzellanmanufaktur in Meißen wurde 1710 errichtet und exportierte ab 1713 feinstes Porzellan in viele Länder. Die ersten Porzellankünstler und -maler waren Johann Joachim Kändler und Johann Gregor Höroldt.

Das Porzellanmuseum *wurde 1916 eröffnet. Es zeigt mit rund 3000 Exponaten die Entwicklung des Meissener Porzellans, die Schauwerkstatt, die Fertigung und die Bemalung des »sächsischen Goldes«.*

Böttger-Steinzeug

Zusammen mit Ehrenfried Walther Graf von Tschirnhaus stellte Johann Friedrich Böttger schon im Jahr 1707 festeres, von Rot bis Braun variierendes Steinzeug her. 1707 gelang Tschirnhaus die Erfindung des weißen Porzellans, das sich als wesentlich härter und haltbarer erwies als das chinesische Porzellan.

Diese Teller und Schüsseln *sind typische Exemplare von Böttgers Steinzeug. Die einfache Form lehnt sich eng an die chinesischen Vorlagen an.*

Die dunkle Farbe wird durch den roten Ton erzeugt.

Der »Gelbe Löwe«, *ein Porzellanmotiv um das Jahr 1728, verzierte das erste Service aus Manufaktur von Meißen.*

Bei genauerem Hinsehen erweist sich der »Gelbe Löwe« als Tiger.

Chinesische Porzellanmotive

Bis ins 17. Jahrhundert wurde Porzellan aus China nach Europa importiert. Die ersten Stücke aus der sächsischen Produktion waren nur Kopien fernöstlicher Vorbilder. Die Figurinen und Gefäße aus Meißen wurden mit japanischen oder chinesischen Motiven bemalt. Nur die Service für den sächsischen Hof wurden mit einem eigens entworfenen Design versehen. Besonders die Bildmotive »Roter Drache« und »Gelber Löwe« waren sehr beliebt. Da die chinesische Periode allerdings dann bald aus der Mode kam, setzte man ab 1738 europäische Barockszenen als Dekor für Porzellan ein.

Porzellanherstellung

Die Herstellungsmethoden haben sich durch die Jahrhunderte nur unwesentlich verändert. Das sogenannte »harte« Porzellan besteht aus Kaolin, Quarz und Feldspat. Alle Rohlinge werden getrocknet und gebrannt, die glasierten Stücke zweimal. Die Verzierungen können vor oder nach dem Brennvorgang aufgebracht werden. Handbemaltes und vergoldetes Porzellan erzielt bis heute Höchstpreise.

Handbemalung von Porzellan in der Manufaktur

Tischgeschirr

Schon Ende des 18. Jahrhunderts waren verschiedene Porzellandesigns im Handel. Die erfolgreichsten Service werden bis heute hergestellt. Die Porzellanmanufaktur in Meißen hat im 18. Jahrhundert zwei berühmte Muster, das »Weinlaubmuster« und das »Zwiebelmuster«, entworfen. Die von Generation zu Generation vererbten Service können noch heute durch Nachkauf vervollständigt und ergänzt werden.

Kaffeekanne und Tasse im kobaltblauen Zwiebelmuster sind mit Granatäpfeln und Pfirsichen verziert.

Porzellan mit Kunstmotiven

Im 18. Jahrhundert begann man, Abbildungen berühmter Gemälde oder Stiche auf Vasen, Teller oder Tassen der Meissener Porzellane zu kopieren. Diese Art der Verzierung erreichte im Klassizismus und im Biedermeier ihren Höhepunkt.

Ein Stich wird auf eine Vase übertragen

Vase mit dem Motiv eines Gemäldes von Antoine Watteau

Service und Figurinen

Hochrangige Künstler schufen außergewöhnliche Dekors und Einzelstücke für die königlichen Service der Porzellanhersteller in Meißen. Die berühmtesten Entwürfe kreierte Johann Joachim Kändler. Seine Figurinen und Vasen verzierten die Tafel des Königs oder standen in den Vitrinen wohlhabender Bürger. Ein Leipziger Bischof gab z. B. eine Figurengruppe kirchlicher Würdenträger für den Altar in Auftrag.

Schwanen-Service-Terrine

Figurine von August III.

***Europa*, eine Figur aus J. J. Kändlers Ensemble »Vier Kontinente«**

Die Signets von Meissen

Alle Porzellanmanufakturen haben ihre eigenen Signets oder »Brandmarken«. Die Symbole werden meist unter der Glasur auf dem Boden des Stückes angebracht. In Meißen wurden zunächst japanische oder chinesische Kalligrafien imitiert. Danach gab es eine bestimmte Buchstabenkombination, seit 1722 markieren auch zwei gekreuzte Schwerter in blauer Farbe die Porzellanstücke aus Meißen. Die unteren drei Signets bezeichnen den königlichen Kunden der Service.

K.P.F.

Königliche Porzellan-Fabrik, Signet von 1723

K.P.M.

Königliche Porzellan-Manufaktur, Signet in den Jahren 1722–25

Signets seit 1722

***Augustus Rex*, die Initialen von König August**

K.H.K

Königliche Hof-Küche

K.H.C.W.

Königliche Hof-Conditorei Warschau

Luther und die Reformation

Wappen

Am Abend des 31. Oktober 1517 nagelte Martin Luther seine 95 Thesen an die Tür der Schlosskirche von Wittenberg – so die historische Überlieferung. Damit begann in Deutschland die Reformation. Luthers provokante Thesen griffen den Missbrauch des Ablasswesens an, die Umwandlung von Bußwerken in Geldbußen durch den Erwerb von Ablassbriefen. Er fand Unterstützung durch Teile des Adels, der sich 1531 im Schmalkaldischen Bund zusammenschloss und in den folgenden Jahren zum schärfsten politischen und militärischen Widersacher Kaiser Karls V. wurde. Der jahrzehntelange Kampf endete 1555 mit dem Augsburger Religionsfrieden, der die Glaubensspaltung in Deutschland besiegelte.

Die Bibel *wurde von Martin Luther übersetzt und 1534 erstmals auf Deutsch in einem Band veröffentlicht. Ein Jahr später erschien eine kostbar illustrierte zweibändige Ausgabe.*

Die Kapelle *von Schloss Hartenfels in Torgau* (siehe S. 164) *wurde 1544 von Martin Luther als erste protestantische Kirche Deutschlands geweiht. Damit trat der Protestantismus in direkte Konkurrenz zur katholischen Kirche.*

Die Taufe eines Kindes erfolgt durch Luthers Mitstreiter Philipp Melanchthon.

Das Letzte Abendmahl, im Bildmittelpunkt dargestellt, betont die Bedeutung des Sakraments der heiligen Kommunion. Die Apostel sind auf diesem Altar mit den Gesichtern wichtiger Reformatoren abgebildet.

Unter den Gläubigen, die der Predigt lauschen, sind auch Mitglieder aus Luthers Familie.

Martin Luther (1483–1546), *der große Theologe, Kirchenreformer und Gründer des Protestantismus, ist hier auf einem Porträt dargestellt, das Lucas Cranach d. Ä. im Jahr 1529 malte.*

Die Lutherstube *in Luthers Haus in Wittenberg* (siehe S. 154f). *Hier lebte der Reformator mit seiner Frau und seinen Kindern.*

Philipp Melanchthon (1497–1560) *war ein Freund Luthers und Mitbegründer des Protestantismus. Er propagierte Bildung für alle und erhielt den Beinamen* praeceptor Germaniae, *Lehrer Deutschlands.*

Die Abendmahlsszene schuf Lucas Cranach d. Ä. zusammen mit seinem Sohn, der hier als Mundschenk abgebildet ist.

Das protestantische Glaubensbekenntnis wird von Johannes Bugenhagen entgegengenommen.

Eine Predigt von Martin Luther, der auf den gekreuzigten Christus deutet.

Reformationsaltar

Der Altar in der Stadtkirche St. Marien zu Wittenberg *(siehe S. 155)* ist eines der bedeutendsten Kunstwerke der Reformation. Das Zentralbild des Triptychons wurde um 1539 von Lucas Cranach d. Ä. vollendet, die Flügelbilder vor 1547 von seinem Sohn, Lucas Cranach d. J.

Katharina von Bora war Nonne, bevor sie 1525 Martin Luther heiratete. Sie wurde in der Marienkirche von Torgau *(siehe S. 164)* bestattet. Der Sarkophag ist dort zu besichtigen.

Brandenburg

Brandenburg, das Land an Havel und Spree, bietet mehr als nur Sandgebiete, Heide und Kiefernwälder. Reizvolle Seen, die Waldhügel der Märkischen Schweiz und beschauliche Orte laden zu einer Entdeckungstour ein. Die alte Residenzstadt Potsdam und die Flusslandschaft des Spreewalds mit seinen vielen Freizeitmöglichkeiten haben sich zu touristischen Zentren entwickelt.

Im frühen Mittelalter war die heutige Region Brandenburg der Schauplatz blutiger Kämpfe zwischen germanischen und slawischen Stämmen. Die Germanen siegten und gründeten 1157 die Mark Brandenburg. Ihr erster Herrscher war Albrecht der Bär. Seit 1411 wurde das Land von den Hohenzollern regiert. Brandenburg wurde schon 1539 evangelisch, im Jahr 1618 verschmolz das Land mit dem Herzogtum Preußen. Die Verwüstungen des Dreißigjährigen Kriegs trafen Brandenburg besonders hart: Die Folgen von Plünderungen, Seuchen und einer schwindenden Bevölkerungszahl konnten nur mühsam bewältigt werden. Als sich 1701 Kurfürst Friedrich III. in Preußen zum König Friedrich I. krönte, wurde Brandenburg in das Königreich Preußen eingegliedert. Berlin entwickelte sich zum kulturellen und wirtschaftlichen Zentrum, während Brandenburg zum unbedeutenden Hinterland abfiel. Nur Potsdam erlangte als Regierungssitz der preußischen Könige Bedeutung, der Rest des Landes blieb lange Agrarregion, die man sich selbst überließ. Durch die Wiedervereinigung gelangte Brandenburg wieder in den Einzugsbereich von Berlin.

Reisenden fallen die für Brandenburg typischen Alleen auf. Die verzweigten Kanäle des Spreewalds sind Oasen der Ruhe, die vor allem für Kanufahrten und Bootsausflüge genutzt werden. Die Schlösser Oranienburg und Branitz ziehen ebenso viele Besucher an wie die gotischen Kirchen und Klöster nahe Lehnin und Chorin oder die Städte Potsdam und Brandenburg an der Havel.

Das barocke Schloss Rheinsberg am Ufer des Grienericksees

◁ **Malerischer Erker am Schloss Babelsberg in Potsdam** ***(siehe S. 139)***

Überblick: Brandenburg

Brandenburg eignet sich bestens für »sanftes« Reisen: per Fahrrad, zu Fuß oder etwa mit dem Paddelboot. Auch Berlin kann bei einem Abstecher erkundet werden. Für Potsdam und den Park von Sanssouci sollte mindestens ein Tag eingeplant werden. Eine schöne Tagesunternehmung ist auch eine Bootsfahrt durch die grüne Oase des Spreewalds. Einen Besuch in Cottbus kann man gut mit einem Ausflug nach Frankfurt (Oder) verbinden. Die Sommerkonzerte im Kloster von Chorin sind sehr hörenswert.

SIEHE AUCH

- ***Hotels*** S. 490f
- ***Restaurants*** S. 528–530

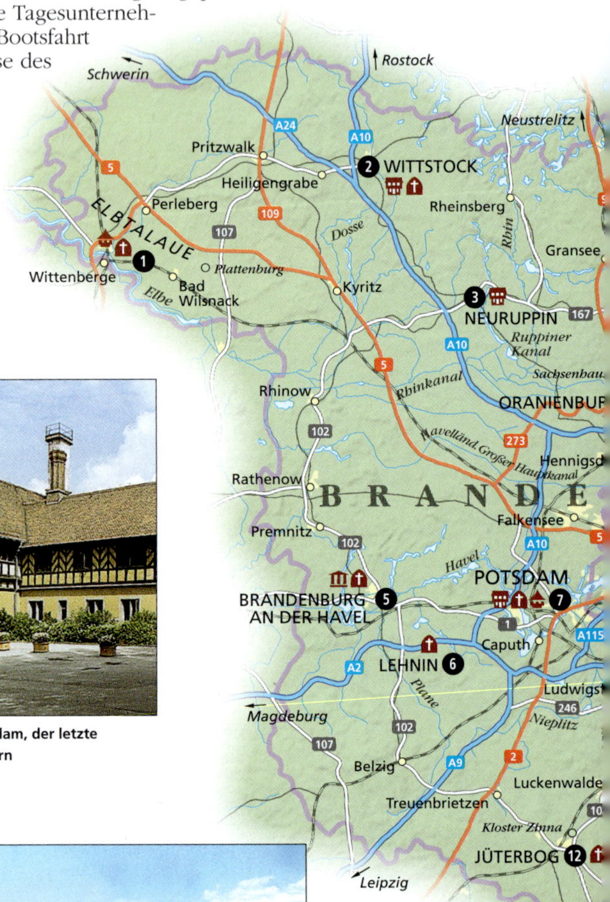

Schloss Cecilienhof in Potsdam, der letzte Schlossbau der Hohenzollern

Schloss Branitz in Cottbus

LEGENDE

- Autobahn
- Bundesstraße
- Nebenstraße
- Eisenbahn (Hauptstrecke)
- Eisenbahn (Nebenstrecke)
- Staatsgrenze
- Bundeslandgrenze

Ausflugsboote auf den Spreewald-Kanälen bei Lehde

In Brandenburg unterwegs

Berlin hat zwei Flughäfen. Brandenburg besitzt ein gut ausgebautes Autobahnnetz. Vom Autobahnring um Berlin zweigen z. B. die A11 nach Stettin, die A10 nach Rostock und die A9 über Leipzig nach Nürnberg ab. Die A13 führt nach Cottbus, die A12 nach Frankfurt (Oder). Auch mit dem Zug kommt man in viele Ortschaften. Ein Abschnitt der Deutschen Alleenstraße führt durch Brandenburg. Entlang der Märkischen Eiszeitstraße können Sie das landschaftlich reizvolle Barnimer Land und die Uckermark entdecken.

0 Kilometer 20

Sehenswürdigkeiten auf einen Blick

Berlin S. 62–119
Brandenburg an der Havel 5
Chorin 8
Cottbus (Chośebuz) 10
Elbtalaue 1
Frankfurt (Oder) 9
Jüterbog 12
Lehnin 6
Neuruppin 3
Oranienburg 4
Potsdam S. 134–139 7
Spreewald 11
Wittstock 2

Elbtalaue ❶

Straßenkarte E2. *nach Wittenberge oder Bad Wilsnack.*
Am Markt 5, Bad Wilsnack, (038791) 26 20.

Das weite Elbetal bei Prignitz ist noch immer eine Perle der Natur, sogar Störche nisten hier. Wer diese Region besucht, sollte unbedingt die neugotische Nikolaikirche von **Pritzwalk** in Augenschein nehmen. Auf dem Marktplatz von **Perleberg** stehen ein Original-Fachwerkbau von 1515 und eine Rolandstatue von 1546. Einige Schritte entfernt erhebt sich die spätgotische Jakobskirche aus dem 13. bis 15. Jahrhundert. Das Heimatmuseum zeigt neben ur- und frühgeschichtlichen Funden einen Kolonialwarenladen aus der Zeit um 1900.

Bad Wilsnack wurde durch den eisenoxidhaltigen Heilschlamm der umliegenden Feuchtgebiete ein bekannter Kurort. Schon zuvor hatte der Ort als Wallfahrtsort Berühmtheit erlangt. Nach einem Brand im Jahr 1383, der u. a. die damalige Kirche erfasste, fanden sich im Schutt drei Hostien mit dem Blut Christi. Zum Dank für dieses »Wunder« und für die vielen Pilger wurde ab 1384 die **Nikolaikirche** erbaut.

Auch das **Schloss Plattenburg**, das auf einer künstlichen Insel liegt, ist einen Besuch wert. Es ist eine der größten erhaltenen Wasserburgen Norddeutschlands und wurde 1319 erstmals erwähnt. Die Gebäude zeigen spätgotische Elemente und Einflüsse aus der Frührenaissance.

Schloss Plattenburg im Elbetal mit Gotik- und Renaissance-Elementen

Die gotische Kapelle von Heiligengrabe in der Nähe von Wittstock

Wittstock ❷

Straßenkarte E2. *12 900.*
Walter-Schulz-Platz 1, Wittstock/Dosse, (03394) 43 34 42. **www**.wittstock.de

Der Ort wurde erstmals 946 urkundlich erwähnt und 300 Jahre später zur Stadt erhoben. Vom 13. bis 16. Jahrhundert war die Stadt Sitz der Bischöfe von Havelberg. Die mittelalterliche Stadtmauer und eines der Tore, das **Gröper Tor**, sind noch erhalten. Von der ehemaligen Bischofsburg steht noch der **Turm**, in dem das Ostprignitz-Museum und das Museum des Dreißigjährigen Kriegs untergebracht sind. Die zwischen 13. und 15. Jahrhundert erbaute **Marienkirche** ist die wichtigste Sehenswürdigkeit. Als Juwel sakraler Kunst gilt der spätgotische Flügelaltar des Lübecker Holzschnitzers Claus Berg, der die Krönung Mariens zeigt (1532). Zu den Schätzen zählt auch eine Renaissance-Kanzel.

Umgebung: Zehn Kilometer westlich von Wittstock liegt **Heiligengrabe** mit einer 1287 gegründeten Zisterzienserabtei. Die Heiliggrabkapelle mit ihren Treppengiebeln, Klosterkirche und Kreuzgang haben die Anlage nicht nur unter Kunstkennern bekannt gemacht.

Neuruppin ❸

Straßenkarte E2. *32 700.*
Karl-Marx-Straße 1, (03391) 454 60. **www**.neuruppin.de

Die Stadt Neuruppin liegt am Ruppiner See. Nach dem Brand von 1787 wurde die Stadt nach den Plänen von Bernhard Matthias Brasch im klassizistischen Stil neu entworfen. Nur die Stadtkirche der Dominikaner und zwei kleine Kapellen stammen aus einer früheren Zeit.

Neuruppin ist Heimatstadt des bedeutenden Architekten **Karl Friedrich Schinkel** und des Dichters **Theodor Fontane** *(siehe S. 27)*. Beiden wurden Denkmäler errichtet.

Umgebung: Das schöne Schloss **Rheinsberg**, 25 Kilometer nördlich, wurde 1734–37 als Residenz des Kronprinzen Friedrich (der spätere König Friedrich der Große) ausgebaut. 25 Kilometer östlich davon liegt das frühere nationalsozialistische Konzentrationslager **Ravensbrück**, das für Frauen und Kinder eingerichtet wurde. Eine Gedächtnisstätte erinnert an das unvorstellbare Grauen.

Schinkel-Denkmal

Oranienburg ❹

Straßenkarte E3. *29 900.*
Bernauer Straße 52, (03301) 70 48 33. **www**.oranienburg.de

Hauptattraktion der Stadt ist das **Schloss Oranienburg**, barocke Residenz von Luise Henriette von Nassau-Oranien, der Gemahlin des Großen Kurfürsten Friedrich

Hotels und Restaurants in Brandenburg *siehe Seiten 490f und Seiten 528–530*

Wilhelm. Der prächtige, in einem Park gelegene Bau wurde von den Architekten Johann Gregor Memhardt und Michael Matthias Smids 1651–55 nach niederländischen Vorbildern entworfen und später noch erweitert.

Schloss Oranienburg
Schlossplatz 1. *(03301) 53 74 37.* *Apr–Okt: Di–So 10–18 Uhr; Nov–März: Sa, So 10–17 Uhr.*

Umgebung: Das ehemalige KZ **Sachsenhausen** liegt nordöstlich von Oranienburg. Die Gedenkstätte und ein Museum erinnern eindrücklich an die über 200 000 Menschen, die hier inhaftiert waren.

Sachsenhausen
(03301) 20 00. *Mitte März–Mitte Okt: tägl. 8.30–18 Uhr; Mitte Okt–Mitte März: tägl. 8.30–16.30 Uhr.* **www**.gedenkstaette-sachsenhausen.de

Brandenburg an der Havel 5

Straßenkarte E3. *79 800.* *Steinstr. 66–67, (03381) 20 87 29.* *Havelfestspiele (Juni).* **www**.stadt-brandenburg.de

Auf dem Gebiet dieser Stadt liegen die ältesten Siedlungen der Region. Die Slawen, die das Gebiet seit dem 6. Jahrhundert bewohnt hatten, wurden ab 948 zwangsweise christianisiert, als hier ein Missionsbischofssitz entstand. Trotz der Zerstörungen des Zweiten Weltkriegs sind wichtige historische Stätten intakt geblieben: Der **Dom St. Peter und Paul** auf der Dominsel entstand von 1165 bis Mitte des 13. Jahrhunderts. Im 14. Jahrhundert erhöhte man den Bau und legte neue Grabkammern an. Unter den Kunstobjekten sind der Böhmische Altar (um 1375) und der Flügelaltar (1518) besonders zu erwähnen. Die wertvollsten Stücke des Kirchenschatzes können im **Dommuseum** besichtigt werden.

Darüber hinaus sind die im 15. Jahrhundert errichtete **St.-Katharinen-Kirche** und die Hallenkirche **St. Gotthard** einen Besuch wert. Auch der historische Stadtkern, das **Rathaus** mit einer Rolandstatue von 1474 sowie das **Museum im Frey-Haus** mit Exponaten zur Geschichte der Region und Spielzeug sind interessant.

Dommuseum
Burghof 10. *(03381) 211 22 21.* *Mo–Sa 10–17, So 12.30–17 Uhr.* **www**.brandenburg-dom.de

Museum im Frey-Haus
Ritterstr. 96. *(03381) 58 45 01.* *Di–Fr 9–17, Sa, So 10–17 Uhr.*

Schloss in Caputh, nördlich von Lehnin

Lehnin 6

Straßenkarte E3. *3100.* *Markgrafenplatz, (03382) 70 44 80.* **www**.lehnin.de

Besucher von Lehnin zieht meist die große **Klosterkirche** an, gegründet für den Zisterzienserorden Ottos I. Der Bau wurde 1190–1260 errichtet, die Anfänge wurden im romanischen, die endgültige Formgebung schon im gotischen Stil ausgeführt. Als das Kloster 1542 säkularisiert wurde, verfiel der Bau und wurde als Steinbruch genutzt. Erst im 19. Jahrhundert erfolgte die Restaurierung.

Klosterkirche
Klosterkirchplatz. *(03382) 76 80.* *Apr–Okt: Mo–Fr 10–16, Sa 10–17, So 13–17 Uhr; Nov–März: Mo–Sa 10.30–15.30, So 13–16 Uhr.* **www**.klosterkirche-lehnin.de

Umgebung: Das frühbarocke Schloss (17. Jh.) in **Caputh**, 23 Kilometer nordöstlich, schenkte der Große Kurfürst seiner zweiten Gemahlin. Der Fliesensaal ist mit etwa 7500 Delfter Fliesen ausgestattet.

Der Böhmische Altar (um 1375) im Dom St. Peter und Paul in Brandenburg

Potsdam ❼

Potsdam ist mit 129 300 Einwohnern die Hauptstadt Brandenburgs. Erstmalig erwähnt wurde der Ort 993, im Jahr 1317 bekam er Stadtrechte. Im 17. Jahrhundert, zur Regierungszeit des Großen Kurfürsten, und im 18. Jahrhundert blühte Potsdam auf. Der Zweite Weltkrieg verursachte erhebliche Schäden, besonders die Nacht vom 14. auf den 15. April 1945, als die Alliierten das Zentrum bombardierten. Heute gehört Potsdam zu Deutschlands interessantesten Städten.

Eine der vielen Skulpturen im Park Sanssouci

Überblick: Potsdam
Nach Potsdam strömen Scharen von Besuchern, um den Park von Sanssouci und Bauwerke wie das Marmorpalais und Schloss Cecilienhof zu besichtigen. Lohnenswert ist auch ein Spaziergang im Neuen Garten und in der Altstadt. Die russische Kolonie Alexandrowka und das Holländische Viertel gehören ebenso zu Potsdams Attraktionen wie die Babelsberger Filmstudios und der Park von Babelsberg.

Cecilienhof
Am Neuen Garten (Neuer Garten).
(0331) 969 42 44. Apr–Okt: Di–So 10–18 Uhr; Nov–März: Di–So 10–17 Uhr.
Schloss Cecilienhof spielte in der Geschichte eine kurze, aber wichtige Rolle, denn hier fand 1945 die Potsdamer Konferenz statt. Das von Paul Schultze-Naumburg zwischen 1913 und 1917 im englischen Landhausstil erbaute Schloss war der letzte Schlossbau der Hohenzollern-Dynastie. Es ist ein lang gestrecktes, asymmetrisches Gebäude aus Backstein mit Fachwerk. Barockreliefs schmücken die zu den Höfen führenden Durchgänge am Pförtnerhaus.

Im Schloss wohnte die Hohenzollern-familie nach ihrem Sturz bis Februar 1945. Heute ist das Schloss ein Luxushotel mit Restaurant. Die Ceciliensuite ist Teil der »Historischen Stätte der Potsdamer Konferenz«. Die ehemaligen Privatgemächer des Kronprinzenpaares können im Rahmen eines geführten Rundgangs besichtigt werden. Der Park ist öffentlich zugänglich.

Marmorpalais
Am Neuen Garten (Neuer Garten).
(0331) 969 42 46. Mai–Okt: Di–So 10–18 Uhr; Nov–Apr: Fr–So 10–16 Uhr.
Das Marmorpalais am See im Neuen Garten ist ein schönes Beispiel für die Architektur des frühen Klassizismus. Die Villa aus rotem Ziegelstein und grauweißem Marmor entstand auf Initiative von König Friedrich Wilhelm II. und wurde 1787–91 nach Entwürfen von Carl von Gontard unter Carl Gotthard Langhans fertiggestellt, 1797 und 1843–45 erweitert.

Alexandrowka
Russische Kolonie/Puschkinallee.
Alexandrowka ist eine russische Kolonie im Norden Potsdams. Die mit Schnitzmotiven verzierten 13 Blockhäuser wurden 1826/27 für die Sänger des ersten preußischen Garderegiments erbaut. Auf dem Kapellenberg entstand 1826–29 unter Mitarbeit Karl Friedrich Schinkels die Alexander-Newski-Gedächtniskirche. Seit 2005 ist in Haus 2 aus dem Jahr 1826 ein Museum zur preußisch-russischen Geschichte untergebracht.

Holländisches Viertel
Friedrich-Ebert-Str., Kurfürstenstr., Hebbelstr., Gutenbergstr.
Genauso beeindruckend wie Alexandrowka ist das Holländische Viertel mit seinen Läden, Galerien, Cafés und Bierkellern. Zu Beginn des 18. Jahrhunderts kamen holländische Arbeiter auf Geheiß König Friedrich Wilhelms I. nach Potsdam. 1733

Wohnhäuser aus Backstein im historischen Holländischen Viertel

bis 1742 wurde für sie nach Plänen von Johann Boumann d. Ä. eine Siedlung gebaut: Sie besteht aus heute noch 128 Giebel- und Traufenhäusern, die vier Karrees bilden. Die Häuser aus roten Ziegeln sind mit Steinmetz- und Stuckarbeiten verziert und inzwischen großteils restauriert.

Nikolaikirche

Am Alten Markt. (0331) 270 86 02. *Apr–Okt: tägl. 9–19 Uhr; Nov–März: tägl. 9–17 Uhr.*

Die im Stil des späten Klassizismus errichtete Nikolaikirche ist zweifellos die schönste in Potsdam. Sie wurde von Karl Friedrich Schinkel entworfen, 1828–30 unter der Leitung von Ludwig Persius errichtet, aber erst 1843 unter Stüler mit der großen Kuppel gekrönt, die von einem Säulentambour gestützt ist. Am Ende des Zweiten Weltkriegs wurde die Kirche schwer beschädigt und beim Wiederaufbau im Inneren stark verändert. Erst 1981 konnte sie wieder eingeweiht werden.

Die Nikolaikirche mit ihrer von Säulen getragenen Kuppel

Marstall

Breite Str. 1a. *(0331) 271 81 12.* *tägl. 10–18 Uhr.*

Der einst als Orangerie, dann als königlicher Pferdestall genutzte Barockbau entstand 1685 und beherbergt seit 1981 das Filmmuseum Potsdam. Dauerausstellungen dokumentieren u. a. die Geschichte der Filmstadt Babelsberg ab 1912 mit alter Filmtechnik und Requisiten aus berühmten Filmen. Im Marstall ist auch ein Kino untergebracht.

Bildergalerie

Zur Historischen Mühle. *(0331) 969 41 81.* *Mitte Mai–Mitte Okt: Di–So 10–17 Uhr.*

Die Galerie (1755–63) neben Schloss Sanssouci zeigt berühmte Barockgemälde, die Friedrich dem Großen gehörten, u. a. Caravaggios *Der ungläubige Thomas*, Guido Renis *Der Tod der Kleopatra* sowie Gemälde von Rubens und van Dyck.

INFOBOX

Straßenkarte E3. *(0331) 27 55 80.* *Lange Brücke.*
Brandenburger Str. 5; Am Alten Markt, (0331) 27 55 80.
FAX *(0331) 27 55 829.*
Hofkonzerte (Mai–Sep); Musikfestspiele Sanssouci (Juni).
www.potsdam.de

Caravaggios *Der ungläubige Thomas*, Bildergalerie

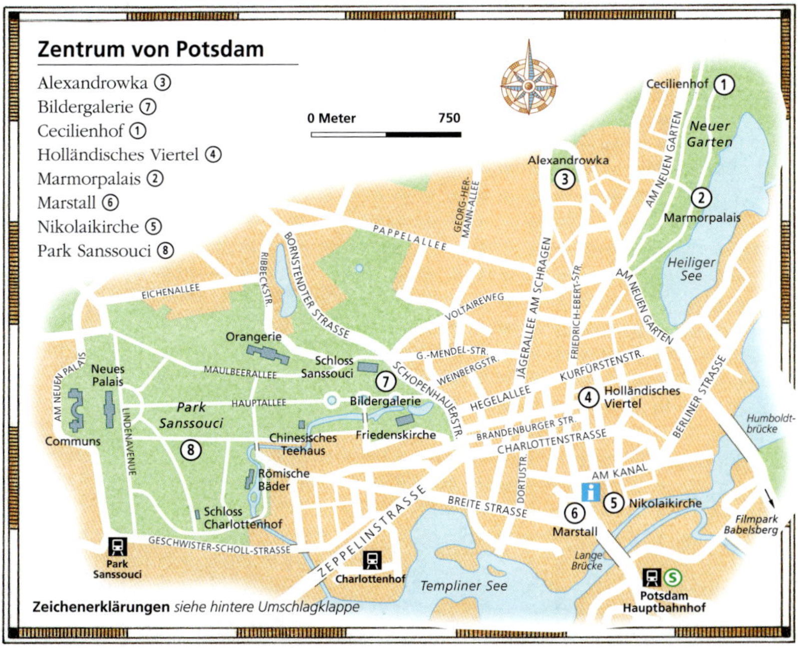

Potsdam: Park Sanssouci

Blumen im Park von Sanssouci

Der 287 Hektar große Park um das Schloss gehört zu Europas schönsten Gartenanlagen. Als erstes Bauwerk entstand 1745–47 an der Stelle eines Obstgartens das Schloss Sanssouci, die Sommerresidenz Friedrichs des Großen. Im Lauf der Jahre wurde Park Sanssouci durch kleinere Schlösser und Pavillons beträchtlich erweitert. Wer den Park mit all seinen schönen Bauten vollständig kennenlernen möchte, sollte mindestens einen Tag einplanen.

Communs
Die beiden durch Kolonnaden und Triumphbogen verbundenen Backsteinbauten werden heute von der Universität genutzt.

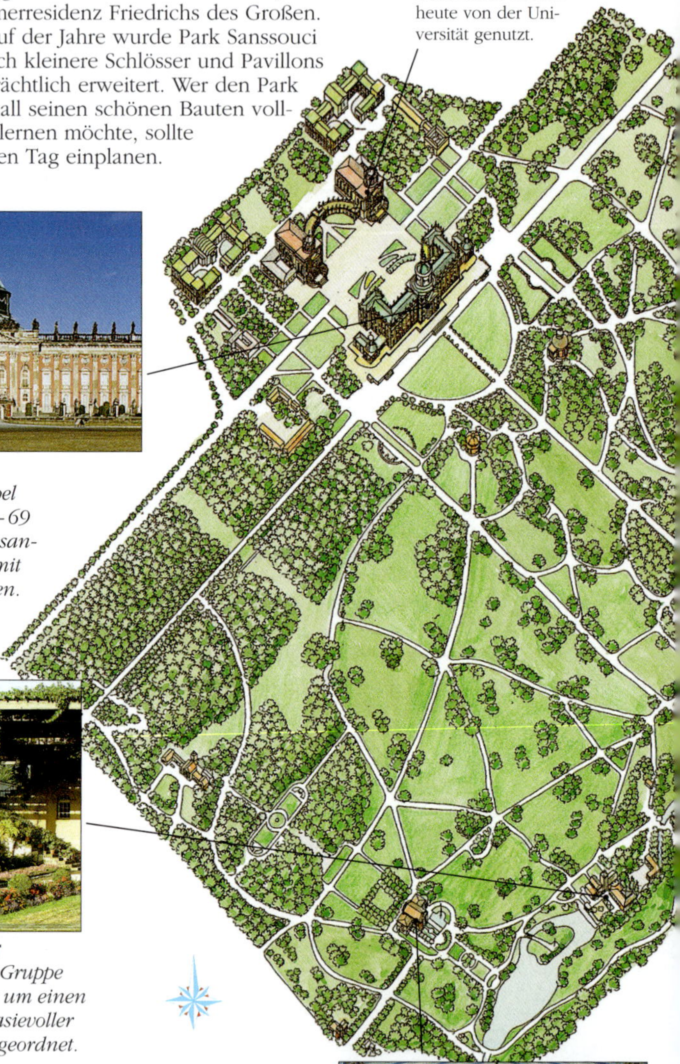

★ Neues Palais
Eine große Kuppel krönt den 1763–69 errichteten imposanten Barockbau mit über 200 Räumen.

Römische Bäder
Eine malerische Gruppe von Pavillons ist um einen Garten mit fantasievoller Bepflanzung angeordnet.

0 Meter 200

Schloss Charlottenhof
Im Zeltzimmer des Schlosses (1826–29) wohnte der Forscher Alexander von Humboldt bei seinen Aufenthalten in Sanssouci.

NICHT VERSÄUMEN

- ★ Neues Palais
- ★ Schloss Sanssouci

Lustgarten
Der ausgedehnte Park besteht aus mehreren Einzelanlagen wie dem Sizilianischen oder dem Nordischen Garten.

INFOBOX

An der Orangerie 1.
(0331) 969 42 02.
606, 695.
Apr–Okt: Di–So 10–18 Uhr; Nov–März: Di–So 10–17 Uhr.
(Park frei.)

Orangerie
Der Palast im Stil der Neorenaissance entstand Mitte des 19. Jahrhunderts. Im Raffaelsaal des Mittelbaus befinden sich Kopien von Raffael-Gemälden.

Neue Kammern
Die ursprüngliche Orangerie wurde erst später zum Gästehaus umgebaut.

★ Schloss Sanssouci
Über einen terrassenförmig angelegten Weinberg gelangt man zum Schloss Sanssouci, dem ältesten Gebäude (1745–47) im Park.

Bildergalerie
Sie ist das älteste deutsche Gemäldemuseum. Der Barockbau beherbergt in seinem lang gestreckten Saal die Werke berühmter Barockmaler.

Friedenskirche
Die Friedenskirche entstand nach dem Vorbild der frühchristlichen Basilika San Clemente in Rom.

Chinesisches Teehaus
Der im Rokokostil erbaute Pavillon ist außen mit sechs Figurengruppen und zwölf Einzelfiguren geschmückt.

Musiksaal mit Wandgemälden in Schloss Sanssouci

Schloss Sanssouci

Zur Historischen Mühle. *(0331) 969 40.* *Apr–Okt: Di–So 10–18 Uhr; Nov–März: Di–So 10–17 Uhr.* **Damenflügel** *Mai–Okt: Sa, So 10–18 Uhr.* **Schlossküche** *Apr–Okt: Di–So 10–18 Uhr.*

Das französische Wort »Sanssouci« heißt »ohne Sorge« und ist bezeichnend für die Extravaganz dieses 1745–47 errichteten Rokokoschlosses. Die von Friedrich dem Großen eigenhändig angefertigten Originalentwürfe hat Georg Wenzeslaus von Knobelsdorff umgesetzt, die Entwürfe zu den prunkvollen Interieurs stammen von Knobelsdorff und Johann August Nahl. Der 1840 für die Hofgesellschaft erbaute Damenflügel und die Schlossküche können ebenfalls besichtigt werden.

Neue Kammern

Zur Historischen Mühle (Lustgarten). *(0331) 969 42 06.* *Apr–Mitte Mai: Sa, So 10–18 Uhr; Mitte Mai–Okt: Di–So 10–18 Uhr.* *obligatorisch.*

Das architektonische Gegenstück zur Bildergalerie wurde 1747 nach einem Entwurf von Georg Wenzeslaus von Knobelsdorff als Orangerie angelegt. Ab 1771 wurde das Gebäude auf Wunsch Friedrichs des Großen zu einem Gästehaus umgestaltet. Der Architekt Georg Christian Unger errichtete den Kuppelaufbau mit vergoldetem Adler und Schlange, veränderte am Außenbau aber sonst wenig. Stattdessen konzentrierte er sich auf die Umgestaltung des Inneren. Er baute sieben luxuriöse Gästesuiten (Westseite) und vier Festsäle (Ostseite), von denen der Ovidsaal mit Reliefs und Marmorböden der schönste ist. Das Innendekor ist im Stil des friderizianischen Rokoko gehalten.

Orangerie

Maulbeerallee (Nordischer Garten). *(0331) 969 42 80.* *Apr–Okt: Di–So 10–18 Uhr.* **Aussichtsterrasse** *1. Apr–14. Mai: Sa, So 10–17 Uhr; 15. Mai–15. Okt: Di–So 10–17 Uhr.*

Die Orangerie wurde zwischen 1851 und 1864 von Friedrich August Stüler nach Skizzen von König Friedrich Wilhelm IV. und Entwürfen von Ludwig Persius im italienischen Renaissance-Stil für Gäste des Hofes, nicht nur für die Unterbringung von Pflanzen errichtet. Die Gästezimmer waren für die Schwester des Königs, die Zarin Charlotte von Russland, und ihren Gatten, Zar Nikolaus I., bestimmt. Die Räume sind rund um den Raffaelsaal, in dem Nachbildungen von 47 Werken Raffaels hängen, gruppiert.

Vor dem Haupteingang steht die Statue Friedrich Wilhelms IV. Die Terrasse vor dem Gebäude ist mit Wasserspielen und Skulpturen geschmückt. Von den Plattformen der beiden Aussichtstürme bietet sich ein schöner Blick auf Potsdam.

Dachfigur am Chinesischen Teehaus

Chinesisches Teehaus

Ökonomieweg (Rehgarten). *(0331) 969 42 22.* *Mai–Okt: Di–So 10–17 Uhr.*

Schon von Weitem sieht man den vergoldeten Pavillon des Chinesischen Teehauses glitzern. Er entstand 1754–57 nach einem Entwurf von Johann Gottfried Büring und Skizzen Friedrichs II. Um den kreisrunden Hauptraum gruppieren sich drei Kabinette, die durch je drei Fenster zum Garten hin geöffnet sind. Die Gartenseiten schmücken Ornamente sowie lebensgroße Chinesenfiguren, Teetrinker und Musikanten aus vergoldetem Sandstein. Das Innere wurde von Thomas Huber 1755/56 verschwenderisch mit Vögeln, Affen und Buddhafiguren ausgemalt.

Römische Bäder

Lenné-Str. (Park Charlottenhof). *(0331) 969 42 25.* *Mai–Okt: Di–So 10–18 Uhr.*

Die am Maschinenteich gelegene malerische Gruppe von Gebäuden bildet die Römischen Bäder. Karl Friedrich Schinkel hatte sie geplant, Ludwig Persius erbaute sie 1829–44. An der Vorderseite befindet sich das Hofgärtnerhaus, das als Gästewohnung diente und mit seinem asymmetrisch gestalteten Grundriss sowie Turm und Pergola an eine italienische Renaissance-Villa erinnert. Es wird heute für Ausstellungen genutzt. Daneben steht ein tempelartiger Teepavillon, auf der anderen Seite des Hofgärtnerhauses wurden Wohngebäude errichtet. Links im Hintergrund erstreckt sich das einstige Römische Bad.

Schloss Charlottenhof

Geschwister-Scholl-Straße (Park Charlottenhof). *(0331) 969 42 02.* *Mai–Okt: Di–So 10–17 Uhr.*

Das 1826–29 von Karl Friedrich Schinkel für den Thronfolger und späteren König Friedrich Wilhelm IV. entworfene kleine Schloss liegt in der südlichen Verlängerung von Park Sanssouci, hat nur ein Obergeschoss und wurde im Stil einer römischen Villa errichtet. Der dorische Giebelportikus auf der Rückseite des Schlosses führt auf eine Gartenterrasse hinaus. Einige von Schinkel entworfene Wandmalereien im pompejischen Stil sowie eine Sammlung italienischer Stiche sind sehenswert. Am interessantesten ist der einem Zelt ähnelnde Humboldtsaal. Peter Joseph Lenné verwirklichte seine Vorstellungen von einem englischen Landschaftspark.

Potsdamer Konferenz (1945)

Am 17. Juli 1945 kamen die Regierungschefs Großbritanniens (Winston Churchill, später Clement Attlee), der USA (Harry Truman) und der Sowjetunion (Jossif Stalin) in Schloss Cecilienhof zusammen, um die zuvor in Jalta getroffenen Entscheidungen zu bekräftigen. Ziel beider Konferenzen war es, die politischen Konsequenzen des Zweiten Weltkriegs vertraglich festzuschreiben. Beschlossen wurde die Auflösung der NSDAP, die Entmilitarisierung Deutschlands, die Bestrafung der Kriegsverbrecher und die Höhe der Reparationen. Auch wurden die deutschen Grenzen neu festgelegt, und man vereinbarte die Aussiedlung von Deutschen aus Polen. Die Konferenz war entscheidend für die Herstellung einer neuen politischen Machtverteilung in Europa.

Attlee, Truman und Stalin 1945 in Potsdam

Neues Palais

Am Neuen Palais. *(0331) 969 42 55. Apr–Okt: Mi–Mo 10–18 Uhr; Nov–März: Mi–Mo 10–17 Uhr. obligatorisch.*

Der imposante Barockpalast am Ende der Hauptallee von Park Sanssouci ist eines der schönsten Schlösser Deutschlands. Er wurde auf Wunsch Friedrichs des Großen erbaut. Die ersten Pläne erstellte Georg Wenzeslaus von Knobelsdorff 1750, doch die Bauarbeiten begannen 1763 nach Entwürfen von Johann Gottfried Büring, Jean Laurent Le Geay und Carl von Gontard. Das Ergebnis war ein zweigeschossiges Bauwerk mit Hunderten von Skulpturen und über 200 reich ausgestatteten Räumen. Im Südflügel befinden sich die Königsgemächer und ein Theater.

Der Marmorsaal im Neuen Palais reicht über zwei Etagen

Schloss Babelsberg

Park Babelsberg 10. *(0331) 969 42 50. Mai–Nov: Di–So 10–17 Uhr.*

Das verwinkelte Schloss mit seinen Türmen und Erkerfenstern in der Nähe des Glienicker Sees wurde von Karl Friedrich Schinkel für den späteren Kaiser Wilhelm I. entworfen. 1833–35 im neugotischen Stil erbaut, zeigt es den Einfluss der englischen Architektur auf Schinkel. Einige Schlossräume kann man besichtigen, darunter den Tanzsaal und die Privaträume des Kaisers.

Filmpark Babelsberg (Babelsberger Filmstudios)

Großbeerenstr. *(0331) 721 27 38. Mitte März–Okt: tägl. 10–18 Uhr.* **www**.filmpark.de

Der eindrucksvolle Filmpark entstand auf dem Gelände der Babelsberger Filmstudios, in denen 1912 Deutschlands erste Filme produziert wurden. Ab 1922 gehörten sie der Universum-Film AG (Ufa), die berühmte Stummfilme wie Fritz Langs *Metropolis* produzierte. Auch die nationalsozialistischen Propagandafilme entstanden hier. Das Studio wird heute noch genutzt, ein Teil des Komplexes ist Besuchern zugänglich. Man kann alte Filme, Kulissen, Spezialeffekte und Stuntmen bei der Arbeit sehen.

Einsteinturm

Albert-Einstein-Str. *(0331) 29 17 41. Innenbesichtigung von Oktober bis März tägl. nach telefon. Vereinbarung. 694.*

Der Turm wurde 1920/21 von Erich Mendelssohn errichtet und gilt als eines der schönsten Beispiele des deutschen Expressionismus in der Architektur. Sein Erscheinungsbild zeigt, was mit armiertem Beton erreicht werden kann. Der Turm ist Teil des Wissenschaftsparks »Albert Einstein« und wird noch heute vom Astrophysikalischen Institut Potsdam als Sonnenobservatorium genutzt.

Chorin ❽

Straßenkarte E2. *1870.* *Kloster Chorin, Amt 11A, (033366) 703 77.* *Apr–Okt: tägl. 9–18 Uhr; Nov–März: tägl. 9–16 Uhr.* *Choriner Musiksommer.*

Am Rand der **Schorfheide**, die von der UNESCO zum schützenswerten Biosphärenreservat erklärt wurde, steht die Ruine des gotischen **Klosters** von Chorin. Der Zisterzienserorden war seit 1258 hier ansässig, die Anlage wurde zwischen 1270 und 1334 erbaut. Der Grundriss der Klosterkirche zeigt drei Kirchenschiffe und einen breiten Querbau. Die reich verzierte Fassade wurde immer wieder erneuert. Erhalten sind auch zwei Flügel der Klausurgebäude und Teile des Kreuzgangs. Als das Kloster 1542 aufgelöst wurde, begann der Verfall. Der ehemalige Kirchenbau dient im Sommer als Kulisse für klassische Konzerte. Die Parkanlagen von Peter Joseph Lenné laden zu geruhsamen Spaziergängen ein.

Umgebung: Besuchern von **Niederfinow** ist das riesige Schiffshebewerk zu empfehlen. Das technische Wunderwerk, das 1934 in Betrieb ging, ist insgesamt 60 Meter hoch, 94 Meter lang und 27 Meter breit. Die hydraulische Hebeanlage kann Lastkähne bis zu 750 Tonnen wie mit einem Fahrstuhl vom Oder-Havel-Kanal in die Oder und umgekehrt hieven.

Portal der Marienkirche in Frankfurt (Oder)

Frankfurt (Oder) ❾

Straßenkarte F3. *87900.* *Karl-Marx-Str. 1, (0335) 32 52 16.* *Frankfurter Musikfesttage (März); Hansefest (Juli); Kleist-Tage (Okt).* **www**.frankfurt-oder.de

Das an der Oder gelegene Frankfurt erhielt 1253 Stadtrecht und stieg im 14. Jahrhundert zum wohlhabenden Handelszentrum auf. Spätestens 1430 wurde Frankfurt (Oder) Mitglied der Hanse. Seit 1945 ist der Teil am östlichen Flussufer polnisches Staatsgebiet und heißt Słubice.

Die **Viadrina-Universität**, 1506 gegründet, wurde 1990 als Europa-Universität Viadrina wiedereröffnet. Berühmtester Bürger der Stadt ist der 1777 hier geborene Dichter Heinrich von Kleist.

Das schön erhaltene gotische **Rathaus** beherbergt das Museum »Junge Kunst«. Die **Marienkirche**, eine fünfschiffige Kathedrale, wurde 1945 zerstört, inzwischen aber wieder instand gesetzt. Einige ihrer Kunstwerke können in der 1878 fertiggestellten **St.-Gertraud-Kirche** besichtigt werden: Der Hochaltar (1489) und ein fast fünf Meter hoher Bronzeleuchter (1376) sind die wertvollsten der geretteten Stücke. Ein Kirchenbau, der ab 1270 für die Franziskaner errichtet wurde, trägt seit 1967 den Namen **Konzerthalle Carl Philipp Emanuel Bach** und ehrt mit Konzerten das Werk des Sohns von Johann Sebastian Bach.

Umgebung: Das 36 Kilometer südlich gelegene **Neuzelle** besitzt eine schöne Zisterzienserabtei. Die Barockfassade und die schönen Innenräume sind einen Abstecher wert.

Cottbus (Chośebuz) ❿

Straßenkarte F3. *112200.* *Berliner Platz 6, (0355) 754 20.* *Karnevalsumzug (Feb); Cottbuser Musik-Herbst (Okt).* **www**.cottbus.de

Cottbus (sorbisch Chośebuz) wird von vielen Besuchern Brandenburgs zu Unrecht links liegen gelassen. Schon der mit schönen Bürgerhäusern aus dem Barock

Das barocke Schloss Branitz in Cottbus

Hotels und Restaurants in Brandenburg *siehe Seiten 490f und Seiten 528–530*

umsäumte Marktplatz lohnt einen Besuch. In der über 400 Jahre alten Löwenapotheke ist jetzt das **Brandenburgische Apothekenmuseum** untergebracht. Die nahe spätgotische **Oberkirche St. Nikolai** hat im Inneren schöne Kunstwerke zu bieten. Die **Wendenkirche** aus dem 13./14. Jahrhundert war ein Gotteshaus für die slawische Volksgruppe der Sorben (Wenden). Die mittelalterliche **Stadtmauer** mit Münz- und Spremberger Turm gibt Cottbus ein historisches Flair. Mittelpunkt der Stadt ist allerdings zweifellos das 1908 im Jugendstil erbaute **Staatstheater** des Berliner Architekten Bernhard Sehring. Das **Wendische Museum** ist der Kultur der Sorben gewidmet, die in den letzten Jahren eine Renaissance erfährt *(siehe S. 181)*.

Schloss Branitz, eine barocke Schlossanlage aus dem 18. Jahrhundert, liegt am südöstlichen Stadtrand. Branitz war ab 1845 die Residenz des Fürsten Hermann von Pückler-Muskau. Der Architekt der Dresdner Oper, Gottfried Semper, hat die Innenräume um 1850 neu gestaltet. Heute ist hier das **Fürst-Pückler-Museum** untergebracht, in dem vor allem Gemälde des bekannten Cottbuser Malers Karl Blechen ausgestellt werden. Die größte Attraktion in Cottbus ist jedoch der riesige **Park**. Fürst Pückler war ein visionärer Weltreisender. Den im englischen Stil konzipierten Landschaftspark mit zwei Erdpyramiden hat er selbst entworfen. Auf einer Insel im künstlichen See des Parks ließ der exzentrische Fürst die Seepyramide errichten, in der er nach seinem Tod 1871 auch beigesetzt wurde.

Brandenburgisches Apothekenmuseum
Altmark 24. *(0355) 239 97.* *Di–Fr 10–17, Sa, So 14–15 Uhr.*

Schloss Branitz und Fürst-Pückler-Museum
Kastanienalle 11. *(0355) 751 50.* *Apr–Okt: tägl. 10–18 Uhr; Nov–März: Di–So 11–17 Uhr.*

Wendisches Museum
Mühlenstr. 12. *(0355) 79 49 30.* *Di–Fr 11–14, Sa, So 14, 15 Uhr.*

Boote auf einem kleinen Fluss im Spreewald, in der Nähe von Lübben

Spreewald ⓫

Straßenkarte F3. *Lübben.* *Raddusch, Lindenstr. 1, (035433) 722 99; Lübbenau, Ehm-Welk-Str. 15, (03542) 36 68.* *Spreewaldfest in Lübbenau (Juli) und Lübben (Sep).* **www**.spreewald.de

Der Spreewald ist ein geschütztes Biosphärenreservat mit einem Netz von Wasseradern. Jedes Jahr kommen Zehntausende von Besuchern, um auf den typischen Spreewaldkähnen oder mit dem Kanu diese Wasserwelt zu erkunden. Die Touren beginnen meist in **Lübben** oder **Lübbenau**. Der Spreewald ist voller seltener Wasservögel und Wasserpflanzen, auch Biber wurden wieder gesichtet. Von kleinen Restaurants am Ufer der Kanäle werden Speisen und Getränke direkt auf die Boote gereicht. Landestypische Spezialität sind die Spreewald-Gurken.

Lübben hat sowohl eine schöne gotische Kirche als auch ein Schloss im Stil der Spätrenaissance. Der Schlossturm mit 115 Wappen wurde restauriert. Das kleine Freiluftmuseum in **Lehde** und das private Bauernhaus- und Gurkenmuseum – vermutlich das einzige Gurkenmuseum der Welt – sind auf jeden Fall einen Besuch wert.

Umgebung: Das 18 Kilometer westlich von Lübben gelegene **Luckau** besitzt einen schönen Marktplatz mit Schmuckgiebelhäusern und die gewaltige gotische Hallenkirche St. Nikolai (13.–15. Jh.).

Statue am Rathaus von Jüterbog

Jüterbog ⓬

Straßenkarte E3. *13 900.* *Markt 21, (03372) 46 31 13.* **www**.jueterbog.de

Jüterbog, einst Handels- und Handwerkerstadt, besitzt ein spätgotisches Rathaus. Auch die Stadtbefestigung und die drei Toranlagen aus dem 15. Jahrhundert sind noch erhalten. Die **Nikolaikirche** aus dem 14./15. Jahrhundert, ein großes Kirchenbauwerk mit zwei Türmen, ist das Wahrzeichen der Stadt. Im Inneren sind Wand- und Gewölbemalereien aus dem 15. Jahrhundert zu bewundern.

Umgebung: Fünf Kilometer nördlich von Jüterbog liegt das 1170 von Zisterziensern gegründete **Kloster Zinna**, das bis 1553 bewohnt war. Die Kirche aus dem Übergang von der Romanik zur Gotik wurde um 1500 mit Bleiglasfenstern verziert, die die Heiligen Bernhard von Clairvaux und Benedikt von Nursia darstellen.

Das frühgotische ehemalige Zisterzienserkloster Zinna

Sachsen-Anhalt

Der Harz ist eines der geologisch ältesten deutschen Mittelgebirge, dessen bizarre Felsformationen und tiefgrüne Wälder in vielen Märchen und Legenden vorkommen. Für die Besucher Sachsen-Anhalts ist der Harz zu einem beliebten Reiseziel geworden. Geschichtsträchtige Städte wie die Lutherstadt Wittenberg oder Magdeburg sind die kulturellen Zentren Sachsen-Anhalts.

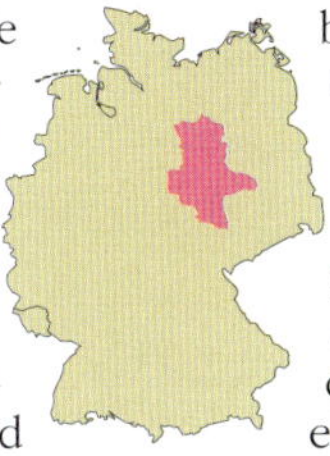

Das Bundesland umfasst die ehemaligen preußischen Provinzen Anhalt und Sachsen (nicht zu verwechseln mit dem Freistaat Sachsen) sowie kleinere ehemals braunschweigische und thüringische Territorien. Die Landschaften Sachsen-Anhalts sind äußerst vielfältig: In der Altmark im Norden wechseln sich fruchtbares Agrarland und Waldflächen ab. Die Bergrücken des Harzes im Süden erreichen an ihrem höchsten Punkt, dem Brocken, eine Höhe von 1142 Metern. Der östliche Teil Sachsen-Anhalts ist eben und heute ein dicht besiedeltes Industriegebiet. Die Stadt Wittenberg liegt ebenfalls im Osten der Region. 1517 schlug Martin Luther hier seine Thesen an die Tür der Schlosskirche, womit die Reformation begann. Der kleine Ort Dessau, der für kurze Zeit auch Hauptstadt des Freistaates Anhalt war, beherbergte von 1925 bis 1932 das berühmte Bauhaus, Hochschule für Gestaltung. Im südlichen Teil des Landes liegt Naumburg, eine Stadt mit einem der bedeutendsten historischen Bauwerke der gesamten Region, dem gewaltigen Dom.

Nach dem Zweiten Weltkrieg wurde Sachsen-Anhalt 1949 in die DDR integriert. 1952 wurde es als Land aufgelöst, die Bezirke Magdeburg und Halle entstanden. Ab 1953 wurde die Region schnell industrialisiert. Der Kohlebergbau versorgte zeitweise fast die gesamte DDR mit Energie aus Braunkohle. Seit 1990 ist Sachsen-Anhalt ein Land der Bundesrepublik.

Fachwerkhäuser in Quedlinburg

◁ **Malerisches Einfamilienhaus in der Nähe von Halberstadt** ***(siehe S. 146)***

Überblick: Sachsen-Anhalt

Eine Rundreise durch Sachsen-Anhalt kann für Kulturinteressierte ein unvergessliches Erlebnis sein. Liebhaber romanischer Architektur kommen bei dem Besuch der vielen Kirchen und Abteien, vor allem in der Altmark, auf ihre Kosten. Zahlreiche Schlösser und Burgen prägen das Bild der Region Anhalt-Wittenberg. Auch im Großraum Magdeburg wird Geschichte erlebbar.

Wanderfreunde und Naturliebhaber zieht es immer wieder in den Harz, wo schöne Wege locken. Wander- und Radwegnetze fordern im Süden Sachsen-Anhalts entlang der Flussläufe von Saale und Unstrut zu sportlichen Entdeckungstouren heraus.

Hauptschiff des gotischen Doms in Havelberg

Herzogliches Mausoleum in Dessau

Zuhörer beim Wasserkonzert im Park von Wörlitz

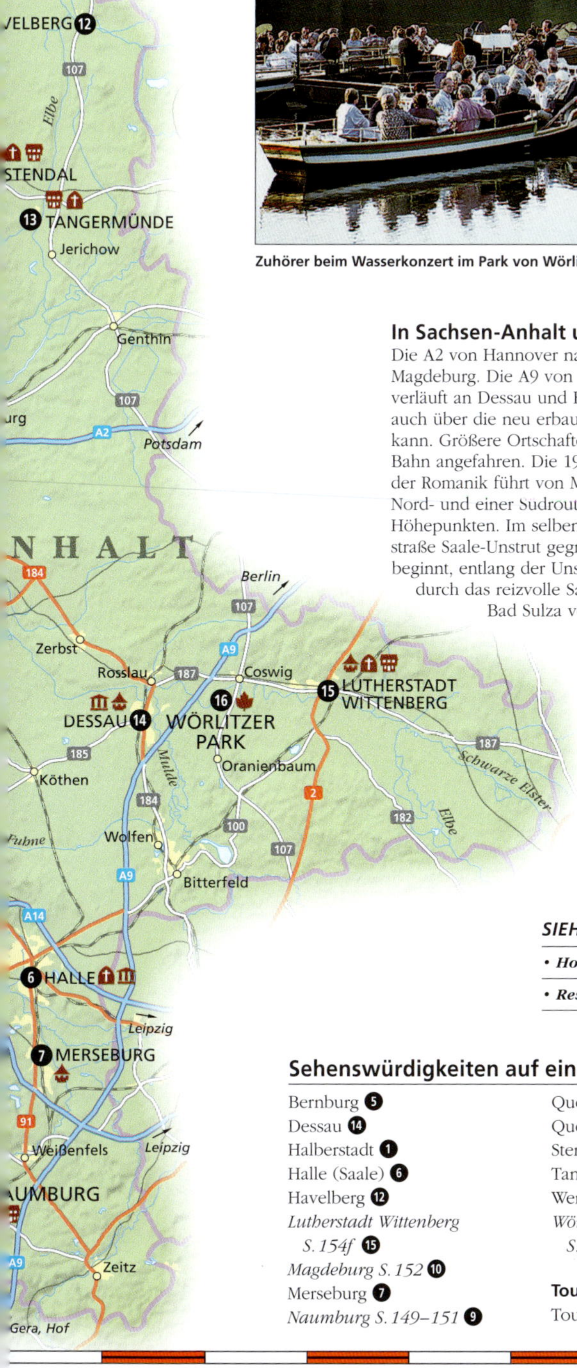

In Sachsen-Anhalt unterwegs

Die A2 von Hannover nach Berlin führt durch Magdeburg. Die A9 von Berlin nach München verläuft an Dessau und Halle (Saale) vorbei, das auch über die neu erbaute A14 erreicht werden kann. Größere Ortschaften werden von der Bahn angefahren. Die 1993 eingerichtete Straße der Romanik führt von Magdeburg aus auf einer Nord- und einer Südroute zu architektonischen Höhepunkten. Im selben Jahr wurde die Weinstraße Saale-Unstrut gegründet, die in Nebra beginnt, entlang der Unstrut bis Naumburg und durch das reizvolle Saaletal weiter südlich bis Bad Sulza verläuft.

SIEHE AUCH

- ***Hotels*** S. 492f
- ***Restaurants*** S. 530–532

Sehenswürdigkeiten auf einen Blick

Bernburg 5
Dessau 14
Halberstadt 1
Halle (Saale) 6
Havelberg 12
Lutherstadt Wittenberg S. 154f 15
Magdeburg S. 152 10
Merseburg 7
Naumburg S. 149–151 9
Quedlinburg 4
Querfurt 8
Stendal 11
Tangermünde 13
Wernigerode 2
Wörlitzer Park S. 156f 16

Tour

Tour durch den Harz 3

Hauptaltar des gotischen Doms in Halberstadt

Halberstadt ❶

Straßenkarte D3. *42 200.*
Hinter dem Rathause 6, (03941) 55 18 15. **www**.halberstadt.de

Halberstadt liegt reizvoll in den nördlichen Ausläufern des Harzes. Die Geschichte der Stadt reicht bis ins 9. Jahrhundert zurück, als Karl der Große den Missionsstützpunkt zum Bischofssitz erhob. 1945 wurden durch Bomben mehr als 80 Prozent der Innenstadt zerstört, viele historische Gebäude sind jedoch heute wieder vollständig hergestellt.

Baubeginn des **Doms St. Stephanus** war im 13. Jahrhundert, im Jahr 1491 wurde er geweiht. Der Dom gehört zu den schönsten rein gotischen Bauwerken in Deutschland, das Taufbecken stammt aus dem 12. Jahrhundert. Sehenswert ist die Triumphkreuzgruppe (um 1220) über dem spätgotischen Lettner (1510). In der Marienkapelle sind die originalen Buntglasfenster von 1330 zu sehen, im Kreuzgang und im Chorraum Fenster aus dem 15. Jahrhundert.

Die Kirchengemeinde birgt einen reichen **Domschatz** mit wertvollen Bildteppichen aus dem 12. und 13. Jahrhundert, zahlreichen Skulpturen, Liturgiegewändern und -gefäßen.

Interessant in der Altstadt sind auch die romanische **Liebfrauenkirche** aus dem 12. Jahrhundert und die gotische **Marktkirche St. Martini**. Bei einem Bummel durch die Vogtei- und die Bakenstraße fallen die vielen schönen Fachwerkhäuser ins Auge.

Der Weinkeller des Jagdschlosses birgt das älteste Weinfass der Welt (1594); sein Fassungsvermögen beträgt 144 000 Liter.

Romanische Kreuzigungsgruppe im Dom von Halberstadt

Domschatz
(03941) 242 37.
Öffnungszeiten telefonisch erfragen.
obligatorisch.

Umgebung: Die **Huysburg**, elf Kilometer nordwestlich von Halberstadt, war früher ein Benediktinerkloster. Es besitzt mit der früheren Klosterkirche eine bedeutende romanische Basilika (12. Jh.).

Wernigerode ❷

Straßenkarte D3. *35 300.*
Marktplatz 10, (03943) 553 78 35. *Rathausfest (Juni); Schlossfestspiele (Juli und Aug).*
www.wernigerode.de

Wernigerode liegt reizvoll an zwei Flüssen. Fachwerkhäuser säumen die steilen Straßen, ein wuchtiges Schloss erhebt sich über der Stadt. Die **Harzquerbahn**, eine Schmalspurbahn, verbindet die Ortschaften zwischen Wernigerode und Nordhausen, zwischen Drei Annen Hohne und dem Gipfel des sagenumwobenen Brocken verkehrt die **Brockenbahn**.

Wenn man durch die Altstadt schlendert, staunt man über die Vielfalt der Holzschnitzarbeiten an den Bauten. Besonders interessant sind die Häuser in der Fußgängerzone **Breite Straße**, etwa das Krummel'sche Haus und die Krell'sche Schmiede. Der Fachwerkbau des Rathauses (1277 erstmals erwähnt) am schmucken Marktplatz ist mit seinen beiden Erkertürmen mit gotischen Spitzdächern (Ende 15. Jh.) das Wahrzeichen der Stadt.

Schloss Wernigerode
Am Schloss 1. *(03943) 55 30 30.*
Mai–Okt: tägl. 10–18 Uhr; Nov–Apr: Di–Fr 10–16, Sa, So 10–18 Uhr.
Mit seinen vielen Türmen wirkt Schloss Wernigerode wie ein Märchenschloss. Die alte Burganlage wurde zuletzt in den Jahren 1862–85 umgebaut und beherbergt heute das Feudalmuseum mit etwa 40 Ausstellungsräumen. Von den Wallanlagen hat man einen schönen Blick auf die Stadt und den nahen Harz.

Umgebung: Das Städtchen **Osterwieck**, 22 Kilometer nördlich, hat über 400 Fachwerkhäuser, die zum Großteil aus dem 16. und 17. Jahrhundert stammen.

Schloss Wernigerode, im Stil des Historismus umgebaut

Tour durch den Harz ❸

Die vorgeschlagene Strecke führt durch bezaubernde Städtchen, zu Burgen und Schlössern. Auch Naturfreunde kommen hier auf ihre Kosten, denn faszinierende Höhlen, Gesteinsformationen und Wandermöglichkeiten liegen am Weg.

ROUTENINFOS

Länge: *55 km.*
Rasten: *Auf der Strecke laden zahlreiche Gaststätten zum Einkehren ein.*
Walpurgisnacht, Thale (30. Apr).

Rübeland-Tropfsteinhöhlen ①
In der Hermannshöhle und der Baumannshöhle war schon Goethe und bewunderte den Zauber der Stalaktiten und Stalagmiten.

Blankenburg ②
Über dem Ort ragt das Schloss aus dem 18. Jahrhundert auf. Die Teufelsmauer, eine spektakuläre Reihe von Sandsteinklippen, ist vier Kilometer lang. Hier sieht man oft Kletterer.

Thale ③
Viele Wanderwege starten in Thale, darunter auch der zum Hexentanzplatz, einer 451 Meter hoch gelegenen Felsplatte mit reizvoller Aussicht auf mehrere Gipfel des Harzes.

Harzgerode ⑦
Das »Tor zum Selketal« besitzt viele schöne Fachwerkbauten und ein Renaissance-Schloss.

Gernrode ④
Hauptsehenswürdigkeit ist die frühromanische Stiftskirche St. Cyriakus aus dem 10. Jahrhundert. Das Innere besticht mit seiner klaren Form.

Burg Falkenstein ⑥
Die Burg aus dem 12. Jahrhundert erfuhr bis ins 17. Jahrhundert viele Umbauten. Heute zeigt sie eine große Sammlung von Möbeln, Gemälden und Jagdwaffen aus fünf Jahrhunderten.

0 Kilometer 2

Ballenstedt ⑤
Das ehemalige barocke Schloss der Herzöge von Anhalt-Bernburg mit dem von Peter Joseph Lenné gestalteten Park ist das Wahrzeichen der Stadt.

LEGENDE

- Routenempfehlung
- Andere Straße
- Panoramastraße
- Aussichtspunkt

Portal des Renaissance-Schlosses in Quedlinburg

Quedlinburg 4

Straßenkarte D3. *24 700.* *Markt 2, (03946) 90 56 24.*
www.quedlinburg.de

Die Geschichte der Stadt Quedlinburg ist eng mit dem Damenstift verbunden, das im Jahr 936 von Mathilde, der Gemahlin König Heinrichs I., und dessen Sohn Otto I. hier gegründet wurde. Auf dem **Schlossberg** Quedlinburgs, einst Königspfalz und Mitglied der Hanse, stehen das Quedlinburger Schloss und die zwischen 1077 und 1129 erbaute Stiftskirche St. Servatius. Zu deren Kostbarkeiten gehört der mit Elfenbeinreliefs geschmückte Reliquienschrein des heiligen Servatius (Ende 12. Jh.). Am Fuß des Schlossbergs kann man das **Klopstockhaus** besichtigen.

In der Stadt blieben gut 1200 Fachwerkhäuser erhalten. Das Haus in der Wordgasse 3 (um 1310) gilt als eines der ältesten Fachwerkhäuser. Es beherbergt heute das **Fachwerkmuseum Ständerbau**. Der **Münzenberg** ist ein dem Schlossberg gegenüber gelegener Hügel, auf dem sich etwa 60 kleine Fachwerkhäuser drängen.

Die **Lyonel-Feininger-Galerie** am Finkenherd 5a zeigt viele Grafiken und einige Gemälde des Deutsch-Amerikaners.

Unter den vielen Kirchen der Stadt sind besonders die **Wipertikirche** mit ihrer frühromanischen Krypta sowie die im 15. Jahrhundert erbaute spätgotische **Marktkirche St. Benedikti** zu erwähnen.

Bernburg 5

Straßenkarte D4. *34 800.* *Lindenplatz 9, (03471) 346 93 11.* *Walpurgisnacht (30. Apr).*
www.bernburg.de

Die kleine Stadt Bernburg am Ufer der Saale war einst Sitz der Fürsten und Herzöge von Anhalt-Bernburg. Die **Bergstadt** und die **Talstadt** von Bernburg sind historisch gut erhalten. Um den Marktplatz der Stadt stehen einige schöne Gebäude aus dem Barock und der Renaissance.

Das **Bernburger Schloss** wurde im 16. Jahrhundert zu einem Renaissance-Schloss umgebaut. Die romanische Schlosskapelle und die gotischen Türme datieren wesentlich früher. Im Alten und im Krummen Haus des Schlosses ist heute das Heimatmuseum untergebracht.

Burg Giebichenstein, Halle, mit der Hochschule für Kunst und Design

Halle (Saale) 6

Straßenkarte D4. *258 500.* *Marktplatz 13, (0345) 122 99 84.* *Händel-Festspiele (Juni); Hallesche Musiktage (Nov).*
www.halle.de

Halle ist eine traditionsreiche Handelsstadt, die vor allem durch den Salzhandel wohlhabend wurde. In der zweiten Hälfte des 19. Jahr-

Hoch auf dem Felsen: das majestätische Bernburger Schloss

Hotels und Restaurants in Sachsen-Anhalt *siehe Seiten 492f und Seiten 530–532*

Renaissance-Schloss in Merseburg

hunderts und zu DDR-Zeiten entwickelte sich Halle zur Industriestadt.

Einiges an historischem Erbe ist noch vorhanden, so der alte **Marktplatz** mit der Kirche **Unserer Lieben Frauen**. Die dreischiffige Hallenkirche (1530–54) besitzt spätromanische Ost- und spätgotische Westtürme. Daneben steht der 84 Meter hohe **Rote Turm** (1418–1506), ein frei stehender Glockenturm. Das Haus in der Großen Nikolaistraße 5 ist das Geburtshaus von Georg Friedrich Händel. Hier wurde ein kleines Museum, das **Händel-Haus**, eingerichtet.

Der ursprünglich frühgotische **Dom** wurde 1280–1330 von den Dominikanern errichtet und im 16. Jahrhundert im Stil der Renaissance umgebaut. Eine Kanzel von 1525 und die Apostel- und Stifterfiguren von Peter Schroh sind die Prunkstücke.

Die spätgotische **Moritzkirche** ist nur eine der zahlreichen gotischen Kirchen von Halle. In der **Moritzburg** (15. Jh.) ist die **Kunststiftung des Landes Sachsen-Anhalt** untergebracht, in der wertvolle Kunstwerke aus dem Besitz des Bundeslandes Sachsen-Anhalt ausgestellt sind. Am Stadtrand steht die ehemalige Residenz der Bischöfe von Magdeburg, **Burg Giebichenstein** (12. Jh.). Der obere Teil der Burg ist als Ruine erhalten und zugänglich, der untere Teil ist Sitz der Hochschule für Kunst und Design.

Kunststiftung des Landes Sachsen-Anhalt
Friedemann-Bach-Platz 5. *(0345) 21 25 90.* *Di–So 10–18 Uhr.* *(letzter So im Monat frei.)*

Merseburg 7

Straßenkarte D4. *38 400.*
Burgstraße 5, (03461) 21 41 70.
www.merseburg.de

Das Erste, was ein Besucher von Merseburg zu sehen bekommt, ist die **Domburg**. Der Gebäudekomplex mit seinen spitzen Türmen und Giebeln setzt sich, wie der Hradschin in Prag, aus dem hohen Dom und vielen ehemaligen Palastgebäuden zusammen. Der Dom hat sowohl romanische Elemente (die östliche Seite, die Krypta und die Türme im Osten sind aus dem 11. und 12. Jahrhundert) als auch spätgotische Erweiterungen, die 1510–17 angefügt wurden. Die sakralen Kirchenschätze aus der Zeit der Gotik und aus der Renaissance sind gut erhalten. In den Seitenschiffen der Kathedrale stehen zahlreiche Bischofssarkophage, darunter der von Thilo von Trotha aus dem Jahr 1470. Die Domstiftsbibliothek beherbergt als größten Schatz die **Merseburger Zaubersprüche** (10. Jh.). Das dreiflügelige **Schloss** mit den prächtigen Portalen und kostbar eingerichteten Innenräumen schließt an den Dom an.

Querfurt 8

Straßenkarte D4. *11 000.*
Markt 14, (034771) 237 99.
www.querfurt.de

Die imposante **Burg** von Querfurt, im 9. Jahrhundert erstmals erwähnt, ist eine der ältesten, größten (fast sieben Mal so groß wie die Wartburg) und am besten erhaltenen Mitteleuropas. Sehenswert sind die Burgkirche (12. Jh.), das Kornhaus (16. Jh., heute ein Museum), die äußeren Ringmauern und Bastionen (15. Jh.). Der Pariser Turm kann bestiegen werden. Am Marktplatz der mauerbewehrten Stadt befinden sich das Renaissance-Rathaus mit Turm sowie restaurierte Patrizier- und Ackerbürgerhäuser.

Naumburg 9

Straßenkarte D4. *30 500.*
Markt 12, (03445) 27 31 25.
Hussiten-Kirsch-Fest (Juni).
www.naumburg-tourismus.de

Eine weltbekannte Sehenswürdigkeit Naumburgs ist der **Dom** *(siehe S. 150f)*. Am Marktplatz sieht man das **Rathaus** (16. Jh.) mit spätgotischen Zwerchgiebeln, schöne Bürgerhäuser in den Nebenstraßen. Das **Marientor**, im 14. Jahrhundert angelegt, ist als Stadttor vollständig erhalten. Die spätgotische **Wenzelskirche** besitzt zwei Gemälde aus der Werkstatt von Lucas Cranach d. Ä. und eine Orgel, auf der schon Johann Sebastian Bach spielte. Im **Nietzsche-Haus**, Weingarten 18, wurde ein Museum für den Philosophen Friedrich Nietzsche eingerichtet, der hier seine Jugend verbrachte.

Gotischer Altaraufsatz am Hochaltar im Naumburger Dom

Naumburger Dom

Der großartige spätromanisch-frühgotische Dom St. Peter und Paul gehört zu den schönsten Kirchen Deutschlands. Er wurde auf den Fundamenten einer romanischen Kirche errichtet. Der östliche Flügel, das Querhaus und das Kirchenschiff reichen bis 1213 zurück. Der frühgotische Westchor wurde noch im 13. Jahrhundert, das hochgotische Polygon des Ostchors um 1330 hinzugefügt. Weltberühmt ist der Dom vor allem wegen seiner Innenausstattung und der Figuren, geschaffen vom namenlosen Naumburger Meister um 1250.

Bleiglasfenster im Chorraum
Die bleiverglasten Fenster zeigen Szenen aus der Apostelgeschichte. Fast alle Fenster stammen aus dem 13. Jahrhundert, nur zwei wurden im 19. Jahrhundert neu gesetzt.

★ Stifterfiguren
Die Figuren des Markgrafen Ekkehard II. und seiner Frau Uta sind Meisterwerke der Bildhauerkunst. Schönheit und Ausdruck der beiden Figuren sind einzigartig.

★ Kreuzigungsfiguren-Portal
Das gotische Doppelportal zeigt die Kreuzigung Christi. Auch diese ausdrucksvolle Figurengruppe wurde von dem unbekannten Naumburger Meister geschaffen, der wahrscheinlich in Frankreich lernte.

NICHT VERSÄUMEN

- ★ Hauptportal
- ★ Kreuzigungsfiguren-Portal
- ★ Stifterfiguren

Kanzel
Der reich ornamentierte Kanzelstuhl von 1466 und die Treppe wurden vor Kurzem originalgetreu restauriert.

INFOBOX

Domplatz 16–17.
(03445) 23 01 10.
März–Okt: Mo–Sa 9–18, So 12–18 Uhr; Nov–Feb: Mo–Sa 10–16, So 12–16 Uhr.
www.naumburg-online.de

Marienaltar
Das spätgotische Triptychon (um 1510) zeigt Maria mit dem Kind. Daneben stehen die Heiligen Barbara und Katharina, außen die Apostel.

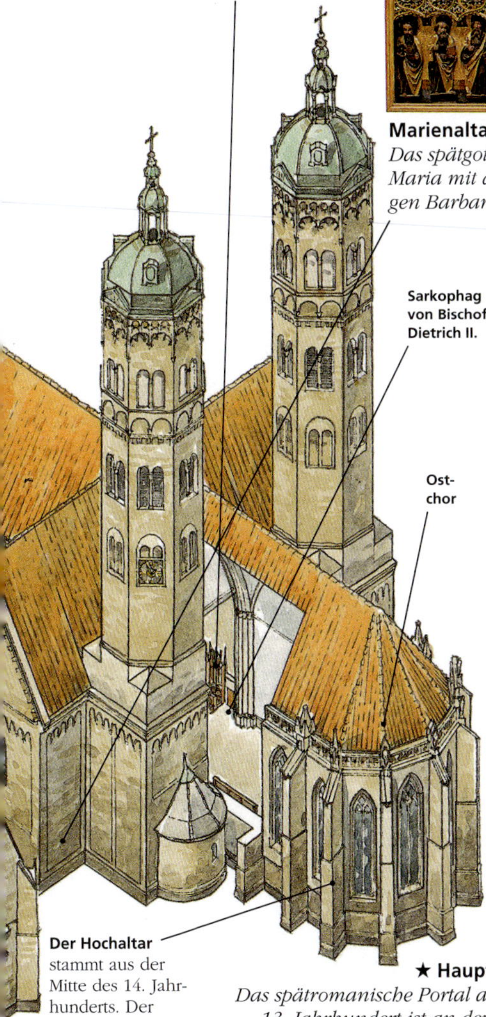

Altar des Ostchors
Der gotische Altar stellt Maria mit Jesus auf ganz andere Art dar und lädt zu Stilvergleichen ein. An den Seitenflügeln befinden sich acht Heilige.

Der Hochaltar stammt aus der Mitte des 14. Jahrhunderts. Der steinerne Altaraufsatz zeigt die Kreuzigung Christi und Heilige.

★ Hauptportal
Das spätromanische Portal aus dem 13. Jahrhundert ist an der linken Seite mit Adlern verziert. Im mandelförmigen Türbogen wird Christus inmitten von Engeln dargestellt.

Der gotische Chorraum im Magdeburger Dom

Magdeburg ⑩

Straßenkarte D3. *238 000.* *Ernst-Reuter-Allee 10, (0391) 838 04 05.* *Jazzfestival (Juni); Klassik-Open-Air (Juli).* **www**.magdeburg.de

Der Aufstieg der Hauptstadt von Sachsen-Anhalt begann im 10. Jahrhundert mit Gründung eines Benediktinerklosters durch den späteren Kaiser Otto I. Seit dem Mittelalter war Magdeburg kultureller und wirtschaftlicher Mittelpunkt Nordostdeutschlands. Mit den Verwüstungen im Dreißigjährigen Krieg verlor die Stadt an politischer Bedeutung. Im Zweiten Weltkrieg wurden 90 Prozent von Magdeburgs Altstadt zerstört. Inzwischen sind vor allem die Gebäude der Altstadt am Elbufer aufwendig restauriert.

Dom St. Mauritius und St. Katharina

Domplatz. *(0391) 541 04 36.* *Mai–Sep: tägl. 10–18 Uhr; Apr, Okt: tägl. 10–17 Uhr; Nov–März: tägl. 10–16 Uhr.*

Der gewaltige Dom ist einer der bedeutendsten Kirchenbauten Deutschlands und ein einzigartiges Monument des Übergangs der Spätromanik zur Gotik. 1209–20 entstand der Hochchor mit Umgang und Kapellenkranz, 1220–35 die Chorempore mit der Erweiterung des Langchores, 1235–53 der Hochchor und die Festlegung der neuen Proportionen des Langhauses, 1274–1363 das Langhaus nach Westen. Erst 1520 konnten die beiden mächtigen 104 Meter hohen Türme fertiggestellt werden.

Das weite Mittelschiff wird von einem Querbau unterteilt. Mehrere kleine Kapellen umgeben das Hauptschiff. In der Kirche sind Originalstatuen zu sehen, das Grabmal von Kaiser Otto I. und die bronzenen Grabplatten der Erzbischöfe Friedrich von Wettin und Wichmann von Seeburg. Das Mahnmal für die Gefallenen des Ersten Weltkriegs schuf Ernst Barlach 1929.

Kulturhistorisches Museum

Otto-von-Guericke-Str. 68–73. *(0391) 540 35 01.* *Di–So 10–17 Uhr.*

Sakrale Kunstwerke, archäologische Fundstücke sowie historische Dokumente zur Stadtgeschichte werden hier ausgestellt. Das bekannteste Exponat ist das Original des Magdeburger Reiters (um 1240). Die Plastik stellt einen unbekannten Herrscher dar, wahrscheinlich Otto I.

Kloster Unserer Lieben Frauen

Regierungsstr. 4–6. **Kirche** *(0391) 540 66 59.* **Museum** *(0391) 56 50 20.* *Di–So 10–17 Uhr.*

Die schlichte romanische Kirche aus dem 11./12. Jahrhundert wurde für den Prämonstratenserorden erbaut. Die Marienkirche ist heute die Konzerthalle »Georg Philipp Telemann«. In der angrenzenden romanischen Abtei findet man ein Kunstmuseum zeitgenössischer Bildhauerei.

Halle an der Buttergasse

Alter Markt. Weinkeller Buttergasse.

Die Gewölbe der romanischen Markthalle (frühes 12. Jh.) wurden erst 1948 wiederentdeckt und dienen heute als Weinkeller.

Rathaus

Alter Markt.

Der Barockbau (1691–98) steht an der Stelle eines romanischen Rathauses. Nach dem Zweiten Weltkrieg wurde er orginalgetreu restauriert.

Das Kloster Unserer Lieben Frauen in Magdeburg

Pfarrkirche St. Johannis

Am Johannisberg 1. **Turm** *(0391) 59 34 50.* *März–Okt: Di–So 10–18 Uhr; Nov–Feb: Di–So 10–17 Uhr.*

Die älteste Kirche der Stadt, in der 1524 Martin Luther predigte, wurde 1945 schwer beschädigt. 1999 wieder aufgebaut, wird sie für verschiedene Veranstaltungen genutzt.

Stendal ⓫

Straßenkarte D3. *41 500.*
Am Markt 1, (03931) 65 11 90.
www.stendal.de

Im Mittelalter war Stendal eine der reichsten Städte des brandenburgischen Herzogtums. Die spätgotische Kirche **St. Nikolai** wurde zwischen 1423 und 1463 auf den Überresten einer romanischen Kirche der Augustiner errichtet. Besonders die bleiverglasten Fenster aus dem 15. Jahrhundert im hinteren Kirchenschiff machen das Gotteshaus für Besucher interessant. Auch die **Marienkirche** (15. Jh.) kann gotische Elemente aufweisen. Mit dem **Rathaus** (15. Jh.) und einer Rolandstatue vor der Gerichtslaube bildet sie eines der schönsten mittelalterlichen Stadtensembles Norddeutschlands. Von der alten Stadtbefestigung ist der **Uenglinger Torturm** noch besonders gut erhalten.

Gotisches Maßwerk im Kreuzgang des Doms von Havelberg

Havelberg ⓬

Straßenkarte D3. *6500.*
Uferstraße 1, (039387) 790 91.
www.havelberg.de

Havelberg spielte bei der Christianisierung der Region eine bedeutende Rolle. Schon im 10. Jahrhundert errichtete man hier eine Missionskirche. Der **Dom St. Marien** wurde 1150–70 erbaut. Trotz der architektonischen Veränderungen des 14. Jahrhunderts sind seine romanischen Ursprünge unverkennbar. Die steinernen

Rückseite des gotischen Rathauses am Marktplatz von Tangermünde

Kerzenhalter in Form von Mönchsfiguren wurden um 1300 gefertigt. Im ehemaligen Prämonstratenserstift zeigt das **Prignitz-Museum** Exponate zur Ur- und Frühgeschichte der Region, zu Sakralkunst, Dombau-, Bistums-, Regional- und Stadtgeschichte.

Tangermünde ⓭

Straßenkarte D3. *10 200.*
Markt 2, (039322) 223 93.
www.tangermuende.de

Am Zusammenfluss von Tanger und Elbe liegt Tangermünde, seit dem Mittelalter eine kleine, aber wichtige Stadt. Die Markgrafen von Brandenburg und König Karl IV. hatten hier ihre Residenz. Durch den Beitritt in die Hanse gewann Tangermünde zunehmend an Bedeutung.

Der östliche Flügel am gotischen **Rathaus** wurde schon 1430 von Hinrich Brunsberg erbaut, wie der reich ornamentierte Rathausgiebel verrät. Auch die Arkaden des Westflügels stammen aus dem 15. Jahrhundert, während die Außenstufen 1856–67 hinzugefügt wurden. Das Rathaus beherbergt auch ein Stadtmuseum.

Von der ehemaligen Hauptburg ist nur noch die **Kanzlei** erhalten. König Karl IV. brachte 1377 die Augustiner in den Ort. In mehreren Bauabschnitten wurde die **Kirche St. Stephan** errichtet. Die spätgotische Kirche kann mit interessanten Details aufwarten: einer schönen Orgel des Hamburger Orgelbauers Hans Scherer d.J. aus dem Jahr 1624, der 1619 gefertigten Kanzel von Christopher Dehne und einem Taufbecken aus dem Jahr 1508, das von Heinrich Mente stammt.

Der Ring der alten Stadtmauer (13. Jh.) ist fast vollständig erhalten geblieben. Das **Neustädter Tor** mit dem rechteckigem Turm (um 1300) und dem Rundturm (um 1450) sowie verschiedenen Wappen gilt als das schönste der drei Stadttore. Das Stadtpanorama von Tangermünde kommt bei einer Bootsfahrt auf der Elbe besonders gut zur Geltung.

Rathaus (Stadtgeschichtliches Museum)
Am Markt. *(039322) 421 50.*
Di–So 10–17 Uhr.

Umgebung: Die romanische Klosterkirche in **Jerichow**, acht Kilometer südöstlich von Tangermünde, wurde schon ab 1148 von den Prämonstratensermönchen errichtet. Es ist der älteste und schönste Backsteinbau der Region. Die Westtürme kamen im 15. Jahrhundert hinzu. Die dreischiffige Kirche beeindruckt durch ihre Schlichtheit. Die an die Kirche anschließende Klausur ist ebenfalls romanisch.

Hauptschiff der Klosterkirche in Jerichow, südöstlich von Tangermünde

Dessau ⓮

Straßenkarte E3. *84 100.* *Zerbster Str. 2c, (0340) 204 14 42.* *Mosigkauer Konzertsommer.* **www**.dessau.de

Die Zeiten, als Dessau die Residenz des Fürstentums Anhalt-Dessau war, sind Vergangenheit. Trotzdem findet man im Zentrum der Stadt noch Sehenswürdigkeiten wie den **Johannbau**, der einst Teil einer im Renaissance-Stil erbauten Residenz war.

Dessau bildete – nach Weimar – die zweite Heimat für das **Bauhaus**, Hochschule für Gestaltung. Nach Entwürfen des Chefdesigners Walter Gropius wurde der Komplex 1925/26 errichtet (hier ist heute die Stiftung Bauhaus Dessau). Zeitgleich entstand in der Ebertallee eine kleine Siedlung mit drei Doppelhäusern für die Bauhaus-Professoren und einem Einzelhaus für den Direktor des Bauhauses. Zugänglich sind die **Meisterhäuser** von Lyonel Feininger, Kandinsky/Klee und Muche/Schlemmer. Das **Kornhaus** (1929/30) von Carl Fieger im Bauhausstil wurde 1994–96 stilgerecht renoviert (heute Gaststätte).

In Dessau entstanden im 18. und 19. Jahrhundert viele stilvolle Villen. Im Stadtzentrum steht das klassizistische **Schloss Georgium**, das ab 1780 nach Plänen von Friedrich Wilhelm von Erdmannsdorff errichtet wurde. Es beherbergt etwa 2000 Werke alter Malerei der Gemälde- und Grafiksammlungen anhaltinischer Fürstenhäuser.

Bauhausmuseum
Gropiusallee 38. *(0340) 650 80.* *tägl. 10–18 Uhr.*

Schloss Georgium
Puschkinallee 100. *(0340) 61 38 74.* *Di–So 10–17 Uhr.*

Umgebung: In **Haideburg** am südlichen Rand Dessaus steht ein neugotisches Jagdschloss, das 1782/83 entstand. Das spätbarocke **Schloss Mosigkau**, neun Kilometer südwestlich, entwarf Georg Wenzeslaus von Knobelsdorff für Prinzessin Anna Wilhelmina. Die Gemälde (17. und 18. Jh.) sind sehenswert.

In **Oranienbaum**, zwölf Kilometer östlich von Dessau, kann man ein Barockschlösschen von Prinzessin Henrietta Katharina von Oranien besuchen, das Cornelius Ryckwaert entwarf.

Schloss Mosigkau
Knobelsdorffallee 2. *(0340) 52 11 39.* *März, Apr, Okt: Di–So 10–17 Uhr; Mai–Sep: Di–So 10–18 Uhr.* *Nov–März.*

Schloss Georgium in Dessau

Lutherstadt Wittenberg ⓯

Straßenkarte E3. *50 200.* *Schlossplatz 2, (03491) 49 86 10.* *Wittenberger Stadtfest und Luthers Hochzeit (Juni).* **www**.wittenberg.de

Die Stadt am Ufer der Elbe verdankt ihre Bedeutung vor allem dem Reformator Martin Luther. Seit Ende des 15. Jahrhunderts wuchs Wittenberg zu seiner jetzigen Größe an. Das Wirken von Martin Luther und Philipp Melanchthon während der Zeit der Reformation machte die Stadt europaweit bekannt. Ein weiterer berühmter Wittenberger Bürger war der Maler Lucas Cranach d. Ä., der hier lange lebte und auch zahlreiche seiner Kunstwerke schuf.

Schloss Wittenberg
Schlossplatz. **Museum für Naturkunde und Völkerkunde**
(03491) 433 49 20.
Di–So 9–17 Uhr.
Das zwischen 1489 und 1525 für Friedrich den Weisen erbaute Schloss wurde aufgrund von Kriegsschäden erneuert und umgebaut. Im Westflügel ist das Museum für Naturkunde und Völkerkunde »Julius Riemer« untergebracht.

Das Grabmal Friedrichs des Weisen in der Schlosskirche

Schlosskirche
Schlossplatz. *(03491) 40 25 85.*
Mai–Okt: Mo–Sa 10–18, So 11.30–18 Uhr; Nov–Apr: Mo–Sa 10–16, So 11.30–16 Uhr.
1497 war Baubeginn, im Jahr 1517 schlug Martin Luther seine 95 Thesen an die Tür der Schlosskirche. Die Tür, an der die Welt verändert wurde, brannte im Siebenjährigen Krieg ab. In der reich ausgestatteten Kirche stehen das vier Meter hohe Grabmal von Friedrich dem Weisen und, in schlichteren Ausführungen, auch die Steinsärge von Luther und Melanchthon.

Hotels und Restaurants in Sachsen-Anhalt *siehe Seiten 492f und Seiten 530–532*

Marktplatz mit Barockbrunnen in der Lutherstadt Wittenberg

Cranachhaus

Markt 4. (03491) 420 19 11. *Mo–Sa 10–17, So 13–17 Uhr. Nov–Apr: Mo.*

Das schöne Bürgerhaus erwarb Lucas Cranach d. Ä., der über 45 Jahre in der Stadt lebte. Sein Sohn wurde hier geboren. Das Cranach-Atelier war in der Schlossstraße Nr. 1.

Rathaus

Markt 26. *Di–So 10–17 Uhr.*

Das 1523–35 errichtete Rathaus wurde im 16. Jahrhundert zweimal erweitert. Im Vorhof stehen die im 19. Jahrhundert geschaffenen Denkmäler von Martin Luther und Philipp Melanchthon.

Marienkirche

Kirchplatz. (03491) 40 44 15. *Ostern–Okt: tägl. 10–18 Uhr; Nov–Ostern: tägl. 10–17 Uhr.*

Die gotische Marienkirche wurde in Etappen zwischen dem 13. und dem 15. Jahrhundert errichtet. Martin Luther hat hier gepredigt, seine Trauung mit Katharina von Bora sowie die Taufe von sechs ihrer Kinder fanden auch hier statt. Den prächtigen Altar, 1547 vollendet, schuf Lucas Cranach d. Ä. mit seinem Sohn. Steinsärge und Inschriften zeugen von der Reformation.

Melanchthonhaus

Collegienstr. 60. (03491) 40 32 79. *Apr–Okt: tägl. 10–18 Uhr; Nov–März: tägl. 10–17 Uhr.*

In dem Haus, heute ein Museum, lebte 1536–60 Luthers Mitstreiter Schwarzerd, besser bekannt als Philipp Melanchthon. Zu sehen sind u. a. Studier- und Sterbezimmer.

Lutherhaus

Collegienstr. 54. (03491) 420 30. *wie Melanchthonhaus.*

Das Museum im ehemaligen Wohnhaus Luthers widmet sich Luthers Leben und der Reformation. Es zeigt Drucke und Grafiken aus dem 16. bis 19. Jahrhundert, 135 Gemälde, darunter die Zehn-Gebote-Tafel (1516) von Cranach d. Ä., Inkunabeln und Münzen.

Zentrum der Lutherstadt Wittenberg

Cranachhaus ③
Lutherhaus ⑦
Marienkirche ⑤
Melanchthonhaus ⑥
Rathaus ④
Schloss Wittenberg ①
Schlosskirche ②

Zeichenerklärungen *siehe hintere Umschlagklappe*

Wörlitzer Park ⑯

Wörlitz besitzt einen großzügigen Landschaftspark im englischen Stil – im 18. Jahrhundert der erste dieser Art in Deutschland, der als eine der schönsten Anlagen seit 2000 zu den UNESCO-Welterbestätten gehört. Der Architekt Friedrich Wilhelm von Erdmannsdorff setzte dabei die Ideen des Fürsten Leopold III. Friedrich Franz von Anhalt-Dessau um. Um den Wörlitzer See entstand ab 1764 ein von Kanälen durchzogener Garten mit Tempeln, Grotten, Skulpturen, Blumenanlagen und Pavillons. Der klassizistische Palast im Zentrum des 112,5 Hektar großen Parks beherbergt eine Gemäldesammlung.

Floratempel
Der einem antiken Säulentempel nachempfundene klassizistische Bau diente als Musikpavillon.

★ Gotisches Haus
Das ab 1773 in mehreren Phasen erbaute Gebäude ist eines der ersten Beispiele des neugotischen Stils. Heute ist dort eine Sammlung von Glasmalereien untergebracht.

Die Rousseau-Insel mit ihren Pappeln ist eine Kopie der Insel Ermenonville, auf der der französische Philosoph zuerst begraben wurde.

Roseninsel
Diese künstliche Insel gestaltete der Landschaftsarchitekt Johann Christian Neumark als eine von vielen Oasen der Ruhe.

Gondeln auf dem See
Auch heute noch kann man die Landschaft des Wörlitzer Parks von Gondeln aus genießen.

INFOBOX

Förstergasse 26, (034905) 202 16; **www**.woerlitz-information.de **Schloss** Apr–Okt: Di–So 10–17 Uhr; Mai–Sep: Di–So 10–18 Uhr. **www**.gartenreich.com

Seekonzerte
An Sommerabenden werden auf dem Wörlitzer See Klassikkonzerte veranstaltet. Das Publikum sitzt dabei in Booten.

Amalien-Insel
Auf der künstlichen Insel im Großen Wallochsee wurde, der damaligen Mode folgend, eine Grotte angelegt, die Amaliengrotte.

Das Pantheon wurde 1795/96 für Kopien antiker Statuen gebaut.

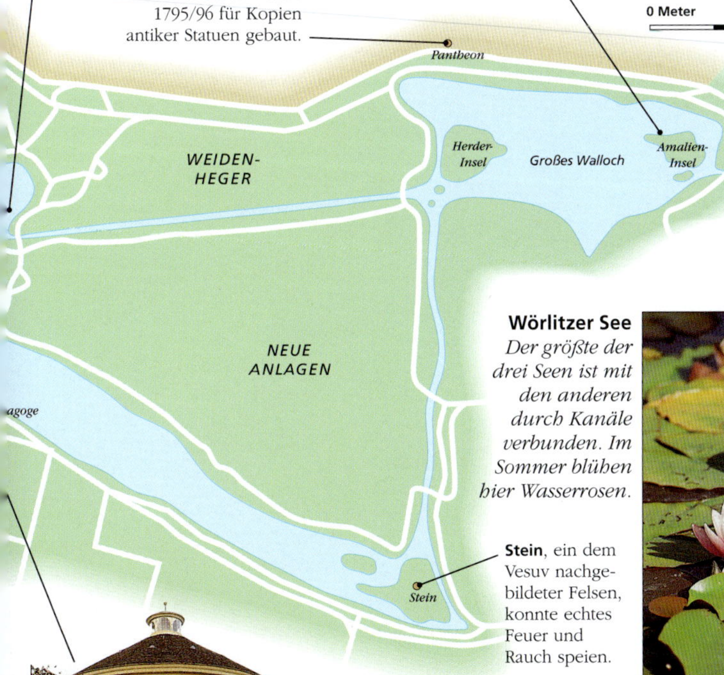

Wörlitzer See
Der größte der drei Seen ist mit den anderen durch Kanäle verbunden. Im Sommer blühen hier Wasserrosen.

Stein, ein dem Vesuv nachgebildeter Felsen, konnte echtes Feuer und Rauch speien.

★ Synagoge
Nach dem Vorbild des römischen Vestatempels wurde die Synagoge 1790 errichtet. Die Nationalsozialisten zerstörten sie 1938. Heute präsentiert sie eine Ausstellung über jüdische Geschichte.

NICHT VERSÄUMEN

★ Gotisches Haus

★ Synagoge

Sachsen

Sachsen blickt auf eine lange, wechselvolle Geschichte zurück. Heute zählt die Landeshauptstadt Dresden wieder zu den schönsten und interessantesten Städten in Deutschland. Die landschaftlichen Reize, z.B. das sagenumwobene Erzgebirge, die bizarren Kalkfelsen der Sächsischen Schweiz oder die Flusslandschaften des Elbtals, werden von einer Vielfalt kultureller Angebote ergänzt.

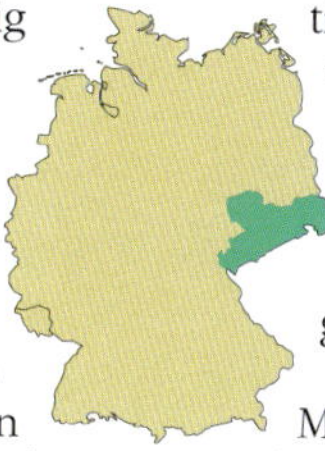

Im Jahr 929 gründete König Heinrich I. die Burg Meißen, die Mittelpunkt der gleichnamigen Markgrafschaft und somit Sachsens historische Keimzelle wurde. Die Wettiner, die die Mark Meißen seit 1089 besaßen, wurden 1423 Herzöge und Kurfürsten von Sachsen-Wittenberg. 1485 wurde das Herrscherhaus der Wettiner zwischen den Brüdern Ernst und Albrecht geteilt. Letzterer verlegte seine Residenz bald von Meißen nach Dresden. August der Starke, Kurfürst von Sachsen und ab 1697 auch König von Polen, machte Dresden zu einer Perle des Barock. Der Siebenjährige Krieg (1756–63) und das Ende der Völkerschlacht bei Leipzig 1813 bedeuteten für Sachsen Gebietsverluste. Nach 1945 kam Sachsen unter sowjetische Besatzung, 1952 wurde es als Land aufgelöst. Mittelsachsen kam zu den Bezirken Leipzig und Dresden. Mit der Wiedervereinigung wurde der Freistaat Sachsen neu gegründet.

Während Leipzig schon im Mittelalter als Messestadt berühmt war, erlangten Orte wie Torgau und Meißen erst durch die Kurfürsten ihre Bedeutung. Dresden wurde von August dem Starken Anfang des 18. Jahrhunderts in eine barocke Metropole verwandelt und machte sich im 19. und im frühen 20. Jahrhundert als Stadt der Musik, der Künste und der Literatur einen Namen. Die Pracht ihrer Bauten und die herrliche landschaftliche Lage machen den Reiz der Schlösser Moritzburg und Pillnitz aus.

Felsgruppe der Bastei in der Sächsischen Schweiz

◁ **Burg Kriebstein *(siehe S. 164)*, hoch über dem Zschopautal**

Überblick: Sachsen

Bei einem Besuch Sachsens ist die Besichtigung Dresdens ein unbedingtes Muss. Die Fülle an Kulturschätzen dieser Stadt ist allerdings nicht an einem Tag zu schaffen. Dresden ist ein geeigneter Ausgangspunkt für Abstecher in die faszinierende Sächsische Schweiz oder in die östliche Region mit Bautzen, Görlitz und Zittau. Das Erzgebirge sowie die Städte Chemnitz und Freiberg sind von Dresden ebenfalls leicht zu erreichen. Die alte Handels- und Messestadt Leipzig verkörpert eine gelungene Verbindung von Tradition und Moderne.

Die Altstadt von Bautzen – hoch über den Ufern der Spree

Sehenswürdigkeiten auf einen Blick

SIEHE AUCH

- ***Hotels*** S. 493–495
- ***Restaurants*** S. 532–534

Albrechtsburg und Dom in Meißen

In Sachsen unterwegs

Leipzig und Dresden haben Flughäfen, viele Orte sind mit der Bahn zu erreichen, auch das Straßennetz ist gut ausgebaut. Die A4 verläuft von Görlitz nach Westen, durch Dresden und Chemnitz, die A13 verbindet Dresden mit Berlin, die A14 mit Leipzig. Neben der Sächsischen Silberstraße *(siehe S. 166)* lockt die Sächsische Weinstraße zwischen Diesbar-Seußlitz und Pirna. Auch die Deutsche Alleenstraße und die Mitteldeutsche Straße der Braunkohle verlaufen teilweise durch Sachsen.

Pferde auf der Weide bei Kamenz

Nachwuchsmusiker im Barockgarten von Großsedlitz bei Dresden

LEGENDE

- Autobahn
- Bundesstraße
- Nebenstraße
- Panoramastraße
- Eisenbahn (Hauptstrecke)
- Eisenbahn (Nebenstrecke)
- Staatsgrenze
- Bundeslandgrenze
- Gipfel

Leipzig ❶

Leipzig bekam 1165 das Stadtrecht und entwickelte sich zu einem der dynamischsten Handelsplätze im deutschen Raum. Die 1409 gegründete Universität hat viele berühmte Geistesgrößen hervorgebracht. Die Buchmesse, die wieder jedes Jahr in Leipzig stattfindet, ist ebenso Tradition wie die Deutsche Bücherei, die seit 1912 die deutschsprachige Literatur dokumentiert. Besucher Leipzigs können nicht nur zu Messezeiten die zahlreichen Darbietungen des weltbekannten Gewandhausorchesters oder des nicht minder renommierten Thomanerchors genießen. Einer der Leiter des Chors war kein Geringerer als Johann Sebastian Bach.

Lichtes, hohes Kirchenschiff der Nikolaikirche

Überblick: Leipzig
Der Ring um die Altstadt führt an den meisten Sehenswürdigkeiten Leipzigs vorbei. Auch Europas größter Kopfbahnhof, der **Hauptbahnhof** (1902–15), liegt am Ring. Die Architekten William Lossow und Max Hans Kühne zeichnen für den Bau verantwortlich. Im Ostteil der Altstadt befinden sich am Augustusplatz das **Neue Gewandhaus** (1977–81) und das **Opernhaus** (1956–60). Der Universitätsturm wurde restauriert.

Die **Nikolaikirche** mit dem heutigen klassizistischen Innenraum wurde im 16. Jahrhundert geweiht. Die Nordkapelle ist noch im Stil der Gotik erhalten. Die schöne **Alte Handelsbörse** am Naschmarkt ist der erste bedeutende Barockbau der Stadt. Der nach dem Zweiten Weltkrieg vollständig restaurierte Bau dient heute als Konzerthaus. Vor dem Gebäude befindet sich ein Denkmal von 1903, das Johann Wolfgang von Goethe als Studenten der Universität Leipzig darstellt.

Ganz in der Nähe des Rathauses steht die **Alte Waage**. Hieronymus Lotter hatte den Entwurf 1547 abgeschlossen, 1555 wurde das Gebäude vollendet und nach den Zerstörungen des Kriegs 1964 aufwendig restauriert.

Die alten Handelshäuser südlich des Marktplatzes waren ein architektonisches Aushängeschild der Leipziger Kaufmannszunft. Besonders das liebevoll restaurierte Gebäude **Specks Hof** (Reichsstraße) ist mit seinen Arkadengängen und den drei Innenhöfen (1908–29) ein wahres Juwel städtischer Architektur.

Die dreistöckige **Mädler-Passage**, 1912–14 vom Kaufmann Anton Mädler erbaut, zeigt bereits Formen des Art déco, der erst in den 1920er Jahren aufkam. Die Durchgänge, die die Grimmaische Straße mit dem Naschmarkt verbinden, wurden 1996 originalgetreu restauriert.

Auerbachs Keller, ein im 16. Jahrhundert eingerichteter Weinkeller, wurde durch Goethes *Faust* berühmt und gegen Ende des 19. Jahrhunderts mit Szenen aus diesem Stück ausgemalt. Faust, Mephisto und die Studenten kann man auch als Bronzestatuen in der Mädler-Passage besichtigen. Die nahe **Commerzbank** (Klostergasse/Thomasgasse) und das **Riquet Café** sind Jugendstilgebäude.

Die **Thomaskirche**, um 1212 als Stiftskirche der Augustiner-Chorherren errichtet und im 15. Jahrhundert zu einer dreischiffigen spätgotischen Hallenkirche umgestaltet, war ab 1723 die Arbeitsstätte Johann Sebastian Bachs. Die schönen Renaissance-Emporen wurden im 16. Jahrhundert von Hieronymus Lotter entworfen. Der berühmte Thomanerchor singt hier am Freitag und Samstag. Im Sommer werden in der Thomaskirche und der Nikolaikirche u.a. auch Bachs Orgelwerke vorgetragen. Vor der Thomaskirche steht eine Statue Bachs von 1908. Im nahen **Bosehaus**, einem Barockbau, ist das Bacharchiv und Bachmuseum untergebracht.

Grassimuseum
Johannisplatz 5–11.
www.grassimuseum.de
Museum für Völkerkunde
(0341) 973 19 00. Di–So 10–18 Uhr.
Museum für Angewandte Kunst
(0341) 222 91 00. Di–So 10–18 Uhr.
Museum für Musikinstrumente
(0341) 973 07 50. Di–So 11–17 Uhr.
Im modernisierten Grassimuseum sind seit Ende 2006 bzw. 2007 die drei Museen wieder eröffnet: das Museum für Völkerkunde mit Exponaten aus drei Kontinenten, das Museum für Musikinstrumente mit seiner wertvollen Sammlung alter Instrumente sowie das Museum für Angewandte Kunst, in dem neben herrlichen Gold- und Elfenbeinornamenten auch die umfangreiche Kunstsammlung der Stadt Leipzig zu sehen ist.

Die frühbarocke Alte Handelsbörse in Leipzig

Hotels und Restaurants in Sachsen *siehe Seiten 493–495 und Seiten 532–534*

Die Russische Kirche, ein Nachbau der Kirche in Nowgorod

Deutsches Buch- und Schriftmuseum

Deutscher Platz 1. *(0341) 227 13 24.* *wegen Renovierung.*

Die Ausstellung »Merkur und die Bücher – 500 Jahre Buchplatz Leipzig« informiert über Leipzig als Produktions- und Handelsplatz für Bücher, als Ort der Buchkunst, Buchkultur und Literaturvermittlung.

Museum der Bildenden Künste

Katharinenstraße 10. *(0341) 21 69 99 20.* *Di, Do–So 10–18, Mi 12–20 Uhr.*

Das Museum zeigt u.a. Alte Meister wie Lucas Cranach d.Ä. und Caspar David Friedrich, aber auch Jan van Eyck, Rubens, Frans Hals, Tintoretto sowie Skulpturen von Balthasar Permoser, Antonio Canova und Auguste Rodin.

Russische Kirche

Philipp-Rosenthal-Straße 51a. *(0341) 878 14 53.* *tägl. 10–17 Uhr (Winter bis 16 Uhr).*

Die russisch-orthodoxe Kirche St. Alexius wurde 1913 geweiht. Die 22000 russischen Soldaten, die in der Völkerschlacht bei Leipzig 1813 gefallen waren, sollten damit geehrt werden. Der Architekt Wladimir Pokrowski nahm eine Kirche im sibirischen Nowgorod zum Vorbild.

Völkerschlachtdenkmal

Prager Straße. *(0341) 241 68 70.* *Apr–Okt: tägl. 10–18 Uhr; Nov–März: tägl. 10–16 Uhr.*

Das Denkmal im Stil des Historismus wurde von Bruno Schmitz entworfen. Es erinnert an die Gefallenen der Völkerschlacht bei Leipzig, in der preußische, österreichische, russische und schwedische Soldaten über die napoleonischen Truppen siegten.

INFOBOX

Straßenkarte E4. *493000.* *Flughafen Leipzig/Halle.* *Willy-Brandt-Platz.* *(0341) 224-11 55 u. -22 40.* *Richard-Wagner-Str. 1, (0341) 710 42 60.* *Leipziger Buchmesse (März); Internationaler Johann-Sebastian-Bach-Wettbewerb (Juli); Leipziger Orgelsommer (Juli/Aug); Leipziger Jazztage (Okt).* **www**.leipzig.de

Altes Rathaus

Markt 1. *(0341) 261 77 60.* **Stadtgeschichtliches Museum Leipzig** *Di–So 10–18 Uhr.*

Das grandiose Renaissance-Gebäude wurde 1556/57 von Hieronymus Lotter errichtet. Das im Alten Rathaus untergebrachte Stadtmuseum zeigt über 70 Spezialsammlungen und beinahe 500000 Exponate zur Geschichte der Stadt und der Region.

Bacharchiv und Bachmuseum

Thomaskirchhof 15–16. *(0341) 913 72 00.* *tägl. 10–17 Uhr.*

Das Museum zu Leben und Wirken Bachs in Leipzig besitzt u.a. das erste »Bachwerke-Verzeichnis«.

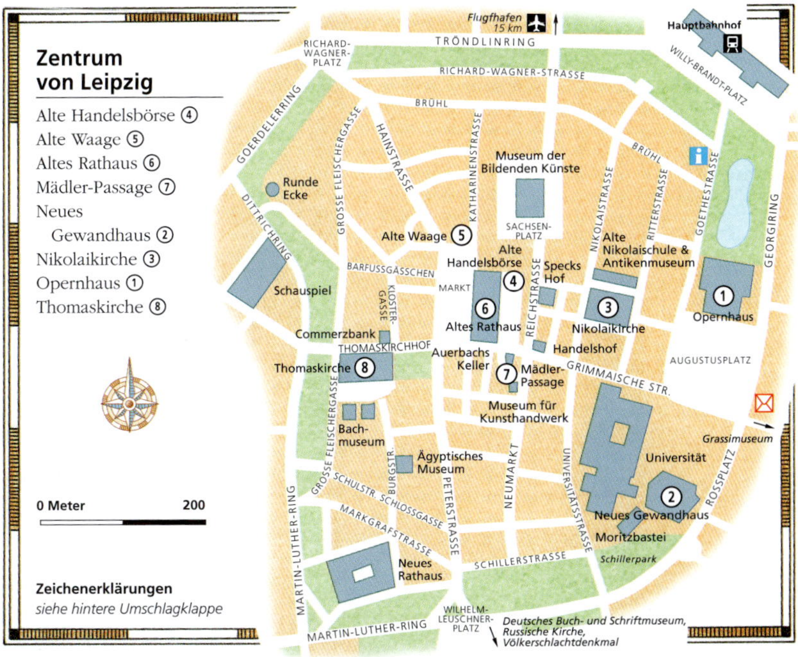

Portal mit Wappen am Schloss Hartenfels in Torgau

Torgau ❷

Straßenkarte E4. *19600.*
Markt 1, (03421) 701 40.
Torgauer Auszugsfest (Apr).
www.torgau.de

Die Stadt an der Elbe war im 15. Jahrhundert kurfürstliche Residenz. **Schloss Hartenfels** gehört bis heute zu den schönsten deutschen Schlossbauten der Frührenaissance. An seinem Ausbau um 1470 wirkte vermutlich auch der Baumeister Arnold von Westfalen mit. Am Johann-Friedrich-Bau führt der Große Wendelstein aus dem 16. Jahrhundert, eine außergewöhnliche Außentreppe, hinauf zum Eingang. Die **Schlosskapelle** im nordwestlichen Wohnflügel wurde 1544 von Luther geweiht und gilt als der älteste protestantische Kirchenbau. Torgau musste im Dreißigjährigen Krieg als Hochburg der »Evangelischen« schwere Zerstörungen durch die Truppen Wallensteins bzw. der Katholischen Liga hinnehmen.

Der Marktplatz wird von schönen Bürgerhäusern aus der Renaissance eingerahmt. Insbesondere das **Rathaus** (16. Jh.) weist eine kunstvolle Fassadenornamentik auf. Die spätgotische **Marienkirche** romanischen Ursprungs wird durch ein Gemälde von Lucas Cranach d. Ä. *(Die vierzehn Nothelfer)* und durch das Grab der Ehefrau Luthers, Katharina von Bora, besonders interessant.

Muldetal ❸

Straßenkarte E4.

Auf den Hügeln am Zusammenfluss von Zwickauer Mulde und Freiberger Mulde stehen einige Ruinen alter Burgen, die vom Glanz alter Zeiten erzählen. Das Örtchen **Colditz** mit seinen Fachwerkhäusern liegt im Schatten einer großen Schlossanlage aus dem 16. Jahrhundert. Im Zweiten Weltkrieg war das Schloss ein Kriegsgefangenenlager, heute wird es von der Stadt als Museum genutzt.

In **Rochlitz**, elf Kilometer südlich von Colditz, steht ein Schloss aus dem 10. Jahrhundert, das bis ins 16. Jahrhundert hinein umgebaut wurde. Wer Richtung Süden weiterfährt, stößt auf die **Wechselburg** aus der Barockzeit mit einer spätromanischen Kirche und auf die **Rochsburg** (Spätgotik/Renaissance). Im benachbarten Zschopautal steht die ovale **Burg Kriebstein**, die im 14. Jahrhundert erbaut und Ende des 17. Jahrhunderts erweitert wurde. Kostbarkeiten sind die Burgkapelle (um 1410) und das Kriebsteinzimmer (Anfang 15. Jh.). Hier finden Ausstellungen, Theateraufführungen und Konzerte statt.

Zwickau ❹

Karte E4. *104 900.*
Hauptstraße 6, (0375) 271 32 40.
Robert-Schumann-Tage (Juni); Trabi-Treffen (Juni).
www.zwickau.de

Die alte Handelsstadt hatte schon im 15. und 16. Jahrhundert eine erste Blütezeit erlebt. In der DDR bekam Zwickau wieder einen ganz besonderen Ruf: Hier wurden der Trabant (»Trabbi«) und die berühmten MZ Motorräder produziert.

Zwickaus historische Sehenswürdigkeiten befinden sich im alten Stadtkern, der bis an die Ufer der Mulde reicht. Bedeutendster Bau ist der **Dom St. Marien**, nach mehreren Bränden ab 1453 neu erbaut. Der Hochaltar (1479) ist ein Werk von Michael Wolgemut, das Taufbecken und eine Kanzel (1538) schuf Paul Speck.

Sehenswert sind außerdem die **Alte Apotheke** und das **Robert-Schumann-Haus**. Hier wurde im Jahr 1810 der Komponist Robert Schumann geboren, heute ist es Museum und Schumann-Archiv. Das **Gewandhaus** (1522–25) mit Giebelelementen aus Spätgotik und Frührenaissance, einst Zunfthaus der Tuchmacher, ist Spielstätte des Theaters Plauen-Zwickau und Standort eines Museums.

Chemnitz ❺

Straßenkarte E4. *266 000.*
Markt 1, (0371) 69 06 80.
www.chemnitz.de

Nach dem Zweiten Weltkrieg waren 90 Prozent der Altstadt von Chemnitz zerstört. Als die Stadt in den

Eingang zur Renaissance-Kanzel im Dom St. Marien in Zwickau

Lew Kerbels Karl-Marx-Denkmal vor dem Gebäude der früheren SED

1950er Jahren wieder aufgebaut wurde, erhielt sie ein völlig anderes Gesicht. 1953–90 hieß sie Karl-Marx-Stadt.

Nur wenige Gebäude aus der Zeit vor dem Neuanfang blieben erhalten. Eines ist die spätgotische dreischiffige **Schlosskirche**.

Zu den Sehenswürdigkeiten der Altstadt zählen das **Alte Rathaus** (15. Jh., mehrfach umgestaltet) und der **Rote Turm** (Unterteil 12. Jh.). Das viergeschossige **Siegert'sche Haus** mit reich verzierter Barockfassade (18. Jh.) entwarf Johann Christoph Naumann.

Der moderne Stadtkern wird von der großen **Stadthalle** aus den 1960er Jahren geprägt. Schräg gegenüber steht das Karl-Marx-Denkmal von Lew Kerbel (1971). Die **Kunstsammlungen Chemnitz** stellen naturhistorische Exponate sowie moderne Kunst aus.

Kunstsammlungen Chemnitz
Theaterplatz 1. *(0371) 488 44 24.* *Di–So 11–18.* **Bibliothek** *Mi 13–18 Uhr.*

Augustusburg ❻

Straßenkarte E4. *5300.*
Marienberger Straße 24, (0371) 488 44 24. **Schloss** *(037291) 38 00.* *Apr–Okt: tägl. 9.30–18 Uhr; Nov–März: tägl. 10–17 Uhr.*
www.augustusburg.de

Die Schlossanlage über dem kleinen Ort gleichen Namens erreicht man am besten von Erdmannsdorf mit der Drahtseilbahn. Das Jagdschloss des Kurfürsten August wurde 1568–72 errichtet. Burg Schellenberg, die vorher dort stand, war durch ein Feuer zerstört worden. Der Baumeister Hieronymus Lotter schuf einen symmetrischen Schlosskern mit vier turmbewehrten Eckpavillons. Galerien und Tore verbinden die Seitenflügel mit dem eigentlichen Schlossgebäude. Die Kapelle der Augustusburg besitzt ein Gemälde von Lucas Cranach d.J. Mehrere Museumsgebäude auf dem Burggelände stellen Motorräder, Kutschen und Jagdgerätschaften aus.

Sächsische Silberstraße ❼

Siehe S. 166.

Freiberg ❽

Straßenkarte E4. *46 300.*
Burgstraße 1, (03731) 419 51 60.
Bergstadtfest (Juni).
www.freiberg.de

Schon im 12. Jahrhundert wurden die nahen Silberminen Freibergs kommerziell ausgebeutet. 1186 erhielt Freiberg Stadtrecht.

In der Stadt ist neben den schön restaurierten Fachwerkhäusern vor allem der **Dom St. Marien** eine Besichtigung wert. Das spätgotische Gotteshaus aus dem 15. Jahrhundert betritt man durch die sogenannte Goldene Pforte, ein prächtiges Portal aus dem frühen 13. Jahrhundert. Im Inneren der Kirche befinden sich eine tulpenförmige Kanzel aus dem Jahr 1505, eine große Orgel von Gottfried Silbermann sowie zahlreiche Statuen und Epitaphe aus verschiedenen Epochen.

Otto von Meißen, der Gründer Freibergs

Nicht weit entfernt steht am Untermarkt das **Stadt- und Bergbaumuseum**. Die lange Bergbautradition von Freiberg und Umgebung wird hier anschaulich gemacht. Auch die Exponate der **Mineralien- und Lagerstättensammlung der Bergakademie** sind nicht nur für Geologen von Interesse.

Durch verwinkelte Gassen erreicht man den **Obermarkt**. Hier stehen das spätgotische Rathaus und ein Brunnen mit dem Standbild des Stadtgründers Otto von Meißen.

Dom St. Marien
Untermarkt 1. **Goldene Pforte** *(03731) 225 98.* *Mai–Okt: tägl. 10–12, 14–17 Uhr; Nov–Apr: tägl. 11–12, 14–16 Uhr.*
Orgelvorführung *So 11.30 Uhr.*

Stadt-und Bergbaumuseum
Am Dom 1. *(03731) 202 50.* *Di–So 10–17 Uhr.*

Mineralien- und Lagerstättensammlung der Bergakademie
Brennhausgasse 14. *(03731) 39 22 64.* *Mi–Fr 9–12, 13–16, Sa 9–16 Uhr.*

Das Renaissance-Schloss Augustusburg

Tour: Sächsische Silberstraße ⑦

Die Route führt durch das romantische Erzgebirge. Seit dem 12. Jahrhundert hatte der Silberbergbau hier Tradition. Alte Minen und einige Museen vermitteln Einblicke in die harte Realität, die der Abbau des »Sächsischen Goldes« mit sich brachte. Die Reihe sehenswerter Städte entlang dieser Ferienstraße zeugt noch heute mit kunstvollen Bauwerken von der glanzvollen Zeit.

Annaberg-Buchholz ③
Obwohl der Ort im 16. Jahrhundert nur eine kurze Periode des Wohlstands genoss, ist die Kirche St. Anna eines der schönsten spätgotischen Gotteshäuser in ganz Sachsen.

Schneeberg ①
Der kleine Bergbauort pflegt seine Traditionen, u. a. im Museum für bergmännische Volkskunst. In der St. Wolfgangskirche steht ein Flügelaltar aus der Werkstatt Lucas Cranachs d. Ä.

Oberwiesenthal ②
Der Wintersportort nahe der tschechischen Grenze wurde durch seine Skischanze, die vielen Langlaufloipen und die Rennrodelbahn international bekannt.

Marienberg ⑥
In dem Ort mit dem schönen Renaissance-Rathaus arbeiten auch heute Schnitzer, Drechsler und Klöpplerinnen.

Greifensteine ⑤
Die bizarren Felsformationen im Norden der Region sind das Ziel vieler Wanderer. Die Gegend ist auch für Freeclimber besonders attraktiv.

Frohnau ④
Der sogenannte Frohnauer Hammer war als Kupfer- und Eisenhammer bis 1904 in Betrieb und bildete eine wichtige Einnahmequelle für die Stadt Frohnau.

LEGENDE

- Routenempfehlung
- Andere Straße
- Panoramastraße
- Staatsgrenze
- Aussichtspunkt

ROUTENINFOS

Länge: *55 km.*
Rasten: *Nette Gasthöfe und Restaurants findet man in jedem Ort auf der Strecke.*

Meißen 9

Straßenkarte E4. *29 900.*
Markt 3, (03521) 419 40.
Stadt- und Weinfest (Sep).
www.stadt-meissen.de

Seit fast 300 Jahren steht der Name Meißen für edles Porzellan. Doch die Stadt Meißen ist wesentlich älter. Im Jahr 929 war der Ort ein Ausgangspunkt für die Unterwerfung der slawischen Stämme östlich der Elbe. 968 wurde Meißen Bischofssitz.

Das Städtchen hat ein schönes spätgotisches **Rathaus** aus dem 15. Jahrhundert, die **Frauenkirche** aus derselben Zeit besitzt als erste Kirche der Welt ein stimmbares Glockenspiel aus Porzellan (1929). Die **St. Afra-Kirche**, hervorgegangen aus einer Wegekapelle des Augustiner-Chorherrenstifts von 984, ist die älteste Kirche Meißens.

Albrechtsburg und Dom
Domplatz 1. *(03521) 470 70.*
März–Okt: tägl. 10–18 Uhr; Nov–Feb: tägl. 10–17 Uhr.
Die mächtige Befestigungsanlage liegt auf einem Hügel über dem Elbtal. Das Schloss im Zentrum wurde ab 1471 für die Kurfürsten Ernst und Albrecht von Wettin errichtet. Eine Besonderheit ist die breite äußere Wendeltreppe, der sogenannte Große Wendelstein. Seit 1710 war im Schloss die Porzellan-Manufaktur zu Hause. 1864 wurden die Innenräume mit großformatigen Wandbildern im Stil des Historismus ausgeschmückt.

Das barocke Jagdschloss Moritzburg (1723–36)

Der **Dom** entstand in seiner heutigen Form zwischen 1260 und 1410. Er weist frühgotische Figuren auf, die dem Naumburger Meister zugeschrieben werden, außerdem einen Triptychonaltar (1534) von Lucas Cranach d. Ä. in der Georgskapelle. In der Fürstenkapelle wurden Mitglieder des Herrscherhauses Wettin beigesetzt.

Staatliche Porzellan-Manufaktur
Talstraße 9. *(03521) 46 80 (Ausstellung: 46 82 08).*
Mai–Okt: tägl. 9–18 Uhr; Nov–Apr: tägl. 9–17 Uhr.
Seit dem Jahr 1710 stellt die Staatliche Porzellan-Manufaktur Meissen – als Erste in Europa – feinstes Porzellan her *(siehe S. 124f)*. 1864 zog die Manufaktur in die Talstraße um. Im Museum wird die Geschichte des berühmten Porzellans mit vielen interessanten Einzelstücken dokumentiert. Führungen vermitteln Details der Porzellanherstellung.

Das spätgotische Rathaus in Meißen

Moritzburg 10

Straßenkarte E4. *Schlossallee 3b, (035207) 85 40.* *Kammermusik-Festival (Aug); Fischzug (Okt).* **www**.moritzburg.de

Das erste Jagdschloss setzte Moritz von Sachsen im 16. Jahrhundert in die sumpfige Gegend. Die Ausmaße des heutigen **Schloss Moritzburg** gehen auf August den Starken zurück, der die Erweiterungsbauten von Zacharias Longuelune und Matthäus Daniel Pöppelmann planen und 1723–36 umsetzen ließ. Das Hauptgebäude weist vier zylindrische Ecktürme auf. Die barocke Ausstattung, Möbel und Jagdtrophäen sind fast unverändert erhalten. Die Schlosskapelle (17. Jh.) wurde mit kunstvollen Stuckornamenten verziert. Auf Befehl Augusts des Starken wurden die Feuchtwiesen trockengelegt und ein großer Park mit künstlichem See gestaltet.

Das **Fasanenschlösschen** im östlichen Teil des Parks hat Rokoko-Interieur und beherbergt eine zoologische Sammlung. Nach einer umfangreichen Restaurierung wurde es 2007 wieder eröffnet.

Die Künstlerin Käthe Kollwitz verbrachte hier ihre letzten Lebensjahre. Der Rüdenhof, in dem sie lebte und arbeitete, ist nun eine **Käthe-Kollwitz-Gedenkstätte**.

Schloss Moritzburg
(035207) 87 30. *Jan: Sa, So 10–16 Uhr; Feb–März: Di–So 10–16 Uhr; Apr–Okt: tägl. 10–17.30 Uhr; Nov–Dez: Di–So 10–16 Uhr.*

Fasanenschlösschen
wie oben. *obligatorisch.*

Dresden ⓫

Die sächsische Landeshauptstadt, eine der schönsten Städte Deutschlands, wurde ab 1485 zur Residenz der Wettiner ausgebaut. Im 18. Jahrhundert erblühte Dresden unter der Herrschaft von August dem Starken zur Kulturhauptstadt. Als in der Nacht vom 13. auf den 14. Februar 1945 britische und amerikanische Bomben auf Dresden niedergingen, wurde die Stadt fast vollständig dem Erdboden gleichgemacht. In dieser Nacht kamen rund 35 000 Menschen um. Der Wiederaufbau nach alten Plänen und Fotos ist noch immer nicht völlig abgeschlossen, doch der Stadtkern erstrahlt inzwischen wieder in alter Pracht.

Die wiederaufgebaute Frauenkirche

Reiterstandbild des sächsischen Königs Johann vor der Semperoper

Semperoper

Theaterplatz 2.
Führungen *(0351) 491 14 96.*
Spielplan *(0351) 491 17 40.*
Karten *(0351) 491 17 05.*

Das imposante Gebäude der Sächsischen Staatsoper wurde von dem berühmten Architekten Gottfried Semper gleich zweimal entworfen: Das erste Gebäude entstand 1838–41, brannte aber bereits 1869 völlig aus. Das neue Operngebäude wurde 1878 im Stil der Neorenaissance vollendet. Die Oper hat viele Uraufführungen erlebt, so Wagners *Tannhäuser* und den *Fliegenden Holländer* sowie einige Werke des Münchner Komponisten Richard Strauss. Auf dem Theaterplatz vor der Oper steht ein Denkmal des sächsischen Königs Johann, das aus der Werkstatt von Johannes Schilling stammt.

Schinkelwache

Theaterplatz. **Kartenvorverkauf** *(0351) 491 17 05.* *Mo–Fr 10–18 Uhr, Sa 10–13 Uhr.*

Der Berliner Architekt Karl Friedrich Schinkel zeichnet für dieses gelungene Gebäude im klassizistischen Stil verantwortlich. 1830–32 wurde der Bau der Schinkelwache (Altstädter Wache) vollendet. Darin sind heute die Theaterkasse und ein Café.

Kathedrale Sanctissimae Trinitatis

Theaterplatz (Eingang vom Schlossplatz). *Mo–Do 9–17, Fr 13–17, Sa 10.30–16 Uhr.*

Der monumentale Barockbau der ehemaligen Hofkirche mit seinem von Statuen verzierten Glockenturm ist seit 1980 der katholische Dom der Diözese von Dresden-Meißen. Die Kirche entstand im evangelischen Sachsen, weil August der Starke in seiner Funktion als polnischer König zum Katholizismus übertreten musste. Der italienische Architekt Gaetano Chiaveri begann den Bau 1738. 1755 war er vollendet.

Die figurenreiche Rokoko-Kanzel (1722) stammt von Balthasar Permoser, das Altarbild ist ein Werk von Anton Raphael Mengs. Die riesige Orgel (1750–53) ist die letzte Arbeit von Gottfried Silbermann. In der Gruft wird u. a. das Herz Augusts des Starken aufbewahrt.

Frauenkirche

An der Frauenkirche. *(0351) 656 06 56.* *tägl. 10–12, 13–18 Uhr.*
www.frauenkirche-dresden.de

Die Frauenkirche wurde 1726–43 nach Plänen von George Bähr geschaffen. Das Kirchenschiff mit der eleganten Domkuppel beeindruckt jeden Besucher. Die Bombennacht 1945 hat auch diese Kirche nicht überlebt. Der Wiederaufbau begann 1993 und wurde 2005 abgeschlossen. Beachten Sie innen die farbenfrohe Kuppelbemalung.

Residenzschloss

Taschenberg 2. *(0351) 49 14 20 00.* *Mi–Mo 10–18 Uhr.*
Hausmannsturm *Apr–Okt: Di–So 10–18 Uhr.*

Die ehemalige Residenz der Wettiner wurde zwischen

Fassade eines Flügels des Residenzschlosses mit *Sgraffito*-Verputz

dem 15. und 17. Jahrhundert, dann erneut 1889–1901 umgestaltet. Nach Restaurierungsarbeiten sind hier Rekonstruktionen der Räume von August dem Starken zu sehen sowie verschiedene Kunstsammlungen. Das **Grüne Gewölbe** gilt als das prächtigste Schatzkammermuseum Europas. Vom **Hausmannsturm** hat man einen schönen Blick über Dresden.

Fürstenzug

Augustusstraße.

Der Lange Gang ist ein Gebäude (1586–91), welches das Schloss mit dem Johanneum verbindet. 22 toskanische Rundbogenarkaden bilden die Innenseite. An der Mauer zur Straße erkennt man den Fürstenzug, einen 101 Meter langen Wandfries, auf dem 35 Herrscher von Sachsen abgebildet sind. Ursprünglich malte Wilhelm Walther den Zug 1886 als *sgraffito* im Stil des Historismus. 1907 wurde das gigantische Gemälde auf 24 000 Fliesen der Meissener Porzellan-Manufaktur übertragen und an der Wand angebracht.

Johanneum (Verkehrsmuseum)

Augustusstraße 1. *(0351) 864 40.* *Di–So 10–17 Uhr.*

INFOBOX

Straßenkarte E4 *516 000.*
Dresden-Klotzsche, 15 km vom Zentrum. *Hauptbahnhof, Wiener Pl., (0351) 461 37 10.* *Schlossstr. 2, (0351) 50 16 01 60; Altstädter Wache, Theaterpl.* *Sächsische Dampfschifffahrt, Radebeul, Hertha-Lindner-Str. 10, (0351) 86 60 90.* *Flottenparade der Sächs. Dampfschifffahrt (Mai); Elbhangfest (Juni); Stadtfest (Aug); Weihnachtsmarkt (Dez).*
www.dresden.de

Das Gebäude wurde im Renaissance-Stil des späten 16. Jahrhunderts als königlicher Marstall entworfen und Mitte des 18. Jahrhunderts umgebaut. Bis dahin wurden in der Pferdeschwemme Turniere und Ringstechen veranstaltet. Danach beherbergte der Bau eine Gemäldegalerie, später das Historische Museum. Seit 1956 ist es Verkehrsmuseum mit den Bereichen Eisenbahn, Kraftfahrzeuge, Fahrräder, Städtischer Verkehr, Schifffahrt und Luftverkehr.

Ausschnitt aus dem Fürstenzug am Langen Gang

Brühlsche Terrasse

Brühlsche Terrasse.

Die Terrasse wurde im frühen 18. Jahrhundert für den Minister Heinrich Graf von Brühl als privater Lustgarten auf den alten Festungswällen angelegt. Die breite Freitreppe entstand 1814, damit wurde die Terrasse für die Öffentlichkeit freigegeben. Der Delfinbrunnen (1747–49) blieb als einziger barocker Bau erhalten. Der weite Ausblick über die Elbe hat dem Plateau auch den Beinamen »Balkon Europas« eingebracht.

Von den zahlreichen Gebäuden sind drei besonders bemerkenswert: das im Stil der Neorenaissance errichtete **Neue Ständehaus** (auch Landtagsgebäude), jetzt Sächsisches Oberlandesgericht, das kleine neubarocke Gebäude der **Sekundogenitur**-Bibliothek (heute Café und Weinrestaurant) und die **Kunstakademie**, die von der Hochschule für Bildende Künste genutzt wird.

Albertinum

Brühlsche Terrasse. **Galerie Neue Meister, Skulpturensammlung**

(0351) 49 14 20 00.

tägl. 10–18 Uhr.

Mit dem Umbau des alten Zeughauses durch C. A. Canzler entstand 1887 ein lang gestrecktes Gebäude im Stil der Neorenaissance, das heute eine Reihe von großartigen Sammlungen beherbergt. Nachdem die Depots im Untergeschoss durch das Jahrhunderthochwasser im Jahr 2002 Schaden genommen hatten, wurde der Museumstrakt im Rahmen einer Komplettsanierung des Albertinums neu konzipiert und hochwassersicher gemacht. Die **Galerie Neue Meister** zeigt Gemälde aus dem 19. und 20. Jahrhundert. Zu den Attraktionen zählen die Kunst der Romantik (u.a. Caspar David Friedrich), die deutschen Impressionisten (Lovis Corinth, Max Slevogt und Max Liebermann) sowie Werke von Edgar Degas, Paul Gauguin, Vincent van Gogh, Édouard Manet und Claude Monet. Auch die deutschen Expressionisten, Werke der klassischen Moderne und Gegenwartskunst sind zu sehen. Die **Skulpturensammlung** präsentiert Arbeiten aus fünf Jahrtausenden, vor allem antike Statuen.

***Frauen auf Tahiti* (1892) von Paul Gauguin, Albertinum**

Die Sekundogenitur an der Brühlschen Terrasse

Kreuzkirche

An der Kreuzkirche 6.

Kirche *Mai–Okt: Mo–Sa 10–18, So 12–18 Uhr; Nov–Apr: Mo–Sa 10–16, So 12–16 Uhr.* **Turm** *tägl. 10–17 Uhr.*

Die spätbarocke Kreuzkirche von Johann Georg Schmidt wurde 1764–92 auf den Fundamenten einer Kirche des 15. Jahrhunderts erbaut. Bei der Restaurierung nach Bombardierungen im Zweiten Weltkrieg blieb die Innenausstattung bewusst schmucklos. Die Kirche ist Heimstatt des berühmten Dresdner Kreuzchors.

Landhaus

Wilsdruffer Straße 2.

(0351) 65 64 80.

Di–Do, Sa, So 10–18, Fr 12–20 Uhr.

Der Bau (18. Jh.) mit seiner frühklassizistischen Fassade überrascht mit barockem Interieur. Hier sind Ausstellungen über die Frauenkirche und die Geschichte Dresdens sowie die städtische Kunstgalerie zu sehen.

Goldener Reiter

Neustädter Markt.

Die Neustadt am Nordufer der Elbe wurde vom Krieg besonders schwer gezeichnet. Der Anblick des vergoldeten Reiterstandbilds von August dem Starken überrascht an dieser Stelle. Das Monument wurde 1736 von Jean Joseph Vinache geschaffen und hat überlebt.

Goldener Reiter in der Neustadt

Neues Rathaus

Dr.-Külz-Ring 19.

Das riesige Neue Rathaus wurde 1905–10 im Stil der Neorenaissance errichtet und nach seiner Zerstörung 1945–65 wieder aufgebaut. Vom 100 Meter hohen Turm, der von einer vergoldeten Figur gekrönt ist, hat man einen weiten Rundblick über Dresden. Zwei bronzene Löwen (1910) bewachen den Eingang.

Jägerhof

Köpckestr. 1. *(0351) 49 14 20 00.*

Di–So 10–18 Uhr.

Das Jagdhaus aus der Renaissance steht seit 1617 am Nordufer der Elbe und beherbergt seit 1913 das Museum für Sächsische Volkskunst. Neben Sächsischer Volkskunst mit

◁ **Das Jagdschloss Moritzburg *(siehe S. 167)* bei Dresden** dem Schwerpunkt Erzgebirge können die Besucher im Jägerhof seit 2005 auch eine Puppentheatersammlung bewundern.

Japanisches Palais

Palaisplatz 11. **Museum für Völkerkunde** *(0351) 814 45 90.* *Di–So 10–18 Uhr.* **Landesmuseum für Vorgeschichte** *(0351) 892 66 03.* *Di–So 10–18 Uhr (bei Wechselausstellungen Sonderöffnungszeiten telefonisch erfragen).*

Das vierflügelige Gebäude, das zunächst Holländisches Palais hieß, entstand im Jahr 1715. Um 1730 wurde es für die japanische Porzellansammlung von August dem Starken erweitert. Zwar wurde das Porzellan nie hier untergebracht, der Name blieb trotzdem. Heute sind hier zwei Museen zu finden.

Pfunds Molkerei

Bautzner Straße 79. *(0351) 80 80 80.* *Mo–Sa 10–18, So 10–15 Uhr.*

In dem Teil der Dresdner Neustadt, der aus dem 19. Jahrhundert stammt, befindet sich, umgeben von einigen Galerien, Restaurants und Kneipen – die alte Molkerei von Paul Pfund. Auf farbigen Fliesen sind Wanddekors mit Szenen aus dem Molkereibetrieb zu sehen. Milchprodukte und hausgemachte Köstlichkeiten werden in einer kleinen Bar angeboten.

Kraszewski-Museum

Nordstraße 28. *(0351) 804 44 50.* *Mi–So 13–18 Uhr.*

Das Museum ist Leben und Werk des polnischen Autors Józef Ignacy Kraszewski gewidmet, der 1863 als »öffentlichkeitsgefährdend« aus Polen verwiesen wurde und Dresden als Wohnsitz wählte.

Das barocke Schloss Pillnitz, Sommerresidenz von August dem Starken

Großer Garten

Zwischen Lennéstr. und Tiergartenstr.

Der Park wurde im 17. Jahrhundert angelegt, danach mehrmals umgestaltet und neu arrangiert. Im Zentrum steht ein Palais aus dem frühen Barock, das von Johann Georg Starcke entworfen wurde. Ein Weg führt zum Carolasee und zum Botanischen Garten im Nordwestteil des Parks. Der Mosaikbrunnen in der Nähe des Zoologischen Gartens wurde 1926 von Hans Poelzig geschaffen.

Blaues Wunder

Brücke von Blasewitz nach Loschwitz

Die 141,50 Meter lange Hängebrücke über die Elbe wurde 1893 eingeweiht und war eine der ersten strompfeilerfreien Brücken Europas. Sie verbindet das Ost- mit dem Westufer. Der blaue Anstrich gegen den Rost führte zu dem Spitznamen »Blaues Wunder«. Der hügelige Vorort Loschwitz, der hinter der Brücke beginnt, ist bis heute eine bevorzugte Wohngegend der Dresdner Großbürger. Viele schöne Villen und kleine Paläste zeugen vom Wohlstand des Ortes, in dem man angenehme Spaziergänge machen kann.

Schloss Pillnitz

(0351) 261 30. **Kunstgewerbemuseum Bergpalais** *Mai–Okt: Di–So 10–18 Uhr.* **Wasserpalais** *Mai–Okt: Mi–Mo 10–18 Uhr.*

Die charmante Sommerresidenz von August dem Starken wurde 1720–23 unter der Leitung von Matthäus Daniel Pöppelmann, dem Baumeister des Zwingers, umgestaltet. Es entstanden ein oberes Schloss, das Bergpalais, und ein unteres Schloss, das Wasserpalais. Eine schöne Treppenflucht führt direkt vom Elbufer zum Eingang des Wasserpalais. 1818–26 wurde ein dritter Palast, das Neue Palais, hinzugefügt. Neben den Schlossbauten ist vor allem der im englischen und chinesischen Stil entworfene Garten samt Orangerie und Zierpavillons die Hauptattraktion von Schloss Pillnitz.

Karl-May-Museum

Radebeul. Karl-May-Straße 5. *(0351) 831 19 05.* *März–Okt: tägl. 9–18 Uhr; Nov–Feb: Di–So 10–16 Uhr.*

Radebeul, fünf Kilometer nordwestlich von Dresden, ist das Ziel aller Freunde von Winnetou und Old Shatterhand. Die »Villa Shatterhand« und die »Villa Bärenfett« würdigen das Leben und Werk von Karl May und zeigen Objekte aus dem Lebens- und Kulturkreis der nordamerikanischen Indianer (u. a. Kleidung, Waffen, Schmuck), die der Autor von den Tantiemen seiner über 70 Romane kaufte. Bis heute sind die Werke Karl Mays die bestverkauften Romane in deutscher Sprache.

Die blau gestrichene Brücke über die Elbe trägt den Spitznamen »Blaues Wunder«

Dresden: Zwinger

Das berühmteste Bauwerk Dresdens ist der Zwinger. Der meisterhafte barocke Gebäudekomplex wurde in der Regierungszeit Augusts des Starken errichtet. Er beauftragte den Baumeister Matthäus Daniel Pöppelmann, der den Prunkbau 1707 entwarf, und den Bildhauer Balthasar Permoser. Die Bauarbeiten dauerten von 1709 bis 1732. Den Abschluss zur Elbe bildete erst ab 1855 die Gemäldegalerie. Der Schlossgarten, in dem Feste und Feuerwerke stattfanden, wird von Galerien und Pavillons umrahmt, in denen heute Museen sind.

Mathematisch-Physikalischer Salon
Die Sammlung wissenschaftlicher Instrumente zeigt einen Himmelsglobus (13. Jh.) mit Sternenkonstellationen.

Kronentor
Das Tor verdankt seinen Namen der Kuppel, die auf den Eingang aufgesetzt wurde.

Haupteingang

Allegorische Figuren krönen die Balustraden.

★ Porzellansammlung
Neben den japanischen und chinesischen Exponaten ist vor allem das zentrale Mittelstück der Tischdekoration aus Meissener Porzellan interessant. Teile des »Schwanenservice« von Joachim Kändler sind hier zu sehen.

Glockenspielpavillon
Das Glockenspiel erhielt dieser Pavillon, eine spiegelgleiche Wiederholung des Wallpavillons, erst 1930. Die Porzellanglocken aus Meißen lassen 24 Melodien erklingen.

Wallpavillon
Bekrönt wird dieses Meisterwerk barocker Architektur von einer Statue des Herkules, der die Weltkugel trägt. Die Figur ist eine Reverenz an August den Starken.

INFOBOX

Sophienstraße/Ostra-Allee/Theaterplatz.
Gemäldegalerie Alte Meister, Porzellansammlung, Mathematisch-Physikalischer Salon und Rüstkammer
(0351) 491 42000.
Di–So 10–18 Uhr.
www.skd-dresden.de/museen

★ Nymphenbad
Die barocke Brunnenanlage wurde mit Skulpturen von Nymphen geschmückt. Auch sie wurde von Pöppelmann entworfen.

Gemäldegalerie Alte Meister
Gottfried Semper entwarf den Seitenflügel, der die Gemäldegalerie Alte Meister (siehe S. 176f) *beherbergt.*

★ Rüstkammer
Hier werden Gewehre, Schwerter, Festgewänder und Waffenschmuck gezeigt. Der Prunkharnisch wurde von Eliseus Libaerts für den schwedischen König Erik XIV. geschmiedet.

NICHT VERSÄUMEN

- ★ Nymphenbad
- ★ Porzellansammlung
- ★ Rüstkammer

Dresden: Gemäldegalerie Alte Meister

Diese Gemäldesammlung Dresdens enthält Werke der berühmtesten Maler der Welt. Die Alten Meister sind heute von unschätzbarem Wert. Herzstück der Galerie sind Werke, die von August dem Starken und seinem Sohn August III. zusammengetragen wurden. Die 1722 gegründete Gemäldegalerie war zunächst im heutigen Johanneum untergebracht, später im Zwinger-Komplex. 1855 erhielt die Sammlung in der im Stil der Hochrenaissance erbauten Gemäldegalerie von Gottfried Semper ihren Platz.

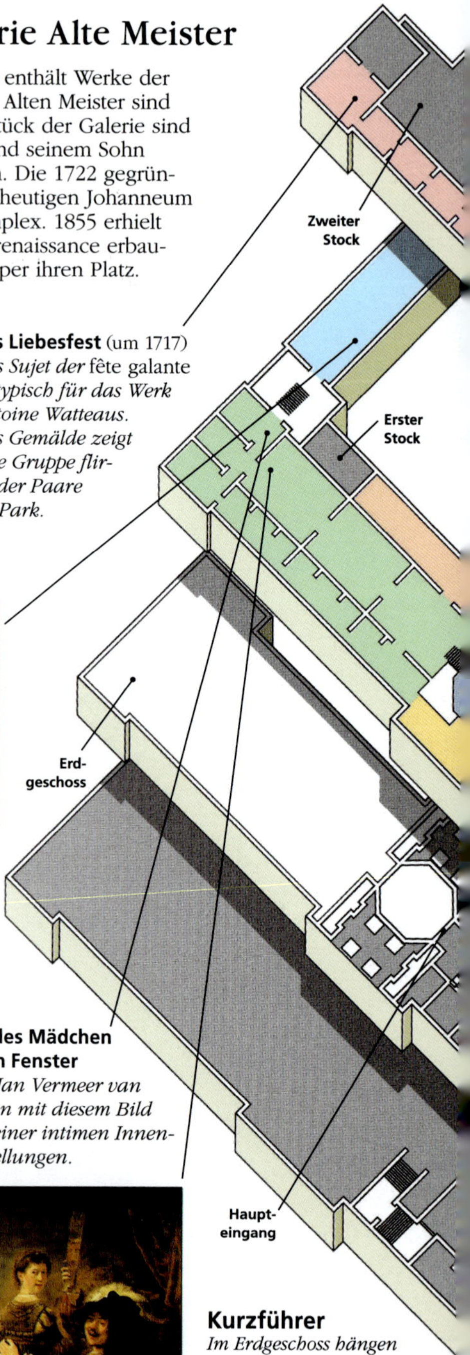

Das Liebesfest (um 1717)
Das Sujet der fête galante *ist typisch für das Werk Antoine Watteaus. Das Gemälde zeigt eine Gruppe flirtender Paare im Park.*

Maria mit dem Kind (1437)
Der kostbare kleine Flügelaltar zeigt neben der Madonna auch die heilige Katharina und den Erzengel Michael. Das Werk ist eines der wenigen, das Jan van Eyck signiert hat.

Brieflesendes Mädchen am offenen Fenster
(um 1659) *Jan Vermeer van Delft begann mit diesem Bild die Reihe seiner intimen Innenraumdarstellungen.*

★ Rembrandt und Saskia
(um 1635) *Rembrandt malte sich hier gemeinsam mit seiner Ehefrau Saskia. Kunstkritiker sehen in dem Bild das Bibelmotiv des verlorenen Sohns.*

Kurzführer
Im Erdgeschoss hängen Canalettos, im ersten Stock europäische Werke aus dem 15. bis 18. Jahrhundert, im zweiten Stock Gemälde des 18. Jahrhunderts sowie Pastelle und Miniaturen.

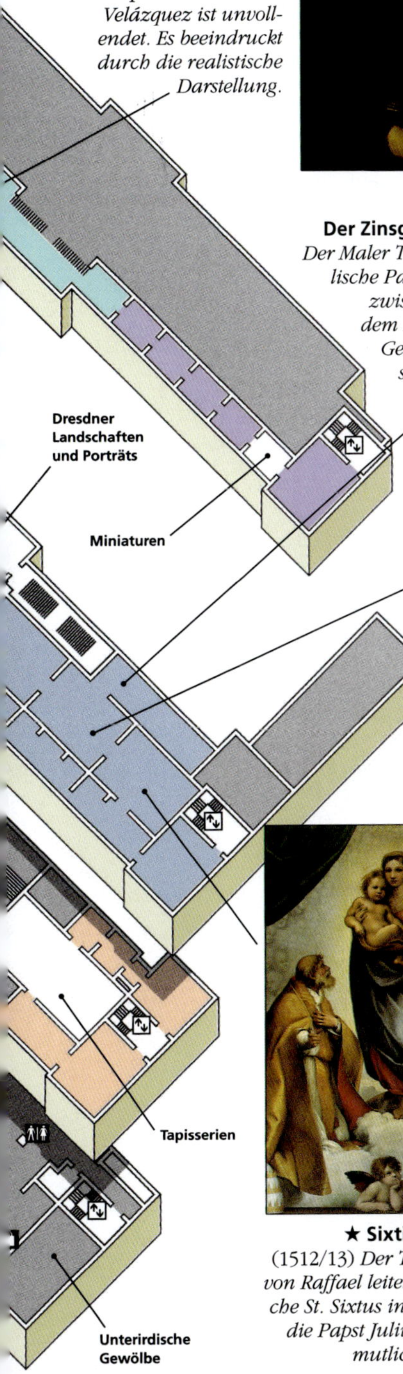

Bildnis eines Herrn (um 1633) *Das höchst bemerkenswerte Porträt des spanischen Malers Velázquez ist unvollendet. Es beeindruckt durch die realistische Darstellung.*

INFOBOX

Theaterplatz 1. *(0351) 49 14 20 00.* *Di–So 10–18 Uhr.* **www**.skd.museum

Der Zinsgroschen (um 1516) *Der Maler Tizian stellt die biblische Parabel als Gespräch zwischen Christus und dem Pharisäer dar. Das Geldstück wird kaum sichtbar, was ungewöhnlich war.*

Schlummernde Venus (um 1508–10) *Der berühmte Akt wurde lange Giorgione zugeschrieben. Doch als dieser 1510 an der Pest starb, stellte ihn sein Freund Tizian fertig.*

LEGENDE

- Italienische Malerei 15.–17. Jh.
- Deutsche Malerei 15.–16. Jh.
- Canaletto u. Dresdner Szenen
- Niederländische und flämische Malerei 17. Jh.
- Französische Malerei 17. Jh.
- Spanische Malerei
- Französische und italienische Malerei 18. Jh.
- Deutsche, böhmische, österr., englische und Schweizer Malerei
- Keine Ausstellungsfläche

★ Sixtinische Madonna (1512/13) *Der Titel des Gemäldes von Raffael leitet sich von der Kirche St. Sixtus in Piacenza ab, für die Papst Julius II. das Bild vermutlich in Auftrag gab.*

NICHT VERSÄUMEN

- ★ Rembrandt und Saskia
- ★ Sixtinische Madonna

Marktplatz mit Renaissance-Rathaus in Pirna

Pirna ⓬

Straßenkarte F4. *42 600.*
Am Markt 7, (03501) 55 64 47.
Stadtfest (Juni). **www**.pirna.de

Die kleine Stadt am Elbufer hat noch den alten geometrischen Straßengrundriss. Die Sehenswürdigkeiten der Stadt sind gut erhalten. Die **Marienkirche** wurde 1502–46 erbaut. Ihr Turm stammt von dem Vorgängerbau aus dem 15. Jahrhundert. Eine Kanzel aus vorreformatorischer Zeit, ein prächtiger Renaissance-Altar und ein Taufstein mit Kinderfiguren (1561) bilden die Höhepunkte im Inneren.

Weitere Sehenswürdigkeiten sind das im 16. Jahrhundert umgestaltete **Rathaus**, die schönen Fachwerkhäuser am Marktplatz und die ehemalige Klosterkirche St. Heinrich.

Über Pirna thront **Schloss Sonnenstein**, im 17. und 18. Jahrhundert erweitert. Pirna war eine wichtige Station beim Handel mit Prag.

Umgebung: 14 Kilometer südwestlich von Pirna liegt **Schloss Weesenstein**. Der gotische Bau wurde im 19. Jahrhundert letztmalig umgebaut und beherbergt heute ein Museum für Tapeten und Gobelins. Die Schlossbrauerei lädt zu einem Besuch ein.

Museum Schloss Weesenstein
Müglitztal, Am Schlossberg 1.
(035027) 53 25. *Apr–Okt: tägl. 9–18 Uhr; Nov–März: tägl. 10–17 Uhr.*

Tour: Sächsische Schweiz ⓭

Diese Region, in Teilen als Nationalpark geschützt, ist mit ihren Felswänden und -türmen sowie dem tief eingeschnittenen Elbtal ein romantisches Naturwunder. Bei dieser Autotour lohnt es sich, Stopps einzuplanen, um reizvolle Wanderungen zu unternehmen. Entspannt lässt sich die grandiose Landschaft bei einer Bootsfahrt auf der Elbe genießen.

Großsedlitz ①
Der großzügige Park wurde nach den Plänen von Pöppelmann, Longuelune und Knöffel gestaltet. Die Blumenrabatten und die vielen Statuen erfreuen Liebhaber barocker Gärten.

Stolpen ⑦
Gräfin Cosel, Geliebte von August dem Starken, war in der mittelalterlichen Burg Stolpen 49 Jahre eingekerkert.

Bastei ⑥
Die Bastei, oberhalb von Rathen, ragt 200 Meter über der Elbe auf. Von hier genießt man einen herrlichen Blick auf den Fluss und die Sächsische Schweiz.

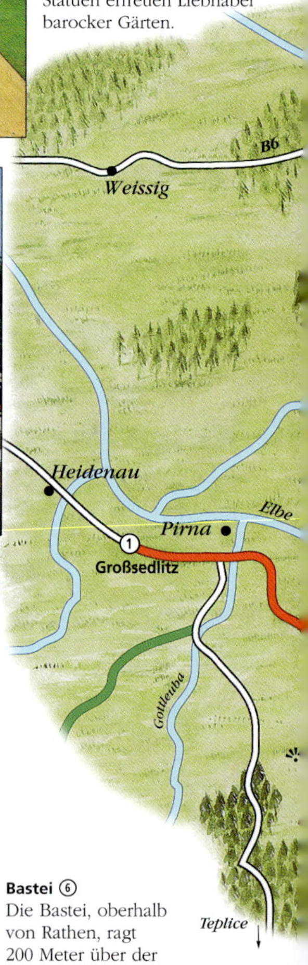

Festung Königstein ②
Die Anlage wurde im 16. Jahrhundert auf den Ruinen einer mittelalterlichen Burg angelegt. Es erfolgten viele Aus- und Umbauten. In mehreren Gebäuden sind Ausstellungen und Dokumentationen zu sehen.

Lilienstein ③
Der Aufstieg auf den Lilienstein (415 m) wird mit einem grandiosen Blick auf die Festung Königstein belohnt.

Burg Hohnstein ⑤
Die gut erhaltene mittelalterliche Burganlage mit Aussichtsturm, Burggarten, Museum und urigen Burgkellern ist heute ein Naturfreundehaus.

Bad Schandau ④
Das kleine Kurbad ist idealer Ausgangspunkt für Wanderungen und Ausflüge in die Umgebung. Die 1898 in Betrieb genommene Kirnitzschtalbahn fährt bis zum schönen Lichtenhainer Wasserfall.

ROUTENINFOS

Länge: *41 km.*
Rasten: *Gasthöfe in jedem Ort.*
Tipp: *Wanderung von der Endhaltestelle der Kirnitzschtalbahn über den Lichtenhainer Wasserfall zur Felsenhöhle Kuhstall und zum Nadelfelsen Barbarine.*

Gotischer Altar von 1513 in der St.-Annen-Kirche von Kamenz

Kamenz (Kamjenc) 14

Straßenkarte F4. *19 100.* *Pulsnitzer Straße 11, (03578) 37 92 05.* *Hutbergfest (Mai).* **www**.kamenz.de

Die beste Zeit, Kamenz zu besuchen, ist zwischen Mai und Juni, wenn die Rhododendronbüsche auf dem 294 Meter hohen Hutberg in Blüte stehen. Der Dichter Gotthold Ephraim Lessing wurde 1729 in Kamenz geboren. Das 1931 gegründete **Lessingmuseum** widmet sich seinem Leben und Werk.

Das große Feuer von 1842 vernichtete den Stadtkern, ließ aber wie durch ein Wunder die spätgotische **Marienkirche** unberührt. Die vier Kirchenschiffe mit einem gotischen Altar aus dem 15. Jahrhundert sind typisch für die Kirchenbauten der Region. Ebenso interessant sind die spätgotische **St.-Annen-Kirche** und die **Katechismuskirche**, einst Teil der Stadtbefestigung. Der alte Friedhof und die **Kirche St. Justus** sind ebenfalls einen Besuch wert, besonders die Wandmalerei aus dem 14. Jahrhundert.

Lessingmuseum
Lessingplatz 1–3.
(03578) 380 50.
Di–Fr 9–17, Sa, So 13–17 Uhr.

Bautzen (Budyšin) 15

Straßenkarte F4. *44 700.* *Hauptmarkt 1, (03591) 420 16.* *Vogelhochzeit (Jan); Internationales Folklorefestival (Juni).* **www**.bautzen.de

Die Stadt liegt malerisch auf einem Felsen über dem Spreetal. Leider wird Bautzen noch oft mit dem nahen Hochsicherheitsgefängnis aus DDR-Zeiten in Verbindung gebracht. In der Stadt fallen die vielen Hinweise auf Deutsch und Sorbisch auf. Die Sorben, eine slawische Minderheit, haben Bautzen unübersehbar geprägt. Ihre Kultur und Sprache gewinnen wieder an Bedeutung.

Die Altstadt mit den engen Gassen, dem barocken Rathaus und dem schiefen **Lauenturm** ist zu Fuß gut zu erkunden. Der Aufstieg auf den Turm der **Alten Wasserkunst** (16. Jh.), ein Wahrzeichen Bautzens, ist ein Erlebnis. Der **Dom St. Petri** wird sowohl von den katholischen Sorben als auch von den Protestanten besucht. In der spätgotischen **Ortenburg**, für den ungarischen König Matthias Corvinus erbaut, ist heute das **Sorbische Museum**.

Sorbisches Museum
Ortenburg 3. *(03591) 424 03.*
Apr–Okt: Mo–Fr 10–17, Sa, So 10–18 Uhr; Nov–März: Mo–Fr 10–16, Sa, So 10–17 Uhr.

Hauptportal des Domstifts in Bautzen mit dem Stiftswappen

Eingang zum Alten Schloss in Bad Muskau

Bad Muskau 16

Straßenkarte F4. *4100.* *Schlossstraße 3, (035771) 504 92.* **www**.badmuskau.de

Das kleine Bad Muskau ist vor allem durch seinen etwa 600 Hektar großen Park berühmt. Hermann Fürst von Pückler-Muskau ließ ihn zwischen 1815 und 1845 anlegen. Das Neue Schloss wird zwar noch renoviert, doch der im englischen Stil entworfene Park steht Besuchern offen. Im Alten Schloss zeigt das Stadt- und Parkmuseum Dokumente zur Stadtgeschichte sowie zur Tierwelt der Muskauer Heide. Eine Besonderheit des Parks ist seine Lage an der Neiße, die ihn durchzieht. Das nördliche Ufer ist polnisches Gebiet, der andere Teil deutsches Territorium. Die Parkanlage ist von beiden Seiten zugänglich.

Hotels und Restaurants in Sachsen *siehe Seiten 493–495 und Seiten 532–534*

Barocker Neptunbrunnen am Untermarkt in Görlitz

Görlitz 17

Straßenkarte F4. *63 600.*
Overmarkt 32, (03581) 475 70.
Sommertheater (Juli); Straßentheaterfestival (Aug). **www**.goerlitz.de

Die deutsch-polnische Grenzstadt wurde schon im Jahr 1071 urkundlich erwähnt, entwickelte sich aber erst um 1220 zur Stadt. Vom 14. bis 16. Jahrhundert erlebte Görlitz eine Blütezeit, die schöne historische Gebäude hinterlassen hat.

Seit 1991 wurden beträchtliche Mittel aufgebracht, um Görlitz originalgetreu zu restaurieren. Die Bürgerhäuser am **Obermarkt**, die Renaissance-Portale und Fassadenornamente der Häuser in der Brüderstraße sowie der kleine **Untermarkt** sind wahre Vorzeigeobjekte einer gelungenen Stadterneuerung. Vor allem die Freitreppe (1537/38) am alten Flügel des Rathauses, die von Wendel Roskopf d. Ä. entworfen wurde, ist bemerkenswert. Die gewundenen Treppen umschließen eine spätbarocke Statue der Justitia.

Eine der zahlreichen Kirchen von Görlitz ist die barocke **Pfarrkirche St. Peter und Paul**, die gleich fünf Kirchenschiffe aufweist. Die **Dreifaltigkeitskirche**, eine alte Klosterkirche der Franziskaner mit spätgotischen Gewölbemalereien, wurde im 14. und 15. Jahrhundert erweitert. Kurios ist das **Heilige Grab** (1481–1504). Die Anlage ist eine Kopie des Heiligen Grabes von Jerusalem. Die **Kaisertrutz**, ein runder Turmbau aus dem 15. Jahrhundert, in dem heute das Stadtmuseum zu Hause ist, war früher Teil der Stadtmauern.

Umgebung: 16 Kilometer südlich von Görlitz liegt **Ostritz**. Mit der 1234 gegründeten und Mitte des 17. bis Mitte des 18. Jahrhunderts als barockes Ensemble neu erbauten Zisterzienserabtei St. Marienthal bietet es Besuchern eine Attraktion. Die Abtei wird von Nonnen bewohnt, die durch die Gebäude führen.

Zittau 18

Straßenkarte F4. *28 000.*
Markt 1, (03583) 75 21 37.
Klosterfest (Christi Himmelfahrt); Fest am Dreiländereck (Juli).
www.zittau.de

Zittau – ein guter Ausgangspunkt für Abstecher in das Naturparadies des Zittauer Gebirges – hat einen aufwendig restaurierten alten Stadtkern. Das barocke **Noacksche Haus** (Markt 2) oder das im Stil der Neorenaissance erbaute **Rathaus** von Carl August Schramm sind eine Besichtigung wert. Die **Johanniskirche** aus dem 18. Jahrhundert wurde nach Entwürfen von Karl Friedrich Schinkel im 19. Jahrhundert umgebaut. Überaus beeindruckend ist der typisch klassizistische Innenraum der Kirche mit seiner Kassettendecke.

Umgebung: Der kleine Kurort **Oybin**, neun Kilometer südlich von Zittau, kann auch mit einer Schmalspurbahn erreicht werden. Die Ruinen der Abtei wurden auf einem Gemälde von Caspar David Friedrich verewigt. In den Sommermonaten finden hier an den Wochenenden Freiluftkonzerte statt. Ein besonderes Highlight ist die Prozession fackeltragender Mönche, die zu der Ruine der Abtei hinaufführt.

Der sogenannte Rolandbrunnen am Markt in Zittau

Sorben

Die Sorben, früher auch Wenden, gehören der slawischen Minderheit in den östlichen Gebieten von Sachsen und Brandenburg an. Sie stammen von den Slawen ab, die schon seit dem 7. Jahrhundert in dieser Region leben. Sorbische Vereinigungen wurden im Dritten Reich verboten, seit 1945 genießen die Sorben Kulturautonomie. Es gibt eigene sorbische Schulen, häufig ist die Beschilderung in der Region zweisprachig.

Thüringen

Thüringen wird nicht zu Unrecht das »Grüne Herz Deutschlands« genannt. Der Thüringer Wald gehört zu den größten zusammenhängenden Waldgebieten Deutschlands. Die alten Burgen über der Saale wurden schon in der Romantik besungen. Auch Thüringens reizvolle Städte wie die alte Handelsmetropole Erfurt oder Weimar, die Stadt der deutschen Klassik, lohnen einen Besuch.

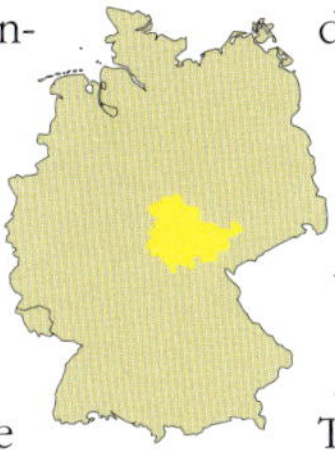

Thüringen wurde im 6. Jahrhundert von den Franken und den mit ihnen verbündeten Sachsen erobert, die Region in Grafschaften aufgeteilt. Unter fränkischem Einfluss wurde Thüringen im 8. Jahrhundert missioniert. Seit es deutsche Könige gab, gehörte Thüringen zum Kerngebiet des deutschen Reichs. 1130 machte König Lothar III. die Ludowinger zu Landgrafen von Thüringen. Ab 1264 waren die wettinischen Markgrafen von Meißen die neuen Herren. Bei der Teilung des Hauses Wettin 1485 fiel das Gebiet zwischen Gotha und Altenburg an die Ernestiner. Seit Ende des 16. Jahrhunderts wurde Thüringen immer weiter aufgeteilt.

1919/29 gründete man den Freistaat Thüringen. Nach dem Zweiten Weltkrieg war er zunächst amerikanische, dann sowjetische Besatzungszone, ab 1949 Teil der DDR. Als Land wurde Thüringen 1952 aufgelöst. Seit 1990 ist es Bundesland im wiedervereinten Deutschland.

Die Mehrzahl der touristischen Ziele liegt im Süden Thüringens. Im Thüringer Wald findet man eine ganze Reihe bekannter Urlaubsorte, denn Wanderer und Erholungsuchende haben den Naturpark wiederentdeckt. Auf den Hügeln stößt man auf viele Burgruinen, die zum Teil noch restauriert werden müssen. Die Wartburg jedoch erstrahlt wieder im alten Glanz. Attraktive Reiseziele sind auch Ilmenau, wo Goethe oft zu Gast war, und alte Residenzen wie Gotha, Altenburg oder Rudolstadt. Voller Sagen und Legenden ist der Höhenzug des Kyffhäuser im Norden.

Schloss Belvedere in Weimar wurde als Jagd- und Lustschloss erbaut

Überblick: Thüringen

Landschaftliche Schönheiten, ein reiches kulturelles Erbe und historische Städte verheißt eine Reise durch Thüringen. Auf Schusters Rappen, per Fahrrad oder auf dem Wasserweg kann man Natur pur genießen. Burgen, Schlösser und Museen bieten Geschichte zum Anfassen. Einen Tag sollte man für die Landeshauptstadt Erfurt veranschlagen, für Weimar mindestens zwei Tage. Die Wartburg ist für alle ein Muss.

Straßenverkäuferin mit handbemalten Ostereiern in Erfurt

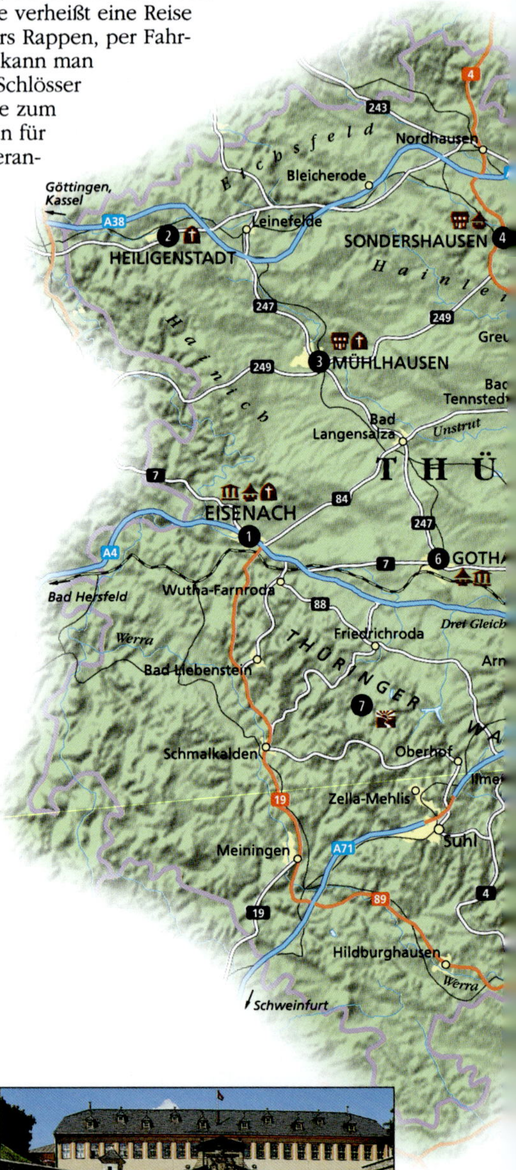

Sehenswürdigkeiten auf einen Blick

Altenburg ⓮
Eisenach: Wartburg S. 186f ❶
Erfurt S. 192f ❽
Gera ⓭
Gotha ❻
Heiligenstadt ❷
Jena ❿
Kyffhäuser ❺
Mühlhausen ❸
Rudolstadt ⓫
Saalfeld ⓬
Sondershausen ❹
Weimar S. 194f ❾

Tour
Thüringer Wald ❼

Brücke und Kommandantenhaus der Zitadelle Petersberg, Erfurt

SIEHE AUCH

- ***Hotels*** S. 495–497
- ***Restaurants*** S. 534–536

Strohballen auf einem Feld bei Meiningen im oberen Werratal

In Thüringen unterwegs

Erfurt hat einen Flughafen. Viele Orte in Thüringen sind mit dem Zug zu erreichen. Die A4 verbindet Gera mit Jena, Weimar, Erfurt, Gotha und Eisenach. Wer die bedeutendsten Kulturstädte Thüringens kennenlernen möchte, sollte der Klassikerstraße von Eisenach über Erfurt, Weimar, Jena und Meiningen zurück nach Eisenach folgen (ca. 300 km). Die Thüringer Porzellanstraße verbindet Orte der Porzellanherstellung (ca. 300 km). Die Bier- und Burgenstraße führt u. a. durch Weimar, Rudolstadt und Saalfeld bis nach Passau (ca. 500 km).

LEGENDE

- Autobahn
- Bundesstraße
- Nebenstraße
- Eisenbahn (Hauptstrecke)
- Eisenbahn (Nebenstrecke)
- Bundeslandgrenze

Renaissance-Rathaus in Gotha

Eisenach: Wartburg ❶

Der Grundstein der mächtigen Wartburg, die wie eine eigene Stadt über dem Ort Eisenach thront, soll 1067 gelegt worden sein. In den Chroniken der Burg taucht 1211–28 die heilige Elisabeth von Thüringen auf. 1206 fand hier angeblich ein Sängerwettstreit statt, den Wagners Oper *Tannhäuser* aufgreift. Vom Mai 1521 bis zum März 1522 übersetzte Luther, als »Junker Jörg« hier untergetaucht, das Neue Testament in die deutsche Sprache. Zwischen 1838 und 1890 wurde die Wartburg im Stil des romantischen Historismus umgebaut.

Festsaal
Der eindrucksvolle, reich geschmückte Saal erstreckt sich über die gesamte Länge und Breite des romanischen Palas. Heute wird er für verschiedene Veranstaltungen genutzt.

★ Elisabethkemenate
Die Mosaikornamente von August Oetken wurden 1902–06 ausgeführt. Sie erzählen die mittelalterliche Legende der heiligen Elisabeth von Thüringen.

Landgrafenzimmer
Dieser Raum ist wahrscheinlich der älteste Raum der Burg. Der Historienmaler Moritz von Schwind hat 1854 die Geschichte der Wartburg auf den Wänden verewigt.

Bergfried
Der hohe Vierkantturm wurde im Zuge der Restaurierungen 1859 fertiggestellt.

NICHT VERSÄUMEN

- ★ Elisabethkemenate
- ★ Lutherstube

Vogtei
Während der Renovierung im Jahr 1872 wurde hier ein wertvoller Nürnberger Erker aus dem 15. Jahrhundert mit Butzenscheibenfenster eingebaut.

INFOBOX

Straßenkarte C/D4. 44 000. Markt 9, (03691) 792 30. *Thür. Bachwochen (März/Apr).* **Wartburg** *(03691) 25 00.* *Führungen Apr–Okt: tägl. 8.30–17 Uhr (Schließung 20 Uhr); Nov–März: tägl. 9–15.30 Uhr (Schließung 17 Uhr).*
www.wartburg-eisenach.de

★ Lutherstube
Der karge Raum, in dem Luther zehn Monate lang das Neue Testament übersetzte, blieb unverändert. Ein Tintenfleck an der Wand soll von einem Wurf nach dem Teufel stammen.

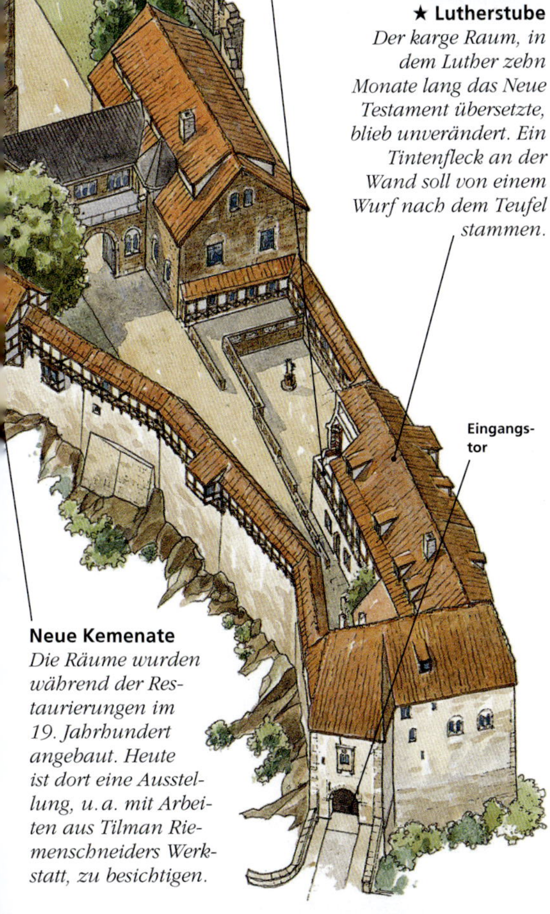

Neue Kemenate
Die Räume wurden während der Restaurierungen im 19. Jahrhundert angebaut. Heute ist dort eine Ausstellung, u. a. mit Arbeiten aus Tilman Riemenschneiders Werkstatt, zu besichtigen.

Überblick: Eisenach

Die Stadt am Fuß der Burg wurde Mitte des 12. Jahrhunderts gegründet und spielte im Mittelalter eine wichtige Rolle. Teile der alten Befestigungsanlagen wie das romanische Nikolaitor sind noch erhalten. Die nahe Nikolaikirche aus dem 12. Jahrhundert wurde als Gotteshaus für das Benediktinerinnenkloster erbaut. Am alten Marktplatz steht ein Rathaus mit Renaissance-Elementen. Am Lutherplatz würdigt das Lutherhaus, eines der ältesten erhaltenen Fachwerkhäuser Eisenachs, die Arbeit des Reformators.

Predigerkirche

Predigerplatz 4. *(03691) 78 46 78.* *Di–So 11–17 Uhr.*
Die Kirche wurde im Angedenken an die Heiligsprechung von Elisabeth von Thüringen 1240 geweiht. Sie dient heute als Ausstellungsraum für Skulpturen, Bildwerke, Grabmale und liturgisches Gerät des Thüringer Museums.

Automobile Welt Eisenach

F.-Naumann-Str. 10. *(03691) 772 12.* *Di–So 11–17 Uhr.*
www.ame.eisenachonline.de
Das Museum dokumentiert die Tradition des Autobaus in Eisenach vom Wartburg von 1899 bis zum letzten Wartburg von 1991 und der heutigen Autoproduktion.

Bachhaus

Frauenplan 21. *(03691) 793 40.* *tägl. 13–18 Uhr.*
www.bachhaus.de
Johann Sebastian Bach wurde 1685 in Eisenach geboren. Das kleine Museum im mutmaßlichen Geburtshaus beschäftigt sich mit Leben und Werk des bedeutenden Musikers und zeigt historische Musikinstrumente.

Das Bachhaus, ein Museum in einem idyllischen Garten

Heiligenstadt ❷

Straßenkarte C4. *17300.*
Wilhelmstr. 50, (03606) 67 71 41.
www.heilbad-heiligenstadt.de

Heiligenstadt, als Heilbad bekannt, liegt ganz in der Nähe der Gartenlandschaft von Eichsfeld. Der berühmte Holzschnitzer und Bildhauer der Gotik, Tilman Riemenschneider, wurde 1460 in Heiligenstadt geboren. Der Dichter Theodor Storm wirkte hier acht Jahre als Kreisrichter.

Die gotische **Pfarrkirche St. Marien**, deren Türme das Wahrzeichen der Stadt sind, schmückt ein Flügelaltar aus dem Jahr 1512, die achteckige **Friedhofskapelle St. Annen** besitzt eine lebensgroße gotische Madonna. Die **Stiftskirche St. Martin** entstand in fast 200-jähriger Bauzeit (1304–1487). Ein Meisterwerk ist das Rosettenfenster über dem Figurenportal der Westfassade. Kunstvoll ist auch die Darstellung des heiligen Martin mit dem Bettler aus dem 14. Jahrhundert über dem Nordportal.

Mühlhausen ❸

Straßenkarte D4. *39300.*
Ratsstr. 20, (03601) 40 47 70.
Mühlhauser Stadtkirmes (Aug/Sep). **www**.muehlhausen.de

Mühlhausen wurde schon 967 n. Chr. urkundlich erwähnt und im 12. Jahrhundert freie Reichsstadt. Während der Bauernkriege spielte es als Hauptquartier von Thomas Müntzer im Jahr 1525 eine gewisse Rolle. Der Anführer im thüringischen Bauernkrieg – ein Geistlicher und erst Anhänger, später Gegner Luthers

Die mittelalterlichen Stadtmauern mit Wehrgang in Mühlhausen

– wurde nach der Niederlage der Bauern gefangen genommen und enthauptet. Zum 450. Jahrestag dieses Ereignisses bekam die Stadt 1975 den Beinamen »Thomas-Müntzer-Stadt« und wurde aufwendig restauriert. Seitdem erfreut sie ihre Besucher mit einer intakten alten **Stadtmauer** und schönen Fachwerkhäusern.

Die engen Gassen enden oft an einer der vielen gotischen Kirchen. Die Pfarrkirche **Divi Blasii**, eine Hallenkirche (13./14. Jh.), besitzt prächtige gotische Bleiglasfenster. Die ehemalige Kirche der Franziskaner, die **Barfüßerklosterkirche**, wurde in ein Museum zum Thema Bauernkriege umgewandelt. Die fünfschiffige **Marienkirche** (14. Jh.) ist eine der größten gotischen Hallenkirchen Thüringens. Das Eingangsportal und die geschnitzten Altäre stammen aus der Spätgotik. Das **Rathaus** wurde vom Mittelalter bis ins 18. Jahrhundert ständig vergrößert.

Umgebung: Zehn Kilometer nordöstlich liegt das Kloster Volkenroda mit dem neuen Christus-Pavillon von der EXPO 2000.

Sondershausen ❹

Straßenkarte D4. *23400.*
Markt 9, (03632) 78 81 11.
Residenzfest (Juni).
www.sondershausen.de

Der Ort war die Residenz der Fürsten Schwarzburg-Sondershausen. Die Hauptattraktion ist das **Schloss**, das zwischen dem 16. und dem 19. Jahrhundert mehrfach umgebaut wurde. Im fast dreieckigen Hauptgebäude kann man das klassizistische Liebhabertheater und einen barocken Riesensaal mit 16 überdimensionalen Statuen antiker Gottheiten sowie das Schlossmuseum besichtigen, das u. a. die Schwarzburger Ahnengalerie und Exponate zur Musikgeschichte zeigt.

Im gepflegten Schlosspark kann das **Karussell** besichtigt werden. Der achteckige Bau von 1709/10 wird heute für Konzerte genutzt.

Die Bürgerhäuser im klassizistischen Stil wurden in den letzten Jahren ebenso wie der **Marktplatz** restauriert.

Umgebung: In den Hügeln der **Hainleite**, südlich von Sondershausen, steht das Jagdschloss »Zum Possen« aus dem 18. Jahrhundert, das in ein Landhotel umgewandelt wurde. Vom Fachwerk-Aussichtsturm hat man einen schönen Blick über die Hügel der Umgebung. Der Ort **Nordhausen**, 20 Kilometer nördlich von Sondershausen, hat eine dreischiffige spätgotische Hallenkirche aus dem 14. Jahrhundert aufzuweisen: den Dom zum Heiligen Kreuz mit einer romanischen Krypta. Das Alte Rathaus am Markt ist ein schöner Renaissance-Bau.

Das ehemalige Residenzschloss der Fürsten zu Schwarzburg-Sondershausen

Hotels und Restaurants in Thüringen *siehe Seiten 495–497 und Seiten 534–536*

Das Kyffhäuserdenkmal – Zeuge des wilhelminischen Kaiserreichs

Kyffhäuser 5

Straßenkarte D4. *Bad Frankenhausen, Anger 14, (034671) 717 16.* **www**.kyffhaeuser.de

Der schmale Höhenzug an der Grenze zwischen Thüringen und Sachsen-Anhalt ist voller Legenden und Sagen. Eine dieser Sagen erzählt, dass Kaiser Friedrich I., auch Barbarossa genannt, in einer der Höhlen des Kyffhäuser zusammen mit sechs seiner Ritter auf die Zeit der Wiederauferstehung wartet. Sobald sein roter Bart lang genug ist, um dreimal um den steinernen Tisch vor ihm gewickelt werden zu können, wird Barbarossa der Sage zufolge zurückkehren.

An der Stelle der früheren kaiserlichen Burg steht eine riesige Statue von Barbarossa. Das 1896 nach einer Vorlage von Emil Hundrieser gestaltete Reiterstandbild von Kaiser Wilhelm I. enthüllte man gleich daneben.

Der kleine Kurort **Bad Frankenhausen** am Fuß des Kyffhäuser hat einige gotische Kirchen und ein Schloss aus dem 16. Jahrhundert, in dem das Heimatmuseum untergebracht ist.

Am **Schlachtberg** wurde eines der letzten großen Gefechte des thüringischen Bauernkriegs ausgetragen. In einem weithin sichtbaren Rundbau ganz in der Nähe bebildert ein 123 Meter langes und 14 Meter hohes Panorama von 1977–87 das grausame Gemetzel, bei dem etwa 5000 Bauern getötet wurden.

Gotha 6

Straßenkarte D4. *49 000.* *Hauptmarkt 33, (03621) 50 78 57 12.* **www**.gotha.de

Im Jahr 1640 wurde Gotha, schon 775 urkundlich erwähnt, Residenz des Herzogtums Sachsen-Coburg und Gotha. Das zwischen 1643 und 1654 erbaute **Schloss Friedenstein** auf dem Schlossberg war das erste Barockgebäude Thüringens. Besonders interessant sind der reich verzierte Thronsaal, die Gruft mit den Prunksärgen Gothaer Herrscher und das Ekhof-Theater (1683) im Westturm, eines der ältesten erhaltenen Barocktheater Europas. Das Schlossmuseum kann mit Gemälden von berühmten Künstlern wie Peter Paul Rubens, Anton van Dyck, Frans Hals und Jan van Goyen aufwarten. In einem eigens errichteten Nebengebäude im Stil der Neorenaissance war die Kunstsammlung der Herzöge von Sachsen-Gotha untergebracht. Heute nutzt es das **Museum der Natur**, das u. a. über den Thüringer Wald informiert.

Das **Rathaus** aus der Renaissance wurde im 19. Jahrhundert umgebaut. Rechts und links sieht man eine Reihe schöner Bürgerhäuser. Gotha war 1875 Gründungsort der Sozialistischen Arbeiterpartei Deutschlands (ab 1890 SPD). Im **Gothaer Tivoli** genannten Saal, in dem man 1990 den SPD-Landesverband Thüringen neu gründete, sind Dokumente zur Geschichte der deutschen und internationalen Arbeiterbewegung sowie der DDR ausgestellt.

Schloss Friedenstein
(03621) 50 78 57 12.
Mai–Okt: Di–So 10–17 Uhr; Nov–Apr: Di–So 10–16 Uhr.

Gedenkstätte der Deutschen Arbeiterbewegung
Am Tivoli 3. *(03621) 70 41 27.*
nur nach Vereinbarung.

Eingang zum Renaissance-Rathaus am Hauptmarkt in Gotha

Tour: Thüringer Wald ❼

Die mit Tannenwäldern bedeckten Höhenzüge des Thüringer Waldes, in dem der Bergbau eine lange Tradition hat, sind mit ihren malerischen Städtchen, bekannten Wintersportorten sowie Ruinen von Burgen und Schlössern Stationen dieser Fahrt. Natürlich ist der Thüringer Wald auch ein Paradies für Wanderer. Der gut 160 Kilometer lange Rennsteig über den Gebirgskamm ist einer der schönsten Wanderwege Deutschlands.

Friedrichroda ①
Das 1827–35 erbaute neugotische Schloss Reinhardsbrunn in Friedrichroda liegt inmitten schöner Parkanlagen. Im Schloss sind Ahnensaal und Kapelle sehenswert.

Drei Gleichen ⑨
Der Name wurde den drei ähnlich aussehenden Burgen – Burg Gleichen, Mühlburg und Wachsenburg – verliehen. Sie können besichtigt werden. Schloss Wachsenburg wurde zu einem Hotel umgebaut.

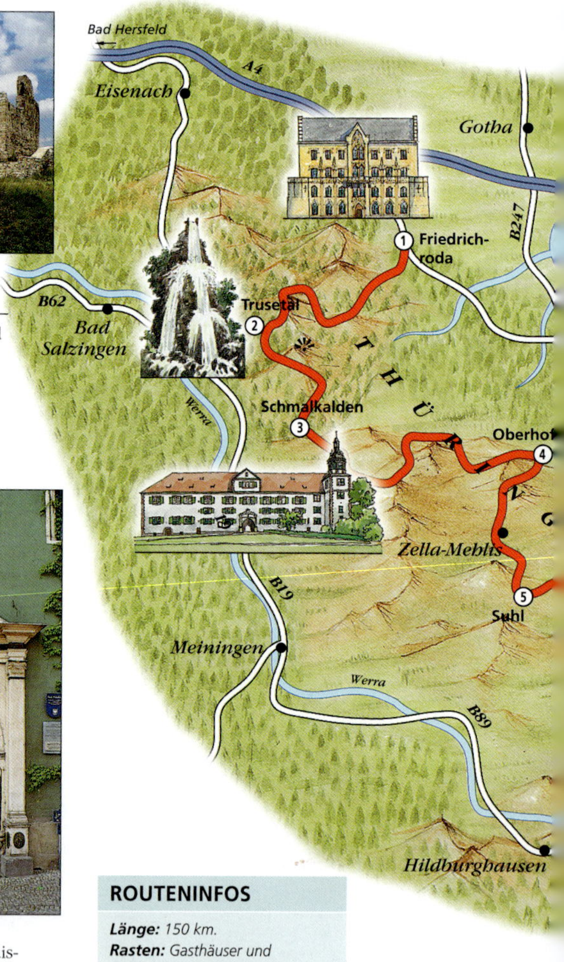

Arnstadt ⑧
Das Städtchen bietet ein Renaissance-Rathaus aus dem 16. Jahrhundert, die Liebfrauenkirche aus dem 13. Jahrhundert und ein Puppen-Wachsmuseum. Johann Sebastian Bach verbrachte einige Zeit in Arnstadt als Organist.

ROUTENINFOS

Länge: *150 km.*
Rasten: *Gasthäuser und Restaurants in jedem Ort.*
Tipps: *Goethe-Wanderweg (insgesamt 18 km) von Ilmenau nach Stützerbach. Fahrt mit der Thüringerwaldbahn von Gotha über Friedrichroda nach Tabarz.*

Trusetal ②
Der künstliche Wasserfall im Trusetal wurde Mitte des 19. Jahrhunderts geschaffen. Eine weitere Sehenswürdigkeit in der Nähe ist die Marienglashöhle in Friedrichroda. In dieser Kristallgrotte schimmern die Gipskristalle im Licht.

Schmalkalden ③
Der Ort hat viele Fachwerkhäuser und ein stattliches Renaissance-Schloss, die Wilhelmsburg. Das technische Denkmal Neue Hütte ist ein Eisenhüttenwerk mit einer Hochofenanlage von 1835.

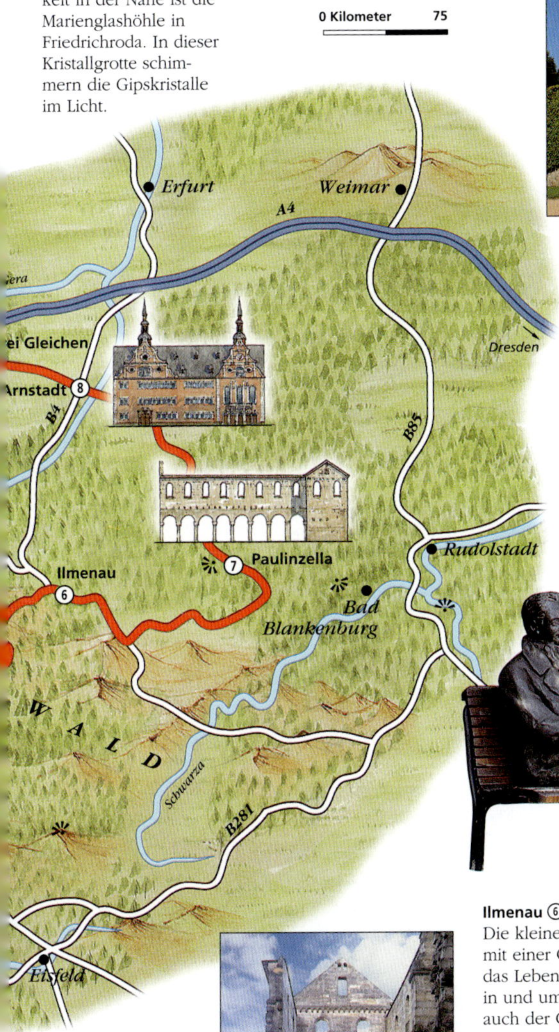

Oberhof ④
Die Skischanze ist das Wahrzeichen Oberhofs. Im Sommer ist der nahe Rennsteiggarten ein beliebtes Ziel. Dieser zwölf Hektar große Gebirgspark besitzt eine Sammlung alpiner Pflanzen.

Suhl ⑤
Seit dem 16. Jahrhundert werden in Suhl Jagdgewehre hergestellt. Die Prunkstücke der Büchsenmacher aus Suhl sind im Waffenmuseum ausgestellt.

Ilmenau ⑥
Die kleine Universitätsstadt erinnert mit einer Goethe-Gedenkstätte an das Leben und Wirken des Dichters in und um Ilmenau. Hier beginnt auch der Goethe-Wanderweg.

Paulinzella ⑦
Die Kirche des ehemaligen Benediktinerklosters aus dem 12. Jahrhundert, eines der berühmtesten romanischen Bauwerke, ist heute eine Ruine.

LEGENDE

- Routenempfehlung
- Andere Straße
- Panoramastraße
- Aussichtspunkt

Erfurt ❽

Die thüringische Hauptstadt Erfurt wurde bereits im Jahr 742 urkundlich erwähnt, als Bonifatius hier ein Bistum gründete. In den darauf folgenden Jahrhunderten agierte Erfurt als wichtiges Handelszentrum an der Ost-West-Route. Die bereits 1392 gegründete Universität war regelmäßig ein Ausgangspunkt geistiger Neuerungen – vielleicht kein Zufall, dass Martin Luther diese *Alma Mater* besuchte. Bis ins 17. Jahrhundert hinein war Erfurt für die Kunst seiner Färber berühmt, seit dem 18. Jahrhundert ist es führend im Bereich des Gartenbaus, was zahlreiche Ausstellungen belegen.

Malerische Fachwerkhäuser auf der Krämerbrücke über die Gera

Überblick: Erfurt

Die Stadt erstreckt sich entlang der Gera. Auf dem Petersberg liegt die **Zitadelle Petersberg** (Baubeginn 1665), auf dem Domberg erheben sich der **Dom St. Marien** und die **St.-Severi-Kirche**. Vom Domplatz führen enge Gassen zum Fischmarkt am Ufer der Gera.

Überquert man den Fluss, so erreicht man das alte Handelsviertel mit dem Anger (Marktplatz) als Mittelpunkt des Stadtteils. Neben den touristischen Höhepunkten Erfurts kann man bei einem Bummel eine Vielzahl reizvoller Fachwerkhäuser, lebendig gestalteter Häuserfassaden und fantasievoller Brunnen entdecken.

Dom St. Marien

Domberg. *(0361) 646 12 65.* *Apr–Okt: Mo–Sa 9–18, So 13–18 Uhr; Nov–März: Mo–Sa 10–17, So 13–17 Uhr.* **Maria Gloriosa**

Schon von den breiten Treppen hinauf zum Portal des Doms gewinnt man ein klares Bild von den gelungenen Proportionen der gotischen Kathedrale aus dem 14. Jahrhundert. Das Hauptschiff wird von den sogenannten Kavaten gegliedert, die früher Ladengeschäfte waren. Das Mittelschiff ist aus dem 15. Jahrhundert, die Türme sind noch romanischen Ursprungs. Im Glockenturm hängt seit 1497 die Glocke **Gloriosa**, mit einem Durchmesser von 2,50 Metern eine der größten Glocken der Welt.

Besondere Beachtung im Inneren des Doms verdienen neben vielen anderen Kunstwerken die gotischen Bildfenster von 1370 bis 1420, die romanische Bronzeleuchterfigur des heiligen Wolfram (um 1160), die gotischen Kirchenbänke und der Einhornaltar (um 1460).

Der gotische Dom St. Marien mit seinen perfekten Proportionen

St.-Severi-Kirche

Domberg. *(0361) 57 69 60.* *Apr–Okt: Mo–Sa 9–18, So 13–18 Uhr; Nov–März: Mo–Sa 10–17, So 13–17 Uhr.*

Der fünfschiffige frühgotische Kirchenbau wurde im 14. Jahrhundert vollendet, damit war St. Severi die erste Stadtkirche Erfurts. Im Inneren stehen der Sarkophag des heiligen Severus, ein 15 Meter hoher Taufstein von 1467 und wertvolle Plastiken.

Fischmarkt

Der Marktplatz ist von Häusern aus unterschiedlichen Perioden wie dem neugotischen Rathaus und den in der Renaissance entstandenen Gebäuden **Zum Breiten Herd** und **Zum Roten Ochsen** umgeben. Unweit des Marktplatzes befinden sich mehrere Kirchen: die Michaeliskirche (im 15. Jh. erweitert), die zweischiffige Allerheiligenkirche (frühes 14. Jh.) und die von den Dominikanern gegründete Predigerkirche (13./14. Jh.).

Krämerbrücke

Die einzige bebaute Brücke nördlich der Alpen gehört zu den interessantesten Bauwerken Erfurts. Auf der Brücke aus dem 14. Jahrhundert stehen 32 Läden, die vom 17. bis 19. Jahrhundert errichtet wurden. Schon im Mittelalter waren hier 62 Verkaufsbuden gezählt worden. Am östlichen Brückenaufgang steht die gotische Ägidienkirche aus dem 14. Jahrhundert.

Augustinerkloster und -kirche

Augustinerstraße 10. *(0361) 576 60.* *tägl. 10–16 Uhr.*

In der frühgotischen Kirche der Augustiner sind besonders die Bleiglasfenster zu beachten. Im benachbarten gut erhaltenen Kloster (13. Jh.) lebte Martin Luther von 1505 bis 1511 als Mönch.

Hotels und Restaurants in Thüringen *siehe Seiten 495–497 und Seiten 534–536*

Der Fischmarkt mit seinen schönen Renaissance-Fassaden

Museum für Stadtgeschichte

Johannesstr. 169. *(0361) 655 56 44.* *Di–So 10–18 Uhr.*

Das Museum ist in einem Renaissance-Bau von 1607 untergebracht, der den Namen **Zum Stockfisch** trägt.

Anger

Die Fußgängerzone am Anger ist Erfurts bevorzugte Einkaufsstraße. Hier schlägt das kommerzielle Herz der Stadt. Mittendrin stehen die gotische **Kaufmannskirche** und die **Reglerkirche** mit einem geschnitzten Altar (um 1462). Das **Haus Dacheröden** besteht aus zwei originalgetreu restaurierten Gebäuden aus der Renaissance.

Angermuseum

Anger 18. *(0361) 554 56 15.* *Di–So 10–18 Uhr.* **Barfüßerkirche** Barfüßerstraße 20. *(0361) 554 56 15.* *März–Nov: Di–So 10–18 Uhr.*

Das Angermuseum ist in einem Barockbau untergebracht. Es präsentiert neben Gemälden von Lucas Cranach d. Ä. Werke von deutschen Malern des 19. und 20. Jahrhunderts. Einer der Räume wurde 1924 mit expressionistischen Motiven von Erich Heckel ausgestattet. Einige sakrale Kunstwerke aus der Barfüßerkirche, die im Zweiten Weltkrieg zerstört wurde, sind im rekonstruierten Chor als Außenstelle des Museums zu sehen.

INFOBOX

Straßenkarte D4. *200 000.* *Flughafenstraße 4, (0361) 65 60.* *Am Bahnhofsplatz.* *Bürgermeister-Wagner-Straße.* *Benediktsplatz 1, (0361) 6 64 00.* *Krämerbrückenfest (Juni); Petersbergfest (September).* **www**.erfurt.de

ega und Gartenbaumuseum

Cyriaksburg, Gothaer Straße 38. *(0361) 223 22 10.* *Mai–Okt: tägl. 10–20 Uhr; Nov–März: tägl. 10–16 Uhr.* **Museum** *(0361) 22 39 90.* *Di–So 10–18 Uhr.* *Jan, Feb.*

Auf einem Hügel in der Nähe von Erfurts Zitadelle Petersberg erstreckt sich das rund 40 Hektar große Areal des Garten- und Freizeitparks »ega Cyriaksburg« der Erfurter Garten- und Ausstellungs-GmbH. Ein Museum auf dem Gelände widmet sich der Entwicklung von Gartenbau und Gartenkunst.

Umgebung: Die Räume des von einem schönen Park umgebenen Barockschlosses von **Molsdorf**, zehn Kilometer südwestlich von Erfurt, sind zu besichtigen.

Weimar ❾

Die Anstrengungen und Eitelkeiten verschiedener Herrscher haben Weimar zu einer Ausnahmestadt Thüringens gemacht. Als Residenz der Ernestiner wurde Weimar ab Mitte des 16. Jahrhunderts häufig um- und ausgebaut. Besonders Herzog Carl August hat Weimar seinen Ruf als Stadt der Klassik zu verdanken. Während seiner Regierungszeit (1775–1828) lebten Goethe, Schiller und Herder hier, im 19. und 20. Jahrhundert waren es Franz Liszt, Richard Strauss und Friedrich Nietzsche. Im Jahr 1919 wurde in Weimar von Walter Gropius das berühmte Bauhaus gegründet.

Überblick: Weimar
Die meisten Sehenswürdigkeiten der Stadt an der Ilm liegen im Stadtkern. Im nördlichen Zentrum befinden sich das Neue Museum und das Stadtmuseum, rund um den Theaterplatz stehen schöne Bürgerhäuser und Repräsentationsbauten. Das imposante Schloss erhebt sich am Burgplatz. Im Südteil der Altstadt haben Goethe, Liszt, Nietzsche und Gropius gewohnt.

Die Stadtkirche St. Peter und Paul, auch als Herderkirche bekannt

Neues Museum Weimar
Weimarplatz 5. *(03643) 54 59 63.* *Apr–Okt: Di–So 11–18 Uhr; Nov–März: Di–So 11–16.30 Uhr.*
Das ehemalige Landesmuseum wurde 1999 in ein Museum für zeitgenössische Kunst umgewandelt. Die Sammlung Paul Maenz mit internationaler Avantgarde seit den 1960er Jahren bildet das Herzstück der Ausstellung.

Stadtmuseum
Karl-Liebknecht-Straße 5–9. *(03643) 826 00.* *Di–So 11–17 Uhr.*
Das Stadtmuseum dokumentiert mit seinen Exponaten die Geschichte Weimars und zeigt auch naturhistorische Ausstellungsstücke. Das klassizistische Gebäude aus dem 18. Jahrhundert gehörte dem Verleger Friedrich Justin Bertuch.

Deutsches Nationaltheater
Theaterplatz 2. *(03643) 75 50.*
Der klassizistische Theaterbau, 1908 eingeweiht, wurde nach Entwürfen des Architekten Littmann errichtet. Die Theatergründung geht auf Goethe zurück. Viele berühmte Musiker und Dirigenten haben hier gearbeitet, unter ihnen Franz Liszt und Richard Strauss. Wagners *Lohengrin* wurde hier uraufgeführt. Im Jahr 1919 wurde im Deutschen Nationaltheater die Verfassung der Weimarer Republik verabschiedet. Vor dem Theater steht ein Denkmal von Ernst Rietschel aus dem Jahr 1857, das Goethe und Schiller darstellt.

Das Stadtschloss am Burgplatz mit seinem schlanken Turm

Bauhaus-Museum
Theaterplatz. *(03643) 54 59 61.* *tägl. 10–18 Uhr.*
Das Museum zeigt kunstgewerbliche Objekte, Gemälde und Grafiken von Künstlern der berühmten Designschule, die ihren Sitz von 1919 bis 1925 in Weimar hatte.

Wittumspalais
Theaterplatz. *(03643) 54 53 77.* *Apr–Okt: Di–So 10–18 Uhr; Nov–März: Di–So 10–16 Uhr.*
Herzogin Anna Amalia erwarb das 1767 erbaute Barockpalais 1774 als Witwensitz. Ab 1791 war das Haus das intellektuelle Zentrum der Stadt. Man kann die rekonstruierten Zimmer und das Wieland-Museum besichtigen.

Schillerhaus
Schillerstraße 12. *(03643) 54 54 01.* *Apr–Sep: Di–Fr, So 9–18, Sa 9–19 Uhr; Okt: Di–So 9–18 Uhr; Nov–März: Di–So 9–16 Uhr.*
Das Haus war Wohnstätte Friedrich Schillers. Hier schrieb er sein letztes großes Drama *Wilhelm Tell* (1804).

Stadtkirche St. Peter und Paul
Herderplatz. *Apr–Okt: Mo–Fr 10–18, Sa 10–12, 14–16 Uhr; Nov–März: tägl. 11–12, 15–16 Uhr.*
Die spätgotische Stadtkirche, auch als Herderkirche bekannt, hat barocke Interieurs. Der dreiflügelige Altar ist eine Arbeit von Vater und Sohn Cranach. Der Dichter Herder wurde 1803 hier bestattet.

Kirms-Krackow-Haus
Jakobstraße 10. *Apr–Okt: tägl. 10–18 Uhr.* *Nov–März.*
Der Renaissance-Bau wurde im 18. Jahrhundert erweitert. Heute ist er ein Museum bürgerlicher Wohnkultur.

Stadtschloss
Burgplatz 4. **Schlossmuseum** *(03643) 54 50.* *Apr–Okt: Di–So 10–18 Uhr; Nov–März: Di–So 10–16 Uhr.*
Der weitläufige Palast wurde 1789–1803 im klassizistischen Stil erbaut. Neben der wertvollen Ausstattung sind hier u.a. Gemälde der beiden Cranachs, von Dürer und Philipp Otto Runge zu besichtigen.

Schloss Belvedere, Sommersitz der Herzöge von Sachsen-Weimar

Herzogin-Anna-Amalia-Bibliothek

Platz der Demokratie 4. *(03643) 54 53 10.* *Mo–Fr 9–21, Sa 9–16 Uhr.*
Das »Grüne Schloss« war ab 1766 die Bibliothek der Herzogin Anna Amalia. Nach dem Großbrand vom 2.9.2004 wurde die Bibliothek nach langer Restaurierung am 24.10.2007 wiedereröffnet.

Schloss Belvedere

(03643) 54 69 62. *Apr–Okt: Di–So 10–18 Uhr.*
In der zwischen 1724 und 1732 erbauten herzoglichen Sommerresidenz befindet sich heute ein Museum für Kunsthandwerk des 17. bis 19. Jahrhunderts.

Goethe-Nationalmuseum

Frauenplan 1. *(03643) 54 54 01.* *Apr–Okt: Di–So 9–18 Uhr; Nov–März: Di–So 9–16 Uhr.*
Johann Wolfgang von Goethe bekam die Villa 1794 von Herzog Carl August geschenkt, er wohnte hier fast 50 Jahre lang. Goethes Privaträume und Gegenstände aus seinem Besitz werden gezeigt.

Goethes Gartenhaus

Park an der Ilm. *(03643) 54 54 01.* *Apr–Okt: tägl. 10–18 Uhr; Nov–März: tägl. 10–16 Uhr.*
Das Häuschen mit Garten – ebenfalls ein Geschenk des Herzogs – war bis 1782 Goethes erster ständiger Wohnsitz in Weimar, später nutzte er es als Sommerhaus.

INFOBOX

Straßenkarte D4. *62 000.* *Schopenhauerstr.* *Washingtonstr.* *Markt 10, (03643) 74 50.* *Thüringer Bach-Wochen (März); Spiegelzelt (Mai/Juni); Kunstfest (Aug/Sep); Goethes Geburtstag (28. Aug); Liszt-Tage (Okt); Zwiebelmarkt (Okt).* **www**.weimar.de

Liszt-Museum

Marienstraße 17. *(03643) 54 54 01.* *Apr–Okt: Mi–Mo 10–16 Uhr.*
Franz Liszt bewohnte die pavillonartige Villa von 1869 bis 1886. Wohn- und Arbeitsräume des Komponisten sind zu sehen.

Umgebung: Das nationalsozialistische Konzentrationslager **Buchenwald** liegt acht Kilometer nördlich von Weimar. Zwischen 1937 und 1945 wurden hier 56 000 Häftlinge ermordet. Heute zeugen in der Gedenkstätte die Außenanlagen sowie eine Reihe von Dauerausstellungen von den NS-Verbrechen.

Buchenwald

(03643) 43 02 00. *Apr–Okt: Di–So 10–18 Uhr; Nov–März: Di–So 10–16 Uhr.*

Das in seinen Ursprüngen gotische Rathaus in Jena

Jena ⑩

Straßenkarte D4. *99400.*
Markt 16, (03641) 49 80 50.
www.jena.de

Die optischen Geräte der Carl-Zeiss-Werke und die feuerfesten Glaswaren der Schott-Werke haben die Stadt Jena weltweit bekannt gemacht. Die im Jahr 1558 gegründete Universität, an der bereits Geistesgrößen wie Hegel, Schelling und Fichte lehrten, ließ Jena auch zu einer der bekanntesten deutschen Universitätsstädte werden. Der Gründungsbau der Universität war das **Collegium Jenense**. Der zwischen 1969 und 1972 errichtete 120 Meter hohe Turm des Universitätshochhauses wird scherzhaft »Phallus Jenensis« genannt.

Am Marktplatz steht das **Rathaus** aus dem 14. Jahrhundert, das 1755 barockisiert wurde. Der Schnapphans im Rathausturm versucht jede Stunde, einen Ball zu fangen – ein Symbol der Vergänglichkeit der Zeit.

Die Pfarrkirche **St. Michael** wurde im 16. Jahrhundert vollendet. Das **Stadtmuseum Göhre** widmet sich der Geschichte der Stadt Jena. Am Unteren Markt steht das **Romantikerhaus**, das sich dem Werk des Philosophen Fichte und der Zeit der Frühromantik verpflichtet hat.

Beachtung verdienen auch das **Optische Museum** und das **Zeiss-Planetarium**. Im Norden Jenas befindet sich eine **Goethe-Gedenkstätte**, die Goethes Arbeit als Dichter, Wissenschaftler und Staatsmann dokumentiert.

Stadtmuseum Göhre
Markt 7. *(03641) 359 80.*
Di–So 10–17, Mi 10–18 Uhr.

Romantikerhaus
Unterer Markt 12a. *(03641) 44 32 63.* *Di–So 10–17 Uhr.*

Optisches Museum
Carl-Zeiss-Platz 12. *(03641) 44 31 65.* *Di–Fr 10–16.30, Sa 11–17 Uhr.*

Historische Zeiss-Führung
Sa 11.30 Uhr.

Umgebung: Dornburg, zwölf Kilometer nordöstlich, hat drei Schlösser: das Alte Schloss (romanisch/spätgotisch), ein Rokokoschloss (1736–47) und das Renaissance-Schloss (1539). Südlich von Jena steht der 30 Meter hohe **Fuchsturm**, ein Aussichtspunkt über das Saaletal.

Rudolstadt ⑪

Straßenkarte D4. *28 100.*
Marktstr. 57, (03672) 41 47 43.
Tanz- und Folk-Fest.
www.rudolstadt.de

Auch wenn Rudolstadt die spätgotische Stadtkirche St. Andreas, ein schönes Rathaus und andere historische Gebäude aufweist, ist **Schloss Heidecksburg** die Attraktion. Der Schlossbau auf einem Hügel über der Stadt wurde im 18. Jahrhundert nach Plänen von Johann Christoph Knöffel und Gottfried Heinrich Krohne umgebaut. Prunkstück ist der große Festsaal. Das Interieur ist aus dem Rokoko. In der Porzellansammlung sind auch Exponate aus Kahla. Die Gemäldesammlung wurde für das Schillerzimmer zusammengetragen. Von der Schlossmauer blickt man über das Saaletal.

Das barocke Schloss Heidecksburg hoch über Rudolstadt

Schloss Heidecksburg
Schlossbezirk 1. *(03672) 42 90 00.*
Apr–Okt: Di–So 10–18 Uhr; Nov–März: Di–So 10–17 Uhr.

Eingang zur Burg Ranis in der Nähe von Saalfeld

Saalfeld ⑫

Straßenkarte D4. *30 200.*
Am Markt 6, (03671) 339 50.
www.saalfeld.de

Saalfeld entwickelte sich zwischen dem 14. und 16. Jahrhundert zu einer Verwaltungsstadt. Ab 1680 war die Stadt Residenz der Herzöge von Sachsen-Saalfeld, die zwischen 1676 und 1720 das festungsartige **Schloss** erbauen ließen. Die **Johanniskirche** stammt aus der Zeit der Spätgotik. Der wertvolle gotische Schrein und die lebensgroße Holzfigur von Johannes dem Täufer, die der Tilman-Riemenschneider-Schüler Hans Gottwald schuf, sind die besonderen Sehenswürdigkeiten dieser Kirche.

Das neu restaurierte **Rathaus** mit Treppenturm und Ziererker wurde in der Frührenaissance 1526–37 erbaut. Die ehemaligen Stadttore sind noch gut erhalten. Im südlichen Teil der Stadt steht der **Hohe Schwarm**, eine Burgruine aus dem 13. Jahrhundert.

In Garnsdorf, einem Vorort von Saalfeld, sind die **Feen-**

grotten zu besichtigen, die aus dem mittelalterlichen Alaunschieferbergwerk »Jeremias Glück« hervorgingen. Von Mitte des 16. bis ins 19. Jahrhundert wurde in dem Höhlensystem das grauschwarze Gestein abgebaut. Die 1914 eröffneten Schaugrotten mit ihren außergewöhnlichen Tropfsteinen und Versinterungen inmitten schillernder Grottenseen wurden zum beliebten Ausflugsziel.

Feengrotten
Feengrottenweg 2. (03671) 550 40. *Mai–Okt: tägl. 9.30–17 Uhr; Nov–Apr (außer Jan): tägl. 10.30–15.30 Uhr.*

Umgebung: Von Saalfeld kann man gut die **Hohenwarte-Talsperre** erreichen. Auf dem künstlichen See tummeln sich Windsurfer. Die **Burg Ranis** wurde wahrscheinlich schon im 11. Jahrhundert errichtet und Anfang des 17. Jahrhunderts zum repräsentativen Schloss umgebaut. Ein kleines Museum geht auf die Geschichte von Burg Ranis ein.

Gera ⓭

Straßenkarte D4. *115 800.*
Heinrichstr. 35, (0365) 830 44 80. Geraer Höhlerfest (Sep).
www.gera.de

Die einstige Färberstadt hinterließ repräsentative Bauten. Schon das ungewöhnliche Eingangsportal zum **Rathaus** aus der Renaissance ist bemerkenswert. Im rechten Türrahmen wurde eine mittelalterliche Maßeinheit eingearbeitet: Die »Geraer Elle« ist 57 Zentimeter lang. Nahe am Marktplatz steht die **Salvatorkirche**. Der Barockbau wurde 1903 mit Jugendstil-Blumenornamenten ausgemalt. Das **Stadttheater** im Jugendstil stammt von 1902.

Der Bergfried des mittelalterlichen **Schloss Osterstein** wird heute für Kunstausstellungen in den Bereichen Malerei, Grafik und Fotografie genutzt. Unweit vom Bahnhof steht die spätbarocke **Orangerie** (1729–32), in der die **Kunstsammlung Gera** Gemälde und Plastiken des 16.–20. Jahrhunderts zeigt. Der Maler Otto Dix, wichtiger Vertreter der Neuen Sachlichkeit, wurde 1891 in Gera geboren. Sein Geburtshaus ist als **Otto-Dix-Haus** Domizil der städtischen Otto-Dix-Sammlung.

Kunstsammlung
Küchengartenallee 4. *(0365) 832 21 47. Di 13–20, Mi–Fr 10–17, Sa, So 10–18 Uhr.*

Otto-Dix-Haus
Mohrenplatz 4. *(0365) 832 49 27. Di 13–20, Mi–Fr 10–17, Sa, So 10–18 Uhr.*

Das Schloss in Altenburg, nach Umbauten heute in barocker Gestalt

Das prächtige Eingangstor zum Rathaus von Gera

Altenburg ⓮

Straßenkarte E4. *42 600.*
Moritzstr. 21, (03447) 55 18 38. Prinzenraubfest (Juli); Musikfestival (Aug/Sep).
www.altenburg-tourismus.de

Die Stadt Altenburg steht für das Skatspiel. Im 19. Jahrhundert entwickelte sie sich zum Zentrum der Spielkartenproduktion. Doch die Stadt hat mehr zu bieten: Das herzögliche **Schloss** aus dem 12. Jahrhundert wurde im 17. Jahrhundert im Stil des Barock umgebaut. Heute ist im Schlossmuseum auch das **Spielkartenmuseum** untergebracht. Die spätgotische Schlosskirche besitzt eine Orgel, auf der schon Johann Sebastian Bach gespielt hat. Am unteren Ende des Schlossparks liegt das **Lindenau-Museum**. Bernhard August von Lindenau hat hier eine außergewöhnliche Kunstsammlung frühitalienischer Malerei und antiker Keramik zusammengetragen, darunter Werke von Fra Angelico, Botticelli und Signorelli.

Das alte **Rathaus** am Markt, einer der schönsten Profanbauten der deutschen Renaissance (1562–64), besitzt einen achteckigen Turm. Auf dem Brühl, dem ältesten Marktplatz Altenburgs, befindet sich vor dem barocken Seckendorff'schen Palais (1724) der Skatbrunnen.

Schloss und Spielkartenmuseum
Schloss 2–4. *(03447) 51 27 12. Di–So 10–17 Uhr.*

Lindenau-Museum
Gabelentzstr. 5. *(03447) 895 53. Di–Fr 12–18, Sa, So 10–18 Uhr.*

Süd-deutschland

Süddeutschland im Überblick

Die südlichen Gefilde Deutschlands sind wegen ihrer Landschaft und des Reichtums an historischen Bauwerken für Besucher besonders attraktiv. München lockt mit barocken Bauwerken, Kultur und Lebensart. Bayern verzaubert mit seiner grandiosen Alpenlandschaft und den Märchenschlössern Ludwigs II. Baden-Württemberg bietet traditionsreiche Universitätsstädte und beliebte Ferienregionen wie Schwarzwald und Bodensee.

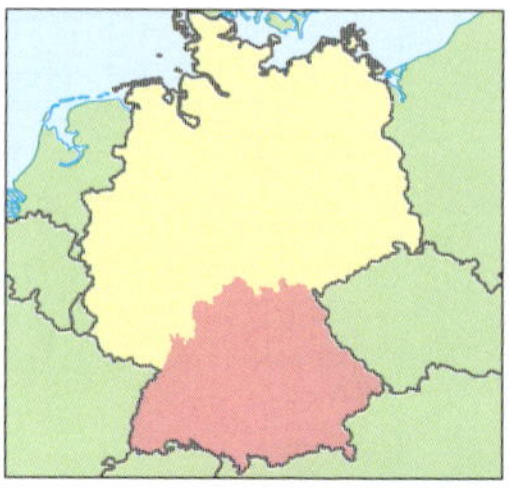

Zur Orientierung

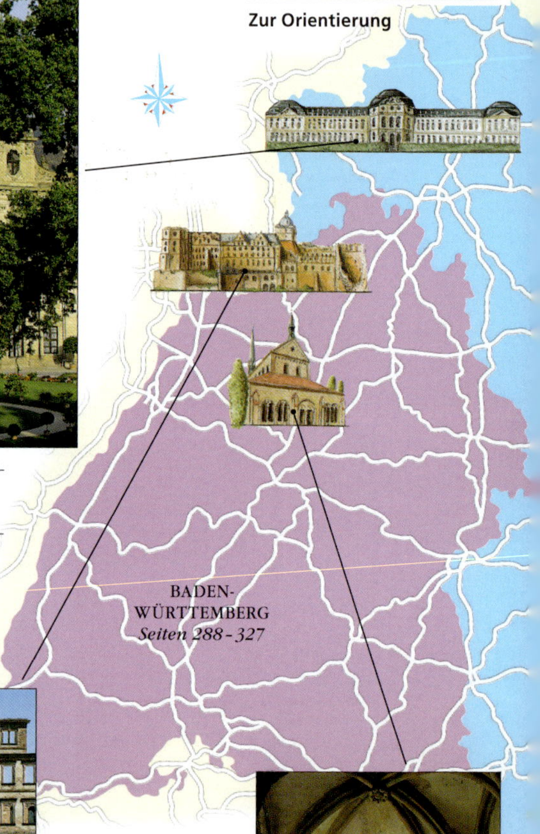

Die Würzburger Residenz *wurde zwischen 1720 und 1744 als Bischofspalast nach einem Entwurf von Johann Balthasar Neumann errichtet. Breite Flügelbauten umrahmen den zentralen Rundbau mit den Prunkgemächern, der inmitten eines schönen Parks liegt.*

Das Heidelberger Schloss, *dessen Baugeschichte bis ins 13. Jahrhundert zurückreicht, wurde vor allem im 15. und 16. Jahrhundert stark umgebaut. Fünf Jahrhunderte lang war es die glanzvolle Residenz von Pfalzgrafen und Kurfürsten.*

Kloster Maulbronn, *1147 gegründet, ist die am besten erhaltene Klosteranlage der Zisterzienser nördlich der Alpen. Die Glaubensstrenge des Ordens spiegelt sich auch in der strengen Architektur wider.*

◁ **Heidelberger Schloss und Neckarbrücke** *(siehe S. 296–299)*

Die Wallfahrtskirche Vierzehnheiligen *wurde 1743–72 nach Plänen von Balthasar Neumann erbaut. Sie gilt als eines der besten Beispiele für den süddeutschen Barock. Die Figuren von 14 Nothelfern umgeben den monumentalen Gnadenaltar.*

0 Kilometer 50

Das Rathaus von Nördlingen *wurde im 13. Jahrhundert errichtet und im 16. und frühen 17. Jahrhundert umgebaut. Am hölzernen Eingangstor zeigt eine Schnitzerei einen mittelalterlichen Narren. Die Inschrift lautet: »Nun sind unser zwey.«*

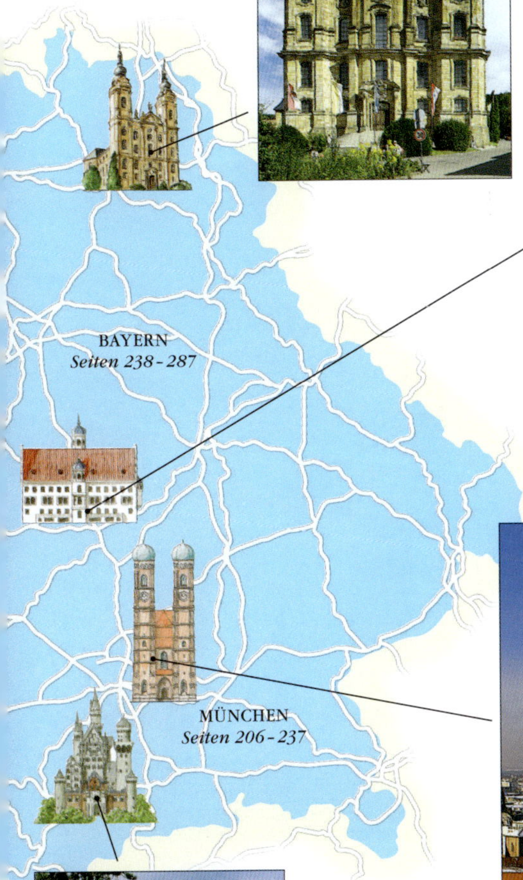

Die Frauenkirche, *Münchens Wahrzeichen, wurde 1488 fertiggestellt. Ihre beiden Türme mit den charakteristischen kupfernen Kuppeln, den »welschen Hauben«, sind 99 Meter hoch.*

Schloss Neuschwanstein *ist eines der drei prunkvollen Schlösser, die der bayerische König Ludwig II. (1845–1886) erbauen ließ. Mit der auf einem hohen Felsen thronenden »Ritterburg« erfüllte sich der von den Opern Richard Wagners inspirierte König einen Traum.*

Süddeutscher Barock

Bedingt durch den Dreißigjährigen Krieg (1618–48) konnte sich der verspielte Barock in Deutschland vor dem 18. Jahrhundert nicht voll ausbilden. Seine Blüte erfuhr dieser Baustil in den südlichen, katholischen Gegenden des Landes. Hier entfaltete er, beeinflusst von italienischer Architektur, seine ganze Pracht: Die großen Sakralbauten waren wie geschaffen für die dynamischen Skulpturen, die wundervollen Stuckarbeiten und die leuchtenden Gemälde. Süddeutschlands bedeutendste Künstler im 18. Jahrhundert waren Johann Balthasar Neumann, François Cuvilliés d. Ä. und die Brüder Asam.

Der Hochaltar *der Klosterkirche in Markt Rohr wurde 1723 von Egid Quirin Asam geschaffen. Er hat die Form einer Bühne mit Seitenflügeln. Die Skulpturengruppe zeigt die Himmelfahrt Mariens.*

Deckenmalereien *gehörten zur barocken Raumgestaltung. Das Fresko von Johann Baptist Zimmermann in der Wieskirche in Steingaden zeigt Christus als Weltenrichter.*

Galerien mit geschwungenen Balustraden vermitteln den Eindruck besonderer Leichtigkeit.

Licht spielt eine bedeutende Rolle bei der Innenraumgestaltung wie hier in der Klosterkirche Zwiefalten.

Heiligenfiguren *in fließenden Gewändern (das Beispiel stammt aus der Benediktinerabtei Ottobeuren) vervollständigen die aufwendige Komposition der Altäre.*

Süddeutsche Klöster *aus dem 18. Jahrhundert, z. B. das Kloster Ottobeuren mit seinem imposanten Treppenaufgang, erinnern oft an fürstliche Residenzen.*

Kirchenfassaden *wie das spätbarocke Beispiel der Münchner Theatinerkirche sind reich gegliedert, was zu außergewöhnlichen Licht- und Schatteneffekten führt.*

Gewölbebogen, liebevoll bemalt und mit Stuck verziert, umspielen die architektonischen Elemente.

Die Kanzel und weitere Ausstattungselemente fügen sich harmonisch in das Ganze ein.

Die Monstranz *im Passauer Dom ist ein schönes Beispiel für die Goldschmiedekunst im Barock.*

Barocke Innenräume

Auch wenn sie uns heute oft überladen erscheinen – die spätbarocken Innenräume der süddeutschen Kirchen sind sorgfältig und effektvoll durchkomponiert. Das Zusammenspiel von Architektur, Bildhauerei, Malerei und Orgelmusik verdient durchaus die Bezeichnung »Gesamtkunstwerk« – eine homogene Verschmelzung aller Künste.

Prächtige Stuckarbeiten *wie hier im Benediktinerkloster Weltenburg sind teils vergoldet, teils schlicht weiß. Oft sind ganze Szenen dargestellt. Manchmal sieht man nur schmückende Ornamente.*

Barockresidenzen

Der süddeutsche Barock beschränkt sich nicht nur auf Sakralbauten. Neben großartigen Klosteranlagen und Wallfahrtskirchen entstanden auch beeindruckende Palais und Residenzen, die sich hohe kirchliche Würdenträger errichten ließen. Das imposante französische Königsschloss von Versailles mit seinen herrlichen Räumen und den einzigartigen Gartenanlagen galt allen Bauherren im restlichen Europa als erstrebenswertes Vorbild.

Die barocke Eingangshalle *im Neuen Schloss Schleißheim* (siehe S. 264f) *zeigt exquisite Stuck- und Freskoarbeiten.*

Schloss Nymphenburg *war Sommerresidenz der bayerischen Könige. Zur Anlage gehören Auffahrt und Park* (siehe S. 224f).

Schloss Favorite *ist ein kleines Lustschloss, das zu der großen barocken Residenz Ludwigsburg gehört* (siehe S. 306f).

Deutsche Alpen

Alpendohle

Der Süden Deutschlands hat Anteil an den Alpen, dem höchsten Gebirgszug Europas. Südlich der Donau erstreckt sich das meist hügelige schwäbisch-bayerische Alpenvorland. Der schmale Saum der Nördlichen Kalkalpen gliedert sich in die Allgäuer, die Bayerischen und die Salzburger (auch Berchtesgadener) Alpen. Die Berge sind ganzjährig ein Freizeitparadies. Im Sommer kann man bergsteigen und klettern sowie mit einem Drachen oder Gleitschirm fliegen. Im Winter bieten die Alpen einzigartige Skigebiete.

Almwiesen *sind begehrtes Weideland. Sie liefern erstklassiges Heu. Auf ihnen wachsen eine Vielzahl wilder Blumen und Gräser.*

Gebirgsbäche *haben sich im Lauf der Zeit einen Weg durch die Felsen gebahnt. So entstanden malerische Schluchten. Eine der schönsten ist die Wimbachklamm im Berchtesgadener Land.*

Berggipfel mit schroffen Felsformationen.

Bauernhöfe fügen sich in die Landschaft ein.

Alpenseen

Durch die Gletscherschmelze nach der letzten Eiszeit entstanden in Bayern viele Seen. Das klare, saubere Wasser ist ideal für viele Wassersportarten. Die malerische Umgebung zieht zahlreiche Ruhe und Erholung suchende Menschen an.

Blick nach Süden

Der Königssee liegt hoch im Berchtesgadener Nationalpark.

Der Watzmann ist der zweithöchste Berg Deutschlands.

Schwarzeck

Steinplatte

Chiemsee

Reit im Winkl

Rosenheim

Schlierse

Oberaudorf

Die Zugspitze *(2962 m) ist die höchste Erhebung in Deutschland.*

Tiere und Pflanzen in den Alpen

Die alpine Vegetation verändert sich mit der Höhe. Im Alpenvorland wächst Bergmischwald. In den Alpen sind Buchen und Tannen in den unteren, Bergahorne und Fichten in den höheren Lagen heimisch. Oberhalb der Waldgrenze sind Latschenkiefern verbreitet. Hier leben Bergziegen, noch weiter oben Gämsen.

Der Steinbock *ist oberhalb der Waldgrenze zu Hause. Die Wildziege mit den langen Hörnern ist jedoch selten zu sehen.*

Der Mufflon, *ein Wildschaf mit großen Hörnern, wurde aus Korsika eingeführt.*

Das Alpen-Mannsschild *wächst in lockeren Polstern und hat weiß-rosa Blüten.*

Die Alpen-Küchenschelle *gedeiht auf Bergwiesen in 700 bis 1800 Meter Höhe und liebt kalkhaltigen, feuchten Boden.*

Das Tagpfauenauge, *einer der bekanntesten Tagfalter in Mitteleuropa, lebt in den Alpen noch bis in rund 2000 Meter Höhe.*

Alpen-Grasnelken *sind mit ihren rosafarbenen Blüten ein wunderschöner Anblick.*

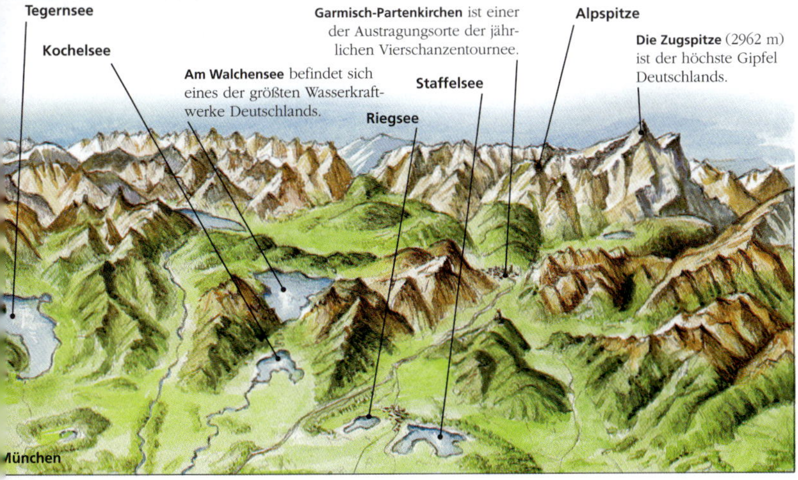

München

Die bayerische Metropole wird gern auch »Deutschlands heimliche Hauptstadt« genannt. Einst einflussreiche Städte wie Augsburg oder Nürnberg stellte München als Hauptstadt des Königreichs Bayern bald in den Schatten. Mit prachtvollen Schlössern und Kirchen, mit Museen von Weltrang und seinem kosmopolitischen Flair ist München eines der beliebtesten Reiseziele in Deutschland.

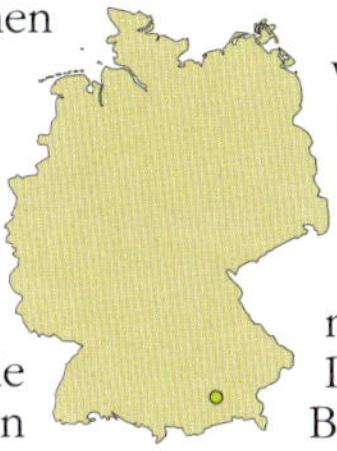

Seit jeher wurden in München Kunst und Kultur gepflegt. Die meisterhaften Baudenkmäler aus Barock und Rokoko müssen sich vor ihren italienischen und französischen Vorbildern nicht verstecken.

Im 19. Jahrhundert nahm die Stadt klassizistische Züge an und wurde als »Isar-Athen« gefeiert. Die Bezeichnung erscheint angemessen, wenn man die monumentale Ludwigstraße entlangspaziert oder den Königsplatz mit Propyläen, Glyptothek und Antikensammlungen besucht. Im späten 19. Jahrhundert zählte die 1808 gegründete Akademie der Bildenden Künste zu Europas ersten Schulen. Das Angebot an erstklassigen Museen, Theatern und Musikbühnen in der Isarmetropole ist reichhaltig und weithin bekannt.

Doch nicht nur die Kunst verleiht München den einzigartigen Charme. Das weltberühmte Oktoberfest wird jedes Jahr bierselig gefeiert und zieht rund sechs Millionen Gäste aus aller Welt an. Das exzellente bayerische Bier kann man auch in einem der vielen Biergärten genießen. München hat zudem schöne Parks und Grünflächen zu bieten – der Englische Garten ist die größte innerstädtische Parkanlage Deutschlands.

Münchens Nobelboutiquen stehen denen anderer Metropolen in nichts nach. Die Landeshauptstadt, die 2008 ihren 850. Geburtstag feierte, ist auch ein Zentrum der Hightech- und Medienindustrie. TV-Sender, Filmstudios und sehr viele deutsche Buchverlage haben hier ihren Sitz.

Das neugotische Rathaus am Marienplatz, dem Zentrum der Münchner Altstadt

◁ **Innenraum der barocken Asamkirche *(siehe S. 213)*, die 1733 bis 1746 von den Brüdern Asam erbaut wurde**

München im Überblick

Die Hauptstadt Bayerns hat etwa 1,4 Millionen Einwohner und bietet außergewöhnlich viele interessante Museen, reich geschmückte Kirchen und historische Gebäude. Einige der Highlights befinden sich nicht direkt im Zentrum, sind aber dank guter öffentlicher Verkehrsverbindungen leicht zu erreichen. Es lohnt sich, einen Abstecher zum Schloss Nymphenburg oder zur Bavaria Filmstadt zu machen und den Blick vom Fernsehturm im Olympiapark über die Stadt zu genießen.

Anfahrt

München hat einen internationalen Flughafen und ist wichtiger Eisenbahnknotenpunkt. In München münden die A95 (Garmisch), A96 (Lindau), A92 (Deggendorf), A9 (Nürnberg), A94 (Altötting) und die A8 (Stuttgart/Salzburg).

Die Türme der Frauenkirche, Münchens Wahrzeichen

Sehenswürdigkeiten auf einen Blick

Kirchen
Asamkirche 6
Bürgersaal 1
Dreifaltigkeitskirche 3
Frauenkirche 4
Ludwigskirche 22
Michaelskirche 2
Theatinerkirche (St. Kajetan) 16

Museen und Sammlungen
Alte Pinakothek S. 222f 25
Archäologische Staatssammlung 20
Bayerisches Nationalmuseum 18
Deutsches Jagd- und Fischereimuseum 5
Deutsches Museum S. 228f 34
Glyptothek 27
Haus der Kunst 17
Jüdisches Zentrum 8
Museum Brandhorst 23
Museum Villa Stuck 35
Neue Pinakothek 24
Pinakothek der Moderne 26
Schack-Galerie 19
Staatliche Antikensammlungen 28
Staatliches Museum für Völkerkunde 12
Städtische Galerie im Lenbachhaus 30
Stadtmuseum 7

Historische Gebäude
Altes Rathaus 10
Bayerische Staatsbibliothek 21
Feldherrnhalle 15
Neues Rathaus 11
Propyläen 29
Residenz S. 216f 14
Schloss Nymphenburg S. 224f 31

Weitere Attraktionen
Bavaria Filmstadt 36
Englischer Garten 33
Hofbräuhaus 13
Olympiapark 32
Theresienwiese 37
Viktualienmarkt 9

LEGENDE

- Detailkarte *siehe S. 210f*
- Parken
- Information
- Post
- Taxi
- Kirche
- S-Bahn-Station
- U-Bahn-Station

SIEHE AUCH

- ***Hotels*** S. 497–499
- ***Restaurants*** S. 536–538

Zur Orientierung

Der Fernsehturm im Olympiapark

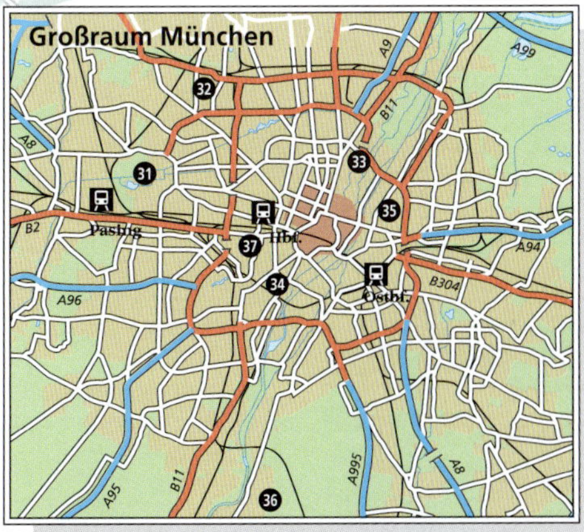

Im Detail: Zwischen Stachus und Marienplatz

Münchens Marienplatz war im Mittelalter ein bedeutender Salz- und Kornmarkt, »Schrannenplatz« genannt. Bereits im 10./11. Jahrhundert hatten sich an der Isar Mönche niedergelassen. Herzog Heinrich der Löwe gründete 1158 hier die Stadt *Munichen* (»bei den Mönchen«). 30 Jahre später ging der Ort an die Wittelsbacher, die 1255 München zur Residenz des Teilherzogtums Bayern-München erwählten. Im 16. Jahrhundert wurde die Stadt zum wichtigen Zentrum der Gegenreformation. St. Peter, das Karlstor, das Alte Rathaus und die Frauenkirche sind in diesem Areal die ältesten Baudenkmäler.

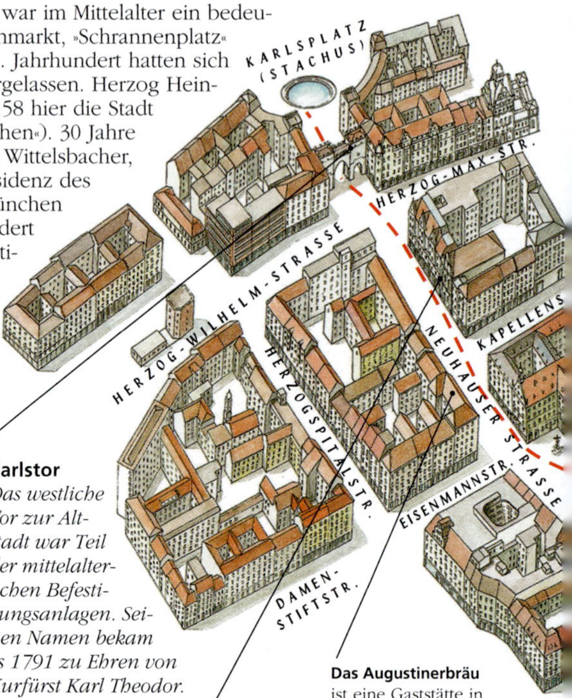

Karlstor
Das westliche Tor zur Altstadt war Teil der mittelalterlichen Befestigungsanlagen. Seinen Namen bekam es 1791 zu Ehren von Kurfürst Karl Theodor.

Das Augustinerbräu
ist eine Gaststätte in einem Traditionsgebäude mit einem schönen Biergarten im von Arkaden gesäumten Innenhof (Neuhauser Str. 27).

0 Meter 50

★ Bürgersaal
In den Jahren 1709/10 ließ die Marianische Männerkongregation den Bürgersaal als Versammlungsraum erbauen. Heute befinden sich darin zwei Kirchenräume. In der Unterkirche ist das Grabmal von Pater Rupert Mayer, einem Widerstandskämpfer gegen das NS-Regime, zu sehen. ❶

Michaelskirche
Das Innere der Renaissance-Kirche beeindruckt durch seine Größe. Das Tonnengewölbe ist nach dem des Petersdoms in Rom das zweitgrößte der Welt. ❷

NICHT VERSÄUMEN

- ★ Altes Rathaus
- ★ Bürgersaal
- ★ Frauenkirche
- ★ Neues Rathaus

LEGENDE

– – – Routenempfehlung

Deutsches Jagd- und Fischereimuseum
Die im 19. Jahrhundert profanierte Augustinerkirche präsentiert u.a. eine Geweihkollektion, Jagdwaffen, präparierte Säugetiere, Vögel und Fische. ❺

Zur Orientierung
Stadtplan 1 und 2

★ Frauenkirche
Der spätgotische Backsteinbau mit den zwei Türmen wurde 1944 stark zerstört und nach dem Krieg wiederaufgebaut. ❹

★ Neues Rathaus
Die Prunkfassade des Neuen Rathauses zeigt viele Skulpturen historischer Gestalten. Die Figur an der Spitze ist das Münchner Kindl – ein Wahrzeichen der Stadt. ⓫

★ Altes Rathaus
Das Alte Rathaus (1493) wurde nach dem Zweiten Weltkrieg in den Originalzustand zurückversetzt. Heute ist hier auch ein Spielzeugmuseum. ❿

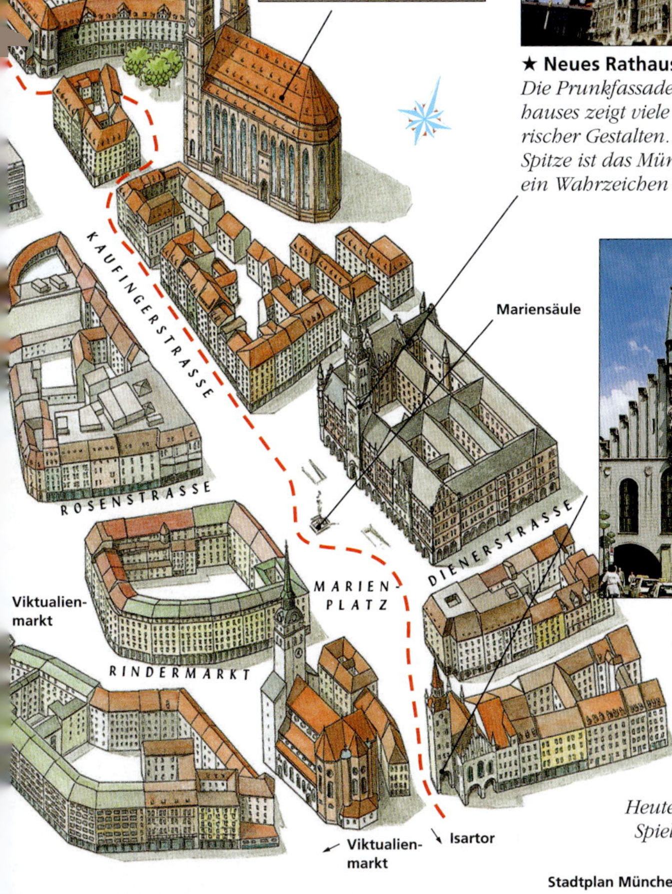

Innenraum des Bürgersaals mit rekonstruierten Kunstwerken aus dem Barock

Bürgersaal ❶

Neuhauser Straße 14. **Stadtplan** 1 F4. *(089) 21 99 720.* Ⓢ *oder* U *Karlsplatz-Stachus.* *16, 17, 18, 19, 20, 21, 27.* **Unterkirche** *tägl. 7–19 Uhr.* **Oberkirche** *zu Gottesdiensten tägl. 10.30 u. 12 Uhr.*

Die Kirche wurde für die ordensähnliche Marianenkongregation von Giovanni Antonio Viscardi entworfen und von Johann Georg Ettenhofer 1709/10 erbaut. Trotz Schäden im Zweiten Weltkrieg sind noch Originalfresken zu besichtigen.

In der Oberkirche befindet sich die *Schutzengelgruppe* von Ignaz Günther (1770), ein schönes Exemplar des bayerischen Rokoko. Der Jesuit Rupert Mayer, Widerstandskämpfer gegen das NS-Regime, ist in der Unterkirche begraben. 2008 eröffnete ein Museum zur Erinnerung an ihn.

Michaelskirche ❷

Neuhauser Straße 6. **Stadtplan** 2 A4. Ⓢ *oder* U *Karlsplatz-Stachus.* *16, 17, 18, 19, 20, 21, 27.* *Mo–Sa 10–19, So 7–22 Uhr.*

Die monumentale Kirche St. Michael, die größte Kirche der Spätrenaissance nördlich der Alpen, ließ Herzog Wilhelm V. für die Jesuiten errichten. Während der Bauarbeiten ab 1583 stürzte der Turm vor dem Chor ein und zerstörte Teile des Gebäudes. Man beschloss, ein Querschiff und einen neuen Chor anzubauen. Die erste Jesuitenkirche in Nordeuropa wurde 1597 geweiht und ist ein Wahrzeichen der Gegenreformation und jesuitischen Präsenz in Bayern. Die dreigegliederte Fassade hat zwei Portale. Die Statue des Erzengels Michael im Kampf mit dem Drachen (1585) stammt von Hubert Gerhard.

Statue des heiligen Michael in der Mittelnische der Michaelskirche

Der Innenraum der Michaelskirche ist imposant: ein mächtiges Hauptschiff mit einem Tonnengewölbe von 20 Metern Spannweite, drei kleine Kapellen an jeder Seite, ein Querschiff und ein langer Chorraum. Hauptarchitekt war Friedrich Sustris, ein Niederländer italienischer Schule. Der 16 Meter hohe Hochaltar stammt von Wendel Dietrich. Das Engelsturz-Altarbild schuf der Münchner Christian Schwarz.

In der Fürstengruft sind die Grabmale von etwa 30 Wittelsbachern, darunter auch das Grab König Ludwigs II., zu besichtigen.

Dreifaltigkeitskirche ❸

Pacellistraße 6. **Stadtplan** 2 A3. *19.* *Mo–Mi, Fr–So 8–16 Uhr, Do 12–16 Uhr.*

Die erste Spätbarockkirche Münchens ist einer der wenigen Sakralbauten, der den Zweiten Weltkrieg unbeschadet überstand. Die Dreifaltigkeitskirche wurde aufgrund eines Gelübdes von Bürgern, Aristokraten und Geistlichkeit erbaut, in der Hoffnung, damit die Gefahren des Spanischen Erbfolgekriegs (1701–13/14) abzuwenden. 1711 erfolgte die Grundstein-

Hotels und Restaurants in München *siehe Seiten 497–499 und 536–538*

legung. 1718 wurde die Dreifaltigkeitskirche fertiggestellt. Der königliche Hofarchitekt Giovanni Antonio Viscardi schuf sie in Zusammenarbeit mit Enrico Zuccalli und Johann Georg Ettenhofer.

Auffallend sind die originalen Kuppelfresken des damals 28-jährigen Cosmas Damian Asam. Die Fassade weist übereck gestellte Säulen auf.

Frauenkirche ❹

Frauenplatz 1. **Stadtplan** 2 B4. *Ⓢ oder* **U** *Marienplatz oder Karlsplatz-Stachus.* *19.* *52.* **Kirche** *Sa–Mi 7–19, Do 7–20.30, Fr 7–18 Uhr.* *Mai–Sep: Di, Do, So 14 Uhr.* **Turm** *Apr–Okt: Mo–Sa 10–17 Uhr.* **www**.muenchner-dom.de

Der Dom zu Unserer Lieben Frau, kurz Frauenkirche, ist ältestes und bekanntestes Wahrzeichen Münchens. 1468 beschloss Herzog Sigismund, diese Bürgerkirche bauen zu lassen. Architekt war Jörg von Halspach, nach dessen Tod Lucas Rottaler. Die Kirche wurde 1488 geweiht. Ihre »welschen Hauben«, die charakteristischen Kuppeln auf den Türmen, bekam sie allerdings erst im Jahr 1525.

Medaillon an der Frauenkirche

Der spätgotische Bau, eine der größten Hallenkirchen in Süddeutschland, fasst etwa 20 000 Personen. Der dreischiffige Innenraum weist eine Reihe von Seitenkapellen und eine Galerie um den Chor auf. Der beeindruckende Bau misst fasst 100 Meter in der Länge und 40 Meter in der Breite. Im Zweiten Weltkrieg erlitt die Frauenkirche schwere Schäden.

Unter den Kirchenschätzen finden sich Apostel- und Prophetenbüsten sowie Heiligenstatuen von Erasmus Grasser (1502) u. a. und ein Schutzmantelmadonna-Gemälde von Jan Polack (1510). Sehenswert ist das manieristische Scheingrab für Kaiser Ludwig IV. den Bayern (1619–22) von Hans Krumpper.

Deutsches Jagd- und Fischereimuseum ❺

Neuhauser Straße 2. **Stadtplan** 2 A4. *(089) 22 05 22.* *Ⓢ oder* **U** *Marienplatz oder Karlsplatz-Stachus.* *16, 17, 18, 19, 20, 21, 27.* *Fr–Mi 9.30–17, Do 9.30–21 Uhr.*

Direkt neben der Michaelskirche steht die ehemalige Augustinerkirche, in der sich heute das Jagd- und Fischereimuseum befindet. Die ersten Augustinermönche kamen im Jahr 1294 nach München. Das ursprüngliche Gebäude entstand Ende des 13. Jahrhunderts. Die Kirche erlebte Mitte des 15. Jahrhunderts den ersten Umbau, 1620/21 wurde sie barockisiert und 1803 säkularisiert.

Seit 1966 beherbergt der Bau mit den prunkvollen Rokoko-Räumen ein interessantes Museum. Die Sammlung reicht von Waffen aus Renaissance, Barock und Rokoko über Trophäen, Familienporträts, Drucke und Dioramen von einheimischen Wildtieren und Fischen bis hin zu fantasievoll gestalteten Exemplaren des bayerischen Wolpertingers. Auch Werke von Rubens, Snyders und Antonio Pisanello sind hier vertreten.

Kanzel in der Asamkirche

Asamkirche ❻

Sendlinger Straße 32. **Stadtplan** 2 A5. **U** *Sendlinger Tor.* *16, 17, 18, 27.* *52, 152.* **U** *Sendlinger Tor.* *16, 17, 18, 27.* *52, 152.* *tägl. 8–17.30 Uhr.* *Mo–Fr 17, Sa 18, So 10.30 Uhr.*

Offiziell heißt sie St. Johann Nepomuk. Doch auch wenn über dem Eingang der Kirche eine Statue des Heiligen steht, ist das Prachtstück spätbarocker Architektur fast jedem als Asamkirche bekannt.

1729 erwarb der Architekt, Bildhauer und Stuckateur Egid Quirin Asam in der Sendlinger Straße ein Haus, das er für sich als Wohnhaus gestaltete. Später kaufte er das Nachbargrundstück dazu, um darauf eine Kirche für den heiliggesprochenen böhmischen Märtyrer Johann Nepomuk zu errichten (1733–46).

Die Kirche ist direkt an das Wohngebäude angebaut. Der Künstler konnte durch ein Fenster direkt auf den Hochaltar blicken.

Die Brüder Asam, die den Bau gemeinsam entwarfen und finanzierten, schufen mit der Kirche eine seltene stilistische Einheit. Das schlichte Äußere lässt nicht auf den prächtig gestalteten Innenraum voller Fresken und Stuck schließen. Der Hochaltar des nur 8,8 Meter breiten Schiffs erstreckt sich über zwei Stockwerke und findet seinen Abschluss in Egid Quirins Gnadenstuhl, der den Gekreuzigten in Gottes Armen zeigt. Unter der Strahlenglorie im Altarvorbau befindet sich das Schaugrab Johann Nepomuks.

Stadtplan München *siehe Seiten 234–237*

Ölgemälde von Wilhelm von Kaulbach (1847) im Stadtmuseum

Stadtmuseum 7

St.-Jakobs-Platz 1. **Stadtplan** 2 A5. *S oder U Marienplatz. U Sendlinger Tor. (089) 23 32 23 70. Di–So 10–18 Uhr. So u. Feiertage frei (außer Kino).* **www**.stadtmuseum-online.de

Sechs zusammenhängende Gebäude bilden das Stadtmuseum. Zwei davon, der Marstall und das Zeughaus, wurden im 15. Jahrhundert als Getreidespeicher erbaut. Das Zeughaus diente in der zweiten Hälfte des 19. Jahrhunderts, in den Anfängen des Museums für Stadtgeschichte, als Ausstellungsraum. Als die Sammlung wuchs, wurden an das ursprüngliche Gebäude vier Flügel angebaut. Seit 1954 heißt das Ensemble Stadtmuseum.

Heute gibt es hier eine Puppen-Sammlung, eine Musikinstrumenten-Sammlung und ein Fotografiemuseum. Nach Sanierungsarbeiten wurde das Zeughaus 2008 wiedereröffnet. Seither ist hier die neue Dauerausstellung »Typisch München!« mit mehr als 400 Exponaten zur Stadtgeschichte zu sehen. Weiterhin ausgestellt: die zehn berühmten Moriskentänzer von Erasmus Grasser (um 1480).

Das Filmmuseum genießt großes Renommee – vor allem wegen der Rekonstruktion von Stummfilmen. Im Kino werden selten zu sehende Filme und Filmreihen gezeigt.

Jüdisches Zentrum 8

St.-Jakobs-Platz 16. **Stadtplan** 2 A5. *S oder U Marienplatz. (089) 23 39 60 96.* **Museum** *Di–So 10–18 Uhr. Kinder unter 6 Jahren frei.* **www**.juedisches zentrumjakobsplatz.de; **www**.juedisches-museum-muenchen.de

Mit der Hauptsynagoge Ohel Jakob (»Zelt Jakobs«), dem Gemeindehaus der Israelitischen Kultusgemeinde München und Oberbayern und dem Jüdischen Museum ist am St.-Jakobs-Platz ein neues Zentrum der jüdischen Gemeinde entstanden (Realisierung Architekturbüro Wandel, Hoefer, Lorch).

Die Synagoge wurde am 9. November 2006 feierlich eröffnet. Der kubusartige Bau wird von einem lichtdurchfluteten Glasaufbau mit bronzefarbenem Metallnetz gekrönt. Das Gemeindehaus umfasst u.a. die Verwaltung, das Rabbinat, Kindergarten, Ganztagesschule und ein koscheres Restaurant. Das Museum bietet Ausstellungen zur jüdischen Geschichte und zur aktuellen Situation jüdischen Lebens.

Viktualienmarkt 9

Petersplatz–Frauenstraße. **Stadtplan** 2 B5. *S oder U Marienplatz. 52.* **www**.viktualienmarkt-muenchen.de

Im Herzen der Stadt liegt seit rund 200 Jahren Münchens Hauptmarkt – ein Muss für jeden Besucher. Neben Obst-, Gemüse- und Schmankerl-Ständen laden ein Biergarten und die wiederaufgebaute **Schrannenhalle** am Südende ein. Auf dem Markt steht neben Statuen von Liesl Karlstadt und Weiß Ferdl auch die des legendären Münchner »Linksdenkers« **Karl Valentin** (1882–1948) – ihm ist auch das Valentin-Musäum (im Isartor) gewidmet.

Vom Turm der Peterskirche (»Alter Peter«) hat man guten Blick über Markt und Altstadt.

Ein Stand mit Trockenblumen am Münchner Viktualienmarkt

Tierkreiszeichen schmücken die Uhr am Turm des Alten Rathauses

Altes Rathaus 10

Marienplatz 15. **Stadtplan** 2 B4. *S oder U Marienplatz. öffentlich nur zugänglich im* ***Spielzeugmuseum*** *(089) 29 40 01. tägl. 10–17.30 Uhr.* **www**.spielzeugmuseum-muenchen.de

Das erste Rathaus der Stadt wurde um 1480 durch ein neues, das heutige Alte Rathaus, ersetzt. Baumeister war Jörg von Halspach, der auch die Frauenkirche errichtete. Das Rathaus wurde mehrmals umgebaut, zuletzt 1861–64. Aus dieser Zeit stammt sein neugotischer Charakter. 1877 und 1934 trug man mit zwei neuen Tordurchfahrten dem stark wachsenden Verkehr Rechnung.

Die gotische Innenausstattung ist noch erhalten. Der Festsaal im ersten Stock besitzt ein weitgespanntes hölzernes Tonnengewölbe. Eine Wandseite ist mit einem Fries aus 96 Wappen (1478) geschmückt. Es gibt Überlegungen, in diesem Saal die berühmten Moriskentänzer (1480) von Erasmus Grasser auszustellen. Bislang stehen hier nur die Kopien; die Originale sind im Münchner Stadtmuseum zu sehen.

Der älteste originale Teil ist der Turm (1180–1200). Er gehörte zur Befestigungsanlage der Stadt. Seit 1983 ist im Alten Rathaus das **Spielzeugmuseum** untergebracht. Hier sind alte Puppenstuben, Blechautos, Zinnsoldaten zu sehen – und die Erfolgsgeschichte der Barbiepuppe.

Neues Rathaus ⓫

Marienplatz 8. **Stadtplan** 2 B4. *(089) 233 00. S oder U Marienplatz.* **Turmbesteigung** *Mai–Okt: tägl. 10–19; Nov–Apr: Mo–Fr 10–17 Uhr.* **Glockenspiel** *tägl. 11, 12 Uhr; März–Okt: auch 17 Uhr.*

Das neugotische Neue Rathaus wurde 1867–1909 von Georg Hauberrisser erbaut. Die überladene Fassade zeigt viele Statuen. Man sieht bayerische Könige, Kurfürsten und Grafen, aber auch Heilige, mythische und allegorische Figuren sowie Wasserspeier, die direkt aus mittelalterlichen Fabelbüchern zu stammen scheinen. Der 85 Meter hohe Spitzturm wird von einer Bronzefigur des Münchner Kindl gekrönt und besitzt ein Glockenspiel, das zu den größten Europas gehört. Jeden Mittag ertönen 43 Glocken, zu deren Melodie fast lebensgroße mechanische Figuren ein Ritterturnier und den Schäfflertanz aufführen. Letzterer wird in Erinnerung an den ersten Schäfflertanz 1517 gespielt, als die Pest in München wütete. Am Abend tauchen in den Turmfenstern des siebten Stocks zwei weitere Figuren auf, die das Münchner Kindl schützen sollen: ein Nachtwächter, der ins Horn bläst, und ein Schutzengel. Die Aussicht vom Turm ist überwältigend, vor allem an Föhntagen mit Fernsicht.

Statue am Neuen Rathaus

Der prächtige Eingang zum Staatlichen Museum für Völkerkunde

Staatliches Museum für Völkerkunde ⓬

Maximilianstraße 42. **Stadtplan** 2 D4. *(089) 210 13 61 00. U Lehel. 17, 19. Di–So 9.30–17.30 Uhr.* **www**.voelkerkundemuseum-muenchen.de

Nahe dem Maximilianeum steht das Staatliche Museum für Völkerkunde. Es wurde 1859–65 nach einem Entwurf von Eduard Riedel im Maximilianstil erbaut. Die acht Figuren an der Fassade sollten die bayerischen Tugenden Vaterlandsliebe, Fleiß, Großherzigkeit, Frömmigkeit, Treue, Gerechtigkeit, Mut und Weisheit personifizieren.

Bis 1894 waren hier die Bestände des Bayerischen Nationalmuseums (heute Prinzregentenstraße) untergebracht, 1900–23 war der Bau Sitz des Deutschen Museums *(siehe S. 228f)*. 1926 zog das Völkerkundemuseum ein – nach demjenigen in Berlin das zweitgrößte seiner Art in Deutschland.

Der Bestand des Museums basiert auf einer Kuriositätensammlung der bayerischen Herrscher, die 1782 in der Residenz ausgestellt wurde. Heute verfügt das Museum über rund 150 000 Exponate zum Alltagsleben und zur Kultur außereuropäischer Völker. Besonders gut vertreten sind China und Japan, Peru sowie Ost- und Zentralafrika.

Aufgrund der Größe der Sammlung können nicht alle Exponate gleichzeitig ausgestellt werden.

Hofbräuhaus ⓭

Am Platzl 9. **Stadtplan** 2 C4. *(089) 290 13 60. S oder U Marienplatz. tägl. 9–23.30 Uhr.* **www**.hofbraeuhaus.de

Das Hofbräuhaus ist wohl die weltweit bekannteste Attraktion Münchens. Die Gaststätte gehört zur königlichen Hofbrauerei, die 1589 von Wilhelm V. gegründet wurde. Die Brauerei war zuerst im Alten Hof angesiedelt und zog 1654 zum Platzl um. 1830 erhielt sie die Erlaubnis, eine Gaststätte mit Bierausschank zu eröffnen.

Das Gebäude im Stil der Neorenaissance datiert von 1896. Die »Schwemme« mit bemalter Decke im Erdgeschoss bietet Platz für etwa 1000 Gäste. Der Festsaal mit Tonnengewölbe im ersten Stock fasst 1300 Gäste. Im Sommer kann man sein Bier auch draußen im sehr schönen Biergarten unter Kastanien trinken.

Schattiger Biergarten mit Kastanien im Hof des Hofbräuhauses

Residenz ⓮

Halsschmuck aus dem Jahr 1557

Die Geschichte der Residenz, bis 1918 Wohnsitz der Wittelsbacher, begann 1385 mit dem Bau der »Neufeste«. Im Lauf der Jahrhunderte wurde die damals von einem Wassergraben umgebene Fluchtburg erweitert. Im 16. Jahrhundert kamen das Antiquarium, ein Flügel und der Grottenhof hinzu. Im 17. Jahrhundert war der Kaiserhof fertig. Nach Umbauten im Barock und Rokoko wurde der Komplex im 19. Jahrhundert mit Königs- und Festsaalbau geschlossen. Die Renaissance-Fassade an der Residenzstraße zeigt eine Statue der Muttergottes: die Patrona Bavariae.

Hofkapelle
Die Kapelle mit ihrem erlesenen Deckenstuck wurde 1601–14 von Hans Krumpper erbaut.

Reiche Kapelle
Die Privatkapelle von Maximilian I. wurde 1607 geweiht. Sie ist mit ihrer reichen Ausstattung ein Gesamtkunstwerk der Spätrenaissance.

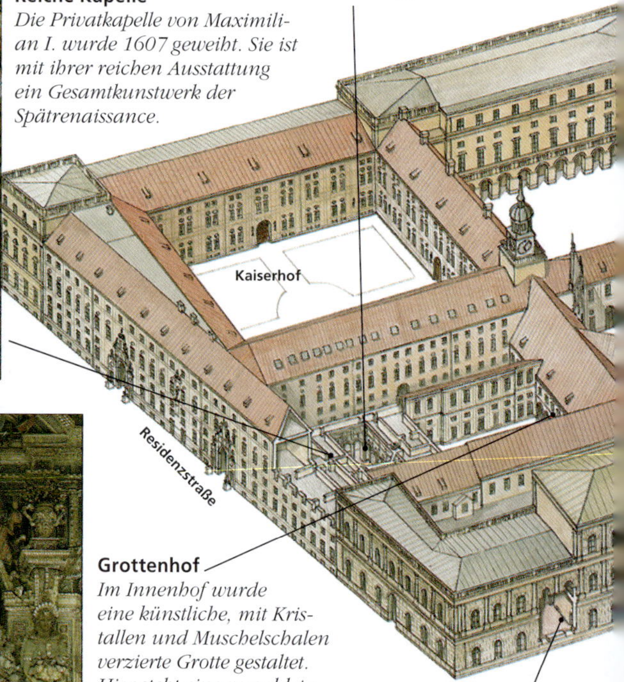

Grottenhof
Im Innenhof wurde eine künstliche, mit Kristallen und Muschelschalen verzierte Grotte gestaltet. Hier steht eine vergoldete Statue des Merkur.

★ Nibelungensäle
Das Wandbild von Julius Schnorr von Carolsfeld im von Leo von Klenze gestalteten Königsbau zeigt eine Szene aus dem Nibelungenlied: *Hagen von Tronje ist im Begriff, Siegfried zu töten.*

★ Cuvilliés-Theater
Das 1751–55 von François Cuvilliés erbaute Rokoko-Theater gehört zu den schönsten Europas. Mozarts Idomeneo *wurde hier am 29. Januar 1781 uraufgeführt. Nach umfassender Modernisierung wurde das Theater 2008 wiedereröffnet.*

INFOBOX

Max-Joseph-Platz 3. **Stadtplan** 2 C3. *(089) 29 06 71.* *Odeonsplatz.* *100.* *19.*
Residenzmuseum *Apr–Mitte Okt: tägl. 9–18 Uhr; Mitte Okt–März: tägl. 10–17 Uhr.*
Staatliches Museum Ägyptischer Kunst *(089) 29 85 46.* *Di–Fr 9–17 Uhr (Di bis 21 Uhr), Sa, So, Feiertage 10–17 Uhr.*
Staatliche Münzsammlung *(089) 22 72 21.* *Di–So 10–17 Uhr.*
www.residenz-muenchen.de

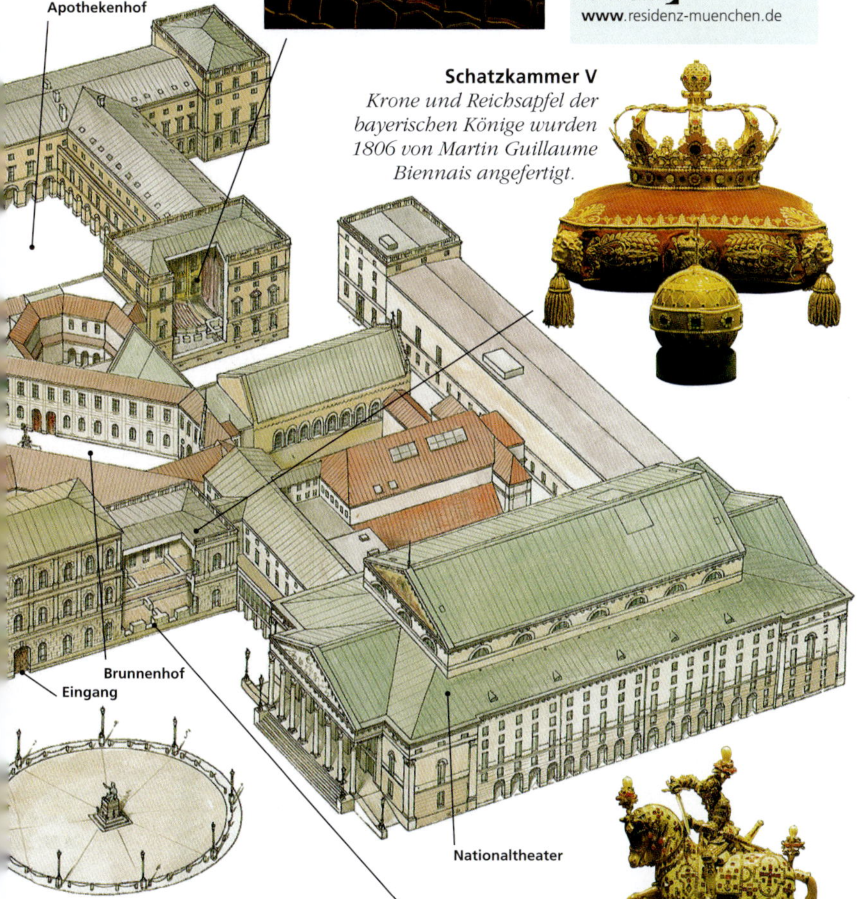

Schatzkammer V
Krone und Reichsapfel der bayerischen Könige wurden 1806 von Martin Guillaume Biennais angefertigt.

★ Schatzkammer
Sie enthält zahlreiche Kunstgegenstände, liturgische Gefäße, Alltagsgegenstände und Artefakte aus Gold, Juwelen und Elfenbein. Attraktion in diesem Raum ist die kleine Reiterstatue des heiligen Georg (1586–97) von Friedrich Sustris.

NICHT VERSÄUMEN

- ★ Cuvilliés-Theater
- ★ Nibelungensäle
- ★ Schatzkammer

Stadtplan München *siehe Seiten 234–237*

Feldherrnhalle 15

Odeonsplatz. **Stadtplan** 2 B3.
U *Odeonsplatz.* *19.* *100.*

An der Stelle des Schwabinger Tors – der mittelalterliche Wachturm musste der Stadterweiterung weichen – entwarf der Architekt Friedrich von Gärtner ein Bauwerk, das sowohl mit der Altstadt als auch mit dem neueren Stadtteil (Schwabing) harmonierte. Ziel war es, einen Blickfang zu schaffen, der die Ludwigstraße begrenzen und dem weiten Odeonsplatz ein Gesicht verschaffen sollte. Auf Wunsch Ludwigs I. wurde der 1844 fertiggestellte Bau nach dem Vorbild der berühmten Florentiner Loggia dei Lanzi ein Ehrenmonument für die bayerischen Feldmarschalle. Die Feldherrnhalle ist eine 20 Meter hohe, offene Halle, gegliedert durch drei Bogen, die über eine Freitreppe zugänglich ist. Die Löwenfiguren am Aufgang wurden 1905 aufgestellt. In den Nischen stehen zwei große Statuen zu Ehren von Johann Tilly (Dreißigjähriger Krieg) und Karl Philipp von Wrede (bayerisch-napoleonische Zeit). Im dritten Bogen gibt es ein Ehrenmal für das bayerische Heer (1892). Im November 1923 war die Feldherrnhalle Schauplatz des gescheiterten Hitler-Putsches *(siehe Kasten).*

Hitler und die Feldherrnhalle

Am Abend des 8. November 1923 kündigte Hitler im Bürgerbräukeller den Beginn der »nationalen Revolution« an und befahl, zentrale Bereiche Münchens zu stürmen. Ziel des Hitler-Putsches war eine rechtsgerichtete Diktatur. Hitler erhoffte sich dafür die Unterstützung der bayerischen Regierung. Am Morgen des 9. November wurden jedoch ca. 2000 Putschisten vor der Feldherrnhalle von der Staatsgewalt gestoppt. Vier Polizisten und 16 Hitler-Anhänger starben. Hitler floh an den Starnberger See, wurde aber gefasst. Er wurde in einem Hochverratsprozess zu fünf Jahren Festungshaft verurteilt, doch bereits 1924 vorzeitig entlassen.

Die Angeklagten beim Prozess gegen die Verantwortlichen des Hitler-Putsches 1923

Theatinerkirche (St. Kajetan) 16

Theatinerstraße 22. **Stadtplan** 2 B3.
U *Odeonsplatz.* *19.* *tägl. 8–20 Uhr.* **www**.theatinerkirche.de

Am Odeonsplatz neben der Feldherrnhalle steht Münchens schönster Sakralbau.

Als Henriette Adelaide von Savoyen Kurfürst Ferdinand Maria den lang erwarteten Thronfolger Max Emanuel schenkte, stifteten die Eltern den Theatinermönchen eine Hofkirche und ein Kloster. Vorbild des Architekten Agostino Barelli war die römische Sant'Andrea della Valle.

Der Grundstein wurde 1663 gelegt, die Barockkirche 1676 fertiggestellt. Die Türme fügte Enrico Zuccalli bis 1696 hinzu. 1768 vollendeten Vater und Sohn Cuvilliés die Rokoko-Fassade.

Die Kirche mit tonnenüberwölbtem Mittelschiff, überkuppelten Seitenkapellen, kurzem Querhaus und hoher stuckverzierter Kuppel zeigt römische Einflüsse. Wuchtige Wandsäulen, weißes Stuckdekor, große Putti und Statuen bestimmen das Innere. Die von Andreas Faistenberger aus dunklem Holz geschnitzte Kanzel (1686–89) fällt besonders ins Auge.

Ziergiebel der Theatinerkirche, darüber eine der Kupferkuppeln

Haus der Kunst 17

Prinzregentenstraße 1. **Stadtplan** 3 D2. U *Lehel.* *100.* *(089) 21 127-113.* *tägl. 10–20 Uhr (Do bis 22 Uhr).*
www.hausderkunst.de

Als im Jahr 1931 der Glaspalast im Botanischen Garten mit der Sammlung deutscher Romantiker abbrannte, entstand 1933–37 unter Paul Ludwig Troost das klassizistische Haus der Kunst, der erste große Repräsentationsbau Hitlers.

Zur Eröffnung 1937 wurde das ausgestellt, was in den Augen der Nationalsozialisten »wahrhaftig deutsche Kunst« war. Darauf folgte die Ausstellung »Entartete Kunst«, die Meisterwerke moderner Kunst diffamierte.

Nach dem Zweiten Weltkrieg wurde die Galerie der Moderne im Westflügel des Baus untergebracht. Heute ist dies der Ort für große Sonderausstellungen, Highlights im Münchner Kulturleben.

Bayerisches Nationalmuseum ⓲

Prinzregentenstraße 3. **Stadtplan** 3 E3. *(089) 211 24 01.* *Lehel.* *17.* *100.* *Di–So 10–17 Uhr (Do bis 20 Uhr).* *nach Anmeldung.* **www**.bayerisches-nationalmuseum.de

Das Bayerische Nationalmuseum wurde 1855 von König Max II. gegründet. 1894/1895 entstand ein neues, von Gabriel von Seidl entworfenes Gebäude in der Prinzregentenstraße. Der »Kunsttempel« aus dem 19. Jahrhundert verdient genaueres Hinsehen: Im Komplex findet man die unterschiedlichsten architektonischen Stile. Vor allem das Erdgeschoss hat Säle, die im Stil passend zu den ausgestellten Sammlungen erbaut wurden. Romanische und gotische Kunst ist in neoromanischen und neugotischen Räumen zu besichtigen. Barockes wird in neobarocken Räumen ausgestellt.

Das kunst- und kulturgeschichtliche Museum präsentiert nahezu unüberschaubare Sammlungen von der Antike bis in das 19. Jahrhundert. Die kunsthistorische Sammlung zeigt Kunst vom Frühmittelalter bis Jugendstil, darunter vor allem Skulpturen, etwa frühmittelalterliche Elfenbeinarbeiten, Werke von Tilman Riemenschneider und Erasmus Grasser, von Hubert Gerhard, Ignaz Günther und Franz

nrad Meits *Judith* 515), Bayerisches Nationalmuseum

Anton Bustelli. Gemälde und Skulpturen werden durch großartige Sammlungen von Alltagsobjekten und dekorativer Kunst und ergänzt.

Das Museum hat auch eine volkskundliche Abteilung und besitzt die größte und bedeutendste Krippensammlung der Welt mit Krippen aus dem Alpenraum und Italien (1700 bis Mitte des 19. Jahrhunderts).

Plakat für eine Ausstellung in der Schack-Galerie

Schack-Galerie ⓳

Prinzregentenstr. 9. **Stadtplan** 3 E3. *Lehel.* *(089) 23 80 52 24.* *100.* *Mi–So 10–18 Uhr.* **www**.schack-galerie.de

Die interessante Sammlung mit Gemälden aus dem 19. Jahrhundert wurde von dem reichen mecklenburgischen Grafen Friedrich von Schack (1815–1894) angelegt. 1857 kaufte er ein Haus in der Nähe der Propyläen, um seine ständig wachsende Kunstsammlung unterzubringen.

Der von Max Littmann (auf Anweisung Kaiser Wilhelms II., dem Schack seine Sammlung vermacht hatte) entworfene klassizistische Bau wurde 1910 fertiggestellt. Seit 1939 gehört die Schack-Galerie zu den Bayerischen Staatsgemäldesammlungen. In den 17 Sälen sind 270 Gemälde der deutschen Spätromantik ausgestellt. Darunter finden sich Werke von Moritz von Schwind (*Rübezahl*, *Hochzeitsreise* und *Morgenstunde*), Arnold Böcklin (*Villa am Meer* und *Triton und Nereide*) und Anselm Feuerbach (*Nana* und *Paolo und Francesca*). Sehenswert sind auch die Bilder Franz Carl Spitzwegs, Franz von Lenbachs und Hans von Marées sowie Kopien Alter Meister, die von jungen, von Schack unterstützten Künstlern angefertigt wurden.

Archäologische Staatssammlung ⓴

Lerchenfeldstraße 2. **Stadtplan** 3 E2. *(089) 21 12 402.* *Lehel.* *17.* *100.* *Di–Sa 9.30–18, So 9.30–20 Uhr.* **www**.archaeologie-bayern.de

Neben dem Bayerischen Nationalmuseum befindet sich seit 1975 das Archäologische Museum. Die Glas-Stahl-Konstruktion zeigt viele Artefakte aus Vor- und Frühgeschichte Bayerns. Die Grab-, Siedlungs- und Opferfunde reichen von den Anfängen der Besiedlung des Landes in der Altsteinzeit bis zum Mittelalter. Eine besondere Attraktion ist die Mumie einer Frau aus dem 16. Jahrhundert, die in einem Sumpf gefunden wurde.

Mosaikboden (3. Jh.) aus einer römischen Villa, Archäologische Staatssammlung

Stadtplan München *siehe Seiten 234–237*

Bayerische Staatsbibliothek ㉑

Ludwigstraße 16. **Stadtplan** 2 C1–C2. *Odeonsplatz oder Universität.* *100.* *(089) 28 63 80.* *Ausleihe: Mo–Fr 9–19 Uhr; allgem. Lesesaal: tägl. 8–24 Uhr.* *bitte tel. ankündigen.* **www**.bsb-muenchen.de

Mit dem Bau der Staatsbibliothek beauftragte König Ludwig I. Friedrich von Gärtner, der 1827 zum Hauptarchitekten des prestigeträchtigen Projekts Ludwigstraße aufstieg und Leo von Klenze ablöste. Gärtner war auch für den Entwurf der Feldherrnhalle, des Siegestors, der Ludwigskirche und des Universitätsgebäudes verantwortlich.

Der imposante Bau, der an den Stil der italienischen Renaissance erinnert, wurde 1832–43 errichtet. Der Treppenaufgang ist mit Statuen Ludwig von Schwanthalers bestückt: Thukydides, Hippokrates, Homer und Aristoteles.

Imposant sind auch die Treppen zu den Haupträumen, die nach der Scala dei Giganti des Dogenpalasts in Venedig gestaltet sind.

Die Bibliothek besitzt mehr als sechs Millionen Bücher, 71 500 Manuskripte, 29 000 Karten und 20 000 Periodika und kann sich mit der Bibliothek in Berlin *(siehe S. 68)* messen.

Statue des Hippokrates vor der Bayerischen Staatsbibliothek

Die Münchner Ludwigskirche mit ihren Zwillingstürmen

Ludwigskirche ㉒

Ludwigstraße 20. **Stadtplan** 2 C1. *Universität.* *100.* *tägl. 7.30–20 Uhr (während der Messen keine Besichtigung möglich).*

Inspiriert von den romanischen Kirchen der Lombardei baute Friedrich von Gärtner 1829–43 die imposante dreischiffige Basilika mit Querschiff. Die Fassade wird von Zwillingstürmen dominiert.

Der Innenraum zeigt prachtvolle Fresken, die von Peter von Cornelius, dem Hauptvertreter der Nazarener, entworfen und von seinen Mitarbeitern ausgeführt wurden. Cornelius selbst malte das gewaltige Chorfresko *Jüngstes Gericht*. Es ist nach Michelangelos Fresko in der Sixtinischen Kapelle das zweitgrößte Kirchenfresko der Welt.

Museum Brandhorst ㉓

Theresienstr. 35a. **Stadtplan** 2 B2. *(089) 23 80 53 45.* *Königsplatz.* *100, 154.* *27.* *Di–So 10–18 Uhr (Do bis 20 Uhr).* **www**.museum-brandhorst.de

Die 2009 eröffnete Sammlung von Udo und Anette Brandhorst ergänzt das Kunstareal ideal. Das Museum zeigt mehr als 700 Kunstwerke (u. a. von Twombly, Warhol, Beuys und Picasso).

Neue Pinakothek ㉔

Barer Straße 29. **Stadtplan** 2 A1. *(089) 23 80 51 95.* *Königsplatz.* *27.* *Mi–Mo 10–18 Uhr (Mi bis 20 Uhr).* *So 1 Euro.* **www**.neue-pinakothek.de

Die bayerische Sammlung moderner europäischer Malerei und Bildhauerei wurde durch die Sammlungen Ludwigs I. begründet. 1853 wurde die Neue Pinakothek eröffnet. Das Museum wurde im Zweiten Weltkrieg zerstört. Der heutige Bau (1975–81) stammt von Alexander von Branca. Am besten besichtigen Sie die repräsentative Sammlung deutscher und teils französischer Werke aus verschiedenen Epochen in chronologischer Reihenfolge – vom Klassizismus, über Romantik, Biedermeier, Realismus und Historismus bis zu Impressionismus und Symbolismus.

Zur Sammlung gehören u. a. Georg Waldmüllers *Junge Bäuerin mit drei Kindern am Fenster* (1840), Édouard Manets *Frühstück im Atelier* (1868) und Paul Gauguins *Geburt* (1869). Die ungefähr 3000 Gemälde werden in wechselnden Hängungen gezeigt.

Goyas Ölgemälde *Die Marquesa de Caballero* in der Neuen Pinakothek

Alte Pinakothek ㉕

Siehe S. 222f.

Die Glyptothek mit dem riesigen klassizistischen Eingang in Form ionischer Säulen

Pinakothek der Moderne 26

Barer Straße 40. **Stadtplan** 2 A2. *(089) 23 80 53 60.* *Königsplatz.* 27. *Di–So 10–18 Uhr (Do bis 20 Uhr).* *So 1 Euro.* **www**.pinakothek-der-moderne.de

Das von Stephan Braunfels entworfene Museum wurde 2002 eröffnet und ergänzt die Alte und die Neue Pinakothek mit der weltweit größten Sammlung an Werken des 20. und 21. Jahrhunderts. Außerdem beherbergt der große lichte Bau der Pinakothek eine reichhaltige Grafik-, Architektur- und Design-Sammlung.

Zu den Highlights gehören Werke von Picasso, Georges Braque, Paul Klee und Max Beckmann. Pop-Art, Minimalismus und Fotorealismus sind ebenso vertreten.

Glyptothek 27

Königsplatz 3. **Stadtplan** 1 F2. *(089) 28 61 00.* *Königsplatz.* *Di–So 10–17 Uhr (Do bis 20 Uhr).* **www**.antike-am-koenigsplatz.mwn.de

Der Königsplatz mit Glyptothek und Propyläen ist das Werk Leo von Klenzes. Die Glyptothek wurde 1816–30 für die Sammlung griechischer und römischer Skulpturen von Ludwig I. erbaut. Sie war das erste öffentlich zugängliche Museum dieser Art.

Die klassizistische Glyptothek enthält die weltweit schönste Sammlung antiker Skulpturen, darunter die ca. 2500 Jahre alten Statuen vom Aphaia-Tempel (die *Ägineten*), den *Barberinischen Faun* (220 v. Chr.) und den *Rondanini-Alexander* (338 v. Chr.).

Staatliche Antikensammlungen 28

Königsplatz 1. **Stadtplan** 1 F2. *(089) 599 88 88 30.* *Königsplatz.* 27. *Di–So 10–17 Uhr (Mi bis 20 Uhr).* **www**.antike-am-koenigsplatz.mwn.de

Das Gebäude gegenüber der Glyptothek wurde 1838–48 von Georg Friedrich Ziebland erbaut. Seit 1967 zeigt der wiedererrichtete Bau eine der weltweit schönsten Vasensammlungen, die bis ins 6. Jahrhundert v. Chr. zurückreicht. Außerdem zu sehen: Keramik- und Glasarbeiten, Bronze- und Terrakottafiguren sowie Schmuck und anderer Zierrat.

Propyläen 29

Königsplatz. **Stadtplan** 1 F2. *Königsplatz.*

Der klassizistische Torbau (1854–62) von Leo von Klenze am Westrand des Königsplatzes orientiert sich an den Propyläen der Athener Akropolis. Die strenge dorische Form der Säulenhalle rundet das Ensemble mit Antikensammlungen und Glyptothek ab. Der Bau wurde aus der Privatkasse König Ludwigs I. bezahlt, der 1848 zurückgetreten war. Die Propyläen sollten das klassizistische Äquivalent des Isartors werden. Die Ornamente zeigen Szenen des griechischen Freiheitskampfes gegen das Osmanische Reich (1821–29), für den sich Ludwig I. begeistert hatte. Sein Sohn Otto wurde 1832 König von Griechenland.

Städtische Galerie im Lenbachhaus 30

Luisenstr. 33. **Stadtplan** 1 F2. *(089) 23 33 20 00.* *Königsplatz.* *wegen Sanierung und Erweiterung bis 2012.* **Kunstbau** *Di–So 10–22 Uhr.* **www**.lenbachhaus.de

Die Villa im italienischen Stil wurde 1887–91 von Gabriel von Seidl für den »Malerfürsten« Franz von Lenbach erbaut. Seit 1929 beheimatet sie die Städtische Galerie, die Bilder der Münchner Schule des 19. und frühen 20. Jahrhunderts zeigt. Neben Werken aus Realismus, Impressionismus und Jugendstil hat das Museum die weltweit größte Sammlung der Künstlergruppe »Der Blaue Reiter«. Auch zu sehen: Arbeiten von Alexej von Jawlensky, August Macke, Paul Klee, Andy Warhol, Anselm Kiefer und Joseph Beuys.

Der 1994 im U-Bahnhof Königsplatz eröffnete **Kunstbau** zeigt Wechselausstellungen.

Brunnen im schönen Garten des Lenbachhauses

Stadtplan München *siehe Seiten 234–237*

Alte Pinakothek 25

Die Alte Pinakothek nach einem Entwurf von Leo von Klenze wurde 1836 eröffnet. Den Grundstock bildeten die Sammlungen bayerischer Herzöge ab dem 16. Jahrhundert. In der Napoleonischen Ära gingen die Bestände Mannheimer und Düsseldorfer Galerien in den Besitz des Museums über. Hinzu kamen die Sammlung italienischer Gemälde von Ludwig I. und die Kunstschätze der aufgelösten Klöster. Im 20. Jahrhundert erwarb das Museum eine große Sammlung französischer Gemälde.

Der heilige Lukas zeichnet die Madonna (um 1440)
Das Werk des niederländischen Malers Rogier van der Weyden gehört zu den meistkopierten Gemälden.

★ Die vier Apostel (1526)
Die beiden Tafelbilder wurden von Albrecht Dürer gemalt, einem Wegbereiter deutscher Malerei. Maximilian I. erwarb sie 1627 von der Stadt Nürnberg.

Kaiser Karl V. (1548)
Tizian porträtierte den Kaiser, als er sich zu Verhandlungen in Augsburg (Augsburger Religionsfrieden) aufhielt.

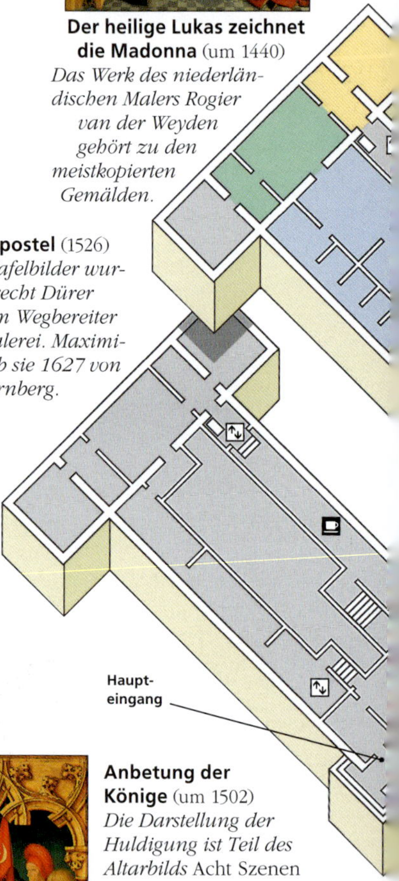

Anbetung der Könige (um 1502)
Die Darstellung der Huldigung ist Teil des Altarbilds Acht Szenen aus dem Marienleben *von Hans Holbein d. Ä.*

LEGENDE

- Flämische und holländische Malerei
- Deutsche Malerei
- Italienische Malerei
- Französische Malerei
- Spanische Malerei
- Sonderausstellungen
- Kein Ausstellungsbereich

NICHT VERSÄUMEN

- ★ Die vier Apostel
- ★ Kreuzabnahme Christi
- ★ Schlaraffenland

Raub der Töchter des Leukippos (1618)
Ein Glanzlicht des Museums ist die Rubens-Sammlung, die auch diese Darstellung der Entführung von Hilaeria und Phoibe durch Castor und Pollux enthält.

INFOBOX

Barer Straße 27 (Eingang Theresienstraße). **Stadtplan** 2 A1.
(089) 23 80 52 16.
Königsplatz. *27.*
Di–So 10–18 Uhr (Di bis 20 Uhr). *So 1 Euro.*
www.alte-pinakothek.de

Kurzführer

Die Sammlungen sind auf zwei Stockwerke verteilt. Im Erdgeschoss ist vor allem deutsche Malerei des 15./16. Jahrhunderts untergebracht. Im ersten Stock findet man deutsche, holländische, altniederländische, flämische, französische, italienische und spanische Künstler.

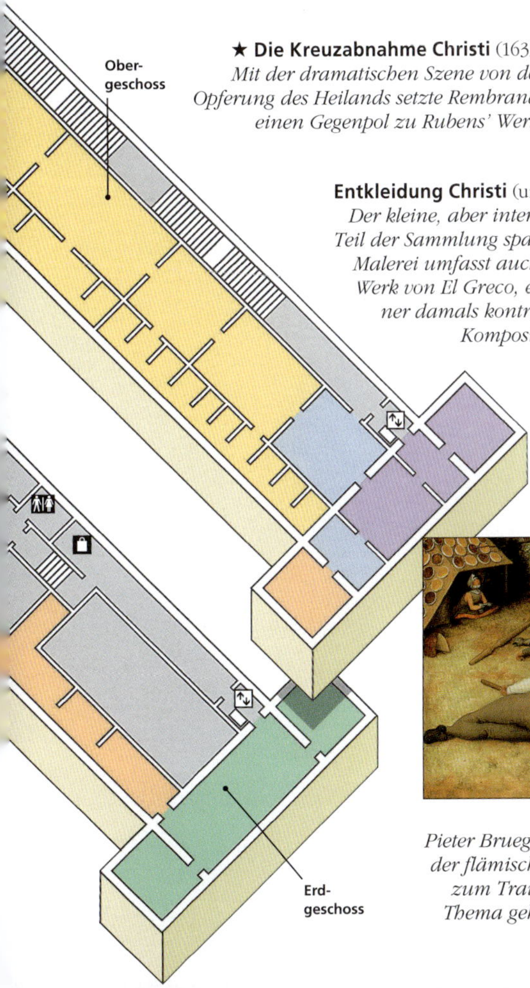

★ **Die Kreuzabnahme Christi** (1633)
Mit der dramatischen Szene von der Opferung des Heilands setzte Rembrandt einen Gegenpol zu Rubens' Werk.

Entkleidung Christi (um 1606)
Der kleine, aber interessante Teil der Sammlung spanischer Malerei umfasst auch dieses Werk von El Greco, eine seiner damals kontroversen Kompositionen.

★ **Schlaraffenland** (1566)
Pieter Brueghel d.Ä., der bekannteste Vertreter der flämischen Malerei, liefert hier eine Satire zum Traum von Völlerei und Faulheit. Das Thema geht auf einen Schwank des Dichters Hans Sachs zurück.

Schloss Nymphenburg ㉛

Papagei der Porzellanmanufaktur

Nach der Geburt des Thronfolgers Maximilian Emanuel ließ Kurfürst Ferdinand Maria seiner Gattin Henriette Adelaide 1664 ein Sommerschlösschen bauen. Die italienische Villa von Agostino Barelli wurde der Göttin Flora geweiht. Diverse Bauten von Enrico Zuccalli und Hofbaumeister Joseph Effner kamen über die Jahre hinzu. Die verbindenden Arkadengebäude verhalfen dem Ganzen zur harmonischen Einheit, und so entstand eine der schönsten Schlossanlagen Europas. Im 19. Jahrhundert bekam der Park mit den vielen Parkschlösschen sein heutiges Gesicht.

★ Schönheitsgalerie
Sie zeigt Porträts von adligen Damen, Bürgerinnen und Tänzerinnen – hier die Schneidertochter Helene Sedlmayr.

Ansicht von Schloss Nymphenburg
Der stattliche Palast mit 600 Meter Barockfassade findet in der geometrischen Anlage des Schlossgartens seine formale Entsprechung.

Marstallmuseum
Das Museum zeigt Kutschen und Schlitten der bayerischen Herrscher. Ausgestellt ist auch die Prunkkutsche Ludwigs II.

Porzellanmanufaktur
Die Manufaktur wurde 1747 durch Kurfürst Max III. Joseph als eine der ersten Europas gegründet und 1761 nach Nymphenburg verlegt.

LEGENDE

– – – Routenempfehlung

NICHT VERSÄUMEN

★ Amalienburg

★ Schönheitsgalerie

★ Steinerner Saal

★ Amalienburg
Das von François Cuvilliés erbaute Jagdschlösschen ist eine Perle des Rokoko. Die Spiegel in dem runden, mit Stuckarbeiten verzierten Saal machen den Raum optisch größer.

INFOBOX

(089) 17 90 80. U Rotkreuzplatz, dann Tram 12. 17. Apr–Mitte Okt: tägl. 9–18 Uhr; Mitte Okt–März: tägl. 10–16 Uhr. www.schloesser.bayern.de

Magdalenenklause
Maximilian II. Emanuel gab eine Klause in Ruinen-Architektur in Auftrag, in der er künftig ein klösterliches Leben führen wollte – Sehnsucht des Barockmenschen.

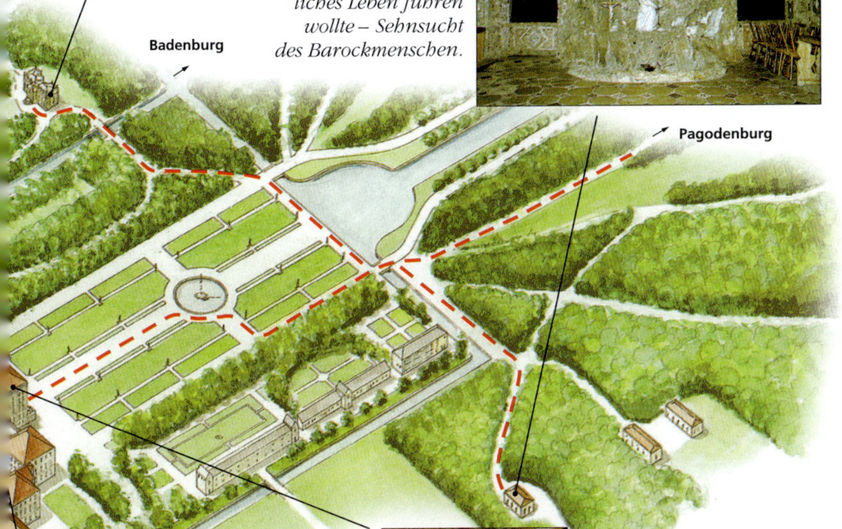

Das Museum Mensch und Natur widmet sich der Geschichte der Erde und des Menschen.

Lackkabinett
Die Holztäfelung ist mit schwarzen Lackarbeiten verziert; die Motive werden in der Rokoko-Deckenbemalung wieder aufgenommen.

Neuer Botanischer Garten
Hier ist eine Sammlung einheimischer und exotischer Pflanzen im Freigelände und in Gewächshäusern zu sehen.

★ Steinerner Saal
Betritt man das Schloss, gelangt man in diese Rokoko-Prunkhalle. Die Ausschmückung ist das Werk von Johann Baptist und Franz Zimmermann.

Stadtplan München *siehe Seiten 234–237*

Blick von der Aussichtsplattform des Olympiaturms

Olympiapark 32

(089) 30 67 24 14. U *Olympiazentrum.* *12.* *36, 41, 136.*
Fernsehturm *tägl. 9–24 Uhr.*

Für die Olympischen Spiele 1972 wurde das Oberwiesenfeld, früher Exerzierplatz und Flughafen, zum Olympiagelände umgebaut. Der 290 Meter hohe Fernsehturm (Olympiaturm) ist ein Wahrzeichen Münchens.

Auf dem Gelände befinden sich Olympiastadion (bis zum Bau der Allianz Arena Spielstätte des FC Bayern und des TSV 1860 München), Olympiahalle und Olympia-Schwimmhalle. Zu den originellsten Konstruktionen des 20. Jahrhunderts zählt das Zeltdach, eine weite transparente Acrylglasüberdachung, die von 58 Pylonen gestützt wird (Architekt Günter Behnisch). Die Bauten gruppieren sich um den künstlich angelegten Olympiasee mit der Open-Air-Bühne Theatron. Gegenüber entstand der Olympiaberg aus dem Schutt, der nach dem Krieg beiseitegeräumt wurde.

In Halle, Stadion und Theatron finden Konzerte statt.

Nahebei befinden sich das **BMW-Museum** und seit 2007 die **BMW Welt**, ein Auslieferungszentrum mit Gastronomie. Infos im Internet unter **www**.bmw-museum.de und **www**.bmw-welt.com oder telefonisch: (01802) 11 88 22.

Englischer Garten 33

Stadtplan 3 D1–D2, E1–E2.
U *Universität, Giselastraße, Münchner Freiheit.* *54, 154.*

Die Idee, einen Park anzulegen, der für die gesamte Bevölkerung von München und nicht nur für den Adel zugänglich sein sollte, stammt vom Amerikaner und Physiker Sir Benjamin Thompson alias Graf von Rumford, der seit 1784 in Bayern lebte und dort Kriegsminister war. Sein Projekt, den heute 3,7 Quadratkilometer großen Park fast im Zentrum einer großen Stadt anzulegen, war einzigartig in Deutschland. 1789 überzeugte er Kurfürst Karl Theodor von seinen Plänen.

Der Gartenkünstler Friedrich Ludwig von Sckell wurde nach München geholt, um den Park anzulegen. 1808 wurde der Karl-Theodor-Park eröffnet, der heute Englischer Garten heißt. Er erstreckt sich von der Prinzregentenstraße bis nach Freimann und ist ein beliebter Ort zum Spazierengehen und Joggen, zum Biertrinken, Sonnenbaden oder Entspannen.

Der Park, in dem der Kleinhesseloher See mit drei Inseln liegt, wird durchzogen von Bächen. Er besitzt auch Denkmäler und einige interessante Gebäude: das Japanische Teehaus (1972), in dem die klassische Art der Teezubereitung gezeigt wird, den Monopteros (1832–36), ein klassizistisches Tempelchen von Leo von Klenze, und den Chinesischen Turm (1789/90). Der Turm steht heute mitten in einem großen Biergarten. Am Wochenende spielt darin ein bayerisches Blasorchester.

Der Chinesische Turm im Englischen Garten

Deutsches Museum 34

Siehe S. 228f.

Franz von Stucks Gemälde *Die Sünde*, Villa Stuck

Museum Villa Stuck 35

Prinzregentenstraße 60. *(089) 455 55 10.* U *Prinzregentenplatz.* *18.* *100.* *Di–So 11–18 Uhr.* **www**.villastuck.de

Franz von Stuck (1863–1928), ein Müllersohn aus Niederbayern, machte in München eine schwindelerregende Karriere und erhielt den Beinamen »Malerfürst«. Stuck ließ sich 1897/98 eine grandi-

Hotels und Restaurants in München *siehe Seiten 497–499 und 536–538*

U-Boot aus Wolfgang Petersens Film *Das Boot*, Bavaria Filmstadt

ose Villa erbauen, die 1913/14 um ein großes Atelier erweitert wurde. Innere und äußere Konzeption des klassizistisch geprägten Jugendstil-Bauwerks stammen von Stuck selbst. Die reich geschmückten Räume sind seit 1968 Museum. Die Wände der Ateliers sind im pompejanischen Stil bemalt. Neben erlesenen Möbeln findet man hier auch einige Skulpturen Stucks.

Außer der permanenten Jugendstil-Ausstellung finden im Atelier Wechselausstellungen statt.

Bavaria Filmstadt 36

Geiselgasteig, Bavariafilmplatz 7. *(089) 64 99 20 00.* U *Silberhornstr., Wettersteinplatz, dann Tram 25.* S *Rosenheimer Platz, dann Tram 25.* *25.* *Apr–Okt: tägl. 9–16 Uhr; Nov–März: tägl. 10–15 Uhr.* **Stunt Show** *Apr–Okt: tägl. 12, 13.30 u. 15 Uhr (Zeiten monatlich wechselnd).* **4D Erlebnis Kino** *Apr–Okt: tägl. 9–17 Uhr; Nov–März: 10–16 Uhr.* **www**.bavaria-filmstadt.de

Die Bavaria-Filmstadt, das »Hollywood an der Isar«, nimmt eine Fläche von 3,2 Quadratkilometern ein und ist eines der bedeutendsten Filmstudios in Europa. Hier wurden schon in den 1910er Jahren Filme produziert. Später arbeiteten Regisseure wie Alfred Hitchcock, Orson Welles, Billy Wilder, Ingmar Bergman und Rainer Werner Fassbinder in Geiselgasteig. Stars wie Elizabeth Taylor, Gina Lollobrigida und Romy Schneider standen hier vor der Kamera. Jedes Jahr werden in den Filmstudios Dutzende von Kino- und Fernsehfilmen sowie Serien produziert.

Seit 1981 steht die Filmstadt auch Besuchern offen. Es werden verschiedene Besichtigungstouren angeboten. Man taucht etwa in die Kulissen der *Unendlichen Geschichte* ein. Ein unvergessliches Erlebnis ist es, an Bord des 57 Meter langen U-Boots zu gehen, das für Wolfgang Petersens oscargekrönten Film *Das Boot* gebaut wurde.

In der atemberaubenden **Stunt Show** knallt und kracht es. Im **4D Erlebnis Kino** bewegen sich die Sitze zur Filmhandlung mit (Achtung: Kinder müssen über 122 Zentimeter groß sein). In der Bavaria werden auch TV-Shows aufgezeichnet; man kann als Zuschauer teilnehmen.

Theresienwiese 37

Theresienhöhe. U *Theresienwiese.* *(089) 29 06 71.* **Ruhmeshalle, Bavaria** *Apr–Mitte Okt: tägl. 9–18 Uhr (beim Oktoberfest bis 20 Uhr).* *Oktoberfest (16 Tage, Sep bis 1. Wochenende im Okt).* **Verkehrszentrum** *(089) 217 95 29.* *tägl. 9–17 Uhr (Do bis 20 Uhr).* **www**.verkehrszentrum.deutsches-museum.de

Bavaria über der Theresienwiese

Auf der Theresienhöhe liegt die **Ruhmeshalle** (1848–53) von Leo von Klenze mit 77 Büsten prominenter Bayern. Davor steht Ludwig Schwanthalers Gusseisenfigur **Bavaria** (18,5 m) mit Schwert und Eichenkranz sowie dem bayerischen Wappentier, dem Löwen, zu ihren Füßen. Von der Plattform in ihrem Kopf hat man einen schönen Blick auf die Stadt.

In den denkmalgeschützten Hallen der Alten Messe ist nun das **Verkehrszentrum** des Deutschen Museums untergebracht. Es zeigt u. a. Kraftfahrzeuge, Kutschen, Räder und Loks.

Oktoberfest

Mit dem Engel Aloisius im Bierzelt auf der Wiesn (Theresienwiese)

Münchens Wiesn ist das größte Volksfest der Welt. 1810 fand hier ein Pferderennen zur Feier der Hochzeit von Kronprinz Ludwig mit Therese von Sachsen-Hildburghausen statt. Das Ereignis gefiel. Deshalb veranstaltete man regelmäßig ein Herbstfest, das sich zum Spektakel entwickelte. Es beginnt Mitte September mit dem Einzug der Wiesnwirte und endet etwa 16 Tage später, am ersten Sonntag im Oktober. Nach dem »O'zapft is« fließt das Bier in den 14 Bierzelten. Nirgends sonst schmeckt die Maß so gut wie hier. Nicht versäumen sollte man einen Besuch beim »Schichtl«, im Flohzirkus oder im Café Kaiserschmarrn.

Stadtplan München *siehe Seiten 234–237*

Deutsches Museum ㉞

Das Deutsche Museum genießt den Ruf, das älteste und größte Wissenschafts- und Technikmuseum der Welt zu sein. Es zieht jährlich mehr als 1,3 Millionen Besucher an. Gegründet wurde es 1903 vom Ingenieur Oskar von Miller. Die Grundsteinlegung für Gabriel von Seidls Bau auf der Museumsinsel erfolgte 1906. Seit der Eröffnung 1925 macht das Museum die geschichtliche Entwicklung und die kulturelle Bedeutung naturwissenschaftlicher Phänomene anschaulich.

Museumsgebäude
Der Museumsbau vereinigt neobarocke, klassizistische und moderne Stilelemente.

Kunsthandwerk
Der Teller mit dem Frauenporträt aus der Schönheitsgalerie Ludwigs I. zeugt von der Kunst der Porzellanmalerei. Die Keramikabteilung befasst sich mit der Entwicklung von Fayencen, Steingut und Porzellan.

★ Werkstatt Galileo Galileis
In der nachgebildeten Werkstatt Galileo Galileis findet man Geräte des großen Astronomen und Physikers, mit deren Hilfe er die Gesetze der Mechanik erforschte.

★ Pharmazie
Unter den Exponaten der neueren Abteilung gibt es eine 350000-fach vergrößerte menschliche Zelle. Schautafeln erläutern, wie sie funktioniert.

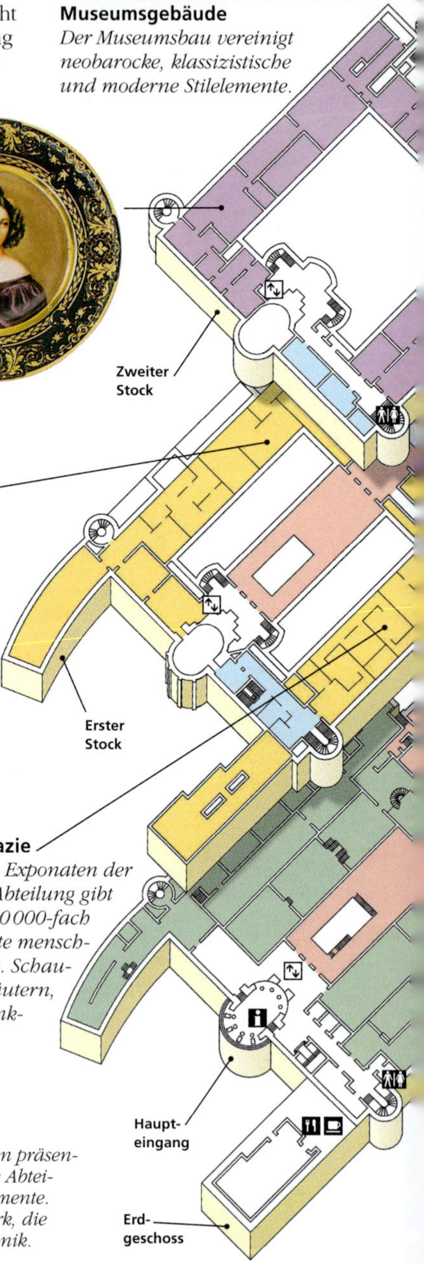

Kurzführer

Die 20000 Exponate werden auf sechs Geschossen präsentiert. In den unteren Stockwerken findet man die Abteilungen Chemie, Physik, Wissenschaftliche Instrumente. Die mittleren Etagen präsentieren Kunsthandwerk, die oberen Astronomie, Informatik und Mikroelektronik.

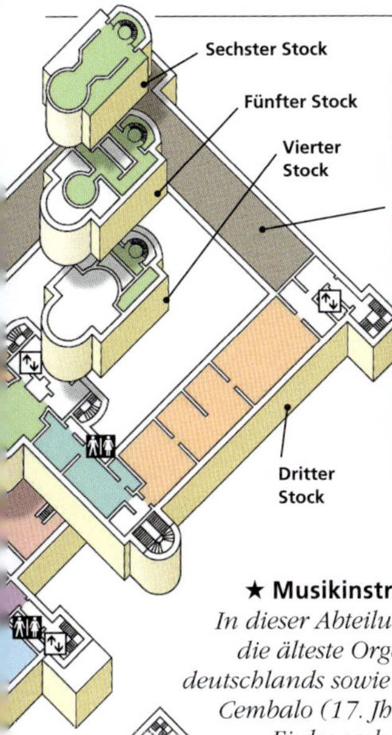

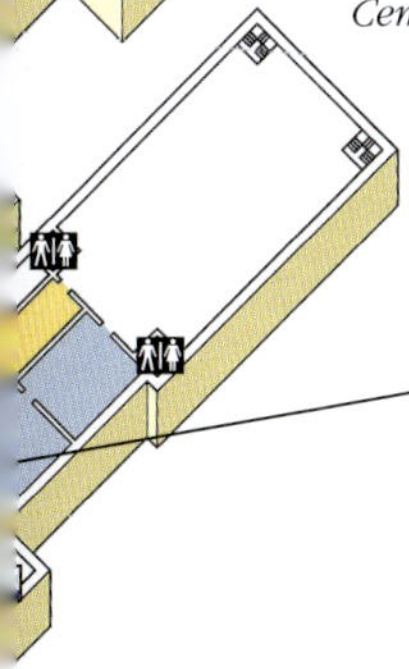

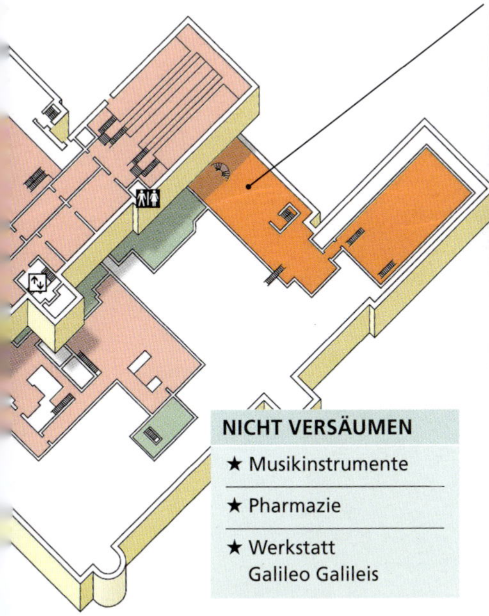

INFOBOX

Museumsinsel 1. *(089) 217 91. Isartor. 18. tägl. 9–17 Uhr. Kinder unter 6 Jahren frei. nach Vereinbarung.*
Verkehrszentrum *siehe S. 227.*
www.deutsches-museum.de

Telekommunikation
Die Philips-Kamera von 1967 war eine der ersten TV-Farbkameras weltweit.

LEGENDE

- Maschinen und Technik
- Neue Technologien
- Kinderreich
- Physik, Chemie, Pharmazie
- Musikinstrumente
- (Kunst-)Handwerk
- Zeit, Maße, Gewichte
- Automation, Mikroelektronik, Telekommunikation
- Astronomie
- Agrartechnik, Geodäsie
- Weitere Abteilungen

★ Musikinstrumente
In dieser Abteilung steht die älteste Orgel Süddeutschlands sowie dieses Cembalo (17. Jh.) mit Einlegearbeiten.

Im Kinderreich können Kinder im Alter zwischen drei und acht Jahren spielerisch alles über Phänomene wie Wasser, Energie, Optik, Akustik und Technologie erfahren. Zu den aufregenden, teils interaktiven Exponaten gehören auch eine Riesengitarre, ein Feuerwehrauto und ein Kino. Im Kinderreich gibt es keinen Zutritt für Erwachsene – ohne die Erlaubnis von Kindern.

NICHT VERSÄUMEN

- ★ Musikinstrumente
- ★ Pharmazie
- ★ Werkstatt Galileo Galileis

Stadtplan München *siehe Seiten 234–237*

Shopping

München ist ein teures Pflaster – doch hier gibt es auch alles, was das Herz begehrt. Die Shopping-Meilen – Fußgängerzone, Theatinerstraße, Maximilianstraße – liegen im Zentrum. Zudem kann man etwa in Schwabing (um die Universität, in der Leopoldstraße und in den Seitenstraßen, insbesondere in der Hohenzollernstraße) hübsch einkaufen. Ein Muss ist der Bummel über den Viktualienmarkt, um den kleinere und größere Fachgeschäfte liegen. Interessant ist ein Besuch bei Ludwig Beck am Rathauseck – mit Abstecher in den nahen Kaufhausableger »Dichtung und Wahrheit« mit Wein und Büchern.

Accessoires von Slips

Shopping-Meilen

Münchens luxuriöseste Meile ist die Maximilianstraße mit den Maximilianhöfen. Es folgen Theatinerstraße mit den Fünf Höfen, Brienner Straße und Residenzstraße. Hier findet man internationale Marken und Juweliere. Preiswerter kauft man in der Fußgängerzone zwischen Karlsplatz (Stachus) und Marienplatz ein. Hier tummeln sich familiengerechte Läden, Filialen großer Ketten, Modeboutiquen des mittleren Preissegments, Souvenirläden und Kaufhäuser. Boutiquen für freche Mode der hiesigen Designer findet man im angesagten Glockenbachviertel, etwa in der Hans-Sachs-Straße und in den Straßen, die vom Gärtnerplatz abgehen; das Viertel ist außerdem durchsetzt mit hübschen Cafés. In Schwabing kann man gut Jeans und Casuals einkaufen. Auch hier gibt es viele Mode- und Schuhläden sowie viele Bistros und Cafés, um zu relaxen.

Kaufhäuser und Shopping-Passagen

Das bekannteste Münchner Kaufhaus ist **Ludwig Beck**, das im Dezember Sonderaktionen mit wertvollem Weihnachtsschmuck macht. **Galeria Kaufhof** ist ein weiteres Kaufhaus direkt am Marienplatz. Es gibt in München zudem mehrere Shopping-Passagen. Am teuersten sind die Läden der **Maximilianhöfe** an der Maximilianstraße. Die **Fünf Höfe** zwischen Theatiner-, Maffei-, Kardinal-Faulhaber- und Salvatorstraße bieten einen Mix aus nicht ganz billigem Shopping, Kunst und Kultur. Die dort gelegene Kunsthalle besitzt ein hübsches Café. Das **Olympia-Einkaufszentrum** (OEZ) umfasst 135 Läden und Lokale auf zwei Ebenen. Die **Perlacher Einkaufspassage** (PEP) wartet mit 110 Geschäften auf, und die **Riem Arcaden** beherbergen die größte Filiale von H&M, einen riesigen Lego-Laden, eine Filiale von C&A und den Ludwig Beck Fashion Store.

Fünf Höfe – exklusive Shopping-Passagen

Shopping-Bummel in der Fußgängerzone in der Innenstadt

Mode

Die Stadt bietet eine große Vielfalt an Läden für Mode und für modisches Zubehör. Für Münchner Chic sollten Sie bei **Theresa** vorbeischauen, die über eine große Auswahl an Designermode und Accessoires verfügt. **Slips** am Gärtnerplatz bietet exklusive Marken an, und **Off & Co.** in Schwabing kleidet sie und ihn ein. Die Hohenzollernstraße in Schwabing ist ideal für junge Mode, für Casual Wear und für Schuhe. Trachtenmode und wirklich alles aus Loden gibt es traditionell bei **Loden-Frey**.

Kinderkleidung

München ist eine schicke Stadt – und auch Eltern wollen hier ihre Kinder adrett einkleiden. Deshalb gibt es einige gute Angebote, was Kinderkleidung und Spielsachen betrifft – meist in den Kaufhäusern und bei C&A. Ein großes, zentral gelegenes

Flohmärkte – beliebt, um am Wochenende zu stöbern

Geschäft für Mutter und Kind ist **Schlichting**. Zu **Thierchen Kindermode** sollte man für ausgesuchte, edle Kinderkleidung gehen. **Noemi & Friends** ist ein Beauty-Salon für Kinder mit Accessoire-Shop – ein Paradies für Mädchen. **Die Puppenstube** bietet altmodisches Spielzeug.

Flohmärkte

Flohmärkte sind beliebt, vor allem am Wochenende. Die meisten finden samstags statt, einige alle zwei Wochen, andere nur von Frühling bis Herbst. Große Märkte sind der **Zenith Flohmarkt** in der Lilienthalallee in München-Freimann, **Air Antik** am Flughafen (jeden zweiten Sonntag im Monat) sowie der **Flohmarkt Riem**, der größte in Bayern, auf dem Gelände der Neuen Messe.

Delikatessen

Der **Viktualienmarkt** *(siehe S. 214)* ist der große zentrale Markt mit Obst, Gemüse, Gewürzen, Fleisch aller Art, Fisch und Blumen – ein Fest für die Sinne. Die Stände sind von Montag bis Samstag geöffnet. Auch in München sind biologische Produkte angesagt. **Basic Bio** ist ein Bio-Supermarkt in der Innenstadt. Gourmets dürfte es zu **Dallmayr** oder **Käfer** ziehen, den beiden Top-Feinkostanbietern Münchens. Noch ein Muss: Münchner Weißwürste von einem der Metzger am Viktualienmarkt oder vom Großmarkt.

Christkindlmärkte

Der große Christkindlmarkt findet von der ersten Adventwoche bis zum Heiligabend auf dem Marienplatz statt. Busladungen mit Besuchern aus ganz Europa treffen hier ein. An den Ständen gibt es Kunsthandwerk und Weihnachtsschmuck. Der Duft von gebratenen Kastanien und Glühwein liegt in der Luft. Kleiner, aber stimmungsvoller sind die Weihnachtsmärkte in den Vierteln, etwa in Schwabing und Haidhausen.

Christkindlmarkt am Marienplatz

AUF EINEN BLICK

Kaufhäuser und Shopping-Passagen

Fünf Höfe
Theatinerstraße.
Stadtplan 2 B3.
www.fuenfhoefe.de

Galeria Kaufhof
Kaufingerstraße 1–5.
Stadtplan 2 B4.
(089) 23 18 51.
www.galeria-kaufhof.de

Ludwig Beck
Marienplatz 11.
Stadtplan 2 B4.
(089) 23 69 10.
www.ludwigbeck.de

Olympia-Einkaufszentrum
Hanauer Straße 68.
www.olympia-einkaufszentrum.de

Perlacher Einkaufspassage (PEP)
Thomas-Dehler-Straße 12.
www.einkaufscenter-neuperlach.de

Riem Arcaden
Willy-Brandt-Platz 5.
www.riem-arcaden.de

Mode

Loden-Frey
Maffeistr. 7.
Stadtplan 2 B4.
www.loden-frey.com

Off & Co.
Belgradstraße 1.
www.offandco.com

Slips
Am Gärtnerplatz 2.
www.slipsfashion.de

Theresa
Maffeistr. 3.
Stadtplan 2 B4.
www.mytheresa.com

Kinderkleidung

Die Puppenstube
Luisenstraße 68.
(089) 27 23 267.

Noemi & Friends
Marktstraße 13, Schwabing. **www**.noemiandfriends.de

Schlichting
Weinstraße 8.
Stadtplan 2 B4.
www.schlichting.de

Thierchen Kindermode
Hans-Sachs-Straße 15.
www.thierchen.net

Flohmärkte

Air Antik
Flughafen München.
(08441) 87 12 54.
www.airantik.de

Flohmarkt Riem
Am Messeturm. *(089) 96 05 16 32.* **www**.flohmarkt-riem.com

Zenith Flohmarkt
Lilienthalallee. *(0173) 683 51 52.* **www**.flohmarkt-freimann.de

Delikatessen

Basic Bio
Westenriederstr. 35. **Stadtplan** 2 C5. *(089) 242 08 90.* **www**.basic-ag.de

Dallmayr
Dienerstraße 14/15.
Stadtplan 2 B4.
www.dallmayr.de

Käfer
Prinzregentenstraße 73.
www.feinkost-kaefer.de

Viktualienmarkt
Stadtplan 2 B5.

Unterhaltung

Münchens wohl bekannteste Attraktionen sind das Oktoberfest, der Olympiapark und das Hofbräuhaus – doch München ist auch eine Stadt kultureller Highlights mit über 50 Theatern, drei großen Orchestern und einer Oper. Die Stadt verdankt ihrer glanzvollen Vergangenheit viele imposante Aufführungsorte. Die Kulturmetropole an der Isar bietet für jeden etwas, ob traditionell oder modern, ob Theater, Musik oder Film. Es finden mehrere Festivals pro Jahr statt, darunter die Opern-Festspiele, die Münchener Biennale und das Filmfest. Zudem gibt es zahlreiche Sportevents.

Bewohner des Münchner Zoos

Information und Tickets

Die **Tourist Information** hält umfassendes Infomaterial zu allen Veranstaltungen und Events der Stadt bereit. In der Donnerstag-Beilage der *Süddeutschen Zeitung* gibt es gleichfalls Veranstaltungstipps. Daneben finden sich (meist 14-täglich) kostenlose Stadtmagazine wie etwa *In München*.

Tickets gibt es an den Kassen der Veranstaltungsorte. Zentraler Kartenvorverkauf: im Untergeschoss am Marienplatz und in der Schalterhalle der **Abendzeitung**. Online oder telefonisch buchen kann man über **München Ticket**.

Theater, Oper und klassische Musik

Im **Nationaltheater**, dem eigentlichen Opernhaus, gibt es Opern- und Ballettaufführungen. Das Bayerische Staatsschauspiel und die Münchner Kammerspiele sind die beiden herausragenden Theater. Das **Deutsche Theater** bietet Musicals. Im **Prinzregententheater** gibt es ebenfalls Opern sowie Konzerte. Das **Staatstheater am Gärtnerplatz** präsentiert Opern, Operetten und Musicals. Die Philharmonie im **Gasteig** ist Heimstatt der Münchner Philharmoniker. Berühmte Opern-Events sind das Opern-Festival und die Münchener Biennale.

Musik und Tanz

Die **Pasinger Fabrik** ist ein alternatives Kulturzentrum und bietet Theater und Musik. Es gibt zahlreiche Tanzveranstaltungen und Clubs. Dance ist ein internationales Festival für modernen Tanz. Größen wie James Blunt, Massive Attack oder die Rolling Stones treten im **Circus Krone**, in der **Zenith Kulturhalle**, der **Olympiahalle** oder im **Olympiastadion** auf.

Kino

Als bedeutender Standort der Filmindustrie bietet München über 70 Kinos sowie die Hochschule für Fernsehen und Film. Die **Bavaria Filmstadt** offeriert Touren durch die Studios und Stunt-Shows. Das **Filmfest München** zeigt im Juli Filmneuheiten in mehreren Kinos der Stadt. Open-Air-Aufführungen gibt es im Sommer im Westpark und auf dem Königsplatz.

Das Nationaltheater am Max-Joseph-Platz

Feste und Festivals

Münchens bekanntestes Fest ist das **Oktoberfest** auf der Theresienwiese mit Bierzelten, Blasmusik und Fahrgeschäften – und den bei Besuchern und Einheimischen beliebten Lebkuchenherzen. Das Frühlingsfest in der zweiten Aprilhälfte ist die kleinere Variante des Oktoberfests. Im August gibt es 24 Tage lang MusikSommer im Theatron im Olympiapark – mit kostenlosen Musikdarbietungen. **Tollwood** bietet im Juli und Dezember Musik, Tanz und Theater in Zelten mit umfangreichem Rahmenprogramm. Dreimal pro Jahr findet die Auer Dult statt. Die Dulten waren einst Kirchweihfeste (seit dem 14. Jh.), später wurden sie zu Jahrmärkten. Obwohl München keine Karnevalshochburg ist, wird auch hier Fasching gefeiert.

Auf der Wiesn – Münchens weltberühmtes Oktoberfest

Münchens Allianz Arena

Sport

Die meisten Münchner lieben Sport – und treiben selbst Sport. Die Alpen liegen ja nicht weit. Jogging, Skifahren, Inlineskaten, Radfahren, Nordic Walking und Fußball sind wohl am beliebtesten. Der Englische Garten ist die grüne Lunge der Stadt – hier findet man die sportlichen Münchner als Jogger, Radfahrer etc., aber auch als Spaziergänger.

München besitzt zwei traditionsreiche Fußballvereine: den FC Bayern München und den TSV 1860 München (die »Löwen«). Die **Allianz Arena** ist Spielstätte beider Clubs. Bei der Fußball-WM 2006 fanden in diesem Stadion einige Spiele statt. Hier gibt es Fanshops beider Vereine (ebenso im Hauptbahnhof und beim Hofbräuhaus).

Sportevents sind die internationalen Tennismeisterschaften (ATP Tournament), die BMW International Open, ein Golfturnier (August), und die – immer finanziell gefährdeten – Blade Nights (montagabends, Mai bis September), wenn Skater auf wechselnden Routen die Straßen der Stadt übernehmen. Eingefleischte Läufer strömen zum München Marathon (Medien-Marathon) und zum Münchner Stadtlauf. Das Radsport-Ereignis des Jahres ist das 6-Tage-Rennen (November, Olympiahalle). Einzigartig: die Surfer auf den Wellen von Eisbach und Isar.

Spaß für Kinder

Kleine Forscher lieben das **Kinderreich** im Deutschen Museum *(siehe S. 229)*. Die interaktiven Exponate machen physikalische Phänomene spielerisch erfahrbar. Erwachsene haben nur mit Kindern Zutritt. Entlang der Isar gibt es verschiedene hübsche Spielplätze. Auch einige Biergärten bieten Spielareale. Das **Sea Life** im Olympiapark fasziniert mit seinen Aquarien. Überhaupt ist der Olympiapark ideal für sportliche Kinder (u. a. Klettertouren auf dem Zeltdach). Auch sehr beliebt: der **Tierpark Hellabrunn**.

Aquarium der anderen Art: Sea Life im Olympiapark

AUF EINEN BLICK

Information und Tickets

Abendzeitung
Sendlinger Str. 10. **Stadtplan** 2 A5. *(089) 26 70 24.*

München Ticket
0180-54 81 81 28. **www**.muenchenticket.de

Tourist Information
Marienplatz (im Rathaus). **Stadtplan** 3 B4. **www**.muenchen.de

Theater, Oper und klassische Musik

Deutsches Theater
Schwanthalerstr. 13. **Stadtplan** 1 E4. *(089) 55 23 44 44.* **www**.deutsches-theater.de

Gasteig
Rosenheimer Str. 5. *(089) 48 09 80.* **www**.gasteig.de

Nationaltheater
Max-Joseph-Platz 2. **Stadtplan** 2 B4. *(089) 21 85 19 20.* **www**.bayerische-staatsoper.de

Prinzregententheater
Prinzregentenstraße 12. **Stadtplan** 3 D3. *(089) 21 85 28 99.* **www**.prinzregententheater.de

Staatstheater am Gärtnerplatz
Gärtnerplatz 3. *(089) 21 85 19 60.* **www**.staatstheater-am-gaertnerplatz.de

Musik und Tanz

Circus Krone
Marsstraße 43. **Stadtplan** 1 E3. *(089) 545 80 00.* **www**.circus-krone.de

Olympiapark
Spiridon-Louis-Ring 21. *(089) 54 81 81 81.* **www**.olympiapark-muenchen.de

Pasinger Fabrik
August-Exter-Str. 1. *(089) 82 92 90 79.* **www**.pasinger-fabrik.com

Zenith Kulturhalle
Lilienthalallee 29. **www**.zenith-die-kulturhalle.de

Kino

Bavaria Filmstadt
www.filmstadt.de

Filmfest München
www.filmfest-muenchen.de

Sport

Allianz Arena
www.allianz-arena.de

Feste und Festivals

Oktoberfest
www.oktoberfest.de

Tollwood
www.tollwood.de

Spaß für Kinder

Kinderreich
Deutsches Museum, Museumsinsel 1. *(089) 217 91.* **www**.deutsches-museum.de

Sea Life (Olympiapark)
Willi-Daume-Platz 1. *(089) 45 00 00.* **www**.sealifeeurope.com

Tierpark Hellabrunn
Tierparkstr. 30. *62 50 80.* **www**.tierpark-hellabrunn.de

Stadtplan

Die Kartenverweise im München-Teil und bei den Hotels und Restaurants in München *(S. 497–499 und 536–538)* beziehen sich auf den *Stadtplan*. Der Übersichtskarte unten können Sie entnehmen, welche Teile Münchens im *Stadtplan* erfasst und auf welcher Karte sie zu finden sind. Im *Stadtplan* sind alle wichtigen Sehenswürdigkeiten sowie historische Bauwerke, Bahnhöfe, U- und S-Bahn-Stationen, Krankenhäuser, Taxistände und Parkplätze eingetragen.

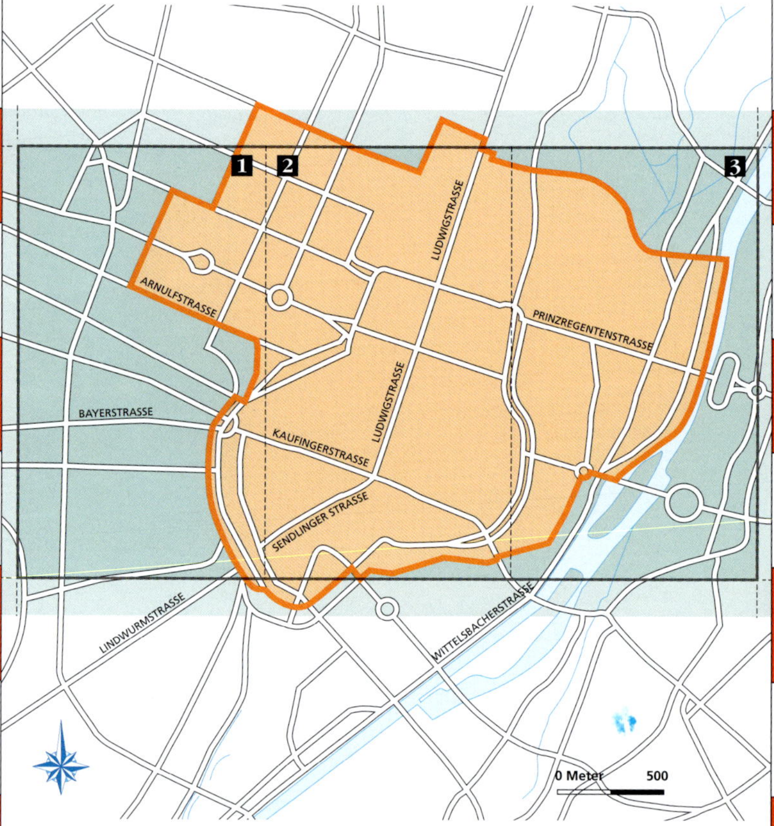

LEGENDE

- Hauptattraktion
- Sehenswürdigkeit
- Weiteres Gebäude
- S-Bahn-Station
- U-Bahn-Station
- Bahnhof
- Taxi
- Information
- Parken
- Krankenhaus mit Notaufnahme
- Polizei
- Kirche
- Post
- Eisenbahn
- Fußgängerzone

Maßstab der Karten 1 – 3

0 Meter 200

1:10 000

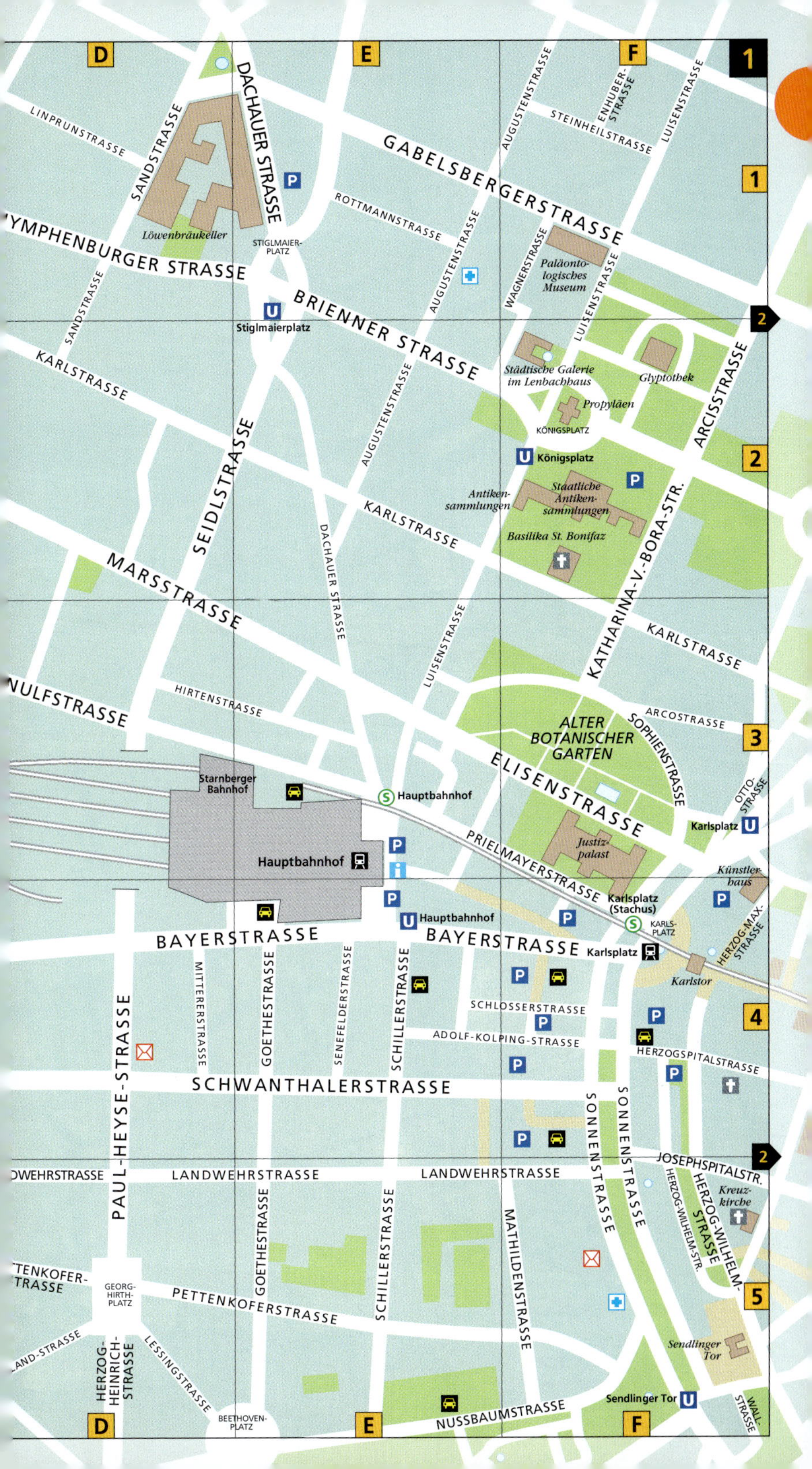

D
E
F
1
2
3
4
5
LINPRUNSTRASSE
SANDSTRASSE
DACHAUER STRASSE
GABELSBERGERSTRASSE
AUGUSTENSTRASSE
STEINHEILSTRASSE
ENHUBER-STRASSE
LUISENSTRASSE
ROTTMANNSTRASSE
Löwenbräukeller
STIGLMAIER-PLATZ
NYMPHENBURGER STRASSE
WAGNERSTRASSE
Paläontologisches Museum
BRIENNER STRASSE
Stiglmaierplatz
KARLSTRASSE
Städtische Galerie im Lenbachhaus
Glyptothek
Propyläen
KÖNIGSPLATZ
Königsplatz
ARCISSTRASSE
SEIDLSTRASSE
Antikensammlungen
Staatliche Antikensammlungen
KATHARINA-V.-BORA-STR.
Basilika St. Bonifaz
MARSSTRASSE
ARNULFSTRASSE
HIRTENSTRASSE
ARCOSTRASSE
SOPHIENSTRASSE
ALTER BOTANISCHER GARTEN
ELISENSTRASSE
Starnberger Bahnhof
Hauptbahnhof
OTTOSTRASSE
Karlsplatz
Justizpalast
PRIELMAYERSTRASSE
Künstlerhaus
Karlsplatz (Stachus)
KARLSPLATZ
BAYERSTRASSE
HERZOG-MAX-STRASSE
Karlstor
MITTERERSTRASSE
GOETHESTRASSE
SENEFELDERSTRASSE
SCHILLERSTRASSE
SCHLOSSERSTRASSE
ADOLF-KOLPING-STRASSE
HERZOGSPITALSTRASSE
PAUL-HEYSE-STRASSE
SCHWANTHALERSTRASSE
SONNENSTRASSE
JOSEPHSPITALSTR.
LANDWEHRSTRASSE
HERZOG-WILHELM-STR.
HERZOG-WILHELM-STRASSE
Kreuzkirche
MATHILDENSTRASSE
PETTENKOFERSTRASSE
GEORG-HIRTH-PLATZ
LESSINGSTRASSE
HERZOG-HEINRICH-STRASSE
Sendlinger Tor
WALLSTRASSE
BEETHOVEN-PLATZ
NUSSBAUMSTRASSE

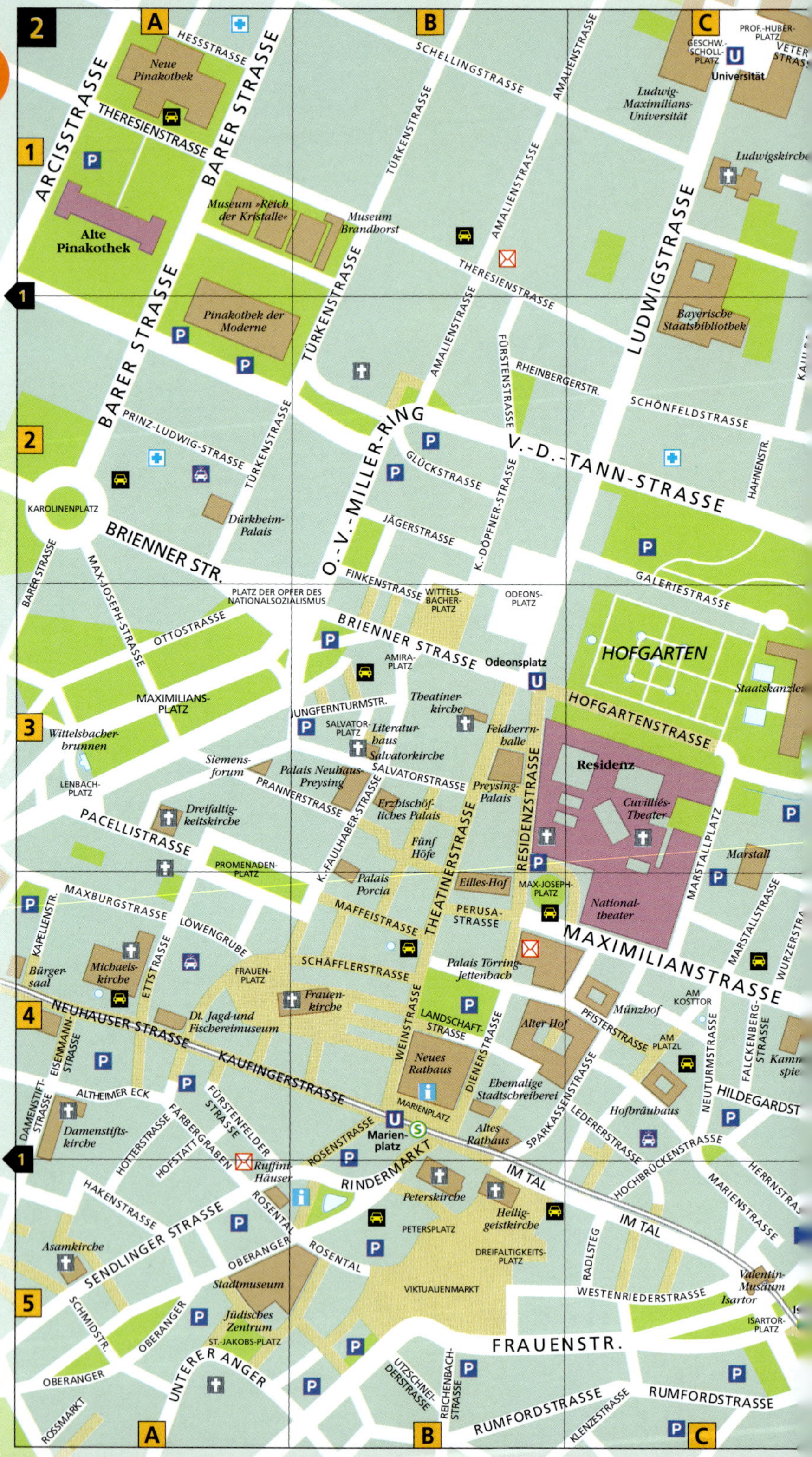
2
A
B
C
1
2
3
4
5
HESSSTRASSE
SCHELLINGSTRASSE
AMALIENSTRASSE
PROF.-HUBER-PLATZ
GESCHW.-SCHOLL-PLATZ
Universität
VETERINÄRSTRASSE
Neue Pinakothek
THERESIENSTRASSE
ARCISSTRASSE
BARER STRASSE
TÜRKENSTRASSE
Ludwig-Maximilians-Universität
Ludwigskirche
Museum »Reich der Kristalle«
Museum Brandhorst
Alte Pinakothek
LUDWIGSTRASSE
Pinakothek der Moderne
Bayerische Staatsbibliothek
RHEINBERGERSTR.
FÜRSTENSTRASSE
SCHÖNFELDSTRASSE
O.-V.-MILLER-RING
V.-D.-TANN-STRASSE
PRINZ-LUDWIG-STRASSE
GLÜCKSTRASSE
K.-DÖPFNER-STRASSE
HAHNENSTR.
KAROLINENPLATZ
Dürkheim-Palais
JÄGERSTRASSE
BRIENNER STR.
FINKENSTRASSE
WITTELSBACHER-PLATZ
ODEONS-PLATZ
GALERIESTRASSE
PLATZ DER OPFER DES NATIONALSOZIALISMUS
MAX-JOSEPH-STRASSE
OTTOSTRASSE
BRIENNER STRASSE
AMIRA-PLATZ
Odeonsplatz
HOFGARTEN
Staatskanzlei
MAXIMILIANS-PLATZ
JUNGFERNTURMSTR.
Theatinerkirche
HOFGARTENSTRASSE
Wittelsbacherbrunnen
SALVATOR-PLATZ
Literaturhaus
Feldherrnhalle
Salvatorkirche
Residenz
Siemens-forum
Palais Neuhaus-Preysing
SALVATORSTRASSE
LENBACH-PLATZ
PRANNERSTRASSE
Preysing-Palais
Erzbischöfliches Palais
Cuvilliés-Theater
RESIDENZSTRASSE
Dreifaltigkeitskirche
PACELLISTRASSE
K.-FAULHABER-STRASSE
Fünf Höfe
THEATINERSTRASSE
MARSTALLPLATZ
Marstall
PROMENADEN-PLATZ
Palais Porcia
Eilles-Hof
MAX-JOSEPH-PLATZ
MAXBURGSTRASSE
KAPELLENSTR.
National-theater
PERUSA-STRASSE
MAFFEISTRASSE
LÖWENGRUBE
MAXIMILIANSTRASSE
MARSTALLSTRASSE
WURZERSTRASSE
Bürgersaal
Michaelskirche
ETTSTRASSE
FRAUEN-PLATZ
SCHÄFFLERSTRASSE
Palais Törring-Jettenbach
Frauenkirche
AM KOSTTOR
Münzhof
NEUHAUSER STRASSE
Dt. Jagd-und Fischereimuseum
WEINSTRASSE
LANDSCHAFT-STRASSE
PFISTERSTRASSE
AM PLATZL
EISENMANNSTRASSE
KAUFINGERSTRASSE
Alter Hof
DIENERSTRASSE
Neues Rathaus
NEUTURMSTRASSE
FALCKENBERG-STRASSE
DAMENSTIFT-STRASSE
ALTHEIMER ECK
Ehemalige Stadtschreiberei
HILDEGARDSTR.
Damenstiftskirche
FÜRSTENFELDER STRASSE
MARIENPLATZ
Hofbräuhaus
HOTTERSTRASSE
FÄRBERGRABEN
ROSENSTRASSE
Marienplatz
Altes Rathaus
SPARKASSENSTRASSE
LEDERERSTRASSE
HOFSTATT
Ruffini-Häuser
RINDERMARKT
HOCHBRÜCKENSTRASSE
IM TAL
MARIENSTRASSE
HAKENSTRASSE
ROSENTAL
Peterskirche
Heiliggeistkirche
SENDLINGER STRASSE
PETERSPLATZ
RADLSTEG
Asamkirche
OBERANGER
DREIFALTIGKEITS-PLATZ
Stadtmuseum
VIKTUALIENMARKT
WESTENRIEDERSTRASSE
Valentin-Musäum
Isartor
SCHMIDSTR.
Jüdisches Zentrum
ISARTOR-PLATZ
ST.-JAKOBS-PLATZ
FRAUENSTR.
UNTERER ANGER
UTZSCHNEIDERSTRASSE
REICHENBACH-STRASSE
RUMFORDSTRASSE
KLENZESTRASSE
ROSSMARKT

D
E
F
3
1
2
3
4
5
ENGLISCHER GARTEN
KÖNIGINSTRASSE
TIVOLISTRASSE
OETTINGENSTRASSE
EMIL-RIEDEL-STRASSE
DIANASTRASSE
LERCHENFELDSTR.
PARADIES-STRASSE
ROSENBUSCH-STRASSE
LERCHENFELDSTRASSE
SEEAUSTRASSE
Prähistorische Staats-sammlung
Haus der Kunst
PRINZREGENTENSTRASSE
Bayerisches Nationalmuseum
Schack-Galerie
REITMORSTRASSE
AM GRIES
IFFLANDSTRASSE
Luitpold-brücke
Friedensengel
EUROPA-PLATZ
SEITZSTRASSE
BRUDERSTRASSE
UNSÖLDSTRASSE
WAGMÜLLERSTRASSE
ALEXANDRASTRASSE
LIEBIGSTRASSE
ST.-ANNA-STRASSE
ST.-ANNA-PLATZ
Annakirche
Klosterkirche St. Anna
Lehel
TRIFTSTRASSE
TATTENBACH-STRASSE
R.-KOCH-STRASSE
GEWÜRZMÜHL-STRASSE
STERNSTRASSE
WIDENMAYERSTRASSE
Isar
BÜRKLEINSTRASSE
PFARRSTRASSE
THIERSCH-STRASSE
Regierung von Oberbayern
MARIA-THERESIA-STRASSE
Staatliches Museum für Völkerkunde
KNÖBELSTRASSE
Maximiliansbrücke
Praterwehr-brücke
Maximilianeum
M.-PLANCK-STRASSE
Max-Weber-Platz
MAX-WEBER-PLATZ
ADELGUNDENSTRASSE
THIERSCHSTRASSE
MANNHARDT-STRASSE
MARIANNEN-PLATZ
STEINSDORFSTRASSE
Mariannen-brücke
PRATERINSEL
Alpines Museum
Kabelsteg
GRÜTZNER-STRASSE
SCHELLSTRASSE
INNERE WIENER STRASSE
METZGERSTRASSE
JOHANNIS-PLATZ
LIEBHERR-STRASSE
LAND-STRASSE
Wehrsteg
MEILLERWEG

Bayern

Bayern ist das größte deutsche Bundesland. Landschaft, Baukunst und Lebensfreude machen es anziehend. Bayern bietet reizvolle Bergregionen, fruchtbares Ackerland und hübsche Flusstäler, barocke Residenzen, mittelalterliche Kunstmetropolen und märchenhafte Schlösser. Hinzu kommen süffiges Bier, farbenfrohe Feste und altes Brauchtum.

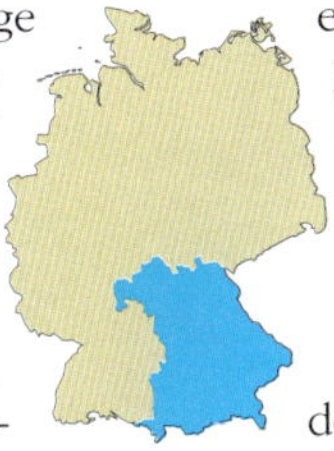

Um 500 v.Chr. war das heutige Bayern von Kelten besiedelt. 15 v.Chr. stießen die Römer bis zur Donau vor. Die Bajuwaren, nach denen das Gebiet benannt wurde, ließen sich bis Mitte des 6. Jahrhunderts zwischen Lech, Donau und Alpen nieder. In der zweiten Hälfte des 6. Jahrhunderts wurde das Gebiet von den Franken erobert. Zwischen 1180 und 1918 regierte die Dynastie der Wittelsbacher. Ab 1254/55 wurde der wittelsbachische Besitz mehrfach geteilt. 1505 vereinigte Albrecht IV. der Weise das Herzogtum wieder. Im 16. und 17. Jahrhundert war Bayern ein Bollwerk des Katholizismus. Unter Maximilian I. kämpfte es im Dreißigjährigen Krieg gegen die Protestanten. Für seine Loyalität gegenüber Rom erhielt Maximilian I. 1623 die pfälzische Kurwürde; damit hatte er ein Stimmrecht bei der Kaiserwahl. Vom Ende des Heiligen Römischen Reichs 1806 bis zur Ausrufung der Republik 1918 war Bayern Königreich. 1919 wurde es zum Freistaat erklärt.

Bayerns bewegte Geschichte hat sich in seiner Architektur und Kultur niedergeschlagen. Davon zeugen etwa Augsburg, Kulturstadt seit der Römerzeit, das mittelalterliche Kleinod Rothenburg ob der Tauber, die barocke Residenz in Würzburg, die Wagner-Stadt Bayreuth oder Schloss Linderhof, eine romantische Rokoko-Reminiszenz. Diese Kulturschätze machen Bayern vor dem Hintergrund einer ansprechenden Landschaft zum attraktiven Reiseziel.

Junge Frauen in Tracht beim Leonhardi-Umzug

◁ **Die prachtvolle barocke Bibliothek im Kloster Metten** ***(siehe S. 267)*** **östlich von Straubing**

Überblick: Bayern

Bayern ist ein Urlaubsparadies. Die Seen sind ein Dorado für Wassersportler. Natur pur findet man im Bayerischen Wald. In den Alpen kommen bei Wanderungen und bei Gipfelbesteigungen sowohl Anfänger als auch geübte Tourengeher auf ihre Kosten. Orte und Dörfer präsentieren sich mit historischem Flair und bieten große kulturelle Vielfalt. Für Städte wie Würzburg, Nürnberg, Regensburg, Passau und Augsburg sollte man zur Besichtigung mindestens einen Tag einplanen.

Fassade der Bayreuther Eremitage

Sehenswürdigkeiten auf einen Blick

Altötting 29
Amberg 10
Andechs 18
Ansbach 13
Aschaffenburg 1
Augsburg S. 286f 46
Bamberg S. 248–251 7
Bayreuth S. 252f 8
Berching 9
Berchtesgadener Land S. 276f 33
Burghausen 30
Chiemsee S. 278f 34
Coburg 3
Dachau 20
Dingolfing 26
Dinkelsbühl 11
Donaustauf 15
Eichstätt 14
Ettal 37
Fränkische Schweiz 5
Freising 22
Füssen 44
Garmisch-Partenkirchen 35
Hohenschwangau 40
Ingolstadt 23
Kempten 41
Landsberg am Lech 19
Landshut 25
Lindau 42
Linderhof S. 281 38
München S. 206–237
Neuburg an der Donau 24
Nördlingen 12
Nürnberg S. 256–261 16
Oberammergau 36
Oberstdorf 43
Ottobeuren 45
Passau S. 274f 32
Pommersfelden 2
Regensburg S. 268f 28
Rothenburg ob der Tauber S. 262f 17
Schleißheim 21
Schloss Neuschwanstein S. 282f 39
Straubing 27
Vierzehnheiligen 4
Würzburg S. 244–247 6

Tour

Bayerischer Wald 31

Passau am Zusammenfluss von Donau, Inn und Ilz

LEGENDE

- Autobahn
- Bundesstraße
- Nebenstraße
- Autobahn (im Bau)
- Eisenbahn (Hauptstrecke)
- Eisenbahn (Nebenstrecke)
- Staatsgrenze
- Bundeslandgrenze
- Gipfel

SIEHE AUCH

- ***Hotels*** S. 499–503
- ***Restaurants*** S. 538–542

ayern unterwegs

chen und Nürnberg haben internationale Flughäfen. Per Zug r Bus kommt man in kleinste Orte. Wichtige Autobahnen sind (von München nach Thüringen), A3 (Frankfurt am Main–Pas-, A8 (Stuttgart–Salzburg), A6 (Mannheim–Nürnberg) und A93 ch Regensburg und Hof). Schöne Panoramastraßen sind u. a. antische Straße und Deutsche Alpenstraße.

In Nürnbergs Kaiserburg fanden viele Reichs- und Hoftage statt

Aus rotem Sandstein: Schloss Johannisburg in Aschaffenburg

Aschaffenburg ❶

Straßenkarte C5. *67 100.*
Schlossplatz, (06021) 39 58 00.
www.aschaffenburg.de

Das unterfränkische Aschaffenburg liegt malerisch am rechten Mainufer. Im 13. Jahrhundert wurde die Stadt zweiter Sitz der Mainzer Bischöfe. Der erste Sitz war Mainz.

An der Flussbiegung im nordwestlichen Teil der Altstadt liegt majestätisch das aus rotem Sandstein erbaute **Schloss Johannisburg**, einer der imposantesten Bauten der deutschen Spätrenaissance.

Die Bayerischen Staatsgemäldesammlungen zeigen im Schloss europäische Gemälde vom 15. bis 18. Jahrhundert, darunter Hans Baldung Grien sowie die europaweit bedeutendste Sammlung von Werken von Lucas Cranach d. Ä. Das Schlossmuseum präsentiert zudem Kunsthandwerk (17. bis 19. Jh.). Sehenswert sind auch die Räume des Westflügels.

Am Hochufer des Mains im Schlosspark thront das Pompejanum. Ludwig I. war, als er Pompeji besuchte, so begeistert von der *Casa di Castore e Polluce*, dass er das römische Wohnhaus nachbauen ließ. Hier brachte er seine Antikensammlung unter. Der nach Kriegsschäden restaurierte Bau zeigt seit 1994 auch römische Kunstwerke aus den Beständen der Staatlichen Antikensammlungen und der Glyptothek in München.

Schloss Johannisburg
Schlossplatz 4. *(06021) 38 65 70.* *Apr–Sep: Di–So 9–18 Uhr; Okt–März: Di–So 10–16 Uhr.*

Pommersfelden ❷

Straßenkarte D5. *2650*
Hauptstraße 11, (09548) 922 00.
www.pommersfelden.de

An den Ausläufern des Steigerwalds, einem beliebten Wandergebiet, liegt das kleine Dorf Pommersfelden mit dem wundervollen barocken **Schloss Weißenstein**. Lothar Franz von Schönborn, baubegeisterter Fürstbischof von Bamberg und Kurfürst von Mainz, ließ es in nur sieben Jahren (1711–18) errichten. Den Entwurf lieferte der Architekt Johann Dientzenhofer.

Es gibt mehrere Gründe, warum man dieses Meisterwerk weltlicher Barockarchitektur unbedingt besichtigen sollte. Besonders interessant ist das dreigeschossige Treppenhaus, eines der großartigsten Deutschlands, mit einem Deckenfresko von Johann Rudolf Byss. Am berühmtesten ist der prunkvolle Marmorsaal, in dem Gemälde von Johann Michael Rottmayr hängen. Darunter liegt der als Grotte dekorierte Gartensaal. In den reich verzierten Innenräumen findet man eine Gemäldegalerie und wertvolle Möbel. Der Schlosspark wurde 1715 von Maximilian von Welsch angelegt. Im 19. Jahrhundert gestaltete man die französische Anlage zum englischen Park um.

Schloss Weißenstein
(09548) 981 80.
Apr–Okt: tägl. 10–17 Uhr.
jede Stunde. (Kurzführungen: 11.30 und 16.30 Uhr.)

Coburg ❸

Straßenkarte D5. *44 000.*
Herrngasse 4, (09561) 741 80.
www.stadt.coburg.de

Der einstige Sitz des Hauses Wettin liegt am Ufer der Itz. Coburgs Ursprünge gehen bis ins 11. Jahrhundert zurück, doch mit den Gebäuden aus dem 16. und 17. Jahrhundert präsentiert es sich heute als Renaissance-Stadt.

Über der Stadt thront die **Veste Coburg**, auch »Fränkische Krone« genannt, eine der gewaltigsten Festungsanlagen Deutschlands. Zur Burg gehören mehrere Gebäude, die verschiedene Innenhöfe umschließen. Die Anlage ist von einer dreifachen Mauer umgeben. Die Veste Coburg ist heute ein Museum, das u. a. Wappen, Rüstungen, Kupferstiche, Gläser und Münzen zeigt.

1530 bot die Festung dem vom Kaiser geächteten Martin

Eingangsportal des Coburger Stadthauses

Luther Schutz. Er hielt sich hier von April bis Oktober auf. In dem Raum, in dem er lebte, hängt das berühmte Luther-Porträt von Lucas Cranach d.J.

Zu den wichtigsten Gebäuden in der Altstadt zählen die Morizkirche und das Gymnasium Casimirianum, das Herzog Johann Casimir 1605 gründete. Auf der anderen Seite des Marktplatzes befindet sich das Rathaus, das 1578–80 erbaut und im 18. Jahrhundert umgebaut wurde.

Sehenswert ist auch **Schloss Ehrenburg**, das im 16. Jahrhundert an der Stelle eines Franziskanerklosters errichtet wurde. Das Schloss brannte nieder und wurde ab 1690 wiederaufgebaut. Die dem Marktplatz zugewandte Seite gestaltete Karl Friedrich Schinkel in neugotischer Manier. Das Schloss besitzt zahlreiche Prunkräume, darunter den Riesensaal und den Weißen Saal sowie das Gobelinzimmer, das heute ein Museum ist.

Prächtiger Innenraum der Wallfahrtskirche Vierzehnheiligen

Veste Coburg
(09561) 87 979. Apr–Okt: Di–So 9.30–17 Uhr; Nov–März: Di–So 13–16 Uhr.

Schloss Ehrenburg
Schlossplatz 1. *(09561) 80 88 32. Apr–Sep: Di–So 9–17 Uhr; Okt–März: Di–So 10–15 Uhr. jede Stunde.*

Vierzehnheiligen ❹

Staffelstein. **Straßenkarte** D5.
(09571) 950 80. Apr–Okt: tägl. 7.30–18.30 Uhr; Nov–März: tägl. 7.30–17 Uhr.
www.vierzehnheiligen.de

Hoch über dem Main liegt **Kloster Banz**, das ab 1695 nach Plänen der Brüder Johann Leonhard und Johann Dientzenhofer erbaut wurde. Gegenüber auf der anderen Mainseite steht die **Wallfahrtskirche Vierzehnheiligen**. Die Kirche, einst eine Kapelle (15. Jh.), wurde für die Pilgerscharen zu klein. Deshalb legte man 1743 den Grundstein für die monumentale Wallfahrtskirche. Das bis 1772 nach Plänen von Balthasar Neumann erbaute Gotteshaus zählt zu den berühmtesten Werken des süddeutschen Barock. Das Interieur stammt aus der Zeit des Rokoko. Die Basilika hat einen kreuzförmigen Grundriss und zwei mächtige Türme.

Die Kirche wirkt durch das Zusammenspiel der seitlichen und der zentralen Flächen sehr dynamisch: Die drei Ovale des Hauptschiffs verbinden sich mit den zwei Kreisen des Seitenschiffs. Im Zentrum steht der Gnadenaltar. Genau hier soll der Überlieferung zufolge 1445 ein Schäfer Christus und die 14 Nothelfer erblickt haben. Der Altar von 1768, um den sich die 14 Heiligen gruppieren, ist insbesondere das Werk von Johann Michael Feuchtmayer. Die Stuckarbeiten stammen von F.X. Feuchtmayer und Johann Georg Üblhör, die Fresken und Altarbilder von Giuseppe Appiani.

Madonna aus der Marienkapelle in Ebermannstadt

Fränkische Schweiz ❺

Straßenkarte D5.
www.fraenkische-schweiz.com

Das Gebiet, das man »Fränkische Schweiz« nennt, erstreckt sich zwischen Nürnberg, Bamberg und Bayreuth. Die schöne Urlaubsregion bietet imposante Burgen, die von hohen Felsen herab grüßen, schroffe Felswände und faszinierende Tropfsteinhöhlen. Die kleinen Städte und Dörfer mit ihren gemütlichen Gasthöfen und Fachwerkhäusern wirken wie eine Bilderbuchidylle. Die meisten Straßen führen an den Flüssen Wiesent, Leinleiter, Püttlach und Trubach entlang. Auf der Wiesent kann man Kanu fahren. In **Forchheim**, wo sie in die Regnitz fließt, findet man viele Fachwerkhäuser. Vor allem das alte Rathaus (15./16. Jh.) ist hübsch. In **Ebermannstadt**, nahe Forchheim, steht die Marienkapelle mit der berühmten »Madonna im Strahlenglanz«. Auf der B470 kommt man zu dem malerischen Örtchen **Tüchersfeld**, das in die Felsen hineingebaut wurde.

Ein idealer Ausgangspunkt für spannende Ausflüge ist **Pottenstein** mit dem Museum der Fränkischen Schweiz. Östlich des Schlosses liegt die berühmte Teufelshöhle. Auf einer Länge von 1,5 Kilometern beeindruckt diese Tropfsteinhöhle mit besonders großen und schönen Stalaktiten und Stalagmiten. Wirklich sehr sehenswert!

Schloss Greifenstein bei Heiligenstadt, Fränkische Schweiz

Würzburg ❻

Die Bombardierung Würzburgs am 16. März 1945 dauerte etwa 20 Minuten. In dieser Zeit wurden 90 Prozent der Gebäude in der Stadt zerstört. Es hatte den Anschein, als sollte das malerisch am Mainufer gelegene Würzburg dem Erdboden gleichgemacht werden. Doch Würzburg hat sich – ebenso wie Dresden – wie Phönix aus der Asche erhoben und präsentiert sich dem Besucher wieder als schöne historische Stadt. Sie ist nicht nur ein beliebtes Reiseziel, sondern auch wirtschaftliches und kulturelles Zentrum Unterfrankens und die Heimat des hervorragenden Frankenweins.

Blick über Würzburg, im Vordergrund der Dom St. Kilian

Residenz

Siehe S. 246f.

Dom St. Kilian

Domplatz. ☎ *(0931) 536 91.* 🕐 *Mo–Sa 10–17, So und Feiertage 13–18 Uhr.*

Der 1045–1188 erbaute Dom ist nach den Kathedralen von Mainz, Speyer und Worms Deutschlands viertgrößte romanische Kirche. 1945 brannte er bei der Bombardierung aus, wurde aber bis 1967 wiederhergestellt. Schutzheiliger ist der irische Mönch Kilian, der 686 nach Würzburg kam und als Märtyrer starb.

Die kreuzförmige Basilika besitzt zwei West- und zwei Chorwinkeltürme. Das recht schlichte Innere des romanischen Hauptschiffs steht in Kontrast zu den Barockstuckaturen des Chors und des Querhauses. Zwei Bischofsgrabmale schuf Tilman Riemenschneider. Die Schönbornkapelle am nördlichen Querschiff baute Balthasar Neumann für die Bischöfe aus dem Haus Schönborn.

Neumünster

St.-Kilians-Platz. 🕐 *tägl. 8–18 Uhr.*

Nördlich des Doms, über den Grabstätten des heiligen Kilian und seiner irischen Gefährten Kolonat und Totnan, wurde im 11. Jahrhundert eine romanische Basilika errichtet.

Die beeindruckende Barockkuppel des Neumünsters sowie die Fassade aus rotem Sandstein datieren allerdings aus dem 18. Jahrhundert. Zur Innenausstattung gehören zahlreiche Kunstwerke, darunter eine Madonna des Würzburger Bildhauers Tilman Riemenschneider (Ende 15. Jh.). Durch das Tor nördlich vom Chor gelangt man in einen kleinen Innenhof, das Lusamgärtlein, wo der mittelalterliche Liederdichter Walther von der Vogelweide unter einem Lindenbaum seine letzte Ruhestätte fand.

Die schöne rote Sandsteinfassade des Neumünsters

Jedes Jahr am Kilianstag (8. Juli) wird hier eine Prozession abgehalten. Dann tragen Theologiestudenten die Gebeine der Märtyrer von der westlichen Krypta zum Dom, wo sie den Gläubigen gezeigt werden.

Bürgerspital

Theaterstraße 19. ☎ *(0931) 350 34 41.* *Ende März–Ende Okt: Sa 14 Uhr.*

Das Bürgerspital wurde 1319 von Johann von Steren gegründet. Es diente ursprünglich als karitatives Heim für Alte und Schwache. Heute ist es ein Seniorenheim für etwa 80 Personen. Im barocken Flügelbau ist eine Reha-Abteilung untergebracht.

Die Stiftung trägt sich finanziell selbst. Haupteinnahmequelle ist der Weinbau. Samstags kann man an einer Führung durch einen der größten Holzfasskeller Deutschlands teilnehmen. Es gibt auch Weinbergführungen.

Juliusspital

Juliuspromenade 19. ☎ *(0931) 393 14 00.* *Apr–Mitte Nov (Anmeldung erforderlich).*

Das 1576 von Fürstbischof Julius Echter gegründete Juliusspital wurde im 17. und 18. Jahrhundert umgebaut. Der über 400 Jahre alte Weinkeller ist sehenswert.

Rathaus

Rückermainstraße.

Würzburgs malerisches Rathaus wurde mehrfach erweitert. Im 13. Jahrhundert begann man mit der Anlage, im 15. und 16. Jahrhundert wurde sie ausgebaut. Sehenswert sind die Fassadenmalereien aus dem 16. Jahrhundert sowie der Rote Bau von 1659/60.

Alte Krananlage in der Nähe der Alten Mainbrücke

Alte Mainbrücke

Die Brücke, Verbindung zwischen Altstadt und Festung Marienberg, wurde 1473–1543 erbaut. Die zwölf barocken Heiligenfiguren sind Kopien.

Festung Marienberg

Fürstenbau-Museum
(0931) 355 17-0. Mitte März–Okt: Di–So 9–18 Uhr. Nov–Mitte März.
Mainfränkisches Museum
(0931) 205 94-0. Apr–Okt: Di–So 10–17 Uhr; Nov–März: Di–So 10–16 Uhr.
Burgführungen *16. März–Okt: Di–Fr 11, 14, 15, 16 Uhr, Sa, So 10, 11, 13, 14, 15, 16 Uhr.*

Die an der Stelle einer keltischen Burg erbaute Festung Marienberg überragt die Stadt. Im Jahr 706 wurde hier eine Marienkirche geweiht, um die sich ab dem 13. Jahrhundert die Burg entwickelte. Bis 1719 diente sie als fürstbischöfliche Residenz. 1482 erhielt sie den Mauerring und das Scherenbergtor. Um 1600 wurde sie in ein Renaissance-, im späten 17. Jahrhundert in ein Barockschloss umgebaut. Der Fürstenbau präsentiert die Stadtgeschichte, die einstige Rüstkammer, heute das Mainfränkische Museum, Plastiken von Tilman Riemenschneider.

INFOBOX

Straßenkarte C5. *128 000.*
7 km westl. Hauptbahnhof. Falkenhaus am Markt, (0931) 37 23 35. Afrikafestival (Mai); Weindorf (Mai/Juni); Mozartfest (Juni); Kilianifest (Juli); Bachtage (Nov/Dez).
www.wuerzburg.de

Käppele

Mergentheimer Straße.
Das barocke Marienheiligtum auf einem Hügel im Südwesten der Stadt wurde 1748–52 von Balthasar Neumann erbaut. Das Käppele ist prachtvoll ausgestattet. Die Wandmalereien stammen von Matthäus Günther.

Festung Marienberg hoch über dem Main

Zentrum von Würzburg

Alte Mainbrücke ⑦
Bürgerspital ④
Dom St. Kilian ②
Festung Marienberg ⑧
Juliusspital ⑤
Neumünster ③
Rathaus ⑥
Residenz ①

Würzburg: Residenz

Skulptur im Residenzgarten

Der große Komplex, ein Welterbe der UNESCO, wurde von zwei Fürstbischöfen, den Brüdern Johann Philipp Franz und Friedrich Karl von Schönborn, in Auftrag gegeben. Mehrere Architekten begleiteten die von 1720 bis 1744 dauernden Bauarbeiten, darunter Johann Lucas von Hildebrandt, Maximilian von Welsch und Johann Dientzenhofer. Die Residenz ist jedoch hauptsächlich mit dem Namen Balthasar Neumann verbunden, der für die gesamte Planung zuständig war.

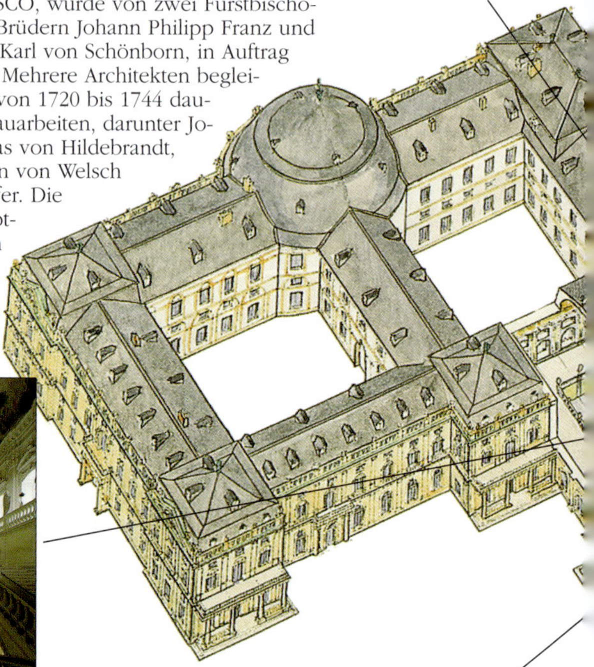

★ Treppenhaus
Für das stützenfrei überwölbte Treppenhaus von Neumann schuf Giovanni Battista Tiepolo eines der größten Deckenfresken.

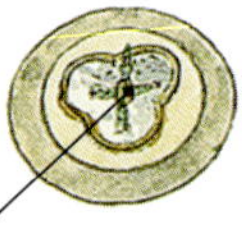

Frankonia-Brunnen
Der von Ferdinand von Miller entworfene Brunnen wurde 1896 auf dem Paradeplatz vor der Residenz aufgestellt. Er wurde mit Spenden der Würzburger Einwohner finanziert.

Wappen des Gründers
Auf der von Johann Wolfgang van der Auwera gestalteten Fassade prangt das Wappen Friedrich Karl von Schönborns, Fürstbischof von Bamberg und Würzburg.

★ Kaisersaal
Das Herzstück der Residenz, der prächtige Kaisersaal, zeugt von der engen Verbindung zwischen Würzburg und dem Heiligen Römischen Reich. Die Decke zieren Fresken von Tiepolo.

INFOBOX

Residenzplatz 2. (0931) 35 51 70. *Apr–Okt: tägl. 9–18 Uhr; Nov–März: tägl. 10–16.30 Uhr.* *1. Jan, 24., 25., 31. Dez.*
www.residenz-wuerzburg.de

Gartensaal
Die weitläufige Halle schmücken Stuckaturen von Antonio Bossi aus dem Jahr 1749. Das Deckengemälde von Johann Zick entstand 1750 und zeigt das Göttermahl *und die* Rast der Diana, *beide umgeben von Putten.*

Venezianisches Zimmer
Der Raum ist nach drei Wandteppichen benannt, die Szenen aus der venezianischen Commedia dell'Arte zeigen. Hier findet man auch Arbeiten von Johann Thalhofer, einem Schüler von Rudolf Byss.

★ Hofkirche
Die Kirche, einer der vollendetsten Kirchenräume des deutschen Barock, ist reich mit Gemälden, Skulpturen und Stuckarbeiten ausgestattet. Die seitlichen Altarbilder sind Kunstwerke von Giovanni Battista Tiepolo.

NICHT VERSÄUMEN

- ★ Hofkirche
- ★ Kaisersaal
- ★ Treppenhaus

Bamberg 7

Wie das alte Rom liegt Bambergs Altstadt auf sieben Hügeln und wird von den Armen der Regnitz umflossen. Berühmt ist die Stadt einerseits wegen ihrer vielen bedeutenden historischen Bauwerke, andererseits wegen des Biers. Vor Ort gibt es nicht weniger als neun Brauereien. Die Geschichte der Stadt lässt sich bis ins Jahr 902 zurückverfolgen. Damals ließen sich hier die Babenberger nieder. Nach dem Dreißigjährigen Krieg kam es zu einer ersten Blüte. Seit 1993 gehört Bamberg zum UNESCO-Welterbe.

Der schöne Rosengarten hinter der Neuen Residenz

Überblick: Bamberg

Ein guter Ausgangspunkt für den Stadtrundgang ist der Domplatz mit Dom, Neuer Residenz und Alter Hofhaltung. Die Altstadt erreicht man über die Untere oder die Obere Brücke. Am Fluss entlang kommt man zum Wasserschloss Concordia.

Dom

Siehe S. 250f.

Alte Hofhaltung
Historisches Museum

Domplatz 7. *(0951) 519 01 87.*
Mai–Okt: Di–So 9–17 Uhr.

An der Westseite des Domplatzes stößt man auf ein prächtiges Portal mit Plastiken des Kaiserpaars Heinrich II. und Kunigunde. Es ist der Eingang zur ehemaligen Bischofspfalz, die an der Wende vom 15. zum 16. Jahrhundert an der Stelle einer alten Festung Heinrichs II. erbaut wurde. Zwischen den Gebäuden liegt ein schöner Innenhof. Das Museum widmet sich der Geschichte der Region und zeigt Sonderausstellungen. Es besitzt die älteste Ansicht Bambergs.

Neue Residenz und Staatsgalerie

Domplatz 8. *(0951) 51 93 90.*
Apr–Sep: tägl. 9–18 Uhr; Okt–März: tägl. 10–16 Uhr.
www.schloesser-bayern.de

Die Neue Residenz mit ihren fürstlichen Prunkzimmern und dem Kaisersaal wurde zwischen 1697 und 1703 von Leonhard Dientzenhofer erbaut. Im Kaisersaal schuf der Tiroler Künstler Melchior Steidl seine berühmten Wandfresken. Sie zeigen u.a. die Bildnisse deutscher Kaiser.

Zudem findet man in der Neuen Residenz eine Sammlung altdeutscher, flämischer und niederländischer Gemälde, u.a. *Die Flut* von Hans Baldung Grien und drei Ölgemälde Lucas Cranachs d.Ä.

Karmeliterkloster

Karmelitenplatz 1. **Kreuzgang** *tägl. 9–11.30, 14.30–17.30 Uhr.*

Kloster und Kirche St. Theodor haben ihren Ursprung im späten 12. Jahrhundert. Seit 1589 gehörten Kirche und Kloster dem Karmeliterorden. Der Südturm und das romanische Portal sind die Überreste der massiven Basilika aus dem 12. Jahrhundert. Der Innenraum der Kirche wurde 1692–1701 durch Leonhard Dientzenhofer barock umgestaltet, sodass der Altar jetzt im Westen steht und der Eingang im ehemaligen Presbyterium ist. Erhalten ist noch ein schöner Kreuzgang aus dem 14. Jahrhundert, der spätromanisch wirkt.

Wasserschloss Concordia

Concordiastraße.
für die Öffentlichkeit.

Das großartige Barockschloss, das malerisch am Ufer der Regnitz liegt, wurde 1716–22 nach den Plänen von Johann Dientzenhofer für den Hofrat Böttinger erbaut. Heute befindet sich hier ein internationales Künstlerhaus.

Altes Rathaus

Obere Brücke.

Den ursprünglich gotischen Bau des berühmten Rathauses, das auf Pfählen mitten in der Regnitz steht, gestaltete

Das barocke Wasserschloss Concordia am Ufer der Regnitz

Ehemalige Fischerhäuser in Bambergs Klein Venedig

Johann Jakob Michael Küchel 1744–56 um und versah ihn mit Rokoko-Balkonen. Das Rottmeisterhaus, ein Fachwerkhaus, das über dem Fluss zu schweben scheint, wurde 1668 angebaut.

Klein Venedig

In Klein Venedig stehen kleine Fischerhäuser, die mit Balkonen und winzigen Vorgärten ausgestattet sind, dicht beisammen. Besucher probieren hier gern das in Bamberg gebraute Rauchbier (mit charakteristischem rauchigem Geschmack), während sie die Aussicht genießen.

Grüner Markt

Der Grüne Markt mit seinen historischen Gebäuden und dem angrenzenden Maximiliansplatz liegt im Herzen der Altstadt. Hier steht die von den Brüdern Dientzenhofer erbaute und 1693 geweihte Barockkirche St. Martin. Das spätbarocke Katharinenspital, eine Schöpfung Balthasar Neumanns, wird heute als Rathaus genutzt.

St. Michael

Franziskanergasse 2. *Nov–März: tägl. 13–16 Uhr; Apr–Okt: tägl. 10–17 Uhr.* **Fränkisches Brauereimuseum** Michaelsberg 10f. *(0951) 530 16. Apr–Okt: Mi–So 13–17 Uhr.*

Die Benediktinerabtei, die früher an dieser Stelle stand, wurde 1015 gegründet. Übrig blieb die Kirche, die 1121 geweiht und im 17. und 18. Jahrhundert umgebaut wurde. Ihre Decke ist mit fast 600 Blumen und Heilkräutern ausgemalt. Sehenswert sind auch die barocke Kirchenfassade mit Freitreppe und das Grabmal des heiligen Otto. Das Museum in der ehemaligen Klosterbrauerei zeigt historische Exponate rund ums Bierbrauen und dokumentiert den Produktionsprozess.

INFOBOX

Straßenkarte D5. *71 000.* *8 km südöstlich.* *Geyerswörthstraße 3, (0951) 297 62 00.* *Calderon-Festspiele (Juni); Sandkirchweih (August).* **www**.bamberg.info

Schloss Seehof

Memmelsdorf. *(0951) 40 95 70.* *Apr–Okt: Di–So 9–18 Uhr.* *Nov–März.*

Die einstige Sommerresidenz der Fürstbischöfe von Bamberg wurde 1686 von Antonio Petrini erbaut. Neun renovierte Schauräume können besichtigt werden.

Fassade des Schlosses Seehof in Memmelsdorf

Zentrum von Bamberg

Alte Hofhaltung ②
Altes Rathaus ⑥
Dom ①
Karmeliterkloster ④
Klein Venedig ⑦
Neue Residenz und Staatsgalerie ③
Wasserschloss Concordia ⑤

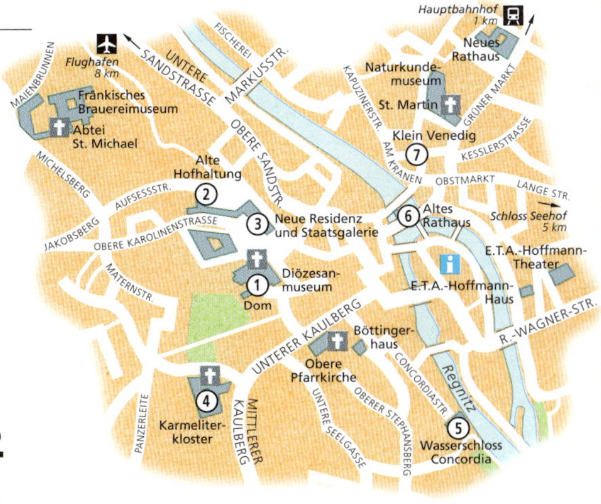

0 Meter 300

Zeichenerklärungen *siehe hintere Umschlagklappe*

Bamberger Dom

Ecclesia

Das Erscheinungsbild Bambergs wird geprägt durch den Dom, einen Bau aus dem Übergang zwischen Romanik und Frühgotik. Der 1237 geweihte Dom ersetzte einen Vorgängerbau aus dem 11. Jahrhundert. Die dreischiffige Basilika besitzt zwei Chöre und vier Türme. Nicht nur an den Portalen, sondern auch im Inneren sind monumentale Skulpturen aus dem 13. Jahrhundert, darunter Synagoge und Ecclesia, zu sehen. Im Westchor des Doms ruht im einzigen päpstlichen Grab Deutschlands Papst Clemens II., vormals Bischof von Bamberg.

Kirchenschiff
Das Hauptschiff besitzt ein herrliches frühgotisches Kreuzrippengewölbe.

★ Bamberger Reiter
Am Nordwestpfeiler des östlichen Chors steht der Bamberger Reiter*, eine berühmte Reiterstatue (um 1230). Generationen haben sich schon über seine Identität den Kopf zerbrochen, doch das Rätsel bleibt ungelöst.*

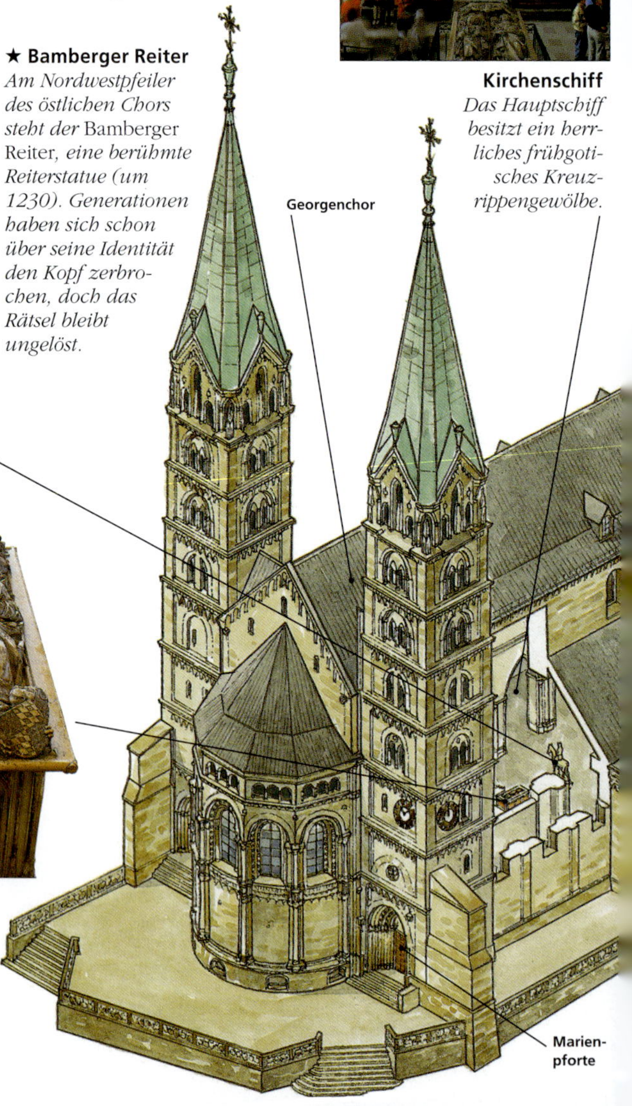

★ Grab von Heinrich II. und Kunigunde
Der 1513 vollendete kunstvolle Sarkophag des Kaiserpaars stammt von Tilman Riemenschneider.

Sternenmantel
Im Diözesanmuseum werden der Domschatz und kostbare Gewänder aufbewahrt. Dazu gehört auch der Sternenmantel Heinrichs II.

INFOBOX

Domplatz 5. (0951) 50 23 30. Apr–Okt: tägl. 9.30–18 Uhr; Nov–März: tägl. 9.30–17 Uhr. **Diözesanmuseum** (0951) 50 23 16. Di–So 10–17 Uhr. Karfreitag, 25., 31. Dez.

Hochaltar des Peterschors
Der Hauptaltar des Westchors ist geschmückt mit einer Kreuzigungsgruppe (1648/49) von Justus Glesker.

★ Marienaltar (Weihnachtsaltar) von Veit Stoß
Veit Stoß erhielt den Auftrag für den Altar (Lindenholzreliefs) von seinem Sohn Andreas Stoß, Prior der Karmeliter in Nürnberg. Nachdem in Nürnberg die Reformation gesiegt hatte, ging Andreas ins katholische Bamberg.

Gnaden- oder Marienpforte
Das prächtige, von schönen Reliefs geschmückte Portal ist der Haupteingang. Das Tympanon zeigt u. a. Heiligenfiguren.

NICHT VERSÄUMEN

- ★ Bamberger Reiter
- ★ Grab von Heinrich II. und Kunigunde
- ★ Marienaltar von Veit Stoß

Bayreuth ⑧

Musikliebhaber verbinden mit Bayreuth sofort den Namen des Komponisten Richard Wagner, der hier ab 1872 wirkte. Gegründet wurde die Stadt im 12. Jahrhundert. Stadtherren waren die Grafen von Andechs. 1260 fiel sie an die Burggrafen von Nürnberg aus dem Geschlecht der Hohenzollern. Seit 1810 gehört das fränkische Bayreuth zu Bayern. Die Stadt gedieh, als sie im 17.und 18. Jahrhundert Markgrafenstadt war. Eine Blütezeit bescherte ihr die Markgräfin Wilhelmine, Schwester des Preußenkönigs Friedrich des Großen und Gattin des Markgrafen Friedrich.

Das prächtige Innere des Markgräflichen Opernhauses

Markgräfliches Opernhaus

Opernstraße 14. *(0921) 759 69 22.* *Apr–Sep: tägl. 9–18 Uhr; Okt–März: tägl. 10–16 Uhr.*

Das 1748 von Joseph Saint-Pierre fertiggestellte Markgräfliche Opernhaus zählt zu den schönsten Theatern Europas. Giuseppe Galli Bibiena und sein Sohn Carlo, Mitglieder einer berühmten Bologneser Architektenfamilie, entwarfen die anmutige spätbarocke Innendekoration.

Neues Schloss

Ludwigstraße 21. *(0921) 759 69-0.* *Apr–Sep: tägl. 9–18 Uhr; Okt–März: tägl. 10–16 Uhr.*

Markgräfin Wilhelmine beauftragte Joseph Saint-Pierre mit dem Bau des Neuen Schlosses (ab 1753). Das hufeisenförmig angelegte, lang gezogene dreistöckige Gebäude zeugt von der Naturschwärmerei der damaligen Zeit, besitzt aber auch klassische Elemente wie die vorgesetzten korinthischen Säulen. Der italienische Flügel wurde 1759 angebaut. Die Innenräume sind noch in ihrer ursprünglichen Rokoko-Ausstattung erhalten.

Villa Wahnfried

Richard-Wagner-Museum

Richard-Wagner-Straße 48. *(0921) 757 28 16.* *Apr–Okt: tägl. 9–17 Uhr (Di, Do bis 20 Uhr); Nov–März: tägl. 10–17 Uhr.*

Nordöstlich des Schlossgartens steht die Villa Wahnfried. Die von Carl Wölfel für Wagner 1872–74 erbaute Villa wurde im Zweiten Weltkrieg zerstört und in den 1970er Jahren wiederaufgebaut. Im Garten befinden sich die Grabstätten Wagners und seiner Gattin Cosima, der Tochter Franz Liszts.

Franz-Liszt-Museum

Wahnfriedstraße 9. *(0921) 516 64 88.* *Sep–Juni: tägl. 10–12, 14–17 Uhr; Juli/Aug: tägl. 10–17 Uhr.*

In diesem Haus starb 1886 der ungarische Komponist Franz Liszt. Heute zeigt es als Museum Bilder, Handschriften und Drucke, die Liszts Leben und Werk sowie das Bayreuther Musikleben zu seiner Zeit dokumentieren.

Eremitage

4 km nordöstlich der Stadt. *(0921) 759 69 37.* *Apr–Sep: tägl. 9–18 Uhr; 1.–15. Okt: tägl. 10–16 Uhr.*

Markgraf Georg Wilhelm orientierte sich beim Bau des Alten Schlosses der Eremitage (1715–18) an der beim Adel in Mode gekommenen Haltung, mit der Natur und dem Asketismus zu liebäugeln. Das Neue Schloss entstand 1749–53. Markgräfin Wilhelmine ließ den Park gestalten und weitere Bauten errichten.

Grab von Richard und Cosima Wagner, Villa Wahnfried

Richard Wagner (1813–1883)

Der Name des Komponisten ist untrennbar verbunden mit Bayreuth, wo er seine größten Triumphe feierte. Seine Karriere begann anfangs eher bescheiden in Magdeburg, Königsberg und Riga. Dann musste er vor seinen Gläubigern fliehen. Stationen der Flucht waren London und Paris. Größere Erfolge konnte er erstmals mit der Aufführung der Opern *Der fliegende Holländer* (1843) und *Tannhäuser* (1845) in Dresden verzeichnen. Einer seiner größten Förderer war der exzentrische Bayernkönig Ludwig II. Seit 1872 lebte Wagner in Bayreuth. Das Festspielhaus wurde allein für seine Opern gebaut.

Wagner-Büste von Arno Breker (1939)

Das Festspielhaus auf dem Grünen Hügel

INFOBOX

Straßenkarte D5. 75 000.
10 km nordöstlich. Hauptbahnhof. Luitpoldplatz 9, (0921) 885 88. Musica Bayreuth (Mai); Fränkische Festwoche (Mai); Wagner-Festspiele (Juli/Aug); Bayreuther Barock (Sep).
www.bayreuth.de

Festspielhaus

Festspielhügel 1–2. *(0921) 787 80.* *Sep/Okt: Di–So 10, 11, 14, 15 Uhr; Dez–Apr: 10, 14 Uhr (während der Festspiele nur vormittags).*

Jedes Jahr im Juli und August finden in diesem Theater, das 1872–75 nach Ideen von Gottfried Semper und Richard Wagner entstand, die Richard-Wagner-Festspiele statt. 1876 wurde es mit dem *Ring des Nibelungen* eingeweiht.

Umgebung: 20 Kilometer nordwestlich von Bayreuth liegt **Kulmbach**, berühmt für seine vielen Brauereien. Im Juli/August findet hier ein großes Bierfest statt. Kulmbachs Rathaus besitzt eine schöne Rokoko-Fassade (1752). Nicht weit vom Rathaus entfernt liegt der Burgberg mit der Festung Plassenburg, seit 1340 Eigentum der Hohenzollern. Bis 1604 war sie Sitz der Markgrafen von Brandenburg-Kulmbach. Die heutige Anlage wurde 1560–70 erbaut. Ein Glanzstück ist der Schöne Hof mit seinen Arkaden. Zudem kann man hier eine Sammlung mit mehr als 300 000 Zinnfiguren bewundern.

Südöstlich von Kulmbach befindet sich in **Ködnitz** das Oberfränkische Dorfschulmuseum.

25 Kilometer westlich von Bayreuth, nahe Hollfeld, liegt der **Park Sanspareil** mit seinem Felsentheater, einem Theater inmitten einer natürlichen Felshöhle.

50 Kilometer östlich von Bayreuth liegt **Wunsiedel**. Hier finden im Sommer die Luisenburg-Festspiele statt. Oberhalb des Freilichttheaters erstreckt sich ein beeindruckendes Felsenlabyrinth.

Felsentheater in einer natürlichen Grotte im Park Sanspareil bei Bayreuth

Zeichenerklärungen *siehe hintere Umschlagklappe*

Berching ⑨

Straßenkarte D6. *8400.*
Pettenkoferplatz 12, (08462) 205 13. **www**.berching.de

Die Geschichte des hübschen Städtchens an der Sulz lässt sich bis ins 9. Jahrhundert zurückverfolgen. Das historische Ortsbild mit Stadtmauer, Türmen und Eichentoren ist fast vollständig erhalten. Am schönsten ist der Chinesenturm. Sehenswert ist das Heimatmuseum. Die frühgotische Kirche Mariä Himmelfahrt, heute **Stadtpfarrkirche**, wurde nach 1756 von Matthias Seybold umgebaut und besitzt Rokoko-Stuck. Die barocke Lorenzkirche mit Turm aus dem 13. Jahrhundert hat einen spätgotischen Altar. Im sechs Kilometer entfernten **Erasbach** kam 1714 der Komponist Christoph Willibald Gluck zur Welt.

Amberg ⑩

Straßenkarte D5. *43 200.*
Hallplatz 2, (09621) 102 39.
www.amberg.de

Amberg liegt an der Vils, an den Ausläufern des Fränkischen Jura. Die Stadt verdankt ihren Reichtum den Eisenerzvorkommen und der Stahlindustrie. Die im Oval angelegte Altstadt wird heute noch von mittelalterlichen Mauern umgeben. Im Zentrum findet man einen schönen Marktplatz sowie die spätgotische Hallenkirche **St. Martin** aus dem 15. Jahrhundert.

Hier wie auch im gotischen Rathaus (1348) ist die originale Innenausstattung erhalten. Von der einstigen Rolle Ambergs als Residenzstadt von Rheinland-Pfalz zeugt das Neue Schloss, ein Renaissance-Bauwerk.

Das Wahrzeichen Ambergs ist die Stadtbrille, eine Brücke über die Vils, deren Bogen sich im Wasser spiegeln.

Der spätgotische Hochaltar im Münster St. Georg, Dinkelsbühl

Dinkelsbühl ⑪

Straßenkarte D6. *11 500.*
Marktplatz, (09851) 90 24 40.
Kinderzeche (Mitte Juli).
www.dinkelsbuehl.de

Die alte fränkische Stadt ist eine der am besten erhaltenen mittelalterlichen Stadtanlagen in Deutschland. Die Stadtmauer mit ihren vier Türmen – Wörnitz-, Nördlinger, Segringer und Rothenburger Tor – existiert heute noch. Die städtischen Wohnviertel bestehen großteils aus Fachwerkhäusern. Besonders schön ist das Deutsche Haus am Weinmarkt (um 1600), ursprünglich im Besitz der Familie Drechsel-Deufstetten, heute ein Hotelrestaurant.

Das spätgotische **Münster St. Georg** ist eine Hallenkirche mit drei Schiffen, aber ohne Querschiff. Sie bildet zusammen mit dem Presbyterium eine große Halle mit Netzgewölbe. Die wertvollsten Ausstattungsstücke sind die Sandsteinkanzel mit Baldachinstatuen, der Taufstein (um 1500) und eine Kreuzigungstafel (um 1480/90) aus dem Umfeld von Hans Pleydenwurff.

In der Turmgasse steht das Deutschordensschloss, ein von Matthias Binder 1760–64 erbauter Barockpalast.

Die sogenannte Stadtbrille von Amberg, eine Brücke über die Vils

Nördlingen ⑫

Straßenkarte D6. *20 000.*
Marktplatz 2, (09081) 841 16.
Stabenfest (Mai); Nördlinger Pfingstmesse, Scharlachrennen (Juni/Juli); Sommerfestspiele (Juli); Historisches Stadtmauerfest (alle drei Jahre im Sep, nächstes Mal 2013).
www.noerdlingen.de

Nördlingen gehört zu den reizvollsten alten Reichsstädten Süddeutschlands. Es liegt im Ries, einem Krater (Durchmesser ca. 25 km), der vor 15 Millionen Jahren durch einen Meteoriteneinschlag entstand. Im Mittelalter war Nördlingen Freie Reichsstadt. Zur alten Befestigungsmauer gehören nicht weniger als 16 Türme und zwei Bastionen (14./15. Jh.).

Die spätgotische Kirche St. Georg wurde von Nikolaus Eseler erbaut, nach dessen Entwürfen auch das Münster St. Georg in Dinkelsbühl entstand. Die Kirche ist eine spätgotische Hallenkirche. Vom knapp 90 Meter hohen Westturm aus, dem Daniel, hat man einen wundervollen Blick auf die Stadt.

Die Salvatorkirche besitzt noch den original gotischen Altar und ein Portal, das im Tympanon das Jüngste Gericht zeigt.

Das ehemalige Heilig-Geist-Spital beherbergt heute das

Hotels und Restaurants in Bayern *siehe Seiten 499–503 und 538–542*

aximilian II.,
Tanzhaus
ördlingen

Stadtmuseum. Den Aufgang zum spätgotischen **Rathaus** bildet eine eindrucksvolle Treppe von 1618. Das **Rieskrater-Museum** erläutert die geologischen Phänomene des Meteoriteneinschlags.

Umgebung: Etwa 40 Kilometer südlich von Nördlingen liegt an der A8 **Günzburg**. Seit 2002 lockt hier LEGOLAND® Deutschland nicht nur die Kinder an.

Stadtmuseum
Vordere Gerbergasse 1.
(09081) 273 82 30.
März–Okt: Di–So 13.30–16.30 Uhr.

Rieskrater-Museum
Eugene-Shoemaker-Platz 1.
(09081) 273 82 20. *Mai–Okt: 10–16.30 Uhr; Nov–Apr: 10–12, 13.30–16.30 Uhr.*

Ansbach ⓭

Straßenkarte D6. *40 000.*
Johann-Sebastian-Bach-Platz 1, (0981) 512 43. *Ansbacher Frühlingsfest (Mai); Bach-Woche (Juli, alle zwei Jahre, nächstes Mal 2013); Ansbacher Rokoko-Festspiele (Juli); Heimatfest (Juli).* **www**.ansbach.de

Die Geschichte der westlich von Nürnberg gelegenen Stadt beginnt im Jahr 748. Damals gründete der Mönch Gumbert hier ein Benediktinerkloster. Die Siedlung Onoldsbach, die neben dem Kloster entstand, entwickelte sich zum heutigen Ansbach. Seit der zweiten Hälfte des 14. Jahrhunderts war die Stadt Sitz der Markgrafen von Brandenburg-Ansbach. 1791 wurde sie dem Königreich Preußen eingegliedert. Nach 1806 gehörte sie zu Bayern.

Die **Markgräfliche Residenz** ist nach mehrmaligem Umbau heute ein prächtiges Renaissance-Schloss. Zu den 27 Prunkräumen gehören Festsaal, Spiegelkabinett und Kachelsaal mit rund 2800 Fliesen. Im Erdgeschoss ist das Museum für Fayencen der einstigen Ansbacher Fayencemanufaktur untergebracht. Der nahe Hofgarten hat eine 102 Meter lange Orangerie aufzuweisen. Das **Markgrafenmuseum** informiert über den 1833 hier ermordeten Kaspar Hauser und die Ansbacher Geschichte.

Markgräfliche Residenz »Ansbacher Fayence und Porzellan«
Promenade 27. *(0981) 953 83 90.* *Apr–Sep: Di–So 9–18 Uhr; Okt–März: Di–So 10–16 Uhr.* *jede Stunde.*

Markgrafenmuseum
Kaspar-Hauser-Platz 1.
(0981) 977 50 56. *Di–So 10–17 Uhr.*

Imposant: Walhalla bei Donaustauf

Eichstätt ⓮

Straßenkarte D6. *13 000.*
Domplatz 8, (08421) 600 14 00.
www.altmuehlnet.de/gemeinden/eichstaett

Der Missionar Bonifatius gründete hier um 740 ein Missionskloster mit Namen Eihstat. Kurz darauf wurde der Angelsachse Willibald der erste Bischof. 1634 zerstörte ein verheerendes Feuer vier Fünftel der Häuser und vier Kirchen. Nach dem Brand baute man die Stadt im Stil des Barock wieder auf.

In Eichstätt befindet sich seit 1980 die einzige Katholische Universität Deutschlands. Außerhalb der Stadt, hoch über dem Altmühltal, liegt die Willibaldsburg, die bis ins 18. Jahrhundert Bischofsresidenz war. Heute ist hier das Juramuseum untergebracht. Zu den Exponaten aus der Jurazeit gehört das gut erhaltene Skelett eines Archäopteryx (Urvogel).

In der Nähe wurde ab 1702 die neue Bischofsresidenz, ein barocker Dreiflügelbau, errichtet.

Donaustauf ⓯

Straßenkarte E6. *3700.* **Walhalla**. *(09403) 96 16 80.* *Apr–Sep: tägl. 9–17.45 Uhr; Okt: tägl. 9–16.45 Uhr; Nov–März: tägl. 10–11.45, 13–15.45 Uhr.*

In den Jahren 1830–42 baute Leo von Klenze die Walhalla. Hoch oberhalb der Donau sollte sie eine nationale Ruhmeshalle sein. Das mächtige Marmorgebäude ist die Nachbildung griechischer Tempelanlagen, vor allem des Parthenons in Athen.

In der Ehrenhalle stehen 127 Marmorbüsten berühmter Künstler und Wissenschaftler.

Gartenanlage der Markgräflichen Residenz in Ansbach

Nürnberg ⓰

Die Stadt an der Pegnitz, zweitgrößte Stadt Bayerns, ist nicht nur ein Paradies für Liebhaber der legendären Lebkuchen und Bratwürste, sondern auch eine der geschichtsträchtigsten deutschen Städte. Erstmals erwähnt wurde Nürnberg im Jahr 1050. Damals war es noch eine einfache Handelsniederlassung. 1219 wurde Nürnberg Freie Reichsstadt und entwickelte sich zum bedeutenden Zentrum für Handwerk und Handel. Ihre Blüte erlebte die Stadt im 15. und 16. Jahrhundert, als berühmte Künstler, Handwerker und Denker sie zu einem kulturellen Zentrum Europas machten.

Im Handwerkerhof beim Frauentor

Überblick: Lorenzer Seite

Der südliche Teil der Stadt, die sogenannte Lorenzer Seite, ist vom nördlichen Teil durch die Pegnitz getrennt und im Süden von der Stadtmauer begrenzt. Viele historische Gebäude wurden hier sorgfältig wiederaufgebaut, nachdem sie im Zweiten Weltkrieg durch Bomben zerstört worden waren.

Frauentor

Frauentorgraben.

Das Frauentor ist eines der schönsten Stadttore. Es ist in die massive Stadtmauer aus dem 15./16. Jahrhundert integriert. In der Nähe steht der Dicke Turm, ein massives Festungsgebäude aus dem 15. Jahrhundert. Das Königstor, das ursprünglich rechts vom Dicken Turm stand, wurde im 19. Jahrhundert abgetragen. Nahe dem Frauentor haben im Handwerkerhof verschiedene Kunsthandwerker ihre Läden.

Marthakirche

Königstraße 79. *Mo 10–12, Do 10–16, 2. Sa im Monat 9–13 Uhr.*

Die kleine Hospitalkirche St. Martha aus dem 14. Jahrhundert liegt versteckt zwischen Häusern. Im Innenraum kann man die schön bemalten Bleiglasfenster (14.–16. Jh.) bewundern.

Mauthalle

Ecke Königstraße/Hallplatz.

Der massive gotische Bau wurde 1498–1502 von Hans Beheim d. Ä. als Kornspeicher erbaut. Hier befanden sich die städtischen Waagen. Später diente das Gebäude als Zollhaus, im 19. Jahrhundert als Geschäftshaus. Das auf 26 Pfeiler gestützte Kellergewölbe wird heute als Gaststätte mit Kleinbrauerei genutzt.

Germanisches Nationalmuseum

Siehe S. 260f.

Lorenzkirche

Lorenzer Platz. *Mo–Sa 9–17, So 13–16 Uhr.*

Die gotische Kirche St. Lorenz, deren Hauptschiff 1270–1350 erbaut wurde, ist das bedeutendste Gebäude Nürnbergs. Der große Hallenchor wurde erst viel später, nämlich 1439–77, angebaut. Sehenswert ist schon beim Eintritt das großartige Hauptportal mit seinem Skulpturen-

Zeichenerklärungen

siehe hintere Umschlagklappe

Zentrum von Nürnberg

Blick über die Dächer von Nürnberg

INFOBOX

Straßenkarte D6. 490 000. *nordöstlich der Stadt.* *Hauptmarkt 18; Königstraße 93, (0911) 233 60.* *Internationale Nürnberger Orgelwoche (Juni/Juli); Christkindlesmarkt (Ende Nov – 24. Dez).* **www**.tourismus.nuernberg.de

Mittelalterliche Mauthalle in der Königstraße

schmuck. Mitten über dem Chor des Hauptschiffs schwebt eine Figurengruppe, die die Verkündigung zeigt, der sogenannte Engelsgruß oder auch Englische Gruß von Veit Stoß (1517/18). Von Veit Stoß stammen auch das Kruzifix des Hochaltars und die großartige Statue des Erzengels Michael. Außerdem findet man hier mehrere bedeutende spätgotische Altäre sowie im Chor das filigrane Sakramentshaus (1493–96) des Steinmetzen Adam Kraft. Die Säulen des Hauptschiffs sind mit Apostelfiguren aus dem späten 14. Jahrhundert geschmückt.

Kaiserburg ⑭
Lorenzer Platz ⑥
Lorenzkirche ⑤
Marthakirche ②
Mauthalle ③
Rathaus ⑩
St. Sebald ⑫
Spielzeugmuseum ⑪

Lorenzer Platz

Der Lorenzer Platz vor der Lorenzkirche ist ein beliebter Treffpunkt. Auffallend ist der Tugendbrunnen (1589) mit den wasserspeienden Figuren der Tugenden. Nahebei steht die Statue des heiligen Lorenz, eine Kopie der gotischen Originalfigur von 1350. Auf der anderen Seite des Platzes sieht man das gotische Nassauer Haus, das älteste Patrizierhaus der Stadt, dessen untere Stockwerke noch aus dem 13. Jahrhundert stammen. Die oberen Stockwerke wurden im 15. Jahrhundert errichtet.

Nur ein paar Schritte weiter überrascht auf einer belebten Einkaufsstraße, der Karolinenstraße, eine Skulptur von Henry Moore.

Heilig-Geist-Spital

Spitalgasse/Hans-Sachs-Platz.

Am Ufer der Pegnitz liegt das Heilig-Geist-Spital mit seinem hübschen Innenhof und den Holzgalerien. Es wurde zusammen mit einer Kirche ab 1332 als Stiftung für Alte und Bedürftige erbaut und ist eines der größten mittelalterlichen Spitäler.

Der Flügel, der sich über den Fluss spannt, wurde Anfang des 16. Jahrhunderts im Rahmen von Erweiterungsmaßnahmen angebaut. Aussätzige wurden zu jener Zeit isoliert von anderen Patienten in einem gesonderten Fachwerkgebäude untergebracht.

Zwischen 1424 und 1796 wurden hier die Reichskleinodien aufbewahrt. Heute befindet sich im Heilig-Geist-Spital ein städtisches Seniorenheim. Der Eingang liegt auf der Nordseite der Pegnitz.

Das Heilig-Geist-Spital über der Pegnitz

Überblick: Nürnberg

Nürnberg war einst eine bedeutende Buchdruckerstadt. 1493 erschien die *Schedelsche Weltchronik*. Nachdem die Stadt 1524 protestantisch geworden war, wurde hier 1543 Kopernikus' Schrift *De revolutionibus orbium coelestium* (Über die Kreisbewegungen der Weltkörper) veröffentlicht. Danach brachte erst das 19. Jahrhundert neuen Aufschwung. Nürnberg wurde zur führenden Industriestadt Bayerns. 1835 fuhr die erste Eisenbahn zwischen Nürnberg und Fürth.

Detailansicht des Schönen Brunnens am Hauptmarkt

Hauptmarkt

Jedes Jahr im Advent bildet der Hauptmarkt die malerische Kulisse für den berühmten Nürnberger Christkindlesmarkt. Es ist die Zeit der köstlichen Lebkuchen und leckeren Bratwürste. Und wenn einem kalt ist, wärmt man sich mit einem Glas Glühwein.

Zu den größten Attraktionen gehört der gotische Schöne Brunnen (14. Jh.). Vor 100 Jahren wurde der stark verwitterte Brunnen durch eine Nachbildung ersetzt. Die 19 Meter hohe Pyramide steht in einem achteckigen Becken, umgeben von einem schmiedeeisernen Renaissance-Gitter. Hier findet man einen goldenen Ring. Wenn man ihn dreimal dreht, sollen sich alle Wünsche erfüllen.

Die 40 in vier Reihen übereinanderstehenden Steinfiguren der Pyramide stellen Allegorien der Philosophie und der Freien Künste dar, Evangelisten, Kirchenväter, Kurfürsten, Helden und Propheten (die Originale befinden sich im Germanischen Nationalmuseum, *siehe S. 260f*).

Frauenkirche

Hauptmarkt. *Mo–Sa 9–18, So 9–12.30 Uhr.*

Kaiser Karl IV. ließ die gotische Hallenkirche 1352–58 errichten. Über dem reich mit Skulpturen ausgestatteten Portalvorbau, im Erker des Westchors, ist das »Männleinlaufen« (1509) zu bewundern. Jeden Mittag um 12 Uhr zeigt die Kunstuhr eine Prozession der sieben Kurfürsten, die ihrem Kaiser huldigen. Sehenswert ist auch der gotische Tucheraltar (um 1440–50).

Wappen über dem Portal des Nürnberger Rathauses

Rathaus

Rathausplatz.

Das heutige Rathaus ist ein Gebäudekomplex aus mehreren Epochen. Der älteste, gotische Teil wurde 1332–40 erbaut und im frühen 15. Jahrhundert umgestaltet. Dahinter, in Richtung Rathausplatz, befindet sich der 1616–22 von Jakob Wolff errichtete Renaissance-Bau mit drei großartigen Portalen. Der Brunnen im Hof stammt aus dem Jahr 1557.

Spielzeugmuseum

Karlstraße 13–15. *(0911) 231 31 64. Di–Fr 10–17, Sa, So 10–18 Uhr.*

Das bezaubernde Museum hinter der Renaissance-Fassade eines Nürnberger Bürgerhauses, das 1971 eröffnet wurde, zeigt Spielzeug aus aller Welt von der Antike bis zur Gegenwart. Es besitzt schöne Sammlungen von Holz- und Blechspielzeug, Zinnsoldaten, Puppen und Marionetten. Am beliebtesten sind die berühmten alten Puppenstuben, die originalgetreu eingerichtet sind.

St. Sebald

Winklerstraße 26. *Jan–März: 9.30–16 Uhr; Apr/Mai: 9.30–18 Uhr; Juni–Mitte Sep: 9.30–20 Uhr; Mitte Sep–Dez: 9.30–18 Uhr.*

Die ab 1215 erbaute spätromanische Pfeilerbasilika St. Sebald ist das älteste Gotteshaus Nürnbergs. Als die zweichorige Kirche im 14. Jahrhundert umgebaut wurde, erhielt sie zwei Seitenschiffe und einen spätgotischen Hallenchor. Die Türme wurden im späten 15. Jahrhundert ausgebaut. Die Nordseite der Kirche schmückt das prächtige Brautportal mit der Darstellung der fünf klugen und fünf törichten Jungfrauen.

Das Gehäuse für den Reliquienschrein (1391–97) des im Jahr 1070 gestorbenen heiligen Sebald – des Schutzheiligen der Stadt – ist ein Messingguss von Peter Vischer d. Ä. und seinen Söhnen. Veit Stoß schuf die große Holzfigur des heiligen Andreas (um 1507) an der nördlichen Chorwand sowie die Kreuzigungsgruppe des Hochaltars (1506–20).

Hotels und Restaurants in Bayern *siehe Seiten 499–503 und 538–542*

Das Albrecht-Dürer-Haus, ein typisch fränkischer Fachwerkbau

Albrecht Dürer (1471–1528)

Selbstbildnis Dürers

Albrecht Dürer, der bedeutendste Künstler der deutschen Renaissance, kam in Nürnberg zur Welt. Seine Ausbildung begann er als Goldschmied in der Werkstatt seines Vaters. Das Malen erlernte er im Atelier von Michael Wolgemut. Berühmt wurde er nicht nur als Maler, sondern auch als Zeichner, Kupferstecher und Kunsttheoretiker. Dürers grafisches Werk ist fast komplett im Germanischen Nationalmuseum zu sehen.

Egidienkirche

Egidienplatz 37. *Apr–Okt: 9–19 Uhr; Nov–März: 9–17 Uhr.*

Die Egidienkirche ist die einzige erhaltene Barockkirche Nürnbergs. Sie wurde nach einem Brand 1711–18 wiederaufgebaut und enthält als Elemente eines alten Klosters die romanische Euchariuskapelle (12. Jh.), die Tetzelkapelle (um 1345) und die spätgotische Wolfgangskapelle (15. Jh.).

Kaiserburg

Kaiserburg-Museum Innerer Burghof. *(0911) 200 95 40. Apr–Sep: tägl. 9–18 Uhr; Okt–März: tägl. 10–16 Uhr.*

Die Burganlage besteht aus der Burggrafenburg, den Reichsstädtischen Bauten im Osten und der aus dem 12./13. Jahrhundert stammenden Kaiserburg im Westen. Geht man die Burgstraße hoch, kommt man zunächst zum Fünfeckturm (11. Jh.). Unterhalb des Turms befinden sich die ehemaligen Kaiserstallungen, in denen heute eine Jugendherberge untergebracht ist. Linker Hand liegt der Hof der Kaiserburg mit dem runden Sinwellturm (12. Jh.) und dem Tiefen Brunnen. Erst dann kommt man zur eigentlichen Kaiserburg, einer der bedeutendsten Kaiserpfalzen des Mittelalters, die von den Saliern errichtet wurde. Hier fanden viele Reichs- und Hoftage statt – entsprechend repräsentativ sind die Säle, vor allem der Rittersaal und der Kaisersaal.

Albrecht-Dürer-Haus

Albrecht-Dürer-Straße 39. *(0911) 231 25 68. Di–So 10–17, Do bis 20 Uhr.*

Der Maler und Kupferstecher Albrecht Dürer wurde 1471 in einem Haus an der Ecke Burgerstraße/Obere Schmiedgasse geboren. 1509 erwarb er dieses Haus, in dem er bis zu seinem Tod (1528) lebte. Als Ort der Dürer-Verehrung und Dürer-Rezeption gibt es einen Einblick in das Leben und Wohnen der Zeit um 1500 und in eine Malerwerkstatt der Dürerzeit. Sehenswert ist auch die Druckerpresse im Erdgeschoss, die ebenfalls aus der Zeit Albrecht Dürers stammt.

St.-Johannis-Friedhof

Am Johannisfriedhof. *Apr–Sep: tägl. 7–19 Uhr; Okt–März: tägl. 8–17 Uhr.*

Der Friedhof wurde 1518 angelegt. Hier ruhen so berühmte Persönlichkeiten wie Albrecht Dürer (Grab Nr. 649), der Bildhauer Veit Stoß (Nr. 268), der Goldschmied Wenzel Jamnitzer (Nr. 664) und der Maler Anselm Feuerbach (Nr. 715). Beeindruckend sind auch die vielen anderen Grabmale aus dem 16., 17. und 18. Jahrhundert.

Ehemaliges Reichsparteitagsgelände

Dokumentationszentrum Bayernstraße 110. *(0911) 231 56 66. Mo–Fr 9–18, Sa, So 10–18 Uhr.*

Im Süden der Stadt stehen auf dem ehemaligen Reichsparteitagsgelände noch Bauwerke aus der Zeit des Nationalsozialismus. Ein Dokumentationszentrum informiert über diese Zeit und die Geschichte des Geländes.

Die Kaiserburg hoch über Nürnberg

Nürnberg: Germanisches Nationalmuseum

Das größte kulturhistorische Museum Deutschlands mit etwa 1,3 Millionen Objekten vom steinzeitlichen Faustkeil bis zum Filzanzug von Joseph Beuys wurde 1852 von dem fränkischen Adeligen Hans von Aufseß gegründet. Den architektonischen Kern des Museums bildet eine mittelalterliche Klosteranlage. Das äußere Erscheinungsbild prägen Bauwerke aus der Nachkriegszeit sowie das 1996 fertiggestellte Museumsforum. Zu den wertvollsten Exponaten des Museums gehören Arbeiten von Veit Stoß, Lucas Cranach d. Ä., Albrecht Altdorfer, Albrecht Dürer, Hans Baldung Grien, Rembrandt, Carl Spitzweg, Egon Schiele und Ernst Ludwig Kirchner.

Thronende Muttergottes
Das Gemälde stammt von Hans Holbein d. Ä. (um 1465–1524), der bei seinen Altarbildern eine differenzierte Farbgebung einsetzte.

★ Erzengel (1516)
Der wundervoll geschnitzte Erzengel Raphael ist eines der vielen Werke, die Veit Stoß nach seiner Rückkehr aus Krakau schuf.

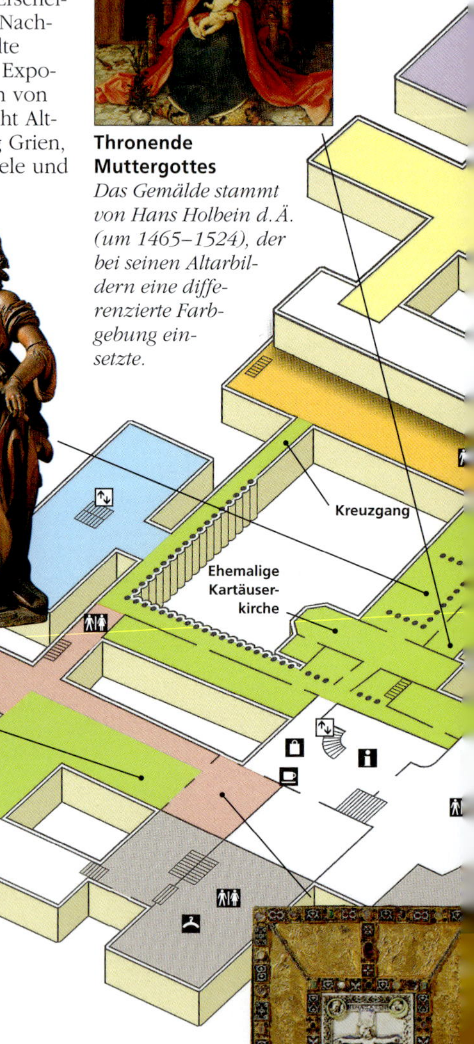

Adlerfibel
Die adlerförmige Spange aus dem 5. Jahrhundert wurde im späten 19. Jahrhundert in Domagnano, San Marino, gefunden. Wahrscheinlich gehörte sie einer ostgotischen Adeligen.

★ Prachteinband des Codex Aureus
Der reich verzierte Einband der Goldenen Evangelienhandschrift von Echternach wurde im 10. Jahrhundert in Trier gefertigt.

Kurzführer

Die Exponate im Erdgeschoss und ersten Stock sind nach Epochen sortiert, von Vorgeschichte bis Mittelalter. Kunst des 20. Jahrhunderts findet man im zweiten Stock. Die Spielzeugsammlung ist separat untergebracht.

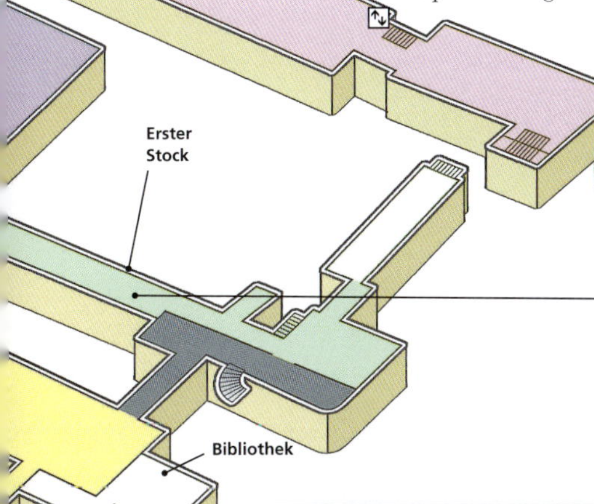

Torquetum
Johannes Praetorius aus Nürnberg stellte 1568 dieses Gerät aus Messing her, um damit die Position der Sterne zu erfassen.

★ Bildnis des Michael Wolgemut (1516)
Albrecht Dürer schuf das berühmte Porträt seines Lehrers und Meisters 30 Jahre nach der Ausbildung in dessen Atelier.

★ Schlüsselfelder-Schiff
Das kunstvoll aus teilweise vergoldetem Silber gefertigte Schiff, getragen von einer Meerjungfrau, wurde 1503 von einem unbekannten Nürnberger Goldschmied kreiert.

INFOBOX

Kartäusergasse 1. (0911) 133 10. Di–So 10–18 Uhr (Mi bis 21 Uhr). Faschingsdienstag, 24., 25., 31. Dez. **www**.gnm.de

LEGENDE

- Textilien und Volkskunst
- Kunsthandwerk des Barock
- Handwerk und Gilden
- Wissenschaftliche Instrumente und Geschichte der Pharmazie
- Musikinstrumente und dekorative Kunst
- Mittelalter
- Waffen, Rüstungen und Gartenskulpturen
- Vor- und Frühgeschichte
- Archiv, Grafische Sammlung, Münzen und Medaillen
- Wechselausstellungen
- Kein Ausstellungsbereich

NICHT VERSÄUMEN

- ★ Bildnis des Michael Wolgemut
- ★ Erzengel
- ★ Prachteinband des Codex Aureus
- ★ Schlüsselfelder-Schiff

Im Detail: Rothenburg ob der Tauber ⑰

Wappen am Rathaus

Wer einmal mittelalterliche Luft schnuppern will, sollte Rothenburg ob der Tauber besuchen. Die Ursprünge der Stadt lassen sich bis ins 12. Jahrhundert zurückverfolgen. 1274 wurde sie Freie Reichsstadt, doch von einer blühenden Stadt konnte man erst Anfang des 15. Jahrhunderts sprechen. Während des Dreißigjährigen Kriegs wurde das protestantische Rothenburg zwar geplündert, aber nicht zerstört. Wenig hat sich seit dieser Zeit verändert. Die Stadt ist ein einziges Museum mittelalterlicher Architektur.

Reichsstadtmuseum
Das ehemalige Dominikanerinnenkloster beherbergt heute die städtischen Sammlungen. Die Klosterküche, eine der ältesten Deutschlands, ist zu besichtigen.

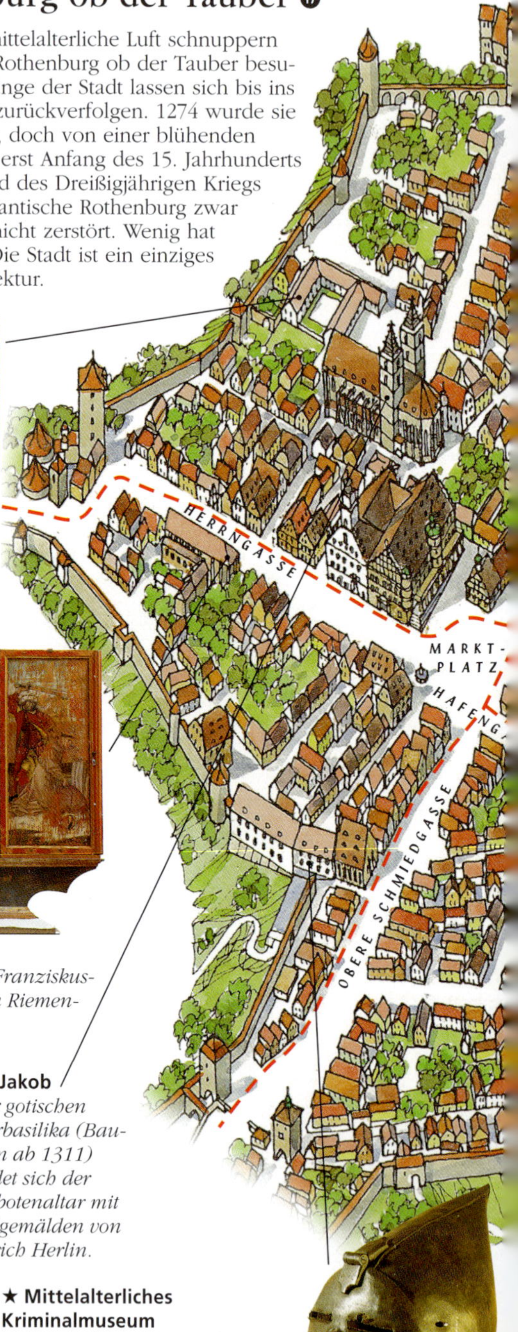

Franziskanerkirche
Die gotische Kirche besitzt einen Franziskusaltar. Er soll ein Frühwerk Tilman Riemenschneiders sein.

★ St. Jakob
In der gotischen Pfeilerbasilika (Baubeginn ab 1311) befindet sich der Zwölfbotenaltar mit Flügelgemälden von Friedrich Herlin.

★ Mittelalterliches Kriminalmuseum
Es dokumentiert das Rechtsgeschehen, Gesetze und Strafen der vergangenen 1000 Jahre und zeigt mittelalterliche Folterinstrumente.

Blick vom Burggarten
Das Burgtor, das größte der Stadttore, ist der Zugang zum Burggarten. Hier stand im Mittelalter die Reichsburg der Hohenstaufer. Heute kann man von der Parkanlage den großartigen Blick über die Stadt und das Taubertal genießen.

INFOBOX

Straßenkarte C5. *12 000.* *Marktplatz, (09861) 404 800.* *Meistertrunk (Ende Mai); Reichsstadt-Festtage (Anfang Sep); Hans-Sachs-Spiele (Mai, Sep, Okt).* **Topplerschlösschen** *(30 Min. vom Burggarten).* *(09861) 73 58.* *Fr–So 13–16 Uhr.* *Nov.* **www**.rothenburg.de

Galgentor
Das Galgentor, der frühere Hinrichtungsplatz, wird heute auch als Würzburger Tor bezeichnet.

Rödertor
Das Rödertor aus dem ausgehenden 14. Jahrhundert mit zwei spitzbehelmten Wachhäuschen ist eines der beliebtesten Fotomotive der Stadt.

LEGENDE

Routenempfehlung

★ Rathaus
Das Rathaus besteht aus einem gotischen Teil, zu dem auch der Turm gehört, und einem Renaissance-Bau mit barocken Arkaden.

NICHT VERSÄUMEN

★ Mittelalterliches Kriminalmuseum
★ Rathaus
★ St. Jakob

Andechs ⓲

Straßenkarte D7. *Andechser Straße 16, (08152) 93 250.* **www**.andechs.de

Ziel der Besucher, die auf den 700 Meter hohen Heiligen Berg pilgern, ist nicht nur das Kloster Andechs. Größere Anziehungskraft übt meist das danebenliegende Bräustüberl mit dem schönen Biergarten aus. Hier laben sich nicht nur müde Pilger am hervorragenden, von Mönchen gebrauten Andechser.

Die dreischiffige gotische Hallenkirche (1420–25) wurde 1755 im Stil des Rokoko neu gestaltet. Der Doppelhochaltar trägt zwei Marienfiguren: die *Gnadenmadonna* (1468; unbekannter Meister) und die *Maria Immaculata* von Hans Degler (1609). An hohen Feiertagen werden die heiligen Reliquien gezeigt.

Der Ammersee, Ausgangspunkt für eine Wanderung nach Andechs

Landsberg am Lech ⓳

Straßenkarte D7. *24 000.* *Hauptplatz 152, (08191) 12 82 46.* **www**.landsberg.de

Landsbergs Geschichte beginnt 1160, als Heinrich der Löwe am rechten Lechufer eine Burg erbaute. Im 13. Jahrhundert entwickelte sich die umliegende Siedlung zu einer Stadt. Die religiösen Auseinandersetzungen und der Dreißigjährige Krieg setzten der Entwicklung ein Ende. Erst im späten 17. Jahrhundert erlangte die Stadt erneut wirtschaftliche und kulturelle Bedeutung. Im Landsberger Gefängnis saß Adolf Hitler nach dem Hitler-Putsch einige Monate ein und verfasste in dieser Zeit das Buch *Mein Kampf*.

Mitten in Landsberg liegt der Hauptplatz mit barockem Rathaus, Schmalztor (14. Jh.) und Marienbrunnen. In der Ludwigstraße steht die spätgotische Pfarrkirche Mariä Himmelfahrt (1458–88). Der Innenraum mit einer gotischen Muttergottesfigur des Bildhauers Hans Multscher wurde 1702 barockisiert. Das zinnengekrönte Bayertor, ursprünglich Stadttor, befindet sich im Osten der Altstadt. Einen guten Einblick in die Stadtgeschichte vermittelt das **Neue Stadtmuseum**.

Relief an einer Kirche in Landsberg

Neues Stadtmuseum
Von-Helfenstein-Gasse 426. *(08191) 12 83 60.* *Di–So 14–17 Uhr.*

Dachau ⓴

Straßenkarte D6. *35 000.* *Konrad-Adenauer-Straße 1, (08131) 752 86 oder 752 87.* **www**.dachau.de

Für viele Menschen ist der Name »Dachau« verbunden mit einem der ersten Konzentrationslager, das die Nationalsozialisten 1933 hier am Ortsrand errichteten. Seit 1965 befindet sich die **KZ-Gedenkstätte Dachau** auf dem Gelände. Die Ausstellungen regen Besucher zur Auseinandersetzung mit diesem düsteren Kapitel deutscher Geschichte an.

Dachau selbst ist eine schöne Stadt. Im Südwesten der Altstadt steht **Schloss Dachau**, die Sommersitz der Wittelsbacher. Die frühere Burg wurde im 16. Jahrhundert durch eine Festung ersetzt. Das heutige Schloss stammt (mit Ausnahme des Westflügels von Joseph Effner) aus dem 18. Jahrhundert.

Im frühen 19. Jahrhundert war das Schloss Heimat einer Künstlerkolonie. Die stadtverdrossenen Künstler wurden als »Gruppe Neu Dachau« bekannt. Ebenfalls im 19. Jahrhundert erkannte der Impressionist Max Liebermann (1847–1935) die Schönheit der Gegend. Unter den Kunstwerken in der **Dachauer Gemäldegalerie** befindet sich auch eines von Liebermann, das den Reiz der Szenerie zeigt.

KZ-Gedenkstätte Dachau
Alte Römerstraße 75. *(08131) 56 75 16.* *Di–So 9–17 Uhr.* **www**.kz-gedenkstaette-dachau.de

Schloss Dachau
Schlossstraße 2. *(08131) 879 23.* *Apr–Sep: Di–So 9–18 Uhr; Okt–März: Di–So 10–16 Uhr.*

Dachauer Gemäldegalerie
Konrad-Adenauer-Straße 3. *(08131) 56 750.* *Di–Fr 11–17 Uhr, Sa, So 13–17 Uhr.*

Schleißheim ㉑

Straßenkarte D6. Oberschleißheim.

Schloss Schleißheim liegt nur 14 Kilometer von München entfernt. Ein Nachmittag genügt für einen Ausflug zum Barockschloss mit seiner schönen Gartenanlage.

Der von Kanälen umgebene Park wurde im 17./18. Jahrhundert angelegt. Zur Anlage gehören drei Schlösser: Das **Alte Schloss**, das heute ein

Barockes Schloss Dachau, Sommerresidenz der Wittelsbacher

Museum für religiöse Volkskunst beherbergt, wurde 1623 für Prinz Wilhelm V. erbaut.

Schloss Lustheim ist ein kleines Barockschlösschen, das Enrico Zuccalli 1684–87 für den Kurfürsten Max Emanuel errichtete. Sehenswert ist hier neben den schönen Räumen und Fresken die Sammlung im **Museum Meissener Porzellan**.

Das jüngste Gebäude ist das barocke **Neue Schloss**, ebenfalls entworfen von Enrico Zuccalli. Baubeginn war 1701; vollendet wurde der Prunkbau, den Kurfürst Maximilian II. Emanuel in Auftrag gegeben hatte, aber erst im 19. Jahrhundert von Leo von Klenze. Heute befindet sich hier eine Nebenstelle des Bayerischen Nationalmuseums.

Neues Schloss in Ingolstadt – typisch für eine Festungsstadt

Fensterbogen am Neuen Schloss in Schleißheim

Altes Schloss
(089) 315 87 20. *wie Neues Schloss.*

Schloss Lustheim
(089) 315 87 20. *wie Neues Schloss.*

Museum Meissener Porzellan
(089) 315 87 242. *wie Neues Schloss.*

Neues Schloss
(089) 315 87 20. *Apr–Sep: Di–So 9–18 Uhr; Okt–März: Di–So 10–16 Uhr.* *Mo.*

Freising 22

Straßenkarte D6. *40 000.* *Marienplatz 7, (08161) 541 22.*
www.freising.de

Freising ist von München aus mit der S-Bahn erreichbar. Die altehrwürdige Domstadt an der Isar ist seit fast 1300 Jahren geistliches Zentrum. Freisings Geschichte ist eng verbunden mit dem heiligen Korbinian, der hier im frühen 8. Jahrhundert einen Bischofssitz gründete. Korbinian starb um 725. Seine Gebeine ruhen in der Krypta des Doms (1159–1205). Die Basilika besteht aus fünf Schiffen, hat aber kein Querschiff. Zwei Türme flankieren die massive Westfassade. Die Brüder Asam gestalteten den Dom 1724 barock um. Üppige Malereien und Stuckarbeiten kennzeichnen seither das Innere. In der romanischen Krypta steht die Bestiensäule, die den Kampf gegen das Böse zeigt. Zur Sammlung des **Diözesanmuseums** gehören zwei Gemälde von Rubens.

Im Südwesten liegt das ehemalige Benediktinerkloster Weihenstephan. Hier findet man die vermutlich älteste **Brauerei** der Welt (seit 1040) – heute Teil der TU München.

Diözesanmuseum
Domberg 21. *(08161) 487 90.* *Di–So 10–17 Uhr.*

Ingolstadt 23

Straßenkarte D6. *115 000.* *Rathausplatz 2, (0841) 305 30 30.*
www.ingolstadt.de

Die Festungsstadt an der Donau war früher Residenz der bayerischen Herzöge aus dem Haus Wittelsbach.

Das **Liebfrauenmünster** ist eine der größten spätgotischen Hallenkirchen in Bayern. Sie weist drei Schiffe, mehrere Kapellen und einen Chor mit Umgang auf. Der Hochaltar mit 91 Gemälden von Hans Mielich wird auf 1572 datiert. Bemerkenswert ist auch das Neue Schloss, dessen Bau im 15. Jahrhundert begonnen wurde. Heute beherbergt es das **Bayerische Armeemuseum**. Eine Juwel bayerischer Barockarchitektur ist der Bürgersaal St. Maria de Victoria mit einem grandiosen Deckengemälde von Cosmas Damian Asam. Das **museum mobile** im Audi Forum veranschaulicht auf spannende Art die Entwicklung der Automobilindustrie. Das Deutsche Medizinhistorische Museum in der Alten Anatomie (1723) präsentiert medizinische Instrumente.

Bayerisches Armeemuseum
Neues Schloss, Paradeplatz 4. *(0841) 937 70.* *Di–So 8.45–17 Uhr.*

museum mobile
Ettinger Straße 1. *(0841) 893 61 67.* *tägl. 9–18 Uhr.*

Die prachtvolle Barockkirche St. Maria de Victoria in Ingolstadt

Steinfiguren im Arkadenhof des Neuburger Schlosses

Neuburg an der Donau ㉔

Straßenkarte D6. *27 700.* *Ottheinrichplatz A118, (08431) 552 40.* **www**.neuburg-donau.de

Neuburg, leicht erhöht an der Donau gelegen, gehört zu den hübschesten Städtchen Bayerns. Im Mittelalter unterstand die Stadt wechselnden Herren, aber erst unter Pfalzgraf Ottheinrich wurden ihr Wachstum und Blüte beschert. Ottheinrich begann 1534 mit dem Bau des **Schlosses**, das 1665–68 zu einem Barockschloss umgebaut wurde. Die massiven runden Türme prägen noch immer das Stadtbild. Im Arkadenhof sind schöne Sgraffito-Malereien von Hans Schroer zu sehen. Die 1543 fertiggestellte Schlosskapelle ist einer der ältesten protestantischen Kirchenbauten in Deutschland.

Die Amalienstraße hinunter in die Stadt führt zum ehemaligen Jesuitenkolleg und zur früheren **Hofkirche** am Karlsplatz. Die Arbeiten begannen 1607. 1624–27 wurden Turm und Westfassade fertiggestellt. Gedacht war sie als protestantische Kirche, doch während der Bauphase wurde sie von den Jesuiten übernommen, die aus ihr eine gegenreformatorische Marienkirche machten. Der Innenraum der Hallenkirche ist dezent in Gold-, Weiß- und Grautönen gehalten.

Wappen am Neuburger Schloss

Zu den vielen historischen Gebäuden, die in der Stadt noch erhalten sind, gehören u.a. das Graf-Veri-Haus und das Baron-von-Hartmann-Haus in der Herrenstraße.

Im Osten steht das **Jagdschloss Grünau**, das Mitte des 16. Jahrhunderts für Ottheinrich erbaut wurde. Man kommt durch den Englischen Garten entlang der Donau dorthin.

Umgebung: 18 Kilometer südlich von Neuburg liegt die Spargel-Hochburg **Schrobenhausen**, wo 1836 der Maler Franz von Lenbach geboren wurde. Ein Museum in der Ulrich-Peisser-Gasse ist ihm gewidmet. In der Jakobskirche sind Wandmalereien aus dem 15. Jahrhundert zu sehen.

Schlossmuseum Neuburg
Residenzstraße 2.
(08431) 88 97.
Apr–Sep: Di–So 9–18 Uhr; Okt–März: Di–So 10–16 Uhr.

Landshut ㉕

Straßenkarte E6. *58 500.* *Altstadt 315, (0871) 92 20 50.* *Landshuter Hochzeit (alle vier Jahre, das nächste Mal 2013); Hofmusiktage (alle zwei Jahre, das nächste Mal 2012); Frühjahrsdult (Apr/Mai); Bartlmädult (Ende Aug); Haferlmarkt (Sep).* **www**.landshut.de

Erstmals wurde Landshut 1150 erwähnt. 100 Jahre später war es bereits eine Stadt und Machtzentrum der niederbayerischen Herzöge. 1475 fand hier das größte Fest des ausgehenden Mittelalters statt: Herzog Georg der Reiche ehelichte die Prinzessin Hedwig (Jadwiga), Tochter König Kasimirs IV. von Polen. Seit 1903 wird die Prachthochzeit als »Landshuter Hochzeit« alle vier Jahre mit einem historischen Umzug und Spielen unter Beteiligung von 2000 Mitwirkenden nachgestellt.

Landshuts mittelalterliches Stadtbild ist fast vollständig erhalten. Die Stadt gliedert sich in Altstadt und Neustadt. Gegenüber dem Rathaus in der Altstadt liegt die einem italienischen Palazzo nachempfundene **Stadtresidenz** (1536–43) – das »Italienische Haus« war der erste Renaissance-Palast in Deutschland. Die dreischiffige Hallenkirche **St. Martin** (1385–1500) besitzt den höchsten Backsteinturm Bayerns.

Über Landshut thront **Burg Trausnitz** (Baubeginn ab 1204) mit Renaissance-Schloss (1568–78) und **Kunst- und Wunderkammer** (Außenstelle des Bayerischen Nationalmuseums). Bemerkenswert sind die Arkaden im Hof sowie die Fresken von Alessandro Scalzi an der Narrentreppe (1578).

Umgebung: Von Landshut aus bietet sich ein Ausflug in das 14 Kilometer südwestlich gelegene **Moosburg** an. Die im

Herzog Georg und Jadwiga, Bleiglasfenster, Landshuter Rathaus

frühen 13. Jahrhundert erbaute Kirche St. Kastulus besitzt einen 14 Meter hohen, von Hans Leinberger geschaffenen Marienaltar.

Stadtresidenz
Altstadt 79. *(0871) 92 41 10.* *Apr–Sep: Di–So 9–18 Uhr; Okt–März: Di–So 10–16 Uhr.* *obligatorisch.* *Mo.*

Burg Trausnitz mit Kunst- und Wunderkammer
(0871) 92 41 10. *Apr–Sep: tägl. 9–18 Uhr; Okt–März: tägl. 10–16.30 Uhr (Wunderkammer nur Mo–Fr).*

Empore der Georgskapelle in der Burg Trausnitz

Dingolfing 26

Straßenkarte E6. *18400.* *Im Bruckstadel, Fischerei 9, (08731) 532 71 00.* **www**.dingolfing.de

Die größte Sehenswürdigkeit in der Stadt an der Isar ist die gewaltige gotische **Burg**, die die bayerischen Herzöge im 15. Jahrhundert erbauen ließen. Heute beherbergt sie ein Museum zur Geschichte der Stadt und ihrer Umgebung. Sehenswert ist auch die **Pfarrkirche St. Johannes**, eine Backsteinkirche, die gegen Ende des 15. Jahrhunderts errichtet wurde. Sie zählt zu den bedeutendsten spätgotischen Sakralbauten Niederbayerns.

Umgebung: In **Landau** an der Isar, 13 Kilometer nordöstlich von Dingolfing, steht die malerische Barockkirche Mariä Himmelfahrt aus der ersten Hälfte des 18. Jahrhunderts. Sehenswert ist auch die kleine Steinfelskirche (um 1700), die in eine natürliche Felshöhle gebaut wurde. In **Arnstorf**, 30 Kilometer südöstlich von Landau, findet man eines der wenigen erhaltenen bayerischen Wasserschlösser. Das Obere Schloss stammt aus dem 15. Jahrhundert und wurde im 17. und 18. Jahrhundert erweitert.

Straubing 27

Straßenkarte E6. *44500.* *Theresienplatz 20, (09421) 194 33.* *Gäubodenfest (Aug); Agnes-Bernauer-Festspiele (Juli, alle vier Jahre, das nächste Mal 2015).* **www**.straubing.de

Die Marktstadt ist schön an der Donau gelegen – dort, wo der Gäuboden (auch als »Kornkammer Bayerns« bezeichnet) und die Ausläufer des Bayerischen Walds an die Donau grenzen.

Der lang gezogene, in Theresien- und Ludwigsplatz unterteilte Marktplatz war früher eine Station auf dem Handelsweg Richtung Prag. Die Stilvielfalt der Häuser verleiht dem Platz seine Atmosphäre.

Auf dem Stadtplatz steht das Wahrzeichen Straubings, der **Stadtturm** (14. Jh.). Von oben hat man einen großartigen Blick. Am Ludwigsplatz befindet sich in Haus Nr. 11 die **Löwenapotheke**, in der der berühmte Biedermeier-Maler Carl Spitzweg 1828–30 zur Lehre ging.

Geht man vom Theresienplatz Richtung Seminargasse oder Pfarrgasse, kommt man zur monumentalen Backsteinkirche **St. Jakob** (Baubeginn um 1400), an der über 100 Jahre lang gebaut wurde. In der dreischiffigen Hallenkirche findet man noch viel Originales, z.B. die Bleiglasfenster der Maria-Hilf-Kapelle. Das farbenprächtige Mosesfenster in der St.-Joseph-Kapelle entstand um 1500. In der Schusterkapelle hängt das Bild einer *Madonna mit Kind* im Stil Hans Holbeins d.Ä.

Mit Blick auf die Donau liegt das **Herzogschloss** aus dem 14./15. Jahrhundert, in dessen Hof die Agnes-Bernauer-Festspiele stattfinden. Das Gäubodenfest ist nach dem Oktoberfest in München das zweitgrößte Volksfest in Bayern. Das **Gäubodenmuseum** besitzt eine Sammlung von Funden aus der Römerzeit.

Umgebung: Im Dörfchen **Aufhausen**, 20 Kilometer westlich von Straubing, steht die spätbarocke Wallfahrtskirche Maria Schnee. Sie wurde 1736–51 von Johann Michael Fischer erbaut (Turm 1761) und ist reich ausgestattet. Ein Kunstwerk stellt das Altarbild der Madonna mit Kind dar, das wahrscheinlich aus der Dürerschule stammt.

Im zehn Kilometer nordöstlich von Straubing gelegenen **Oberalteich** steht die Kirche St. Peter und Paul, die im frühen 17. Jahrhundert für einen Benediktinerorden erbaut wurde. Im Inneren führt eine freitragende Treppenkonstruktion zur Oberkirche.

Die romanische Marienkirche im zehn Kilometer nordöstlich von Oberalteich gelegenen **Windberg** weist im Tympanon über dem Hauptportal (um 1220) ein Marienbild auf.

Einen Abstecher lohnt **Kloster Metten** etwa 20 Kilometer östlich von Straubing. Zu den Schmuckstücken der Anlage zählt die barocke Bibliothek.

Gäubodenmuseum
Fraunhoferstraße. *(09421) 94 01 10.* *Di–So 10–16 Uhr.*

Hochaltar der Ursulinenkirche in Straubing

Regensburg ㉘

Vor über 2000 Jahren war die Gegend um Regensburg von Kelten besiedelt. Später entstand hier das römische Legionslager Castra Regina. Beim Römerturm sieht man noch Reste der Anlage. Im frühen 6. Jahrhundert war Regensburg Sitz der Agilolfinger. 739 gründete der Mönch Bonifatius das Bistum Regensburg. Von 843 an residierte hier der ostfränkische König Ludwig der Deutsche. Nach dem Ende der Karolingerzeit wurde Regensburg 1245 Freie Reichsstadt. Im Mittelalter war die Stadt die kulturell und wirtschaftlich am schnellsten wachsende in Süddeutschland.

Die mächtige Steinerne Brücke über die Donau

Steinerne Brücke

Die 1135–46 erbaute, 310 Meter lange Donaubrücke ist ein wahres Meisterstück mittelalterlicher Baukunst. Schon der Meistersinger Hans Sachs lobte sie: »Der Brücke gleicht keine in Deutschland.« Beeindruckend ist auch das riesige alte Salzlagerhaus (Salzstadel) neben dem Brückentor.

Historische Wurstkuchl

Thundorfer Straße 3.
tägl. 8–19 Uhr.

Neben dem Salzstadel findet man die Wurstkuchl. Wahrscheinlich existiert sie schon seit dem frühen 12. Jahrhundert und war eine Art Kantine für die damaligen Brückenbauarbeiter. Hier kann man in uriger Atmosphäre Regensburger Würste essen, im Sommer direkt am Fluss.

Altes Rathaus

Rathausplatz. **Reichstagsmuseum**.
(0941) 507 34 40. Apr–Okt: tägl. 9.30–12, 13.30–16; Nov, Dez, März: tägl. 10, 11.30, 13.30, 14, 15, 15.30 Uhr; Jan, Feb: tägl. 10, 11.30, 13.30, 15 Uhr. obligatorisch.

Das Alte Rathaus ist eines der ältesten Süddeutschlands. Der Baukomplex stammt aus dem 13. (Rathausturm) bis 18. Jahrhundert. Sehenswert ist vor allem der prächtige Reichssaal, in dem der Immerwährende Reichstag, die Ständeversammlung des Heiligen Römischen Reichs Deutscher Nation, von 1663 bis 1806 seine Sitzungen abhielt. Die Farben der Bänke markierten den jeweiligen Stand: Rot war den Kurfürsten vorbehalten. Das Neue Rathaus wurde Ende des 17., Anfang des 18. Jahrhunderts erbaut.

Spätgotischer Erker an der Seite des Alten Rathauses

Dom St. Peter

Domschatzmuseum

Krauterermarkt 3. *(0941) 597 25 30. Apr–Okt: Di–Sa 10–17, So 12–17 Uhr; Dez–März: Fr, Sa 10–16, So 12–16 Uhr. Nov.*

Der mächtige Dom steht an der Stelle des romanischen Vorgängerbaus. Mit dem Neubau nach dem Vorbild französischer gotischer Kathedralen wurde um 1250 begonnen (1525 war Fertigstellung). Die 105 Meter hohen Spitztürme wurden erst 1859–69 aufgesetzt. Die Bleiglasfenster im Hochchor, im südlichen Querhaus und in der Südwand (14. Jh.) gehören zu den ein-

Zentrum von Regensburg

Alte Kapelle ⑤
Altes Rathaus ③
Dom St. Peter ④
Historische Wurstkuchl ②
St.-Jakob-Kirche ⑦
Schloss Thurn und Taxis ⑥
Steinerne Brücke ①

Hotels und Restaurants in Bayern *siehe Seiten 499–503 und 538–542*

Der gotische Dom St. Peter mit Türmen aus dem 19. Jahrhundert

drucksvollsten Ausstattungselementen. Goldschmiedekunst wie das Regensburger Emailkästchen und Kirchengewänder zeigt das **Domschatzmuseum**.

Zeichenerklärungen *siehe hintere Umschlagklappe*

Alte Kapelle

Alter Kornmarkt. *tägl. 8–17 Uhr, nur vom Vorraum aus.*

Der Bau der Basilika Unserer Lieben Frau zur Alten Kapelle besteht aus dem romanischen Langhaus (Mitte 12. Jh.) und einem 1441–52 errichteten gotischen Hochchor. Den Innenraum ziert Rokoko-Stuck von Anton Landes.

Schloss Thurn und Taxis

Emmeramsplatz 5.

(0941) 504 81 33. Apr–Okt: Mo–Fr 11, 14, 15, 16 Uhr, Sa, So, Feiertage 10, 13 Uhr; Nov–März: Sa, So, Feiertage 10, 11, 14, 15 Uhr.

Im 19. Jahrhundert fasste die Fürstenfamilie Thurn und Taxis die ehemaligen Stiftsgebäude des Klosters St. Emmeram zu einem Schlosskomplex zusammen. Zu den Gebäuden gehören ein gotischer Kreuzgang, eine Bibliothek mit großartigen, von Cosmas Damian Asam geschaffenen Gewölbemalereien und die neugotische Gruftkapelle. Das Museum präsentiert wertvolle kunsthandwerkliche Exponate aus der Sammlung des Fürstenhauses.

INFOBOX

Straßenkarte D6. *142 000.*
Altes Rathaus, (0941) 507 44 10. Frühjahrsdult (Pfingsten); Tage alter Musik (Juni); Bayerisches Jazz-Wochenende (Juli); Herbstdult (Aug/Sep); Christkindlmarkt und Domspatzen-Konzerte (Dez).
www.regensburg.de

Rokoko-Innenraum der Alten Kapelle

Baumburger Turm

Watmarkt.

Regensburg besitzt viele sogenannte Geschlechtertürme, wehrhafte Wohnbauten, die die Patrizier im Mittelalter anlegten. Inspirieren ließen sie sich dabei von norditalienischen Vorbildern. Über 20 der ursprünglich 60 Türme sind noch erhalten. Bei einem Spaziergang durch die Altstadt fallen sie sofort ins Auge. Am schönsten ist der Baumburger Turm (13. Jh.). In der Nähe, am Watmarkt 5, lebte im sogenannten Goliathhaus 1945 vorübergehend Oskar Schindler. Eine Gedenktafel erinnert an ihn.

Gotische Portale von St. Emmeram, Schloss Thurn und Taxis

Winterliches Stimmungsbild von Altötting

Altötting ㉙

Straßenkarte E7. *12500.*
Kapellplatz 2a, (08671) 50 62 19.
Wallfahrt nach Altötting (Pfingsten). **www**.altoetting.de

Altötting ist der älteste Wallfahrtsort Bayerns. Hauptziel der Pilger ist die *Schwarze Madonna* (um 1330). Die Marienstatue befindet sich in der **Wallfahrtskapelle St. Maria**, die aus der inneren achteckigen Gnadenkapelle (um 700), ursprünglich eine Taufkapelle, und der äußeren Kapelle (1494) besteht. Der Arkadenumgang kam erst um 1517 hinzu. Berühmt ist auch der kniende *Silberprinz*, eine Stiftung des Kurfürsten Karl Albrecht, der seinen kleinen Sohn zeigt. Die Herzen zahlreicher bayerischer Herrscher wurden in der Herzurnen-Galerie beigesetzt, auch dasjenige König Ludwigs II.

In der Nähe steht die gotische **Stiftskirche St. Philippus und Jakobus**, in ihrer heutigen Gestalt 1499–1511 als letzte gotische Hallenkirche Süddeutschlands errichtet. Sehenswert ist der klassizistische Hochaltar (1797–1802). In der Tillykapelle ist Graf von Tilly beigesetzt, der katholische Heerführer im Dreißigjährigen Krieg.

Neue Schatzkammer und Wallfahrtsmuseum beherbergen exquisite Stücke von Email- und Goldschmiedekunst, darunter das *Goldene Rössl* (um 1400). Die Arbeit eines Pariser Goldschmieds zeigt die Anbetung Marias mit dem Kind. Auftraggeberin war Isabella von Bayern, die es ihrem Gatten Karl VI. von Frankreich schenkte. Interessant ist auch das Panorama.

Neue Schatzkammer und Wallfahrtsmuseum
Kapellplatz 4. *(08671) 51 66.*
Mo–Do 9–13, 13.30–17, Fr–So 10–13.30, 14–18 Uhr.

Wandelgang um die Gnadenkapelle in Altötting

Burghausen ㉚

Straßenkarte E7. *18000.*
Stadtplatz 112, (08677) 88 71 40.
www.burghausen.de

Das malerische Burghausen liegt an der Salzach, dem Grenzfluss zu Österreich. Die Burg, die sich über 1043 Meter Länge erstreckt, thront über Stadt, Salzach und Wöhrsee. Mit ihrem Ausbau zur Burg wurde im 11. Jahrhundert begonnen, doch die meisten Gebäude entstanden unter der Regierung Herzog Georgs des Reichen und sind überwiegend spätgotisch. Hedwig, die Gemahlin Herzog Georgs (Landshuter Hochzeit, *siehe S. 266*), lebte bis 1502 in dieser Residenz der Wittelsbacher.

Die **Burg** besteht aus der Hauptburg, zu der u.a. die Wohngemächer, der Innenhof und die Gesinderäume gehören, und aus der Vorburg. In den Wohngemächern findet man Gemälde aus dem 15. und 16. Jahrhundert. Eine Tür verbindet die Herzogsgemächer direkt mit der Elisabethenkapelle. Neben der Kapelle liegt der sogenannte große Dürnitz-Stock, der für Festlichkeiten genutzt wurde. Die Burg weist sechs Burghöfe auf. Im fünften Burghof steht die Äußere Burgkapelle St. Hedwig, erbaut von Hof- und Festungsbaumeister Ulrich Pesnitzer 1479–89.

In den ehemaligen Räumen der Kemenate ist das **Stadtmuseum** untergebracht. Es gibt einen Überblick über die Vergangenheit, über Kunst und Kultur Burghausens und seiner Umgebung.

Zu den zahlreichen historischen Bauten gehört das **Rathaus** mit Renaissance-Hof, das durch die Verbindung dreier Bürgerhäuser aus dem 14./15. Jahrhundert entstand.

Burg
(08677) 887-140 (Buchung von Führungen).

Stadtmuseum
Apr–Sep: tägl. 9–18 Uhr; Okt–März: tägl. 10–16 Uhr.

Blick auf Burghausen mit der gewaltigen Burganlage

Tour: Bayerischer Wald ㉛

Der Bayerische Wald, der in den Vorderen und Hinteren Bayerischen Wald unterteilt wird, erstreckt sich nördlich der Donau zwischen Regensburg und Passau. Er gehört zum größten Waldgebiet Mitteleuropas und lockt mit ursprünglichen Wäldern und idyllischen Flecken. Das Gestein ist sehr quarzhaltig, was zur Entwicklung der Glasindustrie führte. Noch heute werden hier schöne mundgeblasene Glaswaren hergestellt. Seit 1970 besteht der Nationalpark Bayerischer Wald.

Spiegelau ③
Für Wanderungen im Nationalpark Bayerischer Wald ist Spiegelau ein beliebter Ausgangspunkt.

Zwiesel ①
In den zahlreichen Glasherstellungsbetrieben kann man den Glasbläsern bei der Arbeit zusehen. Hier entstehen Vasen, Krüge und Kunstobjekte.

Grafenau ④
In der kleinen Stadt sind das Schnupftabakmuseum und das alte Rathaus sehenswert.

Frauenau ②
Frauenau ist eines der ältesten Zentren der Glasherstellung. Das Glasmuseum informiert über die Geschichte des Werkstoffs.

Finsterau ⑥
Finsterau besitzt ein interessantes Freilichtmuseum. Hier sieht man Bauernhäuser, vollständige Höfe, eine Dorfschmiede und ein Straßenwirtshaus.

Freyung ⑤
Besonders beeindruckend ist die Burg Wolfstein, in der heute ein Jagd- und Fischereimuseum untergebracht ist.

0 Kilometer 8

LEGENDE

- Routenempfehlung
- Andere Straße
- Panoramastraße
- Aussichtspunkt

ROUTENINFOS

Länge: *82 km.*
Glasstraße: *Die 250 Kilometer lange Ferienstraße von Neustadt an der Waldnaab bis Passau führt auch durch Zwiesel, Spiegelau, Grafenau und Freyung.*

Hafeneinfahrt von Lindau am Bodensee *(siehe S. 284)* mit bayerischem Löwen und Leuchtturm ▷

Im Detail: Passau ㉜

Passaus Geschichte lässt sich bis in die Römerzeit zurückverfolgen. Die Drei-Flüsse-Stadt liegt nahe der österreichischen Grenze an der Mündung von Inn und Ilz in die Donau. Im 5. Jahrhundert gründete der Mönch Severin hier ein Kloster. Der irische Mönch Bonifatius machte Passau 739 zum Bistum. Für lange Zeit war es die größte Diözese des Heiligen Römischen Reichs. Weite Teile der Stadt fielen 1662 und 1680 Bränden zum Opfer. Italienische Architekten bauten die Stadt wieder auf. Aus dieser Zeit stammen die Barock- und Rokoko-Fassaden, später kam Klassizistisches dazu. Dennoch spürt man in den engen Gassen und Durchgängen noch den Hauch des Mittelalters.

Passauer Glasmuseum
Gegenüber dem Rathaus steht das prächtige Patrizierhaus Wilder Mann, in dem heute das Glasmuseum untergebracht ist. Zu sehen sind wertvolle Stücke böhmischer, schlesischer und bayerischer Glaskunst.

★ Dom St. Stephan
Der Passauer Dom ist ein Meisterwerk des italienischen Barock. Er beherbergt die größte Kirchenorgel der Welt mit 231 Registern und 17388 Pfeifen. Eine Vorführung sollte man sich nicht entgehen lassen.

★ Altes Rathaus
Das Rathaus entstand, indem man Patrizierhäuser des 14. und 15. Jahrhunderts zu einem großen Komplex zusammenfasste. Der Turm ist neugotisch.

Neue Bischofsresidenz
Die von Domenico d'Angeli und Antonio Beduzzi 1713–30 erbaute Neue Residenz besticht mit Säulen, vorspringenden Balkonen und Balustraden.

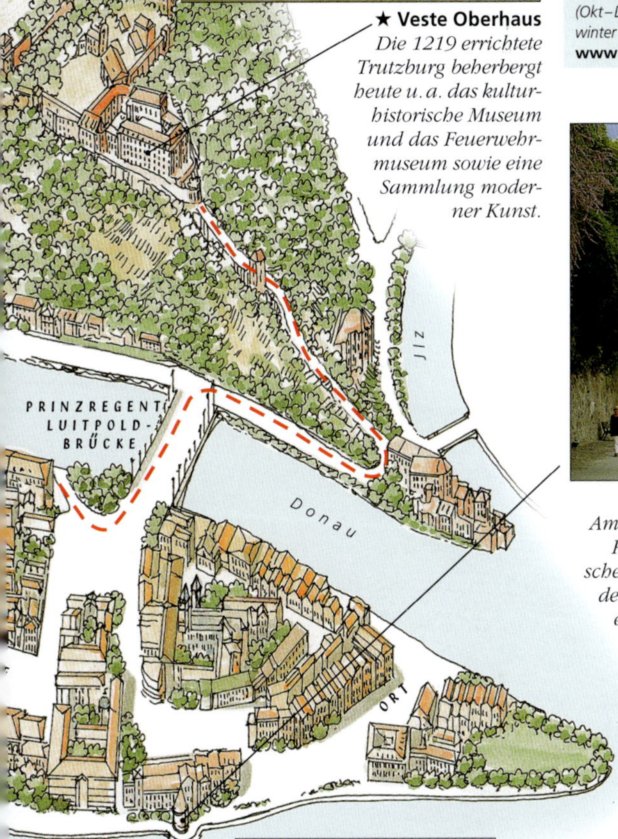

★ Veste Oberhaus
Die 1219 errichtete Trutzburg beherbergt heute u. a. das kulturhistorische Museum und das Feuerwehrmuseum sowie eine Sammlung moderner Kunst.

INFOBOX

Straßenkarte E6. *50 000.*
Rathausplatz 3 und Bahnhofstraße 28, (0851) 95 59 80.
Maidult (Mai); Europäische Wochen mit Musik, Theater, Ausstellungen (Juni/Juli); Ilzer Haferlfest (Juli); Passauer Kabarett-Tage (Okt–Dez); Passauer Konzertwinter (Nov–März).
www.passau.de

Schaiblingsturm
Am Innufer sieht man die Reste der früheren gotischen Stadtbefestigung, zu der auch dieser ca. 1250 errichtete Turm gehört.

★ Wallfahrtskirche Mariahilf
Hoch über dem Inn steht dieser frühbarocke Klosterkomplex (1630 vollendet). Zu der Wallfahrtskirche mit ihren beiden Türmen führt eine steile Stiege.

LEGENDE

– – – Routenempfehlung

NICHT VERSÄUMEN

- ★ Altes Rathaus
- ★ Dom St. Stephan
- ★ Veste Oberhaus
- ★ Wallfahrtskirche Mariahilf

Berchtesgadener Land ㉝

Die Region im südöstlichen Oberbayern sucht an Schönheit ihresgleichen. Die Berchtesgadener Alpen erstrecken sich von der Saalach im Westen bis zur Salzach im Osten, vom Steinernen Meer im Süden bis zum Untersberg (1972 m) im Norden. Südlich des Luftkurorts Berchtesgaden beginnt der 210 Quadratkilometer große Nationalpark Berchtesgaden mit tiefen Tälern, schroffen Felsen, Wasserfällen, Berggipfeln und einer großen Tier- und Pflanzenvielfalt.

★ Ramsau an der Ache
Das Dorf Ramsau liegt an der rauschenden Ramsauer Ache, umrahmt von gewaltigen Bergmassiven. Die Pfarrkirche St. Sebastian ist ein beliebtes Fotomotiv.

Hintersee
In einer Stunde kann man den idyllisch gelegenen See zu Füßen der Reiteralpe umwandern.

Kehlsteinhaus

Das steinerne Haus auf dem Gipfel des Kehlsteins, oberhalb des Obersalzbergs, der »Adlerhorst«, war 1939 ein Geburtstagsgeschenk Martin Bormanns und der NSDAP an Hitler. Der Zugang zum Haus ist eine technische Meisterleistung. In nur 13 Monaten wurde eine Straße in den Fels geschlagen. Von dort führt ein 124 Meter langer Tunnel zu einem Aufzug, der bis ins Kehlsteinhaus fährt. Nach dem Krieg wurde die Sprengung gerade noch verhindert. Der »Adlerhorst« fiel in die Hände der Amerikaner. 1960 brachte der bayerische Staat den Besitz in eine Stiftung ein. Der privat geführte Berggasthof ist wegen seiner Geschichte, aber auch wegen der Aussicht ein touristischer Anziehungspunkt. Der Komplex beherbergt ein Dokumentationszentrum zur Geschichte des Nationalsozialismus, das auch Teile der Bunkeranlagen im Berg einbezieht.

Nationalpark Berchtesgaden
Zwischen Mai und Oktober gibt es geführte Wanderungen durch diesen großartigen Nationalpark, der ein Reservat für seltene Pflanzen und Tiere, u.a. den Bartgeier, ist.

Berchtesgaden
Der bekannteste Ort der Region ist Ferien- und Luftkurort. Im Schloss sind Schätze aus dem Wittelsbacher Kunstbesitz zu sehen, die Kronprinz Rupprecht von Bayern zusammentrug. Das hiesige Salzbergwerk kann man besichtigen.

INFOBOX

Straßenkarte E7. *8500.* *Berchtesgaden.* *Königsseer Str. 2, Berchtesgaden, (08652) 96 70.* **www**.berchtesgaden.de

Wallfahrtskirche Maria Gern
Die idyllisch gelegene Wallfahrtskirche, eines der liebenswürdigsten Barockgebäude der Region, wurde 1709 erbaut.

LEGENDE

- Bundesstraße
- Nebenstraße
- Fluss
- Aussichtspunkt

NICHT VERSÄUMEN

- ★ Königssee
- ★ Ramsau an der Ache

★ Königssee
Der Königssee, die Perle des Berchtesgadener Landes, ist einer der meistbesuchten Seen Deutschlands. Der auch im Sommer eiskalte Bergsee unterhalb des Watzmanns ist bis zu 189 Meter tief.

Chiemsee 34

Der größte bayerische See – er ist 80 Quadratkilometer groß – ist ein wahres Paradies für Wassersportler. Das »Bayerische Meer« liegt mit einigen anderen kleineren Seen zwischen Bergen, Wiesen und Wäldern in der Region Chiemgau, die sich zwischen Inn und Salzach erstreckt. Rund um den Chiemsee gibt es zahlreiche kleine Orte; Prien, Seebruck und Chieming werden viel besucht. Auf zwei der drei Chiemseeinseln findet man faszinierende historische Gebäude. Schiffsverbindungen und ein lückenloser Rund- und Radwanderweg (60 km) erschließen das Ufer und garantieren einen erholsamen Aufenthalt.

Fraueninsel (Frauenchiemsee)
Die Insel ist berühmt für ihr Benediktinerinnenkloster, das im 8. Jahrhundert gegründet wurde. Der Glockenturm ist ein Wahrzeichen des Chiemgaus.

Stock
Der Hafenort Stock ist durch die Chiemsee-Bahn mit Prien, dem größten Ort am Chiemsee, verbunden. Die Dampfeisenbahn gibt es schon seit über 100 Jahren.

Urschalling
Das Kirchlein St. Jakob besitzt schöne Fresken (13./14. Jh.), die man erst im 20. Jahrhundert unter dem Putz entdeckte.

Schloss Herrenchiemsee
1873 kaufte König Ludwig II. die Herreninsel, um sich dort einen Palast im Stil des Schlosses von Versailles bauen zu lassen. Beim Bau gingen ihm die Mittel aus. Dennoch sind Schloss und Park sehenswert.

LEGENDE

- Autobahn
- Bundesstraße
- Nebenstraße
- Fluss
- Aussichtspunkt

Klosterseeon

Kloster Seeon

Das ehemalige, Ende des 10. Jahrhunderts gegründete Benediktinerkloster liegt auf einer Halbinsel im Klostersee. Es wurde aufwendig restauriert und beherbergt heute ein Kultur- und Bildungszentrum.

INFOBOX

Straßenkarte E7. *Prien, Übersee.* *Chiemsee-Alpenland Tourismus, Bernau, Felden 10, (08051) 96 55 50.*
www.chiemsee-alpenland.de

Schloss Stein

Schloss Stein ist die größte Felsen- und Höhlenburg Deutschlands: oben ein mittelalterliches Hochschloss, darunter die Höhlenburg und davor ein neugotisch umgebautes Renaissance-Schloss (jetzt Gymnasium).

Chieming

Chieming am östlichen Ufer des Chiemsees besitzt einen fünf Kilometer langen Strand und ist ein idealer Badeort. Das gut ausgebaute Wegenetz verlockt zu Wanderungen.

Chiemsee

Der Chiemsee liegt 518 Meter hoch und ist bis zu 74 Meter tief. Ausflugsschiffe steuern die Frauen- und die Herreninsel an. An vielen Stellen kann man Ruder- und Segelboote mieten.

Lüftlmalerei an der 1612 erbauten Alten Post in Oberammergau

Garmisch-Partenkirchen ㉟

Straßenkarte D7. *27 000.* *Richard-Strauss-Platz 1a, (08821) 18 07 00.* *Neujahrsspringen (1. Jan); Hornschlittenrennen (6. Jan); Richard-Strauss-Tage (Juni).* **www**.garmisch-partenkirchen.de

Der Doppelort Garmisch-Partenkirchen im Loisachtal ist einer der bekanntesten Fremdenverkehrs- und Wintersportorte in den Bayerischen Alpen. 1936 fanden hier die Olympischen Winterspiele statt, 1978 und 2011 die alpine Skiweltmeisterschaft. Von hier erreicht man den höchsten Berg von Deutschland, die Zugspitze (2962 m). Eine Zahnradbahn führt zum Zugspitzplatt. Von dort aus geht es mit der Gletscherbahn zum Gipfel.

Erkerfenster in Garmisch-Partenkirchen

Einen Besuch wert ist auch Garmischs **Alte Pfarrkirche St. Martin**. Sie wurde im 13. Jahrhundert erbaut und im 15. Jahrhundert erweitert. Die Kirche besitzt gut erhaltene gotische Wandmalereien und ein sehenswertes Gewölbe.

Das **Werdenfelser Museum** setzt sich mit dem bäuerlichen Lebensstil der Vergangenheit auseinander. Neben Sammlungen von Möbeln und Trachten sind auch vollständig rekonstruierte Räume zu sehen.

Werdenfelser Museum
Ludwigstraße 47. *(08821) 21 34.*
Dez–Okt: Di–So 10–17 Uhr.

Oberammergau ㊱

Straßenkarte D7. *5300.* *Eugen-Papst-Straße 9a, (08822) 923 10.* *Oberammergauer Passionsspiele (alle zehn Jahre Mai–Okt, nächstes Mal 2020); König-Ludwig-Lauf (Feb); König-Ludwig-Feuer (24. Aug).* **www**.oberammergau.de

Das 20 Kilometer nördlich von Garmisch-Partenkirchen gelegene Oberammergau entstand wahrscheinlich schon in vorchristlicher Zeit. Oberammergau ist weltberühmt für seine Passionsspiele und die Lüftlmalerei an den Häusern. Die schlimmsten Heimsuchungen waren der Dreißigjährige Krieg (1618–48) und die Pest im Jahr 1632. Die Seuche raffte fast alle Einwohner dahin. Die Überlebenden legten ein Gelübde ab, sie würden alle zehn Jahre Passionsspiele abhalten, wenn sie von der Seuche verschont blieben. Tatsächlich starb nach diesem Schwur keiner mehr an der Pest. Die Oberammergauer hielten ihr Versprechen: Bis zu 2000 Einwohner wirken an der gut sechsstündigen Aufführung mit, die von Mai bis Oktober hundertmal gezeigt wird. Spielort ist das inzwischen sanierte Passionsspielhaus von 1900.

Sehenswert sind u.a. die Rokoko-Kirche St. Peter und Paul (1736–42) und das Pilatushaus mit einer Lüftlmalerei von Franz Seraph Zwinck, die Christus vor Pilatus darstellt. Das Oberammergauer **Heimatmuseum** besitzt eine große Sammlung von Holzkrippen.

Heimatmuseum
Dorfstraße 8. *(08822) 941 36.*
Di–So 10–17 Uhr. *Feb, März, Nov.*

Ettal ㊲

Straßenkarte D7. *(08822) 740.* *Mo–Sa für Gruppen ab 15 Personen nach Voranmeldung.*

Das barocke Benediktinerkloster wurde von Kaiser Ludwig IV. dem Bayern gegründet. Baubeginn war 1330. Klosterkirche und Konvent wurden 1370 fertiggestellt. Die Kirche war zunächst gotisch, wurde aber nach einem Brand 1750–52 im Stil des bayerischen Rokoko umgebaut (Enrico Zuccalli). Johann Georg Üblhör war für die Stuckarbeiten verantwortlich, Martin Knoller für das Deckenbild im Chor. Das Kuppelfresko von Johann Jakob Zeiller weist über 400 Figuren auf. Das Gnadenbild der Ettaler Madonna kommt aus Pisa. Im Kloster wird der berühmte Kräuterlikor hergestellt: herb (grün), süß (gelblich), Magenbitter (braun).

Kloster Ettal – ein viel besuchter Wallfahrtsort

Hotels und Restaurants in Bayern *siehe Seiten 499–503 und 538–542*

Linderhof 38

Um das Jahr 1850 kaufte König Maximilian II. den Hof der Familie Linder, um ihn als Jagdhütte zu nutzen. Sein Sohn, der spätere König Ludwig II., verabscheute jedoch die Jagd. An dem Anwesen reizte ihn nur die abgeschiedene Lage. Ab 1872 ließ er es von Georg Dollmann umbauen. Das »Königshäusl«, ein Jagdhaus, wurde versetzt. Am Fuße der Alpen sollte ein zweites Versailles entstehen, doch das Schloss fiel sehr viel kleiner aus. Sehenswert ist außerdem der Park mit Schwanenweiher, Venusgrotte und Maurischem Kiosk.

INFOBOX

Straßenkarte D7. *(08822) 920 30. Apr–15. Okt: tägl. 9–18 Uhr; 16. Okt–März: tägl. 10–16 Uhr.* **www**.linderhof.de

Gobelinzimmer
Die Wände dieses Zimmers sind mit Schäferszenen verziert. Sie erinnern an Gobelinarbeiten früherer Zeiten.

Speisezimmer
Das von Christian Jank entworfene Speisezimmer wurde 1872 fertig. Eine technische Spielerei ist das »Tischlein deck dich«, ein ins Erdgeschoss versenkbarer Tisch.

Audienzzimmer
Obwohl Schloss Linderhof der private Rückzugsort des Königs war, wollte er nicht auf ein offizielles Empfangszimmer verzichten.

Spiegelsaal
Auch im Spiegelsaal von Linderhof ließ Ludwig II. das französische Rokoko nachahmen. Kein Fleckchen ist ohne Dekoration.

Terrassen
Skulpturen und ein großes Becken mit Wasserfontäne zieren die Terrassenanlage vor dem Schloss.

Schloss Neuschwanstein ㊴

Der Bayernkönig Ludwig II. ließ dieses auf einem zerklüfteten Felsen hoch über dem Alpsee gelegene Schloss ab 1869 erbauen. Er wollte ein Schloss »im echten Stil der alten deutschen Ritterburg« schaffen. Die Entwürfe stammten von dem Theatermaler Christian Jank, der sich dabei vor allem an der Wartburg bei Eisenach *(siehe S. 186f)* orientierte. Doch auch andere Baustile kann man an diesem Märchenschloss erkennen. Bis zum Tod des Königs 1886 war jedoch nur der fünfstöckige Palas vollendet. Die Gesamtanlage wurde – ohne Bergfried und »Ritterbad« – bis 1892 fertiggestellt.

★ Sängersaal
Vorbild für den Sängersaal war der Festsaal der Wartburg bei Eisenach – doch Wagners Musik wurde hier nie gespielt.

Vorhalle
Die Wände der Vorhalle, aber auch vieler anderer Räume im Schloss sind mit Szenen aus alten deutschen Mythen und Sagen bemalt.

★ Thronsaal
Gold, Heilige und ein Hauch von Byzanz: Der Saal ist von der Hagia Sophia und der Münchner Hofkirche inspiriert. Der Thron sollte einst – altargleich – in der Apsis stehen.

Speisezimmer
Wie die anderen Räume ist auch das Speisezimmer prachtvoll dekoriert. Die Wandbilder thematisieren den Minnesang. Schnitzereien und kostbare Möbel zeugen von der Handwerkskunst des 19. Jahrhunderts.

★ Schlossanlage
Neuschwanstein ist das romantische Märchenschloss par excellence. Von der Marienbrücke aus ist sein Anblick besonders großartig.

INFOBOX

Straßenkarte D7. Neuschwansteinstraße 20. *(08362) 93 08 30.* *Apr–Sep: tägl. 9–18 Uhr; Okt–März: tägl. 10–16 Uhr.* *obligatorisch.* *eingeschränkt.*
www.neuschwanstein.de

Innenhof
Hier ist der Platz markiert, auf dem nach den Plänen des Königs der 90 Meter hohe Bergfried und eine gotische Schlosskapelle als Herzstück der Anlage entstehen sollten.

Zweistöckige Arkaden umgeben den Innenhof.

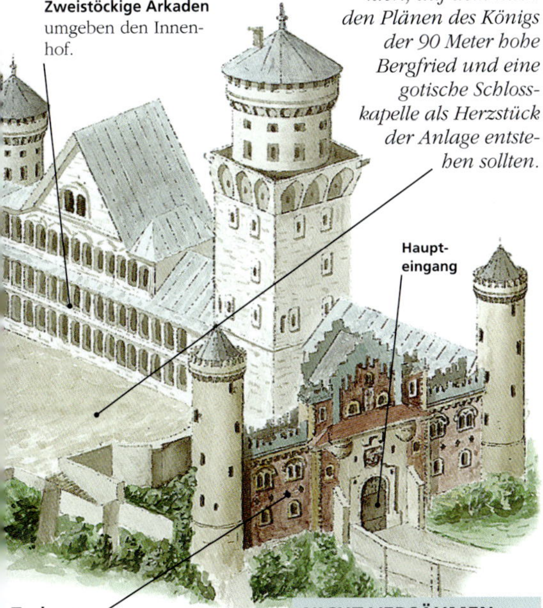

Torhaus
Während der Bauzeit wurde hier eine Wohnmöglichkeit für den König geschaffen, damit er bei den Bauarbeiten dabei sein konnte.

NICHT VERSÄUMEN

- ★ Sängersaal
- ★ Schlossanlage
- ★ Thronsaal

Hohenschwangau ⓸⓪

Straßenkarte D7. *3300 (Schwangau).* *Münchener Straße 2, (08362) 81 980.* **www**.schwangau.de

Das Bild Schwangaus prägen zwei Schlösser: Schloss Neuschwanstein und das majestätische **Schloss Hohenschwangau**. Im Mittelalter stand anstelle dieses Schlosses eine befestigte Burg. In den folgenden Jahrhunderten wechselten die Besitzer, die Burg verfiel, wurde neu aufgebaut und wieder zerstört. 1832 erwarb der spätere König Maximilian II. die Ruine. Er ließ das Schloss im neugotischen Stil wiederaufbauen. Erste Konzepte stammten von dem Hofmaler Domenico Quaglio. Spätere Architekten waren Georg Friedrich Ziebland und Joseph Daniel Ohlmüller.

Das vierstöckige Schloss, das sich über den mittelalterlichen Grundmauern erhebt, ist umgeben von Türmen. Die Wandmalereien in den Räumen des Schlosses datieren aus den Jahren 1835/36. Die Entwürfe zu den Szenen aus deutschen Sagen im ersten und zweiten Obergeschoss stammen größtenteils von Moritz von Schwind.

Bei einem Schlossrundgang erfährt der Besucher viel Wissenswertes über die Geschichte des Hauses Wittelsbach. Beide Schlösser dürfen nur im Rahmen von Führungen besichtigt werden.

Schloss Hohenschwangau
(08362) 93 08 30. *Apr–Sep: tägl. 9–18 Uhr; Okt–März: tägl. 10–16 Uhr.* *24. Dez.* *obligatorisch.*
www.hohenschwangau.de

Das neugotische Schloss Hohenschwangau Maximilians II.

Der Rokoko-Thronsaal in der Kemptener Residenz

Kempten 41

Straßenkarte C7. 68 000. *Rathausplatz 24, (0831) 252 52 37.* *Allgäuer Festwoche (Aug).* **www**.kempten.de

Kempten ist das wirtschaftliche und kulturelle Zentrum des Allgäus, der beliebten Ferienregion zwischen Bodensee und Lechtal. Die Stadt hat eine über 2000-jährige Geschichte. Als keltische Siedlung hieß sie *Cambodunum*. Die Römer errichteten ein neues Cambodunum am rechten Illerufer. Neben Augsburg und Regensburg wurde es schnell eine der wichtigsten Städte der weströmischen Provinz *Raetia*. Das mittelalterliche Kempten entwickelte sich um ein 752 gegründetes Benediktinerkloster. Jahrhundertelang war Kempten rivalisierende Doppelstadt: Die Freie Reichsstadt und die von einem Fürstabt regierte Stiftsstadt wurden im frühen 19. Jahrhundert bayerisch.

Die St.-Lorenz-Basilika (Baubeginn 1652) mit Türmen und Kuppel ist ein Werk von Michael Beer und Johann Serro. St. Mang (15. Jh.) ist die älteste Kirche der Stadt.

Das Rathaus mit seinem Zwiebelturm wurde 1474 erbaut. Es steht neben anderen historischen Gebäuden wie dem Londoner Hof (1764), der eine schöne Rokoko-Fassade aufweist, am Rathausplatz. Das **Allgäu-Museum** befasst sich mit der Geschichte der Stadt. Am rechten Illerufer liegt der **Archäologische Park** mit den Ausgrabungen des römischen Cambodunum.

Allgäu-Museum
Kornhaus, Großer Kornhausplatz 1. *(0831) 540 21 20.* *Di–Do 10–16 Uhr.*

Archäologischer Park Cambodunum
Cambodunumweg 3. *(0831) 797 31.* *Mai–Okt: Di–So 10–17 Uhr; Nov–Apr: Di–So 10–16.30 Uhr.* *Mitte Dez–Mitte März.*

Epitaph der Familie Andreas Bertsch im Stadtmuseum Lindau

Lindau 42

Straßenkarte C7. *23 800.* *Ludwigstraße 68, (08382) 26 00 30 oder 194 33.* *Lindauer Kinderfest (Juli).* **www**.lindau.de

Als »Perle des Bodensees« bezeichnete Friedrich Hölderlin die Inselstadt, die nicht nur mit ihrer spektakulären Lage viele Besucher anzieht. In römischen Zeiten bestand das damalige Fischerdorf Lindau aus drei Inseln. 882 wurde die Stadt erstmals schriftlich erwähnt.

Am Hafen steht der Mangturm, ein alter Leuchtturm aus dem 13. Jahrhundert. Die Hafeneinfahrt wird vom neuen Leuchtturm (1856) und vom bayerischen Löwen, einem Wahrzeichen Lindaus, flankiert. Die historische Bebauung der Altstadt auf der Insel ist weitgehend erhalten. Eines der eindrucksvollsten Gebäude ist das 1422–36 erbaute **Alte Rathaus** am Reichsplatz. Die malerische Maximilianstraße mit altem Kopfsteinpflaster ist gesäumt von Patrizierhäusern und Laubengängen.

Am Schrannenplatz steht die romanische Peterskirche. Seit 1928 ist sie Gedenkstätte für die Opfer des Ersten Weltkriegs. Ein Teil der Kirche datiert aus dem 11./12. Jahrhundert; der größere Teil wurde 1425–80 erbaut. Der Innenraum ist mit Wandmalereien geschmückt, von denen einige aus den Jahren 1485 bis 1490 Hans Holbein d. Ä. zugeschrieben werden. Der Diebsturm (1380) daneben diente früher als Gefängnis.

Am Marktplatz mit seinem schönen Neptunbrunnen steht das prächtige Haus zum Cavazzen (1729/30), in dem das **Stadtmuseum** untergebracht ist. Gegenüber befinden sich zwei Kirchen: die evangelische Stefanskirche (12. Jh.), die 1782 zur Barockkirche umgestaltet wurde, und die katholische Stiftskirche St. Marien (1748–52) mit Rokoko-Ausstattung.

Stadtmuseum Lindau
Marktplatz 6. *(08382) 94 40 73.* *Apr–Okt: Di–Fr, So 11–17 Uhr, Sa 14–17 Uhr.* *Nov–März.*

Oberstdorf 43

Straßenkarte C7. 11 000.
Marktplatz 7, (08322) 70 00.
www.oberstdorf.de

Oberstdorf im Illertal ist ein beliebter Kur- und Wintersportort sowie einer der meistbesuchten Urlaubsorte im Allgäu. Im nahe gelegenen Schattenberg-Skistadion mit seinen berühmten Skisprungschanzen (darunter auch eine neue) findet alljährlich der Auftakt zur Vierschanzentournee statt.

Obwohl ein Großbrand 1865 fast den ganzen Ort zerstörte, konnten einige bedeutende historische Gebäude gerettet werden. Dazu gehört die Seelenkapelle, deren Fassade ein für die Gegend typisches Fresko aus der Mitte des 16. Jahrhunderts birgt. Gerettet werden konnte auch die Lorettokapelle, an die 1671 die Josephskapelle angebaut wurde.

Der bekannteste Berg in der näheren Umgebung von Oberstdorf ist das Nebelhorn (2224 m), dessen Gipfel man mit einer Seilbahn in wenigen Minuten erreicht. Von hier aus hat man einen wundervollen Blick auf die Allgäuer Alpen und ideale Bedingungen zum Wandern.

Schanzenanlage in Oberstdorf

Füssen 44

Straßenkarte D7. 14 300.
Kaiser-Maximilian-Platz 1, (08362) 938 50. **www**.fuessen.de

Das an einer wichtigen Handelsstraße gelegene Füssen entwickelte sich im späten Mittelalter zu einem bedeutenden Handelszentrum. Davon zeugen noch die Gebäude in der Reichenstraße und die Überreste der Stadtbefestigung. Das Hohe Schloss über der Stadt geht auf eine Burg Herzog Ludwigs des Strengen (13. Jh.) zurück, die 1490–1503 von den Augsburger Bischöfen erweitert wurde. Um 1680 barockisierte u. a. Johann Schmuzer Teile des Inneren. Im Schloss werden Werke der Spätgotik präsentiert.

Madonna in der Kirche St. Mang, Füssen

Am Fuß des Schlosses befindet sich das ehemalige Benediktinerkloster St. Mang, das im 9. Jahrhundert über dem Grab des heiligen Magnus erbaut wurde. Im 18. Jahrhundert wurde es barock umgestaltet. Das Museum der Stadt Füssen im Kloster informiert über die Stadtgeschichte. Das Musical Theater Neuschwanstein am Forggensee bei Füssen wurde eigens für ein Musical über Ludwig II. errichtet (derzeit wird es nicht bespielt).

Spätbarockes Interieur der Klosterbibliothek in Ottobeuren

Ottobeuren 45

Straßenkarte D7. 7900.
Marktplatz 14, (08332) 92 19 50.
www.ottobeuren.de

In dem kleinen Kurort Ottobeuren, der nur acht Kilometer von der schönen ehemaligen Reichsstadt Memmingen entfernt liegt, steht eines der größten und berühmtesten deutschen Benediktinerklöster. Die 764 gegründete Abtei hat die Säkularisierung von 1803 überstanden und ist als Kloster auch heute noch in Betrieb.

Im 18. Jahrhundert regte Abt Rupert II. den Umbau der alten Klosteranlage an. 1711 war Grundsteinlegung für einen neuen Gebäudekomplex (Baumeister war Simpert Kraemer). Noch heute kann man die reiche Innenausstattung mit den Stuckarbeiten von Andrea Maini besichtigen. Zwischen 1737 und 1766 wurde eine neue Basilika erbaut, ebenfalls unter Aufsicht von Simpert Kraemer, der 1748 von Johann Michael Fischer abgelöst wurde.

Im Innenraum der Basilika beeindruckt die Symphonie aus Licht und Farben. Die Rokoko-Stuckaturen von Johann Michael Feuchtmayer harmonieren wundervoll mit den Deckenfresken Johann Jakob Zeillers. Altar und Chor schufen Martin Hörmann und Johann Zeillers Bruder Franz Anton Zeiller. Bei Konzerten in der Basilika kann man die drei besonders schönen Orgeln hören.

Augsburg 46

Augsburg, die drittgrößte Stadt Bayerns, liegt am Zusammenfluss von Wertach und Lech. Im Jahr 15 v. Chr. befand sich hier ein römisches Lager, das sich zur Stadt *Augusta Vindelicorum* entwickelte. Bis zum Ende des 13. Jahrhunderts bestimmten mächtige Bischöfe das Schicksal der Stadt. 1316 wurde sie Freie Reichsstadt. Durch die Handelshäuser der Fugger und Welser erreichte Augsburg seine größte wirtschaftliche Blüte. Hier war einer der wichtigsten Geldmärkte Europas. In 2500 Webereien wurden Tuche für den Export produziert.

Augustusbrunnen
Der Brunnen mit der Statue des Kaisers Augustus wurde 1594 in der Werkstatt des Niederländers Hubert Gerhard geschaffen.

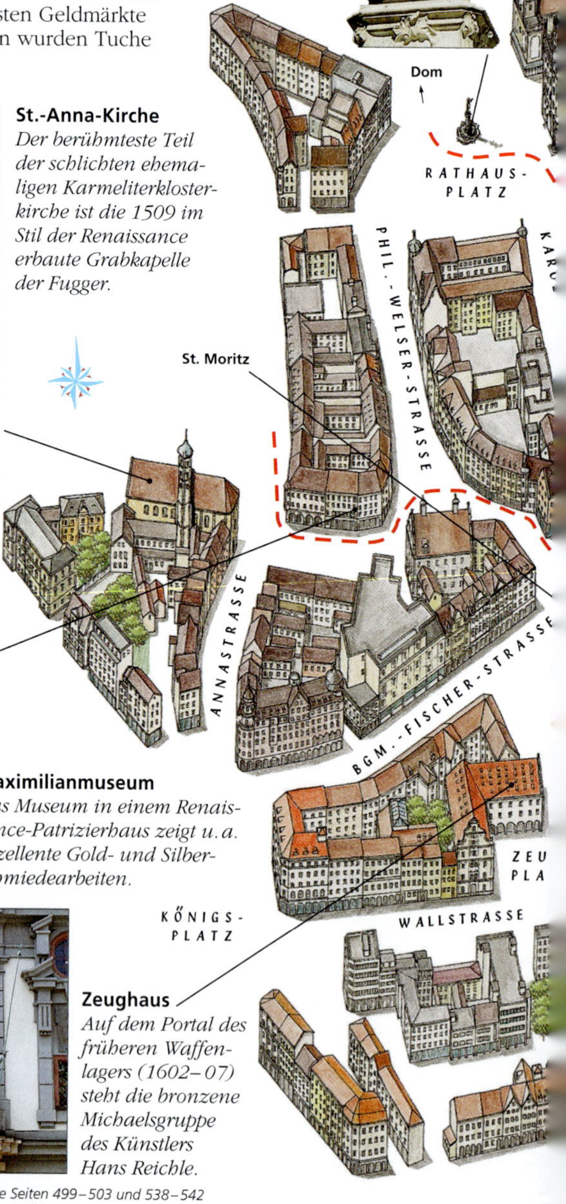

St.-Anna-Kirche
Der berühmteste Teil der schlichten ehemaligen Karmeliterklosterkirche ist die 1509 im Stil der Renaissance erbaute Grabkapelle der Fugger.

Maximilianmuseum
Das Museum in einem Renaissance-Patrizierhaus zeigt u. a. exzellente Gold- und Silberschmiedearbeiten.

Zeughaus
Auf dem Portal des früheren Waffenlagers (1602–07) steht die bronzene Michaelsgruppe des Künstlers Hans Reichle.

INFOBOX

Straßenkarte D6. *268 000.*
7 km nordöstl. des Zentrums.
Maximilianstraße 57, (0821) 50 20 70 oder 502 07 35.
Frühjahrsplärrer (nach Ostern); Friedensfest (8. Aug); Mozartsommer (Juli); Herbstplärrer (Aug/Sep). **www**.augsburg.de

★ Rathaus

Elias Holl erbaute 1615–20 das Rathaus im Stil der italienischen Renaissance. Im zweiten Stock befindet sich der Goldene Saal.

★ Maximilianstraße

Augsburgs Maximilianstraße ist eine wahre Prachtstraße mit zahlreichen schönen Brunnen von Adriaen de Vries.

★ Fuggerhäuser

Der nach 1511 durch eine einheitliche Frontwand aus mehreren Einzelbauten zusammengefügte Komplex hat schöne Innenhöfe mit Rundbogenarkaden.

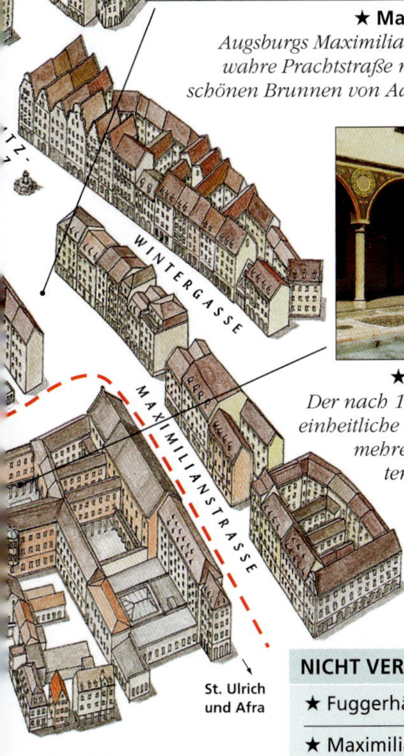

LEGENDE

Routenempfehlung

NICHT VERSÄUMEN

- ★ Fuggerhäuser
- ★ Maximilianstraße
- ★ Rathaus

Gotischer Dom Unserer Lieben Frau

Dom Unserer Lieben Frau

Frauentorstraße 1. *Mo–Sa 10–18 Uhr, So je nach Gottesdiensten.*
Der ursprünglich romanische Dom, eine zweischiffige Basilika mit Querschiff und zwei Türmen, entstand im 10./11. Jahrhundert. Im 14. und 15. Jahrhundert baute man den Dom im Stil der Gotik um. Er erhielt zwei weitere Seitenschiffe, einen Chor mit Wandelgang und – nach französischem Vorbild – einen Ring von Kapellen. Die beschnitzten Portale und das Bronzetor mit 35 allegorischen Figuren stammen aus dieser Zeit. Sehenswert sind auch die Bleiglasfenster (1140).

Fuggerei

Fuggerei-Museum, Mittlere Gasse 14. *(0821) 31 98 81 14.* *Apr–Sep: tägl. 8–20 Uhr; Okt–März: tägl. 9–18 Uhr.* *24. Dez–28. Feb.*
1514–1523 ließen Jakob Fugger der Reiche und seine Brüder für bedürftige, schuldlos in Not geratene Augsburger Bürger die älteste Sozialsiedlung der Welt errichten. Die Miete beträgt noch heute symbolisch einen Rheinischen Gulden (0,88 Euro). Die jetzigen Bewohner müssen seit zwei Jahren in Augsburg leben, katholisch und mittellos sein. Die Hausordnung beinhaltet ein tägliches Vaterunser und Ave Maria für die Stifter.

Die Fuggerei in Augsburgs Jakobervorstadt zählt 67 Häuser mit 147 Wohnungen. In einem der Häuser informiert das **Fuggerei-Museum** über die Geschichte der Sozialsiedlung. Seit 2006 kostet der Besuch der Fuggerei vier Euro (Kinder die Hälfte).

Baden-Württemberg

Das Bundesland Baden-Württemberg, ein Zusammenschluss der Länder Baden und Württemberg sowie des preußischen Regierungsbezirks Hohenzollern, ist eine beliebte Urlaubsregion. Alte Universitätsstädte wie Heidelberg, Tübingen und Freiburg, Schlösser und Burgen sowie der Schwarzwald und der Bodensee versprechen einen erholsamen und abwechslungsreichen Aufenthalt.

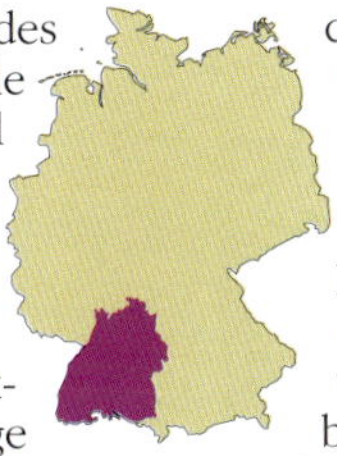

Die turbulente Geschichte des Landes erklärt seine kulturelle Vielfalt. Der schwäbische Teil wurde lange Zeit von den württembergischen Grafen, Herzögen und schließlich Königen beherrscht, während westlich davon die Markgrafen und später Großherzöge von Baden regierten.

Der Südwesten Deutschlands war die Wiege gleich zweier großer Herrschergeschlechter, die eine wichtige Rolle in der deutschen und europäischen Geschichte spielten. Die Staufer, die einen Stammsitz (Burg Stauf) auf dem Hohenstaufen (Schwäbische Alb) hatten, stellten Könige und Kaiser, darunter Friedrich I. Barbarossa. Aus der ebenfalls aus Schwaben stammenden Familie der Hohenzollern kamen die Kurfürsten von Brandenburg, preußische Könige wie Friedrich der Große und zwei Kaiser, die die politischen Geschicke Deutschlands von 1871 bis 1918 bestimmten.

In Heidelberg gründete Kurfürst Ruprecht I. von der Pfalz 1386 die berühmteste deutsche Universität. Ihr folgten Freiburg (1457) und Tübingen (1477). Die Geschichte vieler Dörfer und Städte geht bis in die Römerzeit zurück. Selbst der gute Wein, der in Baden-Württemberg angebaut wird, wurde hier schon zu Zeiten der Römer kultiviert.

Doch Baden-Württemberg besitzt nicht nur eine bewegte Vergangenheit, sondern ist auch reich an schöner Natur. Die Täler und Berge des Schwarzwalds, die sanft geschwungenen Hochebenen und großartigen Tropfsteinhöhlen der Schwäbischen Alb sowie der Bodensee mit seiner beeindruckenden Bergkulisse lohnen einen längeren Aufenthalt.

Garten von Schloss Ludwigsburg, der im französischen Stil angelegt wurde

◁ Der Bodensee *(siehe S. 320f)* grenzt auf deutscher Seite an die Bundesländer Bayern und Baden-Württemberg

Überblick: Baden-Württemberg

Die historisch gewachsenen, vielfältigen Kulturlandschaften Baden-Württembergs zwischen Rhein und Iller, Bodensee und Odenwald sind seit langer Zeit beliebte Reiseziele. Gut ausgeschilderte Routen führen die sportlichen Besucher per Fahrrad oder zu Fuß an kleinen Natur- und Kulturwundern vorbei. So romantische Burgen wie die Hohenzollernburg oder Burg Lichtenstein lohnen ebenso einen Halt wie das Kloster Maulbronn und Ludwigsburg, das »Schwäbische Versailles«. Elegante Kurorte wie Baden-Baden, alte Universitätsstädte wie Heidelberg, Freiburg im Breisgau und Tübingen sowie die Landeshauptstadt Stuttgart bieten historische Bauwerke und sehenswerte Museen.

Schloss in Sigmaringen im Donautal am Rand der Schwäbischen Alb

LEGENDE

- Autobahn
- Bundesstraße
- Nebenstraße
- Eisenbahn (Hauptstrecke)
- Eisenbahn (Nebenstrecke)
- Staatsgrenze
- Bundeslandgrenze
- Gipfel

Das Ulmer Rathaus, dahinter das Münster

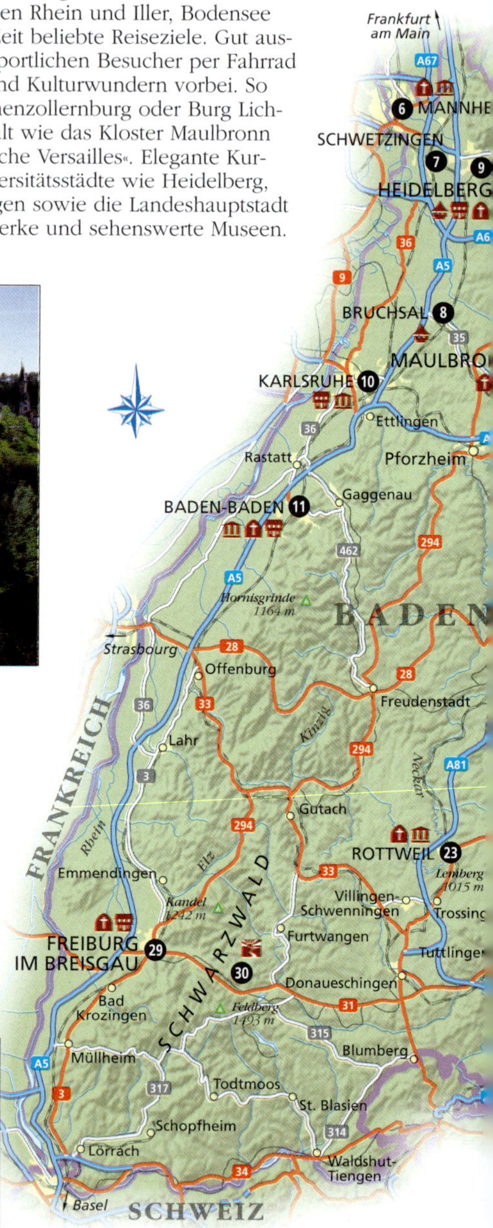

SIEHE AUCH

- ***Hotels*** S. 503–506
- ***Restaurants*** S. 542–545

In Baden-Württemberg unterwegs

Stuttgart besitzt einen internationalen Flughafen. Die A5 führt von Mannheim nach Basel, die A81 von Würzburg zum Bodensee, die A6 von Mannheim Richtung Nürnberg, die A8 von München via Ulm nach Stuttgart und weiter. Zahlreiche schöne Routen durchziehen das Land, u.a. die Schwarzwald-Hochstraße, die Schwäbische Albstraße und die Straße der Staufer. Kulinarische Genüsse verspricht die Badische Weinstraße von Baden-Baden bis Lörrach.

Sehenswürdigkeiten auf einen Blick

Bad Mergentheim 3
Bad Wimpfen 16
Baden-Baden 11
Bodensee S. 320f 28
Bruchsal 8
Creglingen 5
Esslingen 18
Freiburg im Breisgau S. 324f 29
Heidelberg S. 296–299 9
Heilbronn 13
Karlsruhe 10
Ludwigsburg S. 306f 19
Mannheim 6
Marbach 17
Maulbronn S. 302f 12
Ravensburg 25
Rottweil 23
Salem 27
Schwäbisch Gmünd 15
Schwäbisch Hall 14
Schwäbische Alb S. 314f 21
Schwarzwald S. 326f 30
Schwetzingen 7
Stuttgart S. 308–313 20
Tauberbischofsheim 2
Tübingen 22
Ulm 24
Weikersheim 4
Weingarten 26
Wertheim 1

Das barocke Residenzschloss in Bruchsal entstand ab 1722

Wertheim ❶

Straßenkarte C5. *24400.*
Am Spitzen Turm, (09342) 10 66.
Altstadtfest (Juli); Burgweinfest (Aug). **www**.tourist-wertheim.de

Wo die Tauber in den Main mündet, liegt Wertheim, das erstmals im Jahr 79 erwähnt wurde. Die Zerstörungen im Dreißigjährigen Krieg machten aus der **Wertheimer Burg** eine romantische Ruine. Vom Aussichtsturm aus hat man einen schönen Rundblick.

Den Wertheimer Marktplatz umgeben Fachwerkhäuser. In der gotischen Stiftskirche (ab 1383) befinden sich die Grabstätten der Mitglieder der Grafenfamilie von Wertheim. Das prachtvollste Grab, eine Arbeit von Michael Kern (1618), ist das von Ludwig II. von Löwenstein-Wertheim und seiner Gemahlin Anna von Stolberg. Interessant sind das **Glasmuseum** und das **Grafschaftsmuseum**. Letzteres zeigt fränkische Trachten, Münzen, Gemälde sowie Gegenstände der Alltagskultur und demonstriert anschaulich den Prozess der Herstellung von Wein.

Glasmuseum
Mühlenstraße 24. *(09342) 68 66.* *Mo 15–17 Uhr, Di–Do 10–17 Uhr, Fr–So 13–18 Uhr.*
6. Jan–Ostern.

Grafschaftsmuseum Wertheim
Rathausgasse 6–10. *(09342) 30 15 11.* *Di–Fr 10–12, 14.30–16.30 Uhr, Sa 14.30–16.30 Uhr, So 14–17 Uhr.*

Türmersturm beim Kurmainzischen Schloss, Tauberbischofsheim

Tauberbischofsheim ❷

Straßenkarte C5. *13200.*
Marktplatz 8, (09341) 803 13l-33.
www.tauberbischofsheim.de

Der angelsächsische Missionar Bonifatius gründete 735 das erste Frauenkloster in Deutschland. Zur Äbtissin berief er Lioba, eine Verwandte. Nach ihr wurde die Klosterkirche St. Lioba benannt.

In der malerisch im Taubertal gelegenen Stadt existieren noch eine Anzahl originaler Fachwerkhäuser. Am Marktplatz stehen der barocke Rehhof (1702) und die alte Stern-Apotheke (Franck-Haus, 1670). Das Haus gehörte später Georg Michael Franck, Großvater des Dichters der Romantik Clemens Brentano und dessen Schwester Bettina.

In der Hauptstraße steht das Mackert-Haus, die Barockvilla eines wohlhabenden Weinhändlers (1744). An die Hochblüte der Stadt im ausgehenden Mittelalter erinnert das **Kurmainzische Schloss** mit dem hohen Türmersturm. Hier ist das **Landschaftsmuseum** untergebracht.

Landschaftsmuseum Kurmainzisches Schloss
(09341) 37 60. *Palmsonntag–Okt: Di–Sa 14.30–16.30 Uhr, So 10–12, 14–16.30 Uhr.*

Wappen aus dem Schloss in Bad Mergentheim

Bad Mergentheim ❸

Straßenkarte C5. *22200.*
Marktplatz 3, (07931) 571 35.
Markelsheimer Weinfest (nach Pfingsten).
www.bad-mergentheim.de

Bad Mergentheim liegt idyllisch im Taubertal. Das einstige Deutschordensschloss war von 1525 bis 1809 die Residenz der Hoch- und Deutschmeister des Deutschen Ordens.

Als drei Brüder aus dem Haus Hohenlohe 1219 dem Orden beitraten, vermachte jeder dem Orden seinen Erbteil. Diese Schenkung war der Grundstock für die Entstehung eines der mächtigsten Herrschaftsbereiche des Deutschen Ordens im Heiligen Römischen Reich. 1244 erhielt Heinrich von Hohenlohe das Amt des Hochmeisters.

Das Deutschordensschloss mit Teilen aus dem 13. Jahrhundert wurde ab 1568 von Michael Breuer und Blasius Berwart im Stil der Renaissance umgebaut. Aus dieser Zeit stammen die Wendeltreppe und der opulente Schmuck des Treppenhauses. An der Gestaltung des Innenraums der spätbarocken Schlosskirche haben sowohl Balthasar Neumann als auch François Cuvilliés mitgewirkt. Die Fresken stammen von Nikolaus

Die Burgruine in Wertheim

Hotels und Restaurants in Baden-Württemberg *siehe Seiten 503–506 und 542–545*

Stuber. Das Schloss beherbergt heute das **Deutschordensmuseum**.

In der Stadt sind zahlreiche historische Gebäude erhalten, darunter St. Johann, eine Deutschordenskirche, sowie die Marienkirche mit einem Denkmal für den Hochmeister Walther von Cronberg. Die **Pfarrkirche** St. Maria im Ortsteil Stuppach besitzt mit der *Stuppacher Madonna* (1517–19) von Matthias Grünewald ein Meisterwerk altdeutscher Malerei. Hinter Maria und dem Jesuskind zeigt das Bild eine atemberaubende Landschaft.

Deutschordensmuseum
Schloss. *(07931) 522 12.*
Apr–Okt: Di–So 10–17 Uhr; Nov–März: Di–So 14–17 Uhr, So 10.30–17 Uhr.

Pfarrkirche in Stuppach
Kapellenpflege. *(07931) 26 05.*
März–Apr: Di–So 10–17 Uhr; Mai–Okt: Di–So 9.30–17.30 Uhr; Nov: Di–So 11–16 Uhr. Dez–Feb.

Weikersheim ❹

Straßenkarte C6. *8000.*
Am Marktplatz 7, (07934) 102 55.
www.weikersheim.de

Das malerische Städtchen liegt nur elf Kilometer von Bad Mergentheim entfernt. Liebenswert wirkt der Marktplatz mit dem Rokoko-Brunnen (1768) und der spätgotischen Pfarrkirche, einer dreischiffigen Hallenkirche, in der viele Mitglieder der Hohenlohischen Familie ihre letzte Ruhestätte gefunden haben. Das **Tauberländer Dorfmuseum** informiert über das ländliche Leben in Tauberfranken. **Schloss Weikersheim** (16.–18. Jh.), ein gut erhaltenes Renaissance-Bauwerk, war Residenz der Grafen von Hohenlohe. Die Hauptattraktion ist der große Rittersaal (40 m lang, 12 m breit und 9 m hoch), der eine beachtliche Größe aufweist. Die Grafen und ihre hochgeborenen Gäste pflegten auf dem Pferderücken in den Raum einzureiten. Der Rittersaal ist noch mit Originalmöbeln ausgestattet, besitzt einige originelle Tierfiguren aus Stuck und eine freitragende Kassettendecke, bemalt mit Jagdszenen.

Trommlerfigur im Hofgarten von Weikersheim

Ein wahres Juwel ist der **Schlossgarten**, ein schöner Barockgarten. 1709 begann man damit, den Garten nach den Entwürfen von Daniel Matthieu anzulegen.

Tauberländer Dorfmuseum
Marktplatz. *(07934) 12 09.*
Apr–Okt: Mi, Fr, Sa, So 14–17 Uhr.

Schloss Weikersheim
(07934) 99 29 50. Apr–Okt: tägl. 9–18 Uhr; Mitte Nov–März: tägl. 10–12, 13–17 Uhr.

Creglingen ❺

Straßenkarte C5. *5000.*
Romantische Straße 14, (07933) 631. **www**.creglingen.de

Die Ortschaft Creglingen liegt nicht weit von Weikersheim. Im 14. Jahrhundert soll hier ein Bauer auf einem Acker eine leuchtende Hostie gefunden haben. Die Kunde des Funds verbreitete sich schnell. Wenige Jahre später wurde an der Stelle die **Herrgottskirche** erbaut, ein Ziel vieler Wallfahrer. 1500 beauftragte man Tilman Riemenschneider mit der Schaffung eines Altars, den er 1502–06 aus Lindenholz schnitzte. Der elf Meter hohe Creglinger Altar mit der Himmelfahrt Mariens gilt als ein Meisterwerk des Künstlers. Der Ort beherbergt auch die Sammlung des weltweit einzigen **Fingerhutmuseums**.

Marienaltar (Lindenholz) von Tilman Riemenschneider, Creglingen

Herrgottskirche
Kohlersmühle. *(07933) 338 oder 508. Nov/Dez, Feb/März: Di–So 12–16 Uhr; Apr: tägl. 9.15–17.30 Uhr; Mai–Okt: tägl. 9.15–18.30 Uhr.*

Fingerhutmuseum
Kohlersmühle. *(07933) 370.*
Apr–Okt: Di–So 10–12.30, 14–17 Uhr; Nov–Dez, Feb–März: Di–So 13–16 Uhr. 24., 25., 31. Dez, 7. Jan–28. Feb.

Deutscher Orden

Der Deutsche Orden wurde während des Dritten Kreuzzugs 1190 in Akkon im Heiligen Land als Krankenpflegerorden gegründet und 1198 in einen geistlichen Ritterorden umgewandelt. In einem Unterwerfungskrieg gegen die baltischen Pruzzen ab 1226 schuf der Deutsche Orden einen Staat, der zur Blütezeit im 14. Jahrhundert von Pommern bis zum Finnischen Meerbusen reichte. Hauptsitz war ab 1309 die Marienburg (Westpreußen). Feindschaft und Kriege mit Polen/Litauen führten zum Niedergang des Ordens. 1525 wurde der Ordensstaat in das protestantische Herzogtum Preußen umgewandelt. Der katholisch gebliebene Teil des Ordens verlegte seinen Sitz nach Bad Mergentheim. 1809 löste Napoléon den Deutschen Orden auf. 1834 stellte Kaiser Franz I. von Österreich den Orden in seinem Land wieder her.

Der Wasserturm am Friedrichsplatz in Mannheim

Mannheim ❻

Straßenkarte B5. *310 000.*
5 km südöstlich des Zentrums.
Willy-Brandt-Platz 3, (0621) 293 87 00. *Mannheim-Heidelberger Filmfestival (Mitte Okt).*
www.mannheim.de

Mannheim wurde 766 in Urkunden erstmals erwähnt. 1606 ließ Kurfürst Friedrich IV. von der Pfalz an der Stelle, an der Rhein und Neckar zusammenfließen, eine Festung bauen. 1652 erhielt Mannheim, das mehrmals zerstört wurde, Stadtrechte. Kurfürst Johann Wilhelm ließ die Stadt im barocken Stil wiederaufbauen.

Der Grundriss des heutigen Stadtzentrums entspricht der barocken Anlage aus dem frühen 18. Jahrhundert. Damals wurde die Stadt in 136 gleich große Quadrate eingeteilt. 1720 beschloss Kurfürst Karl Philipp, seine Residenz von Heidelberg nach Mannheim zu verlegen. An der Stelle einer ehemaligen Zitadelle wurde ein Barockschloss errichtet. Der 1760 fertiggestellte Bau mit über 400 Zimmern gehört zu den größten und prächtigsten Deutschlands. Vorbild war, wie zu jener Zeit üblich, das Schloss von Versailles. Das Hauptgebäude ist dreiflügelig. Die Symmetrie der Anlage wird durch den zentralen Eingang betont. Baumeister waren Johann Clemens Froimont, Alessandro Galli da Bibiena, Guillaume d'Hauberat und Nicolas de Pigage.

Heute ist Mannheim, die zweitgrößte Stadt Baden-Württembergs, eine moderne Industriestadt. Dennoch sind noch viele historische Gebäude zu sehen. Dazu gehört die ehemalige **Jesuitenkirche**, die 1733–60 nach einem Entwurf von Bibiena im Übergangsstil vom Spätbarock zum Klassizismus erbaut wurde. Die Deckengemälde von Egid Quirin Asam wurden im Zweiten Weltkrieg leider zerstört.

Sehenswert sind auch die Zweiflügelgruppe von Altem Rathaus und Unterer Pfarrkirche (1700–23) beim Marktplatz, die Gebäude um den Friedrichsplatz, z. B. der Rosengarten, ein Jugendstilbau (1899–1903, nach dem Zweiten Weltkrieg wiederaufgebaut und in den Jahren 1969–73 erweitert), und der Wasserturm (1886–89), das Wahrzeichen Mannheims.

Statue von Kurfürst Karl Theodor in der Jesuitenkirche, Mannheim

Eines der zahlreichen interessanten Museen in Mannheim ist die **Kunsthalle Mannheim** mit ihrer umfangreichen Sammlung an Gemälden und Plastiken aus dem 19. und 20. Jahrhundert mit den Schwerpunkten Frankreich und Deutschland. Zudem bietet sie interessante Wechselausstellungen.

Die **Reiss-Engelhorn-Museen** besitzen sehenswerte Sammlungen zu Kunst-, Stadt- und Theatergeschichte, Archäologie sowie Völker- und Naturkunde.

Das **Landesmuseum für Technik und Arbeit** demonstriert den technisch-sozialen Wandel der letzten zweieinhalb Jahrhunderte und stellt u. a. historische Maschinen und Geräte (etwa das erste Automobil 1886 von Carl Friedrich Benz) aus.

Kunsthalle Mannheim
Friedrichsplatz 4. *(0621) 293 64 52.* *Di–So 11–18 Uhr.* *Fasching, 1. Mai, 24., 31. Dez.*

Reiss-Engelhorn-Museen
Quadrate D5, C5, B4/10a.
(0621) 293 31 51. *Di–So 11–18 Uhr.* **www**. mannheim.de/reiss_museum.de

Landesmuseum für Technik und Arbeit
Museumsstraße 1. *(0621) 429 89.* *Di, Do, Fr 9–18 Uhr, Mi 9–20 Uhr, Sa, So 10–18 Uhr.*
Karfreitag, 24., 25., 31. Dez.
Mi nachmittags frei.

Cézannes *Raucher mit aufgestütztem Arm* in der Kunsthalle Mannheim

Schwetzingen ❼

Straßenkarte C6. *22 300.*
Dreikönigstraße 3, (06202) 94 58 75. *Schwetzinger Festspiele (Mai); Mozartkonzerte (Sep).*
www.schwetzingen.de

Schwetzingen ist bekannt für sein kurfürstliches Schloss, für die Schwetzinger Festspiele, die seit 1952 veranstaltet werden, und auch für den guten Schwetzinger Spargel, der bereits seit 1632 hier angebaut wird.

Schwetzingens kurfürstliches Schloss hat eine bewegte

Hotels und Restaurants in Baden-Württemberg *siehe Seiten 503–506 und 542–545*

Das barocke Schloss Schwetzingen mit Gartenanlage

Geschichte. An seiner Stelle stand im 14. Jahrhundert eine mittelalterliche Burg, im 16. Jahrhundert ein Jagdschloss. Heute präsentiert es sich als die Sommerresidenz, zu der es vor allem der pfälzische Kurfürst Karl Theodor im 18. Jahrhundert machte. Architekt der dreiflügeligen Schlossanlage (beendet 1713) war Adam Breuning. Die Orangerie (1748) erbaute Alessandro Galli da Bibiena, das Rokoko-Theater (1752) Nicolas de Pigage. Der französische Garten war ein Werk Johann Ludwig Petris. Ab 1778 gestaltete ihn Friedrich Ludwig von Sckell zum Teil in einen englischen Garten um.

Schloss Schwetzingen
(06202) 12 88 28.
Schloss *Apr–Okt: Di–So 11–16 Uhr; Nov–März: Fr 11–14 Uhr, Sa, So 13–15 Uhr.* *jede Stunde (obligatorisch).* **Garten** *Apr–Sep: tägl. 8–20 Uhr; Okt, März: tägl. 9–18 Uhr; Nov–Feb: tägl. 9–17 Uhr.*

Bruchsal 8

Straßenkarte B6. *43 000.* *Am Alten Schloss 2, (07251) 505 94 60.* **www**.bruchsal.de

Bruchsal gewann an Bedeutung, als Fürstbischof Kardinal Damian Hugo von Schönborn 1720 seine Residenz von Speyer hierher verlegte. Er bewirkte damit nicht nur eine Entwicklung der Stadt, sondern veranlasste auch, dass für ihn und seinen Hof ein Schloss gebaut wurde. Die Grundsteinlegung für **Schloss Bruchsal** erfolgte 1722. Baumeister waren Maximilian von Welsch, einer der bedeutendsten Barockarchitekten, der für den rechten Flügel verantwortlich war, und Johann Michael Ludwig Rohrer, unter dem 1723–28 der linke Flügel entstand. Für den Hauptbau, das Corps de Logis, gab es Pläne von Franz Anselm Freiherr von Ritter zu Grünstein, die der Fürstbischof jedoch abänderte. Der berühmte Treppenaufgang gilt als Meisterwerk Balthasar Neumanns. Die Stuckarbeiten stammen von Johann Michael Feuchtmayer, die Deckenfresken im Obergeschoss von Johannes Zick. Das Schloss wurde 1945 durch Bombenangriffe völlig zerstört, von 1964 bis 1975 jedoch wiederaufgebaut. Der Schlossgarten von Johann Scheer wurde später im französischen Stil umgestaltet.

Wappen aus dem Schloss Bruchsal

Das Schloss beherbergt u.a. die größte deutsche Sammlung niederländischer und französischer Tapisserien und das **Deutsche Musikautomaten Museum** – das größte seiner Art weltweit – mit über 200 Exponaten von der Spieldose bis zur Musikbox. Sie werden bei den Führungen teilweise vorgeführt.

Die Kirche St. Peter wurde 1740–49 von Johann Georg Stahl nach Plänen Balthasar Neumanns errichtet. In dem Gotteshaus befinden sich die barocken Grabstätten des Bischofs Schönborn und seines Nachfolgers, Kardinal von Hutten.

Schloss Bruchsal
(07251) 74 26 61. *Di–So 10–17 Uhr.* *jede Stunde.* *25., 31. Dez.*
Deutsches Musikautomaten Museum *Di–So 10–17 Uhr.* *11, 14, 15.30 Uhr.* *Faschingsdienstag, 24., 25., 31. Dez.*

Mittelteil der prächtigen Barockfassade von Schloss Bruchsal

Im Detail: Heidelberg ❾

Heidelberg am Neckar zählt zu den geschichtsträchtigsten Städten und gilt zugleich als Sinnbild deutscher Romantik. Bereits 1386 gründete Kurfürst Ruprecht I. hier die Universität. Über Jahrhunderte hinweg war Heidelberg politisches und kulturelles Zentrum der Kurpfalz, das Schloss die glanzvolle Residenz von Pfalzgrafen und Kurfürsten. Ende des 17. Jahrhunderts zerstörten französische Truppen das mittelalterliche Heidelberg einschließlich des Schlosses. Der Wiederaufbau erfolgte im Stil des Barock.

Marktplatz

Auf dem Marktplatz mit dem Marktbrunnen, der von einer Herkulesfigur bekrönt wird, fanden früher Hinrichtungen und Hexenverbrennungen statt.

★ Heiliggeistkirche

Die Kirche wurde an der Stelle einer romanischen Basilika errichtet. Sie war Begräbnisstätte der Kurfürsten (siehe S. 299).

0 Meter 60

Philosophenweg

Auf diesem Spazierweg auf halber Höhe über dem Neuenheimer Neckar-Ufer gibt es mehrere schöne Aussichtspunkte auf die Stadt und das Schloss.

★ Alte Brücke

Die imposante Neckarbrücke mit dem noch erhaltenen mittelalterlichen Brückentor auf der Stadtseite wurde 1786–88 von Matthias Maier konstruiert.

★ Haus zum Ritter
Das 1592 für den Hugenotten Charles Bélier erbaute üppig ornamentierte Haus gilt als eines der schönsten Renaissance-Häuser in Europa (heute Hotel mit Restaurant).

INFOBOX

Straßenkarte C6. *139 000.* *Hauptbahnhof (06221) 194 33.* *Mannheim-Heidelberger Filmfestival (Mitte Okt); Schlossfestspiele (Juli/Aug); Weindorf (Sep); Heidelberger Herbst (Sep).* **www**.heidelberg.de

Der Hexenturm war im 13. Jahrhundert Teil der mittelalterlichen Stadtbefestigung.

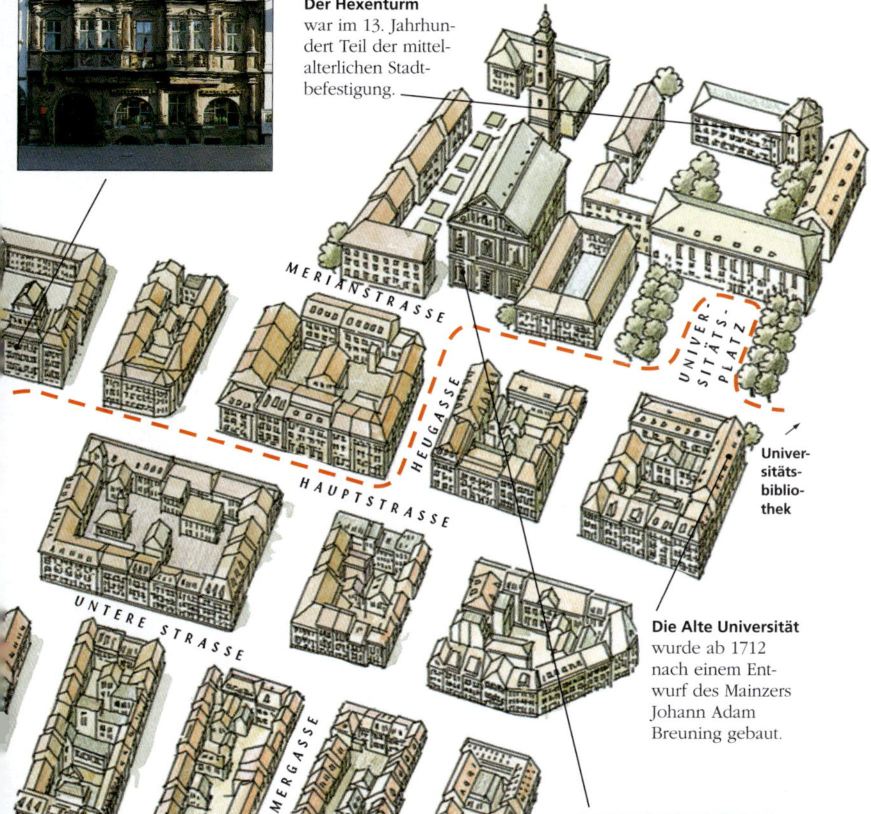

Universitätsbibliothek

Die Alte Universität wurde ab 1712 nach einem Entwurf des Mainzers Johann Adam Breuning gebaut.

Jesuitenkirche
Die Jesuiten ließen die Kirche erbauen (1712–23 und ab 1749). Der Turm kam 1866–72 hinzu. Der erneuerte Fassadenschmuck stammt von Paul Egell.

NICHT VERSÄUMEN

★ Alte Brücke

★ Haus zum Ritter

★ Heiliggeistkirche

LEGENDE

– – – Routenempfehlung

Heidelberger Schloss

Detail am Ruprechtsbau

Das majestätische Schloss thront über Heidelberg und prägt das Stadtbild. Zwischen dem 13. und 16. Jahrhundert wurde der riesige Komplex ständig um- und ausgebaut. Als besonders baufreudig erwiesen sich die Kurfürsten Ruprecht III. (1398–1410), Friedrich I. (1449–1476) und Ludwig V. (1508–1544). Die wichtigsten und heute noch erhaltenen Prachtbauten stammen von Ottheinrich (1556–1559) und Friedrich IV. (1583–1610). Im Pfälzischen Erbfolgekrieg wurde das Schloss 1689 und 1693 geplündert, in Brand gesteckt und gesprengt.

★ Ottheinrichsbau
Die Mauern des einst prächtigen Renaissance-Palasts beherbergen das Deutsche Apothekenmuseum, das die Geschichte der Pharmazie dokumentiert.

★ Friedrichsbau
Der um 1900 restaurierte Friedrichsbau ist einer der jüngsten Schlossbauten (1601–07). Seine Fassade wird von 16 kunstvollen Fürstenstandbildern geschmückt.

Der Glockenturm aus dem frühen 15. Jahrhundert wurde im Lauf der Zeit immer wieder umgebaut.

Burggraben

Englischer Bau
Von dem Gebäude (1612–15), das Friedrich V. für seine Gemahlin Elizabeth Stuart errichten ließ, sind nur noch die Außenmauern erhalten.

NICHT VERSÄUMEN

- ★ Friedrichsbau
- ★ Ottheinrichsbau
- ★ Ruprechtsbau

INFOBOX

Schlosshof 1. *(06221) 53 84 31.* *tägl. 8–18 Uhr.* **Großes Fass** *tägl. 8–17.30 Uhr.* **www.** schloss-heidelberg.de **Deutsches Apothekenmuseum** *(06221) 258 80.* *Apr–Okt: tägl. 10–18 Uhr; Nov–März: tägl. 10–17.30 Uhr.* *25. Dez.* **www.** deutsches-apotheken-museum.de

Pulverturm
Der Turm (14. Jh.) entstand als Teil der Verteidigungsanlage.

Die Brunnenhalle, eine gotische Loggia, besitzt römische Granitsäulen, die aus der Pfalz Karls des Großen in Ingelheim stammen.

★ Ruprechtsbau
Der um 1400 entworfene Ruprechtsbau ist das älteste noch erkennbare Wohngebäude.

Alte Universität

Grabengasse 1. **Universitätsmuseum** *(06221) 54 21 52.* *Apr–Sep: Di–So 10–18 Uhr; Okt: Di–So 10–16 Uhr; Nov–März: Di–Sa 10–16 Uhr.*

1712 wurde der Grundstein für die Universität nach Plänen des Mainzer Architekten Johann Adam Breuning gelegt. 1885 vollendete Josef Durm die Alte Aula. Die Wandbilder an Nordwand und Decke stammen von Ferdinand Keller. Auf dem Vorplatz steht der Löwenbrunnen.

Universitätsbibliothek

Plöck 107–109. *(06221) 54 23 80.* **Ausstellungsraum** *Mo–Sa 10–18 Uhr.*

Das monumentale, von Josef Durm aus Karlsruhe entworfene Bibliotheksgebäude wurde 1901–05 erbaut. Die Heidelberger Bibliothek ist mit über zwei Millionen Titeln eine der größten in Deutschland. Hier werden auch wertvolle alte Handschriften und Wiegendrucke gezeigt, darunter die *Manessische Liederhandschrift*, die mit 137 Miniaturen illustriert ist, und die älteste Abschrift des *Sachsenspiegels*.

Kurpfälzisches Museum

Hauptstraße 97. *(06221) 583 40 00.* *Di–So 10–18 Uhr.*

Das Museum ist im Barockpalais Morass (1712 von Johann Adam Breuning) und in einem Erweiterungsbau untergebracht. Es präsentiert die kunst- und kulturhistorischen Sammlungen der Stadt: archäologische Funde, Exponate zur Geschichte der Stadt und der Kurpfalz, eine Gemälde- und Skulpturensammlung mit Werken vom späten 15. bis zum 20. Jahrhundert und eine grafische Abteilung.

Heiliggeistkirche

Marktplatz.

Der heute spätgotische Bau wurde ab 1398 errichtet. Die Stiftsherren waren gleichzeitig Universitätsgelehrte. Das erklärt, warum hier einst die berühmte *Bibliotheca Palatina* untergebracht war. Im Chor befindet sich die Deckplatte des Grabmals von Ruprecht III. und seiner Gemahlin Elisabeth von Hohenzollern.

Karlsruhe ⑩

Straßenkarte B6. *286 000.* *Weinbrennerhaus am Marktplatz, (0721) 37 20 53 76.* *Internationales Trachten- und Folklorefest (Juni).* **www**.karlsruhe.de

Karlsruhe, eine relativ junge Stadt, entwickelte sich im 19. Jahrhundert zu einem kulturellen und wissenschaftlichen Zentrum. 1945 verlor Karlsruhe seinen Status als badische Landeshauptstadt, wurde aber Sitz des Bundesverfassungsgerichts und damit der letztinstanzlichen bundesdeutschen Rechtsprechung.

Die Stadt verdankt ihre Entstehung dem Markgrafen von Baden-Durlach, Karl III. Wilhelm, der 1715 beschloss, inmitten seiner bevorzugten Jagdgründe eine neue Residenz bauen zu lassen. Hier wollte er seine Tage in Ruhe verbringen. Von diesem Vorsatz zeugt auch der Name »Carols Ruhe«. Sein Nachfolger Karl Friedrich vergrößerte das ursprüngliche Barockschloss.

Das Schloss, von dem aus 32 Straßen wegführen, wurde 1749–81 nach Entwürfen von Leopoldo Retti, Balthasar Neumann, Philippe de la Guêpière u.a. erbaut. Die Stadt ist vom Schloss ausgehend fächerförmig angelegt. Die beiden Schloss-Seitenflügel bilden die Außenschenkel des Fächers. Mittelpunkt ist der achteckige Turm. Der Rest des Kreises besteht aus Grünflächen.

Im frühen 19. Jahrhundert erhielt die Stadt ein klassizistisches Gepräge. Verantwortlich für diese Umbauten im großen Stil war Friedrich Weinbrenner, der hier ein Meisterstück städtebaulicher Planung lieferte. Der Marktplatz liegt genau auf der Verlängerung der Mittelachse des Schlosskomplexes. Charakteristisch für die Gebäude am Markt sind Rundbogenöffnungen für das Erdgeschoss und rechtwinklige Fenster für die oberen Stockwerke. Auf dem Platz erhebt sich die 1823–25 von Weinbrenner errichtete Pyramide aus Stein, die die Gebeine des Stadtgründers Markgraf Karl III. Wilhelm birgt. Sie wurde zum Wahrzeichen der Stadt.

Pyramide mit dem Grab von Karl Wilhelm von Baden-Durlach in Karlsruhe

Friedrich Weinbrenner errichtete auch das monumentale Rathaus (1805–25), die protestantische Stadtkirche (1807–16) und die katholische Pfarrkirche St. Stephan (1808–14).

Das Badische Landesmuseum im Schloss zeigt antike Kunstwerke, Exponate zur Ur- und Früh- sowie zur badischen Kunst- und Kulturgeschichte vom Mittelalter bis zur Gegenwart. Die **Staatliche Kunsthalle** stellt Gemälde und Skulpturen aus sieben Jahrhunderten aus, vor allem Werke deutscher, französischer und niederländischer Meister, darunter Werke von Dürer und Cranach und eine *Kreuzigung* von Grünewald.

Das Zentrum für Kunst und Medientechnologie (ZKM) in einer ehemaligen Munitionsfabrik fördert Kunst in Verbindung mit elektronischen Medien. Herzstück des ZKM ist neben dem Medienmuseum für interaktive Kunst das **Museum für Neue Kunst**, das Video-Installationen, Computerkunst sowie andere Formen zeitgenössischer Kunst zeigt. Das **Stadtmuseum im Prinz-Max-Palais** widmet sich der Stadtgeschichte.

Staatliche Kunsthalle
Hans-Thoma-Straße 2–6. *(0721) 926 33 59.* *Di–Fr 10–17 Uhr, Sa, So 10–18 Uhr.*

Museum für Neue Kunst
Lorenzstraße 9. *(0721) 81 00 13 00.* *Mi 10–22 Uhr, Do–So 10–18 Uhr.*

Stadtmuseum im Prinz-Max-Palais
Karlstraße 10. *(0721) 133 42 31.* *Di, Fr, So 10–18 Uhr, Do 10–19 Uhr, Sa 14–18 Uhr.*

Die barocke Residenz der Markgrafen von Baden in Karlsruhe

Hotels und Restaurants in Baden-Württemberg *siehe Seiten 503–506 und 542–545*

Baden-Baden ⓫

Straßenkarte B6. 54 500. *15 km westlich des Zentrums.* *Schwarzwaldstraße 52 und I-Punkt in der Trinkhalle, (07221) 27 52 02.* **www**.baden-baden.de

Baden-Baden ist eine der ältesten Städte Deutschlands und war vor allem im 19. Jahrhundert der Lieblingsaufenthaltsort der europäischen Aristokratie von Russland bis Portugal. Nicht umsonst wurde der elegante Kurort »Sommerhauptstadt Europas« genannt. Bevor die Römer hier um 80 n. Chr. ihr Lager aufschlugen, existierte eine keltische Siedlung.

Bereits in früher nachchristlicher Zeit war die *Civitas Aurelia Aquensis*, die »Bäderstadt«, in ganz Italien für ihre heilsamen Quellen bekannt. Im 3. Jahrhundert wurde *Aquae*, wie es vereinfacht genannt wurde, von den Alemannen, im 6. Jahrhundert von den Franken erobert, die hier eine Festung bauten. 987 wurde Badons (Baden) als Ortsname erstmals erwähnt. Der erste Markgraf von Baden war Hermann II. aus dem Geschlecht der Zähringer. Während des Pfälzischen Erbfolgekriegs brannten 1689 französische Truppen Baden-Baden nieder. Dennoch war es gegen Ende des 18. Jahrhunderts wieder einer der elegantesten Orte Europas.

Die Altstadt Baden-Badens erstreckt sich am Fuß des Schlossbergs. Das älteste Gebäude der Stadt ist die gotische Stiftskirche, die noch romanische Bauteile aufweist und von einem barocken Turmaufbau gekrönt wird. Die Kirche enthält mehrere wertvolle Grabmale.

Südlich der Kirche befindet sich das Friedrichsbad, ein 1877 errichtetes Badehaus. Nahebei steht das Neue Schloss, das seit dem 15. Jahrhundert Residenz der Markgrafen von Baden war. Im 16. Jahrhundert wurde es durch Baumeister Kaspar Weinhart und den Maler Tobias Stimmer im Stil der Renaissance umgestaltet. Schloss und Park sind für die Öffentlichkeit nicht zugänglich.

Baden-Badens elegantes Kurhaus mit Spielcasino

Die meisten Kurgebäude sind Werke des Architekten Friedrich Weinbrenner. Der rechte Flügel seines eleganten Kurhauses (1821–24) wird bereits seit 1838 als Spielcasino genutzt. Der berühmteste Spieler war Fjodor Dostojewskij, der am Spieltisch allerdings häufiger vom Pech verfolgt war, wie man in seinem Roman *Der Spieler* lesen kann. Die benachbarte Trinkhalle mit ihren Mineralbrunnen erbaute der Weinbrenner-Schüler Heinrich Hübsch 1839–42.

Auf dem Michaelsberg erhebt sich eine rumänisch-orthodoxe Kapelle, die Leo von Klenze 1863–66 im byzantinischen Stil erbaute. Die Stourdza-Kapelle ist die Grablege der rumänischen Fürstenfamilie Stourdza.

Die Trinkhalle in Baden-Baden mit Kaiser-Wilhelm I.-Denkmal

In der Fremersbergstraße 47 steht die 1867 für den russischen Autor Iwan Turgenjew (1818–1883) erbaute **Villa Turgenjew**. Er lebte hier bis zum Jahr 1872.

Brahmshaus

Maximilianstraße 85. *(07221) 711 72.* *Mo, Mi, Fr 15–17, So 10–13 Uhr.*

In dem Gebäude lebte der Komponist Johannes Brahms 1865–1874. Das Brahmshaus ist zugleich Museum und Gedenkstätte.

Kloster Lichtental

Hauptstraße 40. *(07221) 50 49 10.* *für Gruppen (ab 7 Personen) nach Vereinbarung.*

Das Zisterzienserinnenkloster liegt am Stadtrand. Die gotische Kirche datiert aus dem 14./15. Jahrhundert. In der Fürstenkapelle befinden sich Gräber der badischen Markgrafen. Sehenswert ist das Klostermuseum.

Staatliche Kunsthalle Baden-Baden

Lichtentaler Allee 8a. *(07221) 30 07 63.* *Di–So 11–18 Uhr (Mi bis 20 Uhr).*

Die Staatliche Kunsthalle Baden-Baden ist auf Ausstellungen zeitgenössischer Kunst spezialisiert.

Stadtmuseum

Lichtentaler Allee 10. *(07221) 93 22 72.* *Di–So 11–18 Uhr (Mi bis 20 Uhr).*

Baden-Badens Stadtmuseum präsentiert Exponate aus Glas und Porzellan sowie Gemälde. Daneben werden auch faszinierende alte Glücksspiele gezeigt.

Maulbronn ⓬

Das Städtchen Maulbronn, 20 Kilometer nordöstlich von Pforzheim, entwickelte sich um das ehemalige Kloster herum. Kloster Maulbronn wurde 1147 von elsässischen Mönchen gegründet. Nach der Reformation 1534 wurde es 1556 eine evangelische Klosterschule, später ein evangelisch-theologisches Seminar. In der von einem Schutzwall umgebenen Anlage vereinen sich mehrere Baustile. Die 1178 geweihte Klosterkirche, eine romanische Pfeilerbasilika, hebt sich im Baustil von der Vorhalle (1210–20) ab. Wirtschafts- und andere Gebäude stammen aus dem 15.–17. Jahrhundert. 1993 erklärte die UNESCO den gesamten Komplex zur Welterbestätte.

Kreuzgänge
Im Mittelalter diente ein Kreuzgang den Mönchen als meditativer Wandelgang. So waren sie vor dem Wetter geschützt. Sprechen war beim Gehen streng untersagt.

★ Brunnenkapelle
Die Brunnenkapelle wurde vom Architekten des »Paradieses« erbaut. Sie diente den Mönchen zur Reinigung vor den Mahlzeiten.

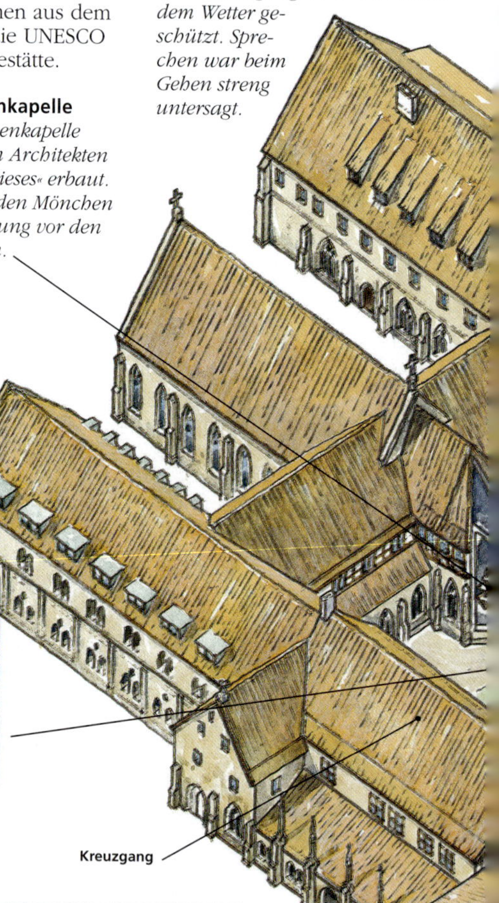

Innenhof des Klosters
Der von Kreuzgängen umgebene Innenhof, vormals ein Garten, ist ein Ort der Ruhe und Beschaulichkeit.

NICHT VERSÄUMEN

- ★ Beweinung Christi
- ★ Brunnenkapelle
- ★ Chorgestühl
- ★ Kapitelsaal

Vorhalle
Die um 1210–20 erbaute Kirchenvorhalle, das »Paradies«, zeigt romanisch-frühgotische Formen.

★ Kapitelsaal
Den Kapitelsaal neben der Sakristei, der in zwei Schiffe geteilt ist, ziert eines der ältesten Netzgewölbe Deutschlands.

INFOBOX

Straßenkarte C6. 6400.
Stadtverwaltung Maulbronn, Klosterhof 31, (07043) 10 30.
Info-Zentrum des Klosters
Klosterhof.
(07043) 92 66 10. März–Okt: tägl. 9–17.30 Uhr; Nov–Feb: Di–So 9.30–17 Uhr. 11.15 und 15 Uhr.
www.maulbronn.de

Innenraum der Kirche
Ursprünglich hatte die Kirche eine flache Holzdecke. 1424 wurde sie durch ein Netzgewölbe ersetzt, das zu den schlichten Wänden in Kontrast steht.

★ Beweinung Christi
Die gotische Plastik (um 1360), die vermutlich aus den Parler-Werkstätten stammt, war Teil eines früheren Passionsaltars. Heute schmückt sie den Altar der Klosterkirche.

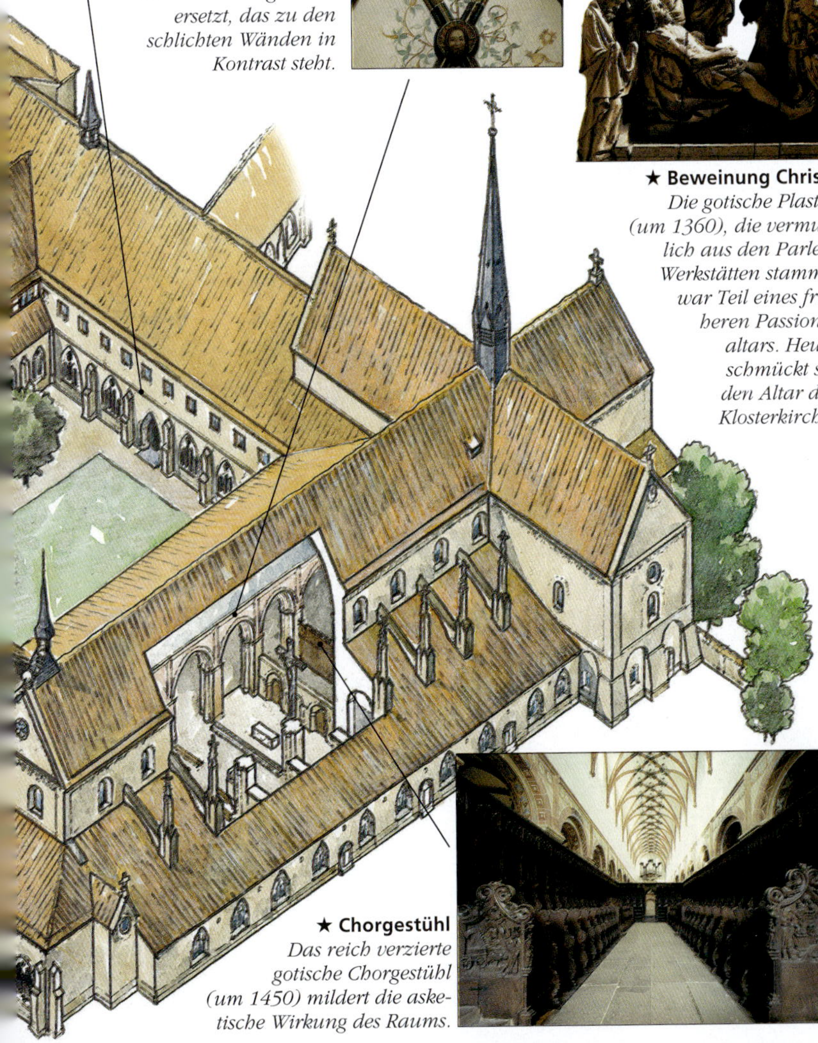

★ Chorgestühl
Das reich verzierte gotische Chorgestühl (um 1450) mildert die asketische Wirkung des Raums.

Heilbronn ⓭

Straßenkarte C6. *121 000.* *Kaiserstraße 17, (07131) 56 22 70.* *Pferdemarkt (Feb); Neckarfest; Stadtfest (Juni); Heilbronner Weindorf (Sep).* **www**.heilbronn.de

Heilbronn wurde erstmals im 8. Jahrhundert erwähnt. Damals hieß es *Helibrunna* (Heiliger Brunnen). Im späten 19. Jahrhundert entwickelte es sich zur zweitgrößten württembergischen Industriestadt. Im Zweiten Weltkrieg wurde Heilbronn durch Luftangriffe schwer beschädigt. Betroffen war auch die Kilianskirche, eine zweitürmige gotische Basilika (1278). Das wertvollste Stück im Inneren ist der spätgotische Hochaltar (1498) von Hans Seyffer.

Im Käthchenhaus gegenüber dem Rathaus (15./16. Jh.) soll die Person gelebt haben, die Heinrich von Kleist als Vorbild für sein *Käthchen von Heilbronn* diente. Im Deutschhof, einst Sitz des Deutschen Ordens, befinden sich heute die Städtischen Museen.

Mit dem Erlebnismuseum *experimenta* eröffnete 2009 in Heilbronnn das größte Science Center Süddeutschlands. Interaktive Exponate bringen großen und kleinen Besuchern die Welt der Technik nahe.

Isaak Habrechts astronomische Kunstuhr am Heilbronner Rathaus

Fachwerkhäuser am Ufer der Kocher in Schwäbisch Hall

Schwäbisch Hall ⓮

Straßenkarte C6. *36 500.* *Am Markt 9, (0791) 75 12 46.* *Kuchen- und Brunnenfest der Haller Salzsieder (Pfingsten).* **www**.schwaebischhall.de

Im Jahr 1939 zeigten Ausgrabungen, dass sich an der Stelle der heutigen Stadt bereits 500 v. Chr. eine frühkeltische Siedlung befand. Die Altstadt mit Fachwerk- (15./16. Jh.) und barocken Bürgerhäusern, Rathaus mit Barockfassade und staufischem Wohnturm Keckenburg ist malerisch. Das Münster St. Michael ist ein Wahrzeichen Schwäbisch Halls. Der romanische Westturm stammt aus dem 12. Jahrhundert, das gotische Langhaus von 1427–56. Der spätgotische Chor (1495–1527) besitzt ein Netzgewölbe. Sehenswert sind auch das Chorgestühl und der niederländische Gruppenaltar (um 1470).

Schwäbisch Gmünd ⓯

Straßenkarte C6. *62 700.* *Marktplatz 37, (07171) 60 34 250.* *Internationales Schattentheater-Festival (Juni); Europäische Kirchenmusik (Juli).* **www**.schwaebisch-gmuend.de

Die Stadt wurde und wird in ganz Europa gerühmt für Schmuckherstellung. Bekannt ist sie auch für ihre berühmten »Söhne«, den Baumeister Peter Parler sowie die Maler Hans Baldung Grien und Jörg Ratgeb. Außerdem wartet sie mit beeindruckender Architektur auf.

Zu nennen sind u. a. die spätromanische Johanniskirche (um 1220–50), ein Meisterwerk schwäbischer Baukunst des Hochmittelalters, und das Heilig-Kreuz-Münster, das für sich in Anspruch nehmen kann, die erste gotische Hallenkirche Süddeutschlands zu sein, das erste Werk der Baumeisterfamilie Parler. Die dreischiffige Kirche mit Chor, Chorumgang, Seitenkapellen und dem Dreiecksgiebel an der Westseite wurde in mehreren Etappen zwischen 1315 und 1521 erbaut. Auch das Innere der Kirche mit schlanken Pfeilern, Netz- und Sterngewölbe, schönem Chorgestühl (um 1550) sowie der Orgelempore (1688) ist sehenswert.

Madonna mit Kind am Marktplatz von Schwäbisch Gmünd

Das Bild Schwäbisch Gmünds wird geprägt durch schöne Fachwerkhäuser und die Reste der alten Stadtmauer mit mehreren Türmen.

Bad Wimpfen ⓰

Straßenkarte C6. *6700.* *Carl-Ulrich-Straße 1, (07063) 972 00.* *Talmarkt (Juni/Juli); Zunftmarkt (Aug); Weihnachtsmarkt (Dez).* **www**.badwimpfen.de

Das heutige Bad Wimpfen entstand durch Zusammenlegung der zwei Siedlungen Wimpfen am Berg und Wimpfen im Tal. Die Unterscheidung besteht übrigens nach wie vor. Die Siedlung auf dem Hügel entwickelte sich rund um die Kaiserpfalz der Hohenstaufen. Davon existieren noch die Pfalz-

Hotels und Restaurants in Baden-Württemberg *siehe Seiten 503–506 und 542–545*

kapelle und die berühmten romanischen Arkaden. Die auf Anordnung von Friedrich Barbarossa um 1200 erbaute Pfalz war die größte Kaiserpfalz des Heiligen Römischen Reichs. Vom Blauen Turm aus hat man einen wundervollen Blick über das Neckartal. Im malerisch gelegenen Ort sind noch viele Fachwerkhäuser aus dem 16. und 17. Jahrhundert erhalten.

Älter als Wimpfen am Berg ist die Talsiedlung. Schon Kelten und Römer, Alemannen und Franken siedelten an diesem strategisch günstigen Ort. Ungefähr 1000 wurde das alte Wimpfen zerstört. 1269 begann man mit dem Bau der Ritterstiftskirche St. Peter, einer frühgotischen Kreuzbasilika mit mächtigem romanischem Westbau. Ein Meisterwerk der Gotik ist der dreiflügelige Kreuzgang mit reich verzierten Kapitellen.

Marbach ⑰

Straßenkarte C6. *14600.* *Marktstraße 23, (07144) 10 20.* **www**.schillerstadt-marbach.de

Marbach ist hauptsächlich wegen des berühmtesten Sohnes der Stadt bekannt: Friedrich Schiller wurde 1759 hier geboren. Das bescheidene Fachwerkhaus, in dem der Dichter seine Kindheit verbrachte, ist unverändert erhalten. **Schillers Geburtshaus** ist seit 1859 Gedenkstätte und zeigt Bildnisse und Utensilien seiner Familie. Die Stadt besitzt zudem das **Schiller-Nationalmuseum**, das in einem klassizistischen Schloss untergebracht ist. Es beherbergt das Deutsche Literaturarchiv, eine der bedeutendsten Literatursammlungen. Zunächst befasste sich das Museum mit schwäbischen Poeten des 18./19. Jahrhunderts. Beide Museen stehen in einem regen Austausch miteinander.

Sehenswert sind zudem die alten Fachwerkhäuser, die Überreste der alten Stadtmauer, die Stadttore und die spätgotische Alexanderkirche, die um 1450 von Aberlin Jörg begonnen wurde. Sie besitzt ein Netzgewölbe mit prächtiger Bemalung.

Schiller-Geburtshaus
Niklastorstraße 31. *(07144) 175 67.* *tägl. 9–17 Uhr.* *24.–31. Dez.*

Schiller-Nationalmuseum
Schillerhöhe 8–10. *(07144) 84 80 10.* Literaturarchiv: *(07144) 84 86 00.* *tel. erfragen.* *24.–31. Dez.*

Friedrich-Schiller-Statue in Marbach

Esslingen ⑱

Straßenkarte C6. *89700.* *Marktplatz 16, (0711) 396 93 90.* **www**.esslingen.de

Die schöne Stadt zwischen Weinbergen am Ufer des Neckars hatte im Zweiten Weltkrieg Glück: Die historischen Gebäude wurden nicht zerstört. In den gewundenen Straßen und kleinen Gässchen der Altstadt entdeckt man so manchen liebenswürdigen Winkel. Vom Dicken Turm (1527) der Esslinger Burg aus der Stauferzeit, die sich auf dem Burgberg erhob, hat man einen fantastischen Blick auf die Stadt, den Neckar und die **Innere Brücke** (15.Jh.). Von hier aus geht es wieder zum Marktplatz mit einem Halt bei der Frauenkirche, einer gotischen Hallenkirche aus dem 14. Jahrhundert. Der großartige Maßwerkturm wurde erst im Jahr 1507 vollendet.

Die älteste Kirche Esslingens, die Stadtkirche St. Dionys, wurde im 13./14. Jahrhundert an der Stelle einer früheren Kapelle erbaut. Sehenswert sind vor allem die Bleiglasfenster im Chor (um 1300). Unter der Kirche sind im Ausgrabungsmuseum zwei Vorgängerbauten zu besichtigen. Das Münster St. Paul wurde Mitte des 13. Jahrhunderts erbaut und ist die älteste noch existierende Dominikanerkirche Deutschlands.

Auf dem Rathausplatz stehen das Alte Rathaus, ein typisch schwäbischer Fachwerkbau (um 1420), und das Neue Rathaus. Diesen prunkvollen Barockbau errichtete Gottlieb David Kandler 1748–51 für den Freiherrn Franz Gottlieb von Palm.

Häuser und Kapelle an der im 15. Jahrhundert erbauten Inneren Brücke von Esslingen

Ludwigsburg ⓳

Wappen am Schloss

Das »Schwäbische Versailles«, 15 Kilometer nördlich von Stuttgart, wurde 1704 von dem württembergischen Herzog Eberhard Ludwig in Auftrag gegeben. Neben dem barocken Residenzschloss (1704–33), einem riesigen Komplex, erbaute er noch ein Schlösschen für seine Geliebte Christiane Wilhelmine von Grävenitz – das heutige Schloss Favorite. Für seine Residenz bemühte der Herzog Architekten und Künstler aus ganz Europa, u.a. Philipp Joseph Jenisch, Johann Friedrich Nette, Donato Giuseppe Frisoni und Diego Carlone.

Nördlicher Garten
Die großartige barocke Parkanlage ist von Frühling bis Herbst Veranstaltungsort für die Gartenschau »Blühendes Barock«.

★ Westliche Galerie
In der Galerie findet man üppige Stuckarbeiten (1712–15) von Ricardo Retti und Diego Carlone.

★ Marmorsaal
Der große Saal im neuen Flügel des Schlosses wurde 1816 umgestaltet. Er enthält jedoch immer noch Barockelemente.

★ Bibliothek
Im Ostflügel des Schlosses, in den Gemächern der Königin Charlotte Mathilde, befindet sich die Bibliothek der Königin.

Im neuen Schlossflügel ist ein Museum untergebracht, das sich dem höfischen Klassizismus widmet.

★ Schloss Favorite
Das Jagdschloss wurde 1716–23 errichtet. Später baute man es innen im Stil des Empire um.

INFOBOX

Straßenkarte C6. *80 000.* *Marktplatz 6 (07141) 910 22 52.* **Residenzschloss** *Schlossstraße 30.* *(07141) 18 20 04.* *tägl. 10–17 Uhr (ca. 75 Min.).* **Theater-, Mode-, Keramikmuseum, Barockgalerie** *tägl. 10–17 Uhr.*
www.schloss-ludwigsburg.de

Im alten Flügel liegen die ältesten Schlossgemächer.

Märchengarten
Wo wohnt der Froschkönig? Die weitläufigen Parkanlagen sind auch Heimat von Figuren aus über 30 deutschen Märchen – und ein Paradies für Kinder.

Der Obstgarten lockt Besucher mit seinen malerischen Pfaden, die von Apfelbäumen und Weinstöcken gesäumt sind.

Restaurant und Café

Emichsburg
Die 1798–1802 erbaute romantische Parkburg ist nach dem Stammvater des Hauses Württemberg benannt.

NICHT VERSÄUMEN

- ★ Bibliothek
- ★ Marmorsaal
- ★ Schloss Favorite
- ★ Westliche Galerie

Stuttgart ⓴

Herzog Liudolf von Schwaben soll im 10. Jahrhundert einen »Stuotgarten«, also ein Gestüt, angelegt haben. Bereits im 14. Jahrhundert wurde das sich hier entwickelnde spätere Stuttgart – Stadt seit 1250 – zum Zentrum des württembergischen Territorialstaats ausgebaut. 1806 wurde es Haupt- und Residenzstadt des Königreichs Württemberg. Heute ist die Hauptstadt Baden-Württembergs eine der größten Städte der Bundesrepublik, bedeutender Wirtschaftsstandort und berühmt für ihr hochkarätiges Kulturangebot.

Überblick: Stuttgart

Unser Rundgang im Zentrum Stuttgarts beginnt am Schlossplatz. Im Rücken den Königsbau, kommen Sie am Neuen Schloss vorbei durch den Oberen Schlossgarten zum Staatstheater und – über die Konrad-Adenauer-Straße – zur Staatsgalerie. Auf dem Rückweg steuern Sie erst den Karlsplatz an, dann das Alte Schloss und den Schillerplatz. Von hier können Sie über den Marktplatz zum Hegelhaus oder durch die Fußgängerzone (Königstraße, Calwer Straße) schlendern.

Schlossplatz

Im Zentrum des Platzes steht die Jubiläumssäule, 1842 anlässlich der 25-jährigen Regierungszeit Wilhelms I. errichtet. Außerdem finden sich hier Skulpturen vieler bekannter Künstler, u.a. von Alexander Calder und Alfred Hrdlicka. Der Platz wird geprägt durch zwei mächtigen Bauten, den klassizistischen **Königsbau** (1856–60) und gegenüber das spätbarocke **Neue Schloss** mit seiner ausgedehnten Schlossanlage (1746–1807).

Klassizistische Fassade der Oper (Staatstheater Stuttgart)

Kunstgebäude

Schlossplatz 2. ☎ *(0711) 22 33 70.* *Di, Do–So 11–18 Uhr (Mi bis 20 Uhr).*

In dem 1912/13 errichteten Gebäude ist der **Württembergische Kunstverein** zu Hause. Bis März 2005 war hier auch die Galerie der Stadt Stuttgart untergebracht.

Kunstmuseum Stuttgart

Kleiner Schlossplatz 1. ☎ *(0711) 216 21 88.* *Di, Do–So 10–18 Uhr (Mi, Fr bis 21 Uhr).*

2005 zog die **Galerie der Stadt Stuttgart** mit ihrer Sammlung moderner und zeitgenössischer Kunst (Otto Dix, Adolf Hölzel, Dieter Roth u.a.) in den Glaskubus-Neubau.

Schlossgarten

Das schöne Gartenareal nördlich des Neuen Schlosses wurde im frühen 19. Jahrhundert angelegt und hat bis heute nichts von seinem ursprünglichen Charme verloren. Es ist durchzogen von beschaulichen Wegen, die von Skulpturen gesäumt werden. Interessant ist das **Carl-Zeiss-Planetarium** mit wechselnden Shows.

An die Gartenanlage grenzt das Opernhaus des **Staatstheaters Stuttgart**, 1909–12 von Max Littmann errichtet. 1982–84 wurde nach Entwürfen von Gottfried Böhm ein Flügel mit Kuppel angebaut, der sogenannte Theaterpavillon.

Staatsgalerie

Siehe S. 312f.

Altes Schloss

Württembergisches Landesmuseum Schillerplatz 6. ☎ *(0711) 279 34 98.* *Di–So 10–17 Uhr.*

Nach der Zerstörung von Schloss Württemberg im Jahr 1311 beschloss die fürstliche Familie, ihren Stammsitz nach Stuttgart zu verlegen. So wurde um 1320 mit dem Umbau der bereits existierenden Wasserburg begonnen. Vom Karlsplatz aus sieht man den Teil, der von dieser Burg noch erhalten ist.

Das heutige Schloss stammt aus der Zeit der Renaissance. 1553–78 wurde es von Aberlin Tretsch zum quadratisch angelegten Komplex mit Innenhof und dreistöckigen Arkaden umgebaut. Im südwestlichen Flügel befindet sich die Schlosskapelle, einer

Das dreiflügelige Neue Schloss in Stuttgart, das Barock und Klassizismus vereint

Innenhof mit dreistöckigen Arkaden im Alten Schloss

der ältesten protestantischen Sakralräume Süddeutschlands. Heute ist im Alten Schloss das **Württembergische Landesmuseum** untergebracht. Neben Spezialsammlungen findet man hier die Kunstkammer der württembergischen Herzöge, den Kronschatz, vor allem aber auch Exponate zur Landesgeschichte von der Steinzeit bis zur Neuzeit.

Schillerplatz

Der Schillerplatz ist zweifellos einer der hübschesten Plätze Stuttgarts. Hier soll sich der »Stuotgarten« befunden haben, nach dem Stuttgart benannt ist. Heute steht in der Mitte des Platzes die von dem Dänen Bertel Thorvaldsen (1839) geschaffene Statue Friedrich Schillers. Um den Schillerplatz gruppieren sich historische Gebäude: Die 1542–44 erbaute und 1566 erweiterte Alte Kanzlei, der Prinzenbau (17. Jh.) und der Fruchtkasten (16. Jh.), ein alter Kornspeicher, der das Musikinstrumenten-Museum beherbergt.

Stiftskirche

Stiftstraße 12.

Die gotische Stiftskirche, mit ihren zwei ungleichen Türmen eines der Wahrzeichen Stuttgarts, wurde im 15. Jahrhundert von Hänslin und Aberlin Jörg erweitert. Integriert wurden dabei die Mauern der vorherigen romanischen Kirche. Trotz der Zerstörungen des Zweiten Weltkriegs blieben in der nun renovierten Kirche die Standbilder der Herzöge von Württemberg im Chor erhalten, die Simon Schlör ab 1576 schuf.

INFOBOX

Straßenkarte C6. *593 000.*
16 km südlich des Zentrums.
Königstraße 1a, (0711) 222 80. *Frühlingsfest (Apr/Mai); Weindorf (Aug/Sep, Okt/Nov); Cannstatter Wasen (Sep/Okt); Fellbacher Herbst (Okt); Weihnachtsmarkt (Dez).*
www.stuttgart-tourist.de

Hegelhaus

Eberhardstraße 53. *(0711) 216 67 33.* *Mo–Fr 10–17.30 Uhr, Do 10–18.30 Uhr, Sa 10–16 Uhr.*

Der bedeutende Philosoph Georg Wilhelm Friedrich Hegel kam hier am 27. August 1770 zur Welt. Sein Geburtshaus ist heute ein Museum, das die Lebensstationen des berühmten Philosophen von Stuttgart nach Berlin nachvollzieht und seine Werke präsentiert.

Heiligenfiguren an der Fassade der Stiftskirche

Linden-Museum/Staatl. Museum für Völkerkunde

Hegelplatz 1. *(0711) 20 22-3.* *Di–So 10–17 Uhr (Mi bis 20 Uhr).*

Das Linden-Museum ist eines der bedeutendsten ethnologischen Museen Europas. Gegründet wurde es von Karl Graf von Linden, der dem Museum 1889–1910 als Direktor vorstand. Das Museum zeigt Exponate aus Nord- und Südamerika, der Südsee, Afrika, dem Islamischen Orient, Süd- und Ostasien, darunter z. B. indonesische Schattenspielfiguren, ein tibetisches Sandmandala oder eine Maske aus Peru (6.–8. Jh.).

Peruanische Maske im Linden-Museum

Weißenhofsiedlung

Rathenaustr. 1. **Weißenhofmuseum im Haus Le Corbusier** *(0711) 257 91 87.* *Di–Fr 11–18, Sa, So 10–18 Uhr.* **Architekturgalerie** *(0711) 257 14 34.* *Di–Sa 11–18 Uhr, So 12–17 Uhr.*

1927 veranstalteten Architekten eine »Werkbundausstellung« zum Thema Wohnen. Ergebnis war eine Wohnsiedlung, die noch existiert, obwohl sie im Krieg schwer beschädigt wurde. Die meisten der Häuser repräsentieren, inspiriert vom Bauhaus, den Funktionalismus. Die Siedlung sollte Vorbildcharakter haben. Beteiligt waren u. a. Ludwig Mies van der Rohe (Am Weißenhof 14–20), Le Corbusier (Rathenaustraße 1–3), Peter Behrens (Am Weißenhof 30–32, Hölzelweg 5) und Hans Scharoun (Hölzelweg 1).

Liederhalle

Berliner Platz 1–3.

Die Liederhalle ist eine gelungene Synthese aus Tradition und Moderne. In dem 1955/56 von Adolf Abel, Rolf Gutbrod und Blasius Spreng erbauten Kultur- und Kongresszentrum, heute ergänzt durch einen Neubau, gruppieren sich drei Konzert- und zwei kleinere Säle um ein zweigeschossiges Foyer. Hier finden Konzerte und andere Musikveranstaltungen statt.

Mercedes-Benz-Museum

Mercedesstraße 100. *(0711) 173 00 00.* *Di–So 9–18 Uhr.* *Feiertage.* **www**.mercedes-benz-museum.com

Das Museum im östlich gelegenen Untertürkheim zeigt die Entwicklung der Automarke mit dem Stern von frühesten Modellen bis zu neuesten Limousinen. Seit dem 100. Geburtstag von Mercedes (2001) zeigt das Museum mehr als 70 Oldtimer. Zur Sammlung gehören auch die zwei ältesten Automobile der Welt, das Benz-Dreirad von 1886 und der Daimler-»Reitwagen« von 1885. Außerdem werden die Pullman-Limousine des japanischen Kaisers (1935) und das erste für Papst Johannes Paul II. gebaute »Papamobil« (ca. 1980) präsentiert.

Eldorado für Autofans: Oldtimer im Mercedes-Benz-Museum

Das Museum widmet sich auch dem Automobilsport. Publikumsmagneten sind die legendären »Silberpfeile« der 1930er und 1940er Jahre, aber auch viele andere Flitzer.

Der Besucher durchlebt hier Automobilgeschichte. Er erfährt beispielsweise, wie der Mercedes zu seinem Namen kam (1899 hatte der Hobby-Rennfahrer Emil Jellinek das Siegergefährt nach seiner Tochter Mercedes benannt) oder wie der Name Daimler-Benz entstand (durch Zusammenschluss der Daimler-Motoren-Gesellschaft und der Benz & Cie., Rhein, 1926). Der 1999 entstandene weltgrößte Automobilkonzern DaimlerChrysler ist auch schon wieder Geschichte.

Fernsehturm

Jahnstraße 120. *(0711) 23 25 97.* *tägl. 9–23 Uhr (letzte Auffahrt 22.30 Uhr).*

Das 217 Meter hohe Bauwerk (1954–56) in Stuttgart-Degerloch, ein Wahrzeichen der Stadt, war der erste Fernsehturm der Welt, der aus Stahlbeton gebaut wurde. Auf der Aussichtsplattform (zwei Restaurants) kann man bei klarem Wetter bis zu den Alpen sehen.

Porsche-Museum

Porscheplatz 1. *(0711) 91 12 09 11.* *Di–So 9–18 Uhr.*

Auch Stuttgarts zweiter weltberühmter Automobilhersteller verfügt über sein eigenes Museum. Das neue, architek-

Le-Corbusier-Haus in der Weißenhofsiedlung

tonisch anspruchsvolle Porsche-Museum beim Stammwerk in Zuffenhausen wurde im Januar 2009 eröffnet. Hier sind rund 80 Exemplare der schnellen, teuren Wagen sowie eine große Anzahl an Kleinexponaten ausgestellt, die einen Überblick über die Geschichte des Automobilkonzerns liefern.

Markthalle

Dorotheenstraße 4. *Mo–Fr 7–18.30, Sa 7–16 Uhr.*

Stuttgarts 1912–14 erbaute Jugendstil-Markthalle ist mit ihren Fresken eine der schönsten Europas. Anfangs diente sie als Großmarkthalle. Heute werden hier Obst, Gemüse, Fisch, Fleisch, Backwaren und Blumen verkauft. Außerdem findet man ein kleines Restaurant vor.

Schloss Solitude

Solitude 1. *(0711) 69 66 99. Apr–Okt: Di–Sa 9–12, 13.30–17, So 9–17 Uhr; Nov–März: Di–Sa 13.30–16, So 10–16 Uhr. Park frei. obligatorisch.*

Die reizvolle, schön am Hang gelegene Schlossanlage ließ Herzog Carl Eugen 1764–75 für sich erbauen. Er war aktiv an der Gestaltung seiner prächtigen Rokoko-Residenz beteiligt. Die kostbare Ausstattung ist ein Werk von Philippe de la Guêpière, der den Stil Ludwigs XVI. nach Deutschland brachte. Schloss Solitude wird häufig als sein Meisterwerk bezeichnet.

In den 1970er und 1980er Jahren wurde die ganze Anlage komplett restauriert, seit 1990 sorgen u.a. Literatur-, Kunst- und Musikstipendiaten der Akademie Schloss Solitude für neues Leben. Eine schnurgerade, 15 Kilometer lange Straße verbindet Schloss Solitude mit Ludwigsburg.

Johannes Kepler (1571–1630)

Der Astronom und Mathematiker wurde in Weil der Stadt geboren. In Tübingen studierte er Theologie und lernte die Arbeiten von Kopernikus kennen. 1600 floh Kepler im Zug der Gegenreformation nach Prag, wo er mit dem dänischen Astronomen Tycho Brahe zusammenarbeitete. Nach jahrelangen Forschungen formulierte Kepler die später nach ihm benannten drei Gesetze über die Bewegung der Planeten.

Bad Cannstatt

Bad Cannstatt, früher ein unabhängiger Kurort, ist heute ein Stadtteil von Stuttgart. In einem schön angelegten, gepflegten Park findet man die Pfarrkirche, eine gotische Hallenkirche von Aberlin Jörg d.Ä. (1471–1506), das klassizistische Rathaus und den 1825–42 erbauten Kursaal. Sehenswert ist auch das klassizistische Schloss Rosenstein, das 1824–29 im Auftrag König Wilhelms I. erbaut wurde. Baumeister war Giovanni Salucci. Es beherbergt heute die biologische Abteilung des Naturkundemuseums. Das nächste Bauprojekt des Königs von Württemberg war die Wilhelma, ein riesiger Park mit maurischer Villa und orientalischen Pavillons. Der Architekt der Anlage (1842–53) war Karl Ludwig Wilhelm von Zanth. Heute ist die Wilhelma ein zoologisch-botanischer Garten mit Freigehegen und -becken, Aquarien- und Terrarienhäusern, Volieren, exotischen Bäumen und Sträuchern.

Umgebung: In **Sindelfingen**, 15 Kilometer südlich von Stuttgart, steht die um 1050 begonnene Martinskirche, eine der ältesten romanischen Kirchen Württembergs. Nicht weit davon, die Lange Straße hinunter, befindet sich das Alte Rathaus (1478), an das das alte Salzhaus (1592) angebaut ist. Die beiden Fachwerkhäuser beherbergen heute das Stadtmuseum.

Weil der Stadt, 30 Kilometer westlich von Stuttgart, ist die Geburtsstadt des Astronomen Johannes Kepler und des Reformators Johannes Brenz. Die spätgotische Stadtkirche St. Peter und Paul wurde ab 1492 umgebaut. Am Marktplatz mit der Kepler-Statue steht auch das Renaissance-Rathaus (1582). In der Keplergasse 2 befindet sich das Geburtshaus des berühmten Astronomen. Hier ist heute das kleine Kepler-Museum untergebracht.

Auch **Waiblingen**, zwölf Kilometer nordöstlich von Stuttgart am Ausgang des Remstals gelegen, ist einen Besuch wert. Im Kirchenbezirk stehen das sogenannte Nonnenkirchle (1496) und die spätgotische evangelische Michaelskirche (Ende 15. Jh.).

Schloss Solitude, westlich vom Stadtzentrum Stuttgarts gelegen

Stuttgart: Staatsgalerie

Die Alte Staatsgalerie umfasst drei Gebäude. Sie entwickelte sich aus dem »Museum der bildenden Künste«, das König Wilhelm I. 1843 für seine Privatsammlung gründete. Der postmoderne Erweiterungsbau der Neuen Staatsgalerie wurde 1984 von James Stirling fertiggestellt. Als dritter Bauteil entstand bis 2002 der Erweiterungsbau der Alten Staatsgalerie (Architekten: Wilfried und Katharina Steib).

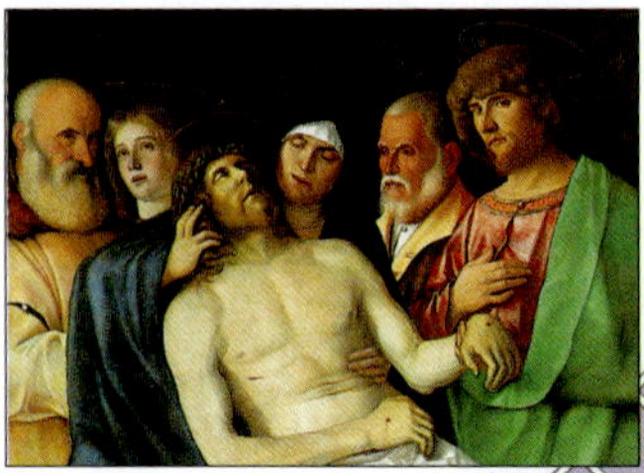

★ Die Beweinung Christi (um 1490)
Der venezianische Künstler Giovanni Bellini ist für die subtile Darstellung berühmt.

Bathseba im Bade (um 1485)
In diesem Gemälde, Teil eines verloren gegangenen Triptychons, greift Hans Memling die alttestamentarische Geschichte der Bathseba auf. Die Figuren entsprechen dem gotischen Schönheitsideal.

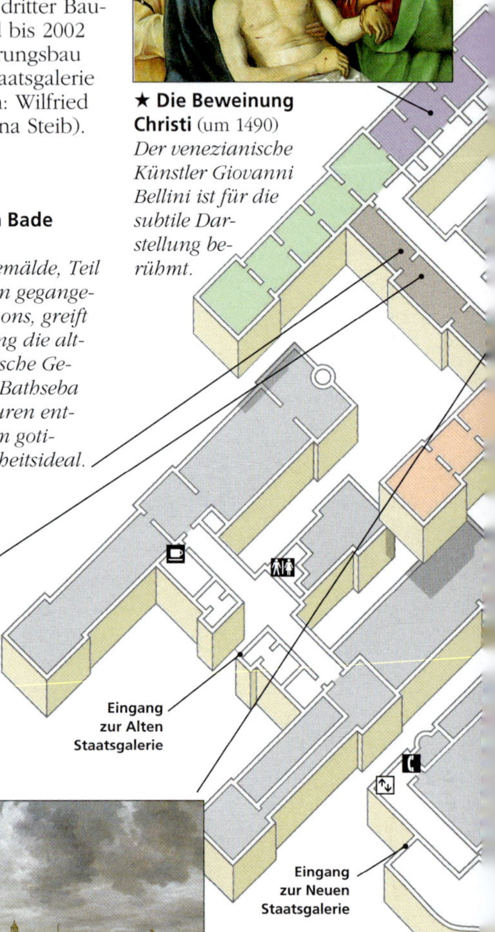

★ Paulus im Gefängnis (1627)
Rembrandt zeigt in diesem frühen Werk den Apostel Paulus, der in seiner Zelle den Tod erwartet.

Überfahrt über den Rhein bei Rhenen (1642)
Der niederländische Maler Jan van Goyen wurde berühmt für seine ausdrucksstarken, gleichwohl genau wiedergegebenen Landschaften. Oft setzte er nur hellgraue und braungrüne Töne ein.

LEGENDE

- Italienische Malerei
- Deutsche Malerei
- Niederländische Malerei
- Malerei (19. Jh.)
- Malerei (20. Jh.)
- Skulpturengarten
- Grafische Sammlung
- Wechselausstellungen
- Kein Ausstellungsbereich

NICHT VERSÄUMEN

- ★ Die Beweinung Christi
- ★ Iphigenie
- ★ Paulus im Gefängnis

★ Iphigenie (1871)
Anselm Feuerbach ließ sich von Goethes Schauspiel Iphigenie auf Tauris *inspirieren.*

Kurzführer

Dauerausstellungen sind im ersten Stock der beiden Gebäude zu sehen. In der Alten Staatsgalerie hängen Werke Alter Meister und aus dem 19. Jahrhundert. Die Neue Staatsgalerie präsentiert Arbeiten des 20. Jahrhunderts.

INFOBOX

Konrad-Adenauer-Straße 30–32. *(0711) 47 04 00.* *Mi, Fr–So 10–18 Uhr, Di, Do 10–20 Uhr.* *Mi frei.*
www.staatsgalerie.de

Felder im Frühling (1887)
Claude Monet, einer der berühmtesten französischen Impressionisten, spielt hier mit den Farben der Natur und ihrer Veränderung durch das Licht.

Die Gaukler (1905)
Das Gemälde von Pablo Picasso trägt auch den Titel Betrübte Mutter mit Kind *und stammt aus der Zeit vor der kubistischen Phase.*

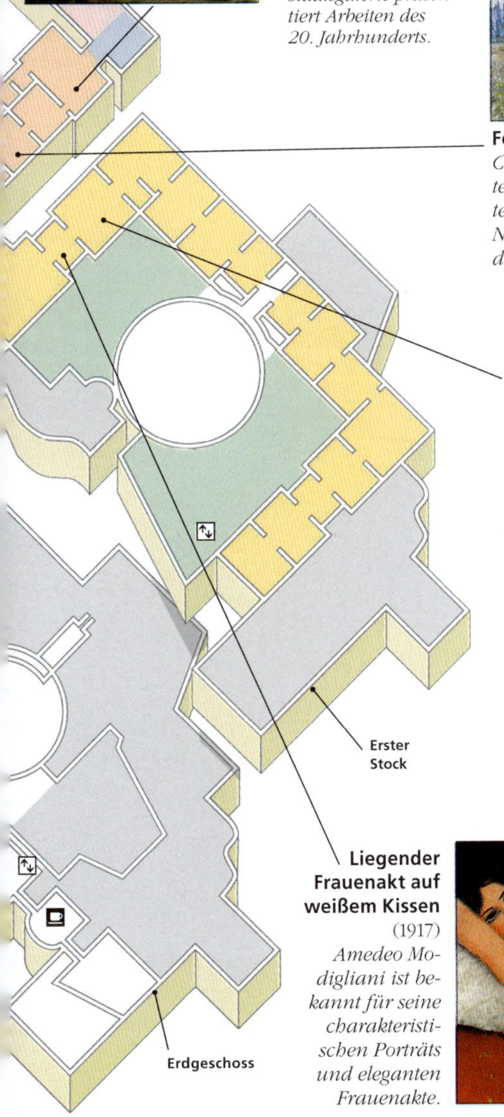

Liegender Frauenakt auf weißem Kissen (1917)
Amedeo Modigliani ist bekannt für seine charakteristischen Porträts und eleganten Frauenakte.

Schwäbische Alb ㉑

Der Bergzug der Schwäbischen Alb, auch Schwäbischer Jura genannt, erstreckt sich über 220 Kilometer vom Hochrhein bei Schaffhausen (Schweiz) bis zum Nördlinger Ries an der Grenze zwischen Baden-Württemberg und Bayern. Die höchste Erhebung ist der Lemberg mit 1015 Metern. Überall trifft man auf imposante Höhlen, deren fantasievolle Tropfsteingebilde im Lauf der Jahrtausende in den Kalksteinfelsen entstanden. Die UNESCO erklärte die Schwäbische Alb im Jahr 2009 zum Biosphärenreservat.

Hechingen
Am Rand von Hechingen wurden die Reste eines römischen Gutshofs (1.–3. Jh. n. Chr.) gefunden.

Haigerloch
Das Schloss (17. Jh., heute Hotel) der Fürsten von Hohenzollern-Haigerloch beherbergt eine spätgotische Kirche mit Rokoko-Ausstattung.

★ Burg Hohenzollern
Der Stammsitz der Hohenzollern, Anfang des 19. Jahrhunderts nur noch eine Ruine, wurde 1850–67 wiederaufgebaut. Die Michaelskapelle (15. Jh.) blieb erhalten.

★ Beuron
Die großartige Benediktinerabtei in Beuron wurde im 11. Jahrhundert gegründet. Die schlichte barocke Abteikirche St. Martin besitzt einen prächtigen Chor.

NICHT VERSÄUMEN

- ★ Beuron
- ★ Burg Hohenzollern
- ★ Sigmaringen

Schwäbischer Jura
Die sanften Hügel und freundlichen Dörfer ziehen Wanderer und Besucher aus aller Welt an.

INFOBOX

Tourismusverband Schwäbische Alb, Marktplatz 1, Bad Urach, (07125) 94 81 06.
www.schwaebischealb.de

Hohenneuffen
Das Städtchen Neuffen liegt im Schatten der massiven Burg, die um 1100 gegründet wurde. Sie ist die größte Burgruine Baden-Württembergs.

Lichtenstein
Die 1840/41 umgebaute Burg ist Schauplatz eines Romans von Wilhelm Hauff.

★ Sigmaringen
Das Stadtbild wird durch das Schloss geprägt, das nach einem Brand 1893 neu gestaltet wurde. Der mächtige Bergfried stammt allerdings noch aus dem Mittelalter.

Tübingen ㉒

Straßenkarte C6. 87 000. *An der Neckarbrücke 1, (07071) 913 60.* **www**.tuebingen.de

Tübingen ist neben Heidelberg und Freiburg im Breisgau die berühmteste Universitätsstadt Baden-Württembergs. Die Universität wurde 1477 von Graf Eberhard im Bart mit den vier klassischen Fakultäten Theologie, Jura, Medizin und Philosophie gegründet. Schon 1078 ist eine Tübinger Burg erwähnt. Um die Burg herum entstand eine Siedlung, die um 1231 zur Stadt erklärt wurde. 1342 kam Tübingen in den Besitz der Grafen von Württemberg.

Schloss Hohentübingen thront auf einem Hügel über der Neckarstadt. Berühmt ist das untere Schlosstor (1603–07), das mit den Wappen des Hauses Württemberg geschmückt ist. Der mit einer Mauer umgebene Schlosskomplex erhielt im 16. und 17. Jahrhundert unter den Herzögen Ulrich und Friedrich I. von Württemberg sein heutiges Aussehen. Im Schloss sind Exponate aus den Lehrsammlungen der Institute für Ur- und Frühgeschichte, Archäologie, Ägyptologie, Ethnologie und des altorientalischen Seminars ausgestellt.

Die Burgsteige führt in die malerische Altstadt.

Tübinger Rathaus

In der Mitte des Marktplatzes steht der Neptunbrunnen, ein Werk Heinrich Schickhardts von 1617. Das Rathaus stammt aus dem Jahr 1435 und wurde im 16. Jahrhundert im Stil der Renaissance umgebaut. Die astronomische Uhr wurde 1511 gefertigt. Die Sgraffito-Malerei an der Marktseite entstand 1877; älter sind die Malereien auf der Seite der Haaggasse (16. Jh.).

Im Chor der spätgotischen, ab 1470 erbauten **Stiftskirche** befindet sich die Grablege des württembergischen Herrscherhauses. Von Interesse sind hier der Flügelaltar (1520) von Hans Schäufelin, das mit Figurenschnitzereien verzierte Chorgestühl (spätes 15. Jh.), der Taufstein, die Kanzel sowie die Bleiglasfenster (um 1475). In der Buchhandlung Heckenhauer am Holzmarkt absolvierte Hermann Hesse seine Lehre als Buchhändler.

Im **Hölderlinturm** am Neckar-Ufer lebte Friedrich Hölderlin von 1807 bis zu seinem Tod. Nicht weit entfernt steht die Alte Burse, Tübingens ältestes Universitätsgebäude, das 1478–82 erbaut und 1803–05 umgebaut wurde. Die Burse war Studentenwohnheim und Lehranstalt. Luthers Mitstreiter Philipp Melanchthon hielt hier 1514–18 Vorlesungen.

Das Evangelische Stift am Klosterberg wurde 1536 von Herzog Ulrich gestiftet. Zu den berühmtesten Studenten gehörten u.a. der Astronom Kepler, die Dichter Hölderlin und Mörike sowie die Philosophen Schelling und Hegel.

Die Tübinger **Kunsthalle** ist für ihre Wechselausstellungen bekannt. Sehenswert sind auch das **Stadtmuseum** sowie das **Auto- und Spielzeugmuseum »Boxenstop«** mit Oldtimern, Renn- und Sportwagen, Motorrädern und über 1000 wertvollen Spielsachen.

Äußeres Tor Richtung Schloss Hohentübingen

Museum Schloss Hohentübingen
Burgsteige 11. *(07071) 297 73 84. Mai–Sep: Mi–So 10–18 Uhr; Okt–Apr: Mi–So 10–17 Uhr.*

Stiftskirche St. Georg
(07071) 525 83. Apr–Sep: tägl. 9–17 Uhr; Okt–März: tägl. 9–16 Uhr.

Hölderlinturm
Bursagasse 6. *(07071) 220 40. Di–Fr 10–12, 15–17 Uhr, Sa, So, Feiertage 14–17 Uhr.*

Kunsthalle
Philosophenweg 76. *(07071) 969 10. Mi–So 11–18 Uhr, Di 11–19 Uhr (bei Ausstellungen).*

Stadtmuseum
Kornhausstraße 10. *(07071) 204 17 11 oder 94 54 60. Di–So 11–17 Uhr.*

Auto- und Spielzeugmuseum »Boxenstop«
Brunnenstraße 18. *(07071) 55 11 22. Apr–Okt: Mi–Fr 10–12, 14–17 Uhr; Nov–März: nur So 10–17 Uhr.*

Hotels und Restaurants in Baden-Württemberg *siehe Seiten 503–506 und 542–545*

Rottweil ㉓

Straßenkarte C7. 25 200. *Hauptstraße 23, (0741) 49 42 80. Fasnet (Rosenmontag); Jazzfest (Mai); Klassikfestival (Juni); Ferienzauber (Aug).* **www**.rottweil.de

Rottweil am Neckar ist eine der ältesten Städte Baden-Württembergs. Es entwickelte sich um eine römische Siedlung, die im Jahr 73 auf einem Hügel errichtet worden war. 1234 bekam Rottweil Stadtstatus, 1401 wurde es Freie Reichsstadt des Heiligen Römischen Reichs. 1463 trat Rottweil der Schweizer Eidgenossenschaft bei, die 1291 von den Kantonen Uri, Schwyz und Unterwalden gegründet worden war. Bis 1802 blieb die Stadt schweizerisch. Danach unterstand sie württembergischer Herrschaft.

Rottweil ist geprägt von historischen Gebäuden. Erhalten sind auch Teile der alten Stadtmauer sowie etliche Türme.

Das ursprünglich spätromanische, dreischiffige **Heilig-Kreuz-Münster** mit sternförmigem Netzgewölbe wurde im 15. und 16. Jahrhundert umgebaut. Sehenswert sind das überlebensgroße Kruzifix, das Veit Stoß zugeschrieben wird, und der Apostelaltar des Cord Bogentrik.

In der Hauptstraße 23 steht das Rathaus mit spätgotischer Front (1521). In der Hauptstraße 20 stellt das **Stadtmuseum** seine Bestände zur Stadtgeschichte aus. Das **Dominikanermuseum** zeigt Holzbildwerke und Tafelmalereien aus der Spätgotik und befasst sich mit der römischen Vergangenheit der Stadt. Interessant ist das Orpheus-Mosaik aus dem 2. Jahrhundert.

Auf beiden Seiten der Hauptstraße stehen Bürgerhäuser mit den für die Gegend typischen Erkern. Eines der bedeutendsten alten Gebäude Rottweils ist die **Kapellenkirche**, die um 1320 begonnen wurde. Der Kapellenturm mit seinen spätgotischen Etagen ist 70 Meter hoch. Die Schnitzereien an den drei Portalen erinnern an nordfranzösische Kathedralen. Zur barocken Innenausstattung gehören vor allem die Fresken von Joseph Fiertmair, einem Schüler von Cosmas Damian Asam.

Die ab 1268 erbaute gotische Dominikanerkirche wurde im 18. Jahrhundert umgebaut. Hier sind Fresken von Josef Wannenmacher (1755) zu sehen. In der Nähe des Friedhofs wurden römische Bäder aus dem 2. Jahrhundert ausgegraben.

Rottweil ist eine Hochburg der alemannischen Fasnet, die mit fantasievollen Kostümen begangen wird. Berühmt ist der sogenannte Narrensprung. Diese Tradition geht bis ins Mittelalter zurück. Im Stadtmuseum sind historische Fasnet-Kostüme ausgestellt. Das **Puppen- und Spielzeugmuseum** zeigt neben Puppen auch Puppenstuben, -küchen und -läden.

Brunnen und Schwarzes Tor in der Hauptstraße von Rottweil

Veit Stoß zugeschriebenes Kruzifix im Heilig-Kreuz-Münster, Rottweil

Kapellenturm, Rottweil

Stadtmuseum
Hauptstraße 20.
(0741) 49 42 56.
Di–So 10–12 Uhr.

Dominikanermuseum
Am Kriegsdamm. *(0741) 49 43 30. Di–So 14–17 Uhr. Feiertage.*

Puppen- und Spielzeugmuseum
Hauptstraße 49.
(0741) 942 21 77.
Mi–Fr 10–12.30, 14–17.30, Sa 10–12.30, So 14–17 Uhr.

Ulm ㉔

Straßenkarte C6. 120 000. *Münsterplatz 50, (0731) 161 28 30. Stadtfest (Juni); Fischerstechen (alle vier Jahre im Juli, nächstes Mal 2013); Schwörmontag (3. Mo im Juli).* **www**.ulm.de

Die Anfänge der Donaustadt gehen ins Jahr 854 zurück. Bereits um 1165 erhielt Ulm Stadtstatus, 1274 wurde es Freie Reichsstadt. Während des 15. Jahrhunderts war Ulm eine der reichsten Städte Europas, doch der Dreißigjährige Krieg setzte dieser stürmischen Entwicklung ein Ende. Ab 1810 herrschten die württembergischen Könige über die Stadt. Ulm ist bekannt als Albert Einsteins Geburtsstadt. Während des Zweiten Weltkriegs wurde ein Großteil der Stadt stark zerstört.

Das **Ulmer Münster** ist ein Meisterstück der europäischen Gotik. Sein Westturm ist mit 161 Metern der höchste Kirchturm der Welt. Der Grundstein für die fünfschiffige Basilika wurde 1377 gelegt. Bis 1543 wirkten die berühmtesten Baumeister der deutschen Gotik am Bau mit: Heinrich und Michael Parler, Ulrich von Ensingen und Matthäus Böblinger. Doch erst 1844–90 sollte das Münster mit der Turmerhöhung vollendet werden. Bei der Fertigstellung wurde nach den alten Plänen gearbeitet.

Gotisches Taufbecken im Ulmer Münster

Astronomische Uhr am Ulmer Rathaus

Kostbarkeiten im Inneren sind z. B. der Schmerzensmann von Hans Multscher (1429), das einzigartige, von Jörg Syrlin d. Ä. geschnitzte Chorgestühl, die Chorfenster aus dem 15. Jahrhundert, der Altar von Martin Schaffner und das Taufbecken von Jörg Syrlin d. J.

Zu den besonderen Sehenswürdigkeiten Ulms zählt auch das 1370 erbaute Rathaus mit seinen reichen Wandmalereien und der astronomischen Uhr. An der Blau entlang erstreckt sich bis zur Stadtmauer und zur Donau das Fischerviertel mit Fachwerkhäusern, darunter das »Schiefe Haus«.

Das **Ulmer Museum** zeigt Funde aus der Ur- und Frühgeschichte des Ulmer Raums, Kunst und Kunsthandwerk in Ulm und Oberschwaben, Stadtgeschichtliches sowie europäische und amerikanische Kunst nach 1945. Das **Museum der Brotkultur** dokumentiert die Geschichte des Brots und des Backens.

Ulmer Museum
Marktplatz 9. *(0731) 161 43 12. Di–So 11–17 Uhr (Do bis 20 Uhr bei Ausstellungen).*

Museum der Brotkultur
Salzstadelgasse 10. *(0731) 699 55. tägl. 10–17 Uhr (Mi bis 20.30 Uhr). Mi 19 Uhr kostenlos.*

Ravensburg ㉕

Straßenkarte C7. *47 500. Kirchstraße 16, (0751) 828 00. Fasnet (Feb); Rutenfest (Juli).* **www**.ravensburg.de

Im Jahr 1088 wurde die Burg oberhalb der heutigen Stadt Ravensburg erstmals erwähnt, und zwar als Sitz der Welfen.

Spätgotischer Flügelaltar von 1510 in der Liebfrauenkirche von Ravensburg

Unterhalb der Burg entstand eine Siedlung, die schon im 12. Jahrhundert das Stadtrecht erhielt. 1276 wurde der Ort Freie Reichsstadt. Ab 1395 wurde in Ravensburg Papier hergestellt. Während des 15. Jahrhunderts entwickelte sich die Stadt dank des Leinenhandels zu einer der reichsten in Europa.

Die **Pfarrkirche Unserer Lieben Frau** in der Kirchstraße stammt aus der zweiten Hälfte des 14. Jahrhunderts. Bemerkenswert sind die Bleiglasfenster des Chors aus dem 15. Jahrhundert.

Um den Marienplatz reihen sich Rathaus, Waaghaus und Blaserturm. Das ziegelrote **Rathaus** (14./15. Jh.) mit Treppengiebel besitzt zwei spätgotische Ratssäle mit Zunfttafeln und Fresken.

Im Erdgeschoss des **Waaghauses** (1498) befanden sich früher die Stadtwaage und die Münzanstalt; im ersten Stock wurde mit Waren gehandelt. Der **Blaserturm**, der frühere städtische Wachturm, ist heute das Wahrzeichen der Stadt und ein guter Aussichtsturm. Weitere interessante Gebäude beim Marienplatz sind das Lederhaus (1513/14) und das alte Kornhaus (Mitte 15. Jh.).

Die Marktstraße ist gesäumt von ehrwürdigen Bürgerhäusern. Haus Nr. 59, das älteste Wohnhaus, wurde 1179, das Nachbarhaus 1446 erbaut. Der weiße Turm, den man von hier sieht, wird »Mehlsack« genannt. Er wurde um 1425 errichtet und kann von Mai bis September bestiegen werden. Von der Veitsburg oberhalb der Altstadt, die an der Stelle einer Welfenburg steht, genießt man einen schönen Blick über die Stadt.

Ehemaliges Zisterzienserkloster in Salem, heute teils Museum, teils Internat Schloss Salem

Weingarten 26

Straßenkarte C7. *23 600.*
Münsterplatz 1, (0751) 40 51 25.
Heilig-Blut-Fest mit »Blutritt«, einer der größten Reiterumzüge Europas (Juni).
www.weingarten-online.de

Die Welfen verlegten 1053 ein in der ersten Hälfte des 10. Jahrhunderts gegründetes Benediktinerinnenkloster nach Weingarten. Ab 1056 wurde das **Kloster Heilig Blut** von Männern bewohnt. Um 1190 schrieben die Mönche eine Chronik des Welfengeschlechts, die berühmte *Welfenchronik*.

Unter Abt Sebastian Hyller wurde die Abtei zu einem großen Klosterkomplex ausgebaut. Um die Basilika herum sollten beidseitig Innenhöfe entstehen, eingefasst von geschwungenen Galerien und Pavillons. An den Plänen wirkten berühmte Architekten mit, u. a. Kaspar Moosbrugger, Franz Beer, Michael Thumb und Enrico Zuccalli. Beim Bau der Basilika (1715–24) wurden die Pläne nur teilweise ausgeführt.

Die Basilika erinnert, obwohl nur halb so groß, wegen ihrer majestätischen Raumwirkung an den Petersdom in Rom. Auch die Innenausstattung ist bemerkenswert: großartige Deckenfresken von Cosmas Damian Asam, das geschnitzte, mit Intarsien versehene Chorgestühl von Joseph Anton Feuchtmayer, Stuckaturen von Franz Schmuzer und die berühmte Orgel von Josef Gabler, mit 6666 Pfeifen eine der größten Deutschlands.

Die Ausstellung im **Alamannenmuseum** zeigt wertvolle Gräberfunde (5.–8. Jh.).

Alamannenmuseum
Karlstr. 28. *(0751) 405 125.*
Di–So 14–17 Uhr (Do bis 18 Uhr).

Salem 27

Straßenkarte C7. *11 000.*
Leutkircher Straße 1, (07553) 823 12.
www.salem.de

Die ersten Zisterziensermönche ließen sich 1134 in Salmannsweiler, dem heutigen Salem, nieder. Zwischen 1299 und 1414 erbauten sie dort eine Kirche.

Das Salemer Münster Mariä Himmelfahrt, der bedeutendste hochgotische Kirchenbau am Bodensee, ist eine dreischiffige Basilika mit Querschiff. Auffallend ist das große Fenster im nördlichen Querschiff, das Vorbild wurde für andere Zisterzienserkirchen. Prachtvoll ist die Innenausstattung, etwa das Sakramentshäuschen (1494), das Chorgestühl (1594) und die Altäre (Frührenaissance).

Die neueren Klostergebäude, die seit 1802 **Schloss Salem** bilden, entstanden 1700–10. Zu den beeindruckenden Räumen gehört auch der Kaisersaal (1708–10).

Seit der Säkularisierung von 1802 ist Schloss Salem im Besitz der Markgrafen von Baden, die hier einen Teil ihrer Kunstsammlungen untergebracht haben. Ein Schlossflügel dient seit 1920 als Internat, das von Kurt Hahn, Karl Reinhardt und Prinz Max von Baden, Anhängern der Reformpädagogik, gegründet wurde.

Schloss Salem
(07553) 814 37. Mitte März–Okt: Mo–Sa 9.30–18 Uhr, So 10.30–18 Uhr.

Deckenfresko in der Basilika von Weingarten

Bodensee 28

An den Bodensee, das »Schwäbische Meer«, grenzen Deutschland, Österreich und die Schweiz. Landschaftlich einmalig ist das Zusammenspiel der Alpen mit der lieblichen oberschwäbischen Landschaft. Doch auch die hübschen Städte und Dörfer am See machen einen Besuch dieser Region zu einem unvergesslichen Erlebnis. Rund um den Bodensee führen mit wechselndem Abstand zum Ufer auch ein gut markierter Wanderweg und ein Radweg.

Bodensee
Der Bodensee liegt 396 Meter über dem Meeresspiegel, ist 72 Kilometer lang und 14 Kilometer breit. Seine maximale Tiefe beträgt 254 Meter.

Reichenau
Die »Gemüseinsel« Reichenau ist für ihre 724 gegründete Benediktinerabtei berühmt. Erhalten sind noch die ehemalige Stiftskirche St. Georg (9. Jh.) und die einstige Abteikirche, das Münster St. Maria und Markus (11. Jh.), mit mächtigem Turm.

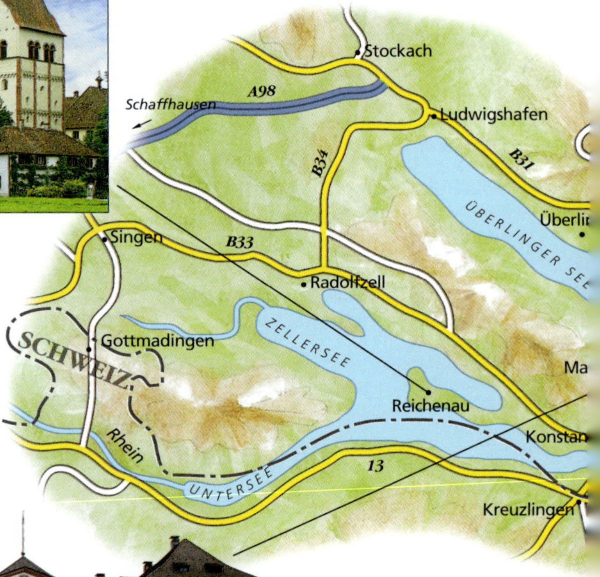

★ Mainau
Die »Blumeninsel« wurde 1853 vom späteren Großherzog Friedrich I. von Baden in einen Garten verwandelt, der sich um ein Barockschloss (1739–46) herum erstreckt. Heute ist sie Eigentum der Familie Bernadotte.

NICHT VERSÄUMEN

- ★ Konstanz
- ★ Mainau
- ★ Wasserburg

★ Konstanz
Die Universitätsstadt ist die größte Stadt am Bodensee. Das Münster Unserer Lieben Frau, eine romanische Säulenbasilika mit Krypta, stammt aus dem 10./11. Jahrhundert.

Meersburg
Das Städtchen wird von zwei Schlössern geprägt, dem prächtigen Neuen Schloss (1740–50) und dem Alten Schloss (12. Jh., mehrfach erweitert). Hier lebte die Dichterin Annette von Droste-Hülshoff längere Zeit.

INFOBOX

Straßenkarte 7C. *Bahnhofplatz 13, Konstanz, (07531) 13 30 30.* **www**.konstanz.de

Sea Life Hafenstr. 9, Konstanz, *(07531) 12 82 70. Mai–Juni und Mitte Sep–Okt: tägl. 10–18 Uhr; Juli–Mitte Sep: tägl. 10–19 Uhr; Nov–Apr: Mo–Fr 10–17, Sa, So 10–18 Uhr.*

Museum Reichenau Ergat 1. *(07534) 920 70. Di–So 15–17 Uhr.*

★ Wasserburg (Bayern)
Die Wasserburger Kirche St. Georg (8. Jh.) wurde zu Beginn des 19. Jahrhunderts in wesentlichen Teilen neu gebaut.

Lindau (Bayern)
Die malerische Inselstadt Lindau im Bodensee bezaubert mit ihrem alten Leuchtturm (13. Jh., *siehe S. 284).*

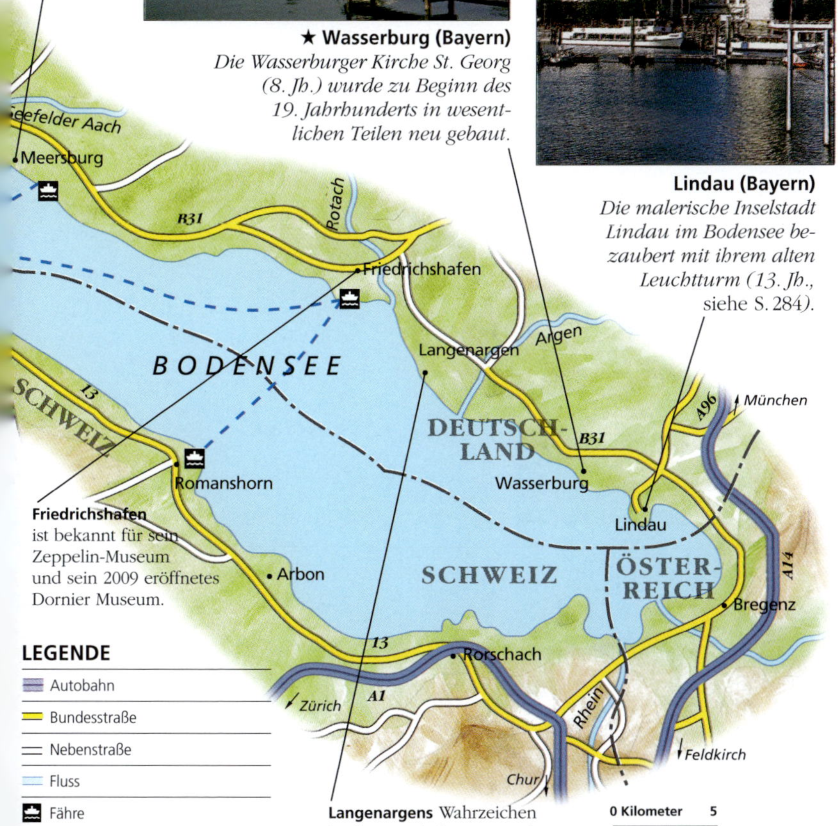

Friedrichshafen ist bekannt für sein Zeppelin-Museum und sein 2009 eröffnetes Dornier Museum.

LEGENDE

- Autobahn
- Bundesstraße
- Nebenstraße
- Fluss
- Fähre
- Staatsgrenze

Langenargens Wahrzeichen ist das maurisch anmutende Schloss Montfort.

Freiburg im Breisgau ㉙

Die Herzöge von Zähringen gründeten Freiburg 1120. Im Jahr 1218 fiel die Stadt an die württembergischen Grafen von Urach. 1368 konnten sich die Freiburger für eine Summe von 15 000 Mark in Silber von den ungeliebten Herrschern loskaufen, um sich in den Schutz des Hauses Habsburg zu begeben. 1677 wurde Freiburg von französischen Truppen eingenommen. Seit 1805 gehört es zu Baden. Die zwischen Kaiserstuhl und Feldberg gelegene Stadt ist die Pforte zum Südschwarzwald.

Freiburger Universität
Am Haupteingang des Kollegiengebäudes I (1907–11) von Hermann Billing, Teil der Universität, sitzt Aristoteles.

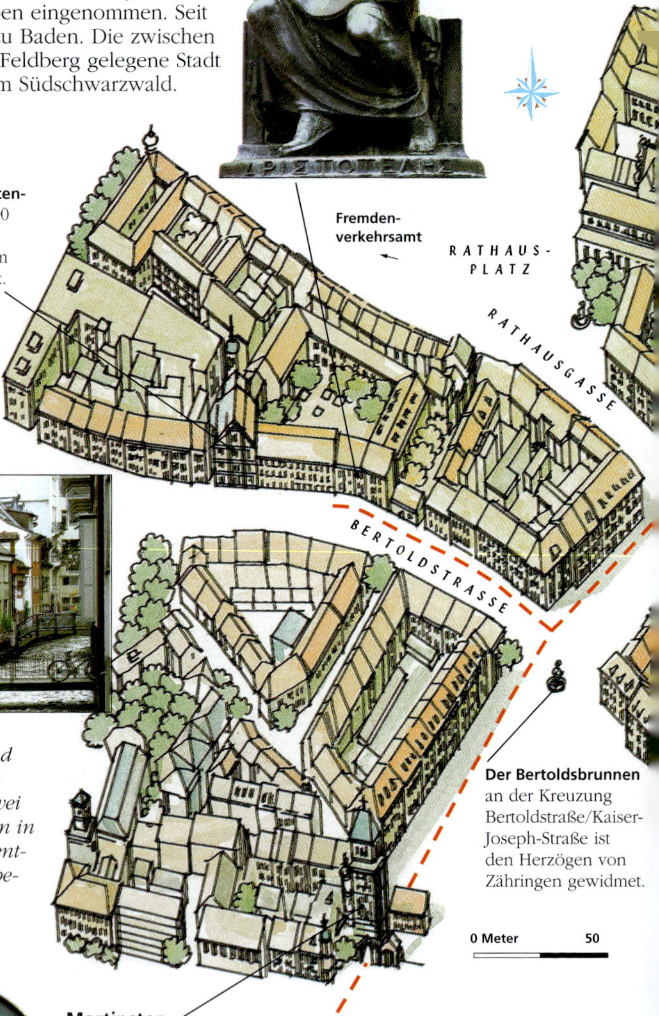

Die ehemalige Jesuitenkirche, die nach 1700 fertiggestellt wurde, gehört ebenfalls zum Universitätskomplex.

Fischerau
Die Fischerau und parallel dazu die Gerberau sind zwei malerische Gassen in der Altstadt, die entlang dem Gewerbebach verlaufen.

Der Bertoldsbrunnen an der Kreuzung Bertoldstraße/Kaiser-Joseph-Straße ist den Herzögen von Zähringen gewidmet.

Martinstor
Das Stadttor gehört zur alten Befestigungsanlage (13. Jh.). Das heutige Erscheinungsbild des Turms ist Ergebnis eines Umbaus (um 1900).

LEGENDE

– – – Routenempfehlung

NICHT VERSÄUMEN

- ★ Bächle
- ★ Historisches Kaufhaus
- ★ Münster mit Hauptaltar

◁ **Obstblüte im Schwarzwald** ***(siehe S. 326f)***, **im Hintergrund die Vogesen**

Haus zum Walfisch
Der Renaissance-Bau in der einstigen Franziskanergasse wurde 1514–16 für den Schatzmeister Maximilians I. erbaut.

INFOBOX

Straßenkarte B7. 217 000. *Rathausplatz 2–4, (0761) 388 18 80. Fasnet (Feb); Frühlingsmesse (Mai); Internationales Zeltmusikfest (Juni); Weintage (Juni); Weinkost (Juni); Herbstmesse (Okt); Umwelt-Film-Festival (Okt).* **www**.freiburg.de

Münsterplatz
Den Platz mit Marktständen säumen Gebäude wie das Kornhaus (1498, 1969–71 Neubau) und das Wentzingerhaus (1761).

★ Bächle
Seit dem Mittelalter ist Freiburg von einem offenen Kanalnetz durchzogen. Die Wasserrinnen in den Straßen wurde zum Löschen von Bränden verwendet.

★ Münster mit Hauptaltar
Das Münster Unserer Lieben Frau (um 1200–1513) ist ein Meisterwerk der deutschen Gotik. Der Altar (1512–16) im Hochchor stammt von Hans Baldung Grien.

★ Historisches Kaufhaus
Das um 1520–32 von Lienhardt Müller fertiggestellte rote Kaufhaus wurde für die Zollabfertigung und zum Lagern von Waren genutzt. Arkaden und Erker prägen die Fassade.

Hotels und Restaurants in Baden-Württemberg *siehe Seiten 503–506 und 542–545*

Schwarzwald ㉚

Mit seinen weitläufigen Tannen- und Fichtenwäldern ist der Schwarzwald eine der malerischsten Ferienregionen Deutschlands. Er erstreckt sich über 160 Kilometer zwischen dem Kraichgau im Norden und dem Hochrhein im Süden. Seine höchste Erhebung ist mit 1493 Metern der Feldberg. Die Gegend ist ein Paradies für Wintersportler, Wanderer und Drachenflieger. Schon Kelten und Römer wussten von der heilenden Kraft der Thermalquellen, an denen sich namhafte Heilbäder entwickelten.

★ Staufen im Breisgau

In der »Faust-Stadt« lebte der Arzt und Alchimist Dr. Faustus, der 1539 einen nie geklärten Tod starb. Die sich über die Rheinebene erhebende Burg wurde wahrscheinlich im 11. Jahrhundert erbaut.

Todtnau

Das einstige Bergbaustädtchen mit seiner doppeltürmigen Kirche ist ein beliebter Erholungsort und idealer Ausgangspunkt für Wanderungen, z.B. zum 1158 Meter hohen Hasenhorn.

Todtmoos

Zentrum des Ferienorts ist die Wallfahrtskirche (18. Jh.). Im Ortsteil Mättle gibt es ein altes Bergwerk, das für Besucher zugänglich ist.

INFOBOX

Straßenkarte B/C7. *Wehratalstr. 19, Todtmoos, (07674) 906 00.* *Offenburger Weinmarkt; Weihnachtsmarkt.* *Schlosskonzerte in Rastatt (Juli); Hundeschlittenrennen in Todtmoos (Jan) u. Bernau (Feb).* **www**.todtmoos.de

Gutach
Im Schwarzwälder Freilichtmuseum bei Gutach ist auch der Vogtsbauernhof zu besichtigen, der 1612 gebaut wurde.

★ Furtwangen
In Furtwangen wurde 1850 die erste Uhrmacherschule Deutschlands gegründet. Entsprechend interessant ist das Uhrenmuseum, das über 8000 Geräte zur Zeitmessung zeigt.

0 Kilometer 10

Hangloch-Wasserfall
Der Wasserfall in der Nähe von Todtnau ist einer der beeindruckendsten im ganzen Schwarzwald.

★ St. Blasien
Im schönen Kurort St. Blasien steht eine Benediktinerabtei, die im 9. Jahrhundert gegründet wurde. Die frühklassizistische Klosterkirche (1768–83) ist die drittgrößte Kuppelkirche Europas.

LEGENDE

- Autobahn
- Bundesstraße
- Nebenstraße
- Fluss
- Aussichtspunkt

NICHT VERSÄUMEN

- ★ Furtwangen
- ★ St. Blasien
- ★ Staufen im Breisgau

West-
deutschland

Westdeutschland im Überblick

Die westlichen Bundesländer umfassen die älteste Kulturregion Deutschlands. Jedes Jahr bestaunen Hunderttausende Besucher die Burgen an Rhein und Mosel, die Wasserschlösser im Münsterland, die Dome zu Speyer, Mainz und Köln, das Kloster Maria Laach, die Kaiserstadt Aachen und die Porta Nigra in Trier. Andere zieht es zu den Kultur-Events nach Frankfurt, Kassel und Düsseldorf. Ebenfalls auf dem Besuchsprogramm ganz oben stehen die Weinregionen Rheingau, Pfalz, Mosel und Saar. Nirgendwo hat der Karneval eine so große Anziehungskraft wie in den Metropolen am Rhein.

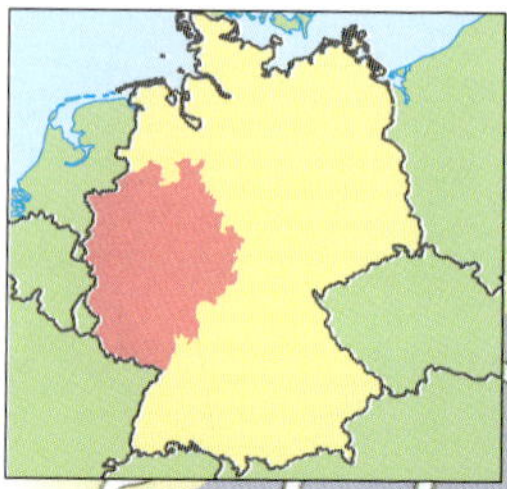

Zur Orientierung

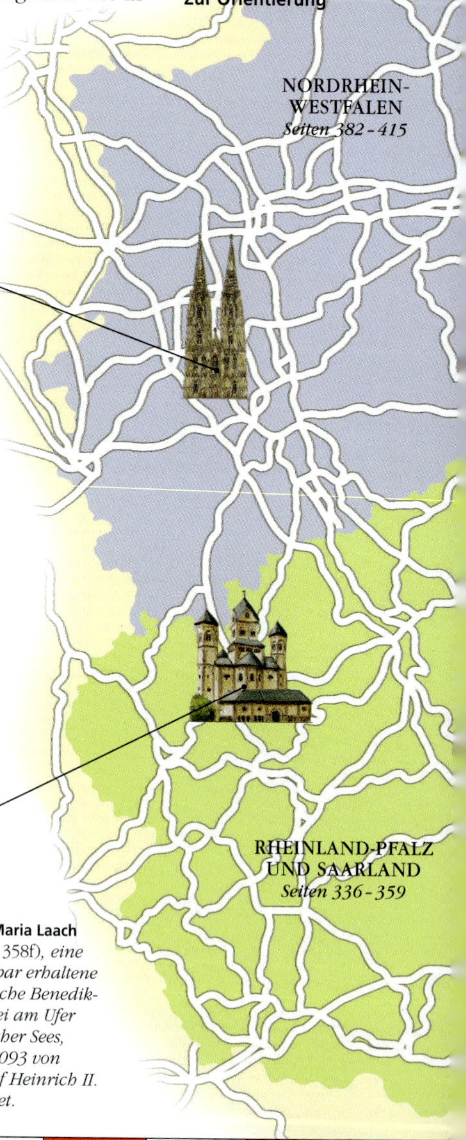

Der Kölner Dom (siehe S. 402f) *wurde erst im 19. Jahrhundert vollendet. Das 1248 begonnene Bauwerk gilt als Meisterwerk der Hochgotik.*

Kloster Maria Laach (siehe S. 358f), *eine wunderbar erhaltene romanische Benediktinerabtei am Ufer des Laacher Sees, wurde 1093 von Pfalzgraf Heinrich II. gegründet.*

◁ **Burg Katz mit Loreley-Felsen** ***(siehe S. 355)*****, St. Goarshausen, Rheinland-Pfalz**

Das Detmolder Schloss (siehe S. 414f) *ist eines der schönsten Beispiele für die Architektur im Stil der Weser-Renaissance.*

Das Fridericianum in Kassel (siehe S. 364f) *wurde 1769–79 für die Kunstsammlung des Landgrafen Friedrich II. errichtet. Es ist Zentrum der alle vier bis fünf Jahre stattfindenden internationalen »documenta«.*

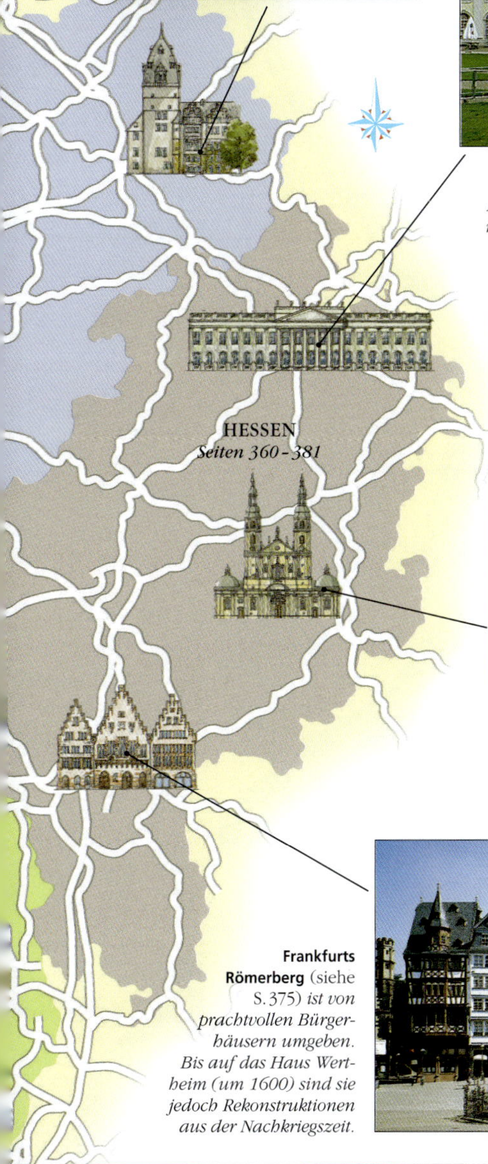

Der Fuldaer Dom (siehe S. 368), *ein bedeutendes barockes Bauwerk, wurde unter Verwendung alter Bausubstanz zwischen 1704 und 1712 errichtet.*

Frankfurts Römerberg (siehe S. 375) *ist von prachtvollen Bürgerhäusern umgeben. Bis auf das Haus Wertheim (um 1600) sind sie jedoch Rekonstruktionen aus der Nachkriegszeit.*

Deutscher Wein

Unter den europäischen Weinbauländern ist Deutschland das nördlichste und – was die Rebfläche betrifft (rund 141 000 ha) – eines der kleineren. Die Weinbauflächen erstrecken sich entlang den Flüssen Rhein, Mosel, Saar und Ruwer, Main und Nahe, Kocher, Jagst und Tauber, Neckar, Elbe, Saale und Unstrut sowie dem Bodensee. Die deutschen Winzer produzieren zunehmend leichte und trockene Weine. Große Mengen der Spitzenweine gehen in den Export. Gleichzeitig nimmt die Qualität der einheimischen Tischweine deutlich zu.

Weinberge in Edenkoben, im südlichen Teil der Deutschen Weinstraße *(siehe S. 347)*

Mosel-Saar-Weine *sind fruchtige Weißweine und werden aus der Rieslingtraube gekeltert. Gehobenere Weine werden als Qualitätswein mit Prädikat gekennzeichnet.*

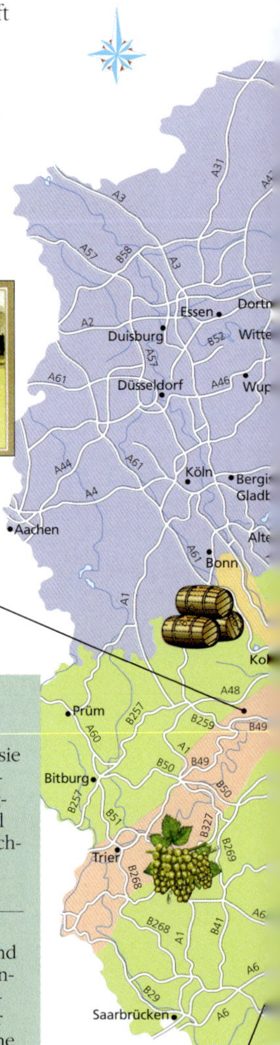

An der Nahe *werden zahlreiche Sorten, vor allem aber Riesling-, Müller-Thurgau- und Silvanertrauben kultiviert.*

Wichtige Fakten

Lage und Klima

Kalksteinhänge entlang den Flusstälern, wie sie im Mosel-Saar-Gebiet und im Rheingau vorherrschen, sind besonders gut für Weine aus Rieslingtrauben geeignet. Gute Lehm- und Kalksteinböden, ideal für Müller-Thurgau-Weine, finden sich in Rheinhessen. Deutschlands Klima ist kälter und feuchter als das Südeuropas, daher die herb-fruchtige und erfrischende Note der Weine.

Rebsorten und Weine

82 Prozent der angepflanzten Reben in Deutschland sind weiß, nur 18 Prozent rot. Kräftige Spätburgunder und leichte Trollinger sind die typischsten Rotweine Deutschlands. Die weiße Rieslingtraube ist der »Star« unter den deutschen Traubensorten. Populäre Weißweine sind auch der fruchtige Müller-Thurgau sowie Grau- und Weißburgunder. Ebenso gut schmecken Silvaner, Gewürztraminer, Grüner Veltliner und Gutedel. Roséweine werden aus Rotweintrauben hergestellt. Die trockeneren Sandböden in Rheinland-Pfalz und in Rheinhessen eignen sich besonders gut für Rot- und Roséweine.

Weingüter

Mosel-Saar-Ruwer: Fritz Haag, Heymann-Löwenstein, Karthäuserhof, Dr. Loosen, Egon Müller, J.J. Prüm, C. von Schubert, Willi Schaefer; **Rheingau:** Georg Breuer, Robert Weil; **Rheinhessen:** Gunderloch, Keller; **Pfalz:** Müller-Catoir, Georg Mosbacher, Dr. Bürklin-Wolf, Reichsrat von Buhl.

Das Rheingau *ist die Heimat der berühmten »Rheinweine«. Vor allem der Johannisberger Riesling wird überall geschätzt. Die Lage »Prinz von Hessen« garantiert Spitzenweine.*

Der Brunnen der »Weinhexe« in Winningen, ein typisches Motiv der Weinregionen Mosel-Saar-Ruwer

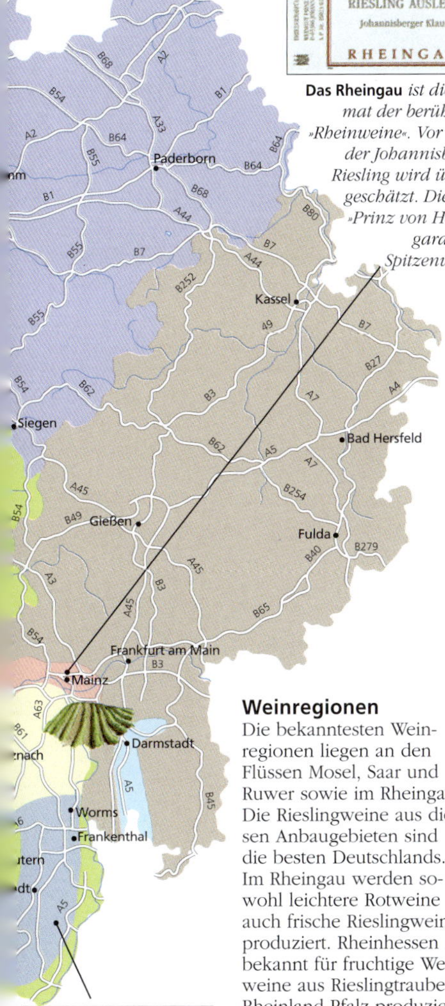

Weinkeller im ehemaligen Zisterzienserkloster Eberbach im Rheingau

Weinregionen

Die bekanntesten Weinregionen liegen an den Flüssen Mosel, Saar und Ruwer sowie im Rheingau. Die Rieslingweine aus diesen Anbaugebieten sind die besten Deutschlands. Im Rheingau werden sowohl leichtere Rotweine als auch frische Rieslingweine produziert. Rheinhessen ist bekannt für fruchtige Weißweine aus Rieslingtrauben. Rheinland-Pfalz produziert samtige, expressive Rotweine und gute Roséweine. Der hochwertige »Eiswein« wird vor allem an Mosel und Saar gekeltert.

0 Kilometer 70

LEGENDE

- Mosel-Saar-Ruwer
- Rheinhessen
- Mittelrhein
- Pfalz
- Nahe
- Rheingau
- Ahr
- Hessische Bergstraße

Liebfrauenmilch *wird in Rheinhessen produziert. Er ist ein lieblicher Verschnittwein aus mindestens 70 Prozent Riesling, Silvaner, Müller-Thurgau oder Kerner und wird meist exportiert.*

Romanische Architektur

Der Westen Deutschlands besitzt eine Fülle an herausragenden Beispielen romanischer Architektur. Schon zur Zeit der Karolinger baute man hier beeindruckende Kirchen, wie die Pfalzkapelle Karls des Großen in Aachen beweist. Der Dom in Trier und die Kölner Kirche St. Maria im Kapitol sind zwei besonders schöne romanische Kirchenbauten. Im 12. Jahrhundert waren Köln und die Städte am Mittelrhein lebendige Zentren romanischer Kunst. In Speyer, Mainz und Worms wurden die prächtigsten Dome jener Zeit errichtet. Das Kloster Maria Laach ist bis heute ein Kleinod romanischer Architektur.

Der Mainzer Dom (siehe S. 350f) *ist – typisch für die deutsche Romanik – doppelchorig gebaut. Der abgebildete Westchor bildet einen Gegenpol zum Ostchor.*

Die St.-Gotthard-Kapelle *vor dem nördlichen Querhaus des Mainzer Doms weist außen eine Zwerggalerie auf. Diese Gliederung einer Gebäudefront ist typisch für die Romanik.*

Das Nordportal des Wormser Doms (siehe S. 346) *ist ein Säulenportal, das als wichtigster Portaltyp der Romanik an vielen Sakralbauten zu sehen ist.*

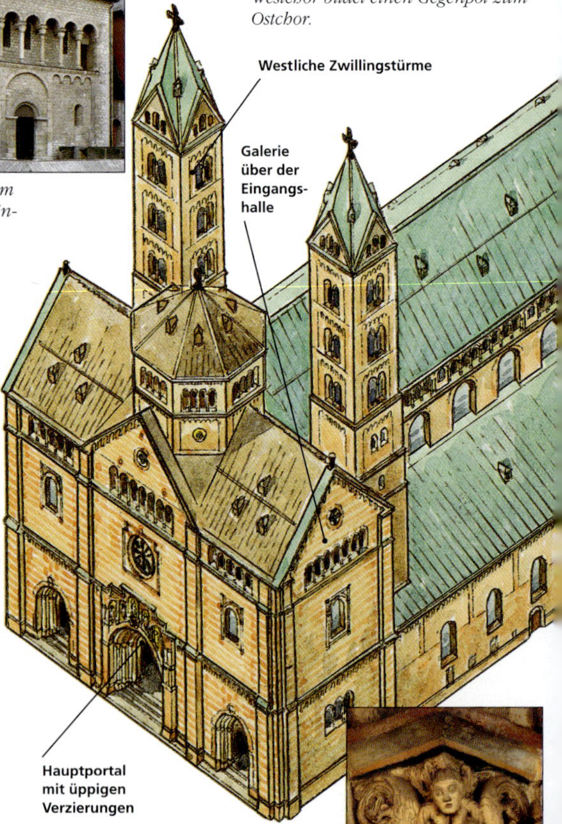

Das Kloster Maria Laach (siehe S. 358f) *besitzt fantasievoll dekorierte Figurenkapitelle, hier ein Dämon mit Menschenantlitz.*

Das Portal des Trierer Doms St. Peter (siehe S. 340) *zeigt im Tympanon (Bogenfeld über dem Türsturz) Christus, Maria und Petrus.*

Romanische Kathedralen

Romanische Kirchen sind meist Basiliken: Schiffe, Vierung, Querhaus und Chor sind klar gegliedert. Der Dom zu Speyer (links) hat an der Westseite zwei Türme, ebenso am Ostabschluss über dem Altar. Über der Vierung, dem Schnittpunkt von Lang- und Querhaus, wurde ein fünfter, niedrigerer Turm aufgesetzt. Zwerggalerien strukturieren den Außenbau.

Die St.-Gotthard-Kapelle in Mainz *diente als Hauskapelle des erzbischöflichen Palasts. Im Inneren der Kapelle befindet sich ein romanisches Kreuz, das »Udenheimer Kruzifix«.*

Romanische Säulenkapitelle

Die romanischen Kirchen am Rhein weisen exquisite Steinmetzarbeiten auf. Die Säulen wurden mit einer Vielzahl von Verzierungen geschmückt. Beachtenswert sind die Variationen der Figuren- oder Tierkapitelle.

Blattkapitell oder Kompositkapitell

Vereinfachtes korinthisches Kapitell

Würfelkapitell

Tierkapitell

Rheinland-Pfalz und Saarland

Rheinland-Pfalz und das Saarland grenzen im Westen an Luxemburg und Frankreich. Die sonnenverwöhnten Weinberge, grünen Laubwälder und malerischen Burgen an Rhein und Mosel verleihen diesen Bundesländern eine romantische Note.

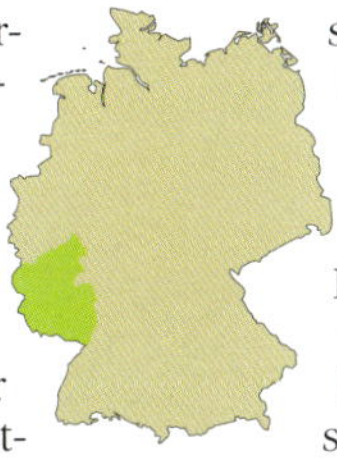

Rheinland-Pfalz und das Saarland entstanden in ihren heutigen Grenzen zwar erst nach dem Zweiten Weltkrieg, doch spielte das Gebiet an Rhein, Mosel und Saar in der Geschichte eine wichtige Rolle. Die Herrscher von Mainz, Trier und der Pfalz gehörten im Mittelalter zu den sieben Kurfürsten, die den neuen König des Heiligen Römischen Reichs wählten. Das Saarland war ein Teil Frankreichs und kam erst 1957 als kleinster Flächenstaat zur Bundesrepublik hinzu.

Die wechselvolle Geschichte hat ihre Spuren hinterlassen, darunter viele mittelalterliche Burgen wie Burg Eltz an der Mosel. Worms soll Schauplatz der Nibelungensage gewesen sein; der sagenhafte Schatz der Nibelungen liegt angeblich in der Nähe der Stadt im Rhein. Die imposanten Dome von Worms, Speyer und Mainz sind Zeugen der romanischen Baukunst von höchstem Rang.

Das Deutsche Eck bei Koblenz, am Zusammenfluss von Rhein und Mosel, markiert den Beginn des romantischen Rheintals. Fährt man auf einem der Ausflugsschiffe flussaufwärts, bietet sich nach jeder Windung ein neuer Blick auf die Zeugnisse deutscher Geschichte. Neben dem berühmten Loreley-Felsen säumt eine eindrucksvolle Reihe von Burgruinen und berühmten Weinlagen die Hänge entlang dem Strom.

Das Saarland wurde bis in die 1980er Jahre von Kohlegruben und Eisenhütten geprägt. Statt auf Montanindustrie setzt es heute vor allem auf Informatik. Die Völklinger Hütte ist eine UNESCO-Welterbestätte.

Ansicht von Saarbrücken mit dem Staatstheater (rechts), im Vordergrund die Saar

◁ **Die mittelalterliche Burg Eltz *(siehe S. 345)* an der Mosel**

Überblick: Rheinland-Pfalz und Saarland

Zahlreiche Weinfreunde besuchen die Region und lassen sich außer vom guten Wein auch von der zauberhaften Szenerie an Rhein und Mosel verzaubern. Folgt man der Deutschen Weinstraße, der ältesten touristischen Route Deutschlands, so kann man nicht nur hübsche kleine Orte und mittelalterliche Architektur besichtigen, sondern auch überall in einer Weinstube einkehren. In Speyer, Worms und Mainz steht man staunend vor den riesigen romanischen Domen. In Trier ist das römische Erbe der Region fast allgegenwärtig. Bei einem Besuch der 1986 stillgelegten Völklinger Hütte wird die industrielle Vergangenheit des Saarlands wieder lebendig.

SIEHE AUCH

- ***Hotels*** S. 506–508
- ***Restaurants*** S. 545–547

Der imposante Mainzer Dom aus rotem Sandstein

Schloss Stolzenfels bei Koblenz geht auf einen Entwurf von Karl Friedrich Schinkel zurück

0 Kilometer 20

Der dreischiffige Dom St. Peter in Trier

Sehenswürdigkeiten auf einen Blick

Koblenz S. 356f ❾
Mainz S. 348–351 ❼
Maria Laach S. 358f ❿
Saarland S. 344 ❷
Speyer ❹
Trier S. 340–343 ❶
Worms ❺

Touren

Deutsche Weinstraße ❻
Moseltal ❸
Rheintal ❽

In Rheinland-Pfalz und im Saarland unterwegs

Auf dem Luftweg erreicht man die Region über kleinere Flughäfen wie Saarbrücken oder die internationalen Flughäfen in Frankfurt am Main und Köln/Bonn. Zug- und Busverbindungen sind gut. Die A65 verbindet Karlsruhe mit Ludwigshafen und führt weiter nach Luxemburg. A32 und später A4 führen von Saarbrücken nach Metz und Straßburg. Die A1 verläuft nach Norden Richtung Trier und ins Moseltal. Die Hunsrückhöhenstraße und die Moselweinstraße sind wichtige touristische Routen.

LEGENDE

- Autobahn
- Bundesstraße
- Nebenstraße
- Autobahn (im Bau)
- Panoramastraße
- Eisenbahn (Hauptstrecke)
- Eisenbahn (Nebenstrecke)
- Staatsgrenze
- Bundeslandgrenze
- Gipfel

Trier ❶

Trier wurde wahrscheinlich im Jahr 16 v. Chr. auf Befehl des römischen Kaisers Augustus als Augusta Treverorum gegründet. Im 3. Jahrhundert wurde es zur Kaiserresidenz des Westreichs und zählte im 4. Jahrhundert 60000 Einwohner. Im 5. Jahrhundert wurde die Stadt von den Franken in Besitz genommen und mehrmals zerstört. Im 10. Jahrhundert kam es unter der Herrschaft der Erzbischöfe zu neuer kultureller Blüte. 1473 wurde eine Universität gegründet. Die Stadt hat noch immer ein reiches kulturelles Erbe, vor allem aus römischer Zeit. In Trier wurde Karl Marx geboren.

Porta Nigra

(0651) 754 24. Apr–Sep: tägl. 9–18 Uhr; Okt, März: tägl. 9–17 Uhr; Nov–Feb: tägl. 9–16 Uhr.

Das grauschwarze Stadttor aus dem 2. Jahrhundert wurde nicht von den Römern Porta Nigra getauft, sondern erst im Mittelalter aufgrund seiner Verwitterung zum »Schwarzen Tor«. Die Ausmaße des mächtigsten Torbaus der römisch-antiken Baukunst sind gewaltig: 36 Meter lang, 21,50 Meter breit und 30 Meter hoch. Zwei Eingänge führen in einen Innenhof. Die Porta Nigra besteht aus Sandsteinblöcken, hat zwei Türme, den vierstöckigen Westturm und den dreistöckigen, unvollendeten Ostturm.

Im 11. Jahrhundert wurde der Bau in die zweistöckige Stiftskirche St. Simeon umgewandelt, die bis ins frühe 19. Jahrhundert als Gotteshaus genutzt wurde. Seit 1973 gehört der Bau mit anderen römischen Bauten zum Welterbe der UNESCO.

Der Petrusbrunnen am Hauptmarkt

Hauptmarkt

Der Marktplatz von Trier wird von vielen als der schönste Platz Deutschlands bezeichnet. Das Marktkreuz aus dem 10. Jahrhundert wurde als Symbol des mittelalterlichen Marktrechts aufgestellt. Eine Kopie des Kreuzes, jetzt mit einem Lamm Gottes geschmückt, steht auf einer römischen Säule. An der Ostseite des Markts plätschert der Petrusbrunnen (1595) mit den »Vier Tugenden«. An der südwestlichen Seite steht die von einem steilen Dach geschützte Steipe, ein Gebäude aus dem 15. Jahrhundert. Sie war bis ins 17. Jahrhundert das Festhaus der Stadt Trier. Das barocke Rote Haus nebenan wurde 1683 errichtet. Die Löwenapotheke, in einem Haus aus dem 17. Jahrhundert, steht am südöstlichen Ende des Platzes. Die spätgotische, teils barockisierte Kirche St. Gangolf wurde nach 970 gegründet und mehrmals umgestaltet.

Bischöfliches Dom- und Diözesanmuseum

Windstraße 6–8. *(0651) 710 52 55. Apr–Okt: Mo–Sa 9–17 Uhr, So 13–17 Uhr; Nov–März: Di–Sa 9–17 Uhr. 1. Jan, 24., 25. Dez.*

Das ehemalige Gefängnis (19. Jh.) beherbergt heute Funde aus Trierer Gräberfeldern und der frühchristlichen Doppelkirchenanlage von Dom und Liebfrauenkirche sowie Zeugnisse des spätantiken und frühchristlichen Totenkults. Das Prunkstück der Ausstellung ist eine aus 30000 Einzelteilen zusammengesetzte bemalte Zimmerdecke (Anfang 4. Jh.). Eine weitere Kostbarkeit ist die restaurierte Krypta der Benediktinerkirche St. Maximilian mit bedeutenden Wandgemälden aus dem 9. Jahrhundert.

Dom St. Peter

Domfreihof. *(0651) 97 07 90. Apr–Okt: tägl. 6.30–18 Uhr; Nov–März: tägl. 6.30–17.30 Uhr.*

Der mächtige romanische Westbau des Doms mit Doppeltürmen und Apsis entstand im 11. Jahrhundert neu. Der Ostchor wurde 1196 geweiht. Das dreischiffige Bauwerk zeigt noch Spuren der Umwandlung von einem frühchristlichen quadratischen Zentralbau in einen mittelalterlichen basilikalen Längsbau. Steinkanzel (1572) und Allerheiligenaltar (1614) stammen von Hans Ruprecht Hoffmann. Das romanische Portal (um 1180) bildet die Verbindung zur Liebfrauenkirche.

Liebfrauenkirche

Liebfrauenstraße. *(0651) 979 07. Apr–Okt: tägl. 7.30–18 Uhr; Nov–März: tägl. 7.30–17.30 Uhr.*

Neben dem Dom steht die frühgotische Liebfrauenkirche

Die Porta Nigra, das riesige römische Stadttor von Trier

Die Liebfrauenkirche, eine der ersten gotischen Kirchen

aus dem 13. Jahrhundert. Ihr Grundriss wurde in der Form eines griechischen Kreuzes angelegt. Zwei Türme akzentuieren die Schnittpunkte des Kirchenschiffs und der Apsis. Das westliche Portal wurde mit Steinreliefs und ikonografischen Symbolen ausgeschmückt. Im Kircheninneren befinden sich zwölf bemalte Säulen aus dem 15. Jahrhundert, die den Aposteln gewidmet sind. Unter den zahlreichen Grabstätten innerhalb der Kirche ist vor allem die von Karl von Metternich (1675) im nördlichen Seitenschiff zu erwähnen.

Aula Palatina (Konstantin-Basilika)

Konstantinplatz. *(0651) 425 70.* *Apr–Okt: Mo–Sa 10–18 Uhr, So 12–18 Uhr; Nov–März: Di–Sa 11–12, 15–16 Uhr, So 12–13 Uhr.*

Die Aula Palatina (Palast-Aula), auch Basilika genannt, stammt vom Anfang des 4. Jahrhunderts. Der rechteckige Backsteinbau ist 67 Meter lang, 27,20 Meter breit und 33 Meter hoch. Die Apsis bildet einen weiten Halbkreis. Der römische Repräsentativbau diente als Thronsaal des Kaisers oder seiner Statthalter. Nach der Einnahme von Trier durch die Franken im 5. Jahrhundert wurde er zerstört.

Im 12. Jahrhundert errichtete man über der Apsis ein Turmgebäude, in dem der Erzbischof residierte. Im 17. Jahrhundert war die Basilika Teil des bischöflichen Palasts, zur Zeit Napoléons war sie Lazarett und Kaserne. Der Preußenkönig Friedrich Wilhelm IV. ordnete die Restaurierung des monumentalen Baus an. Seit Mitte des 19. Jahrhunderts wird die Basilika als protestantische Kirche im katholischen Trier genutzt. Nach der Zerstörung 1944 wurde sie originalgetreu wiederaufgebaut.

INFOBOX

Straßenkarte A5. *99 000.* *An der Porta Nigra, (0651) 97 80 80.* *Antikenfestspiele (Juni/Juli).* **www**.trier.de

Aula Palatina, heute Kirche der evangelischen Erlöser-Gemeinde

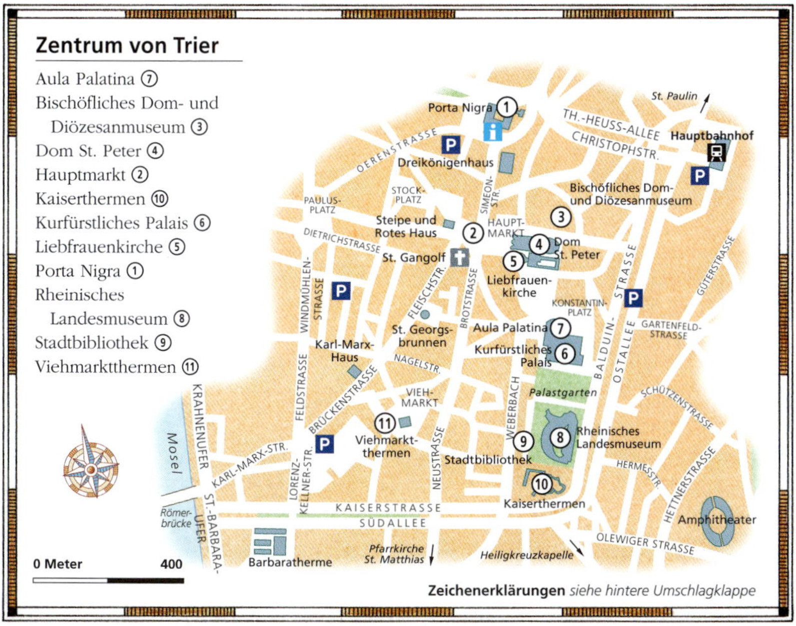

Das Portal des Kurfürstlichen Schlosses

Kurfürstliches Palais

Willy-Brandt-Platz 3. *(0651) 94 94-0 oder -2.* *nur für Gruppen nach Voranmeldung.*

Die heutigen Nord- und Ostflügel des Renaissance-Schlosses ließ Kurfürst Lothar von Metternich ab 1615 errichten. West- und Südflügel wurden von Philipp Christoph von Sötern erbaut. Der Westflügel der Aula Palatina *(siehe S. 341)* wurde dabei einbezogen. Vollendet wurde der Bau von Caspar von der Leyen. Der schöne Südflügel im Stil des Rokoko, den man vom Palastgarten aus bewundern kann, entstand 1757–61 unter Johannes Seiz, einem Schüler von Balthasar Neumann, für den Erzbischof Johann Philipp von Walderdorff. Die Skulpturen schuf der Bildhauer Ferdinand Tietz. Besonders sehenswert ist die schöne Rokoko-Treppe im Südflügel, die ebenfalls von Johannes Seiz und Ferdinand Tietz stammt. Das Petrusportal (vor 1629) und der Rote Turm (1647), der heute Glockenturm der Basilika (Erlöserkirche) ist, blieben vom einst nördlich vorgelagerten Niederschloss erhalten.

Rheinisches Landesmuseum

Weimarer Allee 1. *(0651) 977 40.* *Di–So 9.30–17.30 Uhr.* *1. Jan, 24.–26. Dez.*

Vom Kurfürstlichen Palais sind es nur ein paar Schritte bis zum Rheinischen Landesmuseum von 1877. Es dokumentiert die gallorömische Zivilisation, ihre Wirtschaft, Siedlungen, Religion und Kunst in den ersten vier Jahrhunderten n. Chr. Der größte Teil der Sammlung ist römischen Ursprungs. Vor allem das Bacchus-Mosaik aus einer römischen Villa und die Statue einer antiken Nymphe sind beeindruckend, aber auch der Fries mit der Abbildung eines römischen Schiffs auf der Mosel ist sehenswert. Das Motiv wurde 220 auf den Sarkophag eines Weinhändlers gemeißelt. Auch die ungewöhnlichen farbigen Reliefs auf dem Steinsarg eines Tuchhändlers sind äußerst ausdrucksvoll. Zudem werden im Museum Waffen, Schmuck, Münzen, Geschirr, Gläser, Terrakotten, figürliche Kleinbronzen und vieles mehr ausgestellt.

Stadtbibliothek

Weberbach 25. *(0651) 718-44 20.* *Mo, Mi, Fr 9–13 Uhr, Di 13–17 Uhr, Do 9–18 Uhr.*

Die Stadtbibliothek besitzt u. a. 2500 Handschriften, von denen 1200 aus dem Mittelalter stammen, darunter auch das *Ada-Evangeliar* und der *Codex Egberti* aus der Reichenau-Schule. Auch 74 kostbar illustrierte Miniaturen der *Trierer Apokalypse* (9. Jh.), ungefähr 2500 Frühdrucke und eine Gutenberg-Bibel werden hier aufbewahrt.

Nymphe im Rheinischen Landesmuseum

Kaiserthermen

Weimarer Allee/Kaiserstraße. *(0651) 442 62.* *Apr–Sep: tägl. 9–18 Uhr; März, Okt: tägl. 9–17 Uhr; Nov–Feb: tägl. 9–16 Uhr.*

Die Ruinen der römischen Badeanlage sind Teil des Welterbes der UNESCO. Die Thermen wurden Anfang des 4. Jahrhunderts unter Kaiser Konstantin erbaut. Sie waren mit die größten Thermen des Römischen Reichs. Am besten sind die Wände des Heißwasserbeckens *(caldarium)* erhalten. Das Warmwasserbecken *(tepidarium)* und das Kaltwasserbecken *(frigidarium)* waren in einer Nebenhalle untergebracht. Die Freiluftarena *(palaestra)* war ungewöhnlich großzügig dimensioniert. Auch die Fußbodenheizung *(hypocaustum)* ist noch erstaunlich gut zu sehen. Die Luft wurde einst über heißen Steinen erhitzt und unter die Bodenplatten geleitet.

Viehmarktthermen

Viehmarktplatz. *(0651) 994 10 57.* *Di–So 9–17 Uhr.*

Im Jahre 1994 waren die Ausgrabungen der römischen Bäder sowie der mittelalterlichen Müllgruben und des Kellers eines Kapuzinerklosters abgeschlossen. Die Viehmarktthermen sind nun unter Glas zu besichtigen.

Jesuitenkirche

Brotstraße. *tägl. 7–18 Uhr.*

Die gotische Dreifaltigkeitskirche wurde zwischen 1228 und 1570 von Franziskanermönchen genutzt. Bis 1750 war sie Kollegiumskirche der

Die antiken Kaiserthermen in Trier

Jesuiten, und seit der Zeit ist sie die Seminarkirche des Priesterseminars.

Amphitheater

Am Petrisberg (Olewiger Straße). *(0651) 730 10.* *Apr–Sep: tägl. 9–18 Uhr; Okt, März: tägl. 9–17 Uhr; Nov–Feb: tägl. 9–16.30 Uhr.*
Nahe den Kaiserthermen stehen die Ruinen eines Amphitheaters aus dem 1. Jahrhundert. Die in einen Hang gebaute ovale Arena war von ansteigenden Treppen umgeben, die oben von überdachten Logen eingefasst waren. In den Mauern gibt es Öffnungen zu Steinkammern, die der Unterbringung von Menschen und Tieren dienten. Das Stadion bot 20000 Besuchern Platz, die sich regelmäßig an Gladiatorenkämpfen und Tierhetzen ergötzten. Das Amphitheater wurde bis Anfang des 5. Jahrhunderts genutzt. Im Mittelalter wurde es wie auch andere Bauten als Steinbruch zweckentfremdet.

Heiligkreuzkapelle

Arnulfstraße/Rotbachstraße. *nach Voranmeldung unter (0651) 312 01.*
Die Kapelle wurde im 11. Jahrhundert erbaut und war durch einen Kreuzweg mit der mittelalterlichen Stadt verbunden. Ihr Grundriss hat die Form eines griechischen Kreuzes. Über der Vierung erhebt sich ein achteckiger Turm. Im Zweiten Weltkrieg wurde die Kapelle schwer beschädigt, 1957/58 erfolgte der Wiederaufbau.

Basilika St. Matthias

Matthiasstraße 85. *(0651) 310 79.* *tägl. 8–19 Uhr.*
Die erste Kirche an diesem Platz entstand im 5. Jahrhundert als Grabstätte für die ersten Trierer Bischöfe Valerius und Eucharius. Ab 1127 wurde die heutige dreischiffige romanische Pfeilerbasilika errichtet. Ihr Westbau trägt einen barockisierten Turm. Im 12. Jahrhundert wurde hier der Reliquienschrein des heiligen Matthias aufgestellt, der das Gotteshaus zu einer Pilgerstätte für Wallfahrer machte. Das angeschlossene Benediktinerkloster mit Dormitorium und Kreuzgang besteht seit dem 8. Jahrhundert.

Die Ruinen der Barbaratherme, der antiken römischen Bäder

Barbaratherme

Südallee 48. *(0651) 994 10 57.* *bis auf Weiteres wg. Sicherung und archäologischer Arbeiten.*
Die Ruinen der Barbaratherme, benannt nach einem nicht mehr existierenden Kloster, stammen aus dem 2. Jahrhundert. Die öffentliche Badeanlage, die vermutlich 172 mal 240 Meter groß war, ist nur noch in ihrem Grundriss erhalten. Im Kellergeschoss kann man die rekonstruierte Fußbodenheizung und die Gänge besichtigen, von denen aus die Feuerstellen unterhalten wurden. Im Mittelalter wurden auf den Grundmauern der Badeanlage die Residenzen wohlhabender Trierer Bürger errichtet. Im 17. Jahrhundert nutzte man die restlichen Gebäude als Steinbruch.

St. Maximin

Maximinstraße. *(0651) 710 52 55.* *Besichtigung der Ausgrabungen für Gruppen nach Voranmeldung.*
Im Mittelalter gab es vier Abteien in Trier. Die Abteikirche St. Maximin wurde als Grabstätte für ihren Namenspatron erbaut, der 352 verstarb. Die restaurierten Wandgemälde der Krypta (7. Jh.) sind im Bischöflichen Dom- und Diözesanmuseum zu sehen. Die heutige Kirche wurde 1680–84 unter Abt Alexander Henn von Hans N. Kuckeisen errichtet und diente ab 1815 als Kaserne. 1870 wurde der Ostteil der Kaserne als Garnisonskirche ausgebaut. Heute wird die Kirche als Mehrzweckhalle genutzt.

St. Paulin

Thebäerstraße. *(0651) 270 850.* *März–Sep: Mo, Mi–Sa 9–18 Uhr, Di 11–18 Uhr, So 10–18 Uhr; Okt–Feb: Mo, Mi–Sa 9–17 Uhr, Di 11–17 Uhr, So 10–17 Uhr.*
Im 12. Jahrhundert entstand an der Stelle der heutigen Kirche auf den Grundmauern einer Kapelle aus dem ausgehenden 4. Jahrhundert ein Gotteshaus. 1674 wurde diese Kirche von französischen Truppen gesprengt.

Der Name der Kirche geht auf den heiligen Paulinus zurück, dessen Gebeine um das Jahr 400 dorthin überführt wurden. Er war Trierer Bischof und wurde nach Phrygien (heutige Türkei) verbannt, wo er 358 starb. Der heutige Bau (1734–57) mit Turmfassade – von Balthasar Neumann entworfen – ist eine Perle des Rokoko. Die Fresken stammen von Christoph Thomas Scheffler.

Barockes Deckengemälde von Scheffler in St. Paulin

Saarland ❷

Das kleine Bundesland (knapp 2600 km²) mit knapp 1,1 Millionen Einwohnern grenzt an Luxemburg und Frankreich. Auf den Spuren der Vergangenheit kann man Zeugnisse aus römischer und keltischer Zeit sowie beeindruckende Monumente der Industriekultur besichtigen. Highlights sind das römische Freilichtmuseum in Homburg-Schwarzenacker, die barocke Residenzstadt Ottweiler oder das UNESCO-Welterbe Völklinger Hütte. Die heutige Hauptstadt Saarbrücken lockt mit ihrer malerischen Altstadt und einem abwechslungsreichen Kulturangebot.

Gräber der Familie von Nassau-Saarbrücken in Saarbrücken

Saarbrücken

Straßenkarte B6. *180 000.* *10 km nordöstlich des Zentrums.* *Reichsstraße 1, (0681) 93 80 90.* *Max-Ophüls-Preis (Jan); Perspectives du Théâtre (Mai); Saar-Spektakel (Aug).* **www**.saarbruecken.de

Kaiser Otto III. schenkte die Königsburg Sarabrucca 999 den Bischöfen von Metz. Im 18. Jahrhundert erlebte die Stadt unter Fürst Wilhelm Heinrich von Nassau-Saarbrücken einen großen wirtschaftlichen Aufschwung.

Wichtige Sakralbauten und Regierungsgebäude wurden vom Barockbaumeister Friedrich Joachim Stengel errichtet: u. a. die katholische **Basilika St. Johann** (1754–58) in der St. Johanner Altstadt, die Friedenskirche (1743–46) und das repräsentative **Schloss** am Saar-Ufer (1739–48). Seit 1989 verbindet Gottfried Böhms Mittelbau aus Glas und Stahl die beiden Schlossflügel.

Gegenüber steht das **Alte Rathaus**, das 1748–50 von Stengel errichtet wurde. Heute zeigt hier das Abenteuermuseum Exponate aus Afrika, Asien, Südamerika und Neuguinea. Die protestantische **Ludwigskirche**, 1762–75 auf dem Grundriss eines griechischen Kreuzes erbaut, ist einer der letzten Entwürfe Friedrich Joachim Stengels. Die **Stiftskirche St. Arnual** im Südosten der Stadt ist die Grabstätte der Fürsten von Nassau-Saarbrücken. Die dreischiffige Pfeilerbasilika wurde im 13. und 14. Jahrhundert über den Vorgängerbauten gotisch erneuert.

Völklingen

Straßenkarte B6. *41 000.* *Rathausstraße 57, (06898) 13 28 00.* **www**.voelklingen.de

Etwa zehn Kilometer westlich von Saarbrücken liegt die Stadt Völklingen. Im Jahr 1881 kaufte der Stahlmagnat Karl Röchling die damals kleine **Völklinger Hütte**, die bald das Herzstück seines riesigen Industrieimperiums wurde. Das Hüttenwerk zählte zu den bedeutendsten Eisen- und Stahlerzeugern Europas. 1986 wurde die Hütte stillgelegt, 1994 in die UNESCO-Welterbeliste aufgenommen. Auch die Arbeitersiedlung neben dem Stahlwerk kann besichtigt werden.

Völklinger Hütte, das historische Stahlwerk in Völklingen

Mettlach

Straßenkarte A5. *12 300.* *Freiherr-vom-Stein-Straße 64, (06864) 83 34.* **www**.mettlach.de

Neben der ehemaligen Benediktinerabtei (7. Jh.) und Schloss Ziegelberg (19. Jh.) ist die große **Saarschleife** wenige Kilometer westlich bei Orscholz die Attraktion.

Homburg

Straßenkarte B6. *45 000.* *Rathaus, Am Forum 5, (06841) 10 11 66.* **www**.homburg.de

Unter dem Schlossberg von **Schloss Hohenburg** wurden Befestigungsanlagen aus dem 17. Jahrhundert ausgegraben, die der Architekt Sébastien Le Preste Vauban im Auftrag des französischen Königs Louis XIV erbauen ließ. Die Schlossberg-Höhlen sind Europas größte von Menschenhand geschaffene Buntsandsteinhöhlen. Das Römermuseum in Schwarzenacker demonstriert das Aussehen einer römischen Etappenstadt.

Ottweiler

Straßenkarte B5. *15 000.* *Schlosshof 5, (06824) 35 11.* **www**.ottweiler.de

Ottweiler besitzt eine gut erhaltene Altstadt. Der Alte Wehrturm (15. Jh.), einst Bestandteil der Stadtmauer, ist heute Glockenturm der Pfarrkirche, die Friedrich Joachim Stengel 1756/57 im barocken Stil umbaute.

Der historische Rathausplatz ist von reichen Bürgerhäusern aus dem 16. bis 18. Jahrhundert (viele mit Fachwerkgiebeln) eingerahmt. Im Alten Rathaus (1714–17) ist ein Schulmuseum untergebracht. Am Schlossplatz steht ein Renaissance-Gebäude, das Hesse-Haus (um 1590).

Hotels und Restaurants in Rheinland-Pfalz und im Saarland *siehe Seiten 506–508 und 545–547*

Tour: Moseltal ❸

Die Mosel ist 545 Kilometer lang und damit einer der längsten Nebenflüsse des Rheins. Die Landschaft zwischen Trier und Koblenz, wo die Mosel in den Rhein fließt, gehört sicherlich zu den schönsten Deutschlands. Entlang dem Fluss stehen romantische Burgen, die von weitläufigen Weinbergen umgeben sind. In den gemütlichen Winzerorten und in den Weinkellereien kann man die edlen Tropfen der Region verkosten.

Burg Thurant ②
In der Nähe von Alken steht die Burg Thurant aus dem 12. Jahrhundert. Sie ist an der Mosel die einzige Burg mit Zwillingstürmen.

Cochem ⑥
Die Burg Cochem, um 1100 erbaut, wurde 1688 von französischen Soldaten zerstört. Der jetzige Bau im neugotischen Stil stammt aus dem 19. Jahrhundert.

Matthias-Kapelle ①
Die spätromanische Kapelle beherbergte einst die Überreste des Apostels Matthias. Später wurden sie in die Matthiaskirche in Trier überführt.

Burg Pyrmont ⑤
Der markante Bergfried von Burg Pyrmont (13. Jh.) ist ein weithin sichtbares Zeichen mittelalterlicher Adelsmacht.

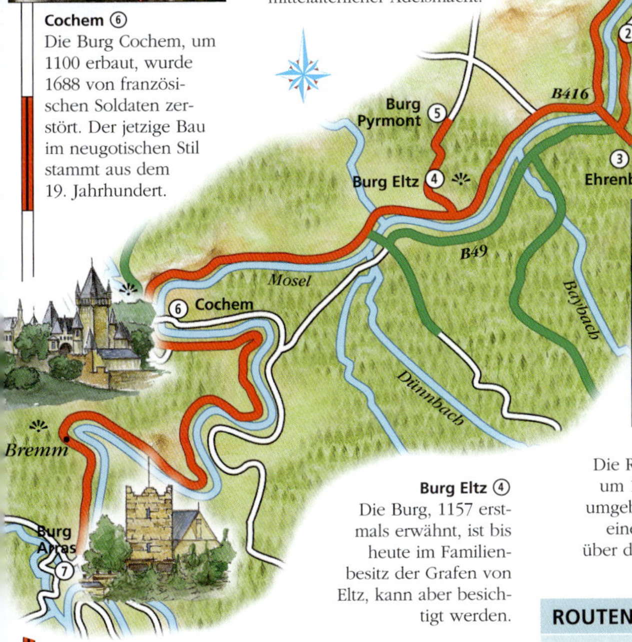

Ehrenburg ③
Die Ruine der Ehrenburg, um 1125 errichtet, thront umgeben von Wäldern auf einem steilen Bergkegel über dem Ort Brodenbach.

Burg Eltz ④
Die Burg, 1157 erstmals erwähnt, ist bis heute im Familienbesitz der Grafen von Eltz, kann aber besichtigt werden.

Burg Arras ⑦
In der zweiten Hälfte des 9. Jahrhunderts war die Anlage ein wichtiges Bollwerk der Pfalzgrafen von Lothringen zur Sicherung von Trier.

0 Kilometer 5

LEGENDE

- Routenempfehlung
- Panoramastraße
- Andere Straße
- Fluss
- Aussichtspunkt

ROUTENINFOS

Länge: *75 km.*
Rasten: *Zahlreiche Restaurants und Cafés findet man in Cochem. Kleinere Lokale laden an der gesamten Strecke zu einer Pause ein.*
Tipp: *Bootsfahrt auf der Mosel, von Koblenz nach Cochem oder nach Trier.*

Altar in der Dreifaltigkeitskirche von Speyer

Speyer ❹

Straßenkarte B6. *50 000.* *Maximilianstraße 13, (06232) 14 23 92.* *Brezelfest (Juli); Kaisertafel (Aug); Altstadtfest (Sep).* **www**.speyer.de

Schon im 7. Jahrhundert wurde Speyer Bischofssitz. Als Freie Reichsstadt – von 1294 bis 1797 – war die Stadt über 50-mal Tagungsort der kaiserlichen Ständevertretung. 1529 erklärten die evangelischen Reichsstände ihren Protest gegen Beschlüsse der katholischen Mehrheit, was ihnen den Namen »Protestanten« einbrachte.

Der dem heiligen Stephan und der Muttergottes geweihte **Kaiserdom** ist als bedeutendstes und größtes romanisches Bauwerk Europas UNESCO-Welterbe. Der Bau wurde um 1030 unter Kaiser Konrad II. begonnen und 1106 beendet. Das dreischiffige Langhaus wird von einem Querbau durchschnitten. Apsis und Chor sind weit geschwungen. An den Eckpunkten und über der Vierung erheben sich massive Türme. Im 18. Jahrhundert wurde der in Teilen zerstörte Dom nach Plänen von Franz Ignaz Michael Neumann wiederaufgebaut. In der Krypta stehen die steinernen Sarkophage der salischen Kaiser, darunter Konrad II., Heinrich III. und Heinrich IV.

Vor dem Dom steht der sogenannte Domnapf aus dem Jahr 1490. Anlässlich der Weihe eines neuen Bischofs wurde der riesige Steinkessel (1560 Liter Fassungsvermögen) jedes Mal bis zum Rand mit Rotwein gefüllt.

Auch Speyers große jüdische Gemeinde hinterließ interessante Bauten, so die **Mikwe** (jüdisches Ritualbad) aus dem Jahr 1110 in der Judengasse und die Überreste einer großen Synagoge (geweiht 1104). Westlich des Doms steht das **Altpörtel**, ein Stadttor aus dem frühen 13. Jahrhundert.

Die barocke **Dreifaltigkeitskirche** (1701–17) mit ihrem bemalten Holzgewölbe ist ein weiteres architektonisches Juwel der Stadt.

Worms ❺

Straßenkarte B5. *82 500.* *Neumarkt 14, (06241) 250 45.* **www**.worms.de

Worms gehört wie Speyer zu den ältesten deutschen Städten. Vom 8. bis 16. Jahrhundert fanden hier über 100 Reichs- und Hoftage statt.

Der **Dom St. Peter** gehört neben den Kirchen von Speyer und Mainz zu den größten spätromanischen Bauwerken. Er entstand über den Grundmauern eines ottonischen Baus im 12. und 13. Jahrhundert als doppelchörige Pfeilerbasilika mit vier Türmen und zwei Kuppeln. Bis 1325 folgten einige hochgotische Umbauten wie die Nikolauskapelle. Im nördlichen Seitenschiff gibt es fünf Sandsteinreliefs aus dem 14. Jahrhundert. Den sehr eindrucksvollen barocken Hochaltar fertigte Balthasar Neumann 1738–40.

Relief von 1488 am Wormser Dom

Grabsteine auf dem jüdischen Friedhof Heiliger Sand in Worms

Unweit des Marktplatzes steht die schöne **Dreifaltigkeitskirche** (1709–25). Die **Stiftskirche St. Paul** aus dem 12. Jahrhundert wurde im 13. Jahrhundert und letztmals im 18. Jahrhundert verändert. Die Wandmalereien stammen noch aus dem 13. Jahrhundert. Nebenan stößt man auf das einzige erhaltene Renaissance-Gebäude der Stadt, das **Rote Haus**. Im Westteil der Altstadt liegt der älteste jüdische Friedhof Europas. Die Grabsteine auf dem **Heiligen Sand**, so der Name des Gräberfelds, stammen zum Teil aus dem 11. Jahrhundert.

Die spätgotische dreischiffige **Liebfrauenkirche** (13.–15. Jh.) und die romanische **Magnuskirche** aus dem 13. Jahrhundert mit einer Krypta aus dem 8. Jahrhundert verdienen besondere Beachtung. Die **Stiftskirche St. Martin** (12. Jh.) ist eine doppelchörige, dreischiffige Basilika mit reich verzierten Portalen.

Der gewaltige romanische Dom St. Peter in Worms

Tour: Deutsche Weinstraße ❻

Die Deutsche Weinstraße ist die erste und bekannteste touristische Weinroute. Sie beginnt in Bockenheim und endet in Schweigen-Rechtenbach. Die hier empfohlene Strecke gehört zu den schönsten Abschnitten. Die romantische Landschaft war Schauplatz wichtiger historischer Ereignisse. Reste römischer Siedlungen, Burgruinen und Schlösser erwarten den Besucher. Der Wein gedeiht gut, denn hier herrschen die höchsten Durchschnittstemperaturen Deutschlands.

Bad Dürkheim ⑧
Hier wird jedes Jahr im September der berühmte Wurstmarkt abgehalten. Das Bad Dürkheimer Weinfest zieht immer mehr Besucher an.

St. Martin ⑥
Im historischen Ortskern bezaubern liebevoll restaurierte Fachwerkbauten und lauschige Plätze die Besucher.

Hambacher Schloss ⑦
In den Ruinen der ehemaligen Festung wurde am 27. Mai 1832 das Hambacher Fest abgehalten. Burschenschaften proklamierten erstmals den deutschen Einheitsgedanken.

Landau in der Pfalz ⑤
Die Befestigungsanlage von Vauban (1687–91) und die ehemalige Kirche des Augustinerordens lohnen einen Besuch.

Trifels ④
In der ehemaligen Kaiserburg ließen die deutschen Kaiser und Könige im 12. und 13. Jahrhundert die Reichskleinodien verwahren.

Leinsweiler ③
Der Hof Neukastel war lange die Arbeitsstätte des Impressionisten Max Slevogt. Einige seiner Wandgemälde sind noch zu sehen.

Bad Bergzabern ②
Der Kurort hat interessante Renaissance-Gebäude, z. B. das Gasthaus »Zum Engel« und das königliche Schloss.

Dörrenbach ①
Die gotische Kirche ist in die Stadtmauer integriert worden. Am Marktplatz sollte man sich das Fachwerk-Rathaus ansehen.

LEGENDE

- Routenempfehlung
- Panoramastraße
- Andere Straße
- Fluss
- Aussichtspunkt

ROUTENINFOS

Länge: *83 km.*
Rasten: *Landau hat viele Cafés und Restaurants. Auch in Bad Dürkheim findet man nette Cafés und Lokale.*
Beschilderung: *Eine Rebe oder ein Weinglas markieren die Route.*

Mainz 7

Die Geschichte der Hauptstadt von Rheinland-Pfalz geht auf die römische Garnison Mogontiacum zurück, die 13 v. Chr. gegründet wurde. Mainz entwickelte sich zu einer bedeutenden Handelsstadt, auch für die Weine der Region. Der Dom symbolisierte die Macht der Bischöfe von Mainz. Ein Sohn der Stadt hat sogar die Welt verändert: Johannes Gutenberg, der Erfinder des Buchdrucks mit beweglichen gegossenen Lettern, wurde um 1397 in Mainz geboren. 1477 wurde die Universität gegründet. Heute ist Mainz Sitz des ZDF.

Kurfürstliches Schloss

Peter-Altmeier-Allee.

Römisch-Germanisches Zentralmuseum

(06131) 912 40.

Di–So 10–18 Uhr.

Der Bau des Schlosses, 1627 von Erzbischof Georg von Greifenklau begonnen, war eines der letzten Werke der deutschen Spätrenaissance. 1687–1752 kam ein fast gleicher weiterer Flügel hinzu. Heute ist hier das Römisch-Germanische Zentralmuseum mit Funden von der Steinzeit bis zum frühen Mittelalter untergebracht.

Gutenberg-Statue am Gutenbergplatz

Gutenberg-Museum

Liebfrauenplatz 5. *(06131) 12 26 40.* *Di–Sa 9–17, So 11–15 Uhr.* *Feiertage.*

Johannes Gensfleisch zur Laden, genannt Gutenberg, wurde als Erfinder des Buchdrucks mit beweglichen Lettern weltberühmt. Die Bleilettern wurden gegossen und auf Druckblöcke gesetzt. 1456 hatte Gutenberg die ersten seiner berühmten Bibeln fertiggestellt. Nur 48 Exemplare der ersten Auflage sind noch vorhanden. Das Museum wurde 1900 gegründet. Man baute die Werkstatt des Meisters originalgetreu nach. Zu sehen sind u.a. eine originale Gutenberg-Bibel und ein Psalter von 1457, den Gutenberg von Fust & Schöffer drucken ließ. Der Psalter war das erste Druck-Erzeugnis, das mit drei Farbtinkturen – also im Drei-Farb-Druck – hergestellt wurde.

Mainzer Dom

Siehe S. 350f.

Gutenbergplatz

Nicht weit von der Stadtkirche St. Johann mit hochgotischem Westchor (um 1360) erstreckt sich der Gutenbergplatz. Ihn schmückt ein Denkmal des Erfinders, das 1837 nach einem Modell Bertel Thorvaldsens in Bronze gegossen wurde. An der Nordseite des Platzes befindet sich das klassizistische Staatstheater (1829–33).

Historische Fachwerkhäuser am Kirschgarten

Das Kurfürstliche Schloss, ein Beispiel deutscher Spätrenaissance

Kirschgarten

Ein Bummel durch die Altstadt sollte unbedingt auch zum Kirschgarten führen. Die Straßenzeile gehört zu den schönsten in Mainz. Die alten Fachwerkhäuser aus dem 16. und 18. Jahrhundert wurden nach dem Zweiten Weltkrieg aufwendig restauriert bzw. wiederaufgebaut.

St. Stephan

Kleine Weißgasse 12.

März–Okt: Mo–Sa 10–17, So 12–16.30 Uhr; Nov–Feb: Mo–Sa 10–16.30, So 12–16.30 Uhr.

Beim Kirschgarten steht die gotische Pfarrkirche St. Stephan. Sie wurde zwischen 1290 und 1338 über einer um 990 erbauten Vorgängerkirche errichtet. Der Grundriss zeigt eine dreischiffige Halle, die von einem Querbau und dem Chor durchschnitten wird. Der daran anschließende Kreuzgang aus der zweiten Hälfte des 15. Jahrhunderts ist eine Glanzleistung spätgotischer Architektur.

Die alten Bleiglasfenster im Chor wurden im Zweiten Weltkrieg zerstört, aber in den Jahren 1978–85 durch neue, von Marc Chagall gestaltete Fenster ersetzt – ein Magnet für Besucher aus aller Welt. In wundervoll nuancenreichen Blautönen werden Szenen aus dem Alten und dem Neuen Testament einan-

Anlegestelle der Ausflugsschiffe auf dem Rhein

der gegenübergestellt, darunter die biblischen Geschichten von Abraham mit den drei Fremden, der Traum des Jakob und Moses mit den zehn Geboten.

Im Kircheninneren hängen vier kupferne Kandelaber, die 1509 in Mainz gegossen wurden. Der kleine Flügelaltar mit der Kreuzigung Christi wurde um 1400 geschaffen, die beweglichen Flügel rund 100 Jahre später hinzugefügt. Die Nische unter dem Turm birgt das Heilige Grab (um 1450).

Römersteine

Südöstlich des Universitätsgeländes stehen die immer noch beeindruckenden Überreste eines römischen Aquädukts aus dem 1. Jahrhundert n. Chr. Im Zahlbachtal stand das Castrum Mogontiacum, ein vorgeschobener Beobachtungsposten des römischen Feldlagers, das in großen Mengen Trinkwasser benötigte. Der von den römischen Ingenieuren erbaute Aquädukt war bis zu 30 Meter hoch. Die Überreste erreichen nur noch eine Höhe von sieben Metern, denn die Steine wurden in späteren Jahrhunderten für andere Bauwerke genutzt.

Umgebung: 20 Kilometer südlich von Mainz liegt **Oppenheim**, ein Zentrum des Weinhandels. Die gotische Katharinenkirche (13.–15. Jh.) ist aus rötlichem Sandstein erbaut. Die nahen Hügel und die Ruine der Burg Landskron bieten eine atemberaubende Aussicht aufs Rheintal. Das Weinbaumuseum informiert über die Geschichte des Weinbaus in Deutschland von der Römerzeit bis heute. Die Rheinufer sind ideal für Spaziergänge und zur Beobachtung des Schiffsverkehrs.

INFOBOX

Straßenkarte B5. *190 000.*

Im Brückenturm am Rathaus, (06131) 28 62 10.

Mainzer Fastnacht (Jan/Feb); Johannisnacht (Juni); OpenOhr-Festival (Pfingsten); Mainzer Zeltfestival (Ende Juni/Anfang Juli); Weinforum Rheinhessen (letztes Wochenende im Okt).

www.mainz.de

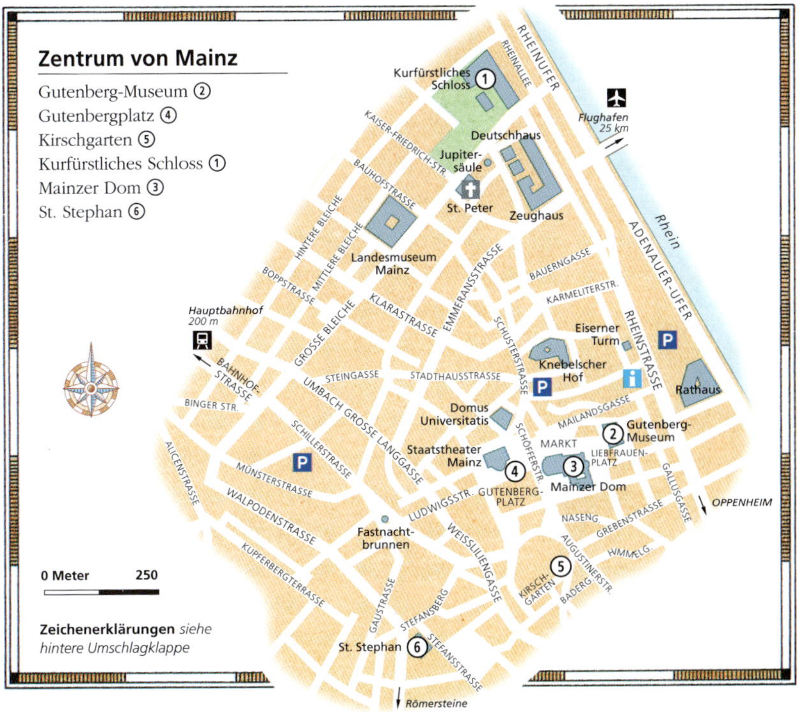

Mainzer Dom

Kruzifix in der St.-Gotthard-Kapelle

Wahrzeichen und Hauptattraktion von Mainz ist der rötlich schimmernde Dom St. Martin und St. Stephan. Wie der Wormser und der Speyerer zählt auch der Mainzer Dom zu den bedeutendsten und größten romanischen Bauwerken in Deutschland. Er wurde um 975 begonnen und 1239 vollendet. Im 13. und 14. Jahrhundert wurde er durch gotische Anbauten ergänzt und bis ins 19. Jahrhundert verschiedentlich verändert. Obwohl weder die gotischen Altäre noch die Einrichtung die Jahrhunderte überdauert haben, kann man zahlreiche Grabmale vor allem von Erzbischöfen aus dem 13. bis 18. Jahrhundert bewundern.

Portal der »Memorie«-Begräbniskapelle
Das reich verzierte spätgotische Portal (um 1425) von Madern Gerthener führt zur romanischen Begräbniskapelle im Obergeschoss des Doms.

Kanzel
Die neugotische Kanzel schuf Joseph Scholl im Jahr 1834.

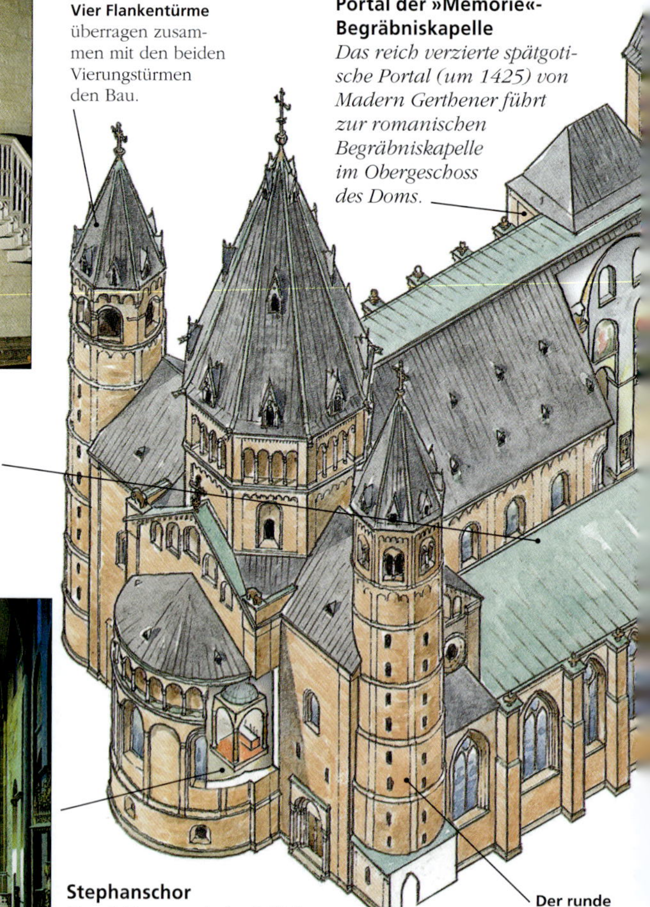

Vier Flankentürme überragen zusammen mit den beiden Vierungstürmen den Bau.

Stephanschor
Der frühromanische östliche Chorraum hebt sich durch seine Schlichtheit vom Rest des Interieurs ab.

Der runde Treppenturm stammt aus dem 11. Jahrhundert.

★ Denkmal des Heinrich Ferdinand von der Leyen
Das von Johann Mauritz Gröninger gefertigte Denkmal für den 1714 verstorbenen Dompropst ist über acht Meter hoch.

INFOBOX

Bischöfliches Dom- und Diözesanmuseum
Domstraße 3. *(06131) 25 33 44.* *Di–So 10–17 Uhr.*
www.dommuseum-mainz.de

Martinschor
Der spätromanische Westchor wurde zwischen 1200 und 1239 angebaut.

★ Chorgestühl
Das Rokoko-Chorgestühl aus Eichenholz umschließt fast den gesamten Altarbereich. Es ist ein Werk aus dem Jahr 1767 von Franz Anton Hermann.

Grabmal von Jakob von Liebenstein
Das spätgotische Grabmal des Erzbischofs wurde 1508 von einem unbekannten Künstler geschaffen. Der Erzbischof steht unter einem Baldachin, der den Schutz Mariens versinnbildlicht.

NICHT VERSÄUMEN

★ Chorgestühl

★ Denkmal des Heinrich Ferdinand von der Leyen

Tour: Rheintal ❽

Die Kelten nannten ihn *Renos*, die Römer *Rhenus*, und für die Germanen wurde der Fluss zum »Vater Rhein«. Seine Quelle liegt in den Schweizer Alpen. Von da aus fließt er 1320 Kilometer durch Liechtenstein, Österreich, Deutschland, Frankreich und die Niederlande. Für die Deutschen ist der Rhein mit vielen Sagen verbunden: Der Schatz der Nibelungen soll in den Fluss versenkt worden sein. Die Nixe Loreley lockte mit ihrem Gesang die Schiffer ins Verderben. Seit 2002 gehört der Flussabschnitt zwischen Koblenz und Bingen mit seinen rund 40 Burgen und Schlössern zu den UNESCO-Welterbestätten.

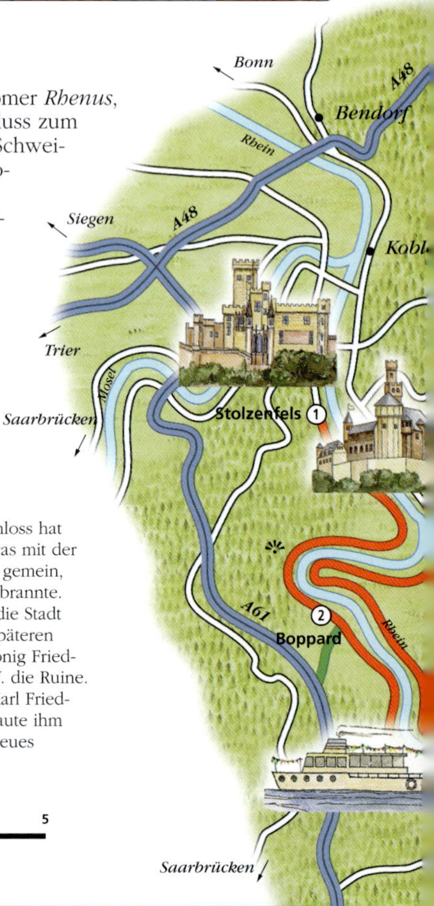

Stolzenfels ①
Das heutige Schloss hat kaum noch etwas mit der Festungsanlage gemein, die 1689 niederbrannte. 1823 schenkte die Stadt Koblenz dem späteren preußischen König Friedrich Wilhelm IV. die Ruine. Der Architekt Karl Friedrich Schinkel baute ihm 1836–42 sein neues Stolzenfels.

Boppard ②
Boppards Attraktionen sind die Ruinen der römischen Garnison Bodobrica, die Kurfürstliche Burg, die Balduin von Trier 1327 errichten ließ, und die Kirche St. Severus (12./13. Jh.). Die meisten historischen Bauwerke befinden sich innerhalb der mittelalterlichen Stadtmauer, von der an einigen Stellen noch Reste vorhanden sind.

ROUTENINFOS

Länge: *rund 125 km.*
Rasten: *Am besten macht man in Boppard oder Bacharach Pause. Hier gibt es die meisten Restaurants und Cafés.*
Tipp: *Eine willkommene Abwechslung bildet eine Bootsfahrt auf dem Rhein von Koblenz nach Mainz.*

Burg Rheinfels ③
Die 1245 von Graf Diether V. von Katzenelnbogen zum Schutz des Zolles von St. Goar errichtete Burg entwickelte sich zu einer der mächtigsten Festungen am Rhein. Noch heute beeindruckt das dichte Netz an unterirdischen Gängen.

◁ Moselschleife bei Trittenheim in Rheinland-Pfalz

Marksburg ⑧
Die schöne Burg stammt hauptsächlich aus dem 14. Jahrhundert. Sie liegt mit Bergfried, mehreren Baugruppen, Zwingern und Bastionen auf einem Felskegel über dem Fluss bei Braubach. Sie ist die einzige Höhenburg am Rhein, die nie zerstört wurde.

Loreley ⑦
Der 133 Meter hohe Loreley-Felsen stellte am hier nur 113 Meter breiten Rhein eine Gefahr für die Schifffahrt dar. Sagen erzählen von einer schönen Nixe (Zauberin etc.), die die Schiffer mit ihrem Gesang ablenkte, sodass ihre Boote am Felsen zerschellten.

Pfalzgrafenstein ④
Auf einer Insel mitten im Rhein steht die mächtige Burg Pfalzgrafenstein, eine der schönsten Burgen am Rhein. König Ludwig der Bayer ließ sie 1327 errichten. Obwohl die Burg 1607 und 1755 modernisiert wurde, stammen große Teile noch aus dem 14. Jahrhundert.

Bacharach ⑤
Die Stadt besitzt schöne historische Gebäude-Ensembles, eine intakte Stadtmauer, die Kirche St. Peter und die Ruinen der gotischen Kapelle St. Werner. Oberhalb der Stadt liegt Burg Stahleck, in der eine Jugendherberge untergebracht ist.

Burg Sooneck ⑥
Die Burg aus dem 11. Jahrhundert (Wiederaufbau 13. Jh.) wurde im 17. Jahrhundert von Franzosen zerstört. Im 19. Jahrhundert kauften die Hohenzollern die Ruine und ließen sie als Jagdburg wiedererrichten.

LEGENDE

- Autobahn
- Routenempfehlung
- Panoramastraße
- Fluss
- Aussichtspunkt

Hotels und Restaurants in Rheinland-Pfalz *siehe Seiten 506–508 und 545–547*

Koblenz ⑨

Der römische Name *castrum ad confluentes* bezeichnete das »Feldlager am Zusammenfluss« aus der Zeit um 9 v. Chr. Dies unterstreicht die strategische Bedeutung, die die Stadt am Zusammenfluss von Rhein und Mosel hatte. Vom Mittelalter bis Ende des 18. Jahrhunderts war Koblenz Residenz der mächtigen Erzbischöfe bzw. Kurfürsten von Trier. 1794 wurde Koblenz französisch, ab 1815 preußisch. Heute ist die Stadt kultureller Mittelpunkt der mittelrheinischen Region. 2011 ist Koblenz Veranstaltungsort der Bundesgartenschau.

Romanische Fassade der Basilika St. Kastor

Deutsches Eck

Ludwig-Museum im Deutschherrenhaus Danziger Freiheit 1. *(0261) 30 40 40. Di–Sa 10.30–17 Uhr, So 11–18 Uhr.*

Am Deutschen Eck fließen Rhein und Mosel zusammen. Auf der Landzunge zwischen den beiden Flüssen steht die Nachbildung des riesigen Reiterstandbilds Kaiser Wilhelms I., das 1897 von Bruno Schmitz entworfen wurde. Der Name leitet sich vom Orden der Deutschritter her, die hier 1216 ihr Deutschherrenhaus errichten ließen. Von dem Gebäudekomplex blieb nur die Residenz des Großmeisters des Ordens erhalten. Nach einer grundlegenden Renovierung richteten die bekannten Kunstmäzene Irene und Peter Ludwig 1992 in diesem Haus das Ludwig-Museum ein. Der Schwerpunkt ihrer Sammlung zeitgenössischer Kunst liegt auf französischen Werken.

Basilika St. Kastor

Kastorstraße 7. *tägl. 9–18 Uhr.*

Die Kirche St. Kastor wurde auf Anordnung des Erzbischofs von Trier erbaut und 836 geweiht. Die Verhandlungen, die zum Vertrag von Verdun führten, der 843 die Aufteilung des fränkischen Reichs unter den drei Söhnen von Ludwig dem Frommen regelte, fanden hier statt. Vom 11. bis zum 13. Jahrhundert wurde die Kirche auf ihre heutigen Ausmaße erweitert. Im Innenraum ist das spätgotische Sterngewölbe im Langhaus zu bewundern. Zudem sieht man schöne Grabtumben der Trierer Erzbischöfe Kuno von Falkenstein (1388) und Werner von Königstein (1418) sowie die Kanzel aus dem Jahr 1625.

Die Landzunge zwischen Mosel und Rhein, das sogenannte Deutsche Eck

Florinsmarkt

Mittelrhein-Museum

Florinsmarkt 15–17. *(0261) 129 25 20. Di–Sa 10.30–17, So 11–18 Uhr.*

Der Marktplatz am Moselufer wurde nach der Florinskirche mit romanischem Westbau und gotischem Chorumbau (ab 1100) benannt. Das Mittelrhein-Museum stellt Malerei und Plastiken vom 13. bis 20. Jahrhundert sowie archäologische Funde aus Steinzeit, Römerzeit und fränkischer Ära aus. Es ist in drei historischen Gebäuden untergebracht: dem Alten Kaufhaus (1419–25) mit barockisierter Fassade, dem einstigen Schöffenhaus (1528–30) mit Ecktürmchen, Erker und großem Maßwerkfenster und dem ehemaligen Bürresheimer Hof (1659/60) mit abgerundeten Stufengiebeln.

Die Alte Burg mit Erweiterungen aus Renaissance und Barock

Alte Burg

Burgstraße 1.

Im Mittelalter ließ die einflussreiche Familie von Arken in der nordwestlichen Ecke der römischen Festungsanlagen eine Burg errichten. 1276 übernahm der Erzbischof von Trier, Heinrich von Finstingen, die Befestigungsanlage und ließ sie ausbauen. Die Burg sollte ihn schützen und die nach Unabhängigkeit strebenden Bürger von Koblenz in Schach halten. Im 17. Jahrhundert fanden die letzten der zahlreichen Umbau- und Erweiterungsarbeiten ihren Abschluss. Besonders gut gelungen ist die östliche Renaissance-Fassade. Heute sind in der Alten Burg Teile der Stadtbibliothek und das Stadtarchiv untergebracht.

Hotels und Restaurants in Rheinland-Pfalz *siehe Seiten 506–508 und 545–547*

Liebfrauenkirche

Florinspfaffengasse 14.
Mo–Sa 8–18 Uhr, So 9–12.30 Uhr.

Am höchsten Punkt der Altstadt steht die spätromanische Liebfrauenkirche. Ihre Geschichte geht bis ins 9. Jahrhundert zurück. Sein heutiges Aussehen erhielt der Kirchenbau im 13. Jahrhundert. Die dreischiffige Emporenbasilika weist an der Westseite zwei barocke Türme auf (1693/94, erneuert). Im Inneren befindet sich ein reich ausgestatteter gotischer Chorbereich aus dem 15. Jahrhundert.

Madonnenstatue in der Liebfrauenkirche

Kurfürstliches Schloss

Clemensplatz.
für die Öffentlichkeit.

Das riesige Kurfürstliche Schloss dient heute als Behördensitz. Der Prunkbau wurde von Kurfürst Klemens Wenzeslaus im Stil des französischen Klassizismus in Auftrag gegeben. Die Arbeiten begannen 1777 nach Entwürfen von Michel d'Ixnard und wurden 1786 von Antoine-François Peyre abgeschlossen.

Festung Ehrenbreitstein

Landesmuseum Koblenz
(0261) 66 750. *Mitte März–Mitte Nov: tägl. 9.30–17 Uhr.*
Rhein-Museum
Charlottenstraße 53a.
(0261) 70 34 50. *Di–So 10–17 Uhr.*

Am rechten Rheinufer steht in strategisch günstiger Lage mit weitem Blick über Koblenz die trutzige Festung Ehrenbreitstein, eine der größten Festungsanlagen Europas. Schon um 1000 wurde hier eine Burg errichtet, die die Kurfürsten von Trier in den folgenden Jahrhunderten konsequent erweiterten. Nach der Sprengung durch die Franzosen 1801 ließen die Preußen zwischen 1817 und 1828 den Ehrenbreitstein unter Festungsbaumeister Aster im klassizistischen Stil neu aufbauen. Heute beherbergt die Festung Ehrenbreitstein das **Landesmuseum Koblenz**, das Technik-, Wirtschafts- und Sozialgeschichte der Region dokumentiert. Am Fuß der Festung kann man das **Rhein-Museum**, ein Museum für Kulturgeschichte und Schifffahrt am Rhein, besichtigen.

INFOBOX

Straßenkarte B5. *109300.* *Bahnhofplatz 17, (0261) 313 04; Jesuitenplatz (0261) 13 09 20.* *Internationale Musiktage (März/Apr); Altstadtfest mit dem Fest der Stadtteile (Juni/Juli); Koblenzer Gauklerfest (Juli); Rhein in Flammen (Aug); Schängelmarkt (Sep); Koblenzer Mendelssohn-Tage (Herbst).*
www.koblenz.de

Klassizistische Fassade des Kurfürstlichen Schlosses

Zentrum von Koblenz

Alte Burg ④
Basilika St. Kastor ②
Deutsches Eck ①
Festung Ehrenbreitstein ⑦
Florinsmarkt ③
Kurfürstliches Schloss ⑥
Liebfrauenkirche ⑤

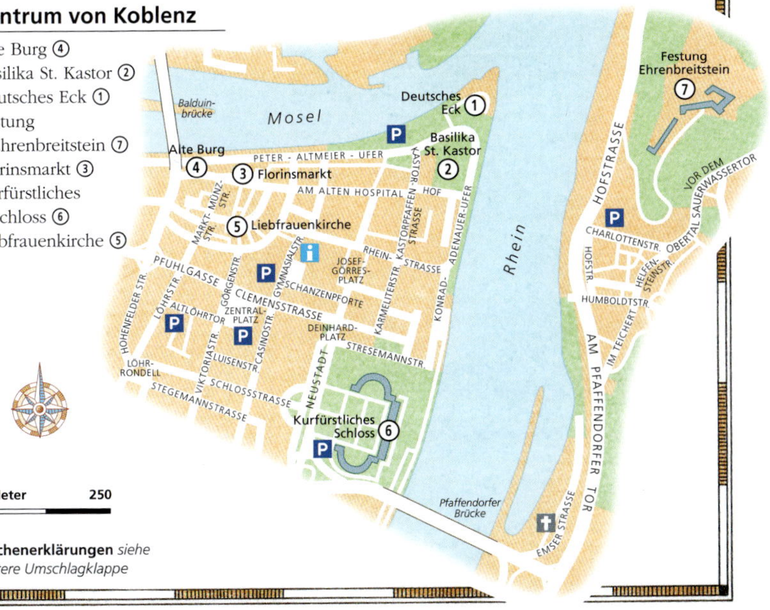

0 Meter 250

Zeichenerklärungen *siehe hintere Umschlagklappe*

Maria Laach ⑩

Säulenkapitell im Eingang

Das Kloster Maria Laach ist ein wahres Juwel romanischer Architektur. Die berühmte Benediktinerabtei steht am Ufer des Laacher Sees, der sich im Krater eines erloschenen Vulkans bildete. Auf Befehl des Pfalzgrafen Heinrich II., der hier auch beigesetzt ist, begann man 1093 mit dem Bau, doch erst 1156 konnte die Abteikirche geweiht werden. Im Zug der Säkularisation von 1802 wurde das Kloster geschlossen. Seit 1892 ertönen wieder gregorianische Choräle durch Kirche und Kloster von Maria Laach.

Westansicht der Klosterkirche
Die monumentale Westfassade der Kirche zeigt die halbkreisförmige Apsis, den 43 Meter hohen Zentralturm sowie zwei schlanke, 35 Meter hohe Flankentürme.

★ Grabmal Heinrichs II.
Die Grabstätte des 1095 verstorbenen Heinrich II. wurde erst 1280 angelegt. Die daraufliegende lebensgroße Figur des Pfalzgrafen ist aus Holz geschnitzt. Die Bemalung blieb bis heute original erhalten.

Löwenbrunnen
Der Brunnen im Paradies des Klosters wurde 1936 nach einer Vorlage aus der Alhambra im spanischen Granada gestaltet.

Detail eines Säulenkapitells
Das Westportal ist von Säulen eingerahmt. Ihre Kapitelle zeigen mythologische Figuren, darunter den Teufel am Eingang der Hölle oder Dämonen, die Menschen die Haare ausreißen.

Das Paradies (1220–30) ist ein Vorhof mit Arkadengängen und Kapitellen.

Mosaike
Die Innenräume der Klosterkirche sind mit Fresken und Mosaiken verziert, viele von Künstlern der Beuroner Schule. In der östlichen Apsis befindet sich ein Mosaik mit Christus als Weltenherrscher (1911).

INFOBOX

Straßenkarte B5. 6032 von Niedermendig oder Mayen, 6031 von Andernach. (02652) 590. Ostern–Allerheiligen: tägl. 9–11, 13.15–16.30 Uhr (So nur nachm.); Allerheiligen–Ostern: Mo–Sa 9.45–11, So 13–15.30 Uhr. **Krypta** Infos durch Videofilm. **www**.maria-laach.de

Die Kirchtürme haben Arkadenumgänge, die für den romanischen Stil typisch sind.

Bleiglasfenster
Drei große Bleiglasfenster in der östlichen Hauptapsis wurden 1959 von Wilhelm Rupprecht geschaffen.

★ Hochaltar
Zu den wertvollsten sakralen Kunstwerken gehört der spätromanische Baldachin des Hochaltars (2. Hälfte 13. Jh.).

★ Krypta
Die Gewölbe der frühromanischen Krypta werden von schlanken Säulen mit Blockkapitellen getragen. In der Krypta wurde Gilbert, der erste Abt von Maria Laach, bestattet.

NICHT VERSÄUMEN

★ Grabmal Heinrichs II.

★ Hochaltar

★ Krypta

COMMERZBAN
HYDROPHILIDA
HYDROPHILIDA

Hessen

Hessen liegt im Herzen Deutschlands. Eine wechselvolle Geschichte hat dem Bundesland ein kulturelles Erbe der Extraklasse beschert – von römischen Garnisonen, karolingischen Burgen und romanischen Kirchen bis zu gotischen Kathedralen. Das heutige Hessen hat sich zum führenden Wirtschaftszentrum Deutschlands und internationalen Finanzplatz entwickelt.

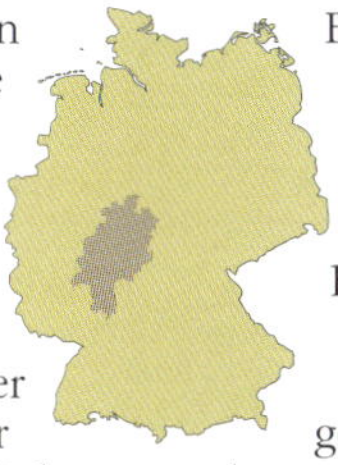

Vor der Zeitenwende siedelten zwischen Fulda und Lahn die germanischen Chatten, Vorläufer der Hessen, danach die Römer, im 5. Jahrhundert die Franken. Im 8. Jahrhundert missionierte Bonifatius das Gebiet. Das Grafenhaus der Konradiner gelangte 911 zur deutschen Königswürde. 1122 kam Hessen zu Thüringen, konnte sich aber 1264 wieder lösen. Ab der Mitte des 13. Jahrhunderts beherrschten viele Mächte das Gebiet. 1567 spaltete sich die Landgrafschaft Hessen in vier Staaten auf. Das seit Jahrhunderten in Hessen-Kassel und Hessen-Darmstadt aufgeteilte Land ging 1945/46 im neuen Land Hessen auf.

Frankfurt am Main mit der modernen Skyline des Bankenviertels zählt zu den wichtigsten Finanzmetropolen Europas. Der Flughafen ist beim Passagieraufkommen Deutschlands bedeutendste Drehscheibe im Luftverkehr. Die jährliche Frankfurter Buchmesse ist die größte Literaturschau der Welt. Darmstadt wurde durch die 1899 gegründete Künstlerkolonie bekannt. In Wiesbaden tagt der Hessische Landtag. Marburg besitzt seit der Zeit der Reformation eine der innovativsten Universitäten Deutschlands. Die »documenta« in Kassel zieht alle vier oder fünf Jahre Liebhaber moderner Kunst an.

Das Waldecker Land ist für Kurorte und das Erholungsgebiet rund um den Eder-Stausee bekannt. Weitere Highlights sind das Weinbaugebiet um Eltville im Rheingau und die Zisterzienserabtei von Eberbach.

Park und barocke Orangerie des Fuldaer Schlosses

◁ **»Mainhattan« – Frankfurts Bankenviertel mit beachtlicher Skyline** ***(siehe S. 374–377)***

Überblick: Hessen

Der Rheingau um Eltville ist die bedeutendste Weinbauregion Hessens. Kurorte im Taunus wie etwa Bad Homburg verströmen noch immer das beschauliche Flair des 19. Jahrhunderts. Auch Wiesbaden hat viel von seinem wilhelminischen Gepräge bewahrt. Am Frankfurter Museumsufer reihen sich Museen von Weltgeltung aneinander. Kassel stellt sich als Residenz der Künste dar. Marburg besitzt mit der Elisabethkirche einen der ersten und schönsten hochgotischen Sakralbauten Deutschlands.

Der Limburger Dom thront über der Lahn

Das Niederwalddenkmal bei Rüdesheim

Sehenswürdigkeiten auf einen Blick

Alsfeld 5
Bad Homburg 11
Darmstadt 17
Eltville 12
Frankfurt am Main S. 374–379 16
Fritzlar 2
Fulda 4
Gießen 7
Kassel S. 364f 1
Kiedrich 14
Limburg 10
Lorsch 18
Marburg 6
Michelstadt 19
Rüdesheim 15
Weilburg 9
Wetzlar 8
Wiesbaden 13

Tour
Waldecker Land 3

Weitere Zeichenerklärungen *siehe hintere Umschlagklappe*

SIEHE AUCH

- ***Hotels*** S. 508–510
- ***Restaurants*** S. 547–549

Der Messeturm in Frankfurt wurde von Helmut Jahn entworfen

Statue der Brüder Grimm in Hanau

In Hessen unterwegs

Frankfurt am Main besitzt Deutschlands wichtigsten Flughafen. Die A7 durchzieht Hessen in Nord-Süd-Richtung. Die A4 führt von Dresden via Weimar nach Bad Hersfeld, die A5 über Gießen und Bad Homburg nach Frankfurt am Main und weiter nach Darmstadt und Heidelberg. ICEs verbinden Kassel und Frankfurt am Main mit Basel, Stuttgart, Berlin und München. Zahlreiche bekannte Ferienstraßen wie die Deutsche Märchenstraße, die Bäderstraße oder die Bergstraße führen ebenfalls durch Hessen. Zwischen Lorsch und Flörsheim verläuft die rund 70 Kilometer lange Rheingau-Riesling-Route.

LEGENDE

- Autobahn
- Bundesstraße
- Nebenstraße
- Autobahn (im Bau)
- Eisenbahn (Hauptstrecke)
- Eisenbahn (Nebenstrecke)
- Bundeslandgrenze
- Gipfel

Kassel ❶

Kassel wurde als Chasalla und Chasella (Burg) 913 erstmals erwähnt. Landgraf Heinrich von Hessen machte es 1277 zu seiner Residenz. Ab 1523 baute es Philipp der Großmütige zu einer Festung aus. 1803 bis 1866 war Kassel mit kurzer Unterbrechung Hauptstadt des Kurfürstentums Hessen, wurde dann preußisch und war bis 1944 Hauptstadt der Provinz Hessen-Nassau. Im Zweiten Weltkrieg wurde die Stadt großflächig zerstört. Heute ist Kassel der wirtschaftliche und kulturelle Mittelpunkt Nordhessens. Seit 1955 findet hier alle vier bis fünf Jahre die größte Ausstellung zeitgenössischer Kunst, die »documenta«, statt (13. documenta 2012).

Mit Kameen verzierte Terrine im Landesmuseum

Hessisches Landesmuseum

Brüder-Grimm-Platz 5. *(0561) 31 68 00.* *wegen Renovierungsarbeiten bis 2013 (einige ausgewählte Werke sind bis dahin in der Torwache zu sehen).*

In dem neobarocken Museumsbau (1910–13) sind u.a. faszinierende astronomische Geräte aus dem 16. Jahrhundert ausgestellt. Die ethnografische Abteilung präsentiert Trachten und hessische Volkskunst.

Das Landesmuseum besitzt auch eine der größten europäischen Sammlungen von Tapeten und Wandbezügen. Das Tapetenmuseum wurde 1923 eröffnet und dokumentiert Herstellungsmethoden und Materialien der Wanddekoration. Die Exponate reichen von Ledertapeten (Cordovans) über berühmte Tapetenmuster aus Jugendstil und Art déco bis zur Fachliteratur aus vielen Ländern. Mit den *Vues de Suisse* (1802) wird die älteste szenische Wandtapete Europas ausgestellt. Bei ihrer Herstellung wurden 95 Farbtinten und 1024 Druckblöcke verwendet. Auch das Historienpanorama *Renaud et Armide* aus der Werkstatt von Joseph Dufour aus dem Jahr 1823 wird gezeigt. Dafür waren 2386 Druckblöcke nötig.

Neue Galerie

Schöne Aussicht 1. *(0561) 31 68 00.* *Di–So 10–17 Uhr.* *wegen Renovierung (einige ausgewählte Werke sind bis zur Wiedereröffnung in der Galerie Alter Meister zu sehen).*

Die Neue Galerie, die in einem klassizistischen Bau aus dem Jahr 1874 zu Hause ist, wurde 1976 gegründet und widmet sich der Kunst des 19. und 20. Jahrhunderts. Die Sammlung beherbergt u.a. Werke von Carl Schuch, Max Slevogt und Lovis Corinth. Die exquisite Sammlung der Kunst der Moderne konzentriert sich vor allem auf den deutschen Expressionismus.

Ein Raum ist den Arbeiten von Joseph Beuys (1921–1986) gewidmet.

Tapete (1670–80) im Tapetenmuseum

Brüder-Grimm-Museum

Schöne Aussicht 2. *(0561) 10 32 35.* *tägl. 10–17 Uhr.* *1. Jan, Karfreitag, 24., 25., 31. Dez.*

Neben der Neuen Galerie steht das kleine, 1714 von Paul du Ry erbaute Schloss Bellevue. Die Brüder Jacob Ludwig Karl und Wilhelm Karl Grimm kamen zwar in Hanau zur Welt, lebten aber von 1798 bis 1830 in Kassel. 1960 wurde das Museum eröffnet. Es würdigt Leben und Werk der berühmten Märchensammler, Literatur- und Sprachwissenschaftler.

Illustration für das Märchen *Aschenputtel* der Brüder Grimm

Kunsthalle Fridericianum

Friedrichsplatz 18. *(0561) 70 72 720.* *Mi–So 11–18 Uhr.*

Königsplatz und Friedrichsplatz wurden als Ensemble vom Hofarchitekten Simon Louis du Ry entworfen. An der Nordwestseite des Friedrichsplatzes steht das 1769–79 im neoklassizistischen Stil erbaute Fridericianum. Sein Gründer, der aufklärerisch beeinflusste Landgraf Friedrich II., hatte es als Museum errichten lassen. Es war – nach dem British Museum in London – der zweite öffentliche Museumsbau auf dem europäischen Kontinent.

Seit 1955 ist das Fridericianum der zentrale Veranstaltungsort der multimedialen »documenta«, die alle vier bis fünf Jahre Kassel fest im Griff hat. Ein weiteres Ausstellungsgelände, die documenta-Halle, wurde 1992 im Staatstheater (Du-Ry-Straße) eröffnet.

Hotels und Restaurants in Hessen *siehe Seiten 508–510 und 547–549*

Das Ottoneum, das erste Theatergebäude Deutschlands

Ottoneum

Steinweg 2. **Naturkundemuseum** *(0561) 787 40 66.* *Di–So 10–17 Uhr (Mi bis 20 Uhr).*

Das Ottoneum wurde 1605 als erstes ständiges Theater Deutschlands erbaut. Das von Wilhelm Vernukken geplante und im 17. Jahrhundert von Paul du Ry umgebaute Haus wurde 1885 in ein Museum für Naturgeschichte umgewandelt.

Orangerie

An der Karlsaue 20c. *(0561) 31 68 05 00.* **Museum für Astronomie und Technikgeschichte** *Di–So 10–17 Uhr.* *24., 25., 31. Dez.* *(Fr frei.)*

Zeiss-Planetarium

Di, Sa 14 Uhr, Mi, Fr, So 15 Uhr, Do 14 und 19 Uhr. *(Fr frei.)*

Im Süden Kassels befindet sich der riesige Komplex von Schloss und Park Karlsaue, der nach seinem Erbauer, dem Landgrafen Karl, benannt ist. Das frühere Renaissance-Schlösschen aus dem 16. Jahrhundert wurde 1702–10 von Pierre-Étienne Monnot um die Orangerie erweitert. Heute ist hier das Museum für Astronomie und Technikgeschichte untergebracht. Monnot entwarf 1721 außerdem den marmornen Badepavillon. Der Küchenpavillon wurde 1765 nach Plänen von Simon Louis du Ry erbaut.

Wilhelmshöhe

Gemäldegalerie Alter Meister

Schloss Wilhelmshöhe. *(0561) 31 68 00.* *Di–So 10–17 Uhr.* *1. Mai, 24., 25., 31. Dez.*

Am oberen Ende einer Allee steht das 1781 entworfene Schloss Wilhelmshöhe. Das Hauptgebäude erstreckt sich parallel zur Allee, die einen Wald durchzieht. Ursprünglich sollten hier mehrere künstliche Wasserfälle entstehen, von denen nur wenige realisiert wurden. Auf der Hügelkuppe steht das Oktogon, ein achteckiger Pavillon, gekrönt von einer Herkulesstatue, Kassels Stadtsymbol.

INFOBOX

Straßenkarte C4. *195 000.* *Hauptbahnhof, Bahnhof Wilhelmshöhe.* *Obere Königsstraße 8, (0561) 707 71 64.* *documenta (jetzt alle 5 Jahre, nächstes Mal 2012); Zissel (Aug); Museumsnacht (Sep); Kasseler Musiktage (Nov).* **www**.kassel.de

Das Schloss wurde nach Plänen von Simon Louis du Ry und Heinrich Christoph Jussow 1793–1801 erbaut. Heute ist hier die Gemäldegalerie Alter Meister untergebracht mit Werken von Rubens, Tizian, Rembrandt, Dürer und Poussin. Attraktiv ist auch der große Park.

Kaskaden mit Oktogon und Herkulesstatue auf der Wilhelmshöhe

Fritzlar ❷

Straßenkarte C4. *15500.* *Kasseler Straße.* *Zwischen den Krämen 7, (05622) 98 86 43.* *Pferdemarkt (Juli); Stadtfest (Aug).* **www**.fritzlar.de

Die traditionsreiche Stadt Fritzlar konnte ihre alten Stadtmauern mit vielen Wachtürmen und über 450 Fachwerkhäuser bis heute bewahren. Im frühen 8. Jahrhundert fällte der heilige Bonifatius die mythische Eiche des germanischen Gottes Thor und errichtete an dieser Stelle eine Kapelle. Im Jahr 724 entstand daraus eine Benediktinerabtei, der heutige **St.-Petri-Dom**. Die romanische Gewölbebasilika mit Querhaus und Chor im Osten und mächtiger Doppelturmfassade mit Vorhalle im Westen entstand in mehreren Bauphasen vom 11. bis ins 14. Jahrhundert. Das Kircheninnere ist reich an historischen Schätzen: Die östliche Wand des Querschiffs trägt Gemälde aus dem 14. Jahrhundert. Im südlichen Seitentrakt steht eine wundervolle Pietà, eine Votivgabe während der Pest Anfang des 14. Jahrhunderts.

Die **evangelische Stadtkirche**, in der ersten Hälfte des 14. Jahrhunderts als Klosterkirche der Franziskaner erbaut, zeigt im Chor ein schönes Madonnenbild.

In der Altstadt von Fritzlar kann das **Alte Rathaus**, das teilweise aus dem 12. Jahrhundert stammt, bewundert werden. Im **Hochzeitshaus**, einem Fachwerkgebäude aus den Jahren 1580–90, ist heute das Heimatmuseum untergebracht.

Über den Fluss Eder spannt sich die **Alte Brücke**, die im 13. Jahrhundert aus Stein errichtet wurde.

Der heilige Martin als Relief am Rathaus in Fritzlar

Tour: Waldecker Land ❸

Westlich von Kassel liegt das Waldecker Land. Die Region war als Fürstentum, dann als Freistaat lange Zeit eigenständig. Heute ist das Waldecker Land, dessen Zentrum der Eder-Stausee bildet, ein attraktives Urlaubsziel. Die weiten Waldgebiete sind ideal für kürzere oder längere Wanderungen, die ruhigen Landstraßen eignen sich für Radtouren. Die Flüsse und Seen ziehen jeden Sommer viele Kanuten, Surfer, Segler und Wasserskifahrer an.

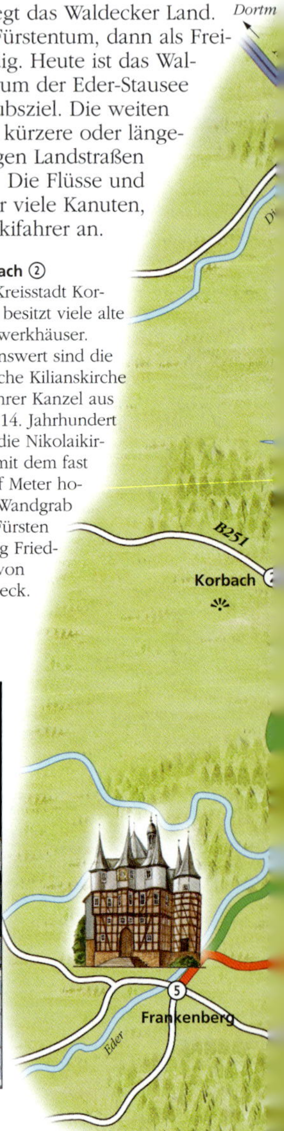

Korbach ②
Die Kreisstadt Korbach besitzt viele alte Fachwerkhäuser. Sehenswert sind die gotische Kilianskirche mit ihrer Kanzel aus dem 14. Jahrhundert und die Nikolaikirche mit dem fast zwölf Meter hohen Wandgrab des Fürsten Georg Friedrich von Waldeck.

Frankenberg ⑤
Der Ort besteht aus wunderbar erhaltenen Fachwerkhäusern. Das Rathaus ist mit farbigen, humorvollen Schnitzereien versehen. Die gotische Liebfrauenkirche wurde ab 1286 erbaut.

0 Kilometer 10

LEGENDE

- Autobahn
- Routenempfehlung
- Panoramastraße
- Andere Straße
- Fluss, See
- Aussichtspunkt

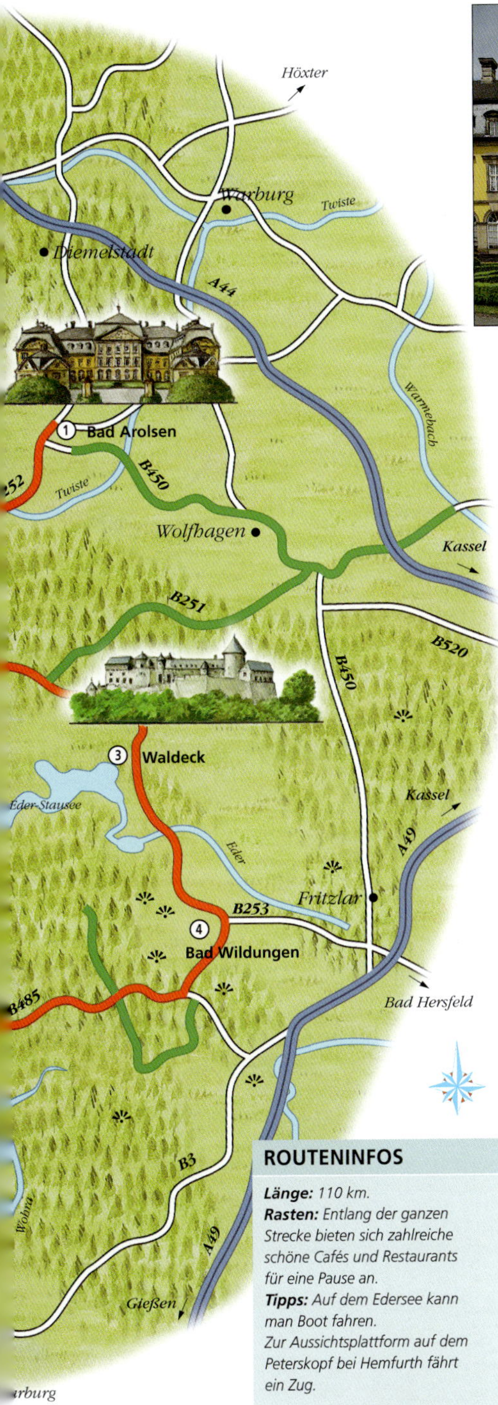

Bad Arolsen ①

Sowohl der Bildhauer Christian Daniel Rauch als auch der Maler Wilhelm von Kaulbach wurden in dem Kurort geboren. Beiden Künstlern ist jeweils ein Museum gewidmet. Die Hauptattraktion von Bad Arolsen ist jedoch das Barockschloss (1713–28) der Grafen zu Waldeck.

Waldeck ③

Die ehemalige Festung Waldeck ist heute ein Hotel. Von der Burg hat man einen schönen Blick auf den Edersee und den Ort Waldeck. In der Stadtkirche (16. Jh.) steht ein spätgotischer Flügelaltar (um 1500), der der Jungfrau Maria gewidmet ist.

ROUTENINFOS

Länge: *110 km.*
Rasten: *Entlang der ganzen Strecke bieten sich zahlreiche schöne Cafés und Restaurants für eine Pause an.*
Tipps: *Auf dem Edersee kann man Boot fahren.*
Zur Aussichtsplattform auf dem Peterskopf bei Hemfurth fährt ein Zug.

Bad Wildungen ④

Der beliebte Kurort hat noch heute viele alte Fachwerkhäuser. Die Stadtkirche beeindruckt mit einem kostbaren Altar (um 1403) von Konrad von Soest.

Eingangstor des barocken Stadtschlosses in Fulda

Die Brüder Grimm

Die Brüder Jacob (1785–1863) und Wilhelm (1786–1859) haben sich als Sammler und Bewahrer deutscher Märchen und Sagen weltweit einen Namen gemacht. Ihre Sammlung *Kinder- und Hausmärchen* erschien 1812–15. Märchen wie *Hänsel und Gretel, Aschenputtel* und *Rotkäppchen* haben Generationen von Kindern auf der ganzen Welt begeistert. Eigentlich waren die Brüder jedoch Professoren der Literatur- und Sprachwissenschaft. Jacob Grimm legte in seiner *Deutschen Grammatik* dar, wie sich die germanischen Sprachen entwickelt haben. Das *Deutsche Wörterbuch* wurde ebenfalls von den Grimms verfasst.

Fulda ❹

Straßenkarte C5. *62 200.*
Bonifatiusplatz 1, Palais Buttlar, (0661) 102 18 12. *Stadtfest (Aug/Sep).* **www**.fulda.de

Fuldas Geschichte beginnt im Jahr 744, als ein Gefolgsmann des heiligen Bonifatius hier eine Benediktinerabtei gründete. 754 wurde er in der Abtei beigesetzt. Fuldas Bischöfe berufen sich noch heute auf ihn als wichtigsten christlichen Missionar.

Die Stadt, die um die Abtei entstand, erlebte ihre Blütezeit im Barock. In den Jahren 1704–12 wurde nach Entwürfen von Johann Dientzenhofer eine neue Abtei erbaut. Das Innere des dreischiffigen **Doms St. Salvator und Bonifatius** ist von weißem Stuck geprägt. Der heilige Bonifatius wurde unter dem Hochaltar beigesetzt. Das Dommuseum zeigt erlesene sakrale Schätze.

Das **Stadtschloss** am Südende der Pauluspromenade war ursprünglich bischöfliches Palais. Es wurde 1706–21 von Johann Dientzenhofer barock umgestaltet. Andreas Gallasini führte die Arbeiten zu Ende. Das Interieur ist im Stil des Barock und Rokoko gehalten. Insbesondere der Kaisersaal im Erdgeschoss, der Fürstensaal – ehemals der Ballsaal des Schlosses – sowie das Spiegelkabinett aus dem Rokoko sind sehenswert. In einigen Sälen des Komplexes ist kostbares Fuldaer Porzellan ausgestellt. Die Orangerie im Schlosspark mit der herrlichen Flora-Vase (1728) vor dem Gebäude wurde zwischen 1722 und 1725 nach Plänen Maximilians von Welsch errichtet.

Die **Michaelskirche** entstand um 822 als karolingische Kapelle – sie ist eine der ältesten Kirchen Deutschlands. Die Rotunde (10./11. Jh.) mit Umgang wird von acht Säulen getragen. Die darunterliegende Krypta stammt aus karolingischer Zeit. Die Türme hat man im 17. Jahrhundert verändert.

Zwei ebenfalls interessante Kirchen Fuldas sind die barocke **Heilig-Geist-Kirche**, die 1729–32 von Andreas Gallasini gebaut wurde, und die **Pfarrkirche St. Blasius** aus dem 18. Jahrhundert.

Auf den vier Hügeln der Stadt wurden im 8. Jahrhundert fünf Abteien errichtet. Auf dem Petersberg steht die **Peterskirche**, die zur ehemaligen Benediktinerabtei gehörte. In der Krypta befinden sich mit die ältesten Wandbilder Deutschlands aus den Jahren 836–847.

Alsfeld ❺

Straßenkarte C4. *18 000.*
Am Markt 12, (06631) 91 10 243. *Akad. Marktfrühschoppen (Mai); Pfingstfest (Mai/Juni); Stadt- und Heimatfest (Aug); Historischer Markt (Sep).* **www**.alsfeld.de

Alsfeld wurde 1222 erstmals urkundlich erwähnt. Die Fachwerkhäuser aus dem 16. und 17. Jahrhundert lassen die Altstadt wie eine Illustration aus einem Märchenbuch erscheinen. Am Marktplatz steht das repräsentative spätgotische **Rathaus** (1512–16), dessen reiches Fachwerk

Fachwerkhäuser in Alsfeld

typisch für die Region Nordhessen ist. Der historische Rathaussaal ist besonders schön ausgeschmückt. Ebenfalls am Markt wurden das **Weinhaus** mit seinem Treppengiebel (1538) und das **Hochzeitshaus** (1564–71) im Stil der Renaissance errichtet. Gegenüber steht das mit Wandmalereien und Holzschnitzereien verzierte **Stumpfhaus** (1609).

Die **Walpurgiskirche** wurde im 13. Jahrhundert erbaut und weist interessante Fresken auf. Am Rossmarkt steht die **Dreifaltigkeitskirche**, die von Augustinermönchen gegründet wurde. Von hier nahm 1522 durch den Mönch Tilemann Schnabel die Reformation in Nordhessen ihren Ausgang. Oberhalb des zwei Kilometer entfernten Altenburg steht ein **Schloss** (18. Jh.), von dem aus man einen Rundblick über Stadt und Umland hat.

Detail am Rathaus in Marburg

Marburg ❻

Straßenkarte C4. 79 000.
Pilgrimstein 26, (06421) 991 20.
Maieinsingen (30. Apr); 3 Tage Marburg (Juli); Elisabethmarkt (Okt).
www.marburg.de

Marburg, das 1138/39 erstmals erwähnt wurde, wurde ab 1260 zur Residenz der hessischen Landgrafen ausgebaut. Die Stadtgeschichte ist eng mit dem Schicksal Elisabeths von Thüringen verknüpft. Die Ehefrau des Landgrafen Ludwig IV. wurde als Wohltäterin verehrt und im 13. Jahrhundert heiliggesprochen.

1527 gründete Philipp der Großmütige in Marburg die erste protestantische Universität Deutschlands. Er berief 1529 das Marburger Religionsgespräch ein, an dem u.a. Luther, Melanchthon und Zwingli teilnahmen. Es sollte den protestantischen Glauben festigen. Das Ergebnis wurde in den »15 Marburger Artikeln« zusammengefasst.

Die **Elisabethkirche** ließ der Deutsche Orden 1235–83 als eine der ersten und schönsten hochgotischen Kirchen in Deutschland über dem Grab Elisabeths von Thüringen erbauen. Charakteristisch sind die dreischiffige Halle und der Dreikonchenchor. Im Inneren befinden sich mehrere Altäre, darunter der Altar der heiligen Elisabeth (geweiht 1294). Im Nordchor steht Elisabeths Mausoleum mit dem steinernen Sarkophag unter einem Baldachin (um 1280).

In der Sakristei wird der größte Schatz aufbewahrt: der Reliquienschrein Elisabeths (um 1233–43). Im südlichen Chor finden sich die Grabmale der thüringisch-hessischen Landgrafen vom 13. bis zum 16. Jahrhundert.

Das **Universitätsmuseum für Bildende Kunst** besitzt eine Sammlung deutscher Maler des 16. bis 19. Jahrhunderts, vorwiegend jedoch Werke von bekannten deutschen Künstlern des 20. Jahrhunderts.

Unter den Fachwerkhäusern rund um den Marktplatz sind vor allem die Sonne (Nr. 14), der Stiefel (Nr. 17) sowie das 1318 erbaute Steinhaus (Nr. 18) sehenswert. Zu den schönsten Häusern Marburgs gehören noch das Haus in der Hirschgasse 13 und das historische Künstlerhaus aus der Renaissance (Markt 16).

Hoch über der Stadt steht das **Landgrafenschloss**. Den Grundstein für das Schloss legte man Ende des 9. Jahrhunderts. Der letzte Anbau wurde im 16. Jahrhundert beendet. Der zweigeschossige Fürstenbau mit dem prachtvollen Fürstensaal stammt von 1330. Der Wilhelmsbau wurde 1497 vollendet. Hier werden in einem Museum u.a. Exponate zur Vor- und Frühgeschichte sowie zu Volkskunde und Sakralkunst gezeigt.

Das gotische Portal der Elisabethkirche in Marburg

Elisabethkirche
Elisabethstraße. *(06421) 655 73.*
Apr–Sep: 9–18 Uhr; Okt: 10–17 Uhr; Nov–März: 10–16 Uhr.

Universitätsmuseum für Bildende Kunst
Biegenstraße 11. *(06421) 282 21 66.* *Di–So 11–12, 14–17 Uhr.*

Landgrafenschloss und Universitätsmuseum für Kulturgeschichte im Wilhelmsbau
Schloss 1. *(06421) 282 21 66.*
Apr–Okt: Di–So 10–18 Uhr; Nov–März: Di–So 10–16 Uhr.

Die Alte Universität in Marburg

Gießen 7

Straßenkarte C4. 73 000.
Berliner Platz 2, (0641) 194 33.
www.giessen.de

Gießen bekam 1248 Stadtrechte. Gründungsjahr der Universität war 1607. Am Brandplatz steht das auf das 14. Jahrhundert zurückgehende **Alte Schloss**, das bis 1980 neu errichtet wurde. Das **Oberhessische Museum** hat hier eine Gemäldegalerie und die Abteilung Kunsthandwerk untergebracht. Auch die beiden **Burgmannenhäuser**, das Leib'sche Haus und das Wallenfels'sche Haus, gehören zum Oberhessischen Museum. Das Leib'sche Haus von 1350 dokumentiert u. a. die Stadtgeschichte. Im Wallenfels'schen Haus ist u. a. eine frühgeschichtliche Sammlung untergebracht.

Der **Botanische Garten** von 1609 ist einer der ältesten Deutschlands. Nördlich davon steht das **Neue Schloss**, das 1533–37 unter Landgraf Philipp dem Großmütigen erbaut wurde. Der Bau mit Bruchsteinmauerwerk im Erdgeschoss und Fachwerk in den Obergeschossen blieb im Zweiten Weltkrieg unbeschädigt. Dagegen ist von der **Pfarrkirche St. Pankratius** nur noch der Turm aus dem 15. Jahrhundert erhalten.

Das **Liebig-Museum** in der Liebigstraße 12 erinnert an den Chemiker Justus Liebig.

Portal des Alten Schlosses in Gießen

Wetzlar 8

Straßenkarte C5. 52 800.
Domplatz 8, (06441) 99 77 50.
www.wetzlar.de

Das malerische Städtchen am Ufer der Lahn liegt unterhalb der Ruinen der Festung **Kalsmunt** aus dem 12. Jahrhundert. Die Burg wurde für Kaiser Friedrich Barbarossa erbaut. Der Bergfried ist noch erhalten.

Die Bauarbeiten für den **Dom** zu Wetzlar wurden im 9. Jahrhundert begonnen, waren aber im 15. Jahrhundert noch immer nicht abgeschlossen. Zeugnis langwieriger Umbauten und Erweiterungen ist die unvollendete Westfassade: Die Treppen zum Eingang wurden nie gebaut, nur die Steinreliefs des sogenannten Heldenportals wurden vollständig ausgeführt. Der Nordturm weist spätromanische, der Südturm gotische Stilelemente auf. Im Inneren verdient das große Vesperbild (1370–80) aus Lindenholz in der Johanneskapelle besondere Aufmerksamkeit. Schöne Statuen sind auch eine Madonna aus dem 15. Jahrhundert und eine Kreuzigungsgruppe aus der Spätrenaissance.

1772 war Johann Wolfgang von Goethe für drei Monate Gerichtsassessor in Wetzlar. Während dieser Zeit verliebte er sich in Charlotte Buff, die er Lotte nannte – doch sie war mit einem Freund Goethes verlobt. Ihr ehemaliges Wohnhaus, das **Lottehaus** (Lottestraße 8–10), zeigt noch Memorabilien dieses nicht zustande gekommenen Verhältnisses. Der Selbstmord eines engen, ebenfalls unglücklich verliebten Freundes, Karl Wilhelm Jerusalem, der im **Jerusalemhaus** (Schillerplatz 5) wohnte, veranlasste Goethe zu seinem Roman *Die Leiden des jungen Werther* (1774). Die Gedenkstätte bietet eine Gelegenheit, den Menschen und Ereignissen nachzuspüren, die den äußeren Rahmen für diesen Briefroman Goethes formten.

Der gotische Südturm des Doms in Wetzlar

Weilburg 9

Straßenkarte B5. 13 700.
Mauerstraße 6–8, (06471) 76 71.
www.weilburg.de

Weilburg zeichnet sich durch eine besonders schöne Lage an einer Biegung der Lahn aus. Das Bild der Stadt wird vom majestätischen **Schloss** der Grafen von Nassau-Weilburg beherrscht. Der Monumentalbau wurde zwischen dem 16. und dem Beginn des 18. Jahrhunderts errichtet. Das aus vier Flügeln bestehende Hochschloss ist im Stil der Renaissance erbaut. Nach Plänen des Hofarchitekten Julius Ludwig Rothweil begann man 1702 mit dem Ausbau zur Barockresidenz. Im Inneren ist u. a. das prachtvolle kurfürstliche Gemach mit stuckierter Kaminumrahmung von Andreas Gallasini aus dem Jahr 1710 zu sehen. Die **Orangerie** (1703–05) und die **Hofkirche** (1707–13) stammen von Rothweil. Terrassen führen vom Schloss hinunter zum Ufer der Lahn. Eine Brücke aus dem 18. Jahrhundert überspannt hier den Fluss.

Hotels und Restaurants in Hessen *siehe Seiten 508–510 und 547–549*

Die **Heiliggrabkapelle** in der Frankfurter Straße wurde 1505 erbaut. Die Geschichte Weilburgs als wichtiges Zentrum des Eisenbergbaus wird im **Bergbau- und Stadtmuseum** (Schlossplatz 1) dokumentiert.

Limburg ⑩

Straßenkarte B5. *33 500.* *Hospitalstraße 2, (06431) 61 66.* **www**.limburg.de

Limburg wurde im 9. Jahrhundert gegründet und 1821 katholischer Bischofssitz.

Der berühmte siebentürmige **Dom** erhebt sich weithin sichtbar über das Lahntal. Der beeindruckende Bau, der 1235 geweiht wurde, vereinigt harmonisch spätromanische und frühgotische Elemente. Das Innere des Doms ist prachtvoll ausgestattet. Die romanischen Wandfresken (13. Jh.) sind zu 70 Prozent erhalten. Das Taufbecken stammt ebenfalls aus dieser Zeit. Der Granitsarkophag von Graf Konrad Kurzbold, dem Stifter des Doms, wurde im nördlichen Querhaus aufgestellt.

Südlich des Doms steht die **Burg**, die vom 13. bis zum 16. Jahrhundert erbaut wurde. Hier ist das Limburger **Diözesanmuseum** untergebracht.

In der Altstadt sieht man noch viele alte Fachwerkhäuser. Die Gebäude Römerstraße 1, Kolpingstraße 6, Kleine Rütsche 4 und Kornmarkt 11 wurden zwischen dem 13. und 15. Jahrhundert errichtet. Bei der **Alten Lahnbrücke** aus dem 14. Jahrhundert steht ein Herrenhaus des Zisterzienserordens. Die Sebastianskirche, ursprünglich eine Klosterkirche, wurde im 14. Jahrhundert gegründet und im 18. Jahrhundert umfassend erweitert.

Eines der zahlreichen Fresken im Limburger Dom

Bad Homburg ⑪

Straßenkarte C5. *52 200.* *Kurhaus, Louisenstraße 58, (06172) 17 81 10.* *Fugato (alle 2 Jahre im Sep, nächstes Mal 2012).* **www**.bad-homburg.de

Die Gründung Bad Homburgs geht auf eine Festung aus dem 12. Jahrhundert zurück. Zwischen 1678 und 1686 wurde die mittelalterliche Burg, von der nur der sogenannte Weiße Turm erhalten ist, im Auftrag des Landgrafen Friedrich II. von Hessen-Homburg in ein barockes **Schloss** verwandelt. Das Spiegelkabinett des ab 1835 umgestalteten Baus zieren sehr schöne Intarsien (1728). In den Schauräumen des Schlosses werden zahlreiche Kunstschätze vom 17. bis zum 19. Jahrhundert präsentiert.

Im 19. Jahrhundert wurde Bad Homburg neben Baden-Baden, Wiesbaden und Bad Neuenahr zu einem der mondänsten Kurorte Deutschlands. Den **Kurpark** gestaltete man ab 1854 nach Plänen von Peter Joseph Lenné. Der klassizistische Bau der jetzigen **Spielbank** wurde 1841 vollendet. 1890 öffnete das luxuriöse **Kaiser-Wilhelms-Bad**, dessen Vorbild das tschechische Marienbad war. Die prächtige **Russische Kirche** mit dem vergoldeten Zwiebelturm wurde 1899 für den Petersburger Adel unter Bad Homburgs Gästen geweiht.

Umgebung: Sieben Kilometer nordwestlich von Homburg liegt die **Saalburg**, ein in den Jahren 1898 bis 1907 aufwendig rekonstruiertes und restauriertes römisches Kastell, das bis 260 n. Chr. Teil des Limes war. Der Grenzwall sollte das Römische Reich vor den Überfällen germanischer Stämme schützen. Im Kastell lebten bis zu 2000 Menschen.

Kaiser-Wilhelms-Bad im Kurpark von Bad Homburg

Eltville ⓬

Straßenkarte B5. 16 700. *Rheingauerstraße 18, (06123) 90 980. Biedermeier- und Sektfest (Juli).* **www**.eltville.de

Eltville, seit Jahrzehnten für seine ausgezeichneten Sektmarken bekannt, wurde um 1060 erstmals erwähnt. 1332 erhielt es das Stadtrecht. Um 1330 begann man mit dem Bau der **Burg** der Mainzer Erzbischöfe, die um 1345 durch Heinrich von Virneburg vollendet wurde. Der Ostflügel des Gebäudes kam 1682 nach Plänen von Giovanni Angelo Barelli dazu. Vom Bau aus dem 14. Jahrhundert blieb nur der fünfstöckige Turm erhalten – der Rest ist eine pittoreske Ruine mit schönem Ausblick auf den Rhein. Im Turminneren können Wandfresken aus dem 14. Jahrhundert bewundert werden.

Die doppelschiffige **Pfarrkirche St. Peter und Paul** wurde 1350–1430 erbaut. In der Vorhalle sieht man gut erhaltene Wandmalereien (Anfang 15. Jh.), die u.a. das Jüngste Gericht darstellen.

In der Altstadt liegen **Adelshöfe** wie Hof Langenwerth von Simmern, zu dem der Stockheimer Hof (Mitte 16. Jh.) gehört, und der Gräflich Eltzsche Hof (17. Jh.).

Wappen der Hessischen Staatsweingüter-Vinothek in Eltville

Wiesbaden ⓭

Straßenkarte B5. 275 000. *Marktstraße 6, (0611) 172 99 30. Internationale Maifestspiele (Mai); Theatrium (Juni).* **www**.wiesbaden.de

Wiesbaden ist die hessische Landeshauptstadt. Schon die Römer wussten die Heilkraft der 66 °C warmen Quellen zu schätzen und nannten den Ort nach einem germanischen Stamm Aquae mattiacorum. 1774 wählte Fürst Karl von Nassau-Usingen die Stadt zu seiner Residenz. Diese Aufwertung und die internationale Reputation als eleganter Kurort machten

Das barocke Schloss Biebrich südlich von Wiesbaden

Wiesbaden im 19. Jahrhundert zu einer wohlhabenden Stadt.

Das **Stadtschloss**, heute Sitz des Hessischen Landtags, wurde 1837–41 errichtet. Die neugotische dreischiffige **Marktkirche** (1852–62) überragt alle anderen Gebäude der Altstadt. Vor der Kirche findet man ein großes Standbild von Wilhelm I. von Oranien. Das 1610 errichtete **Alte Rathaus** ist das älteste Gebäude Wiesbadens.

An der Wilhelmstraße erhebt sich der Monumentalbau des **Hessischen Staatstheaters**. Es wurde 1892–94 von den Theaterarchitekten Ferdinand Fellner und Hermann Helmer für Kaiser Wilhelm II. mit klassischen und barocken Elementen erbaut. Daneben beginnt die elegante Theaterkolonnade (1839). Zusammen mit dem Kurhaus und der Kurhauskolonnade (1825) bildet sie eine hufeisenförmige Anlage. Das neoklassizistische **Kurhaus** entstand 1904–07 nach Plänen von Friedrich von Thiersch. In diesem Gebäude befindet sich die berühmte **Spielbank**, in der schon Fjodor Dostojewskij und Richard Wagner ihr Glück versuchten.

Direkt am Rheinufer steht **Schloss Biebrich**. Die Fürsten und späteren Herzöge von Nassau residierten hier bis ins frühe 19. Jahrhundert. Danach zogen sie in ihr Stadtschloss um. Schloss Biebrich wurde zwischen 1700 und 1744 errichtet. Zuletzt fügte man die Außenflügel hinzu, was dem prachtvollen Barockbau die Form eines Hufeisens gab. Das Interieur wurde im Stil des Barock und Rokoko gestaltet. Die Rotunde und die Galerien sind heute Repräsentationsräume des hessischen Ministerpräsidenten. Den sich anschließenden Park gestaltete Friedrich Ludwig von Sckell 1817–23 zum englischen Landschaftspark um.

Nördlich von Wiesbaden erhebt sich der Neroberg, dessen Kuppe man mit einer Standseilbahn (1888 als Wasserballastbahn eröffnet – heute ein technisches Kulturerbe) erreichen kann. Hier steht die berühmte **Griechische Kapelle** (Russische Kirche) die 1847–55 nach Plänen von Philipp Hoffmann als Grabkirche im russisch-byzantinischen Stil für Großfürstin Elisabeth Michailovna, die aus St. Petersburg stammende Gattin Herzog Adolfs von Nassau, errichtet wurde. Der Kirchenraum hat eine reiche Marmorverkleidung.

Fassade des Hessischen Staatstheaters in Wiesbaden

Hotels und Restaurants in Hessen *siehe Seiten 508–510 und 547–549*

Das gotische Portal der Pfarrkirche St. Valentin in Kiedrich

Kiedrich ⑭

Straßenkarte B5. *3700.*
Marktstraße 27, (06123) 90 50 10. **www**.kiedrich.de

Im 10. Jahrhundert wurde Kiedrich erstmals in einem Dokument des Erzbischofs von Mainz erwähnt. Eine der Attraktionen des kleinen Orts ist die gotische **Pfarrkirche St. Valentin und Dionysius**. Die Kirche entstand in vier Bauabschnitten vom Ende des 14. bis Ende des 15. Jahrhunderts. An der Fassade finden sich reiche Steinmetzarbeiten. Der Kirchenbau wurde von den Spenden der Pilger bezahlt, die eine Wallfahrt zu den Reliquien des heiligen Valentin unternahmen. Der Heilige war hier 1454 beigesetzt worden. Eine Statue steht neben dem Westportal der Kirche.

Im Kircheninneren ist eine Vielzahl wertvoller Kunstgegenstände zu sehen. Der Hochaltar und der Katharinenaltar stammen aus der Spätrenaissance. Das reich verzierte Chorgestühl wurde um 1510 gefertigt, die Kirchenorgel (um 1500) ist eine der ältesten spielbaren Orgeln Deutschlands. Neben der Pfarrkirche steht die zweigeschossige Totenkapelle St. Michael, die 1445 geweiht wurde.

Kiedrich besitzt schöne Stadthäuser, z. B. den hufeisenförmig angelegten Schwalbacher Hof (1730–32). Das **Rathaus** (1585–86) zieren zur Straßenfront hin zwei Erker mit Giebelchen.

Umgebung: Fünf Kilometer westlich von Kiedrich liegt das ehemalige **Kloster Eberbach**. Der Gebäudekomplex beherbergte bis zu 300 Zisterziensermönche und gehört zu den am besten erhaltenen mittelalterlichen Klosteranlagen Deutschlands. Die 1186 geweihte romanische Klosterkirche mit den 1310–40 angebauten gotischen Kapellen birgt wertvolle Grabmale (14.–16. Jh.). Im Norden schließt der Kapitelsaal mit Sterngewölbe an. Um 1250 entstand das 72 Meter lange Dormitorium (Schlafsaal). Es ist mit seinen Rundpfeilern samt laubverzierten Kapitellen und Kreuzrippengewölbe einer der schönsten Säle des Mittelalters. Die Klosterkirche diente als Kulisse für den Film *Der Name der Rose* nach dem gleichnamigen Roman von Umberto Eco.

Seit mehr als 800 Jahren wird im Kloster Eberbach Wein gekeltert und ausgebaut. Heute ist es hessisches Staatsweingut.

In **Oestrich-Winkel** steht das kleine Barockschloss Reichardshausen, heute eine private Hochschule. Hier lebte im 19. Jahrhundert die Herzogin Luise von Nassau.

Kloster Eberbach
(06723) 917 81 11. Apr–Okt: tägl. 10–18 Uhr; Nov–März: tägl. 11–17 Uhr. Rosenmontag, 24., 25., 31. Dezember.

Rüdesheim ⑮

Straßenkarte B5. *10 000.*
Geisenheimer Straße 22, (06722) 194 33. Rhein im Feuerzauber (Juli); Weinfest (Aug).
www.ruedesheim.de

Die malerische Stadt am Rhein – sie hat mehr Besucher als Einwohner – wurde schon in vorgeschichtlicher Zeit besiedelt. In der **Drosselgasse** reiht sich Weinstube an Weinstube. In den Cafés wird hochprozentiger »Rüdesheimer Kaffee« ausgeschenkt. Die Überreste von drei Burgen, der **Boosen-**, der **Vorder-** und der **Brömserburg** (12. Jh.) prägen das Stadtbild. In der Brömserburg ist das **Rheingauer Weinmuseum** untergebracht.

In Rüdesheim liegen mehrere schöne Adelshöfe, so der Brömserhof (1542), in dem mechanische Musikinstrumente ausgestellt sind, und der Klunkhardshof (16. Jh.). Über der Stadt thront das **Niederwalddenkmal**, eine 1883 enthüllte, über zehn Meter hohe Statue der Germania mit Kaiserkrone – Symbol der Wiedererrichtung des deutschen Kaiserreichs nach dem Deutsch-Französischen Krieg 1870/71. Von hier blickt man auf Bingen und das Rheintal.

Fachwerkhäuser in der Drosselgasse, Rüdesheim

Frankfurt am Main ⑯

Frankfurt am Main, wegen seiner Skyline scherzhaft »Mainhattan« genannt, ist der wichtigste Finanzplatz in Deutschland. Nach London ist die Frankfurter Börse die zweitwichtigste Europas. Neben den großen internationalen Finanzdienstleistern sind hier auch zahlreiche Zeitschriften- und Buchverlage vertreten. In der Geburtsstadt Goethes wird alljährlich mit der Frankfurter Buchmesse die größte Literaturschau der Welt veranstaltet. Das kulturelle Angebot ist überwältigend: Mit seinen vielen interessanten Museen steht Frankfurt mit den großen Kulturzentren Europas auf einer Stufe.

Beeindruckende Neorenaissance-Fassade der Alten Oper

Alte Oper

Opernplatz 1. *(069) 134 00.*

Der von Skulpturen gezierte Prachtbau der Alten Oper wurde 1873–80 im Stil der Neorenaissance von Richard Lucae u.a. erbaut. Im Zweiten Weltkrieg brannte die Alte Oper völlig aus. 1981 wurde sie als Konzert- und Kongresszentrum wiedereröffnet.

Eschenheimer Turm

Große Eschenheimer Straße.

Das Symbol des alten Frankfurt war ein Teil des Stadtwalls. Der Turm wurde 1400–28 nach Plänen von Klaus Mengoz und Madern Gerthener errichtet. Die raue Fassade wird von einigen versetzten Fensteröffnungen aufgelockert. Zwei Adlerfiguren, Symbole des Deutschen Reichs und der Stadt Frankfurt, bekrönen die Spitze des Eschenheimer Turms.

Putten mit Schiff an der Börse

Börse

Börsenplatz. *Voranmeldung unter (069) 21 01-15 15.*

Das Stadtarchiv nennt das Jahr 1585 als Gründungsdatum der ersten Frankfurter Börse. Das jetzige Gebäude wurde von Heinrich Burnitz und Oskar Sommer entworfen und 1874–79 wie die Alte Oper im Stil der Neorenaissance erbaut. Seit 1957 ist das Gebäude Sitz der Frankfurter Börse, die auch von Nicht-Börsianern besucht werden kann.

Hauptwache

An der Hauptwache.

Das 1729/30 erbaute Gebäude war einst das Hauptquartier der städtischen Polizei, dann Stadtgefängnis. Während des U-Bahn-Baus wurde die Hauptwache Stein für Stein abgetragen und später mit leicht verändertem Standort wieder aufgebaut. Seit 1904 ist in dem Gebäude ein großes Café untergebracht.

Goethe-Haus und Goethe-Museum

Großer Hirschgraben 23. *(069) 13 88 00.* *Mo–Sa 10–18 Uhr, So 10–17.30 Uhr.*

www.goethehaus-frankfurt.de

Südwestlich der Hauptwache steht Goethes Geburtshaus. Der deutsche Dichter kam hier am 28. August 1749 als Juristensohn zur Welt. Er wuchs in einem vermögenden Elternhaus auf und erhielt Privatunterricht. Von seinen fünf Geschwistern überlebte nur Cornelia das Kindesalter.

Wie viele andere Gebäude der Frankfurter Altstadt wurde das Haus im Zweiten Weltkrieg völlig zerstört. 1946–51 baute man es wieder auf. Goethes Schreibtisch, an dem u.a. die Urfassung des *Götz von Berlichingen* entstand, wurde wie auch die restliche Innenausstattung gerettet.

Im Nebengebäude ist das 1997 eröffnete Goethe-Museum zu Hause. Es bietet einen Rundgang durch die Malerei der Goethezeit. Die gut sortierte Bibliothek des Museums umfasst etwa 120 000 Bände zur deutschen Literatur der Zeit von 1740 bis 1840. Sie besitzt auch viele Erstausgaben der Werke und Originalmanuskripte des Meisters sowie Grafiken.

Der klassizistische Rundbau der Paulskirche

Portal des Goethe-Hauses mit dem Familienwappen

Paulskirche

Paulsplatz. *(069) 28 10 98.*
tägl. 10–17 Uhr.

Der elegante klassizistische Rundbau wurde bereits 1789 begonnen, doch durch finanzielle Rückschläge konnte die Kirche erst 1833 geweiht werden. 1848/49 tagte hier das erste frei gewählte deutsche Parlament, die Deutsche Nationalversammlung. Seitdem ist die Paulskirche ein wichtiges Symbol des deutschen Freiheitsgedankens. Im Inneren zeigt ein Monumentalbild von Johannes Grützke den »Zug der Parlamentarier« (1987–91).

Der Bau wird heute für feierliche Zeremonien, z. B. für die Verleihung des Friedenspreises des Deutschen Buchhandels, genutzt.

Römerberg

Mitten auf dem Platz im Zentrum der Altstadt steht der Gerechtigkeitsbrunnen mit der Justitia. Das Wahrzeichen Frankfurts ist der **Römer**, das Rathaus der Stadt und Ergebnis eines über 500-jährigen steten Zusammenwachsens mehrerer Patrizierhäuser.

Die historische Altstadt am Römerberg wurde im Zweiten Weltkrieg mit Ausnahme von Haus Wertheim (um 1600) zerstört. Alle anderen Gebäude aus dieser Zeit sind Rekonstruktionen. Das spätgotische Steinerne Haus, das man 1464 für einen Kölner Tuchhändler errichtete, wurde 1960 wiederaufgebaut und wird vom Frankfurter Kunstverein für Ausstellungen genutzt.

INFOBOX

Straßenkarte C5. *660 000.*
9 km nördlich des Zentrums.
Hauptbahnhof, Zeil 94a; Römerberg 27, (069) 21 23 88 00.
Dippemess (Frühling, Herbst); Wäldchestag (Pfingsten); Kunsthandwerk Heute (Mai/Juni); Mainfest (Aug); Buchmesse (Okt).
www.frankfurt.de

Die Ostzeile am Römerberg, eine der bekanntesten Ansichten Frankfurts

Zentrum von Frankfurt am Main

Alte Nikolaikirche ⑩
Alte Oper ①
Börse ③
Deutsches Architekturmuseum ⑯
Eschenheimer Turm ②
Goethe-Haus/-Museum ⑤
Hauptwache ④
Historisches Museum ⑨
Ikonen-Museum ⑭
Jüdisches Museum ⑰
Kaiserdom ⑫
Kunsthalle Schirn ⑪
Museum für Angewandte Kunst ⑮
Museum für Moderne Kunst ⑬
Paulskirche ⑥
Römerberg ⑦
St. Leonhard ⑧
Städelsches Kunstinstitut ⑱

0 Meter **400**

Zeichenerklärungen *siehe hintere Umschlagklappe*

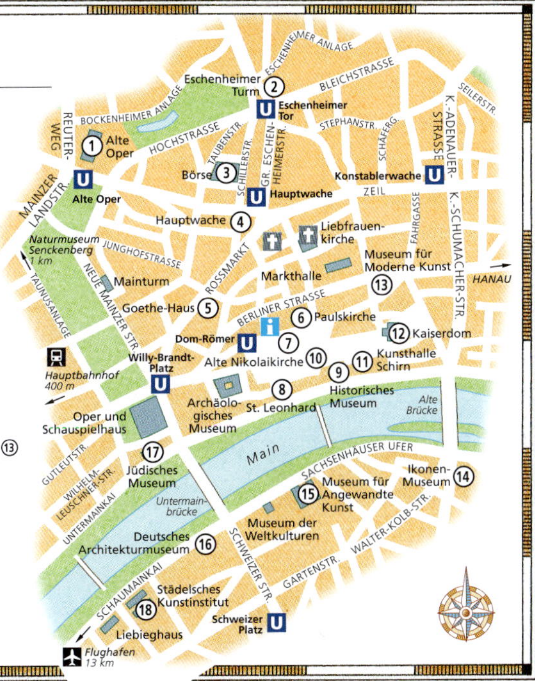

Jüdisches Museum

Untermainkai 14–15. *(069) 21 23 50 00.* *Di–So 10–17 Uhr (Mi bis 20 Uhr).*

Frankfurt hatte nach Berlin die zweitgrößte jüdische Gemeinde im Deutschen Reich. Das Museum im ehemaligen Stadtpalais der Bankiersfamilie Rothschild dokumentiert die Geschichte der Juden in Deutschland vom 12. Jahrhundert bis zur Gegenwart. Das Frankfurter Getto wird besonders thematisiert.

St. Leonhard

Alte Mainzer Gasse. *Di–So 10–12, 15–18 Uhr.*

Die spätromanische Kirche St. Leonhard wurde 1219 gegründet. Der Neubau des spätgotischen Chors erfolgte um 1430, der Umbau zur fünfschiffigen Hallenkirche und der Anbau des Salvatorchörleins 1500–20. Im Innenraum sind wertvolle Objekte zu sehen: Bleiglasfenster im Hochchor (um 1435), Fresken (1536) an der Chornordwand von Hans Dietz und der Marienaltar (1480) aus Flandern.

Historisches Museum

Saalgasse 19. *(069) 21 23 55 99.* *Di–So 10–18 Uhr (Mi bis 21 Uhr).*

Architektonische Fragmente aus verschiedenen Epochen belegen in diesem 1972 eröffneten Museum die bewegte Geschichte der Stadt. So sind Reste von Gebäuden zu sehen, die im Zweiten Weltkrieg zerstört wurden. Vor allem das Modell des mittelalterlichen Frankfurt fasziniert

Die Alte Nikolaikirche am Frankfurter Römerberg

Besucher. Das eigene Kindermuseum bereitet stadt- und kulturgeschichtliche Themen ganz speziell für Kinder auf.

Direkt ans Museum schließt der im 12. Jahrhundert errichtete **Saalhof** an, der als Ersatz für die karolingische Kaiserpfalz errichtet wurde. Die Kapelle ist der Rest der weitläufigen Anlage.

Alte Nikolaikirche

Römerberg. *Apr–Sep: 10–20 Uhr; Okt–März: 10–18 Uhr.*

Als südlicher Abschluss des Römerbergs erhebt sich die 1290 geweihte Alte Nikolaikirche, heute evangelische Pfarrkirche. Vom Gründungsbau stammt u. a. noch der Chor. Ende des 15. Jahrhunderts erfolgte der spätgotische Umbau. Das 40-teilige Glockenspiel lässt zweimal täglich Volkslieder erklingen.

Der prächtige spätgotische Hochaltar im Kaiserdom

Kunsthalle Schirn

Römerberg 6a. *(069) 29 98 820.* *Di, Fr–So 10–19, Mi, Do 10–22 Uhr.*

Das 1986 eröffnete Museum zeigt Wechselausstellungen zu den Bereichen antike, alte, moderne und zeitgenössische Kunst, Kunsthandwerk und Fotografie.

Kaiserdom

Domplatz. *tägl. 8–12, 14.30–18 Uhr (Fr nur vormittags).*

Dommuseum

(069) 13 37 61 84. *Di–Fr 10–17 Uhr, Sa, So 11–17 Uhr.*

In der seit dem 18. Jahrhundert Kaiserdom genannten Stiftskirche St. Bartholomäus wurden seit 1356 die deutschen Könige gewählt, ab 1562 auch gekrönt. Der Bau wurde 1315 begonnen, im 16. Jahrhundert abgeschlossen und ab 1867 nach einem Brand neu errichtet. Unter den zahlreichen sakralen Meisterwerken der Gotik stechen der Maria-Schlaf-Altar (1434) und die spätgotische Kreuzigungsgruppe (1509) von Hans Backoffen in der Turmhalle hervor. Im weiten Chorraum steht das geschnitzte Kirchengestühl aus dem 14. Jahrhundert. Von der Turmplattform hat man einen weiten Rundblick über die Stadt (der Turm ist leider häufig wegen Renovierungsarbeiten nicht zu besteigen).

Das Dommuseum im Kreuzgang des Doms zeigt u. a. sakrale Kunstgegenstände und liturgische Gewänder vom 14. bis zum 20. Jahrhundert.

Museum für Moderne Kunst (MMK)

Domstraße 10. *(069) 21 23 04 47.* *Di–So 10–18 Uhr (Mi bis 20 Uhr).*

Der Entwurf für den 1991 eröffneten Museumsbau mit knapp 40 Räumen, der von Weitem wie ein riesiges Tortenstück aussieht, stammt von dem Wiener Architekten Hans Hollein. Das Museum widmet seine Ausstellungen der amerikanischen und europäischen Kunst seit den 1960er Jahren von Andy Warhol über Roy Lichtenstein, George Segal, Jasper Johns und Robert Rauschenberg bis Joseph Beuys, Claes Oldenburg und

Holleins postmoderner Bau für das Museum für Moderne Kunst

Richard Serra. Auch Multimedia-Shows und Video-Art stehen hier im Zentrum des Interesses.

Ikonen-Museum

Brückenstraße 3–7. (069) 21 23 62 62. *Di–So 10–17 Uhr (Mi bis 20 Uhr).*

Das 1990 eröffnete Museum zeigt eine große Auswahl russisch-orthodoxer Ikonen aus dem 16. bis 19. Jahrhundert, daneben Metallplastiken wie etwa Reise-Ikonen, Segens-, Brustkreuze und Kirchengeräte sowie Kirchenstoffe und äthiopische Zauberrollen. Das Ikonen-Musem wurde im ehemaligen Deutschordenshaus etabliert, das 1709–15 von Daniel Kayser für die Ritter des Deutschen Ordens erbaut wurde. Der jetzige Bau ist eine originalgetreue Kopie des 1943 zerstörten dreiflügeligen Barockgebäudes.

Museum für Angewandte Kunst

Schaumainkai 17. *(069) 21 23 40 37. Di–So 10–18 Uhr (Mi bis 20 Uhr).*

Das Museum wurde 1983 in einem Bau des New Yorker Architekten Richard Meier eröffnet. Er erweiterte damit die in der Biedermeierzeit errichtete Villa Metzler. Die Ausstellungen umfassen hochwertige Gebrauchskunst aus Europa, Nordafrika und Asien sowie Buchkunst und Grafik. In der Nähe, am Schaumainkai 29–37, liegt das **Museum der Weltkulturen**, ein Forum interkultureller Vermittlung.

Deutsches Architekturmuseum

Schaumainkai 43. *(069) 21 23 88 44. Di–So 11–18 Uhr (Mi bis 20 Uhr).*

Der Museumsbau von Oswald Mathias Ungers wurde 1984 eröffnet. Die Dauerausstellung »Von der Urhütte zum Wolkenkratzer« zeigt eine Sammlung von Modellpanoramen zur Architekturgeschichte in Deutschland. In 24 Großmodellen wird die Entwicklung der vom Menschen gestalteten Umwelt veranschaulicht. Wechselausstellungen geben einen Überblick über architektonische Trends.

Am Schaumainkai 41 dokumentiert das **Deutsche Filmmuseum** mit Filmen, Dokumentationen und technischen Exponaten die Geschichte und Ästhetik der Filmkunst. Im Museumskino laufen u. a. Stummfilme, Avantgardefilme und Retrospektiven.

Das Deutsche Architekturmuseum am Schaumainkai

Liebieghaus

Schaumainkai 71. *(069) 65 00 49-0. Di–So 10–18 Uhr (Mi, Do bis 20 Uhr).*

Das Liebieghaus wurde 1896 für Baron von Liebieg gebaut. Heute wird die Villa mit einem Erweiterungsbau von 1987 als Ausstellungsort einer großen Skulpturensammlung genutzt, die Exponate aus der Antike, dem Mittelalter, der Renaissance, dem Manierismus, dem Barock, Rokoko und Klassizismus umfasst. Auch ägyptische und fernöstliche Statuen gehören zur Sammlung sowie Arbeiten von Antonio Canova, Bertel Thorvaldsen und Johann Heinrich Dannecker.

Das Liebieghaus – Museum für Skulpturen

Naturmuseum Senckenberg

Senckenberganlage 25. *(069) 754 20. Mo, Di, Do, Fr 9–17 Uhr, Mi 9–20 Uhr, Sa, So 9–18 Uhr.*

Das Museum ist eines der größten Naturkundemuseen in Deutschland. Es zeigt die heutige Vielfalt des Lebens und die Entwicklung der Lebewesen. Neben der großen Sammlung von Tieren und Pflanzen werden auch ägyptische Mumien ausgestellt.

Umgebung: 30 Kilometer östlich von Frankfurt liegt **Hanau**, der Geburtsort der Brüder Jacob und Wilhelm Grimm. Im Barockschloss Philippsruhe (1701–12) widmet sich das Museum Hanau u. a. auch den Brüdern Grimm.

Frankfurt am Main: Städelsches Kunstinstitut

Der Bankier Johann Friedrich Städel vermachte 1815 seiner Heimatstadt Frankfurt am Main eine umfangreiche Kunstsammlung. Der Spender gründete gleichzeitig eine Kunstschule, die heute Teil der Frankfurter Kunstakademie ist. Die Sammlung wurde ständig erweitert. 1878 bezog das Museum ein Neorenaissance-Gebäude am Museumsufer. 1920 konnte das »Städel« die grandiose Sammlung des Stammhauses der Hohenzollern erwerben. 1990 entwarf Gustav Peichl einen Anbau, in dem Kunst der Klassischen Moderne sowie Kunst nach 1945 gezeigt wird.

Weibliches Idealbildnis (um 1480)
Für ein fürstliches Honorar porträtierte Sandro Botticelli die Duchessa Simonetta Vespucci, Geliebte von Giuliano Medici. Der Anhänger ihrer Kette war Teil der Medici-Juwelen.

Ecce Homo
Ursprünglich war hier die Familie der Auftraggeber des Bilds von Hieronymus Bosch zu sehen; sie wurde aber später übermalt. Nur das Familienoberhaupt, ein Kaufmann aus Gent, ist noch im Anschnitt zu erkennen.

★ Lucca-Madonna
Das kleine Gemälde von Jan van Eyck, das eine sehr intime Mutter-Kind-Szene zeigt, wurde nach seinem früheren Besitzer, Charles Ludwig de Bourbon, Herzog von Lucca, benannt.

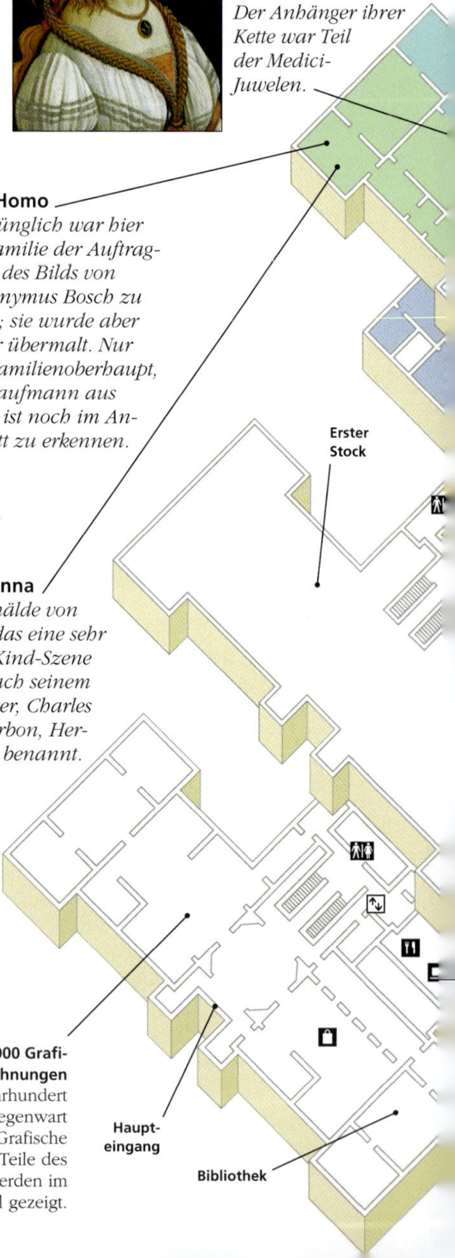

Etwa 100 000 Grafiken und Zeichnungen vom 14. Jahrhundert bis zur Gegenwart umfasst die Grafische Sammlung. Teile des Bestandes werden im Wechsel gezeigt.

LEGENDE

- Malerei (19. Jh.)
- Malerei (20. Jh.)
- Deutsche, niederländische und flämische Malerei (17./18. Jh.)
- Italienische, französische und spanische Malerei (17./18. Jh.)
- Deutsche und niederländische Malerei (14.–16. Jh.)
- Italienische Malerei (14.–16. Jh.)

★ Der Geograph (1669)
Obwohl die Signatur auf dem Bild angezweifelt werden darf, sind sich die Experten einig, dass es sich um ein Gemälde von Jan Vermeer van Delft handelt.

INFOBOX

Schaumainkai 63.
(069) 605 09 80.
Di–So 10–18 Uhr (Mi, Do bis 21 Uhr).
www.staedelmuseum.de

★ Die Blendung Simsons (1636)
Das dramatische Gemälde von Rembrandt zeigt die grausame Blendung Simsons durch die Philister sehr emotional.

Kurzführer

Das Erdgeschoss wird für Wechselausstellungen mit Drucken und Zeichnungen genutzt. Außerdem befinden sich hier ein Buchladen und der Museumsshop. Der erste Stock ist der Kunst der Moderne vorbehalten. Im zweiten Stock werden die Alten Meister gezeigt.

Einschiffung nach Kythera (um 1710)
Jean-Antoine Watteau schuf drei Bilder zum Thema. Putten umschweben die Paare, die in ein duftiges, unwirklich scheinendes Licht getaucht sind.

Orchestermusiker (1870–74)
Edgar Degas war mit dem Bild zunächst nicht zufrieden und kaufte es zurück. 1874 veränderte er das Format der Leinwand und malte das Bild erneut.

NICHT VERSÄUMEN

- ★ Der Geograph
- ★ Die Blendung Simsons
- ★ Lucca-Madonna

Darmstadt ⑰

Straßenkarte C5. *141 000.* *Luisencenter, Luisenplatz 5, (06151) 13 45 13; Ticket-Shop (06151) 279 99 99.* *Frühlingsfest (März/Apr); Schlossgrabenfest (Mai); Heinerfest (Anfang Juli); Herbstfest (Okt).* **www**.darmstadt.de

Ende des 11. Jahrhunderts wurde »darmundestat« zum ersten Mal erwähnt. Bis 1479 war die Region im Besitz der Grafen von Katzenelnbogen. Danach fiel das Gebiet an die Landgrafen von Hessen. 1567 übernahmen die Herzöge von Hessen-Darmstadt das Zepter und erkoren Darmstadt bis 1918 zu ihrer Residenz.

Das elegante **Residenzschloss** ist eine verwinkelte Anlage. Es besteht aus dem Altschloss (16. Jh.), einem schlichten Renaissance-Bau mit drei Binnenhöfen, und dem zweiflügeligen barocken Neuschloss. Baumeister Louis Rémy de La Fosse hatte ein großes Barockschloss geplant. Es wurden zwischen 1716 und 1727 allerdings nur zwei Flügel ausgeführt, an der Seite der Rheinstraße und zum Marktplatz hin. Nach dem Zweiten Weltkrieg wurde der Schlosskomplex äußerlich fast unverändert wiederaufgebaut. Aus den Bauten des Altschlosses ragt der Glockenbau (1663–71) hervor, der seinen Namen nach einem 35-teiligen Glockenspiel aus dem Jahr 1670 erhielt. Jede halbe Stunde lässt es die Lieblingsmelodie der damaligen Fürstin anklingen. Das **Schlossmuseum** im Glocken- und Kirchenbau präsentiert u.a. Porträts, Gemälde und Mobiliar. Auch die *Darmstädter Madonna* (1526), ein Gemälde von Hans Holbein, ist hier ausgestellt. Das Neuschloss beherbergt heute Bibliotheken, das Staatsarchiv und Hochschulinstitute.

Das **Rathaus** (1588–90) ist ein dreigeschossiger Renaissance-Bau mit Treppenturm.

Nördlich des Schlosses wurde zwischen 1892 und 1905 das **Hessische Landesmuseum** erbaut. 1984 wurde der Neubau für die Kunst des 20. Jahrhunderts eingeweiht. Die Exponate reichen von Altarbildern, Werken von Joseph Beuys über Kunsthandwerk bis zu geologischen und zoologischen Sammlungen, vom Mammutskelett bis zu seltenen Vogelarten der Region. Im Park hinter dem Museum steht das barocke Prinz-Georg-Palais (1710) mit der **Großherzoglich-Hessischen Porzellansammlung**.

Der letzte Großherzog von Hessen, Ernst Ludwig, war ein engagierter Förderer des Jugendstils. Ab 1899 stellte er der Darmstädter Künstlerkolonie, zu der u.a. Joseph Maria Olbrich und Peter Behrens gehörten, den 1830 angelegten Park **Mathildenhöhe** zur Verfügung. Olbrich entwarf das Ernst-Ludwig-Haus, in dem heute das **Museum Künstlerkolonie** zu Hause ist. Es gibt einen Überblick über das Schaffen der Künstler von 1899 bis 1914. Von Olbrich stammen außerdem der **Hochzeitsturm** (1905– 08) und zahlreiche Privatvillen.

Statue am Eingang zum Behrens-Haus in Darmstadt

Das Behrens-Haus des Hamburger Architekten Peter Behrens bildet einen interessanten Kontrast zu den Jugendstilhäusern von Olbrich. Die **Russische Kapelle** ist der heiligen Maria Magdalena geweiht und wurde nach Plänen des russischen Architekten Leontij Benois errichtet. Die Kirche soll das Andenken an Alexandra, Ehefrau des letzten russischen Zaren Nikolaus II. und Schwester des letzten hessischen Großherzogs Ernst Ludwig, wachhalten.

Darmstadt kann bis heute ungewöhnlich viele Fassaden im Jugendstil aufweisen.

Im Bürgerparkviertel entstand bis 2000 das **Hundertwasserhaus**, eine vom Wiener Künstler Friedensreich Hundertwasser gestaltete Wohnanlage in der für ihn typischen Bauweise und Farbenpracht.

Hochzeitsturm und orthodoxe Kirche auf der Mathildenhöhe, Darmstadt

Schlossmuseum
Residenzschloss, Marktplatz 15. *(06151) 240 35.* *Mo–Do 10–13, 14–17 Uhr, Sa, So 10–13 Uhr.* *obligatorisch.*

Hessisches Landesmuseum
Friedensplatz 1. *(06151) 16 57 03.* *wegen Renovierung bis 2012.*

Großherzoglich-Hessische Porzellansammlung
Schlossgartenstr. 10. *(06151) 71 32 33.* *Mo–So 10–13, 14– 17 Uhr, Sa, So 10–13 Uhr.*

Museum Künstlerkolonie
Olbrichweg/Mathildenhöhe. *(06151) 13 33 85.* *Di–So 10–18 Uhr (Do bis 21 Uhr).*

Hotels und Restaurants in Hessen *siehe Seiten 508–510 und 547–549*

Die karolingische Tor- oder Königshalle des Klosters Lorsch

Lorsch ⑱

Straßenkarte B5. *12 000.*
Marktplatz 1, (06251) 17 52 60.
www.lorsch.de

Die kleine Stadt wird meist mit dem **Kloster** der Benediktiner in Verbindung gebracht, das 764 vom Gaugraf Kankor gegründet wurde. Schnell wurde das Kloster eines der intellektuellen und kulturellen Zentren Mitteleuropas. Vom 8. bis zum 13. Jahrhundert erreichte Lorsch seine größte Bedeutung. Erst der Verkauf der Abtei 1232 an den Erzbischof von Mainz beendete die Ära der Benediktiner. An ihrer Stelle übernahmen Zisterziensermönche die Abtei. Während der Reformation wurde das Kloster aufgelöst. 1621 plünderten spanische Truppen die Klosteranlage und brannten sie nieder.

Teile des Kirchenschiffs aus dem 13. Jahrhundert sowie das Klosterportal und die Türme (um 790) sind erhalten. Die zerstörte Kirche aus dem 8. Jahrhundert wurde erst im 12. Jahrhundert wiederaufgebaut. Die alte Krypta ist Begräbnisstätte von Ludwig II. dem Deutschen, dem ersten König des Ostfränkischen Reichs. Die **Tor- oder Königshalle** ist das wichtigste Bauwerk aus der Karolingerzeit und wurde wegen ihrer kunstgeschichtlichen Bedeutung 1991 von der UNESCO zum Welterbe erklärt. Es ist umstritten, zu welchem Zweck sie entstand. Nach neuesten Erkenntnissen baute man sie im 9. Jahrhundert. Der Unterbau besteht aus drei Arkadenbogen, die an ein römisches Siegestor erinnern. Die Fassade der einst im Vorhof der Klosterkirche frei stehenden zweigeschossigen Torhalle zieren rot-weiße Rauten aus Steinplatten und Halbsäulen zwischen den drei Bogen und Pilaster im Obergeschoss. Dort sind Malereien aus der Karolingerzeit und der Gotik (um 1400) freigelegt worden. Das Spitzdach stammt aus dem 14. Jahrhundert.

Michelstadt ⑲

Straßenkarte C5. *17 000.*
Marktplatz 1, (06061) 194 33.
Bienenmarkt (Mai).
www.michelstadt.de

Michelstadt im Odenwald wurde erstmalig im Jahr 741 urkundlich erwähnt. Seit dem 13. Jahrhundert gehörte es zum Besitz der späteren Grafen von Erbach.

Die Altstadt besteht noch zum Großteil aus Fachwerkbauten, was eine mittelalterlich anmutende Atmosphäre schafft. In der Zehntscheune der **Kellerei**, einer ehemaligen Burg (16. Jh.), wurden das Odenwaldmuseum und ein Spielzeugmuseum eingerichtet. Das schön renovierte **Rathaus**, ein Fachwerkbau von 1484 mit zwei spitztürmigen Erkern, ist eine offene Ständerhalle. Unweit davon steht die spätgotische **Stadtkirche** aus dem 15. Jahrhundert. Im Inneren befinden sich die Sarkophage von Philipp I. und Georg I. zu Erbach (beide 15. Jh.).

In der **Synagoge** von 1791 wurde ein jüdisches Museum eingerichtet, das einen Einblick in die religiösen, sozialen und politischen Verhältnisse der Odenwälder Juden der letzten Jahrhunderte gibt.

Im Stadtteil Steinbach steht die **Einhardsbasilika**, ein herausragendes Beispiel karolingischer Baukunst. Sie wurde um 822–827 erbaut, gegründet von Einhard, dem Vertrauten und späteren Biografen Karls des Großen. Aus jener Zeit sind Mauerreste vom nördlichen Seitenschiff, Chor, Mittelschiffarkaden und die Krypta erhalten.

Umgebung: In **Fürstenau**, einen Kilometer nordwestlich von Michelstadt, steht das zauberhafte Schloss Fürstenau. Seine nördlichen Türme stammen von der Wasserburg (um 1300), die im 16. Jahrhundert zu einem Renaissance-Schloss mit Torbogen umgebaut wurde. Es ist von einem Park mit Pavillons umgeben.

Erbach, fünf Kilometer südlich von Michelstadt, ist für seine Elfenbeinschnitzereien bekannt. Im Elfenbeinmuseum in der Otto-Glenz-Straße 1 sind mehr als 2000 Elfenbeinarbeiten aus verschiedenen Ländern und Epochen vom Mittelalter bis heute ausgestellt. Das Museum des Schlosses von Erbach zeigt Rüstungen, Waffen und eine Hirschgeweihgalerie.

Die karolingische Einhardsbasilika in Michelstadt-Steinbach

HOTEL
HOTEL

Nordrhein-Westfalen

Die Regionen Nordrhein-Westfalens haben erst spät zu ihrer heutigen Einheit gefunden. Vom weiten Tal der Ruhr und den Ballungszentren des Industriegürtels über die Parklandschaft des Münsterlands und die Höhenzüge des südlichen Westfalen bis zu den Flussauen am Niederrhein zeigt das bevölkerungsreichste Bundesland die unterschiedlichsten Facetten.

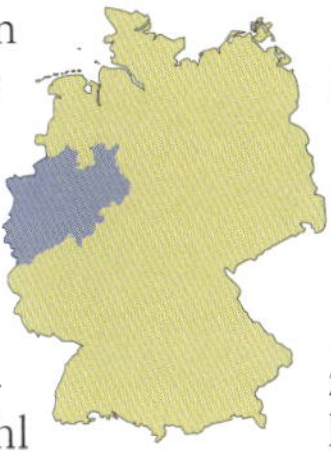

Die Region am Niederrhein war zunächst eine römische Provinz und wurde ab dem 5. Jahrhundert von den Franken beherrscht. Im Mittelalter stand das Gebiet unter der Herrschaft der Kölner Erzbischöfe. Ab dem 19. Jahrhundert prägten Kohle und Stahl den Charakter der Region.

9 n.Chr. siegten die Germanen in der Schlacht am Teutoburger Wald über die Römer. Vom 5. bis 7. Jahrhundert wanderten Sachsen nach Westfalen ein. Seit der Christianisierung war es nicht zuletzt die Geistlichkeit, die der Region ihren Stempel aufdrückte. 1648 beendete der in Münster und Osnabrück ausgehandelte Westfälische Friede den Dreißigjährigen Krieg. Im 19. Jahrhundert fiel der Großteil Westfalens an Preußen. 1946 entstand aus Westfalen, der preußischen Rheinprovinz und Lippe das Land Nordrhein-Westfalen.

Viele, die Nordrhein-Westfalen nicht kennen, denken zunächst an das Ruhrgebiet und an eine Industrieregion, die Besuchern nur wenig zu bieten hat. Doch die ehemals rußbedeckten Industriezentren haben sich in den letzten Jahrzehnten zu attraktiven Lebensräumen und zu einem kulturellen Dorado gewandelt.

Die Geschichte von Städten wie Köln, Aachen oder Xanten reicht bis in die Römerzeit zurück, was die zahlreichen Zeugnisse aus dieser Zeit anschaulich belegen. Die Romanik hat gerade im Rheinland viele schöne Klöster und Kirchen hervorgebracht.

Große Flächen sind von Wäldern bedeckt, die z.B. in der Eifel oder im Teutoburger Wald eine Vielzahl von Naturschutzgebieten umfassen. In den Flüssen und Seen des Sauerlands ist Wassersport, auf seinen Höhen Wintersport möglich.

Flussniederung bei Xanten am Rhein

◁ Der Kölner Dom *(siehe S. 402f)* ist nachts besonders imposant

Überblick: Nordrhein-Westfalen

Nordrhein-Westfalen hält eine Vielzahl an Attraktionen für Besucher bereit. Mindestens zwei Tage sollten Sie für das reiche Kulturangebot Kölns einplanen. Wer die mondäne Atmosphäre einer eleganten Großstadt vorzieht, ist in Düsseldorf genau richtig. Auch ein Besuch von Bonn, Aachen und Münster ist eine interessante Bereicherung. Für alle, die Ruhe und Entspannung suchen, sind die Wanderrouten in der Eifel und im Teutoburger Wald oder die Radwege im Münsterland geradezu ideal.

SIEHE AUCH

- ***Hotels*** S. 510–512
- ***Restaurants*** S. 549–552

Burg Altena im Sauerland

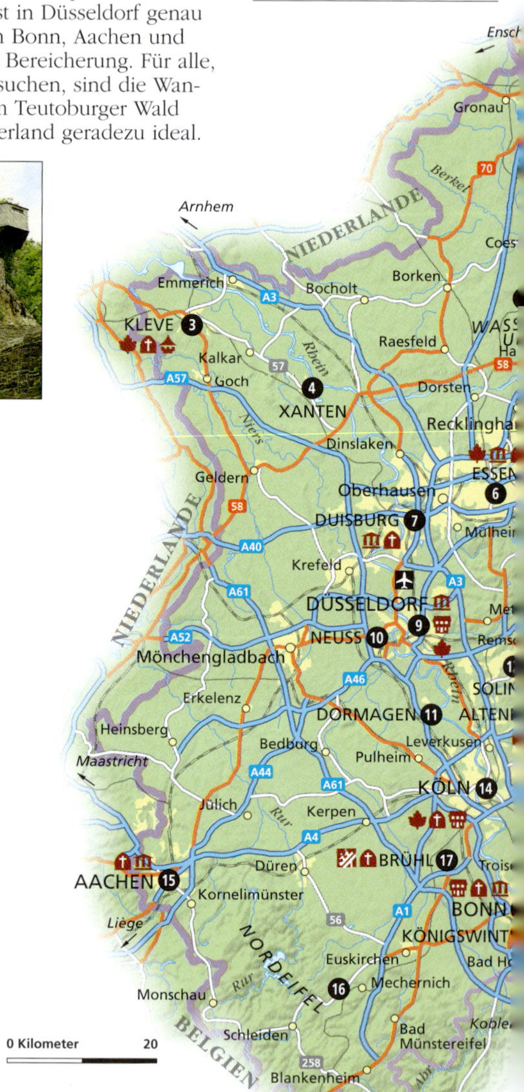

Sehenswürdigkeiten auf einen Blick

Aachen S. 395–397 15
Altenberg 13
Bielefeld 28
Bonn S. 408f 18
Brühl 17
Dormagen 11
Dortmund 5
Duisburg 7
Düsseldorf S. 392f 9
Essen 6
Hagen 21
Höxter 25
Kleve 3
Köln S. 398–405 14
Königswinter 19
Lemgo 26
Minden 29
Münster S. 386f 1
Neuss 10
Nordeifel 16
Paderborn 24
Sauerland 22
Siegen 20
Soest 23
Solingen 12
Teutoburger Wald 27
Wuppertal 8
Xanten 4

Tour
Wasserschlösser und Burgen 2

In Nordrhein-Westfalen unterwegs

Internationale Flughäfen sind Düsseldorf, Köln/Bonn und Münster Osnabrück. Nordrhein-Westfalen überzieht ein Netz von Autobahnen. Belgien und die Niederlande sind leicht erreichbar. Die Westfälische Mühlenstraße lädt zur gemütlichen Auto-Rundtour ein. Au der Wasserburgen-Route können Sie im Dreieck der Kulturstädte Bonn, Köln und Aachen per Fahrrad über 130 Burgen entdecken.

Weitere Zeichenerklärungen *siehe hintere Umschlagklappe*

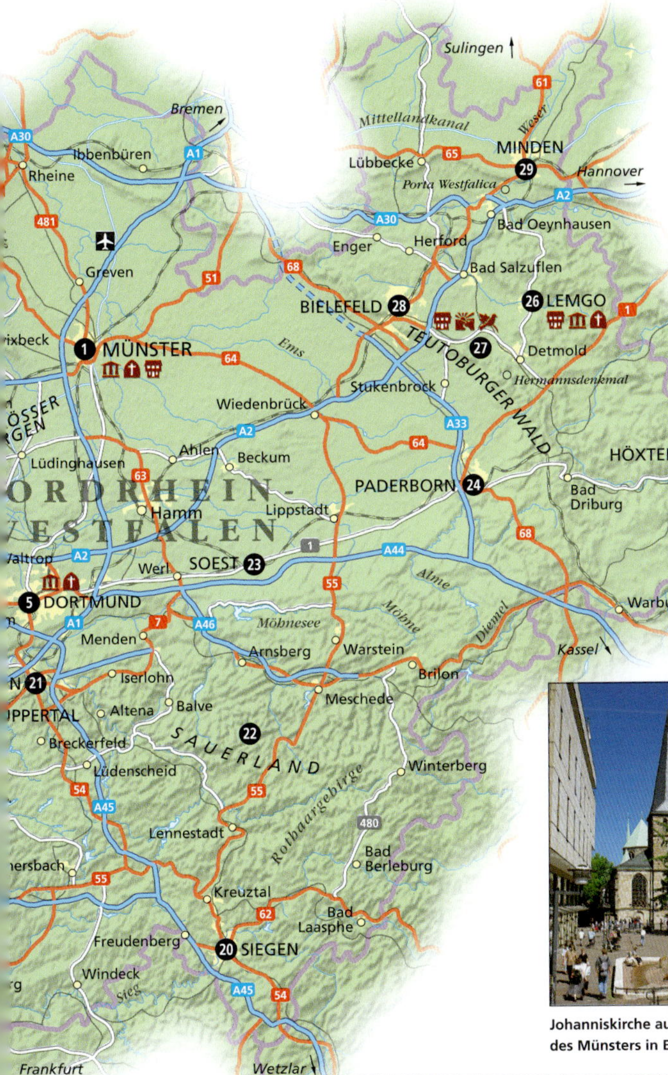

Johanniskirche auf der Westseite des Münsters in Essen

LEGENDE

- Autobahn
- Bundesstraße
- Nebenstraße
- Autobahn (im Bau)
- Eisenbahn (Hauptstrecke)
- Eisenbahn (Nebenstrecke)
- Staatsgrenze
- Bundeslandgrenze

Römisches Amphitheater im Archäologischen Park Xanten

Münster ❶

Die Gegend um Münster war schon zur Römerzeit besiedelt. Im 9. Jahrhundert wurde eine katholische Diözese eingerichtet. Stadtrecht erhielt Münster 1170. Im 13. Jahrhundert schloss sich die Stadt der Hanse an. 1648 wurden in Münster die Verträge des Westfälischen Friedens unterzeichnet, die den Dreißigjährigen Krieg beendeten. 1773 gründete man die Westfälische Wilhelms-Universität. Der Stadtkern wurde im Zweiten Weltkrieg zu 90 Prozent zerstört und ab 1949 wiederaufgebaut.

Erbdrostenhof

Salzstraße 38.
für die Öffentlichkeit.
Der diagonal auf einem Eckgrundstück errichtete Erbdrostenhof, den der Erbdrost des Fürstbistums Münster in Auftrag gegeben hatte, besitzt eine reiche Barockfassade. Das Herrenhaus wurde zwischen 1753 und 1757 nach Plänen von Johann Conrad Schlaun erbaut.

Rathaus

Prinzipalmarkt. **Friedenssaal**
(0251) 49 22 72 40.
Di–Fr 10–17, Sa, So 10–16 Uhr.
25. Dez.
Das imposante spätgotische Rathaus (14. Jh.) wurde nach dem Zweiten Weltkrieg originalgetreu wiederaufgebaut, der schöne Marktgiebel rekonstruiert. Die kunstvoll geschnitzte Inneneinrichtung aus Spätgotik und Renaissance im Friedenssaal blieb erhalten. Hier wurde am 15. Mai 1648 ein wichtiger Teilvertrag des Westfälischen Friedens unterzeichnet.

Der Prinzipalmarkt mit seinen Giebelhäusern und Laubengängen

Lambertikirche

Prinzipalmarkt. *Mo–Sa 7.30–19 Uhr, So 9–19 Uhr.*
Die dreischiffige Hallenkirche gehört zu den schönsten Bauten der westfälischen Spätgotik (1375–1450). 1887–98 entstand der neugotische Turm (90,5 m), nachdem der alte baufällig geworden war. In den Eisenkäfigen am Turm wurden einst die Leichname von Wiedertäufern ausgestellt, einer reformatorischen Bewegung (1536 zerschlagen). Das Relief über dem Südwesteingang stellt die *Wurzel Jesse* dar. Die Apostelfiguren (1600) stammen von Johann Koess.

Die sorgfältig rekonstruierte Fassade des spätgotischen Rathauses

Dom St. Paulus

Domplatz. **Domkammer**
(0251) 49 53 33.
Di–So 11–16 Uhr.
Die heutige Kirche mit romanischen und gotischen Stilelementen wurde 1225–64 erbaut, 1395 der Kreuzgang vollendet. Im 16. Jahrhundert wurden Veränderungen an West- und Südwand vorgenommen. Den Haupteingang bildet eine Paradiesvorhalle mit lebensgroßen Apostelfiguren (1230–40). Besonders sehenswert sind die Altäre von Gerhard Gröninger (17. Jh.) und das Grabmal für den Fürstbischof Christoph Bernhard von Galen von Johann Mauritz Gröninger (um 1678). Im Chorumgang der Hallenkirche befindet sich eine astronomische Uhr aus der Zeit um 1540 von Ludger tom Ring d. Ä. Das Glockenspiel setzt sich werktags um 12 Uhr in Bewegung. Die Domkammer am Kreuzgang birgt neben kostbarem Reliquienschätzen auch liturgische und kunstgeschichtliche Gegenstände.

Westfälisches Landesmuseum für Kunst und Kulturgeschichte

Domplatz 10. *(0251) 59 07 01.*
Di–So 10–18 Uhr.
Das Museum zeigt Kunstwerke seit dem frühen Mittelalter, insbesondere Werke der romanischen und gotischen Monumentalskulptur und der frühwestfälischen Tafelmalerei. Auch Glasmalereien und Flügelaltäre sind ausgestellt. Die Renaissance ist durch die Malerfamilie tom Ring aus Münster vertreten. Die Kunst der Moderne wird u. a. durch August Macke repräsentiert.

Heiligenfigur im Dom St. Paulus

Überwasserkirche

Überwasserkirchplatz 7. *Mo, Mi, Do, Sa, So 8.30–18 Uhr, Di, Fr 8.30–20 Uhr.*
Die Liebfrauenkirche heißt nach ihrer Lage am Fluss Aa auch Überwasserkirche. Der gotische Kirchenbau wurde 1340–46 errichtet, der Westturm um 1400. An beiden Seitenwänden des Innenraums

Das barocke Schloss, einst fürstbischöfliche Residenz

sind Votivtafeln (16. Jh.) von Ludger und Hermann tom Ring zu sehen.

Residenzschloss

Schlossplatz 2.

Die prächtige Barockresidenz wurde von 1767–87 unter Fürstbischof Maximilian Friedrich errichtet. Die Pläne stammen von dem berühmten Barockbaumeister Johann Conrad Schlaun. Maximilian Friedrich ließ Münster im Stil des norddeutschen Barock ausbauen. Auf seine Initiative kaufte die Stadt 1803 einen Park, den man in einen botanischen Garten umwandelte. Nach dem Krieg zog die Kanzlei der Universität in die umgebaute Residenz.

Museum für Lackkunst

Windthorststraße 26. *(0251) 41 85 10. Di 12–20 Uhr, Mi–So und Feiertage 12–18 Uhr.*

Das einzigartige Museum für Lackkunst hat mit Lack verzierte oder auch zur Gänze lackierte Gegenstände aus aller Herren Länder und verschiedenen Epochen zusammengetragen. Wer sich für dieses Kunsthandwerk und Lacke als Dekoration interessiert, sollte das Museum auf keinen Fall versäumen.

Wassermühle im Freilichtmuseum Mühlenhof

INFOBOX

Straßenkarte B3. *280 000. 20 km nördlich des Zentrums. Heinrich-Brüning-Str. 9, (0251) 492 27 10. Mi, Sa. Karnevalsumzug (Rosenmontag); Jahrmarkt Send (März, Juni, Okt); Euro-City-Fest (Mai); Pfälzer Weinfest und Weinfest im Schlossgarten (Aug); Barockfest (Sep).* **www**.muenster.de

Mühlenhof

Theo-Breider-Weg 1. *(0251) 98 12 00. Apr–Sep: tägl. 10–18 Uhr; Okt, März: tägl. 10–16 Uhr; Nov–Feb: So–Fr 11–16 Uhr.*

Das kleine, interessante Freilichtmuseum liegt am Ufer des Aasees, Münsters wichtigstem und schönstem Naherholungsgebiet. Hier sind alte Bauernkaten mit Originaleinrichtungen sowie zwei Mühlen aus dem 17. und 18. Jahrhundert aufgestellt.

Drostenhof

Wolbeck, Am Steintor 5.

In Wolbeck, südlich der Stadt, steht ein Renaissance-Herrenhaus aus der Mitte des 16. Jahrhunderts. Die Anlage mit Torbau und Innenhof ist sehr gut erhalten. Vor allem die originalen Kamine, Türen und Deckengemälde machen einen Besuch lohnenswert.

Tour: Wasserschlösser und Burgen ❷

Die Region um Münster ist vor allem für die rund 150 Wasserschlösser, Burgen, Herrensitze und Gräftenhöfe bekannt. Einige dieser herrschaftlichen, vielfach durch künstliche Gräben und Teiche geschützten Bauwerke sind in Privatbesitz, andere wurden zu exklusiven Landhotels ausgebaut. Doch eine Vielzahl von Burgen und Schlössern lassen sich beispielsweise bei einer Radtour durch das flache Münsterland erkunden.

Vischering ②
Burg Vischering gehört zu den ältesten und am besten erhaltenen Wasserschlössern Westfalens. Baubeginn war 1271. Im 16. und 17. Jahrhundert wurde die Burg erheblich erweitert.

Schloss Raesfeld ⑤
Das schöne Schloss stammt aus dem 17. Jahrhundert. In der Vorburg ließ Reichsgraf Alexander II. von Velen ein Observatorium einrichten.

Havixbeck ①
In der Nähe von Havixbeck liegen zwei Schlösser: Haus Havixbeck aus der Renaissance und die Burg Hülshoff (16. Jh.), Geburtsstätte und Museum der Dichterin Annette von Droste-Hülshoff (1797–1848).

Schloss Nordkirchen ③
Das große Wasserschloss, auch als »Westfälisches Versailles« bezeichnet, wurde nach Plänen von Gottfried Laurenz Pictorius 1703–34 für Fürstbischof von Plettenberg erbaut.

Schloss Lembeck ④
Sein heutiges Aussehen verdankt Schloss Lembeck den Umbauten aus der Zeit des Barock, die nach Plänen von Johann Conrad Schlaun ausgeführt wurden.

LEGENDE

- Routenempfehlung
- Panoramastraße
- Andere Straße
- Fluss
- Aussichtspunkt

ROUTENINFOS

Länge: *97 km.*
Rasten: *Restaurants findet man in jedem Ort an der Route, in Schloss Lembeck ist ein Hotel.*
Öffnungszeiten: *Schloss Nordkirchen ist nur am Wochenende zu besichtigen. Alle anderen Schlösser sind dienstags bis sonntags geöffnet.*

Kleve ❸

Straßenkarte A3. *49 000.*
Werftstraße 1, (02821) 89 50 90.
www.kleve.de

Kleve wurde 1242 zur Stadt erhoben. Es ist nach einer hohen Klippe (Kleve = Kliff) benannt, auf der im 9. Jahrhundert eine Burg errichtet wurde. Die Stadt war die Residenz der Grafen und späteren Herzöge von Kleve. Durch eine geschickte Heiratspolitik – 1540 vermählte sich Anna von Kleve mit Heinrich VIII. – entstand sogar eine Verbindung zum englischen Königshaus.

Durch die Bombardements des Zweiten Weltkriegs verlor Kleve seine historische Bausubstanz weitgehend. Die Kirche **St. Mariä Himmelfahrt** (14./15. Jh.) mit geschnitztem Altarschrein (1510–13) von Henrik Douvermann und Jakob Dericks blieb erhalten. Auch die ehemalige Minoritenkirche **St. Mariä Empfängnis**, eine zweischiffige Hallenkirche aus dem 15. Jahrhundert, überstand den Feuersturm unbeschadet. Vor allem das verzierte Chorgestühl (1474) und die Barockkanzel (1698) sind sehenswert. Das gut erhaltene Schloss **Schwanenburg** wurde im 15. Jahrhundert erweitert. 1636–66 ließen die Herzöge von Kleve die Anlage im Stil des Barock ausbauen. Der große Schlosspark inklusive eines **Tiergartens** wurde im 17. Jahrhundert nach Plänen von Johann Moritz von Nassau angelegt. Das palaisartige **Haus Koekkoek** war der Wohnsitz von Barend Cornelis Koekkoek, einem niederländischen romantischen Landschaftsmaler.

Schwanenburg
Am Schlossberg. *(02821) 228 84.*
Apr–Okt: Sa, So 10–17 Uhr; Nov–März: Sa, So 11–17 Uhr.

Umgebung: Eine Brücke über den Rhein, mit 1228 Metern Deutschlands längste Hängebrücke, verbindet Kleve mit der Stadt **Emmerich**. Lohnenswert ist die Martinskirche, in der der Schrein des heiligen Willibrod (10. Jh.) steht.

Kalkar, zwölf Kilometer südöstlich von Kleve, war im 15. Jahrhundert für sakrale Holzschnitzereien berühmt. Die Kirche St. Nikolai besitzt kostbare Verzierungen aus dieser Zeit. Drei Arbeiten von Henrik Douvermann sind besonders hervorzuheben.

Sechs Kilometer südöstlich von Kleve liegt das Wasserschloss **Moyland**. Die Kunstmäzene van der Grinten präsentieren hier eine Sammlung von Kunst des 19. und 20. Jahrhunderts, die allein über 4000 Arbeiten von Joseph Beuys enthält.

Xanten ❹

Straßenkarte B4. *20 000.*
Kurfürstenstraße 9, (02801) 983-00 oder -010. **www**.xanten.de

Die Gründung der Stadt geht auf die römische Garnison Vetera Castra und die nachfolgende Zivilsiedlung Colonia Ulpia Traiana zurück. Das heutige Xanten entstand bei einer Kirche, die für den heiligen Viktor, einen römischen Märtyrer, erbaut wurde und aus der schließlich der heutige Dom entstand. Die Siedlung wurde Ad Sanctos (zu den Heiligen) genannt, woraus sich Xanten ableitete. Im Mittelalter war Xanten bereits eine mächtige Stadt.

Der Hafentempel im Archäologischen Park von Xanten

Das wichtigste historische Bauwerk ist ohne Zweifel der **Dom St. Viktor**. Die fünfschiffige gotische Pfeilerbasilika wurde zwischen dem 12. und 16. Jahrhundert in Etappen erbaut. Sehenswert sind die figürlichen Plastiken an den Langhaus- und Chorpfeilern, der Viktorschrein (1129), das frühgotische Kirchengestühl (um 1240) und der Marienaltar mit prächtigen Schnitzereien von Henrik Douvermann (1535/36). Beeindruckend sind auch die Anbauten und die Kapellen, in denen man die Sarkophage und die Epitaphe der Kirchenväter findet.

Die Altstadt von Xanten besteht, vor allem um den Marktplatz herum, aus schönen Bürgerhäusern der verschiedensten Baustile. Von der alten Stadtbefestigung hat sich noch das **Klever Tor**, ein großes Doppeltor aus dem 14. Jahrhundert, erhalten. Im **Archäologischen Park** kann man Rekonstruktionen der Bauten aus der Römerzeit bestaunen, etwa das Forum, ein Amphitheater, Bäder und den Hafentempel.

Archäologischer Park
Wardter Straße. *(02801) 29 99.* *März–Okt: tägl. 9–18 Uhr; Nov: tägl. 9–17 Uhr; Dez–Feb: tägl. 10–16 Uhr.*

Der gotische Dom St. Viktor in Xanten

Die jungen Pferde von Emil Nolde (1867–1956)

Dortmund ❺

Straßenkarte B4. *585 000.* *15 km östlich des Zentrums.* *Königswall 18a, (0231) 18 99 92 22.* *Dortmund à la carte (Juni); Dortmunder Bücherfest (Aug); Hansetage (Nov).* **www**.dortmund.de

Die Stadt im Osten des Ruhrgebiets, die für ihre ausgezeichneten Biere bekannt ist, wurde erstmals zwischen 880 und 890 urkundlich erwähnt. Im Mittelalter war Dortmund eine der reichsten und wichtigsten Städte im mächtigen Hansebund. Im 19. Jahrhundert entwickelte sich die Stadt zum bedeutenden Produktionszentrum.

Das **Museum für Kunst- und Kulturgeschichte** in der Altstadt zeigt Exponate zur Stadtgeschichte, Gemälde vom Mittelalter bis zum 19. Jahrhundert sowie eine Glas-, Porzellan- und Keramiksammlung.

Statue auf dem Alten Markt in Dortmund

Der Antwerpener Hochaltar (um 1521) in der Hallenkirche **St. Petri** aus dem 14./15. Jahrhundert wurde von Meister Gilles geschaffen. Die spätgotische Propsteikirche **St. Johann Baptist** der Dominikaner ist vor allem wegen des Flügelaltars (um 1476) von Derick Baegert interessant.

Die dreischiffige frühgotische **Reinoldikirche** stammt aus dem 13. bis 15. Jahrhundert. Zur Ausstattung gehört ein geschnitzter spätgotischer Altar (um 1430–40).

Daneben steht die im Stil der Romanik errichtete **Marienkirche** (12.–14. Jh.). Der Marienaltar (um 1420) Konrads von Soest und der Berswordt-Altar (um 1390) sind sehenswert.

Schwerpunkte des **Museums am Ostwall** bilden Expressionismus und Kunstwerke der 1950er bis 1970er Jahre.

Museum für Kunst- und Kulturgeschichte
Hansastr. 3. *(0231) 502 55 22.* *Di–Fr, So 10–17 Uhr (Do bis 20 Uhr), Sa 12–17 Uhr.*

Museum am Ostwall
Ostwall 7. *(0231) 502 32 47.* *wie oben.*

Umgebung: Zehn Kilometer nordwestlich liegt am Dortmund-Ems-Kanal **Waltrop** mit dem Schiffshebewerk Henrichenburg von 1899.

Essen ❻

Straßenkarte B4. *581 000.* *Im Handelshof, beim Hauptbahnhof 2, (0201) 194 33.* *Essen Original (Aug).* **www**.essen.de

Kommt man nach Essen, fällt einem gleich das viele Grün der ehemaligen »Stahlstadt« auf. Essen – Europäische Kulturhauptstadt 2010 – hat inzwischen die Wandlung vom Industrie- zum Dienstleistungszentrum vollzogen. Die Geschichte der Stadt beginnt mit der Gründung eines Damenstifts um 850. Im 19. Jahrhundert wurde Essen zum Ballungsraum der Schwerindustrie an Rhein und Ruhr.

Das Essener **Münster**, eine dreischiffige gotische Hallenkirche, entstand größtenteils im 13. und 14. Jahrhundert, doch sind Westbau, Atrium und Krypta wesentlich älter. Das wertvollste Objekt des reichen Domschatzes ist die *Goldene Madonna* (um 980), die älteste vollplastische Kirchenfigur nördlich der Alpen. Durch ein romanisches Atrium ist das Münster mit der Johanniskirche (15. Jh.) verbunden.

Essens jüdische Gemeinde errichtete 1911–13 nach Plänen Edmund Körners die größte **Synagoge** Deutschlands. Heute dient sie als Gedenkstätte sowie als historisch-politisches Dokumentationsforum.

Liebhaber moderner Architektur sollten die von Dominikus Böhm entworfene Kirche **St. Engelbert** (1934–36) in der Fischerstraße, die von Georg Metzendorf ab 1906 geschaffene **Gartensiedlung Margarethenhöhe** und das 1988 eröffnete Opernhaus des Finnen Alvar Aalto besuchen.

Das renommierte **Museum Folkwang** zeigt einige Werke der deutschen und französischen Malerei und Plastik des 19. und 20. Jahrhunderts. Zu sehen sind auch Grafiken.

Im **Grugapark** mit Botanischem Garten, Freizeitbereich, Orangerie und Musikgarten gibt es Open-Air-Konzerte.

In einem Park am Baldeneysee steht die **Villa Hügel**, früher Stammsitz der Industriellen-Familie Krupp. Heute finden hier gelegentlich Kunstausstellungen statt.

Weiter südlich, in Werden, steht die ehemalige Benediktinerkirche **St. Liudger**. Der Bau (13. Jh.) besitzt eine innere Krypta aus dem frühen 9. und ein Westwerk aus dem 10. Jahrhundert. Die Schatzkammer enthält wertvolle Stücke aus der Spätantike und dem frühen Mittelalter.

Villa Hügel in Essen, ehemals das Haus der Familie Krupp

Die **Zeche Zollverein**, ein Meilenstein der Industriearchitektur, wurde 1986 stillgelegt und gehört nun zum Welterbe der UNESCO. Sie ist mittlerweile Kulturzentrum und Heimat mehrerer Museen.

Museum Folkwang
Goethestr. 41. *(0201) 884 53 14.* *Di–So 10–18 Uhr (Fr bis 24 Uhr).* *1. Jan, Ostern, 1. Mai, 24., 31. Dez.*

Umgebung: In **Bochum**, 25 Kilometer von Essen entfernt, befinden sich das Deutsche Bergbau-Museum und die Kunstsammlung der Ruhr-Universität. Auch das Eisenbahnmuseum in Bochum-Dahlhausen ist überaus sehenswert.

Duisburg 7

Straßenkarte B4. *499 000.* *Königstraße 86, (0203) 285 44 11.* **www**.duisburg.de

Duisburg am westlichen Rand des Ruhrgebiets wurde im 19. und 20. Jahrhundert zu einer typischen Industriestadt dieser Region. Seine Lage am Zusammenfluss von Rhein und Ruhr ließ hier den größten Binnenhafen Europas entstehen. Im Zweiten Weltkrieg wurde auch Duisburg zerstört. Wie andere historisch bedeutsame Gebäude wurde die gotische **Salvatorkirche** (15. Jh.) in den 1950er Jahren originalgetreu wiederaufgebaut.

Duisburg hat einige wichtige Museen: Das **Wilhelm-Lehmbruck-Museum** zeigt Arbeiten des in Duisburg geborenen Bildhauers Lehmbruck, des Weiteren Werke von Salvador Dalí, Henry Moore, Max Ernst, Emil Nolde und Joseph Beuys sowie deutsche Malerei aus dem frühen 20. Jahrhundert. Das **Museum der Deutschen Binnenschifffahrt** präsentiert u.a. historische Flusskähne und Lastschiffe. Im 16. Jahrhundert lebte der berühmte Geograf Gerhard Mercator in Duisburg. Viele seiner Globen, Straßenkartenwerke und Atlanten befinden sich im **Kultur- und Stadthistorischen Museum**.

Wilhelm-Lehmbruck-Museum
Friedrich-Wilhelm-Str. 40. *(0203) 283 26 30.* *Di–Sa 11–17 Uhr, So 10–18 Uhr.*

Umgebung: Das Rheinische Industriemuseum in **Oberhausen**, 14 Kilometer nördlich von Duisburg, präsentiert im Museum der Schwerindustrie die Geschichte der Eisen- und Stahlindustrie der Region. Wahrzeichen der Stadt ist der 117 Meter hohe Gasometer, in dem seit 1994 Ausstellungen und andere Veranstaltungen stattfinden. Die Aussicht vom Dach ist spektakulär.

Wuppertal 8

Straßenkarte B4. *358 700.* *Elberfeld, Informationszentrum am Döppersberg, (0202) 194 33; Rathaus, (0202) 563 66 88.* **www**.wuppertal.de

Die größte Stadt des Bergischen Landes entstand 1929 aus der Zusammenlegung von sechs kleineren Städten entlang der Wupper. Alle Ortsteile des Städteverbunds sind durch eine **Schwebebahn** aus dem Jahr 1900, einem Meisterwerk der Ingenieurkunst, verbunden. Im Stadtteil Elberfeld zeigt das Uhrenmuseum antike und neue Zeitmessgeräte. Das **Von-der-Heydt-Museum** präsentiert europäische Kunst ersten Ranges vom 16. Jahrhundert bis zur Gegenwart. Im Ortsteil Barmen präsentiert das Historische Zentrum das Engels-Haus mit Informationen zum Leben von Friedrich Engels sowie das Museum für Frühindustrialisierung.

Von-der-Heydt-Museum
Elberfeld, Turmhof 8. *(0202) 563 62 31.* *Di–Sa 11–18 Uhr (Do bis 20 Uhr).*

Die Schwebebahn verbindet Wuppertals sechs Stadtteile

Düsseldorf ❾

Düsseldorf ist seit 1946 Sitz der Landesregierung von Nordrhein-Westfalen und ein wichtiges Wirtschafts- und Handelszentrum im Rhein-Ruhr-Gebiet. 1288 zur Stadt erhoben, war Düsseldorf ab 1380 Residenzstadt der Bergischen Grafen, ab 1614 die der Fürsten von Pfalz-Neuburg. Besonders dem Kurfürsten Johann Wilhelm II., Liebhaber der Kunst und Musik, der bis 1716 hier residierte, hat die Stadt viel zu verdanken. Als kultureller Mittelpunkt des Rheinlands entwickelte sich Düsseldorf zu einer lebendigen und reichen Metropole.

Museum Kunst Palast

Ehrenhof 4–5. *(0211) 899 02 00.*
Di–So 11–18 Uhr.

Die umfangreiche Sammlung umfasst Gemälde aus dem 16. bis 20. Jahrhundert – als Highlights Werke von Rubens, Cranach und niederländischen Meistern –, aber auch Plastiken, Kunstgewerbe, Design und Glas. Berühmte Absolventen der Düsseldorfer Kunstakademie wie Peter von Cornelius und Friedrich Wilhelm Schadow werden gesondert präsentiert.

Altstadt

Düsseldorfs historische Altstadt wurde im Zweiten Weltkrieg weitgehend zerstört. Erhalten blieben einige schöne Wohngebäude sowie das spätgotische **Alte Rathaus** (1570–73). Auf dem Rathausplatz steht das imposante Reiterstandbild des Kurfürsten Johann Wilhelm II., 1703–11 von Gabriel de Grupello geschaffen. Das Düsseldorfer Schloss brannte 1872 aus. Nur der **Schlossturm** blieb erhalten und beherbergt heute das Schifffahrt-Museum. In der barocken **Pfarrkirche St. Andreas** (1622–29) stehen im kuppelgewölbten Mausoleum die Sarkophage der Neuburger Pfalzgrafen, darunter der Prunksarg von Johann Wilhelm. Die gotische **Lambertuskirche** (13./14. Jh.) ist ebenfalls einen Besuch wert. Die reiche Barockausstattung, der figurenreiche Sakramentsturm (1475–79) und die Fürstengräber, vor allem das manieristische Wandgrabmal (1595–99) für Herzog Wilhelm V., sind kunstvoll gearbeitet.

Detail an der Fassade der Lambertuskirche

Das Innere der Pfarrkirche St. Andreas

Kunstsammlung Nordrhein-Westfalen

K20 Grabbeplatz 5.
(0211) 838 11 30.
Di–Fr 10–18 Uhr (1. Mi im Monat bis 22 Uhr), Sa, So 11–18 Uhr.
K21 Ständehausstr. 1.
(0211) 838 18 30.
wie K20. *24., 25., 31. Dez.*

Das Land Nordrhein-Westfalen besitzt eine riesige Sammlung an Kunstwerken des 20. Jahrhunderts. Allein von Paul Klee wurden in den 1960er Jahren über 80 Arbeiten angekauft. Auch Wassily Kandinsky, Marcel Duchamp, Piet Mondrian und Pablo Picasso sind vertreten. Die Galerie am Grabbeplatz ist als K20 bekannt, ein zweites Gebäude im Ständehaus wird K21 genannt. Die Kunstsammlung von K21 beginnt um 1980.

Hetjens-Museum

Schulstraße 4. *(0211) 899 42 10.*
Di–So 11–17 Uhr (Mi bis 21 Uhr).

Das Museum im Palais Nesselrode widmet sich der Keramik. Von fernöstlicher Porzellanherstellung bis zu heutigen Verarbeitungstechniken und Keramiken wird hier alles über diesen vielseitigen Werkstoff und seine 8000-jährige Geschichte gezeigt.

Königsallee

Die knapp einen Kilometer lange und mehr als 80 Meter breite »Kö« wurde 1802–04 parallel zum alten Stadtgraben angelegt. Die baumbestandene Luxusmeile vom Hofgarten bis zur Friedrichstadt bietet alles, falls man das nötige Kleingeld hat. Zahlreiche exklusive Boutiquen, Modehäuser und teure Einkaufszentren wechseln sich ab mit noblen Cafés, Restaurants und Bars. Das bekannte Jugendstil-Kaufhaus Tietz (jetzt die »Galeria« des Kaufhofs) wurde 1907–09 nach Plänen von Joseph Maria Olbrich gebaut.

Hofgarten

Schloss Jägerhof. **Goethe-Museum** Jacobistraße 2. *(0211) 899 62 62.*
Di–Fr, So 11–17 Uhr, Sa 13–17 Uhr.

Der ruhige Park wurde 1769 für den Kurfürsten Karl Theodor angelegt. Zu Beginn des 19. Jahrhunderts gestaltete man den Park im Stil eines englischen Gartens um. Inmitten der Anlage steht Schloss Jägerhof. Das barocke Jagdschloss wurde 1752–63 nach Plänen von Johann Josef Couven und Nicolas de Pigage erbaut. Nach dem Zweiten Weltkrieg erfolgte ein Neuaufbau nach alten Plänen. Das Schloss beherbergt heute das **Goethe-Museum**. Den Kern der Bestände bildet die Sammlung des Verlegers

Hotels und Restaurants in Nordrhein-Westfalen *siehe Seiten 510–512 und 549–552*

Im Übergang vom Rokoko zum Klassizismus: Schloss Benrath

INFOBOX

Straßenkarte B4. 600 000.
6 km nördlich des Zentrums.
Immermannstr. 65b; Berliner Allee 33, (0211) 17 20 20; Burgplatz 2. Bootsausstellung (Jan); Karnevalsumzug (Rosenmontag); Kirmes (Ende Juli); St.-Martins-Fest (Nov).
www.duesseldorf.de

Anton Kippenberg (1874–1950). Die Dokumente beleuchten Leben und Werk des Dichters.

Heinrich-Heine-Institut

Bilker Straße 12–14.
(0211) 899 29 02. Di–Fr, So 11–17, Sa 13–17 Uhr.

Der Dichter Heinrich Heine wurde 1797 als Sohn eines jüdischen Tuchhändlers in Düsseldorf geboren. Porträts, Handschriften, Erstausgaben seiner Werke u.a. geben einen Einblick in sein Leben und Werk sowie sein sozialkritisches Engagement.

Schloss Benrath

Benrather Schlossallee 104.
(0211) 899 38 32. Mitte Apr–Okt: Di–So 10–18 Uhr; Nov–Mitte Apr: Di–So 11–17 Uhr.

Die Pläne für das Jagdschloss (1756–80) des pfälzischen Kurfürsten Karl Theodor sowie für den Park lieferte Nicolas de Pigage. Sehenswert sind die Möbel und der kuppelüberwölbte Festsaal.

Kaiserswerth

Die Pfarrkirche im Norden Düsseldorfs ist eine romanische Basilika (12. Jh). Unweit davon stehen die Ruinen der

Der ehemalige Stadtgraben verläuft parallel zur Königsallee

Burg, die im 12. Jahrhundert für Kaiser Friedrich Barbarossa erbaut wurde.

Basilika St. Margareta

Die Päpstliche Basilika (geweiht 1236) liegt in Düsseldorf-Gerresheim. Prunkstück ist ein ottonischer Kruzifixus (um 970), wohl das älteste erhaltene Großkreuz dieser Ära.

Umgebung: Das **Neandertal** wurde nach dem 1650 geborenen Pfarrer Joachim Neander benannt. 1856 wurden in einer Kalksteingrotte rund 20 Knochenstücke eines 40 000 Jahre alten Urmenschen, des »Neandertalers«, gefunden. In Mettmann zeigt ein Museum den langen Weg der Menschheit aus Afrika bis in die Gegenwart.

Neuss ⑩

Straßenkarte B4. *152 000.* *Rathausarkaden, Büchel 6, (02131) 403 77 95.* **www**.neuss.de

Im 1. Jahrhundert entstand hier die römische Siedlung Novaesium. Das herausragendste Bauwerk ist das spätromanische **Münster St. Quirin** (1209–50). Nach dem Brand von 1741 erhielt der Ostturm eine Barockkuppel mit dem Standbild des Schutzpatrons St. Quirin. Das Obertor (um 1200) ist ein Überrest der Stadtbefestigung, die Neuss zum Rhein hin schützte. Das Clemens-Sels-Museum am Obertor zeigt Grabungsfunde aus dem Römerkastell Novaesium.

Dormagen ⑪

Straßenkarte B4. *62 000.* *Zons, Schlossstraße 2–4, (02133) 276 28 15.* *Freilichtspiele in Zons (Juni–Sep).* **www**.dormagen.de

Die Stadt, die weitgehend von den nahen Chemiewerken lebt, besitzt zwei touristische Anziehungspunkte: Am Rheinufer liegt die ehemalige kurkölnische Zollstadt **Zons** aus dem 14. Jahrhundert. Sie wurde auf Veranlassung des Erzbischofs Friedrich von Saarwerden erbaut. Wegen ihrer gut erhaltenen mittelalterlichen Mauern und Türme wird sie auch »rheinisches Rothenburg« genannt. Krönender Abschluss der Gesamtbefestigung ist der 1388 fertiggestellte Rheinturm. Die Häuser innerhalb der Stadtbefestigung stammen aus späterer Zeit, doch die Wälle, Tore und die Ruinen der ehemaligen Burg Friedestrom sind beeindruckende Zeugnisse der Festungsbaukunst im Mittelalter.

Westlich von Dormagen liegt in **Knechtsteden** ein weitläufiges Kloster aus dem 12. Jahrhundert. Die romanische Gewölbebasilika gehört zu den bedeutendsten sakralen Bauwerken der Region. In der Westapsis zeigen hervorragende Fresken (um 1160) den segnenden Christus in der Mandorla.

Der gotische Bergische Dom in Altenberg

Solingen ⑫

Straßenkarte B4. *165 000.* *Clemens-Galerien, Mummstraße 10, (0212) 290 36 01.* *Frühjahrskirmes (März).* **www**.solingen.de

Solingen ist weltweit zum Synonym für hochwertige Stahlwaren des täglichen Gebrauchs geworden. Folgerichtig zeigt das **Klingenmuseum** Schneidewerkzeuge von der Steinzeit bis heute.

Umgebung: Das sieben Kilometer nordöstlich gelegene **Remscheid** hat dem Entdecker der Röntgenstrahlen Wilhelm Conrad Röntgen ein Museum eingerichtet. In einem der schönsten Bürgerhäuser von Remscheid-Hasten ist das Heimatmuseum untergebracht. Das mehrfach wiederaufgebaute **Schloss Burg** an der Wupper, einst Stammsitz der Grafen von Berg, beherbergt heute das Bergische Museum.

Die Barockfassade des Heimatmuseums in Remscheid-Hasten

Altenberg ⑬

Straßenkarte B4. *6000.* *Bergisch Gladbacher Straße 29–31, (02202) 71 01 31.* **www**.altenberger-dom.de

Der Ort nahe Odenthal besitzt mit dem **Bergischen Dom** ein wichtiges Ziel für Wallfahrer. Die Kirche wurde von den Zisterziensern zwischen 1259 und 1379 erbaut. Die Westfassade nimmt eines der größten Maßwerkfenster Deutschlands ein, das Steinmetzmeister Raynoldus Ende des 14. Jahrhunderts schuf und das Glasmalereien in zarten Farben aufweist. Die den Chor kranzförmig umgebenden Kapellen haben mit Grau-in-Grau-Malerei gestaltete Fenster. Sehenswert sind auch die Verkündigungsgruppe aus dem 14. Jahrhundert und die Grabmale Bergischer Grafen und Herzöge. Nach der Auflösung des Ordens im

Jahr 1803 verfiel der Dom. Ab 1857 wurde die Kirche zu einem der ersten ökumenischen Gotteshäuser Deutschlands.

Für Kinder spannend ist der **Märchenwald** in Altenberg mit Darstellungen von Märchenfiguren aus der Sammlung der Brüder Grimm.

Köln ⓮

Siehe S. 398–405.

Aachen ⓯

Straßenkarte A4. *243 600.*
Elisenbrunnen, (0241) 180 29 60.
Frühjahrsbend (Apr); Reitturnier CHIO (Juli); Europamarkt des Kunsthandwerks (Sep).
www.aachen.de

Schon zur Römerzeit war Aachen für seine heißen Quellen berühmt, denen man noch immer Heilwirkung zuschreibt. Reste der Badeanlagen von Aquae Grani, so der römische Name für Aachen, sind noch zu besichtigen.

Im 8. Jahrhundert wählte Karl der Große Aachen zu seiner Hauptresidenz. Er ließ riesige Palasträume und eine schlichte Privatkapelle für sich erbauen. Als Karl der Große im Jahr 800 hier zum Kaiser gekrönt wurde, stieg Aachen zeitweise zum Mittelpunkt des Heiligen Römischen Reichs auf. Vom 10. bis ins 16. Jahrhundert wurden alle deutschen Könige in der Pfalzkapelle von Aachen gekrönt.

Aachens Tradition als Heilbad konnte Anfang des 19. Jahrhunderts wiederbelebt werden. Leider fielen zwei Drittel der Innenstadt während des Zweiten Weltkriegs den Bomben zum Opfer.

Unter den Bauten der Altstadt ist der **Dom** *(siehe S. 396f)*, dessen Kern die Pfalzkapelle Karls des Großen bildet, besonders sehenswert.

Nahe dem Dom steht die **Kirche St. Foillan**, die nach dem Wiederaufbau nur noch Teile aus dem 12. Jahrhundert aufweist. Sie besitzt eine überlebensgroße gotische Madonna (um 1420). Südlich davon sprudelt in einem Pavillon der Elisenbrunnen. Das mineralreiche Wasser wird kostenlos ausgeschenkt. Der Pavillon wurde 1822–27 nach Entwürfen von Johann Peter Cremer und Karl Friedrich Schinkel errichtet.

Nachdem man die prächtig restaurierten Bürgerhäuser um den Marktplatz bewundert hat, lädt das **Couven-Museum** zu einem Besuch ein. In der um 1778 für den Apotheker Andreas Monheim errichteten Villa wird Wohnkultur des 18. und 19. Jahrhunderts präsentiert. Eine Sammlung wertvoller niederländischer Kacheln (17.–19. Jh.) vervollständigt die interessante Ausstellung.

Im »Großen Haus von Aachen«, einem Kaufmannshaus aus dem 15. Jahrhundert, ist heute das **Internationale Zeitungsmuseum** untergebracht. Die Sammlung wurde 1886 von Oscar von Forckenbeck, einem passionierten Zeitungssammler, gegründet. Sie umfasst inzwischen über 160 000 Zeitungen und Druckwerke vom 17. Jahrhundert bis zur Gegenwart, u. a. Erst-, Letzt- und Jubiläumsausgaben.

Das klassizistische Gebäude des Spielcasinos im Kurpark von Aachen

David-Hansemann-Statue in Aachen

Wegen Umbau des Gebäudes ist die Sammlung zurzeit ausgelagert *(siehe Kasten)*.

Im **Suermondt-Ludwig-Museum** werden deutsche und niederländische Malerei sowie Skulpturen vom Spätmittelalter bis zum frühen 20. Jahrhundert gezeigt. Einige Statuetten und Bilder des 17. Jahrhunderts zählen zu den Meisterwerken ihres Genres.

Nordöstlich der Altstadt erstreckt sich das historische **Heilbad-Viertel** von Aachen. Besucher können durch die Parkanlagen flanieren oder ihr Glück im Spielcasino versuchen. Bewunderer der modernen Kunst kommen ebenfalls zum Zug: Im **Ludwig-Forum für Internationale Kunst** in einem ehemaligen Fabrikgebäude von 1927/28 werden interessante Ausstellungen zu zeitgenössischer Kunst, Konzerte, Lesungen und Performances geboten.

Jedes Jahr findet in Aachen das CHIO, das Internationale Reit- und Springturnier, statt. Es hat eine vielhundertjährige Tradition, denn bereits im Mittelalter fanden in Aachen Pferdewettkämpfe statt.

Couven-Museum
Hühnermarkt 17. *(0241) 432 44 21.* *Di–Fr 10–18 Uhr, Sa, So 11–18 Uhr.* *Feiertage.*

Internationales Zeitungsmuseum
Pontstr. 13. *(0241) 432 45 08.* *Di–Fr 9.30–17 Uhr (wegen Umbau zurzeit im Haus Löwenstein, Elisabethstr. 8).*

Suermondt-Ludwig-Museum
Wilhelmstr. 18. *(0241) 47 98 00.* *Di–Fr 10–18 Uhr (Mi bis 20 Uhr), Sa, So 11–18 Uhr.*

Umgebung: Sechs Kilometer südöstlich des Zentrums liegt **Kornelimünster**, ein gepflegter Vorort mit einem alten Marktplatz und einigen Kirchen. Die ehemalige Benediktiner-Abteikirche St. Kornelius, eine frühgotische Basilika aus dem 14. Jahrhundert, wurde im 16. und erneut im 18. Jahrhundert erweitert.

Aachener Dom

Karl der Große, Bildnis auf dem Totenschrein

Der von Karl dem Großen erbaute Palast ist nicht mehr vorhanden, nur die Pfalzkapelle hat die gut 1200 Jahre überdauert. Sie wurde nach 786 bis um 800 nach dem Vorbild der Kirche San Vitale in Ravenna von Odo von Metz erbaut. Das mosaikgeschmückte Oktogon wurde im 14. und 15. Jahrhundert um die Chorhalle, den Kapellenkranz und den Westturm erweitert. Im 17. Jahrhundert erhielt das Oktogon eine Kuppel.

Thron Karls des Großen
Bis ins 16. Jahrhundert nahmen alle deutschen Kaiser auf diesem schlichten Thron die Reichsinsignien entgegen.

Kandelaber
Der Radleuchter aus vergoldetem Kupfer, ein Geschenk Kaiser Friedrich Barbarossas, symbolisiert das himmlische Jerusalem.

Antike Säulen
Die Rundbogen des Emporengeschosses werden von je zwei Säulen getragen. Roter Marmor und Porphyr kamen aus Ravenna und Rom.

NICHT VERSÄUMEN

★ Karlsschrein

★ Lotharkreuz

★ Pala d'Oro

Bronzetore
Die Bronzetore stammen aus der Zeit Karls des Großen. Das handwerkliche Können ist noch heute zu bewundern.

★ Lotharkreuz
Das in der Domschatzkammer aufbewahrte kostbare Kreuz (um 1000) trägt in der Mitte eine Gemme mit dem Bildnis des Kaisers Augustus.

INFOBOX

Dom Münsterplatz. ☎ *(0241) 47 70 90.* ◯ *tägl. 7–19 Uhr (Jan–März: bis 18 Uhr).* *Mo–Fr stündl. ab 11 Uhr, Sa, So stündl. ab 13 Uhr.* **Domschatzkammer** Klosterplatz 2. ☎ *(0241) 47 70 91 27.* ◯ *Mo 10–13 Uhr, Di–So 10–18 Uhr (Jan–März: 10–17 Uhr; 1. Do im Monat bis 21 Uhr).* **www**.aachendom.de

Der gotische Chorraum ist der Pariser Sainte-Chapelle nachempfunden.

Matthiaskapelle

Annakapelle

★ Karlsschrein
Kaiser Karl der Große wurde 1165 heiliggesprochen. Zwischen 1200 und 1215 entstand der figurenreiche goldschimmernde Schrein, der die exhumierten Gebeine des heiligen Karl aufbewahrt.

★ Pala d'Oro
Den Altarunterbau aus goldgetriebenen Reliefs stiftete Kaiser Heinrich II. im 11. Jahrhundert.

Proserpina-Sarkophag
Der mit Marmorreliefs verzierte Sarkophag (3. Jh.) ist ein Meisterwerk römischer Bildhauerkunst. Er gehört zu den Prunkstücken der Domschatzkammer.

Kanzel
Die Kanzel aus der Zeit zwischen 1002 und 1024 ist mit vergoldeten Kupferplatten verkleidet, in die Edelsteine und Elfenbeinintarsien eingelassen sind.

Köln ⓮

Köln, eine der ältesten Städte Deutschlands, wurde 50 n. Chr. auf Befehl Agrippinas d. J. zur römischen Kolonie (Colonia Agrippinensis) erhoben. Vom Ende des 5. Jahrhunderts an herrschten die Franken in Köln. Karl der Große machte die Stadt zum Erzbistum. Von dem mächtigen religiösen Zentrum zeugen die zwölf romanischen Kirchen und der gewaltige gotische Dom. Auch in der Hanse spielte die Stadt eine bedeutende Rolle. Seit 1388 ist Köln Universitätsstadt. Heute ist die Rheinmetropole bekannt als Messestandort, als Zentrum für Kunst und Kultur mit vielen erstklassigen Museen sowie als Hochburg des Karnevals.

St. Andreas
Komödienstraße 4–8.
Mo–Fr 7–19.30, Sa, So 8–19.30 Uhr.
Die spätromanische Kirche wurde um 1200 gegründet, 1414–20 baute man den gotischen Chor an. Sehenswert sind u. a. das Chorgestühl (um 1420–30) und die Rosenkranzmadonna (Ende 15. Jh.).

Altstadtidyll: Kölns Fischmarkt

Pfarrkirche St. Mariä Himmelfahrt
Marzellenstraße 32–40.
Mo–So 8–18 Uhr.
Kölns größte Barockkirche wurde 1618–1715 nach Plänen von Christoph Wamser für die Jesuiten erbaut. Sie hat viele romanische und gotische Elemente als Ausdruck des gegenreformatorischen Programms der Jesuiten.

Kölner Dom (Dom St. Peter und Maria)
Siehe S. 402f.

Römisch-Germanisches Museum
Roncalliplatz 4. *(0221) 22 12 45 90. Di–So 10–17 Uhr.*
Das Gebäude zeigt archäologische Funde aus vorrömischer, römischer und fränkischer Zeit, die in Köln und im Rheintal entdeckt wurden. Gezeigt werden Fresken, Gefäße, Münzen, Schmuck sowie das Dionysos-Mosaik und das Grabmal des Poblicius.

Museum Ludwig
Bischofsgartenstraße 1. *(0221) 22 12 61 65. Di–So 10–18 Uhr (1. Di im Monat 10–22 Uhr).*
Das Museum ist eines der besten Zentren für moderne Kunst. Vertreten sind Picasso, deutsche Expressionisten, Surrealisten, Vertreter der »Nouveaux Réalistes«, die Gruppe »Zero« und europäische Kunst der 1960er Jahre.

Groß St. Martin
An Groß St. Martin 9. *(0221) 16 42 56 50. Di–Fr 10–12, 15–17 Uhr, Sa 10–12.30, 13.30–17 Uhr, So 14–16 Uhr.*
Die Kirche mit ihrem Kleeblattchor und dem mächtigen Vierungsturm prägt den Fischmarkt und zusammen mit Dom und Rathaus das Kölner Rheinpanorama. Im 12. und 13. Jahrhundert wurde sie als Benediktinerkirche erbaut.

Die Häuser im umliegenden Martinsviertel wurden erst nach dem Krieg errichtet, doch man orientierte sich beim Bau und bei der Straßenführung an historischen Vorbildern. So entstand ein interessantes Viertel, durch das man gerne schlendert.

Farina-Haus
Obenmarspforten 21. *(0221) 399 89 94. Mo–Sa 10–18, So 11–16 Uhr.*
Das Farina-Haus widmet sich der Welt der Düfte und Aromen. In dem zu besichtigenden Kellergewölbe kreierte der Parfumeur Johann Maria Farina das längst weltweite bekannte Eau de Cologne.

Blick über den Rhein auf Köln: Rathaus, Groß St. Martin und Dom (von links nach rechts)

Hotels und Restaurants in Nordrhein-Westfalen *siehe Seiten 510–512 und 549–552*

Detail des gotischen Kernbaus des Alten Rathauses

Rathaus

Alter Markt. (0221) 22 10. *Mo–Fr 10–17 Uhr, Sa 10–12 Uhr.* **Jüdisches Bad** *Mo–Do 8–16.45 Uhr, Fr 8–16 Uhr, Sa 10–16 Uhr, So 11–13 Uhr.* **Praetorium** *Kleine Budengasse.* *Di–So 10–17 Uhr.*

Das Rathaus ist Produkt ständiger Um- und Anbauten. In der ersten Bauphase um 1360 entstand der mit gotischen Heldenfiguren verzierte Hansesaal. 1407–14 wurde der fünfgeschossige gotische Rathausturm errichtet. Im 16. Jahrhundert kamen Löwenhof und Renaissance-Rathauslaube hinzu. Unter einer Glaspyramide vor dem Rathaus liegen die Reste eines **jüdischen Bades** (12. Jh.), das nach der Vertreibung der Juden 1424 zerstört wurde. Von der Kleinen Budengasse aus gelangt man ins **Praetorium**, den ehemaligen Palast des römischen Provinzstatthalters (1.–4. Jh.).

Wallraf-Richartz-Museum – Fondation Corboud

Siehe S. 404f.

Gürzenich

Gürzenichstraße.

Das Gebäude (1437–44) war das gotische Fest- und Tanzhaus der Kölner Bürgerschaft (heute Veranstaltungszentrum). Seit dem Wiederaufbau ist es mit der Ruine von Alt St. Alban verbunden, in der die Skulptur *Trauerndes Elternpaar* von Käthe Kollwitz zu sehen ist.

Minoritenkirche Mariä Empfängnis

Minoritenstraße. *Mo–So 8–18 Uhr.*

Dominikaner und Franziskaner ließen im 13./14. Jahrhundert diese schlichte gotische Kirche errichten. In der wiederaufgebauten dreischiffigen Basilika liegen die Gräber des schottischen Franziskaner-Theologen Duns Scotus (gestorben 1308) und des »Gesellenvaters« Adolf Kolping (1813–1865).

INFOBOX

Straßenkarte B4. *990 000.* *17 km südlich des Zentrums.* *Kardinal-Höffner-Platz 1, (0221) 22 13 04 00.* *Markt bei der Apostelkirche, Di, Fr 7–12 Uhr.* *Karnevalsumzug (Rosenmontag); Kölner Lichter (Juli); Bierbörse (Aug/Sep); Art Cologne (Okt/Nov).*

www.koelntourismus.de

Alt St. Alban beim Gürzenich, ein Platz des Gedenkens

Kolumba

Kolumbastraße 4. (0221) 933 19 30. *Mi–Mo 12–17 Uhr.* www.kolumba.de
Das Kunstmuseum befindet sich in einem Gebäude des Schweizer Architekten Peter Zumthor. Es zeigt Objekte von der Spätantike bis in die Gegenwart. Schwerpunkte bilden das frühe Christentum und Beispiele der Goldschmiedekunst (11.–16. Jh.).

Schnütgen-Museum

Cäcilienstraße 29–33. *(0221) 22 12 23 10.* *Di–So 10–18 Uhr (Do bis 20 Uhr).*
Die romanische, im 12. Jahrhundert erbaute Cäcilienkirche wurde 1479 von den Augustinerinnen übernommen. Heute befindet sich hier das Schnütgen-Museum mit zahlreichen Objekten zur Kunst vom Mittelalter bis zum Ende des Barock. Zur Sammlung gehören u.a. Skulpturen aus Stein und Holz, Goldarbeiten, Elfenbeinschnitzereien und Glasmalereien.

Die romanische Kirche St. Gereon mit dem imposanten Zehneck

Rautenstrauch-Joest-Museum

Cäcilienstraße 29–33. *(0221) 22 13 13 56.* *Di–So 10–18 Uhr (Do bis 20 Uhr).*
Diese Kulturstätte wurde im Oktober 2010 an ihrem neuen Standort neben dem Schnütgen-Museum eröffnet. Besucher begeben sich hier auf eine Entdeckungsreise zu Kulturen aller Kontinente.

St. Peter

Leonhard-Tietz-Straße 6.
Di–Sa 11–17 Uhr, So 13–17 Uhr.
Die spätgotische Peterskirche (Mitte 12. Jh.) bekam 1519–30 ihr heutiges Aussehen. Das Interessanteste sind die Bleiglasfenster (1528–30) und Peter Paul Rubens' großartiges Gemälde *Die Kreuzigung Petri* (1637). Rubens verbrachte seine Kindheit in Köln. Sein Vater wurde in der Kirche bestattet. Sehenswert ist auch das Messing-Taufbecken (1569).

Detail am Stadtmuseum

St. Maria im Kapitol

Marienplatz 19.
Mo–So 9.30–18 Uhr.
Die Kirche steht auf den Ruinen des römischen Kapitoltempels. Im frühen 11. Jahrhundert wurde sie als Klosterkirche erbaut, aber erst im frühen 13. Jahrhundert fertiggestellt. Die Anlage mit drei halbkreisförmigen Nischen um den Altarraum entstand nach Vorbild der Geburtskirche in Bethlehem. Die Holzreliefs an der Tür erzählen das Leben Jesu. St. Maria ist die einzige Kölner Kirche mit Kreuzgang.

Overstolzenhaus

Rheingasse 8.
Das im 13. Jahrhundert für eine reiche Patrizierfamilie entstandene romanische Gebäude gilt als eines der schönsten seiner Art in ganz Deutschland. Heute ist hinter der monumentalen Fassade mit Treppengiebel die Medienhochschule untergebracht.

St. Maria Lyskirchen

An Lyskirchen 12. *Mo–Sa 10–18 Uhr, So 12–18 Uhr.*
Die Anfang des 13. Jahrhunderts erbaute, im 17. und 19. Jahrhundert veränderte Kirche ist Kölns kleinste romanische Kirche. Außergewöhnlich schön sind hier die Deckenfresken (um 1230–70), die Szenen aus der Bibel und aus dem Leben der Heiligen zeigen. Sehenswert ist auch die große Statue der Jungfrau Maria (um 1420).

Imhoff-Stollwerck-Museum

Rheinauhafen 1a.
(0221) 93 18 88-0. *Di–Fr 10–18 Uhr, Sa, So 11–19 Uhr.*
Das Schokoladenmuseum am Rheinufer erzählt vom Anbau der Kakaobohne, ihrer kulturellen Bedeutung, Verwendung und Vermarktung. Man kann bei der Schokoladeherstellung zusehen und das leckere Endprodukt kosten.

St. Georg

Georgsplatz 17. *Mo–So 8–18 Uhr.*
Die Mitte des 11. Jahrhunderts erbaute Kirche ist die einzige erhaltene Säulenbasilika des Rheinlands. Im 12. Jahrhun-

Romanische Kirchen

In Köln sind zwölf romanische Kirchen erhalten. Sie zeugen von der Bedeutung für die Entwicklung der Stadt. Die Kirchen wurden über Gräbern von Märtyrern oder frühen Kölner Bischöfen erbaut und beeinflussten die Architektur im Rheinland. Fast alle Kirchen wurden im Zweiten Weltkrieg zerstört. Einige von ihnen, z.B. St. Kolumba, hat man nicht restauriert, doch die meisten stehen inzwischen wieder in originaler Form.

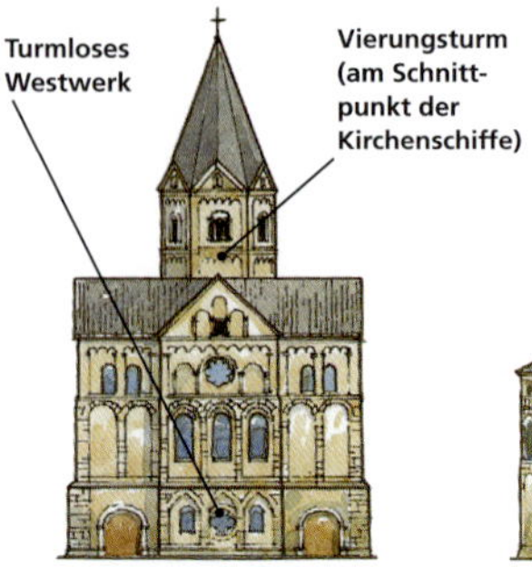

St. Andreas

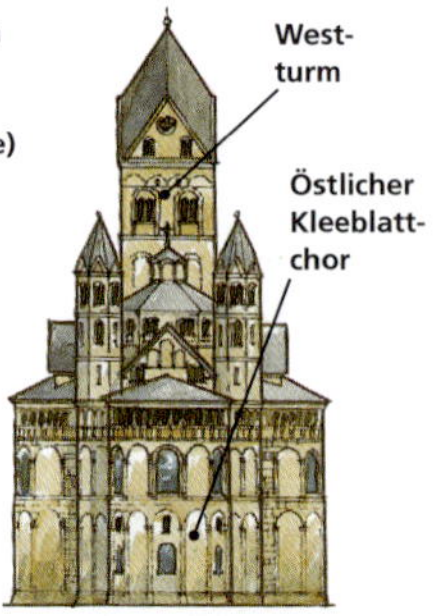

St. Aposteln

Hotels und Restaurants in Nordrhein-Westfalen *siehe Seiten 510–512 und 549–552*

Die romanische Kirche St. Kunibert, vom Rhein aus gesehen

dert wurde der Westchor durch einen massiven Vorbau ersetzt, der wie eine Wehrburg wirkt.

St. Pantaleon

Am Pantaleonsberg 2. *Mo–Sa 8.15–18 Uhr, So 9–18 Uhr.*

Nicht weit vom Zentrum steht diese Kirche eines ehemaligen Benediktinerklosters, das Erzbischof Bruno, der Bruder von Kaiser Otto I., um 950 gründete. Der Erzbischof und die Kaiserin Theophanu, Gemahlin Ottos II., sind in der Kirche beigesetzt. St. Pantaleon war die Lieblingskirche der Kaiserin. Blickfang im Inneren ist der spätgotische Lettner (1502–14).

Severinsviertel

Das Severinsviertel in der südlichen Altstadt ist nach der romanischen Kirche St. Severin (13.–15. Jh.) benannt. Das Chorinnere schmückt ein 20-teiliger Bilderzyklus des Meisters von St. Severin (um 1500), der die an Wundern reiche Legende des heiligen Severin darstellt.

St. Aposteln

Neumarkt 30. *Mo–Sa 10–17 Uhr, So 14–16 Uhr.*

Die mächtige Kirche aus dem 11.–13. Jahrhundert ist eine der interessantesten romanischen Kirchen des Rheinlands. Die ursprüngliche Basilika besaß einen 63 Meter hohen Westturm. Später wurden der mächtige Ostchor, ein Kleeblattchor, und zwei schlanke Türme angebaut.

Vom Neumarkt führt die Hahnenstraße zum Hahnentor, dem schönsten erhaltenen mittelalterlichen Tor.

St. Gereon

Gereonsdriesch 2–4.

Basilika *Mo–Sa 10–18 Uhr.*

Krypta *Mi 15–17, Sa 10–12 Uhr.*

Der imposante Kuppelbau der Klosterkirche St. Gereon ist nach dem der Hagia Sophia (Istanbul) und dem des Doms in Florenz der drittgrößte der Welt. Im 4. Jahrhundert wurde über Märtyrergräbern ein Bau mit ovalem Grundriss errichtet. Im 11. und 12. Jahrhundert wurde der Chor angebaut. Im 13. Jahrhundert verwandelte man das Oval in ein Zehneck und schloss es durch ein Gewölbe von 48 Meter Durchmesser ab. In der Krypta findet man noch Fragmente des staufischen Fußbodenmosaiks.

St. Ursula

Ursulaplatz 24. *Sa 10–13, 14–16 Uhr, So 14–17 Uhr.*

Goldene Kammer *nach Voranmeldung unter (0221) 13 34 00.*

Die im 12. Jahrhundert über einem römischen Friedhof errichtete Kirche ist die bedeutendste Kölner Reliquienstätte. Im späten 13. Jahrhundert wurde der gotische Chor angefügt, um 1680 erhielt der Westturm eine Barockhaube. Die Goldene Kammer in der Vorhalle (17. Jh.) birgt mehr als 120 Reliquienbüsten, 700 Schädel und unzählige menschliche Knochen.

St. Kunibert

Kunibertsklostergasse 2.

Mo–So 9–12, 15–18 Uhr.

Die letzte im romanischen Stil vollendete Stiftskirche Kölns (Beginn 13. Jh.) weist schon gotische Züge auf. Der dreischiffige Bau besitzt in Chor und Querhaus wundervolle Bleiglasfenster (um 1220–30).

Das Hahnentor, eines der mittelalterlichen Stadttore

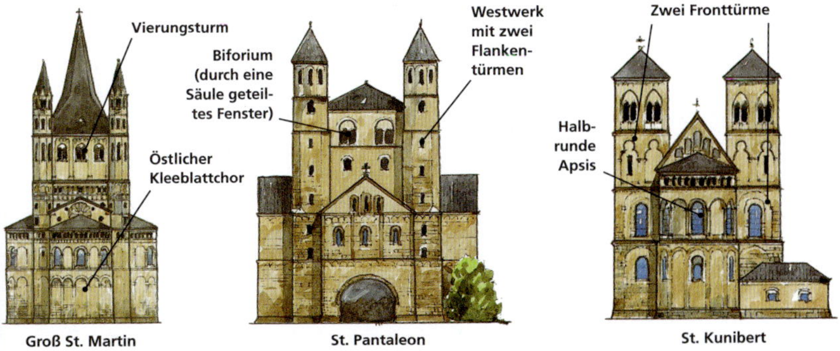

Kölner Dom

Gero-Kreuz (10. Jh.)

Der Kölner Dom St. Peter und Maria, das Wahrzeichen der Stadt, ist der berühmteste gotische Sakralbau Deutschlands. Er ist in jeder Beziehung grandios, seien es seine Ausmaße, seine Ausstattung oder auch seine Bauzeit. Der Grundstein wurde 1248 gelegt. 1322 fand die Chorweihe statt. 1560 wurden die Arbeiten an der Kathedrale eingestellt. Erst 1842–80 wurden sie nach den alten Plänen abgeschlossen. 1996 erklärte die UNESCO den Kölner Dom zum Welterbe der Menschheit.

Kreuzblumen
Die Turmspitzen sind gekrönt von kunstvoll gefertigten Kreuzblumen.

Haupteingang

Bogen übertragen den Druck des Gewölbes auf die Pfeiler.

Durch das Petersportal betritt man den Südturm. Hier stehen Apostelfiguren, von denen fünf gotisch sind (um 1370).

Kirchenschiff
Chor, Chorumgang und Kapellen besitzen großartige gotische Bleiglasfenster, die meist aus dem frühen 14. Jahrhundert stammen.

Schrein des heiligen Engelbert (um 1630)
Der Domschatz ist berühmt für prachtvolle liturgische Geräte und Gewänder, Elfenbeinarbeiten und Handschriften.

NICHT VERSÄUMEN

- ★ Anbetung der Könige
- ★ Chorgestühl
- ★ Dreikönigenschrein

★ Chorgestühl
Das massive Chorgestühl aus Eiche (um 1320) ist das größte mittelalterliche Gestühl in Deutschland.

INFOBOX

Dom *tägl. 6–19.30 Uhr.* **Domschatzkammer** Domkloster 4. *(0221) 17 94 05 55.* *tägl. 10–18 Uhr.* **Aussichtsplattform** *Jan, Feb, Nov, Dez: tägl. 9–16 Uhr; März, Apr, Okt: tägl. 9–17 Uhr; Mai–Sep: tägl. 9–18 Uhr.* **Orgelkonzerte** *Juni–Aug: Di 20 Uhr.* **Ausstellung der Rubens-Gobelins** *Pfingstsonntag bis Fronleichnam.* **www**.koelner-dom.de

Gerhard Richter gestaltete ein 113 Quadratmeter großes Fenster aus 11500 Quadraten.

Strebepfeiler stützen den gewaltigen Dom.

Hochaltar
Der von allen Seiten mit Figuren geschmückte Hochaltar (um 1320) zeigt auf der Vorderseite die Krönung der Jungfrau Maria.

★ Dreikönigenschrein
Der figurenreiche Goldsarkophag wurde 1181 bis 1230 von Nikolaus von Verdun und anderen Künstlern geschaffen. Der Legende nach ruhen hier die Gebeine der Heiligen Drei Könige.

★ Anbetung der Könige
Der berühmte Altar (um 1442) von Stephan Lochner ist den Heiligen Drei Königen, den Schutzheiligen Kölns, gewidmet.

Mailänder Madonna
Die Mailänder Madonna mit Kind, eine frühgotische Schnitzarbeit aus dem Jahr 1290, ist in der Sakramentskapelle zu besichtigen.

Köln: Wallraf-Richartz-Museum – Fondation Corboud

Das Wallraf-Richartz-Museum – Fondation Corboud hat 2001 zwischen Rathaus und Gürzenich an historischer Stelle ein neues Haus bezogen. Auf drei Etagen präsentieren sich in historischer Reihenfolge die hier vertretenen Kunstepochen vom 13. bis zum 19. Jahrhundert (u.a. Bruyn, Cézanne, Cranach, Dürer, Leibl, Lochner, Pissarro, Rembrandt, Renoir, Rubens, van Gogh). Riesige Nordost-Panoramafenster bilden eine Schnittstelle zwischen Gemäldesammlung und Kölner Stadtbild.

Die Rasenbleiche (1882)
Das Gemälde ist ein Frühwerk Max Liebermanns. Zu der Zeit stand er dem Realismus noch sehr nahe.

★ Stigmatisation des heiligen Franziskus (um 1616)
Das riesige, jüngst restaurierte Gemälde ist eine großartige Schöpfung des flämischen Barockmalers Peter Paul Rubens.

Liegende (1751)
Der in provokanter Pose dargebotene weibliche Akt von François Boucher ist ein Beispiel für die unbeschwerte, auf Sinnenreiz und dekorative Wirkung bedachte Malerei des französischen Rokoko.

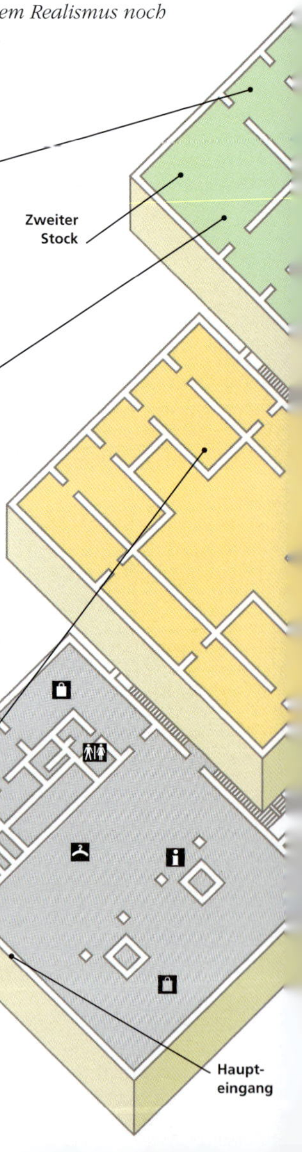

★ Pfeifer und Trommler (1502–04)
Das Gemälde, die Flügelaußenseite eines Altarbilds, stammt von Albrecht Dürer. Vermutlich porträtierte er sich in Gestalt des Trommlers rechts selbst.

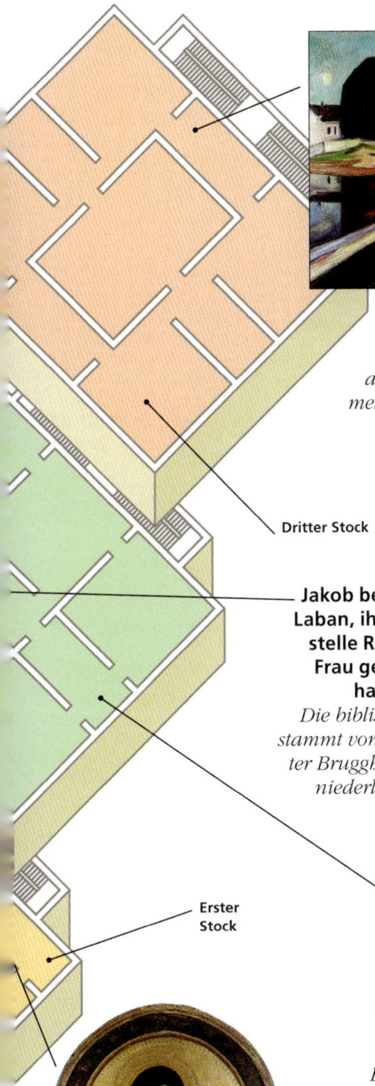

Vier Mädchen auf der Brücke (1905)
Edvard Munch bearbeitete dieses Thema mehrmals (siehe S. 437)*. Hier liegt der Akzent der Komposition auf der Umgebung.*

INFOBOX

Wallraf-Richartz-Museum – Fondation Corboud
Obenmarspforten.
(0221) 22 12 11 19.
Di–So 10–18 Uhr (Do bis 21 Uhr).
www.museenkoeln.de/wrm

Kurzführer

Im ersten Stock sind mittelalterliche Malerei und Gemälde der Renaissancezeit zu sehen. Im zweiten Stock findet man flämische und holländische Malerei des 17. Jahrhunderts sowie Barockmalerei der romanischen Länder, im dritten Stock die Malerei des 18. und 19. Jahrhunderts.

Jakob beschuldigt Laban, ihm Lea anstelle Rachels zur Frau gegeben zu haben (1628)
Die biblische Szene stammt von Hendrick ter Brugghen, einem niederländischen Meister.

Alte Frau und Knabe (um 1650–60)
Die Szene stammt von Bartolomé Esteban Murillo. Er ist nicht nur für seine gefühlvollen Madonnenbilder berühmt, sondern gilt auch als exzellenter Beobachter des spanischen Alltagslebens im 17. Jahrhundert.

Maria mit dem Kind (1325–30)
Das Zentralbild eines mehrteiligen Altars von Simone Martini stammt wahrscheinlich aus Sant'Agostino in San Gimignano.

LEGENDE

- Mittelalterliche Malerei
- Malerei (17./18. Jh.)
- Malerei (19. Jh.)
- Kein Ausstellungsbereich

NICHT VERSÄUMEN

★ Pfeifer und Trommler

★ Stigmatisation des heiligen Franziskus

Einer der vielen Stauseen in der Nordeifel

Nordeifel ⑯

Straßenkarte A4. *54595 Prüm, Kalvarienbergstraße 1, (0180) 500 22 83. Bad Münstereifel: Burg in Flammen (Juli).* **www**.bad-muenstereifel.de

Nur ein kleiner Teil der Eifel gehört zu Nordrhein-Westfalen. Bewaldete Hügel säumen das Flussbett der Rur, die hier mehrmals aufgestaut wird. So entstanden Stauseen, die sich hervorragend für erholsame Stunden und für den Wassersport eignen. Es gibt zudem viele hübsche kleine Städtchen und Sehenswürdigkeiten.

Blankenheim ist bekannt für seine malerischen Fachwerkhäuser, für die spätgotische Kirche und die mehrfach umgebaute Burg aus dem 13. Jahrhundert, früher Sitz der Grafen von Manderscheid-Blankenheim, heute Jugendherberge. Hier entspringt die Ahr – im Jahr 1726 baute man über der Quelle ein Haus.

Schloss **Schleiden** wurde im 12. Jahrhundert errichtet und bis ins 18. Jahrhundert mehrmals umgebaut. Interessant in Schleiden ist auch die spätgotische Kirche mit ihren kostbaren Bleiglasfenstern und der mächtigen Orgel (1770).

Monschau, Fremdenverkehrszentrum und mit seinen Fachwerkhäusern (17./18. Jh.) sowie den schmalen, verwinkelten Gässchen wohl die hübscheste Stadt der Region, liegt im felsigen, engen Tal der Rur. Auf einem Hügel über der Stadt thront die Ruine einer Burg (13. Jh.). Bis 1919 hieß Monschau noch Montjoie.

In **Heimbach-Hasenfeld** lohnen die Talsperre des Rur-Stausees und das Jugendstil-Wasserkraftwerk (1904) mit Industriemuseum einen Besuch.

Eines der interessantesten Denkmäler der Gegend ist **Kloster Steinfeld**, dessen Ursprünge bis ins 10. Jahrhundert zurückgehen. 1121 siedelten sich hier Augustiner an. 1126 akzeptierten sie den Führungsanspruch Norberts von Xanten, Erzbischof von Magdeburg und Gründer des Prämonstratenserordens. Die romanische Basilika (12. Jh.) enthält wundervolle Gewölbefresken (16. Jh.).

Das **Rheinische Freilichtmuseum** in **Kommern** zeigt historische Bauernhöfe sowie Wind- und Wassermühlen aus dem Rheinland.

Sehenswert in **Euskirchen** sind vor allem die Wasserburg Veynau (14. Jh.) und die gotische Kirche.

Die Entstehung der Kurstadt **Bad Münstereifel** geht auf ein 830 gegründetes Benediktinerkloster zurück. Das Stadtbild wird von der romanischen Stiftskirche beherrscht, die im 11./12. Jahrhundert zu einer Pfeilerbasilika mit zweitürmigem Westwerk ausgebaut wurde. Bad Münstereifel ist seit 1956 auch ein Kneippheilbad.

Malerische Fachwerkhäuser in Monschau

Rheinisches Freilichtmuseum Kommern
Auf dem Kahlenbusch. Mechernich-Kommern. *(02443) 998 00.* *Apr–Okt: 9–18 Uhr; Nov–März: 10–16 Uhr.*

Brühl ⑰

Straßenkarte B4. *46 700.* *Uhlstraße 3, (02232) 793 45. Brühler Markt (Sommer); Hubertusmarkt (Okt).* **www**.bruehl.de

Die Schlösser Augustusburg und Falkenlust in Brühl wurden von der UNESCO 1984 zum Welterbe erklärt. Auf den Ruinen einer Wasserburg aus dem 13. Jahrhundert, die man 1689 sprengte, wurde 1725–68 das barocke **Schloss Augustusburg** errichtet. Benannt ist es nach dem Initiator des Baus, dem Kölner Kurfürsten und Erzbischof Clemens August von Wittelsbach. Die Pläne für das Schloss stammen von Johann Conrad Schlaun, die Ausstattung vom bayerischen Hofarchitekten François de Cuvilliés. Das weltberühmte Treppenhaus wurde von Balthasar Neumann entworfen. Nach den Zerstörungen im Zweiten Weltkrieg wurde das Schloss restauriert. Heute können die Rokoko-Prunkräume mit ihrer großartigen Ausstattung wieder besichtigt werden. Die Brühler Schlosskonzerte ziehen jedes Jahr zahlreiche Besucher an.

Nostalgisches Karussell im Phantasialand, Brühl

Franziskaner erbauten im 15. Jahrhundert die **Schlosskirche »St. Maria von den Engeln«**. Die *Verkündigung* stammt von Johann Wolfgang van der Auwera. Der großartige Hochaltar ist ein Werk

Phantasialand bei Brühl, der größte Erlebnispark Deutschlands

Balthasar Neumanns (1745). Dominique Girard legte den barocken Schlosspark an.

Zwei Kilometer östlich des Schlosses befindet sich das Jagdschlösschen **Falkenlust**, das 1729–40 nach Plänen von Cuvilliés erbaut wurde. Zu der reizvollen Innenausstattung gehören ein Lack- und ein Spiegelkabinett. Die achteckige Kapelle neben dem Schloss ist innen mit reicher Muscheldekoration versehen.

Unweit des Schlosses Augustusburg ist das **Max Ernst Museum** ein weiterer Besuchermagnet. Die Sammlung in einem interessanten Gebäudekomplex gibt Einblick in die rund siebzigjährige Schaffenszeit des Dadaisten und Surrealisten Max Ernst.

Das Brühler **Phantasialand** ist einer der größten Freizeitparks Europas. Atemberaubende Fahrten und Shows begeistern die Gäste. Hotellerie und Gastronomie runden das Angebot im Park ab.

Augustusburg
(02232) 440 00. Feb–Nov: Di–Fr 9–12, 13.30–16 Uhr, Sa, So 10–17 Uhr.

Falkenlust
(02232) 440 00. Feb–Nov: Di–Fr 9–12, 13.30–16 Uhr, Sa, So 10–17 Uhr.

Phantasialand
Berggeiststr. 31–41. *(02232) 362 00. Apr–Okt: tägl. 9–18 Uhr (im Sommer länger geöffnet).*

Umgebung: In **Kerpen**, etwa 27 Kilometer nordwestlich von Brühl, warten gleich zwei Wasserburgen auf den Besucher: das kleine Schloss Lörsfeld (16. Jh.) und das Barockschloss Türnich (18. Jh.). Kerpen ist die Heimatstadt des Formel-1-Weltmeisters Michael Schumacher.

In **Brauweiler** bei Pulheim befindet sich ein 1024 gegründetes Benediktinerkloster. Den Neubau der Abteikirche (11. Jh.) finanzierte Rycheza, die Gemahlin des polnischen Königs Bolesław I. Chrobry.

Das barocke Schloss Augustusburg in Brühl

Von hier aus lohnt sich eine Fahrt ins 23 Kilometer westlich gelegene **Bedburg**. Mit dem Bau des vierflügeligen Wasserschlosses begann man im 13. Jahrhundert; 300 Jahre später war es fertig.

Bonn ⓲

Siehe S. 408f.

Königswinter ⓳

Straßenkarte B4. *38 400.* *Drachenfelsstraße 51, (02223) 91 77 11.* **www**.koenigswinter.de

Um die Stadt am Rhein erstreckt sich das Siebengebirge, ein waldiges Hügelland, das sich für Spaziergänge und Wanderungen anbietet. Der auffälligste Berg ist der Drachenfels. Auf den Gipfel (321 m) gelangt man mit der 1883 erbauten Zahnradbahn, der ältesten in Deutschland. Die Bahn fährt vorbei am neugotischen Schloss Drachenburg (1879–84). Auf dem Gipfel stehen die Ruinen der gotischen Drachenburg aus dem 12. Jahrhundert. Der Name bezieht sich auf die Nibelungensage: Der Drache, den Siegfried besiegt hat, soll hier gehaust haben.

Königswinter am Fuß des Drachenfels besitzt malerische Fachwerkhäuser aus dem 17. Jahrhundert und das heimatkundliche Siebengebirgsmuseum.

Umgebung: Der Kurort **Bad Honnef**, sechs Kilometer südlich gelegen, ist bekannt für seine Heilquellen und sein mildes Klima. Im nahen **Rhöndorf** lebte Altkanzler Adenauer bis zu seinem Tod. Sein Wohnhaus ist heute als »Stiftung Bundeskanzler-Adenauer-Haus« ein Museum.

Das Wahrzeichen der 15 Kilometer nördlich gelegenen Stadt **Siegburg** ist die Benediktinerabtei auf dem Michaelsberg. Die gewaltigen Mauern der Krypta stammen aus dem 11. Jahrhundert. Im kostbaren, mit Goldschmiedearbeiten verzierten Anno-Schrein (1183) ruhen die Gebeine des Kölner Erzbischofs Anno II.

Bonn ⑱

Bonn, das auf das römische Legionslager *Bonna* von 50 n. Chr. zurückgeht, entwickelte sich später dank der Kölner Erzbischöfe zur blühenden Stadt. Berühmtheit erlangte es durch Ludwig van Beethoven, der 1770 hier geboren wurde, und durch Robert Schumann, der hier seine letzten Lebensjahre verbrachte. 1949 wurde Bonn Hauptstadt der Bundesrepublik Deutschland. 1991 stimmte der Deutsche Bundestag dafür, Berlin zur Hauptstadt des vereinigten Deutschland zu machen. In Bonn verbleiben noch sechs Ministerien.

Barockportal des Beethoven-Hauses in Bonn

Beethoven-Haus

Bonngasse 20. *(0228) 981 75 25.* *Apr–Okt: Mo–Sa 10–18 Uhr, So 11–18 Uhr; Nov–März: Mo–Sa 10–17 Uhr, So 11–19 Uhr.* **www**.beethoven-haus-bonn.de

Das Museum ist in Beethovens Geburtshaus aus dem 18. Jahrhundert untergebracht, in dem er bis zum 22. Lebensjahr wohnte. Es zeigt mit einer Vielzahl an Erinnerungsstücken eine Dauerausstellung zum Leben und Werk des Komponisten sowie Sonderausstellungen.

Markt

Der dreieckig angelegte Bonner Marktplatz ist von moderner und barocker Architektur umgeben. Das imposanteste Gebäude ist das barocke **Alte Rathaus** mit seiner schönen Freitreppe, 1737/38 nach einem Entwurf von Michel Leveilly erbaut. Mitten auf dem Platz steht der Marktbrunnen, ein Springbrunnen in Form eines Obelisken, den man 1777 zu Ehren von Kurfürst Max Friedrich errichtete.

Nicht weit entfernt vom Markt befinden sich zwei sehenswerte Kirchen: Eine ist die gotische **Remigiuskirche**, die 1274–1317 für die Franziskaner erbaut wurde, die andere ist die barocke **Namen-Jesu-Kirche**, eine Jesuitenkirche, 1686–1717 von Jacob de Candreal errichtet.

Rheinufer

Zahlreiche Bonner Sehenswürdigkeiten befinden sich am westlichen Ufer des Rheins, das auf seiner ganzen Länge verschiedene Namen führt. Nördlich der Kennedybrücke liegt die Beethovenhalle, eine große Konzert- und Kongresshalle. Südlich der Brücke befindet sich das Bonner Opernhaus. Der nahe gelegene Alte Zoll, das frühere Zollhaus, ist in einer der Bastionen untergebracht, die im 17. Jahrhundert wesentlicher Teil der Stadtbefestigung waren. Am Ufer befinden sich mehrere Schiffsanlegestellen.

Universität

Am Hofgarten.

Seit 1818 ist das Hauptgebäude der Rheinischen Friedrich-Wilhelms-Universität in einem Gebäude untergebracht, wie man es sich für eine Bildungseinrichtung schöner kaum vorstellen kann. Das weitläufige, barocke kurfürstliche Residenzschloss wurde 1697–1705 von Enrico Zuccalli für Kurfürst Joseph Clemens erbaut und ab 1715 von Robert de Cotte erweitert.

Münster St. Martin

Münsterplatz. *tägl. 7–19 Uhr.*

Das Bonner Münster ist ein bedeutendes Zeugnis romanischer Baukunst im Rheinland. Errichtet wurde das Gotteshaus im 12./13. Jahrhundert an der Stelle einer früheren Kathedrale aus dem 11. Jahrhundert, von der noch die Krypta erhalten ist. Sehenswert ist auch der romanische Kreuzgang aus dem 12. Jahrhundert.

Goldspangen im Rheinischen Landesmuseum

Rheinisches Landesmuseum

Colmantstraße 14–16. *(0228) 20 700.* *Di–So 10–18 (Mi bis 21 Uhr).* **www**.rlmb.lvr.de

Das überaus interessante Regionalmuseum besitzt zahlreiche bei Ausgrabungen zutage geförderte Objekte aus der Römerzeit, außerdem den Schädel eines Nean-

Ehemaliges kurfürstliches Residenzschloss, heute Rheinische Friedrich-Wilhelms-Universität

Hotels und Restaurants in Nordrhein-Westfalen *siehe Seiten 510–512 und 549–552*

dertalers sowie Kunst aus Mittelalter und Gegenwart.

Regierungsviertel

Nach dem Umzug des Parlaments und Teilen der Verwaltung nach Berlin ist das ehemalige Bundeshaus heute ein internationales Kongresszentrum. Elf UN-Einrichtungen, nationale und internationale Organisationen bilden hier ein neues Zentrum für multilaterale Zusammenarbeit.

Haus der Geschichte der BR Deutschland

Willy-Brandt-Allee 14. *(0228) 916 50.* *Di–So 9–19 Uhr.*
Das exzellente zeitgeschichtliche Museum behandelt die deutsche Geschichte seit dem Zweiten Weltkrieg mit faszinierenden Multimedia-Shows und einer Fülle von Dokumenten. Freier Eintritt.

Kunstmuseum Bonn

Friedrich-Ebert-Allee 2. *(0228) 77 62 60.* *Di–So 10–18 Uhr (Mi bis 21 Uhr).*
Das Museum für Kunst des 20. Jahrhunderts ist in einem von Axel Schultes entworfenen Gebäude untergebracht. Zur Sammlung gehören viele Expressionisten. In der neuen Kunst- und Ausstellungshalle (1992) nebenan finden Wechselausstellungen statt.

Das ehemalige Bundestagsgebäude im Regierungsviertel

Bad Godesberg

Die kleine Kurstadt wurde 1969 nach Bonn eingemeindet. Elegante Villen umgeben den Kurpark. Auf dem Hügel über der Stadt thront die im 13. Jahrhundert erbaute Godesburg, die bereits seit dem 16. Jahrhundert eine Ruine ist.

INFOBOX

Straßenkarte B4. *314 000.*
ZOB. *22 km nördlich des Zentrums.* *Windeckstr. 1, (0228) 77 50 00.*
Rhein in Flammen (1. Sa im Mai); Rheinauenfest (Juni); Museumsmeilenfest (Juni); Beethovenfest (Sep); Jahrmarkt »Pützchens Markt« (Sep).
www.bonn.de

Poppelsdorf

In der grünen südwestlichen Vorstadt Bonns liegt Schloss Clemensruhe (1715–56). Das Schloss und der Park mit einem botanischen Garten gehören zur Universität. Die Wallfahrtskirche auf dem Kreuzberg ist ein barocker kreuzförmiger Bau aus dem 17. Jahrhundert. Die dem Kirchenchor vorgelagerte Heilige Stiege (1746–51) entwarf Balthasar Neumann.

Das barocke Schloss Clemensruhe in Poppelsdorf

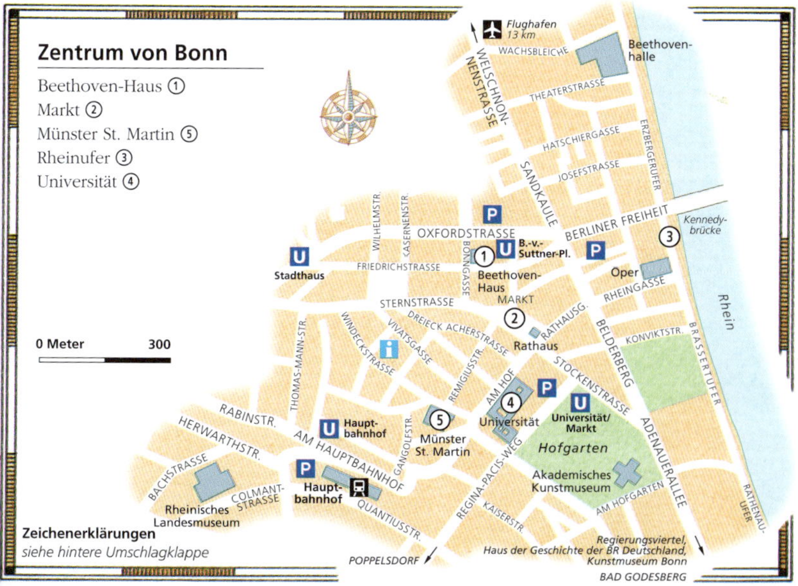

Das mittelalterliche Obere Schloss in Siegen

Siegen ⓴

Straßenkarte B4. *106 000.* *Markt 2, (0271) 404 13 16.* *Kultur Pur (Mai/Juni); Rubensfest (Juni/Juli); Weihnachtsmarkt (Dez).* **www**.siegen.de

Siegen an der Sieg, umgeben von einer sanften Hügellandschaft, ist die größte Stadt des Siegerlands. Jahrhundertelang war sie Sitz der Grafen von Nassau. Als sich das Grafengeschlecht im 17. Jahrhundert in eine evangelische und eine katholische Linie teilte, wurde Siegen eine Residenzstadt mit zwei Schlössern. Das mittelalterliche **Obere Schloss** wurde vom 16. bis 18. Jahrhundert häufig umgebaut. Heute ist hier das Siegerlandmuseum zur Kunst- und Kulturgeschichte der Region untergebracht, das auch Gemälde des hier geborenen Peter Paul Rubens besitzt. Das dreiflügelige **Untere Schloss** wurde 1698–1720 errichtet. Die sechsseitige spätromanische **Nikolaikirche** (13. Jh.) mit einem Krönchen auf dem Kirchturm war Gruft- und Taufkirche der Landesherren.

Umgebung: In **Freudenberg**, zehn Kilometer nordwestlich von Siegen, findet man den Alten Flecken. Die Siedlung wurde 1666 auf Geheiß des Grafen Johann Moritz von Nassau planmäßig angelegt und einheitlich in Fachwerkbauweise realisiert.

Hagen ㉑

Straßenkarte B4. *197 000.* *Rathausstr. 13, (02331) 207 58 94.* *Marktschreiertage (Jan).* **www**.hagen.de

Hagen wurde durch Karl Ernst Osthaus bekannt, der zu Beginn des 20. Jahrhunderts berühmte Jugendstil-Architekten wie Peter Behrens und Henry van der Velde nach Hagen holte. Osthaus finanzierte den Bau des heutigen **Karl Ernst Osthaus-Museums**, dessen Innenräume von van der Velde gestaltet wurden. Das 1902 als Museum Folkwang eröffnete Haus hat eine umfangreiche Sammlung expressionistischer Malerei und bildete 1922 den Grundstock des Folkwang-Museums in Essen. Im Süden der Stadt liegt das **Westfälische Freilichtmuseum**, das Werkstätten und Werkzeug des städtischen und ländlichen Handwerks in Westfalen seit dem ausgehenden 18. Jahrhundert zeigt.

Sauerland ㉒

Straßenkarte B4. *Sauerland-Touristik, Johannes-Hummel-Weg 1, 57392 Schmallenberg, (02974) 969 80.* **www**.sauerland-touristik.de

Das Sauerland erstreckt sich südlich und südöstlich des Ruhrgebiets und bildet den nördlichen Teil des Rheinischen Schiefergebirges. Höchster Gipfel der dicht bewaldeten Hügel ist mit 843 Metern der Hegekopf. Die Region weist viele Flüsse und Stauseen auf und ist ideal zum Wandern und Angeln. Interessant sind **Tropfsteinhöhlen** wie die Attahöhle in Attendorn, die Dechenhöhle in Letmathe und die Heinrichshöhle bei Iserlohn.

Hauptanziehungspunkt von **Altena** ist die Burg (12. Jh.) hoch über der Stadt mit dem Museum der Grafschaft Mark und dem Märkischen Schmiedemuseum. In **Arnsberg** zeigt das Sauerlandmuseum die geschichtliche Entwicklung der Region. Die Propsteikirche St. Laurentius (1173 gestiftet) war die ehemalige Kirche des Klosters Wedinghausen. Wuchtig erhebt sich in **Attendorn** die als Sauerländer Dom bekannte Pfarrkirche St. Johannes Baptist

Milchenbach und das Lennetal im Sauerland

Fachwerkhäuser sind für das Sauerland typisch

(2. Hälfte 14. Jh.). Der Turm der Propsteikirche aus dem 13. Jahrhundert überragt den Marktplatz von **Brilon**. Aus dem 9./10. Jahrhundert stammt die Ringkrypta unter der Kirche St. Walburga in **Meschede**. Schloss Wocklum in **Balve** (aus dem 14. Jahrhundert) wurde im 18. Jahrhundert neu errichtet.

Einer der größten Anziehungspunkte des Sauerlands ist der **Möhnesee**, der durch einen gewaltigen Damm (40 m hoch, 650 m lang) aufgestaut wird.

Im Süden erstreckt sich das Rothaargebirge mit dem schönen Kurort **Bad Berleburg**. Der 841 Meter hohe Kahle Asten und die Stadt **Winterberg** sind beliebte Wintersportziele.

Soest ㉓

Straßenkarte B4. 50 000. *Teichsmühlengasse 3, (02921) 66 35 00 50. Bördetag (Mai); Gauklertag (Sep); Jahrmarkt Allerheiligenkirmes (Nov).* **www**.soest.de

Im westfälischen Soest wurde um 1100 ein Stadtrecht formuliert, das in der Folge von rund 60 westfälischen Städten übernommen wurde und auch das Stadtrecht von Lübeck beeinflusste. Heute kommen die Besucher wegen der historischen Altstadt, den schönen Kirchen und der fast vollständig erhaltenen Stadtmauer. Im Mittelpunkt steht die romanische **Propsteikirche St. Patrokli** des 954 vom Kölner Erzbischof Bruno gegründeten Stifts, die schrittweise bis um 1300 ausgebaut wurde. Weitere historische Bauwerke sind das barocke **Rathaus** (18. Jh.) und zwei Kirchen aus dem 12. Jahrhundert: die **Petrikirche** mit ihrem gotischen Chor und die **Nikolaikapelle** mit Wandmalereien aus dem 13. Jahrhundert sowie einem von Konrad von Soest gemalten Altarbild des heiligen Nikolaus (um 1400).

In der nördlichen Altstadt sind vor allem zwei Kirchen sehenswert: die **Hohnekirche** (1180–1230) mit einem wertvollen, um 1230 geschaffenen Holz-Scheibenkreuz und die **Wiesenkirche** (14. Jh.), die wundervolle Glasmalereien (um 1350) vorzuweisen hat. Das Fenster über dem Nordportal zeigt das sogenannte Westfälische Abendmahl, bei dem Brot und Wein durch Schinken, Pumpernickel und Bier ersetzt sind.

Drei-Hasen-Fenster am Paderborner Dom

Umgebung: In **Lippstadt**, 23 Kilometer nordöstlich von Soest, lohnt die 1221 geweihte Marienkirche einen Besuch. Im Vorort Bökenförde steht das Wasserschloss Schwarzenraben (18. Jh.). In Overhagen gibt es ein frühbarockes Schloss (1619) zu sehen.

Paderborn ㉔

Straßenkarte C3. 140 000. *Marienplatz 2a, (05251) 88 29 80. Puppenfestspiele (Jan); Schützenfest (Juli); Liborifest (Juli/Aug); Liborikirmes (Okt).* **www**.paderborn.de

Paderborn war seit 777 Ort mehrerer Reichstage. Um 800 wurde ein Bistum gegründet. Das bedeutendste Bauwerk und Wahrzeichen der Stadt ist der **Dom St. Maria, Liborius und Kilian**. Die mächtige Hallenkirche mit ihren zwei Querschiffen und dem hohen Westturm, im Wesentlichen ein Werk des 13. Jahrhunderts, hat im Zweiten Weltkrieg sehr gelitten. Heute ist der Dom mit seinen üppigen Figurenportalen, dem berühmten Drei-Hasen-Fenster, der großen Krypta, den interessanten Reliefs und den reich verzierten Bischofsgräbern wieder Anziehungspunkt für zahlreiche Besucher. Im **Diözesanmuseum** befindet sich u.a. die Madonna des Paderborner Bischofs Imad (1051/1058), eine der ältesten großfigurigen Darstellungen der thronenden Madonna in der abendländischen Kunst. Auf der Nordseite des Doms kann man einen Teil der Grundmauern der karolingischen Kaiserpfalz und die **Bartholomäuskapelle**, die älteste Hallenkirche Deutschlands (1017 geweiht), besichtigen. Südlich des Doms liegt das Paderborner **Rathaus** mit einer prächtigen dreigiebligen Fassade. Das 1613–20 errichtete Gebäude ist ein herausragendes Beispiel für die Architektur der Weser-Renaissance. Das **Heinz Nixdorf MuseumsForum** präsentiert 5000 Jahre Geschichte der Informations- und Kommunikationstechnik.

Umgebung: In der Nähe von **Stukenbrock**, 15 Kilometer nördlich von Paderborn, liegt der Hollywood- und Safari-Park. In dem Freigehege leben über 600 afrikanische Tiere wie in freier Wildbahn.

Der trutzige Westturm des Doms in Paderborn

Fassade der frühromanischen Abtei Corvey bei Höxter

Höxter 25

Straßenkarte C3. *33 000.* *Weserstraße 11, (05271) 194 33.* *Corveyer Musikwochen (Mai/Juni); Huxorimarkt (Sep); Kirchenmusiktage (Nov/Dez).* **www**.hoexter.de

Höxter mit seiner schönen Altstadt liegt malerisch an der Weser. Erhalten sind noch viele Fachwerkhäuser, Teile der ehemaligen Stadtmauer und das **Rathaus** im Stil der Weser-Renaissance (13. Jh. und 1610–13). Die Historie der **Kirche St. Kiliani** in der Altstadt geht bis ins 9. Jahrhundert zurück. Der heutige romanische Bau stammt aus der Zeit um 1200. Auch die **Marienkirche**, die 1281–1320 für die Franziskaner erbaut wurde, befindet sich im Zentrum von Höxter.

Die größte Attraktion in der Nähe von Höxter ist die 822 gegründete ehemalige Benediktiner-Reichsabtei **Corvey**. Vom ursprünglichen Bau ist das karolingische Westwerk (873–885) erhalten. Der Rest des Gebäudes wurde bis 1721 als fürstäbtliche Residenz neu gebaut. Berühmt ist Corvey wegen seiner klassizistischen Bibliotheksräume.

Lemgo 26

Straßenkarte C3. *42 000.* *Kramerstraße 1, (05261) 988 70.* **www**.lemgo.de

Die schöne Stadt wurde um 1190 von Bernhard II. zur Lippe gegründet. Lemgo war Hansestadt und hatte seine Blüte im 15. und 16. Jahrhundert. In Lemgo stehen zahlreiche Renaissance-Bauten – die Altstadt wurde im Zweiten Weltkrieg verschont. Die gotische **Nikolaikirche** (um 1210) und die **Marienkirche** (1260–1310) mit ihren gotischen Wandmalereien und der Orgel von Georg Slegel sind unversehrt erhalten. Das Schmuckstück der Stadt ist das **Rathaus** (15.–17. Jh.). Hier ist eine alte Apotheke untergebracht, die immer noch betrieben wird.

Von den vielen erhaltenen Fachwerkhäusern stehen die prächtigsten in der Papen-, der Mittel- und der Echternstraße. Lemgos schönstes Haus, das **Hexenbürgermeisterhaus** (heute Heimatmuseum) von 1568–71, ist ein überaus eindrucksvolles Beispiel für die Weser-Renaissance. Das Gebäude gehörte Bürgermeister Hermann Cothmann, Initiator der Hexenverfolgungen. Sehenswert sind auch das **Junkerhaus** (19. Jh.) und **Schloss Brake** (13.–17. Jh.), heute Sitz des **Weser-Renaissance-Museums**.

Die Renaissance-Apotheke im Rathaus von Lemgo

Renaissance-Rathaus in Höxter

Weser-Renaissance-Museum
Schloss Brake *(05261) 945 00.* *Di–So 10–18 Uhr.*

Teutoburger Wald 27

Straßenkarte C3. *Detmold, Rathaus, Am Markt 5, (05231) 97 73 28.* *Andreas-Messe in Detmold (Nov).* **www**.teutoburgerwald.de

Der niedrige Gebirgszug erstreckt sich von Osnabrück über Bielefeld bis Paderborn. Das Hügelland mit seinen Kämmen und Tälern ist für Naturliebhaber eine der schönsten Urlaubsgegenden Ostwestfalens.

Ein guter Ausgangspunkt für Wanderungen und Fahrradtouren ist **Detmold**. Auffallend in dieser Stadt sind die gut erhaltenen Fachwerkhäuser, aber vor allem das elegante Residenzschloss. Das mittelalterliche Wasserschloss wurde von den Grafen zur Lippe im 16. Jahrhundert umgebaut und gilt heute als

◁ **Herbststimmung am Königsallee-Graben in Düsseldorf** ***(siehe S. 392f)***

eines der bedeutendsten Zeugnisse der Weser-Renaissance. Sehenswert sind die Königszimmer mit ihrer Ausstattung, darunter vor allem die acht wertvollen Wandteppiche mit Siegeszügen Alexanders des Großen, die in einer Brüsseler Werkstatt um 1670 hergestellt wurden. Als Vorlagen dienten Arbeiten von Charles Le Brun. Das Westfälische Freilichtmuseum zeigt auf 80 Hektar u.a. alte Bauernhäuser und Mühlen.

Acht Kilometer südwestlich von Detmold soll Hermann der Cherusker, ein germanischer Heerführer, im Jahr 9 n.Chr. die römischen Legionen unter Varus besiegt haben. Das monumentale **Hermannsdenkmal** auf dem Hügel, ein Entwurf von Ernst von Bandel, wurde hier 1875 als Symbol des deutschen Ringens um Einheit eingeweiht.

Hermannsdenkmal bei Detmold

Fünf Kilometer südlich von Detmold liegt die **Adlerwarte Berlebeck**. Hier kann man Adler und andere Greifvögel beobachten. Der **Vogelpark Heiligenkirchen** besitzt über 2000 Arten.

Bielefeld ㉘

Straßenkarte C3. *325 000.*
Niederwall 23, (0521) 51 69 99.
Hermannslauf (Apr); Leineweber-Markt (Mai); Bielefelder Kultur-Sommer (Mai–Sep); Sparrenburgfest (Juli); Weinmarkt (Sep); Weihnachtsmarkt (Dez). **www**.bielefeld.de

Die Stadt an den Ausläufern des Teutoburger Walds erlangte ihre Bedeutung durch Leinenherstellung und Tuchhandel. Wahrzeichen ist die **Sparrenburg**, die im 13. Jahrhundert von den Grafen von Ravensberg erbaut wurde. Im 16. Jahrhundert wurde die Burg ringsum neu befestigt, im 19. und 20. Jahrhundert restauriert.

Zentrum der Altstadt ist der Alte Markt mit der **Nicolaikirche**. Sie wurde im Zweiten Weltkrieg teilweise zerstört, aber das berühmte Antwerpener Flügelretabel (um 1520) mit geschnitzten und gemalten Szenen aus dem Leben Jesu blieb unversehrt. In der Nähe steht das spätgotische **Crüwell-Haus** (frühes 16. Jh.), das schönste der Bielefelder Patrizierhäuser. Die spätgotische **St.-Jodokus-Kirche** am Klosterplatz ist berühmt für ihre Schwarze Madonna (um 1220). Etwas weiter südlich liegt die **Kunsthalle**, die internationale Kunst des 20. und 21. Jahrhunderts präsentiert. Sehenswert ist auch die Neustädter **Marienkirche**. In der ab 1290 erbauten gotischen Kirche befinden sich Tumbengräber, u.a. das Grab des Grafen Otto III. von Ravensberg (um 1320), und ein wertvoller Flügelaltar (um 1400).

Umgebung: Das 17 Kilometer nordöstlich gelegene **Herford** besitzt Fachwerkhäuser und die Münsterkirche, die älteste westfälische Hallenkirche (1220–80). Das Museum **MARTa Herford** zeigt in einem Gebäude Frank Gehrys zeitgenössische Kunst.

In **Enger**, 21 Kilometer nördlich, existiert in der ehemaligen Stiftskirche St. Dionysius ein Grab von 1100, in dem die Gebeine des 807 beigesetzten Sachsenherrschers Widukind ruhen.

MARTa Herford
Goebenstr. 4–10. *(05521) 994 43 00.* *Di–So 11–18 Uhr.*

Aussichtsturm der Sparrenburg in Bielefeld

Das Wasserstraßenkreuz in Minden

Minden ㉙

Straßenkarte C3. *83 000.*
Domstraße 2, (0571) 829 06 59.
Klassik-Openair (Aug).
www.minden.de

Ihre Entstehung verdankte die Stadt ihrer günstigen Lage an der Weser und der Tatsache, dass Karl der Große hier um 800 ein Bistum gründete. Wahrzeichen ist das wuchtige Westwerk des **Doms**. Chor, Querhaus und Westwerk sind romanisch (10. bis Anfang 13. Jh.); der restliche Bau ist frühgotisch (Ende 13. Jh.). Zu den vielen Kunstschätzen gehört das Mindener Kreuz (11. Jh.). Das **Alte Rathaus** am Marktplatz wurde 1945 großteils zerstört. Erhalten blieb der Laubengang (13. Jh.).

Eine besondere Attraktion in Minden ist das **Wasserstraßenkreuz**, die 375 Meter lange Überführung des Mittellandkanals über die Weser. Der Pegel des Kanals liegt 13 Meter über dem der Weser.

Umgebung: Auf dem Wittekindsberg in **Porta Westfalica**, sechs Kilometer südlich von Minden, steht das monumentale Kaiser-Wilhelm-Denkmal (1892–96), geschaffen von Bruno Schmitz.

Bückeburg, zehn Kilometer südöstlich von Minden, hat ein Spätrenaissance-Schloss mit einem Goldenen Saal.

Eine schöne Route ist die **Westfälische Mühlenstraße**.

Hotels und Restaurants in Nordrhein-Westfalen *siehe Seiten 510–512 und 549–552*

Nord-
deutschland

Norddeutschland im Überblick

Die norddeutschen Landschaften sind recht unterschiedlich – von der flachen Nordseeküste bis zu den teilweise steileren Küsten der Ostsee, vom Schleswig-Holsteinischen Hügelland über die Mecklenburgische Seenplatte und die Lüneburger Heide bis zu den Ausläufern des Harz. Für Naturliebhaber ist viel geboten. Wer sich für Architektur interessiert, findet entlang der Weser schöne Renaissance-Schlösser und im Ostseeraum die hier typische Backsteingotik. Auch Hamburg, Bremen, Hildesheim und Rostock sind Zeugen einer großen Vergangenheit.

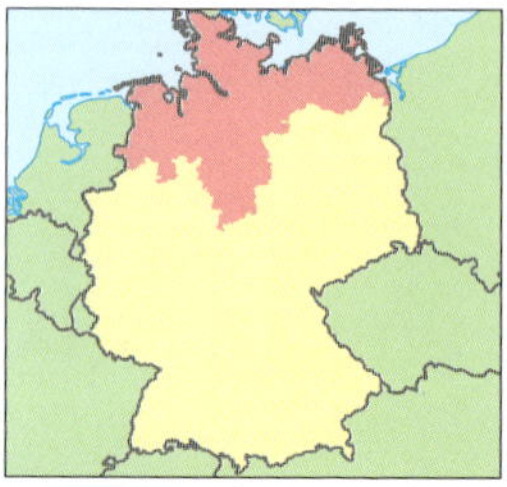

Zur Orientierung

Helgoland, *die bis zu 60 Meter aus dem Meer ragende Insel, zieht mit ihren roten Klippen, der »Langen Anna« und dem Meerwasseraquarium viele Besucher an* (siehe S. 458).

Oldenburg (siehe S. 429) *zeigt im Landesmuseum auch Gemälde des Goethe-Freunds J. H. W. Tischbein; hier das Wappen der Grafschaften Oldenburg und Delmenhorst.*

Bremen *lockt mit vielen historischen Gebäuden* (siehe S. 430 – 433). *Besonders der Marktplatz mit dem Roland und dem Rathaus ist sehenswert.*

◁ **Idyllische Hafenstimmung in Flensburg** ***(siehe S. 459)***

Fehmarn, *die nach Rügen und Usedom drittgrößte deutsche Insel, ist mit dem Festland durch eine 1963 erbaute Brücke verbunden.*

Rügen *bezaubert Besucher mit weißen Kreidefelsen, die sich gegen das Blau der See abheben* (siehe S. 478f).

Lübeck *wurde im Zweiten Weltkrieg schwer beschädigt. Aber das gotische Rathaus hat überlebt, und die schöne Altstadt ist wieder aufgebaut worden* (siehe S. 462–465).

Hamburg *bietet nicht nur viele Museen und eine schöne Innenstadt rund um die Alster* (siehe S. 434–439). *Reizvoll sind auch lebendige Viertel wie St. Pauli und attraktive Veranstaltungen wie der Fischmarkt.*

Gotische Backsteinarchitektur

Tonfigur

Gebrannte Ziegelsteine als Baumaterial verbreiteten sich ab Mitte des 12. Jahrhunderts in Norddeutschland. Daraus entwickelte sich ein eigener Architekturstil, die sogenannte Backsteingotik. Die Bautechnik kam durch Prämonstratensermönche aus der Lombardei nach Deutschland. Zahlreiche Kirchen, Burgen und Schlösser entstanden in diesem Stil. Dabei wurden die gewaltigen Schaugiebel durch Spitzbogenblenden und Maßwerk aufgelockert. Farbig glasierte Ziegel und Formsteine dienten zusätzlich als Zierelemente.

Die Ostfassade *vieler Kirchen, wie hier der Marienkirche in Prenzlau, wird oft von kunstvoll gearbeiteten Giebeln gekrönt.*

Marienkirche in Lübeck

Die Kirche des Rates der Hansestadt entstand zwischen 1200 und 1350. Sie wurde zum Vorbild für zahlreiche gotische Backsteinkirchen im Ostseeraum. Die dreischiffige Basilika weist mächtige Doppeltürme auf *(siehe S. 464)*.

Die Geschosse sind durch Horizontalgesimse und Friese getrennt.

Hauptportal

Die Fassade mit den Zwillingstürmen demonstriert die Macht der Kirchengründer – Lübecker Patrizier.

Das Spitzbogenportal *mit farbig glasierten Backsteinen ist ein charakteristisches Merkmal vieler Dorfkirchen.*

Giebel mit Fliesenschmuck *und Rosetten sind typisch für viele niederpommersche Sakralbauten. Das Bild zeigt die Südkapelle der Nikolaikirche in Wismar* (siehe S. 473).

Ornamentierte Terrakottaplatten *wurden in der Backsteingotik zu Friesen gereiht.*

Stern- oder Netzgewölbe *entwickelten sich zu einem Hauptmotiv der deutschen Spätgotik.*

Türmchen für die kleinste Kirchenglocke.

Arkaden gliedern die Wände. Sie enden in Spitzbogen, was die vertikale Ausrichtung der Bauwerke betont.

Strebepfeiler sind an Backsteinkirchen selten.

Abgestufte Mauern waren für die Statik des Bauwerks erforderlich, dienten aber auch zur Fassadengestaltung.

Rüstlöcher *zeigen an, dass beim Bau stabile Gerüste eingesetzt wurden. Tragende Deckenbalken wurden dagegen in die Mauern integriert.*

Dekorativ vorgeblendete Arkadenfriese *wurden oft als Schmuckelemente eingesetzt, selbst bei einfachen, kleinen Dorfkirchen.*

Profanbauten

Backsteingotik setzte sich nicht nur für Kirchenbauten durch. Auch Rathäuser, Stadttore, Wäghäuser und bürgerliche Wohnhäuser wurden aus dem dunkelroten Material errichtet. Oft stehen die Häuser eng. Die Staffel- oder Treppengiebel sind prachtvoll mit glasierten Ziegeln verziert.

Gotisches Haus am Marktplatz in Greifswald

Deutschlands Küsten

Nordsee und Ostsee stehen bei vielen Deutschen als Urlaubsziel ganz oben. Der flachen Nordseeküste und dem Watt vorgelagert sind 15 größere und kleinere Inseln. Sylt ist seit 1927 durch den Hindenburgdamm mit dem Festland verbunden. Entlang der Ostseeküste wechseln Steilküsten und hohe Kreidefelsen mit flachen Nehrungen, schmalen Streifen aus Sand. Heiligendamm wurde als erster deutscher Badeort an der Ostsee 1793 vom Herzog von Mecklenburg gegründet. Bis gegen Ende des 19. Jahrhunderts entstanden überall Kur- und Badeorte mit eleganten Villen, Strandpromenaden und Seebrücken.

Die Sanddünen *sind Teil des Naturschutzgebiets im Norden von Sylt, der größten Nordfriesischen Insel* (siehe S. 459).

Die Klippen von Helgoland, *bis zu 60 Meter hoch, leuchten auf, wenn die Abendsonne auf den roten Buntsandstein fällt* (siehe S. 458).

Borkum, *eine der Ostfriesischen Inseln, wurde früher von Walfängern bewohnt. Oft errichteten sie ihre Gartenzäune aus Walkieferknochen, manche davon sind bis heute erhalten.*

Bremerhaven *wurde im Jahr 1827 als Tiefseehafen Bremens gegründet* (siehe S. 432f). *1847 startete hier der regelmäßige Schiffsverkehr zwischen Europa und den USA.*

Der Nord-Ostsee-Kanal *wurde 1887–95 gebaut, 1909–14 und ab 1965 erweitert. Mehr als 37000 Schiffe passieren ihn jährlich.*

Stralsund, *ehemalige Hansestadt mit mittelalterlichem Flair, kann viele gut erhaltene historische Gebäude und Monumente aufweisen* (siehe S. 477).

Auf der kleinen Insel Hiddensee *dürfen keine Autos fahren. Hier lebte der Schriftsteller Gerhart Hauptmann, sein Grab kann man auf dem Inselfriedhof besuchen.*

Küstenlandschaft

Das Hinterland der flachen Nordseeküste ist vollkommen eben, an der Ostsee gibt es zum Teil Steilküsten und Hügellandschaften. Besonders attraktiv sind die Inseln: Rügen mit seinen Kreidefelsen, Usedom mit langen Sandstränden und das autofreie Hiddensee. Der Nordseeküste und dem Watt vorgelagert sind die Nord- und Ostfriesischen Inseln.

Ahlbeck *auf der Insel Usedom ist bekannt für seine 1898 erbaute Seebrücke mit dem Restaurant* (siehe S. 481).

Rügen *ist für seine Kreidefelsen berühmt. Der Maler Caspar David Friedrich hat sie verewigt, bis heute inspirieren sie Künstler* (siehe S. 478f).

Wattenmeer

Watt nennt man den flachen, stellenweise 20 bis 30 Kilometer breiten Streifen Land vor der Nordseeküste, der bei Flut überschwemmt wird. Das Wattenmeer wirkt auf den ersten Blick wie eine öde Schlickwüste. Aber bei näherem Hinsehen offenbart sie einen faszinierenden Reichtum an Tieren und Pflanzen, die sich der Landschaft angepasst haben. 2009 erklärte die UNESCO das Wattenmeer zum Welterbe.

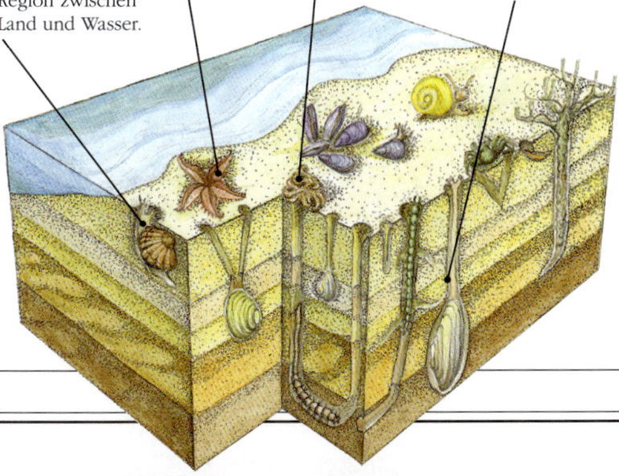

Seeschnecken leben in dieser Region zwischen Land und Wasser.

Seestern

Verschiedene Kleintierarten kommen nur hier vor.

Muschel

Hamburg, Bremen und Niedersachsen

Drei Bundesländer – Niedersachsen und die eigenständigen Stadtstaaten Hamburg und Bremen – nehmen den Nordwesten Deutschlands ein. Unvergessliche Eindrücke bleiben beim Besuch des großartigen Hildesheimer Doms und der in Blüte stehenden Lüneburger Heide, der Speicherstadt und des Hafens in Hamburg sowie des historischen Marktplatzes mit dem Roland in Bremen.

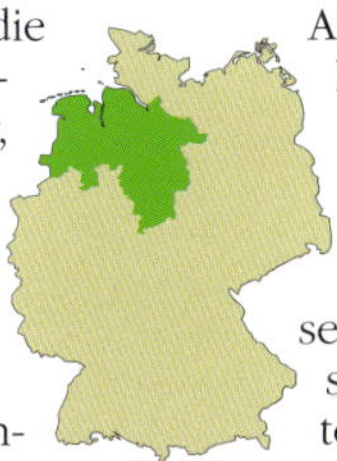

Jahrhundertelang prägten die Welfenherrscher der braunschweigischen Fürstenhäuser, denen auch die Kurfürsten und Könige von Hannover entstammten, das Land an Weser, Leine und Oker. Im Jahr 1946 wurde Niedersachsen aus den Ländern Hannover, Braunschweig, Oldenburg und Schaumburg-Lippe als nach Bayern flächenmäßig zweitgrößtes Bundesland gegründet.

Vom 9. bis 10. Jahrhundert entstand in Hamburg ein erster kleiner Hafen. 1189 verlieh Kaiser Friedrich Barbarossa den Hamburgern Zollfreiheit auf der Unterelbe. Bremen erlebte im 11. Jahrhundert, dann als Mitglied der Hanse (wie auch Hamburg) um 1400 eine Blütezeit. 1510 wurde Hamburg, 1646 Bremen zur Reichsstadt erklärt. Ab 1806 war Bremen »Freie Hansestadt«, ab 1819 Hamburg »Freie und Hansestadt«. Seit 1949 sind Hamburg und Bremen Bundesländer.

Der größte Teil Niedersachsens gehört dem Norddeutschen Tiefland an. Die größten Städte sind die Messe- und Landeshauptstadt Hannover sowie Braunschweig, die ehemalige Residenz Heinrichs des Löwen. Prachtbauten der Weser-Renaissance findet man z.B. in Hameln. Die weltoffene Atmosphäre Hamburgs und Bremens beruht auf dem jahrhundertelangen Handel mit der ganzen Welt.

Die Lüneburger Heide, das Alte Land, alte Torfmoore wie um Worpswede, die Ausläufer des Harzes, das Wattenmeer oder die Ostfriesischen Inseln locken Naturliebhaber.

Landschaft in der Lüneburger Heide mit Wacholder und blühendem Heidekraut

◁ **Der Gänselieselbrunnen am Marktplatz von Göttingen** ***(siehe S. 452)***

Überblick: Hamburg, Bremen und Niedersachsen

Hamburg und Bremen bieten sich als Ausgangspunkt für Ausflüge in den nördlichen Teil dieser Großregion an, etwa ins Alte oder ins Oldenburger Land. Der Südosten zieht sich bis zu den Ausläufern des Harzes und umfasst so malerische Städte wie die Universitätsstadt Göttingen, das romanische Hildesheim oder die schöne Kaufmannsstadt Goslar. Für die Besichtigung der Renaissance-Bauten entlang der Weser sollte man gleich mehrere Tage einplanen.

SIEHE AUCH

- ***Hotels*** S. 513–516
- ***Restaurants*** S. 552–555

Statue über dem Erkerfenster am Dempterhaus in Hameln

Das Neue Rathaus in Hannover

LEGENDE

- Autobahn
- Bundesstraße
- Nebenstraße
- Eisenbahn (Hauptstrecke)
- Eisenbahn (Nebenstrecke)
- Staatsgrenze
- Bundeslandgrenze

Weitere Zeichenerklärungen *siehe hintere Umschlagklappe*

In Niedersachsen unterwegs

Hamburg, Bremen und Hannover haben internationale Flughäfen. Autobahnen verbinden Niedersachsen mit Skandinavien (über Schleswig-Holstein) und den Niederlanden. Züge fahren zahlreiche Orte an. Schöne Routen sind die Straße der Weser-Renaissance (320 km), die Deutsche Fehnroute (163 km) durch das südliche Ostfriesland und die Osning-Route (187 km) durch das südliche Osnabrücker Land.

Die Großen Wallanlagen in Hamburg – ein Grüngürtel entlang der ehemaligen Stadtbefestigung

0 Kilometer 40

Sehenswürdigkeiten auf einen Blick

Altes Land 9
Braunschweig 18
Bremen S. 430–433 7
Bückeburg 17
Celle 14
Clemenswerth 3
Cloppenburg 5
Duderstadt 25
Einbeck 23
Goslar S. 450f 22
Göttingen 24
Hamburg S. 434–439 8
Hannover S. 444f 20
Hildesheim S. 448f 21
Lüneburg 11
Lüneburger Heide 12
Oldenburg 4
Osnabrück 6
Ostfriesische Inseln 1
Ostfriesland 2
Soltau 13
Stade 10
Stadthagen 16
Wolfenbüttel 19
Wolfsburg 15

Tour

Weser-Renaissance-Route 26

Ostfriesische Inseln ❶

Straßenkarte B2. *Emden, Norddeich Mole, Norden, Esens, Sande/ Harlesiel.* *Emden–Borkum, Norden-Norddeich nach Juist und Norderney, Nessmersiel–Baltrum, Bensersiel–Langeoog, Neuharlingersiel–Spiekeroog, Harlesiel–Wangerooge.* *(0491) 91 96 96 60.*
www.ostfriesland.de

Entlang der Nordseeküste zieht sich die Kette der Ostfriesischen Inseln von West nach Ost. Sie liegen im großen **Nationalpark Niedersächsisches Wattenmeer**, einem einzigartigen Lebensraum für Tiere und Pflanzen. Bei Ebbe fällt das Watt trocken, und man sieht den Meeresboden mit Sandbänken und Schlick. Mit einem Führer kann man Wattwanderungen unternehmen.

Die Inseln haben schöne Sandstrände und Dünen. Auf **Borkum** präsentiert das Heimatmuseum Dykhus 300 Jahre maritime Geschichte der Insel. **Juist**, ein 17 Kilometer langer und knapp 500 Meter breiter Landstreifen, besitzt den größten Süßwassersee der Inseln. **Norderney** erinnert mit seinen klassizistischen Villen an die Zeit, als Heinrich Heine oder Otto von Bismarck hier Gäste waren. Das autofreie **Baltrum** ist die kleinste und ruhigste Insel. Wen die Seefahrt interessiert, den zieht es auf **Langeoog** zur Seenot-Beobachtungsstation mit Aussichtsplattform. Mehr als 3000 Schnecken- und Muschelgehäuse sind im Muschelmuseum auf **Spiekeroog** zu bestaunen. Auf **Wangerooge** weisen der Westturm, der Alte und der Neue Leuchtturm auf die Rolle der Insel für die Schifffahrt in der Wesermündung hin.

Moor- und Fehnmuseum in Elisabethfehn, Ostfriesland

Im Nationalpark Niedersächsisches Wattenmeer bei Greetsiel

Ostfriesland ❷

Straßenkarte B2. *Emden, Leer, Norden.* *Norden, Rheinstr. 13, (0491) 91 96 96 60.*
www.ostfriesland.de

Zwischen dem Dollart und dem Jadebusen liegt Ostfriesland mit flachen Wiesen, grasenden Kühen und Windrädern.

Das Alte Rathaus in **Emden**, dem Zentrum der Region, ähnelt dem von Antwerpen. Die Innenstadt ist von zahlreichen Kanälen durchzogen. Die Kunsthalle wurde Anfang der 1990er Jahre von dem Publizisten Henri Nannen gestiftet. Sie besitzt bedeutende Werke der klassischen Moderne, vor allem deutsche Expressionisten, sowie zeitgenössische Kunst.

Eine weitere Sehenswürdigkeit ist das Moor- und Fehnmuseum in **Elisabethfehn**, wo man alles über Moor, Fehn und Torf erfährt. Neben einem Moorlehrgarten sind auf dem Freigelände historische Torfverarbeitungsmaschinen zu sehen.

In **Jever** verdient das Schloss aus dem 15. und 16. Jahrhundert mit der Kassettendecke im Audienzsaal Beachtung. In der Stadtkirche von Jever befindet sich das Denkmal des letzten männlichen Regenten des Jeverlandes, Edo Wiemken, ein typisches Beispiel niederländischer Renaissance-Kunst.

Am Hafen der Handelsstadt **Leer** stehen das Neorenaissance-Rathaus (1894) und die Waage, die 1714 im Stil des niederländisch beeinflussten norddeutschen Barock erbaut wurde.

Kunsthalle Emden
Hinter dem Rahmen 13. *(04921) 975 00.* *Di–Fr 10–17, Sa, So 11–17 Uhr (erster Di im Monat 10–21 Uhr).* *1. Mai, 25., 31. Dez.*

Moor- und Fehnmuseum
Oldenburger Str. 1. *(04499) 22 22.* *Apr–Okt: Di–So 10–17 Uhr.*

Clemenswerth ❸

Straßenkarte B3. *Lathen.* *Sögel, Schlaunallee 1, (05952) 206 27.*
www.clemenswerth.de

Entlang der niederländischen Grenze erstreckt sich südlich von Ostfriesland das Emsland.

In **Sögel**, 33 Kilometer südlich von Papenburg, steht das Jagdschloss Clemenswerth. Es wurde 1737–47 von Johann Conrad Schlaun für den Kurfürsten und Erzbischof Clemens August von Köln erbaut. Mit dem kreuzförmigen, zweigeschossigen Zentralbau, um den sich sieben Pavillons und eine Schlosskapelle gruppieren, ist die Anlage eines der reizvollsten kulturgeschichtlichen Denkmäler des Spätbarock in Nordwestdeutschland. Die umliegende Parklandschaft verstärkt die romantische Atmosphäre. Heute befindet sich in der Schlossanlage ein Regionalmuseum zur Geschichte des 18. und 19. Jahrhunderts.

Hotels und Restaurants in Hamburg, Bremen und Niedersachsen *siehe Seiten 513–516 und Seiten 552–555*

Oldenburg ❹

Straßenkarte B2. *154 100.*
Kleine Kirchenstr. 10, (0441) 36 16 13 66. *Hafenfest (7 Tage nach Pfingsten); Altstadtfest (Ende Aug); Kramermarkt (Sep/Okt).*
www.oldenburg.de

Oldenburg, eine lebendige Universitätsstadt, ist rund 1000 Jahre alt, gehörte 1667–1773 zu Dänemark und war bis 1918 Residenz der Herzöge von Oldenburg.

Das Wahrzeichen Oldenburgs ist der **Lappan**, ein 1467 errichteter Turm mit barocker Dachhaube von 1709. Zu den Sehenswürdigkeiten zählt die klassizistisch-neugotische **Lambertikirche** am Marktplatz. Im Renaissance-Schloss (17. Jh.) ist das **Landesmuseum für Kunst und Kulturgeschichte** untergebracht, das u.a. Gemälde von Johann Heinrich Wilhelm Tischbein zeigt. Das **Augusteum** (1870) präsentiert die Sammlung des Landesmuseums zur Kunst des 20. Jahrhunderts.

Landesmuseum für Kunst und Kulturgeschichte
Damm 1. *(0441) 220 73 00.*
Di, Mi, Fr 9–17, Do 9–20, Sa, So 10–17 Uhr. *1. Jan, Karfreitag, Ostern, 1. Mai, 24., 25., 31. Dez.*

Umgebung: Im Kurort **Bad Zwischenahn** sind die Johanniskirche (13./ 14. Jh.) mit Fresken von 1512 und das Freilichtmuseum Ammerländer Bauernhaus sehenswert.

Im Museumsdorf Cloppenburg

Cloppenburg ❺

Straßenkarte B2. *29 100.*
Eschstr. 29, (04471) 152 56.
Mariä Geburtsmarkt (Sep).
www.cloppenburg.de

Die kleine Marktstadt ist stolz auf ihr 1934 gegründetes **Museumsdorf**, das älteste Freilichtmuseum Deutschlands. Auf einem rund 20 Hektar großen Gelände sind 53 Originalgebäude aus dem 16. bis 19. Jahrhundert aus ganz Niedersachsen aufgestellt. Verschiedene Fachwerkhaustypen der Region, Gehöftanlagen mit Neben- und Wirtschaftsgebäuden sind ebenso vertreten wie Windmühlen sowie eine kleine Kirche aus dem 17. Jahrhundert.

Museumsdorf Cloppenburg
Bether Str. 6. *(04471) 948 40.*
März–Okt: tägl. 9–18 Uhr; Nov–Feb: tägl. 9–16.30 Uhr.

Umgebung: Im 19 Kilometer östlich von Cloppenburg gelegenen **Visbek** wird man in die Jungsteinzeit zurückversetzt. Das Großsteingrab der »Visbeker Braut« besteht aus 80, das des 110 Meter langen »Visbeker Bräutigams« aus 124 Findlingen.

Osnabrück ❻

Straßenkarte B3. *164 900.*
Bierstr. 22–23, (0541) 323 22 02.
www.osnabrueck.de

Die Stadt Osnabrück entstand um einen im Jahr 785 gegründeten Bischofssitz. Die Stadtbefestigung erfolgte im 12. Jahrhundert.

Epitaph für Albert von Bevessen im Dom von Osnabrück

Trotz der Schäden aus dem Zweiten Weltkrieg ist der **Dom St. Peter** einen Besuch wert. Zwischen 1218 und 1277 erhielt er seine heutige Form. Besucher sollten sich vor allem das romanische Bronze-Taufbecken (um 1225), das mächtige Triumphkreuz (1230), die acht großen Apostelfiguren aus dem 16. Jahrhundert an den Pfeilern und den Passionsaltar (Snetlage-Altar, 1517 gestiftet) ansehen. Durch den Kreuzgang gelangt man ins **Diözesanmuseum**.

An dem von Giebelhäusern eingerahmten Marktplatz befindet sich auch das spätgotische, 1487–1512 erbaute **Rathaus** mit dem Friedenssaal und einer Statue von Karl dem Großen.

Umgebung: Zwölf Kilometer südlich von Osnabrück liegt der Kurort **Bad Iburg**, bekannt für seine Benediktinerabtei und sein Schloss (beide 11. Jh.). Das Deckengemälde im Rittersaal (17. Jh.) ist ein eindrucksvolles Beispiel perspektivisch gemalter Scheinarchitektur.

Das Renaissance-Schloss in Oldenburg ließ Graf Anton Günther errichten

Bremen 7

Bremen bildet zusammen mit Bremerhaven einen eigenständigen Stadtstaat. Das Bild der Bremer Innenstadt wird geprägt von der »guten Stube« rund um den Roland, vom prachtvollen Dom und dem Rathaus. 787 wurde Bremen Bischofssitz, 965 erhielt es das Marktrecht, 1358 trat die Stadt der Hanse bei. 1827 wurde der »Bremer Haven« gegründet. Der Überseehandel mit Waren wie Tabak, Kaffee und Baumwolle begründete Bremens Wohlstand im 19. Jahrhundert. Heute besitzt Bremerhaven den größten Fischerei- und Autoverladehafen Europas.

Die Bremer Stadtmusikanten, Statue von Gerhard Marcks

Giebelhäuser am Bremer Marktplatz, davor der Roland

Überblick: Bremen

Bremens Stadtkern, die Altstadt mit den meisten Sehenswürdigkeiten, liegt auf der östlichen Weserseite und ist umgeben von einem grünen Gürtel, den Wallanlagen (ehemalige Befestigungsanlagen). Vom Übersee-Museum beim Bahnhof gelangt man mit der Straßenbahn in 15 Minuten zum Focke-Museum im Stadtteil Schwachhausen.

Marktplatz

Am historischen Bremer Marktplatz stehen Rathaus, Dom und Schütting, auf der Westseite Giebelhäuser. Das harmonische Gesamtbild wird nur durch das in den 1960er Jahren erbaute Haus der Bürgerschaft gestört.

Vor dem Rathaus wurde der fast zehn Meter hohe **Roland** 1404 aus Sandstein anstelle einer hölzernen Statue errichtet. Es ist die größte und älteste erhaltene Rolandsfigur. Als Symbol städtischer Freiheit ist der Blick der Figur auf den Dom gerichtet, den Sitz des Erzbischofs, der Bremens Eigenständigkeit immer wieder einzuschränken suchte. Rolands Schwert symbolisiert die unabhängige Gerichtsbarkeit, die Inschrift auf dem kaiserlichen Wappenschild bestätigt die durch das kaiserliche Edikt verliehenen Stadtrechte.

Auch die Bronzeplastik der **Bremer Stadtmusikanten** von 1953 findet man am Marktplatz. Esel, Hund, Katze und Hahn machen sich, nach dem Grimm'schen Märchen, auf den Weg nach Bremen.

Rathaus

Marktplatz. *(0421) 30 80 00.* *Mo–Sa 11, 12, 15, 16, So 11–12 Uhr.*

Der ursprüngliche spätgotische Backsteinbau (1405–10) wurde 1608–12 vom Baumeister Lüder von Bentheim mit einer prächtigen Fassade im Weser-Renaissance-Stil versehen. Der gotische Figurenzyklus von Karl dem Großen – sieben Kurfürsten, vier Propheten und vier Weise – wurde von ihm meisterhaft eingegliedert. Die 40 Meter lange Obere Halle war Fest-, Empfangs- und Sitzungssaal des Rats und des Obergerichts. Besonders erwähnenswert sind die geschnitzte Wendeltreppe und die Güldenkammer. Die heutige Innenausstattung ist von Heinrich Vogeler gestaltet.

Auf der Westseite des Rathauses ist der Eingang zum Ratskeller, in dem 600 Weine zu probieren und die 1927 geschaffenen Wandbilder des Impressionisten Max Slevogt (Motive aus den Hauff'schen *Phantasien im Bremer Ratskeller*) zu sehen sind.

Die Renaissance-Fassade des Bremer Rathauses

Schütting

Marktplatz.

Gegenüber dem Rathaus steht das alte Gildehaus der Bremer Kaufmannschaft, heute Sitz der Handelskammer. Es wurde 1537–39 im flandrischen Renaissance-Stil erbaut. Den im klassischen Renaissance-Stil gehaltenen Ostgiebel errichtete der Bremer Baumeister Carsten Husmann 1565.

St.-Petri-Dom

Marktplatz. *(0421) 36 50 40.*
Turm und Bleikeller *Ostern–Okt: Mo–Fr 10–17, Sa 10–12, So 14–17 Uhr.* **Dom-Museum** *Ostern–Okt: Mo–Fr 10–17, Sa 10–13.30, So 14–17 Uhr; Nov–Apr: Mo–Fr 11–16, Sa 10–13.30, So 14–17 Uhr.*

Vom 11. bis 16. Jahrhundert wurde die prachtvolle Kirche mit den hohen Zwillingstürmen gebaut und erweitert. Sie weist Elemente von der Hochromanik bis zur Spätgotik auf. Zwischen 1532 und 1638 war der Dom meistens geschlossen. Ende des 19. Jahrhunderts wurde er umfassend renoviert.

Im Inneren sind die ehemalige Chorschranke (1518) und jetzige Orgelbrüstung sowie Fragmente des zerstörten gotischen Chorgestühls besonders sehenswert, ebenso die kunstvoll geschnitzte Kanzel von 1638 und mehrfarbige Grabplatten wie die für Segebade Clüver (1547). Die Ostkrypta weist fein verzierte Würfelkapitelle auf, in der Westkrypta befinden sich die Steinplastik *Thronender Christus* (um 1050) und ein Bronzetaufbecken (1220), das von vier Löwenreitern getragen wird.

Im **Bleikeller** kann man einige sehr gut erhaltene Mumien sehen. Das **Dom-Museum** dokumentiert die Baugeschichte des Doms sowie die Geschichte des Erzbistums und bewahrt Kostbarkeiten aus den Gräbern der Bremer Erzbischöfe.

Der Schütting, das alte Gildehaus der Bremer Kaufleute

INFOBOX

Straßenkarte C2. *556 000.* *Obernstraße 1, (01805) 10 10 30.* *Hafenrundfahrt, (0421) 33 89 89.* **Fahrten:** *März–Okt: tägl. 11.45, 13.30, 15.15 Uhr (Apr–Sep: auch 10.15, 16.45, 18 Uhr).* *Sa, So.* *6-Tage-Rennen (Jan); Osterwiese (Apr); Vegesack-Hafenfest (Juni); Bremer Freimarkt (Ende Okt/Anfang Nov); Weihnachtsmarkt (Dez).* **www**.bremen.de

Basreliefs an der Brüstung der Orgelempore im Bremer Dom

Böttcherstraße

Paula-Modersohn-Becker-Museum, Museum im Roselius-Haus Böttcherstr. 6–10. *(0421) 336 50-66.* *Di–So 11–18 Uhr.*

Die Straße wurde 1924–31 im Auftrag des Kaffee-Unternehmers Ludwig Roselius in eine Museums- und Ladengasse mit Expressionismus-Elementen umgestaltet. Unter den Nationalsozialisten galt die Architektur als entartete Kunst. Über dem Eingangstor prangt das vergoldete Bronzerelief *Der Lichtbringer* (1920) von Bernhard Hoetger.

Das **Paula-Modersohn-Becker-Museum** gibt einen Einblick in die Malerei und Grafik der Künstlerin sowie in das Werk Bernhard Hoetgers. Das benachbarte **Roselius-Haus** (16. Jh.) präsentiert neben bürgerlicher Wohnkultur bedeutende Werke niederdeutscher Kunst des 14. bis 19. Jahrhunderts. Eine weitere beliebte Attraktion ist das Glockenspiel (täglich 12, 15, 18 Uhr).

***Der Erzengel Michael im Kampf mit dem Drachen*, Relief am Tor zur Böttcherstraße**

Schnoorviertel

Spielzeugmuseum im Schnoor Schnoor 24. *(0421) 32 03 82.* *tägl. 10–18 Uhr.*

Das Gebiet gehört zur ältesten urkundlich erwähnten Siedlung Bremens. Es war früher ein ärmliches Viertel, blieb als einziges geschlossen bebautes Gebiet von den Zerstörungen im Zweiten Weltkrieg weitgehend verschont und wurde ab 1958 mit großem Aufwand denkmalpflegerisch renoviert. Heute bietet der Schnoor Restaurants, Kneipen sowie Läden mit Kunsthandwerk und Kunst. Im Zentrum steht die gotische, in Backstein ausgeführte **Johanniskirche** (14. Jh.). Als ehemalige Franziskanerkirche hat sie keinen Turm. Dafür entschädigt der Westgiebel mit einer Fülle von Schmuckelementen wie Blendarkaden. Das nahe **Spielzeugmuseum** zeigt alte Spielsachen.

Kunsthalle

Am Wall 207. *(0421) 32 90 80.* *wegen Renovierung.*

Das Museum in den Wallanlagen präsentiert Malerei, Grafik und Plastik vom 14. Jahrhundert bis zur Gegenwart. Es gibt Werke von Dürer, Altdorfer, Rubens, Jan Brueghel, van Dyck und Rembrandt. Sehenswert sind auch die französischen Künstler (Delacroix, Denis, Monet und Manet) sowie die deutschen Maler des 19. und 20. Jahrhunderts wie Beckmann und Kirchner. Auch rund 40 Bilder von Paula Modersohn-Becker sind ausgestellt.

Camille Pissarro, *Liegendes Mädchen am Rasenhang*, Kunsthalle Bremen

Übersee-Museum

Bahnhofsplatz 13. *(0421) 16 03 81 01.* *Di–Fr 9–18, Sa, So 10–18 Uhr.*

Das Museum entführt in ferne Kontinente und informiert über Kulturgeschichte, Ökologie und aktuelle Situation der Länder und Völker. Es widmet sich den außereuropäischen Nationen, besitzt aber auch eine Abteilung »Bremen – Handelsstadt am Fluss«. Weiträumige Lichthöfe mit Palmen, Südseehäusern, Schiffen, Tempeln und ein japanischer Garten, völkerkundliche Gegenstände und unzählige Tiere und Pflanzen sind zu sehen.

Focke-Museum

Schwachhauser Heerstr. 240. *(0421) 699 60 00.* *Di 10–21, Mi–So 10–17 Uhr.*

Das Bremer Landesmuseum für Kunst- und Kulturgeschichte entstand 1924 aus der Zusammenlegung zweier Museen und zeigt Sammlungen zur Stadtgeschichte und allgemeinen Kulturgeschichte. Exponate aus Patrizierhäusern und die Originalskulpturen der Rathausfassade zeugen vom Wohlstand der Hansestadt. Weitere Themen sind Archäologie und Walfang.

Im 36 Hektar großen **Rhododendron-Park** gedeihen rund 450 Rhododendron- und 350 Azaleenarten, die von Ende April bis Anfang Juni ein Blütenmeer bilden.

Umgebung: 50 Kilometer nördlich von Bremen liegt **Bremerhaven** mit dem Deutschen Schifffahrtsmuseum. Das vom Architekten Hans Scharoun entworfene Museum präsentiert die Schifffahrtsgeschichte von den Anfängen bis zur Gegenwart. Die *Hansekogge* (1380), ein 1962 aus der Weser geborgenes Handelsschiff aus Eichen-

Hotels und Restaurants in Hamburg, Bremen und Niedersachsen *siehe Seiten 513–516 und Seiten 552–555*

Paula Modersohn-Becker (1876–1907)

Die Schülerin von Fritz Mackensen und Ehefrau von Otto Modersohn war die international bedeutendste Künstlerpersönlichkeit in Worpswede. In Paris lernte sie den Impressionismus kennen. Ihre einfühlsamen, naturalistischen Bilder von armen, hungernden und sterbenden bäuerlichen Frauen und Kindern, aber auch Selbstporträts und Stillleben machten sie berühmt. Sie schuf auch Aquarelle und Druckgrafiken. Die Künstlerin starb mit 31 Jahren im Kindbett. An sie erinnert ein Grabstein von Bernhard Hoetger auf dem Dorffriedhof von Worpswede.

***Blasendes Mädchen im Birkenwald* (1905)**

Skulptur in der Großen Kunstschau in Worpswede bei Bremen

holz, hat im Jahr 2000 das Konservierungsbecken verlassen. Mit diesem Schiffstyp mit bis zu 120 Tonnen Tragfähigkeit konnte im späten Mittelalter der gesamte Handel in Nordeuropa abgedeckt werden. Im Außenbereich des Museums sind der Windjammer *Seute Deern*, das Polarexpeditionsschiff *Grönland* und die *Wilhelm Bauer*, ein U-Boot aus dem Zweiten Weltkrieg, zu besichtigen.

Die 2009 am Alten Hafen eröffnete multimediale Erlebniswelt Klimahaus Bremerhaven 8° Ost entführt Besucher auf eine Reise durch verschiedene Klimazonen.

Worpswede, 28 Kilometer nordöstlich von Bremen, war von 1884 bis zum Zweiten Weltkrieg eine berühmte Künstlerkolonie am Rand des Teufelsmoors. Abgesehen von Dichtern wie Rainer Maria Rilke und Architekten wie Bernhard Hoetger bezog sich der Ruhm dieses Ortes auf die Maler: Fritz Mackensen, Otto Modersohn, Hans am Ende, Fritz Overbeck und Heinrich Vogeler. Paula Modersohn-Becker war mit ihren anrührenden Bildern von bäuerlichen Kindern und Frauen zweifellos die größte Künstlerin. Die Werke der Gründungsmitglieder der Kolonie werden in der Großen Kunstschau Worpswede und der Worpsweder Kunsthalle ausgestellt.

Verden an der Aller, die Bischofsresidenz und einstige Freie Reichsstadt, ist Zentrum des Pferdesports, der Pferdezucht und bekannt für das Deutsche Pferdemuseum. Wichtige Bauwerke sich die Andreaskirche (frühes 13. Jh.) mit einer Messinggrabplatte von Bischof Yso und die Johanniskirche (12.–15. Jh.) mit einem Stuckrelief des Jüngsten Gerichts (um 1600) sowie gotischen Wand- und Deckengemälden.

Der Dom in Verden an der Aller mit seinem hohen Satteldach

Über der Stadt erhebt sich der Dom (1290–1490) mit seinem hohen kupfernen Satteldach. Die dreischiffige gotische Hallenkirche hat den vermutlich ältesten Hallenumgangschor Deutschlands.

Im nahen Domherrenhaus ist das Historische Museum mit einer kulturgeschichtlichen und volkskundlichen Sammlung der Region und Exponaten zur Verdener Stadtgeschichte untergebracht.

Deutsches Schifffahrtsmuseum
Bremerhaven, Hans-Scharoun-Pl. 1.
(0471) 48 20 70. März–Okt: tägl. 10–18 Uhr; Nov–Feb: Di–So 10–18 Uhr.

Klimahaus Bremerhaven 8° Ost
Bremerhaven, Am Längengrad 8.
(0471) 902 03 00. Apr–Okt: Mo–Fr 9–19, Sa, So 10–19 Uhr; Nov–März: tägl. 10–18 Uhr.

Große Kunstschau Worpswede
Worpswede, Lindenallee 3 & 5.
(04792) 13 02. Mitte März–Mitte Nov: tägl. 10–18 Uhr; Mitte Nov–Mitte März: tägl. 10–17 Uhr.

Worpsweder Kunsthalle
Bergstr. 17. *(04792) 12 77. Apr–Okt: tägl. 10–18 Uhr; Nov–März: tägl. 11–18 Uhr.*

Deutsches Pferdemuseum
Verden, Holzmarkt 9. *(04231) 80 71 40. Di–So 10–17 Uhr.*

Historisches Museum – Domherrenhaus
Verden, Untere Str. 13. *(04231) 21 69. Di–So 10–13, 15–17 Uhr.*

Hamburg 8

Wappen am Rathaus

Die Freie und Hansestadt Hamburg, Deutschlands zweitgrößte Metropole nach Berlin, liegt rund 110 Kilometer oberhalb der Mündung der Elbe in die Nordsee. Die Alster prägt ganz entscheidend das Stadtbild Hamburgs. Die stilvollen Bauwerke aus den verschiedensten Epochen, der große Hafen nahe dem Stadtzentrum sowie die Seen, Kanäle und Parks, aber auch Jungfernstieg und Reeperbahn, Speicherstadt und herrschaftliche Landhäuser machen den Reiz Hamburgs aus. In den vielfältigen Museen und Sammlungen breitet die Stadt großartige Schätze aus.

Hygieia-Brunnen im Innenhof des Rathauses

Überblick: Hamburg

Benutzen Sie die öffentlichen Verkehrsmittel (U-Bahn und S-Bahn), denn Parkplätze sind nur schwer zu finden. Das Zentrum zwischen Bahnhof und Landungsbrücken, Alster und Speicherstadt kann man auch gut zu Fuß erkunden.

Rathausmarkt

Ein Wahrzeichen Hamburgs ist das **Rathaus** mit reich geschmückter Neorenaissance-Fassade. Mit den Repräsentationssälen, darunter dem mit Marmor und Bronze ausgestatteten Großen Festsaal, ist es der Stolz der Hamburger. Das Rathaus wurde 1885–97 auf 4000 Holzpfählen errichtet und ist mit der **Börse** am Adolphsplatz verbunden. Die älteste Börse Deutschlands wurde 1558 gegründet. Heute ist die Börse in einem 1841 erbauten spätklassizistischen Gebäude untergebracht, das 1880–1912 um- und ausgebaut wurde.

Im Gebäude Rathausmarkt 2 zeigt das **Bucerius Kunst Forum** Ausstellungen von der Antike bis zur klassischen Moderne. Der Rathausmarkt wird an einer Seite durch das Alsterfleet begrenzt. Der ursprünglich kleine Fluss ist heute einer von zahlreichen Kanälen, die Hamburg zum »Venedig des Nordens« gemacht haben. Das Relief am **Kriegerdenkmal** für Gefallene aus dem Ersten Weltkrieg ist ein Werk von Ernst Barlach (jetzt Nachbildung). Zwischen Rathausmarkt und Gänsemarkt verläuft ein Netz von überdachten Ladenpassagen.

Türklopfer an der St.-Petri-Kirche

Alster

Schöne Arkaden führen vom Rathausmarkt zur Binnenalster, einem großen See mitten in der Stadt. Wie die sehr viel größere Außenalster entstand auch dieser künstliche See durch das Aufstauen des Flusses. Der schon 1665 angelegte **Jungfernstieg** ist ein eleganter Boulevard an der Alster. Hier legen auch die Boote zur Alsterrundfahrt ab, die den Besucher bis zur Außenalster und zu kleineren Kanälen bringen, mit Blick auf die Villen im Norden und die Innenstadt mit den fünf Kirchtürmen.

St.-Petri-Kirche

Kreuslerstr. 6. *Mo, Di, Do, Fr 10–18.30, Mi 10–19, Sa 10–17, So 9–21 Uhr.*

Einst Hamburgs älteste Pfarrkirche, wurde die ursprünglich gotische Petrikirche nach dem Stadtbrand (1842) bis zum Jahr 1849 im neugotischen Stil wieder aufgebaut. Der berühmte Hochaltar von Meister Bertram ist heute in der Kunsthalle *(siehe S. 436f)* ausgestellt. Besucher können die gotische Skulptur *Schöne Madonna mit dem Kinde* von 1471 bewundern.

Jacobikirche

Jacobikirchhof 22. *Okt–März: tägl. 11–17 Uhr; Apr–Sep: tägl. 10–17 Uhr.*

Die Hauptkirche St. Jacobi, ein gotischer Backsteinbau aus dem 14./15. Jahrhundert, wurde im Zweiten Weltkrieg teilweise zerbombt, jedoch im ursprünglichen Stil rekonstruiert. Die größte von Arp Schnitger gebaute Orgel

Der Hochaltar in der Jacobikirche

Norddeutschlands (1689–93) ist das wohl bedeutendste Werk im Innenraum. Der Lukas-Altar im südlichen Seitenschiff, ein Meisterwerk der Spätgotik, wurde Ende des 15. Jahrhunderts ursprünglich für den Dom erschaffen und nach dessen Abriss 1804 hierher verlegt.

Kontorhausviertel

Deichtorhallen Deichtorstraße 1–2. *(040) 32 10 30.* *während Ausstellungen Di–So 11–18, Do 11–21 Uhr.*

Das Kontorhausviertel zwischen Steinstraße und Messberg wurde nach dem Ersten Weltkrieg gebaut. Mit dem **Chilehaus** (1922–24) wagte Fritz Höger das Experiment, den traditionellen Baustoff Klinker mit modernistischem Design zu verbinden. Mit seiner vertikalen Gliederung und der spitz zulaufenden Ostfassade erinnert das Gebäude an einen Schiffsbug und erlangte internationale Berühmtheit als Symbol expressionistischer Architektur.

1911/12 wurden die nahen **Deichtorhallen** als Markthallen für den Hafen errichtet. 1997 wandelte man sie in Ausstellungshallen um – ein interessantes Ambiente für Wechselausstellungen.

Das expressionistische Chilehaus im Kontorhausviertel

Speicherstadt

Speicherstadtmuseum St. Annenufer 2. *(040) 32 11 91.* **Spicy's Gewürzmuseum** Am Sandtorkai 32. *(040) 36 79 89.* **Zollmuseum** Alter Wandrahm 16. *(040) 30 08 76 11. Alle* *Di–So 10–17 Uhr.*

Ungewöhnlich ist die Atmosphäre in dem Gebiet der riesigen Lagerhäuser zwischen Deichtorhallen und Baumwall. Die Speicherstadt wurde Ende des 19. Jahrhunderts für den neuen Freihafen konzipiert und war damals der weltweit größte Lagerhauskomplex. Fleete (Kanäle) trennen die im Stil wilhelminischer Backsteingotik erbauten Lagerhäuser mit ihren Giebeln, Erkern und Kupferhauben. Sie werden bis heute teils als Freilager für Kaffee, Tee und Teppiche genutzt. Sehenswert sind **Speicherstadtmuseum**, **Spicy's Gewürzmuseum** und das **Zollmuseum**.

INFOBOX

Straßenkarte C2. *1,8 Mio.*
in Fuhlsbüttel, S1 vom Airport direkt in die Stadt (23 Min.).
Kirchenallee. *im Hauptbahnhof; St. Pauli Landungsbrücken zwischen Brücke 4 und 5, (040) 30 05 13 00.*
Hafenrundfahrten *(040) 311 70 70 oder 30 05 13 00.*
Alsterrundfahrten *Jungfernstieg.* *(040) 357 42 40.*
Frühlingsdom (März/Apr); Kirschblütenfest, Hafengeburtstag (Mai); Sommerdom (Juli/Aug); Winterdom (Nov/Dez).
www.hamburg-tourismus.de

Mehr über Hamburg? Vis-à-Vis Hamburg *ISBN 978-3-8310-1037-0*

Hamburg: Kunsthalle

Die Tradition einer der interessantesten Kunstgalerien Deutschlands, der Kunsthalle in Hamburg, reicht bis in das Jahr 1817 zurück, als der Kunstverein, eine Vereinigung von bürgerlichen Kunstfreunden, gegründet wurde. Das Museum war ab 1869 für die Öffentlichkeit zugänglich. Die Sammlung bietet einen chronologischen Überblick über die europäische Kunstbewegung. Die deutsche Romantik mit Vertretern wie Caspar David Friedrich und Philipp Otto Runge bildet einen Schwerpunkt. 1997 wurde die Galerie der Gegenwart für die moderne Sammlung des Museums gebaut. Der Architekt Mathias Ungers entwarf den schlichten Würfel, der die zeitgenössische Kunst beherbergt.

Eismeer (1823/24)
Das dramatische Seestück von Caspar David Friedrich mit einem sinkenden Schiff hinter den sich auftürmenden Eisschollen hat starke Symbolkraft.

★ Simeon und Hanna im Tempel (um 1627) *Thema des Bildes ist die Offenbarung der Göttlichkeit Christi. Mit großer Ausdruckskraft lässt Rembrandt den Betrachter die Dramatik der Situation spüren.*

Hochaltar aus der St.-Petri-Kirche (1379)
Das Tafelbild von Meister Bertram von Minden zeigt große Detailfülle. Meister Bertram arbeitete in Hamburg und war der erste namentlich bekannte Künstler in Deutschland.

★ Der Morgen (1808)
Das Gemälde von Philipp Otto Runge sollte Teil einer Reihe »Tageszeiten« werden. Aufgrund des frühzeitigen Todes Runges konnte die Serie nicht vollendet werden.

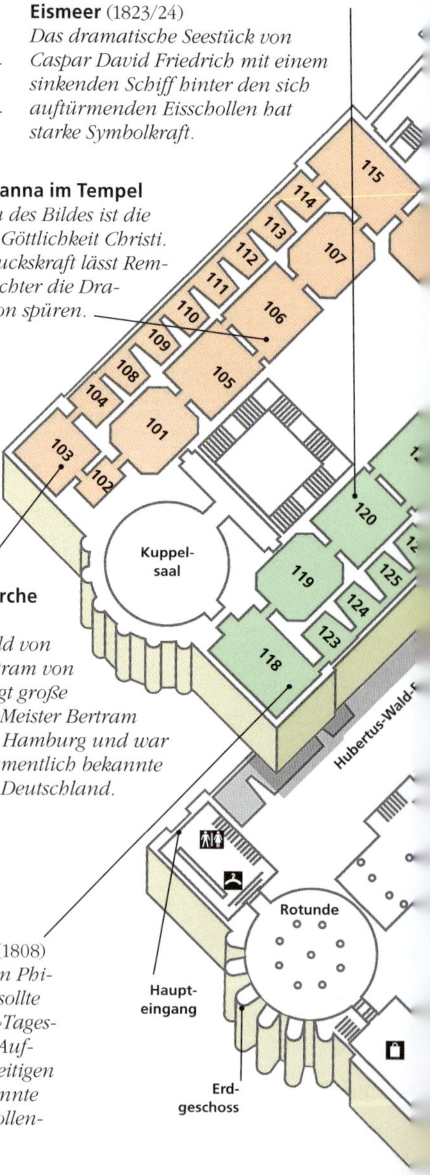

Selbstbildnis mit Modell (1910/1926) *Ernst Ludwig Kirchner übermalte 16 Jahre nach Fertigstellung einige Stellen, um die Distanz zwischen Modell und Künstler stärker zu betonen.*

INFOBOX

Glockengießerwall 1. *(040) 428 13 12 00.* *Di, Mi, Fr–So 10–18, Do 10–21 Uhr.*
Café Liebermann
wie Kunsthalle.
www.hamburger-kunsthalle.de

Kurzführer

Im Erdgeschoss enthalten die Räume 2–10 und 16–19 Werke aus der ersten Hälfte des 20. Jahrhunderts. Im ersten Stock werden in den Räumen 101–117 Gemälde Alter Meister ausgestellt, in den Räumen 118–136 Bilder aus dem 19. Jahrhundert. Weitere Werke aus der ersten Hälfte des 20. Jahrhunderts findet man in den Räumen 137–148.

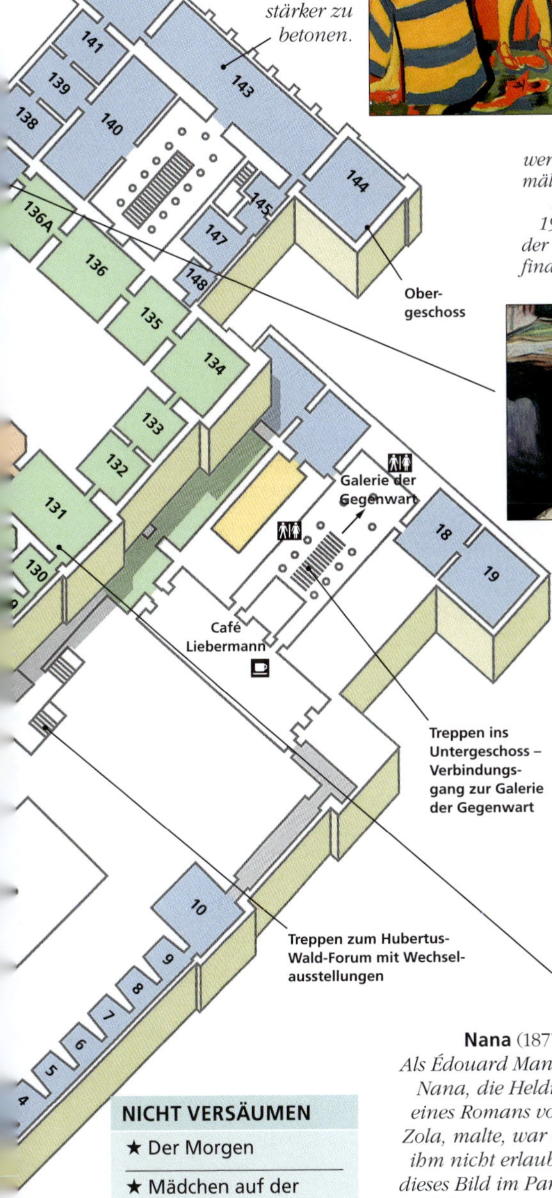

★ Mädchen auf der Brücke (um 1900) *Dieses Bild ist eine von sechs Variationen desselben Themas von Edvard Munch. Der Maler konzentriert sich ganz auf die Beziehungen und Spannungen zwischen den Mädchen.*

LEGENDE

- Galerie Alter Meister
- Malerei des 19. Jh.
- Malerei des 20. Jh. (erste Hälfte)
- Zeichnungen
- Keine Ausstellungsfläche

Nana (1877) *Als Édouard Manet Nana, die Heldin eines Romans von Zola, malte, war es ihm nicht erlaubt, dieses Bild im Pariser Salon auszustellen, da Nana als Pariser Kurtisane bekannt war.*

NICHT VERSÄUMEN

★ Der Morgen

★ Mädchen auf der Brücke

★ Simeon und Hanna im Tempel

Altstadt

Nur wenige Originalbauten in Hamburgs Altstadt überstanden den großen Brand im Jahr 1842 und die Bomben des Zweiten Weltkriegs. Auch die in Backstein errichtete evangelische Hauptkirche **St. Katharinen** mit ihrem eleganten, barock geschwungenen Turmhelm wurde schwer beschädigt. Sie war im 14./15. Jahrhundert begonnen und in den folgenden Jahrhunderten erweitert und umgestaltet worden. Von der benachbarten ehemals neugotischen **Nikolaikirche** steht seit 1945 nur noch der Turm, der von Richard Laage als Ehrenmal für die Opfer der Diktatur ausgestaltet wurde.

Die **Deichstraße** ist eine der wenigen Altstadtstraßen, wo noch Kaufmannshäuser aus dem 17. und 18. Jahrhundert stehen. Meist waren Kontor, Speicher und Wohnung unter einem Dach. Im Haus Nr. 42 soll 1842 der Große Brand ausgebrochen sein. Von der Hohen Brücke aus kann man die Häuser am besten betrachten.

Barockkanzel in der Hamburger Michaeliskirche

Michaeliskirche

Kirche und Turm *Mai–Okt: tägl. 9–19.30 Uhr; Nov–Apr: tägl. 10–17.30 Uhr.* *nur Turm.*

Schon von Weitem ist die massive Barockkirche mit ihrem 132 Meter hohen Turm zu sehen. Das Wahrzeichen von Hamburg wird liebevoll »Michel« genannt. Der in Weiß-, Gold- und Grautönen restaurierte Innenraum kann mit süddeutschen Barock-

Auf der Reeperbahn in St. Pauli

bauten mithalten. Vom Turm mit seiner über 449 Stufen erreichbaren Aussichtsplattform hat man einen herrlichen Blick über die Stadt und den Hafen.

Krameramtswohnungen

Museumswohnung Krayenkamp 10. *(040) 37 50 19 88.* *tägl. 10–22 Uhr (Museum Di–So 10–17 Uhr).* *(nur für Museum).*

Nahe dem Michel blieb ein Hofensemble des 17. Jahrhunderts erhalten. In fünf kleinen, zweigeschossigen Fachwerkhäusern, gestiftet von der Kaufmannsgilde, wohnten Krämerwitwen. Heute sind hier Souvenirläden, Cafés und Restaurants untergebracht.

Hafen

Cap San Diego *(040) 36 42 09.* *tägl. 10–18 Uhr.*
Rickmer Rickmers *(040) 319 59 59.* *tägl. 10–18 Uhr.*

Hamburg ist nach Rotterdam der zweitgrößte Hafen Europas. Über 12 000 Schiffe aus etwa 90 Nationen machen hier jedes Jahr fest. Von der U-Bahn-Station Baumwall gelangt man zu den Landungsbrücken, vorbei an zwei Museumsschiffen, dem Frachter **Cap San Diego** (1961) und dem Segelschiff **Rickmer Rickmers** (1896). Am 200 Meter langen Gebäude der **Landungsbrücken** wurde früher der Nordseeverkehr abgewickelt. Heute legen nur noch die Nahverkehrs- und Rundfahrtschiffe ab. In einem Gebäude mit Kupferkuppel befindet sich der Eingang zum 1907–11 gebauten **Alten Elbtunnel**. Hier werden Autos und Fußgänger in einem gewaltigen Lift 23,5 Meter in die Tiefe gefahren.

Östlich der Landungsbrücken entsteht seit 2001 mit der **HafenCity** ein neuer Stadtteil, dessen Fertigstellung für 2020 bis 2025 geplant ist. Auf 155 Hektar Fläche werden Wohn- und Bürogebäude sowie Freizeit- und Kultureinrichtungen erbaut – darunter mit der **Elbphilharmonie** ein spektakuläres Konzerthaus, das ein neues Wahrzeichen der Hansestadt sein wird.

St. Pauli

Dieser in aller Welt bekannte Stadtteil wird fast automatisch mit der **Reeperbahn** gleichge-

Fischmarkt – Markt für alle und alles

Eine Attraktion für Frühaufsteher oder Nachtbummler: Jeden Sonntag ab 5 Uhr (im Winter 7 Uhr) verwandeln sich die Auktionshalle an der Großen Elbstraße und der nahe Uferbereich in einen farbenfrohen Marktplatz. Frisch gefangene Fische, Krabben und Räucheraale konkurrieren auf dem Fischmarkt mit lautstark angebotenem Obst und Grünpflanzen, Kitsch und Trödel für Sammler. Seine Tradition reicht bis ins Jahr 1703 zurück. Tausende Touristen mischen sich unter Seeleute und Hamburger Originale. Hier und da kann man noch Plattdeutsch hören. Einst beendete der Gottesdienst um 9.30 Uhr dieses fröhliche Spektakel, heute zieht es die Besucher danach eher in die umliegenden Kneipen als in die Kirche.

Auf dem Fischmarkt wird allerhand Trödel feilgeboten

setzt. Es ist eine Welt der Nachtclubs und Bars, der Kneipen und Theater, der Sexshops und Bordelle. Hier im Rotlichtbezirk starteten auch die Beatles (im Star-Club) ihre Karriere.

Umgebung: Bezaubernd ist das Wasserschloss in **Ahrensburg** (1595), 23 Kilometer nordöstlich, das im Schlossmuseum schleswig-holsteinische Adelskultur präsentiert.

Fassade von Schloss Ahrensburg, flankiert von zwei Türmen

Altes Land ❾

Straßenkarte C2.

Zwischen Hamburg und Stade erstreckt sich an der Unterelbe das Alte Land, der »größte Obstgarten« Deutschlands. Im Mai, wenn Apfel- und Kirschblüte die Landschaft in ein weiß-rosa Blütenmeer verwandeln, kommen die meisten Besucher. Mit dieser Farbenpracht wetteifern die prächtigen Fachwerkhäuser aus Backstein mit weiß gestrichenen Balken, meisterlich geschnitzten Toren und traditionellen Reetdächern. Zu den schönsten Ortschaften zählen **Neuenfelde**, **Jork**, **Borstel**, **Steinkirchen** und **Hollern** mit ihren reich geschmückten Barockkirchen.

Stade ❿

Straßenkarte C2. *45 000.*
Hansestr. 16, (04141) 40 91-70.
www.stade-tourismus.de

Die alte Hansestadt ist mit ihren Fachwerkhäusern eine der schönsten Städte Norddeutschlands. Zwischen 1648 und 1712 war Stade unter schwedischer Herrschaft. In dieser Zeit wurde der Wiederaufbau nach dem Brand von 1659 vorangetrieben und Stade zur Festung ausgebaut. Einst Provianthaus, beherbergt das **Schwedenspeicher-Museum** Exponate zu Stadt- und Regionalgeschichte sowie Vor- und Frühgeschichte. Im nahen **Kunsthaus** werden Werke des Expressionismus und der Neuen Sachlichkeit gezeigt. Weitere Highlights sind das **Bürgermeister-Hinze-Haus**, von dem allerdings nur noch die Renaissance-Fassade von 1621 original erhalten blieb, und das historische **Rathaus** (1667/68), das über den alten Kellergewölben aus

Das schöne Sandsteinportal des Rathauses in Stade

dem 13. Jahrhundert errichtet wurde. Sein Äußeres ist stark von der niederländischen Renaissance geprägt. Das Sandsteinportal ist mit dem Handelsgott Merkur, dem schwedischen Königswappen und dem Stader Stadtwappen geschmückt.

Sehenswert sind die Kirche **St. Wilhadi** (13./14. Jh.), ein dreischiffiger Hallenbau der Backsteingotik, und die Kirche **St. Cosmae et Damiani** (13.–17. Jh.) mit musikgeschichtlich wichtigen Orgeln, gebaut von Berendt Huß und Arp Schnitger.

Schwedenspeicher-Museum
Wasser West 39. *(04141) 32 22.*
Di–Fr 10–17, Sa, So 10–18 Uhr.

Eine geschlossene Reihe von Fachwerkhäusern am Alten Hafen in Stade

Lüneburg ⓫

Straßenkarte D2. *66 500.*
Rathaus, Am Markt, (04131) 207 66-20. **www**.lueneburg.de

Der Wohlstand der ehemaligen Hansestadt, 956 erstmals erwähnt, gründete sich auf die Salzstöcke. Im späten Mittelalter boten sie Arbeit für 2000 Menschen und bildeten einen der größten Industriestandorte.

Wichtigstes Denkmal ist das **Rathaus**, wobei das Innere noch faszinierender ist als die oft umgestaltete Fassade (13.–18. Jh.). Die Gerichtslaube mit Glasmosaikfenstern (1410) und Fresken des Jüngsten Gerichts sowie die Große Ratsstube mit Schnitzarbeiten im Renaissance-Stil von Albert von Soest sollte man sich ansehen.

Die fünfschiffige gotische **Johanniskirche** steht Am Sande. Um den Weststürmen trotzen zu können, erhielt der 108 Meter hohe Turm eine Neigung nach Westen, an der Spitze ist er etwa 2,20 Meter aus dem Lot. Besonders zu beachten ist der Hauptaltar im Hochchor (1430–85). Interessant ist auch die dreischiffige **Kirche St. Nicolai**, eine gotische sterngewölbte Backsteinbasilika (15. Jh.). Die Bildtafeln des Passionsschreins malte Hans Bornemann um 1450.

Ganz in der Nähe befindet sich der historische Hafen an der Ilmenau. An der Lünertorstraße stehen das **Alte Kaufhaus** mit seiner schönen Barockfassade und der in seiner heutigen Form von 1797 stammende **Alte Kran** zum Beladen der Schiffe mit Salz. Das **Deutsche Salzmuseum** informiert über die Geschichte und Gewinnung des Salzes.

Rathaus
Am Markt. *(04131) 30 92 30.* *Jan–März: Di–Sa 10, 11.30, 13.30, 15 Uhr; Apr–Dez: tägl 10, 11.30, 13.30, 15 Uhr.* *1. Jan, 24.–26., 31. Dez.*

Deutsches Salzmuseum
Sülfmeisterstr. 1. *(04131) 450 65.* *Mai–Sep: Mo–Fr 9–17, Sa, So 10–17 Uhr; Okt–Apr: tägl. 10–17 Uhr.*

Bauernhof in der Lüneburger Heide

Lüneburger Heide ⓬

Straßenkarte C2. *Lüneburg.*
Lüneburg, Wallstraße 4, (04131) 30 99 60.
www.lueneburger-heide.de

Südlich von Hamburg, zwischen Elbe und Aller, erstreckt sich die Lüneburger Heide. Der dichte Mischwald, der diese Gegend bis zum Mittelalter bedeckte, lieferte Holz für den Betrieb der riesigen Siedepfannen zur Salzgewinnung in Lüneburg.

Um die typische Heidelandschaft mit Heidekraut und Wacholder, Wald und Moor zu bewahren, wurden 1920 der **Naturschutzpark Lüneburger Heide** (200 km²) und 1963 der **Naturpark Südheide** (500 km²) eingerichtet. Zu Fuß, per Fahrrad oder in der Kutsche kann man vor allem die Gegend zwischen der Ortschaft Undeloh und dem Dörfchen Wilsede am besten genießen. Von hier ist es nicht weit bis zum 169 Meter hohen Wilseder Berg. Während der Heideblüte Ende August ist die Aussicht ganz besonders schön.

Hölzerner Kran aus dem 18. Jahrhundert in Lüneburg

Soltau ⓭

Straßenkarte C2. *21 800.*
Am Alten Stadtgraben 3, (05191) 82 82 82. **www**.soltau.de

Die größte Attraktion Soltaus ist der **Heide-Park Soltau**, ein riesiger Freizeitpark mit Achterbahnen, Wasserrutschen und zwei originalgetreuen Mississippidampfern. Der **Vogelpark Walsrode** dagegen lockt Naturliebhaber an. Rund 5000 Vögel aus allen Kontinenten, vom Strauß bis zum Kolibri, können hier bewundert werden. In großen Hallen wird die natürliche Umgebung der Vögel nachempfunden.

Heide-Park Soltau
(01805) 91 91 01. *Apr–Okt: tägl. 9–18 Uhr (Einlass bis 16 Uhr).*

Vogelpark Walsrode
(05161) 604 40. *Apr–Okt: tägl. 9–19 Uhr; Nov–März: tägl. 10–16 Uhr.*

Umgebung: In erschreckendem Kontrast zu den Parks steht das Konzentrationslager **Bergen-Belsen**, 30 Kilometer südlich von Soltau. Eine Gedenkstätte und ein Museum erinnern an die 50 000 KZ-Häftlinge und 20 000 Kriegsgefangenen, unter ihnen Anne Frank, die hier u. a. an Seuchen, Unterernährung und Erschöpfung starben.

Gedenkstätte Bergen-Belsen
Lohheide. *(05051) 475 90 60 11.* *Apr–Sep: tägl. 9–18 Uhr; Okt–März: tägl. 10–17 Uhr.*

Der Vogelpark Walsrode – ein landschaftliches Idyll

Celle ⓮

Straßenkarte C3. *72 900.*
Schlossplatz, (05141) 12 12.
www.celle.de

Zwischen 1378 und 1705 war Celle Sitz der Herzöge zu Lüneburg. Das **Schloss**, um 1290 als Burg erbaut, wandelte sich durch zahlreiche Um- und Erweiterungsbauten zu einem Schloss im Stilgemisch von Renaissance und Barock mit achteckigen Türmen, Giebeln und Erkerfenstern. Die Ausstattung der schlosseigenen gotischen Kapelle stammt aus der Renaissance und beinhaltet zahlreiche Gemälde des Antwerpener Meisters Marten de Vos.

Celle ist stolz auf seinen geschlossenen Komplex von rund 500 Fachwerkhäusern. Die interessantesten stehen in der Kalandgasse und der Zöllnerstraße. Das **Hoppener Haus** von 1532 in der Poststraße/Ecke Rundestraße ist reich geschmückt mit Fabeltieren. Ähnlich interessant ist das **Alte Rathaus** (14.–16. Jh.) mit der illusionistischen Dekorationsmalerei und dem Nordgiebel im Stil der Weser-Renaissance. Vom Turm der **Stadtkirche St. Marien** (1308 geweiht) bietet sich ein herrlicher Blick. Die barocke **Synagoge** außerhalb der Altstadt ist das älteste jüdische Gotteshaus Norddeutschlands.

Schloss
(05141) 124 54. Apr–Okt: Di–So 11, 12, 13, 14, 15 Uhr; Nov–März: Di–So 11, 15 Uhr.

Stadtkirche St. Marien
(05141) 77 35. Di–Sa 10–18 Uhr. **Turm** *Apr–Okt: Di–Sa 10–11.45, 14–16.45 Uhr.*

Synagoge
Im Kreise 24. *(05141) 12 12. Di–Do 15–17, Fr 9–11, So 11–12 Uhr.*

Umgebung: Eine der ersten Erdölförderungen der Welt (1858) in **Wietze**, 18 Kilometer westlich von Celle, wird im **Deutschen Erdölmuseum** des Ortes dokumentiert.

Das Zisterzienserinnenkloster im Nachbarort **Wienhausen** ist besonders zur Pfingstzeit ein Besuchermagnet, wenn wenige Tage lang die kostbaren gestickten Bildteppiche (14. und 15. Jh.) präsentiert werden. Auch sonst ist der mittelalterliche Gebäudekomplex mit seiner schönen Kirche, der reichen Ausstattung und der Bemalung des Nonnenchors sehenswert.

Deutsches Erdölmuseum
Schwarzer Weg 7–9. *(05146) 923 40. Mai–Nov: Di–So 10–17 Uhr (Juni–Aug: bis 18 Uhr).*

Kloster Wienhausen
(05149) 347. Apr–Okt: Di–Sa 10, 11, 14–17, So 12–17 Uhr.

Wolfsburg ⓯

Straßenkarte D3. *122 200.*
Willy-Brandt-Platz 3, (05361) 89 99 30. **www**.wolfsburg.de

In den 1930er Jahren entwickelte sich Wolfsburg im Zusammenhang mit der Gründung des Volkswagenwerks zu einer größeren Stadt. Hier wurde ab 1938 der berühmte VW-Käfer gebaut. Die Vision eines »Wagens für das Volk« wurde allerdings erst in Zeiten des Wirtschaftswunders erreicht. Das **Volkswagenwerk** kann besichtigt werden.

Wolfsburg besitzt ein Kulturzentrum (1959–63), entworfen von Alvar Aalto, sowie ein Stadttheater (1965– 68) und ein Planetarium (1973), beides nach Entwürfen von Hans Scharoun.

Volkswagenwerk Autostadt
Stadtbrücke. *(0800) 288 67 82 38. tägl. 9–18 Uhr. Führungen alle 30 Minuten.*

Das Schloss in Celle mit seinen achteckigen Türmen

Das Renaissance-Schloss in Stadthagen

Stadthagen ⓰

Straßenkarte C3. *23 900.*
Am Markt 1, (05721) 92 50 65.
www.stadthagen.de

Die Grafen von Schaumburg-Lippe benutzten das 1534–44 erbaute **Renaissance-Schloss** als private Residenz. Auch die **Kirche St. Martini** mit einem frühbarocken siebeneckigen Mausoleum ist ein besonderer Anziehungspunkt. Adriaen de Vries schuf dafür meisterliche Bronzefiguren und -reliefs (1618–24).

St. Martini
Schulstr. 18. *(05721) 780 70.*
Mo–Do 9–12, 14–16 Uhr, Fr 9–12 Uhr.

Umgebung: Ein Juwel romanischer Architektur ist die Alte Kirche in **Idensen** bei Wunstorf, 22 Kilometer nordöstlich. Das Innere (1130) ist vollständig mit Szenen aus dem Alten und dem Neuen Testament ausgemalt, in der gewölbten Apsis ist eine riesige Abbildung der Inthronisierung zu sehen (Schlüssel im Pfarramt).

Bückeburg ⓱

Straßenkarte C3. *20 800.*
Schlossplatz 5, (05722) 8 931 81.
www.bueckeburg.de

Im 16. Jahrhundert wurde Bückeburg Hauptstadt des Fürstentums Schaumburg-Lippe. Der Philosoph Johann Gottfried Herder wirkte in den Jahren 1771–76 in der **Stadtkirche** (1611–15). Mit ihrer reich geschmückten Fassade ist sie ein schönes Zeugnis der Weser-Renaissance. Eine weitere Attraktion ist das **Spätrenaissance-Schloss** mit der bezaubernden Kapelle, dem Goldenen Saal mit Götterpforte und dem Großen Festsaal.

Stadtkirche
Lange Str. *(05722) 957 70.* *15. Apr–14. Okt: Di–So 10.30–12, 14.30–16.30 Uhr (Sa, So nur vormittags); 15. Okt–14. Apr: Fr–So 14.30–16.30 Uhr.*

Schloss
(05722) 50 39. *Apr–Sep: tägl. 9.30–18 Uhr; Okt–März: tägl. 9.30–17 Uhr.*

Der Goldene Saal im Schloss von Bückeburg

Braunschweig ⓲

Straßenkarte D3. *246 800.*
Vor der Burg 1, (0531) 470 20 40. *Festival der Kammermusik (Mai); Mittelalterlicher Jahrmarkt (Mai/Juni).* **www**.braunschweig.de

Als wichtiges wirtschaftliches und politisches Zentrum im frühen Mittelalter wurde Braunschweig von Heinrich dem Löwen, dem Herzog von Sachsen und Bayern, zur Residenzstadt gewählt. Ende des 13. Jahrhunderts schloss sich Braunschweig der Hanse an und erlebte um 1400 eine wirtschaftliche Blüte. 1753 verlegten die Wolfenbütteler Welfen ihre Residenz hierher. Unter Herzog Karl I. wurde es zum geistigen Mittelpunkt Norddeutschlands. 1944 wurde Braunschweig fast vollständig zerstört. Fünf »Traditionsinseln« mit wieder errichteten historischen Gebäuden erwarten den Besucher.

Den Stadtrundgang beginnt man am besten am Burgplatz. Hier steht die Kopie einer von Heinrich 1166 gestifteten **Löwenstatue**, das Original befindet sich in der Burg. Der Burglöwe war die erste monumentale Freifigur des Mittelalters. Die **Burg Dankwarderode** war die Residenz Heinrichs des Löwen. Der jetzige Bau wurde auf dem Grundriss des 1175 entstandenen Saalbaus Heinrichs ab 1887 wiedererrichtet und enthält heute die mittelalterliche Abteilung des Herzog-Anton-Ulrich-Museums. Sehenswert ist der romanische **Dom St. Blasii**, die erste vollgewölbte dreischiffige Basilika Niedersachsens (1173–95), mehrfach umgebaut und rekonstruiert. Zu den Kirchenschätzen gehören ein riesiger siebenarmiger Leuchter (um 1170–80), das Grabmal von Heinrich dem Löwen und seiner Frau Mathilde (um 1250) und das Kruzifix des Meisters Imervard (zweite Hälfte des 12. Jh.).

Westlich vom Dom liegen der **Altstadtmarkt**, das spätgotische und durch Lauben ergänzte **Altstadtrathaus**, die gotische Kirche **St. Martini** und das **Gewandhaus**, eines der schönsten Renaissance-Gebäude in Niedersachsen.

Der am Bäckerklint erbaute **Eulenspiegelbrunnen** (1906) erinnert an den

Der Burglöwe, das Denkmal Heinrichs des Löwen in Braunschweig

Schelm, der um 1300 in der Nähe Braunschweigs in Kneitlingen/Elm geboren sein soll.

Das **Herzog-Anton-Ulrich-Museum** gehört zu den großen Sammlungen alter Kunst. Es wurde von Herzog Anton Ulrich von Braunschweig-Lüneburg öffentlich zugänglich gemacht und zeigt u. a. Rembrandts *Familienporträt*, ein Selbstporträt von Giorgioni und *Mädchen mit dem Weinglas* von Vermeer van Delft.

Dom
Burgplatz. (0531) 24 33 50. *tägl. 10–17 Uhr.*

St. Martini
Altstadtmarkt. (0531) 161 21. *Jan–Apr: Di–Sa 10–13 Uhr; Mai–Dez: Di–Fr 10–13, 15–17, Sa 10–17, So15–17 Uhr.*

Herzog-Anton-Ulrich-Museum
Museumsstr. 1. (0531) 122 50. *Di, Do–So 10–17, Mi 13–18 Uhr.*

Das farbenprächtige Gewandhaus-Tor in Braunschweig

Umgebung: In **Königslutter**, 22 Kilometer östlich, erkor Kaiser Lothar den Kaiserdom zu seiner Grablege, wo er 1137 beigesetzt wurde. Den bauplastischen Schmuck der dreischiffigen romanischen Stiftskirche, landläufig Dom genannt, schufen lombardische Steinmetze: das kraftvolle Löwenportal, den Jagdfries an der Hauptapsis sowie die reich verzierten Säulen im Kreuzgang. Nur die Gemälde wurden im späten 19. Jahrhundert hinzugefügt.

Der Ort **Helmstedt**, 39 Kilometer östlich, wird oft mit dem ehemaligen Grenzübergang zur DDR in Verbindung

Der Marienbrunnen am Altstadtmarkt in Braunschweig

gebracht. Herzog Julius von Braunschweig gründete hier 1576 die *Academia Julia zu Helmstedt*, die bedeutendste protestantische Hochschule zur damaligen Zeit, an der hochkarätige Professoren wie der Philosoph Giordano Bruno lehrten. 1810 wurde die Universität geschlossen, mittlerweile ist im Juleum das interessante **Kreis- und Universitätsmuseum** untergebracht.

Kaiserdom
Königslutter. (05353) 91 21 29. *tägl. 9–18 Uhr (im Winter bis 17 Uhr).*

Kreis- und Universitätsmuseum Helmstedt
Collegienplatz 1. (05351) 121 11 32. *Di–Fr 10–12, 15–17, Sa, So 15–17 Uhr.*

Wolfenbüttel ⓳

Straßenkarte D3. *54 000.* *Stadtmarkt 7, (05331) 86 280.* *Theaterfest (Juli/Aug); Altstadtfest (Aug).*
www.wolfenbuettel.de

In der kleinen Stadt hatten die Herzöge von Braunschweig von 1432 bis 1753/54 ihre Residenz. Wolfenbüttel war die erste planmäßig angelegte Renaissance-Stadt Deutschlands, wovon breite Straßen und geräumige Plätze zeugen. Im Zweiten Weltkrieg blieb die Stadt fast unversehrt, erhalten sind 500 Fachwerkhäuser und die großartige **Herzog-August-Bibliothek**. Sie umfasst 800 000 Bände, u. a. auch das berühmte Evangeliar Heinrichs des Löwen (12. Jh.). Mit der Stadt verbunden sind der Philosoph Gottfried Wilhelm Leibniz und der Dramatiker und Bibliothekar Gotthold Ephraim Lessing. Das **Lessinghaus**, in dem er 1777–81 lebte und das Drama *Nathan der Weise* schrieb, dokumentiert Leben und Werk.

Das **Schloss** im Zentrum, das zweitgrößte Niedersachsens, wurde ab 1715 im Stil des Barock umgestaltet. Die Schlossräume veranschaulichen höfische Wohnkultur um 1700. Gegenüber vom Schloss steht das **Zeughaus** (1613–19). Es diente einst als Waffenarsenal und hat eine Fassade im manieristischen Stil der Spätrenaissance (Baumeister: Paul Francke).

Etwas weiter östlich gelangt man zur **Hauptkirche Beatae Mariae Virginis** (17. Jh.). Die Fassade mit feinen Reliefs ist ebenfalls ein Werk Paul Franckes und gilt als führendes Beispiel protestantischer Architektur der Spätrenaissance. Innen herrscht eine Mischung diverser Baustile.

Herzog-August-Bibliothek und Zeughaus
Lessingplatz 1. (05331) 80 80. *Di–So 10–17 Uhr.*

Schloss
Schlossplatz 13. (05331) 924 60. *Di–So 10–17 Uhr.*

Hauptkirche
Michael-Praetorius-Platz 9. (05331) 720 55. *Di–Sa 10–12, 14–16 Uhr.*

Die Fassade des Schlosses in Wolfenbüttel

Hannover 20

Die Landeshauptstadt Niedersachsens, die als kleine Marktsiedlung *Honovere* an der Leine erstmals um 1150 erwähnt wurde und von 1837 bis 1866 königliche Residenz war, erwarb sich als Messemetropole und Museumsstadt internationalen Ruf. Ein Großteil der alten Fachwerkhäuser und Backsteinbauten wurde im Zweiten Weltkrieg vernichtet. Die erhaltenen und wiedererrichteten Kostbarkeiten fügen sich in das Stadtbild mit seinen modernen Akzenten. Parks, Seen und Gärten wie der Barockgarten von Herrenhausen machen Hannover zu einer sehenswerten Stadt.

Überblick: Hannover

Für einen Rundgang bietet sich der Hauptbahnhof als Ausgangspunkt an. Hier beginnt auch der »Rote Faden«, ein markierter Rundweg durch Hannover. Große Grünflächen machen es zum Genuss, die Stadt zu Fuß zu erkunden. Die Herrenhäuser Gärten im Nordwesten der Stadt erreicht man mit der U-Bahn.

Opernhaus

Opernplatz 1. *(0511) 99 99 11 11.*

Das wieder aufgebaute Opernhaus wurde 1845–52 vom Baumeister Georg Ludwig Friedrich Laves im neoklassizistischen Stil als Königliches Hoftheater errichtet.

Niedersächsisches Landesmuseum

Willy-Brandt-Allee 5. *(0511) 980 76 66.* *Di–So 10–17, Do 10–19 Uhr.*

Im Niedersächsischen Landesmuseum werden vielfältige Exponate zur Naturkunde, Urgeschichte, Völkerkunde und europäischen Kunst aus acht Jahrhunderten präsentiert. Die Landesgalerie beispielsweise zeigt Werke deutscher Maler aus Mittelalter und Renaissance (Dürer, Cranach, Spranger), holländischer und flämischer Meister (Rubens, Rembrandt, van Dyck) sowie deutscher Künstler des 19. und 20. Jahrhunderts (Friedrich, Corinth, Liebermann).

Fassade des Neuen Rathauses mit seiner gewaltigen Kuppel

Sprengel Museum

Kurt-Schwitters-Platz 1. *(0511) 16 84 38 75.* *Di 10–20, Mi–So 10–18 Uhr.*

Die Sammlung des 1979 eröffneten Sprengel Museums umfasst Werke des deutschen Expressionismus, des französischen Kubismus, abstrakte Kunst und Strömungen wie Minimal Art, Informel, Nouveau Réalisme, Konzeptkunst und Postminimal Art. Zu sehen sind u.a. der rekonstruierte *Merzbau* des Dadaisten Kurt Schwitters und El Lissitzkys *Kabinett der Abstrakten* von 1928. Ein weiterer Schwerpunkt ist auch der Bereich Fotografie und Medien. Außerdem besitzt das Museum mehr als 400 Werke von Niki de Saint Phalle.

Das Museum liegt am Maschsee, der 1934–36 im Stadtzentrum angelegt wurde.

Neues Rathaus

Trammplatz 2. *(0511) 16 84 22 92.* **Kuppel** *März–Okt: Mo–Fr 9–18; Nov–Feb: tägl. 11–16 Uhr.*

Otto Müllers *Liebespaar* (1920) im Sprengel Museum

Hannovers riesiges Rathaus, zwischen 1901 und 1913 auf mehr als 6000 Buchenpfeilern erbaut, gleicht mit seiner zentralen Kuppel einem Barockpalast. Die Verzierungen wurden im Stil der Neugotik und im Jugendstil ausgeführt. Der Schweizer Künstler Ferdinand Hodler schuf für den Sitzungssaal das riesige Gemälde *Einmütigkeit*, das Hannovers Übergang zur Reformation darstellt. Mit einem Lift gelangen die Besucher in die fast 100 Meter hohe Kuppel, von der sich ihnen ein herrlicher Blick über die Stadt bietet.

Leineschloss

Hinrich-Wilhelm-Kopf-Platz.

Das Leineschloss aus dem 17. Jahrhundert wurde zwischen 1817 und 1842 von dem hiesigen Architekten Georg Ludwig Friedrich Laves komplett umgestaltet und musste nach der Zerstörung im Zweiten Weltkrieg wiedererrichtet werden. Heute dient das Schloss als Sitz des Niedersächsischen Landtags. Griechische Tempel standen Modell für den Portikus mit korinthischen Säulen.

Hotels und Restaurants in Hamburg, Bremen und Niedersachsen *siehe Seiten 513–516 und Seiten 552–555*

Die Marktkirche St. Georg und St. Jakobus am Marktplatz

Marktplatz

Zwar mussten alle Häuser am Marktplatz nach dem Zweiten Weltkrieg wieder aufgebaut werden, trotzdem liefert der Platz eines der besten Beispiele für die Backsteinarchitektur des 15. Jahrhunderts. Figurenfriese aus glasiertem Ton zieren die Gebäude. Zu den wertvollen Objekten im Inneren der nahe gelegenen **Marktkirche St. Georg und St. Jakobus** aus dem 14. Jahrhundert gehört der gotische Altar mit Passionsszenen und Messinggravuren des bekannten Künstlers Martin Schongauer.

Herrenhäuser Gärten

Herrenhäuser Straße. *(0511) 16 84 75 76.* **Großer Garten** *Apr, Sep: tägl. 9–19 Uhr; Mai–Aug: tägl. 9–20 Uhr; Okt: tägl. 9–18 Uhr; Nov, Dez: tägl. 9–16.30 Uhr.*

Auf einer Gesamtfläche von 135 Hektar ließen die Hannoverschen Kurfürsten und Könige zwischen dem 17. und 19. Jahrhundert den Großen Garten, den Berggarten, den Georgengarten und den Welfengarten anlegen.

Bei dem 50 Hektar umfassenden **Großen Garten** handelt es sich um eine wunderschöne Barockanlage mit Springbrunnen, Grotten, Irrgärten, Skulpturen und Hecken. Die Große Fontäne, die höchste in ganz Europa, spritzt das Wasser mehr als 80 Meter hoch.

Der **Berggarten** ist ein botanischer Schaugarten mit etwa 11 000 Pflanzen. Der **Georgengarten** wurde im 19. Jahrhundert nach dem Vorbild englischer Gärten angelegt.

INFOBOX

Straßenkarte C3. *515 200.*
Ernst-August-Platz.
Ernst-August-Platz 8, (0511) 12 34 51 11. *Sa.*
Schützenfest (Juni/Juli).
www.hannover.de

Die schöne barocke Anlage der Herrenhäuser Gärten

Hildesheim ㉑

Die Altstadt von Hildesheim an der Innerste – seit 815 Bistum, seit 1367 Mitglied der Hanse – wurde 1945 in Schutt und Asche gelegt. Inzwischen wurden die bedeutendsten Gebäude inmitten moderner Komplexe wieder aufgebaut. Zwei von der UNESCO zu Welterbestätten erklärte romanische Kirchen, St. Michaelis und der Dom St. Mariä, sowie das Roemer- und Pelizaeus-Museum mit einer bedeutenden altägyptischen Sammlung machen einen Besuch in Hildesheim interessant.

Das Wedekindhaus mit seiner Fachwerkfassade am Marktplatz

Überblick: Hildesheim

Die Stadt erschließt sich dem Besucher am besten zu Fuß, Parkmöglichkeiten gibt es im Zentrum. Beim Rundgang durch die Stadt kann man der »Rosenroute« folgen, die durch weiße Rosen auf dem Pflaster markiert ist. Speziell für das beeindruckende Roemer- und Pelizaeus-Museum sollte man sich Zeit lassen, vor allem, wenn eine der Sonderausstellungen gezeigt wird.

Marktplatz

Seit Erlangung der Marktrechte um 1000 war der Marktplatz das Herz der Bischofsstadt. Jedes Detail wurde inzwischen originalgetreu wiedererrichtet. 1987–89 wurde das **Knochenhaueramtshaus** von 1529, das größte und bekannteste Fachwerkhaus in Deutschland, wieder aufgebaut. In den oberen Geschossen ist das Stadtmuseum untergebracht. Gegenüber steht das gotische **Rathaus**. Der »Kupferne Bläser« stößt täglich um 12 Uhr ins Horn, das Glockenspiel erklingt um 12, 13 und 17 Uhr. Das **Tempelhaus** (14. Jh.) besitzt einen 1591 geschaffenen Renaissance-Erker. In den Brüstungsfeldern sieht man die Geschichte vom verlorenen Sohn.

Die rekonstruierte Michaeliskirche

Andreaskirche

Andreasplatz. *Apr–Sep: Mo–Fr 9–18, Sa 9–16, So 11.30–16 Uhr; Okt– März: Mo–Sa 10–16, So 11.30–16 Uhr.* **Turm** *Mai–Okt: Mo–Sa 11–16, So 12–16 Uhr.*

In der rekonstruierten, ursprünglich gotischen Andreaskirche wähnt sich der Besucher in einer anderen Welt mit von Licht durchfluteten, hohen Räumen. Der 115 Meter hohe Turm ist der höchste Kirchturm Niedersachsens, von der Aussichtsplattform auf 75 Metern blickt man über die Dächer der Stadt.

Michaeliskirche

Michaelisplatz. *(05121) 344 10.* *Apr–Okt: tägl. 8–18 Uhr; Nov–März: tägl. 9–17 Uhr.*

Die Kirche wurde im Auftrag von Bischof Bernward, Erzieher Kaiser Ottos III., Anfang des 11. Jahrhunderts erbaut und 1950–57 als Zeugnis ottonischer Baukunst wieder aufgebaut. Klare Schlichtheit und von quadratischen Säulen unterteilte Schiffe sind charakteristisch für die 1985 zur UNESCO-Welterbestätte erklärte Kirche. Die dreischiffige, doppelchörige Basilika hat zwei Querhäuser, Vierungs- und Flankentürme. Der Sarkophag Bernwards (1022) steht in der Krypta. Die einzigartig bemalte hölzerne Flachdecke (frühes 13. Jh.) war im Zweiten Weltkrieg ausgelagert und blieb so erhalten. Das romanische Monumentalgemälde stellt den Stammbaum Jesse dar. Sehenswert sind auch Engelschorschranken, Kapitelle und der Kreuzgang.

Basrelief an der Fassade der Andreaskirche

Roemer- und Pelizaeus-Museum

Am Steine 1–2. *(05121) 936 90.* *Di–Sa 10–18 Uhr.*

Seit 2001 sind die Dauerausstellungen zur Geschichte und Kultur Ägyptens und zu Alt-Peru – eine der größten und schönsten europäischen Sammlungen präkolumbischer Kunst aus dem Andenraum – im Neubau zu sehen. Auch die paläontologische, die botanische und die zoologische Sammlung sind sehenswert.

Dom St. Mariä

Domhof. *(05121) 179 17 60.* *Mitte März–Mitte Okt: Mo–Sa 9.30–17, So 12–17 Uhr; Mitte Okt–Mitte März: Mo–Sa 10–16.30, So 12–17 Uhr.*

Während eines Jagdausflugs im Jahr 815 soll Ludwig I. der Fromme, Sohn Karls des Großen, Reliquien der Jungfrau Maria an einen Baum

◁ **Fachwerkhäuser in Hann. Münden (Niedersachsen) mit St. Blasiuskirche** ***(siehe S. 453)***

Die große bronzene Bernwardsäule im Dom St. Mariä

gehängt haben. Als er sie wieder abnehmen wollte, konnte er sie nicht bewegen. Dies nahm er als himmlisches Zeichen, dass an dieser Stelle eine Kirche gegründet werden sollte und mit ihr eine Stadt. Der 1000-jährige Rosenstock dieser Legende wächst noch heute außen an der Apsis des Doms und überstand sogar die Bombardierung. Nach dem Zweiten Weltkrieg wurde die Kirche nach einem Modell wieder aufgebaut. Originalkunstwerke geben Zeugnis von der Gießerei des Doms, die unter Bischof Bernward florierte. Doppeltüren aus Bronze stellen Szenen aus dem Alten und dem Neuen Testament dar. Die riesige bronzene Bernwardsäule (um 1020) mit Szenen aus dem Leben Christi als spiralförmige Bildergeschichte erinnert an die Trajanssäule in Rom. Der Radleuchter (um 1060) weist einen Durchmesser von annähernd sechs Metern auf.

Godehardkirche

Godehardsplatz. *(05121) 345 78.* *tägl. 9–16 Uhr.*

Die Kirche ist dem Nachfolger von Bernward, Bischof Godehard, geweiht, der wie sein Vorgänger heiliggesprochen wurde. Ihr Stifter, Bischof Bernhard, wurde 1154 in dem Gotteshaus beigesetzt. Der Bau der doppelchörigen Basilika mit östlichem Querschiff und Turmpaar im Westen erfolgte 1133–72. Die reich verzierten Kapitelle wurden von den lombardischen Vorbildern in Königslutter beeinflusst. Architektonisch besonders interessant ist das Tympanon des Nordwestportals: Christus mit Glorie, umgeben von den Heiligen Godehard und Epiphanius.

INFOBOX

Straßenkarte C3. *104 600.* *Rathausstr. 18–20, (05121) 179 80.* *Weinfest (Mai); Jazz-Time (vor Pfingsten); Klosterkonzert (Juli); Bauernmarkt (Sep); Drachenflugtag (Okt).* **www**.hildesheim.de

Mauritiuskirche

Stiftskirchenweg 6. *Apr–Sep: Mo–Sa 9.30–18, So 12–18 Uhr; Okt–März: Mo–Sa 9.30–16, So 12–17 Uhr.*

Die Kirche (11. Jh.) mit romanischem Kreuzgang (12. Jh.) wurde vom hier bestatteten Bischof Hezilo gegründet.

Westchor der Godehardkirche, flankiert von zwei Türmen

Im Detail: Goslar ㉒

Goslar am Nordwestrand des Harzes bezaubert mit seiner beeindruckenden Anzahl an Fachwerkhäusern. Mit dem Abbau des Silbererzes am Rammelsberg seit 968 erlangte Goslar eine wichtige Stellung, sodass Heinrich II. Anfang des 11. Jahrhunderts seine Königspfalz hierher verlegte. Bis 1219 wurden in Goslar zahlreiche Reichstage abgehalten. Im 13. Jahrhundert war es Mitglied der Hanse, um 1500 auf dem Höhepunkt seiner Macht. Die Altstadt blieb nahezu unverändert und wurde von der UNESCO zur Welterbestätte erklärt.

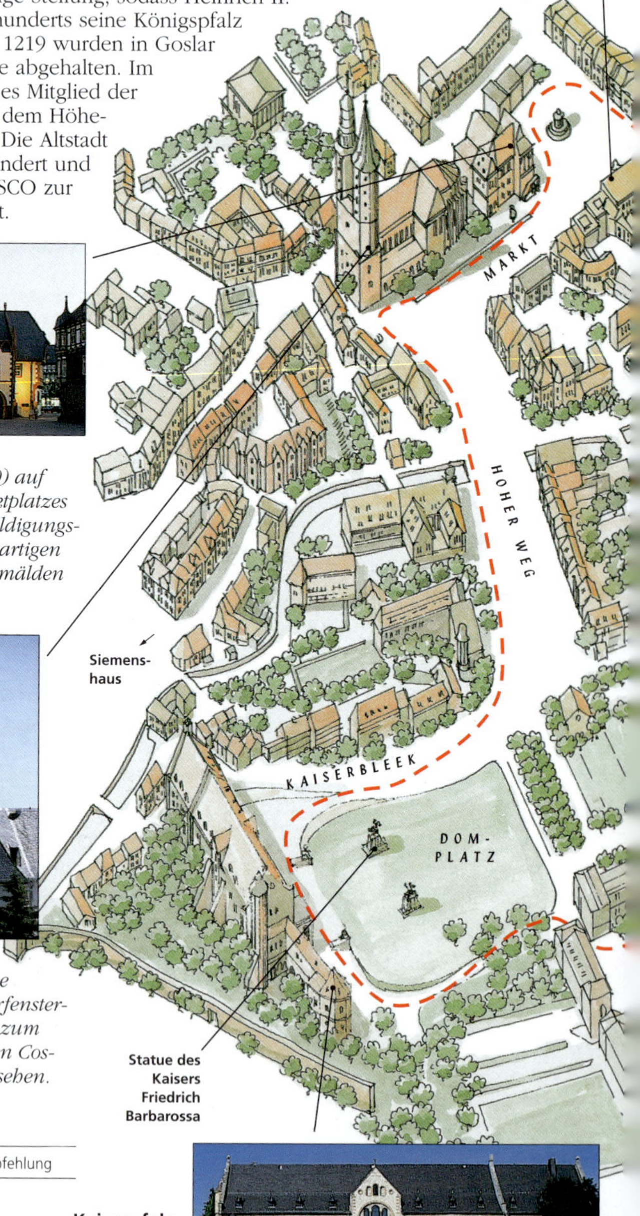

★ Rathaus

Im Rathaus (um 1450) auf der Westseite des Marktplatzes ist der sogenannte Huldigungssaal mit seinen einzigartigen Wand- und Deckengemälden sehenswert.

★ Marktkirche

In der gotischen Kirche (12./13. Jh.) sind Chorfenstermalereien (um 1250) zum Martyrium der Heiligen Cosmas und Damian zu sehen.

LEGENDE

– – – Routenempfehlung

Kaiserpfalz

Höhepunkte der 1039–56 errichteten und bis zum 19. Jahrhundert mehrfach aus- und umgebauten Anlage sind der Kaisersaal und die Ulrichskapelle.

INFOBOX

Straßenkarte D3. *44 700.* *Markt 7, (05321) 780 60.* *Goslarer Tag der Kleinkunst (Juni).* **www**.goslar.de

★ Historische Fachwerkhäuser
Ganze Straßenzüge mit bezaubernden Fachwerkhäusern aus verschiedenen Epochen sind im Zentrum Goslars erhalten.

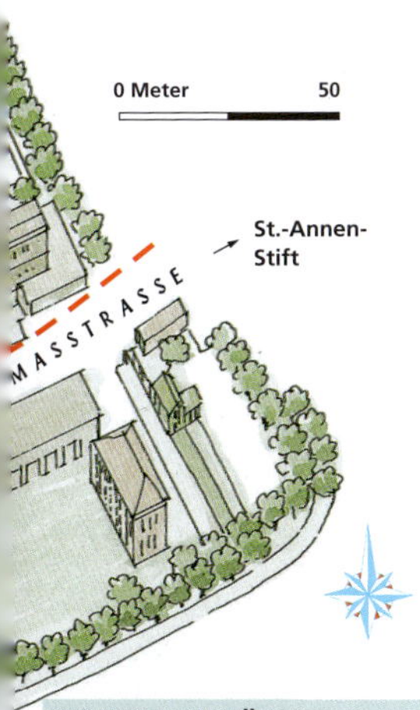

NICHT VERSÄUMEN

★ Historische Fachwerkhäuser

★ Marktkirche

★ Rathaus

Siemenshaus

Schreiberstr. 12. *(05321) 238 37.* *für die Öffentlichkeit.*

Dieses besonders hübsche Fachwerkhaus von 1692/93 ist das Stammhaus der Industriellenfamilie Siemens. Es kann seit einiger Zeit nicht mehr besichtigt werden.

Frankenberger Kirche (St. Peter und Paul)

Frankenberger Plan.
Apr–Okt: tägl. 9–18 Uhr.

Die Kirche wurde im 12. Jahrhundert als kreuzförmige, gewölbte Basilika erbaut und bildete zeitweise einen Teil der Stadtbefestigung. Sehenswert sind vor allem das romanische Tympanon des Südportals und die barocke Ausstattung.

St. Jakobi

Jakobi-Kirchhof. *tägl. 9.30–16 Uhr.*

Hier nahm im Jahr 1528/29 die Reformation in Goslar ihren Ausgang. Heute ist St. Jakobi (11. Jh., Umbau im 15./16. Jh.) die einzige katholische Kirche Goslars. Interessant sind die geschnitzte Pietà (um 1510) von Hans Witten, die Wandmalereien und das aus Kupfer getriebene Taufbecken.

Neuwerkkirche

Rosentorstr. 27. *tägl. 10–17.30 Uhr.*

Die spätromanische Kirche (12./13. Jh.) wurde für das Zisterzienser-Frauenkloster außerhalb der Stadtmauer gebaut. Die Fresken im Chor und die kunstvollen Steinmetzarbeiten zählen zu den Schätzen der Kirche. Das Gotteshaus ist von einem Garten umgeben.

Zug im Bergbaumuseum in Rammelsberg

Breites Tor

Breite Str.

Das im 13. Jahrhundert erbaute und zwischen 1480 und 1520 verstärkte Tor ist das einzige erhaltene der einst vier Haupttore. Über der Tordurchfahrt erhebt sich ein viereckiger Turm.

St.-Annen-Stift

Glockengießerstr. 65. *(05321) 39 87 00.* *Apr–Okt: Mo–Do 11–13, 14–17, Fr, Sa 11–13 Uhr; Nov–März: Mo–Do 11–13, 14–16, Fr, Sa 11–13 Uhr.*

Das 1494 gegründete Stift, heute Altersheim, beherbergt hinter der malerischen Fassade eine romanische Kemenate, eine mittelalterliche Küche und eine Kapelle mit meisterhaft bemalter Holzdecke.

Bergbaumuseum Rammelsberg

Bergtal 19. *(05321) 75 00.* *tägl. 9–18 Uhr, letzte Führung unter Tage 16.30 Uhr.*

Von 968 bis 1988 wurde hier Silbererz abgebaut. Heute ist das Industriedenkmal eine UNESCO-Welterbestätte. Bergbauwerkzeuge und Zubehör der verschiedenen Epochen können besichtigt werden. Im Zug geht es durch die geschichtsträchtige Mine.

Die oberirdische Anlage der Silbermine in Rammelsberg

Einbeck ㉓

Straßenkarte C3. *29 200.*
Altes Rathaus, Marktstr. 13, (05561) 313 19 10. **www**.einbeck.de

Im Mittelalter zählte man in der Stadt rund 600 Brauereien, das waren mehr als Häuser. Auch heute noch ist Einbeck für sein Bier bekannt, das Bockbier wurde hier erfunden.

Im Jahr 1540 zerstörte ein Feuer die Stadt. Sie wurde in spätmittelalterlicher Bauweise wieder aufgebaut. Mehrere Türme der Stadtbefestigung und über 100 Fachwerkhäuser sind bis heute erhalten. Das **Eickesche Haus** (Marktstraße 13) fällt wegen seiner geschnitzten Fassade mit Figuren aus der Bibel besonders ins Auge. Weitere malerische Häuser stehen in der Tiedexer Straße und am **Marktplatz**. Dort versammeln sich auch die Hauptattraktionen der Stadt: das Alte Rathaus, die Ratswaage und die Ratsapotheke. Der Turm der benachbarten **Pfarrkirche St. Jakobi** (um 1500) ist 1,50 Meter aus dem Lot. 1741 versuchte man, dies mit einer Barockfassade zu verbergen.

Umgebung: Der Kurort **Bad Gandersheim** liegt 15 Kilometer nordöstlich von Einbeck. Er entstand um ein im 9. Jahrhundert gegründetes Damenstift. Hier lebte im 10. Jahrhundert die erste Dichterin Deutschlands, Roswitha von Gandersheim.

Göttingen ㉔

Straßenkarte C4. *125 400.*
Altes Rathaus, Markt 9, (0551) 499 80-0. Händelfest (Juni); Literaturherbst (Okt); Jazzfestival (Nov); Studentenfeste, z. B. das Stiftungsfest. **www**.goettingen.de

Göttingen gehört zu den bekanntesten Universitätsstädten Deutschlands, die Georg-August-Universität wurde 1734 gegründet. Wichtige deutsche Persönlichkeiten wie Heinrich Heine, die Brüder Grimm und Alexander von Humboldt wirkten hier. Der gute Ruf als Ausbildungsstätte blieb Göttingen erhalten, was auch auf das hier ansässige Max-Planck-Institut zurückzuführen ist.

Dank der studentischen Bevölkerung ist Göttingen eine lebhafte Stadt. Die Gebäude der Universität sind über die Stadt verteilt. Interessant ist die **Aula** am Wilhelmsplatz (1835–37), ein eindrucksvoller neoklassizistischer Festsaal.

Am Marktplatz steht der kitschig-liebenswerte **Gänselieselbrunnen** (1901). Die Figur wird traditionellerweise von jedem frisch promovierten Doktor der Universität geküsst.

Steinernes Wappen am Göttinger Rathaus

Die hübsche Eingangslaube des gotischen **Alten Rathauses** (13./14. Jh.) führt in die große, im 19. Jahrhundert romantisch ausgemalte Halle mit Balkendecke.

Die vier Hauptkirchen der Stadt kann man vom Marktplatz aus sehen: St. Michael im Süden, St. Johannis im Westen, St. Albani im Osten und St. Jakobi im Norden. Die gotische Kirche **St. Jakobi** (14./15. Jh.) überrascht mit einem großartigen geschnitzten und bemalten Flügelaltar von 1402. Die gotische Hallenkirche **St. Albani** wurde 1467 vollendet und bewahrt die Flügel eines Altars von Hans von Geismar (1499).

Die Zwillingstürme der Kirche St. Cyriakus in Duderstadt

Duderstadt ㉕

Straßenkarte C4. *23 300.*
Rathaus, Marktstr. 66, (05527) 84 12 00. **www**.duderstadt.de

Südwestlich des Harzes liegt dieses häufig übersehene Juwel. Den Spaziergang durch die mittelalterliche Stadt beginnt man am besten am Obermarkt. Hier steht das **Rathaus** (14.–16. Jh.) mit einer interessanten Fachwerkfassade, Spitztürmen und steinerner Laube. Ein Kulturzentrum mit Ausstellungshalle ist darin untergebracht. Östlich davon erhebt sich die katholische **Propsteikirche St. Cyriakus** (15. Jh.) mit ihrer reichen Innenausstattung. In der **Kirche St. Servatius** (14.–16. Jh.) verbindet sich das gotische Äußere mit einer Ausstattung im Jugendstil. Das Wahrzeichen Duderstadts ist der **Westerturm** mit seiner gedrehten Spitze.

Das gotische Alte Rathaus am Marktplatz von Göttingen

Hotels und Restaurants in Hamburg, Bremen und Niedersachsen *siehe Seiten 513–516 und Seiten 552–555*

Tour: Weser-Renaissance-Route (26)

Die Weser-Renaissance ist ein Baustil, der etwa zwischen 1520 und 1630 im Wesergebiet vorherrschte. Es entstanden ornamentreiche Wohnhäuser, prächtige Rathäuser und Schlösser. Typische Merkmale sind die skulpturenreiche Utlucht (Erkervorbau), die Zwerchhäuser (mindestens einstöckiges Dachhäuschen quer zur Firstlinie des Hauses), das üppige Schweifwerk der Giebel und Zierquaderbänder zur Wandgliederung.

Hameln (1)
Die Vorzeigebauten im Weser-Renaissance-Stil sind das Rattenfängerhaus, das Hochzeitshaus und das Dempterhaus. Sehenswert ist in Hameln jedoch auch das romanisch-gotische Münster.

Bevern (3)
Eine Perle der Weser-Renaissance ist das Schloss (1602–12) in Bevern nahe Holzminden. Es hat vier Flügel und zwei Türme an den Ecken des Innenhofs.

Hämelschenburg (2)
Die dreiflügelige Anlage (1588–1609) südlich von Hameln ist von einem Burggraben umgeben. Im Schlossmuseum werden wertvolle Möbel, Gemälde, Kamine, Porzellan-, Glas- und Waffensammlungen gezeigt.

Hann. Münden (4)
Beispielhafte Weser-Renaissance-Bauten in der Stadt sind das Rathaus und das Welfenschloss. Das Schloss brannte 1561 fast vollständig nieder und wurde ab 1562 wiedererrichtet. Heute beherbergt es das Städtische Museum.

ROUTENINFOS

Start: *Hameln.*
Länge: *112 km.*
Rasten: *Restaurants und Gasthöfe am Weg.*
Tipp: *Mai bis Oktober abends Lichtshow auf Schloss Bevern.*

Schleswig-Holstein

Schleswig-Holstein, zwischen Nord- und Ostsee gelegen und begrenzt durch die Elbe und Dänemark, ist das nördlichste deutsche Bundesland. Die gotischen Backsteingebäude Lübecks zeugen heute noch von der einstigen Macht der Hansemetropole. Seefahrt und Handel prägten auch Kiel. Weite Sandstrände und idyllische Seen machen Schleswig-Holstein zu einem beliebten Urlaubsziel.

Dieses Bundesland besteht aus zwei Landesteilen: Schleswig im Norden wurde im 9. Jahrhundert bis zur Schlei von Dänen und Jüten besiedelt. Im 11. Jahrhundert gehörte es bis zur Eider zum dänischen Reich. Holstein im Süden wurde um 500 von Slawen, um 800 von den Sachsen besiedelt. Im 12. Jahrhundert holten sich die Deutschen das Land zurück. 1386 verschmolzen die zwei Landesteile. Schleswig und Holstein, seit der Reformation protestantisch, gehörten bis ins 19. Jahrhundert immer wieder in Teilen zur dänischen Krone. Nach dem Deutsch-Dänischen Krieg 1864 wurden Schleswig und Holstein 1867 preußische Provinz. 1920 fiel Nordschleswig nach einer Volksabstimmung an Dänemark. 1946 wurde das Land Schleswig-Holstein gegründet.

Schleswig-Holstein ist vorrangig eine von der Landwirtschaft geprägte Region und nicht so dicht besiedelt wie andere deutsche Bundesländer. Viele Besucher zieht es nach Lübeck, der im Mittelalter mächtigsten Hansestadt im Ostseeraum. Lübecks Altstadt, ein architektonisches Juwel, wurde von der UNESCO zur Welterbestätte erklärt. Sehenswert sind auch der Dom zu Schleswig, Schloss Glücksburg und die reizvollen Residenzen Eutin und Ratzeburg. Der Nationalpark Schleswig-Holsteinisches Wattenmeer, die Wanderdünen der Insel Sylt, die anmutige Ostseeküste, die Seen, Wälder und sanften Hügel der Holsteinischen Schweiz oder die Nordseeinsel Helgoland hinterlassen bei Besuchern bleibende Eindrücke.

Das Wasserschloss in Glücksburg, eine Perle der Spätrenaissance

◁ **Leuchtturm und reetgedecktes Haus in Hörnum auf Sylt** ***(siehe S. 459)***

Überblick: Schleswig-Holstein

Zweifellos stellt Lübeck die größte Attraktion dieses Bundeslandes dar. Deshalb sollte man wenigstens einen Tag zur Besichtigung der Stadt einplanen. Kiel ist ein beliebtes Ziel während der alljährlich stattfindenden »Kieler Woche«, einer internationalen Segelregatta. Die beeindruckende Kulisse der Insel Helgoland kann man bei einem Tagesausflug von Cuxhaven oder Büsum aus erkunden. Die Insel Sylt lädt zum längeren Verweilen ein. Alte Handelsstädte wie Schleswig oder Flensburg sind weitere Highlights in der nördlichsten deutschen Kulturregion.

Häuser in Plön, Zentrum der Holsteinischen Schweiz

In Schleswig-Holstein unterwegs

Der nächste internationale Flughafen ist in Hamburg. Die A7 verläuft von Hamburg über Kiel nach Flensburg und zur dänischen Halbinsel Jütland, die A1 führt über Lübeck nach Kopenhagen. Auch mit dem Zug sind viele Ortschaften zu erreichen. In Westerland auf Sylt nimmt der 200 Kilometer lange Abschnitt der Grünen Küstenstraße seinen Anfang, der bis nach Wischhafen durch Schleswig-Holstein führt.

Der Westensee – unvorstellbar klar und idyllisch im gleichnamigen Naturpark gelegen

Sehenswürdigkeiten auf einen Blick

Flensburg 5
Glückstadt 2
Helgoland S. 458 1
Holsteinische Schweiz 8
Kiel 7
Lübeck S. 462–465 10
Meldorf 3
Ratzeburg 9
Schleswig 6
Sylt 4

LEGENDE

- Autobahn
- Bundesstraße
- Nebenstraße
- Eisenbahn (Hauptstrecke)
- Eisenbahn (Nebenstrecke)
- Staatsgrenze
- Bundeslandgrenze

Schiffe im Hafen von Kiel

SIEHE AUCH

- ***Hotels*** S. 516f
- ***Restaurants*** S. 555f

Helgoland ❶

Deutschland tauschte Helgoland, vorher im Besitz Englands, 1890 gegen die ostafrikanische Insel Sansibar ein. Durch ihre Lage rund 70 Kilometer vom Festland entfernt war die Nordseeinsel von großer strategischer Bedeutung. 1945 zerstörten britische Bomben den Ort, 1952 wurde die Insel aus englischer Besatzung an Deutschland zurückgegeben. Die Hauptinsel hat eine Größe von etwa einem Quadratkilometer, die benachbarte Badedüne ist 0,7 Quadratkilometer groß.

INFOBOX

Straßenkarte B1. *1400.* *von Hamburg, Bremerhaven, Cuxhaven, Wilhelmshaven.* *Lung Wai 28, (04725 20 67 99).* **www**.helgoland.de

Hafen ①
Der flache Teil der Insel heißt Unterland. Der nach dem Krieg wieder aufgebaute Ort besitzt einen Hafen. Typisch für Helgoland sind hier die malerischen denkmalgeschützten Hummerbuden.

Lange Anna ③
Der 48 Meter hohe Felsenturm, das Wahrzeichen Helgolands, besteht aus rotem Sandstein.

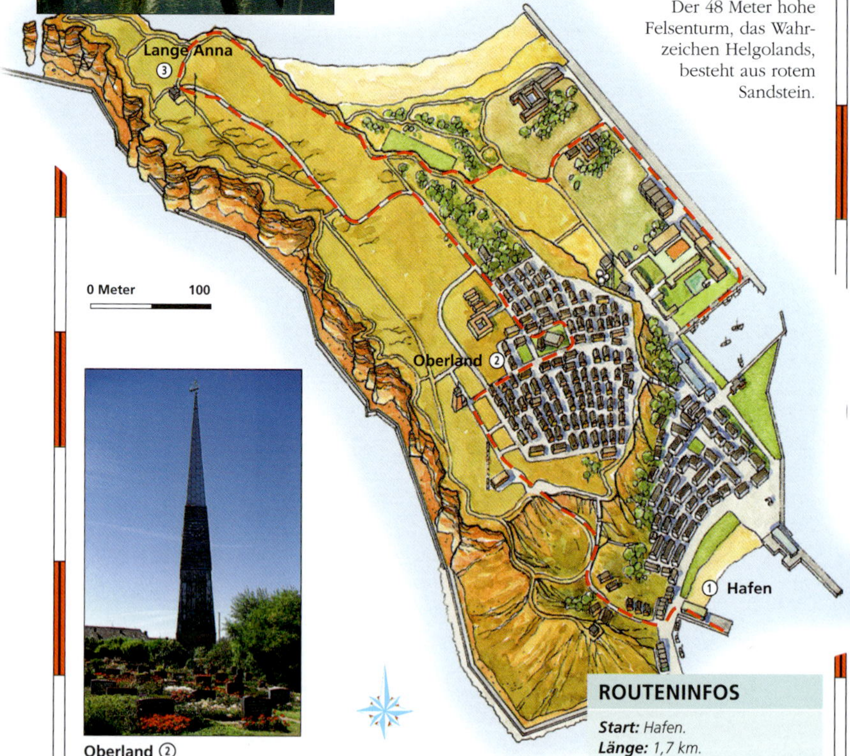

Oberland ②
Auf dem oberen Teil der Insel steht die 1959 erbaute Nikolaikirche. In der Nähe findet man Gräber aus dem 17. Jahrhundert.

LEGENDE

Routenempfehlung

ROUTENINFOS

Start: *Hafen.*
Länge: *1,7 km.*
Rasten: *Restaurants, Bars und Cafés auf der ganzen Insel.*
Tipp: *Am Lummenfelsen kann man sehr gut Vögel beobachten.*

Glückstadt ❷

Straßenkarte C2. *12400.* *Große Nübelstr. 31, (04124) 93 75 85.* **www**.glueckstadt.de

Der dänische König Christian IV. gründete 1617 die Stadt mit dem besonderen Grundriss: Die Straßen gehen strahlenförmig vom sechseckigen Marktplatz aus. Hier stehen das im 19. Jahrhundert wieder aufgebaute **Rathaus** (17. Jh.) und die barocke **Stadtkirche** (1618–23). Viele Schlösser der Herzöge Holsteins sind erhalten, so das **Palais Wasmer**. Das **Detlefsen-Museum** zur Stadt- und Regionalgeschichte befindet sich im 1632 erbauten Brockdorff-Palais.

Detlefsen-Museum
Am Fleth 43. *(04124) 93 76 30.* *Mi 14–17 (Juni–Aug: 14–18 Uhr), Do, Fr, Sa 14–18, So 14–17 Uhr.*

Meldorf ❸

Straßenkarte C1. *7700.* *Nordermarkt 10, (04832) 978 00.* **www**.meldorf.de

In Meldorf wurde im 13. Jahrhundert der **Dithmarscher Dom**, eine frühgotische Gewölbebasilika, als Symbol einer freien Bauernrepublik erbaut. Innen sind ein geschnitztes Renaissance-Chorgitter (1603) und ein Triptychon mit Kreuzigung (um 1520) zu sehen.

Umgebung: Husum, 60 Kilometer nördlich, ist Theodor Storms Geburtsstadt. Das **Storm-Haus** erinnert an den Dichter. Die **Marktkirche St. Marien** (1829–33) ist ein Hauptwerk des Klassizismus in Schleswig-Holstein.

Flensburg, vom Wasser aus gesehen

Sylt ❹

Straßenkarte B1, C1. *21 000.* *Westerland.* *Westerland, Stephanstraße 6, (04651) 820 20.* **www**.sylt.de

Die größte der nordfriesischen Inseln ist 50 Kilometer lang, sehr schmal und bietet ein vielfältiges Landschaftsbild: lange Sandstrände, 25 bis 30 Meter hohe Wanderdünen bei List, Steilküsten, das Rote Kliff bei Kampen und das Watt im Nationalpark Schleswig-Holsteinisches Wattenmeer. Die Inselmetropole **Westerland** ist für ihre lange Promenade und durch den Windsurf-Weltcup bekannt. Als schönstes Friesendorf in Deutschland gilt **Keitum** im Osten mit seinen reetgedeckten Häusern und schmalen Gassen. Über den Hindenburg-Damm führt eine Bahnstrecke zum Festland.

Flensburg ❺

Straßenkarte C1. *84600.* *Rathausstr. 1, (0461) 909 09 20.* *Rum-Regatta in der Flensburger Förde (Mai).* **www**.flensburg.de

Die nördlichste Stadt Deutschlands war im 16. Jahrhundert die bedeutendste Seehandelsstadt der dänischen Krone. Das 1595 errichtete **Nordertor** ist auf dem Wappen der Stadt abgebildet. Sehenswert sind außerdem das Schifffahrtsmuseum und die **Marienkirche** (Baubeginn 1284) mit einem Renaissance-Altar von 1598 und Skulpturen. Einen Besuch lohnen auch die **Nikolaikirche** (14./15. Jh.), in der eine herrliche Renaissance-Orgel steht, und die **Johanniskirche** (um 1200, später umgebaut) mit einer Gewölbedecke von ca. 1500. Ihre Bemalung zeigt Tierallegorien – eine versteckte Art der Kritik an der Kirche und am System des Ablasshandels.

Umgebung: Schloss Glücksburg, neun Kilometer nordöstlich von Flensburg, ist ein quadratisch angelegtes dreigeschossiges Wasserschloss aus dem späten 16. Jahrhundert mit vier massiven Ecktürmen auf Granitblöcken. Die Schlosskapelle, der Rote Saal und die Gobelinsammlung im Weißen Saal lohnen einen Besuch.

Der Künstler Emil Nolde lebte und arbeitete vom 20. Lebensjahr bis zu seinem Tod 1956 in **Seebüll** an der dänischen Grenze. Das Nolde-Museum präsentiert seine farbig glühenden Bilderwelten.

Ein langer, weißer Sandstrand auf der nordfriesischen Insel Sylt

Innenhof von Schloss Gottorf in Schleswig

Schleswig 6

Straßenkarte C1. *25700.*
Plessenstr. 7, (04621) 85 00 56. *Schleswig-Holstein-Musikfestival in der ganzen Region (Juli/Aug); Wikinger-Tage (Juli/Aug).*
www.schleswig.de

Der bedeutende Warenumschlagplatz der Wikingerzeit, Schleswig, wurde bereits 947 zum Bischofssitz. Von 1544 bis 1713 war es die Residenz der Herzöge von Holstein-Gottorf. Sie lebten auf **Schloss Gottorf**, einer Vierflügelanlage, in dem jetzt das Schleswig-Holsteinische Landesmuseum zur regionalen Kunst und Kultur vom Mittelalter bis zur Gegenwart und das Archäologische Landesmuseum untergebracht sind. Hier sind u.a. vorgeschichtliche, im Moor konservierte Leichen zu sehen. Sehenswert ist auch die zweigeschossige Kapelle von 1590.

Der **St.-Petri-Dom** wurde zwischen dem 12. und dem 15. Jahrhundert erbaut. Sein größter Schatz ist der Bordesholmer Altar, 1514–21 von Hans Brüggemann geschaffen. Das Meisterwerk gotischer Schnitzkunst ist zwölf Meter hoch und hat 392 Figuren. Auch der Künstler selbst hat sich darauf verewigt, mit Bart und schiefem Hut.

Reizvoll sind auch ein Spaziergang durch das alte Fischerviertel **Holm** sowie ein Besuch im **Wikinger-Museum Haithabu**, das vier Kilometer vom Zentrum entfernt liegt. In der historischen Wikingersiedlung sieht man noch die Grundmauern der alten Festungsanlage. Im Museum sind Bootsmodelle, Schmuck und Alltagsgegenstände der Wikinger ausgestellt. In der Schiffshalle wird das im Hafen von Haithabu gefundene Langschiff wieder aufgebaut.

Schloss Gottorf/ Schleswig-Holsteinisches Landesmuseum/Archäologisches Landesmuseum
(04621) 81 30. Apr–Okt: tägl. 10–18 Uhr; Nov–März: Di–Fr 10–16, Sa, So 10–17 Uhr.

Wikinger-Museum Haithabu
(04621) 81 32 22. Apr–Okt: tägl. 9–17 Uhr; Nov–März: Di–So 10–16 Uhr.

Romanische Taufbecken

Auf der durch Schlei, Ostsee und Flensburger Förde umgrenzten Halbinsel Angeln kann man viele romanische Taufbecken sehen. Erhalten geblieben sind die meist aus Granit hergestellten Becken in bezaubernden Kirchen aus dem 12. Jahrhundert. Sie liegen alle entlang einer Strecke (63 km), die von Flensburg über Munkbrarup, Sörup, Norderbrarup, Süderbrarup und Ulsnis bis Schleswig führt.

Taufbecken in der Kirche von Borby

Taufbecken in der Kirche von Munkbrarup

Taufbecken in der Kirche von Sörup

Kiel 7

Straßenkarte C1. *235500.*
Andreas-Gayk-Str. 31, (0431) 67 91 00. *Kieler Woche (Ende Juni).*
www.kiel.de

Kiel liegt an der Kieler Förde, nördlich der Stadt beginnt der 1895 in Betrieb genommene Nord-Ostsee-Kanal mit den zwei riesigen Schleusen. Von Kiel fahren Fähren nach Skandinavien ab. Zur »Kieler Woche« verwandelt sich die Stadt in ein Mekka für Segler aus aller Welt.

Ein Spaziergang am Schwedenkai entlang bringt den Besucher zum 1907–11 erbauten **Rathaus**, dessen 106 Meter hoher Turm das Wahrzeichen Kiels ist. In der Nähe befindet sich die nach dem Zweiten Weltkrieg wiedererrichtete **Nikolaikirche** mit Taufbecken (1344) und Flügelaltar (1460). Vor der Kirche steht der *Geistkämpfer*, eine von Ernst Barlach 1928 geschaffene Bronzegruppe, die den Sieg des Geistes über die Materie symbolisiert.

Scheune im Schleswig-Holsteinischen Freilichtmuseum

Vom im Zweiten Weltkrieg zerstörten **Schloss** blieb nur der Westflügel (1697) erhalten (Gemäldegalerie), der Rest wurde 1961–65 neu errichtet.

Im **Schleswig-Holsteinischen Freilichtmuseum** in Kiel-Molfsee, sechs Kilometer vom Zentrum entfernt, sind mehr als 60 alte Bauernhäuser, Katen, Scheunen, Windmühlen und Werkstätten aus dem 16. bis 19. Jahrhundert zu sehen. Alte handwerkliche Tätigkeiten werden vorgeführt: Töpfern, Korbflechten und Backen.

Schleswig-Holsteinisches Freilichtmuseum
Hamburger Landstr. 97.
(0431) 65 96 60. Apr–Okt: tägl. 9–18 Uhr (Juni–Aug: 9–17 Uhr); Nov–März: So 11–16 Uhr.

Emil Nolde (1867–1956)

Der Künstler wurde als Emil Hansen geboren, nahm aber später den Namen seiner Geburtsstadt an. Nach dem Kunststudium in Kopenhagen, München und Paris verschrieb sich Nolde der Malerei, war aber auch als Grafiker sehr erfolgreich. 1906/07 gehörte er der Dresdner Expressionistengruppe *Die Brücke* an. Wichtigste Ausdrucksmittel in Noldes Bildern sind lebhafte, kontrastreiche Farben und expressive, emotionale Sujets. Von den Nationalsozialisten wurde er als Vertreter »entarteter Kunst« abgelehnt und erhielt Malverbot. Der Künstler malte auf seinem Hof in Seebüll jedoch heimlich weiter.

Holsteinische Schweiz 8

Straßenkarte D1. *Bad Malente, Bahnhofstraße 3, (0800) 202 00 80. Jazz-Festival in Plön (Mai); Stadtfest in Eutin (Aug).*
www.holsteinischeschweiz.de

Jungmoränen bis zu einer Höhe von 164 Metern und fast 200 Seen sind der Grund, warum dieses Gebiet als Holsteinische Schweiz bezeichnet wird. Das ideale Fortbewegungsmittel ist das Fahrrad, mit dem man die Schönheiten der Natur und die reichhaltige Fauna am besten erkunden kann. Ornithologen haben 200 Vogelarten ausgemacht.

Das Zentrum dieses Feriengebiets ist **Plön** am Großen Plöner See. In der Nähe befindet sich **Preetz**, eine alte Schuhmacherstadt. Hier findet man eine turmlose gotische Kirche (1340), die zu einem früheren Benediktinerinnenkloster gehörte. Noch älter ist die romanische Kirche (nach 1150) in **Bosau**, einem kleinen Ort inmitten der malerischen Umgebung des Großen Plöner Sees. Sie ist als erste Diözese der Region bekannt und war Sitz Vizelins, der die slawischen Wenden christianisierte.

Auch **Eutin** bietet seinen Besuchern viel Interessantes. Der kleine, hübsche Ort wird manchmal als das »Weimar des Nordens« bezeichnet. Das Schloss, ein vierflügeliger Backsteinbau, wurde im Mittelalter für die Lübecker Bischöfe gebaut, allerdings in den Jahren 1716–27 weitgehend verändert. Sehenswert sind die Schlosskapelle, der Blaue Salon mit Stuckwerk aus dem Rokoko sowie Gemälde von Johann Heinrich Wilhelm Tischbein zu Homers Epen *Ilias* und *Odyssee*.

Schloss in Plön, dem Zentrum der Holsteinischen Schweiz

Dom von Ratzeburg

Ratzeburg 9

Straßenkarte D2. *13 100.* *Unter den Linden, (04541) 800 08 68.* **www**.ratzeburg.de

Ratzeburg, benannt nach dem slawischen Fürsten Ratibor, liegt auf einer Insel im Großen Ratzeburger See und ist mit dem Festland durch drei Dämme verbunden. Unter den Herzögen von Sachsen-Lauenburg 1296–1689 war Ratzeburg zeitweise Residenz.

Der **Dom**, ab 1160 errichtet, ist ein großartiges Zeugnis der romanischen Backsteinarchitektur. Die Südvorhalle am wuchtigen gotischen Turm ist besonders beeindruckend: Fischgrätmuster und Linien aus schwarzen Fliesen schmücken das Innere. Norddeutschlands ältestes Chorgestühl, eine Triumphkreuzgruppe (13. Jh.), der spätgotische Schnitzaltar in der Apsis, die Renaissance-Kanzel (1576) und der Hochaltar von 1629 sind nur einige der Schätze dieser Kirche.

Im Detail: Lübeck ⓾

Das »Nest«, wie Lübeck von einem seiner berühmtesten Söhne, Thomas Mann, bezeichnet wurde, ist unbedingt einen Besuch wert. Im Mittelalter war Lübeck die »Königin der Hanse«. Heute zieht es Liebhaber der norddeutschen Backsteingotik, die zu einem eigenen Stil wurde, magisch an. Innenräume von Kirchen, Gebäudefassaden, das Stadttor, das einzigartige Rathaus und sogar das Heiligen-Geist-Hospital sehen aus, als ob sie aus einem Lehrbuch der Architektur stammen. Trotz der Zerstörungen durch Bomben 1942 besitzt Lübeck, an der Trave gelegen, mehr als 1000 denkmalgeschützte Gebäude.

Buddenbrookhaus
In diesem schönen gotischen Haus wohnten einst die Großeltern von-Nobelpreisträger Thomas Mann. Heute befindet sich hier ein Museum über die Familie Mann.

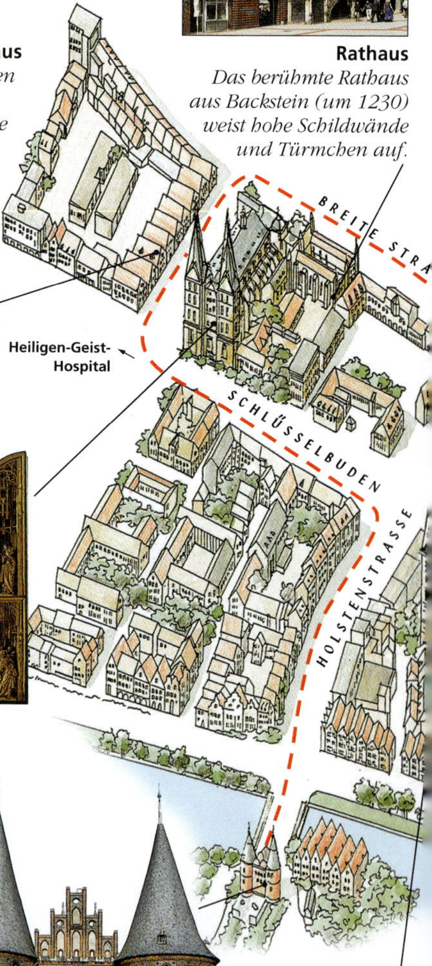

Rathaus
Das berühmte Rathaus aus Backstein (um 1230) weist hohe Schildwände und Türmchen auf.

★ Marienkirche
Schätze in der Marienkirche, Symbol bürgerlicher Macht, sind der Marienaltar (1518) und das Tauffass (1337).

Holstentor
Das Tor mit seinen bis zu 3,50 Meter dicken Mauern, einst Stadttor und heute Wahrzeichen Lübecks, wurde 1464–78 von Hinrich Helmstede erbaut.

Petrikirche
Vom Turm der fünfschiffigen Hallenkirche (13./14. Jh., im 15./16. Jh. erweitert) bietet sich ein schöner Blick.

LEGENDE

– – – Routenempfehlung

Stadtansicht
Bereits aus weiter Entfernung kann man Lübeck mit den sieben Kirchtürmen sehen. Alle wichtigen Denkmäler liegen in der Altstadt, die von Wasser umgeben ist.

INFOBOX

Straßenkarte D2. *213 800.* *Holstentorpl. 1, (0451) 889 97 00.* *Historischer Hansemarkt (Mai); Travemünder Woche (Juli); Schleswig-Holstein-Musikfestival (Juli/Aug); Sail Travemünde (Aug).*
www.luebeck-tourismus.de

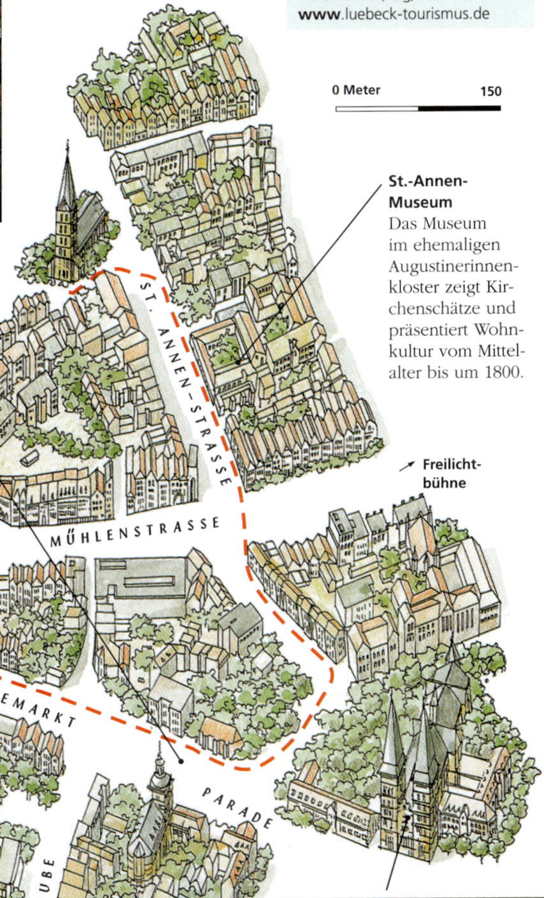

Herz-Jesu-Kirche
In dieser katholischen Kirche (19. Jh.) steht ein Denkmal für vier Geistliche, die im Dritten Reich hingerichtet wurden, weil sie sich gegen den Krieg geäußert hatten.

St.-Annen-Museum
Das Museum im ehemaligen Augustinerinnenkloster zeigt Kirchenschätze und präsentiert Wohnkultur vom Mittelalter bis um 1800.

★ Dom
Das älteste Bauwerk Lübecks wurde 1173, zu Zeiten Heinrichs des Löwen, begonnen und 1230 abgeschlossen.

NICHT VERSÄUMEN

- ★ Dom
- ★ Marienkirche

Lübecker Marzipan

Als Mitbringsel ist Lübecker Marzipan seit Jahrhunderten beliebt. Die Nascherei wird aus zwei Dritteln süßen Mandeln und einem Drittel Zucker hergestellt und mit aromatischen Ölen verfeinert. Die Perser nannten die Süßigkeit *marsaban*, 1530 tauchte erstmalig in Lübeck der Name *Martzapaen* auf. Seit 1806 perfektioniert die Konditorei Niederegger das Rezept. Neben dem Café (Breite Straße 89) gibt es im 2. Stock des Hauses den Marzipan-Salon zur Geschichte der Leckerei.

Überblick: Lübeck
Alle wichtigen Denkmäler – mit Ausnahme des Holstentors – liegen in der Altstadt nahe beieinander.

Marienkirche
Schlüsselbuden 13.
tägl. 10–18 Uhr.
Die Marienkirche wurde – als Gegenstück zum bischöflichen Dom – als Gotteshaus der Lübecker Patrizier errichtet. Die Basilika mit den 125 Meter hohen Zwillingstürmen entspricht im Grundriss einer französischen Kathedrale, nur dass sie eben aus Backstein erbaut ist. Sie wurde zum Vorbild für zahlreiche gotische Backsteinkirchen im Ostseeraum.

Der riesige Innenraum weist die mit 40 Metern höchste gewölbte Backsteindecke der Welt auf. Die Sehenswürdigkeiten im Inneren sind ein fast zehn Meter hohes bronzenes Sakramentshaus (1476–79), ein bronzenes Taufbecken von 1337, ein der Jungfrau Maria gewidmeter, 1518 in Antwerpen hergestellter Altar in der Sängerkapelle und der spätgotische Swarte-Altar mit Madonna. Die südwestliche, im frühen 14. Jahrhundert erbaute seitliche Briefkapelle ist eines der frühesten Beispiele für Sternengewölbe in Europa.

Im Südcrturm sieht man die Reste der zersplitterten Kirchenglocken, die sich nach dem Bombenangriff von 1942 in den Fußboden gebohrt hatten. Die heutigen Glocken stammen aus der Katharinenkirche in Danzig.

Buddenbrookhaus
Heinrich-und-Thomas-Mann-Zentrum, Mengstraße 4. *(0451) 122-42 43.* *Jan–März: tägl. 11–17 Uhr; Apr–Dez: tägl. 10–18 Uhr.*
Hinter einer Rokokofassade von 1758 befindet sich ein Museum, das der Familie Mann und Thomas Manns Familiensaga *Buddenbrooks* gewidmet ist. Das Haus ist zentraler Handlungsort des Romans, für den Mann 1929 den Nobelpreis bekam. Im Zentrum der Ausstellung stehen Dokumente, die mit den Manns zu tun haben, insbesondere mit Thomas und Heinrich Mann. Sie befassen sich mit deren Lübecker Zeit, der Auswanderung und dem Leben im Exil nach 1933.

Das fünfgeschossige Burgtor, von einer barocken Kuppel gekrönt

Schabbelhaus
Mengstr. 48–52.
Ursprünglich befanden sich in der westlichen Hälfte Lübecks zahlreiche Patrizierhäuser mit verzierten Backsteingiebeln. Viele davon wurden bei den Bombenangriffen im März 1942 beschädigt, nach dem Krieg jedoch sorgfältig restauriert. Im Schabbelhaus, ausgestattet mit Einrichtungsgegenständen aus alten lübischen Kaufmannshäusern und Leihgaben des St.-Annen-Museums, befindet sich heute ein Restaurant.

Haus der Schiffergesellschaft mit Treppengiebel

Haus der Schiffergesellschaft
Breite Str. 2.
Das 1535 erbaute Haus der Schiffergilde mit seinem hohen Treppengiebel weist ein prächtiges Interieur auf und beherbergt eines der berühmtesten Restaurants der Stadt. Geschmückt ist es mit alten Wappen der Seefahrer, Schiffsmodellen und Erinnerungsstücken aus früheren Jahrhunderten.

Füchtingshof
Glockengießerstr. 23–27.
Im östlichen Teil der Stadt verbinden enge Gassen bezaubernde Höfe und kleine,

Hotels und Restaurants in Schleswig-Holstein *siehe Seiten 516f und Seiten 555f*

Das Heiligen-Geist-Hospital mit seinen schlanken Türmen

bescheidene Häuser. Das barocke Portal des Füchtingshofs, des größten und prächtigsten der Stiftungshöfe Lübecks, führt zu Häusern, die 1639 als Wohnungen für Kaufmanns- und Schifferwitwen gebaut wurden.

Burgtor

Große Burgstr.

An den nördlichen Grenzen der Altstadt steht das zweite erhaltene Tor der historischen Festungsanlage, das Burgtor. 1444 wurde das Tor erhöht und mit schwarzen und roten Ziegeln neu verblendet. Eine barocke Haube wurde 1685 hinzugefügt.

Heiligen-Geist-Hospital

Am Koberg. *(0451) 790 78 41.*
Apr–Sep: Di–So 10–17 Uhr; Okt–März: Di–So 10–16 Uhr.

Das Heiligen-Geist-Hospital mit seinen fünf schlanken Türmen wurde von reichen Bürgern für kranke und alte Menschen gestiftet. 1286 vollendet und seitdem mehrfach erweitert, zählen Kirche, Spitalhalle und Nebengebäude zu den ältesten und besterhaltenen Hospitalbauten ihrer Zeit. Auch heute ist hier ein Altenheim untergebracht. Sehenswert sind in der Kirche Darstellungen der Elisabethlegende auf Eichenholztafeln. Im Gewölbekeller wurde ein Weinrestaurant eingerichtet.

Jakobikirche

Jakobikirchhof 5. *tägl. 10–18 Uhr.*

Die 1334 geweihte dreischiffige Backsteinhallenkirche blieb im Zweiten Weltkrieg unbeschädigt. Erwähnenswert sind der barocke Hochaltar (1717) und der Altar des Bürgermeisters Heinrich Brömse (um 1500). Er zeigt eine Kreuzigungsszene aus Sandstein. Die kleine Orgel stammt aus dem 15., die große aus dem frühen 16. Jahrhundert.

Katharinenkirche

Königstr. *(0451) 22 41 37.*
Museumskirche St. Katharinen
15. Apr–Sep: Di–So 10–17 Uhr.

St. Katharinen, die turmlose Kirche des ehemaligen Franziskanerklosters mit ihrer Doppelchoranlage, wurde 1300–70 erbaut. Sie wird nach einer Langzeitrestaurierung wieder im ursprünglichen Zustand ihrer Entstehungszeit zu sehen sein. Die hohe, asymmetrische Westfront mit dem Wechsel von glasierten und unglasierten Backsteinen zeugt von höchster künstlerischer Qualität. Im 20. Jahrhundert wurde der Figurenzyklus *Gemeinschaft der Heiligen* von Ernst Barlach und Gerhard Marcks hinzugefügt. In der Kirche sind Wandmalereien aus dem 14. und 15. Jahrhundert, das Gemälde *Die Auferstehung des Lazarus* von Jacopo Tintoretto aus dem Jahr 1575 und eine spätgotische Triumphkreuzgruppe erhalten.

Der helle Innenraum des gotischen Doms

St.-Annen-Museum

St.-Annen-Str. 15. *(0451) 122 41 37.* *Jan–März: Di–So 11–17 Uhr; Apr–Dez: Di–So 10–17 Uhr.*

Das Museum im ehemaligen Augustinerinnenkloster (frühes 16. Jh.) zeigt eine bedeutende Sammlung von mittelalterlichen norddeutschen Schnitzaltären, die von reichen Familien für ihre Privatkapellen in einer der fünf Kirchen in Auftrag gegeben wurden. Daneben sind sakrale niederländische Werke des 15. und 16. Jahrhunderts wie der Hans-Memling-Altar (1491) zu sehen. Möbel, Silber, Porzellan, Fayencen und Spielzeug vom Mittelalter bis 1800 vermitteln Lübecker Wohnkultur.

Dom

Mühlendamm 2–6. *(0451) 747 04.* *Apr–Okt: tägl. 10–18 Uhr; Nov–März: tägl. 10–16 Uhr.*

Heinrich der Löwe legte für das wohl älteste Baudenkmal Lübecks 1173 den Grundstein. Um 1230 war der Dom fertig, ab 1250 wurde das »Paradies«, die spätromanische Vorhalle, angelegt. Bis 1341 gestaltete man den Bau zu einer gotischen Hallenkirche um. Nach dem Zweiten Weltkrieg wurde der zerstörte Dom wieder hergestellt. Kunstwerke im Inneren sind das 17 Meter hohe Triumphkreuz von Bernt Notke (1477), eine aus Eichenholz geschnitzte Lettnerverkleidung mit Großfiguren Notkes, eine Renaissance-Kanzel (1568), mittelalterliche Altäre und ein Taufbecken von 1455.

Mecklenburg-Vorpommern

Die Städte Stralsund und Wismar (2002 als UNESCO-Welterbestätten ausgezeichnet), Rostock und Schwerin weisen in ihren historischen Altstädten zahlreiche schöne Bauwerke auf. Einzigartig in Mecklenburg-Vorpommern ist die unberührte Landschaft: Hunderte von Seen, sanfte Hügel und eine Küste, die von weißen Sandstränden bis hin zu hohen Kreideklippen alles bietet.

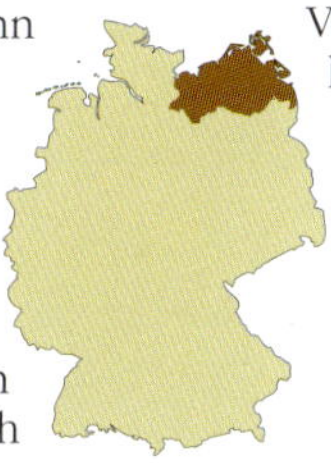

Mecklenburg-Vorpommern kann auf eine sehr bewegte Geschichte zurückblicken. Im 12. Jahrhundert wurden die hier ansässigen slawischen Stämme christianisiert. Sie vermischten sich bald mit den deutschen Siedlern. Im späten Mittelalter entwickelten sich viele Städte zu Handelszentren und traten der Hanse bei. Seit den Zeiten Martin Luthers waren beide Gebiete protestantisch. 1648 fiel Vorpommern mit Rügen und Usedom an Schweden, Mecklenburg musste u.a. Wismar an die Großmacht im Norden abtreten. 1815 kam Schwedisch-Vorpommern zu Preußen. Die 1701 entstandenen Herzogtümer Mecklenburg-Schwerin und Mecklenburg-Strelitz blieben über Jahrhunderte konservative Agrarstaaten. 1945 kam Vorpommern zum Land Mecklenburg, das 1949 Teil der DDR wurde und 1952 in den DDR-Bezirken Rostock, Schwerin und Neubrandenburg aufging. 1990 gründete man das Land Mecklenburg-Vorpommern neu.

Heute ist Mecklenburg-Vorpommern eines der beliebtesten deutschen Urlaubsziele: Für Naturliebhaber, Wanderer und Radfahrer sind die Mecklenburgische Seenplatte, die Küste und die Inseln ein Paradies. Wer sich für Architektur interessiert, besucht die Schlösser von Ludwigslust, Güstrow und Schwerin. Die ehemalige Klosterkirche von Bad Doberan sowie viele Rathäuser, Kirchen, Tore und Speicher in den einstigen Hansestädten sind Perlen der Backsteingotik.

Die Kreidefelsen auf der Insel Rügen ragen bis zu 120 Meter aus der Ostsee auf

◁ **Das Schloss von Schwerin *(siehe S. 470f)* auf einer kleinen Insel im Schweriner See**

Überblick: Mecklenburg-Vorpommern

Weiter Sandstrand an der Ostseeküste

Das Bundesland im Nordosten Deutschlands kann man in drei Hauptregionen einteilen: den westlichen Teil mit den hübschen historischen Städten Wismar und Schwerin, die Mitte mit der wichtigen Ostseehafenstadt Rostock und den nordöstlichen Teil mit den ehemaligen Hansestädten Stralsund und Greifswald. In der Mitte des am dünnsten besiedelten deutschen Bundeslandes laden die große Mecklenburgische Seenplatte und der Müritz-Nationalpark zum Wandern, Schwimmen und Segeln ein. Auch die Inseln Rügen und Usedom locken mit bezaubernder Natur und wundervollen Sandstränden.

Sehenswürdigkeiten auf einen Blick

Anklam ⓮
Bad Doberan ❺
Gadebusch ❸
Greifswald ⓬
Güstrow ❻
Ludwigslust ❷
Neubrandenburg ❼
Peenemünde ⓰
Rostock S. 476 ❾
Rügen S. 478f ⓫
Schwerin S. 470f ❶
Stralsund S. 477 ❿
Usedom ⓯
Wismar ❹
Wolgast ⓭

Tour

Nationalpark Müritz ❽

Der Neue Markt in Rostock mit schönen Giebelhäusern

SIEHE AUCH

- ***Hotels*** S. 517–519
- ***Restaurants*** S. 556f

0 Kilometer 30

In Mecklenburg-Vorpommern unterwegs

Die nächsten internationalen Flughäfen sind Hamburg und Berlin, Inlandsflüge landen in Rostock und in Heringsdorf auf Usedom. Fähren verkehren von Sassnitz bzw. Rostock nach Dänemark, Schweden und Litauen. Die A20 verläuft von Lübeck über Wismar und Rostock bis kurz vor der polnischen Grenze. Von Berlin führt die A24 nach Schwerin, die A19 nach Rostock.

Sonnenuntergang auf Rügen

LEGENDE

- Autobahn
- Bundesstraße
- Nebenstraße
- Eisenbahn (Hauptstrecke)
- Eisenbahn (Nebenstrecke)
- Staatsgrenze
- Bundeslandgrenze

Der zweistöckige Arkadenhof von Schloss Güstrow

Schwerin ❶

Schwerin ist die Hauptstadt Mecklenburg-Vorpommerns. Die malerische Lage zwischen sieben Seen, das märchenhaft anmutende Schloss und die Altstadt mit ihrer großartigen historischen Bausubstanz, die im Zweiten Weltkrieg größtenteils verschont blieb, machen seinen Reiz aus. 1160 erhielt Schwerin Stadtrechte und wurde zugleich Bischofssitz. Von 1358 bis 1918 residierten hier, mit einer Unterbrechung zwischen 1756 und 1837, die Herzöge von Mecklenburg, die eine Vielzahl ehrgeiziger Bauprojekte realisierten. 2009 war Schwerin Veranstaltungsort der Bundesgartenschau.

Das Neorenaissance-Schloss auf der Insel im Schweriner See

Überblick: Schwerin

Die Altstadt von Schwerin liegt zwischen dem Pfaffenteich und dem etwa 65 Quadratkilometer großen Schweriner See. Besucher können alle Sehenswürdigkeiten der Stadt problemlos zu Fuß erreichen. Im Norden liegt um den Schelfmarkt die Schweriner Neustadt.

Schloss

Schlossinsel. *(0385) 525 29 20.* *Mitte Apr–Mitte Okt: tägl. 10–18 Uhr; Mitte Okt–Mitte Apr: Di–So 10–17 Uhr.*

Auf einer Insel im Schweriner See erhebt sich das sechseckige »Märchenschloss« mit seinen zahlreichen Türmen und Zinnen. Es wurde 1843–57 nach Plänen von Georg Adolph Demmler und Friedrich August Stüler im Stil der Neorenaissance errichtet. Vorbild war das Loire-Schloss Chambord bei Orléans. Die Schlossbauten aus dem 16. und 17. Jahrhundert wurden dabei integriert. Das Schloss ist heute Sitz des Landtags von Mecklenburg-Vorpommern, der museale Teil ist jedoch zugänglich.

Innerhalb der Anlage ist die 1560–63 erbaute Renaissance-Kapelle erhalten. Die Prunkräume im Schloss – Thronsaal, Rote Audienz und Ahnengalerie – schmücken vergoldete Stuckaturen.

Burg- und Schlossgarten

Der Außenbereich des Schlosses ist unterteilt in Burg- und Schlossgarten. Der Burggarten, angelegt im Stil eines englischen Landschaftsgartens, besitzt eine Orangerie sowie eine 1850 angelegte Felsengrotte. Eine Brücke führt hinüber zum größeren Schlossgarten, einem der Lieblingsplätze der Schweriner, wenn sie ausspannen wollen. Er wurde 1748–56 mit zentraler Achse und Kaskaden angelegt. Der Kreuzkanal ist gesäumt von 14 Skulpturenkopien aus der Werkstatt von Balthasar Permoser, der als Bildhauer auch am Dresdner Zwinger mitarbeitete.

Staatliches Museum

Am Alten Garten 3. *(0385) 595 80.* *Di–So 10–17 Uhr.*

Das Staatliche Museum steht am Alten Garten, an dem sich auch das **Mecklenburgische Staatstheater** erhebt, das 1882–86 nach Plänen von Georg Daniel errichtet wurde. Das Museum, 1877–82 von Hermann Willebrand erbaut, empfängt seine Besucher mit Freitreppe und Säulenportikus. Der Grundstock für die Kunstsammlung waren die von den mecklenburgischen Herzögen gesammelten Werke, die um Neuerwerbungen von Weltrang erweitert werden konnten. Neben Gemälden und Plastiken des 18. bis 20. Jahrhunderts, u.a. von Cranach, Liebermann und Corinth, kann man hier vorrangig niederländische und flämische Meister wie Rembrandt, Rubens, Hals und Fabritius bewundern. Französische Kunst von Jean-Baptiste Oudry bis zum Dadaisten Marcel Duchamp ist ebenso vertreten wie zeitgenössische (Cage, Polke, Glöckner).

Rathausplatz

Der Platz ist umgeben von Bürgerhäusern, deren ältere Mauern oft hinter Fassaden aus dem 19. Jahrhundert versteckt wurden. Dies gilt auch für das **Altstädtische Rathaus**. Hier verschwinden vier Giebelhäuser aus dem 17. Jahrhundert hinter einer Fassade im Stil der Tudorgotik. Verantwortlich für die meisten histo-

***Venus und Amor* (1527) von Lucas Cranach im Staatlichen Museum**

Dom in Schwerin

ristischen Bauten, die Schwerin prägen, war der Architekt Georg Adolph Demmler. Das auffälligste Bauwerk an der Nordseite des Platzes ist das von 14 Säulen geprägte **Neue Gebäude**. Es wurde 1783–85 nach Plänen von Johann Joachim Busch als Markthalle errichtet.

Dom St. Maria und St. Johannes

Am Dom 4. (0385) 56 50 14.
Dom und Turm *Nov–März: Mo–Fr 11–14, Sa 11–16, So 12–15 Uhr; Apr–Okt: Mo–Sa 10–17, So 12–17 Uhr.* *Turm.*

Der Schweriner Dom gilt als ein Hauptwerk der Backsteingotik. Von 1270 bis 1416 dauerte der Bau der großen dreischiffigen Basilika mit gewaltigem Querhaus, Chorumgang und Kapellenkranz. Vorbilder waren die Kirchen in Lübeck und Stralsund. Die Ausstattung ist überwiegend neugotisch, doch gibt es viele Einzelstücke aus dem Mittelalter. Dazu gehören der Altar von 1495, Grabdenkmäler aus dem 14. bis 16. Jahrhundert, ein Bronzetaufbecken von 1325, ein Bronzeepitaph von Peter Vischer d. Ä. und ein Triumphkreuz von 1420.

Der neugotische Turm, mit 117,50 Metern der höchste des Bundeslandes, wurde erst im 19. Jahrhundert angefügt. Von seiner Aussichtsplattform aus hat man einen wundervollen Blick.

INFOBOX

Straßenkarte D2. *104 200.*
Am Markt 10, (0385) 592 52 12. *Schlossfestspiele (Juni/ Juli); Töpfermarkt (Juli); Drachenbootfest (Aug).*
www.schwerin.com

Mecklenburgisches Volkskundemuseum

Alte Crivitzer Landstr. 13 (Schwerin-Mueß). *(0385) 20 84 10.*
März, Apr: Sa, So 10–17 Uhr; Mai–Sep: Di–So 10–18 Uhr; Okt, Nov: Di–So 10–17 Uhr.

In dem Freilichtmuseum vermitteln mecklenburgische Häuser des 18./19. Jahrhunderts (u. a. Schmiede, Dorfschule) den Eindruck eines gewachsenen Dorfes. Eine Attraktion ist das Niederdeutsche Hallenhaus.

Historische Häuser im Mecklenburgischen Volkskundemuseum

Wasserspiele im Park von Ludwigslust

Ludwigslust ❷

Straßenkarte D2. *12 600.* *nördlich des Zentrums, 15 Min. zu Fuß.* *Schlossstr. 36, (03874) 52 62 51.* **www**.stadt-ludwigslust.de

Herzog Christian Ludwig II. ließ sich 1731 im Dorf Klenow ein Jagdschloss bauen. Sein Sohn Friedrich »der Fromme« verlegte 1756 seinen Regierungssitz von Schwerin hierher. Nach Plänen von Johann Joachim Busch entstand 1772–76 das barocke **Schloss** Ludwigslust nach Versailler Vorbild. Hinter der Sandsteinfassade verbirgt sich jedoch ein Backsteinbau. Besonders sehenswert ist die Figurengalerie auf dem Attikageschoss. Die Innenräume, vor allem der elegante Goldene Saal, sind verziert mit Dekorationen aus Ludwigsluster Karton, einer besonderen Art von Pappmaschee.

Mitte des 19. Jahrhunderts wurde der 120 Hektar große **Schlosspark** von Peter Joseph Lenné zu einem englischen Landschaftsgarten umgestaltet. Der Besucher entdeckt hier Wasserspiele, einen Kanal, eine künstliche Ruine, eine steinerne Brücke sowie die neugotische Kirche St. Helena. Die 1765–70 erbaute evangelische **Stadtkirche** wirkt mit ihrer Säulenvorhalle wie ein antiker Tempel. Das Altargemälde (1772–1803) stellt die Verkündigung an die Hirten dar.

Schloss
(03874) 571 90. *15. Apr–14. Okt: Di–So 10–18 Uhr; 15. Okt–14. Apr: Di–So 10–17 Uhr.* *24., 31. Dez.*

Stadtkirche
(03874) 219 68. *Öffnungszeiten variieren, tel. erfragen.*

Gadebusch ❸

Straßenkarte D2. *6200.* *Mühlenstr. 19, (03886) 22 06.* **www**.gadebusch.de

Die 1194 erstmals urkundlich erwähnte Stadt besitzt zwei interessante historische Gebäude. Die **Stadtkirche**, um 1220 begonnen, ist die älteste Hallenkirche zwischen Elbe und Oder. Ihr Kreuzgewölbe, die gedrungenen Säulen und Säulenkapitelle sind typisch romanisch. Eines der wertvollsten Stücke ist das Bronzetaufbecken (1450). Der Kelch mit den 22 Passionsszenen wird von Engeln getragen.

Taufbecken in der Stadtkirche von Gadebusch

Das **Renaissance-Schloss** wurde 1570–73 für Herzog Christoph von Mecklenburg erbaut. Die Fassade ist mit roten Terrakottafliesen aus der Lübecker Werkstatt des Statius van Düren verziert.

Wismar ❹

Straßenkarte D2. *47 900.* *Am Markt 11, (03841) 251 30 25.* **www**.wismar.de

Wismar ist zweifellos eine der schönsten Städte Mecklenburgs. Im Mittelalter war es eine bedeutende Hansestadt. Davon zeugt die monumentale Nikolaikirche. 1648, nach dem Dreißigjährigen Krieg, übernahmen die Schweden die Stadt und bauten sie zu einer der stärksten Festungen Europas aus. 1803 überließen sie Wismar Mecklenburg und forderten es nie wieder zurück.

Im Stadtzentrum liegt der große Marktplatz (100 auf 100 Meter). Hier steht die berühmte **Wasserkunst**, ein pavillonartiges Bauwerk, 1580–1602 erbaut. Damals wurde das Wasser in hölzernen Röhren aus vier Kilometern Entfernung herbeigepumpt, um 220 private Haushalte und 16 öffentliche Gebäude zu versorgen. Erst 1897 wurde die Wasserversorgung umgestellt.

Eines der schönsten Gebäude am Platz ist der um 1380 erbaute **Alte Schwede** mit seinem gotischen Backstein-

Die barocke Residenz der Herzöge von Mecklenburg-Schwerin in Ludwigslust

Hotels und Restaurants in Mecklenburg-Vorpommern *siehe Seiten 517–519 und Seiten 556f*

Alter Schwede (rechts) und Wasserkunst (links) am Markt von Wismar

giebel. Das klassizistische **Rathaus** wurde 1817–19 nach Plänen von Johann Georg Barca errichtet.

1989 begann man mit der Rekonstruktion der dreischiffigen **Georgenkirche**, die im Zweiten Weltkrieg schwer beschädigt worden war. Im Jahr 2010 waren die Wiederaufbauarbeiten vollendet. Von der **Marienkirche** existiert nur noch der 82 Meter hohe Turm mit Nebenhallen, Turmuhr und Glockenspiel.

Faunpaar am Portal des Fürstenhofs in Wismar

Der **Fürstenhof** war die Stadtresidenz der Herzöge von Wismar. Am interessantesten ist der Nordflügel (um 1555). Er ist nach italienischem, aber auch nach Lübecker Vorbild mit plastischem Kalkstein- und Terrakottaschmuck verziert. Figürlicher Schmuck ziert auch die großartigen Kalksteinportale.

Die **Nikolaikirche** ist eine Perle unter den Wismarer Bauwerken. Die Fassade der 1459 geweihten Basilika, die im Zweiten Weltkrieg relativ unversehrt blieb, ist mit einem Fries mythologischer Figuren, mit Heiligenfiguren und einem großen Rosettenfenster geschmückt. Die Ausgewogenheit des Innenraums und sein 37 Meter hohes Mittelschiff – drittgrößtes in Deutschland – sind faszinierend. In der Kirche sind Ausstattungsstücke aus zerstörten Wismarer Kirchen zu sehen, z. B. der sogenannte Krämeraltar (um 1420) mit einer *Madonna im Strahlenkranz* und ein geschnitzter spätgotischer Flügelaltar mit 42 Holzfiguren im »Weichen Stil«.

Bad Doberan ❺

Straßenkarte D1. 11 500.
Severinstr. 6, (038203) 621 54.
www.bad-doberan.de

Als Herzog Heinrich Borwin auf Hirschjagd war, soll ein vorbeischwimmender Schwan die Laute *»Dobr Dobr«* (guter Ort) von sich gegeben haben, und zwar genau in dem Moment, als der Hirsch niederging – so erzählt die Legende. Borwin gründete hier das bedeutendste Zisterzienserkloster der gesamten Ostseeregion.

Die kreuzförmige Klosterkirche, das **Münster**, wurde zwischen 1294 und 1368 gemäß den Ordensregeln ohne Turm und mit schlichtem Innenraum erbaut. Der Raum wirkt licht und weit. Die Grundfarbe im Gewölbe ist Weiß. Rot und Blau wurde für die Gewölberippen verwendet. Die Originaleinrichtung ist größtenteils noch erhalten. Zu den wertvollsten Stücken gehören der reich vergoldete Hochaltar (1310), ein Kreuzaltar (um 1379) mit einem zwölf Meter hohen Eichenkruzifix sowie eine Madonna (um 1280). In den Gräbern ruhen mecklenburgische Herzöge, die dänische Königin Margarete und Albrecht, König von Schweden.

Das hübsche, kleine achteckige **Beinhaus** mit verschiedenen gebrannten und glasierten Ziegeln stammt aus dem 13. Jahrhundert.

Auf dem Kamp, einer kleinen Grünanlage, stehen der **Weiße** und der **Rote Pavillon**, zwei klassizistische Bauten mit chinoisen Elementen von Carl Theodor Severin (1808–13).

Umgebung: Ein schönes Erlebnis ist die Fahrt mit der **Bäderbahn »Molli«**, einer Schmalspurbahn, die Bad Doberan mit Heiligendamm und Kühlungsborn verbindet. Dort lockt ein vier Kilometer langer Strand.

Unterwegs kann man der kleinen Dorfkirche in **Steffenshagen** (13. Jh.) einen Besuch abstatten. Das Chorportal ist mit Apostelfiguren aus Terrakotta geschmückt, die Außenwände zeigen Flachreliefs mit Tieren und Weinranken.

Doberaner Münster
Klosterstraße 2. *(038203) 627 16.* *Mai–Sep: Mo–Sa 9–18, So 11–18 Uhr; März, Apr, Okt: Mo–Sa 10–17, So 11–17 Uhr; Nov–Feb: Mo–Sa 10–16, So 11–16 Uhr.*
www.doberanermuenster.de

Das Münster der Zisterzienser in Bad Doberan

Das mächtige Schloss prägt das Stadtbild von Güstrow

Güstrow ❻

Straßenkarte D2. *32 800.*
Franz-Parr-Platz 10, (03843) 68 10 23. **www**.guestrow.de

Güstrow, am Flüsschen Nebel gelegen, wird von jeher als »Klein-Paris des Nordens« betitelt. Das **Renaissance-Schloss** mit barockem Torhaus, Barockbrücke und -garten wurde 1558–99 von Franz Parr und Philipp Brandin erbaut. Eck- und Treppentürme, Gesimsbänder und die Loggiengänge im Hof setzen reizvolle Akzente. Höhepunkt ist der Festsaal (Anfang 17. Jh.) mit Stuckkassettendecke und farbigem Wappen- und Tierfries.

Im **Dom** (1226–1335), einer romanisch-gotischen Backsteinkathedrale, steht ein bemerkenswerter Flügelaltar (1500). Sehenswert sind auch die großen Apostelfiguren an den Pfeilern im Hauptschiff sowie die Wandgräber für Herzog Ulrich und seine zwei Gemahlinnen (1599). Über einem schmiedeeisernen Gitter hängt der *Schwebende* von Ernst Barlach. Der Künstler lebte und arbeitete ab 1910 bis zu seinem Tod 1938 in Güstrow. Bertolt Brecht charakterisierte Barlachs Arbeiten so: »Schönheit ohne Beschönigung, Größe ohne Gerecktheit, Harmonie ohne Glätte, Lebenskraft ohne Brutalität machen Barlachs Plastiken zu Meisterwerken.« Die Nationalsozialisten klassifizierten die Werke Barlachs als »entartete Kunst«, der *Schwebende* wurde eingeschmolzen. Das Kunstwerk im Dom ist eine Kopie.

In Barlachs **Atelierhaus** und im Ausstellungsforum am Inselsee sowie in der **Gertrudenkapelle**, die zur **Barlach-Stiftung** gehören, sieht man Werke des Künstlers.

Die **Pfarrkirche St. Marien** besitzt einen wundervollen Hochaltar mit bemalten Seitenflügeln, das Werk eines belgischen Künstlers (1522).

Umgebung: Das Freilichtmuseum in **Groß Raden** nahe Sternberg zeigt eine ausgegrabene und rekonstruierte slawische Siedlung aus dem 9./10. Jahrhundert mit Häusern und Werkstätten sowie einem Museum.

Schloss
(03843) 75 20. *Di–So 9–17 Uhr.*

Ernst-Barlach-Stiftung
(03843) 822 99. *März–Okt: Di–So 10–17 Uhr; Nov–Feb: Di–So 11–16 Uhr.*

Archäologisches Freilichtmuseum
Groß Raden. *(03847) 22 52.* *Apr–Okt: tägl. 10–17.30; Nov–März: Di–So 10–16.30 Uhr.* *24. Dez.*

Neubrandenburg ❼

Straßenkarte E2. *74 500.*
Stargarder Str. 17, (01805) 17 03 30. **www**.neubrandenburg.de

Die 1248 gegründete und gitterförmig angelegte Schwesterstadt von Brandenburg an der Havel erhielt im 14. Jahrhundert einen fast kreisrunden, 2,3 Kilometer langen Mauerring. Die Stadt entwickelte sich zum Handelszentrum. Nach dem Dreißigjährigen Krieg war das meiste jedoch zerstört. Die Stadtmauer ist nach wie vor größtenteils unversehrt erhalten. In die Mauer sind in Abständen kleine Fachwerkhäuser eingebaut, die sogenannten **Wiekhäuser** (Wehrhäuser). Von den ursprünglich 56 Wiekhäusern existieren heute noch 25.

Wegen seiner vier großen Stadttore heißt Neubrandenburg auch Vier-Tore-Stadt. Das **Friedländer Tor** (frühes 14. Jh.) wurde im 16. Jahrhundert durch ein halbrundes Vorwerk verstärkt. **Neues Tor** (spätes 15. Jh.) und **Stargarder Tor** (14. Jh.) sind mit weiblichen Figuren verziert. Die im Krieg zerstörte und wieder aufgebaute gotische **Marienkirche** wird als Konzertkirche genutzt.

Umgebung: Die zehn Kilometer südlich gelegene Burg **Stargard** ist die älteste Höhenburg Norddeutschlands (Baubeginn 1236). Sie birgt ein Museum zum Weinbau in der Umgebung, dem nördlichsten Anbaugebiet Deutschlands.

Typisches Wiekhaus in der Stadtmauer von Neubrandenburg

Hotels und Restaurants in Mecklenburg-Vorpommern *siehe Seiten 517–519 und Seiten 556f*

Tour: Nationalpark Müritz ❽

Die Müritz ist mit 117 Quadratkilometern der größte See Norddeutschlands. Östlich des Sees wurde der 322 Quadratkilometer große Nationalpark eingerichtet. Kiefern- und Buchenwälder, Seen und Moore machen den Reiz des Nationalparks aus, den ein umfangreiches Netz von Wanderwegen und Radrouten erschließt. Das Tor zum Müritz-Nationalpark bildet die kleine Stadt Waren. In der Umgebung lohnen auch Burgen und Schlösser einen Besuch.

INFOBOX

Straßenkarte E2. **i** *Waren, Neuer Markt 21, (03991) 66 61 83); Neustrelitz, Strelitzer Str. 1, (03981) 25 31 19.*
www.nationalpark-mueritz.de

Basedow ①
600 Jahre lang war Schloss Basedow in Händen der Familie von Hahn. Sie erbaute diesen dreiflügeligen Palast.

Schlitz ②
Die Burg (1806–23) zählt zu den bedeutendsten Gebäuden des Klassizismus in Mecklenburg. In dem 80 Hektar großen Landschaftspark befindet sich neben anderen Denkmälern auch der berühmte Nymphenbrunnen, ein Jugendstilwerk Walter Schotts von 1903.

Seenplatte ④
Die Mecklenburgische Seenplatte gehört zu den großen Seengebieten südlich der Ostsee.

Neustrelitz ⑤
Neustrelitz, einst Hauptstadt des Großherzogtums Mecklenburg-Strelitz, wurde 1726 als Residenzstadt gegründet. Das Schloss brannte 1945 nieder.

Waren ③
Waren über dem Nordufer der Müritz ist ideal zum Ausspannen. Hier kann man wandern, Fahrrad fahren oder sich ein Boot mieten.

LEGENDE

- Routenempfehlung
- Panoramastraße
- Andere Straße
- See
- Aussichtspunkt

Rostock 9

Die Tradition Rostocks als bedeutendste deutsche Hafenstadt an der Ostsee reicht weit zurück. Schon im frühen 15. Jahrhundert hatte die Hansestadt rege Handelsbeziehungen mit Bergen (Norwegen), Riga (Lettland) und Brügge (Belgien). 1419 wurde hier die erste Universität in Nordeuropa gegründet. Der Stadtbrand von 1677 beendete Rostocks große Zeit. Im 19. Jahrhundert erlebte die Stadt einen wirtschaftlichen Aufschwung. Trotz der Schäden im Zweiten Weltkrieg entwickelte sich Rostock zur Schiffbau-Metropole.

INFOBOX

Straßenkarte D1. *203 300.* *Neuer Markt 3, (0381) 381 22 22.* *Warnemünder Woche (Juli); Hanse Sail (Aug). Weihnachtsmarkt (Dez).*
www.rostock.de

Die Kröpeliner Straße mit Häusern aus dem 17. Jahrhundert

Überblick: Rostock

Vom Neuen Markt aus kann man die wichtigsten Sehenswürdigkeiten leicht zu Fuß erreichen.

Rathaus

Neuer Markt.

Das Rathaus, an dem seit 1270 immer wieder gebaut wurde, erhielt 1727–29 einen barocken Laubenvorbau, über dem sieben gotische Türme aufragen. Dahinter erhebt sich in der Großen Wasserstraße das **Kerkoffhaus** (um 1470), das am besten erhaltene gotische Haus Rostocks mit prächtiger, mit glasierten Backsteinen verzierter Fassade.

Steintor

Steinstraße.

Wenige Minuten vom Neuen Markt entfernt steht das walmdachgedeckte Steintor im Renaissance-Stil (1574–77). Von den ursprünglich 22 Toren sind noch vier erhalten, von der alten Stadtbefestigung haben ebenfalls nur Teile die Zeit überdauert.

Marienkirche

Am Ziegenmarkt 4. *Mo–Sa 10–16, So 11.15–12 Uhr.*

Die Kirche, mit der man das Lübecker Gegenstück an Höhe übertreffen wollte, wurde Mitte des 15. Jahrhunderts nach fast 250-jähriger Bauzeit fertiggestellt. Die dreischiffige Basilika mit Chorkapellenkranz und einem mächtigen Westwerk ist außen mit einem Verbund glasierter Steine verziert. Die größte Attraktion ist die astronomische Kunstuhr, die 1472 von Meister Düringer aus Nürnberg konstruiert wurde. Sie zeigt Jahr, Monat, Tag, Stunde, Mondphase und Tierkreiszeichen an. Jeden Tag um 12 Uhr kann man hier den Apostelrundgang bestaunen. Sehenswert sind auch ein bronzenes Taufbecken (1290), der spätgotische Rochus-Altar (um 1530) und eine reich gestaltete Kanzel (1574).

Taufbecken in der Marienkirche

Die prachtvolle Kanzel in der Marienkirche

Kröpeliner Straße

Die Fußgängerzone säumen Gebäude aus dem 17., 18. und 19. Jahrhundert. Hier treffen sich im Sommer die Studenten am **Brunnen der Lebensfreude** (1980) auf dem Universitätsplatz. Das Hauptgebäude der **Universität** wurde 1867–70 im klassizistischen Stil erbaut. Am Platz stehen auch das **herzogliche Palais** mit schönem Barocksaal (1714) und die ehemalige **Neue Wache** mit monumentaler Säulenvorhalle (1822–25). Eine **Statue** (1819) auf dem Platz erinnert an den berühmtesten Sohn der Stadt, an Feldmarschall Gebhard Leberecht von Blücher, der in der entscheidenden Schlacht von Waterloo Napoléon besiegte.

Umgebung: Die Küste zwischen Rostock und Stralsund ist bezaubernd. Die ruhige, etwa 60 km lange Halbinsel, die aus den drei ehemaligen Inseln **Fischland**, **Darß** und **Zingst** besteht, lockt mit ihren Stränden und ihrer landschaftlichen Schönheit. Ganz besonders hübsch sind die Dörfer **Ahrenshoop**, eine ehemalige Künstlerkolonie, das Ostseebad **Prerow** mit seinen traditionellen Fischerhütten und Kirchen und das Ostseebad **Zingst**. Zum **Nationalpark Vorpommersche Boddenlandschaft** gehören der Darßer Wald, Zingst, die Westküste von Rügen sowie die Insel Hiddensee.

Hotels und Restaurants in Mecklenburg-Vorpommern *siehe Seiten 517–519 und Seiten 556f*

Stralsund ⑩

Stralsunds Sehenswürdigkeiten zeugen von der glanzvollen Vergangenheit der Stadt. Die Kaufmannssiedlung am Strelasund bekam 1234 Stadtrecht, trat 1293 der Hanse bei und entwickelte sich zum Schmuckstück. 1628 stand General Wallenstein vor den Toren. Schwedenkönig Gustav Adolf leistete Hilfe, und so gehörte Stralsund ab 1648 zu Schweden. 1815 wurde die Stadt Preußen zugesprochen. Trotz der schweren Luftangriffe im Oktober 1944 blieben viele wertvolle Baudenkmäler wie die aufwendig gestalteten Kaufmannshäuser erhalten, Stralsund zählt zu den UNESCO-Welterbestätten.

Das Rathaus mit seinen spitzen Türmchen

Überblick: Stralsund
Die Altstadt ist ringsum von Wasser umgeben – im Norden und Osten vom Strelasund, im Westen vom Knieperteich, im Süden vom Frankenteich. Die Seen entstanden in den ehemaligen Festungsgräben. In der Altstadt sind alle Attraktionen gut zu Fuß erreichbar.

Alter Markt

Schmuckstücke am Alten Markt sind die dem Patron der Seefahrer geweihte doppeltürmige Nikolaikirche und das Rathaus.

Das **Rathaus** (13. Jh.) mit seiner filigran gearbeiteten Fassade aus dem 14. Jahrhundert und seinem ebenerdigen Arkadengeschoss ähnelt dem Lübecker Rathaus.

Vorbild für die 1270–1360 erbaute **Nikolaikirche** mit ihren Strebebogen aus Backstein waren französische Kathedralen sowie die Lübecker Marienkirche. Faszinierende Stücke im Innenraum sind u. a. die Anna-Selbdritt-Skulptur (um 1290), eine astronomische Uhr (1394) sowie die Fragmente des Nowgorod-Chorgestühls. Der Hochaltar stammt aus dem späten 15. Jahrhundert.

Zum Ensemble am Alten Markt gehören auch Bürgerhäuser aus diversen Stilepochen wie das dreigeschossige barocke **Commandantenhaus**, bis 1815 Hauptquartier des schwedischen Stadtkommandanten, und das **Wulflamhaus** (um 1358), eines der besterhaltenen spätgotischen Wohnhäuser mit reich gegliedertem Pfeilergiebel.

Auch in der Mühlen- und in der Mönchstraße findet man viele schöne Giebelhäuser, in der Mühlenstraße 1 das älteste Giebelhaus (13. Jh.) der Stadt.

Portal der Nikolaikirche

Kulturhistorisches Museum

Mönchstr. 25–27. *(03831) 12 87 90. Feb–Nov: tägl. 10–17 Uhr.*
Das Katharinenkloster, eine ehemalige Dominikanerabtei aus dem 13.–15. Jahrhundert, beherbergt zwei Museen. Auf zwei Etagen werden stadtgeschichtliche Exponate von der Ur- und Frühgeschichte bis zum Biedermeier gezeigt. Glanzstück ist der Hiddenseer Goldschmuck aus der Wikingerzeit (9. Jh.).

Der Museumsspeicher in der Böttcherstraße 23 widmet sich der Volkskunde der Region, das Museumshaus in der Mönchstraße 38 der Wohnkultur.

INFOBOX

Straßenkarte E1. *61 300.*
Alter Markt 9, (03831) 246 90. Stralsunder Segelwoche (Juni); Sundschwimmen (Juli); Wallenstein-Tage (Ende Juli). **www**.stralsund.de

Deutsches Museum für Meereskunde und Fischerei

Katharinenberg 14–20. *(03831) 265 02 10. Juni–Sep: tägl. 10–18 Uhr; Okt–Mai: tägl. 10–17 Uhr.*
Das Museum zur Meeresbiologie ist das größte Naturkundemuseum Norddeutschlands. 45 Aquarien zeigen heimische und tropische Meerestiere (u. a. Meeresschildkröten).

Marienkirche

Neuer Markt. **Kirche und Turm** *Mo–Fr 10–12, 14–16 Uhr, Sa 10–12 Uhr.*
Die Marienkirche (1382–1478) ist die größte Kirche der Stadt. Gewaltig ist der Raumeindruck der im Mittelschiff 32,5 Meter hohen Kirche.

Ozeanum

Hafenstr. 11. *(03831) 265 06 10. Juni–Sep: tägl. 9.30–21 Uhr; Okt–Mai: tägl. 9.30–19 Uhr.*
Die Dependance des Meeresmuseums zeigt die Unterwasserwelt von Nordatlantik, Nordsee und Ostsee. Highlight ist das 26 Meter lange Modell eines Blauwals. Das Ozeanum wurde zum Europäischen Museum des Jahres 2010 erklärt.

Die Marienkirche mit ihrem mächtigen achteckigen Turm

Rügen ⓫

Rügen ist mit 976 Quadratkilometern die größte deutsche Insel. Hier findet man steile Klippen und Sandstrände, Binnenseen, Wälder und Moore. Obwohl die Insel nur einen Durchmesser von rund 50 Kilometern hat, beläuft sich die zerklüftete Küstenlinie auf viele Hundert Kilometer. Ursprünglich herrschten hier die Hunnen, später waren es Slawen, Dänen und Schweden. 1815 kam Rügen unter preußische Herrschaft. Seit 2007 ist die Insel (neben dem Damm von 1936) durch die 2831 Meter lange Strelasundbrücke mit dem Festland verbunden.

Kap Arkona
An der Landspitze gibt es zwei Leuchttürme. Im kleineren (1827) ist heute ein Museum, der größere (1902) ist noch immer in Betrieb.

Hiddensee
Auf der paradiesisch ruhigen, autofreien Insel verkehren Pferdekutschen und Fahrräder. Hiddensee ist von Stralsund und von Schaprode auf Rügen aus erreichbar.

LEGENDE

- Bundesstraße
- Nebenstraße
- Fähre
- Aussichtspunkt

★ Waase
In dem Fischerdorf auf der Insel Ummanz ist ein flandrisches Altarretabel erhalten, das um 1520 geschaffen wurde.

NICHT VERSÄUMEN

- ★ Nationalpark Jasmund
- ★ Putbus
- ★ Waase

Halbinsel Jasmund
Im Nordosten liegt der Stubnitzwald, ein Eichen- und Buchenwald, der sich bis zum Meer erstreckt. Dort ragen die Kreidefelsen der Großen und Kleinen Stubbenkammer empor, die schon den Maler Caspar David Friedrich inspirierten.

INFOBOX

Straßenkarte E1. *Bergen, Binz, Sassnitz.* *Bergen, Markt 23, (03838) 81 12 06; Binz, Paulstr. 2, (038393) 27 83; Putbus, Markt 8, (038301) 64 30; Insel Hiddensee, Vitte, Norderende 162, (038300) 642 26.* *Ralswiek (nördlich von Bergen): Störtebeker-Festspiele (Ende Juni–Anfang Sep).*
www.ruegen.de

★ Nationalpark Jasmund
Ein schöner Spazierweg beginnt beim Aussichtspunkt Königsstuhl (117 m) und führt entlang dem Hochuferweg am Kreidefelsen Victoriasicht und an den Wissower Klinken vorbei nach Sassnitz.

Ostseebad Binz
Rügens größter Küstenort ist Binz mit seinem feinen Sandstrand, den klassizistischen Villen und der schönen Promenade.

★ Putbus
Die elegante klassizistische Stadtanlage wurde 1808–23 nach dem Vorbild von Bad Doberan erbaut. Im Zentrum steht das Theater, das Wilhelm Steinbach 1819–23 errichtete.

Greifswald ⓬

Straßenkarte E1. *55 300.*
Am Markt, (03834) 52 10.
Greifswalder Bachwochen (Juni); Jazz-Abende in Eldena (Juli).
www.greifswald.de

Die ehemalige Hansestadt liegt fünf Kilometer vor der Greifswalder Bucht. Von der Ferne wirkt die Stadt mit ihren drei Kirchtürmen, die dicke Marie, kleiner Jakob und langer Nikolaus genannt werden, wie ein Gemälde von Caspar David Friedrich, dem berühmtesten Sohn der Stadt. Das beschauliche Universitätsstädtchen hat Charme. Seit 1990 hat es sich auch zum Urlaubsziel entwickelt und ist einen Besuch wert. Auf einem Spaziergang von Osten nach Westen kommt man an allen wichtigen Sehenswürdigkeiten vorbei.

Die **Marienkirche** vom Ende des 13. Jahrhunderts hat einen großen, viereckigen Turm, der gedrungen wirkt, die dicke Marie. Im Innenraum der frühgotischen Backsteinhallenkirche befindet sich eine aus Eichenholz geschnitzte Renaissance-Kanzel von 1587 mit den Figuren der Reformatoren Martin Luther, Johannes Bugenhagen und Philipp Melanchthon.

Das **Pommersche Landesmuseum** besitzt eine Sammlung von Gemälden Caspar David Friedrichs (1774–1810). Dazu gehören die berühmten Landschaften mit der Klosterruine Eldena. Auch Werke von Frans Hals, Philipp Otto Runge, Vincent van Gogh und Max Liebermann sind hier vertreten.

Der **Marktplatz** mit dem frühbarocken Rathaus ist umgeben von Patrizierhäusern. Musterbeispiele der Backsteinarchitektur sind Nr. 11 und Nr. 13.

Vom Turm des großen **Doms St. Nikolai** (2. Hälfte 14. Jh.), auf dem eine barocke Haube (1653) thront, hat man einen wundervollen Blick auf die Stadt. Ein Bild im Innenraum von 1460 zeigt Bürgermeister Rubenow, den Gründer der Greifswalder Universität, vor der Muttergottes.

Umgebung: Wieck, ein hübsches Fischerdorf, gehört inzwischen zur Stadt Greifswald. Die Klappbrücke von 1887 erinnert an die typisch niederländischen Brücken. Die **Klosterruine Eldena**, nur einen Kilometer von Wieck entfernt, ist berühmt als Motiv auf den Gemälden Caspar David Friedrichs. Das Kloster wurde 1199 gegründet und verfiel im 17. und 18. Jahrhundert. Die roten Ruinen wirken zwischen Gras und Bäumen wildromantisch.

Der Alte Speicher – ein Fachwerkbau in Wolgast

Wolgast ⓭

Straßenkarte E1. *14 100.*
Rathausplatz 10, (03836) 25 12 15. **www**.wolgast.de

Wolgast war ab 1295 Residenzstadt der pommerschen Herzöge. Als Zar Peter der Große die damals schwedische Stadt 1713 niederbrennen ließ, wurde das Schloss fast völlig zerstört. Erhalten ist noch die zwölfeckige Friedhofskapelle **St. Gertrud**, die von einem einzigen Pfeiler gestützt wird.

In der **Pfarrkirche St. Petri** (14. Jh.) hängt ein Totentanz-

Schön renovierte Häuser und der Dom in der Altstadt von Greifswald

Gemälde (um 1700), eine Nachahmung der Totentanz-Holzschnitte von Hans Holbein d. J. Bemerkenswert ist das Messing-Epitaph von Herzog Philipp I., 1560 geschaffen von dem sächsischen Künstler Wolff Hilger.

Dem **Rathaus** aus dem 15. Jahrhundert wurden später eine barocke Schaugiebelfassade und ein Glockentürmchen angefügt.

Im **Rungehaus** wurde 1777 der Begründer der romantischen Kunst in Deutschland, Philipp Otto Runge, geboren. Sein Werdegang und seine Ideen werden dokumentiert.

Rungehaus Wolgast
Kronwieckstr. 45. *(03836) 20 30 41.* *Juni–Aug: Mo–Fr 10–18, Sa, So 10–16 Uhr; Sep–Mai: Mo–Fr 10–17, Sa 10–14 Uhr.*

Eines der Flugmodelle im Otto-Lilienthal-Museum in Anklam

Fischerboot am Strand von Usedom

Anklam ⓮

Straßenkarte E2. *16 100.* *Rathaus, Markt 3, (03971) 83 51 54.* **www**.anklam.de

Die ehemalige Hansestadt Anklam war wegen ihrer Verteidigungsanlagen von Bedeutung, wozu auch das **Steintor** (um 1450) gehört. Sehenswert ist die gotische **Marienkirche**. Die achteckigen Pfeiler im Innenraum und die Arkadenbogen sind mit Wandmalereien geschmückt.

Das **Otto-Lilienthal-Museum** ist dem 1848 in Anklam geborenen Flugpionier gewidmet. Lilienthal beobachtete den Flug der Störche und konstruierte daraufhin seine erste Flugmaschine. Im Jahr 1891 wagte er den ersten Flug. Insgesamt baute er über 2000 Maschinen, die bis zu 250 Meter weit flogen. Lilienthal starb 1896 bei einem Flug.

Otto-Lilienthal-Museum
Ellbogenstr. 1. *(03971) 24 55 00.* *Juni–Sep: tägl. 10–17 Uhr; Okt, Mai: Di–Fr 10–17, Sa, So 13–17 Uhr; Nov–Apr: Mi–Fr 11–15.30, So 13–15.30 Uhr.*

Usedom ⓯

Straßenkarte E2. *Heringsdorf, Kurverwaltung, Waldstr. 1, (038378) 477 10; Ahlbeck, Kurverwaltung, Dünenstr. 45, (038378) 244 14.* **www**.usedom.de

Die nach dem Ort Usedom benannte Insel ist durch den Peenestrom vom Festland getrennt und mit 445 Quadratkilometern die zweitgrößte deutsche Insel. Ein kleiner Teil im Osten wurde nach 1945 Polen zugesprochen. Usedom ist mit seinen Stränden, Wäldern, Mooren und Buchten ebenso schön wie Rügen. Mit dem Festland ist die Insel über Zugbrücken bei Anklam und Wolgast verbunden. Die Örtchen reihen sich aneinander wie an einer Kette: Bansin, Heringsdorf und Ahlbeck sind durch einen Strand miteinander verbunden. Ende des 19. Jahrhunderts entwickelten sie sich zu eleganten Seebädern mit Villen und Hotels. Sehenswert ist das Haus des Industriellen Oechler in **Heringsdorf** (Delbrückstraße 5) mit einer antik anmutenden Mosaikfassade.

Während der letzten Jahre wurden in allen drei Orten die Seebrücken restauriert, die Ende des 19. Jahrhunderts erbaut worden waren. Die bekannteste ist die in **Ahlbeck** mit türmchenbekröntem Pavillon. **Bansin** ist der jüngste Ort der »Kaiserlichen Drei«.

Peenemünde ⓰

Straßenkarte E1. *400.* *Zum Hafen 4, (038371) 214 64.* **www**.peenemuende.de

Interessant auf der Insel Usedom ist das **Historisch-Technische Informationszentrum** auf dem ehemaligen Militärgelände in Peenemünde. Es dokumentiert die Entwicklung der Raumfahrt, die hier bereits seit 1936 vorangetrieben wurde. Im Zweiten Weltkrieg wurde hier die Langstreckenrakete V2 produziert, die 1944 für die Verwüstungen in England verantwortlich war. Nach dem Krieg arbeitete Wernher von Braun, der führende Kopf der Station, für die NASA und erbrachte Pionierleistungen bei der Entwicklung der Saturn-Rakete, die 1969 die Apollo-Kapsel mit dem Amerikaner Neil A. Armstrong an Bord auf den Mond brachte.

V2-Rakete in Peenemünde

Historisch-Technisches Informationszentrum
Am Kraftwerk. *(038371) 50 50.* *Apr–Sep: tägl. 10–18 Uhr; Okt–März: tägl. 10–16 Uhr.* *Nov–März: Mo.*

Alte Post
POST

Zu Gast in Deutschland

Hotels

Überall in Deutschland ist es relativ einfach, in Hotels oder Pensionen ein Zimmer zu finden, sogar in Kleinstädten und Dörfern. Die Preisspanne für eine Übernachtung ist allerdings groß und hängt von der Ausstattung und der Lage des Hauses ab. In touristisch interessanten Kleinstädten gibt es außerdem die Möglichkeit, sich günstige Privatunterkünfte zu suchen. In größeren Städten, und dort vor allem in der Innenstadt, ist es hingegen schon schwieriger, günstig zu übernachten. Preiswerter ist es oft in den Randbezirken. Auf den Seiten 488–519 finden Sie rund 250 Adressen gut geführter Hotels und Pensionen aller Preiskategorien. Darüber hinaus verfügen die örtlichen Fremdenverkehrsämter über Listen mit weiteren Unterkünften. Auf den Seiten 486f finden Sie Informationen zu alternativen Übernachtungsmöglichkeiten.

Hotelportier

Die Lobby im Hotel Palace, Berlin

Hotelauswahl

In der Liste der empfohlenen Hotels auf den Seiten 488–519 ist jeder Eintrag mit Euro-Symbolen versehen. Diese Zeichen beziehen sich auf den Preis *(siehe Kategorien S. 488)*, nicht unbedingt auf die Qualität des Hotels oder der Pension. Der Aufenthalt in einem preiswerten Hotel kann in Bezug auf Service und Wohlfühlfaktor unter Umständen angenehmer sein als der Aufenthalt in einem teureren Haus mit Lobby, Lift, Swimmingpool und Konferenzräumen.

Wenn ein Hotel die Zusatzbezeichnung »Garni« führt, bedeutet das, dass es im Haus kein Restaurant gibt, sondern nur Frühstück serviert wird. In Apartmenthotels ist in den Zimmern eine eigene Küche vorhanden, oder man kann eine Küche mitbenutzen. Der Preis für Apartments ist allerdings höher, sodass es sich nicht lohnt, es für nur eine Nacht zu mieten. Andererseits kann ein längerer Aufenthalt mit der Familie oder einer Gruppe in der Ferienwohnung sehr günstig sein.

Die Unterschiede zwischen den Hotels sind ungeheuer groß. In großen Städten ist es kein Problem, ein luxuriöses, dann aber auch entsprechend teures Hotel zu finden. Oft gehört es zu einer internationalen Hotelkette. Für eine billigere Übernachtung muss man in Großstädten manchmal Abstriche bei Service, Ausstattung und Lage machen.

Auch in ländlicher Umgebung kann eine Übernachtung teuer sein, wenn man sehr gut ausgestattete, schön gelegene Hotels auswählt oder solche, die in alten Schlössern oder Villen eingerichtet wurden. Kleinere Hotels hingegen sind häufig sehr preiswert. Die Zimmer sind kleiner, häufig aber gemütlich und heimelig.

Zimmerreservierung

Zimmerreservierungen sind per Post, Telefon oder Fax möglich. Bei vielen Häusern können Sie außerdem über das Internet Zimmer buchen. Besonders bei der Online-Recherche nach einem Hotelzimmer lässt sich viel Zeit sparen. Ein praktikables Portal ist **Hotel Reservation Service (HRS)**, über das Hotelzimmer in vielen deutschen Städten online reserviert werden können. Mittlerweile verfügen alle renommierten Hotels über einen eigenen Internet-Auftritt, die Reservierungen können somit direkt auf der jeweiligen Website vorgenommen werden. Dort finden Sie auch Telefonnummer und Adresse, wenn Sie mündlichen oder schriftlichen Kontakt mit dem Hotel aufnehmen wollen.

Eingang zum Hotel Opéra in München

◁ Das Hotel Alte Post in Oberammergau *(siehe S. 280)*

Das luxuriöse Hotel Vier Jahreszeiten in Hamburg *(siehe S. 514)*

Internationale und deutsche Hotelketten

In ganz Deutschland findet man Hotels, die zu den großen internationalen oder auch deutschen Hotelketten gehören. Viele Städte haben beispielsweise ein IBIS, das normalerweise mit zwei Sternen ausgezeichnet ist und erschwingliche Preise bietet. In der Saison zahlt man dort für ein Doppelzimmer kaum mehr als 100 Euro.

Etwas teurer, aber auch vom Standard her besser, sind die Hotels der Best-Western-Kette. Der exzellente Service und die erschwinglichen Preise sind Grund für die Beliebtheit. Empfehlenswert sind auch die Hotels der Sorat-Gruppe. Ihr Standard ist dem der Best-Western-Hotels vergleichbar. Sie sind ausgezeichnet mit zwei, drei oder gar vier Sternen, und die Einrichtung der Häuser trägt die Handschrift bekannter Architekten. Viele Hotels von Ketten sind Luxushotels und mit vier oder fünf Sternen ausgezeichnet. In dieser Kategorie sind die Kempinski- und die Vier-Jahreszeiten-Hotels am bekanntesten. Aber die Hotels der Ketten Hilton, Holiday Inn, InterContinental, Mercure, Ramada und Hyatt Regency stehen ihnen in nichts nach.

Hotels in historischen Gebäuden

In Deutschland gibt es viele Paläste, Schlösser und andere historische Gebäude, die in Hotels umfunktioniert wurden. Häufig weist schon der Name (beispielsweise »Schlosshotel«) darauf hin. Viele dieser Hotels sind internationalen Organisationen angeschlossen, z. B. den **Europäischen Schloss-Hotels und Restaurants** oder den **Romantik-Hotels und Restaurants**. Dort erhalten Sie nähere Informationen über die einzelnen Häuser.

Hotelpreise

Hotelpreise sind meist in Hochsaison und Nebensaison unterschiedlich, oft sind sie abhängig von der Jahreszeit, manchmal orientieren sie sich auch an verschiedenen Veranstaltungen. In Sommerurlaubsgebieten ist es im Sommer eindeutig teurer, während in den Städten, die für Geschäftsleute interessant sind, Frühling und Herbst die teuersten Jahreszeiten sind. In Messestädten verdoppeln sich die Preise während der großen Messen sogar – z. B. in Berlin während der Tourismusmesse ITB, in Hannover während der CeBIT und in Frankfurt während der Auto- und der Buchmesse. Dasselbe gilt für die Oktoberfestzeit in München.

Viele Hotels haben günstige Wochenendangebote, häufig gibt es Ermäßigung für Gäste, die ohne Reservierung anreisen. Falls Hotels unterbelegt sind, kann man bei längeren Aufenthalten auch über den Preis verhandeln.

Zusätzliche Kosten

Die Mehrwertsteuer ist im Übernachtungspreis inbegriffen und muss auf der Rechnung extra ausgewiesen werden. Für zusätzliche Leistungen sollte man ein Trinkgeld geben, zum Beispiel dem Gepäckträger. Trotzdem ist man manchmal bei der Bezahlung der Rechnung über zusätzliche Kosten überrascht, z. B. ist in den meisten teuren Hotels das Frühstück nicht im Übernachtungspreis inbegriffen, oder die hoteleigenen Parkplätze sind überdurchschnittlich teuer. Erkundigen Sie sich im Voraus nach den Kosten eines Telefonats, das Sie vom Zimmer aus führen. Falls Sie Fremdwährung für eine Weiterreise ins Ausland wechseln, fragen Sie nach den Gebühren sowie nach den hotelinternen Kursen. Auch Getränke aus der Minibar und die Nutzung von Pay-TV können ziemlich ins Geld gehen.

Das elegante Bad im Hotel de Rome, Berlin *(siehe S. 488)*

Der »Alte Wirt« in Bernau – ein traditioneller oberbayerischer Gasthof

Pensionen und Gasthöfe

Als Gasthof bezeichnet man normalerweise ein Haus mit Restaurant im Erdgeschoss und Gästezimmern im oberen Stockwerk. Aber ganz so einfach ist es nicht. Denn mit der Bezeichnung »Gasthof« kann ein einfacher, preiswerter Familienbetrieb, aber auch eine elegante Unterkunft in einem aufwendig restaurierten Landgasthof gemeint sein.

In Pensionen geht es meist weniger förmlich zu als in Hotels. Eine Pension ist häufig ein Familienbetrieb, der einfache, saubere Zimmer mit Frühstück zu guten Preisen und fast immer eine angenehme, familiäre Atmosphäre bietet.

Preiswerte Unterkünfte

Deutschland kann ein gut ausgebautes Netz von fast 600 Jugendherbergen aufweisen, die günstigste Art der Unterkünfte. Jugendherbergen gibt es in jeder größeren Stadt sowie in kleineren Urlaubsorten. Am schönsten sind diejenigen, die in Schlössern, Villen oder historischen Gebäuden untergebracht sind. Die meisten Herbergen sind sehr modern ausgestattet. Übernachten kann man im Doppel- oder Dreierzimmer, aber auch in größeren Schlafsälen.

Für die Übernachtung in Jugendherbergen braucht man einen gültigen Jugendherbergsausweis. Diesen bekommen Sie beim Deutschen Jugendherbergswerk (DJH), Besucher aus dem Ausland können den Ausweis im Heimatland beantragen. Die Übernachtung mit Frühstück kostet im Mehrbettzimmer zwischen 13 und 25 Euro, in kleineren Zimmern etwas mehr. Die Bettwäsche kann in der Herberge ausgeliehen werden.

Die Herbergen sind häufig tagsüber geschlossen (außer in den Großstädten), in diesem Fall müssen Sie bis 9 Uhr das Haus verlassen. Nachmittags ist in der Regel ab 16 Uhr wieder geöffnet. In größeren Städten ist der Aufenthalt während der Hauptsaison auf zwei bis drei Tage beschränkt. Außer in Bayern kann jeder, der im Besitz eines gültigen Jugendherbergsausweises ist, in einer Jugendherberge übernachten. In Bayern werden Jugendliche vorgezogen, aber auch Familien mit kleinen Kindern und ältere Reisende können (gegen eine zusätzliche Gebühr) in den Herbergen übernachten.

Gasthof bei Schloss Neuschwanstein

Eine weitere preiswerte Übernachtungsmöglichkeit bieten Privatunterkünfte. In vielen attraktiven Ferienregionen vermieten viele Privatleute während der Saison Zimmer, meist wird auch Frühstück angeboten. Privatzimmer sind durch Schilder wie »Fremdenzimmer« oder »Zimmer frei« zu erkennen. Nähere Auskünfte erhält man bei den örtlichen Fremdenverkehrsämtern.

In Universitätsstädten können Studenten während der Semesterferien im Sommer in Studentenwohnheimen übernachten. Auch dazu gibt es Informationen im jeweiligen Fremdenverkehrsamt.

Berghütte am Feldberg im Schwarzwald

Urlaub auf dem Bauernhof

Den Urlaub auf einem Bauernhof zu verbringen wird in Deutschland immer beliebter. Familien mit Kindern können so kostengünstig reizvolle Ferien machen. Die Unterbringung ist meist einfach, aber gut, oft ist die Verpflegung inklusive.

Vor allem für Stadtkinder ist es spannend, die alltägliche Arbeit auf einem Bauernhof mitzuerleben und mit den Tieren auf dem Hof in Kontakt zu kommen. Bauern, die Feriengäste aufnehmen, halten oft verschiedene Tiere.

Häufig kann man reiten, sich ein Fahrrad leihen oder eine Ausrüstung zum Angeln bekommen. Für Aktivitäten an der frischen Luft ist also ausreichend gesorgt. Informationen über Ferien auf dem Bauernhof bekommt man u.a. bei **Urlaub auf dem Bauernhof und Landtourismus e.V.**

Berghütten

In Deutschlands Gebirgsregionen ist sehr gut für Wanderer gesorgt. Schutzunterkünfte, Hütten und Berghotels gibt es nicht nur entlang den berühmten Wanderwegen in den Alpen, sondern auch im Thüringer Wald, im Schwarzwald und im Harz. Details zur Übernachtung in den Bergen gibt es beim örtlichen Fremdenverkehrsbüro.

Camping

Mit Wohnwagen, Wohnmobil oder Zelt unterwegs zu sein ist sehr beliebt. In Deutschland gibt es über 2000 Campingplätze. Sie sind meist sehr gepflegt, fast überall stehen Waschräume und Küchen zur Verfügung. Normalerweise gibt es dort auch einen Laden oder eine kleine Gaststätte, manchmal auch einen Swimmingpool.

Behinderte Reisende

Praktisch alle besseren Hotels sind auf behinderte Gäste eingerichtet. Sie haben mindestens einen Eingang für Rollstuhlfahrer, und es gibt auch einige Gästezimmer, deren Bad behindertengerecht eingerichtet ist. Preiswertere Hotels und Pensionen sind jedoch häufig nicht auf Behinderte eingestellt. Hier fehlen die entsprechenden Einrichtungen. Bei der Reservierung sollte man deshalb unbedingt nachfragen, ob die Zimmer mit dem Rollstuhl zugänglich sind.

Um sich auf eine Reise entsprechend vorzubereiten, können sich Behinderte bei der **Bundesarbeitsgemeinschaft SELBSTHILFE e. V.** oder beim **Bundesverband Selbsthilfe Körperbehinderter e. V.** informieren.

Berghütte in Oybin, Sachsen

Mit Kindern reisen

Mit Kindern unterwegs zu sein wirft in Deutschland in der Regel keinerlei Probleme auf. In den allermeisten Hotels stehen Kinderbetten und -stühle zur Verfügung, oft wird für die Übernachtung eines Kindes nichts berechnet. In den besseren Hotels kann man die Kleinen stundenweise von einem Babysitterdienst betreuen lassen, und in manchen Hotels gibt es für die Kinder sogar eigene Spielzimmer. Immer kann man davon ausgehen, dass in Restaurants Kinderstühle zur Verfügung stehen und Kinderportionen angeboten werden.

AUF EINEN BLICK

Reservierung

Hotel-Agentur
Lange Straße 67,
31552 Rodenberg.
Tel. *(05723) 989 70.*
FAX *(05723) 98 97 99*
www.hotel-agentur.de

Hotel Reservation Service (HRS)
Blaubach 32,
50676 Köln.
Tel. *(018055) 207 70.*
FAX *(01855) 207 72 11.*
www.hrs.com

Jugendherbergen

Deutsches Jugendherbergswerk DJH Service GmbH
Leonardo-da-Vinci-Weg 1,
32750 Detmold.
Tel. *(05231) 993 60.*
FAX *(05231) 99 36 66.*
www.jugendherberge.de

Urlaub auf dem Bauernhof

Urlaub auf dem Bauernhof und Landtourismus e. V.
Claire-Waldoff-Straße 7,
10117 Berlin.
Tel. *(030) 319 042 20.*
FAX *(030) 319 044 96.*
www.bauernhofurlaub-deutschland.de

Berghütten

Deutscher Alpenverein (DAV)
Von-Kahr-Straße 2–4,
80997 München.
Tel. *(089) 14 00 30.*
FAX *(089) 140 03 23.*
www.alpenverein.de

DAV Summit Club
Am Perlacher Forst 186,
81545 München.
Tel. *(089) 64 24 00.*
FAX *(089) 642 401 00.*
www.dav-summit-club.de

Verband Deutscher Gebirgs- und Wandervereine e. V.
Wilhelmshöher Allee 157–159,
34121 Kassel.
Tel. *(0561) 93 87 30.*
FAX *(0561) 938 73 10.*
www.wanderverband.de

Camping

Deutscher Camping-Club e. V.
Mandlstraße 28,
80802 München.
Tel. *(089) 380 14 20.*
FAX *(089) 380 142 42.*
www.camping-club.de

Behinderte Reisende

Bundesarbeitsgemeinschaft SELBSTHILFE e. V.
Kirchfeldstraße 149,
40215 Düsseldorf.
Tel. *(0211) 31 00 60.*
FAX *(0211) 310 06 48.*
www.bag-selbsthilfe.de

Bundesverband Selbsthilfe Körperbehinderter e. V. (BSK)
Altkrautheimer-Straße 20,
74238 Krautheim.
Tel. *(06294) 428 10.*
FAX *(06294) 42 81 79.*
www.bsk-ev.de

Hotelauswahl

Die Hotels in diesem Buch wurden nach Qualität, Lage und den gebotenen Einrichtungen ausgewählt. Falls nicht anders angegeben, haben alle Zimmer ein eigenes Bad, TV, Klimaanlage und sind für Rollstühle zugänglich. Den Stadtplan von Berlin finden Sie auf S. 114–119, den Stadtplan von München auf S. 234–237.

PREISKATEGORIEN

Die Preise gelten für ein Doppelzimmer pro Nacht in der Hauptsaison, inklusive Steuer, Service und Frühstück:

€ unter 75 Euro
€€ 75–125 Euro
€€€ 125–175 Euro
€€€€ 175–225 Euro
€€€€€ über 225 Euro

Berlin

ÖSTLICHES ZENTRUM Hotel am Anhalter Bahnhof €€

Stresemannstraße 36, 10963 (030) 251 03 42 FAX (030) 251 48 97 **Zimmer** 45 **Stadtplan** 4 B4

Das kleine, freundliche Hotel ist in einem alten Wohnblock untergebracht. Es bietet preisgünstige Zimmer ohne Bad sowie etwas kostspieligere Zimmer mit eigenem Bad. Letztere bieten Aussicht auf einen schönen Innenhof. **www.hotel-anhalter-bahnhof.de**

ÖSTLICHES ZENTRUM Alexander Plaza Berlin €€€

Rosenstraße 1, 10178 (030) 24 00 10 FAX (030) 240 017 77 **Zimmer** 92 **Stadtplan** 5 D1

Dieses erstklassige, 1997 eröffnete Hotel befindet sich nahe der S-Bahn-Station Hackescher Markt. Die Zimmer in dem Gebäude aus dem 19. Jahrhundert sind geräumig, komfortabel, lichtdurchflutet und haben schalldichte Fenster. Es gibt eine nette Lobbybar und ein Café. **www.alexander-plaza.de**

ÖSTLICHES ZENTRUM Art'otel Berlin Mitte €€€

Wallstraße 70–73, 10179 (030) 24 06 20 FAX (030) 240 622 22 **Zimmer** 109 **Stadtplan** 5 E3

Das gehobene Hotel an der Spree gehört zu den populärsten in Berlin Mitte. Innen ist es modern mit schlichten, eleganten Möbeln. Im Sommer öffnet ein Café auf einem Boot am Flussufer. Das Hotel ist vor allem bei jungen, kulturell interessierten Gästen beliebt. **www.artotel.de**

ÖSTLICHES ZENTRUM Derag Residenz Hotel Henriette €€€

Neue Rossstraße 13, 10179 (030) 246 009 00 FAX (030) 246 009 40 **Zimmer** 54 **Stadtplan** 5 E3

Das kleine, freundliche Henriette ist das schönste – und unbekannteste – Derag-Hotel der Stadt. Es wurde zwar neu gebaut, verströmt aber trotz aller Modernität elegantes historisches Flair – mit Eichenmöbeln, wertvollen Teppichen und superben Betten. Exzellenter Service. **www.deraghotels.de**

ÖSTLICHES ZENTRUM Hotel Gendarm €€€€

Charlottenstraße 61, 10117 (030) 206 06 60 FAX (030) 206 066 66 **Zimmer** 27 **Stadtplan** 4 C3

Der Ruf des Gendarm als eines der besten und beliebtesten kleinen Hotels in Berlin ist mehr als gerechtfertigt. Es besticht durch hervorragende Lage am Gendarmenmarkt und traditionelle, elegant eingerichtete Zimmer. Eine ernst zu nehmende Konkurrenz für die großen Fünf-Sterne-Häuser in der Nähe. **www.hotel-gendarm-berlin.de**

ÖSTLICHES ZENTRUM Mövenpick Hotel Berlin €€€€

Schöneberger Straße 3, 10963 (030) 23 00 60 FAX (030) 230 061 99 **Zimmer** 243 **Stadtplan** 4 B4

Das brandneue Mövenpick ist ein überraschend hübsches Hotel im rauen (aber faszinierenden) Kreuzberg. Die großen Designerzimmer haben modernste Geschäfts- und Entertainment-Einrichtungen. Die De-luxe-Zimmer unter dem Dach sind besonders gemütlich. **www.moevenpick-berlin.com**

ÖSTLICHES ZENTRUM Hotel de Rome €€€€€

Behrenstraße 37, 10117 (030) 460 60 90 FAX (030) 460 609 20 00 **Zimmer** 146 **Stadtplan** 5 C2

Hinter der klassizistischen Fassade einer ehemaligen Bank versteckt sich dieser neue Stern am Berliner Hotelhimmel. Das Interieur ist sehr modern, die gedämpften Farben passen gut zum historischen Ambiente. Der Service ist erstklassig, die recht großen Zimmer bieten wunderbaren Blick auf den Opernplatz. **www.hotelderome.com**

ÖSTLICHES ZENTRUM Sofitel am Gendarmenmarkt €€€€€

Charlottenstraße 50–52, 10117 (030) 20 37 50 FAX (030) 203 751 00 **Zimmer** 92 **Stadtplan** 4 C3

Dieses Luxushotel bietet gut ausgestattete Zimmer und exzellenten Service. Es liegt nahe am Gendarmenmarkt, unweit von Unter den Linden und Attraktionen wie Brandenburger Tor und Reichstagsgebäude. Das Restaurant Aigner im Untergeschoss ist auf gute österreichische Küche spezialisiert. **www.sofitel.com**

ÖSTLICHES ZENTRUM Westin Grand €€€€€

Friedrichstraße 158–164, 10117 (030) 202 70 FAX (030) 202 733 62 **Zimmer** 358 **Stadtplan** 4 C2

Das opulente Hotel wurde Ende des 19. Jahrhunderts erbaut. Besonders beeindruckend ist die Eingangshalle mit riesigem Atrium und einer eleganten Treppe. Nahe den meisten historischen Sehenswürdigkeiten in der Gegend gibt es eine große Auswahl an guten Restaurants und Cafés. **www.westin-grand.de**

Zeichenerklärungen *siehe hintere Umschlagklappe*

WESTLICHES ZENTRUM A & O Hostel am Zoo €

Joachimstaler Straße 1–3, 10623 (030) 889 13 50 FAX (030) 889 135 40 **Zimmer** 113 **Stadtplan** 2 B4

Die Herberge in einem früheren Aldi-Markt ist bei Reisenden mit kleinem Budget beliebt. Sie befindet sich gleich gegenüber dem Bahnhof Zoo und hat Pauschalangebote, die den Eintritt in Nachtclubs beinhalten und freilich vor allem eine junge Gästeschar ansprechen. **www.aohostels.com**

WESTLICHES ZENTRUM Hotel Astoria €€

Fasanenstraße 2, 10623 (030) 312 40 67 FAX (030) 312 50 27 **Zimmer** 32 **Stadtplan** 2 A4

Seit drei Generationen führt die gleiche Familie das Hotel in einem Gebäude aus dem 19. Jahrhundert. Das Astoria gilt als eines der besten seiner Art in Berlin. Die Zimmer sind komfortabel. Es gibt kein Restaurant, dafür liegt es aber nahe am Savignyplatz. **www.hotelastoria.de**

WESTLICHES ZENTRUM Arte Luise Kunsthotel €€€

Luisenstraße 19, 10117 (030) 28 44 80 FAX (030) 284 484 48 **Zimmer** 50 **Stadtplan** 1 E3

Ein echtes Berliner Künstlerhotel in einem Gebäude aus dem frühen 19. Jahrhundert beherbergt in seinen von deutschen Künstlern gestalteten Zimmern eine künstlerisch angehauchte Gästeschar. Unweit des Scheunenviertels bietet man hier großartigen Service. **www.arte-luise.com**

WESTLICHES ZENTRUM Berlin Marriott Hotel €€€

Inge-Beisheim-Platz 1, 10785 (030) 22 00 00 FAX (030) 220 00 10 00 **Zimmer** 379 **Stadtplan** 4 A3

Das Marriott im Beisheim Center nahe Potsdamer Platz ist ein elegantes Vier-Sterne-Hotel mit hohem Atrium. Die geräumigen Zimmer bieten schöne Aussicht auf den grünen Tiergarten und das Regierungsviertel. Für gerade mal den halben Preis hat man hier die gleichen Annehmlichkeiten wie im benachbarten Ritz-Carlton. **www.marriott.de**

WESTLICHES ZENTRUM Ellington Hotel €€€

Nürnberger Straße 50–55, 10789 (030) 68 31 50 FAX (030) 683 555 55 **Zimmer** 285 **Stadtplan** 2 C5

Das Ellington ist eine Oase modernen Designs hinter der Fassade eines Bürogebäudes im Bauhausstil. Eine durchaus erschwingliche Alternative zu anderen zentralen Hotels. Die hellen Farben, der perfekte Service und die tolle Lage machen die kleinen Zimmer wieder wett. **www.ellingtonhotel.de**

WESTLICHES ZENTRUM Hotel Albrechtshof €€€

Albrechtstraße 8, 10117 (030) 30 88 60 FAX (030) 308 861 00 **Zimmer** 101 **Stadtplan** 1 F3

Das zauberhafte Hotel unweit der Spree in einem modernisierten Gebäude (frühes 19. Jh.) bietet nicht nur Bar, Restaurant und Bankettsaal, sondern sogar eine Kapelle. In den großen Zimmern gibt es Internet-Zugang. Persönlicher, netter Service. Am Wochenende bekommt man häufig Preisnachlass. **www.hotel-albrechtshof.de**

WESTLICHES ZENTRUM Hotel Brandenburger Hof €€€€

Eislebener Straße 14, 10789 (030) 21 40 50 FAX (030) 214 051 00 **Zimmer** 72 **Stadtplan** 2 B5

Familiäre Atmosphäre, makelloser Service und luxuriöse, ruhige Zimmer machen den Brandenburger Hof zu einem der begehrtesten Luxushotels in Berlin. Das schöne Gebäude wurde restauriert, die Zimmer mit Bauhaus-Möbeln eingerichtet. Das preisgekrönte Restaurant Quadriga ist ein Muss *(siehe S. 527)*. **www.brandenburger-hof.com**

WESTLICHES ZENTRUM Hotel Concorde Berlin €€€€€

Augsburger Straße 41, 10789 (030) 800 99 90 FAX (030) 800 999 99 **Zimmer** 311 **Stadtplan** 2 B4

Das moderne Hotel ist minimalistisch eingerichtet, mit viel Glas, warmem Licht und Holztäfelungen. Die geräumigen, komfortablen Gästezimmer, der perfekte Service und das französische Restaurant Faubourg sowie der Blick auf den lebhaften Kurfürstendamm tragen zum guten Ruf des Concorde bei. **www.hotelconcordeberlin.com**

WESTLICHES ZENTRUM Kempinski Hotel Bristol Berlin €€€€€

Kurfürstendamm 27, 10719 (030) 88 43 40 FAX (030) 883 60 75 **Zimmer** 302 **Stadtplan** 2 B4

Das Kempinski, eines der berühmtesten Berliner Hotels, wurde in den 1990er Jahren umdekoriert. Seine luxuriösen Zimmer sind sehr komfortabel, 18 Zimmer sind für Rollstühle geeignet. In seinem bekannten Restaurant Kempinski-Grill serviert man den Gästen internationale Küche. **www.kempinskiberlin.de**

ABSTECHER Eastern Comfort €

Mühlenstraße 77, 10243 (030) 667 638 06 FAX (030) 667 638 05 **Zimmer** 24

Das Eastern Comfort in einem wunderbar restaurierten alten Hausboot auf der Spree, im angesagten Viertel Friedrichshain, ist sicherlich eines der ungewöhnlichsten Hotels der Stadt. Es gibt drei Zimmertypen, alle sind jedoch klein. Die meisten bieten Blick auf die Warschauer Brücke. **www.eastern-comfort.de**

ABSTECHER Art Hotel Charlottenburger Hof €€

Stuttgarter Platz 14, 10627 (030) 32 90 70 FAX (030) 323 37 23 **Zimmer** 46

Ein Muss für Reisende, die das echte Berlin suchen. Der Charlottenburger Hof ist eine moderne Version einer traditionellen Pension für junge Urlauber. Die individuell gestalteten Zimmer zieren Kunstwerke von Mondrian. Das Personal ist sehr hilfsbereit. **www.charlottenburger-hof.de**

ABSTECHER Dolce Berlin Müggelsee €€

Müggelheimer Damm 145, 12559 (030) 65 88 20 FAX (030) 658 822 63 **Zimmer** 176

Ein exzellentes Hotel abseits der Stadthektik. In der grünen Umgebung des Müggelsees in Köpenick kann man herrlich entspannen. Die Zimmer sind recht geräumig, die drei Etagen sind italienisch, asiatisch bzw. deutsch dekoriert. **www.dolceberlin.de**

Stadtplan Berlin *siehe Seiten 114–119*

ABSTECHER Honigmond €€

Tieckstraße 11, 10115 (030) 284 45 50 FAX (030) 284 455 11 **Zimmer** 60 **Stadtplan** 1 F2

Das Honigmond ist ideal für die Erkundung von Mitte und Prenzlauer Berg. In dem früheren Wohnhaus (19. Jh.) mit Innenhof findet man individuell designte Zimmer, von denen einige Himmelbetten und Parkettboden aufweisen, andere haben das Flair eines Sommerhauses. **www.honigmond.de**

ABSTECHER Hotel Luisenhof €€

Köpenicker Straße 92, 10179 (030) 241 59 06 FAX (030) 279 29 83 **Zimmer** 27 **Stadtplan** 5 F3

Das Hotel am Märkischen Museum befindet sich im ältesten Gebäude (1882) dieses Teils der Stadt. Es wurde umfassend restauriert und präsentiert sich nun mit attraktiven Zimmern und einem sehr guten Restaurant im Keller. Angesichts der Zimmergröße und des Dekors sind die Preise sehr günstig. **www.luisenhof.de**

ABSTECHER Hotel-Pension Kastanienhof €€

Kastanienallee 65, 10119 (030) 44 30 50 FAX (030) 443 051 11 **Zimmer** 35

Der Kastanienhof ist eine günstige Pension in einem restaurierten, typischen Berliner Wohnhaus. Seine Lage ist perfekt für die Erkundung der Clubszene des Prenzlauer Bergs. Die Zimmer sind überraschend hübsch und sogar mit Fön, Minibar und Safe ausgestattet. **www.hotel-kastanienhof-berlin.de**

ABSTECHER Schlossparkhotel €€€

Heubnerweg 2a, 14059 (030) 326 90 30 FAX (030) 326 90 36 00 **Zimmer** 39

Das moderne Schlossparkhotel gehört zu einer Privatklinik am Schlosspark Charlottenburg und gilt als sehr angenehm und klein, aber erstklassig. Es ist das einzige Stadthotel im Grünen. Bitten Sie um ein Zimmer mit Balkon zum Park. Die S-Bahn-Station Westend ist ganz in der Nähe. **www.schlossparkhotel.de**

ABSTECHER Schlosshotel in Grunewald €€€€€

Brahmsstraße 10, 14193 (030) 89 58 40 FAX (030) 895 848 00 **Zimmer** 54

Dieses exklusive Hotel war früher wirklich ein Schloss, 1912 für Walter von Pannwitz erbaut, den persönlichen Anwalt des Kaisers. Das heutige Interieur gestaltete Karl Lagerfeld – die Kassettendecke in der Lobby ist atemberaubend. Das Hotelrestaurant Vivaldi *(siehe S. 528)* ist sehr gut und äußerst beliebt. **www.schlosshotelberlin.com**

Brandenburg

BRANDENBURG Kurth's Landgasthaus und Hotel €

Dorfstraße 3–4, 14778 (033836) 402 45 FAX (033836) 497 12 **Zimmer** 14

Von den Fenstersimsen im Obergeschoss wächst Efeu die Mauer hinab – ein einladender Anblick in hübscher Lage am Beetzsee. Die etwas kleinen Zimmer sind hell dekoriert und möbliert. Die Holzbalken im Dachgeschoss sind besonders schöne Elemente. **www.kurths-landgasthaus.de**

BRANDENBURG Villa Lindenhof €

Chausseestraße 21, 14774 (03381) 404 30 FAX (03381) 40 43 33 **Zimmer** 16

Sehr traditionelles Etablissement mit altmodischen Holzmöbeln und Chiffon-Vorhängen. Eine bei Weitem heimeligere Unterkunft als die Hotels der großen Ketten. Es gibt auch ein Restaurant, das im Sommer Tische in den Garten stellt. **www.lindenhof-plaue.de**

BRANDENBURG Axxon Hotel €€

Magdeburger Landstraße 228, 14770 (03381) 32 10 FAX (03381) 32 11 11 **Zimmer** 119

Nicht weit vom See entfernt, aber leider nicht ganz so malerisch gelegen. Die Zimmer sind komfortabel, wenn auch etwas klein, aber der Fitness-Bereich ist riesig und super ausgestattet. Im Angebot sind auch vier Apartments, die für Familien ideal sind. **www.axxon-hotel.de**

CHORIN Neue Klosterschänke €

Neue Klosterallee 12, 16230 (033366) 53 10 FAX (033366) 531 41 **Zimmer** 14

Die Neue Klosterschänke auf einem Hügel bietet wunderbaren Blick über die Landschaft mit einem See. Hier spielt die Umgebung die Hauptrolle, denn hinter einer unspektakulären Fassade findet man ein zwar komfortables, aber nicht eben elegantes Interieur. **www.neue-klosterschaenke.de/**

COTTBUS Ahorn Hotel & Restaurant €

Bautzener Straße 134/135, 03050 (0355) 47 80 00 FAX (0355) 478 00 40 **Zimmer** 21

Gut geführtes Hotel mit Restaurant. Die Gästezimmer sind recht schlicht und chic dekoriert und bieten sämtliche Annehmlichkeiten, die Urlauber angesichts der günstigen Preise erwarten dürfen. Eine zusätzliche Attraktion ist der hübsche Biergarten, in dem man nach dem Sightseeing herrlich relaxen kann. **www.ahorn-hotel.com**

COTTBUS Radisson SAS Hotel Cottbus €€

Vetschauer-Straße 12, 03048 (0355) 476 10 FAX (0355) 476 19 00 **Zimmer** 241

Dieses Hotel einer internationalen Kette bietet stilvolle, gut ausgestattete Zimmer sowie alle möglichen Annehmlichkeiten und Dienstleistungen. Das sehr zuvorkommende, hilfsbereite Personal erfüllt den Gästen gern jeden Wunsch. **www.radissonsas.com**

COTTBUS Sorat Hotel €€

Schlosskirchplatz 2, 03046 (0355) 784 40 FAX (0355) 784 42 44 **Zimmer** 101

Wer auch immer das Interieur dieses Hauses entworfen hat, hat es geschafft, ein modernes, aber nicht zu trendiges oder gar kühles Ambiente zu kreieren. Es wirkt einladend, behaglich und nett und bietet doch alle Annehmlichkeiten größerer Hotelketten. **www.sorat-hotels.com/hotel/cottbus.html**

JÜTERBOG Zum Goldenen Stern €

Markt 14, 14913 (03372) 40 14 76 FAX (03372) 40 16 14 **Zimmer** 29

Die Zimmer sind luftig und hübsch, und die Möbel im Gartenstil schaffen das Gefühl, sich im Freien aufzuhalten. Sogar das Frühstück wird in einem verglasten Wintergarten serviert. Eine angenehme Alternative zu formelleren Hotels. Die Gäste können sich Inlineskates ausleihen. **www.hotel-goldener-stern.de**

LEHNIN Hotel Restaurant Markgraf Lehnin €

Friedenstr. 13, 14797 (03382) 76 50 FAX (03382) 76 54 30 **Zimmer** 40

Das gemütliche, familienfreundliche Hotel gefällt wohl jedem. Die Zimmer sind schlicht und komfortabel. Geboten werden außerdem Sauna, Solarium, Wellness- und Beauty-Bereiche sowie ein großer Konferenzsaal. Alles in allem ein schöner, einladender Ort. **www.hotel-markgraf.de**

NEURUPPIN Am Alten Rhin €

Friedrich-Engels-Straße 12, 16827 (03391) 76 50 FAX (03391) 765 15 **Zimmer** 33

In den sauberen, hellen Gästezimmern des Hotels Am Alten Rhin schaffen massive Holzmöbel eine ganz besondere Atmosphäre. Das Hotel befindet sich nahe an einem Fluss und einem See – die Gäste können hier herrliche Spaziergänge unternehmen. **www.hotel-am-alten-rhin.de**

NEURUPPIN Altes Casino €€

Dudweilerstraße 20, 66287 (06897) 965 70 FAX (06897) 96 57 57 **Zimmer** 12

Die Zimmer sind etwas spartanisch eingerichtet, aber man hat das ganze Haus mit modernem, farbenfrohem Dekor und Mobiliar ausgestattet. Es gibt ein gutes Restaurant mit hübschem Außenbereich. Sehr gutes Preis-Leistungs-Verhältnis. **www.altescasino.de**

NEURUPPIN Seehotel Fontane €€

Seeufer 20, 16816 (03391) 403 50 FAX (03391) 403 524 59 **Zimmer** 140

Das Fontane am Ufer des Ruppiner Sees könnte beinahe als Ferienanlage durchgehen – vor allem der Saunabereich ist eine Klasse für sich. Die Gästezimmer sind elegant und haben Standard-Einrichtungen. Die meisten Zimmer bieten Blick auf den See. **www.seehotel-fontane.com**

POTSDAM art'otel Potsdam €€

Zeppelinstraße 136, 14471 (0331) 981 50 FAX (0331) 981 55 55 **Zimmer** 123

Dieses Hotel ganz nahe am Schloss Sanssouci ist selbst ein Palast voller Kunstwerke: Überall findet man abstrakte Kunst. Das Hotel ist zwar sehr hell und modern, die vielen Holzbalken schaffen aber eine beschauliche Atmosphäre. **www.artotel.de/potsdam/potsdam.html**

POTSDAM NH Voltaire Hotel €€

Friedrich-Ebert-Straße 88, 14467 (0331) 231 70 FAX (0331) 231 71 00 **Zimmer** 156

Hinter einer großartigen, eleganten Fassade findet man hier Zimmer im modernen Stil und mit vielfältigen Annehmlichkeiten wie Kabelfernsehen, Minibar, Internet-Zugang und Safe. Außerdem gibt es eine Sauna, ein Solarium und einen Wellness-Bereich sowie eigene Parkplätze. **www.nh-hotels.com**

POTSDAM Mercure Potsdam €€€

Lange Brücke, 14467 (0331) 27 22 FAX (0331) 272 02 33 **Zimmer** 210

Dieses Hotel einer Kette liegt ideal nahe dem Bahnhof. Innen wurde das Rezept der internationalen Accor-Hotels beherzigt: maximaler Komfort durch angenehm minimalistisches Design. Alles hier ist nett und behaglich, außerdem bietet man den Gästen alle Annehmlichkeiten, die sie erwarten. **www.mercure.com**

POTSDAM Relexa Schlosshotel Cecilienhof €€€

Neuer Garten, 14469 (0331) 370 50 FAX (0331) 29 24 98 **Zimmer** 41

Das Schlosshotel Cecilienhof hat eher das Flair eine herrschaftlichen Villa als das eines Hotels. Wenn Ihnen der Luxus zu viel wird, können Sie sich (im Sommer) im Innenhof entspannen, der nicht gar so opulent ausgestattet ist wie der Rest des Hotels. **www.relexa-hotels.de**

WITTSTOCK Scharfenberger Krug €

Scharfenberg 28, 16909 (03394) 71 24 17 FAX (03394) 44 37 15 **Zimmer** 10

Auf dem Scharfenberg, wo eine der blutigsten Schlachten des Dreißigjährigen Krieges (1618–48) stattfand, steht dieses Hotel, dessen Zimmer – vor allem jene im Dachgeschoss – etwas beengt sind, das aber ein wunderbares mittelalterliches Ambiente bietet. **www.scharfenberger-krug.de**

WITTSTOCK Seehotel Ichlim €€

Am Nebelsee 1, 17248 (039827) 302 64 FAX (033966) 602 53 **Zimmer** 29

Riesiges, scheunenähnliches Gebäude am Ufer des Nebelsees. Geboten werden große, hübsch dekorierte Gästezimmer, viele Wellness- und Beauty-Einrichtungen und alle möglichen Wassersportarten. Zum Haus gehören sogar ein Bootsanlegeplatz und ein kleiner Privatstrand. **www.seehotel-ichlim.de**

Stadtplan Berlin *siehe Seiten 114–119*

Sachsen-Anhalt

BERNBURG Parkhotel Bernburg €€
Aderstedter Str. 1, 06406 (03471) 36 20 FAX (03471) 36 21 11 **Zimmer** 111

Das Parkhotel Bernburg stellt eine clevere Mischung aus Business- und Ferienhotel dar. Alles ist hier sehr elegant und komfortabel, die Atmosphäre ist aber zugleich einladend und heimelig. Ein durch und durch angenehmes Hotel. **www.parkhotel-bernburg.de**

DESSAU NH Hotel €€
Zerbster Straße 29, 06844 (0340) 251 40 FAX (0340) 251 41 00 **Zimmer** 152

Wie alle Häuser dieser trendigen Hotelkette ist auch dieses NH sauber, elegant und stilvoll. Der Raum wurde gut ausgenutzt, und auch wenn einige Zimmer eher klein sind, fühlt man sich darin nicht beengt. Zum Hotel gehören ein sehr gutes Restaurant, eine legere Bar und eine Sauna. **www.nh-hotels.com**

DESSAU Steigenberger Hotel Fürst Leopold €€
Friedensplatz, 06844 (0340) 251 50 FAX (0340) 251 51 77 **Zimmer** 204

Das Design ist merklich vom Bauhausstil beeinflusst. Die Zimmer sind entsprechend schnörkellos und funktionell gestaltet – alles, was nicht ihrer Produktivität und Behaglichkeit dienen würde, hat man weggelassen. Erdfarbene Wände und Pflanzen sorgen für natürlichen Touch. Sauna und Wellness-Bereich. **www.dessau.steigenberger.de**

FREYBURG Berghotel zum Edelacker €€
Schloss 25, 06632 (0344) 643 50 FAX (0344) 643 53 33 **Zimmer** 83

Das Edelacker ist ein einladendes Landhotel mit Blick auf Weinberge und die Hügellandschaft. Das Hotel nahe dem mittelalterlichen Schloss Neuenburg und Freyburgs Innenstadt bietet Standardzimmer mit schöner Aussicht. Im Sommer serviert das Restaurant mit Regionalküche auch auf einer schattigen Terrasse. **www.edelacker.de**

HALBERSTADT Parkhotel Unter den Linden €€
Klamrothstraße 2, 38820 (03941) 625 40 FAX (03941) 625 44 44 **Zimmer** 43

Jedes Gästezimmer in diesem Hotel ist einzigartig. Einige haben Erker, einige Balkone, andere Mauerbogen. Hier herrscht ein Flair voller Historie und Charakter. Im Dachgeschoss gibt es eine Sauna. Zum Haus gehört ein exzellentes Restaurant gleichen Namens *(siehe S. 531)*. **www.pudl.de**

HALLE Kempinski Hotel & Congress Centre Rotes Ross €€€€
Leipziger Straße 76, 06108 (0345) 23 34 30 FAX (0345) 233 436 99 **Zimmer** 88

Stil und Eleganz sind die Kennzeichen dieses historischen Hotels im Herzen von Halle. Die Zimmer sind luxuriös eingerichtet, haben aber einen einzigartigen Charme. Zu den Highlights gehören außerdem ein hervorragendes Restaurant und ein superber Fitness- und Wellness-Bereich. **www.kempinski-halle.de**

ILSENBURG Zu den Rothen Forellen €€€
Marktplatz 2, 38871 (039452) 93 93 FAX (039452) 93 99 **Zimmer** 52

Dieses bemerkenswerte Hotel steht direkt an einem See. Die Gästezimmer haben einladenden Charme, die Bade- und Wellness-Landschaft ist grandios, und das Restaurant ist eine Attraktion für sich *(siehe S. 531)*. Kurz gesagt: Das Hotel ist ein wahrer Fund! **www.rotheforelle.de**

MAGDEBURG Classik Hotel Magdeburg €
Leipziger Chaussee 141, 39120 (0391) 629 00 FAX (0391) 629 05 19 **Zimmer** 109

Dieses große gelbe Gebäude hat eine frische, freundliche Atmosphäre. Die Zimmer sind alles andere als groß, aber dafür hell eingerichtet und wirken dank vieler farbenfroher Elemente einladend und luftig. Das Restaurant ist elegant, aber nicht steif, und in der schönen Lobby knistert ein Feuer im Kamin. **www.classik-hotel.de**

MAGDEBURG Hotel Ratswaage €€
Ratswaageplatz 1–4, 39104 (0391) 592 60 FAX (0391) 561 96 15 **Zimmer** 174

Außen wirkt das Hotel Ratswaage eher nüchtern-funktional, doch innen überrascht es mit behaglichem Ambiente. Die Zimmer sind hell und überaus gemütlich. Zum Hotel gehören außerdem ein Schwimmbecken und eine Sauna. **www.ratswaage.de**

MAGDEBURG Herrenkrug Parkhotel €€€
Herrenkrug 3, 39114 (0391) 850 80 FAX (0391) 850 85 01 **Zimmer** 147

Dieses attraktive große Hotel mitten in einem weitläufigen Park präsentiert sehr gemütliche Gästezimmer sowie alle nur erdenklichen Annehmlichkeiten, alles in einer überaus gelungenen Stilmischung aus Alt und Neu gehalten. **www.herrenkrug.de**

MAGDEBURG Maritim Hotel €€€
Otto-von-Guericke-Straße 87, 39104 (0391) 594 90 FAX (0391) 594 99 90 **Zimmer** 514

Das Maritim hat eine auffällige, ultramoderne Architektur mit einem Glaszylinder als Eingangsbereich. Das Interieur ist eine Freude für Stilbewusste. Die Suiten sind grandios. Die Gäste können unter mehreren Restaurants wählen und im Pool schwimmen. Ein sehr professionell geführtes Etablissement. **www.maritim.de**

MERSEBURG Radisson SAS €€

Oberaltenburg 4, 06217 (03461) 452 00 FAX (03461) 45 21 00 **Zimmer** 132

Wie man es von einer Top-Hotelkette erwartet, werden hier alle Annehmlichkeiten (darunter Solarium) geboten. Bitten Sie um ein Zimmer mit schöner Aussicht – da das Haus auf einem Hügel steht, hat man von vielen Zimmern Blick auf Paläste und Gärten. Das Restaurant Belle Epoque ist sehr zu empfehlen *(siehe S. 532)*. **www.radissonsas.com**

NAUMBURG Gasthaus Zur Henne €

Henne 1, 06618 (03445) 232 60 FAX (3445) 23 26 26 **Zimmer** 28

Ein überaus einladendes und freundliches Haus, das einem Herrenhaus auf dem Land ähnelt. Das schnörkellose Dekor passt zum traditionellen Ambiente, hat aber durchaus modernen Touch. Das Restaurant ist hervorragend. **www.gasthaus-zur-henne.de**

NAUMBURG Stadt Aachen €

Markt 11, 06618 (03445) 24 70 FAX (03445) 24 71 30 **Zimmer** 39

Dieses Hotel befindet sich direkt am Marktplatz von Naumburg. Das Gebäude selbst ist zwar alt, wurde aber renoviert, um den Gästen zeitgemäßen Standard zu bieten. Die Zimmer sind groß und hell und mit schönen Möbeln eingerichtet. **www.hotel-stadt-aachen.de**

NAUMBURG Zur alten Schmiede €€

Lindenring 36/37, 06618 (03445) 243 60 FAX (03445) 24 36 66 **Zimmer** 35

Eine Schmiede aus dem 18. Jahrhundert wurde abgerissen, und an der Stelle baute man ein Hotel mit Restaurant. Beide bieten historisches Flair, aber kombiniert mit moderner Einrichtung. Die Gästezimmer sind angenehm schlicht und haben rustikalen Touch. **www.hotel-zur-alten-schmiede.de**

QUEDLINBURG Hotel Domschatz €

Mühlenstraße 20, 06484 (03946) 70 52 70 FAX (03946) 70 52 71 **Zimmer** 15

Dieses lindgrüne Fachwerkhaus – ein restauriertes historisches Gebäude – bietet heute 15 moderne, überaus geschmackvoll eingerichtete Zimmer. Das Personal arrangiert für Gäste interessante Pauschalangebote und Ausflüge. **www.quedlinburg-hoteldomschatz.de**

STENDAL Altstadt-Hotel €

Breite Straße 60, 39576 (03931) 698 90 FAX (03931) 69 89 39 **Zimmer** 28

Das Mittelklassehotel in Familienhand liegt schön zentral. In dem Ambiente mit Meeresthema – mit viel Holz und Möbeln in Pastelltönen – fühlt man sich fast wie in einem Boot auf hoher See. In den Zimmern findet man Safes und Kabelfernsehen vor. Es gibt eigene Parkplätze. **www.altstadthotelstendal.de**

TANGERMÜNDE Ringhotel Schwarzer Adler €

Lange Straße 52, 39590 (039322) 960 FAX (039322) 36 42 **Zimmer** 56

Die Gästezimmer mit Blumentapeten und -stoffen bieten allen Komfort. Die anderen Einrichtungen des Hotels sind etwas praktischer, aber auch durchaus annehmbar. Besonders zu erwähnen ist der attraktive Speisesaal mit Glasdach. **www.schwarzer-adler-tangermuende.de**

WERNIGERODE Ringhotel Weißer Hirsch €€

Marktplatz 5, 38855 (03943) 60 20 20 FAX (03943) 63 31 39 **Zimmer** 54

Die elegante Rezeption lässt auf ein Business-Hotel schließen, doch die Gästezimmer sind behaglicher, als man erwartet. Der Aufenthalt in dem schönen Fachwerkgebäude ist verlockend, der Service und die Leistungen machen ihn perfekt. **www.hotel-weisser-hirsch.de**

WITTENBERG Stadthotel Wittenberg €

Schlossstraße 2, 06886 (03491) 420 43 44 FAX (03491) 420 43 45 **Zimmer** 20

Die Lage ist ein großes Plus – Sie können zu Fuß zu Wittenbergs Sehenswürdigkeiten gehen. Die Gästezimmer wirken sehr einladend und bieten alle Standards wie Internet-Zugang und Satellitenfernsehen. Die Hotelangestellten sind sehr hilfsbereit. **www.stadthotel-wittenberg.de**

WÖRLITZ Wörlitzer Hof €€

Markt 96, 06786 (034905) 41 10 FAX (034905) 411 22 **Zimmer** 50

Das Hotel an einem hübschen Platz mit Bäumen und einem kleinen Brunnen ist ruhig und freundlich. Die Zimmer sind zwar etwas schlicht, aber gemütlich und bieten alle Standard-Annehmlichkeiten. Der Biergarten unter Linden ist das Highlight schlechthin. **www.woerlitzer-hof.de**

Sachsen

BAUTZEN Goldener Adler €€

Hauptmarkt 4, 02625 (03591) 486 60 FAX (03591) 48 66 20 **Zimmer** 30

Ideal für alle, die Licht und Raum brauchen, denn die stilvoll-schlicht eingerichteten Zimmer hier haben besonders hohe Decken – ein schöner Kontrast zu dem behaglichen Weinkeller, dem Bierlokal und dem Restaurant. Das Gebäude aus den 1540er Jahren verströmt noch immer historischen Charme. **www.goldeneradler.de**

BAUTZEN Villa Antonia €€

Lessingstraße 1, 02625 (03591) 50 10 20 FAX (03591) 50 10 44 **Zimmer** 13

Die denkmalgeschützte Villa aus den 1890er Jahren steht in einem ruhigen, gehobenen Stadtteil. Früherer Besitzer war ein Konzertpianist. Das Gebäude wurde renoviert und zu einem kleinen Hotel umfunktioniert, das zwar nichts Spektakuläres, aber angenehm und komfortabel ist. **www.hotel-villa-antonia.de**

CHEMNITZ Günnewig Hotel Chemnitzer Hof €€

Theaterplatz 4, 09111 (0371) 68 40 FAX (0371) 676 25 87 **Zimmer** 98

Dieses Gebäude aus den 1920er Jahren wurde zur einstigen Glorie renoviert. Das Foyer ist geradezu schillernd, doch die Gästezimmer haben leider ihren Charme eingebüßt. Alle Zimmer haben jedoch WLAN-Internet-Zugang, Safe und Satellitenfernsehen. **www.guennewig.de**

CHEMNITZ Mercure Hotel Kongress Chemnitz €€

Brückenstraße 19, 09111 (0371) 68 30 FAX (0371) 68 35 05 **Zimmer** 386

Das Hotel in einem auffälligen Glashochhaus bietet schlichte Zimmer mit allen Annehmlichkeiten, die man von einer internationalen Hotelkette erwartet. Dazu gehören auch Konferenzräume, ein Fitness-Center und eine Sauna. Transport vom und zum Flughafen ist ebenfalls im Angebot. **www.mercure.com**

CHEMNITZ Ringhotel Schlosshotel Klaffenbach €€

Wasserschlossweg 6, 09123 (0371) 261 10 FAX (0371) 261 11 00 **Zimmer** 49

Ein Märchenschloss mit Türmchen, flankiert von zwei etwas schlichteren Gebäuden. Die Gästezimmer variieren von einfachen Standardzimmern bis zu sehr interessanten Optionen. Der größte Pluspunkt des Hotels ist aber seine Lage direkt im historischen Zentrum der Stadt. **www.schlosshotel-klaffenbach.de**

DRESDEN Landhotel Dresden €

Fritz-Meinhardt-Straße 105, 01239 (0351) 280 30 FAX (0351) 280 31 30 **Zimmer** 43

Unkompliziertes, einfaches Hotel, das dennoch Komfort bietet. Die Atmosphäre ist leger und entspannt – eine durchaus willkommene Alternative zu den steiferen, nobleren Etablissements. Morgens bedienen sich die Gäste selbst am Kaffeeautomaten, um sich für den Tag zu stärken. **www.landhotel-dresden.de**

DRESDEN art'otel Dresden Design Hotel €€€

Ostra-Allee 33, 01067 (0351) 492 20 FAX (0351) 492 27 77 **Zimmer** 174

Dies ist ein ganz besonderes Hotel mit moderner Kunst, gewagtem Design und heller Farbgebung. Alle Gästezimmer haben moderne Einrichtungen wie Klimaanlage, Satelliten- und Pay-TV sowie kabellosen Internet-Zugang – und, wie der Name schon vermuten lässt, viel Kunst an den Wänden. **www.artotels.de**

DRESDEN Romantik Hotel Pattis €€€

Merbitzer Straße 53, 01157 (0351) 425 50 FAX (0351) 425 52 55 **Zimmer** 46

Das Pattis wird von einer Familie geführt (Bilder, Geburtsdaten und andere Infos zur Familie gibt es auf der Internet-Seite) und bietet einen Mix aus Business-Standards und persönlichem Touch – hier fühlt man sich als Gast zugleich bedeutend und entspannt. **www.pattis.de**

DRESDEN Steigenberger Hotel de Saxe €€€

Neumarkt 9, 01067 (0351) 438 60 FAX (0351) 438 68 88 **Zimmer** 185

Noch die einfachsten Zimmer sind riesig und elegant und bieten Internet-Zugang, Satellitenfernsehen, Safe und alle sonstigen Annehmlichkeiten. Die Essbereiche wirken besonders einladend und opulent. Ein wirklich nobles Etablissement in Dresden. **www.desaxe-dresden.steigenberger.de**

FREIBERG Silberhof €

Silberhofstraße 1, 09599 (03731) 268 80 FAX (03731) 26 88 78 **Zimmer** 30

Die Zimmer in diesem interessanten Gebäude sind nach Rokokothemen dekoriert, mit viel glänzendem Satin und weiß gestrichenem Holz. Der Silberhof bietet alle modernen Einrichtungen wie z. B. Satelliten-TV, Internet-Zugang und Minibar in allen Gästezimmern. **www.silberhof.de**

GÖRLITZ Sorat Hotel Görlitz €€

Struvestraße 1, 02826 (03581) 40 65 77 FAX (03581) 40 65 79 **Zimmer** 46

Im Sorat sind die Gästezimmer im Jugendstil dekoriert, mit farbenfrohem modernem Mobiliar und viel Flair. Es gibt Raucher- und Nichtraucherzimmer. Das Beste ist aber die Lage ganz nahe am Marienplatz und am Jugendstil-Kaufhaus der Stadt. **www.sorat-hotels.com**

KAMENZ Goldner Hirsch €€

Markt 10, 01917 (03578) 783 50 FAX (03578) 783 55 99 **Zimmer** 30

Das 1550 errichtete Hotel entkam als eines der wenigen in Kamenz dem Feuer von 1842. Im Innern herrscht eine Mischung aus Alt und Neu vor. Die Zimmer sind einfach, aber sehr komfortabel eingerichtet. Zur Stärkung stehen zwei Restaurants und ein Biergarten zur Wahl. **www.hotel-goldner-hirsch.de**

LEIPZIG Alt-Connewitz Hotel-Restaurant €€

Meusdorfer Straße 47a, 04277 (0341) 301 37 70 FAX (0341) 301 38 00 **Zimmer** 33

Schlichtes, schnörkelloses Hotel mit sehr vernünftigen Preisen. Die behaglichen Gästezimmer sind frisch und sauber und haben Internet-Zugang und Fernseher. Es gibt auch ein gutes Restaurant mit einer großen Auswahl an Weinen. **www.alt-connewitz.de**

Preiskategorien *siehe Seite 488* **Zeichenerklärungen** *siehe hintere Umschlagklappe*

LEIPZIG Leipzig Marriott Hotel €€

Am Hallischen Tor 1, 04109 (0341) 965 30 FAX (0341) 965 39 99 **Zimmer** 231

Dunkles Holz und gemusterte Teppiche und Möbel schaffen ein Ambiente, in dem man sich einfach behaglich fühlt. Zuweilen wirkt es etwas altmodisch, aber Elemente wie Internet-Zugang und Klimaanlagen bringen modernen Touch. Das Hotel steht mitten im historischen Leipzig, gleich beim Bahnhof. **www.marriott.com**

LEIPZIG Westin Leipzig €€

Gerberstraße 15, 04105 (0341) 98 80 FAX (0341) 98 82 29 **Zimmer** 436

Die Hauptattraktion hier sind die Betten mit speziellen Matratzen und vier Decken. Alle Gästezimmer sind überaus geschmackvoll dekoriert und hervorragend ausgestattet. Zum Angebot gehören eine stilvolle »Fitness«-Bar und ein Swimmingpool. **www.westin.com/leipzig**

LEIPZIG Hotel Fürstenhof €€€€

Tröndlinring 8, 04105 (0341) 14 00 FAX (0341) 140 37 00 **Zimmer** 92

Dieses Hotel hat echten Stil. Die Gästezimmer sind farbenfroh dekoriert und eingerichtet und haben hohe, schmale Fenster. Alle sind mit Minibar und Satellitenfernsehen ausgestattet – besonders begehrt sind aber jene, die auf den Innenhof blicken. Ein kühnes, luxuriöses Hotel. **www.luxurycollection.com/fuerstenhof**

MEISSEN Hotel Andree €€

Ferdinandstraße 2, 01662 (03521) 75 50 FAX (03521) 75 51 30 **Zimmer** 85

Das Andree steht mitten in der Stadt, aber in ruhiger Lage. Die Gästezimmer sind schlicht und unprätentiös dekoriert und ausgestattet. Das exzellente Restaurant mit sehr guter Regionalküche lohnt auf jeden Fall einen Besuch. **www.hotel-andree.de**

MORITZBURG Landhaus Moritzburg €€

Schlossallee 37, 01468 (035207) 896 90 FAX (035207) 89 69 19 **Zimmer** 17

Ideal, um sich mit Blick über Wiesen einfach einmal zu entspannen. Die Zimmer variieren von gemütlich bis sehr groß, fast alle haben skandinavisches Flair. Das Restaurant serviert in den Sommermonaten auch auf der Terrasse im hübschen Garten. **www.landhaus-moritzburg.de**

PIRNA Romantik Hotel Deutsches Haus €€

Niedere Burgstraße 1, 01796 (03501) 468 80 FAX (03501) 46 88 20 **Zimmer** 40

Malerisches Hotel, das sich über drei Renaissance-Gebäude erstreckt. Dazu gehören ein reizendes Kellergewölbe und das sehr empfehlenswerte Restaurant Deutsches Haus *(siehe S. 534)*. In der Nähe kann man am Ufer der Elbe schön spazieren gehen. **www.romantikhotel-pirna.de**

ZITTAU Schwarzer Bär €

Ottokarplatz 12, 02763 (03583) 55 10 FAX (03583) 55 11 11 **Zimmer** 19

Dieses Hotel ist nach dem »Haustier« des ehemaligen Wirts benannt (in einem Dokument von 1694 wird erwähnt, er halte einen schwarzen Bären). Dies ist ein heimeliger, gemütlicher Ort mit schönen, einfach dekorierten Zimmern und einem guten Restaurant. **www.hotel-schwarzer-baer.de**

ZWICKAU Achat Hotel €€

Leipziger Straße 180, 08058 (0375) 87 20 FAX (0375) 87 29 99 **Zimmer** 204

Hier werden alle Serviceleistungen und Einrichtungen geboten, die man von einem eleganten modernen Hotel erwartet. Die Zimmer sind schlicht, sauber und gemütlich. Das Achat ist ideal, wenn man übertriebenen Luxus fade findet. **www.achat-hotel.de**

Thüringen

ALTENBURG Altenburger Hof €€

Schmöllnsche Landstraße 8, 04600 (03447) 58 40 FAX (03447) 58 44 99 **Zimmer** 140

Die Gästezimmer sind einfach, sauber und modern, mit gestreiften Vorhängen, neutralen Farben und schlichtem Mobiliar. Alle Zimmer haben einen Schreibtisch und Internet-Zugang. Zum Hotel gehören ein gutes Restaurant und eine Cocktailbar sowie eine Sauna und ein Wellness-Bereich. **www.altenburger-hof.de**

ALTENBURG Hotel Engel €€

Johannisstraße 27, 04600 (03447) 565 10 FAX (03447) 56 51 14 **Zimmer** 12

Das kleine familienbetriebene Hotel im Herzen der Altstadt liegt in Gehentfernung zu den Sehenswürdigkeiten von Altenburg. Die individuell eingerichteten Zimmer schaffen ein heimeliges Flair. Das Hotelrestaurant serviert herzhafte Kost, die Kellerbar lockt mit urigem Ambiente. **www.hotel-engel-altenburg.de**

EISENACH Steigenberger Hotel Thüringer Hof €€

Karlsplatz 11, 99817 (03691) 280 FAX (03691) 281 90 **Zimmer** 127

Wenn Ihnen der Sinn nach Kunstgenuss und Gastfreundschaft steht, sind Sie hier richtig. In der Lobby sehen Sie Gemälde und Holzskulpturen, die Gästezimmer sind sehr elegant. Einige bieten Blick auf die Wartburg und die Umgebung. Im Restaurant speist man asiatisch. **www.eisenach.steigenberger.de**

EISENACH Hotel auf der Wartburg €€€

Auf der Wartburg, 99817 ☎ *(03691) 79 70* FAX *(03691) 79 71 00* ***Zimmer*** *35*

Erwarten Sie hier in der Burg nur das Allerbeste – Ihre Erwartungen werden dennoch übertroffen werden. Die individuell dekorierten Zimmer sind gut ausgestattet, u. a. mit kabellosem Internet-Zugang. Behaglichkeit, Palast-Ambiente, Luxus und herrliche Aussicht werden in diesem Hotel aufs Schönste kombiniert. **www.wartburghotel.de**

ERFURT Zumnorde €€

Anger 50/51, 99084 ☎ *(0361) 568 00* FAX *(0361) 568 04 00* ***Zimmer*** *54*

Prächtige Zimmer mit hochwertigen polierten Holzmöbeln bietet dieses Hotel im historischen Zentrum Erfurts, nahe dem Mariendom und St. Severi. Über die Website können Sie Sonderangebote wahrnehmen und buchen, vor allem für Wochenendaufenthalte. **www.hotel-zumnorde.de**

ERFURT Pullman Erfurt am Dom €€€

Theaterplatz 2, 99084 ☎ *(0361) 644 50* FAX *(0361) 644 51 00* ***Zimmer*** *160*

Der hohe, verglaste Eingangsbereich weist darauf hin: Dies ist vor allem ein Business-Hotel. Die Zimmer aber haben diesen elegant-gemütlichen Stil mit viel Braun und Burgunderrot, in dem man sich einfach wohlfühlt. Alle Gästezimmer haben Safe, Minibar, Satelliten-TV und Internet-Zugang. **www.accorhotels.com**

ERFURT-APFELSTADT Park Inn €€

Riedweg 1, 99192 ☎ *(0362) 028 50* FAX *(0362) 028 54 10* ***Zimmer*** *96*

Dieses farbenfrohe Hotel hat eine helle, freundliche Atmosphäre und ist ein netter Kompromiss zwischen den Bedürfnissen von Geschäftsreisenden und Urlaubern. Es hat ein Wellness-Zentrum mit Sauna und Fitness-Center sowie Konferenzräume. Satelliten- und Pay-TV sowie Internet-Zugang in den Gästezimmern. **www.parkinn.com**

GERA Pentahotel €€

Gutenbergstraße 2a, 7548 ☎ *(0365) 290 90* FAX *(0365) 290 91 00* ***Zimmer*** *165*

Alle Gästezimmer des Hotels sind großzügig bemessen und dezent-lebhaft mit vielen Farben dekoriert. WLAN-Internet-Zugang ist im ganzen Haus verfügbar. Das Hotel befindet sich in ruhiger Lage, man fühlt sich hier wie in einer Wohngegend. **www.pentahotels.com**

GOTHA Hotel am Schlosspark €€

Lindenauallee 20, 99867 ☎ *(03621) 44 20* FAX *(03621) 44 24 52* ***Zimmer*** *95*

Zum Hotel gehört ein gewächshausähnliches Glashaus, und zu jeder Jahreszeit hat man hier ein sommerliches Gefühl. Die Zimmer haben alle Annehmlichkeiten, die man von einem Vier-Sterne-Hotel erwartet. Das Restaurant mit dem gleichen Namen ist sehr zu empfehlen *(siehe S. 535)*. Es gibt Spa und Sauna. **www.hotel-am-schlosspark.de**

GREIZ Schlossberg Hotel €

Marienstraße 1–5, 07973 ☎ *(03661) 62 21 23* FAX *(03661) 62 21 66* ***Zimmer*** *33*

Die Zimmer sind hell und unkompliziert eingerichtet, alle haben Minibar und Fernseher, in vielen hat man WLAN-Internet-Zugang. Das Hotel verfügt nicht über ein Restaurant, ein paar Gehminuten entfernt gibt es aber ein Lokal mit traditioneller Regionalküche. **www.schlossberghotel-greiz.de**

JENA Jembo Park €

Rudolstädter Straße 93, 07745 ☎ *(03641) 68 50* FAX *(03641) 68 52 99* ***Zimmer*** *48*

Für eine Unterkunft, die an eine Bowlingbahn und ein Pub angeschlossen ist, ist das Jembo Park sehr einladend. Dies ist ein relaxter Ort, wo häufig auch Hochzeitsempfänge und Partys stattfinden. Die Zimmer sind einfach, unprätentiös, aber behaglich. **www.jembo.de**

MÜHLHAUSEN Mirage Hotel €€

Karl-Marx-Straße 9, 99974 ☎ *(03601) 43 90* FAX *(03601) 43 91 50* ***Zimmer*** *77*

Im Mirage ist alles sehr sauber, einfach und im Business-Stil gehalten. Die Zimmer sind überaus stilvoll, mit gedeckten Farben und minimaler Einrichtung. In allen Zimmern gibt es Satelliten-TV und kabellosen Internet-Zugang. Das Hotel ist eine ideale Basis für die Erkundung der Altstadt und anderer Attraktionen. **www.mirage-hotel.de**

OBERHOF Treff Hotel Panorama €€

Theodor-Neubauer-Straße 29, 98559 ☎ *(036842) 500* FAX *(036842) 225 51* ***Zimmer*** *409*

Das riesige Hotel bietet eine ungewöhnliche Architektur und ein umfangreiches Freizeitangebot, auch für Kinder. So gibt es Tennis-, Squash- und Badmintonplätze, einen Pool und sogar eine Kletterwand. Das Gebäude erhebt sich in einem Park wie eine Pyramide über die Bäume. **www.treff-hotel-panorama.de**

WEIMAR Hotel Anna Amalia €€

Geleitstraße 8–12, 99423 ☎ *(03643) 495 60* FAX *(03643) 49 56 99* ***Zimmer*** *51*

Das Anna Amalia befindet sich ganz in der Nähe aller Sehenswürdigkeiten in dieser schönen Stadt. Das Interieur des Hotels ist angeblich von Goethes *Italienischer Reise* inspiriert – tatsächlich aber sind lediglich die Zimmer nach italienischen Städten benannt. Die Zimmer und Apartments sind komfortabel. **www.hotel-anna-amalia.de**

WEIMAR Ringhotel Kaiserin Augusta €€

Carl-August-Allee 17, 99423 ☎ *(03643) 23 40* FAX *(03643) 23 44 44* ***Zimmer*** *134*

Ein elegantes altes Gebäude mit Gästezimmern, die entweder auf die Altstadt oder in einen Innenhof blicken. Alle Zimmer sind hell dekoriert, geräumig und luftig. Sie sind sehr komfortabel, ohne aber steif oder unpersönlich zu wirken. **www.hotel-kaiserin-augusta.de**

WEIMAR Dorint am Goethepark €€€

Beethovenplatz 1–2, 99423 (03643) 87 20 FAX (03643) 87 21 00 **Zimmer** 133

Drei Gehminuten von der historischen Altstadt entfernt steht dieses interessante Gebäude, das ein gute, teilweise sehr überraschende Mischung aus Alt und Neu bietet. Das Gebäude selbst besteht aus einer neuen, modernen Konstruktion zwischen zwei klassischen Herrenhäusern. **www.accorhotels.com**

WEIMAR Grand Hotel Russischer Hof zu Weimar €€€

Goetheplatz 2, 99423 (03643) 77 40 FAX (03643) 77 48 40 **Zimmer** 126

Ein Ort der Tradition und des altehrwürdigen Luxus: glänzende Fußböden, poliertes Holz, schwere Vorhänge mit goldenen Kordeln, raue Wände und Decken und mehrere gute Restaurants. Ein Grandhotel im wahrsten Sinne des Wortes. Berühmtheiten wie Goethe oder Richard Wagner gingen hier schon ein und aus. **www.russischerhof.com**

WEIMAR Hotel Elephant €€€

Markt 19, 99423 (03643) 80 20 FAX (03643) 80 26 10 **Zimmer** 99

Trotz des Namens – hier ist alles eher subtil, herrschaftlich und überaus komfortabel. In allen Gästezimmern findet man Original-Kunstwerke, schließlich hat sich das Elephant nicht zuletzt als Treffpunkt für Künstler, Dichter und Intellektuelle einen Namen gemacht. **www.luxurycollection.com/elephant**

München

Am Siegestor €€

Akademienstraße 5, 80799 (089) 39 95 50 FAX (089) 34 30 50 **Zimmer** 20

Das Gebäude ist seit 1950 ein Hotel und hat noch den Original-Lift aus dem 19. Jahrhundert, einen der ältesten Aufzüge in München. Das Hotel befindet sich nahe an der lebhaften Schwabinger Szene mit vielen Läden, Bars und Restaurants. Die Gästezimmer sind eher einfach. **www.hotel-siegestor.de**

Gästehaus Englischer Garten €€

Liebergesellstraße 8, 80802 (089) 383 94 10 FAX (089) 383 941 33 **Zimmer** 25

Gemütliches kleines Gästehaus mit hübschen, wenn auch kleinen Zimmern. Das ruhig gelegene Haus wird von einer Familie betrieben. Es gibt auch größere Apartments mit Balkon für längere Aufenthalte. Die frühere Mühle steht heute unter Denkmalschutz. Im Sommer kann man im Garten frühstücken. **www.hotelenglischergarten.de**

Hotel am Nockherberg €€

Nockherstraße 38a, 81541 (089) 623 00 10 FAX (089) 623 001 29 **Zimmer** 38

Modern, klein, nett und sauber ist dieses Hotel. Was ihm an Stil fehlt, macht es durch die tolle Lage nahe an der Isar, dem Deutschen Museum und dem Kulturzentrum Gasteig wieder wett. Das Dekor ist schlicht, aber schön in neutralen Farbtönen. Ein einladender, freundlicher Ort. **www.nockherberg.de**

Hotel am Viktualienmarkt €€

Utzschneiderstraße 14, 80469 (089) 231 10 90 FAX (089) 231 109 55 **Zimmer** 27 **Stadtplan** 2 B5

Das sehr zentral, direkt am berühmten Obst- und Gemüsemarkt gelegene Hotel ist einfach, aber komfortabel. Die Gästezimmer sind modern mit Blumen- oder Streifenmustern und viel Grün. Zum Hotel gehört ein Café ein paar Türen weiter. **www.hotel-am-viktualienmarkt.de**

Advokat €€€

Baaderstraße 1, 80469 (089) 21 63 10 FAX (089) 216 31 90 **Zimmer** 50

Das Advokat ist das Schwesterhotel des Admiral *(siehe S. 498)*. Es befindet sich direkt im Künstlerviertel mit netten Boutiquen und tollen Cafés. Das Dekor ist durchweg elegant, mit vielen Gemälden, Blumen, Skulpturen und modernem Design. Minimalistisch, aber mit Stil – und einer kleinen Dachterrasse. **www.hotel-advokat.de**

Cosmopolitan Hotel €€€

Hohenzollernstraße 5, 80801 (089) 38 38 10 FAX (089) 383 811 11 **Zimmer** 71 **Stadtplan** 2 C1

Zeitgemäßes Hotel in einer schönen Straße im angesagten Schwabing. Alles ist modern, die Zimmer sind mit Ligne-Roset-Mobiliar ausgestattet. Bei schönem Wetter kann man auf der Terrasse frühstücken. Der Englische Garten liegt nur einen kurzen Spaziergang entfernt. **www.geisel-privathotels.de**

Hotel Ritzi €€€

Maria-Theresia-Straße 2a, 81675 (089) 414 24 08 90 FAX (089) 414 240 89 50 **Zimmer** 25 **Stadtplan** 3 F5

Das Ritzi heißt Sie stilvoll willkommen. Die Zimmer sind individuell nach Reisethemen dekoriert, eines etwa in Meerblau mit Strandandenken, eines afrikanisch, eines im asiatischen Zen-Stil, eines marokkanisch usw. Das mediterrane Restaurant ist wunderbar, die Lounge und Bar mit Art-déco-Ambiente sehr gemütlich. **www.hotel-ritzi.de**

Insel Mühle €€€

Von-Kahr-Straße 87, 80999 (089) 810 10 FAX (089) 812 05 71 **Zimmer** 38

Dieses Hotel im Landhausstil hat ein traumhaft romantisches Ambiente, in einer alten Mühle inmitten eines schönen Gartens an einem kleinen Fluss. Zum Hotel gehört ein exzellentes Restaurant mit Biergarten, Weinkeller und Bar. Setzen Sie sich im Garten unter die Bäume, oder entspannen Sie sich bei einem Spaziergang. **www.insel-muehle.com**

Stadtplan München *siehe Seiten 234–237*

Novotel München City €€€

Hochstraße 11, 81669 (089) 66 10 70 FAX (089) 661 079 99 **Zimmer** 307

Sehr modernes Vier-Sterne-Hotel mit einfachem, hellem Dekor. Im einladenden Frühstücksraum hängen große Blumenfotos. Im Angebot stehen ein großer Pool, ein Relax-Raum und ein Fitness-Center. Weil es so zentral liegt, sind Sie in ein paar Gehminuten am Marienplatz, am Gasteig und im Deutschen Museum. **www.novotel.com**

Olympic €€€

Hans-Sachs-Straße 4, 80469 (089) 23 18 90 FAX (089) 231 891 99 **Zimmer** 38

Ein kleines Hotel mit neobarockem Look und viel Charme im künstlerisch angehauchten Glockenbachviertel. Hier steigen gern Künstler, Fotografen und Modedesigner ab. Das Dekor ist modern-klassisch italienisch. Die meisten Gästezimmer haben Blick auf den ruhigen Innenhof. **www.hotel-olympic.de**

Admiral €€€€

Kohlstraße 9, 80469 (089) 21 63 50 FAX (089) 29 36 74 **Zimmer** 33

Gleich um die Ecke des kleinen Vier-Sterne-Hotels liegt das Deutsche Museum. Geboten werden traditioneller Stil, zuvorkommendes Personal, ein wunderbares Frühstücksbüfett, einige Zimmer mit Balkon mit Gartenblick. Am Abend kann man in der Bar einen Drink nehmen. Ideal auch für Familien. In Isarnähe. **www.hotel-admiral.de**

Anna €€€€

Schützenstraße 1, 80335 (089) 59 99 40 FAX (089) 599 943 33 **Zimmer** 73 **Stadtplan** 1 F4

Sehr designbewusstes Hotel im Herzen Münchens mit goldener Rezeption, Designermöbeln in Café, Bar und Restaurant und Pfeilern, einem herrlichen Kronleuchter und purpurnen Sofas in der Lounge. Probieren Sie die innovative, euro-asiatisch inspirierte Küche. Zehn Gehminuten vom Marienplatz. **www.geisel-privathotels.de**

Asam Hotel €€€€

Josephspitalstraße 3, 80331 (089) 230 97 00 FAX (089) 230 970 97 **Zimmer** 24 **Stadtplan** 1 F5

Das bei Prominenten beliebte Asam bietet guten Service und Stil. Die Gästezimmer haben Marmorbäder. Das hoteleigene Restaurant Speisekammer serviert internationale Küche, in der Bar können Sie den Drink danach genießen. Die Gegend ist nachts sehr ruhig. **www.hotel-asam.de**

Cortiina €€€€

Ledererstraße 8, 80331 (089) 242 24 90 FAX (089) 242 249 1 00 **Zimmer** 39 **Stadtplan** 2 C4

Man möchte fast glauben, man betritt eine Kunstgalerie, wenn man in die Lobby kommt. Das Cortiina mitten in der Innenstadt ist bei Modeleuten sehr populär. Es gibt eine stilvolle Bar und Zimmer mit Eichentäfelung. Geboten werden außerdem Babysitterdienst und kostenlose Tageszeitungen. **www.cortiina.com**

Maritim €€€€

Goethestraße 7, 80336 (089) 55 23 50 FAX (089) 552 359 00 **Zimmer** 347 **Stadtplan** 1 E4

Gute zentrale Lage nahe an Läden, Theatern und Hauptbahnhof – und ideal für Oktoberfestgäste. Zum Hotel gehören zwei Restaurants, eine Pianobar, eine Sauna und ein Dampfbad. Vom großen Hallenbad ganz oben hat man Panoramablick über die Stadt. **www.maritim.de**

Opéra €€€€

St.-Anna-Straße 10, 80538 (089) 210 49 40 FAX (089) 210 494 77 **Zimmer** 25 **Stadtplan** 3 D4

In einer Seitenstraße nahe den Designerläden steht dieses elegante Stadthaus mit schöner Fassade und einem italienischen Renaissance-Innenhof. Genießen Sie die Ruhe im Garten, oder probieren Sie im Nobelrestaurant Gandl französische, deutsche oder italienische Gerichte *(siehe S. 537)*. Individuelle Gästezimmer. **www.hotel-opera.de**

Splendid-Dollmann €€€€

Thierschstraße 49, 80538 (089) 23 80 80 FAX (089) 238 083 65 **Zimmer** 36 **Stadtplan** 3 D4

Das Splendid hat das Flair einer englischen Stadtvilla. Das traditionelle, zauberhafte Hotel im ruhigen Lehel bietet ein Restaurant, Babysitting-Service, einen bezaubernden kleinen Garten, eine Bibliothek und eine Bar. Die eleganten Gästezimmer sind mit Antiquitäten ausgestattet. **www.hotel-splendid-dollmann.de**

Bayerischer Hof €€€€€

Promenadeplatz 2–6, 80333 (089) 212 00 FAX (089) 212 09 06 **Zimmer** 395 **Stadtplan** 2 A3

Großes Luxushotel in zentraler Lage unweit der besten Geschäfte, Museen, der Oper, Theatern und Restaurants. Die eleganten Zimmer mit wunderbaren Stoffen und Möbeln erinnern an ein Landhaus. Zum Haus gehören eine Wellness-Landschaft, drei Restaurants, darunter das Garden *(siehe S. 537)*, und eine tolle Bar. **www.bayerischerhof.de**

Hotel Excelsior €€€€€

Schützenstraße 11, 80335 (089) 55 13 70 FAX (089) 551 371 21 **Zimmer** 114 **Stadtplan** 1 F4

Das Vier-Sterne-Hotel in zentraler Lage wirkt sehr italienisch – nicht nur architektonisch, sondern auch kulinarisch. Es rühmt sich selbst seiner exzellenten Auswahl an italienischen Weinen in Geisel's Vinothek. Die Gäste können auch die Einrichtungen des Schwesterhotels Königshof nutzen *(siehe unten)*. **www.geisel-privathotels.de**

Hotel Königshof €€€€€

Karlsplatz 25, 80335 (089) 55 13 60 FAX (089) 551 361 13 **Zimmer** 87 **Stadtplan** 1 F3

Das bekannte Hotel mit klassischer Eleganz, erstklassigem Service, Komfort und international berühmter Küche im Restaurant gleichen Namens *(siehe S. 538)* bietet größten Luxus in zentraler Lage. Gästen stehen Fitness-, Sauna- und Wellness-Bereiche zur Verfügung. **www.geisel-privathotels.de**

Kempinski Hotel Vier Jahreszeiten €€€€€

Maximilianstraße 17, 80539 (089) 212 50 FAX (089) 212 520 00 ***Zimmer*** *308* ***Stadtplan*** *2 C4*

Münchens Top-Adresse (1858 für König Maximilian II. erbaut) zwischen den Designer-Boutiquen an der prächtigen Maximilianstraße bietet exzellenten Service und ebensolche Gastronomie. Die prächtige Eingangshalle ist in Gold- und Rottönen gehalten. Pool und Wellness-Bereich wurden 2006 renoviert. **www.kempinski-vierjahreszeiten.de**

Mandarin Oriental €€€€€

Neuturmstraße 1, 80331 (089) 29 09 80 FAX (089) 22 25 39 ***Zimmer*** *73* ***Stadtplan*** *2 C4*

Dieses zentrale, luxuriöse Hotel hat geräumige Gästezimmer, Marmorbäder mit Wanne und Dusche und – vom beheizten Pool auf der Dachterrasse – Panoramablick über München zu bieten. Das Restaurant Mark's hat einen Michelin-Stern. Man kann auch im Freien auf der Terrasse dinieren. **www.mandarinoriental.com/munich**

Palace €€€€€

Trogerstraße 21, 81675 (089) 41 97 10 FAX (089) 419 718 19 ***Zimmer*** *74*

Dieses recht noble Hotel ist bei Kulturinteressierten und Künstlern populär. Es hat einen hübschen Garten, einen herrlichen Dachgarten und ein elegantes Restaurant. Kinder sind hier sehr willkommen. Bei der Ankunft bekommen die Gäste Mineralwasser und Obst. Große Hotelbar, Sauna, Massage- und Fitness-Bereich. **www.muenchenpalace.de**

Bayern

ALTÖTTING Zur Post €€

Kapellplatz 2, 84503 (08671) 50 40 FAX (08671) 62 14 ***Zimmer*** *93*

Mitten in dieser netten Kleinstadt, an einem der ältesten Plätze Deutschlands, steht dieses Hotel mit klassisch-eleganten Zimmern mit schönen Holzmöbeln und teilweise Blick über Kirchtürme. Die Gäste können unter mehreren Restaurants wählen, außerdem gibt es Pool, Sauna und Dampfbad. **www.zurpostaltoetting.de**

ANSBACH Bürger-Palais €€

Neustadt 48, 91522 (0981) 951 31 FAX (08671) 951 32 ***Zimmer*** *12*

Das barocke Palais hat einen hübschen Garten und eine Terrasse. Das Restaurant ist bayrisch-rustikal mit Buntglasfenstern und Bedienungen im Dirndl. Stilmöbel, Kronleuchter und schöne offene Kamine tragen zum Flair bei. In der Bach-Woche von Ende Juli bis Anfang August gelten höhere Preise. **www.hotel-buerger-palais.com**

ASCHAFFENBURG Wilder Mann €€

Löherstraße 51, 63739 (06021) 30 20 FAX (06021) 30 22 34 ***Zimmer*** *74*

Der Wilde Mann an der alten Mainbrücke wurde im 16. Jahrhundert gegründet. Die Zimmer sind ohne Schnickschnack modern eingerichtet, das Restaurant gleichen Namens bietet gute Regionalküche, die man auch auf der Dachterrasse genießen kann *(siehe S. 538)*. Es gibt auch eine Wellness-Oase. **www.hotel-wilder-mann.de**

ASCHAU IM CHIEMGAU Residenz Heinz Winkler €€€€

Kirchplatz 1, 83229 (08052) 179 90 FAX (08052) 17 99 66 ***Zimmer*** *32*

Ein Paradies für echte Gourmets. Der Küchenchef Heinz Winkler übernahm 1989 das frühere Post-Hotel, das heute luxuriöse Gästezimmer sowie wunderbare Wellness-Anwendungen bietet. Die große Terrasse und der Garten sind zusätzliche Anreize dieser Residenz. **www.residenz-heinz-winkler.de**

AUGSBURG Dom Hotel €€

Frauentorstraße 8, 86152 (0821) 34 39 30 FAX (0821) 343 932 00 ***Zimmer*** *52*

Das frisch restaurierte Hotel nahe dem Dom, in Gehnähe zu allen Sehenswürdigkeiten und vielen Restaurants, hat einen Pool, eine Sauna und ein Fitness-Center zu bieten. Seit vier Generationen betreibt die gleiche Familie dieses Hotel in einer ruhigen Seitenstraße an der Bischofsmauer. **www.domhotel-augsburg.de**

AUGSBURG Romantikhotel Augsburger Hof €€

Auf dem Kreuz 2, 86152 (0821) 34 30 50 FAX (0821) 343 05 55 ***Zimmer*** *36*

Gegenüber dem Mozarthaus im Zentrum der Stadt, unweit der Fußgängerzone, steht dieses kürzlich renovierte alte Gebäude. Die sauberen, modern eingerichteten Zimmer sind im Landhausstil dekoriert. Das gute Restaurant serviert echt schwäbische Küche. **www.augsburger-hof.de**

AUGSBURG Steigenberger Drei Mohren €€€

Maximilianstraße 40, 86150 (0821) 503 60 FAX (0821) 15 78 64 ***Zimmer*** *105*

Mitten in der Altstadt ist dies eine ideale Basis für die Erkundung von Augsburgs Attraktionen, dem Museum, Theatern und Palästen. In den gut ausgestatteten Gästezimmern findet man Antiquitäten und alte Gemälde. Das Restaurant ist exzellent. Komfort und erstklassiger Service. **www.augsburg.steigenberger.de**

BAMBERG Alt-Ringlein €€

Dominikanerstraße 9, 96049 (0951) 953 20 FAX (0951) 953 25 00 ***Zimmer*** *33*

Schönes, komfortables Hotel in Bambergs Innenstadt. Im Restaurant gleichen Namens *(siehe S. 539)* bekommt man echt fränkische Gerichte und heimische Biere, darunter auch selbst gebraute. In einem Flügel von 1296 gibt es fränkisch gestaltete Zimmer. Der Biergarten ist ein weiterer Pluspunkt. **www.alt-ringlein.com**

BAMBERG Welcome Hotel Residenzschloss €€€

Untere Sandstraße 32, 96049 (0951) 609 10 FAX (0951) 609 17 01 **Zimmer** 184

Elegante Zimmer in einem denkmalgeschützten Gebäude an der Regnitz. Das heutige Kur- und Konferenzhotel wurde bereits 1789 gegründet. Die Gäste haben die Wahl zwischen zwei Restaurants, außerdem gibt es eine Bar und eine kleine Kapelle, in der zuweilen klassische Konzerte gegeben werden. **www.residenzschloss.com**

BAYREUTH Bayerischer Hof €€

Bahnhofstraße 14, 95444 (0921) 786 00 FAX (0921) 786 05 60 **Zimmer** 50

Das Luxushotel in Gehnähe zur Oberfrankenhalle und dem Opernhaus (in dem die berühmten Wagner-Festspiele stattfinden) bietet geräumige elegante Zimmer, ein französisches Bistro, ein Restaurant, einen Pool und eine Sauna, außerdem einen Garten, eine Sonnenterrasse und sogar eine Dachterrasse. **www.bayerischer-hof.de**

BAYREUTH Lohmühle €€

Badstraße 37, 95444 (0921) 530 60 FAX (0921) 530 64 69 **Zimmer** 42

Am Ufer des malerischen Mühlbachs, unweit der Fußgängerzone, steht dieses Drei-Sterne-Fachwerkhotel mit klassisch-modernem Dekor. Erwarten Sie echt fränkische Gastlichkeit und auf der Speisekarte des Restaurants frisch gefangenen Fisch. **www.hotel-lohmuehle.de**

BAYREUTH Ramada Hotel Residenzschloss €€

Erlanger Straße 37, 95444 (0921) 758 50 FAX (0921) 758 56 01 **Zimmer** 102

Das geschmackvoll eingerichtete Vier-Sterne-Hotel am Stadtrand hat ein lichtdurchflutetes Restaurant mit Blick in den Garten. Serviert werden sowohl regionale als auch internationale Gerichte. Es gibt WLAN-Internet-Zugang sowie ein Fitness-Center mit Sauna und Whirlpool. **www.ramada.de**

BERG, STARNBERGER SEE Seehotel Leoni €€€

Assenbucher Straße 44, 82335 (08151) 50 60 FAX (08151) 50 61 40 **Zimmer** 67

Stilvolles, modernes Gebäude mit italienischem Flair direkt am Seeufer. Das designbewusste Dekor mischt kühle Cremetöne mit Farbklecksen. Der Garten ist herrlich, es gibt ein gutes Restaurant, ein Spa und einen Pool. Von der Veranda und den Terrassen hat man einen wunderbaren Panoramablick. **www.seehotel-leoni.de**

BURGHAUSEN Landhotel Reisingers Bayerische Alm €€

Robert-Koch-Straße 211, 84489 (08677) 98 20 FAX (08677) 98 22 00 **Zimmer** 23

Das luxuriöse Hotel überblickt Europas längste Burg und die Altstadt. Genießen Sie im schönen Biergarten gleichen Namens *(siehe S. 539)* die exzellente Küche. Zu den Annehmlichkeiten gehören kabelloser Internet-Zugang, Parkplätze und Allergiker-Betten, ein Garten für die fünf Sinne sowie makrobiotische Kost. **www.bayerischealm.de**

COBURG Festungshof €

Festungshof 1, 96450 (09561) 802 90 FAX (09561) 80 29 33 **Zimmer** 14

Der Festungshof bietet einfache, aber schöne Zimmer in rustikalem Stil sowie herrliche Aussicht. Das Haus am Fuße der Festung wurde 1337 gebaut. In der holzgetäfelten Wallensteinstube und im großen Biergarten kann man traditionelle fränkische Küche genießen. **www.hotel-festungshof.de**

COBURG Hotel Weinstube Gerberhof €

Gerbergasse 1, 96450 (09561) 87 11 87 FAX (09561) 87 11 89 **Zimmer** 8

Der kleine Gerberhof ist ein altes Eckhaus voller Tradition und Historie, mit Holzbalken bis hin zu einem typischen Weinlokal mit rustikalem Dekor. Man bekommt Regionalküche, aber auch thailändische Spezialitäten. Das Hotel am Rand der Fußgängerzone ist ideal für die Erkundung Coburgs. **www.hotel-gerberhof.de**

COBURG Romantik Hotel Goldene Traube €€€

Am Viktoriabrunnen 2, 96450 (09561) 87 60 FAX (09561) 87 62 22 **Zimmer** 72

Zentrales, freundliches Hotel von 1756. Das elegante Restaurant rühmt sich seiner guten regionalen und kreativen Küche sowie seiner exzellenten Weinkarte. Die Zimmer sind behaglich und komfortabel. Außerdem gibt es ein Dampfbad, Sauna, Whirlpool und eine hübsche Terrasse für den Sommer. **www.goldenetraube.com**

DACHAU Zieglerbräu €

Konrad-Adenauer-Straße 8, 85221 (08131) 45 43 96 FAX (08131) 454 398 98 **Zimmer** 12

Das Zieglerbräu mitten in Dachaus Altstadt hat sich merklich verändert. Mit einer umfassenden Renovierung brachte man es auf den Stand des 21. Jahrhunderts. Die Zimmer sind hell, farbenfroh und komfortabel. Den Gästen wird neben selbst gebrautem Bier typisch bayerische, aber auch internationale Küche geboten. **www.zieglerbraeu.com**

DINKELSBÜHL Deutsches Haus €€€

Weinmarkt 3, 91550 (09851) 60 58 FAX (09851) 79 11 **Zimmer** 18

Das Gebäude von 1440 hat eine berühmte Fachwerkfassade. Mit klassischen Gästezimmern, modernen Einrichtungen und einem exzellenten Restaurant gleichen Namens *(siehe S. 540)* ist es ein Highlight entlang der Romantischen Straße zwischen Würzburg und den Alpen. **www.deutsches-haus-dkb.de**

EICHSTÄTT Adler Hotel €€

Marktplatz 22–24, 85072 (08421) 67 67 FAX (08421) 82 83 **Zimmer** 28

Die Doppelzimmer vorne überblicken den barocken Marktplatz, jene nach hinten hinaus die Stadtmauer. Das Adler liegt zentral und dennoch ruhig. Die Zimmer sind recht einfach eingerichtet, aber sauber und durchaus komfortabel. In dem denkmalgeschützten Gebäude herrscht traditionelle Atmosphäre. **www.adler-eichstaett.de**

FREISING Isar Hotel €€

Isarstraße 4, 85356 (08161) 86 50 FAX (08161) 86 55 55 **Zimmer** 56

Einladendes zentrales Hotel an der Isar, nahe der Altstadt. Es hat Landhausdekor mit viel Holz und bietet WLAN-Internet-Zugang in der Lobby, eine Bar und ein asiatisches Restaurant. Die Gäste können sich Fahrräder ausleihen sowie die Sauna und den Massage- und Beauty-Bereich nutzen. **www.isarhotel.de**

FÜSSEN Alpenblick €€

Uferstraße 10, 87629 (08362) 505 70 FAX (08362) 50 57 73 **Zimmer** 61

Von diesem Hotel mit gemütlichen Zimmern hat man herrliche Sicht über den See und die Alpen. Füssen liegt nahe an den schönen und berühmten Schlössern des Königs Ludwig II. Man kann hier wandern, angeln, Rad fahren oder sich in der Sauna, im Dampfbad und im Solarium erholen. **www.alpenblick.de**

FÜSSEN Treff Hotel Luitpoldpark €€

Bahnhofstraße 1–3, 87629 (08362) 90 40 FAX (08362) 90 46 78 **Zimmer** 131

Ein majestätisches blassrosafarbenes Gebäude mit modern-klassischem Dekor im Herzen Füssens, umgeben von den Allgäuer Alpen, Seen und dem Stadtpark. Die Gäste können unter vier Top-Restaurants wählen, die bayerische Küche servieren *(siehe S. 540)*. Zum Hotel gehört auch ein Fitness- und Wellness-Bereich. **www.luitpoldpark-hotel.de**

GARMISCH-PARTENKIRCHEN Garmischer Hof €€

Chamonixstraße 10, 82467 (08821) 91 10 FAX (08821) 514 40 **Zimmer** 54

Der Garmischer Hof nahe dem Zentrum ist ein elegantes, aber leider etwas verschlissenes Hotel im Chalet-Stil. Von den Balkonen der Zimmer nach Süden hinaus hat man einen tollen Blick auf die Berge. Das Hotel hat einen schönen Garten und ein Restaurant mit Sommerterrasse. **www.garmischer-hof.de**

GARMISCH-PARTENKIRCHEN Hotel Bavaria €€

Partnachstraße 51, 82467 (08821) 34 66 FAX (08821) 764 66 **Zimmer** 32

Das Bavaria ist ein kleines Hotel in Familienhand, unweit von Garmischs Innenstadt. Es bietet seinen Gästen altmodischen Charme und Gastfreundschaft. Zum Hotel gehört ein wundervoller Garten. Im Fluss kann man sogar angeln. Die Gästezimmer sind geschmackvoll dekoriert. **www.hotel-bavaria-garmisch.com**

GARMISCH-PARTENKIRCHEN Post-Hotel Partenkirchen €€€

Ludwigstraße 49, 82467 (08821) 936 30 FAX (08821) 936 322 22 **Zimmer** 58

Das älteste Gebäude der Stadt steht mitten in der Fußgängerzone. König Ludwig II. brachte hier seine Generäle unter. Das Ambiente mit antiken Holzmöbeln ist traditionell bayerisch und farbenfroh. Die Zimmer sind kompakt und gemütlich. Es gibt eine hübsche Gartenterrasse mit Bergblick und ein elegantes Restaurant. **www.post-hotel.de**

INGOLSTADT Ara Hotel €€

Schollstraße 10a, 85055 (0841) 954 30 FAX (0841) 954 34 44 **Zimmer** 95

Das von einer Familie geführte Ara in der Nähe von Ingolstadts Zentrum ist ein großes karmesinrotes Gebäude mit Sonnenterrasse und kleinen, komfortablen Gästezimmern. Es gibt auch Zimmer für Nichtraucher und für Behinderte. Das italienische Restaurant La Tosca ist hell und geräumig. **www.hotel-ara.de**

KEMPTEN Bayerischer Hof €€

Füssener Straße 96, 87437 (0831) 571 80 FAX (0831) 571 81 00 **Zimmer** 51

Das Vier-Sterne-Hotel im Zentrum Kemptens bietet Zimmer mit Blick auf den Park oder den Fluss, kostenlosem Mineralwasser und Internet-Zugang. Zum Angebot gehören ein bayerisches Restaurant mit Biergarten, ein kleiner Fitness-Bereich, ein hübscher Garten und eine Terrasse. **www.bayerischerhof-kempten.de**

LANDSHUT Romantik Hotel Fürstenhof €€

Stethaimer Straße 3, 84034 (0871) 925 50 FAX (0871) 92 55 44 **Zimmer** 24

Elegantes Hotel mit romantischem, geradezu königlichem Flair in einer schönen Jugendstilvilla mitten in Landshut. Das Hotel hat eine Sauna und einen malerischen Garten. Das sehr gute Restaurant hat einen Michelin-Stern und bietet gesunde Kost aus frischen Produkten der Region, z. B. Ente und Wild. **www.romantikhotels.com/landshut**

LINDAU Reutemann Seegarten €€€

Ludwigstraße 21, 88131 (08382) 91 50 (08382) 91 55 91 **Zimmer** 64

Das Hotel hat eine tolle Lage direkt an der Bodensee-Promenade, mit Blick auf die österreichischen Alpen am anderen Seeufer von den Balkonen und der Terrasse. Die Fitness- und Wellness-Bereiche sowie der Pool des Schwesterhotels nebenan können benutzt werden. Fahrradverleih. **www.reutemann-lindau.de**

LINDAU Bayerischer Hof €€€€

Bahnhofplatz 2, 88131 (08382) 91 50 FAX (08382) 91 55 91 **Zimmer** 97

Das luxuriöse klassizistische Gebäude (1854) am Hafen bietet geräumige Zimmer und Suiten, guten Service und exzellente Fitness- und Wellness-Bereiche samt Pool und Sauna. Das Restaurant gleichen Namens serviert internationale Küche *(siehe S. 541)*, von der Bar hat man wunderbaren Seeblick. **www.bayerischerhof-lindau.de**

LINDAU Villino €€€€

Hoyerberg 34, 88131 (08382) 934 50 FAX (08382) 93 45 12 **Zimmer** 18

Im Dorf Hoyern steht dieses idyllische Landhotel inmitten eines schönen Gartens. Schwerpunkte sind hier Kultur und Haute Cuisine. Das gleichnamige Restaurant *(siehe S. 541)* bietet asiatisch-italienische Fusion-Küche. Es gibt außerdem eine ruhige Terrasse, ein Spa und WLAN-Internet-Zugang. **www.villino.de**

MURNAU AM STAFFELSEE Alpenhof Murnau €€€€

Ramsachstraße 8, 82418 (08841) 49 10 FAX (08841) 49 11 00 **Zimmer** 60

Der Alpenhof, ein erstklassiges Kurhotel im Chalet-Stil, steht zwischen Garmisch und München, nahe Oberammergau und dem Murnauer Moos. Es überblickt die majestätischen Alpen und den Staffelsee. Das bekannte Restaurant Reiterzimmer bietet hervorragende Küche. **www.alpenhof-murnau.com**

NEUBURG AN DER DONAU Neuwirt €

Färberstraße 88, 86633 (08431) 20 78 FAX (08431) 386 43 **Zimmer** 30

Traditionelles, typisch bayerisches Hotel mit gemütlichem Flair. Es hat ein kleines Lokal mit großem, sonnigem Biergarten, der aber teilweise überdacht ist. Die Gästezimmer sind recht schlicht dekoriert und sauber und versprühen rustikalen Charme. **www.neuwirt-neuburg.de**

NEU-ULM Römer Villa €€

Parkstraße 1, 89231 (0731) 80 00 40 FAX (0731) 800 04 50 **Zimmer** 23

Das elegante Gebäude ähnelt einem französischen Herrenhaus mit Türmchen. Es steht abseits der Straße an einem Park und bietet eine wunderbare Rezeption, eine Lounge mit offenem Kamin, eine Weinstube, ein hervorragendes Restaurant und einen Wintergarten. Die traditionellen Zimmer haben Balkon oder Terrasse. **www.roemer-villa.de**

NÜRNBERG Burghotel €€

Lammsgasse 3, 90403 (0911) 23 88 90 FAX (0911) 238 891 00 **Zimmer** 58

Zauberhafte, einfache, lichtdurchflutete Zimmer mit Blick über die Dächer der Nürnberger Altstadt. Überall findet man Zeugnisse des einstigen Burglebens, z. B. Rüstungen und Wappen. Es gibt eine Lounge mit offenem Kamin, eine rustikale Bar, eine Sonnenterrasse und eine Sauna. **www.altstadthotels-nuernberg.de**

NÜRNBERG Romantik Hotel am Josephsplatz €€

Josephsplatz 30–32, 90403 (0911) 21 44 70 FAX (0911) 214 472 00 **Zimmer** 36

Das malerische Hotel von 1675 steht unweit der Altstadt. Die kleinen Apartments sind ideal für Familien. Genießen Sie das gute Frühstücksbüfett, die Dachterrasse, Sauna, Solarium, Fitness-Bereich und Wintergarten. Ganz in der Nähe liegen mehrere Restaurants. **www.hotel-am-josephsplatz.de**

NÜRNBERG Maritim Hotel Nürnberg €€€€

Frauentorgraben 11, 90443 (0911) 236 30 FAX (0911) 236 38 23 **Zimmer** 316

Das Maritim wirkt etwas nüchtern (es gehört zu einer großen deutschen Hotelkette), befindet sich aber herrlich zentral gegenüber der alten Stadtmauer. Geboten werden Pools und Wellness-Bereiche, eine Pianobar sowie mehrere Restaurants: In der Stube gibt es internationale Küche, im Blauen Salon Kaffee und Kuchen. **www.maritim.de**

OBERAMMERGAU Turmwirt €

Ettalerstraße 2, 82487 (08822) 926 00 FAX (08822) 14 37 **Zimmer** 22

Seit drei Generationen betreibt die gleiche Familie das kleine Hotel im bayerischen Landhausstil. Die Rezeption mit viel Holz und Teppichen wirkt sehr einladend. Zum Hotel gehören eine Sonnenterrasse und Tische unter Kastanienbäumen, ein Restaurant und ein Café. **www.turmwirt.de**

OBERSTDORF Kappeler Haus €

Am Seeler 2, 87561 (08322) 968 60 FAX (08322) 96 86 13 **Zimmer** 45

Dieses typische Allgäuer Haus im Herzen von Oberstdorf, dem südlichsten Ort Deutschlands, bietet seinen Gästen vielfältige Beauty-Anwendungen, Konzerte, einen Garten sowie einen Swimmingpool in absolut ruhiger Lage. **www.kappeler-haus.de**

PASSAU Passauer Wolf €€

Rindermarkt 6–8, 94032 (0851) 93 15 10 FAX (0851) 931 51 50 **Zimmer** 41

Dieses Hotel mitten in Passaus Altstadt, gleich bei der Fußgängerzone und in der Nähe des Donau-Ufers, des Stephansdoms und mehrerer Museen, bietet Zimmer mit Blick auf den Fluss, die Altstadt oder in den Innenhof. **www.hotel-passauer-wolf.de**

PASSAU Residenz €€

Fritz-Schäffer-Promenade, 94032 (0851) 98 90 20 FAX (0851) 989 022 00 **Zimmer** 45

Das Hotel in herrlicher Lage an der Donau bietet Blick auf die Burg und die Boote auf dem Fluss. Das historische Gebäude aus dem 15. Jahrhundert hat eine hübsche kleine Terrasse. Der wunderschöne Residenzplatz ist ganz in der Nähe, ebenso die Anlegestelle für Ausflugsboote. **www.residenz-passau.de**

REGENSBURG Bischofshof am Dom €€€

Krauterermarkt 3, 93047 (0941) 584 60 FAX (0941) 584 61 46 **Zimmer** 55

Der rustikale Bischofshof gegenüber dem Dom rühmt sich eines renommierten Restaurants: David *(siehe S. 542)*. Die individuell gestalteten Zimmer sind sehr romantisch, mit Blumen- und Streifenmustern, und blicken auf eine Seitenstraße oder den Innenhof. **www.hotel-bischofshof.de**

REGENSBURG Sorat Inselhotel €€€

Müllerstraße 7, 93059 (0941) 810 40 FAX (0941) 810 44 44 **Zimmer** 75

Modernes, komfortables Hotel in zentraler Lage, mit schöner Aussicht über die Stadt oder die Donau. Die Gäste können sich im Restaurant Brandner, in der Lobbybar mit Fensterfront und Flussblick, im Spa und im Fitness-Bereich verwöhnen lassen. WLAN-Internet-Zugang. **www.sorat-hotels.com**

ROTHENBURG OB DER TAUBER Gasthaus am Siebersturm €

Spitalgasse 6, 91541 (09861) 33 55 FAX (09861) 93 38 23 **Zimmer** 9

Das freundliche Hotel mit romantischem Mittelalterflair hat ein kleines Restaurant mit guter, herzhafter fränkischer Küche. Einige Zimmer haben Blick auf das berühmte Taubertal. Im Angebot stehen luxuriöse Zimmer mit Himmelbett, aber auch preisgünstigere Standardzimmer. **www.siebersturm.de**

ROTHENBURG OB DER TAUBER Prinzhotel €€

An der Hofstatt 3, 91541 (09861) 97 50 FAX (09861) 975 75 **Zimmer** 52

Das historische Hotel innerhalb der alten Stadtmauer liegt sehr ruhig. Alle Sehenswürdigkeiten der Stadt kann man zu Fuß erreichen. Das Hotelrestaurant serviert fränkisch-italienische Küche. Vor dem Hotel gibt es Parkplätze für die Gäste. **www.prinzhotel.rothenburg.de**

WERNBERG-KÖBLITZ Hotel Burg Wernberg €€€€

Schlossberg 10, 92533 (09604) 93 90 FAX (09604) 93 91 39 **Zimmer** 25

Dieses Hotel in einer Burg aus dem 12. Jahrhundert, in wahrlich märchenhafter Lage auf einem Hügel, wurde restauriert und bietet nun allen erdenklichen Komfort, z. B. Sauna, Zigarren-Lounge und Internet-Zugang. Die Zimmer sind in gotischem Stil dekoriert, ein paar haben sogar Himmelbetten. **www.burg-wernberg.de**

WÜRZBURG/HÖCHBERG Minotel Zum Lamm €€

Hauptstraße 76, 97204 (0931) 304 56 30 FAX (0931) 40 89 73 **Zimmer** 37

Das Hotel in Höchberg, außerhalb des barocken Zentrums von Würzburg, bietet typisch fränkische Gastlichkeit und großartige kulinarische Genüsse. Es gibt einen hübschen Innenhof mit Garten. Es ist vor allem beliebt bei Radfahrern, Motorradfahrern und Wanderern. **www.lamm-hoechberg.de**

Baden-Württemberg

BAD MERGENTHEIM Hotel Gästehaus Alte Münze €

Münzgasse 12, 97980 (07931) 56 60 FAX (07931) 56 62 22 **Zimmer** 30

Das Hotel in ruhiger Lage nahe der Ritterburg im Zentrum der Stadt verfügt über helle, luftige und moderne Gästezimmer. Im gemütlichen Frühstücksraum stehen unzählige Pflanzen. Entdecken Sie die historischen Schätze der Stadt, die Kräfte der Mineralquellen und die wunderbare Landschaft. **www.hotelaltemuenze.de**

BAD MERGENTHEIM Hotel Victoria €€

Poststraße 2–4, 97980 (07931) 59 30 FAX (07931) 59 35 00 **Zimmer** 78

Das Victoria ist ein renommiertes Kurhotel im Zentrum, nahe dem Kurpark mit den Thermalbädern. Es bietet gut ausgestattete Zimmer. Weinliebhaber schätzen das Restaurant Vinothek, in dem sie unter 400 fränkischen und italienischen Tropfen wählen können, die man (neben Olivenöl) auch im Laden kaufen kann. **www.victoria-hotel.de**

BADEN-BADEN Tannenhof €€

Hans-Bredow-Straße 20, 76530 (07221) 30 09 90 FAX (07221) 300 99 51 **Zimmer** 27

Der wunderbar ruhig und idyllisch gelegene Tannenhof mit Panoramablick ist ideal zum Entspannen – ob im Garten, auf der Sonnenterrasse, auf dem Rasen, in der Sauna oder im Solarium. Das Restaurant Piemonte *(siehe S. 543)* ist auf norditalienische Küche und Weine spezialisiert. **www.hotel-tannenhof-baden-baden.de**

BADEN-BADEN Hotel Belle Epoque €€€€

Maria-Viktoria-Straße 2c, 76530 (07221) 30 06 60 FAX (07221) 30 06 66 **Zimmer** 16

Alle Zimmer und Suiten in dieser schönen, von einem üppigen Park umgebenen Neorenaissance-Villa sind mit Originalmöbeln aus der Belle Époque eingerichtet. Ein durch und durch elegantes Hotel mit exzellentem Service. **www.hotel-belle-epoque.de**

BADEN-BADEN Steigenberger Badischer Hof €€€€

Lange Straße 47, 76530 (07221) 93 40 FAX (07221) 93 44 70 **Zimmer** 139

Baden-Badens ältestes Hotel bietet ein palastartiges Ambiente mit Palmen, Pfeilern und vielen Grünpflanzen. Ein paar Gästezimmer haben Balkone, andere Badezimmer mit Thermalwasser. Außerdem gibt es Thermalwasserbecken drinnen und draußen sowie einen Kurbereich. **www.badischer-hof.steigenberger.de**

BRUCHSAL Ritter €€

Au in den Buchen 73, 83 & 92, 76646 (07257) 880 FAX (07257) 881 11 **Zimmer** 55

Das Hotel Ritter besteht aus mehreren Häusern mit hübschen, komfortablen Gästezimmern. Probieren Sie Grillfleisch und ein kühles Bier im Biergarten, oder essen Sie im Restaurant. Zum Hotel gehören auch eine Sauna und ein Fitnessraum. Von Bruchsal aus kann man einen Tagesausflug nach Heidelberg unternehmen. **www.ritterbruchsal.de**

ESSLINGEN Am Schelztor €€

Schelztorstraße 5, 73728 (0711) 396 96 40 FAX (0711) 35 98 87 **Zimmer** 33

Kleines, persönliches Hotel mit historischem Touch und Panoramablick über Weinberge. Das Hotel befindet sich in der Nähe des Bahnhofs und eines großen Kinokomplexes. Relaxen Sie in der finnischen Sauna, oder sporteln Sie im Fitnessraum. In einem umgebauten Stall ist heute ein gutes Restaurant. **www.hotel-am-schelztor.de**

FREIBURG IM BREISGAU Zum Roten Bären €€€

Oberlinden 12, 79098 ☎ *(0761) 38 78 70* FAX *(0761) 387 87 17* ***Zimmer*** *25*

In einem Gebäude aus dem 12. Jahrhundert, ein paar Gehminuten außerhalb des Zentrums, befindet sich dieses Hotel mit einer hübschen Stube, einem Restaurant mit saisonaler Küche, komfortablen Gästezimmern und einem ruhigen Innenhof. **www.roter-baeren.de**

FREIBURG IM BREISGAU Colombi Hotel €€€€€

Rotteckring 16, Am Colombi Park, 79098 ☎ *(0761) 210 60* FAX *(0761) 314 10* ***Zimmer*** *117*

Das Colombi bietet eleganten Luxus, exzellenten Service und eine ruhige und dennoch zentrale Lage. Es grenzt an einen Park mit einem kleinen Schloss, und zu den Sehenswürdigkeiten kann man leicht zu Fuß gehen. Zum Hotel gehören ein preisgekröntes Restaurant, Café, Bar, Pool, Sauna und Beauty-Spa. **www.colombi.de**

HEIDELBERG Hotel Heidelberg €€

Heuauerweg 35–37, 69124 ☎ *(06221) 710 40* FAX *(06221) 71 04 71* ***Zimmer*** *40*

Dieses Hotel ca. sechs Kilometer außerhalb des Zentrums hat einen Biergarten und eine Sonnenterrasse, Sauna und Dampfbad. Die Gästezimmer sind behaglich und mit traditionellen Holzmöbeln eingerichtet, sie haben kabellosen Internet-Zugang und einige auch Balkon. Familien sind willkommen. **www.hotel-erna.de**

HEIDELBERG Holländer Hof €€€

Neckarstaden 66, 69117 ☎ *(06221) 605 00* FAX *(06221) 60 50 60* ***Zimmer*** *39*

Das alte Haus mitten in der Stadt, mit schöner Fassade und klassisch-eleganten Zimmern, steht unweit des berühmten Schlosses, von Läden, Restaurants, Kirchen und der Fußgängerzone. Ganz in der Nähe legen auch Boote ab, die Ausflüge auf dem Neckar anbieten. **www.hollaender-hof.de**

HEIDELBERG Die Hirschgasse €€€€

Hirschgasse 3, 69120 ☎ *(06221) 45 40* FAX *(06221) 45 41 11* ***Zimmer*** *20*

Dieses 1472 erstmals erwähnte Hotel ist entsprechend geschichtsträchtig. Die Nichtraucher-Restaurants Le Gourmet und Mensurstube haben innovative Küchenchefs. Letztere ist bereits seit Jahrhunderten ein beliebter Treffpunkt von Heidelbergs Burschenschaften. **www.hirschgasse.de**

HEIDELBERG Europäischer Hof Hotel Europa €€€€€

Friedrich-Ebert-Anlage 1, 69117 ☎ *(06221) 51 50* FAX *(06221) 51 55 06* ***Zimmer*** *118*

Der Europäische Hof, das beste Hotel in der Gegend, hat luxuriöse Suiten, erstklassige Zimmer, zuvorkommendes Personal, das Restaurant Kurfürstenstube, eine Terrasse mit Gartenblick, eine Shopping-Arkade und ein Spa- und Fitness-Center – kurz: alles, was man für einen unvergesslichen Aufenthalt braucht. **www.europaeischerhof.com**

HEILBRONN Ringhotel Burkhardt €€€

Lohtorstraße 7, 74072 ☎ *(07131) 622 40* FAX *(07131) 62 78 28* ***Zimmer*** *80*

Das moderne Beton-Stahl-Glas-Gebäude liegt ideal für die Erkundung der romantischen Altstadt. Die Zimmer sind komfortabel, sauber und modern. Die öffentlichen Bäder mit Sauna liegen ganz in der Nähe. Das Hotelrestaurant Vinopolitan serviert typisch schwäbische Küche. **www.ringhotel-heilbronn.de**

KARLSRUHE Alfa Garni €€

Bürgerstraße 4, 76133 ☎ *(0721) 299 26* FAX *(0721) 299 29* ***Zimmer*** *36*

Dieses kleine Stadthotel beim Ludwigsplatz im Herzen der Stadt bietet helle, gemütliche Zimmer und Kunstdrucke in den Fluren. In der Nähe, wenige Gehminuten enfernt, finden Sie zahlreiche Cafés und Restaurants mit mediterranem Flair. **www.alfa-karlsruhe.com**

KARLSRUHE Renaissance €€€

Mendelssohnplatz, 76131 ☎ *(0721) 371 70* FAX *(0721) 37 71 56* ***Zimmer*** *215*

Frisch renoviertes Gebäude in guter Lage und mit vielen Annehmlichkeiten. Mit seiner businessartigen Atmosphäre ist es für Familien nicht gerade ideal, aber die Karlsruher Attraktionen liegen nahebei. Auch zu Baden-Badens Casino und Kurbetrieben muss man nicht weit fahren. Moderne, funktionale Zimmer. **www.renaissancehotels.com**

KONSTANZ Barbarossa €€

Obermarkt 8–12, 78462 ☎ *(07531) 12 89 90* FAX *(07531) 128 997 00* ***Zimmer*** *50*

In diesem Haus in der Altstadt unterzeichnete Friedrich I., Barbarossa genannt, 1183 einen Friedensvertrag mit der Lombardei. Das Hotel hat eine bemalte Fassade, eine Terrasse nach vorne hinaus, stilvolle, moderne Zimmer und ein helles Dekor mit roten Farbtupfern. **www.barbarossa-hotel.com**

KONSTANZ Steigenberger Inselhotel €€€€

Auf der Insel 1, 78462 ☎ *(07531) 12 50* FAX *(07531) 12 52 50* ***Zimmer*** *102*

Auf seiner eigenen Insel am Rand der Altstadt, direkt am Bodensee, befindet sich das Hotel in einem früheren Dominikanerkloster. Den Kreuzgang und Wandmalereien hat man erhalten. Die Gästezimmer, der Service und auch die Küche sind vom Allerfeinsten. **www.steigenberger.com**

KONSTANZ Villa Barleben am See €€€€

Seestraße 15, 78464 ☎ *(07531) 94 23 30* FAX *(07531) 669 73* ***Zimmer*** *8*

Die schöne Villa am Bodensee präsentiert sich mit Antiquitäten, einer kultivierten Atmosphäre und einem hübschen Terrassenrestaurant, in dem auch Nicht-Hotelgäste essen können. Die Zimmer mit Seeblick sind zwar teurer, aber ihren Preis wert. **www.hotel-barleben.de**

Preiskategorien *siehe Seite 488* **Zeichenerklärungen** *siehe hintere Umschlagklappe*

LUDWIGSBURG Nestor €€€

Stuttgarter Straße 35/2, 71638 (07141) 96 70 FAX (07141) 96 71 13 **Zimmer** 179

Dieses denkmalgeschützte Haus mitten in Ludwigsburg war früher eine Bäckerei. Die Gästezimmer sind durchweg modern. Neben Standardzimmern gibt es auch Suiten und De-luxe-Doppelzimmer. Zum Hotel gehören eine Sauna, ein Solarium und ein Fitness-Bereich. **www.nestor-hotels.de**

LUDWIGSBURG Schlosshotel Monrepos €€€

Domäne Monrepos 22, 71634 (07141) 30 20 FAX (07141) 30 22 00 **Zimmer** 80

Ob Sie einfach auf der hübschen Gartenterrasse unter Kastanienbäumen sitzen, auf dem Schlossanwesen spazieren gehen, im Pool schwimmen, sich mit einer Massage verwöhnen lassen oder in einem der drei Restaurants speisen – das Monrepos verspricht Entspannung und Genuss. **www.schlosshotel-monrepos.de**

MANNHEIM Maritim Parkhotel €€€€

Friedrichsplatz 2, 68165 (0621) 158 80 FAX (0621) 158 88 00 **Zimmer** 173

Traditionelles, elegantes Hotel mit eindrucksvoller Fassade, direkt am Friedrichsplatz mit seinen historischen Jugendstilgebäuden. Geboten werden ein prächtiges Foyer, ein gutes Restaurant, geräumige Zimmer, ein Hallenbad, marmorne Badezimmer und ein wunderbarer Park. **www.maritim.de**

MARBACH Parkhotel €€

Schillerhöhe 14, 71672 (07144) 90 50 FAX (07144) 905 88 **Zimmer** 56

In einem üppig grünen Park mit wunderbarem Blick über das Neckartal und nahe beim Schiller-Museum und dem Deutschen Literaturarchiv steht dieses Hotel. Das Restaurant Schillerhöhe *(siehe S. 544)* hat bei gutem Wetter Tische auf der Terrasse, von der aus man den Sonnenuntergang betrachten kann. **www.parkhotel-schillerhoehe.de**

RAVENSBURG Romantik Hotel Waldhorn €€€

Marienplatz 15, 88212 (0751) 361 20 FAX (0751) 361 21 00 **Zimmer** 30

Das in der fünften Generation von einer Familie geführte Hotel in Ravensburgs Fußgängerzone hat ein Gourmetrestaurant, in dem man köstliche Wild- und Fischgerichte bekommt. Die stilvollen, modernen Zimmer sind behaglich eingerichtet. Eine romantische Unterkunft mit Tradition und Komfort. **www.waldhorn.de**

ROTTWEIL Hotel Haus zum Sternen €€

Hauptstraße 60, 78628 (0741) 533 00 FAX (0741) 53 30 30 **Zimmer** 11

Das Hotel, eines der ältesten Steinhäuser in Rottweil (1278 erbaut), steht im Herzen der Altstadt. Den alten Weinkeller kann man von der Platinum Bar im Untergeschoss sehen. Die Zimmer sind eine Mischung aus altem Charme und modernem Komfort. Das Restaurant *(siehe S. 544)* ist sehr zu empfehlen. **www.haus-zum-sternen.de**

SALEM Reck's Hotel Restaurant €€

Bahnhofstraße 111, 88682 (07553) 201 FAX (07553) 202 **Zimmer** 20

Erstklassiges Hotel mit berühmtem Restaurant *(siehe S. 544)*, nahe am Bodensee in einer schönen Landschaft. Geboten werden hübsche Zimmer mit Stilmöbeln und Blick auf den Obstgarten. Im sehr guten Restaurant bekommt man Gerichte aus frischen Regionalprodukten, darunter Fisch aus dem See. **www.recks-hotel.de**

SCHWÄBISCH GMUND Hotel Einhorn €€

Rinderbachergasse 10, 73525 (07171) 104 69 90 FAX (07171) 616 80 **Zimmer** 18

Dieses Barockhotel ist hell, elegant und modern. Es hat einen romanischen Eingang und moderne Einrichtungen, darunter WLAN-Internet-Zugang, eine Jazzbar (Barbarossa) und ein Gewölberestaurant (Barbarossakeller). Das Sommercafé Einhorn gehört ebenfalls zum Hotel. **www.hotel-einhorn-centre.com**

STUTTGART Hansa Hotel €

Silberburgstraße 114–116, 70176 (0711) 656 78 00 FAX (0711) 61 73 49 **Zimmer** 80

Das Hansa befindet sich bei der Fußgängerzone und ist ideal, um die schwäbische Hauptstadt zu erkunden. In der Nähe gibt es auch viele Läden, Restaurants und Museen. Zum Angebot gehören Internet-Zugang, Fahrradverleih, das Restaurant Petrarca mit Mittelmeerküche und ein Biergarten. **www.hansa-stuttgart.de**

STUTTGART Kronen Hotel €€€

Kronenstraße 48, 70174 (0711) 225 10 FAX (0711) 225 14 04 **Zimmer** 80

Dieses Hotel in ruhiger Lage unweit des Bahnhofs hat einen netten Garten mit Terrasse. Das Frühstücksbüfett gibt es in einem modernen Raum mit Blick auf eine Palmenterrasse. Die Gäste können einen Drink in der Lobbybar nehmen und sich in der hoteleigenen Sauna entspannen. **www.kronenhotel-stuttgart.de**

STUTTGART Hotel am Schlossgarten €€€€€

Schillerstraße 23, 70173 (0711) 202 60 FAX (0711) 202 68 88 **Zimmer** 116

Das moderne Hotel im weitläufigen Schlossgarten hat luxuriöse Zimmer und Suiten mit eleganten Möbeln in Blumenmustern. Die Gäste haben die Wahl unter mehreren Speiselokalen, z. B. dem französischen Gourmetrestaurant Zirbelstube und dem Hotelrestaurant mit leichter moderner Regionalküche. **www.hotelschlossgarten.com**

TÜBINGEN Krone €€€

Uhlandstraße 1, 72072 (07071) 133 10 FAX (07071) 13 31 32 **Zimmer** 48

Die Krone ist ein idealer Ort, um Tübingens romantisch-mittelalterliches Flair einzufangen. Es gibt elegante, komfortable Gästezimmer und gute Restaurants mit typischer Regionalküche: die noble Uhlandstube und das weniger formelle Ludwig's. **www.krone-tuebingen.de**

ULM-LEHR Engel €€

Loherstraße 35, 89081 ☎ (0731) 14 04 00 FAX (0731) 140 403 00 ***Zimmer*** *46*

Modernes Hotel außerhalb von Ulms Zentrum im ruhigen Vorort Lehr. Die Zimmer sind sauber und komfortabel. Es gibt eine Sauna und ein Solarium, eine Bar und ein Restaurant. Den Besitzern gehört auch eine Fischfarm, weshalb natürlich viel Fisch serviert wird. **www.hotel-engel-ulm.de**

WEINGARTEN Walk'sches Haus €€€

Marktplatz 7, 76356 ☎ (07244) 703 70 FAX (07244) 70 37 40 ***Zimmer*** *26*

Dieses Hotel befindet sich in einem Fachwerkhaus aus dem 16. Jahrhundert. Die Originalmauern stammen von 1509, wurden aber nach dem Dreißigjährigen Krieg neu erbaut. Zum Hotel gehört ein wunderbares kleines französisches Restaurant mit Tischen im Garten. Internet-Zugang in den Zimmern. **www.walksches-haus.de**

Rheinland-Pfalz und Saarland

BAD HONNEF Avendi Hotel €€

Hauptstraße 22, 53604 ☎ (02224) 18 90 FAX (02224) 18 91 89 ***Zimmer*** *101*

Königlich thront das Avendi über dem Rhein. Geboten werden ein großer Fitness- und Wellness-Bereich mit Swimmingpool, kreativ dekorierte Gästezimmer mit modernen Annehmlichkeiten, ein Restaurant und ein Bistro für den kleinen Hunger zwischendurch. **www.avendi.de**

BAD NEUENAHR Steigenberger Hotel €€€€

Kurgartenstraße 1, 53474 ☎ (02641) 94 10 FAX (02641) 94 14 10 ***Zimmer*** *224*

Das imposante Steigenberger Hotel bietet elegante, geräumige, mit Antiquitäten ausgestattete Zimmer, ein Restaurant, ein Café, eine Cocktail-Lounge und einen Biergarten. 2,5 Kilometer entfernt liegt ein Golfplatz, und im Hotel findet man Schränke fürs Golf-Equipment. **www.bad-neuenahr.steigenberger.de**

DUDENHOFEN Hotel Zum Goldenen Lamm €

Landauer Straße 2, 67373 ☎ (06232) 950 01 FAX (06232) 985 02 ***Zimmer*** *29*

Farbenfrohes Hotel in einem ruhigen Teil Dudenhofens. Die hellen, luftigen Zimmer sind mit warmen, mediterranen Farben dekoriert. Dieses Thema wird im Gartenrestaurant fortgesetzt, das griechische Küche serviert. Das Restaurant im Haus selbst ist auf Seafood spezialisiert. **www.info-lamm.de**

KOBLENZ Diehl's Hotel €€

Rheinsteigufer 1, 56077 ☎ (0261) 970 70 FAX (0261) 970 72 13 ***Zimmer*** *57*

Das Hotel am Rhein, nahe der Stelle, wo Rhein und Mosel zusammentreffen, hat eine Terrasse mit wunderbarer Aussicht, die man auch von den Zimmern genießt. Es gibt ein Restaurant mit kreativer internationaler Küche sowie einen Bankettsaal für größere Empfänge und Festivitäten. **www.diehls-hotel.de**

KOBLENZ Hotel Scholz €€

Moselweißer Straße 121, 56073 ☎ (0261) 942 60 FAX (0261) 94 26 26 ***Zimmer*** *67*

Das älteste Koblenzer Hotel in Familienhand ist seit 1919 im Besitz der Familie Scholz. Die jüngste Generation hat es umfassend renoviert und modernisiert. Die kleinen Zimmer sind komfortabel und gut ausgestattet. Es gibt ein rustikales Restaurant mit traditioneller deutscher Küche und ebensolchem Ambiente. **www.hotelscholz.de**

KOBLENZ Mercure €€

Julius-Wegeler-Straße 6, 56068 ☎ (0261) 13 60 FAX (0261) 136 11 99 ***Zimmer*** *169*

In den farbenfrohen Zimmern mit schöner Aussicht fühlt man sich schnell zu Hause. Von den Gästezimmern in den höheren Stockwerken überblickt man ganz Koblenz und die Umgebung. Zum Hotel gehören ein elegantes Restaurant und eine stilvolle Loungebar. **www.mercure.com**

KOBLENZ Top Hotel Krämer Garni €€

Kardinal-Krementz-Straße 12, 56073 ☎ (0261) 40 62 00 FAX (0261) 413 40 ***Zimmer*** *25*

Ein komfortables neues Hotel mit traditionellem Touch. Die Zimmer haben das Flair der 1990er Jahre, und überall stehen frische Blumen, die mit dem ansonsten minimalistischen Dekor kontrastieren. Der Service ist zuvorkommend und trägt zur persönlichen Atmosphäre des Hotels bei. **www.tophotel-k.de**

LAHNSTEIN Best Western Hotel Koblenz Lahnstein €€€

Zu den Thermen 1, 56112 ☎ (02621) 91 20 FAX (02621) 91 21 01 ***Zimmer*** *227*

Das Hotel steht in einem Park mit schönen Wegen. Für die Gäste werden gerne Tenniskurse auf der nahe gelegenen Anlage arrangiert. Zum Hotel gehören zwei Restaurants mit toller Aussicht über die Stadt, ein Café und eine komfortable Loungebar. Pool und Wellness-Bereich wurden renoviert. **www.bestwestern.de**

MAINZ Favorite Parkhotel €€€

Karl-Weiser-Straße 1, 55131 ☎ (06131) 801 50 FAX (06131) 801 54 20 ***Zimmer*** *122*

Hier wartet an jeder Ecke eine erfreuliche Überraschung. Außer ultrakomfortablen Zimmern und Suiten gibt es einen Wintergarten voller Palmen, ein Gourmetrestaurant und einen Biergarten, in den auch viele Anwohner kommen. **www.favorite-mainz.de**

Preiskategorien *siehe Seite 488* **Zeichenerklärungen** *siehe hintere Umschlagklappe*

MAINZ Novotel Mainz €€€

Augustusstraße 6, 55131 (06131) 95 40 FAX (06131) 95 41 00 ***Zimmer*** *217*

Die hellen, gut ausgestatteten Zimmer sind sehr behaglich, die Badelandschaft lädt zum Entspannen ein. Das Restaurant bietet elegantes Ambiente, und die Weinbar Kasematten im Kellergewölbe aus dem 17. Jahrhundert ist ein wunderbarer Ort für eine ausgiebige Weinprobe. **www.novotel.com**

MARIA LAACH Seehotel Maria Laach €€€

Maria Laach, 56653 (02652) 58 40 FAX (02652) 58 45 22 ***Zimmer*** *69*

Das Hotel bei einem 900 Jahre alten Kloster garantiert einen erholsamen Aufenthalt in komfortablem Ambiente. Geboten werden u. a. ein schöner Seeblick, ein Café mit Wintergarten sowie ein erstklassiges Restaurant mit gleichem Namen *(siehe S. 546)*. **www.seehotel-maria-laach.de**

NIEDERZISSEN Hotel am Bowenberg €

Auf Brohl 7, 56651 (02636) 62 17 FAX (02636) 83 17 ***Zimmer*** *9*

Ruhiges Hotel in einer wunderbar ländlichen Gegend. Ein paar Zimmer haben Balkon mit Blick über die Landschaft. Es gibt eine Bibliothek mit großem offenem Kamin – der ideale Platz, um über die Aktivitäten des nächsten Tages nachzudenken. Nahe an der Stadt und an Tennisplätzen. **www.hotel-am-bowenberg.de**

RÖMERBERG Pfälzer Hof €€

Schwegenheimer Straße 11, 67354 (06232) 181 70 FAX (06232) 181 71 60 ***Zimmer*** *48*

Der Pfälzer Hof wird seit rund vier Jahrzehnten von einer Familie betrieben. Das Restaurant serviert deutsche und internationale Gerichte, der von mediterranem Flair geprägte Biergarten lädt von Mai bis September zum gemütlichen Verweilen. Sauna und Dampfbad sind für Gäste kostenlos. **www.loesch-pfaelzer-hof.de**

RÜSSELSHEIM Columbia Hotel €€€

Stahlstraße 2–4, 65428 (06142) 87 60 FAX (06142) 87 68 05 ***Zimmer*** *150*

Das bei Geschäftsreisenden wie Urlaubern beliebte Columbia bietet erstklassigen Service und ebensolche Einrichtungen. Die Zimmer sind in warmen Farben gehalten. Außerdem locken ein Fitness-Bereich und eine Poollandschaft, ein Restaurant, ein Bistro und eine Loungebar. **www.columbia-hotels.de**

SAARBRÜCKEN Hotel am Triller €€€

Trillerweg 57, 66117 (0681) 58 00 00 FAX (0681) 580 003 03 ***Zimmer*** *110*

Ein wahrhaft künstlerisches Hotel. Die Suiten ganz oben sind nach Sternenkonstellationen benannt und entsprechend gestaltet. Weitere Themen sind: Moulin Rouge und Vier Jahreszeiten. Zum Angebot gehören ein Pool und eine weitläufige Wellness-Landschaft. Zehn Gehminuten vom Zentrum entfernt. **www.hotel-am-triller.de**

SAARBRÜCKEN Victor's Residenzhotel €€€

Deutschmühlental, 66117 (0681) 58 82 10 FAX (0681) 588 211 99 ***Zimmer*** *145*

Das Hotel in einem Wald bei einem See nahe der französischen Grenze reflektiert den Einfluss des Nachbarlandes. Die imposante Atrium-Lobby führt ins Casino und in die Cocktailbar. Die Gäste können sich in einem luxuriösen Wellness-Bereich und in einem französischen Gourmetrestaurant verwöhnen lassen. **www.victors.de**

SPEYER Bistumshaus St. Ludwig €

Johannesstraße 8, 67346 (06232) 60 98 FAX (06232) 60 96 00 ***Zimmer*** *61*

Das Haus auf dem Platz eines früheren Klosters (14. Jh.) gleich neben der Kirche St. Ludwig liegt ideal, um von hier aus die Stadt zu erkunden. Die Zimmer sind gemütlich und kompakt. Für Geschäftsreisende gibt es zahlreiche Einrichtungen. Im Restaurant finden auch Empfänge statt. **www.bistumshaus.de**

SPEYER Hotel am Wartturm €

Landwehrstraße 28, 67346 (06232) 643 30 FAX (06232) 64 33 21 ***Zimmer*** *17*

Das nach einem Turm von 1451 benannte Hotel ist nicht im Turm selbst untergebracht. Es bietet behagliche Zimmer, von denen einige Balkon zum Garten hin haben. Die zauberhafte Weinbar, in der man auch leichte Mahlzeiten bekommt, hat viel Charakter. **www.hotel-amwartturm.de**

SPEYER Domhof €€

Bauhof 3, 67346 (06232) 132 90 FAX (06232) 13 29 90 ***Zimmer*** *49*

Hier finden Sie geräumige Zimmer, die sehr geschmackvoll dekoriert sind. Das Hotel steht in einer ruhigen Gegend und bietet selbst ein geruhsames Ambiente. Das elegante Restaurant serviert kreative Küche, der Biergarten ist ein zusätzliches Highlight. **www.domhof.de**

SPEYER Lindner Hotel & Spa Binshof €€€€

Binshof 1, 67346 (06232) 64 70 FAX (06232) 64 71 99 ***Zimmer*** *135*

Dieses Hotel setzt seinen Schwerpunkt auf Wellness. Im riesigen Kurbereich findet man zahlreiche Angebote für Körper und Seele. Die Gästezimmer sind ebenso luxuriös ausgestattet, und das Restaurant bietet fantastische Mittelmeerküche. **www.lindner.de**

TRIER Hotel Blesius Garten €€

Olewiger Straße 135, 54295 (0651) 360 60 FAX (0651) 36 06 33 ***Zimmer*** *62*

Ein einzigartiges Hotel mit wunderbaren Zimmern. Das Haus stammt aus dem 18. Jahrhundert, wurde jedoch von Grund auf modernisiert. Im Wintergarten-Restaurant sorgen ein offener Kamin im Winter und die Terrasse im Sommer für Atmosphäre. Eine Brauerei ist an das Hotel angeschlossen. **www.blesius-garten.de**

TRIER Hotel Eurener Hof €€

Eurener Straße 171, 54294 (0651) 824 00 FAX (0651) 80 09 00 ***Zimmer*** *86*

Das opulente Gebäude an einer Straßenecke hat elegante Zimmer, von denen einige Balkone haben; diejenigen an der Ecke bieten tolle Aussicht. Es gibt eine herrliche Gartenterrasse, auf der man frühstücken kann, und einen majestätischen Speisesaal, in dem gute Küche serviert wird. **www.eurener-hof.de**

TRIER Römischer Kaiser €€

Porta-Nigra-Platz 6, 54292 (0651) 977 01 00 FAX (0651) 977 019 99 ***Zimmer*** *43*

Das Hotel Römischer Kaiser ist zum Teil in einem historischen Gebäude untergebracht. Das 1885 erstmals erwähnte Haus wurde 1994 restauriert und bietet jetzt einen geradezu dekadenten Rückzugsort mitten in Trier. Die Zimmer sind geschmackvoll eingerichtet. Das Restaurant ist sehr zu empfehlen *(siehe S. 547)*. **www.friedrich-hotels.de**

TRIER Mercure Hotel Trier Porta Nigra €€€

Porta-Nigra-Platz 1, 54292 (0651) 270 10 FAX (0651) 270 11 70 ***Zimmer*** *106*

Dies ist eines der größten Hotels der Stadt und mit allem Komfort ausgestattet, den man erwartet, darunter sind ein Fitness- und ein Wellness-Bereich. In der Gegend gibt es viele historische Stätten zu besichtigen. Das Restaurant ist bekannt, die Bar sehr einfallsreich dekoriert. **www.mercure.de**

ZWEIBRÜCKEN Romantik Hotel Landschloss Fasanerie €€€€

Fasanerie 1, 66482 (06332) 97 30 FAX (06332) 97 31 11 ***Zimmer*** *50*

Mit dem Auto ist man von hier aus in 45 Minuten in Luxemburg oder Frankreich. Das Hotel hat einen schönen Rosengarten und Zimmer mit wunderbarer Aussicht; die Suiten und Lofts blicken auf den Garten und den Wald. Zum Hotel gehören ein Hallenbad und ein Restaurant mit Michelin-Stern. **www.landschloss-fasanerie.de**

Hessen

ALSFELD Zum Schwalbennest €

Pfarrwiesenweg 12–14, 36304 (06631) 91 14 40 FAX (06631) 710 81 ***Zimmer*** *65*

Das 1968 erbaute Schwalbennest ist durch und durch angenehm. Es hat komfortable Zimmer, ein rustikales Restaurant und einen Biergarten. Zudem liegt es in Gehnähe zum Zentrum der Stadt. Zwei Gesellschaftsräume kann man für Feiern anmieten, einer hat sogar eine Tanzfläche. **www.hotel-schwalbennest.de**

BAD HOMBURG ParkHotel €€€

Kaiser-Friedrich-Promenade 53–55, 61348 (06172) 80 10 FAX (06172) 80 14 00 ***Zimmer*** *123*

Ein schönes Hotel in Privatbesitz mit einladenden Betten in den überaus geschmackvoll dekorierten Gästezimmern. Im Angebot sind z. B. auch Babybetten und Babysitterdienste. Es gibt zwei Restaurants: ein italienisches und ein chinesisches. **www.parkhotel-bad-homburg.de**

BAD HOMBURG Maritim Kurhaushotel €€€€

Ludwigstraße 3, 61348 (06172) 66 00 FAX (06172) 66 01 00 ***Zimmer*** *158*

Das Hotel direkt an einem Park hat in einigen Zimmern Balkone mit Blick über die Bäume. Alle Gästezimmer sind makellos und gut ausgestattet. Es gibt einen Pool und in der Nähe einen Golfplatz, außerdem ein Bistro, eine Bar und ein gutes vegetarisches Restaurant. **www.maritim.de**

DARMSTADT Hotel an der Mathildenhöhe €€

Spessartring 53, 64287 (06151) 498 40 FAX (06151) 49 84 50 ***Zimmer*** *23*

Diese kleine Hotel kombiniert zentrale Lage mit beschaulicher Atmosphäre. Jedes der durchweg großen und gut ausgestatteten Zimmer hat einen Balkon. Hier geht es sehr familienfreundlich zu, es gibt sogar einen Babysitterdienst, den man an der Rezeption anfordern kann. **www.hotel-mathildenhoehe.de**

DARMSTADT Jagdschloss Kranichstein €€€€

Kranichsteiner Straße 261, 64289 (06151) 977 90 FAX (06151) 97 79 20 ***Zimmer*** *15*

Eines der schönsten Renaissance-Schlösser in dieser Region bietet eine einzigartige Urlaubserfahrung und ist die ideale Location für Hochzeiten. Häufig sind alle Zimmer von Hochzeitsgesellschaften belegt. Das Anwesen ist sehr gepflegt, und in der Nähe liegt ein schöner Wald. **www.hotel-jagdschloss-kranichstein.de**

DIEZ City Hotel Diez €€

Bergstraße 8, 65582 (06432) 92 15 69 FAX (06432) 92 15 70 ***Zimmer*** *20*

Kleines Hotel mit lebhaftem Flair. Die Zimmer sind recht klein, aber dennoch komfortabel. Im Garten gibt es einen Grillbereich, innen ein rustikales Restaurant. Überraschend für ein solch kleines Hotel sind der hervorragend ausgestattete Pool und die Fitness- und Wellness-Bereiche. **www.city-hotel-diez.de**

ELTVILLE AM RHEIN Kronenschlösschen €€€

Rheinallee, 65347 (06723) 640 FAX (06723) 76 63 ***Zimmer*** *18*

Das Kronenschlösschen passt wunderbar in dieses kleine Dorf. Die individuell gestalteten Zimmer sind stilvoll-charmant, die Bäder wahre Kunstwerke. Im Restaurant serviert man gehobene Küche, ebenso im Bistro, das eher für preisbewusst Reisende gedacht ist. **www.kronenschloesschen.de**

FRANKFURT AM MAIN Hotel Borger €€

Triebstraße 51, 60388 ☎ *(06109) 309 00* FAX *(06109) 30 90 30* ***Zimmer*** *36*

Hotel mit Komfort in hervorragender Lage. Die Zimmer sind sehr schlicht eingerichtet, aber das Borger ist ideal zur Erkundung der Stadt und der Umgebung. Die Villa, seit über 100 Jahren in Familienbesitz, wurde Ende des 20. Jahrhunderts aufwendig renoviert. **www.hotel-borger.de**

FRANKFURT AM MAIN Frankfurt Hotel Savoy €€€€

Wiesenhüttenstraße 42, 60329 ☎ *(069) 27 39 60* FAX *(069) 273 967 95* ***Zimmer*** *144*

Das Savoy ist ein Klassiker. Es liegt günstig für Messebesucher und ist vom Flughafen aus schnell zu erreichen. Das Ambiente ist von der gehobenen Art, mit einem Swimmingpool im obersten Stockwerk, von dem aus man eine wunderbare Sicht über Frankfurts Skyline hat. **www.savoyhotel.de**

FRANKFURT AM MAIN Hessischer Hof €€€€€

Friedrich-Ebert-Anlage 40, 60325 ☎ *(069) 754 00* FAX *(069) 754 029 24* ***Zimmer*** *117*

Ein exquisit gestyltes Hotel mit einem Sinn für Klasse. Die Gästezimmer sind teilweise modern, teilweise mit echten Antiquitäten, die Suiten gar mit Stücken aus dem Hause der hessischen Prinzen ausgestattet. Zum Angebot für die Gäste gehören ein nobles Restaurant und eine Bar. **www.hessischer-hof.de**

FRANKFURT AM MAIN Steigenberger Frankfurter Hof €€€€€

Am Kaiserplatz, 60311 ☎ *(069) 215 02* FAX *(069) 21 59 00* ***Zimmer*** *321*

Dieses sehr große Hotel, einen Kilometer vom Hauptbahnhof entfernt, bietet alles, was Sie sich wünschen, und das mit Stil. Die Zimmer sind makellos, das Restaurant gehört zu den besten der Stadt, und die Angestellten sind immer freundlich und hilfsbereit. **www.steigenberger.com**

FRANKFURT AM MAIN The Westin Grand Frankfurt €€€€€

Konrad-Adenauer-Straße 7, 60313 ☎ *(069) 298 10* FAX *(069) 298 18 10* ***Zimmer*** *378*

In diesem sehr stilvollen Haus finden Sie alles, was Sie von einem Hotel erwarten, und ein bisschen mehr. Ultrakomfortable Zimmer, fantastische Lage und ebensolche Küche im Restaurant Peninsula Atrium *(siehe S. 547)*. Freilich hat all dieser gebotene Luxus seinen Preis. **www.starwoodhotels.com**

FULDA Maritim Hotel am Schlossgarten €€€

Pauluspromenade 2, 36037 ☎ *(0661) 28 20* FAX *(0661) 28 24 99* ***Zimmer*** *112*

Luxuriöses Hotel mit nobler Atmosphäre. Einige der geräumigen, opulent ausgestatteten Zimmer haben Balkone mit großartiger Aussicht. Es gibt zwei Restaurants: eines in einem gemütlichen Weinkeller, das andere in einem barock gestalteten Ballsaal. Zum Entspannen kann man im Pool baden. **www.maritim.de**

KASSEL Adesso Hotel Astoria €€

Friedrich-Ebert-Straße 135, 34119 ☎ *(0561) 728 30* FAX *(0561) 728 31 99* ***Zimmer*** *40*

Freundlicher Service in einem hellen, luftigen Ambiente. Das zentral gelegene Astoria stellt alle zufrieden, ob nun Geschäftsleute, Kulturbeflissene oder Urlauber, die die Gegend erkunden wollen. Zum Angebot gehören z. B. Konferenzräume. **www.adesso-hotels.de**

KASSEL Hotel Residenz Domus €€

Erzbergerstraße 1–5, 34117 ☎ *(0561) 70 33 30* FAX *(0561) 703 334 98* ***Zimmer*** *55*

In diesem Hotel hat jeder Gast das Gefühl, besonders umsorgt zu werden. Die im Jugendstil gehaltenen Gästezimmer bieten allen erdenklichen modernen Komfort. Ein Highlight ist das altmodische Spielezimmer mit einem Billardtisch. **www.hotel-domus-kassel.de**

KASSEL Schlosshotel Bad Wilhelmshöhe €€

Schlosspark 8, 34131 ☎ *(0561) 308 80* FAX *(0561) 308 84 28* ***Zimmer*** *101*

Das Hotel von 1767 befindet sich in einer der exklusivsten Gegenden Kassels. Die Gäste können im wunderbaren Garten spazieren gehen oder sich im Wellness-Bereich verwöhnen lassen. Die Zimmer sind luxuriös und behaglich eingerichtet, die Suiten sind groß und opulent, ohne kitschig zu wirken. **www.schlosshotel-kassel.de**

LIMBURG Romantik Hotel Zimmermann €€

Blumenröder Straße 1, 65549 ☎ *(06431) 46 11* FAX *(06431) 413 14* ***Zimmer*** *20*

Individuell gestaltete Zimmer, herrliche Möbel und ein idyllisches Ambiente zeichnen dieses Hotel aus, das die ideale Unterkunft für alle Arten von Gästen darstellt. Jedes Badezimmer ist mit italienischem Marmor ausgestattet, im ganzen Hotel hat man kabellosen Internet-Zugang. **www.romantikhotel-zimmermann.de**

MARBURG Waldecker Hof €€

Bahnhofstraße 23, 35037 ☎ *(06421) 600 90* FAX *(06421) 60 09 59* ***Zimmer*** *40*

Komfortables, hübsches Hotel in der Nähe des Hauptbahnhofs mit einem netten Pool und einem Fitness-Bereich. Der Service ist überaus zuvorkommend – hier fühlt der Gast sich immer willkommen. Das Frühstücksbüfett ist großartig. **www.waldecker-hof-marburg.de**

MARBURG Vila Vita Hotel & Residenz Rosenpark €€€€

Rosenstraße 18–28, 35037 ☎ *(06421) 600 50* FAX *(06421) 600 51 00* ***Zimmer*** *138*

Die zugleich prahlerische und elegante Glaskuppel über der Lobby verleiht dem Hotel etwas Palastartiges, ebenso der makellose Service. Neben Zimmern gibt es 30 Apartments. Fürs leibliche Wohl können die Gäste unter drei Restaurants, einem Weinkeller und einer Loungebar wählen. **www.vilavitahotels.com**

RÜDESHEIM AM RHEIN Jagdschloss Niederwald €€€

Am Niederwald 1, 65385 ☎ *(06722) 710 60* FAX *(06722) 710 66 66* ***Zimmer*** *52*

In diesem alten Jagdschloss bietet man Ihnen alles, was Sie wünschen, darunter Tennisplatz und Swimmingpool. Das Restaurant hat eine Terrasse mit Panoramablick, und im Weinkeller lagern die besten Tropfen der Region. In der Cocktailbar bekommt man besonders guten Long Island Ice Tea. **www.niederwald.de**

WEILBURG Schlosshotel Weilburg €€

Langgasse 25, 35781 ☎ *(06471) 509 00* FAX *(06471) 509 01 11* ***Zimmer*** *50*

Die Burg aus der Renaissance ist ein luxuriöser Ort zum Entspannen. Das Hotel selbst ist ein architektonisches Juwel, die gesamte Umgebung hat historisches Flair. Die Gästezimmer sind geschmackvoll dekoriert und sehr geräumig. Zum Hotel gehört das hervorragende Restaurant Alte Reitschule *(siehe S. 548)*. **www.schlosshotel-weilburg.de**

WETZLAR Landhotel Naunheimer Mühle €€

Mühle 2, 35584 ☎ *(06441) 935 30* FAX *(06441) 93 53 93* ***Zimmer*** *33*

Das Hotel in einer beschaulichen Gegend an der Lahn war früher eine Mühle. Heute präsentiert es sich mit einem schönen Mix aus Tradition und Moderne. Das rustikale Restaurant ist auf regionale Küche spezialisiert. Auf der Terrasse lässt es sich wunderbar relaxen. **www.naunheimer-muehle.de**

WIESBADEN Klee am Park €€€

Parkstraße 4, 65189 ☎ *(0611) 900 10* FAX *(0611) 900 13 10* ***Zimmer*** *60*

Die meisten Zimmer des kürzlich renovierten und vergrößerten Hotels haben Balkone mit Blick über Wiesbaden. Im Restaurant serviert man den Gästen schmackhafte internationale Gerichte. Im Park kann man dann beim Joggen oder Bummeln ein paar der überflüssigen Kalorien wieder loswerden. **www.klee-am-park.de**

WIESBADEN Nassauer Hof €€€€€

Kaiser-Friedrich-Platz 3, 65183 ☎ *(0611) 13 30* FAX *(0611) 13 36 32* ***Zimmer*** *139*

Dieses exklusive Hotel bietet acht Arten von Luxuszimmern bis hin zur Präsidentensuite. Architektur und Design schaffen ein wahrlich aristokratisches Ambiente, durchsetzt von modernen Annehmlichkeiten. Der Wellness-Bereich und das Restaurant locken auch viele an, die nicht im Hotel nächtigen. **www.nassauer-hof.de**

Nordrhein-Westfalen

AACHEN Holiday Inn €€

Krefelder Straße 221, 52070 ☎ *(0241) 180 30* FAX *(0241) 180 34 44* ***Zimmer*** *99*

Mit seinem guten Service und der freundlichen Atmosphäre ähnelt dieses Haus allen anderen Holiday Inns. Erwarten Sie komfortable Zimmer mit guter Ausstattung, darunter WLAN-Internet-Zugang im ganzen Hotel. Außerdem gibt es ein Restaurant, ein Bistro und einen Biergarten. **www.holidayinn.de**

AACHEN Best Western Hotel Royal €€€

Jülicher Straße 1, 52070 ☎ *(0241) 18 22 80* FAX *(0241) 182 286 99* ***Zimmer*** *35*

Das zentral gelegene Hotel ist eine gute Unterkunft für Messebesucher wie für Urlauber, die die Stadt und die Umgebung erkunden wollen. Die Zimmer sind minimalistisch dekoriert, die Suiten haben Terrassen und Küchenzeilen. Der Aachener Dom ist nur einen halben Kilometer entfernt. **www.royal.bestwestern.de**

AACHEN Pullman Aachen Quellenhof €€€€

Monheimsallee 52, 52062 ☎ *(0241) 913 20* FAX *(0241) 913 21 00* ***Zimmer*** *185*

Ein Grandhotel im wahrsten Sinn des Wortes: Die eleganten Zimmer und Suiten sind nur die Spitze des Eisbergs. Sauna, Swimmingpool und Fitness-Bereich sind einfach grandios, ebenso das Restaurant, das mediterrane Küche serviert und Tische auf einer Terrasse mit wunderbarem Parkblick hat. **www.sofitel.com**

BIELEFELD Comfort Garni Hotel Stadt Bremen €

Bahnhofstraße 32, 33602 ☎ *(0521) 52 19 80* FAX *(0521) 521 981 13* ***Zimmer*** *46*

Das Hotel befindet sich in der Fußgängerzone, nahe dem Bahnhof. Nach einer kompletten Umgestaltung präsentiert es sich in modernem Ambiente. Die Zimmer sind gemütlich eingerichtet. Frühstücksbüfett wird von 6.30 bis 10 Uhr serviert, weitere Pluspunkte sind die Terrasse und die Hotelbar. **www.comfort-garni.de**

BIELEFELD Brenner Hotel Diekmann €€

Otto-Brenner-Straße 133, 33607 ☎ *(0521) 299 90* FAX *(0521) 299 92 20* ***Zimmer*** *65*

Ruhiges kleines Hotel mit viel Charme. Zum einzigartigen Charakter trägt die hauseigene Bowlingbahn bei. Das Restaurant verköstigt auch große Gruppen, in der Bar hängen unzählige Andenken. Auf dem Anwesen befindet sich auch ein netter Biergarten. **www.brenner-hotel.de**

BONN Schlosshotel Kommende Ramersdorf €€

Oberkasseler Straße 10, 53227 ☎ *(0228) 44 07 34* FAX *(0228) 44 44 00* ***Zimmer*** *18*

Dieses Märchenschloss bietet Zimmer und Flure voller Antiquitäten und Kunstwerke. Das Hotel hat sich das mittelalterliche Flair bewahrt. Jedes Gästezimmer ist individuell gestaltet. Auch das Restaurant des Schlosshotels lohnt einen Besuch. **www.schlosshotel-kommende-ramersdorf.de**

Preiskategorien *siehe Seite 488* **Zeichenerklärungen** *siehe hintere Umschlagklappe*

BONN Hilton Bonn €€€

Berliner Freiheit 2, 53111 (0228) 726 90 FAX (0228) 726 97 00 **Zimmer** 252

Mit großen Zimmern, die alle modernen Annehmlichkeiten bieten, und einer Wellness-und-Fitness-Landschaft ist das Hilton Bonn die ideale Unterkunft für Familien. Im Pool und im Sportraum kann man die Kalorien, die man im fantastischen mediterranen Restaurant zu sich genommen hat, wieder abarbeiten. **www.hilton.de/bonn**

BONN Kaiser Karl €€€

Vorgebirgsstraße 56, 53119 (0228) 98 55 70 FAX (0228) 985 57 77 **Zimmer** 42

Exquisit dekorierte Zimmer und ein Auge fürs Detail machen dieses Hotel zur willkommenen Oase der Entspannung. Alle Zimmer sind für Allergiker ausgestattet. Hier stiegen schon viele Prominente ab, und einige davon haben auf dem Klavier in der altmodischen Bar geklimpert. **www.kaiser-karl-hotel-bonn.de**

BONN Dorint Hotel Venusberg €€€€€

An der Casselsruhe 1, 53127 (0228) 28 80 FAX (0228) 28 82 88 **Zimmer** 85

Das Hotel am Rheinufer bietet farbenfrohe, luxuriöse Gästezimmer mit Blick auf den Wald. In der Nähe befinden sich vielerlei Sporteinrichtungen, darunter Golf- und Tennisplätze, und auf dem Hotelanwesen selbst gibt es einen Joggingpfad. **www.dorint.com**

DETMOLD Lippischer Hof €€

Willy-Brandt-Platz 1, 32756 (05231) 93 60 FAX (05231) 93 62 22 **Zimmer** 25

Von den Fenstern dieses Hotels mitten in Detmold genießt man wunderbare Ausblicke. Die Einrichtung ist schlicht und komfortabel, der Service sehr gut. Das romantisch eingerichtete Restaurant hat separate Räumlichkeiten für Konferenzen und andere Veranstaltungen. **www.hotellippischerhof.de**

DÜSSELDORF Hotel Weidenhof €€

Oststraße 87, 40210 (0211) 130 64 60 FAX (0211) 130 646 19 **Zimmer** 36

Zehn Gehminuten von den zentralen Attraktionen entfernt präsentiert sich das Hotel Weidenhof mit geschmackvoll dekorierten Gästezimmern. Es ist zwar ein eher kleines Hotel, hat aber zahlreiche Stammgäste. Neben den normalen Zimmern gibt es sechs Apartments für Familien und Gruppen. **www.hotelweidenhof.de**

DÜSSELDORF Ibis Hauptbahnhof €€

Konrad-Adenauer-Platz 14, 40210 (0211) 167 20 FAX (0211) 167 21 01 **Zimmer** 166

Das Ibis bietet schlichten Komfort, eine nette kleine Bar neben der modernen Lobby und im ganzen Haus kabellosen Internet-Zugang. Die Lage ist schier unschlagbar, unweit der Sehenswürdigkeiten und des Bahnhofs. Hervorragendes Preis-Leistungs-Verhältnis. **www.ibishotel.com**

DÜSSELDORF Madison I €€

Graf-Adolf-Straße 94, 40210 (0211) 168 50 FAX (0211) 168 53 28 **Zimmer** 100

Zu diesem sehr weitläufigen, gut ausgestatteten Hotel gehört ein Sport- und Fitness-Center. Jedes der Gästezimmer ist sehr geschmackvoll designt, mit warmen Farben und gemütlichen Möbeln. Das Madison I bietet seinen Gästen außerdem zwei Bistros, eines davon mit Terrasse. **www.madison-hotels.de**

DÜSSELDORF Steigenberger ParkHotel €€€€€

Königsallee 1a, 40212 (0211) 138 10 FAX (0211) 138 15 92 **Zimmer** 130

Elegantes Hotel nahe der Altstadt und dem Rhein mit stilvollen, komfortablen Zimmern, die teilweise mit Antiquitäten eingerichtet sind. Ein Highlight ist das Restaurant mit einer umfangreichen Speise- und einer ebensolchen Weinkarte. **www.duesseldorf.steigenberger.de**

ESSEN Astoria Hotel €€

Wilhelm-Nieswandt-Allee 175, 45326 (0201) 835 84 FAX (0201) 835 80 40 **Zimmer** 102

Das Astoria wurde renoviert und ausgebaut und präsentiert jetzt neue, farbenfrohe Zimmer. Das Hotel ist ideal fürs Sightseeing und Besuche im Geschäftsviertel. Für Empfänge und andere Veranstaltungen kann man z. B. die schöne Gartenanlage anmieten. **www.kchhotelastoria.de**

ESSEN Hotel Bredeney €€

Theodor-Althoff-Straße 5, 45133 (0201) 76 90 FAX (0201) 769 11 43 **Zimmer** 293

Das Hotel in Essens Innenstadt ist vor allem bei Geschäftsreisenden beliebt. Es bietet eine farbenfrohe Lounge und Lobby und große Konferenzräume, darunter sogar ein Saal. Für die Entspannung in der Freizeit sorgen ein Pool, ein Fitness-Bereich und eine Kegelbahn. **www.hotel-bredeney.de**

ESSEN Welcome Hotel €€

Schützenbahn 58, 45127 (0201) 177 90 FAX (0201) 177 91 99 **Zimmer** 176

Dieses sehr moderne und farbenprächtige Hotel bietet Zimmer mit allen erdenklichen Annehmlichkeiten, und die Betten sind überaus bequem. Auch an Allergiker wurde bei der Ausstattung gedacht. Diese sollten wohl das zauberhafte Gartenrestaurant wegen Pollengefahr besser meiden. **www.welcome-to-essen.de**

ESSEN Schlosshotel Hugenpoet €€€€€

August-Thyssen-Straße 51, 45219 (02054) 120 40 FAX (02054) 12 04 50 **Zimmer** 25

Das Schlosshotel wurde auf Ruinen eines Bauwerks von 778 errichtet und gehört zu den besten in dieser Region. Jedes Zimmer ist interessant, und die Hochzeitssuite ist mit Antiquitäten aus dem 16. Jahrhundert eingerichtet. Zwei fantastische Restaurants servieren köstliche Gerichte aus aller Welt. **www.hugenpoet.de**

HÖXTER Ringhotel Niedersachsen €€

Grubestraße 3–7, 37671 Tel. *(05271) 68 80* FAX *(05271) 68 84 44* **Zimmer** *80*

Dieses Hotel in einer schönen Umgebung hat einen weitläufigen Wellness-Bereich mit großem Pool. Einige Gästezimmer sind außergewöhnlich gestaltet und präsentieren große Holzbalken. Die Gäste des Ringhotels haben die Wahl unter vier hervorragenden Restaurants. **www.hotelniedersachsen.de**

KÖLN Hotel Kosmos €€

Waldecker Straße 11–15, 51065 Tel. *(0221) 670 90* FAX *(0221) 670 93 21* **Zimmer** *161*

In einer ansonsten langweiligen Gegend stößt man auf diese Oase der Gastlichkeit. Die großen, klimatisierten Zimmer sind gut ausgestattet. Das Hotel ist im Besitz einer Familie, die den Charme des Hauses erhält. Es gibt einen großen Pool und gute Fitness-Einrichtungen. Hier nächtigen vor allem Messebesucher. **www.leonardo-hotels.com**

KÖLN NH Köln Mediapark €€

Im Mediapark 8b, 50670 Tel. *(0221) 271 50* FAX *(0221) 271 59 99* **Zimmer** *217*

Diese Niederlassung einer italienischen Hotelkette präsentiert subtiles, stilvolles Ambiente und luxuriöse, komfortable Gästezimmer und Einrichtungen. Außerdem gibt es exzellente Fitness- und Wellness-Angebote, und die Gäste des Hauses bekommen im Fitnessstudio Holmes nebenan Preisnachlass. **www.nh-hotels.de**

KÖLN InterContinental €€€€

Pipinstraße 1, 50667 Tel. *(0221) 280 60* FAX *(0221) 280 611 11* **Zimmer** *262*

Dieses 2003 eröffnete InterContinental gehört zu den besten Hotels der Stadt. Es steht unweit der Altstadt und in Gehweite vom Messegelände. Die Bars, Restaurants und Cocktailbars sind inzwischen berühmt, und der Fitness-Pool-Bereich ist auf dem allerneuesten technischen Stand. **www.koeln.intercontinental.com**

KÖLN Hotel im Wasserturm €€€€€

Kaygasse 2, 50676 Tel. *(0221) 200 80* FAX *(0221) 200 88 88* **Zimmer** *88*

Das Top-Hotel in einem historischen Wasserturm im Herzen der Stadt gehört zu den Besonderheiten der Kölner Hotelerie-Szene. Die Zimmer sind unregelmäßig gebaut, einige haben zwei Ebenen. Das Restaurant La Vision *(siehe S. 551)* im elften Stock hat sich seinen Michelin-Stern redlich verdient. **www.hotel-im-wasserturm.de**

KÖLN Hyatt Regency €€€€€

Kennedy-Ufer 2a, 50679 Tel. *(0221) 828 12 34* FAX *(0221) 828 13 70* **Zimmer** *306*

Dieses Hotel, eines der besten in ganz Deutschland, hat eine tolle Lage nahe der Altstadt und dem Messegelände. Hier kommen alle auf ihre Kosten. Besonders anzumerken ist jedoch der unvergleichliche Blick auf den Rhein und die Kölner Altstadt. **www.cologne.regency.hyatt.de**

LEMGO Im Borke €

Salzufler Straße 132, 32657 Tel. *(05266) 16 91* FAX *(05266) 12 31* **Zimmer** *37*

Hier finden Familien eine geruhsame Atmosphäre vor. Mit großer Sorgfalt hat man das Hotel zu einem einladenden, freundlichen Ort gemacht. Das Restaurant gleichen Namens *(siehe S. 551)* offeriert internationale Küche in traditionellem Ambiente. Zudem gibt es im Keller eine Bowlingbahn. **www.hotel-im-borke.de**

MÜNSTER Romantik Hotel Hof zur Linde €€€

Handorfer Werseufer 1, 48157 Tel. *(0251) 327 50* FAX *(0251) 32 75 13* **Zimmer** *48*

Der Hof zur Linde am Ufer der Werse, mit herrlicher Aussicht und einem großen Anwesen, ist ein echtes Bauernhaus. Geboten werden Suiten und Hütten mit eigenen offenen Kaminen und ein Restaurant mit hochwertiger Küche (die Kräuter kommen aus dem eigenen Garten). **www.hof-zur-linde.de**

MÜNSTER Schloss Wilkinghege €€€

Steinfurter Straße 374, 48159 Tel. *(0251) 14 42 70* FAX *(0251) 21 28 98* **Zimmer** *35*

Eine wunderbare Mischung aus modernem Komfort und historischem Charme. Die beste Suite ist mit Antiquitäten ausgestattet, ihr Badezimmer hat Philippe-Starck-Elemente. Im Restaurant bekommt man hervorragende Küche mit französischen Einflüssen. Nebenan liegen Golf- und Tennisplätze. **www.schloss-wilkinghege.de**

SIEGEN Best Western Parkhotel Siegen €€

Koblenzer Straße 135, 57072 Tel. *(0271) 338 10* FAX *(0271) 338 14 50* **Zimmer** *88*

Das bei Geschäftsleuten beliebte Hotel liegt sehr ruhig, was zur entspannten Atmosphäre noch beiträgt. Die Zimmer und Suiten sind recht modern und stilvoll möbliert. Der ideale Abend hier: zuerst Sauna und Dampfbad, dann Cocktail-Lounge und ein Spaziergang zu einem Restaurant in der Nähe. **www.parkhotel-siegen.bestwestern.de**

WINTERBERG Steymann €€

Schneilstraße 4, 59955 Tel. *(02981) 92 95 40* FAX *(02981) 929 54 50* **Zimmer** *35*

Dieses Hotel ist für Familien und ältere Reisende ideal. Die hübschen Zimmer haben alle Balkone. Nach Ausflügen in die Gegend können Sie Pool und Sauna nutzen, ehe Sie im Restaurant regionale Küche genießen und vielleicht eine Runde Bowling spielen. **www.hotel-steymann.de**

WUPPERTAL Intercity Wuppertal €€

Döppersberg 50, 42103 Tel. *(0202) 430 60* FAX *(0202) 45 69 59* **Zimmer** *160*

Das Intercity nahe dem Bahnhof und den Attraktionen Wuppertals ist sehr gut auf Geschäftsleute eingestellt, mit WLAN-Internet-Zugang im ganzen Hotel und vielen Konferenzeinrichtungen. Die Cocktailbar und das Restaurant haben wenig Atmosphäre, die Küche ist dennoch empfehlenswert. **www.intercityhotel.de**

Hamburg, Bremen und Niedersachsen

BREMEN Landhaus Radler Garni €

Kastanienweg 17, 27404 (04281) 988 20 FAX (04281) 98 82 10 **Zimmer** 16

Das von einer Familie betriebene Hotel ist etwas abseits vom Zentrum, bietet dafür aber ruhige Atmosphäre, die besonders Familien schätzen. Es gibt einen Kinderspielplatz, die Gegend ist ideal zum Fahrradfahren und Wandern. Hinter dem Haus liegt ein gepflegter kleiner Garten. **www.landhaus-radler.de**

BREMEN Landhaus Höpkens Ruh €€

Oberneulander Landstraße 69, 28355 (0421) 20 58 53 FAX (0421) 205 85 45 **Zimmer** 8

Kleines, stilvolles Hotel mit Dekor, das an französische Landhäuser erinnert. Jedes der acht Zimmer ist mit großer Liebe zum Detail individuell eingerichtet. Zu dem Hotel in einem Park gehört ein gutes Restaurant, in dem frische Regionalküche der Saison serviert wird. **www.hoepkens-ruh.de**

BREMEN Lichtsinn €€

Rembertistraße 11, 28203 (0421) 36 80 70 FAX (0421) 32 72 87 **Zimmer** 35

Das große Hotel mit heimeligem Komfort ist in Familienbesitz und verströmt gesetzte Eleganz. Jedes Gästezimmer ist anders eingerichtet und geschmackvoll gestaltet, ein paar haben moderneres Dekor. Die Weser ist nur wenige Gehminuten entfernt. **www.hotel-lichtsinn.de**

BREMEN Best Western Zur Post €€€

Bahnhofsplatz 11, 28195 (0421) 305 90 FAX (0421) 305 95 91 **Zimmer** 170

Ein Gefühl des Besonderen umgibt dieses Hotel, und das Konzept geht auf. Einige der Zimmer haben gar wunderbare Wandgemälde und Dekorationen, die Bar ist wegen ihrer Farbgebung und ihres Stils schlicht anbetungswürdig. Das Hotel steht mitten in der Innenstadt, gleich vor dem Hauptbahnhof. **www.zurpost.bestwestern.de**

BREMEN Hilton Bremen €€€

Böttcherstraße 2, 28195 (0421) 369 60 FAX (0421) 369 69 60 **Zimmer** 235

Großzügige, üppig ausgestattete Zimmer, hervorragender Service und die tolle Lage nahe dem Fluss und dem Marktplatz machen das Hilton so beliebt. Auch das luxuriöse Casino ist nur einen Steinwurf entfernt. Es gibt eindrucksvolle Fitness-Einrichtungen und einen schönen Poolbereich. **www.hilton.de/bremen**

BREMEN Park Hotel €€€

Im Bürgerpark, 28209 (0421) 340 80 FAX (0421) 340 86 02 **Zimmer** 177

Das opulente Park Hotel lässt all Ihre Träume von Luxus und Komfort wahr werden. Das Anwesen ist sehr gepflegt und geradezu spektakulär, ebenso die Gästezimmer, in denen man sich garantiert wohlfühlt. Sie haben die Wahl unter mehreren Restaurants, Bars und Bistros. **www.park-hotel-bremen.de**

BÜCKEBURG Große Klus €€

Am Klusbrink 19, 31675 (05722) 951 20 FAX (05722) 95 12 50 **Zimmer** 31

In dem Haus in einer bewaldeten Gegend haben Sie sicher einen geruhsamen Aufenthalt. Das Gebäude stammt aus dem 18. Jahrhundert, die Zimmer sind jedoch recht modern. Das Restaurant bietet saisonale Küche der Region, im Biergarten bekommt man selbst gebrautes Bier. **www.kluesker.de**

CELLE Hotel am Braunen Hirsch €€

Münzstraße 9c, 29223 (05141) 939 30 FAX (05141) 93 93 50 **Zimmer** 24

Das Hotel ist vor allem wegen des historischen Restaurants nebenan bekannt, hat aber dem Reisenden auch sonst viel zu bieten: komfortable, große Zimmer und eine interessante, verwinkelte Architektur – jede Ecke des Hotels hat ihren eigenen Charme und Charakter. **www.hotel-ambraunenhirsch.de**

CELLE Fürstenhof Celle €€€

Hannoversche Straße 55–56, 29221 (05141) 20 10 FAX (05141) 20 11 20 **Zimmer** 73

Mitten im historischen Celle steht dieses erstklassige Hotel. Das mit einem Michelin-Stern ausgezeichnete Restaurant Endtenfang *(siehe S. 552)* lockt Gäste aus der ganzen Region an. Echt italienische Küche wird Ihnen im Restaurant Palio serviert. Der Fürstenhof hat zudem eine imposante Fitness-Landschaft. **www.fuerstenhof-celle.de**

CLOPPENBURG Park Hotel €€

Burgstraße 8, 49661 (04471) 66 14 FAX (04471) 66 17 **Zimmer** 51

Ruhig geht es im Park Hotel nahe dem Fluss Soeste, unweit vom Zentrum, zu. Es ist eine gute Ausgangsbasis für Ausflüge in die Stadt und das Umland. Golfplatz, Tennisplätze und eine Kegelbahn in der Nähe sowie ein Saunabad sorgen für Abwechslung und Entspannung. **www.parkhotel-cloppenburg.de**

DUDERSTADT Zum Löwen €€

Marktstraße 30, 37115 (05527) 30 72 FAX (05527) 726 30 **Zimmer** 42

Das für sein Restaurant bekannte Hotel ist eine schöne Abwechslung zu den Hotels der großen Ketten. Einige Zimmer haben eigene Balkone mit schöner Sicht auf Duderstadt. Das Restaurant serviert Regionalküche, die Kellerbar ist sehr romantisch. **www.hotelzumloewen.de**

EINBECK Der Schwan €€

Tiedexer Straße 1, 37574 (05561) 46 09 FAX (05561) 723 66 ***Zimmer*** *12*

Der Schwan befindet sich in zentraler Lage zwischen den romantischen Gebäuden Einbecks und bietet komfortable Zimmer mit viel Rosa. Im Restaurant serviert man kreative, experimentelle Gerichte, die Gaumen und Auge zugleich erfreuen. **www.schwan-einbeck.de**

GOSLAR Treff Hotel Das Brusttuch €€

Hoher Weg 1, 38640 (05321) 346 00 FAX (05321) 34 60 99 ***Zimmer*** *13*

Das Haus mit dem originellen Namen und Schnitzereien im Fachwerk steht in der Altstadt Goslars. Es ist schon über 480 Jahre alt, wurde aber sehr schön renoviert und bietet modernen Komfort. Gästen stehen ein großes Restaurant und ein Swimmingpool zur Verfügung. Die Gästezimmer sind geräumig und behaglich. **www.treff-hotels.de**

GOSLAR Der Achtermann €€€

Rosentorstraße 20, 38640 (05321) 700 00 FAX (05321) 700 09 99 ***Zimmer*** *152*

Ein Touch Moderne in dieser historischen Stadt: Das erstklassige Hotel ist im Art-déco-Stil dekoriert. Der Pool- und Saunabereich ist recht groß und gut ausgestattet, geboten werden u. a. Yoga und Massagen. Es gibt ein Restaurant und ein nettes kleines Café mit Tischen unter Bäumen. **www.der-achtermann.de**

GÖTTINGEN Intercity Göttingen €€€

Bahnhofsallee 1a, 37081 (0551) 521 10 FAX (0551) 521 15 00 ***Zimmer*** *145*

Ganz in Bahnhofsnähe, unweit vom Zentrum und den Sehenswürdigkeiten bietet dieses Hotel ordentliche Zimmer, die leider etwas unpersönlich, aber gut ausgestattet sind. Für Geschäftsleute gibt es mehrere Konferenzräume und -säle. **www.intercityhotel.de**

GÖTTINGEN Romantik Hotel Gebhards €€€

Goetheallee 22–23, 37073 (0551) 496 80 FAX (0551) 496 81 10 ***Zimmer*** *50*

Das Gebhard ist bei Geschäftsreisenden beliebt. Es liegt nahe am Zentrum und am Bahnhof. Mit seinen einladenden, luxuriösen Zimmern garantiert es einen angenehmen Aufenthalt. Das kleine Restaurant ist sehr romantisch. Außerdem können sich die Gäste in der Sauna und im Whirlpool entspannen. **www.gebhardshotel.de**

HAMBURG Central Hotel €€

Präsident-Krahn-Straße 15, 22765 (040) 30 61 50 FAX (040) 38 30 49 ***Zimmer*** *35*

In einem angesagten Viertel, gegenüber dem Bahnhof Hamburg-Altona und nahe am Stadtzentrum, findet man inmitten von Nachtclubs und Bars dieses Hotel mit kompakten, modernen Zimmern. An der Rezeption können Sie sich darüber informieren, was die beiden Theater in der Nähe gerade zeigen. **www.hamburg-erleben.de**

HAMBURG Crown Plaza Hamburg €€€

Graumannsweg 10, 22087 (040) 22 80 60 FAX (040) 220 87 04 ***Zimmer*** *285*

Das Crown Plaza nahe an Hauptbahnhof und Messegelände wurde 2002 renoviert und präsentiert sich heute mit Hallenbad, top eingerichtetem Fitness-Bereich, Restaurant, Cocktailbar und vielem mehr. Auch für Familien ist gut gesorgt – Kinder essen in Begleitung ihrer Eltern im Restaurant gratis. **www.ichotelsgroup.com**

HAMBURG Side Hotel Hamburg €€€

Drehbahn 49, 20354 (040) 30 99 90 FAX (040) 309 993 99 ***Zimmer*** *178*

Dieser Fünf-Sterne-Traum eines Hotels ist eine komfortable und zentral gelegene Alternative zu den klassischeren Top-Hotels in der Innenstadt. Architektur und Interieur sind absolut modern; die Zimmer sind in sanftem Beige und Weiß gehalten. Für etwas mehr Geld bekommen Sie ein Executive-Zimmer mit Kitchenette. **www.side-hamburg.de**

HAMBURG Le Royal Méridien €€€€

An der Alster 52–56, 20099 (040) 210 00 FAX (040) 210 011 11 ***Zimmer*** *284*

Dieses moderne Luxushotel an der Außenalster bietet eine der schönsten Aussichten ganz Hamburgs. Die Zimmer sind spärlich möbliert, haben aber alle Annehmlichkeiten, die ein First-Class-Hotel haben muss. Der Spa- und Fitness-Club gilt als einer der besten in Deutschland. **www.leroyalmeridien-hamburg.com**

HAMBURG Fairmont Hotel Vier Jahreszeiten €€€€€

Neuer Jungfernstieg 9–14, 20354 (040) 349 40 FAX (040) 349 426 00 ***Zimmer*** *157*

Eleganz und Stil regieren in diesem Hotel. Viele Gästezimmer blicken auf die Alster, einige haben eigene Balkone. Jedes Zimmer ist mit antiken und modernen Möbeln individuell eingerichtet. Es gibt mehrere Bars und Restaurants, von denen eines stolz auf einen Michelin-Stern ist. **www.fairmont-hvj.de**

HAMBURG Kempinski Hotel Atlantic Hamburg €€€€€

An der Alster 72, 20099 (040) 288 80 FAX (040) 24 71 29 ***Zimmer*** *252*

Das luxuriöse Kempinski bietet den besten Service und Komfort, einige Zimmer und Suiten haben Blick auf die Alster. Die Fitness- und Wellness-Landschaft ist ultramodern, und die zwei Restaurants servieren internationale bzw. chinesische Küche. Es gibt sogar ein kleines Kino, das aber etwas teuer ist. **www.kempinski.com**

HAMBURG Park Hyatt €€€€€

Bugenhagenstraße 8, 20095 (040) 333 212 34 FAX (040) 333 212 35 ***Zimmer*** *252*

Das Park Hyatt liegt im Herzen des historischen Hamburg, gleich bei der Mönckebergstraße, der wichtigsten Shopping-Meile der Stadt. Es hat moderne Zimmer mit großen Fernsehern. Auf dem Frühstücksbüfett findet man eine große Auswahl an deutschen und internationalen Gerichten. **www.hamburg.park.hyatt.com**

Preiskategorien *siehe Seite 488* **Zeichenerklärungen** *siehe hintere Umschlagklappe*

HANNOVER Best Western Parkhotel Kronsberg €€

Gut Kronsberg 1, 30539 (0511) 874 00 FAX (0511) 86 71 12 ***Zimmer*** *200*

Gegenüber dem Messegelände liegt dieses Hotel, das vor allem bei Geschäftsleuten beliebt ist. Die helle, geräumige Lobby ist von einer Glaskuppel überdacht. Für die Gäste gibt es verschiedene Zimmertypen, alle sind jedoch komfortabel und groß. In den Restaurants und Bistros kann man gut essen. **www.kronsberg.bestwestern.de**

HANNOVER Hotel Kaiserhof €€

Ernst-August-Platz 4, 30159 (0511) 368 30 FAX (0511) 368 31 14 ***Zimmer*** *78*

Das Hotel in einem Gebäude von 1915, gegenüber dem Hauptbahnhof und nahe am Zentrum, ist sehr gut erhalten. In den geschmackvoll eingerichteten Gästezimmern spürt man einen französischen Touch. Das sehr empfehlenswerte Restaurant bietet Forellen aus eigener Zucht. **www.centralhotel.de**

HANNOVER Novotel Hannover €€€€

Podbielskistraße 21–23, 30163 (0511) 390 40 FAX (0511) 390 41 00 ***Zimmer*** *206*

Das Novotel in einer alten Bahlsen-Keksfabrik hat luxuriöse Ausstattungen und Gästezimmer, daneben sogar einen Kinderspielplatz und Babysitterdienst. Die Geschäftseinrichtungen sind vielfältig – in einem Konferenzraum findet man noch alte Maschinen aus der Zeit der Keksherstellung. **www.novotel.de**

HILDESHEIM Parkhotel Berghölzchen €€

Am Berghölzchen 1, 31139 (05121) 97 90 FAX (05121) 97 94 00 ***Zimmer*** *80*

Dieses Hotel wurde 1770 als Restaurant eröffnet. Noch immer ist die Gastronomie – serviert wird erstklassige Regionalküche – das Highlight des Parkhotels. Daneben gibt es einen gemütlichen Biergarten sowie geräumige, gut ausgestattete Gästezimmer, auch für Langzeitaufenthalte. **www.berghoelzchen.de**

HOHEGING Hotel-Restaurant Waldesruh €

Am Baumweg 2, 49685 (04471) 948 50 FAX (04471) 94 85 16 ***Zimmer*** *22*

Das beschauliche kleine Hotel inmitten von Bäumen und Wiesen bietet Tennisplätze und in der Nähe einen Golfplatz. Die frisch renovierten Zimmer sind behaglich. Im Restaurant bekommt man Regionalküche, auch Vegetarier haben hier eine vernünftige Auswahl an Gerichten. **www.waldesruhhotel.de**

KÖNIGSLUTTER Avalon Hotelpark Königshof €€

Braunschweiger Straße 21a, 38154 (05353) 50 30 FAX (05353) 50 32 44 ***Zimmer*** *174*

Weitläufiges Hotel mit Tennisplätzen, Swimmingpool und Bowlingbahn. Es gibt ganze 15 Konferenzräume und zahlreiche Konferenz-Pauschalangebote, die Wellness und Sport einschließen. Das Restaurant Merlin *(siehe S. 554)* bietet Regionalküche. In der Disco kann man das Tanzbein schwingen. **www.hotelpark-koenigshof.de**

LAUENAU Hotel Montana Lauenau €

Hanomagstraße 1, 31867 (05043) 911 90 FAX (05043) 911 91 00 ***Zimmer*** *53*

Dieses Hotel richtet sich vor allem an Gäste, die mit dem Auto anreisen. Die Gästezimmer sind sehr ruhig, die Betten weich und einladend. Es ist kein Luxushotel, aber komfortabel und angenehm. Das Restaurant ist leider nicht besonders zu empfehlen. **www.montana-hotels.de**

LÜNEBURG Bremer Hof €€

Lüner Straße 12, 21335 (04131) 22 40 FAX (04131) 22 42 24 ***Zimmer*** *53*

Seit 1889 betreibt eine Familie den Bremer Hof und sorgt seither für Komfort und Gastlichkeit. Einige der individuell eingerichteten Zimmer präsentieren die alten dunklen Holzbalken. Das Hotel steht im Schatten der Kirche St. Nicolai, im Stadtzentrum ist man zu Fuß in ein paar Minuten. **www.bremer-hof.de**

OLDENBURG Heide €€

Melkbrink 49–51, 26121 (0441) 80 40 FAX (0441) 88 40 60 ***Zimmer*** *92*

Chic, aber komfortabel sind Lobby und Gästezimmer, mit schönen Helldunkel-Kontrasten überall. Das Hotel ist recht modern und bei Geschäftsreisenden beliebt. Im eleganten Restaurant werden internationale und saisonale Gerichte und Tröpfchen aus dem großen Weinkeller serviert. **www.hotel-heide.de**

OSNABRÜCK Steigenberger Hotel Remarque €€

Natruper-Tor-Wall 1, 49076 (0541) 609 60 FAX (0541) 609 66 00 ***Zimmer*** *156*

Das Hotel ist nach dem deutschen Autor Erich Maria Remarque (1898–1970) benannt, dessen Bücher in der eleganten Bibliothek stehen. Das Restaurant Vila Real mit einer langen Weinkarte ist sehr bekannt. Dem Hotel angegliedert ist auch ein Weinladen, in dem zuweilen Proben stattfinden. **www.steigenberger.com**

OSNABRÜCK Walhalla €€

Bierstraße 24, 49074 (0541) 349 10 FAX (0541) 349 11 44 ***Zimmer*** *66*

Das bereits 1690 erbaute und kürzlich renovierte Hotel ist fast ein Architekturmuseum. Im Loft entstanden große, wunderschöne Suiten, die Standardzimmer sind ebenfalls nett und geräumig. Fürs leibliche Wohl sorgen ein Biergarten und zwei Restaurants. **www.hotel-walhalla.de**

WOLFENBÜTTEL Hotel Tulip €€

Bahnhofstraße 9, 38300 (05331) 988 60 FAX (05331) 98 86 61 ***Zimmer*** *48*

Im Tulip, nahe dem Wolfenbütteler Zentrum, empfangen Sie eine luftige Lobby und freundliches Personal. Auf dem Anwesen gibt es ein Kino und eine Bowlingbahn sowie eine Bar im amerikanischen Stil. Auf der hübschen Terrasse können Sie im Sommer zu Abend essen. **www.tulipinnwolfenbuettel.de**

WOLFENBÜTTEL Parkhotel Altes Kaffeehaus €€

Harztorwall 18, 38300 (05331) 88 80 FAX (05331) 88 81 00 **Zimmer** 75

Dieses Hotel ist eine Mischung aus Moderne und Tradition. Die Zimmer sind recht gewöhnlich, die Atmosphäre ist aber freundlich. Im Sommer ist der Biergarten beliebt, und im Weinkeller kann man einheimische Weine verkosten. Das französische Restaurant gleichen Namens ist zu empfehlen *(siehe S. 555)*. **www.parkhotel-wolfenbuettel.de**

WOLFSBURG Brackstedter Mühle €€

Zum Kühlen Grunde 2, 38448 (05366) 900 FAX (05366) 90 50 **Zimmer** 50

Die Zimmer in dem ruhigen Landhotel sind individuell gestaltet. Es gibt auch Bankettsäle, in denen den Feiernden traditionelle Spezialitäten wie etwa Spanferkel serviert werden. Zum Hotel gehört ein Wintergarten mit Glasdach. **www.brackstedter-muehle.de**

WOLFSBURG Tryp Hotel €€

Willy-Brandt-Platz 2, 38440 (05361) 89 90 00 FAX (05361) 89 94 44 **Zimmer** 121

Das Tryp mit seinen gut gestalteten und geräumigen Zimmern in den Farben der 1990er Jahre befindet sich in der Nähe des Volkswagen-Werks und -Themenparks. Das noble Restaurant hat eine umfangreiche Weinkarte, und im Sommer werden Tische auf die Terrasse gestellt. **www.solmelia.com**

Schleswig-Holstein

BAD MALENTE Gartenhotel Weißer Hof €€

Vossstraße 45, 23714 (04523) 992 50 FAX (04523) 68 99 **Zimmer** 18

Ein kleines Hotel mit großem Herzen. Der professionelle Familienbetrieb bietet helle, geräumige Zimmer und ein exzellentes Restaurant *(siehe S. 555)*, außerdem einen netten Pool- und Wellness-Bereich. Im Garten können die Kinder der Gäste herumtoben. In der Nähe liegt ein Golfplatz. **www.weisserhof.de**

FLENSBURG Am Wasserturm €€

Blasberg 13, 24943 (0461) 315 06 00 FAX (0461) 31 22 87 **Zimmer** 34

Das Hotel in einer ruhigen Gegend – hier können Sie garantiert gut schlafen – ist geschmackvoll eingerichtet. Es ist vor allem auf große Gruppen ausgerichtet und bietet spezielle Angebote ab 15 Personen. Das Frühstück, das auch auf der Terrasse serviert wird, ist vielfältig und sättigend. **www.hotel-am-wasserturm.com**

HELGOLAND Atoll Ocean Resort €€€

Lung Wai, 27498 (04725) 80 00 FAX (04725) 80 04 44 **Zimmer** 49

Dies ist das Hotel von morgen: futuristisch und kreativ. Jedes Gästezimmer ist ein Kunstwerk für sich, mit wunderbaren Farben und minimalistischem Dekor. Da das Haus direkt über dem Meer steht, hat man von vielen Zimmern herrliche Aussicht. Das Restaurant serviert frisches Seafood und internationale Küche. **www.atoll.de**

KIEL Kieler Yacht-Club €€€

Hindenburgufer 70, 24105 (0431) 881 30 FAX (0431) 881 34 44 **Zimmer** 57

Die Zimmer haben zauberhaften Meerblick, einige bieten eigene Balkone oder Terrassen. Nahe an allen Wassersportangeboten und mit dem Meer verbundenen Attraktionen. Geboten werden auch Konferenzräume und ein Restaurant mit dem frischesten Seafood der ganzen Stadt. **www.hotel-kyc.de**

KIEL Maritim Hotel Bellevue €€€

Bismarckallee 2, 24105 (0431) 389 40 FAX (0431) 389 47 90 **Zimmer** 89

Der ungewöhnlich gestaltete Lobby- und Foyerbereich lässt auf den Wunsch schließen, mit Konventionen zu brechen. Vom Hotel aus hat man einen spektakulären Panoramablick, den man auf der Terrasse beim Dinieren genießen kann. Die mondäne Cocktailbar hat ein umfangreiches Angebot. **www.maritim.de**

LÜBECK Kaiserhof €€€

Kronsforder Allee 11–13, 23560 (0451) 70 33 01 FAX (0451) 79 50 83 **Zimmer** 58

Der Kaiserhof hat eine unschlagbare Lage unweit der historischen Attraktionen und Museen. Einige Gästezimmer haben eigene Balkone. Das Restaurant ist auf Fisch spezialisiert, im Bankettsaal finden häufig Hochzeiten und andere Feierlichkeiten statt. **www.kaiserhof-luebeck.de**

LÜBECK Radisson SAS Senator Hotel €€€€

Willy-Brandt-Allee 6, 23554 (0451) 14 20 FAX (0451) 142 22 22 **Zimmer** 224

Das Hotel mit Flussblick, nahe am Zentrum, bietet sehr komfortable und helle Zimmer. Angesichts der vielen Angebote wird Kindern sicher nicht langweilig, und in Begleitung der Eltern essen sie im Restaurant kostenlos. Außerdem gibt es eine Cocktailbar, ein Café und eine Kneipe mit Biergarten. **www.senatorhotel.de**

OEVERSEE Romantik Hotel Historischer Krug €€

Grazer Platz 1, 24988 (04630) 94 00 FAX (04630) 780 **Zimmer** 60

Dieses Hotel ist seit 1815 im Besitz einer Familie, seine Geschichte geht sogar auf das 16. Jahrhundert zurück. Es ist eine Oase der Entspannung und des Luxus, mit Massagen, Beauty-Anwendungen, Wellness-Bereich und Saunen. Zudem gibt es ein nettes Restaurant und eine Terrasse. **www.historischer-krug.de**

RATZEBURG Der Seehof €€

Lüneburger Damm 1–3, 23909 (04541) 86 01 00 FAX (04541) 86 01 02 ***Zimmer*** *50*

Der Seehof steht so nah am Wasser, dass er schon beinahe schwimmt. Von den Zimmern – einige mit Terrassen oder Balkonen – hat man wunderbare Aussicht. Das Restaurant ist auf Fisch und Meeresfrüchte spezialisiert, aber es gibt auch andere Regionalgerichte. Weitläufiger Wellness-Bereich. **www.derseehof.de**

SCHLESWIG Waldschlösschen €€

Kolonnenweg 152, 24837 (04621) 38 30 FAX (04621) 38 31 05 ***Zimmer*** *117*

Etwas außerhalb der Stadt hat man hier vielerlei Möglichkeiten zum Wandern und Radfahren. Die Gästezimmer sind groß und geschmackvoll möbliert. Es gibt einen Swimmingpool und einen Wellness-Bereich sowie zwei Restaurants und eine schicke Loungebar. **www.hotel-waldschloesschen.de**

SYLT Lindner Hotel Windrose €€€

Strandstraße 21–23, 25996 (04651) 94 00 FAX (04651) 94 08 77 ***Zimmer*** *91*

Nur ein paar Schritte sind es von diesem Hotel zum Strand, aber auch die Wellness-Oase (geboten werden auch Bäder mit Sylter Moor) und der Pool sind verlockend. Bar und Restaurant sind altmodisch dekoriert und bieten leckeres Essen, das schon diverse Auszeichnungen erhalten hat. **www.lindner.de**

SYLT Romantik-Hotel Benen-Diken-Hof €€€€

Süderstraße 3, 25980 (04651) 938 30 FAX (04651) 938 31 83 ***Zimmer*** *45*

Ein schönes Landhotel mit allen Annehmlichkeiten eines Stadthotels. Im Angebot stehen hauptsächlich Apartments für längere Aufenthalte, man kann aber auch Studio-Apartments für kürzere Zeit anmieten. Pool und Terrasse sind sehr elegant. In der Nähe gibt es einen Golfplatz. **www.benen-diken-hof.de**

SYLT Budersand Golf & Spa €€€€€

Am Kai 3, 25997 (04651) 460 70 FAX (04651) 460 74 50 ***Zimmer*** *79*

Ein Hotel für Genießer – nicht nur wegen der perfekten Lage am Yachthafen von Hörnum. Jedes Zimmer verfügt über Balkon oder Gartenterrasse, durch riesige Fensterfronten blickt man auf das Meer oder den hoteleigenen Golfplatz. Wunderbare Spa-Einrichtungen, Spitzenrestaurant. Kurzum: eine Insel auf der Insel. **www.budersand.de**

TIMMENDORFER STRAND Maritim Seehotel €€€€

Strandallee 73, 23669 (04503) 60 50 FAX (04503) 605 24 50 ***Zimmer*** *248*

Die Ostsee schwappt fast bis zur Tür dieses herrlichen Hotels. Von allen Etagen hat man tolle Aussicht – die Zimmer nach hinten überblicken den schönen Park. Einige Zimmer haben sogar Eckbalkone. Zum Hotel gehören eine riesige Wellness-Landschaft sowie ein Hallen- und ein Freibad – falls Ihnen das Meer nicht genügt. **www.maritim.de**

TRAVEMÜNDE Hotel Columbia Casino €€€€

Kaiserallee 1, 23570 (04502) 30 80 FAX (04502) 30 83 33 ***Zimmer*** *73*

Das Columbia Casino bietet verschieden gestaltete Zimmer, die alle erstklassig möbliert sind. Einige haben Meerblick und Terrasse. Die Konferenz- und Bankettsäle sind prächtig, es gibt sogar einen richtigen Ballsaal, außerdem drei Restaurants mit dem Schwerpunkt Seafood. Golfplatz in der Nähe. **www.columbia-hotels.de**

TRAVEMÜNDE/LÜBECK Maritim Strandhotel €€€

Trelleborgallee 2, 23570 (04502) 890 FAX (04502) 89 20 20 ***Zimmer*** *240*

Das Hotel direkt an der Travemündung bietet einen herrlichen Panoramablick. Viele Zimmer haben eigene Balkone. Das Café im 35. Stock – »Über den Wolken« – mit Blick über Stadt und Ostsee zieht auch viele Gäste an, die nicht im Hotel übernachten. **www.maritim.de**

Mecklenburg-Vorpommern

BAD DOBERAN Hotel Friedrich Franz Palais €€

August-Bebel-Straße 2, 18209 (038203) 630 36 FAX (038203) 621 26 ***Zimmer*** *50*

Die von Laura Ashley inspirierten Gästezimmer mit vielen Blumenmustern sind sehr komfortabel, haben große Betten mit Kissenbergen, Minibar und Satelliten-TV. Ein paar Zimmer blicken über den Klostergarten, andere über einen Stadtpark. **www.friedrich-franz-palais.de**

DARGUN Hotel am Klostersee €

Am Klosterdamm 3, 17159 (039959) 25 20 FAX (039959) 252 28 ***Zimmer*** *26*

Das Hotel an einem Klostersee ist ideal für den Familienurlaub, denn es gibt viele Angebote für Kinder. Die Zimmer sind komfortabel, aber nicht die Hauptattraktion in diesem Haus. In der Nähe findet man mehrere Restaurants. **www.klostersee-hotel.de**

GREIFSWALD Kronprinz Hotel Greifswald €€

Lange Straße 22, 17489 (03834) 79 00 FAX (03834) 79 01 11 ***Zimmer*** *31*

In sehr guter Lage mitten in der Stadt, nahe dem Dom, bietet man im Kronprinz Hotel schnörkellose, saubere Zimmer, die mit einfachen Holzmöblen und gemusterten Bettüberwürfen, Minibar und Fernseher ausgestattet sind. In der Bierstube gibt es gelegentlich Live-Musik. **www.hotelkronprinz.de**

GREIFSWALD Parkhotel Greifswald €€

Pappelallee 1, 17489 (03834) 87 40 FAX (03834) 87 45 55 ***Zimmer*** *62*

Das Hotel für Geschäftsreisende und Urlauber präsentiert einen gelungenen Kompromiss zwischen den Bedürfnissen jener, die hier arbeiten müssen, und den anderen, die sich hier entspannen wollen. Alle Zimmer haben einen Schreibtisch. Die Zimmer im Dachgeschoss sind zauberhaft und charaktervoll. **www.parkhotel-greifswald.de**

GREIFSWALD VCH Hotel Greifswald €€

Wilhelm-Holtz-Straße 5–8, 17489 (03834) 51 60 FAX (03834) 51 65 16 ***Zimmer*** *122*

Dieses weitläufige Hotel, das sich über mehrere Gebäude erstreckt, vermietet auch 48 Apartments für Familien und Langzeitaufenthalte. Die Zimmer sind schlicht, aber gut ausgestattet. Hier wird Ihnen Privatsphäre garantiert, und das Personal ist sehr freundlich. **www.vchhotel-greifswald.de**

GÜSTROW Kurhaus am Inselsee €€€

Heidburg 1, 18273 (03843) 85 00 FAX (03843) 85 01 00 ***Zimmer*** *39*

Das sehr erholsame Hotel in einer ruhigen, verschlafenen Gegend gehört zu den luxuriöseren Optionen hier. Die Pauschalangebote mit Wellness und Übernachtung sind sehr attraktiv. Die Zimmer sind komfortabel, einige bieten eine schöne Aussicht über die Landschaft. Die Terrasse ist besonders nachmittags beliebt. **www.kurhaus-guestrow.de**

HEILIGENDAMM Grand Hotel Heiligendamm €€€€

Prof.-Dr.-Vogel-Straße 16–18, 18209 (038203) 74 00 FAX (038203) 740 74 74 ***Zimmer*** *225*

Fünf opulente, stattliche Gebäude (eines davon ist ein Schloss) in wunderbarer Lage am Meer. Hier lässt es sich hervorragend entspannen. Alle Gästezimmer kombinieren Luxus und Behaglichkeit. Dieses Hotel ist definitiv einzigartig. **www.grandhotel-heiligendamm.com**

MECKLENBURG Hotel Vier Jahreszeiten Binz €€

Zeppelinstraße 8, 18609 (038393) 500 FAX (038393) 504 30 ***Zimmer*** *76*

Unweit des Zentrums und nahe am Strand bietet dieses Hotel helle, freundliche Gästezimmer. Dennoch herrscht eine gewisse elegante Formalität. Alles in allem ist dies ein nobles Hotel in einer sehr hübschen Küstenstadt. **www.jahreszeiten-hotels.de**

MECKLENBURG Robinson Club Fleesensee €€

Penkower Straße 2, 17213 (039932) 802 00 FAX (039932) 802 01 00 ***Zimmer*** *201*

Die Ferienanlage im Herzen der Mecklenburgischen Seenplatte gehört zu Deutschlands besten Wellness- und Sporthotels. Das Flair eines Country-Clubs und das freundliche Personal machen den Club zur idealen Basis für die Erkundung der schönen Landschaft. Das gute Restaurant serviert leichte Fischgerichte. **www.robinson.com**

NEUBRANDENBURG Landhotel Broda €€

Oelmühlenstraße 29, 17033 (0395) 56 91 70 FAX (0395) 569 17 29 ***Zimmer*** *13*

Hier herrscht sommerliche Ferienstimmung, doch der Standard des Service sowie zahlreiche Konferenzeinrichtungen platzieren das Hotel in der Business-Class-Kategorie. Alle Zimmer haben Terrasse oder Balkon, Satelliten-TV und sind behindertengerecht eingerichtet. **www.landhotel-broda.de**

PREROW TOP Osthotel Waldschlösschen €€

Bernsteinweg 4, 18375 (038233) 61 70 FAX (038233) 61 74 03 ***Zimmer*** *33*

Zum Sandstrand müssen Sie 300 Meter weit gehen, aber im Hotel genießen Sie den Luxus einer ehemaligen Privatresidenz. Die Gästezimmer verteilen sich auf drei Gebäude, alle sind geschmackvoll dekoriert und mit den nötigen Annehmlichkeiten ausgestattet. **www.waldschloesschen-prerow.de**

ROSTOCK Godewind €€

Warnemünder Straße 5, 18146 (0381) 60 95 70 FAX (0381) 609 571 11 ***Zimmer*** *58*

In wunderbarer Lage an der Südküste der Ostsee befindet sich dieser von einer Familie betriebene Komplex aus Hotel, Restaurant und Apartmentanlage. Die Gästezimmer bieten ein sehr entspanntes Flair, einige haben einen eigenen Balkon. **www.hotel-godewind.de**

ROSTOCK Pentahotel €€

Kropeliner/Schwaansche Str. 6, 18055 (0381) 497 00 FAX (0381) 497 07 00 ***Zimmer*** *150*

Dies ist ein wirklich außergewöhnliches Hotel: Es kombiniert eine historische Fassade an einem Altstadt-Platz mit direktem Zugang zu einem modernen Shopping-Zentrum. Als Business-Hotel bietet es alles, was Geschäftsreisende brauchen, aber auch Urlauber kommen hier auf ihre Kosten. **www.pentahotels.com**

ROSTOCK Sonne Hotel Rostock €€

Neuer Markt 2, 18055 (0381) 497 30 FAX (0381) 497 33 51 ***Zimmer*** *111*

Das 200 Jahre alte Gebäude am Marktplatz wurde renoviert und 1998 als Hotel eröffnet. Man findet alle modernen Annehmlichkeiten vor, z. B. kabellosen Internet-Zugang, und dennoch ist das historische Flair noch spürbar. Im Angebot stehen auch Beauty- und Wellness-Anwendungen. **www.rostock.steigenberger.de**

ROSTOCK Trihotel €€

Am Schweizer Wald, Tessiner Straße 103, 18055 (0381) 659 70 FAX (0381) 659 76 00 ***Zimmer*** *101*

Alle Zimmer hier sind individuell geschnitten und eingerichtet, aber alle sind gemütlich, komfortabel und einen Tick abenteuerlicher ausgestattet, als man es von einem Business-Hotel erwartet. Daneben gibt es zahlreiche Wellness- und Kureinrichtungen. **www.trihotel-rostock.de**

Preiskategorien *siehe Seite 488* **Zeichenerklärungen** *siehe hintere Umschlagklappe*

ROSTOCK Neptun Hotel Rostock €€€

Seestraße 19, 18119 (0381) 77 78 71 FAX (0381) 77 74 00 ***Zimmer*** *337*

Wie man das von einem Luxushotel am Strand erwartet, haben hier alle Zimmer Balkone mit Meerblick. Die Gästezimmer wurden renoviert und aufgemöbelt und bieten exzellente Einrichtungen. Zur Anlage gehören viele Wellness-, Fitness- und Unterhaltungsangebote. **www.hotel-neptun.de**

ROSTOCK-WARNEMÜNDE Yachthafenresidenz Hohe Dune €€€€€

Am Yachthafen 1–8, 18119 (0381) 50 40 0 FAX (0381) 504 063 64 ***Zimmer*** *368*

Dieses neu erbaute Hotel am Hafen von Rostock-Warnemünde schwelgt in maritimem Luxus – ein paar der Zimmer sind wie Schiffskabinen mit Holztäfelungen und -böden ausgestattet. Den Gästen stehen ein Seafood-Restaurant sowie superbe Wellness-Bereiche zur Verfügung. **www.yhd.de**

RÜGEN Landhotel Herrenhaus €€

Bohlendorf bei Wiek, 18556 (038391) 770 FAX (038391) 702 80 ***Zimmer*** *22*

Dies Haus wirkt nicht wie ein Hotel, sondern wie ein Wohnhaus. Die Gästezimmer sind hell und sauber und mit einfachem Mobiliar ausgestattet. Es gibt eine Terrasse, ein Café (mit selbst gebackenem Kuchen) und ein Kaminzimmer, in dem man sich im Winter bei einem guten Buch aufwärmen kann. **www.bohlendorf.de**

RÜGEN Villa Sano €€

Strandstraße 12–14, 18586 (038303) 126 60 FAX (038303) 126 69 99 ***Zimmer*** *46*

Die auf Familien ausgerichtete Villa Sano steht fünf Minuten vom Strand entfernt – eine gute Option für alle, die mehrere Zimmer brauchen (es gibt Verbindungstüren), aber nicht die hohen Preise der Strandhotels bezahlen möchten. Es gibt Spielezimmer und Kinderbetreuung. **www.villasano.de**

RÜGEN Dorint Strand Hotel €€€

Strandpromenade 58, 18609 (038393) 430 FAX (038393) 431 00 ***Zimmer*** *63*

Dieses Luxushotel mit Sandstrand, nautischem Thema und großen Fenstern zum Meer hin präsentiert Gästezimmer mit Klimaanlage und kabellosem Internet-Zugang. Das Essen wird u. a. auf Balkonen und Terrassen serviert, von denen man ebenfalls tollen Blick aufs Meer hat. **www.dorint.com**

RÜGEN Hotel am Meer & Spa €€€

Strandpromenade 34, 18609 Ostseebad Binz/Rügen (038393) 440 FAX (038393) 444 44 ***Zimmer*** *60*

Ein schönes Hotel in fantastischer Lage gleich am Strand. Die Zimmer mit maritimem Thema sind wunderschön. Jedes Stockwerk ist mit Farben und verschiedenem Holz anders gestaltet. Der Wellness- und Fitness-Bereich ist relativ neu und weitläufig. Hier erholt man sich schon im Moment der Ankunft. **www.hotel-am-meer.de**

SCHWERIN Fritz Hotel €€

Dorfstraße 3b, 19061 (0385) 64 63 70 FAX (0385) 646 37 99 ***Zimmer*** *22*

Ein großes, einladendes Gebäude in einer ausgedehnten Grünanlage mit Teich. Überall sind Grünpflanzen, die Gästezimmer sind einfach dekoriert, die Bettwäsche ist blassrosa. Hier lässt es sich hervorragend entspannen. **www.fritz-hotel.de**

SCHWERIN Ramada Hotel Schwerin €€

Am Grünen Tal 39, 19063 (0385) 399 20 FAX (0385) 399 21 88 ***Zimmer*** *78*

Von außen ein einfaches Gebäude, doch innen ein Hotel, das allen Erwartungen gerecht wird. Die Gästezimmer sind recht komfortabel, außerdem gibt es einen Fitnessraum, eine Sauna und einen Wellness-Bereich. Mit der Straßenbahn ist man in einer Viertelstunde im historischen Zentrum Schwerins. **www.ramada.de**

SCHWERIN Speicher am Ziegelsee €€

Speicherstraße 11, 19055 (0385) 500 30 FAX (0385) 50 31 11 ***Zimmer*** *78*

Der Inbegriff von Behaglichkeit: Viele natürliche Materialien und warme Farben, offene Kamine, Terrakottafliesen, Holz- und Korbmöbel schaffen eine durch und durch gemütliche Atmosphäre. Daneben gibt es viele Einrichtungen, guten Service – und eine hübsche Lage am Schweriner See. **www.speicher-hotel.de**

STRALSUND Zum Seeblick €€

Barhöft, Am Hafen, 18445 (038323) 45 00 FAX (038323) 450 54 ***Zimmer*** *38*

Dem Namen entsprechend haben die meisten (leider nicht alle) Zimmer Blick aufs Meer. Das Hotel besteht aus zwei Gebäuden, in denen sich die schlichten, mit dem Nötigsten ausgestatteten, aber durchaus komfortablen Gästezimmer befinden. **www.hotel-zum-seeblick.m-vp.de**

USEDOM Residenz Waldoase €

Waldoase 1, 17419 (038378) 502 20 FAX (038378) 502 99 ***Zimmer*** *45*

Hell und nett von außen, gemütlich und warm innen. Das Hotel am Meer und an einem Wald ist ideal für Familien, die hier sehr willkommen sind – auch mit kleinen Kindern. Man kann sich Fahrräder ausleihen und Picknickpakete mitgeben lassen. **www.usedom-touristik.de**

WARNEMÜNDE Kurpark Hotel €€

Kurhausstraße 4, 18119 (0381) 440 29 90 FAX (0381) 440 29 99 ***Zimmer*** *18*

In einem recht hübschen alten Gebäude hat man die Wahl zwischen altenglischen, mediterranen und Louis-Philippe-Zimmern – der auffälligste Unterschied besteht jedoch im Muster der Bettdecke. Bitten Sie auf jeden Fall um ein Zimmer mit Balkon. **www.kur-park-hotel.de**

Restaurants

Die deutsche Küche erfreut sich nicht der gleichen Berühmtheit wie beispielsweise die französische – zu Unrecht, denn in Deutschland kann man hervorragend essen. Viele Restaurants bieten regionale Gerichte an, die zwar nicht immer leicht, dafür aber umso leckerer sind. Außerdem gibt es überall italienische, griechische, indische, chinesische, thailändische oder türkische Gastronomie. Gerade in den letzten Jahren haben viele Feinschmeckerlokale eröffnet. Hier verwöhnen berühmte Meisterköche ihre Gäste mit exklusiven Kreationen. Von der Vielzahl der Restaurants haben wir für Sie die besten zusammengestellt und dabei auch die verschiedenen Preiskategorien berücksichtigt. Detaillierte Informationen zu den Restaurants finden Sie auf den Seiten 526–557.

Wappen am Restaurant Forsthaus Paulsborn in Berlin

Restauranttypen

Die Bezeichnung Restaurant ist sehr weit gefasst. Es kann ein Feinschmeckerlokal mit hervorragendem Service und gepfefferten Preisen gemeint sein, aber auch ein einfaches Lokal mit moderaten Preisen. Unter Gasthaus versteht man normalerweise ein traditionelles Lokal, in dem vor allem bodenständig gekocht wird.

In vielen Städten findet man im Untergeschoss des Rathauses einen Ratskeller, in dem man zu angemessenen Preisen gut speisen kann. Passend zu den Gewölben der alten Keller sind diese Gaststätten oft stilgerecht in dunklem Holz gehalten. In einer Weinstube wird guter Wein, wenn möglich aus der Region, ausgeschenkt. Meist kann man sich dazu kleine Gerichte bestellen. In einer Bierstube trinkt man, wie der Name sagt, hauptsächlich Bier.

Weniger eindeutig ist die Bezeichnung »Café«. Zum einen kann man in einem Café sehr gut frühstücken. Von der Mittagszeit an erhält man aber auch häufig kleinere Gerichte. Jederzeit kann man dort eine Tasse Kaffee oder Tee trinken, Eis und Kuchen essen oder auch ein Glas Bier oder Wein trinken. Abends gibt es in manchen Cafés Musik.

Ganz typisch für Deutschland ist, dass man sich abends in der Kneipe trifft. Normalerweise gibt es in jeder Kneipe auch etwas für den kleinen Hunger. Selbstbedienungsrestaurants werden häufig als Imbiss bezeichnet. Aber auch hier sind die Unterschiede groß. Ein Imbiss kann eine Bude sein, in der man gebratene Würstchen und Dosengetränke stehend verzehrt, oder ein kleines Lokal mit Tischen, einem Salatbüfett und leckeren Snacks. Diese bequemeren Imbisse findet man in fast allen größeren Städten, oft wird hier griechisch, türkisch, chinesisch oder amerikanisch gekocht.

Wer während eines Einkaufsbummels Hunger bekommt, findet in fast jedem Kaufhaus eine Cafeteria oder ein Selbstbedienungsrestaurant. Diese gastronomischen Einrichtungen haben manchmal nur Stehtische, oft sind sie aber auch sehr komfortabel, und die Gerichte sind meist preiswert.

Rustikale Weinstube in Dörrenbach

Eingang zum traditionellen Gasthaus Alt Köln beim Kölner Dom

Essenszeiten

Zum ausgiebigen Frühstück gibt es verschiedene Brotsorten, Käse, Wurst oder Schinken, Eier, Müsli und Marmelade. In vielen Lokalen kann man sonntags aber auch bis 14 Uhr einen Brunch (*breakfast* und *lunch*) zu sich nehmen, eine Kombination aus Frühstück und Mittagessen. Das Mittagessen (12 bis 14 Uhr) besteht oft nur aus einem Teller Salat oder einer kräftigen Suppe. Viele Restaurants bieten mittags aber auch Menüs zu festen Preisen an, die deutlich niedriger sind als am Abend.

Die Restaurants füllen sich abends zwischen 18 und 19 Uhr, obwohl meist erst nach 20 Uhr gegessen wird.

Pfälzer Weinfest im Alten Hof in München

Öffnungszeiten

Cafés öffnen meist gegen 9 Uhr, Restaurants sind ab mittags offen und schließen manchmal zwischen 15 und 18 Uhr. Manche Feinschmeckerrestaurants öffnen erst abends. Viele Lokale haben einen Ruhetag in der Woche.

Stand mit frisch zubereiteten Bratwürsten

Speisekarte

Gepflegte Restaurants betrachten die Speisekarte als ihre Visitenkarte und investieren viel Mühe in die Gestaltung. Allerdings wird es wieder chic, die Tagesgerichte wie früher einfach an eine Tafel zu schreiben. Viele Restaurants und Cafés sind dazu übergegangen, ihre Karte mit den Preisen im Eingangsbereich des Lokals sichtbar auszuhängen.

Reservierung

Beim Besuch eines Spitzenrestaurants ist es empfehlenswert, eine Tischreservierung vorzunehmen. Auch in einem einfachen, guten Speiselokal sollte man nicht darauf verzichten. Freitags und samstags ist es am Abend überall voll. Es spricht nicht unbedingt für das Lokal, wenn Sie in Großstädten zur Ausgehzeit problemlos einen Platz bekommen. Cafés und Kneipen nehmen oft keine Reservierungen entgegen. Dann kann man am Tresen warten, bis ein Tisch frei wird.

Preise und Trinkgeld

Die Preise für einen Restaurantbesuch variieren erheblich. Ein dreigängiges Menü ohne Getränke kann man schon für 10 bis 15 Euro bekommen. In den größeren Städten, vor allem im Zentrum, kostet es jedoch schon mindestens 20 bis 25 Euro, und in einem Luxusrestaurant kann die Rechnung für ein sechsgängiges Menü 80 Euro schnell überschreiten. Erhebliche Preisspannen gibt es auch bei alkoholischen Getränken. Bier ist normalerweise am preiswertesten.

Im Preis sind Bedienung und Mehrwertsteuer inklusive, aber es ist trotzdem üblich, Trinkgeld zu geben – normalerweise 10 Prozent des Rechnungsbetrags. Bei Bezahlung mit Kreditkarte kann das Trinkgeld zur Summe addiert werden. Restaurants und Cafés, die Kreditkarten akzeptieren, werben am Eingang mit den Logos der Karten.

Kleidung

Die Art der Kleidung richtet sich nach dem Anlass: Je vornehmer das Restaurant ist, desto elegantere Kleidung wird getragen. In den Spitzenrestaurants ist Abendkleidung angesagt. In Cafés, Bars und Kneipen geht es hingegen wesentlich legerer zu, die Gäste kommen in bequemer Kleidung. Allerdings trifft man auch hier immer mehr Gäste in Anzügen oder Kostümen, die gleich nach der Arbeit auf ein Getränk oder einen Imbiss herkommen. Afterwork-Partys sind vor allem in Lokalen der Zentren größerer Städte mittlerweile Kult.

In einem Restaurant in Berlin

Mit Kindern essen

Restaurants halten normalerweise für kleinere Kinder Kinderstühle bereit. Sehr häufig werden auf der Karte Extragerichte für Kinder angeboten. Ansonsten kann man problemlos eine kleinere Portion bestellen.

Vegetarische Gerichte

Vegetarisches Essen erfreut sich immer größerer Beliebtheit, die meisten Lokale bieten fleischlose Gerichte an. Ansonsten suchen Sie sich ein Lokal, das sowieso viele fleischlose Gerichte anbietet – zum Beispiel ein chinesisches, indisches oder thailändisches Restaurant.

Behinderte Reisende

Möchten Sie ein Restaurant mit dem Rollstuhl besuchen, sollten Sie bei der Reservierung abklären, ob es einen barrierefreien Zugang und mit dem Rollstuhl zugängliche Toiletten gibt.

Grillen – eine beliebte Form der Freizeitgestaltung

Deutsche Küche

Deutschland ist zwar seit Langem berühmt für herzafte Würste, Fleischwaren und Brote, Bier und Wein, doch die deutsche Küche ist regional sehr unterschiedlich, und leichte Gerichte und Salate sind auf dem Vormarsch. Junge Köche kreieren neue, teils gewagte Versionen alter Rezepte. Dazu greifen sie auf die frischen Produkte zurück, die man überall auf den farbenfrohen Märkten und in Lebensmittelläden findet. Gemüse, Schweinefleisch, Geflügel und Wildbret, Süß- und Meerwasserfisch sowie Klöße, frisch gebackene Brote und Kuchen sind auf sehr hohem Standard.

Harzer Roller und Emmentaler

Cappuccino und Kuchen in einem Café

Nord- und Ostdeutschland

Im Norden und Osten des Landes werden zahlreiche herzhafte Fisch- und Wildgerichte gegessen. Seefische wie Heilbutt, Wolfsbarsch, Kabeljau, Scholle und Hering werden zu Gerichten wie Hamburgs Finkenwerder Scholle (mit Nordseekrabben und Speck gebraten) verarbeitet. Auch Süßwasserfische wie Zander oder Forelle sind überaus beliebt, Letztere kommt – mit frischen Kräutern zubereitet – als Grüne Forelle oder Forelle Müllerin Art auf den Tisch. In den kalten Monaten isst man gerne wärmende Suppen (z. B. mit Linsen oder Kartoffeln) und Eintöpfe wie etwa Pichelsteiner (Fleisch, Kartoffeln und Gemüse in einer Brühe). Berühmt ist auch der deutsche Kartoffelsalat, den es in zahlreichen Versionen gibt. Aus dem Osten des Landes kommen beispielsweise die würzige Thüringer Bratwurst, die mit Senf gegessen wird, sowie der Dresdner Christstollen (mit Rosinen, Nüssen und Marzipan) und Baumkuchen (ein sehr süßer, pyramidenförmiger Kuchen aus mehreren Schichten mit Schokoladenglasur).

Auswahl typischer Brotsorten

Spezialitäten deutscher Küche

Viele klassische deutsche Gerichte bestehen aus Fleisch, vor allem vom Schwein und Geflügel. Berliner und Norddeutsche lieben Kassler – gesalzene, getrocknete Schweinekoteletts – mit Kartoffelpüree und Sauerkraut. In Bayern isst man gerne Schweinshaxe (Eisbein vom Schwein). Im Norden Deutschlands isst man sehr viel Fisch. Seefisch wie Matjes (gesalzener Hering mit Zwiebeln und Sahnesauce) gibt es jedoch im ganzen Land, dies gilt auch für Süßwasserfisch und Flusskrebse. Nudeln oder Klöße, Suppen und eine wunderbare Auswahl an Desserts runden eine traditionelle deutsche Mahlzeit ab.

Wurstsorten

Maultaschen, *mit Fleisch oder Gemüse gefüllte Teigtaschen, werden mit Suppe oder Butter serviert.*

Wurstwaren in einer Berliner Metzgerei

West- und Süddeutschland

Diese Teile Deutschlands und vor allem die Weinregionen um Rhein, Mosel und Neckar sind für hervorragende, häufig von Frankreich beeinflusste Gourmetküchen bekannt. Einflüsse deutscher Küche strahlen wiederum in die französischen Grenzregionen Elsass und Lothringen aus. West- und süddeutsche Regionen wie die Pfalz, Schwaben, Franken, der Schwarzwald und andere haben ihre eigenen, individuellen Küchen hervorgebracht. In der Pfalz etwa mag man den Pfälzer Saumagen, gefüllt mit Wurst, Kräutern und Kartoffeln. Schwaben ist für Maultaschen und unzählige Spätzle-Varianten bekannt. Aus Franken kommen die kleinen, würzigen Nürnberger Rostbratwürstchen, leckere Fischgerichte aus eher seltenen Fischen wie Wels (oder Waller) und freilich die besten Lebkuchen des Landes, die man z. B. auf Nürnbergs Christkindlesmarkt kaufen kann. In Bayern erkennt man in den Küchen die Einflüsse von Österreich und osteuropäischen Ländern – das Gulasch etwa stammt ursprünglich aus Ungarn, Knödel und viele Mehlspeisen aus Tschechien (vor allem aus Böhmen). Die bayerische Küche ist für herzhafte, bodenständige Kost bekannt, die von Ausländern oft für die deutsche Küche schlechthin gehalten wird. Hier isst man am Vormittag z. B. Weißwürste mit Senf und Brezen, zu Mittag eine Leberknödelsuppe und Schweinebraten mit Krautsalat oder Sauerkraut und Kartoffelklößen oder auch gerne Wiener Schnitzel mit Bratkartoffeln.

Rettich und Radieschen auf einem Markt in Bayern

Neue Küche

Anfang der 1970er Jahre brachen Küchenchefs wie Eckart Witzigmann mit der kalorienreichen Ernährung der Nachkriegszeit. Sie kreierten aus erstklassigen Zutaten leichte, köstliche neue deutsche Gerichte in immer neuen Kombinationen. Witzigmann, noch immer einer der bekanntesten deutschen Köche, bekam 1979 seinen ersten Michelin-Stern. Eine neue Generation junger Köche, die »Jungen Wilden«, machen die neue gesunde, internationale Küche zur Norm in Restaurants und an heimischen Herden – nahezu kein traditionelles Gericht gilt ihnen als heilig und unveränderbar.

Zanderfilet *wird in der Pfanne gebraten und mit Sauce, Zwiebeln und Kartoffeln gegessen.*

Zur gebratenen Schweinshaxe (oder Eisbein) *passen am besten Sauerkraut, Kartoffelklöße und Bier.*

Rote Grütze *besteht aus Beeren, Gewürzen und Rotwein. Obenauf kommt ein Klecks Schlagsahne.*

Getränke

In allen Teilen des Landes zählt Bier zu den beliebtesten Getränken. Jede Region hat eigene Brautraditionen. Süd- und Westdeutschland sind außerdem bekannt für ihre hervorragenden Weine. Die Hauptanbaugebiete liegen an der Mosel und am Rhein. Von hier kommen die berühmtesten Weine, denen der Frankenwein aber in nichts nachsteht. Auch Schnäpse und Liköre werden produziert, ebenfalls sehr gute alkoholfreie Getränke.

Laden mit Weinen aus dem Kloster Eberbach

Auch Kräutertees sind in vielen Lokalen erhältlich

Heiße Getränke

Kaffee ist neben Bier eines der Lieblingsgetränke der Deutschen. Normalerweise wird in Lokalen Filterkaffee serviert. Aber auch italienischer Espresso und Cappuccino haben sich seit Jahren in vielen Cafés durchgesetzt. Wer Tee bestellt, muss in vielen Fällen mit dem lieblosen Beutel im Glas vorliebnehmen. Nur in Cafés findet man manchmal eine Teekarte mit großer Auswahl. Norddeutschland macht da eine Ausnahme: Ostfriesentee mit einem Schuss Sahne ist eine Spezialität in den zahlreichen Teestuben.

Apfelschorle

Mineralwasser

Alkoholfreie Getränke

Sehr beliebt sind auch verschiedenste Fruchtsäfte und Softdrinks. Sie sind in Restaurants oder Cafés in großer Auswahl zu bekommen. Ein besonders im Sommer beliebtes, sehr erfrischendes und gesundes Getränk ist Apfelschorle, eine Mischung aus Apfelsaft und Mineralwasser. Immer beliebter wird Bionade, ein feinherbfruchtiges Getränk auf natürlicher Basis.

Obwohl Leitungswasser überall in Deutschland Trinkwasserqualität hat, kommt es in Restaurants meist nur auf besondere Nachfrage auf den Tisch. Vergleichbar ist das in Flaschen abgefüllte »stille« Wasser, Mineralwasser ohne Kohlensäure. Mineralwasser bekommt man in Restaurants auch in großen Flaschen.

Limonade

Traditionell und beliebt: Jägermeister

Magenbitter aus Kräutern: Kümmerling

Schnäpse und Liköre

Hochprozentiges wird oft nach einer schweren Mahlzeit getrunken, vor allem nach einem üppigen Mehrgängemenü. Empfehlenswert sind Kornbrände, beispielsweise Doppelkorn oder der ebenfalls in Deutschland gebrannte Weinbrand. Auch mit Kräutern und Wurzeln versetzte Liköre, sogenannte Magenbitter, sind sehr beliebt. Am bekanntesten sind die Marken Kümmerling und Jägermeister. Viele Restaurants haben ein großes Angebot an schottischen, irischen und amerikanischen Whiskysorten, Kenner werden trotzdem oft ihre ganz persönliche Marke vermissen. In italienischen Restaurants trinkt man nach dem Essen Grappa, einen klaren Traubenschnaps, während beim Griechen gern der mit Anis versetzte Ouzo serviert wird.

Ein klarer Weizen-Doppelkorn

Spätburgunder aus dem Rheingau

Mainstockheimer Hofstück Spätburgunder

Deutsche Weine

Deutschland ist besonders berühmt für seine Weißweine, die aus der Rieslingtraube gekeltert werden. Preisgekrönt sind die Weine aus dem Anbaugebiet Rheingau. Rotweinliebhaber sollten sich den aus der Traubensorte Pinot Noir gekelterten Spätburgunder nicht entgehen lassen.

Es gibt drei Güteklassen, nach denen Weine klassifiziert werden. Die einfachste Qualität darf sich Tafelwein nennen, dann kommt der Qualitätswein, die höchste Güteklasse hat der Qualitätswein mit Prädikat. Dieser Wein wird nur aus erlesenen Trauben gekeltert, was auch auf dem Etikett ersichtlich ist. Ebenfalls vermerkt sind hier der Jahrgang und die Bezeichnungen trocken oder halbtrocken, ausgewiesen süße Weine findet man nahezu nirgends mehr.

Riesling Schloss Vollrads

Bierdeckel mit Logo der Brauerei

Biere

Fast jede Region hat ihre eigenen Brautraditionen. Die beliebtesten Brauereien im Norden sind Jever in Friesland und Beck's in Bremen sowie Bitburger, Warsteiner und Karlsberg. In Nordrhein-Westfalen sind es die DAB in Dortmund und König in Duisburg, in Köln wird Kölsch getrunken. In Berlin bestellt man am häufigsten Schultheiss, Berliner Kindl oder Engelhardt, in Dresden wird das meistkonsumierte Bier in Radeberg gebraut.

Das international berühmteste Bier kommt jedoch aus Bayern. Namen wie Löwenbräu, Hofbräu und Paulaner sind Biertrinkern auf der ganzen Welt ein Begriff. Dennoch wird in Deutschland am häufigsten Pils getrunken, ein in der Flasche gegärtes Bier nach Pilsener Art. Vor allem im Süden ist dunkles Bier seit einigen Jahren wieder auf dem Vormarsch. Starkbier mit bis zu sechs Prozent Alkoholgehalt wird nur in Bayern zur »Starkbierzeit« gebraut. Immer beliebter wird Weizenbier, ein leicht säuerliches obergäriges Bier mit weniger Alkohol.

Löwenbräu Helles

König Ludwig Dunkelbier

Schultheiss Pilsener

Die Berliner Weiße mit Schuss gibt es mit Waldmeister oder Himbeergeschmack

Franziskaner Hefe-Weißbier

Im Süden wird Bier oft in Krügen getrunken

Restaurantauswahl

Die Restaurants in diesem Reiseführer wurden aufgrund ihres exzellenten Essens, ihrer interessanten Lage und/oder ihres besonders guten Preis-Leistungs-Verhältnisses ausgewählt. Den Stadtplan von Berlin finden Sie auf S. 114–119, den Stadtplan von München auf S. 234–237.

PREISKATEGORIEN

Die Preise gelten für ein Drei-Gänge-Menü pro Person, inklusive einer halben Flasche Wein, Steuer und Service:

€ unter 30 Euro
€€ 30–45 Euro
€€€ 45–60 Euro
€€€€ 60–90 Euro
€€€€€ über 90 Euro

Berlin

ÖSTLICHES ZENTRUM Brauhaus Mitte €
Karl-Liebknecht-Straße 13, 10178 ☎ *(030) 308 789 89* **Stadtplan** *5 E1*

Das Brauhaus gegenüber dem lebhaften Alexanderplatz ist ideal, um sich nach einem Tag voll Sightseeing im Osten der Stadt zu entspannen. Auf der Karte stehen deutsche Köstlichkeiten wie etwa Schweinshaxe mit Sauerkraut und Kartoffelpüree oder Buletten.

ÖSTLICHES ZENTRUM Brauhaus Georgbräu €€
Spreeufer 4, 10178 ☎ *(030) 242 42 44* **Stadtplan** *5 E2*

Auf den ersten Blick wirkt dieses Lokal wie eine typische Touristenfalle mit Menschenmassen an langen Tischen in großen Sälen. Aber lassen Sie sich nicht beirren. Wenn Sie kein Wurstfan sind, probieren Sie den *Brauhausknüller*, ein echt Berliner Gericht aus Eisbein, Erbsenpüree, Sauerkraut und Kartoffeln. Dazu passt ein kühles Bier.

ÖSTLICHES ZENTRUM Historische Weinstuben €€
Poststraße 23, 10178 ☎ *(030) 242 41 07* **Stadtplan** *5 E2*

Das populäre Weinlokal befindet sich in einem der schönsten Gebäude im Nikolaiviertel. Zu traditionellen Gerichten wie Rinderrouladen kann man ein Fläschchen aus einer kleinen, aber exquisiten Weinkarte (50 zumeist deutsche Weine) wählen.

ÖSTLICHES ZENTRUM Oxymoron €€
Rosenthaler Straße 40–41, 10178 ☎ *(030) 283 918 86* **Stadtplan** *5 D1*

Dieses angesagte Restaurant erinnert mit seinem Rot-Gold-Interieur an einen Salon des 19. Jahrhunderts. Im Angebot sind vor allem mediterrane und leichte deutsche Gerichte. Mittags kann man im Hof speisen, der der schönste unter den historischen Hackeschen Höfen ist. Exzellentes Essen zu vernünftigen Preisen.

ÖSTLICHES ZENTRUM XII Apostel €€
Georgenstraße 2, 10117 ☎ *(030) 201 02 22* **Stadtplan** *4 C1*

Malerisch liegt dieses sehr beliebte italienische Restaurant in der alten Arkade einer S-Bahn-Brücke in der Nähe der Museumsinsel. Die dünnen, knusprigen Pizzas aus dem Steinofen sind die Spezialität des Hauses. Sie sind nach den zwölf Aposteln benannt – ironischerweise ist die mit dem Namen Judas am üppigsten belegt.

ÖSTLICHES ZENTRUM Lutter & Wegner €€€
Charlottenstraße 56, 10117 ☎ *(030) 202 954 17* **Stadtplan** *4 C3*

In diesem Restaurant begann die Wiederbelebung der Gastro-Szene im historischen Zentrum Ostberlins. Lutter & Wegner ist noch immer eine noble Sektmarke. Im Lokal serviert man aber inzwischen deutsch-österreichische Leckereien, z. B. riesige Wiener Schnitzel mit Kartoffelsalat und im Winter Enten- und Gänsebraten.

ÖSTLICHES ZENTRUM Sale e Tabacchi €€€
Kochstraße 18, 10969 ☎ *(030) 252 11 55* **Stadtplan** *4 C4*

Das Sale e Tabacchi bietet in einem düsteren, gemütlichen Kreuzberger Lokal gute italienische Küche. Im Sommer kann man im Innenhof essen. Hier sind viele Politiker und Journalisten der Verlage aus der Umgebung zu Gast. Probieren Sie zu Mittag eines der günstigen Drei-Gänge-Menüs.

ÖSTLICHES ZENTRUM Zum Nussbaum €€€
Am Nussbaum 3, 10178 ☎ *(030) 242 30 95* **Stadtplan** *5 E2*

In einer Gasse im Nikolaiviertel serviert man in dieser Rekonstruktion eines Gasthofs aus dem 16. Jahrhundert traditionelle Berliner Gerichte wie Eisbein, Rollmops oder Buletten, dazu gibt es verschiedene lokale Biersorten. Im Sommer isst man im Garten.

ÖSTLICHES ZENTRUM Vau €€€€€
Jägerstraße 54–55, 10117 ☎ *(030) 202 97 30* **Stadtplan** *4 B2*

Dieses Restaurant mit elegantem, unprätentiösem Interieur offeriert die erstklassigen und einfallsreichen österreichischen und französischen Kreationen des aus den Medien bekannten Küchenchefs Kolja Kleeberg. Der Service ist zuvorkommend, die Weinauswahl gut. Mittags kann man auch im kleinen Hof speisen. ● *So.*

Zeichenerklärungen *siehe hintere Umschlagklappe*

WESTLICHES ZENTRUM Nolle €€
Georgenstraße 203, 10117 (030) 208 26 55 **Stadtplan** *4 C1*

Das Nolle, ein hübsch dekoriertes Berliner Restaurant im Stil der 1920er Jahre, versteckt sich unter der S-Bahn. Das üppige Grün, die elegant gedeckten Tische und Kerzenlicht schaffen das perfekte Ambiente für die internationale und deutsche Küche. Die Schnitzel-Auswahl ist beeindruckend.

WESTLICHES ZENTRUM Nu €€
Schlüterstraße 55, 10625 (030) 887 098 11

Bei den Berlinern ist das asiatisch beeinflusste Restaurant sehr beliebt. Die thailändischen, chinesischen und vietnamesischen Gerichte werden auf großen Tischen serviert, an denen man mit anderen Gästen sitzt. Am Wochenende legen DJs Lounge-Musik auf, dann kommen vor allem junge Leute ins Nu. Die Mittagskarte ist sehr preisgünstig.

WESTLICHES ZENTRUM Zing €€
Grolmanstraße 21, 10623 (030) 375 913 39 **Stadtplan** *2 A3*

Elegantes, aber relaxtes asiatisches Restaurant mit Fusion-Küche. Der Schwerpunkt liegt auf chinesischen und thailändischen Gerichten und frischen Zutaten. Zu den Highlights gehören das Appetizer-Gericht für zwei Personen und das Hühnchen »General Tsao«. Im Sommer sind die Tische draußen ideal zum Leute-Beobachten.

WESTLICHES ZENTRUM Café Einstein €€€
Kurfürstenstraße 58, 10785 (030) 261 50 96 **Stadtplan** *3 D4*

Dieses Berliner Wahrzeichen befindet sich in einer Villa, die einst der deutschen Schauspielerin Henni Porten gehörte. Die Kellner tragen schwarze Anzüge mit Fliege und servieren Wiener Küche mit Fin-de-Siècle-Charme. Alle Gerichte sind gut, aber besonders köstlich sind das Wiener Schnitzel und das Gulasch.

WESTLICHES ZENTRUM Desbrosses €€€
Potsdamer Platz 3, 10785 (030) 337 77 64 00 **Stadtplan** *4 A3*

Das Desbrosses hat das authentischste französische Brasserie-Interieur in Berlin: dunkle Wandtäfelung, komfortable Leder-Bistrostühle, offene Küche, und aus den Lautsprechern ertönt Edith Piaf – ein Stückchen Paris mitten in Berlin. Ein Muss ist die Seafood-Platte.

WESTLICHES ZENTRUM Francucci's €€€
Kurfürstendamm 90, 10711 (030) 323 33 18 **Stadtplan** *4 B1*

Eines der bestgehüteten Geheimnisse Berlins und Lieblingslokal vieler Anwohner ist dieses noble Restaurant, in dem herzhafte, aber hervorragende toskanische Küche kredenzt wird. Zu den Spezialitäten gehören selbst gemachte Pasta- und Fleischgerichte und italienische Klassiker wie Pizza.

WESTLICHES ZENTRUM Ganymed €€€
Schiffbauerdamm 5, 10117 (030) 28 59 90 46 **Stadtplan** *4 B1*

Eine gute Brasserie in zauberhafter Umgebung mit kleinem Garten und Blick auf die Spree. Der Küchenchef favorisiert Fischgerichte, bereitet aber auch gerne französische Klassiker wie Steak tartare und Muscheln in Weißweinsauce zu. Als Abschluss gibt es eine gute Käseauswahl.

WESTLICHES ZENTRUM Käfer im Bundestag €€€€
Reichstagsgebäude, Platz der Republik, 10557 (030) 226 299 33 **Stadtplan** *4 A2*

Ein sehr beliebtes Restaurant in Mitte – nicht zuletzt wegen der einzigartigen Lage auf dem Dach des Reichstagsgebäudes, gleich neben Sir Norman Fosters Glaskuppel. Die kreative deutsche Küche macht dem Besitzer, dem Münchner Feinkost-Star Käfer, Ehre. Der Service ist makellos. Reservieren Sie für das Mittagessen einen Tisch im Voraus.

WESTLICHES ZENTRUM Kuchi €€€€
Kantstraße 30, 10623 (030) 315 078 15 **Stadtplan** *2 A4*

Das Kuchi ist einer der besten Nobeljapaner der Stadt. Geboten werden exzellentes Sushi und andere Gerichte. Das einfache, unprätentiöse asiatische Ambiente und ein sehr netter Service machen das Lokal ideal für ein Dinner für zwei. Die Dim sum sind besonders köstlich. Reservierung ist empfehlenswert.

WESTLICHES ZENTRUM Die Quadriga €€€€€
Eislebener Straße 14, 10789 (030) 21 40 50 **Stadtplan** *2 B5*

Eine Hauptattraktion des Hotel Brandenburger Hof *(siehe S. 489)* ist dieses Gourmetrestaurant, das zu Berlins besten gehört. In gemütlichem Interieur serviert man ungewöhnliche französische Gerichte. Küchenchef Sauli Kemppainen liebt frische Produkte aus Frankreich und erfindet traditionelle Gerichte immer wieder neu. Reservierung empfohlen.

WESTLICHES ZENTRUM Hugos €€€€€
Budapester Straße 2, 10787 (030) 260 212 63 **Stadtplan** *2 C4*

Dieses Restaurant auf dem Dach des Hotel InterContinental gehört schon jetzt zu Berlins Gastro-Sternen. 2007 wurde Küchenchef Olaf Rode Berliner Maître des Jahres. Er bereitet französische und andere Gerichte mit deutschem Touch zu. Die Fisch- und Seafood-Kreationen beweisen seine Meisterschaft. Reservierung notwendig. *So.*

WESTLICHES ZENTRUM Midtown Grill €€€€€
Ebertstraße 3, 10785 (030) 220 00 64 10 **Stadtplan** *4 A3*

Steak und frisches Seafood sind die Spezialitäten des Midtown Grill. Während Sie aufs Essen warten, können Sie den Köchen bei der Arbeit zusehen, hervorragenden Wein trinken und der Jazzmusik lauschen. Der Service ist sehr freundlich, wenn auch leider zuweilen etwas langsam, wenn das Restaurant voll ist.

ABSTECHER Blaues Band €

Alte Schönhauser Straße 7/8, 10119 (030) 283 850 99

Trotz der Lage im trendigen Mitte ist das Blaue Band noch so etwas wie ein Geheimtipp. Das Ambiente ist nett und entspannt, das Essen ausgezeichnet. Es gibt Spezialitäten aus verschiedenen Ländern, besonders gut sind aber die deutschen Gerichte: z. B. im Frühjahr Spargel, im Winter Ente und Gans.

ABSTECHER Mutter €

Hohenstaufenstraße 4, 10781 (030) 21 91 51 00

Dem Namen entsprechend serviert man in diesem Restaurant, einer festen Größe im Nachtleben rund um den Winterfeldplatz, den Gästen – darunter viele Studenten – großzügige Portionen von deutschen, italienischen und asiatischen Gerichten, mit Schwerpunkt auf Sushi und Thai-Küche. Dazu gibt es kühle karibische Drinks.

ABSTECHER Mao Thai €€

Wörtherstraße 30, 10405 (030) 441 92 61

Das Mao Thai, ein Lokal voller schöner Antiquitäten, ist eines der besten Thai-Restauants der Stadt. Auf der Karte stehen viele aromatische Gerichte, deren Würzung an europäische Gaumen angepasst wurde. Die Spezialität des Hauses ist frisches Gemüse, kreativ in Form geschnitzt. Reservieren Sie fürs Abendessen einen Tisch.

ABSTECHER Merhaba €€

Wissmannstraße 32, 12049 (030) 692 17 13

Aus ganz Berlin kommen die Leute in dieses charmante Restaurant, um zusammen mit hiesigen Türken das leckere Essen zu genießen. Auch wenn Sie nicht wirklich hungrig sind, können Sie den Vorspeisen wahrscheinlich nicht widerstehen. Im Sommer kann man draußen sitzen. Freitags und samstags Bauchtanz. *mittags.*

ABSTECHER Wirtshaus Moorlake €€

Moorlakeweg 1, 14109 (030) 805 58 09

Das historische Restaurant am beschaulichen Havelufer bietet deutsche Küche. Die Wildgerichte sind allesamt sehr gut, doch am besten sind Wildragout mit Preiselbeeren und Spätzle und der Grillteller Moorlake mit Schweinefilet und Sauce béarnaise.

ABSTECHER Grunewaldturm €€€

Havelchaussee 61, 14193 (030) 41 72 00 01

Kombinieren Sie ein Mittag- oder Abendessen in diesem Restaurant mit einem Ausflug in den Grunewald – besser kann man den Nachmittag kaum verbringen. Auf der Speisekarte stehen Wild- und herzhafte Fleischgerichte, aber auch Fisch wie z. B. Barsch. Zum Essen genießen Sie wunderbare Aussicht.

ABSTECHER Remise im Schloss Glienicke €€€

Königstraße 36, 14109 (030) 805 40 00

Der ideale Ort für ein elegantes Mahl am Rande Berlins. Franz Raneburger, einer der prominentesten Berliner Küchenchefs, führt die Remise und bietet exzellente, einfallsreiche deutsche Küche, z. B. Barsch und Wild. Auch zu Mittag ist dieses Restaurant eine gute Wahl. *Mo, Di.*

ABSTECHER Restauration 1900 €€€

Husemannstraße 1, 10435 (030) 442 24 94

Eines der ältesten und traditionsreichsten Lokale in diesem Teil der Stadt heißt seine Gäste in einem schlichten Speiseraum mit wunderbarer alter Bar und anderen Antiquitäten willkommen. Geboten wird leichte Küche mit vielen Gerichten für Vegetarier. Die Terrasse bietet Blick über die Husemannstraße.

ABSTECHER Maxwell €€€€

Bergstraße 22, 10115 (030) 280 71 21

Das gehobene, sehr bekannte Restaurant offeriert exquisite Berliner und deutsche Küche mit mediterranem Touch. Das Maxwell hat eine entspannte, unprätentiöse Atmosphäre mit zuvorkommendem Personal. Zu Mittag gibt es günstigere Angebote, aber nur ein paar erschwingliche Weine.

ABSTECHER Vivaldi €€€€€

Brahmsstraße 10, 14193 (030) 895 845 20

Luxuriöses Restaurant im noblen Schlosshotel *(siehe S. 490)*. Karl Lagerfeld entwarf das Interieur mit vertäfelten Wänden, Blattgold und Lüstern. Aufgrund mehrerer Wechsel im Management verlor das Vivaldi seinen Gourmet-Status, es garantiert aber noch immer einen schönen Abend mit französischer Küche. Reservieren Sie einen Tisch im Voraus.

Brandenburg

BRANDENBURG Bismarck Terrassen €

Bergstraße 20, 14770 (03381) 30 09 39

Moderne brandenburgische Küche in historischem Ambiente. Das Restaurant in Brandenburgs ältestem Viertel bietet z. B. verschiedene flambierte Gerichte und Schweinebraten. Das Wein- und Bierangebot ist sehr umfangreich. An Feiertagen und an Wochenenden gibt es traditionelle Musik, bisweilen tritt ein Angestellter als Bismarck auf.

Preiskategorien *siehe Seite 526* **Zeichenerklärungen** *siehe hintere Umschlagklappe*

BRANDENBURG Kartoffelkäfer €

Steinstraße 56, 14776 (03381) 22 41 18

Eine exzellente Adresse für Kartoffelfans im Herzen des historischen Viertels. Die meisten Gerichte werden mit Kartoffeln serviert oder zubereitet. Es herrscht rustikale, aber behagliche Atmosphäre, für Kinder wird gut gesorgt. Tischreservierung wird nicht verlangt, aber rufen Sie an, wenn Sie mit mehr als sechs Personen kommen wollen.

BRANDENBURG Sorat Hotel Brandenburg €€€

Altstädtischer Markt 1, 14770 (03381) 59 70

Das behagliche und doch elegante Ambiente dieses Restaurants erinnert an eine Villa im alten England: weiße Tischdecken, Holzböden, schwarze Lederstühle und verführerische Gerüche prägen das Flair des Restaurants. Probieren Sie das regelmäßig wechselnde Candle-Light-Dinner.

CHORIN Alte Klosterschänke €€

Amt Chorin 9, 16230 (033366) 53 01 00

Die charmante Klosterschänke in einem 270 Jahre alten Fachwerkbau ist in der ganzen Region bekannt. Im Sommer kann man im kleinen Garten das hervorragende Essen genießen. Wenn Sie mehr als sechs Personen sind, sollten Sie vorher anrufen.

CHORIN Haus Chorin €€

Neue Klosterallee 10, 16230 (033366) 500

Dieses Hotelrestaurant in einer eleganten Jugendstilvilla an einem See bietet regionale und deutsche Spezialitäten wie Schweinefilet mit Honig und Paprika und Fischsalat Häckerle. Das meiste Gemüse stammt von hiesigen Bio-Bauernhöfen und wird täglich frisch geliefert. *Mi.*

COTTBUS Mosquito €

Altmarkt 22, 03046 (0355) 288 904 44

Ein Stückchen Südamerika mitten in Cottbus. Das Mosquito bietet jeden Tag Happy Hours (17–19 und 24–1 Uhr) und am Dienstag Drink-Specials. Zu vielen Gelegenheiten gibt es hier Live-Musik. Sonntags von 10 bis 15 Uhr kann man sich am Brunch gütlich tun. Probieren Sie das Chili-Olivenbrot!

COTTBUS Cavalierhaus Branitz €€

Zum Kavalierhaus 8, 3042 (0355) 71 50 00

Mitten im Branitzer Park bietet dieses Restaurant vor allem großartige Desserts: Bestellen Sie die köstliche Pückler-Torte oder das wunderbare Pückler-Eis, und Sie verstehen, warum das Cavalierhaus so viele Stammgäste hat. Auf der Weinkarte stehen Weine aus der ganzen Welt. Der Service ist exzellent.

COTTBUS Best Western Parkhotel Branitz €€€

Heinrich-Zille-Straße, 03042 (0355) 751 00

Das Restaurant im Best Western Parkhotel Branitz ist für seinen hervorragenden Service und die hochwertigen Gerichte bekannt. Der Schwerpunkt liegt bei deutschen Spezialitäten. Dazu genießen Sie guten Wein oder frisch gezapftes Bier – es gibt aber auch Flaschenbier.

LEHNIN Markgraf €

Friedenstraße 13, 14797 (03382) 76 50

Das Restaurant gehört zum Hotel Markgraf *(siehe S. 491)*. Serviert wird hier österreichische Küche vom Feinsten, dazu trinkt man österreichische Weine und deutsche Biere. Im Sommer stehen, wenn das Wetter es erlaubt, auch Tische im Freien.

LEHNIN Rittergut Krahne €€

Hauptstraße 6a, 14797 (033 835) 602 87

Ein einzigartiges Speiselokal für Fans von Rittern und Schwertern. Auf der langen Speisekarte stehen Wildschwein und andere Regionalspezialitäten sowie Gerichte aus der ganzen Welt. Versuchen Sie als Dessert Bratapfel mit Walnusseis. Größere Runden sollten einen Tisch reservieren. Parkplätze für Autos und ... Pferde.

LÜBBENAU Hotel Schloss Lübbenau €€€

Schlossbezirk 6, 03332 (03542) 87 30

Das preisgekrönte Restaurant gehört zum Vier-Sterne-Hotel mit gleichem Namen. Auf der Speisekarte stehen frisches Gemüse sowie köstliche Fleisch- und Fischgerichte. Internationale Küche aus einheimischen Produkten. Die Einrichtung ist eher altenglisch als deutsch. Genießen Sie beim Frühstück auf der Terrasse auch die Aussicht.

NEUHARDENBURG Parkhotel Schloss Wulkow €€€

Hauptstraße 24, 15320 (033476) 580

Das Restaurant im Parkhotel Schloss Wulkow nahe an einem Naturschutzgebiet verwendet frische Produkte von hiesigen Bauern. Auf der umfangreichen Weinkarte stehen Flaschen aus aller Welt. Zum schönen Ambiente tragen auch Kristallüster bei.

NEURUPPIN Altes Kasino am See €

Seeufer 11/12, 16816 (0339) 130 59

Genießen Sie im Atrium des gemütlichen alten Lokals Ihr Frühstück oder einen Drink. Das Hotelrestaurant steht direkt am Wasser und bietet herrliche Aussicht sowie eine gute Auswahl an Wild- und Fischgerichten. Die Fischplatte ist ideal, um die verschiedenen Fische und Zubereitungsarten kennenzulernen.

NEURUPPIN Seeperle €

Rutscherweg 6, 16816 (03391) 39 82 91

Die am Wasser gelegene Seeperle ist ein charmantes, familienbetriebenes Restaurant mit eigenem Bootssteg. Die Speisekarte führt bodenständiges Essen, darunter auch viele Fischgerichte sowie eine Auswahl vegetarischer Optionen und ist zum Mittag- und Abendessen geöffnet.

ORANIENBURG Gasthaus Charlottenhof €

Neulöwenberger Straße 26, 16775 (0330) 945 04 17

Ruhiges, nettes Restaurant im gleichnamigen Hotel. Im Sommer kann man draußen essen. Regionalküche dominiert das Speisenangebot, z. B. Schweinefleisch- und Fischgerichte. Probieren Sie eine der leckeren Suppen. An der Bar kann man sich einen Drink genehmigen.

ORANIENBURG Galerie €€

André-Pican-Straße 23, 16515 (0330) 169 00

Das Restaurant im Stadthotel Oranienburg ist mit frischen Blumen und Kunstwerken geschmückt. Die Bedienungen sind zuvorkommend und schnell. Familien mit Kindern sind hier sehr willkommen. Die Bar ist bei Geschäftsreisenden beliebt, hat aber leider nicht lange geöffnet.

POTSDAM Froschkasten €€

Kiezstraße 3–4, 14467 (0331) 29 13 15

Das Lokal beim Hotel gleichen Namens ist mit Möbeln im Altberliner Stil eingerichtet. Der freundliche, aufmerksame Service ist meist sehr schnell, aber sehr resolut. Probieren Sie eines der berühmten Fischgerichte oder traditionelle brandenburgische Küche. Für größere Gruppen gibt es einen separaten Raum.

POTSDAM Krongut Bornstedt €€

Ribbeckstraße 6–7, 14469 (0331) 55 06 50

Dinieren Sie in einem 400 Jahre alten Weinkeller mit Brauerei und Café auf einem königlich-preußischen Anwesen. Zu essen gibt es wahrhaft königliche Kreationen wie »Friedrichs Leibspeise«: Kartoffelsuppe mit Speck. Die Desserts mit gebratenen Äpfeln sind Verführung pur.

POTSDAM Restaurant Juliette €€€

Jägerstraße 39, 14467 (0331) 270 17 91

Französisches Restaurant mit romantischem Ambiente – Kerzen, weiße Tischdecken und ein offener Kamin. Liebhaber der französischen Küche seien gewarnt: Der berühmte Küchenchef experimentiert gerne mit traditionellen Gerichten (auch für Vegetarier ist gesorgt). Probieren Sie als Nachtisch Crème brûlée.

POTSDAM Speckers Gaststätte zur Ratswaage €€€€

Am Neuen Markt 10, 14467 (0331) 280 43 11

Französisch angehauchte Küche bietet dieses Restaurant im Zentrum. Modernes Dekor mit elegantem Touch, exzellenter Service und sehr gutes Essen schaffen ein wunderbares Speise-Erlebnis. Bauern aus der Region liefern täglich frische Produkte.

POTSDAM Bayrisches Haus €€€€€

Im Wildpark 1, Potsdam (West), 14471 (0331) 550 50

Das Restaurant im Hotel gleichen Namens ist berühmt für Luxus, guten Service und französisch inspirierte Küche. Auf der umfangreichen Speisekarte stehen mehrere Menüs – ideal, wenn man die Spezialitäten des Hauses kosten möchte. Das ganze Jahr über stehen frische Blumen auf den Tischen. Von der Terrasse hat man eine herrliche Aussicht.

WANDLITZ SeePark Wandlitz €€

Kirchstraße 10 (hinter der alten Dorfkirche am See), 16348 (0333) 977 50

Das Lokal im mediterranen Stil bietet auch deutsche Küche. Alle Gerichte werden aus regionalen Produkten zubereitet. Filetsteak mit einer Gemüsezwiebel mit Salbei-Schinken-Mandel-Füllung ist ein kulinarisches Highlight. Die Weine kann man nur per Glas bestellen. Zu Mittag und zu Abend geöffnet.

WITTSTOCK Stadt Hamburg €€

Röbeler Straße 25, 16909 (03394) 404 60

Das Restaurant gilt als gutes Lokal für Reisende und Familien mit Kindern. Es ist geschmackvoll eingerichtet, der Service ist gut. Auf der Speisekarte stehen nicht viele Optionen für Vegetarier. An Feiertagen kann es hier sehr voll werden. Zu Mittag und zu Abend geöffnet.

Sachsen-Anhalt

BERNBURG Zille Stube €

Siedlung 37a, 06406 (03471) 33 31 90

Sehr traditionelles und schnörkelloses deutsches Restaurant mit dunklen Holzmöbeln, sehr viel Kunsthandwerk und Gemälden aus der Region. Das Personal ist überaus freundlich. Die Zille Stube ist auf traditionelle deutsche Küche und Biere spezialisiert.

BLANKENBURG Hotelrestaurant Viktoria Luise €€

Hasselfelder Straße 8, 38889 (03944) 911 70

Das Restaurant, nur 20 Minuten vom Nationalpark Harz entfernt, ist ein Paradies für gesundheitsbewusste Gourmets. Alles besteht aus frischen Produkten der Region. Die Fisch- und Entengerichte sind besonders gut, auch Vegetarier haben eine gute Auswahl. Es gibt einen Weinkeller und eine schöne Terrasse.

DESSAU Teehäuschen €

Im Stadtpark, 06844 (0340) 21 49 96

Ein netter Garten umgibt dieses Häuschen im Stadtpark. Seit über 30 Jahren genießen hier die Gäste Tee, Kuchen und leichte Mahlzeiten, es gibt aber auch substanziellere Gerichte. Größere Gruppen sind willkommen, sollten aber vorher anrufen. *Mo.*

DESSAU Kornhaus €€

Kornhausstraße 146, 06846 (0340) 640 41 41

Die Besitzer des Restaurants Kornhaus lieben das Essen und wollen ihre Leidenschaft mit ihren Gästen teilen. Wählen Sie eines der Drei-Gänge-Menüs oder à la carte. Für Vegetarier und Gäste mit anderen speziellen Wünschen wird hier gut gesorgt. Als Nachtisch zu empfehlen: die Rote Grütze mit Vanillesauce. *Do.*

DESSAU Weinstuben Pächterhaus €€

Kirchstraße 1, 06846 (0340) 650 14 47

Das Lokal in einem 300 Jahre alten Fachwerkhaus bietet seinen Gästen viel für ihr Geld. Auf der Speisekarte stehen interessante Kombinationen, die Weinkarte bietet für jeden Geschmack etwas. In der ganzen Region liebt man die Weinstuben für ihre entspannte Atmosphäre und das fachkundige Personal.

HALBERSTADT Parkhotel Unter den Linden €€€

Klamrothstraße 2, 38820 (03941) 625 40

Das Restaurant des Parkhotel Unter den Linden *(siehe S. 492)* bietet großartigen Service und eine internationale Speisekarte mit deutschem Touch. Die Weinkarte ist umfangreich, zum Anwesen gehört ein Weinkeller. Probieren Sie zum Nachtisch die französische Apfel-Tarte mit selbst gemachtem Champagnereis.

HALLE Dorint Hotel Charlottenhof €€

Dorotheenstraße 12, 06108 (0345) 292 30

Dieses Restaurant gehört zum Dorint Hotel Charlottenhof im Stadtzentrum. Die Gäste können zusehen, wie die Köche ihre bestellten Gerichte zubereiten. Das Essen ist hervorragend und wird von freundlichen, fachkundigen Bedienungen serviert. Es gibt auch eine nette Hotelbar.

HALLE Enchilada €€

Universitätsring 6, 06108 (0345) 686 77 55

Das mexikanische Bar-Restaurant in Universitätsnähe ist auf eine jüngere Gästeschar ausgerichtet. Der Fokus liegt eher auf der Getränke- als auf der Speisekarte. Doch das Essen ist durchaus gut und für europäische Gaumen weniger scharf gewürzt. Happy Hour täglich von 18 bis 21 Uhr.

ILSENBURG Landhaus Wintergarten €€€

Marktplatz 2, 38871 (039452) 93 93

In schöner Lage an einem See beim Naturpark Hochharz erwartet Sie hier eine relaxte Gastronomie-Erfahrung. Das 1995 renovierte 400-jährige Gebäude beherbergt ein Hotel *(siehe S. 492)* und ein Restaurant, in dem Sie direkt am See sitzen können. Das Personal ist zuvorkommend und kompetent.

MAGDEBURG Amsterdam €

Olvenstedter Straße 9, 39108 (0391) 400 54 00

Bistro-Atmosphäre herrscht in diesem angesagten Lokal in Zentrumsnähe. Zur Auswahl stehen mehrere Biere und ein paar Weine. Beim »Do-it-yourself«-Frühstück stellen sich die Gäste zu einem Fixpreis selbst die Zutaten zusammen. Wer abends etwas Leichtes essen möchte, wählt die französische Käseplatte oder ein anderes internationales Gericht.

MAGDEBURG Le Frog €

Heinrich-Heine-Platz 1, 39114 (0391) 531 35 56

Diese Brasserie ist ein cooler Ort, um zu essen und ein Bier zu trinken. Sie befindet sich mitten im Stadtpark. Sonntags gibt es Brunch mit vielen schmackhaften, herrlich zubereiteten Gerichten. Im Biergarten haben über 400 Gäste Platz, außerdem gibt es eine Terrasse.

MAGDEBURG Tokio Haus €

Johannes-Göderitz-Straße 27, 39130 (0391) 506 94 93

Das Tokio Haus ist nicht leicht zu finden, aber die Suche lohnt sich, denn hier wird herausragendes japanisches Essen serviert. Auf der Karte stehen viele Sushi-Varianten, darunter *maki* und *sashimi*. Die Mittagskarte ist ideal für Gäste mit begrenztem Budget. *Di.*

MERSEBURG Shaolin €

Am Airpark 3, 06217 (03461) 34 28 78

Chinesische und thailändische Küche, auch vegetarische, wird in diesem großen Restaurant mit chinesischem Dekor und leutseligem Personal geboten. Etwas Besonderes sind die Entengerichte. Gerne verleiht man den Kreationen auf Wunsch auch mehr Würze. *Mo.*

MERSEBURG Belle Epoque €€

Oberaltenburg 4, 06217 (03461) 452 00

Das exquisite Restaurant im Radisson SAS Hotel *(siehe S. 493)* auf dem Domhügel ist auf skandinavische und deutsche Küche spezialisiert. Das Dekor ist interessant, der Service ist gut. Zum Café gehört eine schöne Terrasse, die Raben-Bar ist besonders bei Geschäftsreisenden beliebt.

NAUMBURG Zur alten Schmiede €

Lindenring 36/37, 06618 (03445) 243 60

Sehr schönes, traditionelles Restaurant in der Weinregion Saale-Unstrut. Das Gebäude, im 18. Jahrhundert eine Schmiede, steht mitten in Naumburgs Zentrum. Hier kann man hervorragend die lokalen Weine und regionalen Gerichte probieren. An kühleren Abenden prasselt ein Feuer im Kamin.

QUEDLINBURG Romantik Hotel am Brühl €€

Billungstraße 11, 06484 (03946) 961 80

Das für seinen Service, seine Speisekarte und sein umfangreiches Weinangebot (aus Frankreich, Italien, Kalifornien und freilich auch Deutschland) berühmte Restaurant hat einen wunderschönen Innenhof, in dem man bei gutem Wetter auch essen kann.

QUEDLINBURG Weinkeller Theophano €€

Markt 13–14, 06484 (3946) 963 00

Eine Familie führt diesen 400 Jahre alten Weinkeller mit Gewölbedecke in einem restaurierten Gebäude. Die Kellner sind freundlich, das Licht gedämpft. Auf der Karte stehen deutsche und auch internationale Gerichte. Viele davon gibt es nur in der jeweiligen Saison. Bei den Einheimischen sehr beliebt.

STENDAL Altstadt-Hotel €

Breite Straße 60, 39576 (03931) 698 90

Ein malerischer Ort, um eine Mahlzeit oder einen Imbiss zu genießen. Das mittags und abends geöffnete Restaurant gehört zu einem Hotel *(siehe S. 493)* im Stadtzentrum und ist geschmackvoll eingerichtet. Bei gutem Wetter kann man auch draußen sitzen. Zu essen gibt es internationale und deutsche Küche.

TANGERMÜNDE Kutscherstübchen €

Lange Straße 52, 39590 (039322) 23 91

Dieses nette, familienfreundliche Restaurant gehört zum historischen Ringhotel Schwarzer Adler *(siehe S. 493)*. Die großzügig bemessenen Gerichte bestehen aus regionalen Produkten, kombiniert mit ein paar Zutaten und Zubereitungsmethoden aus aller Welt.

WERNIGERODE Gothisches Haus €€

Marktplatz 2, 38855 (03943) 67 50

Das Restaurant gehört zu einem Vier-Sterne-Hotel gleichen Namens, einen Kilometer vom Hauptbahnhof entfernt. Genießen Sie Ihr Essen inmitten der schönen Fachwerkhäuser dieser romantischen Stadt. Zum Restaurant gehören eine Bar, ein Gastgarten und eine Weinstube.

WITTENBERG Grüne Tanne €

Am Teich 1, 06896 (03491) 62 90

Das frühere Ritterhaus vor den Toren Wittenbergs ist über 400 Jahre alt und beherbergt ein Hotel und dieses Restaurant, das überdurchschnittlich gute deutsche Küche bietet. Das Weinangebot ist klein, aber gut. Nur samstags und sonntags gibt es ab 11.30 Uhr Mittagessen, von Montag bis Freitag kann man ab 17.30 Uhr zu Abend essen.

WITTENBERG Schlosskeller €€

Am Schlossplatz 1, 06886 (03491) 48 08 05

Das Lokal im rustikalen Kellergewölbe eines Hauses aus dem 16. Jahrhundert wird jedem gefallen, der einen traditionellen, behaglichen Raum mit faszinierendem Dekor und Personal in mittelalterlichen Kostümen zu schätzen weiß. Auf der Karte stehen deutsche, vor allem sächsische Gerichte sowie deutsche Biere und Weine.

Sachsen

AUGUSTUSBURG Café Friedrich €€

Hans-Planer-Straße 1, 09573 (037291) 66 66

Das hübsche Café in einem hügeligen Teil der Stadt (mit toller Sicht auf die Burg) blickt auf rund 100 Jahre Familientradition zurück. Es gibt sowohl leichte als auch herzhafte Gerichte. Die Desserts, vor allem die Kuchen, sind eine Sünde wert. Im Garten gibt es einen Kinderspielplatz.

BAD MUSKAU Am Schlossbrunnen €€

Köbelner Straße 68, 02953 (035771) 5230

Die Familie Wieczorek betreibt dieses Hotel und Restaurant mit schönem Interieur am Stadtrand. Serviert werden regionale wie internationale Gerichte mit Schwerpunkt auf Fisch. Aber auch die Steaks sind zu empfehlen. Als Dessert sollten Sie das exzellente Fürst-Pückler-Eis bestellen.

BAUTZEN Bautzener Brauhaus €

Thomas-Mann-Straße 7, 02625 *(03591) 49 14 56*

In diesem Brauerei-Restaurant bekommen Sie z. B. Schwarzbier und original Pilsener. Sie können Ihr Bier gleich im Lokal trinken oder mit nach Hause nehmen. Auf der Speisekarte stehen deutsche Standardgerichte zu sehr guten Preisen. Es gibt auch Brauereiführungen.

BAUTZEN Residence €

Wilthener Straße 32, 02625 *(03591) 35 57 00*

Nahe dem historischen Stadtzentrum präsentiert dieses recht neue, mit Gespür dekorierte Hotelrestaurant hauptsächlich schnörkellose, gute Regionalküche und internationale Gerichte. Im Sommer scheint die Sonne wunderbar intensiv ins Restaurant – man kann sich aber auch gleich auf die Terrasse setzen.

CHEMNITZ Sächsischer Hof €

Brühl 26, 09111 *(0371) 46 14 80*

Dieses Restaurant mit dunklen Holzmöblen, vielen Pflanzen und einer Bar gehört zum Hotel gleichen Namens und bietet internationale und regionale Gericht mit kreativem Touch. Sahnesaucen, Salate und Fisch-Entrees dominieren die Karte. Der Service ist erstklassig und sehr freundlich. Es werden einige Kreditkarten akzeptiert.

CHEMNITZ Glashaus €€

Salzstraße 56, 09113 *(0371) 334 10*

Im Renaissance Hotel, umgeben von üppigem Grün, befindet sich das moderne Glashaus mit einer schönen Terrasse und Blick auf die Altstadt und den Teich im Garten. Serviert wird internationale Küche. Im Haus finden das ganze Jahr über verschiedene Veranstaltungen statt.

DRESDEN Cuchi €€

Wallgässchen 5, 01097 *(0351) 862 75 80*

Chinesische, vietnamesische und japanische Fusion-Küche sowie eine gute Auswahl an Weinen und Bieren stehen auf der Karte. Einige Gerichte werden im Wok serviert. Der Chill-out-Garten wird seinem Namen gerecht: Hier kann man sich herrlich entspannen. Von Montag bis Donnerstag ab 12 Uhr geöffnet. Zu Abend sollte man reservieren.

DRESDEN Sophienkeller €€

Taschenberg 3, 01067 *(0351) 49 72 60*

Eines der populärsten und lebhaftesten Erlebnis-Restaurants der Stadt befindet sich in dem barocken Bierkeller des Taschenbergpalais. Zu essen gibt es authentische Regionalküche. Bitten Sie das historisch gekleidete Personal um einen Platz am Karussell-Tisch im »Zeithainer Lustlager«.

DRESDEN Intermezzo €€€

Taschenberg 3, 01067 *(0351) 491 20*

Dieses Restaurant im Taschenbergpalais serviert ungewöhnliche Gerichte mit einem Touch Mittelmeer und viele Weine. Probieren Sie einen köstlichen Salat oder eine Suppe zum Mittagessen. Die Desserts sind ebenfalls eine Verlockung. Zum Hotel gehören außerdem eine amerikanische Bar, ein Café und weitere Speiselokale.

DRESDEN Das Caroussel €€€€€

Rähnitzgasse 19, 01097 *(0351) 800 30*

In einem kürzlich restaurierten Barockpalast (18. Jh.) in Dresdens historischem Zentrum befinden sich ein Hotel und dieses Restaurant, das als eines der besten in ganz Sachsen gilt. Den Gästen werden mediterrane Küche und erstklassige Weine serviert.

KAMENZ Goldner Hirsch Ratskeller €

Markt 10, 01917 *(03578) 783 50*

Das elegante Restaurant des Hotels Goldner Hirsch *(siehe S. 494)* bietet hervorragende italienische Gerichte. Im ebenfalls empfehlenswerten, rustikaleren Ratskeller bekommt man traditionelle deutsche Kost. Reservierungen sind nicht unbedingt erforderlich, aber wenn Sie in einer größeren Gruppe kommen wollen, rufen Sie besser vorher an.

LEIPZIG Zest €

Bornaische Straße 54, 04277 *(0341) 231 91 26*

Frische, kreative Varianten fleischloser Gerichte aus aller Welt präsentiert man im Zest. Versuchen Sie so abenteuerliche vegetarische Kompositionen wie gebackenen Seitan in Cashewkruste auf gegrilltem Kohlrabi und Lavendel-Madeira-Sauce. Die Soja-Eiscreme ist ebenfalls verlockend. Umfangreiche Weinliste. Täglich ab 11 Uhr geöffnet.

LEIPZIG Kaiser Maximilian €€

Neumarkt 9, 04109 *(0341) 35 53 33 33*

Ein hübsch dekoriertes, helles Restaurant mit einer italienisch beeinflussten Speisekarte, die jede Woche wechselt – um sicherzugehen, dass der Küchenchef für seine fabelhaften, zuweilen kühnen Kreationen immer die frischesten saisonalen Produkte verarbeitet.

LEIPZIG La Mirabelle €€

Gohliserstraße 11, 04105 *(0341) 590 29 81*

Typisches französisches, sehr stilvolles Restaurant mit viel Ziegenkäse und vielen Weinen auf der Karte. Fragen Sie nach den saisonalen Gerichten oder Spezialangeboten. Reservierung ist empfehlenswert. Geöffnet von Montag bis Freitag ab 11.30 Uhr und jeden Tag ab 18 Uhr.

LEIPZIG Michaelis €€

Paul-Gruner-Straße 44, 04107 (0341) 267 80

Das gemütliche, schön beleuchtete Restaurant gehört zu einem Hotel, das in einem über 100 Jahre alten Gebäude untergebracht ist. Serviert werden schmackhafte europäische Gerichte und Regionalspezialitäten. Es gibt auch einen extra ausgewiesenen Bereich für Familien.

LEIPZIG Medici €€€

Nikolaikirchhof 5, 04109 (0341) 211 38 78

Dieses angesagte noble Restaurant im Zentrum der Stadt konzentriert sich auf Mittelmeerküche aus frischen, erstklassigen Produkten, vor allem Fisch und Gemüse. Sie können unter leichteren oder gehaltvolleren Mahlzeiten wählen. Die Weinkarte ist sicherlich über dem Durchschnitt. *tägl. 15–18 Uhr.*

MEISSEN Bauernhäusel €€

Oberspaarer Straße 20, 01662 (03521) 73 33 17

Das Personal dieser historischen Kneipe trägt Uniform. Die Weinauswahl ist sehr gut, das Speisenangebot traditionell deutsch, mit ein paar französischen, österreichischen, italienischen, englischen und amerikanischen Einschlägen. Von Dienstag bis Sonntag geöffnet. An manchen Sonntagen gibt es Brunch.

MEISSEN Mercure Grandhotel Meissen €€

Hafenstraße 27–31, 01662 (03521) 722 50

Dieses elegante Hotelrestaurant in einer großen Jugendstilvilla an der Elbe präsentiert regionale und internationale Küche. Vor allem die Auswahl an Fischgerichten ist sehr gut, die Weinkarte geradezu superb. Die Gäste können auch im Café (mit Terrasse) oder in der behaglichen Hotelbar speisen.

MORITZBURG BEI DRESDEN Churfürstliche Waldschänke €€

Große Fasanenstraße, 01468 (035207) 86 00

Das Restaurant des Hotels Waldschänke in der Nähe einer früheren Fasanerie serviert Regionalküche und europäische Gerichte. Es gibt eine gute Auswahl an Wildgerichten und eine umfangreiche Weinkarte mit Weinen aus der Region. Größere Gruppen sollten zuvor anrufen.

PIRNA Escobar €

Obere Burgstraße 1, 01796 (03501) 58 27 73

Das Escobar befindet sich in einem über 80 Jahre alten Gebäude, das man renoviert hat. Café, Bar und Restaurant sind im Stil Südamerikas der 1950er Jahre dekoriert. Südamerikanische Einflüsse sind auch im Speisenangebot offensichtlich: Es gibt z. B. Fischcurry mit Kochbananen. Der Sonntagsbrunch beginnt um 10 Uhr.

PIRNA Deutsches Haus €€

Niedere Burgstraße 1, 01796 (03501) 468 80

Dieses moderne Restaurant, Teil eines Hotels der Romantik-Kette *(siehe S. 495)*, ist hoch angesehen und bei den Einheimischen beliebt. Zu essen gibt es hauptsächlich deutsche Küche mit internationalem Touch. Wenn Sie an einem verlängerten Wochenende rund um einen Feiertag kommen möchten, sollten Sie einen Tisch reservieren.

TORGAU Central Hotel €

Friedrichplatz 8, 04860 (03421) 732 80

Das schön eingerichtete Restaurant des Hotels ist auf die unkomplizierte, aber köstliche Küche Badens spezialisiert. Besonders lecker sind die Desserts. Vegetarier haben hier jedoch keine große Auswahl. Der Service ist sehr aufmerksam. Sowohl zu Mittag als auch zu Abend geöffnet.

ZITTAU Riedel €€

Friedenstraße 23, 02763 (03583) 68 60

Deutsche Küche aus verschiedenen Regionen bietet dieses Hotelrestaurant. Im Angebot sind z. B. einige Grillgerichte und Schweinebraten. Bei gutem Wetter kann man im Biergarten sitzen, oder man genehmigt sich ein Bierchen im bayerischen Stüberl.

ZWICKAU Drei Schwäne €€€

Tonstraße 1, 08058 (0375) 204 76 50

In dem netten, erstklassigen französischen Restaurant stehen immer frische Blumen auf den Tischen. Wie erwartet ist die Weinauswahl phänomenal, Vegetarier haben leider weniger Optionen (sie können aber die Bedienung nach weiteren fleischlosen Gerichten fragen). Für das Abendessen sollte man einen Tisch reservieren.

Thüringen

ALTENBURG Altenburger Hof €€

Schmöllnsche Landstraße 8, 04600 (03447) 58 40

Das Restaurant des Hotels Altenburger Hof *(siehe S. 495)* ist typisch für viele in Thüringen. Erwarten Sie einen guten Service und hohe Qualität zu erschwinglichen Preisen. Auch das Café und die Hotelbar sind nett. Letztere schließt jedoch recht früh am Abend.

EISENACH Café Lackner & Julian's Restaurant €

Johannisstraße 22, 99817 (03691) 78 45 50

Seit 1929 betreibt eine Familie das Café und das Restaurant. Bei gutem Wetter kann man im beschaulichen Außenbereich essen. Die Kellner können Sie in puncto Speisenauswahl und auch Sightseeing beraten. Zu Abend kann es recht voll werden – bestellen Sie also besser einen Tisch im Voraus.

EISENACH Eisenacherhof €€

Katharinenstraße 11–13, 99817 (03691) 293 90

Mediterranes Restaurant und Pizzeria im Hotel Eisenacherhof. Die Pasta wird immer frisch zubereitet. Das andere Restaurant im Haus, das Lutter, ist auf deutsche Küche mehrerer Regionen spezialisiert. Probieren Sie ein Schweinefleisch- oder ein Fischgericht. Außerdem gibt es eine Hotelbar, ein Café mit Terrasse und eine Diskothek.

ERFURT Anger Maier €

Schlösserstraße 8, 99084 (0361) 566 10 58

Lassen Sie sich von den niedrigen Preisen nicht täuschen: Dies ist der perfekte Ort für eine gute Mahlzeit. An den Wänden hängen Fotos von Gästen und Familienmitgliedern. Im Garten blühen farbenfrohe Büsche. Die mit dunklem Holz ausgestattete Bar ist zauberhaft.

ERFURT Naumburgischer Keller €

Michaelisstraße 49, 99084 (0361) 540 24 50

Das Restaurant befindet sich in einem über 300 Jahre alten Fachwerkhaus. Die Küche konzentriert sich auf Thüringer Spezialitäten und Biere. Probieren Sie als Entree Rostbrätel aus Fleisch und Zwiebeln. In der Weihnachtszeit gibt es eine extra Speisekarte mit typischen Weihnachtsgerichten aus Thüringen. Exzellente Weinauswahl.

ERFURT Zum alten Schwan €

Gotthardstraße 27, 99084 (0361) 674 00

Das Restaurant gehört zum Hotel IBB/Sorat in Erfurts historischem Zentrum. Die erstklassige Speisenauswahl umfasst leichtere Gerichte für den kleineren Hunger und sättigendere Mahlzeiten. Die Salate und Suppen sind besonders zu empfehlen.

ERFURT Köstritzer »Zum güldenen Rade« €€

Marktstraße 50, 99084 (0361) 561 35 06

In dem Restaurant mit dunklem Holz und wunderbaren Farben gibt es für jeden etwas, auch die heikelsten Esser finden auf der internationalen Speisekarte das Richtige. Wie wär's mit asiatisch oder französisch? Oder lieber vegetarisch? Oder doch lieber deutsche oder regionale Standards? Geeignet auch für Rollstuhlfahrer und Familien.

ERFURT Alboth's Restaurant im Kaisersaal €€€€

Futterstraße 15/16, 99084 (0361) 568 82 07

Dieses Lokal im Hotel Kaisersaal hat sich seinen Ruf als eines der elegantesten Restaurants der Stadt verdient. Die Weinkarte ist absolut hochrangig. Der kreative Küchenchef zaubert aus den frischesten Produkten unvergessliche Gerichte und superbe Desserts.

GERA Café Haus Graf Zeppelin €

Rudolf-Diener-Straße 17, 07545 (0365) 82 42 60

Gerichte und Weine aus Thüringen stehen bei der Auswahl im Vordergrund, daneben wird mediterrane Kost offeriert. Das Café serviert vom Frühstück bis zum Abendessen Speisen mit hervorragendem Preis-Leistungs-Verhältnis. Für Kinder werden auf Wunsch kleinere Portionen zubereitet.

GOTHA Hotel am Schlosspark €

Lindenauallee 20, 99867 (03621) 44 20

Das Restaurant des Hotel am Schlosspark *(siehe S. 496)* steht am Ende des Parks und hat innen viele Grünpflanzen. Bei gutem Wetter kann man im Freien sitzen und Kaffee oder Bier trinken. Zu essen gibt es regionale und internationale Spezialitäten.

JENA Schwarzer Bär €€

Lutherplatz 2, 07743 (03641) 40 60

In einem historischen Gebäude nahe der Universität befinden sich ein Hotel und dieses Restaurant, in dem schon Martin Luther speiste. Serviert wird einfache, moderne regionale Kost. Probieren Sie etwa das Goethe-Menü aus Kartoffelsuppe mit Würstchen, Lammhaxe und zwei leckeren Desserts.

JENA Scala €€€€€

Leutragraben 1, 07743 (036 41) 356 66 60

Das wunderbare Restaurant im 28. Stock eines Turms aus DDR-Zeiten bietet eine Panoramasicht über die Stadt. Zu empfehlen ist z. B. Rotbarbe im Zucchinimantel mit Limonenrisotto. Jeden ersten Donnerstag im Monat tritt ein Zauberer auf. Zum Restaurant gehören Konferenzräume, die nach Städten in aller Welt benannt sind.

MÜHLHAUSEN Brauhaus zum Löwen €€

Kornmarkt 3, 99974 (03601) 47 10

Hier werden selbst gebrautes Bier und traditionelle deutsche Küche, z. B. Krustenbraten oder Hähnchenkeulen, serviert, für Vegetarier finden sich auch ein paar Optionen. Für den kleinen Hunger gibt es Brezen und Wurst. Nebenan gibt es auch Zimmer zu mieten.

SAALFELD Obstgut Gehlen €€

Hohe Straße 1, 07318 (03671) 20 27

Restaurant und Hotel in einem schönen Jugendstilgebäude etwas außerhalb der Stadt. Auf der Speisekarte stehen verschiedenste Gerichte, darunter auch französische. Die Weinkarte ist respektabel, mit Tropfen aus Frankreich, Italien und Deutschland.

SCHMÖLLN Hotel Restaurant Bellevue €€€

Am Pfefferberg 7, 04626 (034491) 70 00

Das preisgekrönte Restaurant gehört zum Hotel gleichen Namens. Die Atmosphäre ist sehr elegant, mit edlen Tischdecken, Silberbesteck und viel Grün. Von der Terrasse hat man grandiose Aussicht. Serviert wird hauptsächlich europäische Küche. Die Weinauswahl ist besonders gut.

WEIMAR Brasserie Central €

Rollplatz 8a, 99423 (03643) 85 27 74

Französische Landküche mit internationalem Touch bietet diese Brasserie. Crêpes, ob süß oder pikant, werden nach Wunsch des Gastes zubereitet. Die Speisekarte wechselt häufig, fragen Sie das Personal nach speziellen Angeboten. Weinliebhaber haben hier eine besonders große Auswahl.

WEIMAR Wolff's Art Hotel & Restaurant €€

Freiherr-vom-Stein-Allee 3a/b, 99425 (03643) 540 60

Wie es sich für ein Haus mit »Kunst« im Namen gehört, kann man hier viele Kunstwerke bewundern. Hotel und Restaurant wurden von der Bauhaus-Schule gestaltet. Auf der Karte finden sich Gerichte aus aller Welt, mit Schwerpunkt auf europäischen Küchen.

WEIMAR Anna Amalia €€€€

Markt 19, 99423 (03643) 80 20

Dieses Restaurant im Art-déco-Stil hat eine lange Tradition – hier speisten u. a. schon Richard Wagner und Thomas Mann – und erfreut sich noch immer großer Beliebtheit. Hier bekommt man die beste italienische Küche von ganz Thüringen. Der Service ist erstklassig. *Winter.*

München

Königsquelle €

Baaderplatz 2, 80469 (089) 22 00 71

Ein Muss für Whisky-Liebhaber, die sich hier in der Bar treffen. Das Speisenangebot reicht von herzhaft-einfach bis zu erstklassig-nobel. Das Wiener Schnitzel aus Kalbfleisch ist eine Wonne. Freundliche Atmosphäre, verlässliche Bedienung sowie gute Wein- und Bierauswahl. Tischreservierung ist empfehlenswert.

Ruffini €€

Orffstraße 22–24, 80637 (089) 16 11 60

Mit 25 Jahren Erfahrung ist das Ruffini eine gut etablierte Adresse für superbe italienische Küche. Das begrenzte Speisenangebot steht auf einer Tafel angeschrieben. Sehr gut sind die Nudelgerichte, aber auch Fleischgerichte sind zu empfehlen. Tagsüber ist das Ruffini ein Café; nebenan im Laden werden u. a. Weine verkauft.

Vanilla Lounge €€

Leopoldstraße 65, 80335 (089) 386 668 36

Im Herzen Schwabings findet man dieses moderne Café-Bar-Restaurant mit entspanntem Flair und Club-Dekor. Hier lässt es sich herrlich bei Kaffee oder einem Cocktail relaxen, man kann aber auch sehr gut frühstücken, zu Mittag oder zu Abend essen.

Yum €€

Utzschneiderstraße 6, 80469 (089) 232 306 60 ***Stadtplan** 2 B5*

Das Yum ist ein sehr populäres Thai-Restaurant. In dem Interieur mit schwarzen Wänden, Orchideen und vergoldeten Buddhas erspäht man öfter Prominente. Das Essen wird wunderbar präsentiert, leider muss man allerdings zuweilen etwas lange warten. Probieren Sie Thai-Curry mit Kokossauce oder eine würzige Fischsuppe.

Zum Franziskaner €€

Residenzstraße 9, 80331 (089) 231 81 20 ***Stadtplan** 2 B4*

In diesem traditionsreichen Wirtshaus kann man echte bayerische Schmankerln probieren. Die Weißwürste aus eigener Produktion sind in München berühmt. Hervorragend sind auch Hackbraten mit Senf, die Salate und die zahlreichen vegetarischen Gerichte. Probieren Sie das Weißbier der eigenen Brauerei.

Al Pino €€€

Frans-Hals-Straße 3, 81479 (089) 79 98 85

Exzellente italienische Küche, zubereitet vom Chefkoch Valerio Scopel, gibt es hier zu Mittag (außer sonntags) und zu Abend. Das Dekor des Restaurants ist schlicht, mit Medici-Porträts an den Wänden. Empfehlenswert sind z. B. Meerbarbe auf Fenchelpüree, Zucchiniblüten-Ravioli in Safranbutter und grünes Apfelmus auf Cassis-Sahne.

Dallmayr €€€

Dienerstraße 14–15, 80331 *(089) 213 51 00* **Stadtplan** *2 B4*

Das Dallmayr ist eine Münchner Institution, berühmt für sein Café. Das elegante Restaurant bietet Köstlichkeiten wie Zucchiniblüten mit Hummer auf Ratatouille in Currysauce und eine Auswahl an superben Weinen. Aufgrund des hervorrangenden Service und der wunderbaren Küche bei Einheimischen wie Urlaubern beliebt.

Gandl €€€

St.-Anna-Platz 1, 80538 *(089) 16 25 25* **Stadtplan** *3 D4*

Das Gandl, das Restaurant des schönen Hotels Opéra *(siehe S. 498)*, präsentiert leichte italienische Küche zu Mittag und noble französische Küche am Abend. Je nach Jahreszeit sitzt man vor dem offenen Kamin oder an Tischen im Freien auf dem wunderschönen St.-Anna-Platz. Exzellente Steaks, Fisch- und Entengerichte.

Nektar €€€

Stubenvollstraße 1, 81667 *(089) 459 113 11*

Eine moderne, dekadente Erfahrung erwartet Sie im Nektar. Essen Sie ein (täglich wechselndes) Menü aus mehreren Gängen, und lassen Sie sich dazwischen von Performances unterhalten. Alles hier ist weiß, die Beleuchtung ist futuristisch, die Musik gedämpft, an den Wänden sieht man Videoprojektionen. Reservierung ist ein Muss.

OskarMaria €€€

Salvatorplatz 1, 80331 *(089) 291 960 29* **Stadtplan** *2 B3*

Das OskarMaria im Münchner Literaturhaus (Restaurantbereich und Café) ist Nachfolger des Dukatz (jetzt im Schäfflerhof, Maffeistr. 3, Tel. 710 407 373) und bietet leichtere Gerichte im Brasseriestil. Das Tischporzellan ist mit Aphorismen von Oskar Maria Graf geschmückt.

Spatenhaus €€€

An der Oper, Residenzstraße 12, 80333 *(089) 290 70 60* **Stadtplan** *2 B4*

In klassischem Ambiente genießt man hier hochwertige bayerische Klassiker. Im Erdgeschoss geht es recht informell zu, im ersten Stock speist man nobler, mit wunderbarem Blick auf die Oper. Zu den Spezialitäten gehören gefüllte Kalbsbrust, Fleischpflanzerl mit Kartoffelsalat und Kohlrouladen.

Acetaia €€€€

Nymphenburgerstraße 215, 80639 *(089) 139 290 77*

Dieses kleine, enge, aber stilvolle Restaurant hat ein kleines Speisenangebot, das sich ganz um Aceto Balsamico dreht. Probieren Sie Blumenkohlsuppe und selbst gemachte, mit Ricotta, Pilzen oder Pecorino gefüllte Ravioli mit 25 Jahre altem Balsamico aus Modena. Im Sommer stehen auch Tische im Freien.

Austernkeller €€€€

Stollbergstraße 11, 80539 *(089) 29 87 87* **Stadtplan** *2 C4*

Münchens berühmtestes Seafood-Restaurant ist, wie der Name schon sagt, auf Austern spezialisiert. Die französischen Kreationen bestehen aus den frischesten Austern. Fragen Sie auf jeden Fall nach den Tagesspezialitäten. Sehr zu empfehlen ist auch die Zwiebelsuppe. Das Ambiente ist sehr romantisch.

Broeding €€€€

Schulstraße 9, 80634 *(089) 16 42 38*

Das Broeding ist ein gutes Restaurant und zugleich österreichischer Weinimporteur. Es gibt nur ein – täglich wechselndes – fünfgängiges Menü, dazu erstklassige Weine. Das Menü stellen ein Sommelier und ein Koch zusammen, die beide gutes Essen und gute Weine lieben. Klein, aber die erste Wahl. Reservierung ist ein Muss.

Garden Restaurant €€€€

Promenadenplatz 2–6, 80333 *(089) 212 09 93* **Stadtplan** *2 A3*

Dieses elegante Restaurant auf dem Dach des Luxushotels Bayerischer Hof *(siehe S. 498)* bietet fabelhaften Blick über die Stadt. Speisekarte und Dekor sind mediterran angehaucht. Probieren Sie gegrillten Wildlachs, *foie gras*, Orangen-Fenchel-Ravioli oder Kalb-, Lamm- oder Fischgerichte.

Lenbach €€€€

Ottostraße 6, 80333 *(089) 549 13 00* **Stadtplan** *1 F3*

Eines der besten Restaurants (aus drei Sälen, Bar, Galerie und Terrasse) befindet sich in einem Renaissance-Gebäude mit einem Interieur von Sir Terence Conran mit dem Thema »Sieben Todsünden«. Spezialitäten sind z. B. Ossobucco vom Kalb mit Artischocken und Spargel-Ravioli *au gratin* mit Himbeeren und Kerbel.

Acquarello €€€€€

Mühlbaurstraße 36, 81677 *(089) 470 48 48*

Im Acquarello (mit Michelin-Stern) serviert man fabelhafte italienische Küche aus frischen Zutaten und speziellen Gewürzen. Fragen Sie den Besitzer und Küchenchef Mario nach seiner Weinempfehlung zu Kreationen wie Feigen-Tortelli mit *foie gras* und Zitronen-Ricotta-Tarte. Das Dekor ist typisch italienischer Kitsch, das Essen hervorragend.

Ederer €€€€€

Kardinal-Faulhaber-Straße 10, 80333 *(089) 242 313 10* **Stadtplan** *2 B3*

Das Restaurant in den Fünf Höfen bietet exzellente Fisch- und Seafood-Gerichte wie Sardinen-Paprika-Terrine oder Erbsensuppe mit Gambas, alles frisch vom Markt. Im Keller lagern 500 großartige Weine. Im Sommer können die Gäste auf der Terrasse im Hof speisen.

Stadtplan München *siehe Seiten 234–237*

Käfer Schänke €€€€€

Prinzregentenstraße 73, 81675 (089) 416 82 47

Michael Käfers bekanntes Gourmetrestaurant zieht Politiker, Künstler und Geschäftsleute an. Das Restaurant ist täglich (außer sonntags) ab 11.30 Uhr geöffnet und besteht aus kleinen Räumen, in denen sich moderner Chic mit bayerischem Dekor mischt.

Königshof €€€€€

Karlsplatz 25, 80336 (089) 551 361 42 **Stadtplan** 1 F4

In dem Feinschmeckerrestaurant (mit Michelin-Stern) im Hotel gleichen Namens *(siehe S. 498)* kreiert Küchenchef Martin Fauster wunderbare Gerichte wie Wildmedaillons mit Steinpilzen und Kohl, Wolfsbarschfilet mit Artischockenfond und Ravioli oder Crème brûlée mit Birne. Die Atmosphäre hier ist stilvoll-elegant.

Mark's Restaurant Mandarin Oriental €€€€€

Neuturmstraße 1, 80331 (089) 29 09 80 **Stadtplan** 2 C4

Im Restaurant im Zwischengeschoss des Hotels, mit Blick auf die Lobby, wird gutes Essen in luxuriösem Ambiente serviert. Es gibt ein monatlich wechselndes Spezial-Menü und über 400 Weine. Küchenchef Mario Corti erfindet Gerichte wie Heilbutt in Knoblauch-Fumet mit Artischocken oder Rindermedaillon mit grünem Spargel.

Tantris €€€€€

Johann-Fichte-Straße 7, 80805 (089) 361 95 90

Das Tantris, seit über 30 Jahren eine Münchner Institution, ist im 1970er-Jahre-Look gehalten und bietet Gourmetmenüs, zwei Michelin-Sterne sowie einen Garten und eine Terrasse. Versuchen Sie die Spezialitäten wie Auberginen-Sardinen-Terrine mit Pesto oder warmen Lachs in Lauchpüree und brauner Butter. Tischreservierung ist erforderlich.

Terrine €€€€€

Amalienstraße 89, 80799 (089) 28 17 80 **Stadtplan** 2 B1

Das Restaurant, der jüngere Bruder des Tantris, ist ein erstklassiges Schwabinger Restaurant mit Gartenterrasse und spezialisiert auf köstliche kalorienarme Gerichte und besonders gute Lamm- und Fischgerichte. Das Ambiente ist hell und stilvoll. Kinder sind hier willkommen.

Bayern

ANSBACH Drechsels-Stuben €€

Am Drechselsgarten 1, 91522 (0981) 890 20

Das Restaurant im Best-Western-Hotel bietet großartige Aussicht über Stadt und Umgebung. Die Küche basiert auf frischen saisonalen Produkten, neben deutschen gibt es auch internationale Gerichte aus Fleisch, Fisch und Gemüse. Die Speisekarte wechselt wöchentlich. Es gibt auch ein Café und eine Terrasse.

ASCHAFFENBURG Post €

Goldbacher Straße 19–21, 63739 (06021) 33 40

Mitten in Aschaffenburg steht das Hotel Post mit seinem Restaurant voller Golddekor, Pfeilern und kleinen Sitzecken. Serviert wird mediterrane und bayerische Küche. Das Gourmetmenü wurde mehrfach ausgezeichnet. Besonders zu empfehlen ist das Wiener Schnitzel.

ASCHAFFENBURG Restaurant Hotel Wilder Mann €€€

Löherstraße 51, 63739 (06021) 30 20

Hochwertige saisonale Regionalküche, frischer Fisch aus dem Bassin und die Steakplatte Wilder Mann zeichnen dieses Restaurant aus, das auch eine umfangreiche Weinkarte aufzuweisen hat. Es gehört zu einem Hotel am Main *(siehe S. 499)*, das auf einen Gasthof (16. Jh.) zurückgeht. Es gibt sogar eine Dachterrasse.

ASCHAU IM CHIEMGAU Heinz Winkler €€€€

Kirchplatz 1, 83229 (08052) 179 90

Der Meisterkoch Heinz Winkler übernahm 1989 dieses Hotel *(siehe S. 499)* und machte daraus ein Paradies für Gourmets, mit dem Chiemsee und den Alpen als Kulisse. Die Gäste sitzen in luxuriösen Räumlichkeiten oder auf der Loggia-Terrasse. Speisen- und Weinauswahl sind herausragend.

AUGSBURG Ratskeller €€

Rathausplatz 2, 86150 (0821) 31 98 82 38

Der Ratskeller im Gewölbekeller des Rathauses besticht durch gemütliche Atmosphäre und regionale Spezialitäten wie Schweinebraten mit Knödeln und Blaukraut. Häufig bestellt werden auch Fischgerichte und Salate aus frischen Zutaten. Der Service ist exzellent, montagabends steht Live-Jazz auf dem Programm.

AUGSBURG Die Ecke €€€

Elias-Holl-Platz 2, 86150 (0821) 51 06 00

Dieses schwäbisch-bayerische Restaurant ist für seine innovativen Gerichte mit Waller bekannt, z. B. mit Meerrettich, Gemüse, Reis und Rieslingsauce. Eine weitere Spezialität des Hauses ist Lammbraten in Pommery-Senf-Kruste auf Schalottensauce mit Bohnen und Kartoffelgratin. Auch die Weine sind erstklassig.

AUGSBURG Magnolia Restaurant im Glaspalast €€€

Beim Glaspalast 1, 86153 (0821) 319 99 99

Das Magnolia in einem denkmalgeschützten Glasgebäude hat eine moderne internationale Speisekarte, die jede Woche wechselt. Probieren Sie z. B. Thunfischtatar mit Kaviar-Crème-fraîche und Rucola oder provenzalisches Rinderfilet mit *foie gras*. Die Fischgerichte sind ähnlich eindrucksvoll.

AUGSBURG August €€€€€

Frauentorstraße 27, 86152 (0821) 352 79

Das Restaurant August bietet seinen Gästen kunstvoll kombinierte und ebenso präsentierte großartige Küche. Die Gerichte bestehen aus frischestem saisonalem Gemüse, Fisch und Wild. Alle Gerichte sprechen Augen, Nase und Gaumen gleichzeitig an.

BAMBERG Alt-Ringlein €

Dominikanerstraße 9, 96049 (0951) 953 20

Im Herzen der Altstadt steht dieses Hotel *(siehe S. 499)*, dessen Restaurant fränkische Spezialitäten und die berühmten Bamberger Biere offeriert. Im Sommer kann man im Biergarten mit Blick auf den Dom sitzen. Der Flügel des Gebäudes, in dem das Restaurant untergebracht ist, ist über 700 Jahre alt.

BAMBERG St. Nepomuk €€

Obere Mühlbrücke 9, 96049 (0951) 984 20

Speisen Sie in einem traditionellen Restaurant, das seit Jahrhunderten in Bamberg eine feste Größe ist. Es gibt eine gute Auswahl an Wild- und Fischgerichten, dazu hiesige Weine und Biere. Das Restaurant in einer alten Mühle hat eine zauberhafte Atmosphäre und großartigen Blick über den Fluss und die Stadt.

BAYREUTH Oskar €€

Maximilianstraße 33, 95444 (0921) 516 05 53

Das Oskar ist eine Bayreuther Institution im früheren Rathaus, direkt am Marktplatz. In der immer vollen Bar finden häufig Comedy-Shows statt. In den noblen Speiseräumen serviert man gute fränkische Küche zu erschwinglichen Preisen. Tolle Atmosphäre und nette junge Bedienungen.

BAYREUTH Restaurant Lohmühle €€

Badstraße 37, 95444 (0921) 530 60

Süßwasserfisch aus dem hauseigenen Teich ist die Spezialität des Hauses: Forelle, Karpfen und Wels. Dazu gibt es eine gute Auswahl an fränkischen Weinen. Das Restaurant befindet sich nahe dem Zentrum in einer alten Gerberei an einem Bach.

BAYREUTH Schlossgaststätte Eremitage €€€

Eremitage 6, 95448 (0921) 79 99 70

Unglaublich schönes Ambiente in der Eremitage des Schlosses. Im Sommer sitzt man draußen auf der Terrasse, den Kaffee kann man in der Orangerie nehmen. Exzellente Küche und internationale Weine. Sehr zu empfehlen ist der Barsch oder Steak in Balsamico-Schalotten-Sauce mit Rucola und Bratkartoffeln. Leckere Desserts.

BAYREUTH Jagdschloss Thiergarten €€€€

Oberthiergärtner Straße 36, 95448 (09209) 98 40

Das romantische Restaurant ist für besondere Anlässe und romantische Stelldicheins beliebt. In der gemütlichen Stube werden traditionelle Wildgerichte serviert, im formelleren Restaurant gibt es Nouvelle Cuisine, z. B. Thunfisch-Carpaccio sowie Fisch-, Enten-, Hummer- und Lammgerichte.

BAYRISCHZELL Der Alpenhof €€€€

Osterhofen 1, 83735 (08023) 906 50

Mit einem Michelin-Stern ausgezeichnete bayerische und internationale Küche mit Fisch, Wild, Fleisch, Gemüse und herrlichen Desserts bekommt man im Alpenhof nahe der österreichischen Grenze mit wunderbarem Alpenpanorama. Die Atmosphäre ist sehr einladend und behaglich.

BURGHAUSEN Bayerische Alm €€€

Robert-Koch-Straße 211, 84489 (08677) 98 20

Hierher kommt man nicht nur wegen der exzellenten österreichischen und mediterranen Spezialitäten, sondern auch wegen des Blicks auf Europas längste Burg, mit den Alpen im Hintergrund. Bei gutem Wetter isst man draußen im Biergarten oder auf der Terrasse. Das Restaurant gehört zum Landhotel Reisingers Bayerische Alm *(siehe S. 500)*.

COBURG Der Kräutergarten & Die Petersilie €€

Rosenauer Straße 30c, 96450 (09561) 42 60 80

Lammbraten mit Kräutern, Knoblauch und Kartoffelgratin ist eine der Hausspezialitäten, ebenso die Regenbogenforelle in Rieslingsauce. Die Hauptrolle spielen hier Kräuter – daher auch der Name. Das Restaurant am Stadtrand hat ein gemütlich-rustikales Interieur.

DINKELSBÜHL Zum kleinen Obristen €

Dr.-Martin-Luther-Straße 1, 91550 (09851) 577 00

Ein hervorragenes Restaurant mitten in der Altstadt, im alten Gewölbe des Hotels Eisenkrug. Die gastronomischen Freuden reichen von exotisch gewürzten Gerichten bis zu regionaler Hausmannskost. Die Spezialitäten sind z. B. Wild von September bis März und Spargel im April und Mai. Gute Auswahl an Weinen der Region.

DINKELSBÜHL Deutsches Haus €€

Weinmarkt 3, 91550 (09851) 60 58

In einem imposanten Patrizierhaus von 1440 befindet sich dieses Hotel *(siehe S. 500)* mit Restaurant, das in seinen drei Räumen und an Tischen im Freien traditionell deutsche Küche und leichte, kreative Gerichte serviert. Wählen Sie aus erstklassigen Fleisch-, Fisch- und Gemüsegerichten. Der ganze Ort verströmt Historie.

EICHSTÄTT Gasthof Krone €€

Domplatz 3, 85072 (08421) 44 06

Das Restaurant ist in einem familienbetriebenen Gästehaus im Herzen von Eichstätt untergebracht. Herzhafte Spezialitäten der bayerischen Küche werden hier serviert. Besonders beliebt sind Kalbsbraten und die Fischgerichte. Obst und Gemüse stammen von Bauernhöfen aus der Umgebung.

FREISING Zur Alten Schießstätte €€

Dr.-v.-Daller-Straße 1–3, 85356 (08161) 53 20

Das Restaurant im Hotel Dorint ist für hochwertige bayerische Küche berühmt. Vom historischen Zentrum Freisings ist es nur ein kurzer Spaziergang hierher. Zum Haus gehören auch ein 470 Jahre alter Bierkeller und ein Biergarten mit Kastanienbäumen.

FÜSSEN Alpenblick €€

Uferstraße 10, 87629 (08362) 505 70

Das Restaurant des Hotels Alpenblick *(siehe S. 501)* ist für Fisch aus dem Hopfensee und seine Aussicht auf den See und die Alpen berühmt. In gemütlicher bayerischer Atmosphäre können Sie zwischen dem Restaurant, dem Wintergarten oder der großen Terrasse wählen. Neben Fisch gibt es auch Schnitzel und Bratwürste.

FÜSSEN Treff Hotel Luitpoldpark €€€€

Luitpoldstraße 1, 87629 (08362) 90 40

Dieses prächtige Hotel *(siehe S. 501)* beherbergt mehrere kulinarische Verlockungen: vom eleganten Restaurant Kurfürst von Bayern mit bayerischer und internationaler Gourmetküche über die gemütliche traditionelle Lautenmacher Stube und einem Wiener Kaffeehaus bis zu einem mexikanischen Restaurant.

GARMISCH-PARTENKIRCHEN Best Western Hotel Obermühle €€€

Mühlstraße 22, 82467 (08821) 70 40

Die Mühlenstube im Best Western Hotel Obermühle, fünf Gehminuten vom Garmischer Zentrum entfernt, bietet herrliche Sicht auf die Zugspitze und andere Berggipfel. Das zu Mittag und zu Abend geöffnete Restaurant hat eine internationale Speisekarte. In der Bar Mühlradl bekommt man bayerische Schmankerln.

GARMISCH-PARTENKIRCHEN Reindl's €€€

Bahnhofstraße 15, 82467 (08821) 94 38 70

Dieses Top-Restaurant gehört zum Hotel Partenkirchner Hof. Es ist seit Langem für gute Küche, exzellenten Service und noble Atmosphäre bekannt. Der momentane Küchenchef präsentiert eine bayerische Speisekarte mit klassisch französischem Touch. Ob Wildlachs oder Kalbsnierchen, Lammrücken oder Wildbret – alles ist erstklassig.

GARMISCH-PARTENKIRCHEN Grand Hotel Sonnenbichl €€€€

Burgstraße 97, 82467 (08821) 70 20

Das Grand Hotel Sonnenbichl hat ein Gourmetrestaurant namens Blauer Salon. Das beeindruckende Jugendstilgebäude bietet tolle Sicht auf die Berge. Bei schönem Wetter können die Gäste auf der Terrasse essen. Der Blaue Salon serviert eine gute Auswahl internationaler Gerichte in klassisch-elegantem Dekor.

HAINDLFING BEI FREISING Gasthaus Landbrecht €€€

Freisinger Straße 1, 85354 (08167) 89 26

Auf der Speisekarte des kleinen Landbrecht, nördlich von Freising, stehen regionale Gourmetgerichte. Das Angebot an Fisch, Fleisch und Gemüse variiert je nach Saison. Zum behaglichen Interieur gehören Holztäfelung und traditionelle Kachelöfen. Das Restaurant ist von Mittwoch bis Sonntag geöffnet.

INGOLSTADT Hummel €€

Feldkirchener Straße 69, 85055 (0841) 95 45 30

Zauberhaftes Hotel mit Restaurant nahe der Altstadt. Das Dekor ist modern, das Flair sehr relaxt. Im Restaurant können auch Nicht-Hotelgäste essen. Serviert wird italienische und internationale Küche, entweder à la carte oder Menüs. Probieren Sie die wunderbare Kartoffelsuppe oder geräucherte Forelle.

KEMPTEN Peterhof €€

Salzstraße 1, 87435 (0831) 524 40

Das Hotel Peterhof mitten in Kempten, nahe dem historischen Zentrum und der Fußgängerzone, hat ein elegantes modernes, aber informelles Restaurant, in dem italienische Küche serviert wird. Genießen Sie leichte Gerichte mit italienischem Wein und danach einen tollen Espresso.

LANDSHUT Schloss Schönbrunn €€€

Schönbrunn 1, 84036 (0871) 952 20

Vor den Toren Landshuts befindet sich in diesem herrlichen blassrosa Schloss aus dem 17. Jahrhundert ein Restaurant mit guter, bodenständiger bayerischer Küche. Daneben offeriert der Küchenchef aber auch internationale Gerichte. Zum Haus gehört ein sehr schöner Biergarten.

LINDAU Alte Post €€

Fischergasse 3, 88131 (08382) 934 60

Dieses attraktive, von einer Familie geführte Restaurant von 1700, in einer ruhigen Ecke in der Altstadt, hat eine Dachterrasse, einen beschaulichen Hof und einen gemütlichen Speiseraum zu bieten. Aus regionalen Produkten werden schmackhafte Gourmetmahlzeiten zubereitet. Kinder sind hier willkommen.

LINDAU Villino €€€€

Hoyerberg 34, 88131 (08382) 934 50

Die junge Familie Fischer betreibt das sehr einladende Hotel Villino *(siehe S. 501)* und dessen Restaurant nahe am Bodensee. Man kann auf der Terrasse mit Blick auf den zauberhaften Garten, im Schatten von Bäumen oder im Inneren speisen. Die sehr gute Küche ist eine Kombination aus Asien und Italien.

LINDAU Bayerischer Hof €€€€€

Seepromenade, 88131 (08382) 91 50

Der klassisch-noble Speisesaal des Hotels *(siehe S. 501)* ist mit feinsten Stoffen ausgestattet. Fachkundige, ausnehmend freundliche Kellner servieren hier exzellente Gerichte. Der Blick auf den Bodensee ist – besonders von der Terrasse aus – unübertrefflich.

NEUBURG AN DER DONAU Zum Klosterbräu €€€

Kirchplatz 1, 86633 (08431) 677 50

Dieses renommierte Restaurant von 1744 wird von einer jungen Familie und einem kreativen Küchenchef geführt. Sie können in der romantischen Jakobsstube, in der gemütlichen Gaststube oder – im Sommer – im malerischen Garten sitzen und hochwertige bayerische Küche genießen.

NEU-ULM Landhof Meinl €€€

Marbacher Straße 4, 89233 (0731) 705 20

Dieses Hotelrestaurant hat einladendes, rustikales Flair mit einem Touch moderner Eleganz. Das Haus in wunderbarer Lage gehört zur Silence-Hotelkette. Zu essen gibt es gute deutsche und typisch schwäbische Küche. Probieren Sie z. B. frischen Salat mit Fisch oder Hühnerbrust oder Pute in Pfeffersahnesauce mit Rösti.

NÜRNBERG Sebald €€€€

Weinmarkt 14, 90403 (0911) 38 13 03

Elegantes modernes Restaurant mitten in der Altstadt. Der Küchenchef setzt seine Erfahrung, die er auf der ganzen Welt sammelte, sehr gekonnt ein und bietet appetitliche Gerichte mit deutscher und italienischer Dominanz, von *vitello tonnato* bis Ochsenschwanzsuppe, Muscheln oder Wiener Schnitzel. Reservieren Sie auf jeden Fall einen Tisch.

NÜRNBERG Wonka €€€€

Johannisstraße 38, 90419 (0911) 39 62 15

Dieses Juwel in einer früheren Bäckerei bietet eine exzellente Auswahl an schmackhaften Gerichten mit leicht exotischem Flair, z. B. Suppen, Seafood und köstliche Desserts. Netter Service, freundliche Atmosphäre, eine gute Weinkarte (Weine nur per Glas), angemessene Preise und hervorragendes Essen – was will man mehr?

NÜRNBERG Essigbrätlein €€€€€

Weinmarkt 3, 90403 (0911) 22 51 31

Nahe am Hauptmarkt findet man dieses gemütliche Restaurant mit nur 20 Tischen – Reservierung ist unbedingt erforderlich. Geboten werden exzellente Küche, hervorragender Service und tolle Weine. Wählen Sie aus der täglich wechselnden Karte, oder bitten Sie den Kellner und den Sommelier um Rat. Köstlicher Fisch, exquisite Desserts.

OBERAMMERGAU Böld €€€

König-Ludwig-Straße 10, 82487 (08822) 91 20

Das Restaurant in diesem klassisch bayerischen Hotel bietet traditionelle bayerische Gastlichkeit: einladende Atmosphäre, rustikales Dekor und hochwertige Speisen nach Regionalrezepten. Sie haben die Wahl zwischen Restaurant, Bar und Sonnenterrasse. Der Blick auf die Berge ist geradezu spektakulär.

OBERSTDORF Exquisit €€€

Prinzenstraße 17, 87561 (08322) 963 30

In einem Bergparadies mit Terrassen, von denen man die Wiesen überblickt, in denen sich die Gäste im Sommer entspannen können, befindet sich ein gemütliches bayerisches Restaurant mit blauen Tischdecken und Polstern sowie nettem, unaufdringlichem Personal. Die Küche bietet Gourmetgerichte und kalorienarme Kreationen.

PASSAU Christophorus Stüberl €

Pfaffengasse 7, 94032 (0851) 756 80 90

Wenn Ihnen der Sinn nach herzhafter Hausmannskost steht, sind Sie im bodenständigen Christophorus Stüberl mitten in Passau, in einer Kopfsteinpflastergasse zwischen Dom und Donau, richtig. Neben traditioneller Regionalküche gibt es auch Steaks und Fischgerichte. Die Besitzer verkaufen auch italienische Feinkost.

PASSAU Heilig-Geist-Stiftschenke €€€

Heilig-Geist-Gasse 4, 94032 (0851) 26 07

In historischem Ambiente mit dunklen Holztäfelungen serviert man den Gästen inmitten von Wappen, Jagdtrophäen und alten Drucken bayerische und österreichische Spezialitäten. Besonders gut sind die Fische aus den drei Flüssen Passaus. *Mi.*

REGENSBURG Rosenpalais €€€

Minoritenweg 20, 93047 (0941) 599 75 79

Im Erdgeschoss dieses schönen Palais befindet sich das Restaurant, der Barocksaal oben wird nur für besondere Anlässe genutzt. Hohe Decken, einfache Räumlichkeiten, große Fenster und ein Rosengarten zeichnen das Restaurant aus, das hochwertige oberpfälzische Küche mit viel Wild und Schweinefleisch bietet.

REGENSBURG Restaurant Gänsbauer €€€€

Keplerstraße10, 93047 (0941) 578 58

Leichte Mittelmeerküche serviert man in diesem historischen Restaurant, das schon lange als eines der besten in Regensburg gilt. Ob Sie nun Fleisch, Fisch oder Seafood bestellen – Sie werden nicht enttäuscht. Sie können sich auch in den romantischen Innenhof setzen. Im »Stehladl« werden Weinproben angeboten. *So.*

REGENSBURG David €€€€€

Krauterermarkt 3, 93047 (0941) 56 18 58

Das erstklassige Restaurant des Hotels Bischofshof am Dom *(siehe S. 502)* mitten im Zentrum ist nach der Geschichte von David und Goliath benannt – die Fassadenmalereien darüber stammen von 1573. Serviert wird klassische Gourmetküche. Von der Dachterrasse aus hat man wunderbaren Blick über die Stadt.

ROTHENBURG OB DER TAUBER Gerberhaus €

Spitalgasse 25, 91541 (09861) 949 00

Im hübschen Biergarten des Hotels Gerberhaus an der Stadtmauer bekommen Sie fränkische Spezialitäten wie Nürnberger Rostbratwürstl mit Sauerkraut. Im beliebten Café serviert man Ihnen z. B. großartige Kuchen, Cappuccino, leichte Mahlzeiten und Weine aus dem Taubertal.

ROTHENBURG OB DER TAUBER Eisenhut €€€€

Herrngasse 3–7, 91541 (09861) 70 50

Der Speiseraum des wunderschönen Restaurants im alten Hotel Eisenhut erinnert mit antiken Möbeln, Teppichen, Gemälden und eleganter Tischdekoration an ein aristokratisches Landhaus. Genießen Sie hier regionale und internationale Küche, Tauberweine und die Musik aus der Pianobar nebenan.

WERNBERG-KÖBLITZ Kastell €€€

Hotel Burg Wernberg, Schlossberg 10, 92533 (09604) 93 90

Das Kastell hat sich seine zwei Michelin-Sterne redlich verdient. Unter dem Deckengewölbe der Burg Wernberg serviert man superbe Gourmetküche. Exzellenter Service, Silber, Porzellan und noble Weine. Zu diesem Hotel gehört auch ein Gartenrestaurant.

WÜRZBURG Nikolaushof €€€

Spittelbergweg, 97082 (0931) 79 75 00

Das moderne, in mediterranen Farben gehaltene Restaurant auf einem Hügel ist einladend und stilvoll. Durch das große Fenster nach vorne hinaus und von der schattigen Terrasse überblickt man die Lichter der Stadt, während man internationale und fränkische Gerichte genießt.

WÜRZBURG Zum Lamm €€€

Hauptstraße 76, 97204 (0931) 304 56 30

Dieses bekannte Restaurant bewirtet schon seit 1732 Gäste. Einheimische und Urlauber lassen sich die fränkische und internationale Küche schmecken, im Sommer auch im romantischen Garten. Aus den Produkten hier ansässiger Bauern werden saisonale Gerichte zubereitet.

WÜRZBURG Schloss Steinburg €€€€

Auf dem Steinberg, 97080 (0931) 970 20

Ein romantisches Schloss beherbergt ein Hotel und Restaurant mit einer Gartenterrasse, die fabelhafte Sicht über die Stadt bietet. Zu essen gibt es deutsche Feinschmeckerküche. Das geschichtsträchtige Schloss wurde 1236 erstmals erwähnt. Ideal für das romantische Dinner für zwei.

Baden-Württemberg

BADEN-BADEN Laterne €

Gernsbacher Straße 10–12, 76530 (07221) 299 99

In einem 300 Jahre alten Gebäude mitten in der Fußgängerzone befindet sich dieses Hotelrestaurant. In rustikal-gemütlichem Ambiente, im Sommer auch im Freien, serviert man Badener Küche wie etwa Sauerbraten, Räucherforelle oder Käsespätzle und hiesige Weine.

BADEN-BADEN Stahlbad €€

Augustaplatz 2, 76530 (07221) 245 69

Renommiertes, romantisches Restaurant mit Terrasse unweit vom Kurhaus in Baden-Badens Zentrum. Der Küchenchef bereitet aus frischen Regionalprodukten Gerichte mit französischem Flair zu: warme Gänseleber mit Apfelkompott, Flusskrebse mit Spargelragout oder Wildmedaillons mit Preiselbeeren, Kastanien und Spätzle.

BADEN-BADEN Piemonte €€€
Hans-Bredow-Straße 20, 76530 (07221) 30 09 90

Das attraktive, stilvolle Restaurant gehört zum Hotel Tannenhof *(siehe S. 503)*, das Baden-Baden überblickt. Das 2006 renovierte Gebäude befindet sich in ruhiger Umgebung, abseits des Touristenstroms. Der Küchenchef experimentiert gekonnt mit norditalienischer Küche und Spezialitäten aus dem Piemont.

BADEN-BADEN-NEUWEIER Restaurant im Schloss Neuweier €€€
Mauerbergstraße 21, 76534 (07223) 957 05 55

2004 übernahm der Meisterkoch Armin Röttele gemeinsam mit seiner Frau das Schloss Neuweier. Sie bieten Gästezimmer und ein fantastisches Restaurant mit einem Michelin-Stern. Probieren Sie den schlosseigenen Wein und Gourmetfreuden wie Kalbsfilet mit Pfifferlingskruste auf Artischockengemüse und Tomaten-Pesto-Sauce.

BADEN-BADEN-NEUWEIER Zum Alde Gott €€€
Weinstraße 10, 76534 (07223) 55 13

Weinberge bilden die hübsche Kulisse dieses traditionellen deutschen Restaurants, das Regionalspezialitäten mit neuem Touch serviert, z. B. selbst gemachte Gänseleberpastete, Fasan mit Grünkohlpüree und Kastanien oder Feigen im Bierteig. Zum Essen kann man badische Weine genießen.

BRAUNSBACH Schloss Döttingen €€
Buchsteige 2, 74542 (07906) 10 10

In diesem Hotelrestaurant im Schloss Döttingen (12. Jh.) herrscht romantische, entspannte Atmosphäre. Sie haben die Wahl zwischen dem eleganten Restaurant, einer Weinstube, einem Café, einer Terrasse und Räumen mit offenen Kaminen. Zu essen gibt es Hohenloher Spezialitäten mit Fleisch aus eigener Produktion.

FREIBURG Enoteca €€€€
Gerberau 21, 79098 (0761) 389 91 30

Seit 20 Jahren gehört die Enoteca zu Freiburgs besten Restaurants. Geboten wird hochwertige leichte italienische Küche mit Schwerpunkt auf Schlichtheit und den frischesten Produkten. Man kann unter mehreren Menüs wählen – einem kleinen, einem mit Fisch und einem täglich neu komponierten – oder à la carte bestellen.

HEIDELBERG Schönmehls Schlossweinstube €€€€
Im Schlosshof, 69117 (06221) 979 70

Im prächtigen Heidelberger Schloss bietet dieses stilvolle, große Restaurant moderne deutsche und internationale Küche. Immer eine gute Wahl sind Fisch, Ente oder Wild, aber auch Vegetarier kommen auf ihre Kosten. Sie können ein Candle-Light-Dinner für zwei buchen oder an warmen Abenden auf der hübschen Terrasse essen.

HEIDELBERG Simplicissimus €€€€
Ingrimstraße 16, 69117 (06221) 18 33 36

In dem Restaurant mitten in Heidelberg sollte man einen Tisch reservieren, denn Einheimische wie Urlauber lieben die einfache, aber wunderbare Küche aus frischesten Zutaten und die guten Weine. Man sitzt entweder im beschaulichen Speisesaal oder im blumengefüllten Hof. Am ersten Freitag im Monat steht Weinprobe auf dem Programm.

HEILBRONN Grüner Kranz €€
Lohtorstraße 9, 74072 (07131) 961 70

Zum netten kleinen Stadthotel gehört ein Restaurant mit einfachen schwäbischen Spezialitäten und internationalen Gerichten. Ein junges Paar leitet das Lokal und heißt auch Familien mit kleinen Kindern willkommen. Die Erwachsenen sollten unbedingt einen der regionalen Weine probieren.

KARLSRUHE Ketterer €€€
Bahnhofplatz 14–16, 76137 (0721) 371 51 12

Im eindrucksvollen Residenz-Hotel mit seiner Säulenarkade befindet sich das elegante Restaurant Ketterer. Eine Spezialität des Hauses ist württembergischer Spargel, den es in der Saison in vielen Varianten gibt. Weitere Favoriten sind z. B. Schweinebraten und Spätzle. Zum Hotel gehören auch ein Bistro und eine Terrasse.

KARLSRUHE Oberländer Weinstube €€€€€
Akademiestraße 7, 76133 (0721) 250 66

Tradition und Service in diesem renommierten Familienbetrieb sind erste Güte. Das holzverkleidete Interieur mit Kachelöfen ist sehr behaglich. Der kreative Küchenchef bietet sternengekrönte Gerichte aus traditionellen Rezepten mit modernem Touch, z. B. Lachs- und Barschrouladen auf Graupenrisotto mit Knoblauchbutter.

KARLSRUHE-DURLACH Zum Ochsen €€€€€
Pfinzstraße 64, 76227 (0721) 94 38 60

Das Speisenangebot des bekannten Restaurants dominieren französische Gerichte. Der Fisch ist delikat, die Küche kreativ. Versuchen Sie z. B. mariniertes Lammfilet auf provenzalischem Gemüsebett. Eine Spezialität des Hauses ist Hummersalat an warmer Orangenbutter.

KONSTANZ Die Bleiche €€
Bleichstraße 8, 78467 (07531) 942 28 60

In einer früheren Textilfabrik im Besitz des Zeltherstellers Stromeyer befindet sich dieses Restaurant mit freundlichem Service und einem tollen Biergarten, an dem der Rhein vorbeifließt. Es gibt regionale Gerichte sowie ein günstiges Mittagsbüfett, ein Brunchbüfett am Sonntag und ein Fischbüfett am Donnerstag.

KONSTANZ Rheinterrasse €€

Spanierstraße 5, 78467 (07531) 560 93

Das Restaurant in wunderbarer Lage beim öffentlichen Badeplatz am Rhein ist im Sommer vor allem bei Familien beliebt, weil die Kinder auf dem Rasen spielen können. Auch die Schönen und Reichen genießen hier Kaffee, internationale Küche, gute Weine und Musik. Der Sonnenuntergang ist grandios.

LUDWIGSBURG Goldener Pflug €€

Dorfstraße 4–6, 71636 (07141) 441 10

Nettes, legeres kleines Restaurant im Hotel gleichen Namens. Auf der Karte stehen bekannte Regionalgerichte, ein Standard- und ein Tagesmenü. Probieren Sie Maultaschensuppe oder das Rumpsteak. Besonders lecker sind hier auch die Käsespätzle.

MANNHEIM Gasthof zum Ochsen €€

Hauptstraße 70, 68259 (0621) 79 95 50

Das Restaurant in einem denkmalgeschützten Gebäude von 1632 bietet – trotz dieses hohen Alters – eine moderne Atmosphäre und wirkt sehr einladend. Die Speisekarte wechselt mit den Jahreszeiten. Geboten werden z. B. hervorragende Fisch- und Grillgerichte.

MANNHEIM Hahnhof €€€€

Keplerstraße 32, 68165 (0621) 44 74 55

Der Hahnhof unweit der Kunsthalle in Mannheims Zentrum ist ein rustikales, lebhaftes Restaurant mit alten Buntglasfenstern, karierten Tischdecken und Geranien an den Fenstern. Freundliche Bedienungen servieren gute Weine und Spezialitäten wie Wiener Schnitzel, Trüffel, Wild und frischen Fisch.

MARBACH Schillerhöhe €€

Schillerhöhe 12, 71672 (07144) 340 81

Die Schillerhöhe umweht zeitlose Eleganz, und die internationale Gourmetküche macht sie zum besten Restaurant der Gegend. Essen Sie bei Kerzenlicht oder auf der Terrasse mit Blick über das Neckartal köstliche Salate mit Barbarie-Entenbrust oder Rotbarschfilet mit Korianderbutter, sautierten Kartoffeln und frischem Marktsalat.

RAVENSBURG Gasthof Engel €

Marienplatz 71, 88212 (0751) 234 84

Seit 1878 ist dieses Lokal in der Fußgängerzone ein Favorit in Ravensburg und ideal für eine Mahlzeit während oder nach dem Stadtbummel. Es gibt schwäbische Schmankerln, Biere und Weine. Im Sommer kann man auch an Tischen vor dem Gasthof sitzen.

RAVENSBURG Bärengarten €€

Schützenstraße 21, 88212 (0751) 35 30 92

Der Bärengarten mitten im Zentrum hat den ältesten und schönsten Biergarten der Stadt und einen Spielplatz. Sie haben die Wahl unter mehreren Menüs und À-la-carte-Bestellung. Besonders gut sind Zwiebelrostbraten, Maultaschen, Käsespätzle und Wurstsalat. Zu trinken gibt es lokale Biere und Weine.

ROTTWEIL Haus zum Sternen €€

Hauptstraße 60, 78628 (0741) 533 00

Hochwertige Küche, basierend auf traditionellen Rezepten und guter alter Hausmannskost, bietet dieses Restaurant im Hotel gleichen Namens *(siehe S. 505)*. Zu den Spezialitäten des Hauses gehören Rinderkraftbrühe mit Kräuterflädle, Zwiebelrostbraten mit Spätzle und Apfelküchle mit Vanilleeis.

SALEM Gasthof Schwanen €€€

Am Salemer Schloss, 88682 (07553) 283

Das Restaurant auf dem berühmten markgräflichen Weingut bietet gute selbst gekelterte Weine sowie internationale und vor allem regionale Küche. Auf der saisonalen Speisekarte stehen wunderbares Wild und Fisch aus hiesiger Jagd und Fischzucht.

SALEM Reck's €€€

Bahnhofstraße 111, 88682 (07553) 201

Das Restaurant eines Hotels *(siehe S. 505)* außerhalb Salems, in der schönen Bodensee-Landschaft, verarbeitet ausschließlich selbst angebaute bzw. gezüchtete Produkte zu attraktiven Gerichten. Der Wirt und Küchenchef lernte sein Handwerk in Frankreich, heute unterstützt ihn seine Tochter, die ebenfalls in Top-Häusern Erfahrungen sammelte.

SALEM Salmannsweiler Hof €€€

Salmannsweilerweg 5, 88682 (07553) 921 20

In diesem Fachwerkhaus herrscht sowohl innen als auch auf der Terrasse relaxt-rustikale Atmosphäre. Sehr zu empfehlen sind Fisch und Gemüse aus eigenem Anbau. Probieren Sie die große Schüssel mit biologisch angebautem Salat. Es gibt einige hervorragende Weine aus der Region, und der Hausschnaps ist ebenfalls gut.

SCHWÄBISCH GMÜND Gmünder Geigerle €€€

Türlensteg 9, 73525 (07171) 35 97 01

Dieses Restaurant gehört zum modernen, eher unscheinbaren Hotel Pelikan in der Altstadt. Freundliche Bedienungen servieren hier internationale und leckere schwäbische Küche. Der helle offene Speiseraum wurde für sein Design und seinen Stil ausgezeichnet.

SCHWÄBISCH GMÜND Stadtgarten €€€€

Rektor-Klaus-Straße 9, 73525 (07171) 690 24

In einem modernen Gebäude im Stadtgarten befindet sich dieses exzellente Restaurant, in dem Sie zu Mittag und zu Abend Gerichte wie Rindfleisch-Carpaccio, Muscheln, Bouillabaisse und andere wunderbare Fisch- und Fleischgerichte bekommen. Im Garten steht ein hübsches Rokoko-Häuschen mit Weinstube und Terrasse.

STUTTGART Hotel Traube €€€

Brabandtgasse 2, Plieningen, 70599 (0711) 45 89 20

Das geschichtsträchtige Fachwerkhaus steht in Plieningen, einem Dorf bei Stuttgart. Von den Antiquitäten über die alten Türen, das Kopfsteinpflaster und den Dachgiebel – alles verströmt romantischen Zauber. Das holzgetäfelte Restaurant ist gemütlich, die Terrasse wunderschön. Serviert werden gute schwäbische Wild- und Fischgerichte.

STUTTGART Schlossgastronomie Solitude €€€

Solitude 2, 70197 (0711) 469 07 70

Dieses Etablissement in einem eindrucksvollen, weitläufigen Rokokoschloss von 1775 serviert nur Abendessen. Der Küchenchef konzentriert sich auf französische, leichte Kreationen aus frischen Produkten der Region, daneben gibt es aber auch schwäbische Spezialitäten. Zum Restaurant gehört eine hübsche Gartenterrasse. *So, Mo.*

STUTTGART Trattoria da Loretta €€€

Büchsenstraße 24, 70173 (0711) 280 45 07

Loretta Petti eröffnete 2005 ihre heimelige toskanische Trattoria, nachdem sie jahrelang in Stuttgart Feinkostläden geführt hatte. Mit den regionalen Spezialitäten ihrer Heimat kocht sie sich in die Herzen aller hiesigen Italienfans. Sowohl das Ambiente als auch die Küche sind modern und einfach.

STUTTGART Cube €€€€

Kleiner Schlossplatz 1, 70173 (0711) 280 44 41

Ein gastronomisches Highlight im neuen Kunstmuseum Stuttgart. Der riesige Glaswürfel beherbergt im dritten Stock ein exzellentes, minimalistisch dekoriertes und kosmopolitisches Restaurant. Die »Pacific-Rim-Cuisine« am Abend bietet Fusion-Gerichte wie mit Honig und Sojasauce glasierte Entenbrust auf Chili-Vanillekohl.

TÜBINGEN Carat €€€

Wöhrdstraße 7, 72072 (07071) 13 91 00

Elegantes Restaurant am Neckar, mitten in Tübingen. In die Altstadt gelangt man von hier über eine Brücke. Das Hotel hat riesige Fensterfronten zum Fluss hin. Die Gäste können leichte Regional- oder Mittelmeergerichte genießen. Im Sommer sitzt man gerne auf der Gartenterrasse. *So.*

WEINGARTEN Altdorfer Hof €€€

Burachstraße 12, 88250 (0751) 500 90

Dieses luxuriöse Hotelrestaurant in Weingarten bei Ravensburg bietet exquisite schwäbische Küche. Das Dekor mit Volants, Rüschen, Schwänen und Rokoko-Anklängen ist wunderbar, das Essen hervorragend. Alle Gerichte, von Fisch über Lamm bis Kalb, werden mit einem Hauch Exotik präsentiert.

Rheinland-Pfalz und Saarland

BESCHEID Zur Malerklause €€€€

Im Hofecken 2, 54413 (06509) 558

Zurückhaltende Gelassenheit umgibt dieses Restaurant, dessen Speisekarte häufig wechselt – je nach Marktangebot. Geboten werden deutsche, französische und mediterrane Gerichte. Sehr zu empfehlen ist die Gänseleber-Terrine. Im Keller lagern über 300 Weine, bei der Auswahl ist Ihnen ein Sommelier gerne behilflich.

BOLLENDORF Restaurant Bellevue €€€

Sonnenbergallee 1, 54669 (06526) 928 00

Die Aussicht von diesem Restaurant mit Terrasse, Teil des Waldhotels Sonnenberg, ist grandios. Im Angebot sind mehrere Menüs, asiatische Speisen und Wildgerichte. Hier kann man auch sehr gut deutsche und regionale Spezialitäten probieren.

DIEBLICH Halferschenke €€€

Hauptstraße 63, 56332 (02607) 10 08

Die Halferschenke in einer ruhigen Gegend an der Mosel hat internationale Küche, darunter z. B. ein paar wirklich fantastische Mittelmeergerichte. Der experimentierfreudige Küchenchef bietet ein Überraschungsmenü, zu dem er auch die Weine selbst aussucht. Es gibt eine nette Terrasse und einen Biergarten.

HEIDESHEIM Crevette €€€

Budenheimer Weg 61, 55262 (06132) 52 70

Dies ist ein herausragendes Seafood-Restaurant mit mehreren schönen, stimmungsvollen Bereichen, sowohl innen als auch im Freien. Der Service ist freundlich und hilfsbereit und kann auch in Sachen Weinauswahl fachkundigen Rat erteilen. Die Paella ist ein Traum.

KOBLENZ Da Vinci €€

Firmungstraße 32b, 56068 (0261) 921 54 44

Italienisches Restaurant mit gehobener Atmosphäre und superber Küche. Hier finden häufig Weinproben, Modenschauen und andere Events statt. An den Wänden hängen Gemälde, im Hintergrund erklingt sanfte Musik. Frischeste Zutaten und authentische italienische Gerichte machen das Da Vinci zu einem Lieblingslokal der Koblenzer.

KOBLENZ Loup de mer €€€

Neustadt 12, 88250 (0261) 161 38

Dies ist wohl das beste Fischrestaurant der Stadt. Doch die einfallsreiche Küche besteht nicht aus Meeresfrüchten allein, sondern bietet auch vegetarische und sogar fleischliche Genüsse. Göttlich ist das Gericht mit Wolfsbarsch, nach dem das Restaurant benannt ist. All die Köstlichkeiten kann man auch auf der Terrasse zu sich nehmen.

MAINZ Eisgrub-Bräu €€

Weißliliengasse 1a, 55116 (06131) 22 11 04

Die Gasthausbrauerei in Domnähe ist einfach zauberhaft. Den geradezu enthusiastischen Gästen, die die lebhafte Atmosphäre mögen, werden selbst gebraute Biere und riesige Steaks serviert. Im Keller gibt es ein Büfett mit allen möglichen Regionalgerichten.

MAINZ Der Halbe Mond €€€€

In der Witz 12, 55252 (06134) 239 13

Winziges Restaurant mit ganz speziellen kulinarischen Kreationen mit französischem Touch. Eine Versuchung ist die hell-dunkle Mousse au Chocolat mit karamellisierten Haselnüssen. Da es hier nur fünf Tische gibt, sollte man im Voraus reservieren.

MARIA LAACH Seespiegel im Seehotel Maria Laach €€€€

Am Laacher See, 56653 (02652) 58 45 12

Dieses einzigartige, renommierte Restaurant gehört zu einem Hotel *(siehe S. 507)* bei einem 900 Jahre alten Kloster, das die Küche mit frischen Produkten versorgt. Seafood dominiert die Speisekarte, aber auch der Salat mit Lammfilet ist sehr schmackhaft. Der Küchenchef bereitet auch fantastische vegetarische Gerichte zu.

NEUNKIRCHEN Hostellerie Bacher €€€

Limbacher Straße 2, 66539 (06821) 313 14

Das elegante, imposante Restaurant in einem stilvollen Hotel hat auch einen wunderbaren Wintergarten mit Glasdach und Blick in den Garten. Der Küchenchef kreiert innovative Gerichte, die jeder Schublade trotzen und einfallsreich präsentiert werden.

SAARBRÜCKEN Restaurant Quack in der Villa Weismüller €€€

Gersweilerstraße 43a, 66117 (0681) 521 53

Das weitläufige Restaurant besteht aus mehreren Räumen, die teilweise für private Feste gebucht werden können. Außerdem gibt es eine Lounge, einen Biergarten und eine Brasserie. Das Quack ist bei Einheimischen wie Urlaubern beliebt und bietet eine umfangreiche Speisekarte. Salate sind sehr vielfältig und sättigend.

SAARBRÜCKEN Schloss Halberg €€€

Funkhaus Halberg, 66700 (0681) 631 81

Das Interieur in diesem Schlossrestaurant kombiniert modernes Design mit historischer Atmosphäre – eine wundervolle Umgebung. Die Küche ist entschieden französisch inspiriert, die Desserts sind herrlich. Probieren Sie auch die Flambées! In den wärmeren Monaten kann man auf der Terrasse essen.

SPEYER Feuerbachhaus €

Allerheiligenstraße 9, 67346 (06232) 704 48

Hier kam der Maler Anselm Feuerbach (1829–1880) zur Welt, und das Restaurant mit Weinstube ist Teil eines Museums über ihn. Einige Räume sind ganz der Kunst gewidmet. Das übersichtliche Speisenangebot ist schmackhaft. Auf der Weinkarte findet man viele gute deutsche Weine, vor allem weiße. Im Sommer stehen Tische im Garten.

SPEYER Backmulde €€€

Karmeliterstraße 11–13, 67346 (06232) 715 77

Kreative Küche mit französischem Touch aus frischesten Produkten. Die Speisekarte wechselt häufig. Mit dem Menü liegt man immer richtig – man isst auf diese Weise Gerichte, die man sonst wohl niemals probiert hätte. Das Weinangebot ist riesig und hervorragend.

SPEYER Zweierlei €€€

Johannesstraße 1, 67346 (06232) 611 10

Das modern gestaltete Zweierlei bietet eine ruhige Atmosphäre und hauptsächlich deutsche und regionale Küche mit ein paar Überraschungen hie und da. Der Service ist erstklassig, die Kellner beraten Sie gerne bei der Speisen- und Weinauswahl.

ST. INGBERT Die Alte Brauerei €€€

Kaiserstraße 101, 66386 (06894) 928 60

Das Restaurant in einem Gebäude aus dem 18. Jahrhundert ist außen rustikal, doch innen dominiert zeitgemäßes Design, das sich auch in der modernen Küche spiegelt, die dem Küchenchef einen »Bib Gourmand« (Auszeichnung für sorgfältig zubereitete, preiswerte Mahlzeiten) von Michelin einbrachte. Gute Auswahl an deutschen Weinen.

Preiskategorien *siehe Seite 526* **Zeichenerklärungen** *siehe hintere Umschlagklappe*

THOLEY Hotellerie Hubertus €€€€

Metzer Straße 1, 66636 (06853) 910 30

Zur Hotellerie Hubertus gehören ein Café, ein Weinlokal und dieses Gourmetrestaurant mit leichter französischer Küche aus den frischesten Produkten der Region. Der offene Kamin im Hauptraum schafft eine romantische Atmosphäre. Der Küchenchef gibt für seine Fans sehr begehrte Kochkurse.

TRIER Römischer Kaiser-Taverne €€

Porta-Nigra-Platz 6, 54292 (0651) 977 00

Dieses Restaurant im Hotel Römischer Kaiser *(siehe S. 508)* an einem schönen Platz in Trier bietet interessante und köstliche Spezialitäten, z. B. aus Wildbret. Auf der umfangreichen Weinkarte findet man viele Weine aus aller Welt, aber auch eine gute deutsche Auswahl. Am Wochenende sollte man einen Tisch reservieren.

TRIER Pfeffermühle €€€€

Zurlaubener Ufer 76, 54292 (0651) 261 33

Die Pfeffermühle steht direkt an der Mosel, und von der Terrasse bietet sich eine grandiose Aussicht. Das Gebäude stammt aus dem 19. Jahrhundert. Im behaglichen Restaurant bekommt man französisch angehauchte internationale Küche.

Hessen

ALSFELD Krone €€

Schellengasse 2, 36304 (06631) 40 41

Großartiger Service, hervorragendes Essen. Die Spezialität des Hauses sind Wildgerichte, die immer wieder verändert und perfektioniert werden. Der Speiseraum ist relativ klein – weshalb die Kellner und Bedienungen sich persönlich um jeden Gast kümmern können.

BAD HOMBURG Charly's Bistro €€€

Kaiser-Friedrich-Promenade 69–75, 61348 (06172) 18 16 48

Das einem Pariser Boulevard nachempfundene Bistro bietet nicht nur französische Genüsse. Die Weinkarte ist besonders umfangreich: Sie haben die Wahl unter mehr als 130 Weinen! Das große Restaurant mit mehr als 140 Sitzplätzen gehört zum Steigenberger-Hotel.

BAD WILDUNGEN Wickenhof €

Bilsteinstraße 67, 34537 (05621) 51 90

Sobald Sie die Schwelle übertreten, wissen Sie: Hier sind Sie in einem Waffel-Paradies. Überall sehen Sie Waffeln abgebildet. Doch die Küche bietet neben Waffeln in vielen Varianten auch andere Gerichte in großzügigen Portionen. Neben dem Hauptrestaurant gibt es auch eine nette Terrasse und einen Biergarten.

DARMSTADT Bockshaut €

Kirchstraße 7–9, 64283 (06151) 996 70

Das rustikale Restaurant mit altem Holzmobiliar in einer alten Gerberei (daher der Name) aus dem 16. Jahrhundert präsentiert vor allem Regionalküche – Liebhaber von Sauerkraut und Blutwurst sind hier richtig –, aber auch leckere vegetarische Gerichte.

EGELSBACH Schuhbeck's Check Inn €€€

Außerhalb des Flugplatzes, 63329 (06103) 485 93 80

Dieses Restaurant des bekannten bayerischen Meisterkochs Alfons Schuhbeck befindet sich in einem alten Hangar des kleinen Flugplatzes und überblickt das Rollfeld. Die Küche ist hauptsächlich regional – mit asiatischem und mediterranem Touch. Es gibt viele vegetarische Optionen. Zum Haus gehören eine Mikrobrauerei und ein Biergarten.

ELTVILLE AM RHEIN Wintergarten €€€€€

Hauptstraße 43, 65346 (06123) 67 60

In einem historischen Schloss gibt es drei Restaurants mit jeweils ganz eigenem Charakter. Der Wintergarten befindet sich in einem schönen Glasgebäude mit Blick auf den Garten und das Schloss. Das Speisenangebot ist klein, aber vielfältig, die kreativen Gerichte haben italienische Anklänge.

FISCHBACHTAL Landhaus Baur €€€€€

Lippmannweg 15, 64405 (06166) 83 13

Das elegante Restaurant gehört zum Hotel gleichen Namens. Auf der Karte stehen nur wenige, dafür jedoch exzellente Gerichte – aber keine vegetarischen. Das Restaurant wirkt sehr entspannt und komfortabel, der Service ist herausragend. Für die Mittagsmenüs muss man zumeist weniger tief in die Tasche greifen.

FRANKFURT AM MAIN Peninsula Atrium €€€

Konrad-Adenauer-Straße 7, 60313 (069) 298 11 74

Stimmungsvolles, kosmopolitisches Restaurant im The Westin Grand Frankfurt *(siehe S. 509)*. Im Hotel findet man mehrere Lokale mit verschiedenen Küchen – dieses hier ist auf Mittelmeerküche spezialisiert. Der Küchenchef bereitet die Gerichte vor den Augen der Gäste zu. Die hohe Glaskuppel trägt zum eleganten Ambiente bei.

FRANKFURT AM MAIN Zum Schwarzen Stern €€€

Römerberg 6, 60311 (069) 29 12 79

In diesem Restaurant in einem sehr alten Gebäude (1453) neben dem Dom serviert man Ihnen traditionell deutsche und internationale Kost – im Rahmen mehrerer Menüs oder à la carte. Klassiker wie Tafelspitz mit grüner Sauce oder Rumpsteak dürfen natürlich nicht fehlen.

FRANKFURT AM MAIN Alte Kanzlei €€€€€

Niedenau 50, 60325 (069) 72 14 24

Dieses italienische Restaurant bietet eine behagliche und doch sehr elegante Atmosphäre und eine entsprechende Küche. Das gesamte Speisenangebot klingt verlockend, doch über die Entenbrust mit süßsaurer Sauce singen die Stammgäste wahre Loblieder. Der Service ist exzellent.

FRANKFURT AM MAIN Tigerpalast €€€€€

Heiligkreuzgasse 16–20, 60313 (069) 920 022 25

Ein Erlebnisrestaurant, das nicht nur einen Michelin-Stern, sondern auch Varieté-Aufführungen bietet. Serviert werden mediterrane Gerichte mit Flair. An den Wänden hängen Show-Plakate aus der ganzen Welt. Während die Gäste sich das Essen schmecken lassen, werden sie von den Shows unterhalten.

FULDA Dachsbau €€€

Pfandhausstraße 8, 36037 (0661) 741 12

Hier wird kreative, elegante Küche einfallsreich präsentiert. In jedem Gericht können die Gäste die Persönlichkeit des Küchenchefs erkennen. Zudem haben sie die Wahl aus einem großen deutschen und internationalen Weinangebot. Die Atmosphäre ist sehr angenehm, das Dekor eklektisch.

GIESSEN Köhler »Klemens« €

Westenlage 33–35, 35390 (0641) 97 99 90

Hotel und Restaurant werden von einer Familie betrieben, die besonders auf den gebotenen Service stolz ist. Das Köhler präsentiert fantastische internationale Küche mit französischem Touch sowie eine umfangreiche Weinauswahl. Zum Haus gehört eine Weinstube mit noch mehr Weinen im Angebot.

KASSEL Zum Steinernen Schweinchen €€€€€

Konrad-Adenauer-Straße 117, 34132 (0561) 94 04 80

Das Feinschmeckerrestaurant im Hotel Zum Steineren Schweinchen verführt mit seinem umglasten Speisebereich mit Blick in den Garten und mit seiner hervorragenden Küche. Inzwischen werden Kurse angeboten, in denen man die perfekte Zubereitung z. B. von gegrilltem Lammfilet auf Polentabett erlernen kann.

LIMBURG Wirtshaus Obermühle €€€

Am Steiger 1, 65549 (06431) 279 27

Das gemütliche traditionelle Wirtshaus steht neben einer Mühle aus dem 12. Jahrhundert, an der die Lahn vorbeifließt. Zuweilen wird das Mühlenrad davon in Bewegung gesetzt, was im Biergarten leider recht laut zu hören ist. Innen ist es jedoch sehr geruhsam. Das Essen – neue deutsche Küche – ist exzellent.

MARBURG Das Kleine Restaurant €€

Barfüßertor 25, 35037 (06421) 222 93

Das Lokal entspricht seinem Namen, aber viel Flair und Stil machen es ganz groß. Die französisch-deutschen Kreationen aus ausgesuchten Zutaten werden kunstvoll präsentiert. Die Weinkarte kann man mit Fug und Recht imposant, wenn nicht gar einschüchternd nennen – angesichts von 450 edlen Tropfen.

MICHELSTADT Drei Hasen €€

Braunstraße 5, 64720 (06061) 710 17

Dieses Hotelrestaurant ist in der Gegend berühmt für traditionelles Ambiente und leckere regionale Kost. Besonders die Fischgerichte sind exquisit. Das zauberhaft rustikale Interieur passt einwandfrei zur guten Küche. Zum Hotel gehört auch ein Biergarten, in dem Gerichte aus der gleichen Küche serviert werden.

OFFENBACH Markthaus am Wilhelmsplatz €€€

Bieberer Straße 96, 63065 (06982) 801 018 83

Das Restaurant ist in einem 1911 errichteten Gebäude untergebracht, das lange Zeit als Lagerhaus genutzt wurde. Bei gutem Wetter speist man auf der Terrasse, von der aus man dem Markttreiben zusehen kann. Die Küche ist herzhaft, beliebt sind die Fleischspezialitäten mit Knödeln.

RÜDESHEIM AM RHEIN Krone €€€€€

Rheinuferstraße 10, 65385 (06722) 40 30

Dieses historische Restaurant bietet Eleganz und guten Service. An den Wänden hängen alte Gemälde, überall sieht man Antiquitäten. Die kosmopolitischen Gerichte werden einfallsreich kombiniert. Wer hier mit großem Hunger herkommt, muss jedoch viel Geld ausgeben, um satt zu werden.

WEILBURG Alte Reitschule €€

Langgasse 25, 35781 (06471) 509 07 17

Das Restaurant im Schlosshotel Weilburg *(siehe S. 510)* serviert internationale und regionale Spezialitäten in malerischem Ambiente. Von der Terrasse aus haben die Gäste wunderbaren Blick auf die Burg und die Umgebung. Sonntags gibt es häufig recht günstige Mittagsmenüs.

WETZLAR Der Postreiter €€

Pariser Gasse 20–22, 35578 (06441) 90 34 44

Der Postreiter, eines von drei Restaurants im Hotel Bürgerhof, offeriert internationale Küche aus frischesten Produkten der Region. Die Fischgerichte sind besonders zu empfehlen, und auch Vegetarier haben eine gute Auswahl. Die Bedienungen helfen gerne bei der Wahl des geeigneten Weines.

WIESBADEN Domäne Mechtildshausen €€€

Domäne, 65205 (0611) 737 46 60

Komfortables, entspannendes Restaurant mit mediterranem Design und Speisenangebot. Auf den Tischen stehen frische Blumen, man kann aber auch im Garten sitzen. Das Restaurant befindet sich in einem Komplex aus Bäckerei, Gasthof und Bauernhof, von dem auch die frischen Produkte für die Restaurantküche stammen.

WIESBADEN Käfer's Bistro €€€

Kurhausplatz 1, 65189 (0611) 53 62 00

In diesem Bistro im französischen Stil herrscht eine lebhafte Atmosphäre. Im Restaurant haben über 200 Gäste Platz, es ist aber regelmäßig gut gefüllt. Die Küche kombiniert deutsche Portionen und Zutaten mit französischen Zubereitungsarten. Die Weine kommen aus beiden Ländern. Es gibt eine große Terrasse und häufig Live-Musik.

Nordrhein-Westfalen

AACHEN Schloss Schönau €€€

Schönauer Allee 20, 52072 (0241) 17 35 77

Dieses Restaurant in einem Schloss aus dem 11. Jahrhundert ist für seine Menüs bekannt. Das Dekor ist opulent – man befindet sich ja schließlich in einem Schloss. Der Küchenchef liebt Seafood, was man der Speisekarte ansieht. Das Schloss steht in einem großen Park, und vom Restaurant genießt man eine wunderbare Aussicht.

AACHEN St. Benedikt €€€€€

Benediktusplatz 12, 52076 (02408) 28 88

Das Gourmetrestaurant mit dem typischen Flair eines Landhauses bietet elegante Atmosphäre und großartige Küche. Im Frühling bedecken Blumen die Fassade, doch das Interieur mit antiken Stühlen und Ölgemälden an den Wänden ist nicht minder attraktiv.

BAD HONNEF Alexander's Restaurant €€€

Alexander-von-Humboldt-Straße 20, 53604 (02224) 77 17 00

Das nach dem berühmten Wissenschaftler und Forscher Alexander von Humboldt (1769–1859) benannte Restaurant gehört zum Hotel Seminaris und offeriert internationale Küche, aber auch ein paar Regionalgerichte. Probieren Sie z. B. *Rievkoche*, Reibekuchen, mit Apfelmus.

BIELEFELD Westfälische Hofstube €€

Niedernholz 2, 33699 (0521) 209 00

Das Hotel Oldentruper Hof hat insgesamt drei Restaurants. In diesem hier weist der Name schon auf die gebotene Speisenauswahl hin: Hier bekommt man westfälische Regionalküche – aber auch internationale Gerichte. Der Service ist sehr freundlich, das Ambiente komfortabel.

BONN Zur Lindenwirtin Aennchen €€€

Aennchenplatz 2, 53173 (0228) 31 20 51

Dieses reich geschmückte, stilvoll-romantische Restaurant bietet internationale Küche mit zumeist französischem Touch. Die sorgfältig ausgewählten Weine stammen aus neun Ländern. Die Bedienungen sind unglaublich schnell und höflich.

BONN-BAD GODESBERG Halbedel's Gasthaus €€€€€

Rheinallee 47, 53173 (0228) 35 42 53

Nur einen Steinwurf vom Rhein entfernt, in einem exklusiven Teil der Stadt, bereitet der Küchenchef in dieser Villa fantastische und interessante internationale Kreationen zu, und dauernd erfindet er neue Gerichte. Bei mehr als 700 Weinen kommt jeder echte Weinliebhaber ins Schwärmen. Der Service ist erstklassig.

BRÜHL Seerose €€

Römerstraße 1–7, 50321 (02232) 20 40

Das Restaurant im Ramada Treff Hotel in Brühl zwischen Bonn und Köln bietet internationale Küche in einem modernen, farbenfrohen Interieur. Ganz in der Nähe befindet sich das Schloss Brühl, in dem häufig klassische Open-Air-Konzerte stattfinden.

DETMOLD Speisekeller im Rosental €€€

Am Schlossplatz 7, 32756 (05231) 222 67

Das Dekor des modernen Feinschmeckerrestaurants hat warmes toskanisches Flair. Vegetarier haben hier eine wirklich große Auswahl an köstlichen Gerichten. Der Service ist exzellent. Im Sommer kann man auf der Terrasse mit Blick in den Park sitzen.

DORTMUND Boomerang Australian Pub & Grill €€

Kuckelke 20, 44135 (0231) 288 87 34

Viel Steaks, viel Gebratenes und viel Bier – so ließe sich die australische Küche grob beschreiben, und hier wird sie meisterlich präsentiert. Das Essen ist herzhaft, die Portionen großzügig und die Atmosphäre einzigartig und unterhaltsam, ganz typisch australisch.

DÜSSELDORF Libanon Restaurant €€

Berger Straße 19–21, 40213 (0211) 13 49 17

Nahöstliches Flair umgibt dieses libanesische Restaurant mit seiner großen Auswahl authentischer Gerichte in großen Portionen. Hier können auch große Gruppen mit 20 und mehr Personen feiern. Am Abend gibt es Bauchtanz-Vorführungen, die zur ohnehin schon authentischen Atmosphäre beitragen.

DÜSSELDORF Savini €€€

Stromstraße 47, 40221 (0211) 39 39 31

Dieses italienische Restaurant im Hafenviertel ist sehr beliebt – reservieren Sie weit im Voraus einen Tisch. Die Pastagerichte sind großartig. Ein Favorit sind die Gnocchi mit Mascarpone-Spinat-Sauce. Eine gute Weinkarte hat das Savini natürlich auch.

DÜSSELDORF Canonicus €€€€€

Neusser Tor 16, 40625 (0211) 28 96 44

Jeder Raum des Canonicus ist geschmackvoll und persönlich. Es gibt eine westliche und eine östliche (asiatische) Speisekarte, die jeweils das Beste der Kontinente bieten. Die Weinkarte ist exzellent und listet viele französische Rote auf, darunter ein 1986er Château Lafite Rothschild.

DÜSSELDORF Im Schiffchen €€€€€

Kaiserswerther Markt 9, 40489 (0211) 40 10 50

In diesem fabelhaften Restaurant sollte man Monate im Voraus einen Tisch reservieren. Es ist eines von insgesamt gerade einmal fünf deutschen Restaurants mit drei Michelin-Sternen. Die sehr fachkundigen Kellner stehen Ihnen bei der Lektüre der umfangreichen, kreativen Speisekarte und bei der Weinauswahl (900 Sorten!) zur Seite.

ESSEN Bonne Auberge €€€

Witteringstraße 92, 45130 (0201) 78 39 99

In diesem Restaurant unweit des Stadtgartens wird französische Küche mit verschiedensten Einflüssen präsentiert. Carpaccio in acht Varianten ist eine Spezialität des Hauses. Das Dekor ist stilvoll und modern, das Personal freundlich und der Weinkeller gut sortiert.

ESSEN Casino Zollverein €€€

Gelsenkirchener Straße 181, 45309 (0201) 83 02 40

Das Casino Zollverein in einer alten Zeche hat einen ganz besonderen Charakter. Design und Küche sind modern. Geboten wird »New World Cuisine« mit Anklängen an die Kost der Bergarbeiter. Straußenfilet hatte allerdings wohl noch kein Kumpel unter Tage in seiner Brotzeitbox …

ESSEN Big Easy €€€€

Viehofer Platz 2, 45127 (0201) 20 28 28

Das Restaurant mit New-Orleans-Flair bietet Live-Jazz und Cajun-Küche mit vielen interessanten Kräutern und Gewürzen. Der Küchenchef lässt sich von allen möglichen Küchen, darunter indische und thailändische, inspirieren und kreiert innovative Gerichte. Die Speisekarte wechselt häufig.

ESSEN Résidence €€€€€

Auf der Forst 1, 45219 (02054) 89 11

Aus ganz Deutschland kommt man hierher, um im Restaurant des schönen Hotels Résidence zu speisen. Der Küchenchef rühmt sich zweier Michelin-Sterne – zu Recht. Seine Kreationen sind beeindruckend, vor allem die Fischgerichte. Er gibt auch Kochkurse und plaudert gerne mit seinen Gästen.

HAGEN Felsengarten €€

Wasserloses Tal 4, 58093 (02331) 391 12 00

In diesem modernen, hellen Restaurant im Hotel Mercure serviert man vielerlei internationale Gerichte – für jeden Geschmack ist hier etwas dabei. Viel Mühe wird auf die schöne Präsentation verwendet. Zum Restaurant gehören eine Terrasse und ein Biergarten.

HÖXTER Entenfang €€

Godelheimer Straße 16, 37671 (05271) 970 80

Elegantes Restaurant im Hotel Weserberghof mit freundlichem Personal und hauptsächlich französischer Küche – es gibt aber auch ein paar fantastische internationale Angebote. An manchen Abenden gibt es Live-Musik, dann ist die Stimmung hier besonders romantisch. Der Küchenchef gibt Kochkurse.

KÖLN Restaurant Pöttgen €

Landmannstraße 19, 50825 (0221) 55 52 46

Das traditionelle, attraktive Restaurant wird in der vierten Generation von der Familie Pöttgen geführt. Die Geschichte des Hauses und der Familie kann man im zauberhaften Dekor nachverfolgen. Das Essen ist schmackhaft und wirklich günstig. Ein paar Gerichte hat der Küchenchef von seinen Vorfahren übernommen.

KÖLN Fischers €€€

Hohenstaufenring 53, 50674 (0221) 310 84 70

Hier dreht sich alles um Wein. Der Keller ist gut gefüllt, es gibt Seminare zum Thema Wein und einen Weinclub mit dem schönen Motto »Schluck-zessive Weinvergnügen«. Das Restaurant ist groß und schlicht, passend zur Küche, die die frischesten Produkte verwendet. Die Terrasse ist besonders am Abend sehr einladend.

KÖLN Il Carpaccio €€€

Lindenstraße 5, 50674 (0221) 23 64 87

Dies ist eines der bekanntesten italienischen Restaurants der Stadt. Sein Erfolgsgeheimnis ist nicht zuletzt die Top-Qualität der Produkte – immer frisch und authentisch. Die selbst gemachte Pasta ist einfach fantastisch. Jeden Freitag und Samstag ist Live-Musik angesagt. Tolles Essen, stilvolles Ambiente und gute Weinauswahl.

KÖLN Landhaus Kuckuck €€€€

Olympiaweg 2, 50933 (0221) 48 53 60

Das Restaurant in einem ruhigen Teil Kölns ist für seine gute Küche und den gut bestückten Weinkeller bekannt. Das Speisenangebot wechselt häufig, da der Küchenchef immer die frischesten Produkte verwendet. Im Außenbereich herrscht eine besonders angenehme Atmosphäre. Große Gruppen und Feiern sind willkommen.

KÖLN L'escalier €€€€

Brüsseler Straße 11, 50674 (0221) 205 39 98

Französisches Restaurant mit einem guten Ruf für gutes Essen. Schon der Eingangsbereich ist sehr stilvoll, der Speisebereich erst recht. Die Küche – vor allem die Wildgerichte – ist köstlich, der Service herausragend. Besonders zu empfehlen ist das Soufflé, auf das man allerdings 45 Minuten warten muss.

KÖLN Börsen-Restaurant Maître €€€€€

Unter Sachsenhausen 10–26, 50667 (0221) 13 30 21

Das sehr elegante Restaurant im Schatten des Kölner Doms präsentiert hochwertige französische Küche. Das stilvoll-komfortable Ambiente ist ideal für einen romantischen Abend zu zweit. Es empfiehlt sich, einen Tisch im Voraus zu reservieren, weil es zuweilen sehr voll werden kann.

KÖLN La Vision €€€€€

Kaygasse 2, 50676 (0221) 200 80

Dieses Restaurant mit Michelin-Stern sitzt wie eine Krone auf dem Hotel im Wasserturm *(siehe S. 512)* und bietet wunderbaren Blick über die Stadt. Ganz besonders schön ist die Aussicht von der Terrasse aus. Geboten werden sehr gute französische Küche und hervorragende Weine.

LEMGO Im Borke €€

Salzufler Straße 132, 32657 (05266) 16 91

Das rustikale kleine Restaurant im Hotel gleichen Namens *(siehe S. 512)* hat einen behaglichen Charme. Am Wochenende, wenn hier viele Leute aus der ganzen Region essen, herrscht eine lebhafte Atmosphäre. Die Küche ist hauptsächlich regional, es gibt aber z. B. auch großartige indische Gerichte.

MONSCHAU Wiesenthal €

Laufenstraße 82, 52156 (02472) 860

Im Hotel Carat befinden sich ein Bistro und dieses moderne Restaurant mit neuer deutscher Küche auf der häufig wechselnden Speisekarte. Der Küchenchef kreiert aus frischen Produkten aus der ganzen Region einfallsreiche Spezialitäten.

MÜNSTER Alter Pulverturm €

Breul 9, 48143 (0251) 458 30

Das Restaurant an der Stelle des früheren Pulverturms hat einen malerischen Biergarten mit ca. 200 Sitzplätzen. Auf der umfangreichen Speisekarte stehen unterschiedlichste Gerichte, darunter auch einige sehr schöne vegetarische. In der Zeit des Oktoberfests in München gibt es hier, mitten in Nordrhein-Westfalen, bayerische Schmankerln.

MÜNSTER Landhaus Eggert €€€

Zur Haskenau 81, 48157 (0251) 32 80 40

Eine Familie leitet dieses Hotel mit Restaurant. Der Küchenchef offeriert fantastische, abwechslungsreiche Gerichte aus der Region und der ganzen Welt. Das Hotel in wunderschöner ländlicher Umgebung war früher tatsächlich ein Bauernhof.

MÜNSTER Villa Medici €€€

Ostmarkstraße 15, 48145 (0251) 342 18

Die Villa Medici mit einfachem Design und einfallsreicher Küche gehört zu den besten italienischen Restaurants ganz Deutschlands. Die Gerichte sind wunderbar ausgewogen und werden aufregend präsentiert. Gehobene Schlichtheit bestimmt die Küche und das gesamte Restaurant mit farbenfrohen Bildern an den weißen Wänden.

PADERBORN Balthasar €€€€

Warburger Straße 28, 33098 (05251) 244 48

In diesem attraktiven, modernen Restaurant kombiniert man geradezu enthusiastisch Kunst mit Küche. Aus vielerlei interessanten Zutaten kreiert der Küchenchef innovative Gerichte – und empfiehlt auch gleich den Wein dazu. Im Angebot steht hier z. B. ein 1928er Sauternes.

TROISDORF Restaurant Forsthaus Telegraph €€€€

Mauspfad 3, 53842 (02241) 766 49

In edlem Ambiente wird hier internationale Küche serviert. Die Saucen sind gehaltvoll und vielfältig, der Küchenchef kombiniert alle möglichen Stile und Produkte. Das Restaurant hat auch einen Catering-Service und einen Laden. Wegen des ständig wechselnden, innovativen Speisenangebots ist es sehr beliebt – reservieren Sie also im Voraus.

WUPPERTAL Scarpati €€€€€

Scheffelstraße 41, 42327 (0202) 78 40 74

Das Hotel mit Restaurant hat italienische Wurzeln. Besonders lecker sind die immer frisch zubereiteten, gehaltvollen Pastagerichte. Das Ambiente ist entspannt und sehr behaglich, der Blick über den Garten ist wunderschön. Es gibt Räumlichkeiten für private Anlässe und Feiern.

XANTEN Hotel van Bebber €€€

Klever Straße 21, 46509 (02801) 66 23

Das Restaurant in diesem Hotel bietet exzellente traditionelle Regionalküche. Zu den Favoriten bei einheimischen Gästen gehören die Fischgerichte des Küchenchefs. Im Weinkeller des Restaurants werden die Gäste zuweilen von Klaviermusik unterhalten.

Hamburg, Bremen und Niedersachsen

BRAUNSCHWEIG Herrendorf €€

Am Magnitor 1, 38100 (0531) 471 30

Das modern gestaltete Restaurant, Teil des Stadthotels Magnitor in einem Gebäude von 1476, verspricht »ein kulinarisches Erlebnis für jeden Gaumen«: großartige regionale Spezialitäten, zuweilen Saucen, die eher an die französische Küche erinnern. Zum Hotel gehört auch eine beliebte Bar.

BREMEN Meierei €€

Im Bürgerpark, 28209 (0421) 340 86 19

Das Restaurant wurde 1881 erstmals eröffnet. Heute bietet es eine hauptsächlich mediterrane Speisekarte. Aber auch das Hasenragout ist fabelhaft. Das Interieur in warmen Erdtönen ist einladend, es gibt sogar einen offenen Kamin. Auf der umfangreichen Weinkarte stehen vor allem italienische Tropfen.

BREMEN Westfalia-Bierlachs €€

Langemarckstraße 38–42, 28199 (0421) 590 20

Das zauberhafte Restaurant im Hotel Westfalia, zehn Gehminuten vom Zentrum entfernt, hat mehrere Speisekarten für verschiedene Anlässe. Die Gänsegerichte sind fabelhaft und riesig, die wahre Spezialität ist jedoch Fisch. Traditionelles Dekor, angenehme Atmosphäre.

BREMEN Ratskeller €€€

Am Markt, 28195 (0421) 305 98 88

Der Ratskeller befindet sich im ältesten genutzten Weinkeller Deutschlands, der vor über 600 Jahren eingerichtet wurde. In der Weinbar werden mehr als 600 Weine offeriert, im zauberhaften, mit Holztäfelungen, Lüstern und Wandmalereien ausgestatteten Restaurant gibt es sehr gute internationale Küche.

BREMEN Das Kleine Lokal €€€€

Besselstraße 40, 28203 (0421) 794 90 84

In diesem modernen Restaurant ist jedes Gericht eine Überraschung. Kreative Präsentation auf ungewöhnlich geformtem Geschirr, die kleinen Portionen sind immer köstlich. Der leutselige Sommelier berät Sie gerne bei der Weinauswahl.

BÜCKEBURG Ambiente €€€

Herminstraße 11, 31675 (05722) 96 70

Der Name ist Programm: Im Ambiente im Hotel gleichen Namens fühlt sich der Gast – unter hohen Glasdecken und vielen Pflanzen – auf Anhieb wohl. Zu essen gibt es deutsche und italienische Gerichte in großen Portionen. Bei gutem Wetter kann man auch im kleinen Garten sitzen.

CELLE Camelot €€

Am Heiligen Kreuz 6, 29221 (05141) 64 00

Im Camelot, das auf den ersten Blick wie ein umdekoriertes Verlies aussieht, macht man eine Reise ins Mittelalter. Die Atmosphäre erinnert an die Tage der Ritter und Knappen, und das Essen passt dazu: Wer Wild mag, ist hier richtig. Jeden Abend gibt es zwei Shows, u. a. mit einem Feuerschlucker.

CELLE Endtenfang €€€€€

Hannoversche Straße 55–56, 29221 (05141) 20 10

Das Restaurant im Fürstenhof Celle *(siehe S. 513)* gehört zu den besten der Stadt. Zu essen gibt es fantastische französisch-mediterrane Gerichte. Für die großartige Küche, den herausragenden Service und die einzigartige Lage hat es seinen Michelin-Stern mehr als verdient.

CLOPPENBURG Restaurant Margaux €€€

Lange Straße 66, 49661 (04471) 24 84

Dass der junge Küchenchef des Restaurants im Hotel Schäfer das Kochen liebt, ist unschwer zu erkennen. Er offeriert verschiedenste Gerichte aus unterschiedlichsten Zutaten. Ein Highlight ist die Bouillabaisse. Die Atmosphäre im Margaux ist sehr einladend und angenehm.

GÖTTINGEN Restaurant Gaudí €€€

Rote Straße 16, 37073 (0551) 531 30 01

Dieses dem Leben und Werk des spanischen Architekten Antoni Gaudí (1852–1926) gewidmete Restaurant bietet sehr gute spanische Küche. Neben exquisiten Fischgerichten gibt es eine große Auswahl an Tapas, die besonders zu Mittag beliebt sind. Das Restaurant ist entsprechend seinem Thema farbenfroh und ausgefallen gestaltet.

HAMBURG Graceland €€

Stresemannstraße 374, 22761 (040) 899 631 00

Cajun- und Kreolen-Küche mit nord- und mittelamerikanischem Touch ist hier zu genießen. Das Essen – das man auch mitnehmen kann – ist wirklich lecker. Oft gibt es daneben Live-Musik, zu der man manchmal auch in dem großen Restaurant tanzen kann.

HAMBURG jus €€

Lehmweg 30, 20251 (040) 42 94 96 54

Saisonal beeinflusste Gerichte mit dem Finger am Puls der modernen Küche. Der Küchenchef kombiniert traditionelle Produkte mit meisterlichem Können. Das Restaurant ist klein, hat aber einen großartigen Ruf. Tischreservierung ist hier unbedingt erforderlich.

HAMBURG Calla €€€

Heiligengeistbrücke 4, 20459 (040) 36 80 60

Das Calla gehört, neben einem Bistro und einer Pianobar, zum Steigenberger-Hotel. Die hohen Fenster, das offene Design und die chinesische Dekoration schaffen eine helle, luftige Atmosphäre mit fernöstlichem Flair, das sich auch in der Speisekarte wiederfindet.

HAMBURG Fischereihafen-Restaurant €€€

Große Elbstraße 143, 22767 (040) 38 18 16

Frische, köstliche Meeresfrüchte (und ein paar andere Gerichte) bekommt man in diesem Restaurant, dessen Speisekarte mit den Jahreszeiten wechselt. Von der Terrasse blickt man auf den Hafen. Die Liste der prominenten Gäste in diesem Haus ist noch länger als die schon sehr umfangreiche Weinkarte.

HAMBURG Fischküche €€€

Kajen 12, 20459 (040) 36 56 31

Auch hier bekommt man frischestes Seafood. Das maritime Dekor lässt keinen Zweifel aufkommen: Hier steht das Meer im Mittelpunkt. Die Kellner scheinen über Meeresfrüchte mehr zu wissen als so mancher Fischer. Die Krabbengerichte sind im Hafen und darüber hinaus bekannt. Die Weine sind sorgsam ausgewählt.

HAMBURG Fischmarkt €€€

Ditmar-Koel-Straße 1, 20459 (040) 36 38 09

Ein lebhaftes, nettes Restaurant, in dem es richtig aufregende Fischgerichte gibt. Das Lokal am Fischmarkt ist sowohl bei Besuchern als auch bei den Anwohnern beliebt. Innen geht es sehr entspannt, aber professionell zu, die Kellner sind Ihnen gerne bei der Auswahl der Gerichte behilflich.

HAMBURG Indochine €€€

Neumühlen 11, 22763 (040) 398 078 80

Dieses 2002 eröffnete Restaurant hat sich der Küche Südostasiens verschrieben. Größere Gruppen teilen sich die Vorspeisen und Hauptmahlzeiten, wie es dort Sitte ist. Die Menüs sind etwas kostspieliger, aber sehr gut. Auch Vegetarier kommen hier auf ihre Kosten.

HAMBURG Rive €€€

Van-der-Smissen-Straße 1, 22767 (040) 380 59 19

Von dem romantischen Restaurant und der Terrasse genießt man wunderbare Aussicht über den Hafen. Zu essen gibt es hier zahlreiche Fischgerichte, darunter auch Sushi und Sashimi. Auf der umfangreichen Weinkarte stehen viele deutsche Produkte.

HAMBURG Au Quai €€€€

Große Elbstraße 145, 22767 (040) 380 377 30

Aus einem alten Speicherhaus hat man ein fantastisches Restaurant gemacht, in dem man das beste Seafood der Stadt bekommt. Ein Geschwisterpaar führt das Etablissement, das großartige mediterrane Gerichte mit französischem Touch bietet.

HAMBURG Jacobs Restaurant €€€€€

Elbchaussee 401–403, 22609 (040) 82 25 50

Das Restaurant im schönen Hotel Louis C. Jacob gehört zu Hamburgs besten. Die Küche ist international mit vielen französischen Anklängen, ein Sommelier steht für die Weinauswahl zur Verfügung. Zum Hotel gehört auch ein Weinlokal »Kleines Jacob« mit entspannter Atmosphäre und deftigen Köstlichkeiten sowie einer Terrasse.

HAMBURG Tafelhaus €€€€€

Neumühlen 17, 22763 (040) 89 27 60

Der Küchenchef dieses eleganten Restaurants bereitet fantastische und innovative Gerichte aus aller Welt zu. Besonders zu empfehlen sind die asiatischen Kreationen. Die Terrasse bietet Hafenblick, romantischer ist jedoch der Innenraum. Der Chefkoch gibt übrigens auch Kochkurse.

HANNOVER Restaurant Pier 51 €€

Rudolf-von-Bennigsen-Ufer 51, 30173 (0511) 807 18 00

Das preisgekrönte Restaurant am Maschsee ist ein stilvoller Treffpunkt der Hannoveraner Partyszene – mit elegantem Interieur, einer schönen Terrasse, exquisiten Cocktails und leichten deutschen und internationalen Fisch-, Fleisch- und Nudelgerichten (die man auch als kleine Portionen ordern kann).

HANNOVER Gallo Nero €€€

Groß-Buchholzer Kirchweg 72b, 30655 (0511) 546 34 34

Der »Schwarze Hahn« bietet erstklassige, aber unprätentiöse norditalienische Küche, von klassischen Gerichten bis zu raffinierten Kombinationen. Das Interieur ähnelt einer toskanischen Kunstgalerie und hat eine einzigartige Atmosphäre. Die Auswahl an italienischen Weinen ist sehr umfangreich.

HANNOVER Hindenburg Klassik €€€

Gneisenaustraße 55, 30175 (0511) 85 85 88

Dieses Restaurant ist nach dem Vorbild traditioneller italienischer Restaurants gestaltet mit langen Tischen, an denen die ganze Großfamilie Platz findet. Das Spezialitätenangebot wechselt täglich, immer gibt es aber fantastische selbst gemachte Pastagerichte, die das Hindenburg Klassik zum Lieblingslokal vieler Anwohner gemacht haben

HANNOVER Le Chalet €€€

Isernhagener Straße 21, 30161 (0511) 31 95 88

Ein nobles Restaurant in einem eleganten Teil der Stadt. Die französische Küche mit ihren reichhaltigen Saucen und exzellenten Salaten hat eine große Fangemeinde in Hannover. Die Kellner halten sich im Hintergrund, bis sie gebraucht werden und plötzlich wie aus dem Nichts erscheinen. Sie können auch bei der Weinauswahl helfen.

HANNOVER Clichy €€€€

Weißekreuzstraße 31, 30161 (0511) 31 24 47

Der Küchenchef des Clichy zaubert hervorragende deutsche und französische Gerichte. Auf der unterhaltsamen Speisekarte findet man Kreationen mit reichhaltigen Saucen und verschiedensten Würzungen. Das Personal ist höflich und in puncto Weinauswahl sehr fachkundig. Reservieren Sie einen Tisch im Voraus.

HANNOVER Die Insel €€€€

Rudolf-von-Bennigsen-Ufer 81, 30519 (0511) 83 12 14

Hier haben die Gäste – von Musikern bis zu Politikern – wunderbaren Blick auf den Maschsee. Die Küche ist nicht zu kategorisieren: eine Mischung aus großartigen Regionalgerichen und herrlichen orientalischen Kreationen. Eine eindrucksvolle Weinauswahl rundet das Bild ab.

HANNOVER Restaurant Titus €€€€

Wiehbergstraße 98, 30519 (0511) 83 55 24

Das Titus mit seinem eher unorthodoxen Interieur präsentiert ebenso ungewöhnliche kulinarische Genüsse. Gegrilltes Medaillon vom Hirschkalbrücken in Bitterschokolade ist nur ein Beispiel für die innovative, experimentelle Küche. Im Sommer können die Gäste auch auf der Terrasse speisen.

KÖNIGSLUTTER Merlin €€

Braunschweiger Straße 21a, 38154 (05353) 50 30

Das Merlin im Hotel Königshof *(siehe S. 515)* ist weltweit für seine fantastische Küche und seinen einzigartigen Charakter bekannt. Am Tage schaffen die hohen Fenster eine helle, luftige Atmosphäre, abends ist das dunkle Ambiente sehr romantisch. Die Bedienungen sind hilfsbereit und fachkundig.

OLDENBURG Kiebitz-Stube €€

Europaplatz 4–6, 26123 (0441) 80 80

Unter den Bistros und Restaurants des Hotels City Club ist die Kiebitz-Stube die eleganteste Option. Abends herrscht formelle Atmosphäre, und es gibt gut zusammengestellte Menüs, zu Mittag geht es weniger förmlich zu. Die Terrasse an einem beschaulichen Garten ist im Sommer sehr beliebt.

OSNABRÜCK Vila Real €€€€€

Natruper-Tor-Wall 1, 49076 (0541) 609 60

Das innovative Restaurant kombiniert frische Produkte mit Einfallsreichtum. Der Küchenchef offeriert meisterlich zubereitete italienische und andere mediterrane Gerichte. Es gibt eine große Weinauswahl – die hauptsächlich der Weinhandlung nebenan zu verdanken ist, in der abends Tapas und Weinproben angeboten werden.

STADTHAGEN Fischhaus Blanke €€

Rathauspassage 5, 31655 (05721) 817 86

Seit über 80 Jahren serviert man hier die frischesten Meeresfrüchte der Stadt. Es gibt eine große Auswahl an Fisch, Krusten- und allen anderen Wassertieren. Das Restaurant ist unprätentiös und gemütlich. Die Besitzer haben einen Laden für Seafood, der die Restaurantküche mit den frischesten Waren beliefert.

Preiskategorien *siehe Seite 526* **Zeichenerklärungen** *siehe hintere Umschlagklappe*

WOLFENBÜTTEL Parkhotel Altes Kaffeehaus €€

Harztorwall 18, 38300 (05331) 88 80

Das Alte Kaffeehaus im Parkhotel *(siehe S. 516)* ist ein elegantes Restaurant mit einfacher, preisgünstiger Regionalküche, darunter auch einigen vegetarischen Gerichten. Die Portionen sind großzügig bemessen. Im Kellergewölbe befindet sich eine attraktive Weinbar.

WOLFSBURG La Fontaine €€€€€

Gifhorner Straße 25, 38442 (05362) 94 00

Im Restaurant des Hotels Ludwig im Park serviert man ein Küche, die sich nur schwer irgendwo einordnen lässt. Die Spezialität des Küchenchefs ist es, regionale und internationele Zutaten zu kombinieren, um vollkommen neue Geschmackserlebnisse zu schaffen. Ein Beispiel ist Rehrücken mit Shiitake-Pilzen und glacierten Apfelspalten.

Schleswig-Holstein

AHRENSBURG Berlin Milljöh €

Große Straße 15, 22926 (04102) 529 19

In dem lustigen kleinen Lokal kann man gute regionale Gerichte zu hervorragenden Preisen genießen. Das Ambiente mit den abgenutzten alten Holzmöbeln ist zwar etwas dunkel, aber zugleich auch komfortabel und sehr entspannt. Im Sommer stehen auch Tische vor dem Restaurant.

AHRENSBURG Le Marron €€€

Lübecker Straße 10a, 22926 (04102) 23 00

Das Restaurant Le Marron im Park Hotel Ahrensburg hat für seinen fantastischen Service schon viele Lorbeeren eingestrichen, auch international. Die Küche hat Einflüsse aus allen möglichen kulinarischen Destinationen. Der Wintergarten ist sehr komfortabel, außerdem sind Familien willkommen – es gibt sogar ein Spielezimmer.

BAD MALENTE Gartenhotel Weißer Hof €€

Vossstraße 45, 23714 (04523) 992 50

Das behagliche Restaurant im Hotel gleichen Namens *(siehe S. 516)* in wunderschön ländlicher Umgebung offeriert gute Regionalküche. Die Atmosphäre ist angenehm, die Portionen sind groß. Nach einem Wellness-Tag im Hotel geht hier die Entspannung bei einem guten Essen weiter.

FLENSBURG Im Alten Speicher €€

Speicherlinie 44, 24937 (0461) 120 18

In diesem großen Restaurant mit mehreren Gasträumen bekommt man köstliches Seafood in großzügigen Portionen. Man ist auf größere Gruppen und Feiern eingestellt und bietet außerdem einen Catering-Service. An Sommernachmittagen bietet sich die Terrasse zum Sitzen an.

HUSUM Eucken €€€€

Hotel Altes Gymnasium, Söderstraße 2–10, 25813 (04841) 83 30

Das Restaurant in einem romantischen Hotel aus roten Ziegeln serviert einfallsreiche Mittelmeerküche. Exotische Fischgerichte mit raffinierten Gemüsebeilagen gibt es in großer Auswahl. Eine umfangreiche Weinkarte, hervorragender Service und das unaufdringliche norddeutsche Flair tragen zum Charakter des Eucken bei.

KIEL Parkrestaurant €€€

Niemannsweg 102, 24105 (0431) 881 10

Das Restaurant mit dem wunderschön gestalteten Garten gehört zum Parkhotel Kieler Kaufmann. Von der Terrasse hat man wunderbaren Meerblick. Die Küche ist modern und bietet auch ein Menü aus den besten Gerichten der Kieler Region. Die Weinauswahl ist sehr gut.

LÜBECK Historischer Weinkeller €€

Koberg 6–8, 23552 (0451) 762 34

Dieses einzigartige Restaurant mit mittelalterlichem Flair befindet sich im 800 Jahre alten Weinkeller unter einem historischen Krankenhaus. Die Atmosphäre ist sehr angenehm, die Wildgerichte sind bei den Lübeckern selbst wie bei den Besuchern der Stadt beliebt.

LÜBECK Wullenwever €€€€€

Beckergrube 71, 23552 (0451) 70 43 33

Ein sehr elegantes Restaurant mit mehreren individuell gestalteten Speisesälen. Der Küchenchef verrät seinen Gästen gerne die Rezepte seiner Kreationen. Die Menüs sind kunstvoll und ausgewogen zusammengestellt, und zu jedem Gang gibt es eine Weinempfehlung. Es ist ratsam, einen Tisch im Voraus zu reservieren.

RATZEBURG Hansa Hotel €€

Schrangenstraße 25, 23909 (04541) 20 94

Das Hotel steht in einer ruhigen Gegend auf einer Insel. Die Speisekarte des recht kleinen Hotelrestaurants wechselt täglich, immer stehen frisches Gemüse und Fisch auf dem Plan. Der Service ist freundlich und unaufdringlich, die Atmosphäre gediegen.

SCHLESWIG Strandhalle €€

Strandweg 2, 24837 (04621) 90 90

Das fröhliche Restaurant in einem schönen Hotel besticht durch familiäre Atmosphäre. Häufig finden hier Feiern statt. Hotel und Restaurant werden von einer Familie betrieben, das Personal ist sehr freundlich. Der offene Kamin schafft im Winter heimeliges Flair, im Sommer kann man auf der schönen Terrasse sitzen.

SIEK Alte Schule €€€€

Hauptstraße 44, 22962 (04107) 87 73 10

Dieses fast 30 Jahre alte Restaurant in einem alten Schulhaus wird in der zweiten Generation von einer Familie geführt. Es gibt hauptsächlich deutsche Küche, mit ein paar französischen Noten, das Weinangebot ist ebenfalls deutsch-französisch. Vegetarier haben die Wahl unter mehreren guten Optionen.

SYLT Stadt Hamburg €€€

Strandstraße 2, 25980 (04651) 85 80

Das Hotel Stadt Hamburg hat ein Bistro und ein Feinschmeckerrestaurant, die beide interessante, vielfältige Küche bieten. Im Restaurant bekommt man französische und mediterrane Gerichte, im Bistro regionale Speisen. Daneben gibt es noch eine Lounge mit offenem Kamin, in der man vor oder nach dem Essen etwas trinken kann.

SYLT Fährhaus €€€€€

Heefwai 1, 25980 (04651) 939 70

Dieses hoch angesehene Restaurant hat sich zu einem der besten der Insel entwickelt und ist zu Recht sehr beliebt. Der junge Küchenchef (mit Michelin-Stern) kreiert zauberhafte Gerichte mit kontrastierenden Aromen und Zutaten. Bei der Wahl unter den 780 Weinen, die im Keller lagern, hilft Ihnen ein Sommelier.

SYLT Restaurant Jörg Müller €€€€€

Süderstraße 8, 25980 (04651) 277 88

Dies ist das bekannteste Restaurant auf Sylt und lockt Gäste aus ganz Europa in seinen komfortablen, aber unprätentiösen Speiseraum mit dem eifrigen, freundlichen Personal. Das Hotel spielt daneben zwar nur die zweite Geige, aber viele Restaurantgäste entscheiden sich, gleich vor Ort zu nächtigen.

UETERSEN La Cave €€€

Marktstraße 2, 25436 (04122) 36 40

Hier wird Gourmetküche aus Südfrankreich und dem Mittelmeerraum geboten. Besonders die Fischgerichte – das Angebot wechselt je nach Jahreszeit – sind zu empfehlen. Die Kellner sind hilfsbereit und nett. Wie nicht anders zu erwarten, gibt es eine gute Auswahl an französischen Weinen.

Mecklenburg-Vorpommern

AHLBECK Villa Auguste Viktoria €

Bismarckstraße 1–2, 17419 (038378) 24 10

Das wunderbare Restaurant gehört zum Hotel gleichen Namens. Freundliche, sachkundige Bedienungen bewirten aufmerksam die Gäste, die z. B. die Spezialitäten des Tages bestellen. Der Schwerpunkt liegt bei Fischgerichten, daneben gibt es aber noch viele weitere sehr gute Optionen. Kinder sind willkommen. Nur tagsüber geöffnet.

BAD DOBERAN Kurhaus Restaurant €€€

Prof.-Dr.-Vogel-Straße 16–18, Heiligendamm, 18209 (038203) 74 00

Das komfortable Restaurant im Kempinski Grand Hotel Heiligendamm ist Mitglied der Romantik-Kette. Auf der umfangreichen Speisekarte stehen regionale, deutsche, aber auch zahlreiche internationale Gerichte. Das Angebot an Bieren und Weinen ist sehr respektabel.

DASSOW Schlossgut Groß Schwansee €€€€

Am Park 1, 23942 (038827) 884 80

Die wundervolle Schlossanlage umfasst ein elegantes, in Weiß gehaltenes Restaurant mit Gewölbedecke. Die Auswahl an Speisen wechselt jeden Monat, bleibt aber der mediterranen Küche treu. Bei gutem Wetter isst man auf der Terrasse mit schönem Blick auf die Ostsee. Für Behaglichkeit an kalten Tagen sorgt die Feuerstelle in der Bar.

GREIFSWALD Wallensteinkeller €

Markt 3, 17489 (03834) 85 59 45

Dies ist eines von Björn Ruges zwei rustikalen Restaurants in dieser Gegend (das andere ist in Stralsund). Die bodenständigen Mahlzeiten (z. B. Braten mit Kartoffeln) werden nur mithilfe eines Dolchs verzehrt, Besteck ist verpönt. Dazu trinkt man frisch gezapftes Bier. Das Ambiente ist mittelalterlich (samt Ritterrüstung), der Service gut.

GÜSTROW Marktkrug €

Markt 14, 18273 (03843) 68 12 82

Dieses Restaurant in der Stadtmitte hat zwei Etagen und einen schönen Biergarten. Zu essen gibt es für die Region typische Hausmannskost, viele Gerichte enthalten z. B. die hier angebauten Pflaumen. Besonders zu empfehlen ist der Meckelbörger Rippenbraten.

Preiskategorien *siehe Seite 526* **Zeichenerklärungen** *siehe hintere Umschlagklappe*

NEUBRANDENBURG Sankt Georg €

St.-Georg-Straße 6, 17033 (0395) 544 37 88

Das Restaurant im Hotel St. Georg beim Treptower Tor am Rand der Stadt bietet seinen Gästen regionale Spezialitäten. Im Biergarten lässt es sich bei gutem Wetter schön entspannen. Das Bedienungspersonal ist unglaublich freundlich und humorvoll.

NEUBRANDENBURG Zur Alten Münze €€

Burg 5, Burg Stargard, 17094 (039603) 27 40 26

Schönes Landgut mit einer Weinstube und einem Restaurant. In dieser unprätentiösen Wirtschaft werden jahrhundertealte Traditionen gepflegt: In mittelalterlichem Ambiente finden hier echte Rittergelage statt. Die Auswahl an Weinen ist sehr gut, die Gerichte sind für die Region typisch und durchweg hochwertig.

RALSWIEK/RÜGEN Schlossrestaurant Ralswiek €€€

Parkstraße 35, 18528 (03838) 203 20

Das Restaurant im Hotel Ralswiek bietet aufmerksamen Service und Gerichte, die auf internationalen Küchen basieren. Besonders die Desserts sind eine echte Verlockung: Zitronen-Pannacotta auf Waldbeeren, Sanddornparfait, Tiramisu, Mousse au Chocolat …

ROSTOCK Zur Kogge €€

Wokrenterstraße 27, 18055 (0381) 493 44 93

Die Kogge ist Rostocks älteste Gaststätte, an den Wänden hängen unzählige Zeugnisse aus ihren rund 150 Jahren Geschichte. Wie Sie sicher erwarten, gibt es hier vor allem Fisch und Meeresfrüchte, auf der Karte stehen aber auch ein paar Optionen für Vegetarier sowie mehrere Weine.

ROSTOCK Silo 4 €€€

Am Strande 3d, 18055 (0381) 458 58 00

Dieses Restaurant mit Blick auf die Hafendocks hat viele Fenster mit toller Aussicht. Das Personal ist höflich, die Weinkarte großartig, mit Weinen aus Spanien, Italien, Deutschland und Südafrika. Die coole Bar wird im Laufe des Abends mehrfach andersfarbig ausgeleuchtet.

ROSTOCK Chezann €€€€

Mühlenstraße 28, 18119 (0381) 510 71 77

Wunderbar modernes Bistro nahe der Seepromenade. Die Atmosphäre ist ruhig-elegant, gedämpftes Licht und frische Blumen sorgen für eine schöne Stimmung. Probieren Sie eines der Wild- oder Fischgerichte und auf jeden Fall eines der herrlichen Desserts. Auch Vegetarier und Weinliebhaber kommen auf ihre Kosten.

RÜGEN Poseidon €€

Lottumstraße 1, 18609 (038393) 26 69

Im weitläufigen Poseidon können Sie Ihre Mahlzeit – italienische und deutsche Küche aus hochwertigen Zutaten – im Innenraum oder auf der Terrasse genießen. Eine Tischreservierung ist nicht unbedingt erforderlich, aber größere Gruppen sollten vorher anrufen.

RÜGEN Orangerie €€€

Zeppelinstraße 8, Binz, 18609 (038393) 504 44

Das kleine, elegante Restaurant im Hotel Vier Jahreszeiten ist auf traditionelle Fischgerichte spezialisiert, bietet aber auch vieles für Fleischliebhaber und Vegetarier. In dem für seine Küche und seine prominenten Gäste berühmten Restaurant sollte man – vor allem am Wochenende – einen Tisch im Voraus reservieren.

SCHWERIN Alt Schweriner Schankstuben €

Am Schlachtermarkt 9–13, 19055 (0385) 59 25 30

Die traditionelle, rustikale norddeutsche Wirtschaft ist eines der behaglichsten Lokale der Stadt. Die Küche ist auf herzhafte regionale Fisch- und Fleischgerichte spezialisiert. Im Sommer können die Gäste auf der schattigen Terrasse essen oder auch nur ein kühles Bier genießen.

SCHWERIN Altstadtbrauhaus »Zum Stadtkrug« €

Wismarsche Straße 126, 19053 (0385) 593 66 93

In der 1936 erbauten Mikrobrauerei wird Tradition großgeschrieben – das Bier wird noch nach den Brauereivorschriften von 1516 gebraut. Das Dekor ist rustikal, aber komfortabel. Bestellen Sie ein Regionalgericht oder Vorspeisen mit internationalen Anklängen. Zum Restaurant gehört auch ein Biergarten.

STRALSUND Tafelfreuden €€€

Jungfernstieg 5a, 18437 (03831) 29 92 60

Modernes Restaurant in einem alten Haus. Das unprätentiöse Dekor schafft eine ruhige, beschauliche Atmosphäre, in der man deutsche und mediterrane Spezialitäten genießen kann. Probieren Sie *zarzuela*, eine spanische Fischsuppe, und eines der Schweinefleischgerichte. Es gibt eine extra Kinderkarte.

WISMAR Stadt Hamburg €

Am Markt 24, 23966 (03841) 23 90

In diesem Hotelrestaurant am Marktplatz serviert man sättigende deutsche Kost und leichtere mediterrane Kreationen, darunter auch vegetarische Gerichte. Von der Terrasse aus hat man grandiosen Blick über die Stadt. Kinder sind hier willkommen, und auch für Rollstuhlfahrer ist das Restaurant gut zugänglich.

Shopping

Aus Deutschland kommen hochwertige Handwerksprodukte, gute Weine und Biere sowie eine große Vielfalt an Broten und anderen Lebensmitteln. In Konditoreien etwa bekommt man herrliche Backwaren. Biologisch angebautes Gemüse ist in Deutschland begehrter als in anderen europäischen Ländern. Auf den ein- bis zweimal pro Woche stattfindenden Lebensmittelmärkten kann man frischeste Produkte der Saison erstehen. In den größeren deutschen Städten gibt es eine stark frequentierte Fußgängerzone mit Kaufhäusern, Boutiquen der verbreitetsten internationalen Modelabels, Imbiss- und Marktständen sowie kleinen Cafés und Eisdielen mit Tischen im Freien. Häufig ist dieser Bereich der Mittelpunkt des städtischen Lebens.

Kuckucksuhr

Öffnungszeiten

Erst seit 1996 werden die Ladenöffnungszeiten etwas entspannter gehandhabt. Nun dürfen Läden wochentags bis 20 Uhr geöffnet haben. Samstags schließen viele bereits um 16 Uhr, in den ländlichen Gebieten schon mittags. Generell haben die Geschäfte in den Städten zwischen 9 oder 10 Uhr und 20 Uhr geöffnet. An den vier Samstagen vor Weihnachten haben sämtliche Läden bis mindestens 18 Uhr offen. Am Sonntagvormittag kann man in vielen Bäckereien und Konditoreien einkaufen. An Feiertagen sind alle Läden geschlossen. Lediglich in Tankstellen und an Kiosken in Bahnhöfen kann man sich dann mit dem Nötigsten eindecken. Die Apotheken einer Stadt wechseln sich mit Nachtdiensten ab, sodass man jederzeit nötige Medikamente bekommt. Vor jeder Apotheke gibt es einen Plan, auf dem Sie diejenige finden, die gerade Nachtdienst hat.

Bezahlung

Für kleinere Einkäufe und auf Märkten wird nur Bargeld verwendet. In Kaufhäusern und zahlreichen Modeboutiquen kann man mit Kreditkarte bezahlen. Kleinere Läden akzeptieren jedoch eventuell nur deutsche Geld- und Kreditkarten und keine Schecks. Geldautomaten sind nicht nur in den Städten weitverbreitet, auch Bankfilialen in ländlichen Gebieten sind damit ausgestattet. Meist befinden sie sich im Vorraum oder an der Außenmauer der Banken, selten sind sie in den Schalterräumen selbst.

Besucher aus Ländern außerhalb der EU können sich bei Einkäufen in Läden mit entsprechenden Aushängen die Mehrwertsteuer rückerstatten lassen. Sie müssen ein Formular ausfüllen, das sie bei der Ausreise vorlegen, um sofort oder später per Überweisung das Geld erstattet zu bekommen. Die Ware muss dafür noch originalverpackt sein.

Angebot in einem der vielen Reformhäuser in Deutschland

Schlussverkauf

Am Ende der Saison werden nach wie vor die Waren um 30 bis 70 Prozent günstiger abgegeben – obwohl es die Schlussverkäufe offiziell nicht mehr gibt. Sommerartikel werden gegen Ende Juli billiger, Winterware Ende Januar.

Frisches Gemüse auf einem Markt

Mode

Auf dem internationalen Modemarkt ist Deutschland vor allem mit Sport- und Freizeitkleidung, Accessoires, Jeans und Outdoor-Kleidung sehr gut vertreten. Aus Deutschland kommen zahlreiche bekannte Modelabels wie Esprit, S. Oliver, Hugo Boss, Bogner, Adidas und Puma. Deutsche Mode ist in aller Regel eher klassisch, wenig verspielt und diskret.

Mit Italien oder Frankreich kann sich Deutschland in puncto Mode nicht messen, aber Namen von Modeschöpfern wie etwa Jil Sander, Strenesse, Wolfgang Joop, Escada und natürlich Karl Lagerfeld sind in aller Welt bekannt.

Zu den klassischen Warenhausketten gehören Karstadt und Galeria Kaufhof, daneben gibt es in einigen Städten berühmte Häuser wie Ludwig Beck in München und das KaDeWe in Berlin.

Fachgeschäfte sind nach wie vor in deutschen Städten weitverbreitet, vor allem für Lederwaren und Haushaltsartikel ist das Angebot reichhaltig. Internationale Labels sind zwar auch hier längst auf dem Vormarsch, doch es gibt auch kleine einheimische Läden mit verschiedenen Marken.

In Fabrik-Outlets kann man deutsche Mode und andere Waren günstiger erstehen, auch wenn es sich dabei häufig um zweite Wahl oder Mode aus der vergangenen Saison handelt. Im baden-württembergischen Metzingen gibt es Outlet-Center mit Läden von Hugo Boss, Bogner, Jil Sander und Escada. In Mettlach im Saarland befindet sich ein Villeroy-&-Boch-Outlet, im fränkischen Herzogenaurach ein Outlet-Laden für Produkte der Sportwear-Firma Puma.

Regionale Produkte

In ganz Deutschland bekommt man überaus hochwertige regionale Produkte, die von vielen Urlaubern auch gerne als Souvenirs oder Mitbringsel mit nach Hause genommen werden. Glaswaren aus Sachsen und Bayern, Porzellan und Keramik aus Meißen (Sachsen), Bierkrüge (Südbayern) sowie Gourmet-Feinkost und so wunderschöne Holzartikel mit erlesenen Schnitzereien wie z. B. die bekannten Kuckucksuhren aus dem Schwarzwald gehören zu den am meisten gekauften Mitbringseln und Geschenken.

Modeabteilung im KaDeWe in Berlin

Traditionelles Spielzeug, Puppen und Puppenhäuser werden in der Gegend um die fränkische Metropole Nürnberg hergestellt. Hier entsteht außerdem der glitzernde, wunderschöne Christbaumschmuck, der auf den Weihnachtsmärkten überall in Franken verkauft wird.

Stand mit Lebkuchenherzen auf dem Münchner Oktoberfest

Aus Nürnberg kommt darüber hinaus ein anderes weihnachtliches, besonders leckeres Andenken: Lebkuchen. In Lübeck wird das berühmte Marzipan hergestellt, köstliche Marmeladen kommen aus dem Schwarzwald, aus dem Allgäu vielfältige Milchprodukte (darunter auch einige bekannte Käsesorten), in Westfalen werden herrliche Schinken produziert. In vielen Gebieten Deutschlands gibt es außerdem besondere Brot- und Kuchenspezialitäten.

Traditioneller Bierkrug

Weltberühmt ist Deutschland auch für seine Brauereien, zu den Hochburgen der Bierproduktion gehören Friesland, das Rheinland, Berlin und München. Edle Tropfen – vor allem Weißweine – kommen aus dem Rheingau, aus den Anbaugebieten an der Mosel, aus Baden und aus Franken. Vor allem in Norddeutschland werden auch hochprozentige Getränke gebrannt.

Jede Region Deutschlands hat ihre ganz eigenen Spezialitäten, die sich als Mitbringsel anbieten – so man sie nicht sofort verzehren möchte.

Märkte

Ein- oder zweimal in der Woche stellen die Bauern der Region auf Markt- oder Parkplätzen ihre Stände auf und bieten Produkte wie Obst, Gemüse, Eier, Schinken und Brot zum Kauf an. Daneben gibt es aber auch importierte Waren, z. B. exotische Früchte. Es ist einfach eine Freude, über diese farbenfrohen, wohlriechenden Märkte zu schlendern. Auch Flohmärkte, eine wahre Fundgrube für Schnäppchenjäger, Nostalgiker und Sammler, sind in ganz Deutschland populär. Meist finden sie am Wochenende auf großen Plätzen oder Wiesen statt. Im Dezember werden überall im Land Weihnachtsmärkte mit Leckereien, Glühwein, Kunsthandwerk und Christbaumschmuck veranstaltet, weltberühmt wegen seiner Größe und Atmosphäre ist der Christkindlesmarkt in Nürnberg.

Bio-Produkte

Nahrungsmittel aus ökologisch kontrolliertem Anbau – vor allem Milchprodukte, Obst, Gemüse, Fleisch sowie Brot- und Teigwaren – erfreuen sich in Deutschland immer größerer Beliebtheit. Wurden diese sogenannten Bio-Produkte noch vor einigen Jahren nahezu ausschließlich in Naturkostläden und Reformhäusern angeboten, führen mittlerweile auch viele Supermärkte und Einzelhandelsketten ein stetig wachsendes Sortiment. In letzter Zeit etablierten sich auch Bio-Supermärkte – Filialen von Ketten wie Basic, Alnatura und Vierlinden etwa findet man bereits in mehreren Städten.

Themenferien und Aktivurlaub

Deutschland ist ein beliebtes Reiseland. So ist es natürlich nicht überraschend, dass es in allen Regionen zahllose Freizeit- und Sportangebote gibt. Outdoor-Enthusiasten etwa können klettern, bergsteigen, Ski fahren oder wandern. Angebote zum Segeln, Rafting, Wasserskifahren, Tauchen und Schwimmen locken die Wassersportler an. Andere, weniger abenteuerliche Sportarten wie Golf, Tennis und Radfahren werden überall angeboten und organisiert. In jeder regionalen Informationsstelle bekommen Sie eine ganze Reihe von Vorschlägen, wie Sie sich im Urlaub sportlich betätigen – oder auch fortbilden – können.

Urlauber auf einem Segelboot

Wanderer im Trettachtal in den Allgäuer Alpen

Information

Der **Deutsche Sportbund** versorgt Sie mit Informationen über alle möglichen sportlichen Aktivitäten in ganz Deutschland.

Wandern

Wanderwege findet man in Deutschland überall, von den anstrengendsten Touren in den Alpen bis zu gemächlicheren Ausflügen im sächsischen Erzgebirge *(siehe S. 166)*, im Thüringer Wald *(siehe S. 190f)*, im Schwarzwald *(siehe S. 326f)* oder in anderen Mittelgebirgen.

Besorgen Sie sich vor der Tour eine Karte, in der Wanderwege eingezeichnet sind. Gute Informationen und auch Kartenmaterial erhalten Sie beim **Deutschen Volkssport-verband e. V.** und beim **Verband Deutscher Gebirgs- und Wandervereine**. Letzterer sowie die Informationsstellen vor Ort organisieren Wanderungen mit Führern. Der **DAV Summit Club** ist eine weitere Informationsquelle für Wanderungen und Bergsport.

Radfahren

Mit dem Fahrrad kann man die deutschen Landschaften besonders gut kennenlernen. In zahlreichen Ortschaften und in den meisten Urlaubsgebieten kann man Fahrräder für ein paar Tage, eine Woche oder länger ausleihen. Normalerweise kann man in Zügen, S- und U-Bahnen die Räder – meist gegen eine geringe Gebühr – mitnehmen. Die meisten Städte sind fahrradfreundlich, mit Radwegen und vielen Fahrradständern. Wenn Sie mit Rad bzw. Mountainbike Berge und anderes schwierigeres Gelände befahren wollen, holen Sie sich Tipps beim **Allgemeinen Deutschen Fahrrad-Club (ADFC)**. Hier bekommen Sie auch Karten und Broschüren über schöne Radstrecken.

Wassersport

Die Deutschen lieben jede Art des Wassersports. Besonders populär sind Wasserski und Windsurfen, vor allem an Seen. Informationen über Locations und Preise erhalten Sie beim **Deutschen Wasserski- und Wakeboard-Verband e. V.**

Segeln kann man beispielsweise an der Mecklenburgischen Seenplatte *(siehe S. 468f)*, an der Nord- und Ostseeküste sowie auf dem Bodensee *(siehe S. 320f)*. Wie in den meisten anderen Ländern auch muss man, um ein Boot oder einen Katamaran zu chartern, mit einer Segellizenz belegen, dass man das Wasserfahrzeug beherrscht. Mehr über Orte, Bootsverleih und Regelungen erfahren Sie beim **Deutschen Segler-Verband e. V.** Auch Taucher haben in Deutschland an Seen und an der Küste vielfältige Möglichkeiten, ihren Sport auszuüben. Der **Verband Deutscher Sporttaucher**

Radfahrer vor einem Gasthof in Rheinland-Pfalz

(VDST) e. V. kann Sie mit den nötigen Informationen und Tipps ausrüsten.

Auf zahlreichen Flüssen kann man Kanutrips unternehmen – von den ruhigen Kanälen des Spreewalds *(siehe S. 141)* bis zu abenteuerlichen Fahrten in den tosenden Wildbächen der Alpen, an die sich nur erfahrene Kanuten wagen sollten.

Golf und Tennis

In den letzten Jahren wurde Golf immer beliebter, und es werden inzwischen unzählige Kurse angeboten. Meist spielt man aber in einem Club. Um dort spielen zu dürfen, muss man zuvor die Platzreife erlangen. Oder man legt dafür den Mitgliedsausweis eines anderen Clubs vor.

Auf dem Golfplatz des Schlosshotels Kronberg in Hessen

Für die weitverbreiteten »Pay & Play«-Golfplätze, die zumeist nur sechs Löcher haben, bezahlt man einfach eine Gebühr, und schon kann man spielen, auch ohne Platzreife. Weitere Informationen über Golfplätze in Deutschland bekommen Sie beim **Deutschen Golf Verband e. V.**

In den meisten deutschen Städten gibt es Tennisanlagen, in denen man Plätze anmieten kann. Große Hotels stellen ihren Gästen häufig Tennisplätze kostenlos zur Verfügung. Größere Städte haben meist auch private Tennisclubs. Wenn Sie im Urlaub Tennis spielen wollen, informieren Sie sich vorher über Plätze und deren Buchung z. B. beim **Deutschen Tennis Bund e. V.**

Kanuten auf dem Main bei Miltenberg

Skifahren und Bergsteigen

Der bekannteste Wintersportort Deutschlands ist noch immer Garmisch-Partenkirchen *(siehe S. 280)*. Ski fahren kann man aber auch z. B. im Schwarzwald *(siehe S. 326f)* und im Erzgebirge *(siehe S. 166)*. In ein paar Städten gibt es inzwischen Hallen mit Kunstschneepisten, die Alpen *(siehe S. 204f)* können sie aber natürlich nicht ersetzen.

Auch der Skilanglauf erfreut sich sehr großer Beliebtheit, es gibt viele gut präparierte Loipen. Bei den örtlichen Informationsbüros oder beim **Deutschen Skiverband e. V. (DSV)** können Sie sich nach Lage und Zustand von Pisten und Loipen erkundigen.

Die Alpen sind ein Paradies für Bergsteiger und Kletterer, immer mehr Klettergebiete werden dort ausgewiesen. Beim Deutschen Skiverband können Sie auch Führer für Bergtouren anfordern.

Interessante Felsformationen aller möglichen Schwierigkeitsstufen finden Kletterer nicht nur in den Alpen. Auch im Harz *(siehe S. 147)*, im Fichtelgebirge und in der Schwäbischen Alb *(siehe S. 314f)* finden Sportkletterer Herausforderungen. Wenn die Witterung nicht mitspielt, bieten sich die zahlreichen Indoor-Kletterwände an, die es in vielen Städten gibt.

Beim **Deutschen Alpenverein (DAV)** bekommen Interessierte alle Informationen über die deutschen Bergsteig- und Kletterregionen und über die dafür nötige Ausrüstung.

Nationalparks

Deutschlands Landschaften sind vielfältig, von Bergen bis zu Küsten, und über das Land verteilt liegen zahlreiche Naturschutzgebiete und Nationalparks: Vom seenübersäten Nationalpark Müritz *(siehe S. 475)* bis zum üppig grünen, bergigen Bayerischen Wald *(siehe S. 271)* – jeder Park hat seine eigenen spektakulären Highlights und Besucherattraktionen.

In allen deutschen Schutzgebieten gibt es beschilderte Wanderwege, und für die meisten gibt es Karten, in denen Wander-, Rad- und Joggingpfade eingezeichnet sind. Diese Parks sind auch ideal, um die deutsche Flora und Fauna kennenzulernen. In vielen informieren Tafeln über die Tiere und Pflanzen am Wegesrand. Um mehr über die Sehenswürdigkeiten und die Freizeitangebote in deutschen Nationalparks und Naturschutzgebieten zu erfahren, wenden Sie sich an den **Verband Deutscher Naturparke** oder an **Europarc Deutschland e. V.**

Tourengeher auf dem Schildenstein im Mangfallgebirge

Camping

In den Sommermonaten Juli, August und September sieht man auf Deutschlands Autobahnen unzählige Wohnwagen und Wohnmobile aus dem In- und benachbarten Ausland. Die Campingplätze sind meist in Privatbesitz und bieten viele Annehmlichkeiten und Einrichtungen: Bade- und Toilettenhäuser, Imbissstände oder Restaurants, kleine Läden, Waschsalons und Spielplätze. Die gehobeneren Campingplätze haben darüber hinaus Stromanschlüsse für Wohnwagen und -mobile und vermieten sogar Wohnwagen und Bungalows. Informieren Sie sich beim **Deutschen Camping-Club e. V.** über die Plätze in Deutschland.

Wildes Zelten ist in Deutschland großteils untersagt, vor allem in den Nationalparks. Dort und andernorts gibt es aber offizielle Plätze, an denen Sie Ihr Zelt aufschlagen und ein Lagerfeuer machen dürfen. Informationen über Zelturlaub bekommen Sie beim **Backpacker Network Germany e. V.**

Das Wandergebiet Spiegelau im Bayerischen Wald

Historische und malerische Strecken

In Deutschland locken mehr als 50 offizielle Panoramastrecken die Autofahrer. An diesen Routen liegen die schönsten Orte und Hauptattraktionen der jeweiligen Region. Die 1000 Kilometer lange **Burgenstraße** führt von Mannheim *(siehe S. 294)* durch Bayern bis nach Prag. Unterwegs sieht man romantische Burgen und andere

Burg Katz (links) vor dem Loreley-Felsen am Rhein

historische Stätten. Die **Deutsche Märchenstraße** verläuft von Bremen *(siehe S. 430–433)* nach Hanau *(siehe S. 377)* und verbindet auf ihren 600 Kilometern mehr als 70 Orte, die mit den Brüdern Grimm und ihren Märchen, Sagen und Mythen in Verbindung stehen. Die **Deutsche Weinstraße** *(siehe S. 347)* zwischen Bad Dürkheim und Dörrenbach ist 85 Kilometer lang und führt durch Weinanbaugebiete und an Kellereien vorbei. Die berühmteste Route ist jedoch die **Romantische Straße**, die auf ihren 350 Kilometern durch wundervolle Landschaften zwischen Main und den Alpen führt. Eine schöne Rundfahrt bietet die **»Deutsche Tonstraße«** des **Tourismusverbands Ruppiner Land e. V.** Auf ihren 215 Kilometern lernt man das Ruppiner Land im Norden Brandenburgs *(siehe S. 130f)* kennen.

Themenferien

Ausländische Besucher können an Touren und Kursen über die deutsche Sprache und Kultur teilnehmen. Die Unterkünfte für solche Ferien reichen von Privatwohnungen bis zu Hotels. Informationen über solche Urlaubsangebote erteilt beispielsweise das **Goethe-Institut**.

Immer beliebter wird Urlaub mit dem Schwerpunkt auf deutschem Wein. Die meisten Winzer bieten Weinproben mit kleinen Imbissen an, manche vermieten auch Zimmer auf ihrem Anwesen. Um mehr darüber zu erfahren, wenden Sie sich an das **Deutsche Weininstitut GmbH** oder die **Viniversität – Die Weinschule GmbH**.

In Deutschland bieten viele Gestüte Reitkurse und -ausflüge an. An vielen Orten kann man fürs Wochenende oder eine ganze Woche Reiturlaub machen. Informieren Sie sich bei der **Deutschen Reiterlichen Vereinigung e. V.** darüber.

Wellness-Urlaub

In Deutschland gibt es über 350 Kurorte und sehr viele Hotels und Ferienanlagen, in denen Wellness im Mittelpunkt steht. Zur deutschen Philosophie des Sich-gut-gehen-Lassens gehören kulturelle Freuden, kulinarische Genüsse, Besuche historisch bedeutender Stätten und – freilich – sportliche Betätigung. Das ganze Jahr über kann man Wellness- und Fitness-Urlaub machen, in Etablissements, die von minimalistisch-ultramodern bis zu vergoldet-opulent reichen.

Jede deutsche Region hat ihre Kurorte, am bekanntesten sind aber wohl jene im Schwarzwald *(siehe S. 326f)*, auf den Ostfriesischen Inseln *(siehe S. 428)* und in Schleswig-Holstein *(siehe S. 454–465)*. Der **Deutsche Heilbäderverband e. V.** hilft Ihnen gerne, den richtigen Ort zu finden und das auf Ihre Bedürfnisse zugeschnittene »Kurpaket« zu schnüren.

Moselwein

AUF EINEN BLICK

Information

Deutscher Sportbund
Otto-Fleck-Schneise 12, Frankfurt am Main.
(069) 670 00.
www.dsb.de

Wandern

DAV Summit Club
Am Perlacher Forst 186, 81545 München.
(089) 64 24 00.

Deutsche Wanderjugend
Wilhelmshöher Allee 157, 34121 Kassel.
(0561) 400 49 80.
www.wanderjugend.de

Deutscher Volkssportverband e.V.
Fabrikstr. 8, 84503 Altötting.
(08671) 963 10.
www.dvv-wandern.de

Verband Deutscher Gebirgs- und Wandervereine e.V.
Wilhelmshöher Allee 157–159, 34121 Kassel.
(0561) 93 87 30.
www.wanderverband.de

Radfahren

ADFC (Allgemeiner Deutscher Fahrrad-Club)
Bundesgeschäftsstelle Postfach 10 77 47, 28077 Bremen.
(0421) 34 62 90.
www.adfc.de

Wassersport

Deutscher Segler-Verband e.V.
Gründgensstr. 18, 22309 Hamburg.
(040) 632 00 90.
www.dsv.org

Deutscher Wasserski- und Wakeboard-Verband e.V.
Gründgensstr. 18, 22309 Hamburg.
(040) 63 99 87 32.
www.wasserski-online.de

Verband Deutscher Sporttaucher (VDST) e.V.
Bundesgeschäftsstelle Berliner Str. 312, 63067 Offenbach.
(069) 981 90 25.
www.vdst.de

Golf und Tennis

Deutscher Golf Verband e.V.
Postfach 21 06, 65189 Wiesbaden.
(0611) 99 02 00.
www.golf.de/dgv

Deutscher Tennis Bund e.V.
Hallerstraße 89, 20149 Hamburg.
(040) 41 17 80.
www.dtb-tennis.de

Skifahren und Bergsteigen

Deutscher Alpenverein (DAV)
Bundesgeschäftsstelle Von-Kahr-Str. 2–4, 80997 München.
(089) 14 00 30.
www.alpenverein.de

Haus des Ski, Deutscher Skiverband (DSV)
Am Erwin-Himmelseher-Platz, Hubertusstr. 1, 82152 Planegg.
(089) 85 79 00.
www.ski-online.de

Verband Deutscher Berg- und Skiführer (VDBS)
Bahnhofstr. 25, 83646 Bad Tölz.
(08041) 793 86 06.
www.bergfuehrer-verband.de

Nationalparks

Europarc Deutschland e.V.
Friedrichstr. 60, 10117 Berlin.
(030) 28 87 88 20.
www.europarc-deutschland.de

Verband Deutscher Naturparke
Görresstr. 15, 53113 Bonn.
(0228) 921 28 60.
www.naturparke.de

Camping

Backpacker Network Germany e.V.
Max-Brauer-Allee 277, 22769 Hamburg.
(040) 43 18 23 10.
www.backpackernetwork.de/home/

Deutscher Camping-Club e.V.
Mandlstraße 28, 80802 München.
(089) 380 14 20.
www.camping-club.de

Historische und malerische Strecken

Burgenstraße e.V.
Allee 28, 74072 Heilbronn.
(07131) 56 40 28.
www.burgenstrasse.de

Deutsche Märchenstraße
Kurfürstenstr. 9–15, 34117 Kassel.
(0561) 92 04 79 10.
www.deutsche-maerchenstrasse.de

Deutsche Weinstraße e.V.
Martin-Luther-Str. 69, 67433 Neustadt an der Weinstraße.
(06321) 91 23 33.
www.deutsche-weinstrasse.de

Tourismusverband Ruppiner Land e.V. »Deutsche Tonstraße«
Fischbänkenstr. 8, 16816 Neuruppin.
(03391) 65 96 30.
www.deutschetonstrasse.de

Touristik Arbeitsgemeinschaft Romantische Straße
Segringer Str. 19, 91550 Dinkelsbühl.
(09851) 55 13 87.
www.romantischestrasse.de

Themenferien

Deutsche Reiterliche Vereinigung e.V.
Freiherr-von-Langen-Str. 13, 48231 Warendorf.
(025 81) 636 20.
www.pferd-aktuell.de
www.fn-dokr.de

Deutsches Weininstitut GmbH
Gutenbergplatz 3–5, 55116 Mainz.
(06131) 282 90.
www.deutscheweine.de

Goethe-Institut
Dachauer Str. 122, 80637 München (Postanschrift: Postfach 19 04 19, 80604 München).
(089) 159210.
www.goethe.de

Viniversität – Die Weinschule GmbH
Haus Meer 2, 40667 Meerbusch.
(02132) 756 80.
www.viniversitaet.de

Wellness-Urlaub

Deutscher Heilbäderverband e.V.
Schumannstr. 111, 53113 Bonn.
(0228) 201 200.
www.deutscher-heilbaederverband.de

HEIDELBERG
Heidelberg

Grund-
informationen

Praktische Hinweise

Durch Deutschland zu reisen ist ein Vergnügen – und einfach dazu. In allen Regionen heißt man Gäste willkommen, in fast jeder Stadt und in vielen Dörfern gibt es ein Fremdenverkehrsbüro, das Besucher berät, Unterkünfte vermittelt sowie Infomaterial über die Sehenswürdigkeiten und Freizeitmöglichkeiten der Stadt und der Region bereitstellt. Seit einiger Zeit hat so gut wie jede Stadt eine eigene Internet-Seite, mit der man seine Reise bequem planen kann. Und die Anreise? Deutschland wird um sein fast perfektes Straßennetz weltweit beneidet, auch das Netz öffentlicher Verkehrsmittel ist ausgezeichnet. Eine Unterkunft nach persönlichem Geschmack und Geldbeutel zu finden ist meist kein Problem, nur in Großstädten kann es während großer Veranstaltungen und Messen schwierig werden.

Litfaßsäule mit Veranstaltungen

Beste Reisezeit

Rund ums Jahr ist Reisezeit, es kommt nur darauf an, was Sie erleben wollen. Für Städte und Kulturreisen gibt es keine saisonale Einschränkung. In puncto Natur allerdings hat jede Region ihre »Saison«. Im Frühling ziehen die milderen Gegenden am Bodensee und Oberrhein Besucher zur ersten Obstblüte an. Im Hochsommer laden die weiten Strände von Nord- und Ostsee zum Baden ein. Der Herbst ist die beste Zeit, um zu wandern oder fürs Oktoberfest in München *(Mitte Sep bis Anfang Okt)*. Im Winter locken die Skigebiete der Alpen und Mittelgebirge.

Denken Sie bei der Planung daran, dass man nicht unbedingt »mit dem Strom« reisen muss. Vermeiden Sie es, an Feiertagen, langen Wochenenden oder zu Ferienbeginn und -ende zu reisen.

Schilder an historischen Gebäuden

Einreise und Zoll

Nach dem Schengener Abkommen (Vereinbarung über kontrollfreien Grenzverkehr) muss man bei Reisen zwischen fast allen EU-Ländern keinen Pass oder anderen Ausweis mehr vorzeigen. Das gilt auch für den Grenzübertritt aus allen Nachbarländern Deutschlands (Polen, Tschechien, Österreich, Frankreich, die Beneluxstaaten, Dänemark sowie die Schweiz, die im Dezember 2008 in die Schengen-Zone aufgenommen wurde).

In Deutschland besteht Ausweispflicht: Auf Verlangen müssen Sie jederzeit ein gültiges Dokument vorweisen können.

Beim Zoll gelten die Standard-EU-Regeln: Alles, was nachweislich für den privaten Verbrauch ist, ist zollfrei. Bei Zigaretten und Alkohol gelten die in der Europäischen Union üblichen Grenzen.

Besuchergruppe während einer Stadtführung

Information

Viele Fremdenverkehrsämter tragen heute englische Namen, z. B. Berlin Tourismus Marketing GmbH. Wer sich im Vorfeld über sein Reiseziel genauer informieren will, sollte die jeweilige Informationsstelle kontaktieren. In der Regel kommt nach wenigen Tagen (evtl. gegen eine Gebühr) ein Umschlag ins Haus: Hotel- und Privatzimmerlisten, Sehenswürdigkeiten, Veranstaltungen und Prospekte der Attraktionen.

Fremdenverkehrsamt in Rottweil, Baden-Württemberg

Auch vor Ort sind diese Infostellen hilfreich: Sie vermitteln Zimmer, beraten über Unternehmungen, Ausflüge, Öffnungszeiten und Veranstaltungen. Oft stellen sie kostenlos Stadtpläne zur Verfügung oder verkaufen detaillierte Karten der Region.

Fast jede Gemeinde hat heute ihren eigenen Internet-Auftritt. Geben Sie die Adresse

◁ Bierkrüge aus Heidelberg *(siehe S. 296–299)*

»www.*Stadtname*.de« oder »www. *Stadtname*-tourismus.de« ein, in den meisten Fällen stoßen Sie auf eine wahre Fundgrube an Informationsmöglichkeiten.

In Großstädten enthält die örtliche Tageszeitung einmal wöchentlich eine Beilage mit aktuellen Veranstaltungen und Tipps. Fragen Sie nach, an welchem Tag diese Beilage erscheint. Ansonsten sind in der Zeitung die täglichen Veranstaltungen zu finden.

Sehr nützlich können die sogenannten Stadtmagazine sein, die meist 14-täglich erscheinen. In ihnen findet man alles Aktuelle – von Kulturereignissen über Adressen bis zu den angesagten Kneipen und Events.

Für Großveranstaltungen wie Messen, internationale Sportereignisse, große Volksfeste, Kirchentage etc. empfiehlt es sich unbedingt, frühzeitig Infos einzuholen.

Stadtmagazine informieren über kulturelle Veranstaltungen in der jeweiligen Stadt

Sehenswürdigkeiten und Museen

Die Öffnungszeiten von Museen und Sehenswürdigkeiten richten sich nach der Größe der Stadt, nach Saison und Nachfrage. In Städten haben die Attraktionen im Allgemeinen zwischen 9 und 18 Uhr geöffnet, in Großstädten manchmal bis 20 Uhr, in kleineren Orten oft kürzer und mit ein- bis zweistündiger Mittagspause. Fast überall bleiben Museen einen Tag in der Woche geschlossen (oft am Montag).

Falls Sie eine ländliche Kirche verschlossen finden, gibt es oft die Möglichkeit, im Pfarramt einen Schlüssel zu holen.

Eintrittspreise

Eintrittskarten können Ihr Reisebudget erheblich belasten. Kleine Museen verlangen 2–5 €, größere Museen 4–8 €, für private Ausstellungen und Museen sind etwa 12–15 € einzukalkulieren. Viele Museen sind an einem Tag in der Woche kostenlos.

Kirchen sind meist umsonst zu besichtigen, allerdings kostet der Besuch der Krypta, des Kirchenmuseums oder eine Turmbesteigung.

Für kommerzielle Freizeitangebote, z. B. Filmtour, Freizeitparks oder Erlebnisbäder, müssen Sie mit 20–25 € rechnen, für Kinos mit rund 7,50 €. Theaterkarten kosten in etwa 10–40 €, Opernkarten rangieren von 12 € (Stehplatz) bis über 200 € (bei Festspielen). Fußballkarten kosten zwischen 10 und 50 €.

Botschaften

Im Kasten rechts finden Sie die Adressdaten der Botschaften Österreichs und der Schweiz sowie die Adresse des Auswärtigen Amtes.

Tickets für Sehenswürdigkeiten – fast zu schön zum Wegwerfen

AUF EINEN BLICK

Botschaften

Österreichische Botschaft
Stauffenbergstraße 1,
10785 Berlin.
☎ *(030) 20 28 70.*
FAX *(030) 229 05 69.*
www.aussenministerium.at/berlin

Schweizerische Botschaft
Otto-von-Bismarck-Allee 4a,
10557 Berlin.
☎ *(030) 390 40 00.*
FAX *(030) 391 10 30.*
www.eda.admin.ch/berlin

Deutsche Botschaft in Österreich
Metternichgasse 3,
1030 Wien.
☎ *(0043-1) 71 15 40.*
FAX *(0043-1) 713 83 66.*
www.wien.diplo.de

Deutsche Botschaft in der Schweiz
Willadingweg 83,
3006 Bern.
☎ *(0041-31) 359 41 11.*
FAX *(0041-31) 359 44 44.*
www.bern.diplo.de

Auswärtiges Amt der Bundesrepublik Deutschland
11013 Berlin.
☎ *(030) 181 70.*
FAX *(030) 18 17 34 02.*
www.auswaertiges-amt.de

Information

Deutsche Zentrale für Tourismus e. V. (DZT)
Beethovenstraße 69,
60325 Frankfurt am Main.
☎ *(069) 97 46 40.*
FAX *(069) 75 19 03.*
www.deutschland-tourismus.de

DJH Service GmbH
Bismarckstraße 8,
32756 Detmold
☎ *(05231) 740 10.*
FAX *(05231) 74 01 49.*
www.djh.de

Praktische Informationen

Am Kiosk bekommt man mehr als Zeitungen, Kaugummis und Zigaretten

Behinderte Reisende

Meist kommen behinderte Reisende in Deutschland gut zurecht: Öffentliche Gebäude, Ämter, Banken, Museen und Veranstaltungsräume haben fast immer einen barrierefreien Zugang. Viele S- und U-Bahnhöfe verfügen über Lifte zu den Gleisen, oft sind absenkbare Rampen in Straßenbahnen und Busse eingebaut. In den größeren Hotels stehen eigene Zimmer für Behinderte zur Verfügung. An Rastplätzen sowie in Bahnhöfen und Flughäfen gibt es behindertengerechte Toiletten. Schwieriger wird es an manchen Sehenswürdigkeiten, oft auch in Restaurants, wo die Toiletten häufig im Keller untergebracht sind. Kontaktieren Sie den **Bundesverband Selbsthilfe Körperbehinderter e. V.** oder **NatKo**. Beide Vereine veröffentlichen Broschüren zum Thema Reise.

Religion und Kirche

Historische Gründe, die bis 1555 zum Augsburger Religionsfrieden zurückreichen, sind ausschlaggebend dafür, dass in bestimmten Gebieten Deutschlands eine Konfession vorherrscht. Allgemein ist der Süden eher katholisch, der Norden eher protestantisch geprägt. Da die Bevölkerung jedoch zunehmend fluktuiert, lösen sich diese Zuordnungen immer mehr auf.

Zwei Faktoren kommen hinzu: Die beiden christlichen Konfessionen beklagen einen rapiden Mitgliederschwund. Zugleich nimmt die Zahl der Angehörigen anderer Kulturen und damit anderer Religionen stark zu. Bereits mehrere Millionen Einwohner Deutschlands sind islamischen Glaubens. Verschiedene andere Glaubensrichtungen sind dabei, sich zu etablieren. Die jüdischen Gemeinden in Deutschland sind in den letzten Jahrzehnten wieder stark angewachsen.

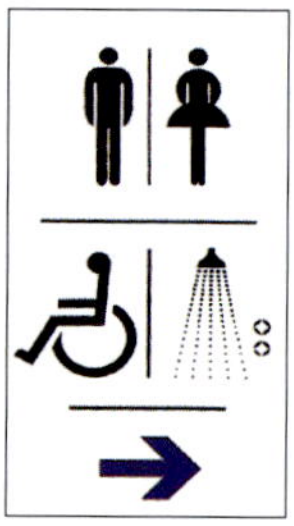

Öffentliche Toiletten, mit Behindertentoilette und Dusche

Regionale Unterschiede

Erst seit 1871 kann man von »Deutschland« sprechen, vorher gab es miteinander befehdete Kleinstaaten oder Staatengebilde. Eineinhalb Jahrhunderte haben nicht gereicht, die regionalen Unterschiede innerhalb Deutschlands auszugleichen. Durch die Wiedervereinigung (1990) wurde das Spektrum an Mentalitäten noch wesentlich erweitert.

Die regionalen Empfindlichkeiten beginnen bei den Dialekten, die wechselseitig als mehr oder weniger sympathisch empfunden werden, und enden bei Vorurteilen und Witzen über Charaktereigenschaften der Bewohner bestimmter Regionen.

Das »reine« Hochdeutsch spricht man angeblich bei Hannover – ein bloßer Zufall, der daraus resultiert, dass die Verfasser des Standardwerks *Deutsche Bühnenaussprache* (1898) sowie Konrad Duden, der normbildende deutsche Philologe, aus Nord- bzw. Westdeutschland kamen. Bis heute gilt der *Duden* als Standardwerk für die deutsche Rechtschreibung.

Für fremdsprachige Besucher sind diese sprachlichen Unterschiede von untergeordneter Bedeutung: In allen größeren Städten wird auch Englisch verstanden.

Tageszeitungen und Zeitschriften

Tageszeitungen bekommt man am Kiosk, in vielen Supermärkten und Kaufhäusern, von Straßenverkäufern, die abends auch oft durch Lokale ziehen, und an Automaten. In vielen Cafés liegen Zeitungen und Zeitschriften aus. Fast jede Region und zumindest jede Großstadt hat ihre eigene Tageszeitung, zum Teil – wie Berlin – sogar drei große: *Berliner Zeitung*, *Tagesspiegel* und die *taz*. Es ist erstaunlich, dass es nur *Bild* als einzige überregionale Tageszeitung in Deutschland gibt.

Dafür hat ein Blatt aus München bundesweit die größte Reichweite: Die *Süddeutsche*

Zwei von über hundert deutschen Tageszeitungen

Zeitung wird mit einer Auflage von etwa 450 000 Stück täglich publiziert. Die *Frankfurter Allgemeine* bringt es auf eine Auflage von rund 360 000, *Die Welt* auf etwa 275 000. Am populärsten unter den Boulevardblättern ist *Bild* mit einer verkauften Auflage von rund vier Millionen.

Unter den Wochenzeitschriften haben *Der Spiegel* und der *Stern* und die Nase vorn, beide haben eine Auflage von über einer Million. *Focus* wird mit rund 710 000 Exemplaren verbreitet.

In allen Großstädten gibt es ein oder zwei lokale Szenemagazine, die vor allem den Veranstaltungskalender publizieren – eine recht hilfreiche Informationsquelle.

Zeit

Deutschland liegt in der Mitteleuropäischen Zeitzone (MEZ). Die Sommerzeit dauert vom letzten Sonntag im März bis zum letzten Sonntag im Oktober.

Maße und Gewichte

In Deutschland gilt das Dezimalsystem. Eine Ausnahme machen die alten Gewichtseinheiten »Pfund« (0,5 Kilo) und Zentner (50 Kilo), die noch in vielen Regionen üblich sind. Zähleinheiten wie Dutzend (12) oder Schock (60) sterben allmählich aus.

Strom und Wasser

Die Stromversorgung liefert überall in Deutschland 230 V, 50 Hz Wechselstrom. Die Qualität des Leitungswassers ist überall sehr hoch.

Preiswert reisen

Wer Fahrtkosten sparen will, sollte sich an eine der Mitfahrzentralen *(siehe S. 581)* wenden, die es in jeder größeren Stadt gibt und die auch via Internet vermitteln (z. B. www.mfz.de oder www.mitfahrgelegenheit.de). Wer sich länger in einer Stadt aufhalten möchte, kann über Mitwohnzentralen oft ein günstiges Zimmer oder eine möblierte Wohnung bekommen. Adressen finden Sie in den örtlichen Telefonbüchern.

Mit Kindern reisen

Mit Kindern zu reisen macht im Allgemeinen keine Probleme. Die meisten Restaurants bieten Kinderstühle und extra Kinderteller an. Öffentliche Toiletten in Bahnhöfen, an Flugplätzen und Raststätten haben meist einen sauberen Wickelraum. In den allermeisten Hotels bekommen Kinder Preisnachlässe oder übernachten umsonst im Zimmer der Eltern.

In öffentlichen Verkehrsmitteln – auch in den Zügen der Deutschen Bahn – reisen Kinder unter sechs Jahren umsonst, von sechs bis elf Jahren zahlen sie die Hälfte. Oft bietet sich für Familien eine preisgünstige Gruppenkarte an. Auch Museen bieten ermäßigte Eintrittspreise für Kinder und Jugendliche.

Phantasialand Brühl, ein Freizeitpark nicht nur für Kinder

Leider bieten nur wenige, meist teure Hotels Babysitterdienste an. In Einkaufszentren und in großen Möbelhäusern gibt es dagegen öfter ein Spielparadies, wo man die Kleinen abgeben kann. Möchte man in einer fremden Stadt einmal ausgehen, dann hilft ein Blick ins Internet, um einen Babysitter zu finden.

Der Internationale Studentenausweis ermöglicht viele Rabatte

Studenten

Unterwegs ist man gut beraten, immer einen Schüler- oder Studentenausweis dabeizuhaben. In Museen, Kinos, Theatern, Schwimmbädern und Freizeitparks bekommt man damit bis zu 50 Prozent Preisnachlass. Neben dem Ausweis der Schule oder der Universität wird auch der Internationale Studentenausweis (ISIC) akzeptiert.

In allen größeren Städten bieten die Jugendämter in der Ferienzeit besondere Aktivitäten und Programme für junge Leute an, die meistens sehr preiswert sind.

AUF EINEN BLICK

Informationen für behinderte Reisende

Bundesverband Selbsthilfe Körperbehinderter e.V. (BSK)
Altkrautheimer Str. 20,
74238 Krautheim.
(06294) 428 10.
FAX *(06294) 42 81 79.*
www.bsk-ev.org

NatKo (Nationale Koordinationsstelle Tourismus für Alle e.V.)
Kirchfeldstraße 149,
40215 Düsseldorf.
(0211) 336 80 01.
FAX *(0211) 336 87 60.*
www.natko.de

Sicherheit und Gesundheit

Apothekenlogo

Auch in Deutschland ist die Kriminalitätsrate in Großstädten höher als in ländlichen Regionen. Generell jedoch ist Deutschland ein sicheres Land, sofern man nicht allzu leichtsinnig ist und Diebe geradezu einlädt, das Auto mit der offen sichtbaren Kamera aufzuknacken. Die ärztliche Versorgung ist in ganz Deutschland ausgezeichnet, im Notfall erreichen Rettungshubschrauber selbst die entlegensten Gegenden in kürzester Zeit. Wer sich gesundheitlich nicht ganz auf der Höhe fühlt, aber keinen Arzt benötigt, erhält in Apotheken Rat.

Alter VW-Bus der Polizei – noch im grün-weißen Design

Polizei

Grün und beige waren bis 2005 die Farben der uniformierten Polizei in Deutschland. Angefangen mit Hamburg, stellen die Landespolizeien sowie die Bundespolizei nun jedoch auf dunkelblaue Uniformen um. Polizei ist Sache der Bundesländer, nur das Bundeskriminalamt (BKA) und die Bundespolizei operieren länderübergreifend.

Polizisten in alter Uniform

In Städten und Gemeinden gibt es außerdem noch Angestellte, die für den »ruhenden Verkehr«, d. h. die parkenden Autos, zuständig sind. Meist bedeutet das, dass sie Ihnen für Falschparken ein sogenanntes »Ticket« verpassen. Parktickets werden inzwischen auch in Österreich eingetrieben – jedoch nicht zwingend in anderen Ländern der EU.

Diebstahl und Verlust

Taschendiebe sind besonders dort aktiv, wo viele Menschen zusammenkommen, also z. B. in öffentlichen Verkehrsmitteln während der Stoßzeiten. Passen Sie auf, wo Sie Ihre Wertsachen tragen.

Autos sollte man nicht in jeder Gegend über Nacht unbeaufsichtigt stehen lassen. Es sollten dann keine Wertgegenstände in Innenraum und Kofferraum liegen. Die Gebühr für ein Parkhaus oder einen Hotelparkplatz ist meist gut angelegt. Sie ersparen sich damit Ärger und Stress.

Gegen Diebstahl und Verlust kann man sich versichern. Im Ernstfall müssen Sie Ihren Fall sofort der Polizei melden, damit Sie Ihrer Versicherung gegenüber ein Protokoll in Händen haben. Den Verlust ihrer Bank- und Kreditkarte sollten Sie unverzüglich melden *(siehe S. 572)*.

Falls Sie etwas verloren haben, sollten Sie sich an das nächstgelegene Fundbüro wenden, das Sie in jeder Stadt finden. Die Deutsche Bahn unterhält ein eigenes zentrales Fundbüro für Gegenstände, die im Zug vergessen wurden. Auch die Verkehrsverbünde in den Städten haben meist ein eigenes Fundbüro.

Unfälle und Notfälle

Wenn Sie auf der Autobahn einen Unfall oder eine Panne haben, steht Ihnen eine Notrufsäule zur Verfügung *(siehe S. 580)*. Ansonsten gilt deutschlandweit und gebührenfrei der Notruf 112. Am anderen Ende der Leitung sitzt ein Experte, der dafür sorgt, dass die entsprechenden Hilfsmaßnahmen eingeleitet werden. Bereiten Sie sich darauf vor, dass Sie als Erstes Ihren Namen, Ihren Standort, den genauen Ort des Unfalls und die Art des Notfalls klar und deutlich mitteilen.

Polizeirevier

Diebstähle und Einbrüche sollten Sie der Polizei melden. Die Nummer des zuständigen Polizeireviers finden Sie im Telefonbuch, für akute Fälle gilt der gebührenfreie Notruf 110.

Falls ein Delikt in einer S- oder U-Bahn-Station passiert, stehen Notrufknöpfe zur Verfügung. An vielen öffentlichen Orten finden Sie rote Notrufkästen, an denen der Feueralarm auszulösen ist.

An vielen öffentlichen Plätzen und Bahnhöfen gibt es inzwischen Defibrillatoren für Herzkranke.

Im Kasten auf der Seite 571 finden Sie eine Übersicht der wichtigsten Notrufnummern in Deutschland.

Krankenwagen des Deutschen Roten Kreuzes (DRK)

Medizinische Versorgung

Wenn Sie als Deutscher in Deutschland Urlaub machen, brauchen Sie sich um Ihre Krankenversicherung nicht zu kümmern; Sie sind natürlich bundesweit für ärztliche Leistungen versichert. Bürger anderer EU-Staaten sollten in jedem Fall die Europäische Krankenversichertenkarte (EHIC) bei sich tragen, die in allen EU-Staaten und somit auch in Deutschland gilt.

Falls Sie eine Zusatzversicherung für die Reise abschließen, sollten Sie darauf achten, dass auch Sportunfälle, erforderliche Rettungsmaßnahmen und der Rücktransport nach Hause eingeschlossen sind.

Im Notfall stehen überall in Deutschland Rettungsfahrzeuge zur Verfügung, die Sie in das am nächsten gelegene Krankenhaus bringen.

Falls Ihr Gesundheitsproblem nicht ganz so akut ist, finden Sie Adresse und Telefonnummer des nächsten Arztes mit Bereitschaftsdienst oder der nächsten Apotheke mit Nachtdienst in der örtlichen Tageszeitung.

Eingang zu einer Apotheke in Heidelberg

Historischer Feuermelder

Risiken in der Natur

Besondere Gesundheitsrisiken bestehen bei einer Reise innerhalb Deutschlands nicht. Es gibt weder giftige Tiere noch gefährliche Seuchen, und das Wasser aus der Leitung ist überall unbedenklich zu trinken. In den meisten Städten ist die Qualität von Leitungswasser sogar mit der von Mineralwasser ebenbürtig oder sogar höher.

Bei der Einreise nach Deutschland sind keinerlei Impfungen erforderlich. Wenn Sie sich allerdings im Süden Deutschlands während des Sommers viel im Freien aufhalten wollen, sollten Sie erwägen, sich vorher gegen die durch Zecken übertragene Frühsommer-Meningoenzephalitis (FSME) impfen zu lassen. Auf jeden Fall sollten Sie sich im Wald durch geschlossene Kleidung vor Zeckenbissen und Stichen schützen. Die Zeckengefahr sollte besonders in den Wäldern Bayerns und Baden-Württembergs nicht unterschätzt werden.

Mückenstiche sind zwar lästig, übertragen allerdings keine Krankheiten. Auch Wespen- oder Bienenstiche sind in aller Regel nicht gefährlich, es sei denn, Sie reagieren allergisch oder werden im Mund gestochen. Besondere Allergierisiken bestehen in Deutschland nicht.

Apotheken

Apotheken haben normalerweise zwischen 9 und 18 Uhr geöffnet. Auf dem Land schließen sie über Mittag oft zwei Stunden. In größeren Städten gibt es immer Apotheken mit Nachtdienst. Welche es sind, erfahren Sie in der Tageszeitung oder auf einem Schild an der Tür jeder Apotheke. In dringenden Fällen hilft Ihnen Ihr Hotel oder das Fremdenverkehrsamt sicher gern weiter.

Öffentliche Toiletten

In Städten finden Sie relativ viele öffentliche Toiletten, in Bahnhöfen und an Flughäfen sogar mit Duschen. Auch in Museen und Kaufhäusern gibt es immer ein WC, auf der Autobahn in regelmäßigen Abständen Parkplätze mit WC oder Rastplätze. In Dörfern können Sie auf Gasthöfe ausweichen.

AUF EINEN BLICK

Notrufnummern

Europäischer Notruf
112.

Feuerwehr und Ambulanz
112.

Polizei
110 oder 112.

Notarzt
112 oder 19 222.

Deutsche Rettungsflugwacht
(0711) 70 10 70.

Sperrung von Kreditkarten
siehe S. 572.

Telefonseelsorge
(0800) 111 01 11 (evang.).
(0800) 111 02 22 (kath.).

Fundbüro

FundService Hotline der Deutschen Bahn
(01805) 99 66 33.

Banken und Währung

Logo der ReiseBank

Kreditkarten oder Debitkarten mit PIN (z. B. die Maestro-/EC-Karte) haben sich als Zahlungsmittel auch in Deutschland fast überall durchgesetzt. Das macht das Reisen einfacher. Größere Ausgaben können mit der Karte beglichen werden, für kleinere Summen nimmt man Bargeld. Geldautomaten findet man in allen Städten – selbst in den kleinsten Dörfern. Es ist also nicht mehr sinnvoll, größere Geldbeträge mit sich herumzutragen.

Banken und Wechseln

Die Zeiten des Geldwechselns für Reisende nach Deutschland sind vorbei – zumindest für Bürger der Euro-Länder. Im Zeitalter der Kredit- und Bankkarten ist auch niemand mehr gezwungen, größere Geldbündel bei sich zu haben.

Für Besucher aus Nicht-Euro-Ländern gilt allerdings nach wie vor, dass sie in einer Bank oder Wechselstube Geld wechseln. Erkundigen Sie sich vorher jedoch über die anfallenden Gebühren, die unterschiedlich hoch sein können. Die Öffnungszeiten der Banken sind nicht immer kundenfreundlich: Die Banken schließen in der Regel um 15.30 oder 16 Uhr. Die ReiseBank auf Bahnhöfen und an Flughäfen hat länger geöffnet. An Geldautomaten kann man mit Kredit- oder Bankkarten jederzeit Geld abheben.

Geldautomat von American Express

Reiseschecks

Reiseschecks sind ein sicheres Zahlungsmittel, können aber – selbst wenn es Euro-Reiseschecks sind – in Deutschland fast nur in großen Hotels direkt verwendet werden. Ansonsten muss man sie in Banken einlösen.

Geldautomaten

Besonders in Stadtzentren findet man an nahezu jeder Ecke einen Geldautomaten. Bargeld bekommt man mit der **Maestro-/EC-Karte** und – gegen eine Gebühr – auch mit einer Kreditkarte mit PIN. Man kann mit jeder Karte an den Automaten aller Banken Geld abheben, aber es wird manchmal eine Gebühr erhoben. Es gibt mehrere Bankgruppen, innerhalb derer man kostenlos abheben kann: u. a. Sparkassengruppe, Volks- und Raiffeisenbanken, CashGroup und CashPool.

Gebäude der Bayerischen Vereinsbank, München (jetzt Unicredito)

Für Wechselstuben besteht heute nicht mehr viel Nachfrage

Kreditkarten

Praktisch alle Hotels, Kaufhäuser, größeren Geschäfte und Restaurants akzeptieren Kreditkarten, mittlerweile werden sie auch in Supermärkten immer häufiger angenommen. An der Eingangstür sieht man meist die Logos. Kleinere Geschäfte, Cafés und Restaurants behalten sich allerdings das Recht vor, Kreditkarten erst ab einem Mindestbetrag zu akzeptieren.

Logo der Deutschen Bank, der größten Privatbank in Deutschland

Bei Verlust der Kredit- oder EC-Karte sollten Sie sich unverzüglich an Ihre Bank oder an die unten angegebenen Nummern wenden. Damit begrenzen Sie die Haftung bei Missbrauch auf ein Minimum (meist 50 Euro).

Notieren Sie sich daher Ihre Kartennummer, den Gültigkeitszeitraum und die anderen Elemente der Karte, damit Sie sie bei der Sperrung zur Hand haben.

AUF EINEN BLICK

Kartenverlust

Allg. Notrufnummer
116 116.

American Express
(069) 97 97 10 00.

Diners Club
(01805) 33 66 95.

MasterCard
(0800) 819 10 40.

Visa
(0800) 811 84 40.

Maestro-/EC-Karte
(069) 740 987.

Währung

Die europäische Gemeinschaftswährung Euro (€) gilt in 17 EU-Staaten: Belgien, Deutschland, Estland, Finnland, Frankreich, Griechenland, Irland, Italien, Luxemburg, Malta, Niederlande, Österreich, Portugal, Slowakei, Slowenien, Spanien und Republik Zypern. Alte DM-Scheine und Münzen sind ungültig, man kann sie aber bei der Deutschen Bundesbank unbefristet umtauschen (www.bundesbank.de).

Alle Euroscheine sind einheitlich gestaltet, bei den Münzen prägt jedes Land unterschiedliche Rückseiten. Seit 2004 kann jeder Eurostaat einmal jährlich eine Zwei-Euro-Gedenkmünze bedeutender Ereignisse (z. B. Olympische Spiele) herausgeben. Alle diese Münzen gelten in jedem Staat der Eurozone.

Euro-Banknoten

Euro-Banknoten gibt es in sieben Werten (5, 10, 20, 50, 100, 200 und 500 €). Die unterschiedlich großen Scheine wurden vom Österreicher Robert Kalina entworfen und zeigen Architekturelemente und Baustile verschiedener Epochen, eine Europakarte und die EU-Flagge mit den zwölf Sternen.

5-Euro-Schein (Baustil: Klassik)

10-Euro-Schein (Baustil: Romanik)

20-Euro-Schein (Baustil: Gotik)

50-Euro-Schein (Baustil: Renaissance)

100-Euro-Schein (Baustil: Barock und Rokoko)

200-Euro-Schein (Baustil: Eisen- und Glasarchitektur)

500-Euro-Schein (Baustil: Moderne Architektur des 20. Jh.)

2-Euro-Münze

1-Euro-Münze

50-Cent-Münze

20-Cent-Münze

10-Cent-Münze

Euromünzen

Euromünzen gibt es in acht Werten (2 €, 1 € sowie 50, 20, 10, 5, 2 und 1 Cent). Die einheitlichen Vorderseiten entwarf der Belgier Luc Luycx. Die Rückseiten sind in jedem Staat anders gestaltet. Auch San Marino, der Vatikanstaat und Monaco prägen eigene Münzen.

5-Cent-Münze

2-Cent-Münze

1-Cent-Münze

Kommunikation

Antiker Briefkasten

Deutsche Post- und Telekommunikationsdienste gelten als vorbildlich. Briefsendungen und Postkarten erreichen ihr Ziel innerhalb Deutschlands fast immer innerhalb 24 Stunden, spätestens nach zwei Tagen. Briefkästen sind relativ viele zu finden, Postämter ebenfalls. Die Deutsche Telekom versorgt das Land flächendeckend mit öffentlichen Telefonen. Für Mobilfunk und Internet gibt es daneben noch weitere Anbieter.

Öffentliche Telefone

Für öffentliche Telefone ist in Deutschland die Deutsche Telekom zuständig. Für die Benutzung von Münzfernsprechern brauchen Sie Kleingeld, die Münzannahme reicht von 10-Cent- bis zu 2-Euro-Münzen. Doch Münztelefone finden Sie mittlerweile nur noch selten. Viel praktischer (und auch weitaus stärker verbreitet) sind Kartentelefone. Telefonkarten zu 5 € oder 10 € können Sie etwa in Postämtern, in T-Punkt-Läden und an Kiosken kaufen. Wie viel Guthaben Ihre Telefonkarte noch aufweist, wird am Display neben dem Hörer angezeigt. Sie können eine aufgebrauchte Telefonkarte sogar während des Gesprächs durch eine neue ersetzen, dazu folgen Sie ganz einfach den im Display angezeigten Aufforderungen.

In den letzten Jahren wurden in Deutschland immer mehr Telefonzellen zu sogenannten Basisstationen umgerüstet. Bei diesen handelt es sich um frei stehende Telefonsäulen ohne Kabine und Beleuchtung. Im Unterschied zu Münz- und Kartentelefonen kann an Basisstationen lediglich mit Kreditkarte oder Calling Card (z. B. T-Card der Deutschen Telekom) nach Eingabe der jeweiligen PIN telefoniert werden. T-Cards sind in sämtlichen Filialen der Deutschen Post, in T-Punkt-Läden der Deutschen Telekom sowie in den Reisezentren der Deutschen Bahn erhältlich. Das bargeldlose Telefonieren ist eine praktische Option, die Kosten für das Telefonat werden mit Ihrer nächsten Telefonrechnung abgerechnet. Seit Jahren erfreut sich dieser Service immer größerer Beliebtheit.

Logo der Deutschen Telekom

Öffentliche Telefone am Frankfurter Hauptbahnhof

Viele öffentliche Telefone in Deutschland haben eine eigene Telefonnummer – hier können Sie sich bei Bedarf auch anrufen lassen. Eigentlich sollten in jeder Telefonzelle das örtliche Telefonbuch und die Gelben Seiten aushängen, das ist aber leider nicht immer der Fall. Dann hilft Ihnen auch die Telefon-Auskunft: Deutsche Telekom-Auskunft national 11 833, international 11 834. Preisgünstiger sind einige Angebote anderer Dienstleister, z. B. die 11 880 von Telegate.

Tarife

Telefonieren wird immer preisgünstiger, seit diverse Telefongesellschaften ihre Dienste anbieten. Über die Vorwahlen anderer Anbieter telefonieren Sie zu bestimmten Zeiten günstiger. Ein Vergleich der Gebühren der einzelnen Telefongesellschaften lohnt sich in jedem Fall. Berücksichtigen Sie dabei allerdings, dass sich die Tarife regelmäßig ändern.

Völlig kostenlos sind Nummern mit der Vorwahl 0800, teurer als normale sind Anrufe mit der Vorwahl 0180, wobei der Tarif von 01801 bis 01805 gestaffelt ist. Viele Servicenummern beginnen mit 0190 oder 0900 und können dann mehrere Euro pro Minute, in einigen Fällen auch 10 Euro pro Anruf kosten.

Mobiltelefone

Handys sind nicht nur im Alltag überaus praktisch, sondern können auch im Urlaub recht nützlich sein – etwa wenn Sie ein Hotel buchen, ein Ticket reservieren oder einen Tisch im Restaurant bestellen wollen. Auch wenn Sie bei Notfällen in abgelegenen Regionen Hilfe rufen möchten oder auch einfach nur, um erreichbar zu sein, sind Mobiltelefone überaus hilfreich.

Die EU begrenzt Roaming-Gebühren in den Mitgliedsstaaten. 2011 liegt der Minutenpreis für ein abgehendes Telefonat bei 0,35 €, für ein ankommendes Gespräch bei 0,11 €. Eine SMS kostet 0,11 €.

Deutsche Post

Postämter stehen im internationalen Vergleich in Deutschland flächendeckender als in anderen Ländern zur Verfügung. Die Dienste der Deutschen Post beschränken sich nicht nur auf den Versand von Briefen, Päckchen, Paketen und eingeschriebenen Sendungen, in Postämtern gibt es – neben Briefmarken – u.a. auch Telefonkarten, Briefumschläge, Paketkartons sowie Fax- und Kopierservice. Nach wie vor kann man postlagernd *(poste restante)* versenden.

Schriftzug der Deutschen Post AG

Post versenden

Briefmarken bekommt man in den Filialen der Deutschen Post, an Automaten und auch in zahlreichen Kiosken und Souvenirläden, die Ansichtskarten führen. Die Portopreise richten sich nach dem jeweiligen Gewicht der Sendung. Ein Standardbrief (bis 20 g) kostet 0,55 € (in Deutschland) bzw. 0,75 € (international). Ein Kompaktbrief (bis 50 g) kostet 0,90 € (in Deutschland) bzw. 1,45 € (international). Eine Postkarte kostet 0,45 € (in Deutschland) bzw. 0,75 € (international). In Deutschland sind ausschließlich die von der Deutschen Post herausgegebenen Euro-Briefmarken gültig.

Briefkästen gibt es (auch in den kleineren Orten) in großer Zahl, die jeweiligen Leerungszeiten sind an den Kästen angeschrieben, Briefkästen mit Sonntagsleerung erkennt man an dem roten Punkt. In Städten haben die Briefkästen zwei Einwurfschlitze – für lokale Sendungen und andere.

Für Paketsendungen eignet sich auch der Kurierdienst DHL.

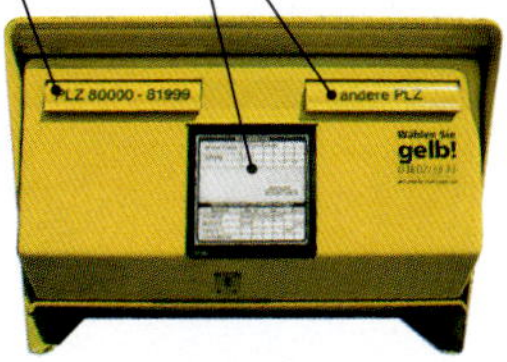

Nur in Städten haben Briefkästen zwei verschiedene Fächer

Postämter

Postämter haben zwischen 8 und 18 oder 18.30 Uhr, samstags bis 12 oder 13 Uhr geöffnet. An (oder in) den Bahnhöfen größerer Städte und auf Flughäfen findet man meist Postämter mit längeren Öffnungszeiten, die auch sonntags offen sind.

Postadressen

Postleitzahlen in Deutschland sind seit 1993 fünfstellig. Großstädte sind in Postbezirke aufgeteilt, eine Straße kann verschiedene Postleitzahlen haben.

Wenn Sie Post an jemanden schicken, der nur vorübergehend dort wohnt, müssen Sie für den Briefzusteller mit der Bezeichnung c/o *(care of)* den Hauptadressaten angeben.

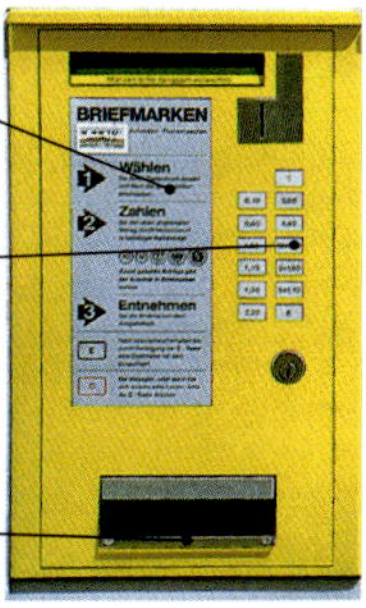

An Automaten erhält man Briefmarken in allen gewünschten Wertstufen

Eingang zu einem Postamt in Bonn

Internet und E-Mail

Online-Anschlüsse haben sich in Deutschland auch in Privathaushalten längst durchgesetzt – mehr als zwei Drittel aller Deutschen sind inzwischen online. 2009 existierten landesweit ungefähr 24 Millionen Breitbandanschlüsse. Fast jeder zweite Haushalt ist mittlerweile mit Hochgeschwindigkeit im globalen Datennetz unterwegs. Hauptanbieter ist die Deutsche Telekom.

Nahezu alle Städte und touristischen Regionen verfügen über eigene Websites, die meist sehr empfehlenswert sind. Auch viele Hotels und Restaurants stellen sich auf einer Internet-Seite vor und sind für Buchungen via E-Mail erreichbar. Größere Hotels bieten ihren Gästen über WLAN Internet-Anschluss im Zimmer. Internet-Cafés findet man inzwischen auch in zahlreichen kleineren Städten, auch von vielen Büchereien aus kann man ins Internet gehen. An Flughäfen und in großen Bahnhöfen stehen Terminals zur Verfügung.

Nützliche Telefonnummern

- Auskunft Deutsche Telekom – national: 11 833.
- Auskunft Deutsche Telekom – international: 11 834.
- Internationale Gespräche: Vorwahl 00, Ländervorwahl, Ortsvorwahl ohne 0, dann Teilnehmernummer.
- Ländervorwahl: Deutschland 49, Österreich 43, Schweiz 41, Niederlande 31, Belgien 32, Frankreich 33, Italien 39.
- Deutschland Direkt: 0800 33 00490

Reiseinformationen

Die Verkehrsverbindungen innerhalb von Deutschland und in die Nachbarländer sind ausgezeichnet: Rund 15 Städte haben internationale Flughäfen, weitere 20 besitzen Regionalflughäfen. Innerdeutsche Flüge verkehren regelmäßig und mehrmals am Tag zwischen allen großen Städten des Landes. Die Deutsche Bahn verbindet alle Großstädte mindestens im Stundentakt, selbst zahlreiche Kleinstädte sind mit dem Zug normalerweise im Zwei-Stunden-Rhythmus zu erreichen. Mit Bussen erreicht man auch die meisten kleineren Orte.

Lufthansa-Flugzeug

Das Autobahnnetz mit seiner Gitterstruktur wird selbst im Ausland gerühmt. Eine Schattenseite sind die vielen Staus in den Ballungsräumen.

Flugverbindungen

Deutschland verfügt über einige Großflughäfen, die aus allen Kontinenten angeflogen werden – in vielen Fällen sogar im Rahmen von Nonstop-Verbindungen. Einige Airports wie etwa Frankfurt am Main, München oder Düsseldorf bieten eine Vielzahl von Direktverbindungen von und nach Übersee.

Aber auch innerhalb von Deutschland herrscht reger Flugbetrieb, bei einer ganzen Reihe von Verbindungen sogar im Stundentakt. Man kommt wirklich leicht und komfortabel per Flieger in andere Städte.

Fluglinien

Zahlreiche internationale Airlines, darunter **Austrian** und **Swiss**, bieten Direktverbindungen zu mehreren Airports in Deutschland. Die größte deutsche Fluggesellschaft ist die **Lufthansa**. Daneben fliegen auch **Air Berlin** sowie einige weitere Gesellschaften wie **Germanwings** kleine Regionalflughäfen an.

Flugpreise

Innerdeutsche Linienflüge sind nicht preiswert, ein einfacher Flug von Berlin nach München z. B. kann um die 200 € kosten. Dafür ist so ein Flug allerdings auch kurzfristig buchbar, bleibt ein Jahr gültig und kann jederzeit auf den nächsten freien Platz umgebucht werden.

Wer weniger Geld ausgeben will, wird in der Regel von derselben Gesellschaft Hin- und Rückflüge innerhalb Deutschlands deutlich billiger finden. Zu manchen Zeiten werden Sonderangebote zwischen wichtigen deutschen Großstädten (meist Berlin, Frankfurt, Hamburg, Düsseldorf und München) gewährt.

Mittlerweile tobt auch auf innerdeutschen Strecken ein Preiskrieg, der durch immer günstigere Angebote der Billigfluglinien entfacht wurde. One-Way-Flüge für 19 € oder 29 € sind keine Seltenheit. Diese Konkurrenz zwingt auch die großen Fluglinien zu massiven Preissenkungen. Beachten Sie jedoch, dass Flughafengebühren und

Tower am Münchner Flughafen

Steuern hinzukommen und so manches Schnäppchen verteuern können.

Wenn Sie sich nicht an ein Reisebüro wenden möchten, finden Sie im Internet (z. B. unter www.opodo.de) leicht die günstigsten Konditionen heraus. Bei Buchungen im Internet sind die Preise meist günstiger, als Ticket gilt die Buchungsnummer.

Parkplatz und Flughafengebäude von Berlin-Tegel

Parkpositionen und Rollbahn am Flughafen Frankfurt am Main

Flughäfen

Frankfurt am Main fertigt im Jahr rund 54 Millionen Passagiere ab. Es gibt zwei Terminals, der Passagierflughafen hat einen eigenen Bahnhof der Deutschen Bahn. Der Flughafen München hat ebenfalls zwei Terminals und fertigt jährlich mehr als 35 Millionen Passagiere ab.

Die nächstgrößeren Flughäfen sind Düsseldorf, Hamburg (HAM), Berlin-Tegel und Köln-Bonn (CGN). In der Hauptstadt Berlin gibt es neben Tegel (Nordwesten) noch den Flughafen Schönefeld (Südosten), der Flughafen Tempelhof wurde 2008 geschlossen. Beide Airports gelten mittlerweile allerdings als zu klein. Ab voraussichtlich 2012 sollen alle Berlin-Flüge über den geplanten Flughafen Berlin-Brandenburg International (BBI) abgewickelt werden.

Neben den unten im Kasten erwähnten internationalen Flughäfen gibt es über das gesamte Land verteilt noch eine Vielzahl von Regionalflughäfen, darunter in Dortmund (DTM), Erfurt (ERF), Friedrichshafen (FDH), Karlsruhe/Baden-Baden (FKB), Kiel (KEL), Lübeck (LBC), Mönchengladbach (MGL), Münster/Osnabrück (FMO), Paderborn/Lippstadt (PAD), Rostock-Laage-Güstrow (RLG) und Saarbrücken (SCN).

AUF EINEN BLICK

Fluglinien

Air Berlin
(01805) 73 78 00.
www.airberlin.com

Austrian
05 17 89 (in Österreich).
www.aua.com

Germania Express
(01805) 73 71 00.
www.gexx.de

Germanwings
(0900) 191 91 00.
www.germanwings.com

Lufthansa
(01805) 83 84 26 oder
0180-LUFTHANSA.
www.lufthansa.com

Swiss
(0848) 70 07 00 (in der Schweiz).
www.swiss.com

TUIfly
(01805) 75 75 10.
www.tuifly.com

Flughafen	Information	Entfernung zum Zentrum	Fahrtdauer (Taxi)	Fahrtdauer (ÖPNV)
Berlin-Schönefeld (SXF)	(0180) 500 01 86	20 km	45 min	S-Bahn: 35 min
Berlin-Tegel (TXL)	(0180) 500 01 86	8 km	25 min	Bus: 25 min
Bremen (BRE)	(0421) 559 50	3,5 km	15 min	Tram: 17 min
Dresden (DRS)	(0351) 881 33 60	9 km	25 min	Bus: 30 min
Düsseldorf (DUS)	(0211) 42 10	8 km	25 min	S-Bahn: 13 min
Frankfurt am Main (FRA)	(01805) 372 46 36	10 km	20 min	Zug: 11 min S-Bahn: 10 min
Hamburg (HAM)	(040) 50 75 10 10	13 km	30 min	Bus: 30 min
Hannover (HAJ)	(0511) 977 18 99	12 km	20 min	S-Bahn: 13 min
Köln-Bonn (CGN)	(02203) 40 40 01	Bonn: 28 km Köln: 17 km	Bonn: 15 min Köln: 20 min	Bus nach Bonn: 35 min S-Bahn nach Köln: 15 min
Leipzig (LEJ)	(0341) 224 11 55	18 km	30 min	Bus: 30 min
München (MUC)	(089) 975 213 13	40 km	45 min	S-Bahn: 40 min Bus: 45 min
Nürnberg (NUE)	(0911) 937 00	6 km	20 min	Bus: 45 min U-Bahn: 12 min
Stuttgart (STR)	(01805) 94 84 44	18 km	25 min	S-Bahn: 30 min

Deutsche Bahn, Fähren und Ausflugsschiffe

Logo der Deutschen Bahn AG

Die Deutsche Bahn ist ein gigantisches Unternehmen: Auf rund 40 000 Kilometer Gleisen werden jährlich über eine Milliarde Fahrgäste befördert, die einen der rund 6000 Bahnhöfe passieren. Im Ausland wird die Deutsche Bahn vor allem für ihre Pünktlichkeit und die Sauberkeit ihrer Bahnhöfe und Züge geschätzt. Die Bahn ist nach wie vor das sicherste Verkehrsmittel des Landes.

Innerdeutsche Verbindungen

Das innerdeutsche Schienennetz erstreckt sich über rund 40 000 Kilometer. Die meisten Züge und Strecken werden von der Deutschen Bahn AG betrieben. Auf den Fernstrecken verkehren die Hochgeschwindigkeitszüge ICE (InterCity-Express) sowie nationale IC (InterCity) und internationale EC (EuroCity). Der Regionalverkehr wird von RE (Regional-Express) und RB (Regional-Bahn) bedient. In den Großstädten sorgen z. B. S- und U-Bahnen für gute Nahverkehrsverbindungen.

Die meisten deutschen Städte sind an das Fernnetz der Bahn angeschlossen und werden stündlich (oder zweistündlich) bedient. Ballungsräume sind halbstündlich erreichbar. Eine ICE-Fahrt von München nach Hamburg dauert weniger als sechs Stunden. Frankfurt und Köln werden vom ICE 3 verbunden, der Fahrgäste in 1:25 Stunden mit 300 km/h transportiert.

Mitarbeiter der Deutschen Bahn

Fahrpreise

Mit Fahrkarten zum Normalpreis haben Sie volle Flexibilität. Darüber hinaus gibt es unterschiedliche Sparmöglichkeiten. Wenn Sie sich auf eine bestimmte Zugverbindung für Hin- und Rückfahrt festlegen und Ihre Fahrkarte mindestens drei Tage im Voraus buchen, können Sie 25 oder 50 Prozent sparen. Das Kontingent dieser Karten ist jedoch begrenzt. Auch mit einer BahnCard gibt es Rabatte auf den Normalpreis: 25 Prozent mit der BahnCard 25 für 57 €, 50 Prozent mit der BahnCard 50 für 230 € (jeweils 2. Klasse). Diese Rabatte lassen sich mit weiteren Angeboten kombinieren, sodass ein zusätzlicher Rabatt gegenüber dem Normalpreis möglich ist.

Dazu kommen die Aktionsangebote der Bahn, Mitfahrer-Rabatte sowie Sonder-Tickets wie z. B. das Schönes-Wochenende-Ticket, Länder-Tickets für Gruppen bis zu fünf Personen oder Rabatte für Gruppen ab sechs Personen.

Der Stolz der Deutschen Bahn: InterCity-Express (ICE)

Dampflok der privaten Schmalspurbahn durch den Harz

Kinder bis einschließlich 14 Jahren fahren in Begleitung von Eltern oder Großeltern kostenlos.

Planung und Reservierungen

Fahrkarten bekommen Sie in den Reisezentren und an den Automaten der Bahnhöfe. Auch Reisebüros stellen Fahrkarten aus.

Im Internet (www.bahn.de) finden Sie einen Reiseplaner, der passende Verbindungen und die günstigsten Tarife anzeigt. Sie können Ihr Ticket per Kreditkarte bezahlen und selbst ausdrucken. Platzreservierungen sind für längere Strecken sehr zu empfehlen, besonders an Wochenenden und zu Ferienzeiten.

Bahnhöfe

Viele Bahnhöfe sind schöne historische Gebäude, zu den architektonisch eindrucksvollsten gehört der Leipziger Hauptbahnhof. Da Läden in Bahnhöfen nicht den Ladenschlussgesetzen unterliegen, kann man hier auch noch spätabends und am Wochenende einkaufen. Auch Auto- und Fahrradvermietungen findet man oft in oder an Bahnhöfen, ebenso Schließfächer, Internet-Cafés, Restaurants oder Hotels.

AUF EINEN BLICK

Reiseinformationen

Deutsche Bahn Fahrplanauskunft
118 61 (3 ct/Sek.).

Fahrplanauskunft mit Dialogsystem
0800 150 70 90 (kostenlos).
www.bahn.de

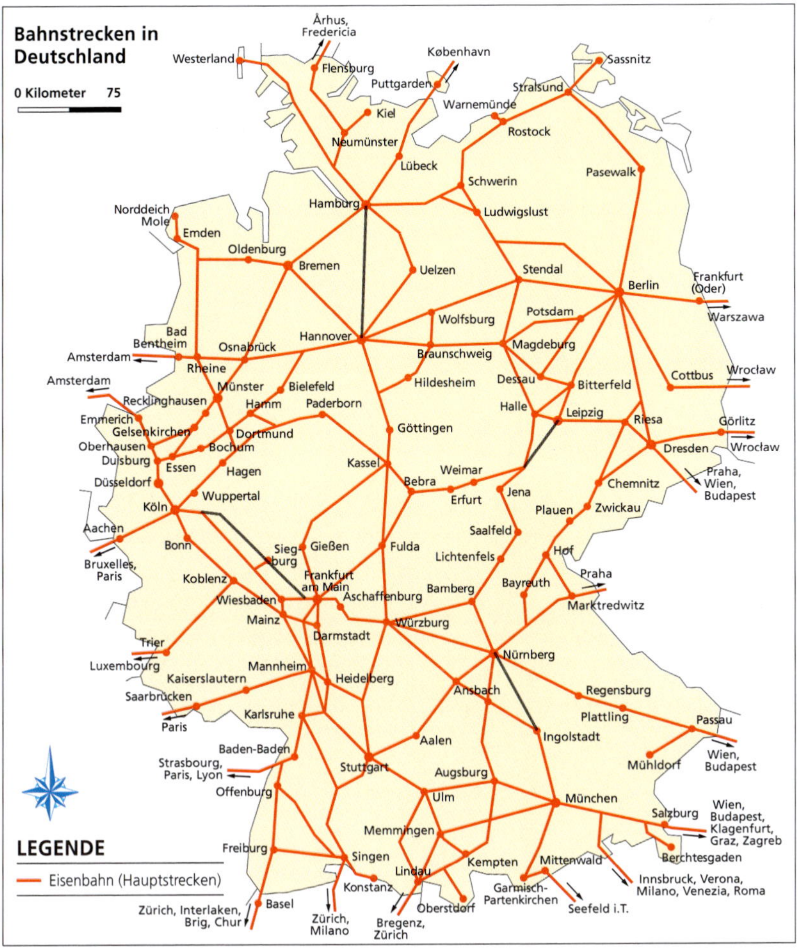

Besondere Züge

Neben der Deutschen Bahn betreiben private Gesellschaften Zahnrad- und Schmalspurbahnen, häufig mit historischen Lokomotiven und oft im Gebirge und in touristischen Regionen. Auch die Bahn bietet Ausflugsziele mit besonderen Zügen an, z.B. den Gläsernen Zug.

Fährverbindungen und Ausflugsschiffe

Fähren verbinden Deutschland mit den Ost- und Westfriesischen Inseln, mit Großbritannien (Hamburg–Harwich), Dänemark (Puttgarden–Rødby) oder mit den skandinavischen Ländern (von Kiel, Travemünde, Puttgarden, Rostock oder Sassnitz). Auskunft über die Fährverbindungen erhalten Sie über Reisebüros oder direkt von den Betreibern: DFDS Seaways (für Großbritannien), ColorLine (für Norwegen), Stena Line oder Scandlines (für Schweden und Dänemark). Einen guten Überblick aller Fährverbindungen mit Preisvergleich und der Möglichkeit der Online-Buchung bietet die Internet-Seite: www.ocean24.com.

Die Ausflugsschiffe auf den Flüssen und Seen werden von verschiedenen Gesellschaften betrieben. Eine Übersicht bekommen Sie in Reisebüros, von den Fremdenverkehrsbüros vor Ort oder auf den Websites der Städte.

Fähre nach Helgoland

Mit Auto und Bus unterwegs

Parkschein-hinweis

Wenn Sie mit dem Auto unterwegs sind, erwartet Sie in Deutschland ein leistungsfähiges, rund 12 000 Kilometer langes, für Pkw gebührenfreies Autobahnnetz, an dem rund 300 Tank- und Raststätten Tag und Nacht geöffnet haben. An den meist sehr gut ausgebauten Bundesstraßen findet man in regelmäßigen Abständen Parkplätze mit WC. Im Allgemeinen ist der Straßenzustand rund ums Jahr gut, viele Rundfunksender bringen regelmäßig Straßenzustandsberichte und Staumeldungen.

Führerschein und Autopapiere

Autofahrer sind verpflichtet, Führerschein und Fahrzeugschein mit sich zu führen. Das Auto muss haftpflichtversichert sein und eine gültige TÜV- und ASU-Plakette tragen. Wagen mit ausländischem Kennzeichen müssen ein Nationalitätskennzeichen haben, wenn diese Kennzeichnung nicht im (EU-)Nummernschild integriert ist. Außerdem ist für ausländische Fahrzeuge eine grüne Versicherungskarte erforderlich bzw. (für Autos aus EU-Ländern) empfehlenswert, Gleiches gilt für das Europäische Unfallprotokoll (EUP). Für alle gilt: Es ist Pflicht, ein Warndreieck, eine Warnweste und einen Erste-Hilfe-Kasten mitzuführen.

Autobahnen

Um schnell größere Distanzen zurückzulegen, bieten sich die Autobahnen an. Sie sind mit blauen Hinweisschildern ausgezeichnet und tragen ein- bis dreistellige Nummern, die mit A beginnen. Einstellige Nummern (A1 bis A9) bezeichnen die großen nationalen Verkehrsachsen. Ungerade Nummern (A1 bis A9) verlaufen in Nord-Süd-Richtung, gerade Nummern (A2 bis A8) in Ost-West-Richtung. Autobahnausfahrten sind nummeriert: Sie können sich also gut orientieren, wo Sie sich befinden und welche Ausfahrt Sie brauchen.

Notrufsäule an der Autobahn

Im Fall einer Panne oder eines Unfalls stehen Notrufsäulen zur Verfügung, die höchstens 1000 Meter von jedem Standort entfernt sind. Schwarze Pfeile an den Leitpfosten weisen den Weg zur nächsten Säule. Wenn Sie dort die Klappe hochheben, wird automatisch die Verbindung zur nächsten Autobahnmeisterei aufgebaut.

Entlang den Autobahnen gibt es ein dichtes Netz von Tankstellen und Raststätten. An vielen Raststätten werden ein Babywickelraum und ein Kinderspielplatz bzw. eine Spielecke angeboten, an manchen Raststätten sogar ein Konferenzraum mit Büroservice. Detaillierte Informationen zu den Service-Einrichtungen unter www.rast.de.

24-Stunden-Tankstelle Köschinger Forst an der Autobahn A9

Schilder für Autobahn, Bundesstraße und innerstädtische Hinweise

Bundesstraßen

Bundesstraßen sind mit gelben Schildern ausgewiesen und mit dem Buchstaben »B« sowie einer Nummer gekennzeichnet. Viele Bundesstraßen vermeiden mit Ortsumgehungen Stau und Verkehr in den Innenstädten.

Straßenverkehrsordnung

Das Anlegen von Sicherheitsgurten auf Vorder- und Rücksitzen ist gesetzlich vorgeschrieben. Kinder bis vier Jahre müssen in einem Kindersitz untergebracht sein, Kinder bis zwölf Jahre müssen auf dem Rücksitz Platz nehmen. Die zulässige Alkohol-Promillegrenze liegt bei 0,5 (bei Personen unter 21 Jahren 0,0).

Die Höchstgeschwindigkeit für Pkw beträgt 100 km/h außerhalb geschlossener Ortschaften und 50 km/h innerorts. Auf den Autobahnen gilt eine Richtgeschwindigkeit von 130 km/h. Für Pkw mit Anhänger (z. B. Wohnwagen) gilt eine Höchstgeschwindigkeit von 80 km/h.

Tankstellen

An Autobahnen und Bundesstraßen liegen in regelmäßigen Abständen Tankstellen. Überall werden bleifreies Normalbenzin (91 Oktan), Super (95 Oktan) und Super Plus (98 Oktan) sowie Dieselkraftstoff angeboten. Daneben haben vor allem die Tankstellen in den Städten oft einen Shop, in dem man auch außerhalb der Ladenöffnungszeiten alles bekommt, was man (nicht nur auf Reisen) braucht – vom Hundefutter bis zu Kosmetikartikeln.

Dichter Verkehr auf der Autobahn A3 in der Nähe von Ratingen

Parken

Autofahren in Städten ist nicht einfach, wenn man sich nicht gut auskennt. Fast unmöglich ist es, in den Zentren einen kostenlosen, zeitlich unbeschränkten Parkplatz zu finden. Man muss meist auf Parkhäuser ausweichen oder spätestens alle zwei Stunden ein neues Ticket am Parkautomaten ziehen. Besser ist es, das Auto außerhalb des Zentrums oder in der Hotelgarage zu lassen und öffentliche Verkehrsmittel zu nutzen.

Falls Sie Ihr Auto verkehrsbehindernd parken, kann es abgeschleppt werden. In diesem Fall müssen Sie sich mit der nächsten Polizeidienststelle in Verbindung setzen. Hier erfahren Sie, wo Sie den Wagen (gegen eine nicht unerhebliche Gebühr und meist erst am nächsten Werktag) wieder abholen können.

Umweltzonen

Seit 2008 werden in immer mehr Städten vor allem im Zentrum sogenannte Umweltzonen ausgewiesen. Autofahren dort ist nur mit einer Feinstaubplakette erlaubt, die von der jeweiligen Stadtverwaltung ausgestellt wird (www.umwelt-plakette.de).

Verkehrsfunk

Aktuelle Verkehrsmeldungen sind im regionalen UKW-Bereich sowie überregional über Mittelwelle und Langwelle zu empfangen. Entlang den Autobahnen informieren blaue Tafeln über die regionalen UKW-Sender mit der jeweiligen Frequenz. Verkehrsdurchsagen werden jeweils im Anschluss an die Nachrichten (zur vollen oder halben Stunde), in besonders gravierenden Fällen auch zwischendurch gesendet.

Telefonieren im Auto

Telefonieren ist im Auto während der Fahrt und im Stand bei laufendem Motor ausschließlich mit Freisprechanlage erlaubt.

Autovermietung

Vertretungen der Mietwagenfirmen sind meist auf Flughäfen, in oder nahe von Bahnhöfen und auch in der City zu finden.

Neben Führerschein und Ausweis wird als »Pfand« meist die Vorlage einer Kreditkarte verlangt. Manche Autoverleiher akzeptieren nur Kunden mit einem Mindestalter von 21 Jahren.

Doppeldeckerbus der Deutschen Bahn

Trampen und Mitfahrzentralen

Trampen ist seit einiger Zeit aus der Mode gekommen, dafür blühen – vor allem in den Städten – die Mitfahrzentralen auf. Die Vermittlungsagenturen besorgen Ihnen eine Mitfahrgelegenheit oder einen Mitfahrer, meist zu festgelegten Tarifen und gegen eine Vermittlungsgebühr. Auch im Internet finden sich allerlei Mitfahrzentralen. Eine stets aktuelle Datei, wer wen von wo nach wo mitnehmen will oder wer eine Mitfahrgelegenheit sucht, sowie eine Tabelle, wie viel Sie dafür verlangen können bzw. bezahlen müssen, finden Sie unter www.mitfahrzentrale.de.

Mit dem Bus unterwegs

Zwischen vielen deutschen Städten verkehren regelmäßig Busse, die Fahrpreise sind zum Teil deutlich niedriger als mit der Bahn, die Fahrzeiten kaum länger, dafür ist die Fahrt nicht so komfortabel. In den Städten liegt der Zentrale Busbahnhof meist nahe dem Bahnhof. Hier bekommt man Informationen über die Verbindungen und kann Fahrkarten kaufen.

AUF EINEN BLICK

Autoverleih

Avis
(06171) 68 18 00 oder
(01805) 21 77 02.

Hertz
(01805) 33 35 35.

Sixt Rent-a-Car
(01805) 25 25 25.

Pannenhilfe

ADAC (Auskunft)
(01805) 10 11 12.

ADAC (Pannenhilfe)
(089) 22 22 22.

ACE
(01802) 34 35 36.

AVD
(069) 660 60 oder
(0800) 990 99 09.

In Städten unterwegs

S-Bahn-Zeichen

Hinter der Abkürzung ÖPNV verbirgt sich der Öffentliche Personennahverkehr – für Besucher das beste Transportsystem in den Städten Deutschlands. Selbst wenn man mit dem Auto ins Zentrum vordringt: Einen Parkplatz zu finden ist entweder kostspielig (Parkhaus) oder gar unmöglich. Park-and-Ride (kostenlose Parkplätze direkt an U- und S-Bahn-Stationen am Stadtrand) macht das Leben leichter. In Städten ist man selbst mit Bussen meist schneller als mit dem Auto – sie haben oft eine eigene Spur.

Taxis

Taxis sind bequem, aber nicht ganz billig. Ob man sie telefonisch bestellt, am Stand einsteigt oder auf der Straße eines anhält – zunächst wird eine Grundgebühr zwischen 1,70 und 2,50 € (je nach Stadt) fällig. Der am Taxameter angezeigte Preis pro Kilometer beträgt zwischen 0,90 und 1,90 €, nachts, an Wochenenden und außerhalb der Stadtgrenzen ist er höher. Für große Gepäckstücke kann zusätzlich eine Gebühr verlangt werden.

Taxis sind in Deutschland beige, wenn das Schild auf dem Dach nicht leuchtet, zeigt das an, dass das Taxi besetzt ist. Falls am Taxistand kein Fahrzeug wartet, kann man von den dort stehenden Telefonsäulen kostenlos eines rufen.

Telefon am Taxistand

U-Bahn und S-Bahn

Die U-Bahnen verkehren am zuverlässigsten und am häufigsten, in Stoßzeiten häufig im 2- bis 3-Minuten-Takt. S-Bahnen fahren hingegen meist nur alle 10 oder 20 Minuten.

In der Regel hat jede Stadt einen Verkehrsverbund, sodass in U- und S-Bahnen dieselben Fahrscheine gelten wie in Bussen und Straßenbahnen. An Kiosken und an Automaten kann man Fahrscheine kaufen, fast alle Tickets muss man vor Fahrtantritt entwerten.

Wenn Sie zwischen verschiedenen U-Bahnen oder U- und S-Bahn umsteigen wollen, ist es sinnvoll, zuvor einen Blick auf den Liniennetzplan zu werfen, der in der Regel auf Tafeln in den einzelnen Bahnhöfen verzeichnet ist oder über den Türen der Bahnen aushängt. Merken Sie sich die Nummer und die Farbe der Linie und die Endhaltestelle. Die Wege sind überall gut ausgeschildert.

Am Bahnsteig wird immer angezeigt, welche Bahn als nächste kommt. In den Zügen werden die Haltestellen angesagt, in modernen Wagen auch auf einer elektronischen Tafel angezeigt. Die Türen von U- und S-Bahnen muss man mit der Hand öffnen, sie schließen sich allerdings automatisch.

Die Ansage *Zurückbleiben, bitte!* sollten Sie beachten, versuchen Sie nicht, sich in letzter Sekunde durch eine sich schließende Tür zu quetschen.

Fahrkartenautomat
Wählen Sie zuerst die Art des Tickets, der erforderliche Betrag wird angezeigt. Bezahlen können Sie mit Münzen, mit Scheinen oder der Maestro-/EC-Karte. Viele Automaten wechseln. Der Fahrschein wird mit dem Wechselgeld ausgeworfen.

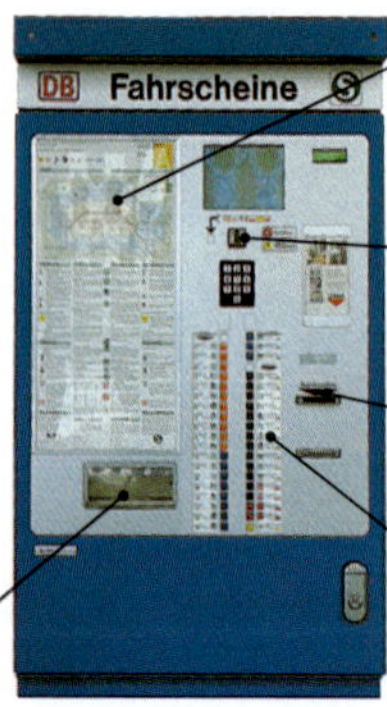

Eine Besonderheit in Wuppertal ist die Schwebebahn

In den U-Bahnhöfen finden Sie häufig einen detaillierten Umgebungsplan, der Ihnen bei der Wahl des Ausgangs und beim Auffinden Ihres Ziels helfen kann.

Vermeiden Sie unabsichtliche »Schwarzfahrten«. Falls Sie erwischt werden, kostet Sie das zusätzlich zur Fahrkarte in der Regel 40 Euro.

Tageskarten

Tageskarten gibt es in den Verkehrsverbünden meistens für einen oder drei Tage. Informieren Sie sich über die für Sie beste Möglichkeit.

Manchmal gibt es auch spezielle Besucher- und Touristenkarten. Solche Karten sind auf jeden Fall günstiger als eine Vielzahl von Einzelfahrscheinen.

Unter Umständen schließt Ihre Fahrkarte der Deutschen Bahn auch die Benutzung des öffentlichen Nahverkehrs an Ihrem Zielort mit ein. Fragen Sie hierzu den Schaffner.

Straßenbahn- und Bushaltestelle

An jeder Haltestelle finden Sie einen Fahrplan der hier verkehrenden Linien. In Großstädten gibt es oft eine elektronische Tafel, die anzeigt, wann die nächste Bahn kommt.

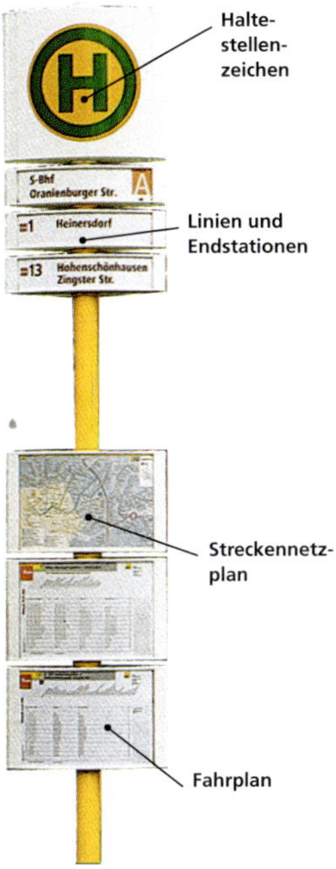

Busse

Die Fahrpläne der Buslinien hängen in der Regel an den Haltestellen aus. An den Bussen selbst sehen Sie die Nummer der Linie und die Endhaltestelle. Wenn Sie vorne einsteigen, können Sie notfalls auch beim Fahrer nachfragen, ob Sie richtig sind. Die Haltestellen werden meist angesagt oder angezeigt. Busse halten nicht automatisch an jeder Haltestelle, vor allem außerhalb der Zentren muss man den Knopf (oft neben den Türen) drücken, damit der Busfahrer hält bzw. die Tür öffnet.

Typischer Stadtbus in München

Straßenbahnen

Straßenbahnen (Trambahnen) sind das angenehmste Fortbewegungsmittel innerhalb der Stadt. Sie können nicht so leicht im Verkehr stecken bleiben wie Busse und sind dadurch zuverlässiger. Gleichzeitig bieten sie die Gelegenheit, auf der Fahrt viel von der Stadt zu sehen. Es soll Menschen geben, die eine Fahrt quer durch die Stadt als preiswertes Sightseeing nutzen – vielleicht kein schlechter Tipp.

Fahrscheine

Die Wahl des Fahrscheins wird Ihnen oft nicht ganz einfach gemacht, es lohnt sich aber, wenn Sie die manchmal etwas umständliche Beschreibung durchlesen.

Städte sind oft in verschiedene Zonen unterteilt, die Kosten des Tickets richten sich nach der Anzahl der durchfahrenen Zonen.

Einzelfahrscheine (die teuerste Lösung) sind häufig zwei oder drei Stunden gültig, innerhalb derer man beliebig oft umsteigen kann. Neben dem Normaltarif gibt es oft einen Tarif für Kurzstrecken.

Mehrfahrtenkarten, oft auch Streifenkarten genannt, sind im Preis günstiger, sie müssen einfach die erforderliche Zahl der Streifen abstempeln. Am besten ist für Besucher in den meisten Fällen eine Tages-, Mehrtages- oder Wochenkarte. Für mehr als zwei Personen ist fast immer eine Gruppenkarte die günstigste Lösung.

Kinder unter 14 Jahren fahren zum ermäßigten Preis, unter sechs Jahren umsonst. Bei Zeitkarten (Wochenkarten) gilt für Schüler und Studenten ein ermäßigter Tarif. Dann müssen Sie neben dem Fahrschein auch den entsprechenden Ausweis vorweisen können. Kinderwagen werden

Münchner Tram

kostenlos transportiert, für Hunde ab einer gewissen Größe müssen Sie meist einen Fahrschein lösen.

Manche Städte bieten für Besucher eine sogenannte *WelcomeCard* an, die drei Tage lang für die öffentlichen Verkehrsmittel gilt und ermäßigte Eintrittspreise für Museen und andere Sehenswürdigkeiten einschließt.

Fahrräder am Eingang zum Hofgarten in München

Fahrräder

Natürlich kommt es auf die Stadt an, aber eine Reihe von Städten lässt sich erstaunlich gut mit dem Rad erkunden. Immer mehr Fahrradwege werden gebaut oder als Streifen auf Gehwegen ausgewiesen, viele Ampeln haben extra Anzeigen für Radfahrer. In S-Bahnen können Fahrräder in der Regel mitgenommen werden, einen Fahrradverleih finden Sie in jeder Stadt, oft in der Nähe des Bahnhofs. Call a Bike, einen Service der Deutschen Bahn, können Sie u. a. in Berlin, München und Köln nutzen. Infos finden Sie im Internet (www.callabike.de).

Textregister

Seitenangaben in **Fettdruck** beziehen sich auf Haupteinträge.

G

I

J

K

L

N

S

T

Danksagung und Bildnachweis

Dorling Kindersley und Wiedza i Życie bedanken sich bei allen Personen, die dieses Buch ermöglicht haben:

Zusätzliche Texte
Michał Jaranowski, Barbara Sudnik-Wójcicka, Grażyna Winiarska, Konrad Gruda, Bożena Steinborn

Zusätzliche Fotografien
Amin Akhtar, Francesca Bondy, Maciej Bronarski, Demetrio Carrasco, Witold Danilkiewicz, Grzegorz Kłosowski, Renata und Marek Kosińscy, Sergiusz Michalski, Nils Meyer, Ian O'Leary, Jürgen Scheunemann, Andrzej Zygmuntowicz und Ireneusz Winnicki, Władysław Wisławski

Publisher
Douglas Amrine

Publishing Manager
Helen Townsend

Managing Art Editor
Kate Poole

Inhaltliche Beratung
Gerhard Bruschke

Überprüfung der Fakten und Daten
Joel Dullroy, Barbara Sobeck, Jürgen Scheunemann

Director of Publishing
Gillian Allan

Redaktionelle und gestalterische Mitarbeit
Sam Atkinson, Claire Baranowski, Sonal Bhatt, Hilary Bird, Arwen Burnett, Susi Cheshire, Sherry Collins, Lucinda Cooke, Jo Cowen, Conrad Van Dyk, Marcus Hardy, Lucinda Hawksley, Jacky Jackson, Claire Jones, Maite Lantaron, Carly Madden, Nicola Malone, Jeroen van Marle, Claire Marsden, Ferdie McDonald, Sam Merrell, Rebecca Milner, Kate Molan, Casper Morris, Sangita Patel, Marianne Petrou, Dave Pugh, Simon Ryder, Sadie Smith, Andrew Szudek, Leah Tether, Karen Villabona, Stewart J. Wild

Dorling Kindersley bedankt sich bei allen Personen und Institutionen, die uns freundlicherweise die Wiedergabe von Fotografien aus ihrem Besitz und ihren Archiven gestattet haben. Der Dank geht an:

Archäologische Staatssammlung München; Arthothek (Jürgen Hinrichsowi); Bavaria Filmstadt; Bayerisches Nationalmuseum München; Bildarchiv Preußischer Kulturbesitz in Berlin (Heidrun Klein); Bildvorlagen Römerschatz – Gäubodenmuseum Straubing (Dr. Prammer); Bischöfliches Dom- und Diözesanmuseum Mainz (Dr. Hans-Jürgen Kotzur); Brecht-Weigel-Gedenkstätte in Berlin (Elke Pfeil); Bridgeman Art Library; Bröhan-Museum in Berlin (Ingrid Jagr und Frau Betzker); Brücke-Museum in Berlin; Brüder-Grimm-Museum in Kassel; Corbis; Deutsches Apothekenmuseum in Heidelberg; Deutsches Historisches Museum in Berlin (Kathi Rumlow); Deutsche Presse Agentur (dpa) in Berlin (Tanja Teichmann); Deutsches Museum in München (Sigrid Schneider und Marlene Schwarz); Deutsches Schifffahrtsmuseum in Bremerhaven (Hans-Walter Keweloh); Deutsches Tapetenmuseum Kassel (Sabine Thümmler); Deutsches Technikmuseum Berlin (Renate Förster); Diözesanmuseum in Bamberg (Birgit Kandora); Dombauverwaltung des Metropolitankapitels Köln (Birgit Lambert); Domkapitel (Gertraut Mockel, Büro Dr. Georg Minkenberg); Dresden Museum für Geschichte der Stadt Dresden (Dr. Christel Wünsch); Flash Press Media (Sylwii Wilgockiej); Forschungs- und Gedenkstätte Normannenstraße (Stasi-Museum) in Berlin (Andrei Holland-Moritz); Fürstlich Hohenzollernsche Schlossverwaltung in Sigmaringen (Heldze Boban); Gemäldegalerie Alte Meister (Steffi Reh); Gemäldegalerie Neue Meister (Gisela Mehnert); Germanisches Nationalmuseum in Nürnberg (Herman Maué); Hamburger Bahnhof in Berlin; Hamburger Kunsthalle; Hessisches Landesmuseum Kassel; Käthe-Kollwitz-Museum in Berlin (A. Ingrid Findell); Komische Oper Berlin (Gaby Hofmann); Kunstmuseum Düsseldorf (Anne-Marie Katins); Kunstsammlungen Paula Modersohn in Bremen (Hubertus Morgenthal); Kunstsammlungen zu Weimar (Angelice Goder); Kunstverlag Maria Laach (Helmut Keip); Kurdirektion des Berchtesgadener Landes (Vroni Aigner, Birgit Tica); Landesmuseum Trier (Margot Redwanz); LBB Photo Archives (Direktion Christoph Kalisch); Linden-Museum Stuttgart, Staatliches Museum für Völkerkunde (Dr. Doris Kurelli); Lutherstube in Wittenberg (Jutcie Strehle); Markgräfliches Opernhaus in Bayreuth; Mercedes-Benz-Museum in Stuttgart; Museum am Ostwall in Dortmund; Museum der Bildenden Künste in Leipzig (Roswitha Engel); Museum Folkwang in Essen, Stadt Essen (Herr Hildebrand); Museum der Stadt Berlin; Porzellansammlung (Ulrike Maltschew); Rheinisches Landesmuseum Bonn (Dr. Gerhard Bauchhenß); Rüstkammer (Yvonne Brandt); Schlösserverwaltung München (Frau Gerum); Seebul Ada und Emil Nolde (Dr. Andreas Fluck); Staatliche Graphische Sammlung München (Wiebke Tomaschek); Staatliche Kunstsammlungen Dresden, Albertinum, Grünes Gewölbe; Staatliche Porzellan-Manufaktur Meißen GmbH (Christine Mangold); Staatliche Schlösser und Gärten, Pforzheim (Herr Braun); Staatsarchiv Hamburg (Kathrin Berger); Staatsgalerie Stuttgart (Frau Fönnauer); Städelsches Kunstinstitut in Frankfurt am Main (Elisabeth Heinemann); Stadt Köln, Wallraf-Richartz-Museum Köln (Dr. Roswitha Neu-Kock und Dr. Mai); Stadtmuseum München; Stiftung Luther-Gedenkstätten in Sachsen-Anhalt; Stiftung Preußische Schlösser und Gärten Berlin (Carli Kamarze); Superstock Polska Sp. z.o.o. (Elżbiecie Gajewskiej); Von der Heydt-Museum Wuppertal (Margarecie Janz); Wartburg-Stiftung in Eisenach (Petrze Wilke); Zefa (Ewie Kozłowskiej).

Dorling Kindersley dankt außerdem folgenden Personen für ihre Unterstützung:
Joanna Minz für Koordination bei der Informationsbeschaffung; Tamara und Jacek Draber für ihre Hilfe bei telefonischen Kontakten; Jürgen Christoffer vom Deutschen Wetterdienst für seine meteorologische Beratung.

Bildnachweis

o = oben; ol = oben links; olu = oben links unten; om = oben Mitte; omu = oben Mitte unten; or = oben rechts; oro = oben rechts oben; oru = oben rechts unten; ml = Mitte links; mlo = Mitte links oben; mlu = Mitte links unten; m = Mitte; mo = Mitte oben; mu = Mitte unten; mr = Mitte rechts; mro = Mitte rechts oben; mur = Mitte unten rechts; mru = Mitte rechts unten; ul = unten links; ulu = unten links unten; um = unten Mitte; ur = unten rechts; uro = unten rechts oben; uru = unten rechts unten; u = unten; d = Detail.

Aachener Dom (Copyright: Domkapitel Aachen – Foto. Ann Münchow) 396o, 396mo, 396mu, 396o (Skarbiec), 397mo, 397mu, 397ur, 397ul.
Alamy Images: alwaysstock, LLC/Michael Hill 562or; archivberlin Fotoagentur GmbH/J. Henkelmann 107ol; Arco Images 12or, 558mr; Jon Arnold Images/Walter Bibikow 22o; BL Images Ltd 10ml, 231mr; David R. Frazier Photolibrary, Inc. 12um; FAN Travelstock/Sabine Lubenow 11m, 11ol, 560ur, 561ml; Iconotexc/Ettore Venturini 559or; imagebroker/Manfred Bail 231ol; imagebroker/Michael Fischer 561ur; imagebroker/Stephan Goerlich 232om; ImageState/Pictor International 11ur; Andre Jenny 230mr; Stan Kujawa 13or; Yadid Levy 230ul, 522ml; Werner Otto 13ur, 142; Gillian Price 560ml; John Stark 10ur.
Albertinum (Dresden) 172o.
Allianz Arena München Stadion GmbH 233ol.
Altötting Fremdenverkehrsamt 270o, 270u.
Amt für Stadtmarketing und Touristik, Limburg 362mlo.
Archäologische Staatssammlung (München) 219d.
Artothek 30o, 30u, 31mlo, 31ulu, 54o, 175mu, 176mo, 176mu, 176u, 177o, 177mo, 177mu, 177u, 222mu, 261u, 436o, 436u, 437o, 437mu, 444o; Joachim Blauel 31uro, 50o, 222o, 222u, 223mu, 260o, 294mr; Blauel/Gnamm 218o, 222mo, 223o, 223mo, 259or; Bayer d'Mitko 223mu; Sophie-R. Gnamm 226; Alexander Koch 31oru; Christoph Sandig 470mr; G. Westermann 432u, 437o.
Basic AG 558ul.

Bavaria Filmstadt 227o.
Bayerische Staatsoper Wilfried Hösl 232ul.
Berlin Tourismus Marketing GmbH www.berlin-tourist-information.de 97ur.
Berliner Festspiele Bianka Gobel 109ol.
Brecht-Weigel-Gedenkstätte (Berlin) 101m.
Bridgeman Art Library 34ur, 103o.
Britstock 328–329.
Bröhan-Museum (Berlin) 96o.
Bronarski Maciej 334o, 350o, 350m, 350u, 351o, 351mo, 351mu, 351u.
Brüder-Grimm-Museum (Kassel) 364or, 368or (© Staatliche Museum Kassel).
Corbis 28or, 28uro, 28ulu, 172m (© Jack Fields/Corbis), 446–447 (© Bob Krist/Corbis), 454 (© Nilk Wheeler/Corbis); Corbis Sygma/Annebicque Bernard 523ol; Michael S.Yamashita 523m; Zefa/Frank Lukasseck 182; Zefa/Herbert Spichtinger 232mr.
Danilkiewicz Witold 425u, 466, 474o.
Deutsches Apothekenmuseum (Heidelberg) 298or.
Deutsches Historisches Museum Berlin (Zeughaus) 26u, 28m, 34mo, 34mlo, 34mlu, 34mru, 34ur, 35mlo, 35olu, 35or, 35mlu, 35mu, 35mru, 35mur (Holz & Kunststoff), 36 mlo, 46, 52ol (R. Bemke), 52or (Jurgen Liepe), 52m, 52u (A.C. Theil), 53o (R. Boemke), 54u, 55o, 55mlo, 56ml, 60u, 61ul, 126or, 126u, 127o.
Deutsches Museum (München) 228–229 (alle Fotos).
Deutsches Schifffahrtsmuseum Bremerhaven 50ul.
Deutsches Technikmuseum Berlin 81u.
Diözesanmuseum (Bamberg) 251o.
DK Images Posteritati/Judith Miller 112ml.
dpa 26oro, 27ol, 27or, 27mro, 27mru, 27ur, 27ul, 28ol, 28or, 35mlo, 35mro, 35ul, 36or, 60mo, 109o, 139o, 205ol, 293o, 461o; Jens Büttner 61o; Claus Felix 43u; Matthias Hiekel 40u; Peter Förster 40o; Wulf Hirschberger 41u; Ralf Hirschberger 38u; Peer Grimm 22or; Frank Leonhardt 39o; Wolfgang Kluge 28u; Wolfgang Kumm 61ur; Kay Nietfeld 38o, 39o; Frank Mächler 41o; Carsten Rehder 38o; Wulf Pfeiffer 41m; Martin Schutt 42o, 181; Roland Scheidemann 43o; Ingo Wagner 61o; Heinz Wieseler 42u.
Dresden Museum für Geschichte der Stadt Dresden 55mru.
Eisenach-Wartburg Stiftung 186mlo, 186mlo, 186mlu, 186mru, 187m.
Foto-Thueringen Barbara Neumann 122m.
Gäubodenmuseum Straubing 47ul.
Germanisches Nationalmuseum (Nürnberg) 260–261 (alle Fotos).
Getty Images Tina & Horst Herzig 561or; Patrik Stollarz 581ol.
Grünes Gewölbe (Dresden) 172o.
Hamburger Bahnhof (Berlin) 93ul.
Hamburger Kunsthalle (Hamburg) 30mlo, 436o.
Hessisches Landesmuseum Kassel 364ol, 364u (© Staatliches Museum Kassel, Deutsches Tapetenmuseum).
KaDeWe store, Berlin 559ul; Quelle 559ul.
Käthe-Kollwitz-Museum (Berlin) 87o.
Kłosowski Grzegorz 24mro.
Kloster Maulbronn 302o, 302u, 303mlo, 303mru, 303u.
Kölner Dom 402ol, 402m, 402u, 403o, 403mo, 403mu, 403ul, 403ur (© Dombauarchiv Köln, Matz und Schenk).
Komische Oper (Berlin) Monika Ritterhaus 108u, 108ur.
Kosińscy, Renata and Marek 24mlu, 24uro, 24ulu, 25mlo, 25olu, 25ulu, 204ol, 205mo, 205or, 205ml, 205mr, 205ur.
Kunstmuseum Düsseldorf 30mlu.
Kunstsammlungen Paula Modersohn 433ol;
Kunstverlag Maria Laach 334u, 358ol, 358or, 358mo, 359o, 359mo, 359mu, 359u.
Kurdirektion des Berchtesgadener Landes Storto, Leonberg 276u.
Landesmuseum Trier Thomas Zühmer 342o.
Linden Museum für Völkerkunde (Stuttgart) 310olu.
Lübeck und Travemünde Tourist-Service GmbH HLTS 462mlo.
Ludwigsburg – Schloss 306mo, 306mu, 306u, 307o.
Lutherstube (Wittenberg) 127o.
Mainz – Dom 335u (© M. Hankel-Studio).
Mercedes-Benz-Museum (Stuttgart) 310oro.
Meyer Nils 60mu.
Michalski Sergiusz 20o.
Mittelalterliches Museum (Rothenburg o.d.T.) 262ur.
Museum der Bildenden Künste (Leipzig) 51o (MdBK, Gerstenberger 1994).
Museum Folkwang (Essen) 31o.
Museum für Naturkunde (Berlin) 93ur.
Museum am Ostwall (Dortmund) 390o.
Musikinstrumenten-Museum (Berlin) 85mo.
Nationalmuseum (München) 219o.
Opernhaus (Bayreuth) 252o.
Philharmonie (Berlin) 85o.
Photolibrary imagebroker.net/Martin Moxter 574ul.
Popkomm GmbH 109um.
Presse- und Informationsamt des Landes Berlin BTM/Drewes 92ul; BTM/Koch 92mlo; G. Schneider 43o.
Rheinisches Landesmuseum Bonn 408o.
Robert Harding Picture Library H.P. Merten 13ml.
Rocco Forte Hotel de Rome 485ur.
Rosas Dance Company, Belgien Herman Sorgeloos 109mr.
Schauspielhaus (Konzerthaus Berlin) 72d.
Schloss Sigmaringen 315u.
Schirmer, Karsten 108ml.
Schlösserverwaltung (München) 246mo, 247o, 247mo, 247mu, 247u, 282o, 282mo, 282mu, 282u.
Schneider, Guenter 62–63.
Sea Life München 233mr.
Slips Fashion, München 230om.
STA Travel 569or.
Staatliche Museen Preußischer Kulturbesitz (Berlin) 48m, 55ur, 56–57, 57ol, 57ur, 58o, 58mro, 58mlu, 58u, 59o, 59ul, 59ur, 60o, 64ur, 65mro, 75o, 76mo, 77o, 89o, 90mu, 91mlu, 98mlo, 104o, 124ol, 125uru; Hans-Joachim Bartsch 49m, 49u, 55ul; Jörg P. Anders 84m, 84u, 88u, 90or, 90ol, 90mo, 90u, 91o, 91mro, 91u; Grammes 48ur; Klaus Göken 56u, 59m, 76u, 77d; Erich Lessing 74mlu, 76o, 77mu; Jurgen Liepe 75m, 76mu; Georg Niedermeister 77mo; Arne Psille 47ur, 48or, 48ul; Steinkopf 84o.
Staatliche Porzellan-Manufaktur Meißen GmbH 34mro, 124or, 124mro, 124mlu, 124u, 125o, 125uro; Klaus Tänzer 125mro.
Staatsarchiv Hamburg 50–51.
Staatsgalerie Stuttgart 312oro, 312olu, 312o, 312u, 313o, 313mo, 313mu, 313u.
Städelsches Kunstinstitut (Frankfurt am Main) 378o, 378m, 378u, 379o, 379mo, 379mu, 379u.
Stadtmuseum (München) 69m, 214ol; Hans-Joachim Bartsch 5o; Sudnik 25mru.
Stadtmuseum Berlin 69m, 71o; Hans-Joachim Bartsch 53ul.
Stasi-Museum (Berlin) 102u.
Stiftung Preußische Schlösser und Gärten Berlin 54m, 98ml, 99mo, 99u, 99mru, 135mr, 136u, 139u.
Superstock Polska Sp. z.o.o. 324o.
Wallraf-Richartz-Museum (Köln) 404o, 404mo, 404mu, 404u, 405o, 405m, 405ur, 405ul (© Rheinisches Bildarchiv).
www.dresden.de Christoph Münch 168or.
Zefa 25ml, 202–203m, 387u, 412–413, 422uro, 422o, 423u, 433u, 450o, 450m, 451ol, 451or, 451u, 453u, 478o; Bloemendal 5o; Damm 21u, 288, 394u, 398u, 451oro, 467d; Eckstein 23u, 423ol, 423or, 477u; Freytag 19u, 204or, 327o; Haenel 1, 33omu, 456u, 469o, 481o; Kehrer 25mr; Kinne 406o, 406u; Kohlhas 409o; Leidorf 15o, 15u; Rossenbach 8–9, 322–323, 398m, 410u, 411o, 412–413, 459u, 470o; Rose 411o; Steeger 423o; Streichan 352–353, 363o, 383u; Svenja-Foto 394o, 403mro; Waldkirch 450o; M. Winkel 402or.
Zwinger (Dresden) 174o, 174mu, 175u; Gemäldegalerie Alte Meister 176o.

Umschlag

Vorderseite: Corbis: Derek Croucher Hauptmotiv; DK Images: Pawel Wojcik mlu.
Rückseite: Alamy Images: ImageState/Pictor International mlo; DK Images: Dorota und Maiusz Jarymowicz ol, mlu, ul.
Rücken: Corbis: Derek Croucher o; DK Images: Dorota und Maiusz Jarymowicz u.

Vorsatzpapier
Alamy Images: Werner Otto om; Corbis: Zefa/Frank Lukasseck mlu.

Freizeit in Deutschland

Über die vielfältigen Möglichkeiten der Freizeitparks in Deutschland informiert die Seite:
www.freizeitparks.de

Freizeitparks
(Auswahl)

BADEN-WÜRTTEMBERG

Europa-Park, Rust
Europa-Park-Straße 2,
77977 Rust/Baden.
(01805) 77 66 88.
www.europapark.de

Ravensburger Spieleland
Am Hangenwald 1,
88074 Meckenbeuren.
(07542) 40 00.
www.spieleland.de/spielelandL

BAYERN

Freizeit-Land Geiselwind
Wiesentheider Straße 25,
96160 Geiselwind.
(09556) 92 11 92.
www.freizeitlandgeiselwind.de

LEGOLAND®
LEGOLAND-Allee,
89312 Günzburg.
(01805) 70 07 57 01.
www.legoland.de

Märchenwald im Isartal, Wolfratshausen
Kräuterstraße 39,
82515 Wolfratshausen.
(08171) 187 60.
www.maerchenwald-isartal.de

NIEDERSACHSEN

Heide-Park, Soltau
Heidenhof,
29164 Soltau.
(01805) 91 91 01.
www.heide-park.de

NORDRHEIN-WESTFALEN

Phantasialand, Brühl
Berggeiststraße 31–41,
50321 Brühl bei Köln.
(01805) 36 62 00.
www.phantasialand.de

RHEINLAND-PFALZ

Holiday Park, Haßloch
Holiday-Park-Straße 1–5,
67454 Haßloch/Pfalz.
(01805) 500 32 46.
www.holidaypark.de

Taunus-Wunderland
Haus zur Schanze 1,
65388 Schlangenbad.
(06124) 40 81.
www.taunuswunderland.de

SACHSEN

Saurierpark Kleinwelka
Am Saurierpark 1,
02625 Bautzen,
Ortsteil Kleinwelka.
(035935) 30 36.
FAX *(035935) 215 04.*
www.saurierpark.de

SCHLESWIG-HOLSTEIN

Hansa-Park, Sierksdorf
Am Fahrenkrog 1,
23730 Sierksdorf/Ostsee.
(04563) 47 40.
www.hansapark.de

Erlebnisbäder
(Auswahl)

BADEN-WÜRTTEMBERG

Laguna-Badeland, Weil am Rhein
Dr.-Peter-Willmann-Allee 1,
79576 Weil am Rhein.
(07621) 95 67 40.
www.laguna-badeland.de

BAYERN

Alpamare, Bad Tölz
Ludwigstraße 14,
83646 Bad Tölz.
(08041) 50 99 99.
www.alpamare.de

Trimini, Kochel am See
Seeweg 2,
82431 Kochel am See.
(08851) 53 00.
www.trimini.de

BERLIN

Saunawelt Al Andalus
Buschkrugallee 64,
12359 Berlin.
(030) 60 90 60.
www.saunawelt-al-andalus.de

NORDRHEIN-WESTFALEN

Westfalen-Therme, Bad Lippspringe
Schwimmbadstraße,
33175 Bad Lippspringe.
(05252) 96 40.
www.westfalen-therme.de

Aqualand, Köln
Merianstraße 1,
50765 Köln.
(0221) 702 80.
www.aqualand.de

SACHSEN

Elbamare, Dresden
Wölfnitzer Ring 65,
01169 Dresden.
(0351) 41 00 90.
www.elbamare.de

Freizeitbad Riff, Bad Lausick
Am Riff 3,
04651 Bad Lausick.
(034345) 71 50.
www.freizeitbad-riff.de

SCHLESWIG-HOLSTEIN

Aqua-Tropicana, Damp
Postfach 1000,
24349 Damp.
(04352) 80 85 80.
www.damp-urlaub.de/ostsee-freizeitwelt/aqua-tropicana

Sea Life, Timmendorfer Strand
Kurpromenade 5,
23669 Timmendorfer Strand.
(04503) 358 810.
www.sealife.de

Nationalparks

Weite Teile des Staatsgebietes stehen unter Naturschutz. Gegenwärtig bestehen in Deutschland 14 Nationalparks (NP) sowie 101 Naturparks und 15 Biosphärenreservate. Umfassende Informationen über die einzelnen Schutzgebiete findet man auf der Website von Europarc Deutschland unter:
www.europarc-deutschland.de

NP Schleswig-Holsteinisches Wattenmeer
Schlossgarten 1,
25829 Tönning.
(04861) 61 60.
www.wattenmeer-nationalpark.de

NP Hamburgisches Wattenmeer
NP-Station (Turmwurt)
27499 Insel Neuwerk.
(04721) 692 71 und
(040) 428 40 33 92.
www.wattenmeer-nationalpark.de

NP Niedersächsisches Wattenmeer
Virchowstraße 1,
26382 Wilhelmshaven.
☎ *(04421) 91 10.*
www.wattenmeer-nationalpark.de

NP Vorpommersche Boddenlandschaft
Im Forst 5,
18375 Born.
☎ *(038234) 50 20.*
www.nationalpark-vorpommersche-boddenlandschaft.de

NP Jasmund
Stubbenkammer 2a,
18546 Sassnitz.
☎ *(038392) 350 11.*
www.nationalpark-jasmund.de

NP Müritz
Schlossplatz 3,
17237 Hohenzieritz.
☎ *(039824) 25 20.*
www.nationalpark-mueritz.de

NP Unteres Odertal
Park 2,
16303 Schwedt.
☎ *(03332) 267 70.*
www.nationalpark-unteres-odertal.eu

NP Harz
Lindenallee 35,
38855 Wernigerode.
☎ *(03943) 550 20.*
www.nationalpark-harz.de

NP Hainich
Bei der Marktkirche 9,
99947 Bad Langensalza.
☎ *(03603) 390 70.*
www.nationalpark-hainich.de

NP Sächsische Schweiz
An der Elbe 4,
01814 Bad Schandau.
☎ *(035022) 90 06 00.*
www.nationalpark-saechsische-schweiz.de

NP Bayerischer Wald
Freyunger Straße 2,
94481 Grafenau.
☎ *(08552) 960 00.*
www.nationalpark-bayerischer-wald.de

NP Berchtesgaden
Doktorberg 6,
83471 Berchtesgaden.
☎ *(08652) 968 60.*
www.nationalpark-berchtesgaden.bayern.de

NP Eifel
Urftseestraße 34,
53937 Schleiden-Gemünd.
☎ *(02444) 951 00.*
www.nationalpark-eifel.de

NP Kellerwald-Edersee
Laustraße 8,
34537 Bad Wildungen.
☎ *(05621) 75 24 90.*
www.nationalpark-kellerwald-edersee.de

Freilichttheater & Sommerfestspiele
(Auswahl)

Die Aufführungen in Freilichttheatern und bei Sommerfestspielen finden in der Regel zwischen Juni und August statt, teilweise dauert die Spielzeit aber auch von Mai bis September. Genauere Informationen gibt es beim Verband Deutscher Freilichtbühnen
Oberonstraße 20–21,
59067 Hamm.
☎ *(02381) 69 34.*
FAX *(02381) 67 50 84.*
www.freilichtbuehnen.de

BADEN-WÜRTTEMBERG

Schlossfestspiele Ettlingen
Theaterkasse im Schloss
Postfach 100762
Klostergasse 8,
76261 Ettlingen.
☎ *(07243) 10 13 80.*
www.ettlingen.de

Burgfestspiele Jagsthausen
Ticket-Center
Schlossstraße 12,
74249 Jagsthausen.
☎ *(07943) 91 23 45.*
FAX *(07943) 91 24 40.*
www.burgfestspiele-jagsthausen.de

Ludwigsburger Schlossfestspiele
Palais Grävenitz
Marstallstraße 5,
71634 Ludwigsburg.
☎ *(07141) 93 96 36.*
FAX *(07141) 93 96 97.*
www.schlossfestspiele.de

Freilichtbühne Mannheim
Kirchwaldstraße 10,
68305 Mannheim.
☎ *(0621) 762 81 00.*
FAX *(0621) 762 81 02.*
www.flbmannheim.de

Freilichtspiele Schwäbisch Hall
Kartenkontor TGM
Am Markt 9,
74523 Schwäbisch Hall.
☎ *(0791) 75 16 00.*
www.freilichtspiele-hall.de

BAYERN

Bayreuther Festspiele
Kartenbüro
Postfach 100 262,
95402 Bayreuth.
☎ *(0921) 787 80.*
www.bayreuther-festspiele.de

Freilichtbühne am Mangoldfelsen
Schrankenäckerstraße 13,
86609 Donauwörth.
☎ *(0906) 89 81.*
www.freilichtbuehne-donauwoerth.de

Faust-Festspiele Kronach
Tourismus- und Veranstaltungsbetrieb der Lucas-Cranach-Stadt Kronach
Marktplatz 5,
96317 Kronach.
☎ *(09261) 972 36.*
FAX *(09261) 973 10.*
www.faust-festspiele.de

Burgfestspiele Leuchtenberg
Festspielbüro
Brauhausstraße 1,
92705 Leuchtenberg.
☎ *(09659) 931 00.*
FAX *(09659) 93 10 35.*
www.burgfestspiele.de

Opernfestspiele München
Bayerische Staatsoper
Max-Joseph-Platz 2,
80539 München.
☎ *(089) 21 85 01.*
FAX *(089) 21 85 11 33.*
www.bayerische.staatsoper.de

Luisenburg-Festspiele Wunsiedel
Touristinformation
Jean-Paul-Straße 5,
95632 Wunsiedel.
☎ *(09232) 60 21 62.*
www.luisenburg-aktuell.de

BRANDENBURG

Musikfestspiele Potsdam Sanssouci
Besucherservice
Wilhelm-Staab-Straße 10/11,
14467 Potsdam.
☎ *(0331) 288 88 28.*
FAX *(0331) 288 88 29.*
www.musikfestspiele-potsdam.de

HESSEN

Bad Hersfelder Festspiele
Am Markt 1,
36247 Bad Hersfeld.
☎ *(06621) 40 07 55.*
FAX *(06621) 20 13 37.*
www.bad-hersfelder-festspiele.de

Burgfestspiele Bad Vilbel
Zehntscheune
Klaus-Havenstein-Weg 1,
61118 Bad Vilbel.
☎ *(06101) 55 94 55.*
FAX *(06101) 55 94 30.*
www.kultur-bad-vilbel.de

MECKLENBURG-VORPOMMERN

Vineta-Festspiele
Seestraße 8,
17454 Zinnowitz.
☎ *(038377) 409 36.*
FAX *(038377) 409 35.*
www.vineta-festspiele.de

NIEDERSACHSEN

Freilichtspiele Bad Bentheim
Schlossstraße 18,
Postfach 1128,
48455 Bad Bentheim.
☎ *(05922) 99 46 56.*
FAX *(05922) 99 09 01.*
www.freilichtspiele-badbentheim.de

Gandersheimer Domfestspiele
Kartenzentrale
Stiftsfreiheit 12,
37581 Bad Gandersheim.
☎ *(05382) 737 77.*
FAX *(05382) 737 70.*
www.gandersheimer-domfestspiele.de

Emsländische Freilichtbühne Meppen
Geschäftsstelle
Markt 43,
49716 Meppen.
☎ *(05931) 881 21 88.*
www.freilichtbuehne-meppen.de

NORDRHEIN-WESTFALEN

Festspiele Balver Höhle
Alte Gerichtsstraße 5,
58802 Balve.
☎ *(02375) 10 30.*
FAX *(02375) 20 35 45.*
www.festspiele-balver-hoehle.de

Westfälische Freilichtspiele Waldbühne Heessen
Gebrüder-Funke-Weg 3,
59073 Hamm.
☎ *(02381) 30 90 90.*
FAX *(02381) 309 09 30.*
www.waldbuehne-heessen.de

Ruhrfestspiele GmbH
Otto-Burmeister-Allee 1,
45657 Recklinghausen.
☎ *(02361) 921 80.*
FAX *(02361) 92 18 18.*
www.ruhrfestspiele.de

RHEINLAND-PFALZ

Freilichtspiele Katzweiler
Lettow-Vorbeck-Straße 28,
67659 Kaiserslautern.
☎ *(06301) 96 19.*
www.freilichtspiele-katzweiler.de

Burgfestspiele Mayen
Rosengasse 5,
56727 Mayen.
☎ *(02651) 49 49 42.*
FAX *(02651) 49 78 44.*
www.burgfestspiele-mayen.de

SACHSEN

Dresdner Musikfestspiele
An der Dreikönigskirche 1,
Postfach 10 04 53
01074 Dresden.
☎ *(0351) 47 85 60.*
FAX *(0351) 478 56 23.*
www.musikfestspiele.com

Felsenbühne Rathen
Landesbühnen Sachsen
Meißner Straße 152,
01445 Radebeul.
☎ *(0351) 895 40.*
FAX *(0351) 895 42 01.*
www.dresden-theater.de

SACHSEN-ANHALT

Harzer Bergtheater Thale
Hexentanzplatz 4,
06502 Thale.
☎ *(03947) 23 24.*
FAX *(03947) 94 90 01.*
www.harzer-bergtheater.de

SCHLESWIG-HOLSTEIN

Karl-May-Spiele Bad Segeberg
Karl-May-Platz,
23795 Bad Segeberg.
☎ *(01805) 95 21 11.*
FAX *(04551) 95 21 28.*
www.karl-may-spiele.de

Schleswig-Holstein Musik Festival
Kartenzentrale, Postfach 3840,
24037 Kiel.
☎ *(0431) 57 04 70.*
FAX *(0431) 570 47 47.*
www.shmf.de

UNESCO-Welterbestätten in Deutschland

Das seit 1972 von der UNESCO geführte Welterbeprogramm (World Heritage Programme) hat weltweit über 900 Welterbestätten, davon 33 in Deutschland, unter Schutz gestellt. Die vollständige Liste findet man unter: http://whc.unesco.org/en/list. Die deutschen Welterbestätten sind zu finden unter www.unesco.de (in Klammern das Jahr der Aufnahme).

Aachener Dom (1978)
Speyerer Dom (1981)
Würzburger Residenz (1981)
Wallfahrtskirche Wies (1983)
Schlösser Augustusburg und Falkenlust in Brühl (1984)
Dom und Michaeliskirche von Hildesheim (1985)
Römische Baudenkmäler, Dom und Liebfrauenkirche in Trier (1986)
Hansestadt Lübeck (1987)
Schlösser und Parks von Potsdam-Sanssouci und Berlin (Glienicke und Pfaueninsel) (1990)
Ehem. Benediktinerabtei Lorsch mit ehem. Kloster Altenmünster (1991)
Bergwerk Rammelsberg und Altstadt von Goslar (1992)
Altstadt von Bamberg (1993)
Kloster Maulbronn (1993)
Stiftskirche, Schloss und Altstadt von Quedlinburg (1994)
Völklinger Hütte (1994)
Fossilienlagerstätte Grube Messel (1995)
Bauhausstätten in Weimar und Dessau (1996)
Kölner Dom (1996)
Luthergedenkstätten in Eisleben und Wittenberg (1996)
Klassisches Weimar (1998)
Wartburg (1999)
Berliner Museumsinsel (1999)
Gartenreich Dessau-Wörlitz (2000)
Klosterinsel Reichenau im Bodensee (2000)
Industriekomplex Zeche Zollverein in Essen (2001)
Kulturlandschaft Oberes Mittelrheintal (2002)
Altstädte von Stralsund und Wismar (2002)
Rathaus und Rolandstatue in Bremen (2004)
Muskauer Park (Park Muzakowski) (2004)
Obergermanisch-raetischer Limes (2005)
Altstadt Regensburg (2006)
Siedlungen der Berliner Moderne (2008)
Wattenmeer (2009)
Oberharzer Wasserwirtschaft (2010)

Straßenkarte Deutschland
A
B
C
D
E
F
1
2
3
4
0 Kilometer 80
Nordsee
Ostsee
DÄNEMARK
NIEDERLANDE
POLEN
Bornholm
Helgoland
Nordfriesische Inseln
Ostfriesische Inseln
Sylt
Westerland
Keitum
Fehmarn
Rügen
Usedom
Kieler Bucht
Mecklenburger Bucht
Lübecker Bucht
Rødbyhavn
Puttgarden
Gedser
Sassnitz
Flensburg
Schleswig
Kiel
Rendsburg
Neumünster
Bad Malente
Meldorf
Itzehoe
Glückstadt
Cuxhaven
Lübeck
Wismar
Bad Doberan
Rostock
Stralsund
Greifswald
Peenemünde
Wolgast
Świnoujście (Swinemünde)
Dargun
Anklam
Ueckermünde
Güstrow
Gadebusch
Ratzeburg
Schwerin
Pinneberg
Hamburg
Reinbek
Geesthacht
Stade
Bremerhaven
Wilhelmshaven
Emden
Ostfriesland
Leeuwarden
Groningen
Neubrandenburg
Szczecin (Stettin)
Neustrelitz
Prenzlau
Kołbaskowo
Wittstock
Schwedt
Chorin
Ludwigslust
Lüneburg
Lüneburger Heide
Uelzen
Oldenburg
Bremen
Cloppenburg
Soltau
Wittenberge
Neuruppin
Havelberg
Salzwedel
Oranienburg
Gorzów Wielkopolski
Kostrzyń
Clemenswerth
Nienburg
Celle
Stendal
Rathenow
BERLIN
Frankfurt (Oder)
Słubice
Świecko
Tangermünde
Brandenburg
Potsdam
Lehnin
AMSTERDAM
Nordhorn
Stadthagen
Minden
Bückeburg
Hannover
Wolfsburg
Apeldoorn
Hengelo
Enschede
Osnabrück
Braunschweig
Wolmirstedt
Jüterbog
Utrecht
Arnhem
Wolfenbüttel
Salzgitter
Königslutter
Magdeburg
Schönebeck
Bielefeld
Detmold
Lemgo
Hildesheim
Lutherstadt Wittenberg
Wörlitz
Gubin
Zielona Góra (Grünberg)
Nijmegen
Kleve
Münster
Höxter
Goslar
Halberstadt
Staßfurt
Dessau
Bernburg
Cottbus
Olszyna
Paderborn
Einbeck
Wernigerode
Quedlinburg
Eindhoven
Tilburg
Xanten
Kamp-Lintfort
Essen
Dortmund
Soest
Venlo
Duisburg
Krefeld
Witten
Hagen
Wuppertal
Düsseldorf
Remscheid
Roermond
Göttingen
Duderstadt
Nordhausen
Sondershausen
Lutherstadt Eisleben
Halle
Merseburg
Querfurt
Torgau
Lauchhammer
Senftenberg
Bad Muskau
Kassel
Naumburg
Heiligenstadt
Mühlhausen
Leipzig
Riesa
Meißen
Moritzburg
Kamenz
Bautzen
Zgorzelec
Görlitz